KB180696

소매경영
Retailing Management

Levy & Weitz 저
오세조 · 박진용 · 송영욱 · 노원희 역

한올출판사

오세조 박사(연세대학교 경영대학 교수)

오세조 박사는 연세대학교 경영학과를 졸업하고, 미국 Cincinnati 대학에서 경영학 박사학위를 받았으며, Boston 대학 및 Cincinnati 대학에서 연구교수 생활을 하였고, 현재 연세대학교 경영대학 교수로 재직하고 있다.

소매경영, 유통관리, 프랜차이즈관리와 마케팅 등을 가르쳐 온 오세조 박사는 이 분야에서 활발한 연구활동을 보이고 있다. 그는 이러한 연구들을 통해 Journal of Marketing, Journal of Marketing Research, Journal of Marketing Channels, 경영학연구, 유통연구, 마케팅연구 등에 다수의 논문을 발표하였다. 특히 1987년에는 American Marketing Association Summer Conference에서 최우수 논문상을 수상한 바 있다.

또한 『소비자지향적 유통관리』, 『마케팅관리』, 『프랜차이즈 경영원론』, 『물류관리』등의 저서가 있는데, 1997년에는 『시장지향적 유통관리』로 정진기언론문화상을 수상한 바 있다.

오세조 박사는 이론적인 연구뿐만 아니라 산학협동을 통해 실무적인 연구도 수행하고 있는데, 유통업체와 협력업체 간 동반성장 및 상생협력방안 연구 등과 함께, 다양한 산업의 유통경로연구와 할인점, 백화점, 편의점, 슈퍼마켓, TV 홈쇼핑 등의 소매업 관련 연구를 수행한 바 있다.

현재 한국유통물류정책학회 회장직을 맡고 있는 오세조 박사는 국내 유통물류산업의 지속적 발전을 위해 정부 정책의 개발 및 홍보에도 적극 나서고 있다.

박진용 박사(건국대학교 경영학과 교수)

박진용 박사는 연세대학교에서 유통과 마케팅을 전공했다. 동의대학교 유통관리학과에서 교수를 지냈고, 미국 Oklahoma 주립대학교에서 초빙교수를 지냈으며, 현재 건국대학교 경영학과에서 교수로 재직하고 있다.

마케팅, 유통관리, 소매경영을 중심으로 가르쳐 온 박진용 박사는 관계마케팅, 유통시스템, 온라인 소매경영, 유통업자상표, 유통정보화 등에 대한 연구를 활발하게 진행하고 있다. 그의 저서로는 「시장지향적 유통관리」가 있으며, 연구논문은 마케팅연구, 경영학연구, 유통연구, Advances in Consumer Research, Australian Journal of Psychology, Behavior and Information Technology, International Marketing Review, International Journal of Retail and Distribution 등의 학술지에 수록되었다.

소매업체의 상품기획과 관련된 박사학위 논문으로 연세대학교에서 우수논문상을 받았고, 건국대학교에서 강의평가최우수교수상을 수상했다. 한국유통학회로부터 2001년에는 최우수논문상을 2007년에는 우수논문상을 수상하였으며, 국내 및 국제적인 학술연구비지원 단체로부터 연구주제의 학문적 공헌도를 인정 받아 여러 차례 우수연구자로 선정된 바 있다.

박진용 박사는 산학협력연구를 통한 이론과 실무의 접목에 관심을 가지고 소매업태를 대표하는 백화점, 할인점, 슈퍼체인, 프랜차이즈 업체들과 공동연구를 꾸준히 진행하고 있으며, 오프라인은 물론 온라인 소매업체에 대한 자문을 통해 소매업 발전에 기여하고 있다.

송영욱 박사(충북대학교 국제경영학과 교수)

송영욱 박사는 연세대학교 영어영문학과에서 학사학위를, 미국 오하이오 Miami 대학에서 M.B.A.를 받고, 연세대학교 대학원에서 마케팅과 유통을 전공했다. 연세대학교 경영연구소 유통연구센터에서 선임연구원으로 연구활동을 수행했으며, 현재는 충북대학교 경영대학 국제경영학과에서 교수로 재직하고 있다. J. Walter Thompson 전략기획부서에서 Research Manager로 근무하였으며, SK 텔레콤에서 전략기획실, 글로벌사업본부, 사장실, 마케팅 연구원에서 근무하기도 했다.

마케팅, 국제마케팅을 중심으로 강의하고 있으며, 국제경영연구, Telecommunications Review, Entrue Journal of Information Technology 등에 다수의 논문을 발표하였다.

한국유통학회, 한국전략마케팅학회 등에서 이사를 맡고 있으며 모바일 비즈니스, 컨버전스 관련연구도 수행 중이며 의료기기, 정보통신, 환경산업분야 자문교수로도 활동하고 있다.

노원희 박사(연세대학교 경영대학 강사)

노원희 박사는 연세대학교 신문방송학과를 졸업하고, 경영학과 대학원에서 마케팅과 유통을 전공했다. 연세대학교 경영연구소 선임연구원으로 연구 활동 중이며, 한국유통물류정책학회의 사무국장의 직책을 수행하고 있다.

현재 연세대, 충북대에서 마케팅, 유통관리 그리고 소매경영 관련 과목들을 가르치고 있다. 마케팅연구와 유통연구에 논문을 발표하였으며, 유통 경로와 소매, 프랜차이즈 등 다양한 산학협동연구를 수행하고 있다.

○ 역자 서문

최근 국내에 다양한 소매업태가 소개되면서, 이들 소매업체들에 대한 보다 체계적이고 과학적인 경영지식과 교육이 무엇보다도 절실한 실정이다. 그러나 이러한 갈증을 충족시켜줄 수 있는 충분한 인재 육성과 교재 개발이 부족한 것도 또한 우리의 현실이다.

Levy & Weitz의 Retailing Management를 접하면서, 우리는 부러움과 함께 부끄러움을 느끼지 않을 수가 없었다. 부러움이란 이 책이 지닌 방대한 내용과 체계적인 구성, 무엇보다도 독자의 관점에서 알기 쉽고 재미있게 접근하고 있다는 점이다. 그리고 부끄러움이란 그 동안 25년 이상 유통을 연구해 온 학자로서, 우리 현실에 맞는 소매경영의 지식 축적과 교재 개발에 너무 소홀했었다는 자괴감이었다. 하지만 늦었다고 생각할 때가 가장 빠른 때이고, 바쁠수록 돌아가라는 격언을 거울 삼아, 우리는 겸허한 자세로 Levy & Weitz의 소매경영을 탐독하고, 이를 우리말로 옮기기로 하였다. 옮기는 과정에서 가장 큰 애로사항은, 내용과 관련된 실례들이 대체로 미국이나 유럽 등 선진국의 예들이어서, 국내 독자들에게 생소하지 않을까 하는 점이었다. 그러나 이들 선진 사례는 우리가 적극 배워야 할 우리 소매의 이상점일 수도 있고, 나아가 전략적 파트너의 개발과 그들 국가에의 진입에 도움을 줄 수 있다는 점에서 가능한 한 원문 그대로 옮기기로 하였다.

본 역서가 아무쪼록 우리나라 소매경영 교육에 일조를 함과 동시에, 우리 소매업체들의 경영혁신과 인재개발에 조금이나마 도움이 되었으면 한다.

본 역서가 나오기까지 물심양면으로 도와주신 한올출판사 임순재 사장과 최혜숙 편집장 그리고 관계자 여러분들께 감사 드린다. 특히 궂은 일을 도맡아 준 연구실 김문정과 장정우, 그리고 연세대학교 유통동아리 ROAD의 진수정을 비롯, 백지아, 심현아, 이선근, 배현정, 전해인, 주광석, 김광호, 김지원에게도 이 자리를 빌어 고마움을 전한다.

Michael Levy, Ph.D.
Babson College

Michael Levy 박사는 Babson 대학의 Charles Clarke Reynolds 마케팅 교수이자 Retail Supply Chain Institute의 회장이다. 그는 Ohio 주립 대학에서 경영학 박사학위를 받았으며, Colorado 대학에서 경영학 석사 학위를 받았다. 그는 Southern Methodist 대학에서 교수생활을 하였고, 그 뒤 Miami 대학의 교수와 마케팅 학과의 학장으로 재직한 바 있다. Levy 교수는 소매, 로지스틱스, 소매재무전략, 가격, 판매 관리 분야에서 활발한 연구 활동을 보이고 있으며, 이러한 연구들을 통해 주요한 마케팅 혹은 로지스틱스 저널, 즉 Journal of Retailing, Journal of Marketing, Journal of Marketing Research 등 50편 이상의 연구 논문을 발표한 바 있다. 그는 현재 Journal of Retailing, Journal of the Academy of Marketing Science, International Journal of Logistics Management, International Journal of Logistics and Materials Management, European Business Review의 편집을 맡고 있으며, International Retailing and Marketing Review의 자문위원을 맡고 있다. 또한 그는 Marketing and M-Marketing (McGraw-Hill, Irwin)의 공동 저자이며, 2001년부터 2007년 까지 Journal of Retailing의 공동 편집인이었다.

Levy 교수는 그의 교수 일생 동안 소매분야와 그와 관련된 학문분야를 연구해 왔으며, 학교에 봉직하기 전 Colorado에 있는 몇몇의 소매업체들과 가정용품 유통업체에서 일한 바 있다. 그는 Accenture, Federated Department Stores, Khimetrics, Mervyn's, Neiman Marcus, ProfitLogic (Oracle), Zale Corporation 등 다양한 소매업체, 소매기술기업과 함께 연구 프로젝트를 수행해 오고 있다.

Barton A. Weitz, Ph.D.
University of Florida

Barton A.Weitz 박사는 MIT에서 전기공학 학부를 졸업하였으며, Stanford 대학에서 MBA이수 및 경영학 박사학위를 취득하였다. 그는 UCLA Graduate School of Business와 Pennsylvania대학의 Wharton School에서 교수로 재직한 바 있으며, 현재는 Florida대학의 Warrington경영대학에서 소매경영분야의 JCPenney Eminent Scholar 회장으로 재직 중이다.

Weitz 교수는 Florida대학의 소매교육 및 연구기관인 David F.Miller 센터(www.cha.ufl.edu/crer)의 부회장을 맡고 있다. 이 센터는 JCPenney, Macy's, PetSmart, Office Depot, Walgreens, Target, Build-A-Bear, Bealls, City Furniture, NPD, International Council of Shopping Centers 등 35개의 소매업체와 소매산업지원기업 등의 후원을 받고 있다. 이 센터는 매년 소매업체에 250명의 학부생들을 여름방학 인턴십 프로그램에 참여시키고 있으며, 소매관련 이슈와 문제들에 관한 연구를 지원하고 있다.

Weitz 교수는 훌륭한 강의로 많은 상을 받아왔으며, 다양한 사업체나 여러 대학으로부터 강의 초빙을 받고 있다. 또한 유통채널관계, 전자소매, 점포설계, 판매원 효과, 인적자원관리 등에 대한 논문을 유통분야의 선도적인 학술저널에 50편 이상 발표한 바 있다. 그는 유통채널관리에 대한 공로를 인정받아 Louis Stern Awards를 두 번 수상하였으며, 마케팅에 지대한 공헌을 한 논문으로 Paul Root Award를 수상하였다. 그는 현재 Journal of Retailing, Journal of Marketing, International Journal of Research in Marketing, Marketing Science, Journal of Marketing Research의 편집위원장을 맡고 있다. Weitz 교수는 American Marketing Association의 회장으로 재직해 왔으며, National Retail Federation, National Retail Foundation, American Marketing Association의 이사회 이사로도 활동해 왔다. 1989년에는 마케팅 규율에 대한 지대한 공헌을 인정받아 AMA/Irwin Distinguished Educator로 임명되기도 하였다. 또한 National Retail Federation에 의해 2005년 최고의 Retail Educator로 선정되기도 하였으며, American Marketing Association의 Sales Inter-Organizational Special Interest Groups으로부터 그의 일생 동안의 공로를 인정받고 있다.

저자 서문

소매는 첨단기술이며, 우리 사회에서 경제적으로 핵심역할을 하고 있는 세계적 성장산업이다. 이번 제 7판의 주요 목적은 IBM이나 Proctor & Gamble과 같은 소매기업들이 상품을 판매할 때와 서비스를 제공할 때 직면하는 역동적·도전적·보상적 기회를 포착함으로써, 소매 교육과정과 커리어과정에 대한 학생들의 흥미를 증진시키는 것이다. 본 저서는 소매 산업이 직면한 전략적 이슈들에 초점을 맞추었으며, 최신 정보를 독자에게 읽기 쉽게 제공한다.

제7판에서의 새로운 요소들

소매경영 제 7판은 소매업에서의 중요한 여섯 가지 발전 양상을 더해 개정되었다: (1) 소매업에서의 인터넷의 역할 진화 (2) 소매업체의 사회적 책임에 대한 강조 심화 (3) 독점적 브랜드 개발에 대한 소매업체의 관심 증대 (4) 의사결정을 위한 첨단기술과 분석적 방법의 사용 (5) 세계화 (6) 소매업에서의 사업적 기회

인터넷의 역할 진화 십 년 전, 많은 전문가들은 소비자가 상품을 구매하는 데 있어 인터넷의 발달이 매장을 도태시키고 인터넷 이용을 통한 상품 구매를 증가시킬 것이라고 예상하였다. 물론 전통적 소매업체는 새로운 유형의 기업들로 대체될 것이다. 그러나 인터넷은 소매산업을 변형시키는 것이라기 보다는, 전통적 소매업체가 복수의 채널(인터넷, 카탈로그, 점포, 모바일)을 통해 소비자와의 상호작용활동을 가능하게 하는 것이다.

제 7판에서는 이러한 복수채널 소매업체가 어떻게 정보를 얻고 상품을 판매하며 고객에게 서비스를 제공하는지에 대한 내용을 추가시켰다. 본 개정판은 또한 복수채널 소매업을 다룬 제 3장을 통하여 인터넷 소매업의 응용에 대해 다룰 것이다.
• 구매 행태에 대한 사회적 네트워크의 효과(제 4장)
• 훈련을 위한 인터넷의 사용(제 9장과 17장)
• M-커머스, 인터넷 쇼핑, 이메일, 웹사이트를 통한 소비자와의 의사소통(제 16장)
• 매장에서의 인터넷 기반 디지털 신호(제 18장)
• 웹 가능 키오스크와 POS터미널을 통한 정보 제공과 고객 서비스(제 19장)

소매업체의 사회적 책임　소매 기관들은 우리 사회에 널리 퍼져 있기 때문에 고객·공급업체·직원의 안녕에 지대한 영향을 미친다. 소매업체의 사회적 역할에 대한 중요성이 증가함에 따라 소비자와 소매업체 양쪽 모두 지구온난화, 이민, 건강 관리, 개도국에서의 근무 환경 등 세계가 직면한 사회적 이슈들에 보다 깊이 관여하고 있다. 이러한 사회적 책임 문제 중 일부는 기업의 이익과 관련된 법적/윤리적 문제에 해당하며, 제 7판에서 다룰 문제들은 다음과 같다.

- 녹색상품에 대한 소비자의 관심(제 4장)
- 상품의 세계적인 조달에 대한 이슈(제 14장)
- 점포운영과 설계 시 지속성에 대한 고려(제 17장, 제 18장)
- 소매업체가 직면한 법적, 윤리적, 사회적 책임성에 대한 이슈

독점적 브랜드 개발　많은 소매업체들은 그들의 제품 및 서비스를 차별화하고 전략적인 우위를 얻기 위해서 독점적 브랜드—소매업체가 설계한 제품(유통업체 브랜드) 혹은 제조업체가 유통업체를 위해 생산한 독점적 상품—를 개발하는 데에 많은 자원을 쏟고 있다. 예를 들어, Ralph Lauren은 JCPenney를 위해 American Style 브랜드를 개발해 왔으며, Estee Lauder는 Kohl's과 연계하여 American Beauty 화장품 라인을 개발하여 왔다.

많은 소매업체들은 그들의 브랜드 이미지를 개발하고, 그들의 유통업체 브랜드 상품에 대한 강력한 이미지를 구축하며, 새로운 소매업 포맷으로 그들의 이미지를 확장해 나가는 데에 더욱 주안점을 두고 있는 추세이다. 소매업체의 독점적 브랜드 상품들은 그들 업체에서만 이용할 수 있기 때문에, 소비자는 이러한 브랜드에 충성도를 가질 수 있다. 본 개정판에서 다룰 독점적 브랜드에 대한 확장된 내용의 예는 다음과 같다.

- 유통업체 브랜드 상품에 대한 전략적 중요성(제 5장)
- 유통업체 브랜드의 방식과 유형(제 14장)
- 유통업체 브랜드의 개발 및 조달의 절차(제 14장)
- 강력한 브랜드 이미지의 구축(제 16장)

소매업에서의 기술 이용　소매업은 의사소통 및 정보시스템 기술의 사용을 확장하고 있으며, 운영효율성의 증대와 고객 서비스의 향상을 위해 분석모델을 사용하고 있는 첨단기술산업이다. 제 7판에서 다루어질 새로운 기술 중 일부는 다음과 같다.

- 고객에게 제품을 판매하고 서비스를 전달하기 위한 웹 사이트의 이용(제 3장)
- 고객이 소매업체와 언제 어디서나 상호작용 할 수 있도록 동일한 복수채널(점포, 웹사이트, 카탈로그) 인터페이스의 제공(제 3장)
- 보다 가치 있는 쇼핑경험을 제공하기 위해 신기술을 사용하는 미래의 점포(제 3장)
- 점포입지선정을 위한 지리정보시스템(GIS: geographic information system)기술(제 8장)
- 효과적인 인적자원관리를 위한 인터넷 어플리케이션(제 9장)
- 통합된 공급사슬관리시스템(제 10장)
- 공급사슬의 효율성 증대를 위한 RFID(radio frequency identification)기술(제 10장)
- 고객생애가치 결정을 위한 고객 데이터베이스의 분석, 소매업체의 최고 고객에 대한 표적 판매촉진, 시장 바구니(market basket) 분석의 착수(제 11장)
- 소비지출점유율(share of wallet)의 향상을 위한 마케팅 프로그램의 실행(제 11장)

- 벤더와 소매업체 활동의 조화를 위한 CPFR(collaboration, planning, forecasting, replenishment) 시스템(제 12장)
- 정교한 재고관리시스템(제 13장)
- 상품매입을 위한 역경매(제 14장)
- 다양한 시장에서의 가격 결정과 가격인하를 위한 수익최적화 결정지원시스템의 사용(제 15장)
- 잠재고객과의 의사소통을 위해 휴대폰이나 PDA등의 휴대장치를 통한 m-커머스의 사용(제 16장)
- 고객을 온라인 제품후기에 참여시키기 위한 사회적 마케팅 기술의 적용(제 16장)
- 고객 데이터베이스를 이용한 표적고객프로모션의 개발(제 16장)
- 점포판매원을 위한 인터넷 기반의 훈련(제 17장)
- 판매직 직원의 일정계획을 위한 의사결정지원시스템(제 17장)
- 상점절도를 감소시키기 위해 설계된 EAS기술(제 17장)
- 상품카테고리의 판매와 수익을 최적화 하기 위한 플라노그램 형성(제 18장)
- 비용 감소와 메시지 유연성의 향상을 위한 디지털 신호(제 18장)
- 고객 서비스 향상을 위한 점포 내 키오스크, 모바일 장치, 인터넷(제 19장)
- 온라인 고객을 위한 실시간 채팅 제공(제 19장)

소매산업의 세계화　　소매는 세계적인 산업이다. 유통업체 브랜드 상품에 대한 관심이 증대됨에 따라, 소매업체는 상품을 조달하기 위하여 세계 각지에 위치한 제조업체들과 협력하고 있다. 또한 소매업체는 성장기회를 포착하기 위하여 국제 시장에 관심을 기울이고 있다. 예를 들어, 세계에서 두 번째로 큰 소매업체인 프랑스의 하이퍼마켓 체인점 Carrefour는 프랑스 이외의 25개 국가에 대한 투자 증대에 초점을 맞추고 있다. 본 개정판에서 다룰 일부 세계적 소매이슈는 다음과 같다.

- 다른 경제권에서의 소매 효율성(제 1장)
- 소매업체의 세계적 확장에 대한 설명(제 2장)
- 고객구매행태의 문화적 효과(제 4장)
- 성공적인 국제시장진입의 요소(제 5장)
- 국제성장기회의 평가(제 5장)
- 세계시장에서의 입지기회 차이(제 7장)
- 세계시장의 고객데이터 수집에 영향을 미치는 규제(제 10장)
- 국제시장에서의 직원관리 이슈(제 14장)
- 고객서비스욕구의 문화적 차이(제 19장)

소매업의 기업가정신　　본 7판에서는 "소매사업을 시작하는 방법"과 "프랜차이즈 사업을 시작하는 방법"에 대한 개괄적인 내용을 제시한다. 소매는 사람들이 그들만의 사업을 시작할 수 있도록 다양한 기회를 계속적으로 제공하고 있다. 세계적으로 부유한 사람들의 일부는 소매 기업가들이다. James Cash Penney와 William H. Macy와 같은 이들은 자신의 이름을 기업명으로 내걸었기 때문에 잘 알려져 있다. 반면 Donald Fisher(GAP), Thomas Stemberg(Staples), Les Wexner(The Limited/Victoria Secret), Maxine Clark(Build-A-Bear Workshop) 등 다른 성공적인 기업가들은 비교적 덜 알려져 있다.

기본 철학

소매경영 제 7판은 앞서 출판한 제 6판과 동일한 기본 철학을 가지고 있다. 본 저서는 재무적인 고려를 강조하는 전략적 이슈들과, 점포 경영에 관한 문제들에 초점을 맞추었다. 이러한 전략적/전술적 이슈들은 대형업체와 소형업체, 국내업체와 국제업체, 상품판매와 서비스제공 등 넓은 스펙트럼을 포괄한다.

전략적 초점 본 저서의 전반적 체계는 제 1장의 도표 1-5에 요약되어 있는 전략적 의사결정모델을 중심으로 구성되어 있다. 각 장과 절은 이러한 전략적 모델과 관련되어있다. 특히 제 2부는 표적시장의 선정, 지속적인 경쟁우위의 개발, 전략적인 방향을 지원하기 위한 조직구조와 정보 및 물류시스템의 구축, 고객충성도 구축, 고객관계관리 등 중요한 전략적 의사결정사항들을 집중적으로 다루고 있다.
본 저서는 소매업체가 지속 가능한 경쟁우위를 개발하는데 사용하는 다음과 같은 자원을 심도 있게 탐구하고 있다.

- 점포입지 선정(제 7, 8장)
- 인적자원의 개발과 유지(제 9장)
- 공급사슬과 정보시스템 관리(제 10장)
- 고객관계와 충성도프로그램 관리(제 11장)

재무 분석 소매업에 있어 재무적인 측면이 점점 더 중요해지고 있는 실정이다. Kmart나 Sharper Image, COMPUSA등 대형소매업체들이 경험하고 있는 재무적 문제들은, 전략적 소매의사결정시 재무적인 함의에 대한 이해의 필요성을 지적하고 있다. 제 6장에서는 기업 전체적인 재무 전략에 대해 다루었으며, 제 11장에서는 고객생애가치를 측정하고, 제 13장에서는 소매 매입시스템에 대하여 다룬다. 또한 재무적인 이슈들은 임대에 대한 협상, 공급업체와의 협상, 상품가격 책정, 커뮤니케이션 예산 개발, 판매원 보상 등과도 연관되어있다.

소매전략의 실행 소매전략을 개발하는 것은 장기적 재무성과에 있어 결정적인 요소이며, 그러한 전략을 실행하는 것은 전략의 개발만큼이나 중요하다. 전통적으로 소매업체는 대(大)상인-주요 동향을 예상하고 있는 매입자-을 승격시켜왔다. 본 저서가 상품관리이슈에 대한 철저한 리뷰를 제공하고 있는 동안, 소매업의 역점은 상품관리에서 고객에게 좋은 상품을 제공하기 위해 경쟁하고 최고의 고객 서비스와 흥미로운 쇼핑경험을 제공하는 점포관리 쪽으로 그 초점이 이동하였다. 이러한 점포관리측면으로의 초점이동은 많은 학생들로 하여금 상품 매입보다는 유통이나 점포관리의 경력을 선호하게 하도록 만들었다. 따라서 본 저서는 점포관리를 위한 정보시스템과 공급체인관리에 전체적 장들을 할애하였다.

최신 정보 소매업은 새로운 아이디어와 포맷이 개발되고 전통적인 소매업체가 지속적으로 환경변화에 적응해야 하는 매우 역동적인 산업이다. Retailing Views의 절반 이상은 새로운 내용이며, 나머지 부분은 업데이트 되어있다.

균형잡힌 접근 제 7판은 서술적 정보, 방법론상의 정보, 개념적 정보를 읽기 쉬운 형태로 제공하고 있다. 그리하여 소매에 관한 기초를 강의해 나가는 교재로서 균형잡인 접근을 유지하고 있다.

서술적 정보 학생들은 교재 전반에 걸친 서술적인 정보로부터 소매업과 관련된 단어나 실무들을 학습할 수 있다. 주요 내용의 예는 다음과 같다.

- 미국과 국제 소매업체들에 관한 내용(제 1장)
- 소매업체의 경영의사결정(제 1장)
- 점포 소매업체와 무점포 소매업체의 형태(제 2, 3장)
- 국제시장으로의 진입 방법(제 5장)
- 입지(제 7장)
- 임대(제 8장)
- 전형적 소매업체의 조직구조(제 9장)
- 정보와 상품의 흐름(제 10장)
- 브랜드 전략(제 14장)
- 고객과의 커뮤니케이션 방법(제 16장)
- 점포배치옵션과 상품진열도구(제 18장)
- 경력 기회(제 1장의 부록 1A)

방법론적 정보 본 소매경영 책은 서술적 정보 이외에도 크고 작은 소매업체들이 어떻게 그리고 왜 일정한 의사결정을 하고 있는지에 대하여 설명한다. 다음과 같은 의사결정을 하기 위한 단계별 과정들이 실례와 함께 제시되어 있다.

- 비교 쇼핑(제 2장의 부록 2A)
- 고객에 대한 복수채널의 관리(제 3장)
- 환경의 탐색과 소매전략의 개발(제 5장)
- 소매전략의 재무적 분석(제 6장)
- 입지결정의 평가(제 8장)
- 상품구색과 예산계획의 개발(제 12, 13장)
- 공급업체와의 협상(제 14장)
- 상품가격 책정(제 15장)
- 판매직원의 모집, 선발, 훈련, 평가, 보상(제 17장)
- 점포 레이아웃의 설계(제 18장)
- 뛰어난 고객 서비스 제공(제 19장)

개념적 정보 본 소매 경영 책은 또한 의사결정이 어떻게 이루어지는가를 이해시키기 위한 개념적인 정보들을 포함하고 있다. Mark Twain은 "좋은 이론만큼 실용적인 것은 없다"라고 말하였다. 이러한 기본적 개념을 이해하는 것은 새로운 환경 하에서 효과적인 의사결정을 내릴 수 있게 한다. 제 7판에서 다룬 개념적 정보의 예는 다음과 같다.

- 고객의 구매의사결정과정(제 4장)
- 전략적인 대안을 평가하기 위한 시장 매력도/경쟁포지션 매트릭스(제 5장의 부록 5A)
- 전략적 이익모델과 재무성과분석을 위한 접근방식(제 6장)
- 가격 이론과 마진 분석(제 15, 16장)
- 종업원 동기부여(제 17장)
- 점포 내 쇼핑 행위(제 18장)

• 서비스 질 관리를 위한 Gap모델(제 19장)

독자 친화적 교재   이번 7판은 독자들의 흥미를 진작시키고 읽기 좋은 교재를 만듦으로써 독자들을 관련교육과정과 산업에 참여시키는 것을 목표로 하였다. 본 저서는 Refact와 Retailing View를 포함한다.

Refacts   본 저서는 각 장에 소매업에 관련된 흥미로운 사례를 수록하였으며, Refact라 불리는 이 사례는 수정되고 보안되었다. 당신은 Montgomery Ward라는 바이어가 크리스마스 프로모션의 일환으로 빨간 코를 가진 루돌프를 창조해 내었다는 사실을 알고 있는가? 혹은 Macy의 바이어가 티백을 개발해내었다는 사실이나 JCPenney의 바이어가 팬티스타킹을 개발해내었다는 사실을 알고 있는가?

Retailing Views   본 저서의 각 장은 Retailing View라고 불리는 새롭거나 수정된 소품문을 수록하였으며, 이러한 Retailing View는 소매업체에 의해 만들어지는 활동과 의사결정의 개념과 관련되어 있다. 이 소품문은 Wal-Mart, Walgreens, JCPenney, Target, Kohl's, Neiman Marcus, Macy's와 같이 캠퍼스에서 모집활동을 벌이고 있는 주요 소매업체들을 다룬다. 또한 REI, Starbucks, The Container Store, Sephora, Curves, Chico's, Bass Pro Shop과 같은 혁신적인 소매업체 또한 다룬다. 마지막으로 일부 Retailing View는 체인연합에 효과적으로 대항하는 소매기업에 대해 초점을 맞추고 있다.

Levy와 Weitz의 소매경영의 특별한 측면들

고객관계관리에 대한 장들   제 11장은 소매업체가 고객데이터베이스를 이용하여 어떻게 사업을 영위하고 핵심고객을 통해 소비지출 점유율을 향상시키는 지를 설명한다. 이러한 고객관계관리 활동들은 20퍼센트의 고객이 80퍼센트의 수익을 창출한다는 80-20법칙을 활용한다. 이 장에서는 소매업체가 어떻게 최고의 고객을 정의하는 지와 이러한 표적 고객을 대상으로 어떠한 특별 프로모션과 고객 서비스를 제공하는지에 대해 토의할 것이다.

복수채널소매업에 대한 장들   제 3장은 소매업체가 복수채널-점포, 카탈로그, 인터넷-을 통해 소비자와의 상호작용을 하는 과정에서 직면하는 도전과제와 기회요소에 대하여 설명한다. 인터넷만을 이용하는 소매업체가 쇠퇴해옴에 따라, 전통적인 소매업체들은 인터넷을 그들의 점포를 보완하는 수단으로서 투자해 왔다. 이 장은 어떻게 복수채널 소매업체들이 더욱 큰 가치를 고객에게 전달 할 수 있는지에 대하여 토의할 것이다.

추가 내용

현장학습   각 장의 마지막 부분에 연습문제가 포함되어 있다. 이 연습문제는 지역소매업체를 방문하고 인터넷을 서핑하며 웹사이트를 방문하게 함으로써 학생들이 과제에 착수하도록 한다. 이러한 실질적인 연습문제에 학생들을 참여시킴으로써 동일한 소매코스과정을 겪은 효과를 노릴 수 있다. 연습문제는 학생들이 직접 움직이며 학습경험을 할 수 있도록 만들어 졌다.

학생들과 교수들을 위한 웹사이트(www.mhhe.com/levy7e) 소매업체가 인터넷을 사용하여 고객을 돕는 것과 마찬가지로, 본 저서 또한 학생들과 교수들이 제 7판 교재를 효과적으로 사용할 수 있도록 웹사이트를 제공하고 있다. 웹사이트의 몇 가지 특징을 살펴보면 다음과 같다.

- 학생 사이트 상의 객관식 문제들
- 학생들을 위한 연습문제
- 각 장에 대한 지시 매뉴얼
- 케이스와 비디오에 대한 내용
- 소매 관련 출판물과 논문들
- 최근 소매업에 대한 뉴스 기사
- 각 장의 핵심 이슈를 요약한 파워포인트 슬라이드
- 소매뉴스와 인터넷 연습문제로 연결할 수 있는 사이트 주소
- 소매업체들에 대한 부가적인 사례들

차 례

제 **2** 부 ┃ **소매전략**

제 6 장 재무 전략 _ 171

제 7 장 점포입지 _ 201

제 **8** 장　**입지 선정** _ 229

제 **9** 장　**조직구조와 인적자원관리** _ 263

제 **15** 장 **소매가격결정** _ 441

제 **16** 장 **소매 커뮤니케이션 믹스** _ 471

제 **4** 부 | 점포관리

제 19 장 고객 서비스 _ 581

RETAILING MANAGEMENT

1부 소매 세계

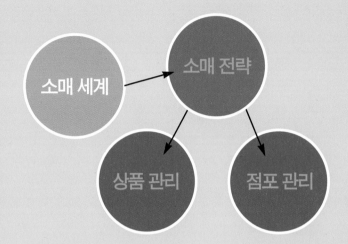

제 1부에서는 소매 고객들과 경쟁자들에 대한 배경 지식을 제공한다. 그리고 그것을 통해 소매세계를 이해한 다음, 소매전략을 개발하고 효과적으로 수행할 수 있도록 돕는다.

제 1장에서는 소매업체가 수행하는 기능들과, 빠르게 변화하는 경쟁적인 소매 환경 속에서 그들이 고객들의 니즈를 만족시키기 위해 내리는 다양한 의사결정들을 소개하고, 제 1부의 나머지 장들에서는 소매 세계를 이해하기 위한 배경 지식들을 더 많이 제공할 것이다.

제 2장에서는 소매업체의 여러 유형들 즉 소매업태들을 소개할 것이며, 제 3장에서는 소매업체들이 고객에게 접근하기 위해 다양한 소매업태들을 어떻게 이용하는지 검토해 볼 것이다. 제 4장에서는 고객들이 소매점을 선정하고 상품을 구매하려고 할 때 고려하는 요인들에 대해 논의할 것이다.

제 2부에서는 소매업체가 내리는 전략적인 의사결정들에 초점을 맞출 것이다.

제 3부와 4부에서는 판매 및 점포 관리와 관련된 전략적 의사결정들을 살펴볼 것이다.

Chapter one 1

소매 세계로의 안내

Question
- 소매업이란 무엇인가?
- 소매업체가 하는 일은 무엇인가?
- 소매업이 중요한 이유는 무엇인가?
- 소매업이 제공하는 경력 개발이나 창업적 기회는 무엇인가?
- 소매점포 관리자들은 어떤 종류의 의사결정을 내려야 하는가?

지역 점포에서 쇼핑하는 대다수의 고객들은 소매업이 최첨단의 국제 산업이라는 사실을 알지 못한다. 예컨대, 소매업체에 의해 사용되는 복잡한 기술들의 예를 살펴보자. iPhone을 사고 싶어하는 사람들을 위해 Staples는 웹사이트(www.staples.com)를 제공하고, 사람들은 이 곳에 접속하여 여러 모델들에 대한 정보를 얻는다. 우리는 이 웹사이트에서 바로 주문하여 집으로 배달시키거나, 점포를 직접 방문하여 구매할 수도 있다. 만약 점포에 직접 방문한다면, Staples는 웹사이트 상의 정보를 다시 볼 수 있도록 인터넷이 가능한 키오스크(kiosks, 공공장소에 설치된 터치스크린 방식의 정보전달 시스템)를 제공한다.

iPhone을 점포에서 구입하면, POS(Point of sales) 바코드시스템에서 구매 정보가 Staples의 물류센터로 전송되고, 그 다음 Apple의 공급업체로 전송된다. 점포 내의 재고 수준이 미리 정해둔 수준 아래로 떨어지면, 전자 알림 장치가 상품을 더 운송하도록 자동적으로 물류센터와 점포에 전송한다. 우리의 구매 정보는 복잡한 재고 관리 시스템으로 전송된다. Staples에서 구매한 사람은 그 정보를 통해 지역 점포에 얼마나 많이, 그리고 어떤 종류의 물건들을 놓아둘지 또한 소매업체가 얼마나 청구해야할지 결정한다. 마지막으로, 구매 정보는 Staples의 데이터창고에 저장되어 홍보를 할 때 사용된다.

또 다른 예로, 면접을 위해 정장을 사는 경우를 생각해보자. 1818년부터 Brooks Brothers는 미국 남성들을 대상으로(그리고 지금은 여성과 남자아이들까지) 전통적인 옷을 판매해왔다. 오늘날 이 점포에 방문하면, Brooks Brothers를 유명하게 만든 개인 서비스와 몇 가지 기술들을 경험할 수 있다. 우선, 판매원은 점포의 데이터베이스를 이용하여, 손님이 몇 달 전에 진청색의 정장을 구매했었다는 사실을 알아낸다. 그리고 그 정장에 어울리는 몇 가지 셔츠와 타이들을 추천해준다. 미래에는 판매원이 포켓용 장치를 들고 다니며, 고객들이 Brooks Brothers에서 산 모든 것들로 채워진 가상 옷장을 보여줄 것이다. 그리고 나서 손님들이 단순히 한 개의 제품을 사는 것이 아니라, 하나의 옷장을 꾸밀 수 있도록 도울 것이다. 또한 Brooks Brothers에서는 새로운 기술을 통해 일주일 만에 적절한 가격의 맞춤의 상을 제공할 수도 있다. 이렇게 Brooks Brothers는 다른 많은 소매업체들처럼 그들이 제공하는 상품의 가치를 높이기 위해 다양한 기술을 이용한다.

전통적으로, 소매는 지역의 소매업체들이 지역 공급자들로부터 물건을 사서 되파는 일이 주된 활동이었다. Wal-Mart나 The Gap, Home Depot, Best Buy처럼 미국에서 제일 큰 몇몇 소매업체들도 40년 전에는 소규모로 시작했거나 아예 존재하지도 않았었다. 하지만 오늘날에는, 대부분의 소매 판매활동이 국가적이고 전세계적인 거대한 망을 통해 이루어진다. Wal-Mart는 세계에서 제일 큰 소매기업이다. 세계에서 2번째로 큰 업체인 프랑스의 Carrefour는 미국을 제외한 전세계 30개국에 걸쳐서 12,000개의 하이퍼마켓을 운영하고 있다. 미국에서 시작하지 않은 몇 개의 대형 소매업체에는 Aldi (독일의 식료품점), Ahold (네덜란드의 식료품점), IKEA (스웨덴에서 시작한 가구 및 가정용품 판매점), H&M (스웨덴의 패션의류업체) 등이 있다.

소매는 우리 일상생활의 한 부분으로 여겨진다. 소매 경영자는 표적 시장을 선정하고, 제품 및 서비스를 선택하며, 벤더(공급업체)와 협상하고, 상품을 진열하고, 또한 판매원들을 교육하고, 상품의 가격과 홍보전략을 정하는 등 다양한 활동들과 복잡한 결정들을 하고 있다. 이러한 결정들을 효과적으로 하기 위해서는, 중요한 기술과 지식이 필요하다. 소매 경영자처럼 경쟁적이고 급속하게 변하는 환경 속에서 일하는 것은 매우 진취적이고 흥미롭다. 아울러, 소매 경영을 통해 그러한 정신적인 보상뿐 아니라 재정적인 보상도 기대할 수 있는 것이다.

이 책은 소매 환경에 대해 소개 하고 있으며, 또한 도전적인 환경 속에서 사업을 효과적으로 운영하기 위한 원리를 제공하고 있다. 소매원리의 지식과 다양한 실례는 여러 가지 사업 상황에 대처할 수 있는 경영 기법의 개발에 도움을 줄 것이다. 예를 들어, Procter & Gamble과 Hewlett-Packard의 경영자들은, 소매업체가 자신들이 매입한 상품들을 소비자들에게 성공적으로 판매하기 위해 사용하는 점포 운영방법이 이익창출방법이 무엇인지를 철저하게 파악하고 있어야 한다. 그러므로 다양한 소매 관련 직업에 관심이 있는 학생들에게는 이 책이 매우 유용할 것이다.

I 소매란 무엇인가?

소매란 소비자들이 개인용이나 가정용으로 구매하는 상품 및 서비스에 대하여 가치를 더해주는 일련의 사업 활동 과정이다. 사람들은 흔히 소매행위를 상점에서 상품을 파는 것으로만 생각한다. 그러나 소매는 서비스의 판매(호텔에서의 하룻밤, 의사의 진료, 이발, DVD 대여, 피자 배달)도 포함한다. 모든 소매가 점포라는 물리적 공간에서만 이루어지는 것은 아니다. 점포가 없는 소매업의 예는 다양하다. 핫소스의 인터넷 판매(www.firehotsauces.com), 화장품의 직접 판매 회사인 Avon, 카탈로그 판매를 하고 있는 L.L. Bean과 Patagonia 등이 대표적인 예이다.

1. 공급체인 하에서 소매업체의 역할

소매업체는 소비자가 개인용이나 가정용으로 구매하는 상품 및 서비스를 판매하는 사업체이며, 공급체인에서 제조업체와 소비자를 연결시키는 최종 고리이다. 공급체인은 상품과 서비스를 제조하여 최종

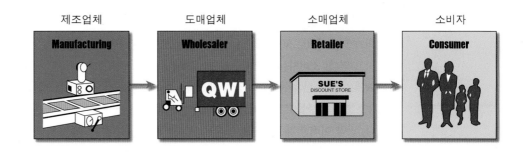

소비자에게 전달하는 기업들의 집합이다. 〈보기 1-1〉은 공급체인 내에서 소매업체의 위치를 보여준다. 제조업체는 대체로 상품을 만들어서 소매업체나 도매업체에게 판매한다. Nike나 Apple사 같이, 소비자에게 상품을 직접적으로 판매하는 제조업체는 생산뿐 아니라 소매도 한다. 반면, 도매업체는 제조업체에게 상품을 대량으로 사서 보관해두었다가 소매업체나 산업체들에게 재판매 한다. 도매업체와 소매업체는 동일한 기능들을 수행하기도 하는데, 이 기능들은 다음 장에서 다루기로 한다. 이 둘이 같은 기능들을 수행하기도 하지만, 도매업체는 소매업체의 욕구를 만족시키려고 하는 반면, 소매업체는 최종 소비자의 욕구를 충족시키기 위해 노력한다. Costco나 Home Depot같은 소매 체인점들은 소매업체이자 도매업체인 회사들이다. 이들이 도매업체이기도 한 이유는 이들이 최종 소비자를 겨냥한 상품을 판매할 뿐만 아니라, 건물 계약자들이나 레스토랑 주인 등과도 거래를 하기 때문이다.

일부 공급체인에서는 개개의 독립적인 회사가 제조, 도매 그리고 소매 활동을 각기 분담한다. 그러나 대부분의 유통경로는 어느 정도 수직적 통합을 이루고 있다. 수직적 통합(Vertical Integration)이란, 소매업체들이 도매나 제조활동에 참여하는 것처럼 업체가 공급체인에서 하나 이상의 활동을 함께 수행하는 것이다. 후방통합은 소매업체가 창고관리나 자체상품개발 같은 유통활동과 제조활동에 참여할 때 일어난다. 전방통합은 Ralph Lauren사가 자신만의 소매업체를 운영하듯 제조업체가 소매활동까지 맡을 때 발생한다.

대부분의 대형 소매업체(Safeway, Wal-Mart, Lowe's)는 소매뿐 아니라 도매 활동도 한다. 이들 기업은 제조업체로부터 상품을 직접 구매하여 창고로 운송한 뒤, 점포별로 나누어 배분한다. J. Crew나 Victoria's Secret은 보다 더 큰 범위에서 수직적 통합을 하고 있다. 이들은 판매할 상품의 디자인을 스스로 제작한 후 제조업체와 계약을 맺어 그들의 디자인 만을 전속적으로 생산하게 한다.

2. 소매업체의 가치 창출

소매업체들이 왜 필요할까? 상품을 제조한 회사로부터 직접적으로 상품을 매입하는 것이 더 싸고 쉽지 않을까? 일반적으로 그 대답은 '아니오' 다. 지역 농민의 가게나 Apple Inc. 의 경우처럼, 제조업자로부터 직접 사는 것이 더 간편하고 값도 싼 경우도 있다. 그러나 그럼에도 불구하고, 소매업체는 소비자가 구매하는 상품 및 서비스에 대해 가치를 상승시키고, 유통을 촉진시키는 중요한 역할을 한다. 가치를 상승시키는 소매의 기능들에는 다음과 같은 것들이 있다.

1. 상품과 서비스의 구색을 제공한다.
2. 상품을 구매하기 좋은 크기로 나눈다.
3. 재고를 보유한다.
4. 서비스를 제공한다.

1) 상품구색 제공

슈퍼마켓은 대체로 500개 이상의 제조업체로부터 생산된 20,000~30,000개의 서로 다른 품목을 보유하고 있다. 소비자는 이러한 다양한 품목들을 통해 브랜드, 사이즈, 색깔, 가격, 위치 등의 폭 넓은 선택권을 갖게 된다. 한편, 각각의 제조업체는 특정한 종류의 제품을 생산해 낸다. 예를 들어, Frito-Lay는 과자를 만들고, Dannon은 유제품을 만들고, Skippy는 피넛버터를 만들고, Heinz는 케첩을 만든다. 만약 이러한 제조업체들이 각기 고유의 점포들을 하나씩 소유하고 있다면, 소비자는 한끼의 식사를 준비하기 위해 여러 점포들을 거쳐야 하는 번거로움을 감수해야 할 것이다.

모든 소매업체는 다양한 상품을 제공하는 동시에 일정한 부류의 상품을 특화시킬 수 있다. 슈퍼마켓은 식품, 건강과 미용용품, 가정용품 등을 취급하는 반면, Abercrombie & Fitch는 옷과 액세서리를 취급한다. 대부분의 소비자들은 각각의 소매업체가 어떤 상품을 취급하는지 알고 있다. 어린 아이들조차 어디서 어떤 상품을 사야 하는지 알고 있는 것이다. 그러나 매년 새로운 종류의 소매업체들이 그들만의 독특한 상품군을 제공하면서 새로이 생겨나고 있다. 예를 들면, Steve and Barry's(대학의 라이센스 의류 판매), Little Gym(어린이 운동교실), Winestyles(와인을 잘 모르는 소비자들도 쉽게 살 수 있도록 돕는 와인가게), Metropark(의류와 음악, 예술을 결합한 형태의 상품 및 서비스 제공) 등이 있다.

Little Gym(어린이 운동교실)은 가라테와 체조수업을 통해 어린이들의 운동신경을 발달시킬 수 있는 서비스를 제공하는 소매업체이다.

2) 상품 분할

제조업체와 도매업체는 수송비 절감을 위해 상품을 대량으로 소매업체에게 운송한다. 예를 들어, 냉동음식을 큰 케이스에 넣거나, 블라우스를 카트에 대량으로 넣어서 운송한다. 한편, 소매업체는 매입한 상품들을 소비자들이 구매하기 좋은 크기로 분할한다. 이것이 바로 상품 분할이다. 상품 분할은 제조업체와 소비자 모두에게 중요하다. 그 이유는 제조업체들은 제품을 대량으로 수송함으로써 가격효율성을 얻을 수 있고, 소비자들은 자신들이 원하는 양만을 살 수 있기 때문이다.

3) 재고관리

소매업체의 주요 기능은 재고를 적절하게 보관하여 소비자들이 원할 때 제공하는 것이다. 소비자는 소매업체의 이러한 기능을 알고 있기 때문에 필요한 양의 상품만을 구입한다. 소매업체는 재고를 유지함으로써 소비자에게 간접적인 이익을 제공한다. 다시 말해, 소비자가 상품을 보관해야 하는 부담을 줄여주는 것이다. 소매업체 덕분에 소비자는 상품 보관 시 드는 비용을 다른 용도로 사용할 수 있게 된다.

4) 서비스 제공

소매업체는 소비자가 보다 쉽게 상품을 사고 사용할 수 있도록 다양한 서비스를 제공한다. 그들은 신용카드를 발행하여 먼저 구입하고 나중에 지불할 수 있도록 배려하고 있으며, 상품을 진열해 놓음으로써 구입하기 전에 직접 보거나 사용해 볼 수 있도록 하고 있다. 몇몇의 소매업체는 진열대 곳곳에 판매원들을 두어 상품에 대한 부가적인 정보를 제공하도록 하고 있다.

5) 상품 및 서비스의 가치 증대

다양한 종류의 상품을 제공하고, 구매하기 좋은 크기로 상품을 포장하며, 재고를 유지하고, 서비스를 제공함으로써 소매업체는 소비자가 받을 수 있는 상품 및 서비스의 가치를 상승시킨다. 예를 들어, Iowa 제조업체 창고에 보관되어 있는 문짝의 경우, 지금 문짝만을 사서 장롱에 직접 조립해서 사용하려는 사람(do-it-yourselfer: DIYer)에게는 아무 소용이 없다. DIYer에게는, Home Depot나 Lowe's 같이, 문짝 하나만을 원할 때 그것 하나만을 제공해 줄 수 있으면서 접근이 수월한 점포가 필요한 것이다. 홈센터(home improvement center)는 여러 종류의 문짝들을 진열해 놓고, 구입하기 전에 미리 살펴볼 수 있도록 해 놓고 있다. 상품 주위에 직원을 두어, 어느 문짝이 가장 좋은지에 대한 상담과 문짝을 다루는 방법 등에 대해 설명해 준다. 이 센터는 DIYer들이 작업을 할 때 필요한 도구나 페인트, 각종 장비를 다양하게 구비하고 있다. 그러므로, 소매업체는 소비자들이 구매하는 상품이나 서비스의 가치를 높이는 역할을 하고 있는 것이다.

Ⅱ 소매의 사회적, 경제적 중요성

1. 사회적 책임

소매업체들에게는 사회적인 책임이 있다. 기업의 사회적 책임은 기업들이 도덕적, 사회적, 환경적으로 미치는 영향을 검토하는데 자발적으로 참여해야 한다는 것을 의미한다. 〈Retailing View 1.1〉에서는 소매업체들이 소비자뿐만 아니라 사회에까지 어떻게 가치를 제공하는지 보여주고 있다.

2. 소매 판매액

소매업은 삶의 모든 분야에 걸쳐 영향을 미친다. 깊이 생각할 필요도 없이, 음식을 먹을 때, 아파트에 가구를 들여놓을 때, 파티나 면접을 위해 옷을 살 때, 우리는 많은 소매업체와 다양한 관계를 맺는다. 미국의 소매 판매액은 4조 달러가 넘는데, 이것도 자동차와 관련된 부분은 포함하지 않은 것이므로 적게 추정된 것이다.

대중에게 널리 알려져 있는 것과 반대로, 대부분의 소매업체는 대규모 업체가 아니다. 190만개 정도의 미국 소매업체들 중 단 1%만이 100개 이상의 점포를 보유하고 있고, 95% 이상은 한 개의 점포를 갖고 있다.

3. 고용

고용 측면에서도 소매 분야는 그 효과가 가장 큰 산업 중 하나이다. 미국에선 2,400만 명의 근로자들이 소매업에 종사하고 있는데, 이는 미국 노동력의 약 18%를 차지하고 있다. 2004년에서 2014년 사이에, 소매업에서 1600만개의 일자리가 추가로 창출될 것으로 기대되어, 미국의 고용 시장에서 제일 큰 부분 중 하나가 될 것이다.

4. 세계적 소매업체들

점점 더 많은 소매업체들이 해외로 경영을 확장해감에 따라, 소매업은 세계적인 산업이 되어가고 있다. Amway, Avon, Ace Hardware, Inditex (Zara) 등의 대형 소매업체들은 20개가 넘는 나라에 진

사회적으로 책임감 있는 소매업체들

Edun은 U2의 리드싱어이자 글로벌 행동주의자인 Bono에 의해 소개된 공정거래 패션브랜드이다.

많은 소매업체들은 생분해성이 있거나 환경적으로 민감한 상품을 매입하고 설계하며, 긍정적인 친환경적 활동들을 실천하거나 기부활동을 한다. 소비자와 주주들에 의해, 이러한 모든 활동들은 사회적으로 책임감 있는 전략으로 여겨진다. U2의 리드싱어이자 세계적 활동가인 Bono는 Saks, Nordstrom, FairIndigo.com와 같은 점포들을 통해 고가격의 상품들을 제공하는 공정거래 패션브랜드인 Edun을 선보였다. 공정거래란 일반적인 최저임금보다 더 많은 금액을 노동자들에게 지급하고, 현지의 의료 검진과 같은 혜택을 제공하는 공장에서 상품이 생산되는 것을 의미한다. 이에 질세라, 스타벅스는 농부들에게 아라비카 커피콩의 상품가격을 42%나 높게 지급했다.

Gap, Emporio Armani, Apple, 그 외 다른 고급 브랜드들은 유럽에서 그들 고유의 Product Red lines을 런칭하고, red 티셔츠와 휴대폰, 선글라스, 그 외에도 다른 상품들을 판매하여, 그 수익금의 일부를 아프리카의 AIDS, 결핵, 말라리아와 싸우는 Global Fund에 기부하고 있다. 그러나 그들만이 기부활동을 하는 유일한 소매업체는 아니다. Saks Fifth Avenue는 노숙자들을 돕는 그룹인 Help USA에 특정 가죽 쟈켓 매출의 일정부분을 기부했다. Bloomingdale's는 매년 많은 자선단체에 기부하는데, 여기에는 국립 결장암 연구 연맹(the National Colorectal Cancer Research Alliance), 청소년 당뇨 연구 재단(the Juvenile Deabetes Research Foundation), 자폐증 관련 단체(Autism Speaks) 등이 포함된다. Wal-Mart는 구세군(the Salvation Army)의 기금 마련을 도와 최근에는 2억 4,500만 달러를 기부했다. MAC Cosmetics는 립스틱과 축하카드의 특별 라인으로 AIDS 치료를 위한 4천만 달러의 기금을 모금하였다.

영국의 거대 식료품점인 TESCO는 소비자들의 재사용 시장바구니에 대한 카드포인트를 적립해줌으로써, 일주일에 1천만개 이상의 비닐봉투를 줄일 수 있다는 프로그램을 알리기 위한 대대적인 광고 캠페인을 전개하였다. 낭비되는 봉투 문제에 대해 다른 접근방식을 사용한 스웨덴의 IKEA라는 가구 점포는, 영국의 소비자들에게 100% 생분해되는 각 비닐봉투마다 15센트를 부과하였다. Wal-Mart, Staples, Williams-Sonoma, Home Depot, 그리고 Safeway는 모든 나무와 종이 상품들이 지속가능한 숲(합법적이고 재생가능한 벌채로 사용되는 숲)으로부터 만들어졌다는 것을 보증한다. 일부 회사들은 불필요한 포장과 프린트 마케팅 재료들을 줄이고 있고, 다른 회사들도 그들의 카탈로그에 재활용된 종이를 사용하고 있다. Target과 같은 소매업체들은 에너지 효율적인 빌딩을 건축함으로써, 점포를 건설하고 운영하는데 있어 사회적으로 좀 더 책임감 있는 기업이 되어가고 있다. 이러한 시도들은 사회적 책임이라는 측면에서 뿐만 아니라 비용 절감이라는 측면에서도 이익을 가져온다. Zero Waste 시도를 통해, Wal-Mart는 4억 7,810만 갤런의 물, 2,070만 갤런의 디젤 연료, 수백만 파운드의 고체폐기물을 절약하였다. 또한, 100% 재생 에너지 프로그램을 통해, 2014년까지 새로 오픈되는 모든 점포에서 에너지 소비량을 30%까지 줄이는 것을 기대하고 있다.

일부 회사들은 그들이 속한 지역사회를 돕는, 좀 더 직접적인 접근방식을 채택한다. 예를 들어, Home Depot의 30만명 직원들은 그들의 사회봉사단체인 Team Depot를 통해 7백만 이상의 서비스 시간을 공헌하고 있다. 덧붙여, 회사는 4군데의 타겟 지역(임대주택, 빈곤층자녀, 환경, 재난 대비와 구조)에 2,500만 달러 이상을 기부하고 있다.

출처: Johyn Vomhof Jr., "Target Starts Solar-Power Rollout," mlive.com, April 30, 2007; Steve Hochman, "Logistics: Green Supply Chains," Forbes.com, April 20, 2007; "Best Practices: It' Good to Be Green," www.smartreply.com, 2007; Michael Barbaro, "Candles, Jeans, Lipsticks: Products with Ulterior Motives," *The New York Times*, November 13, 2006; Stephanie Hanes, "Nice Clothes-But Are They Ethical?" *Christian Science Monitor*, October 15, 2006; Bob Tedeschi, "A Click on Clothes to SupporT Fair Trade," *The New York Times*, September 25, 2006.

출했다. 세계적인 소매업체들이 국제 소매 매출액 규모보다 훨씬 빠르게 성장하고 있기 때문에, 이런 업체들이 세계 소매 시장에서 차지하고 있는 규모 역시 점점 증가하고 있다. 또한 이런 대형 업체들의 매출에서 해외 경영이 차지하는 비중도 매우 크다. Wal-Mart, Carrefour, Royal Ahold, Metro, Schwarz는 각각 해외시장에서 벌어들이는 돈이 연간 200억 달러를 넘는다.

〈보기 1-2〉는 세계적 소매업체들 중 규모가 가장 큰 20개의 리스트이다. 세계적인 소매 매출이 3조 7

○ 보기 1-2
20대 소매업체

순위	회사	본부	2005년 매출 (백만달러)	소매업태	5년간 연평균 복합성장률
1	Wal-Mart	U.S.	$312,427.00	Discount	11.60%
2	Carrefour	France	$92,778.00	Hypermarket	2.80%
3	Home Depot	U.S.	$81,511.00	Category Specialist	12.30%
4	Metro AG	Germany	$69,134.00	Multiple Food Formats	5.00%
5	Tesco	U.K.	$68,866.00	Multiple Food Formats	12.80%
6	Kroger	U.S.	$60,553.00	Supermarket	4.30%
7	Target	U.S.	$52,620.00	Discount	7.40%
8	Costco	U.S.	$51,862.00	Warehouse Club	10.40%
9	Sears	U.S.	$49,124.00	Department Store	5.80%
10	Schwarz	Germany	$45,891.00	Multiple Food Formats	13.00%
11	Aldi	Germany	$45,096.00	Supermarket	4.50%
12	Rewe	Germany	$44,039.00	Multiple Food Formats	3.00%
13	Lowe's	U.S.	$43,243.00	Category Specialist	18.20%
14	Walgreens	U.S.	$42,202.00	Drug Store	11.40%
15	Groupe Auchan	France	$41,180.00	Multiple Food Formats	7.10%
16	Albertsons	U.S.	$40,358.00	Supermarket	1.90%
17	Edeka	Germany	$39,445.00	Multiple Food Formats	4.90%
18	Safeway	U.S.	$38,416.00	Supermarket	3.70%
19	CVS	U.S.	$37,006.00	Drug Store	13.00%
20	AEON	Japan	$36,978.00	Specialty	10.60%

천억 달러 정도로 추산되는 가운데, 이들 20개의 업체가 35% 정도를 차지하고 있다. 매출 규모만 봐도 Wal-Mart는 소매 세계에서 분명한 리더라는 것을 알 수 있는데, Wal-Mart의 매출액은 업계 2위인 Carrefour의 매출액의 3배 이상이다. 한편, 1996년에 24위였던 Home Depot는 2006년에는 3위로 올라, 지난 몇 년간 두드러지게 성장해왔다는 것을 보여주고 있다.

식품 분야는 대형 소매업체들 사이에서 여전히 우위를 점하고 있다. 80% 정도의 업체들이 음식을 팔고, 250개의 대형 업체들 중 50% 이상이 슈퍼마켓, 창고형 점포, 하이퍼마켓, 편의점 형식의 점포, 혹은 이들 중 일부를 배합한 형태의 점포를 보유하고 있다. 만약 미국의 드럭 스토어 체인이나 다른 점포들에서 식품을 파는 것들까지 식품 업체에 포함시킨다면, 식품 소매업의 우위는 훨씬 더 명백해질 것이다.

세계적인 소매업체 사이에서 top에 속하는 곳들 중, 36%는 미국에, 36%는 유럽에, 14%는 일본에 본부를 두고 있다. 그러나 제일 큰 소매업체들 중 43%는 한 나라에서만 운영되고, 14%는 인접한 두 개 국가에서만 운영되고 있다. 유럽과 미국의 소매업체들이 국제적으로 제일 큰 존재들인데, 250개의 가장 큰 소매업체들 중 유럽의 업체들은 평균적으로 9.9개국에 점포가 있고, 미국의 경우 3.7개국에 점포가 있다.

Ⅲ 소매와 공급체인 구조의 세계적 다양성

소매와 유통공급체인의 특징은 세계 다양한 지역들마다 다르다. 소매와 공급체인 구조에 있어서 미국, 유럽연합, 중국, 인도의 몇 가지 중요한 차이점이 〈보기 1-3〉에 요약되어 있다. 예를 들어, 미국의 유통 시스템은 대규모 유통업체를 중심으로 소매집중도(소수 소매점의 시장점유율 정도)가 가장 높다. 미국의 많은 소매업체들은 규모가 커서 자사 소유의 창고를 운영하고 있다. 그렇기 때문에 도매업체를 필요로 하지 않는 것이다. 그리하여 대규모 소매업체와 대규모 제조업체와의 연합은 매우 효과적인 유통 시스템을 이루어 내고 있다.

이와 반대로 중국과 인도의 유통 시스템을 살펴보면, 중국과 인도는 여러 개의 작은 소매업체들과 하나의 크고 독립적인 도매업체로 이루어져 있다. 이들 나라에서는, 작은 소매업체들에게 아침마다 효과적으로 상품을 운송을 하기 위해서는, 제조업체와 소매업체 사이에서 여러 번의 유통 경로를 거쳐야

○ 보기 1-3
소매업과 유통경로에 대한
세계 지역별 비교

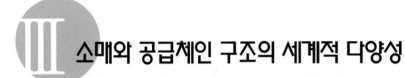

	미국	유럽연합	인도	중국
집중도 (대형 소매업체의 소매매출 비율)	높음	높음	낮음	낮음
소매 밀도	높음	중간	낮음	낮음
점포규모	높음	중간	낮음	낮음
도매업체의 역할	제한적	보통	광범위	광범위
유통경로 지원인프라 수준	광범위	광범위	제한적	제한적
점포위치, 점포규모, 소유에 대한 제한 정도	적음	상당함	상당함	적음

한다. 게다가, 소매업을 받쳐줄 수 있는 사회기반시설, 특히 교통과 통신시설이 서구 나라들처럼 잘 발달되어 있지 않다. 이러한 효율성의 차이가 미국보다 중국, 인도에서 공급체인과 소매업에 훨씬 많은 일자리가 창출되는 원인이기도 한다.

한편, 유럽의 유통 체계는 미국과 중국·인도의 중간 정도로 볼 수 있다. 유럽은 북부 유럽과 중부 유럽, 남부 유럽으로 나뉘며, 북부 유럽이 미국과 가장 비슷한 유통 시스템을 갖고 있다. 다시 말해, 북부 유럽은 소매업체의 집중 정도가 높다. 예를 들어, 식품이나 가정 용품의 매출액 중 80% 이상이 5개 이하의 기업에 집중되어 있다. 반면, 남부 유럽의 소매업체는 그 집중도가 매우 낮다. 예를 들어, 전통적인 농산물 시장이 특정 분야에서는 여전히 중요한 위치를 차지하고 있다.

주요 시장들 사이에서 이러한 유통 체계의 차이를 가져온 몇 가지 요인들을 살펴보면 다음의 세 가지를 들 수 있다.

1) 사회적, 정치적 목적

중국과 인도의 최상위 경제 정책은 바로 구멍 가게와 같은 작은 사업들을 보호하면서 실직률을 낮추는 것이다. 유럽의 일부 국가에서도 녹지

중국의 유통시스템은 상대적으로 소규모의 회사들이 운영하는 작은 가게들로 이루어져 있어 미국의 유통시스템보다 비효율적이다.

보존과 마을의 가게 보호, 교외지역의 대형점포개발 제한을 위해, 엄격한 구역 법령(zoning laws) 뿐만 아니라 중소 소매업체 보호법을 유지하고 있다.

2) 지리적 목적

미국의 인구밀도는 인도나 중국, 유럽보다 훨씬 낮다. 따라서 인도나 중국, 유럽에서는 대형 점포를 건설하는데 필요한 저렴한 가격의 부동산이 미국보다 적다.

3) 시장 크기에 의한 목적

미국과 인도, 중국의 소매 시장은 유럽 각 국가들의 소매 시장보다 상대적으로 그 규모가 크다. 유럽에서는 전통적으로 단일 국가를 중심으로 유통 센터나 소매 체인을 설립하여 운영하고 있기 때문에, 미국처럼 많은 인구 수에 바탕을 둔 대규모의 경제이익을 얻기가 쉽지 않다. 심지어 유럽 국가들 사이에서 교역을 좀 더 쉽고 효율적으로 하기 위해 고안한 유로화나 다른 정책들이 있음에도 불구하고, 미국에서는 찾아볼 수 없는 무역 장벽이 아직도 존재한다.

IV 소매에서의 기회

1. 경영 기회

극심한 경쟁과 도전적 환경에 대응하기 위하여, 소매업체는 광범위한 관리 기술과 관심을 가지고 인재를 채용하며 관리한다. 학생들은 소매업을 마케팅의 한 부분으로 보는 경우가 있다. 이는 종종 공급체인을 관리하는 것이 생산자의 마케팅 기능의 일부분이라는 생각에서 기인하는 것이다. 하지만 소매업

체들도 사업을 운영하고, 생산자들과 마찬가지로 전통적인 경영활동을 맡고 있다. 구체적으로 살펴보면, 소매업체는 금융기관으로부터 자본을 마련하고, 상품 및 서비스를 매입하며, 사업 운영의 전반을 조정하기 위해 회계와 운영정보시스템을 개발한다. 또한 재고와 유통시스템을 관리하고, 신제품을 디자인하고 개발하며, 광고, 프로모션, 판매원 관리, 시장 조사 등의 마케팅 활동도 전개한다. 따라서, 소매업체는 마케팅은 물론, 금융, 회계, 인사, 공급체인관리, 그리고 컴퓨터 시스템과 같은 분야에 대한 높은 관심과 전문지식을 갖고있는 인재를 고용한다.

2. 창업 기회

소매업은 창업하려는 사람들에게도 기회를 제공한다. 세계 제일의 부자들 중 일부는 소매 경영자들이다. 그 중 많은 사람들은 점포 문 앞에 그들의 이름이 걸려 있기 때문에 잘 알려졌으나, 다른 경우에는 아마 독자 여러분이 인식하지 못할 것이다. Retailing View 1.2에서 세계에서 가장 위대한 기업가 중의 한 명인 Sam Walton과 또 다른 혁신적인 소매 기업가인 Jeff Bezos, Anita Roddick, Ingvar Kamprad의 인생에 대해 살펴보기로 한다.

1) Jeff Bezos (Amazon.com)

1994년, 인터넷 사용율이 연간 2,300%로 성장하고 있다는 것을 알게된 후, 쿠바 난민의 아들이었던 30살의 Jeff Bezos는 월스트리트의 회사를 그만두고 엄청난 보너스를 뒤로 남겨둔 채 인터넷 비즈니스를 시작하였다. 그의 부인인 MacKenzie가 전국을 가로질러 운전하고 있는 동안, Jeff는 노트북에 사업계획을 타이핑하였다. 그들은 Seattle에 도착하여, 우선 인터넷 서점을 시작하기 위한 투자금을 모았다. Amazon.com이라는 회사 이름은 거대한 양의 물이 흐르는 강에서 그 이름을 따왔으며, 이는 인터넷 판매에서 최대 규모를 달성한다는 Bezos의 목표를 표현한 것이다. 그는, 사소한 부분에 공들이는 것이 성공을 위해 중요하다는 것을 인식한, 몇 안 되는 닷컴(dot.com) 리더 중의 하나였다. 그의 리더십 아래, Amazon은 개인화된 추천과 홈페이지를 제공함으로써 점포에서 쇼핑하는 것보다 인터넷에서의 쇼핑이 좀 더 빠르고, 쉽고, 개인화되게 하는 기술을 발전시켰다. Amazon.com은 인터넷 서점 그 이상이 되었다. 그것은 이제 소매업자들에게 웹사이트와 서비스를 제공하고, 덧붙여 수천 명의 소규모 소매업자들에게 점포를 호스팅 해준다.

2) Anita Roddick (The Body Shop)

2007년 세상을 떠난 Anita Roddick은 가족들을 위한 부수입을 얻기 위해 첫 번째 Body Shop을 영국의 Brington에 열었다. 그녀는 어떠한 비즈니스 경험도 가지고 있지 않았지만, 광범위한 여행을 하였고, 여성의 신체 의식을 잘 이해하였다. 초기에 15개의 상품 라인을 팔던 작은 상점이, 이제는 전세계 2,000개 매장에서 300개 이상의 상품을 판매하고 있다. 사업을 시작했을 때부터, Roddick은 돈을 절약하기 위해 용기를 재활용했고, 그러한 행동은 The Body Shop 핵심 가치의 기반이 되었다. 오늘날 The Body Shop은 친환경 상품만을 보증하고, 동물 실험에 대항하고 있다. Roddick은 그녀의 비즈니스를 인간의 권리와 환경적 이슈들에 대한 의사소통 수단으로 활용하였다. Body Shop의 많은 상품들은 남아메리카의 농장지역에서 재배된 재료를 포함하고 있고, 그것은 그 지역의 삶이 유지되도록 도와주고 있다. 1989년, 아마존의 Indian 부족은 열대 우림과 그들의 터전에 홍수를 일으키는 수력 전기 프로젝트에 저항하였다. 그들을 돕기 위해, Roddick은 프로젝트가 진전되는 것을 막기 위한 계획을

Sam Walton, Wal-Mart의 설립자(1918-1992)

샘 월튼은 Walbing
Around 관리 방식을
신뢰하였다.

"헨리 포드의 Model T와 같이, 샘 월튼과 Wal-Mart는 좋든 나쁘든 미국을 변화시켰다."고 Missouri 대학의 농촌 사회학과 교수가 말했다. 다른 이들은 심지어 더 나아가 샘 월튼이 미국 전체와 전세계 소매산업을 변화시켰다고 주장한다.

1940년 Missouri 대학을 졸업한 후, 월튼은 Iowa, Den Moines의 JCPenney 점포에서 일을 시작했다. 그는 세계 제2차 대전 동안 육군으로 복무했고, 그 후 Arkansas, Newport에서 Ben Franklin 잡화프랜차이즈를 시작했다. 그는 Ben Franklin 본사로부터 상품을 구입하는 것보다 더 낮은 가격으로 상품을 제공하는 공급업자를 찾음으로써 매출을 증가시켰다.

그러나, 1950년 점포주인이 임대갱신을 거부함에 따라 그는 점포를 잃게 되었고, 그는 그의 어린 동생들과 함께 또다른 Ben Franklin 잡화점을 하는 Arkansas의 Bentonville로 이사하였다. 월튼은 Minnesota의 두 개의 Ben Franklin 점포에서 그가 발견한 새로운 셀프서비스를 도입하였는데, 점원과 현금계산대가 없고 오로지 정면에 자가계산대(checkout lanes)만 있는 점포가 그것이다. 1960년까지, 월튼은 그의 디스카운트 체인이 설립되는 Arkansas와 Missouri에 15개의 점포를 갖게 되었다.

1960년대 초까지, 소매업체들은 셀프서비스, 제한된 상품구색, 낮은 간접비, 그리고 넓은 주차공간 등을 사용해 디스카운트 컨셉을 발전시켰다. 월튼은 1962년 Arkansa의 Rogers에 그의 첫번째 Wal-Mart Discount City를 오픈하며 그 개념에 동참하였다. 어떤 관찰자는 그것을 난잡하다고 언급했는데, 점포 외부에서는 뜨거운 태양 아래 당나귀 타기와 수박이 섞여있었고, 점포 내부에서는 상품들이 난잡하게 진열되어 있었기 때문이었다.

그러나 월튼은 재빨리 그의 사업에 질서를 가져왔고, 혁신적인 전략을 추구했다. 그것은 소도시의 거대한 디스카운드 스토어였다. 월튼은 도시가 소매업체들에 의해 포화상태가 되었다고 생각하였고, 거대한 회사들이 무시해 온 작은 마을 안에서 그는 성공할 수 있으리라고 확신했다. 1980년대까지, 월튼은 큰 교외에 점포들을 짓기 시작했다. 그 후 월튼은 디스카운트된 가격으로 대용량의 상품을 파는 창고형 스타일의 점포인 Sam's Clubs을 시작했다. 다음으로, Wal-Mart 슈퍼센터는 100,000부터 200,000 평방피트의 크기로, 한 지붕 아래에서 슈퍼마켓과 통상적인 Wal-Mart의 특성을 모두 나타냈다. 이러한 성공의 결과, Wal-Mart는 현재 미국에서 가장 큰 식품 소매업체가 되었다.

월튼은 종종 상품진열이나 재정적인 성과를 체크하거나 사원들과 얘기를 나누기 위해 깜짝 방문을 하였다. 그는 profit-sharing 프로그램과 그가 JCPenny에서 일할 때 배운 친근하고 열려있는 분위기와 비즈니스 관행을 자랑스러워했다. 그는 종종 corny나 uplifting으로 불리는 격려로 종업원들을 이끈다. 그는 그것을 다음과 같이 묘사했

다: "Give me a W! Give me a A! Give me a L! Give me a Squiggly!(여기서 모든 종업원들은 살짝 몸을 뒤튼다) Give me a M! Give me a A! Give me a R! Give me a T! What's the spell? Wal-Mart! What's the spell? Wal-Mart! Who's number one? THE CUSTOMERS!"

그는 거대 기업이 어떻게 운영되어야 하는지에 대한 그만의 고유한 방식을 제공했다: "한번에 하나의 점포만 생각하라. 그것은 쉽게 들리겠지만, 그것은 우리가 지속적으로 정상의 자리에 머무를 수 있는 무엇이다. 의사소통, 의사소통, 의사소통: 만약 당신이 회사에서 아무고도 말하지 않는다면, 비치타올을 판매하기 위한 더 좋은 방법을 알아내는 것이 무슨 소용 있겠는가? 당신의 귀를 주변으로 기울여라: 컴퓨터는 당신이 점포에서 외부로 나가 무엇이 어떻게 진행되고 있는지를 알려줄 수 있는 대용품이 아니며, 앞으로도 절대 알려주지 못할 것이다."

1991년, 비즈니스 컨셉과 관리 실행의 성공으로 월튼은 미국에서 가장 부유한 사람이 되었다. 그는 1992년 백혈병으로 세상을 떠났다. Wal-Mart는 현재 세계에서 가장 큰 기업이 되었다.

출처: Michael Bergdahl, "10 Rules of Sam Walton," *Leadership Excellence*, September 2006, p.4; Michael Bergdahl, *The 10 Rules of Sam Walton: Success Secrets for Remarkable Results* (Hoboken, NJ: John Wiley & Sons, 2006); "Sam Walton, http://en.wikipedia.org/wiki/Sam_Walton (November 26, 2007); http://littlerock.about.com/cs /homeliving/a/aasamwalton.htm; Wendy Zellner, "Sam Walton: King of the Discounters," *Business Week*, August 9, 2004, p.12; "The Waltons: Inside America's Richest Family," *Fortune*, November 15, 2004, pp.86-101.

IKEA의 설립자 Ingvar Kamprad의 첫사업은 자전거를 타고 다니며 이웃들에게 성냥을 파는 것이었다.

Refact

IKEA는 설립자의 이름(Ingvar Kamprad)과 그의 가족 농장인 Elmtaryd, 그리고 인근 마을인 Agunnaryd의 약어이다.

마련하였다. 그런 다음, 그녀는 브라질 견과로 촉촉한 보습 오일을 생산하고, 브라질 견과를 모으는 Indian 부족들로부터 그것들을 구매하는 거래를 맺기로 결심하였다. 오늘날에도, The Body Shop은 이 부족들과의 비즈니스 관계를 지속하고 있다.

3) Ingvar Kamprad (IKEA)

스웨덴의 가정용 가구 소매업체인 IKEA의 설립자인 Ingvar Kamprad는 언제나 기업가였다. 그의 첫 번째 비즈니스는 그의 자전거에서 이웃 주민들에게 성냥을 파는 것이었다. 대용량으로 성냥을 구매하여 낮은 가격에 개별적으로 판매함으로써, 그는 좋은 이윤을 낼 수 있다는 것을 발견하게 되었다. 그리하여 물고기와 크리스마스 트리 장식품, 씨앗, 그리고 볼펜과 연필을 파는 것으로 그의 사업을 확장하였다. 17살이 되었을 즈음, 그는 학교에서의 성공에 대한 보상을 얻게 되었다; 그의 아버지는 그에게 회사를 설립할 수 있는 돈을 주었다. Wal-Mart의 창업자인 Sam Walton과 같이, Kamprad는 검소한 것으로 잘 알려져 있다. 그는 낡은 Volvo를 운전하고, 비행기의 이코노믹 클래스를 이용하며, IKEA 직원들에게 종이의 양면을 사용할 것을 권장한다. 이러한 근검절약은 IKEA를 통한 비용절감의 기업 철학으로 녹아들어, 혁신적인 디자인의 고품질 가구를 저가격으로 제공할 수 있게 하였다.

소매 경영상의 의사결정

이 책은 두 가지 경영 의사 결정을 중심으로 구성되어 있다. 하나는 소비자에게 가치를 제공하기 위한 경영 의사 결정이고, 다른 하나는 경쟁사에 대하여 경쟁 우위를 개발해 내기 위한 경영 의사 결정이다. 〈보기 1-4〉는 각각의 의사 결정과 관련된 이 책의 장(chapter)들을 보여준다.

1. 소매 세계의 이해 - 제 1부

〈보기 1-4〉가 보여주는 것처럼, 소매경영 의사 결정 과정의 첫 걸음은 소매분야의 세계를 이해하는 것이다. 소매 경영자가 효과적인 전략을 개발하고 그것을 실행하기 위해서는, 자신이 처한 환경에 대해서 충분히 알고 있어야 한다. 그리하여, 이 책의 제 1부에서는 소매 산업과 그의 고객에 대한 전반적인 내용을 제공한다.

소매의 세계에서 중요한 환경적 요인은 1)거시 환경(macroenvironment)과 2)미시환경(microenviron ment)이다. 기술적, 사회적, 윤리적/법적/정치적 요소를 모두 포함한 거시 환경의 영향은 이 책 전반에 걸쳐 소개되고 있다. 예를 들어, 떠오르는 다채널 소매업에 대한 기술의 영향은 3장에서 다루고 있고, 새로운 정보공급체인 기술에 대한 사용은 10, 11장에서 다뤄지며, 윤리적, 법적, 그리고 공공정책과 관련된 이슈는 책 전체를 통해서 다뤄진다. 소매업체의 미시환경은 특별히 그들의 경쟁자와 고객에게 집중된다.

◆ 보기 1-4
소매경영 의사결정 과정

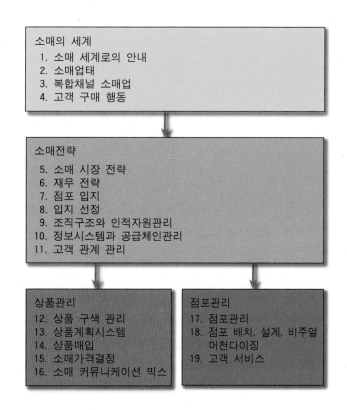

소매의 세계
  1. 소매 세계로의 안내
  2. 소매업태
  3. 복합채널 소매업
  4. 고객 구매 행동

소매전략
  5. 소매 시장 전략
  6. 재무 전략
  7. 점포 입지
  8. 입지 선정
  9. 조직구조와 인적자원관리
  10. 정보시스템과 공급체인관리
  11. 고객 관계 관리

상품관리
  12. 상품 구색 관리
  13. 상품계획시스템
  14. 상품매입
  15. 소매가격결정
  16. 소매 커뮤니케이션 믹스

점포관리
  17. 점포관리
  18. 점포 배치, 설계, 비주얼 머천다이징
  19. 고객 서비스

1) 경쟁자(Competitors)

어떻게 보면, 경쟁자를 선별하는 것은 쉬워 보인다. 소매업체의 주요 경쟁자는 같은 형태를 지닌 다른 소매업체들이다. 그러므로 백화점들은 다른 백화점과 경쟁하며, 슈퍼마켓들은 다른 슈퍼마켓과 경쟁한다. 이러한 같은 업태의 소매업체들 간의 경쟁을 업태 내 경쟁(intratype competition)이라고 한다. 대다수의 소매업체는 폭넓은 고객들의 이목을 끌기 위해서 상품의 종류를 다양화시키고 있다. 다양성(Variety)이란 점포 또는 점포 내에 있는 서로 다른 상품 카테고리의 수를 의미한다. 한 점포에서 다양한 상품을 취급하여 일괄구매(one-stop shopping)를 가능하게 함으로써, 표적 시장의 욕구를 보다 더 심도 있게 충족시키고 있는 것이다. 예를 들어, 의류와 식품은 이제 식료품점, 백화점, 할인점, 그리고 드럭스토어에서도 구입할 수 있다. 드럭스토어인 Walgreens는 고객의 생활방식에 대한 욕구를 충족시키기 위하여 이미 확장된 건강/미용 카테고리에 보석, 액세서리, 의류 등을 더 추가하였다. 드럭스토어에서 의류를 판매하는 것과 같이, 점포의 업태와 일반적으로 관련되지 않는 상품들을 제공하게 되면, 이는 혼합 머천다이징(Scrambled Merchandising: 소매점이 종래에 취급한 전문 상품에 구애되지 않고 다양한 상품을 갖추고 판매하는 활동)이라는 결과로 이어진다. 혼합 머천다이징은 업태 간 경쟁(intertype competition)을 부추기거나, 또는 할인점이나 백화점과 같은 서로 다른 형태로 비슷한 상품을 판매하는 소매업체간의 경쟁을 촉진시킨다.

업태 내 경쟁의 증가는 소매업체들이 그들의 경쟁 상황을 명확히 하고 예의 주시하는 것을 더욱 더 어렵게 만든다. 어떤 의미에서는, 상품과 서비스를 구매하는데 쓰는 소비자들의 돈을 보고, 소매업체가 서로 다른 업체들과 경쟁한다고 볼 수 있다. 그러나 극심한 경쟁은 매우 비슷해 보이는 판매 형태를 제공하며, 이는 근접한 곳에 위치한 소매업체들 간에 가장 심하게 나타난다.

소비자는 편리한 점포 위치를 가장 중요하게 생각하기 때문에, 경쟁 구분 시 가장 중요한 요소중의 하나는 점포에 대한 접근성이다. 교외 지역에서 10 마일 정도 떨어져 있는 Blockbuster과 Harry's Video라는 두 DVD 대여점을 생각해보자. 그 점포는 50마일 이내에 있는 유일한 전문 DVD 대여 소매업체이지만, 한 식료품점에서도 Blockbuster와 같은 건물에서 DVD 대여를 해주고 있다. 이러한 두 점포 사이의 거리로 인하여 Blockbuster와 Harry's Video의 경쟁은 약해질 것이다. Harry's Video 근처에 사는 고객은 그 곳에서 DVD를 빌릴 것이며, Blockbuster 근처에 사는 고객은 Blockbuster 또는 식료품 점에서 DVD를 빌릴 것이다. 이 경우에, Harry의 주요 경쟁자는 아마 영화관, 케이블 TV, 그리고 우편 주문 대여 서비스를 제공하는 Netflix가 될 것이며, 이는 Harry's video 근처에 사는 고객이 다른 지역에서 DVD를 빌리는 것이 너무나 불편하기 때문이다. 이와는 반대로, Blockbuster는 식료품점과 집중적으로 경쟁할지도 모른다.

경영 관점에서 경쟁자에 대해 살펴보면, 회사 내 경영자의 위치에 따라 약간씩 다른 견해가 나올 수 있다. 예를 들어, New Jersey의 Bergen County에 위치한 Saks Fifth Avenue 백화점의 여성 스포츠 의류 부서의 관리자는 Riverside Square mall에 있는 다른 여성 스포츠의류 전문점들을 그들의 주요 경쟁상대로 여길 것이다. 그러나 Saks 점포의 총관리자는 근처 쇼핑몰에 있는 Bloomingdale의 점포를 가장 강력한 경쟁자로 여길 것이다. 이러한 관점의 차이는 전체 점포 관리자가 백화점에 의해 제공되는 전반적인 모든 상품과 서비스를 찾는 고객을 주로 고려하는 반면에, 판매 담당자(스포츠 의류 부서 관리자)는 제품의 특정 범주에 해당하는 고객만을 최우선적으로 고려하기 때문이다. 이와는 대조적으로, 소매 체인의 CEO는 경쟁을 훨씬 더 넓은 지리적인 관점에서 보게 된다. 예를 들어, Nordstrom 백화점은 아마 그들의 가장 강력한 경쟁자로 서북부의 Macy, 북부 캘리포니아의 Saks, 그리고 북부

식료품점이 패스트푸드점 과 경쟁할 때, 이는 업태간 경쟁으로 볼 수 있다.

버지니아의 Bloomingdale을 꼽을 것이다. CEO는 또한 광범위한 전략적 관점을 가질 것이고, 다른 활동들은 소비자의 가처분 소득을 위해 경쟁한다고 인지할 것이다. 예를 들어, Safeway의 CEO는 고객의 관점을 받아들이고, 식료품점이 드럭스토어, 편의점, 식당과 경쟁 중이라는 것을 인식하고 있다.

소매의 세계는 매우 경쟁적이다. 이는 다른 종류의 소매업체와 그들과 경쟁하는 법에 대한 이해가 소매 전략을 개발하고 실행하는 것에 있어 중요하다는 것을 의미한다. 2장에서는 다양한 종류의 소매업체와 그들의 경쟁전략을, 그리고 3장에서는 소매업체들이 경쟁적인 우위를 지니기 위해 다방면의 전략을 어떻게 받아들이고 있는지에 집중해서 다루고 있다.

2) 고객(Customers)

미시환경(microenvironment)의 두 번째 요소는 고객이다. 고객의 요구는 끊임없이 바뀌고 있다. 소매업체는 노령 인구의 증가나 소외 계층, 맞벌이 가족의 쇼핑 편의의 중요성과 같은 우리 사회의 광범위한 인구 변화와 생활 트렌드에 대응해야만 한다. 효과적인 전략을 수립하고 실행하기 위해 소매업체들은 고객이 왜 구매하는지, 그들이 어떤 방식으로 점포를 선택하는지, 그리고 점포의 제품을 어떤 방식으로 선택하는지에 대해 이해해야 한다. 이와 관련된 정보는 4장에 수록되어 있다.

2. 소매 전략의 개발 – 제 2부

소매경영 의사결정과정과 소매전략 형성 및 실행의 다음 단계는 제 1부에서 다뤄진 거시환경 (macroenvironment)과 미시환경(microenvironment)에 대한 이해에 기반을 두고 있다. 제 2부는 소매 전략을 개발하는 것과 관련된 의사결정을 집중적으로 다루며, 제 3부와 4부는 전략의 실행과 관련된 의사결정에 대해 다루고 있다.

소매 전략이란 회사의 최종적인 목표를 성취하기 위한 자원 배분 계획을 말한다. 이는 (1)소매업체가 직접적으로 노력을 기울일 표적 시장 혹은 시장들, (2)소매업체가 표적 시장의 니즈를 만족시키기 위해 제공할 상품과 서비스의 특성, (3)소매업체가 경쟁자를 넘어서 어떤 방식으로 장기적 관점의 이점을 만들어내는지에 대해 규명한다.

Wal-Mart와 Circuit City의 전략을 비교해보면, 소매 전략의 본질에 대해 알 수 있다. Wal-Mart는 처음에 그들의 표적 시장을 Arkansas, Texas, Oklahoma와 같이 인구가 35,000명 미만인 소도시로 규정하였다. Wal-Mart는 세탁 비누에서 여성의류에 이르기까지 다양한 품목의 유명 브랜드를 낮은 가격에 제공하였다. 오늘날의 Wal-Mart가 세계적으로 점포를 늘리고 상품 카테고리를 확장시켰음에도 불구하고 여전히 각 품목의 선택은 제한되어 있다.

Wal-Mart와는 대조적으로, Circuit City는 그들의 대상 시장을 대도시의 교외 지역에 거주하는 소비자로 규정하였다. Circuit City는 광범위한 품목을 준비하는 대신 가전제품에 집중하였고, 시장에서 현재 사용 가능한 대부분의 종류와 브랜드를 구비하였다. Wal-Mart와 Circuit City 모두는 셀프 서비스를 강조하였다. 고객은 상품을 선택하고, 계산대에 가져와서 계산을 마친 다음, 그들의 차로 옮긴다. 그러나 Circuit City는 홈 엔터테인먼트 센터와 같은 점포 내 특정 장소에서 고객을 돕기 위해 지식을 갖춘 판매원들을 제공하기도 했고, 배달과 이런 시스템의 설치를 제공하였다.

Wall Mart와 Circuit City 모두 낮은 가격을 강조하였기 때문에, 그들은 그들의 경쟁자를 넘어서는 원가 우위를 점하기 위한 전략적인 의사 결정을 해왔다. 두 회사는 재고를 관리하기 위한 복잡한 유통/경영 정보 시스템을 가지고 있다. 공급자와의 강한 유대 관계는 이 두 회사가 상품을 낮은 가격으로 구입하는 것을 가능하게 한다.

1) 전략적 의사결정 영역

기업의 전략적 의사 결정 영역의 핵심은 대상 시장을 결정하는 것, 재정 상태, 입지, 정보 시스템, 공급체인 구성, 그리고 고객관계관리 전략을 포함한다.

5장에서는 소매 시장 전략의 선택이 주변 환경과 기업의 강/약점 분석을 어떻게 필요로 하는지에 대해서 논의하고 있다. 중대한 환경적 변화가 일어날 때, 현재의 전략과 그에 관한 수립 근거는 재검토되어야 한다. 그리고 나서 소매업체는 새로운 기회의 이점을 얻기 위해 전략적인 변화가 필요한지, 그렇지 않다면 현재 환경 속에서 새로운 위험을 피해야 하는지에 대해 결정해야 한다.

소매업체의 시장 전략은 회사의 재무 목표와 일치해야 한다. 6장에서는 매출액, 비용, 수익, 자산, 그리고 부채와 같은 재무적 변수들이 시장 전략과 그것의 실행을 평가하는 데 있어 어떻게 사용되는지에 대해 다루고 있다.

입지 전략과 관련된 의사 결정은 소비자와 경쟁 모두를 위해서 중요하다. 우선, 입지는 보통 소비자가 점포를 선택하는데 있어 최우선적으로 고려하는 요소이다. 일반적으로 소비자는 가장 가까운 주유소에서 기름을 넣고, 그들의 집과 사무실에서 가장 편리한 쇼핑몰을 애용한다. 두 번째로, 입지는 장기적 관점에서 경쟁을 극복한 이익을 얻을 수 있는 기회를 제공한다. 소매업체가 최적의 입지를 가질 때, 경쟁 소매업체는 그 다음 순위에 해당하는 입지에 만족해야 한다.

소매업체의 조직 구성과 인적 자원 관리 전략은 그들의 시장 전략과 밀접하게 연관되어 있다. 예를 들어, 전국 또는 지역 시장에 납품을 하려 하는 소매업체들은 중앙 집중형 매입(centralized buying)의 효율성과, 지역 수요에 맞는 상품구색과 서비스와의 상쇄작용에 대한 균형을 이루어야 한다. 고품질 고객 서비스를 바라는 고객층에 초점을 맞춘 소매업체들은 판매원들에 대한 동기부여와 함께, 그들이 기대되는 서비스 수준을 제공하게끔 만들어야 한다. 9장에서 다루는 조직 구조와 인적자원 규정들은 상품매입자(바이어), 점포관리자, 그리고 판매원들에 의한 각각의 소매전략들을 조정한다.

소매 정보/공급체인 관리 시스템은 소매업체들이 다음 10년 동안 전략적인 이점을 획득할 수 있는 주요한 기회를 제공할 것이다. 10장에서는 소매업체들이 정보의 흐름과 상품의 흐름을 추적/관찰(판매자로부터 소매 물류 센터, 그리고 소매 점포에까지 이르는)하기 위해 어떤 방식으로 복잡한 컴퓨터와 물류 시스템을 만들고 있는지에 대해 다루고 있다. POS(Point-of-Sale) 단말기는 가격과 코드화된 상품정보를 상품에 부착된 Universal Product Codes(UPCS)로 읽어 들인다. 이렇게 전산화된 정보는 물류 센터 혹은 벤더(공급업체, 납품업체)에게 직접 전달된다(컴퓨터에서 컴퓨터로). 이러한 기술들은

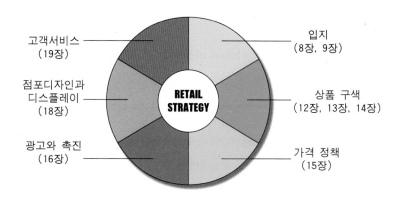

소매업체들로 하여금 (1) 고객에게 더욱 더 완벽한 상품의 선택을 선사하고, (2) 그들의 재고 비용을 감소할 수 있게 하는 전반적인 재고 관리 시스템의 일부이다.

다른 업무들과 마찬가지로, 소매업체는 그들의 우량 고객으로부터의 충성도에 초점을 맞춘다. 11장은 소매업체의 고객관계관리 경영에 대해서 다룰 것이며, 이는 시장점유율을 늘리고 우량고객의 충성도를 높이기 위해 소매업체가 사용하는 과정을 포함하고 있다.

3. 소매 전략의 실행 – 제 3부와 제 4부

소매전략을 시행하기 위해서, 경영진은 표적 시장의 욕구를 경쟁자보다 더 잘 만족시킬 수 있는 소매 믹스를 개발해야 한다. 소매믹스는 소매업체들이 고객의 욕구 만족과, 고객의 구매 결정에 영향을 미치기 위해 사용하는 의사결정 변수를 포함한다. 소매믹스의 구성요소(보기 1-5)는 상품과 제공 서비스의 종류, 상품 가격 책정, 광고/홍보 프로그램, 점포 디자인, 상품 진열, 판매원에 의해 제공되는 고객 지원, 그리고 점포 입지의 편리성을 포함한다. 제 3부에서는 상품매입자(바이어)에 의해 이루어지는 의사결정 사항에 대해 살펴보고, 제 4부에서는 점포 관리자에 의해 이루어지는 의사결정을 집중적으로 다룰 것이다.

매입 조직의 관리자는 구매해야 하는 상품의 종류와 양(12, 13장), 이용할 공급업체(벤더)와의 구매조건(14장), 책정할 소매가격(15장), 그리고 상품 광고와 홍보 방법(16장)에 대하여 결정해야 한다.

또한 점포 관리자는 판매원들을 어떻게 선택하고 채용하며, 동기부여 할 것인지(17장), 상품들이 어떻게 진열되어야 하는지(18장), 그리고 고객에게 제공되는 서비스의 특성(19장)에 대하여 결정해야 한다.

4. 윤리적 및 법적 고려 사항

앞서 언급된 전략적 의사 결정을 수립할 때, 관리자는 그들의 의사 결정이 회사 수익성과 고객 만족에 미치는 영향 이외에, 그들의 결정이 가지고 있는 윤리적이고 법적인 영향에 대해 고려할 필요가 있다.

윤리는 개인과 회사의 행동을 지배하는 원칙이며, 무엇이 옳고 그른지를 나타낸다. 용어를 정의하는 것은 쉽지만, 원칙을 결정하는 것은 어렵다. 어떤 사람이 옳다고 생각하는 것이 다른 사람에게는 그릇된 것이라고 생각될 수 있다.

윤리적인 것은 나라마다, 그리고 산업마다 다를 수 있다. 예를 들어, 관료주의의 진입장벽을 극복하기 위해 뇌물을 제공하는 것은 중동 지역에서는 허락되는 관습이지만, 미국에서는 비윤리적이고 심지어 불법으로 여겨진다. 윤리적인 원칙은 또한 시간에 따라 변할 수도 있다. 예를 들어, 얼마 전까지는 의사와 변호사가 그들의 서비스를 광고하는 것이 비윤리적인 것이라고 여겨졌다. 하지만 오늘날 그러한 광고는 통상적인 것으로 받아들여지고 있다.

다음은 소매 관리자가 마주하게 될 몇 가지 어려운 예들이다.

- 소매업체들은 아동의 노동력을 착취해 만들어진 것으로 의심되는 상품을 팔아야 하는가?
- 소매업체들은 몇몇 아이템들의 경우 가장 낮은 가격이 아님에도 불구하고 그들의 가격이 업계 최저가라고 광고해야 하는가?
- 소매업체 매입담당자(바이어)는 상품공급업체(벤더)로부터 고가의 선물을 받아도 되는가?
- 소매업체들은 공급자에게 점포 내 새로운 아이템을 갖기 위한 수수료를 부과해야 하는가?
- 소매업체들은 그들이 파는 상품이 고객의 니즈에 최적으로 부합하는 상품이 아니라는 걸 알면서도 고압적인 판매 방식을 취해야 하는가?
- 소매업체들은 소비자의 구매 여부에 영향을 미칠 수 있는 상품 정보를 밝혀야 하는가?
- 소매업체들은, 어떤 상품이 더 비싼 가격이나 정가로 팔린 적이 없는 경우에도, 염가 판매라는 판촉 행위를 해야 하는가?
- 소매업체들은, 저소득층 고객에 의해 주로 이용되는 점포에서, 높은 이율의 신용거래를 제시하거나 혹은 상품을 높은 가격에 팔아야 하는가?

법은 사회가 분명하게 잘못된 것으로 여기는 활동을 좌우하고, 소매업체와 그들의 직원들이 이런 잘못된 활동을 하는 것은 정부 법률 시스템을 통하여 처벌받을 것이다. 그러나 대부분의 비즈니스 의사결정은 법으로 규제되지 않는다. 소매업 관리자들은 종종 올바른 행동을 결정하기 위해 자사나 해당 산업, 혹은 그들 자신만의 윤리 강령에 의존해야만 한다.

많은 기업들은 윤리적 문제를 해결하는 데 있어서 그들의 직원들을 위한 가이드라인을 제공해줄 윤리 강령을 가지고 있다. 이러한 윤리 강령은 의심스러운 상황이 발생했을 때, 기업과 그들의 고객이 직원에게 기댈 수 있도록 옳고 그름에 대한 명확한 기준을 제공한다. 그러나 많은 경우에 소매 관리자들은 개인적인 윤리 강령에 의존할 필요가 있다.

〈보기 1-6〉은 당신의 행동이나 활동이 비윤리적인지에 대한 여부를 결정하기 위해 스스로 물어볼 수 있는 몇 가지 질문들이다. 이런 질문들은, 보편적 관점에서 무엇이 옳고 그른지를 통하여, 윤리적인 행동이 결정될 수 있음을 강조한다. 그러므로 당신은 가족, 친구, 직원 그리고 고객에게 자랑스럽게 말할 수 있는 활동들에만 전념해야 한다.

만약 이들 질문들에 대한 답변이 "아니오"이거나, 부정적이라면 행동/활동은 분명 비윤리적이며 당신은 그것을 해서는 안 된다.

당신이 만들어가게 될 윤리적 선택에 있어, 소속 회사는 강력한 영향을 미칠 수 있다. 소속 회사의 규정과 요청이 부적절하게 보일 때, 당신은 3가지 선택안을 갖게 된다.

1. 당신의 개인 가치를 무시하고 소속회사가 요청한 것을 한다. 자존심은, 고용주를 만족시키기 위해 당신의 원칙을 절충해야 하는 상황에서, 고통을 받는다. 당신이 이 길을 선택하게 된다면 아마 죄책감을 느끼게 될 것이며, 장기적 관점에서 직업에 대해 불만족스럽게 될 것이다.
2. 기준을 세우고, 고용주에게 당신이 생각하는 바를 말하라. 당신의 회사와 감독관의 의사 결정과 정책에 대해 영향을 끼칠 수 있도록 노력하라.
3. 당신의 원칙 절충을 거부한다. 이 길을 택하는 것은 해고를 당하거나 퇴사의 압력을 받게 되는 것을 의미한다.

1. 평판도 테스트

• 내가 하는 행동이 지역 신문이나 잡지 1면에 실린다면, 어떤 식의 기사가 실리게 될까?
• 내가 사랑하고 아끼는 사람들을 포함한 모든 사람들이 나의 행동에 대해 알게 된다면 나의 기분이 어떨까?

2. 도덕적 멘토(moral mentor) 테스트

• 내가 존경하는 사람이 이 상황이라면 어떻게 할까?

3. 존경받는 관찰자 테스트

• 내가 가장 존경하는 사람이 나의 행동을 본다면 어떨까?
• 내가 존경하는 사람이 나의 행동에 대해서 자랑스러워 할까?
• 내가 존경하는 사람이 나를 자랑스럽게 생각하게 하려면 어떻게 행동해야 하나?

4. 투명도 테스트

• 나의 행동의 동기를 정직하고 투명하게 설명할 수 있는가?

5. '거울속의 나' 테스트

• 거울속의 나 자신을 들여다보라. '거울속의 나'를 존경할 만 한가?

6. 황금법칙(golden rule) 테스트

• 나의 행동이 가져올 결과와 결론을 나 자신을 기꺼이 받아들일 수 있는가?
• 내가 대우받고 싶은 대로 남을 대하는가?

여러분은 상품, 규정, 활동에 있어 자신만의 기준과 대립되는 회사를 택해서는 안 된다. 직업을 선택하기 전에, 당신의 윤리적 기준과 충돌 여부를 살펴보기 위해 회사의 절차와 판매 접근 방식에 대해 살펴보라. 우리는 이 책을 통해 관리자에 의해 만들어지는 소매 의사결정과 관련된 법적, 윤리적 이슈를 강조할 것이다.

요약 *Summary*

소매업은 세계 경제에서 중요한 역할을 차지하는 최첨단의 세계적인 산업으로 성장하고 있다. 미국 고용자의 1/5 가량이 소매업체에 의해 고용되고 있다. 소매업체들은 점포, 인터넷, 카탈로그처럼 다양한 채널을 통하여, 그들의 제품과 서비스를 판매하고 있다. 드라이 크리닝과 자동차 수리와 같이, 소비자에게 서비스를 판매하는 기업들 또한 소매업체이다.

소매업은 소비자에게 판매되는 상품과 서비스에 가치를 더하는 비즈니스 활동의 집합으로 정의된다. 이러한 부가가치 활동들은 상품구색 제공, 상품 분할, 재고 관리, 서비스 제공 등을 포함한다.

소매경영 의사결정 과정은 시장에서의 경쟁우위를 점하기 위한 전략 수립과 이를 시행하기 위한 소매믹스 개발을 포함한다. 이 책의 제 1부에서 다뤄진 전략적 의사 결정은 대상 시장 선정과 제공 상품의 특성에 대한 정의, 입지, 인적자원관리, 정보/공급체인 관리 시스템, 고객관계관리 프로그램 등을 통해 경쟁우위를 만들어 내는 것을 포함한다. 이 책의 후반부에서 논의될 전략 실행을 위한 의사결정은 상품구색 선정, 상품 매입, 가격 책정, 고객과의 커뮤니케이션, 점포 관리, 점포 내 상품 진열, 그리고 고객 서비스 제공 등을 포함한다. 대형 소매 체인들은 사업기회를 분석하기 위해 복잡한 정보 시스템을 사용하며, 그들의 사업을 다양한 국가에서 어떻게 운영할 것인지에 대한 의사결정을 내린다.

소매업은 소매업체에서 일하거나, 또는 자신만의 사업을 시작함으로써 흥미롭고, 도전적인 경력을 위한 기회를 제공한다.

핵심용어

공급 체인(Supply chain)	수직적 통합(Vertical integration)
기업의 사회적 책임(Corporate social responsibility)	업태 내 경쟁(Intratype competition)
다양성(Variety)	소매업체, 소매업자(Retailer)
도매업체, 도매업자(Wholesalers)	윤리(Ethics)
소매 믹스(Retail mix)	전방 통합(Forward integration)
소매업(Retailing)	혼합 머천다이징(Scrambled merchandising)
소매 전략(Retail strategy)	후방 통합(Backward integration)

현장학습

1. 계속되는 사례 과제: 이 책의 대부분 단원마다 현장학습이 있고, 이는 하나의 소매업체의 전략에 대해 점검해볼 수 있는 기회를 제공할 것이다. 여러분의 첫 번째 과제는 하나의 소매업체를 선정하고, 그 설립과 발전과정을 포함한 소매업체의 역사에 대한 보고서를 준비하는 것이다. 이후의 지속적 사례 과제 학습에서, 소매업체에 관한 원활한 정보의 획득을 위해 당신은 다음과 같은 소매업체를 선택하여야 한다:

   • 당신이 재무 상태와 연차보고서를 획득하는 데 있어, 공개적인 회사여야 한다. 다른 회사에 의해 소속되어 있는 소매업체를 선택하지 말기 바란다. 예를 들어, Bath & Body Works는 Limited Brands에 의해 소유되어 있기 때문에, 여러분은 지주회사에 관련된 재무 정보만을 획득할 수 있을 것이고, 그것이 소유한 Victoria's Secret이나 White Barn Candle 등 개별적인 회사에 대한 정보는 얻을 수 없을 것이다.

   • 한 가지 유형의 소매업에 집중하라. 예를 들어, J. Crew는 한 가지 종류의 전문 점포를 운영하고 있어 좋은 선택이라 할 수 있다. 그러나 Wal-Mart는 할인점포, 창고형 클럽 스토어(warehouse club store), 그리고 슈퍼센터를 다양하게 운영하고 있어 좋지 않은 선택이라 할 수 있다.

   • 방문하기 쉽고 정보 수집이 용이한 업체를 선정하라. 어떤 소매업체들과 점포 관리자들은 인터뷰, 점포 사진 찍기, 판매원과의 대화 또는 점포 내 상품구색에 대한 분석을 허용하지 않을 지도 모른다. 당신의 과제를 수행하는 데 있어 도움을 줄 수 있는 지역 점포 관리자를 가진 소매업체를 찾기 위해 노력하라.

   첫 번째 두 가지 요건을 충족시켜줄 소매업체의 몇 가지 예는 Whole Foods Market, Dress Barn, Burlington Coat Factory, Ross Stores, Ann Taylor, Cato, Chico's, Finish Line, Foot Locker, Brookstonc, Claire's, CVS, Walgreens, Staples, Office Depot, Borders, American Eagle Outfitter, Pacific Sun-wear, Abercrombie & Fitch, Tiffany & Co., AutoZone, Pep Boys, Hot Topic, Wet Seal, Best Buy, Family Dollar, Dollar General, Circuit City, Michaels, PetSmart, Dillard's, Pier 1 Imports, Home Depot, Lowe's, Bed Bath & Beyond, Men's Warehouse, Kroger, Kohl's, Radio Shack, Safeway, Target 등이 있다.

2. 지역 소매 점포를 방문하고, 소매믹스의 각각의 요소에 대해 기술하시오.

3. 미국 소매 판매에 대한 자료는 U.S. Bureau of the Census 인터넷 사이트에서 이용 가능하다 (http://www.census.gob/mrts/www/mrts.html). 소매업태별로 조정되지 않은 월별 매출액을 보라. 몇 분기의 매출액이 가장 높은가? 소매업태별로 누가 4분기에 가장 높은 매출액을 달성했는가?

4. Macy's(http://www.macysjobs.com/college),SearsHolding (http://www.searcholdings.com/careers),그리고 National Retail Federation (http://www.nrf.com/retailercareers/)에 접속하여 회사들의 소매 경력과 관련된 정보를 찾아보라. 이들 회사 간에 서로 다른 직위와 관련된 정보를 확인하라. 여러분이 관심을 가지는(혹은 관심이 없는) 직위/보직은 어떤 것인가? 어떤 회사에 관심이 있는가? 그 이유는 무엇인가?

토의 질문 및 문제   *Discussion Questions and Problems*

1. 당신이 가장 선호하는 소매업체는 누구인가? 그 이유는 무엇인가? 당신의 선호를 얻기 위해 경쟁 소매업체는 무엇을 해야 하는가?

2. 당신의 시각에 보았을 때, 소매업체가 아닌 생산업체로부터 직접 청바지를 매입하는 것의 이점과 한계점은 무엇인가?

3. 소매업체들은, 7-Eleven과 같은 편의점 체인에 있어 업태내 경쟁자들은 누구라고 여기는가? 그리고 어떠한 기업이 업태간 경쟁자가 되는가?

4. Wal-Mart는 그들이 운영하는 점포가 속해있는 지역사회에 기여하고 있는가, 아니면 기여하지 못하고 있는가?

5. 미국을 벗어나 해외에 처음으로 새로운 점포를 열기 원하는 미국 소매업체를 선정하라. 어떤 지역을 선택해야 하는가? 그 이유는?

6. 소매업체들이 의사결정을 할 때, 윤리적인 이슈를 고려해야 하는 이유는 무엇인가?

7. 상위 20개 소매업체들 중 하나를 선택하라(보기 1-2). 해당 회사의 웹사이트에 들어가 사업 전개과정과 변천사에 대해 알아보라.

8. 개인적인 시각으로 보았을 때, 당신이 고려하는 다른 직업군과 비교하여 소매업이 당신의 잠재적 발전에 있어 어느 정도로 평가되는가?

9. 소매 조직의 각기 다른 위치에 있는 관리자는 어떻게 그들의 경쟁을 정의할 것인가?

10. Retailing View 1.1에서는 몇몇의 소매업체들이 어떤 방식으로 사회적 책임을 행하는지에 대해 다루고 있다. 회사의 이해관계자 관점을 가져보라. 이러한 행동들이 회사의 주식 가치에 어떤 영향을 미치겠는가? 왜 그런 행동들이 긍정적인 혹은 부정적인 영향을 미치는가?

추가로 읽을 자료들   *Suggested readings*

Brunn, Stanley D.Wal-Mart World: The World's Biggest Corporation in the Global Economy. Oxford: Routledge, 2006.

Byers, Ann. Jeff Bezos: The Founder of Amazon.com. New York: Rosen Publishing Group, 2006.

Clark, Maxine, and AMy Joyner. The Bear Necessities of Business: Building a Company with Heart. Hovoken, NJ: John Wiley & Sons, 2006.

Draganska, Michaela and Danie Klaper, "Retail Environment and Manufacturer Competitive Intensity." *Journal of Retailing* 83(April 2007), pp. 183-93.

Etgar, Michael, and Dalia Rachman-Moore. "Determinant Factors of Failures of Innternational Retailers in Foreign Markets." *The International Review of Retail, Distribution and Consumer Research* 17(February 2007), pp.79-81.

Foster, J.Lucia, John Hatiwanger, and C.J.Krizan, "Market Selection, Reallocation, and Restructuring in the U.S. Retail Trade Sector in the 1990s." *The Review of Economics and Statistics* 88(November 2006), pp.748-63.

Koehn, Nancy F., and Kathrine Miller, "John Machkey and Whole Foods Market." *Harvard Business Review*, May 14, 2007, accessed electronically.

Kraft, Manfred, and Murali K. Mantrala. *Retailing in the 21st Century*. Berlin, Germany: Springer, 2006.

Lewis, Elen, *Great Ikea!: A Brand for All the People.* London: Cyan Communications, 2005.

Plunkett, Jack(ed). *Plunkett's Retail Industry Almanac 2007.* Houston: Plunkett Research, Ltd., 2006.

Sharp Paine, Lynn. "Ethics: A Basic Framesork." *Harvard Business Review,* May 14, 2007, accessed electronically.

"2007 Global Powers of Retailing," *Stores*, Januar 2007, pp. G1-45.

Chapter two 2

소매 업태

Question
- 오늘날 소매업체의 설립은 어떠한 추세를 보이는가?
- 소매업체의 유형 즉 소매업태에는 어떠한 것들이 있는가?
- 소매업체들은, 소비자 욕구를 충족시키는 방법, 즉 소매믹스 차원에서 어떻게 다른가?
- 서비스 소매업체들은 상품 소매업체들과 무엇이 다른가?
- 소매기업들의 소유권 형태에는 어떠한 것들이 있는가?

우리는 아침에 일어나 모닝 커피 한잔의 여유를 원하지만, 원두를 내리고 물을 끓인 후 커피를 필터에 거르며 그 커피를 기다리고 싶지는 않다. 이 경우, 우리의 욕구(needs)를 충족시켜줄 수 있는 다양한 소매점을 떠올려 보자. 우리는 스타벅스에서 자가용의 창문을 내린채(drive-through) 아메리카노를 구매하거나, 아침에 일어나자마자 커피를 마실 수 있도록 자동커피메이커를 사기로 결정할 수도 있다. 우리는 이 자동커피메이커를 Wal-Mart나 Target 같은 할인점이나 Macy's와 같은 백화점, Walgreens와 같은 드럭스토어(Drugstore), 혹은 Circuit City같은 카테고리 전문점에서 구입할 수 있다. 만약, 소매 점포를 직접 방문하여 커피 머신을 구입하는 번거로움을 피하고 싶다면, JCPenney 카탈로그를 보고 주문을 하거나, www.shoping.yahoo.com을 통해 "커피와 에스프레소 기계"란 단어를 검색하여 73개 이상의 인터넷 판매자가 판매하는 12,000개 모델의 상품정보를 얻을 수도 있다.

이렇게 많은 소매업체들이 "커피 한 잔의 여유"에 대한 우리의 욕구를 충족시켜주기 위해 서로 경쟁하고 있다. 이 업체들은 같은 브랜드를 판매하고 있지만, 각기 다른 서비스, 가격, 환경, 그리고 편의를 제공한다. 예를 들어, 만약 우리가 저렴한 가격의 기본 커피 머신을 구매하고 싶다면, 우리는 아마도 할인점에서 그 기기를 구입할 것이다. 하지만 만약 더 많은 기능의 커피 머신을 사고 싶고 그 기능들에 대한 설명을 듣고 싶다면, 우리는 아마 백화점이나 카테고리 전문점에서 그 기기를 구매할 것이다.

소매 전략을 수립하고 실행하기 위해서, 소매업체들은 소매시장에서의 경쟁 형태를 이해해야 한다. 이번 장에서는 점포 및 무점포 소매업태와 그 업태들이 어떻게 서로 다른 이점을 소비자에게 제공하면서 경쟁을 하고 있는가에 대해 살펴 보기로 한다. 이러한 이점들은 소비자의 욕구를 충족시켜주기 위해 상품구색과 제공할 서비스의 형태, 서비스와 상품구색 사이의 강조 수준, 가격 책정 등 소매믹스의 성향을 반영한다.

I 소매업체의 특성

미국에는 190만개의 소매업체들이 있다. 핫도그를 판매하는 노점상에서부터 Amazon.com과 같은 인터넷 소매업체, BestBuy와 같이 오프라인과 온라인 판매를 동시에 하는 멀티 채널(multi-channel)에 이르기까지 그 종류 또한 매우 다양하다. 개개의 소매업체는 소비자의 욕구를 경쟁업체보다 더 효과적으로 충족시킬 때 생존하고 번영할 수 있다. 각기 다른 형태의 소매업체는 특정한 이익을 제공하여 소비자들의 각기 다른 니즈를 충족시켜준다. 예를 들어, 다른 도시에 사는 친구에게 티셔츠를 선물하려고 할 때, 우리는 편리한 구매에 중점을 두고 카탈로그를 통해 구매를 할 수 있다. 반대로, 자신이 입을 티셔츠를 구매할 때, 우리는 직접 옷 가게에 가서 티셔츠를 착용해 보고 사는 것을 선호할 것이다. 캠핑 여행 때 입을 저렴한 티셔츠를 사려면 할인점을 갈 것이며, 가장 좋아하는 축구팀의 로고가 새겨진 티셔츠를 사려면 스포츠용품 전문매장에 가야할 것이다.

소비자의 욕구와 경쟁형태가 변화함에 따라 새로운 소매업태(형태)가 창조되며, 기존의 소매업태는 계속 진화되고 있다. 기존에 존재하던 장난감이나 전자상품, 가정용품 등의 카테고리 전문점은 Zappos.com(신발), Sephora(화장품), PetSmart(애완동물 용품) 등 새로운 형태의 전문점들과 함께 병존하고 있다. Wal-Mart는 전통적인 할인점의 막을 내리고, 슈퍼센터(할인점과 슈퍼마켓을 합친 대형 매장)를 창조하였다. eBay Motors는, 소비자가 수천만의 일반인과 기존의 자동차 딜러에게서 자동차와 오토바이를 구매할 수 있게 함으로써, 전통적인 소매 방식으로 신차와 중고차를 판매하는 자동차 딜러와 경쟁을 하고 있다. Kayak과 Expedia는 기존의 여행사가 제공하던 전통적인 서비스를 인터넷을 통해 제공하고 있다.

소매업태를 구분하기 위한 가장 기본적인 요소는 바로 소매 믹스, 즉 소매업체가 고객의 욕구를 만족시키기 위해 사용하는 요소들이다(〈보기 1-5〉 참조). 소매 믹스의 네 가지 요소는 특히 소매업체를 분류하는데 유용하다: 상품의 형태, 상품의 다양성 및 구색, 고객서비스의 수준, 상품의 가격.

1. 상품의 형태(유형)

미국, 캐나다, 멕시코는 각국에서의 사업 활동 자료를 수집하기 위하여 북미산업분류체계(NAICS: North American Industry Classification System)라 불리는 사업형태 분류표를 개발하였다. 각 산업은 생산 및 판매하는 상품과 서비스의 형태에 기초하여, 계층적인 여섯 자리 수의 분류코드가 할당되어 있다. 처음 두 자리 숫자는 기업의 사업 부문을 의미하며, 나머지 네 자리 숫자는 다양한 하위 부문을 나타낸다.

상품의 형태에 기초한 소매업의 분류표가 〈보기 2-1〉에 나타나 있다. 상품 소매업체는 여섯 자리의 코드 중 44와 45로 시작되는 코드를 가지고 있고, 3번째 숫자는 이러한 소매 업체들을 더 세분하여 분류한다. 예를 들어, 일반 상품 소매업체는 452 코드로 분류되어 있는 반면, 의류와 액세서리를 판매하는 소매업체는 448 코드로 분류되어 있다. 네 번째와 다섯 번째 숫자는 더욱 세밀한 분류를 나타낸다. 〈보기 2-1〉에서 볼 수 있듯이, 네 번째 숫자는 의류와 액세서리 소매업체를 다시 의류업체(4481), 제화업체(4482), 보석·가방·가죽상품 업체(4483)로 세분화하고 있으며, 다섯 번째 숫자는 남성의류업체(44811)와 여성의류업체(44812)로 더욱 세분화 하고 있다. 여섯 번째 숫자는 〈보기 2-1〉에는 표시

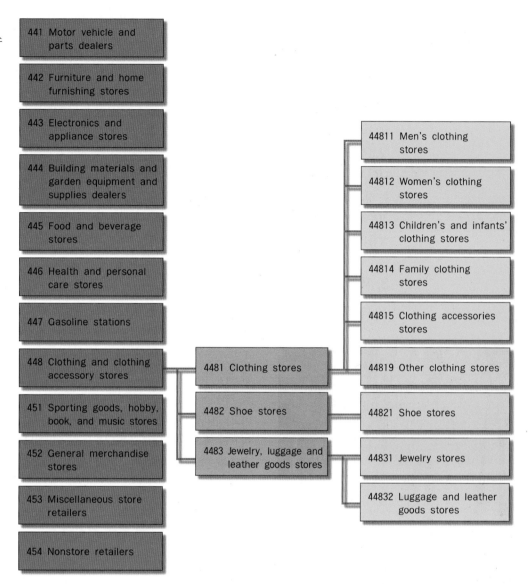

○ 보기 2-1
NAICS(북미산업분류시스템)의 소매업 코드

441 Motor vehicle and parts dealers	
442 Furniture and home furnishing stores	
443 Electronics and appliance stores	
444 Building materials and garden equipment and supplies dealers	
445 Food and beverage stores	
446 Health and personal care stores	
447 Gasoline stations	
448 Clothing and clothing accessory stores	4481 Clothing stores / 44811 Men's clothing stores, 44812 Women's clothing stores, 44813 Children's and infants' clothing stores, 44814 Family clothing stores, 44815 Clothing accessories stores, 44819 Other clothing stores
	4482 Shoe stores / 44821 Shoe stores
451 Sporting goods, hobby, book, and music stores	4483 Jewelry, luggage and leather goods stores / 44831 Jewelry stores, 44832 Luggage and leather goods stores
452 General merchandise stores	
453 Miscellaneous store retailers	
454 Nonstore retailers	

되지 않았지만, 분류체계에 사용된 세 북미 국가의 차이점을 나타내는 코드이다.

대부분의 서비스 소매업체는 71(예술, 엔터테인먼트, 휴양)과 72(숙박 및 식품 서비스)코드에 나타난다. 예를 들어, 식품 서비스와 음료 시장은 722 카테고리에 포함되어 있으며, 이는 풀 서비스 레스토랑(7221)과 패스트푸드점 같은 한정서비스 업체(7222)로 세분화 된다.

2. 상품의 다양성 및 구색

Refact

미국 소매 판매의 20%가 자동차와 부품 딜러(441)이다; 백화점은(4521)은 오직 5%만 점유한다.

■■■■■

소매업체들은 같은 유형의 상품을 판매하더라도 직접적으로 경쟁하지는 않는다. 예를 들어, 의류와 의류 액세서리를 판매하는 소매업체의 분류 코드는 448인데, 이러한 의류 및 액세서리는 스포츠 상품 판매점(45111), 백화점(4521), 창고형 클럽과 슈퍼센터(45291), 전자 쇼핑과 통신판매점(4541) 등에서도 구입되어진다. 이러한 다른 업태의 소매업체들은, 각기 다른 소비자 욕구에 호소하고 그에 따른 상품 구색과 다양한 상품 및 서비스를 제공하기 때문에, 직접적으로 경쟁하지는 않는다. Retailing view

2.1은, 상품의 다양성은 작지만 상품구색은 깊은 즉 전문화된 인터넷 소매업체를 소개하고 있다.
상품의 다양성(variety)은 소매업체가 제공하는 다양한 상품 카테고리들을 의미하며, 상품의 구색(assortment)는 상품 카테고리 내에서의 서로 다른 품목들을 의미한다. 즉, 상품의 다양성은 소매업체가 제공하는 상품의 폭(breadth of merchandise)을, 상품의 구색은 상품의 깊이(depth of merchandise)를 의미한다. 상품의 각 품목은 SKU(stock keeping unit) 혹은 단품이라고 부른다. 33온스짜리 Tide 세탁비누나 긴 소매의 랄프 로렌 셔츠 등이 SKU의 예이다.

창고형 클럽, 할인점, 장난감 전문점 모두가 장난감을 팔지만, 창고형 클럽과 할인점은 장난감뿐만 아니라 다른 많은 부문의 상품들도 판매한다(즉, 다양성이 넓다). 반면 장난감 전문점은 전 상품을 다루는 창고형 클럽이나 할인점보다 더 다양한 유형의 장난감을 보유하고 있으며(더 많은 SKU), 장난감을 전문적 장난감 공급업체로부터 다양한 구색으로 제공받는다(즉, 모델, 크기, 브랜드의 형태가 다양해 상품의 깊이가 더 깊다).

3. 제공되는 서비스

소매업체들은 또한 고객에게 서비스를 제공하는 방식이 다르다. 예를 들어, Eastern Mountain Sports는 적절한 (스포츠용)카약을 구매하는데 도움을 주며, 수리 서비스 또한 제공한다. 반면 Outdoorplay.com이나 Wal-Mart는 그러한 서비스를 제공하지 않는다. 고객은 모든 소매업체가 특정한 서비스를 제공할 것을 기대한다. 상품을 진열하고, 신용카드로 결제해주며, 주차공간을 제공하고, 편리한 시간에 매장을 여는 것 등이 고객이 소매업체에 기대하는 서비스의 예들이다. 일부 소매업체들은 배달이나 포장과 같은 서비스를 유료로 제공하고 있는 반면, 서비스 지향 고객을 대상으로 하는 소매 업체들은 그러한 서비스를 무료로 제공하기도 한다.

4. 상품 및 서비스의 폭과 깊이에 따른 가격과 비용

Eastern Mountain Sports가 카약을 제공하는 것과 같이, 깊이 있고 다양한 상품 구색을 갖추고 있는 것은, 고객에게는 좋지만 소매업체에게는 상당한 비용이 드는 일이다. 소매업체가 소비자에게 많은 SKU를 제공하는 경우, 각각의 SKU에 대한 별도의 재고가 필요하기 때문에 재고 유지비가 증가하게 되기 때문이다.

마찬가지로, 소매업체가 제공하는 서비스 또한 고객들을 불러 모으지만 역시 비용상승을 초래한다. 정보를 제공하고, 고객을 도우며, 고객들의

Eastern Mountain Sports 의 카약 다양성 및 구색을 Outdoorplay.com, Wal-Mart와 비교해 평가해 보자.

욕구를 충족시키는 상품으로 바꾸고, 상품을 알맞게 진열하는 등의 서비스는 더 많은 판매원을 필요로 하기 때문이다. 또한 재고를 쌓아두거나 상품을 진열할 수 있는 귀중한 공간의 많은 부분을 아동보호소, 화장실, 탈의실이 차지할 수도 있다. 그리고 연기된 청구서, 신용카드 비용, 할부금, 설치비용 등은 고객들에게 더 많은 상품을 사게 하는 대신에 재정적인 투자를 필요로 한다.

이윤을 만들기 위해서, 소매업체는 넓은 상품의 다양성이나 깊은 상품 구색을 추구하거나 혹은 추가적인 서비스를 통해 더 높은 가격을 부과하기도 한다. 예를 들어, 백화점은 다양한 유행상품과 계절상품을 보유하는데 드는 비용, 소비자의 수요나 취향을 잘못 예측하였을 경우 발생하는 비용, 개인적 판매

구매할 수 없다면, Bag Borrow or Steal 회사로!

당신은 이제 더 이상 명품을 즐길 만큼 부자가 아니어도 된다. Bag Borrow or Steal과 같은 사업체(www.Bagborroworsteal.com)들이 핸드백과 쥬얼리와 같은 명품들을 소매가격의 일부분으로도 소비자들이 이용할 수 있도록 해주고 있기 때문이다. 이러한 상품들은 지난 시즌의 상품이 아닌 현재 시즌의 패션들이다. 그러면 어떻게 그것이 가능한가?

Bag Borrow or Steal은 온라인 명품 대여 회사이다. 소비자들은 매달 $5~$10 사이의 계약 요금을 지불하고, Coach부터 Chanel에 이르기까지 수천 가지의 디자이너 가방과 쥬얼리들을 선택할 수 있다. 또한 그들은 매달 각각의 대여 아이템들에 대한 멤버십 비용을 지불한다. 예를 들어, BCBG 클러치 가방은 회원들에게 일주일에 $6, 한달에 $20, 비회원들에게는 일주일에 $20, 한달에 $35로 이용가능하다.

웹사이트에는 트렌디부터 꾸띄르까지 다양한 수준의 디자이너 상품들이 있다. 꾸띄르 카테고리는 일주일 대여비가 $80인 Chloe Paddington 가방이나 소매가 $1600로 회원에게는 한달 대여비가 $235, 비회원에게는 일주일에 $100, 한달에 $270인 가방도 포함한다. 만약, 소비자가 어떤 아이템과 "사랑에 빠지면", 그녀는 상품의 상태와 나이에 따라 할인된 가격을 지불할 수 있는 옵션을 가지게 된다. 웹사이트는 또한 상품 상태에 따라 20~50% 할인된 아이템들을 파는 outlet store를 제공한다.

Bag Borrow or Steal의 표적 시장은 연수입이 평균 $113,000인 25세에서 49세 사이의 여성들이다. 이러한 소비자들의 대다수는 이미 디자이너 가방을 가지고 있지만, Bag Borrow or Steal를 통해 이용가능한 selection을 모두 살 수는 없다. 가방은 악세사리 아이템으로, 많은 소비자들은 그들의 제한된 예산보다 좀 더 많은 돈을 소비할 의향을 가지고 있다. 왜냐하면 다른 의류제품들과 비교해 봤을 때 가방은 "주목성"이 높기 때문이다. "패션니스타"들은 특히 일년에 걸쳐 하나 또는 두 개이상의 많은 디자이너 가방을 지니고 다니는 것을 가치 있다고 생각한다. 일주일에 $80로 소비자들은 단지 하나의 가방을 사는 것과 동일한 가격으로 20개의 다른 꾸띄르 가방들을 대여할 수 있다.

이 가방을 구입할 경제적 여력이 없는가? 그렇다면 Bag Borrow or Steal에서 대여하면 된다.

출처: Sarah Lacy, "The Tech Beat," *Business Week*, March 7, 2006 (accessed December 24, 2007; Kate M. Jackson, "Renting a Handful of Luxury," *Boston Globe*, October 13, 2005 (accessed December 24, 2007 December 24, 2007; www.bagborroworsteal.com (accessed June 6, 2007).

서비스를 제공하여 드는 비용, 비싼 백화점 입지에 대한 비용 등으로 인해 높은 가격구조를 가지고 있다. 따라서 재고를 유지하는 것과 추가 서비스를 제공하는 것 사이에서 발생하는 비용과 이윤의 상충

효과를 적절하게 조절하는 것이 결정적인 소매의사결정 사항 중의 하나가 된다. 제 7장과 12장에서는 이러한 상충효과에 관련된 의사결정시 필요한 여러 가지 고려사항들에 대해서 논의할 것이다.

II 식품 소매업체(Food Retailers)

식품 소매업체의 환경은 급변하고 있다. 20년 전만해도 소비자는 식품을 주로 전통적 슈퍼마켓에서 구매하였다. 이제 전통적 슈퍼마켓은 식품판매 중 56%만을 점유하고 있다(식당은 제외한다). 식품소매시장에서 가장 빠르게 성장하고 있는 분야는 나머지 44%를 차지하고 있는 슈퍼센터, 창고형 클럽, 편의점, 새로운 콘셉의 슈퍼마켓 등이다(〈보기 2-2〉 참조). Wal-Mart와 일반 상품 소매업체가 더 많은 식품 품목을 제공하는 반면에, 전통적 슈퍼마켓은 식품 이외의 상품과 의약품, 건강 관리 클리닉, 사진관, 은행, 카페 등을 제공한다.

세계에서 가장 큰 식품 소매업체인 Wal-Mart는 Kroger(미국 본사), Carrefour(프랑스), Ahold(네덜란드), Alberson's(미국)에 이어 슈퍼마켓 업태의 판매액 중 1,340억 달러 이상을 차지하고 있다. 미국에서 가장 큰 슈퍼마켓 체인은 Kroger, Safeway, Supervalu, Ahold USA, Publix 이다.

Wal-Mart의 식품 판매의 대부분은 슈퍼센터 형태에서 창출되고 있다. Carrefour가 하이퍼마켓 형태로 매출을 창출하는 것과는 대조적이다. 다른 대형 식품 소매업체들은 주로 전통적 슈퍼마켓을 통해서 판매하고 있다. 〈보기 2-3〉은 식품 소매업체들의 업태별 소매 믹스를 보여주고 있다.

1. 슈퍼마켓(Supermarkets)

전통적 슈퍼마켓(conventional supermarket)은 셀프서비스로 운영되는 식료품 판매점이다. 식료품 뿐만 아니라 건강 및 미용 용품, 일반 상품도 제한적이나마 판매하고 있다. 슈퍼마켓들 중 절반은 판촉 위주의 경영을 한다. 썩거나 부패하기 쉬운 육류 같은 상품이 일반적으로 슈퍼마켓 매출의 50퍼센트 이상을 차지하며, 포장된 상품보다 높은 수익을 낸다.

전통적 슈퍼마켓이 약 30,000개의 SKU를 제공하는 반면에, 한정상품군 슈퍼마켓(limited assortment supermarket) 또는 초가치 식품 소매업체(extreme value food retailers)들은 대체로 1,250개 정도 만의 SKU를 취급한다. 미국에서 가장 큰 한정상품군 슈퍼마켓 체인점은 SAVE-A-Lot과 ALDI이다. Retailing view 2.2는 ALDI에 대해 설명하고 있는데, ALDI를 보면 Wal-Mart가 고급

Refact

첫 번째 셀프서비스 식료품점은 1930년 New York, Jamaica의 King Kullen에 의해 문을 열었다.

◐ 보기 2-2
소비자들의 주된 식품 구매 장소

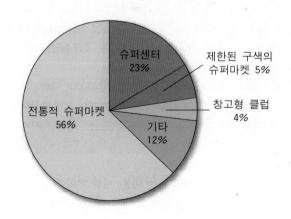

전통적 슈퍼마켓 56%

슈퍼센터 23%

제한된 구색의 슈퍼마켓 5%

창고형 클럽 4%

기타 12%

	전통적 슈퍼마켓	제한된 구색의 슈퍼마켓	슈퍼센터	창고형 클럽	편의점
식품 비율(%)	70-80	80-90	30-40	60	90
점포크기(sq ft)	20-30	7-10	150-220	100-150	2-3
재고(%)	20-40	1-1.5	100-150	20	2-3
종류	보통	적음	많음	많음	적음
구색	보통	얕음	깊음	얕음	얕음
환경	유쾌한	최소한	보통	최소한	보통
서비스	적당	제한적	제한적	제한적	제한적
가격	보통	가장 저렴	저렴	저렴	높음
매출 총이익(%)	20-22	10-12	15-18	12-15	25-30

스러워 보일 정도이다.

한정상품군 슈퍼마켓은, 20개가 넘는 세탁 세제 브랜드를 다루기 보다는, 한 개나 두개의 자사 브랜드 상품을 다룬다. 이러한 점포는 효율성을 최대화하고 비용을 최소화 하도록 설계된다. 예를 들어, 상품은 운송용 상자에 담겨 팔레트 위에 얹힌채로 운송된다. 이러한 과정을 통해 상품은 선반에 재고로 쌓일 필요 없이 바로 매장에 진열된다. 무료 가방 증정이나 신용카드 사용 가능 등 소비자들이 받기를 기대하는 서비스도 제공하지 않는다. 점포는 일반적으로 두번째나 세번째 계층의 쇼핑센터 자리에 위치하여 저렴한 임대료를 지급한다. 이러한 일체의 비용을 제거함으로써 한정상품군 슈퍼마켓은 전통적 슈퍼마켓보다 40~60퍼센트 저렴한 가격으로 상품을 제공할 수 있다.

1) 슈퍼마켓 소매업의 동향

전통적 슈퍼마켓은 여전히 식품 판매의 주요 원천이지만, 계속적인 경쟁적 압박 하에 놓여있다. 모든 소매업체는 식품 소매업의 파이(pie)를 차지하고 싶어한다. 슈퍼센터는 식품 및 일반 상품의 넓은 상품군과 낮은 가격을 통해 전통적 슈퍼마켓의 고객들을 강력히 유혹하고 있다. Wal-Mart나 Target 같은 종합 할인 체인점이나, Dollar General and Family 매장 같은 초가치 소매업체의 경우, 고객지향적 태도로 매장을 넓히고 있다. 편의점 역시 신선 식품을 더 많이 판매하고 있다.

슈퍼센터와 창고형 클럽 같은 낮은 원가구조의 경쟁업체들은 뛰어난 운영 효율성을 가지고 있기때문에, 특히 슈퍼마켓에게 큰 문제가 된다. 이러한 업체들은 대량의 상품을 구매하기 때문에 시장에서 거대한 구매력을 보유하고 있다. 이들은, 슈퍼마켓과는 달리, 깊은 상품 구색을 취급하지 않기 때문에 기존 가격보다 낮은 가격에 대량으로 구매하는 스페셜 딜(special deal)을 집중적으로 추구할 수 있기 때문이다. 또한 이들 업체들은, 재고 수준을 감소시키는 동시에 매출과 마진을 증가시킬 수 있도록, 공급 체인 구성, 상품구색 계획, 상품의 가격 시스템 등에 대량의 투자를 해왔다. 이러한 활동은 제 10장과 12장에서 더욱 자세히 살펴볼 것이다.

다양한 소매 업태와의 경쟁에서 성공하기 위해서, 전통적 슈퍼마켓은 (1) 신선 상품 강조, (2) 건강을 의식하는 소비자 타겟, (3) 매장내 체험요소 제공, (4) 더 많은 자사 브랜드(Private-label)상품 제공 등을 통하여 차별화를 꾀하고 있다. 예를 들어, 신선상품 카테고리의 경우, "Power Perimeter(강력 판매구역)"로 알려진 점포내 외곽 벽 지역은 오랫동안 전통적 슈퍼마켓의 주된 버팀돌이었다. 이 지역은 많은 소비자가 몰리는 이익이 되는 매장으로서, 유제품, 베이커리, 육류, 화초, 농산품, 커피 바 등을

독일의 Wal-Mart

얼핏 보기에, 독일의 ALDI 점포는 1975년 동유럽의 빈약한 소매 점포를 떠올리게 한다. 아스파라거스 항아리와 콩이 담긴 통조림은 팔레트(pallets)위로 쌓아진 판지상자 안에 진열되어 있다. 거기에는 오직 두 종류의 화장지 브랜드와 한 가지 브랜드의 피클이 있다. 현금계산대에서의 줄은 10명의 소비자들이 서 있을 만큼 길다. 그러나 가격은 매우 저렴하여 세 개의 냉동 피자는 $3.24, Cabernet 한 병은 $2.36, 그리고 트렌치코트는 $21이다.

ALDI 점포는 노동자계층 지역뿐 아니라 부유한 지역에도 설립되었다. 독일 주부의 89%가 최소 일년에 한번은 ALDI에서 쇼핑한다는 사실은 놀랍다. Karl Albrecht가 설립한 후, "Albrecht Discount(ALDI)"는 자사의 팬들을 위한 웹사이트를 포함하는 문화적 추종을 일으켰다. 일부는, 독일에서의 Wal-Mart의 철수가 ALDI의 강한 경쟁력 때문이라고 생각하기도 한다.

ALDI는 현재 독일에서 4,100개의 점포를 운영하고 있고, 미국 26개 주의 800개의 점포를 포함하여 세계적으로 6,600개의 점포를 운영하고 있다. Wal-Mart와 같이, ALDI는 집요하게 비용절감에 집중하고, 공급업체에게 상당한 구매력을 가지고 있으며, 매우 큰 이익을 기록하는 멈출 수 없는 성장을 즐기는 것처럼 보인다.

ALDI는 단순하지만 꽤 효과적인 전략을 가지고 있다: Wal-Mart 슈퍼센터가 150,000개 만큼 많은 재고를 가지고 있는데 비해, 전형적인 ALDI 점포는 약 700에서 1,000개의 상품 재고를 가지고 있다. Wal-Mart 슈퍼센터는 피넛버터의 경우 10개에서 15개 종류의 브랜드, 유형, 그리고 사이즈를 가지고 있지만, ALDI는 오직 한 개의 사이즈와 유형만을 제공한다.

ALDI 에서 판매되고 있는 대부분의 것들은 독점 라벨로, 한 박스에 $1.49인 Millville Raisin Bran과 12팩에 $1.89인 Sweet Valley root beer가 그 예이다. 그러나 점포 브랜드의 질은 Nestle와 Kraft와 같이 전국적으로 광고되는 브랜드와 거의 동등하다. 왜냐하면 매우 적은 상품들을 판매하기 때문에, ALDI는 상품의 질과 가격에 대한 강한 통제를 행사할 수 있고, 배송과 출하를 단순화할 수 있기 때문이다. ALDI는 제한된 점포 직원들만 유지함으로써 인건비도 줄였다. 일반적인 슈퍼마켓이 대략 15명 정도의 종업원들을 고용하고 있는 것에 비해, ALDI의 점포들은 기본적으로 4명 또는 5명의 종업원들만을 고용한다. 고기와 베이커리류는 정육점 직원이나 제빵업자들과 같은 값비싼 "전문가" 점원들의 필요성을 제거하기 위해 점포로 직접 배송된다. 선반에 상품을 진열하는데 쏟는 시간과 노력도 최소화한다. 음식은 제일 위쪽의 것만 제거하여 원래의 포장 박스 그대로 벽에 기대어 pallets 위로 높이 쌓거나 간단한 선반 단위로 높이 쌓아 진열한다. 가격은 천장의 molding hung에 부착된 종이에 명확히 기재되고, 소

ALDI는 점포관리 비용을 줄이기 위해 상품 구색을 줄임으로써 품질 좋은 상품을 저렴한 가격에 제공한다.

제공한다. 만약 뛰어난 품질에 낮은 가격이 매겨진 유제품과 농산물 코너가 있다면, 큰 수요가 일어나며 매장에 대한 고객의 충성도를 향상시킬 수 있다. 전통적 슈퍼마켓은 스시나 신선한 구운 고기등을 제공하는 요리 가판대(cooking exhibitions)와 바("action" stations) 등 신선 식품을 제공할 수 있는 공간에 더욱 집중함으로써 강점을 키우고 있다.

Wegmans에서 고객은 유럽풍의 마켓카페를 바라보며 식사할 수 있다.

"신선함"을 더욱 강조하는 또 다른 예는, 시간에 쫓기는 소비자에게 식사 해결책을 제공한 경우이다. Wegmans(뉴욕의 슈퍼마켓 체인점)에서 고객은 European-style Market Cafe를 둘러보면서 미리 조리된 식품을 구매하여 간단히 점심식사를 해결할 수 있다. 이곳에서는 하얀색 자켓을 입고 요리용 모자를 쓴 주방장이 피자를 조각내고, 핫도그를 만들며, 신선하게 구워진 빵을 판매하고 있다. 한쪽 벽 면에는 시저샐러드가 주문에 의해 만들어지고 있다. 다른쪽의 공간에서는 고객이 뜨거운 파스타에 얹을 소스를 알프레도, 마리나라, 보드카 소스 중에서 고민하고 있다. Outer Loop라고 불리는 공간에서는 게살 샌드위치나 베이컨으로 교차된 연어 샌드위치를 만들고 있다. 터키 칠리는 둥글게 썰린 고기가 빵 사이에 껴있는 형태로 제공되고 있다. 정결한 음식을 먹고싶은 사람들을 위해서는, 고기가 껴있는 양배추와 감자 팬케이크, 월도프 샐러드 등을 주문할 수 있는 그들만의 공간이 마련되어 있다.

전통적 슈퍼마켓은 또한 건강과 환경에 관심이 많은 소비자들의 증가에 따라, 더 많은 자연 친화적인 유기농의 공정 거래 상품을 취급하고 있다. 공정 거래(Fair Trade)란 노동자들에게 최저임금치를 넘어서는 충분한 임금을 지불하고, 노동 현장의 의료 혜택이 충분한 좋은 기업으로부터 상품을 구매하는 것을 의미한다. Whole Foods가 지속적으로 자연친화적/유기농 식품 분야의 리더임에도 불구하고, Safeway나 Sainsbury 같은 다른 슈퍼마켓 체인 또한 자연친화적/유기농 식품을 판매하는 공간을 더 늘리는 데 힘쓰고 있다.

또한 전통적 슈퍼마켓은 인종별 쇼핑객(ethnic shopper)들을 위해 상품 믹스를 조정하고 있다. 미국 인

Refact

자연/유기농 상품 매출은 2000년 6.5%를 차지하는 것에서 2005년에는 총 가계 식생활 매출의 약 8%를 차지하는 것으로 나타났다.

구의 14퍼센트를 차지하는 히스패닉 인종의 경우, 일반적인 소비자와 달리 매우 다른 쇼핑 패턴 및 식습관 패턴을 가지고 있다. 그들은 식품을 준비하는데 더 정성을 기울이며, 식료품에 더 많은 돈을 소비한다. 또한 두개 이상의 언어를 할 수 있는 직원이 있는 매장과 신선 식품이 있는 장소를 선호한다. 많은 소형 체인점들은 이러한 쇼핑객들을 위한 서비스를 계속 제공하고 있지만, 대형의 지역 체인점이나 글로벌 체인점 또한 같은 고객을 놓고 경쟁을 벌이고 있다. 그 일례로, Kroger는 전형적인 식료품 점포 내에 스페인어로 된 이름을 붙인 Fry's Mercado in Phoenix라는 레스토랑을 개장하였다. 이 레스토랑은 스페인 식 또띠아 빵과, 기초적인 재료부터 사용하여 직접 만들어진 제과상품을 판매하며, 나머지 공간은 의류, 웨딩드레스, 보석, 액세서리 등의 품목을 판매하는 독립적인 상인들에게 임대한다.

HED나 Publix같은 전통적인 슈퍼마켓 체인점들은 자사 브랜드(Private-label)상품을 더 많이 판매하기 위해 자사의 명성을 활용한다. 자사 브랜드(제 14장에서 더 자세히 다룬다)는 고객과 소매업체 모두에게 이득을 준다. 고객은 상품 구매 시 선택의 폭이 넓어지며, 제조업체 브랜드(national brand)와 같은 품질의 유통업체 브랜드 상품을 구매할 수 있다. 또한 고객은 유통업체 브랜드를 선택할 때 기업의 명성을 중요하게 고려하며, 쿠폰 없이도 다양한 카테고리의 상품을 5~15퍼센트 가량 저렴한 가격에 구매할 수 있다. 반면, 소매업체의 경우 자사 브랜드를 통해 매장에 대한 고객의 충성도를 높일 수 있으며, 경쟁업체로부터 그들 기업을 차별화 시킬 수 있다. 또한 자사 브랜드에 대한 고객의 높은 인지와 수용을 통해 판촉비용을 최소화하고 제조업자 상표에 비해 높은 이윤을 얻을 수 있다.

한편 온라인 식료품 시장 또한 성장하고 있는 분야이다. 닷컴(.com) 열풍 기간 동안 많은 온라인 식료품점들은 실패하였다. 그러나 오늘날 슈퍼마켓 체인과 Amazon.com은 온라인 식료품 시장을 다시 설립하였다. 각각의 소매업체들은 다른 온라인 전략을 추구한다. Amazon은 창고형 클럽인 Costco에서 파는 상품과 비슷하게, 부패하지 않는 품목들을 대량으로 취급한다. 온라인 판매와 배송의 전문가인 Amazon은 거대한 고객 기반을 활용하여 식품과 소비자 상품 분야 상품도 쉽게 제공할 수 있다. Amazon은 대량규모의 주문을 처리하는 유일한 소매업체로써, Amazon의 모델은 아마도 소비자 보다는 기업들 사이에서 더 유명할 것이다.

소비자가 넓은 다양성을 통해 즐거운 쇼핑을 경험하도록 하는 것, 좋은 매장 분위기 및 고객 서비스를 제공하는 것 등은 슈퍼마켓 체인점이 낮은 원가 및 가격구조를 가진 경쟁업체들과 차별화를 하기 위한 또 다른 접근 방식이다. 슈퍼마켓은 "극장경험과 같은 식품구매(food as theater)"의 개념을 받아들이고 있는 추세이다. 이러한 개념의 매장은 야외 디자인, 요리와 영양 강좌, 음식 시연, 아기 돌보기, 음식 시식 등의 서비스를 제공한다. 예를 들어, 가장 최근에 뉴욕에 개장한 Super & Shop은 DVD와 비디오 게임, 책 등을 제공하고 있다. 고객은 또한 화장실용 시트와 타월, 바비 인형 등을 구매할 수도 있다. 식당 구역에서는 쇼핑 경험의 연장선상으로 무선인터넷이 제공되기도 한다.

2. 슈퍼센터(Supercenters)

소매 분야중 가장 빠른 성장세를 보이고 있는 슈퍼센터는 슈퍼마켓과 종합 할인점을 합해 놓은 소매업태로, 규모가 150,000에서 200,000평방 피트정도 된다. Wal-Mart는 미국에서 2,300개의 슈퍼센터를 운영하고 있다. 이는 경쟁업체인 Meijer, Kmart, Fred Meyer(Kroger 계열), Target를 합한 것 보다 4배 이상 많은 숫자이다. 슈퍼센터는 식품과 일반 상품의 다양한 구색을 통해 한 곳에서 모든 것을 해결할 수 있는 원스톱(one-stop)쇼핑을 가능하게 한다. 적은 수의 상품을 갖춘 전통적 슈퍼마켓보다는, 거리가 멀더라도 선택의 폭이 넓은 슈퍼센터를 이용하는 경향이 짙어지고 있다.

식료품을 구입하러 온 고객들은 충동적 구매행위를 통해 일상용품(비식품)을 구매하기도 한다. 일상용품은 마진율이 더 높기 때문에 식료품의 가격을 더 낮출 수 있다. 그러나 슈퍼센터는 너무 대형이기 때문에, 일부 고객들은 원하는 상품을 찾기가 힘들고, 찾는데 오래 걸린다는 불편함을 느끼기도 한다.

하이퍼마켓(Hypermarket)도 역시 식품(60~70%)과 일상용품(30~40%)을 합해놓은 매장으로, 100,000에서 300,000평방피트의 규모를 지닌 대형 소매업태이다. 세계에서 두번째로 큰 소매업체인 Carrefour는 하이퍼마켓을 운영하고 있다. 하이퍼마켓은 일반적으로 슈퍼센터보다 적은 품목을 보유한다. 품목은 40,000에서 60,000개 정도이며 식료품, 철물, 스포츠 장비, 가구, 컴퓨터와 전자상품 등 다양한 범위의 품목을 취급한다.

하이퍼마켓은 제 2차 세계대전 이후 프랑스에서 설립되었다. 교외지역에 대형 매장을 설립함으로써, 프랑스 소매업체들은 토지법을 위반하지 않고도 소비자들을 이끌 수 있었다. 이러한 형태의 매장은 유럽을 통해 확산되었으며, 아르헨티나나 브라질 같은 남미국가에서도 인기를 끌었다. 하이퍼마켓은 슈퍼센터와 비슷한 형태이지만, 미국에서는 흔하지 않다. 하이퍼마켓과 슈퍼센터는 둘 다 대형이며, 식료품과 일상용품을 취급한다. 또한 셀프 서비스로 운영되며, 대형 주차공간과 함께 창고 형태의 구조로 설계된다. 그러나 하이퍼마켓은 슈퍼센터보다 더 많은 비율의 농산물, 육류, 어류, 베이커리류 등의 신선식품을 다루는 것에 중점을 두고있다. 이와 대조적으로, 슈퍼센터는 일상용품도 큰 비율로 다루고 있으며, 신선식품보다는 시리얼이나 통조림 같은 비신선식품에 초점을 맞추고 있다.

슈퍼센터와 하이퍼마켓은 식품소매산업에서 빠르게 성장하고 있는 업태임에도 불구하고, 새로운 대형 매장(big box store)을 확보함에 있어 도전에 직면하고 있다. 유럽과 일본에서 대형 매장을 세울 수 있는 토지는 한정되어 있으며 매우 비싸다. 이러한 지역의 슈퍼센터와 하이퍼마켓은 고층으로 지어지게 된다. 게다가 일부 국가는 신설되는 매장의 크기나 규모에 대해 제한을 하기도 한다. 미국의 경우, Wal-Mart과 같은 대형 소매 매장에 대한 반발이 있기도 한다. 이러한 반감은 지역주의 관점에 기초해 있다. 이러한 지역주의 관점은, 대형 매장이 지역 소매업체들을 벼랑끝으로 내몰고, 낮은 임금을 책정하며, 비정규직을 채용하고, 불공정한 노사관행을 가지고 있다고 주장한다. 또한 대형 매장은 수입상품을 판매하기 때문에 미국의 노동자들에게 위협이 되며, 과도한 자동차 및 배달트럭 수송량을 초래한다고 비판되어지기도 한다.

사람들은 컴퓨터와 같이 값진 상품을 보다 저렴한 가격에 구입하기 위해 Costco같은 창고형 클럽을 찾는다.

3. 창고형 클럽(Warehouse Clubs)

창고형 클럽은 제한된 품목의 식품 및 일반상품을 제공하는 업태로, 최종 소비자와 소규모 업체들에게 낮은 수준의 서비스 및 낮은 가격으로 상품을 제공하는 것을 그 특징으로 한다. 가장 큰 창고형 클럽 체인점으로는 Costco, Sam's Club(Wal-Mart 계열), BJ's Wholesale Club 등이 있다. Costco는 아무곳에서나 살 수 없는 특정한 고급 상품을 저렴한 가격에 판매함으로써 차별화를 추구한다. 예를 들어, 우리는 Costco에서 5캐럿짜리 다이아몬드 반지를 127,999.99달러에, 마크제이콥스의 핸드백을 649.99달러에 구입할 수 있다. 즉, 이러한 고급 상품을 다른 곳보다 더 저렴한 가격으로 구입할 수 있는 것이다. Sam's Club은 상품과 함께 단체건강보험 등의 서비스를 제공하여 더욱 작은 단위의 사업에 집중하고 있다.

창고형 클럽은 최소한 100,000에서 150,000평방 피트로 설립되는 대형 매장이며, 일반적으로 임대료가 낮은 지역에 위치한다. 매장의 인테리어는 간소하며, 바닥은 콘크리트로 되어있다. 또한 넓은 통로를 통해 팔렛트 단위의 상품이 지게차로 옮겨지며, 판매 공간에 바로 진열된다. 낮은 수준의 서비스를 제공하며, 고객들은 상품을 운송 팔렛트에서 계산대로 바로 가져간다. 또한 일반적으로 계산은 현금으로 이루어진다. 창고형 클럽은 낮은 임대료의 토지에 위치해있기 때문에, 저렴한 가격으로 상품을 판매할 수 있다. 또한 창고형 클럽은 기회주의적 행위를 통해 상품을 구입한다. 예를 들어, 만약 휴렛-패커드(HP)사가 신형 프린터 모델을 출시 했을 경우, 창고형 클럽은 구형 모델의 재고를 큰 폭으로 할인된 가격에 구매하고 재고가 고갈될 때까지 판매한다.

대부분의 창고형 클럽은 두 가지 유형의 회원을 보유한다: 작은 사업을 하는 도매 회원들과 자신을 위해 상품을 구매하는 개인 회원들이 있다. 예를 들어, 작은 음식점의 경우는 도매 회원에 해당한다. 이들은 식료품 유통 업체보다는 창고형클럽에서 필요한 식료품이나 상품을 구매한다. 이러한 고객을 유치하기 위해서, 창고형 클럽은 식품 품목을 매우 큰 콘테이너와 패키지 단위로 판매하고있다. 이러한 큰 단위의 식료품은 대규모 가족의 유인 요소 또한 될 수 있다. 일반적으로 이러한 회원들은 연간 수수료를 50달러 가까이 지불한다.

4. 편의점(Convenience Stores)

편의점(CVS)은 제한된 종류와 구색의 상품을 접근성이 높은 지역에 위치하여 판매하는 업태이다. 규모는 2,000에서 3,000평방 피트이며, 신속한 구매가 가능하다. 편의점은 기존에 동네에 존재하던 구멍가게(mom-and-pop)의 현대판이라고 할 수 있다. 대형매장에서 상품을 찾거나 계산대의 긴 줄을 설 필요가 없기 때문에, 소비자는 편의점에서 신속하게 구매를 할 수 있다. 편의점에서 취급되는 상품의 절반 이상은 구매후 30분 이내에 소비되는 상품들이다.

편의점은 규모가 작고 높은 판매력 때문에 매일 상품이 채워진다. 또한 제한된 상품 종류와 구색을 가지고 있기 때문에 슈퍼마켓에 비해 상품의 가격이 비싸다. 한때는 우유, 계란, 빵 등의 상품이 편의점의 매출 중 큰 비율을 차지하였으나, 현재 판매의 주요 비중은 휘발유와 담배가 차지하고 있다.

편의점의 경우 다양한 경쟁 상황에 직면하고 있다. 편의점의 매출은 휘발유의 가격이 상승하는 기간 동안에 증가하는 경향이 있으나, 휘발유는 낮은 마진이 책정되어 있기 때문에 휘발유 판매에 대한 높은 의존도는 문제가 되고 있다. 게다가 슈퍼센터와 슈퍼마켓 체인점들 또한 고객의 유치를 위해 휘발유를 판매하거나 판매하려는 시도를 하고 있다. 드럭스토어와 종합할인점 또한 편의점에서 판매하는 상품을 판매하며 접근성이 높은 지역에 매장을 입점시키고 있다.

이러한 경쟁적인 압력 하에서, 편의점은 휘발유 판매에 대한 의존도를 낮추기 위한 절차를 밟고있다. 지역 시장에 맞게 상품구색을 조정하고 있으며, 구매의 편리함을 더 높이기 위해 노력하고 있다. 휘발유를 구매하는 고객이 다른 일반 상품 및 서비스도 구매하게 하기 위해서, 편의점은 이동족 고객을 유인할 수 있는 더 많은 신선 식품과 건강식 패스트 푸드를 제공하고 있다. 일부 편의점은 BP의 Wild Bean Cafe와 같은 패스트 캐주얼 레스토랑(fast casual restaurant)을 추가하기도 하였다. 7-Eleven의 경우는 과일, 야채, 샐러드, 저 칼로리 식품 등을 더 많이 판매한다. 영국 슈퍼마켓계의 거인

Refact

편의점 업체인 Seven-Eleven Japan Co.은 점포 수에서 세계에서 가장 큰 체인으로써 McDonald를 2위로 밀어내었다. 2007년 3월, McDonald의 점포는 31,062개였고, Seven-Eleven Japan은 17개 나라에서 총 32,208개의 점포를 운영하였다.

인 Tesco의 Fresh & Easy 매장은, 일반 식료품점의 방문을 원치않거나 요리하는 시간을 줄이고 싶은 고객을 타겟으로 하여, 신선한 농산물과 육류, 기성식품(ready-to-eat)을 판매한다. 마지막으로, 편의점은 고객이 수표나 어음, 선불전화, 영화티켓, 상품권 등을 이용할 수 있도록 금융 서비스 키오스크 같은 새로운 서비스를 추가하였다.

편리함을 증가시키기 위해서, 편의점은 고객의 일터와 가까운 곳에 매장을 연다. 예를 들어, 7-Eleven은 공항, 오피스 빌딩, 학교 등에 매장을 보유하고 있다. 높은 접근성, 매장 앞 주차공간, 신속한 구매는 편의점에서 제공하는 핵심 장점이다. 편의점은 또한 구매의 편리함을 향상시키기 위해 다양한 기술의 사용 또한 고려하고 있다. 예를 들어, 펜실베니아를 거점으로 삼은 Sheetz라는 편의점 체인의 경우, 휘발유 펌프에서 키오스크를 통해 셀프서비스로 음식 주문 또한 가능하게 하였다. 주유를 하며 맞춤식 샌드위치를 주문하고, 주유가 끝나면 가게로 샌드위치를 사러가는 것이 가능한 것이다.

III 일반 상품 소매업체

일반 상품 소매업체의 종류에는 대표적으로 백화점, 할인점, 전문점, 카테고리 전문점(카테고리 킬러, 할인전문점), 홈센터, 드럭스토어, 상설 할인 매장, 그리고 초가치 소매 매장 등이 있다. 〈보기 2-4〉는 일상용품을 파는 점포 소매업체의 특징을 요약해 놓은 것이다.

○ 보기 2-4
일반상품 소매업체의 특징

유 형	종 류	구 색	서비스	가 격	점포크기 (sq ft)	재 고	입 지
백화점	많음	중상	상중	상중	100-200	100	지역 쇼핑몰
할인점	많음	하중	하	하	60-80	30	독립적으로, Power strip 센터
전문점	적음	상	상	상	4-12	5	지역 쇼핑몰
카테고리 전문점	적음	최상	상하	하	50-120	20-40	독립적으로, Power strip 센터
홈센터	적음	최상	상하	하	80-120	20-40	독립적으로, Power strip 센터
드럭스토어	적음	최상	중	상중	3-15	10-20	독립적으로, Power strip 센터
상설 할인 매장	보통	최상, 다양	하	하	20-30	50	아울렛
초가치 소매매장	보통	중간, 다양	하	하	7-15	3-4	도시

1. 백화점(Department Stores)

백화점은 다양한 유형의 상품과 깊이 있는 구색을 갖추어 놓고 있으며, 세심한 고객 서비스를 제공하고 있다. 상품의 종류 또한 체계적으로 분류하여 진열해 놓고 있다. 미국에서 가장 큰 백화점 체인점은 Macy's, Sears, JCPenney, Kohl's, Nordstrom, Dillards 그리고 Saks이다. 전통적으로 백화점은 쾌적한 분위기, 세심한 서비스, 그리고 다양한 종류의 상품들로 고객을 끌어들였다. 백화점은 비내구 소비재(의류와 침구류)와 내구 소비재(가정용 기기, 가구, 가전상품)를 주로 판매했다. 그러나 이제는 대부분의 백화점들이 거의 비내구 소비재에만 집중하고 있다. 백화점의 주요 부서에는 여성 의류, 남성 의류, 아동 의류와 액세서리 코너, 가구 코너, 화장품 코너, 그리고 부엌 용품, 소형 가전 코너가 있다. 각각의 부서들은 백화점 내 명확하게 할당된 판매 공간이 있고, 고객들을 돕는 판매원도 있다. 이러한 백화점은 전문점들이 모여있는 것 같아 보인다.

백화점 체인은 3개의 단계로 분류할 수 있다. 첫 번째 단계는 고가의 디자이너 의류와 훌륭한 서비스를 제공하는 고급의 최신 유행 스타일 체인들이다. Neiman Marcus, Bloomingdale's (Macy's Inc.의 계열사), Nordstrom, 그리고 Saks Fifth Avenue (Saks Inc.의 계열사)가 첫 번째 단계에 속한다. Macy's와 Dillards는 백화점 체인의 두 번째 단계인 고급 전통 백화점의 대표적인 예이다. 이 단계는 보통 정도의 가격의 상품들을 판매하고 고객 서비스도 덜하다. 가격지향적인 세 번째 단계는 Sears, JCPenny, 그리고 Kohl's로 대표된다. 이 단계에서는 가격을 의식하는 소비자들의 구미에 맞춘다. 첫 번째 단계의 백화점 체인들은 뚜렷하게 차별화된 포지션으로 지위를 확고히 하고 있고, 확실한 재정적 성과를 내고 있다. 반면, 가격지향적인 단계의 백화점 체인들은 Target과 같은 할인점들과의 중대한 경쟁 상황에 직면하고 있다. Retailing View 2.3에서는 성공적인 가격지향적 백화점 체인인 Kohl's의 혁신적인 전략을 서술하고 있다.

백화점은 여전히 특별 이벤트, 퍼레이드 (뉴욕시에서 Macy's의 부활절 퍼레이드), 산타 클로스 랜드, 명절 장식 등 몇몇 소매업의 전통을 계속 이어나가고 있으며, 다른 소매 업체에서는 살 수 없는 디자이너의 브랜드를 독점하고 있다. 그러나 많은 소비자들은 백화점에서의 혜택과 쇼핑 비용에 대해 의문을 품고 있다. 백화점은 Target과 같은 할인점에 비해 편리하지 않은데, 이는 백화점의 입지 때문이다. Kohl's를 따라서 JCPenny와 Sears는 비상업지구에 매장을 열기도 하지만, 백화점은 대개 고객들이 사는 곳과 가까운 지역에 위치해 있지 않고, 대부분이 대형 상업 지구에 위치해있다. 두 번째와 세 번째 단계의 백화점에서는 노동비용을 줄여 이익을 증가시키려고 하기 때문에 고객 서비스가 약해지고 있는 추세이다. 게다가 백화점은, 할인점이나 식료품 업체들처럼 공급자와 연계해 적시재고시스템 (Just-In-Time inventory system)을 구축하는데 성공적이지 못했기 때문에, 가격은 여전히 상대적으로 높은 편이다.

줄어가는 시장 점유율의 하락 추세를 해결하기 위해, 백화점은 (1) 독점 판매하는 상품의 양을 늘리려 하고, (2) 점포와 브랜드에 대한 강한 이미지를 심어주기 위한 마케팅 캠페인을 펼치고 있으며, (3) 온라인에서의 영향력을 확대시키고 있다.

백화점들은 공급하는 상품을 차별화하고 이미지를 강화하기 위해, 전국적으로 인정받는 디자이너들과 독점 계약을 체결하려 적극 노력하고 있다. 예를 들어, Macy's의 경우, 디자이너 Eelie Tahari와 Oscar de la Renta의 여성복 라인을 독점 판매하고 있다. Estée Lauder는 Kohl's의 독점 자사 브랜드 라인 화장품을 개발했으며, Ralph Lauren은 JCPenny에서 독점하는 캐주얼 의류 라인을 디자인했다. 또한 백화점들은 자사 브랜드 상품을 개발하는데 더욱 역점을 두고 있다. Macy's는 I. N. C. (여

Kohl's-백화점 체인의 **급속한 성장**

Kohl은 점포입구 근처 편리한 위치에 현금계산 대를 집중시켜 두었다.

백화점과 디스카운트 스토어의 혼합된 형태인 Kohl's는 미국에서 가장 빠르게 성장하는 소매 기업중 하나이다. Kohl's는 1992년의 76개 점포에서, 현재 45개 주 600개 이상의 점포로 성장하였다. 성공 공식은 내셔널 브랜드 의류와 소프트한 가정 상품을 합리적인 가격으로 구매하는데 관심이 있고, 시간의 압박을 받는 사커맘(soccer moms)들에게 편리한 쇼핑을 제공한 것이다. 또한, Chaps by Ralph Lauren, Dockers and Arrow menswear, Healthtex and Oshkosh childresn's clothing, KitchenAid appliances, 그리고 Nike and Sketchers footwear 등과 같은 일부 내셔널 브랜드를 판매한다. 젊은 전문직 종사자들을 잡기 위해 디자이너 Vera Wang, 엘르 매거진, 스케이트보드 아이콘인 Tony Hawk, 그리고 자체상표 라인(private-label lines)을 위한 the Food Network와 같은 트렌디하고 패션지향적인 이름들을 알리기도 했다. Kohl's는 또한 현재 Fergie와 같은 연예인 아티스트에 의해 광고되고 있는 Candie's Shoes의 독점 딜러이기도 하다. 덧붙여, Kohl's는 중소형 백화점(second-tier department)에서 판매되는 Estee Lauder cosmetics와 Laura Ashley home textile and bedroom accessories와 같은 일부 내셔널 브랜드의 독점적인 서브브랜드(subbrand)를 가지고 있다.

그러나 Kohl's의 가장 큰 경쟁력은 편리함이다. 교외 지역의 중심에 위치하고 있는 Kohl's는 쇼핑하기가 쉽다. 점포는 전통적이고, 몰 중심적인(mall-based) 백화점보다는 작고(80,000 평방피트), 한 층으로 구성되어 있다. 통로와 설비공간이 전형적인 백화점보다 넓어서 소비자들이 쇼핑카트나 유모차를 밀면서 점포를 쉽게 지나다닐 수 있다. 대부분의 다른 백화점처럼 각 부서에서 POS 터미널을 가지기 보다는, Kohl's는 점포 입구 근처에 현금계산대를(checkout stations) 집중시킴으로써, 소비자들로 하여금 점포의 각기 다른 구역에서도 상품을 선택할 수 있게 하였고, 쇼핑이 끝나고 떠날 때 모든 상품들을 한번에 지불할 수 있도록 하였다.

Kohl's는 "점포 안의 점포(store-within-a-store)" 진열을 요구하는 디자이너 상품을 취급하지 않았기 때문에, 브랜드보다는 아이템 종류에 따라 다른 브랜드를 하나로 묶었다. Kohl's는 모든 상품들을 시각적으로 잘 보이게 만들어주는 계단식 스타일의 선반진열을 통하여, 산만하게 흩어져있는 진열을 피하였다. 색상도 밝은 것으로부터 진한 것으로, 무늬도 눈에 가장 잘 띄는 것으로 진열하였다. 그리고 하루종일 상품들을 정돈하는 대부분의 점포와는 다르게, Kohl's는 매일 오후 2시에 비서부터 점포 관리자까지 점포의 모든 사람들이 진열을 정리하는 "recovery period"를 통해 상품의 진열을 보기 좋게 정리하였다. 밤에 종업원들도 비슷한 작업을 하였다. 이를 통해 종합적으로 판매점원이 오직 소비자에게만 집중할 수 있도록 하는 효과를 거두었다.

출처: Kelly Nolan, "Kohl's Draws New Battle Lines Out West," *Retailing Today*, May 21, 2007, pp. 4-7; Cheryl Lu-Lien Tan, "Hot Kohl's" *The Wall Street Journal Online*, April 16, 2007 (accessed December 24, 2007); www.kohls.com (accessed June 15, 2007); Eric Wilson and Michael Barbaro, "Can You Be Too Fashionable?" *The New York Times*, June 17, 2007, p. 3.1

성의류)와 Tools of the Trade(가정용품) 같은 자사 브랜드 상품을 통해 강한 이미지를 심는데 성공했다. Saks Fifth Avenue는 스타일과 핏을 중시하는 조금 젊은 고객층에 맞춘 Signature, 넉넉하게 재단된 Classics와 Sport 등의 자체 의류 브랜드를 선보였다.

최근 몇 년간 백화점들의 세일은 급격하게 늘어, 고객들은 제 가격을 주고 물건을 사기 보다 세일하기를 기다리는 것에 익숙해졌다. 백화점들은, 마케팅 활동을 단순한 상품판촉활동에서, TV광고, Saks Fifth Avenue, Neiman Marcus, Barney's New York에서 발간하는 계절별 고급잡지와 같은 전문출판물과 TV 광고를 통한 브랜드빌딩활동으로 전환하고 있다.

마지막으로, 대부분의 백화점들은 인터넷 활동을 강화함으로써 다채널 소매 혁신에 적극 참여하고 있다. JCPenny는 10억 달러 이상을 온라인으로 판매하고 있는데, 강력한 카탈로그 사업이 이러한 성공을 거들었다. 카탈로그 사업을 통해서, JCPenny는 많은 전통적인 카탈로그 고객들이 인터넷으로 이동하고 있다는 사실과, 점포를 거치지 않고 고객들에게 파는 방법을 알게 되었다.

2. 종합할인점(Full-line Discount Stores)

종합할인점은 다양한 상품과 제한된 서비스 그리고 낮은 가격을 제공하는 소매업태이다. Target을 제외한 할인점은 자체 브랜드 상품과 제조업체 브랜드 상품을 모두 취급하는데, 이들은 백화점이나 전문점에 비해서 패션 지향적이지는 않다. 미국의 3대 종합할인점 체인으로는 Wal-Mart, Sears Holding의 계열사인 Kmart, 그리고 Target이 있다. 이 중 Wal-Mart가 단독으로 전체 종합할인점 매출액의 66%를 차지하고 있다. 이 분야에서의 주요한 동향은 Wal-Mart가 할인점에서 슈퍼센터로 전환하고 있다는 것이다. 현재 Wal-Mart는 미국에서 1,051개의 할인점, 2,307개의 슈퍼센터, 118개의 Neighborhood Market을 가지고 있고, 2,701개의 해외매장을 가지고 있다. Wal-Mart는 2010년에는 슈퍼센터가 3,300개에 달할 것이며, 재래식 매장은 지금의 절반 수준으로 줄어들게 될 것이라고 예상하고 있다. 이러한 변화는 종합할인점이 직면하고 있는 경쟁상황과 슈퍼센터의 운영 상의 효율성에 따른 결과이다. 종합할인점은 Dick's Sporting Goods, Office Depot, Circuit City, Bed Bath & Beyond, Sports Authority, 그리고 Lowe's와 같은 단일 범주의 상품을 집중적으로 판매하는 카테고리 전문점(카테고리 킬러)과 격렬하게 경쟁하고 있다.

Wal-Mart가 종합할인점들을 닫으면서, Target은 판매율 증가와 수익률에서 가장 성공적인 종합할인점이 되고 있다. Target은 쾌적한 쇼핑 환경에서 저렴한 가격의 유행하는 상품을 제공하기 때문에 성공할 수 있었다. 그리고 Behnaz Sarafpour, Proenza Schouler, Patrick Robinson과 같은 디자이너들과 협력해 저렴한 독점 브랜드 상품들을 만들어 "저렴하면서 세련된 (cheap chic)" 이미지를 구축했다.

3. 전문점(Specialty Stores)

전문점은 제한된 수의 상호 보완적인 상품 카테고리를 판매하며, 상대적으로 크기가 작은 매장에서 높

Refact

북아메리카에서 가장 오래된 소매업체인 Hudson's Bay Company는 300년 전 모피를 거래함으로써 캐나다의 황야를 정복했다. 오늘날, Hudson's Bay Company는 캐나다에서 가장 큰 소매업체 중 하나가 되었으며, 할인점, 백화점, 그리고 가정용품 체인을 운영하고 있다.

■ ■ ■ ■ ■ ■

액세서리	전자제품/소프트웨어/기타용품	Crate & Barrel
Claire's	RadioShack	Pottery Barn
	Sharper Image	
의류		보석류
The Gap	엔터테인먼트	Zales
J. Crew	GameStop	Tiffany & Co.
The Limited	Blockbuster	
Victoria's Secret		시력보조
Lane Bryant	건강보조식품	LensCrafters
Abercrombie & Fitch	GNC	
Talbots		신발
Michaels	가구	Foot Locker
	Ethan Allen	
자동차부품	Thomasville	스포츠용품
AutoZone		Hibbett Sports
Advance Auto Parts	가정용품	Play It Again
	Williams-Sonoma	

Sephora는 혁신적인 향수
및 화장품 전문점이다.

은 수준의 서비스를 제공하고 있다. 〈보기 2-5〉는 미국의 대형 전문 체인점을 소개하고 있다. 전문점들은 한정된 상품 카테고리와 깊은 상품구색, 그리고 전문 서비스 요원을 갖추면서 매우 특정한 고객층을 대상으로 소매전략을 구사하고 있다. 미국의 대표적인 여성용 속옷과 미용상품 전문 소매업체인 Victoria's Secret을 살펴보자. 쇼핑몰, 라이프스타일 센터, 중심업무지구 등 다양한 곳에 입지하는 전략을 사용하고 있는 Victoria's Secret은 패션 지향적인 여성용 속옷과 향수, 화장품을 판매한다. Victoria's Secret은 슈퍼모델을 기용하고, 패션쇼를 통해 그들의 메시지를 전달한다. Hot Topic은 쇼핑몰에 위치한 매장에서 십대를 위한 음악에 영향을 받은 라이선스 의류를 판매하고 있다. 현재 Hot Topic의 판매원들은 라디오, 음반매장, 콘서트 투어, 대중문화의 최신 경향을 알고 있다.

럭셔리 상품 기업인 LVMH (Louis Vuitton-Moet Hennessy)의 계열사인 Sephora는 프랑스 향수와 화장품 체인의 선두에 서있다. 이 회사는 혁신적인 전문점의 또 다른 예라고 할 수 있다. 미국에서는 고급 화장품은 대개 백화점에서 판매하고 있다. 각각의 브랜드는 각기 다른 판매대가 있으며, 위탁 판매인이 고객들의 쇼핑을 돕는다. Sephora는 6,000에서 9,000평방피트 크기의 매장에서 화장품과 향수 위주의 깊은 구색을 갖춘 셀프서비스 전문점이다. 매장에서는 자체 브랜드를 포함한 200개가 넘는 브랜드에서 15,000개가 넘는 상품을 제공한다. 상품들은 브랜드의 알파벳 순으로, 품목별로 정렬되어 있어서 고객들이 쉽게 찾을 수 있게 하고 있다. 고객들은 자유롭게 쇼핑하고 상품을 테스트할 수 있으며, 샘플 상품도 다양하게 제공된다. Sephora의 판매원들은 항상 고객이 원하는 상품정보를 제공해주는데, 이들은, 백화점에서 판매 인센티브를 받는 백화점 화장품 코너 판매원들과는 다르게, Sephora에서 직접 급여를 받고 일한다. 이렇게 개방되고 절제된 환경이 고객들에게 더 많은 시간에 쇼핑을 하게 하고 있다.

미국내의 성공적인 전문점들은, 외국에서 들어온 경쟁자들로 인해, 고객들의 니즈를 어떻게 만족시킬 것인지에 대해 다시 생각하고 있다. 스페인의 Zara와 스웨덴의 H&M은 저렴하면서도 세련된 "패스트패션"을 미국에 소개하였다. 기존의 패션 전문점들은 1년에 10-12번 신상품을 선보이는데 비해, 패스트패션 회사들은 최신 유행 의류를 제공하기 위해 일주일에 2-3번 신상품을 내놓고 있다. 지속적으로 신상품을 선보이는 환경 덕분에, 고객들은 다음주면 다른 상품들이 매장에 있을 것이라는 것을 알고, "지금 당장 사는" 소비 경향을 보인다. 그 결과, 기존의 업체들이 60%의 상품만을 제 가격에 파는데 비해, 패스트패션 업체들은 85%의 상품을 제 가격에 팔고 있다.

4. 드럭스토어(Drugstores)

드럭스토어는 건강 및 미용 용품을 집중적으로 판매하는 전문점이다. 약은 대체로 드럭스토어 매출과 수익률의 50%이상을 차지하고 있다. 미국에서 가장 큰 드럭스토어 체인점에는 Walgreens, CVS, 그리고 Rite Aid가 있는데, 이 세 업체들은 2000년 드럭스토어 전체 매출의 43%만을 차지했지만, 현재는 매출의 66%를 차지하고 있다.

특히 전국 체인을 가진 드럭스토어는 고령화 인구가 더 많은 처방약을 필요로 하기 때문에, 지속적인 매출 성장을 하고 있다. 비록 처방약의 마진이 다른 상품들보다 높은 편이지만, 정부의 보건정책, 보건기관, 다른 나라 특히 캐나다와 비교해 높은 약품비에 대한 대중의 항의 때문에 자체 마진은 줄어들고 있다.

드럭스토어는 자체 약국을 갖고 있는 할인점 및 슈퍼마켓들뿐만 아니라 우편 주문 소매업체들과도 직접적인 경쟁을 하고 있다. 이에 대한 대책으로 주요 드럭스토어 체인점들은 더욱 더 다양한 유형의 일반 상품 및 고객들이 자주 구매하는 식료품을 선보이고 있으며, 차 안에서 모든 절차를 해결할 수 있는 차량통과(drive through) 매대를 개설하고, 매장 내 병원을 입점시켜 좀 더 규모가 큰 독자적인 점포로 변모하고 있다. 단골고객을 확보하기 위해 약사들의 역할도 바뀌고 있다. 단순히 알약 조제 작업(알약을 세고, 붓고, 만들고 하는 작업)에서 벗어나 약이나 도구의 사용 방법을 설명해 주는 것과 같이, 건강 관리에 대한 상담을 해 주는 일까지 약사가 담당하게 된 것이다. 드럭스토어 소매업체는 약사들이 개인적인 서비스도 제공할 수 있도록 배려하고 있다. 예를 들어, 고객들은 Walgreen에서 전화나 인터넷을 이용하여 예전에 처방 받았던 약을 다시 처방 받을 수 있다. 컴퓨터 시스템에 약 찾아갈 시간을 맞추어 놓으면, 드럭스토어에서는 자동적으로 예약 스케줄을 만든다. 또한 14개 언어권의 환자들과 의사소통이 가능한 약사들을 고용해 다국어 상담 서비스인 Dial-a-Pharmacist를 제공하고 있다.

5. 카테고리 전문점(Category Specialists)

카테고리 전문점은 일정한 상품 카테고리를 대상으로 다양한 구색을 갖추면서 싸게 판매하는 할인점이다. 그러므로 카테고리 전문점은 바로 할인 전문점인 것이다. 〈보기 2-6〉은 미국에서 가장 큰 카테고리 전문점들을 나열하고 있다.

Refact

경쟁이 심화됨에 따라, 소매 약품 판매의 드럭스토어 산업의 점유율은 2000년 64.1%에서 2005년 59.2%로 하락하였다.

의류/액세서리

Disney Store

Famous Footwear

Men's Warehouse

Toys "R" Us

서적

Barnes & Noble

Borders

전자제품

Best Buy

Circuit City

공예품

Michaels

엔터테인먼트

Chuck E. Cheese

Dave & Busters

식품

Fresh Market

Trader Joe's

Whole Foods

가구

Crate & Barrel

IKEA

Pier 1

Sofa Express

가정용품

Bed Bath & Beyond

Linens 'n Things

The Great Indoors

World Market

홈 임프루브먼트

Home Depot

Lowe's

Menards

악기

Guitar Center

사무용품

Office Depot

Staples

Office Max

할인점

DSW

TJX

애완용품

PetSmart

PETCO

스포츠용품

Bass Pro Shop

Cabela's

Dick's Sporting Goods

L.L. Bean

Golfsmith

Bass Pro Shops와 같은 카테고리 전문점들은 다양한 구색을 갖춘 상품들을 저렴한 가격에 제공한다.

대부분의 카테고리 전문점은 셀프서비스를 추구하는 경향이 있다. 그러나 매장의 일부 구역에서는 종업원들을 매장 내에 배치해 놓고 있다. 예를 들어, Staples는 매장을 창고처럼 꾸며 놓았다. 복사 종이가 큰 묶음으로 선반 위에 쌓여 있으며, 공구들은 상자 단위로 선반에 올려져 있다. 그러나 컴퓨터나 첨단 기술 상품의 경우는, 진열해놓은 곳에 종업원들을 배치해 고객들의 질문에 답하고 제안을 할 수 있게 하였다. Bass Pro Shops' Outdoor World는 야외활동과 오락을 위한 용품을 전문적으로 파는 카테고리 전문점이다. 매장에서는 27센트 하는 플라스틱 미끼에서부터 45,000 달러에 파는 레저 차량까지, 사냥과 낚시에 필요한 상품을 다 갖추고 있다. 판매원들은 야외활동에 대한 지식을 갖추고 있고, 각자의 전문분야를 담당하고 있다. Bass Pro Shops' Outdoor World의 모든 자체 브랜드 상품은 Redhead Pro Hunting과 Tracker Pro Fishing Team이라는 전문 테스트 팀이 현장 테스트를 한다. 한 가지 상품 카테고리에 대해서 다양한 구색을 갖추어 놓고 또한 저렴한 가격을 제시함으로써, 그 상품 카테고리를 파는 다른 소매업체들을 죽일 수 있다고 하여, 흔히 "카테고리 킬러(category killers)"라고 불린다. 카테고리 전문점은 상품의 한 부류를 점거하고 있기 때문에, 그들의 구매력을 이용하여 낮은 가격, 아주 좋은 거래 조건, 그리고 상품의 원활한 공급을 이끌어 낼 수 있다. 카테고리 전문점과 근거리에 있는 백화점이나 할인점은 그들의 상품 종류를 제한받는다. 왜냐하면 소비자들은 다양한 종류와 낮은 가격을 자랑하는 카테고리 전문점을 선호하기 때문이다.

카테고리 전문점 중에서 규모가 가장 크고 성공적인 카테고리 전문점의 형태는 바로 홈센터(home improvement center)이다. 홈센터는 자가조립 고객(DIYer, do-it-yourselfers)과 건축업자가 필요로 하는 재료와 도구를 판매하는 카테고리 전문점이다. 집을 유지하고 개선하려는 소비자들을 표적 시장으로 삼고 있는 것이다. 미국의 가장 큰 홈센터에는 Home Depot와 Lowe's가 있다. 홈센터는 창고형 할인매장이나 사무용품 전문점처럼 소비자들에게 직접 상품을 판매하는 소매업체의 특징을 보여주기도 하고, 건축업자나 다른 업체에 물품을 판매하는 도매업체의 특징을 보여주기도 한다. 홈센터에서는 상품들이 창고형으로 진열되어 있지만, 종업원들도 매장 내에 배치되어 있어 고객들이 상품을 선택할 때 도움을 주고, 그 상품을 다루는 법을 알려주기도 한다.

카테고리 전문점들은 다른 형태의 업체들과 경쟁한다고는 하지만, Lowe's와 Home Depot, Staples와 Office Depot, 그리고 Bed Bath & Beyond와 Linens 'n Things 사이의 경쟁과 같은 카테고리 전문점끼리의 경쟁이 치열하게 전개되고 있다. 카테고리 전문점들은 동일한 국내 브랜드 상품들을 구매하여 모두 비슷한 구색으로 진열해 놓으며, 같은 수준의 서비스를 제공하고 있는 것이다. 그렇기 때문에 가격 외의 소매 믹스 요소를 차별화 하기에는 어려움이 많이 따른다. 카테고리 전문점은 점점 과열되는 경쟁에 대한 대책으로, 운영 효율을 높이고 규모의 경제를 얻기 위해 규모가 작은 체인점들을 인수하면서 가격을 낮추고 있다. 인수합병의 결과, 적은 수의 업체들만이 각 카테고리를 지배하고 있다. 몇몇 카테고리 전문점들은 서비스를 강화해 차별화를 시도한다. Home Depot와 Lowe's는 고객들에게 전기와 배관 시설 수리에 대한 도움을 주기 위해, 관련 자격증을 소지한 사람들을 판매원으로 고용했다. 그리고 고객들이 집수리를 스스로 할 수 있게 타일을 바르는 법, 페인트칠 하는 법 등에 대한 강좌를 제공해주고 있다.

6. 초가치 소매업체(Extreme Value Retailers)

초가치 소매업체들은 작은 규모의 할인점으로, 제한된 구색을 갖추고 초저가에 공급한다. 대표적인 초가치 소매 업체로는 Family Dollars Stores와 Dollar General이 있다.

제한된 상품군을 취급하는 식품 소매업체처럼, 초가치 소매업체들은 다양하지 않은 구색과 낮은 임대료의 매장을 통해 원가를 절감하고 상품을 낮은 가격으로 공급할 수 있는 것이다. 넓지만 얕게 구성된 가사용품, 건강용품, 미용용품, 식료품 및 잡화 등을 취급한다. 특히 Family Dollars Stores와 Dollar General은 소비형태가 일반 할인점에서부터 창고형 할인점 이용자들과 다른, 저소득층 고객들을 주된 공략대상으로 하고 있다. 예를 들어, 저소득층 고객들은 잘 알려진 국내 브랜드를 사고 싶어하지만 대용량의 상품을 사지 못하는 경우가 많다.

초가치 소매업체들은 이름과는 다르게 몇몇의 상품만을 1달러에 판다. 선두업체인 Family Dollars

Stores와 Dollar General는 엄격한 가격제한을 두고 있지 않고 20달러의 상품도 팔고 있다. 업체들의 이름은 저렴한 가격을 암시하지만 임의의 가격을 설정하지는 않는다. 이 분야의 사업은 급격히 발전하고 있으므로, 업체에서는 자신만의 특별하고 작은 포장의 상품을 종종 선보이고 있다.

Dollar Tree와 99 Cents Only는 취급하는 상품들이 전부 1달러 이하이기 때문에 진정한 염가 판매점이다. 이 염가 판매점에서는 선물가방, 파티용품, 가사용품, 장식용품, 사탕과 식품, 장난감, 건강 및 미용용품, 선물, 문구, 책 등의 다양한 상품을 구비해놓고 있다. 과거에 염가 판매점은 저소득층을 위한 저급한 소매업체라는 취급을 받았지만, 이제는 찾는 즐거움을 느끼려는 고소득층 소비자들도 점차 애용하고 있다. 쇼핑객들은 초가치 소매 매장이 장식품 속의 보물을 찾는 기회라고 보기도 한다.

7. 상설할인 소매업체(Off-Price Retailers)

재고정리 소매업체(close-out retailers)라고도 알려진 상설 할인 업체는 유명 브랜드의 상품을 일정한 상품구색 없이 낮은 가격으로 제공하는 소매업체이다. 미국에서 규모가 큰 상설 할인업체로는 T.J. Maxx and Marshalls, Winners, HomeGoods, TKMaxx, AJRight, HomeSense를 운영하는 TJX Companies, Ross Stores, Burlington Coat Factory, Loehmann's, Big Lost Inc. 그리고 Tuesday Morning이 있다. 상설 할인 업체는 유명 브랜드 상품과 디자이너 상품을 자체 구입과 판매 관행을 통해, 백화점보다 20-60% 낮은 가격으로 제공하고 있다. 대부분의 상품은 시즌이 끝날 때에 제조업체나 소매업체로부터 잉여 재고를 간헐적으로 매입한 것이다. 이 상품들은 그 다음 시즌에 판매하지 않기 때문에 재고정리 상품이라고 한다. 그렇기 때문에 이상한 크기의 상품이나 인기 없는 색깔 및 스타일의 상품이 있을 수 있으며, 심지어는 파손된 상품이 있을 수도 있다. 대체로 원래의 도매 가격에서 1/5이나 1/4정도의 가격으로 그 상품들을 매입한다. 상설 할인 업체는 제조업체에게 광고나 반품, 이윤 조정, 지불 등에 대해 요구를 하지 않기 때문에 저렴한 가격으로 상품을 매입할 수 있는 것이다. 소매업체의 상품 매입과 관련된 개념과 조건들은 제14장에서 상세히 다루어질 것이다. 상설 할인

왜 유명 디자이너의 핸드백이 T.J Maxx와 같은 상설할인 소매업체에서는 저렴하게 판매되는지 생각해 보자.

업체의 이벤트적인 구매 패턴 때문에, 고객들은 매장을 방문할 때 마다 같은 상품이 진열되어 있을 것이라고 기대하지 않는다. 매번 다른 종류의 할인 행사가 벌어지며, 일부 상설 할인 업체에서는 상품에 대한 일관성을 유지하기 위해 정상가로 산 상품들도 함께 진열해 놓고 있다.

아울렛 점포는 상설 할인 업체 중에서 특이한 유형의 업체이다. 아울렛 점포는 제조업체나 백화점 혹은 전문 체인점이 운영하는 상설 할인 매장이다. 제조업체가 소유하고 있는 아울렛 점포는 팩토리 아울렛(factory outlets)이라고 부른다. 아울렛 점포는 대개 7장에서 다루게 될 아울렛 전문 쇼핑몰에 위치해있다. 제조업체는 아울렛 점포를 통해 불량품, 잉여 상품, 그리고 반품된 상품들을 판매하여 수입을 올리고 있다. 아울렛 점포는 또한 일부 브랜드 상품을 할인하여 판매하기도 한다. Saks(Saks Off Fifth)나 Brooks Brothers와 같이 브랜드 이름이 높은 소매업체들도 아울렛 점포를 갖고 있다. 이들은 정규 점포에서 상품을 할인하여 팔기보다는 아울렛 점포에서 할인된 상품을 판매함으로써, 고객이 사고 싶은 상품을 정가로 판매한다는 정규 점포의 이미지를 유지하고 있다.

Ⅳ 무점포 소매업체(Nonstore Retailers)

앞서 살펴본 소매업체들은 점포에 기반을 둔 소매업태들이었다. 이 절에서는 무점포로 운영되는소매업태들을 살펴볼 것이다. 주요한 무점포 소매업태로는 인터넷, 카탈로그 및 직접 우편, 직접판매, TV 홈쇼핑 그리고 자동판매기가 있다.

1. 전자(인터넷) 소매업체(Electronic Retailers)

e-tailing, online retailing, Internet retailing이라고도 알려져 있는 전자(인터넷) 소매업은, 소매업체가 고객에게 상품과 서비스를 인터넷을 통해 제공하는 소매 형태를 말한다. 전자 소매업을 바라보는 시선은 지난 10년 동안 급격히 변했다. 1998년, 대부분의 소매 전문가들은 첨단 기술과 인터넷을 잘 아는 새로운 유형의 사업가들이 소매업계를 장악할 것이라고 예측하였다. 모든 이들이 인터넷을 통해 쇼핑할 것이고, 그에 따라 통행이 줄어들면서 점포들은 문을 닫고, 종이 카탈로그는 없어질 것이라고 예측하였다. 이렇게 전자 소매업에 관한 전망이 밝았기 때문에 수십억 달러가 투자되었다. 그러나 곧 투자금은 날라갔고, Webvan, eToys, 그리고 Garden.com과 같은 인터넷 소매 벤처기업들은 자취를 감추었다.

온라인 소매업은 점포나 카탈로그 소매업보다 더 빠른 성장세를 보이고 있지만, 이제 우리는 인터넷이 점포나 카탈로그를 대신할 수 있는 혁신적인 소매업태는 아니라는 것을 알았다. 그러나 인터넷은 계속해서 소매업계의 사업가들에게 새로운 기회를 제공해주고 있으며, 전통적인 소매업체에서도 점포나 카탈로그를 보완해서 수익을 더 해주고, 고객들에게 더 많은 가치를 제공할 수 있는 도구로 쓰인다. 3장에서는 전통적인 점포를 기반으로 하는 소매업체가 인터넷을 통해 다양한 경로를 이용하는 소매업체로 변모하는 것을 보여줄 것이다.

Amazon.com과 eBay 같이 소매업과 연관된 몇몇 유명 인터넷 기업들은 순수한 소매업체는 아니다. Amazon은 상품을 소비자들에게 판매하지만, 수익의 대부분은, 소비자가 중고책을 파는 것에서부터 Borders와 같은 점포를 기반으로 한 대형 소매업체까지, 다른 소매업체들의 인터넷 사이트 개발과 운영에 대한 서비스를 제공하는 것으로 얻는다. eBay는 eBay웹사이트 상의 경매장에 참여하는 판매

Refact

인터넷 판매는 $200 billion 에 접근해가고 있지만, 아직도 자동판매가 아닌(non-auto) 소매 판매의 약 5% 정도에 불과하다.

	2005년 매출(밸만달러)	판매된 제품)
JCPenney Co.	$2,838	잡화
Sears (Lands' End 포함)	$2,400	잡화
Williams-Sonoma	$1,290	홈 데코
Limited Brands (Victoria's Secret 포함)	$9,699	의류, 미용
L.L. Bean	$1,114	실외용품

자와 구매자 사이의 거래에 직접적으로 참여하지는 않는다. 그러므로 eBay는 구매자와 판매자들이 상호작용할 수 있게 플랫폼을 제공해주는 쇼핑몰이나 쇼핑센터를 운영하는 회사에 가깝다고 할 수 있다.

2. 카탈로그 및 직접 우편 소매업체(Catalog and Direct-Mail Retailers)

카탈로그 소매업은 업체가 소비자에게 카탈로그를 통해 정보를 전달하고, 직접 우편 소매업은 편지나 책자를 통해 정보를 전달하는 무점포 소매업태이다. 역사적으로 카탈로그 및 직접 우편 소매업은 점포와의 접근성이 떨어지는 시골 지역 소비자를 상대로 큰 성공을 거두었다. 맞벌이 부부와 1인 가구가 늘어남에 따라서, 소비자에게 카탈로그가 편리하고 시간을 절약하는 쇼핑방법으로 각광받고 있다. 〈보기 2-7〉은 미국의 주요 카탈로그 소매업체들을 소개하고 있다.

미국의 경우, 소비자 중 절반 정도는 카탈로그 쇼핑을 하고, 매년 190억 부가 넘는 카탈로그가 유통되고 있다. 의류, 선물, 도서/음반/비디오, 가정 장식용품, 그리고 장난감/게임 등이 카탈로그로 가장 많이 판매되는 상품군들이다.

1) 카탈로그 및 직접 우편 소매업체의 종류

카탈로그를 통해 상품을 판매하는 회사는 (1) 일반 상품 및 전문 카탈로그 소매업체, (2) 직접 우편 소매업체 두 종류가 있다. 일반 상품 카탈로그 소매업체는 카탈로그를 통해 다양한 종류의 상품군을 정기적으로 소비자에게 선보인다. Neiman Marcus의 경우, 크리스마스 시즌이 되면 12달러부터 2,000만 달러까지 500종이 넘는 상품이 실린 100페이지의 카탈로그를 발행한다. 가장 호응이 좋은 카탈로그는 독점적인 상품을 제공하는 것이고, 브랜드의 영향력이 중요하게 작용한다. 이 업체들은 전문 카탈로그 또한 발행한다. 전문 카탈로그 소매업체는 Victoria's Secret (속옷과 액세서리), Sharper Image (선물과 가전상품), 그리고 Land's End (의류)와 같이 특정한 상품군을 집중적으로 취급한다.

직접 우편 소매업체는 일반적으로 일정한 시점에 특정한 상품이나 서비스를 소비자에게 판매하기 위해 책자와 팜플렛을 우편으로 보낸다. Victoria's Secret 고객들은 아주 짧은 기간 동안 조금씩 다른 모양과 내용의 많은 우편물을 받는다. 특정한 우편물을 통해 한 번의 상품 판매에만 관심을 두는 다른 직접 우편 소매업체와는 달리, Victoria's Secret과 같은 업체들은 전형적으로 여러 번에 걸친 고객과의 관계를 유지하는 것에 관심을 가진다.

카탈로그 소매업은 매우 도전적이다. 첫 번째로, 규모가 작은 카탈로그 및 직접 우편 업체는 정교한 고객 관계 관리(CRM)를 하고 있는 크고 안정적인 업체들과 경쟁하는데 어려움을 겪고 있다. 두 번째로는 우편발송과 인쇄 비용이 비싸고, 계속 오르고 있다. 세 번째, 고객들의 주목을 끄는데 어려움을 겪고 있는데, 이는 아주 많은 카탈로그 및 직접 우편을 발송하고 있기 때문이다. 네 번째, 카탈로그를 디

자인하고, 개발하고, 유통하는데 많은 시간이 소요되는데, 이 때문에 카탈로그 및 직접 우편 소매업체는 새로운 동향과 유행에 빠른 대응을 하는데 어려움이 있다.

3. 직접 판매(Direct Selling)

직접 판매는 종종 개인 사업가이기도 한 판매원들이 고객의 집이나 직장 등 편한 곳에서 고객을 직접 만나, 상품의 장점을 보여주고, 서비스를 설명해주며, 주문을 받아서 상품을 전해주거나 서비스를 제공해주는 소매업태를 말한다. 직접 판매는 판매원과 고객이 얼굴을 맞대고 이야기를 나누면서 정보를 전달할 수 있기 때문에, 아주 매력적인 소매 형태이다. 그러나 광범위한 설명을 포함하는 높은 수준의 정보를 제공하기 위해서는 많은 비용이 든다.

미국 내에서 직접 판매를 통한 매출은 연 300억 달러가 넘고, 전세계적으로는 연 1,000억 달러가 넘는다. 직접 판매를 통해서 가장 많이 판매되는 상품군은 개인생활용품(예: 화장품, 향수), 가정/가족생활용품(예: 요리와 주방용품), 건강용품(예: 체중감량상품, 비타민), 레저/교육용품(예: 도서, 비디오, 장난감) 등이다. 카탈로그 소매업체나 TV 홈쇼핑 업체와 유사하게, 직접 판매업체는 인터넷을 이용해 면대면(face-to-face) 판매를 보완하고 있다. 직접 판매의 약 73%는 면대면 판매인데, 대부분이 집에서 이루어진다.

직접 판매를 하고 있는 1,400만의 판매원들은 거의 대부분이 개인 사업자이다. 그들은 직접 판매 회사에 고용된 것이 아니라, 제조업체에서 상품을 사서 소비자에게 되파는 독립적인 유통업자의 역할을 한다. 덧붙여서, 87%의 직접 판매원은 파트타임(주 30시간 이하)으로 일하고 있다. 대부분의 경우, 직접 판매원은 상품을 누구에게나 판매하지만, Avon과 같은 일부 회사들은 판매원의 구역을 지정해서 그 구역 내에서만 판매하게 하고 있다.

직접 판매의 특별한 두 가지 형태는 파티 계획(party plan)과 다단계판매(multilevel selling)이다. 직접 판매의 매출 중 27%정도는 파티 계획이 차지하고 있는데, 이는 판매원이 소비자가 파티의 주최자가 되어 친구나 회사동료를 초대해 상품을 보여주는 "파티"를 열게 하는 것이다. 파티에서는 파티 주최자와 사회적 관계를 맺고 있는 사람들을 대상으로 상품 판매가 이루어지고, 파티의 주최자는 파티를 연 대가로 선물이나 수수료를 받는다. 파티 계획 방법은 다단계 판매에서 쓰일 수도 있는데, 꼭 쓰이는 것은 아니다.

다단계 네트워크는 넓게 유통하려고 할 때 쓰이는 일반적인 방법이다. 다단계 판매에서는 판매원이 마스터 유통업자가 되어 하위의 유통업자가 되는 다른 이들을 모집한다. 마스터 유통업자는 제조업체에서 상품을 구매하여, 다단계 판매망의 하위 유통업자들에게 되팔거나, 하위 유통업자가 판매하는 상품에 대한 커미션을 받는다. 마스터 유통업자는 상품을 직접 판매하면서, 하위 유통업자를 모집하고 훈련시키는 일 또한 함께 한다.

일부 다단계 직접 판매 회사들은 불법적인 피라미드 방식을 취한다. 피라미드 방식은 회사의 시스템상 상품이나 서비스를 최종 소비자에게 파는 것이 아니라 하위 유통업자에게 파는 것을 말한다. 피라미드 방식의 설립자나 최초 유통업자는 뒤에 참여한 유통업자들에게 판 상품을 통해 이익을 얻지만, 상품을 사용하는 소비자들에게 파는 양은 거의 없다. 수백 건의 사기성 다단계 직접 판매에 대한 항의 때문에, 미연방거래위원회(FTC)는 얼마나 많은 다단계 판매원들이 자신들의 초기 투자 이상을 얻는데 실패하고 있는지, 그리고 얼마나 많은 소비자들이 다단계에 의한 사기를 당하고 소송을 걸고 있는지에 대해서 다단계 직접 판매 회사들이 알려주도록 하는 규정을 제안하고 있다.

4. TV 홈쇼핑(Television Home Shoppping)

T-Commerce나 teleshopping이라고도 알려진 TV 홈쇼핑은 소비자가 상품을 보여주는 프로그램을 시청하고, 그 상품을 주로 전화를 통해 주문하는 소매 형태를 말한다. 최근 기술이 발전함에 따라 시청자들이 리모컨을 이용해 상품을 구매할 수 있게 되었다. TV 홈쇼핑의 세가지 유형은 (1) TV 홈쇼핑 전문 케이블, (2) 인포머셜(infomercial), (3) 직접 응답 광고다. 인포머셜은 보통 30분 정도의 길이의 프로그램으로 오락과 상품 관련정보를 혼합한 형태이며, 이를 통해 전화를 통한 주문을 받는 것이 주 목적이다. 직접 응답 광고는 상품을 설명해 주고 고객들에게 상품을 주문할 수 있는 기회를 제공해 주는 TV와 라디오 광고를 포함하고 있다.

미국의 양대 홈쇼핑 네트워크는 QVC와 HSN이고, ShopNBC, Jewelry Television, Shop At Home 등이 그 뒤를 잇고 있다. 케이블 TV를 가진 모든 미국인은 TV홈쇼핑 채널에 쉽게 접근 할 수 있지만, 정기적으로 시청하는 사람은 상대적으로 적다. 게다가 상대적으로 적은 비율의 시청자가 대부분의 구매를 하고 있다. 카탈로그와 같이 TV 홈쇼핑 네트워크들도 인터넷을 활용하고 있는데, 주요 TV 홈쇼핑 네트워크는 온라인 쇼핑몰도 운영하고 있다.

카탈로그 소매업체와 비교해서, TV홈쇼핑의 가장 큰 장점은 고객들이 TV 화면상으로 상품을 볼 수 있다는 것이다. 그러나 고객들은 카탈로그처럼 자신이 원하는 종류나 특정한 상품을 보고 싶을 때 볼 수 있는 것이 아니라 상품이 보여질 때까지 기다려야 한다. 이러한 한계를 극복하기 위해 홈쇼핑 네트워크는 고객들이 자유롭게 시청할 수 있도록 일정한 시간대를 정해놓고 광고를 내보내고 있다. TV 홈쇼핑 소매업체들은 저소득 소비자에게 인기가 많지만, Ultimate Shopping Network (USN)는 100달러에서 10만 달러에 이르는 고가품을 판매하고 있다. 그러나 여전히 TV 홈쇼핑에서는 저렴한 보석, 의류, 화장품, 주방용품, 운동용품 등을 팔고 있다.

Refact

QVC는 1986년 시작된 이래, 890 million의 패키지를 90 million 이상의 가정으로 배송해왔다.

5. 자판기 소매업(Vending Machine Retailing)

자판기 소매업은 상품이나 서비스가 들어있는 기계에 고객들이 현금이나 신용카드를 이용하여 해당 상품이나 서비스를 뽑아 쓰는 무점포 소매업이다. 보통 자판기는 교통이 복잡하고 고객들이 편리하게 접근할 수 있는 곳, 주로 직장이나 대학교 캠퍼스에 있고, 대개 과자나 음료를 판매한다.

자판기는 최근 몇 년간 매출이 줄어들고 있는 추세이다. 자판기 매출에서 주를 차지하고 있는 품목은 차가운 음료, 사탕류, 과자류인데, 이 품목들의 매출이 건강에 좋은 식습관에 대한 소비자의 관심이 늘어나면서 좋지 않은 영향을 받고 있다.

오락 산업에서는 자판기의 인기가 올라가고 있다. 미국의 Redbox는 슈퍼마켓에 위치하고 있는 3,000여 개의 자판기를 통해 DVD를 대여해주고 있다. Apple Inc.의 iTunes에서 노래를 구입하는 것처럼, 고객들이 손수 제작하는 CD를 판매하는 자판기가 음반 매장, Starbucks, 서점, 그리고 대형 전자상품 소매업체에 있다. 이런 CD의 가격은 보통 한 곡당 99센트인데, 보석 케이스/맞춤형 라벨과 CD는 3달러가 되고, 10곡이 들어간 CD는 다 해서 12.90달러가 된다. 소비자는 이 자판기에 MP3플레이어나 휴대전화를 연결해 99센트로 곡 하나를 살 수도 있다.

Get & Go Express라는 새로운 형태의 소매업은 편의점과 자판기가 결합되어 있다. 매장에서 일하는 사람은 없지만 도둑맞는 물건이 없으며, 연중무휴로 24시간 운영한다. "매장"에는 신용카드와 직불카드, 현금으로 사용할 수 있는 16개의 자판기가 있다. 자판기로 500가지 종류의 과자류, 음료수, 샌드위치를 이용할 수 있고, DVD 대여도 할 수 있다. 하지만 편의점에서 전통적으로 판매하는 물품인 담배, 휘발유, 복권, 주류는 판매하지 않는다.

V 서비스 소매업(Services Retailing)

앞 절에서 다루어진 상품을 판매하는 소매업체와는 달리, 서비스 소매업체는 소비자에게 상품대신 '서비스'를 제공한다. 이는 소매산업에서 큰 비중을 차지하며, 계속해서 성장하는 분야이기도 하다. 우리의 일상적인 생활에서 접하는 소매업체들을 떠올려보자. 집 근처에 있는 카페에서 모닝 커피 한 잔과 함께 도넛을 먹고, 세탁소에 들러서 드라이 클리닝을 맡긴다. 그리고 사진소에 사진 인화를 맡기고, 돌아오는 길에 카센터에서 오일을 교체한다. 패스트 푸드 가게에서 급히 타코 하나로 끼니를 때운 뒤, 1시로 예약 해놓은 미용실로 간다. 오후 4시가 되면 운동을 하러 헬스 클럽에 가고, 집에 돌아온 뒤 친구들을 만나기 위해 옷을 갈아입는다. 그리고 밤에는 친구들과 함께 저녁을 먹고, 영화를 보고, 춤을 추면서 즐거운 시간을 보낸다. 하루의 마지막은 스타벅스에서 카페 라떼 한 잔을 마시는 것으로 마무리한다. 이로써 우리는 하루 동안 10가지의 서비스 소매업체를 접하게 된다.

현재 사회가 변화하는 추세를 보면, 서비스 소매업체가 미래에 상당한 규모로 성장할 것을 예측해 볼

자동차 오일 교체 서비스
제공자도 소매업체이다.

수 있다. 예를 들어, 노화 현상은 건강 서비스에 대한 필요를 증진시켰고, 결과적으로 이제는 젊은 사람들도 건강과 운동에 많은 시간과 돈을 투자하고 있다. 또한, 맞벌이 부부 가족은 가족 구성원들과 더 많은 시간을 보내기 위해, 사람을 고용하여 집 청소, 정원 가꾸기, 빨래하기, 식사 준비 등을 맡긴다. 〈보기 2-8〉은 다양한 종류의 서비스 소매업체를 소개하고 있다. 이들은 소비자에게 상품 및 서비스를 제공하기 때문에 당연히 소매업체에 속한다. 그러나 이들 중 몇몇은 그저 단순한 소매업체만은 아니다. 예를 들어, 항공사, 은행, 호텔, 보험, 그리고 속달 우편 회사들은 소비자들뿐만 아니라 다른 사업체에게도 상품 및 서비스를 판매하고 있기 때문이다. 변호사, 의사, 그리고 세탁소 또한 서비스 소매업체라고 볼 수 있지만, 이들은 주로 소규모 업체들이기 때문에 〈보기 2-10〉에 포함시키지 않았다. 은행, 병원, 건강 센터, 연예기획사, 그리고 대학과 같은 조직체들은 소비자들에게 서비스를 제공하고 있기는 하지만 흔히 소매업체로 분류되지는 않는다. 그러나 동종 업체들 사이에서 경쟁이 증가

● 보기 2-8
서비스 소매업체

유 형	회사명
항공사	American, Southwest, British Airways, JetBlue
대리판매	I-Soldit
자동차 유지 및 수리	Jiffy Lube, Midas, AAMCO
자동차 임대	Hertz, Avis, Budget, Enterprise
은행	Citibank, Wachovia, Bank of America
보육	Kindercare, Gymboree
신용카드	American Express, VISA, MasterCard
교육	Babson College, University of Florida, Princeton Review
엔터테인먼트	Disney, Six Flags, Chuck E. Cheese, Dave & Busters
특급수송	Federal Express, UPS, DHL
패스트푸드	Wendy's, McDonald's, Starbucks
금융	Merrill Lynch, Dean Witter
신체단련	Jazzercise, Bally's, Gold's Gym
의료	Humana, HCA, Kaiser
집안 유지	Chemlawn, Mini Maid, Roto-Rooter
호텔, 모텔	Hyatt, Sheraton, Marriott, Days Inn
소득세 준비	H&R Block
보험	Allstate, State Farm
인터넷/전자정보	Google
영화	AMC, Odeon/Cineplex
부동산	Century 21, Coldwell Banker
식당	TGI Friday's, Cheesecake Factory
트럭 임대	U-Haul, Ryder
체중관리	Weight Watchers, Jenny Craig, Curves
비디오 임대	Blockbusters
시력보조	Lenscrafters, Pearle

하고 있기 때문에, 이들은 이제 소비자들을 유인하고 그들의 욕구를 충족시키기 위해 소매 원리를 받아들이고 있다. 보스턴에 있는 드라이 클리닝 서비스 체인점인 'Zoots'는 최선의 소매 원리를 적용하고 있는 예라고 볼 수 있다. Zoots는 점포의 위치를 고객 편의를 고려해서 선정했으며, 고객이 맡겼던 옷을 직접 집까지 배달해주는 서비스를 제공하고 있다. 또한, 평일 영업 시간을 연장했을 뿐만 아니라 주말에도 영업을 하고, 영업 시간 안에 옷을 찾아가지 못하는 고객들을 위해 영업 외 시간에 옷을 맡아두기도 한다. 가게의 내부는 밝고 깨끗하게 꾸며져 있으며, 소비자들은 온라인 서비스를 통해 주문과 옷 찾을 날짜를 비롯한 여러 가지 정보를 접할 수 있다. 점원들은 모든 고객들, 특히 대기하고 있는 고객들에게 친절한 서비스를 제공하도록 철저히 교육되어 있다. 모든 소매업체들은 그들의 소비자들을 위해 상품 및 서비스를 제공하고 있다. 그러나 〈보기 2-9〉가 보여주듯이, 소매업체는 그 형태에 따라 상품을 강조하기도 하고 서비스를 강조하기도 한다. 보기 왼편에 있는 것은 슈퍼마켓과 창고형 클럽들이다. 여기에는 서비스를 거의 제공하지 않는 셀프 서비스형 점포들도 포함된다. 그러나 이런 소매업체들도 부분적으로 상품 진열이나, 계산, 그리고 소비자들의 구매를 돕는 서비스를 제공하기도 한다. 한편, 오른편에는 백화점과 전문점들이 있다. 이러한 종류의 점포들은 슈퍼마켓이나 창고형 클럽보다 훨씬 높은 질의 서비스를 제공한다. 예를 들어, 이들은 영업뿐만 아니라 선물 포장, 혼인 및 이혼 신고와 같은 서비스도 제공하고 있다. 안경점과 레스토랑은 상품과 서비스 소매업체 스펙트럼의 중간 정도에 해당된다. 안경점은 안경테, 안경알, 그리고 렌즈를 판매하고 동시에 시력 검진과 안경 맞추기 같은 서비스도 제공하고 있다. 이와 비슷하게, 레스토랑 또한 음식과 장소, 음악, 안락한 환경 그리고 테이블 서비스를 제공하고 있다. 이 스펙트럼의 맨 오른쪽의 소매업체는 서비스를 최우선적으로 제공하는 소매업체이다. 그러나 이러한 소매업체들조차 서비스가 포함된 상품을 제공하기도 한다. 예를 들어, 비행기에서의 기내식이나 면세 상품 판매 서비스 등이 있을 것이다.

1. 서비스 소매업체와 상품 소매업체의 차이점

상품과 서비스 소매업체의 차이점을 살펴 볼 수 있는 기준으로는 다음의 네 가지가 있다: 무형성, 생산과 소비의 동시성, 소멸성 그리고 제공상의 비일관성.

◐ 보기 2-9 상품/서비스 연속선

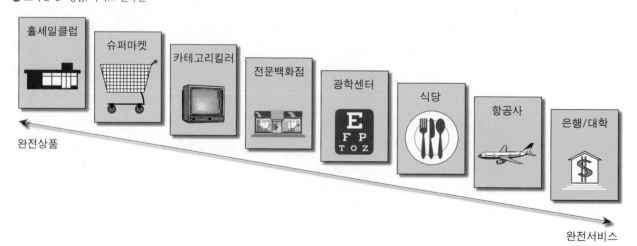

홀세일클럽 슈퍼마켓 카테고리킬러 전문백화점 광학센터 식당 항공사 은행/대학

완전상품

완전서비스

1) 무형성(intangibility)

서비스라는 것은 손으로 잡을 수 없는, 무형의 것이다. 소비자는 서비스를 보거나 만지거나 느낄 수 없다. 서비스는 물질적인 무엇이 아니라 퍼포먼스나 행동에 가깝다. 예를 들면, 환자는 진단과 처방 후에도 의료 서비스의 존재를 인식하지 못한다. 손으로 만질 수 없다는 것은 서비스 소매업체에게 여러 가지 어려움을 준다. 첫째로, 소비자는 서비스를 감각적으로 인식할 수 없기 때문에, 서비스를 구매하기 전이나, 구매한 이후에조차 서비스의 질을 평가하는 데에 어려움을 겪는다. 따라서, 서비스 소매업체는 여러 가지 유형의 상징물을 이용하여 서비스의 질을 알려주려고 노력한다. 예를 들어, 변호사는 값비싼 고가구와 우아한 카펫으로 사무실을 장식하여, 자신의 능력을 간접적으로 알려주려고 노력한다. 둘째로, 서비스 소매업체는 스스로의 서비스의 질을 평가하는 데에도 큰 어려움을 겪는다. 예를 들어, 변호사들이 자신의 법적 지식 수준과 변호 서비스 업무의 질을 평가하기는 힘들다. 따라서, 서비스 소매업체들을 소비자 평가 및 고객 건의 사항 등을 통해 서비스의 질을 평가하고 있다.

2) 생산과 소비의 동시성(simultaneous production and consumption)

상품은 전형적으로 공장에서 만들어지고 소매업체에 의해 보관되었다가 소비자들에게 판매된다. 반면에 서비스 소매업체는, 고객들이 서비스를 소비할 때에도, 다른 서비스를 창출하고 판매한다. 예를 들어, 레스토랑에서 음식을 먹을 때, 음식은 만들어지는 것과 동시에 소비된다. 생산과 소비의 동시 발생은 서비스 소매업체들에게 새로운 걱정거리를 제공한다.

첫째, 고객이 서비스가 생산되는 현장에 존재하고 있다는 것이다. 고객은 서비스가 생산되는 과정을 지켜볼 수도 있고, 어떤 경우에는 고객들이 직접 서비스의 생산 과정에 참여할 수도 있다. 예를 들어, 인형 회사에서 주최하는 DIY 행사에서 고객들은 자신들만의 테디 베어를 만들기도 한다.

둘째, 소비자들이 다른 소비자들로부터 서비스의 질과 관련된 영향을 받을 수 있다. 예를 들어, 항공사가 제공하는 서비스와는 별개로, 비행기 안에서 옆에 탄 승객들이 다른 승객들의 서비스에 대한 효용을 저하시킬 우려가 있을 수 있다.

마지막으로, 서비스 소매업체는 고객의 욕구를 만족시킬 수 있는 기회를 한 번 밖에 갖지 못할 수 있다. 손상된 상품은 반품할 수 있지만, 불만족스러운 서비스는 되돌릴 수 없다. 그러므로 서비스 소매업체는 처음부터 정확한 서비스를 제공하기 위해 최선의 노력을 해야 한다. 서비스는 생산과 동시에 소비되기 때문에, 대량 생산을 통한 가격 인하가 불가능하다. 그렇기 때문에 대부분의 서비스 소매업체는 규모가 작은 중소 기업이다. 규모가 큰 서비스 소매업체들의 경우에는 서비스의 규격화를 통해 가격을 낮추고 있다. 이들은 규격화된 서비스를 제공하기 위해 도구나 종업원 훈련에 많은 투자를 하고 있다. 예를 들어, McDonald's는 햄버거나 감자튀김을 만들 때 일정한 절차가 있다. 그렇기 때문에 프랑스 파리에서나 미국 일리노이 주에서나 같은 모양의 햄버거와 감자튀김을 만들어 낼 수 있는 것이다.

3) 소멸성(perishability)

상품이 소비자가 구입할 때까지 보관이 가능한 데에 비해, 서비스는 생산과 동시에 소비되기 때문에 상당히 소멸적이며, 저장될 수 없고, 또한 재판매 될 수도 없다. 비행기가 좌석 수를 채우지 못한 채 이륙하게 되면, 채워지지 않은 좌석들은 영원히 판매할 수 없게 되는 것이다.

서비스의 소멸적인 성격 때문에, 서비스 소매에서 중요한 요인으로 꼽히는 것이 공급과 수요를 맞추는

이 중국 음식점은 점심과 저녁 식사 시간에는 웨이터 수를 늘리고 그 밖에 시간에는 웨이터 수를 줄여 수요와 공급을 맞춘다.

것이다. 대부분의 서비스 소매업체들은 수용력에 한계를 가지고 있으며, 이 한계는 쉽게 변하지 않는다. 레스토랑에는 제한된 수의 식탁이 있고, 교실에는 학생들의 수만큼의 의자가 있으며, 병원에는 제한된 수의 침대들이 있고, 발전소는 제한된 양의 전기만을 공급할 수 있다. 용량을 늘리기 위해 비행기수를 늘린다든지, 병원이나 레스토랑의 크기를 늘리는 것은 큰 투자를 필요로 한다. 게다가, 서비스에 대한 요구는 시간이 지남에 따라 많이 변한다. 예를 들어, 소비자는 공휴일이나 여름 방학 때, 비행기여행을 선호하는 경향이 있다. 그리고 레스토랑에서는 대체로 점심이나 저녁 식사를 하고, 낮 시간 보다는 저녁 시간에 더 많은 양의 전기를 사용한다. 고객들이 특정한 서비스를 요구하는 시간대가 특별하게 정해져 있는 것이다. 어떤 시간에는 서비스를 사용하는 고객들이 너무 적고, 어떤 시간에는 서비스를 사용하는 고객들이 너무 많아서 일부 고객들은 돌려 보내야 하는 상황도 벌어진다. 서비스 소매업체는 공급과 수요를 맞추기 위해 다양한 프로그램을 개발하고 있다. 예를 들어, 항공사나 호텔은 주말에 낮은 가격의 비행기 표와 방을 제시한다. 주말에는 사업차 여행을 가는 사람들이 드물기 때문이다. 개인 병원의 경우에는 환절기에 영업 시간을 늘리고 있다. 세금 납부를 도와주는 서비스 업체는 3월과 4월 동안에는 주말에도 문을 연다. 레스토랑은 주말에 인력을 늘리고, 저녁 식사 시간까지 열지 않기도 하며, 예약 시간에 서비스를 책임지고 제공할 수 있는 예약 시스템을 두기도 한다. 아울러 서비스 소매업체는 고객들의 대기시간을 지루하지 않게 하기 위해 많은 노력을 하기도 한다. 예를 들어, 디즈니 테마 파크에서는 고객들이 기다리는 동안 비디오를 상영해주거나, 기사들이나 주차장 요원들이 고객들에게 즐거움을 선사하려고 노력하고 있다.

4) 비일관성(inconsistency)

상품은 규격화된 기계가 만들어 낸다. 그러므로 모든 고객들은 모든 Cheerios 시리얼 상자에 같은 양의 시리얼이 있을 것이라고 확신하게 된다. 그러나 서비스는 사람이 제공하는 것이기 때문에 똑같은 서비스가 존재할 수 없다. 예를 들어, 회계사들도 각기 서로 다른 지식과 기술을 갖고 있고, 레스토랑에서 일하는 웨이터도 그날 따라 기분이 좋지 않다면 당신의 저녁 식사를 망쳐버릴 수도 있는 일이다. 따라서, 서비스 소매업체에게 정말 중요한 과제는 끊임없이 높은 질의 서비스를 고객에게 제공하는 것이다. 서비스의 질을 판가름하는 많은 요소들이 소매업체의 통제 능력 밖에 있지만, 서비스 소매업체는 회사의 서비스를 제공하는 종업원을 채용하고, 교육시키고, 관리하고, 동기를 부여하는데 많은 시간과 노력을 투자하고 있다.

Ⅵ 소유권의 형태

앞에서 소매업체들을 세 가지 기준으로 구분하여 보았다. 즉, 판매하는 상품(식료품, 일반 용품, 그리고 전문 용품), 소매 믹스(고객에게 제공되는 상품의 폭과 깊이), 그리고 상품과 서비스의 상대적인 중요성을 기준으로 나누어 보았다. 소유권을 기준으로 이용하는 것 또한 소매업체를 분류하는 하나의 방법이 될 수 있다. 소유권을 기준으로 소매업체를 나누어 보면, 독립적인 개인소매업체와 기업형 체인, 그리고 프랜차이즈로 나눌 수 있다. 소매는 경영 활동이 상당히 광범위하게 이루어지는 몇 안 되는 분야 중 하나이다. 현재 영업을 시작하는 대부분의 소매업체들은 개별 주인이 경영하는 점포 소매업체들이었다. 이들은 고객과 직접적으로 접촉할 수 있으며, 그들의 욕구를 재빠르게 충족시킬 수 있는 장점이 있다. 이들은 또한 매우 유연하다. 이들은 규모가 큰 기업형 체인 소매업체처럼 관료적인 규정에 얽매이지 않기 때문이다. 개인 점포 소매업체는 고객의 욕구에 따라 점포 운영을 맞추어 나갈 수 있는 반면, 체인 소매업체는 규모가 크기 때문에 상품이나 광고 비용을 효율적으로 낮출 수 있다. 게다가 체인 소매업체는 폭 넓은 관리 체계를 갖추고 있고, 특정 소매 활동에 전문화된 인력들을 채용한다. 반면, 개인 점포 소매업체는 모든 의사결정이 개인의 능력에 달려있다. 일부 독립적인 소매업체는 체인 소매업체와의 경쟁에서 이기기 위해, 소매상 협동조합이나 도매상 주도 연쇄점을 만들어서 함께 힘을 모으고 있다.

1. 소매협동조직(Retail-Sponsored Cooperative)

규모가 작은 소매업체들이 모여서 회사의 운영 효율과 판매력을 신장시키기 위해 만든 조직체이다. 이 조직체는 도매 가격으로 상품을 구매하는 것과, 유통 시스템을 효율적으로 운영하는 것을 주요 활동으로 하고 있으며, 회원들에게 조직체로부터 도매가로 구매하도록 장려하고 있다. 도매상 주도 연쇄점(wholesale-sponsored voluntary cooperative group)은 도매업체가 운영하는 조직체이다. 도매업체는 규모가 작고 독립적인 소매업체에게 그들이 원하는 머천다이징 프로그램을 제공하고 있다. Independent Groceries Alliance(IGA), Tru Serv(Supplier to Ture Value Hardware), Ace Hardware는 도매상 주도 연쇄점들이다. 이들 조직체들은 구매, 보관뿐 아니라 점포 디자인, 진열, 입지 선정, 회계 장부 정리, 재고 관리, 그리고 종업원 연수 프로그램 등 다양한 서비스를 회원들에 한해서 제공하고 있다.

2. 기업형 소매 체인(Corporate Retail Chains)

기업형 소매 체인은 공동의 소유권을 바탕으로 여러 개의 소매 단위들을 운영하는 회사이다. 이들은 경영 전략을 만들고 실행할 때, 중앙 집중화된 의사 결정을 내린다. 기업형 소매 체인에는 두 개의 점포를 갖고 있는 드럭 스토어에서부터 1,000개가 넘는 점포를 갖고 있는 Wal-Mart, Kmart, JCPenney도 존재한다. 일부 소매 체인들은 규모가 큰 지주 회사의 한 계열사이기도 하다. 예를 들어, 의류 브랜드 GAP는 Old Navy, Baby Gap, GapKids, 그리고 Banana Republic을 모두 소유하고 있다. 또한, Royal Ahold는 미국에 Stop and Shop, Giant, Peapod, 그리고 Tops를, 그리고 유럽에는 ICA, Hypernova, 그리고 Albert Heigh를 계열사로 거느리고 있다.

3. 프랜차이즈(Franchising)

프랜차이즈는 가맹본부(franchisor)와 가맹점(franchisee) 쌍방의 계약 관계로 이루어 진다. 가맹본부는 가맹점에게 소매업체의 형태와 브랜드 이름을 빌려주고, 소매 점포를 운영할 수 있는 허가를 내 준다. 현재 미국 소매 매출의 40% 이상이 프랜차이즈 회사의 매출이다. 〈보기 2-10〉은 대표적인 프랜차이즈 기업들을 보여주고 있다. 프랜차이즈 계약을 통해 가맹점은 특정 지역에서 점포를 운영하는 권한을 갖는 대가로 거액의 로열티를 지불해야 하며, 본부가 정해놓은 일련의 영업 과정들을 준수해야 한다. 가맹본부는 가맹점이 특정한 입지를 선정하여 점포를 세우고, 상품 및 서비스를 판매하며, 점포 관리자를 교육시키고, 광고를 개발할 때 도움을 준다. 가맹본부는 자사의 명성을 유지하기 위해, 모든 점포에서 동일한 품질의 상품 및 서비스를 제공할 수 있도록 지도하고 있다. 프랜차이즈는 개인 소유 소

◐ 보기 2-10
대표적인
프랜차이즈 기업

Food Retailers	I-Sold It
7-Eleven	InterContinental hotels
Arby's	Jackson Hewitt Tax Service
Ben & Jerry's	Jani-King
Cold Stone Creamery	Jazzercise
Denny's	Jiffy Lube
Domino's Pizza	LA Weight Loss
Dunkin' Donuts	Lawn Doctor
Johnny Rockets	Liberty Tax Service
McDonald's	Mail Boxes
Olive Garden	Midas
Panera Bread	Payless Car Rental
Subway	RE/MAX
YUM! Brands(KFC and Taco Bell)	Rent-a-Wreck
	UPS Stores
Services Retailers	Merchandise Retailers
1-800-GOT-JUNK?	Ace Hardware
AAMCO	Culligan
Cash Now	GNC
Century 21 Real Estate	Matco Tools
Colewell Banker	Merle Morman
Curves	Pearle Vision
Hampton Inn	Sign-A-Rama

eBay에서 판매하기를 원하는가? iSold it에 맡겨라

가장 큰 온라인 시장인 eBay는 매년 9백만 명의 사람들이 방문한다. 이러한 수요에 대응하여, 새로운 업태인 eBay drop-off 점포가 탄생하였다. iSold it은 2003년 12월 아이들의 학교 기금을 모금하고 있던 학부모인 Elise Wetsel에 의해 California의 Pasadena에서 설립되었다. 그녀는 가족들이 더 이상 필요로 하지 않는 물건을 eBay에서 팔기를 원했다. 그러던 중, 그녀는 경매사이트에서 물건을 구매하는 것보다 eBay에서 물건을 판매하는 것이 훨씬 더 힘들다는 것을 발견했다. 그리하여 그녀는 다른 사람들의 물건을 판매하는 것의 기회를 깨닫게 되었다.

이러한 비즈니스 아이디어는 소매점포로 변하였고, 전국에 걸쳐 급속히 성장하는 프랜차이즈가 되었다. iSold it은 인터넷에 오프라인 점포를 접목시킨 것이다. iSold it 점포는 기본적으로 Wal-Mart나 슈퍼마켓 쇼핑 센터와 같은 편리한 몰의 위치에 설립되었다. 소비자들이 팔기 원하는 물건을 내려놓으면 iSold it의 직원은 상품 검색, 전문적인 사진작업, 판매를 위한 eBay에서의 리스트 작성, 판매중인 상품의 보관, 잠재 구매자들로부터의 상품 관련 질문에 대한 답변, 상품의 배송, 그리고 마지막으로 판매자에게로의 상품 발송 체크 등 전반적인 판매 프로세스를 관리하게 된다.

iSold it은 모두에게 윈윈 전략이다. 프랜차이즈 가맹점과 본사는 돈을 벌고 고객은 eBay에서 더이상 필요하지 않은 물건을 처분할 수 있다.

소매업체들은 경매 비용을 변제하는 것 뿐만 아니라 판매가의 일정부분을 비용으로 받는다. 판매 수수료는 $500까지는 30%, $500이상은 20%이다. iSold it이 eBay에서 판매하는 평균적인 상품은 대략 $100가 되는데, 이 중 수수료와 판매비를 제외한 후 판매자는 순수히 약 $63정도의 이익을 취하게 된다. 평균 가구들은 약 $2,200의 사용하지 않는 상품들을 가지고 있다. 그러므로, eBay drop-off 점포는 소비자들이 더 이상 필요하지 않거나 원하지 않는 상품들을 판매하여 현금화하는 것을 훨씬 용이하게 만들었다.

iSold it의 설립 원칙 중 하나는 자선적인 목적을 가진 기금을 모금하는 것이다. iSold it은 eBay에서의 판매를 위한 상품을 계속적으로 받고 있고, 순수 판매금을 자선활동에 지속적으로 기부하고 있다.

출처: Reed Richardson, "Business Ideas to Make Every Minute Count," *Priority*, September 2006; Sara Wilson, "#17 iSold It LLC," Entrepreneur 34, No. 6 (June 2006), p. 84; www.isold-it.com (accessed June 3, 2007); Alison Ledger, "Treasure Hunt," *Business Franchise*, October 2006; "The Urge to Purge and Leasing Luxury Goods," *The Oprah Magazine*, September 2006, p. 326; "The eBay Evolution," *Business Franchise*, July/August 2006; Jaime Ciavarra, "eBay Shop is King of Yardsale Circuit," *Gazette.Net*, September 20, 2006; "Rising Stars," *Entrepreneur*, April 2007.

매업체의 장점과 소매 체인점의 효율적인 운영 방식(중앙 집중화된 운영 방식)을 결합한 형태이다. 가맹점은 본부에 일정액의 로열티만을 지불하면 되기 때문에, 점포를 성공적으로 이끌기 위한 동기를 충분히 부여 받고 있다. 가맹본부도 매출의 로열티를 받기 때문에, 가맹점을 독려하고 신상품과 새로운 체계를 개발하기 위한 동기를 부여 받고 있는 것이다. 광고, 상품 개발, 시스템 개발은 가맹본부가 중앙에서 효율적으로 관리하고 있다. Retailing View 2-4는 eBay의 최대판매자이자, 2007년에 'Entrepreneur' 지에서 선정한 50대 신(新) 프랜차이즈에서 상위 순위에 랭크된 'iSold It'에 대한 설명이다.

요약   *Summary*

제2장에서는 다양한 종류의 소매업체에 대해 살펴보았다. 그들이 상품 및 서비스를 판매하기 위해 어떠한 소매 믹스를 사용하는지에 관해서도 알아보았다. 정부는 소매 관련 통계를 수집하기 위해, 소매업체들이 판매하는 상품 및 서비스에 따라 소매업체들을 구분하여 놓았다. 그러나 이러한 구분들로 주요 업체들을 선별해 내기는 힘들다. 소매 시장을 좀 더 체계적으로 이해하기 위해서는, 소매업체의 소매 믹스, 즉 상품의 유형과 구색, 서비스, 점포의 입지, 가격, 촉진 전략에 따라 소매업체들을 나누어 보아야 한다. 지난 30년 동안 미국의 소매 시장에는 많은 종류의 소매 업체들이 출현하였다. 기존의 소매업체들(슈퍼마켓, 백화점, 종합할인점, 전문점)은 새로운 형태의 소매업체들(카테고리 전문점, 슈퍼스토어, 편의점, 홈 센터, 창고형 클럽 매장, 상설할인점포, 카탈로그 쇼룸, 하이퍼 마켓, 무점포 소매업체)을 맞이하게 된 것이다. 아울러 서비스 소매업체도 상당히 성장하였다.

서비스 소매업체와 상품 소매업체의 진정한 차이는, 서비스 소매업체가 점포 관리에 주력하는 반면, 상품 소매업체는 재고 관리 문제에 초점을 맞추고 있다는 것이다. 한편, 기존의 소매업체는 새로운 형태의 소매업체에 대응하여 많은 변화를 보이고 있다. 예를 들어, 백화점은 패션 지향적인 의류에 더욱 더 신경을 쓰게 되었으며, 서비스의 질을 한 층 더 높이게 되었다. 슈퍼마켓은 식사 대용 음식과 소모성이 빠른 상품에 주력하게 되었다.

소매업체는 또한 소유권을 기준으로 분류될 수도 있다. 첫 번째로, 개별 주인들이 운영하는 단일 점포는 시장의 변화에 빠르게 대응하지만, 구매력이나 대규모 기업형 소매업체와 경쟁할 만한 관리 능력은 부족하다. 두 번째는 기업형 소매체인으로, 점포의 규모는 매우 작을 수도 있고, 수 천 개의 점포를 소유하고 있는 Wal-Mart와 같은 사례도 있다. 세 번째로 프랜차이즈는 가맹점이 각각 자신의 점포를 소유하되, 브랜드 이름과 업체의 영업 과정을 가맹 본부에서 빌려 사용하는 대가로 로열티를 지불하는 형태이다.

핵심용어   *Key terms*

상품 구색(Assortment)

대형 판매(Big box)

상품의 폭(Breadth of merchandise)

카테고리 소매업(Catalog retailing)

카테고리 킬러(Category killers)

카테고리 전문점(Category specialist)

재고정리 소매업체(Close-out retailers)

재고 정리(Close-outs)

편의점(Convenience store)

백화점(Department store)

상품의 깊이(Depth of merchandise)

직접우편 소매업체(Direct-mail retailer)

직접 반응 광고(Direct-response advertising)

직접 판매(Direct selling)

드럭스토어(Drugstore)

전자 소매업(Electronic retailing)

전자 소매업(e-tailing)

초가치 식품 소매업체(extreme value food retailers)

초가치 소매업체(extreme value retailers)

팩토리 아울렛(factory outlet)

공정 거래(fair trade)

프랜차이즈(franchising)

종합 할인점(full-line discount store)

일반상품 카탈로그 소매업체(general merchandise catalog retailer)

홈 센터(home improvement center)

하이퍼마켓(hypermarket)

인포머셜(infomercial)

인터넷 소매업(internet retailing)

한정 상품군 슈퍼마켓(limited assortment super market)

다단계 네트워크(multilevel network)

북미산업분류체계(NAICS: North American Industry Classification System)

상설할인판매 소매업체(Off-price retailer)

온라인 소매업(Online retailing)

아울렛 점포(Outlet store)

파티 판매 방식(Party plan system)

강력 판매구역(Power perimeter)

피라미드식(Pyramid scheme)

소매 체인(Retail chain)

서비스 소매업체(Services retailer)

단품(SKU: Stock Keeping Unit)

전문 카탈로그 소매업체(Specialty catalog retailer)

전문점(Specialty store)

슈퍼센터(Supercenter)

T-커머스(t-commerce)

텔레쇼핑(teleshopping)

TV 홈쇼핑(television home shopping)

다양성(variety)

자판기 소매업(vending machine retailing)

창고형 클럽(warehouse club)

도매상 주도 연쇄점(wholesale-sponsored voluntary cooperative group)

현장학습
Get Out And Do It!

1. 계속되는 사례 과제

- 부록 2A에 있는 '비교쇼핑' 문제는 소비자가 아닌, 소매업체의 입장에서 소매점포에 대해서 생각해 볼 수 있는 좋은 기회이다. 이를 통해 소매업체의 입장에서 여러분이 선택한 소매업체의 전략과 경쟁업체가 선택할 전략이 각기 다른 소매믹스에 어떤 영향을 미칠 지에 대해서 생각해 보자. 또한, 이 두 소매업체가 PDA, 남성 정장, 음악 CD, 여성용 운동화, 가정용 페인트 등의 특정한 상품 카테고리를 어떠한 방식으로 소비자에게 판매하는 지 비교 해보자. 단, 경쟁 업체는 여러분이 선택한 소매업체와 같은 형태로 같은 상품을 취급하거나, 다른 형태로 비슷한 상품들을 취급할 것이다.

- 여러분은 다음의 사항들을 반드시 고려해야 한다

  ☞ 두 소매업체가 추구하는 전략 - 이는 각각의 소매업체의 타겟 시장과 그 타겟 시장의 요구를 만족 시키기 위해 취하는 접근 방법을 의미한다

  ☞ 각각의 업체가 사용하는 소매믹스 (점포의 입지, 상품의 종류, 가격, 촉진 활동, 상품의 진열 방법, 점포의 인테리어, 소비자에 대한 서비스)

  ☞ 각 업체의 상품 카테고리를 고려할 때, 그 상품들이 조합된 상태의 다양성과 깊이에 대한 비교

- 이 과제를 해결하기 위해서는 여러분이 직접 소매 점포에 찾아가서 소매믹스를 살펴보고, 서비스의 질을 평가하기 위해 직접 소비자의 역할도 해 보는 것이 좋다.
- Foot Locker와 같은 운동화 전문 매장과 백화점의 스포츠 용품 판매 매장, 그리고 할인 마트의 운동화 판매 코너를 방문해보자. 점포 각각이 얼마나 다양한 상품을 가지고 있으며, 그것을 어떻게 진열했는지 표 2-2와 같은 비교표를 작성해 보자.
- 2주 동안 여러분이 물건을 구입하는 곳, 구입한 상품의 목록, 그리고 소비한 금액을 기록해 보고, 부모님께도 같은 내용을 기록하시도록 해보자. 그리고 이 결과를 표로 만들어 보자. 여러분의 소비습관이 부모님과 크게 다른가? 혹은 비슷한가? 여러분 혹은 여러분의 부모님의 소비습관이 이 장의 내용과 일치하는가? 이유는 무엇일까?
- 미국의 인구조사국 인터넷 사이트 (www.census.gov/mrts/www/mrts.html.)에 들어가면, 미국 소매업에 대한 정보가 제공되어 있다. 북아메리카 산업 분류 시스템(NAICS: North American Industry Classification System)의 한 달 기준 소매업 매출을 살펴보고, 어떤 카테고리의 소매업체들이 매년 4사분기에 가장 높은 매출을 보이는지 찾아보자.
- 미국의 대표적인 4대 소매 협회는 National Retail Federation (www.nrf.com), the Food Marketing Institute (www.fmi.org), the National Association of Chain Drug Stores (www.nacds.org), 그리고 the National Association of Convenience Stores (www.nacsonline.com)이다. 위의 사이트들을 방문해보고, 각각의 산업이 최근에 직면하고 있는 이슈와 개선사항들에 대해 알아보자.
- 'Entrepreneur'지가 운영하고 있는 프랜차이즈 전용 웹사이트 (http://www.entrepreneur.com/franchise500)에 접속해서 지난 1년간의 상위 500개 프랜차이즈 기업을 찾아보자. 상위 10개 기업 중 여러분이 물건을 사본 적이 있는 기업은 몇 개인가? 여러분은 그 기업이 프랜차이즈라는 것을 알고 있었는가? 또, 과거의 상위 500개 기업들을 찾아보고 순위에 어떤 변동이 있었는지 알아보자. "About the Franchise 500" 버튼을 눌러서 어떤 요소들이 순위를 결정짓는지 살펴보자. 그리고 프랜차이징을 하는 기업들의 특징은 무엇인지 생각해보자.

토의 질문 및 문제 Discussion Questions and Problems

1. 상품의 다양성(variety)과 구색(assortment)의 차이점은 무엇일까? 이들이 소매업체의 구조에서 중요하게 여겨지는 이유는 무엇인가?
2. 소규모의 독립된 소매업체를 선정하고, 이 업체가 어떻게 하면 거대한 기업형 체인과의 경쟁을 할 수 있을지 생각해 보자.
3. 상설할인 소매업체(off-price retailers)들이 미래에 다른 종류의 업체들과 경쟁하기 위해서는 어떠한 전략을 세워야 할 지 생각해 보자.
4. 편의점, 슈퍼마켓, 슈퍼센터, 그리고 창고형 클럽의 소매 믹스를 비교해 보자. 위의 업체들이 식품을 취급하는 방식이 장기적으로 경쟁력이 있을까? 이유는 무엇일까?
5. 한정 상품군 슈퍼마켓(Limited assortment supermarket)과 초가치 할인점이 빠르게 성장하는 이유는 무엇일까?
6. 같은 브랜드의 컴퓨터가 컴퓨터 전문매장, 할인매장, 카테고리 전문점(category specialist), 그리고 창고형 클럽에서 판매된다. 소비자가 이 중에 한 곳에서 컴퓨터를 구입한다고 가정했을 때, 소비자의 입장에서 선택된 업태가 다른 소매업태들에 비해 가지는 장점이 무엇일까?

7. 여러분과 여러분의 부모님이 모두 구입하는 상품들을 생각해보자(예를 들면, 샴푸, 정장, 음원, 전자용품 등). 여러분과 여러분의 부모님은 각각 주로 어떤 종류의 소매업체에서 이러한 상품들을 구입하는가? 만약 차이가 있다면 그 이유를 설명해 보라.

8. 많은 안경점에서는 시력 검사 서비스뿐만 아니라 안경이나 콘택트 렌즈 등의 상품도 취급하고 있다. 쇼핑을 할 때, 서비스와 상품의 차이는 어떻게 다른가? 여러분이 소매업의 경영자라고 생각하고, 소비자가 서비스와 상품 모두를 구입하도록 만드는 상세한 전략을 만들어 보자.

9. 무점포 소매업을 제외하고 이 장에서 언급된 모든 소매업체들 중에서 인터넷 소매업과의 경쟁에서 가장 취약할 것 같은 업태는 무엇인가?

10. 많은 전문가들이 소비자에 대한 서비스를 소매업의 가장 중요한 요소 중 하나로 꼽는다. 가격 경쟁력을 주된 전략으로 하고 있는 소매업태(할인점, 카테고리 전문점, 상설할인 판매점)들이 비용이나 가격을 증가시키지 않고 서비스의 질을 증진시킬 수 있는 방법은 무엇일까?

추가로 읽을 자료들 *Suggested readings*

Granger, Michele, and Tina Sterling. *Fashion Enterepreneurship.* New York: Fairchild. 2003.

Kim, Sang-Hoon, and S.Chan Choi. "The Role of Warehouse Club Membership Fees in Retail Competition." *Journal of Retailing* 83, no. 2, 2007, pp. 171-181.

Kumar, Nirmalya. "Strategies to Figth Low-Cost Rivals." *Harvard Business Review*, December 1, 2006, pp. 1-12. Mitchell, Stacy. *Big-Box Swindle: The True Cost of Mega-Retailers and the FIght for America's Independent Businesses.* Boston: Beacon Press, 2006.

Rivkin, Jan W., and Troy Smith. "Organic Growth at Wal-Mart." *Harvard Business Review*, January 23, 2007, pp. 1-4.

Spector, Robert. *Category Killers: The Retail Revolution and its Impact on Consumer Culture.* Boston: Harvard Business School, 2005.

"State of the Industry-Top 100 U.S. Retailers." *Chain Store Age*, August 2007, pp. A1-A9.

"Top 100 Retailers." *Stores*, August 2007, pp.15+.

Weitz, Barton A., and Mary Brett Whitfield. "Trends in U.S. Retailing." *in Retailing in the 21st Century-Current and Future Trends*, eds. Manfred Kraft and Murali Mantrala. Berlin: Springer, 2006. pp. 59-75.

Whitaker, Jan. *Service and Style: How the American Department Store Fashioned the Middle Class.* New York: St. Martin's Press, 2006.

Windsperger, Josef, and Rajiv P. Dant. "Contractibility and Ownership REdirection in Franchising: A Property RIghts View." *Journal of Retailing* 82, no. 3, 2006, pp. 259-272.

부록 *Appendix*

비교 쇼핑

모든 소매업체들은 비교 쇼핑을 통해서 경쟁업체들에 대해 알 수 있다. 비교 쇼핑은 경쟁업체의 점포를 방문하고 둘러보는 것 정도 일 수도 있다. 그러나, 경쟁업체의 점포로부터 소비자를 유인해 오기 위해서는 보다 체계적인 분석이 필요하다.

그러한 과정의 첫번째 단계는 비교의 범위를 정의하는 것이다. 예를 들어, 비교는 대상이 두 개의 소매 체인, 두 개의 특정 점포, 두 개의 백화점, 혹은 두 개의 상품 카테고리 등이 될 수 있다. 비교 범위는 비교를 착수하는 사람의 책임 영역에 따라 다르다. 예를 들어, 소매 체인의 CEO는 경쟁업체의 체인과 자신들의 체인을 비교하는데 흥미를 느낀다. 비교 영역은 체인 차원의 재무 자원, 재고 수준, 점포와 종업원의 수, 점포 위치, 판매 상품, 종업원 보상 프로그램, 그리고 환불 정책 등이 될 것이다. 그러므로 CEO는 회사의 어느 부서가 책임이 있는지에 대한 요소들을 확인한다. 반대로, 점포 관리자들은 자사의 점포를 경쟁 점포와 비교하는데 관심을 가질 것이다. 예를 들어, 백화점 관리자는 자신의 점포가 위치하고 있는 몰의 다른 백화점에 대해 좀 더 알고 싶어한다. 한편 본사의 매입관리자와 부문관리자는 그들이 책임지고 있는 분야의 상품이나 영역에 초점을 맞출 것이다.

〈보기 2-11〉은 비교 쇼핑을 할 때 고려해야 할 질문들을 나열한 것이다. 〈보기 2-12〉는 JCPenney와 남성 구두 전문점의 lugsole 구두를 사례로, 상품 비교에 대한 형식을 제시한 것이다.

◐ 보기 2-11 비교구매 관련 이슈들

상품제시

1. 판매구역은 어떻게 배치되는가? 특정 유형의 상품에는 어떤 판매구역이 배정되는가? 각각 구역의 면적은 어느 정도인가?
2. 각각의 판매 구역은 어디에 위치하는가? 판매 구역은 혼잡한 위치인가? 화장실 옆인가? 사람들이 주로 다니는 통로에 있는가? 보조 통로인가? 판매구역의 위치가 판매량에 영향을 줄 것인가?
3. 각각의 판매구역에는 어떤 종류의 설비가 사용되는가?(페이스 아웃 진열대, 회전진열대, 입체형 진열대, 벙커 진열대, 테이블, 곤도라 등)
4. 통로, 벽, 기둥 등이 상품 진열에 사용되는가?
5. 판매구역의 조명은 어떠한가?(초점, 높이, 밝기, 톤)
6. 판매구역 내에서 상품은 어떻게 분류되고 있는가?(유형별, 가격대별, 벤더별, 스타일별, 칼라별)
7. 판매구역의 상태를 평가하라. 난잡하거나 너저분하지는 않는가? 잘 관리되고 정확히 분류되어 있는가?
8. 판매구역의 전반적인 분위기와 이미지는 어떠한가? 조명, 설비, 공간구성, 시각적 머천다이징이 고객에게 어떠한 영향을 주는가?
9. 어떤 유형의 고객(연령, 소득, 패션지향)이 점포와 각각의 판매구역에 매력을 느끼는가?

판매지원 / 고객서비스

1. 얼마나 많은 판매원들이 각각의 부서에 소속되어 있는가? 그 부서의 인원은 적절한가?
2. 판매원들의 복장은 어떠한가? 전문적인 느낌을 주는가?
3. 판매원들은 고객에게 즉시 접근하는가? 고객이 판매구역에 들어오면 얼마나 빨리 인사를 하는가? 고객들은 서비스의 수준에 대해 어떻게 반응하는가?
4. 판매원들의 상품지식을 평가하라
5. 판매원들은 추가적인 상품을 제안하는가?
6. 상품을 사용해 보는 공간은 어디인가? 그 곳의 환경은 어떠한가? 안내원은 있는가? 고객이 만족할 만큼 충분한 공간이 있는가?
7. 얼마나 많은 계산대가 있는가? 직원은 우수하며, 충분한가?

8. 점포는 어떠한 서비스를 제공하고 있는가? (카드결재, 선물포장, 배달, 특별 주문, 결혼 기념일 기록 등)

9. 판매구역에서는 어떤 수준의 고객 서비스가 제공되는가?

상품(각 유형별)

1. 누가 주요 벤더(공급업체)인가?
2. 각각의 벤더들은 얼마나 깊은 구색을 제공하는가?
3. 유통업체 브랜드(PB)는 무엇이며, 얼마나 중요한가?
4. 각 유형 내에서 가장 싼 상품, 평균인 상품, 비싼 상품은 무엇인가?

요약과 결론

1. 누가 점포의 표적고객인가?
2. 경쟁자의 강점, 약점은 무엇인가?
3. 어떻게 하면 경쟁자로부터 더 많은 사업기회를 포착할 수 있는가?

◑ 보기 2-12 상품 비교 형식

- 스타일 (Style): 의류의 경우, 재질이나 모양이 될 수 있다. 예를 들면, 스웨터 스타일은 울, 면, 폴리에스테르 등의 재질과 V자형 목선, 둥근 목선, 가디건 등의 모양으로 나뉠 수 있다.
- 브랜드 (Brands): 브랜드가 전국 브랜드인지, 점포 브랜드인지를 구별해 준다
- 가격 (Price): 가격은 상품에 표기된다. 만약 품목의 가격 아래에 다른 가격이 표기되어 있다면 원래 가격과 다른 가격 모두를 기입한다.
- % 믹스 (Percent Mix): 이 스타일의 상품이 총 상품구색에서 차지하는 비율
- SKUs: 이 하위 카테고리에서 상품의 단품 수

Retailer	Factors	Leg sole casual shoes			Comments
JCPenney	Style	3 eyelet oxford			
	Brands	St. Johns Bay (private)			
	Price	$35			
	% mix	5%			
	Depth	36 pairs			
	Breadth	4 colors			
Father/son shoes	Style	3 eyelet oxford	True suede	Chukka suede	
	Brands	Enited Knight Private	Private	Private	
	Price	$38.99-39.99	$29.99	$37.95	
	% mix	10%	5%	5%	
	Depth	24 pairs	36 pairs	12 pairs	
	Breadth	3 colors	3 colors	2 colors	
Marshalls	Style	2 eyelet oxford	True suede		
	Brands	Enited Knights	Private		
	Price	$39.99	$29.95		
	% mix	5%	5%		
	Depth	36 pairs	36 pairs		
	Breadth	3 colors	3 colors		

Chapter three

복합채널 소매업

Question

● 점포, 카탈로그, 인터넷, 이 세가지 소매채널에서 각각 제공되어지는 독특한 소비자 혜택은 무엇인가?

● 소매업체들은 왜 이들 세가지 채널을 함께 이용하는 방향으로 움직이고 있는가?

● 복합채널 소매업체들은 어떻게 그들의 고객에게 더 많은 가치를 제공하는가?

● 복합채널 소매업의 핵심 성공 요인은 무엇인가?

● 기술은 어떻게 미래의 쇼핑체험에 영향을 미칠 것인가?

인터넷의 접근과 이용은 소매산업에 현저한 영향을 미치고 있다. 인터넷에 의한 판매가 지속적으로 증가하고 있고, 그 증가 속도가 점포나 카탈로그 판매보다 5배 이상이나 되고 있지만, 인터넷 판매 비율은 2010년에 총 소매 판매의 10%에도 미치지 못할 것으로 보인다. 그러나 인터넷은 소비자의 점포 선택과 구매 결정에 상당한 영향을 지속적으로 미칠 것으로 보인다. 예컨대, 미국 소비자의 50% 이상은 소비재 가전제품, 가정용 장식 및 비품, 기구/철물/정원용 제품 등을 점포에서 구매하기 전에, 먼저 그들 제품의 웹사이트를 통해 정보를 검색한다. 그러므로 인터넷은 구매 뿐만 아니라 쇼핑을 하는 데도 자주 이용되어지고 있다.

본 장에서, 우리는 전략적인 관점을 가지고, 세가지 서로 다른 채널 즉 점포, 카탈로그, 그리고 인터넷에 있어, 각 소매업체들이 고객과 의사소통하고 상품이나 서비스를 판매하는 과정을 검토해 볼 것이다. 그 다음에 이들 채널 모두를 통합하여 고객과 교류하는 소매업체들이, 어떻게 소비자들의 쇼핑 체험을 개선시키고, 수입을 증대시키는 지를 살펴볼 것이다. 그리고 본 장의 말미에서는 이들 채널의 융합과 신 기술의 응용이 어떻게 역동적인 미래 소비자의 쇼핑 체험을 창출할 것인지를 예시해 볼 것이다.

다른 장들에서는 소매업체들이 인터넷을 사용하여 어떻게 종업원들을 관리하고, 상품을 매입하며, 고객관계를 관리하고, 상품을 촉진하며, 그리고 고객 서비스를 제공하는지를 검토해 볼 것이다.

제3장 · 복합채널 소매업 67

I 고객과의 교류를 위한 소매채널들

많은 점포 소매체인들도 웹사이트를 통해 상품을 팔고, 인터넷으로 고객들과 의사소통한다. 작은 소매업체들 또한 판매를 증진시키고, 더욱 폭넓은 고객층을 얻기 위한 중요 수단으로서, 온라인 판매를 활용하고 있다.

복합채널 소매업체들은 하나 이상의 채널을 통해 상품과 서비스를 제공하는 소매업체들이다. 채널들을 결합시킴으로써, 소매업체들은 각 채널이 가진 독특한 장점들을 강화시켜, 더 많은 고객들을 유인하고 만족시킬 수 있다. 게다가, 복합채널 판매는 소매업체의 단골고객들에게 특히 더 매력적이다. 〈보기 3-1〉에서 볼 수 있듯이, JCPenny의 단골고객들은 상품을 구매할 때 카탈로그, 점포, 인터넷을 모두 이용한다.

〈보기 3-2〉는 점포, 카탈로그, 인터넷 채널들이 어떻게 서로를 보완할 수 있는지를 설명하기 위해, 각 채널들의 독특한 장점들을 나열한 것이다.

1. 점포 채널

점포는 고객들이 카탈로그나 인터넷에서 쇼핑할 때는 얻을 수 없는 몇 가지 혜택들을 제공한다.

1) 윈도우 쇼핑

소비자들은 무엇을 원하는지에 대한 대강의 느낌(예를 들면, 스웨터, 저녁거리, 선물)은 갖고 있지만, 그들이 원하는 특정 품목이 무엇인지에 대해서는 잘 모른다. 소비자들은 무엇을 구매할 지를 결정하기 전에, 어떤 상품들이 있는지를 알아보기 위해 매장으로 간다. 어떤 소비자들은 웹사이트나 카탈로그를 통해 상품들을 살펴보기도 하지만, 대부분의 소비자들은 여전히 매장을 둘러보는 것을 더 선호한다.

2) 감각적 상품 관찰

점포판매가 제공하는 가장 큰 이점은 아마 고객들이 5가지 감각-촉각, 후각, 미각, 시각, 청각-을 모두 사용하여 상품을 살펴볼 수 있다는 점일 것이다. 새로운 기술로 인해 컴퓨터 화면에서 3D 영상을

◑ 보기 3-1
JCPenney 고객들의 연간 평균 소비금액

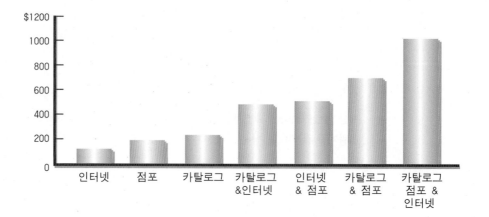

점포 채널	카탈로그 채널	인터넷 채널
• 윈도우 쇼핑 • 감각적 상품들 • 현금 지불 • 즉각적인 만족 • 개인적 서비스 • 즐거움과 사회적 경험 • 위험 감소	• 편의성 • 안전 • 휴대성과 접근 용이	• 편의성 • 안전 • 개인화 • 광범위하고 깊은 구색

볼 수 있지만, 이러한 시각적 발전이 실제로 수영복을 입어보거나, 향초의 향을 맡아보는 것과 같은 수준의 정보를 제공하지는 못한다.

3) 개인적 서비스

소비자들이 점포에서 얻는 개인적 서비스에 대해 비판적일지라도, 판매원은 여전히 가치 있고 개인화된 정보를 제공할 수 있는 능력이 있어야한다. 판매원들은 옷이 당신에게 잘 어울리는지에 대해서, 셔츠에 어울리는 타이를 추천하거나 비즈니스 캐주얼 이벤트에 적절한 의상이 무엇인지에 대한 질문에 답할 수 있어야한다. 스노우보드나 부츠같이 복잡한 구매를 할 때, 좋은 판매원의 조언이 광고나 친구들, 인터넷 채팅이나 블로그 혹은 Consumer Reports보다 더 유용하지 않겠는가?

4) 현금과 신용 지불

점포는 현금지불이 가능한 유일한 채널이다. 어떤 고객들은 현금거래가 간편하고, 거래가 바로 성사되며 잠재적인 이자 지불로 이어지지 않기 때문에, 점포를 선호한다. 반면 또 다른 고객들은 인터넷으로 지불정보를 보내는 것보다는 직접 신용카드나 직불카드(현금카드)를 사용하는 것을 더 좋아한다.

5) 즐거움과 사회적 경험

점포 내에서 쇼핑하는 것은, 어떤 이들에게 일상생활 속의 짧은 휴식이자 친구들과 소통하는 기회로서, 흥미로운 경험이 된다. 모든 비점포 형태의 소매업체들은 이러한 고객들의 즐거움과 사회적 관계에 대한 욕구를 충족시키는데 한계를 갖는다. 매우 매력적이고 창의적인 웹사이트와 영상(video clip)이라 할지라도, Bass Pro shop이나 REI 점포에서의 진열과 활동들만큼 흥미롭지는 않을 것이다.

6) 즉각적인 만족

점포는 고객들이 구매한 상품을 바로 가지고 갈 수 있다는 장점이 있다. 당신이 열이 있을 때, Drug store.com에서 구매한 처방약이 배달되기를 하루나 이틀 동안 기다리지 않아도 된다는 것이다.

7) 위험 감소

소비자들이 점포에서 상품을 구매할 때, 점포의 물리적 실재는 구매할 때 인지되는 위험을 줄이고, 상품에 어떤 문제가 있더라도 바로잡을 수 있을 것이라는 신뢰를 높여준다. 상품이 불량이거나 옳은 상품이 아닌 경우에도, 점포에 쉽게 접근할 수 있기 때문에 소비자는 단지 점포에 가서 보상을 받기만 하면 된다. 소비자들은 반품 상품이 분실되거나 부정확하게 처리되는 것을 걱정할 필요가 없다.

2. 카탈로그 채널

카탈로그 채널은 점포나 인터넷 채널을 이용할 수 없는 고객들에게 유용하다. 여타의 비점포 형태 채널들과 마찬가지로, 카탈로그 역시 언제, 어디서나 상품을 보고 주문할 수 있다는 편의성이 있다. 하지만, 카탈로그는 다른 비점포 형태채널들이 가진 것 이상의 장점들도 가지고 있다.

1) 편의성

어떤 상황에서 카탈로그가 직접 점포를 방문하거나 인터넷 쇼핑하는 것보다 편리할지 생각해 보자.

카탈로그가 가진 정보들은 원하는 시간에 어디서든 쉽게 수집이 가능하다. 고객들은 커피 테이블에서 그것을 꺼내다가 언제든지 정보를 찾아볼 수 있다. 잡지 형태로 편집된 카탈로그인 매갈로그(magalog)의 등장은 카탈로그를 쉽게 이용하고자 하는 소비자들의 요청을 강화시켰다. Abercrombie & Fitch는 꾸밈없고 소박한 분위기를 배경으로, 대학생들과 그들의 라이프스타일에 어울리는 옷을 찍은 감각적인 사진들을 담아, 인기 있는 카탈로그를 발간하고 있다.

2) 정보

카탈로그는 더 이상 단순히 상품들에 대한 설명을 하는 것이 아니라, 이러한 상품들이 어떻게 고객의 라이프스타일을 효과적으로 높일 수 있는지를 보여주고 있다. 예를 들어, Williams-Sonoma의 카탈로그에서는 판매되고 있는 부엌용품과 식품들을 사용하여 준비할 수 있는 멋진 요리들의 사진을 담고 있다. 또한 이 근사한 요리들을 만들 수 있도록 완벽한 요리법도 함께 싣는다.

3) 안전

쇼핑몰이나 쇼핑구역의 안전성은 많은 소비자들, 특히 노인들에게 중요한 관심사가 되고 있다. 비점포 형태 채널들은 고객들이 안전한 장소-그들의 집-에서 상품을 보고, 주문할 수 있도록 한다는 점에서 소매점포들 보다 우위를 지닌다.

3. 인터넷 채널

인터넷 쇼핑 역시 카탈로그와 여타의 비점포 형태의 판매가 주는 편리성을 제공한다. 그렇지만, 점포나 카탈로그 채널과 비교해볼 때, 인터넷 채널은 비교적 짧은 시간 안에 더 다양한 상품종류와, 상품 및 서비스에 대한 개인화된 정보를 제공할 수 있는 가능성이 있다. 또한 소매업체들은 인터넷 채널을 통해, 소비자들이 어떠한 방식으로 쇼핑하는지에 대한 정보를 수집하고, 이를 모든 채널에서의 쇼핑 경험을 향상시키기 위해 활용하는 기회를 얻을 수도 있다.

1) 다양한 상품

다른 두 채널과 비교하여, 인터넷 채널이 가지는 우위점은 소비자들이 선택할 수 있는 상품의 종류가

Refact

전자상거래(E-commerce)는 Sting의 CD를 인터넷의 Net-Market을 통해 판매한 1994년 8월 11일 탄생했다.

엄청나게 많다는 것이다. 소비자들이 인터넷을 통해 쇼핑할 때, 그들은 여러 소매업체들을 쉽게 방문하고 상품을 선택할 수 있게 된다. Ohio주 Columbus에 사는 사람들은 인터넷을 이용함으로써, 그 지역 슈퍼마켓에 가는 것보다도 적은 시간에 런던에 있는 Harrod's에서 쇼핑을 할 수 있다. 소매 웹사이트들은 일반적으로 점포보다 다양한 상품의 구색(더 많은 색상, 브랜드, 사이즈)을 갖추고 있고, 이는 덜 인기 있는 스타일, 색상, 사이즈를 원하는 소비자의 요구를 만족시키면서 전체적인 재고비용은 낮게 유지할 수 있는 방법이다.

2) 상품 선택을 위한 더 많은 정보제공

소매업체의 중요한 서비스 중 하나는 고객이 더 나은 구매선택을 할 수 있도록 정보를 제공하는 것이다. 소매 채널들은 어느 정도의 정보를 제공하는가와, 고객들이 여러 브랜드를 비교할 때 쉽게 그 정보를 사용할 수 있는가의 측면에서 차이를 보인다. 예를 들면, 어떤 카탈로그는 사진과 함께 상품에 대한 가격, 무게, 브랜드/모델 같은 몇 가지 정보만을 제공한다. 반면 다른 카탈로그들은 상품에 대한 훨씬 더 많은 세부정보들을 전달한다. Lands' End는 의류상품들의 컬러 사진뿐만 아니라 구성과정, 바느질 방식, 소재에 대한 포괄적인 정보까지도 제공한다.

소매업체의 웹사이트에서 제공하는 정보의 깊이는 고객의 문제에 대해 해결책을 제공할 수 있다. 예를 들어, Williams-Sonoma의 웹사이트는 고객들의 마르가리타 파티나 피크닉 계획을 도우면서 그 행사를 위해 필요한 모든 것을 제시한다. 이러한 깊은 정보들은 고객들이 원래는 고려하지 않았을 더 많은 상품들을 보도록 유도하여, 각 상품에 대한 주의를 흐리고 상품이 사용될 최종 목적에 대해서만 생각하도록 만든다. Home Depot는 설치와 수리작업의 단계에 고객들을 웹사이트로 안내하고, 본격적인 집안개선작업 이전에 손수 작업을 할 고객들에게 자신감을 심어준다. 그 지침서에는 난이도와 작업을 성공적으로 마치기 위해 필요한 도구들, 재료들의 목록이 포함되어 있다.

점포들은 고객이 입수할 수 있는 정보의 깊이가 각각 다르다. 보통 전문점과 백화점에서는 훈련 받은 박식한 판매원이 있지만 대부분의 할인점에서는 그렇지 않다. 하지만 판매원 개인의 지식에는 종종 한계가 있다. 셀프서비스 점포와 카탈로그에서 정보를 제공하기 위한 장소는 하나의 출간물, 사인 혹은 선반 위에 놓여진 상자의 크기 정도로 제한되어 있는 경우가 다반사이다.

인터넷 채널을 활용하여 소매업체들은 소비자가 원하는 만큼의, 그들이 점포나 카탈로그 채널을 통해 얻을 수 있는 것 이상의 정보를 제공할 수 있다. 인터넷 쇼핑을 하는 소비자들은 그들이 구매결정을 하기에 충분한 정보를 얻을 때까지 웹페이지를 살펴본다. 카탈로그와는 달리, 인터넷 채널의 데이터베이스는 자주 업데이트되며, 24시간, 365일 언제나 이용 가능하다. 게다가, 박식한 판매원을 보유하는 것은 어렵고, 많은 경우 비용측면에서 효과적이지 않다. 인터넷 채널의 정보 추가 비용은 지속적으로 수천만 명의 판매원들을 교육시키는 비용보다 훨씬 적을 것이다.

덧붙여, 소비자들은 인터넷 채널을 사용할 때, 스스로 정보를 구성하여 상품평가에 효과적으로 이용할 수도 있다. 〈보기 3-3〉은 Circuit City가 상품들을 나란히 비교해 놓은 정보를 어떻게 제공하고 있는지에 대해 보여준다. 이와 반대로, 점포의 고객들은 대개 한번에 하나의 상품, 하나의 브랜드를 검사한 후, 비교를 위해 서로 다른 그 특성들을 기억해야만 한다. Glimpse.com은 소비자들이 각 소매업체의 상품들을 보기 위해 여러 개의 창을 열 필요가 없도록, 하나의 화면에 약 100개의 웹사이트에서 판매하고 있는 유사한 상품들의 사진을 한꺼번에 볼 수 있도록 나란히 정렬해 놓는다.

가상사회-정보, 상품, 서비스를 구하고 특정 이슈에 대해 서로서로 소통하는 사람들의 네트워크-도 다른 채널에서는 쉽게 접할 수 없는 정보를 제공하여, 소비자들이 문제를 해결하도록 돕는다. 사회적

Refact

30-40%의 쇼핑객들은 점포에 가기 전 구매정보탐색을 위해 소매업체나 제조업체의 웹사이트를 이용한다.

■ ■ ■ ■ ■

● 보기 3-3
인터넷 채널을 통한 상품
비교

	Apple® 4GB iPod® mini (M9800LL./A)	Apple® 1GB iPod® shuffle (M9725LL./A)	Apple® 4GB iPod® mini (M9806LL./A)
Price	$199.99 [add to cart]	$149.99 [add to cart]	$199.99 [add to cart]
Availability	**Availability** ☑ Shipping ☑ Pick up in most stores	**Availability** ☑ Shipping ☑ Pick up in most stores	**Availability** ☑ Shipping ☑ Pick up in most stores
Customer rating	▭ 4.6	▭ 4.6	▭ 4.4
Memory			
Built-in memory ②	4GB	1GB	4GB
Maximum memory	4GB	1GB	4GB
Expandable memory	No	No	No
Memory media/type	Hard Drive	Internal Flash Memory	Hard Drive
Storage capacity	1,000 songs in 128-Kbps AAC format	240 songs in 128-Kbps AAC format	1,000 songs in 128-Kbps AAC format
Note:	MB = megabytes, GB = gigabytes; actual formatted capacity may vary.	MB = megabytes, GB = gigabytes; actual formatted capacity may vary.	MB = megabytes, GB = gigabytes; actual formatted capacity may vary.
File formats supported			
WMA ②	No	No	No
WAV ②	Yes	Yes	Yes
OGG ②	No	No	No
Radio			
Digital tuner ②	No	No	No
# of AM/FM tuner presets ②	N/A	N/A	N/A
Music/data transfer			

쇼핑객으로 알려진 가상의 네트워크에 참여하는 사람들은 앞으로 사용할 정보만이 아니라, 다른 참여자들과 쇼핑경험에 대한 강화된 감정적 유대를 얻고자 한다. 이러한 사회적 쇼핑객들 중 일부는 기존의 쇼핑객들 보다 2~3배의 시간을 쇼핑을 하는데에 시간을 투자하지만 구매는 하지 않는다. 그들은 상품이나 서비스를 넘어선 쇼핑의 경험을 즐기고 있는 것이다.

Pricegrabber.com과 Epinions.com은 구매자들이 상품을 비교하고, 조금 더 기술적인 상품들에 대한 후기를 쓰는, 오랫동안에 걸쳐 형성된 사이트들이다. ThisNext.com, Kaboodle.com, Wists.com, StyleHive.com과 같은 여타의 사이트들은, 사회적 쇼핑을 목적으로 하는 새로운 유형의 커뮤니티가 형성되는데 앞장서고 있으며, 그것은 쇼핑과 사회적 네트워킹이 결합된 형태이다. 예를 들어, 어떤 사람이 Kona 커피에 관심이 있다면, 그 사람은 www.ThisNest.com에 들어가 자신의 페이지를 만들고, 찾고 있는 상품에 대한 정보를 모으는 것이다. 상품에 대해 설명하고 웹주소를 알리는 것 말고도, 그는 이미지를 업로드하여 그 상품에 대해 평가 하기도 한다. 이후 Kona 커피에 관심이 있는 다른 사람들은, 쉽게 이러한 정보나 기타 유사한 정보들을 찾을 수 있게 된다.

많은 소매업체들은 고객들이 웹사이트에 의류 후기를 게시할 수 있도록 시스템을 구축하고 있다. 이러한 후기들은 고객들에게 도움이 될 뿐만 아니라, 소비자가 무엇을 좋아하고 좋아하지 않는지에 대한 의미 있는 피드백을 제공한다. 이론상으로 소매업체들은 이러한 문제 해결형 사이트를 제공하는 것이 바람직한데, 이는 그들이 손님을 끌기 위한 상품 구색, 서비스 그리고 정보를 결합시킬 수 있는 기술 능력이 있기 때문이다.

Refact

약 $400 billion의 점포내 매출(구매의 약 16%)은 웹에 의해 바로 영향을 받고, 이 숫자는 2012년까지 $1 trillion을 능가할 것이라고 예상된다.

■ ■ ■ ■ ■

3) 개인화

인터넷 채널이 지닌 가장 중요한 잠재적 장점은 각각의 고객들을 위한 정보를 경제적으로 개인화할 수 있는 능력이다. 카탈로그 편집자들은 그들의 상품과 정보를 경제적으로 개개인의 고객 요구에 맞추어 제작할 수 없다. 비용절감을 위해 그들은 각각 세분화된 그룹의 고객들에게 동일한 카탈로그를 보낸다.

백화점과 전문점 같은 고도의 서비스를 지향하는 소매업체의 판매원들은 이 혜택을 얼마든지 제공할 수 있다. 그들은 중요한 고객들이 무엇을 원하는지 알고, 몇 가지 의상을 선택하여 점포를 열기 전에 이 의상들이 잘 보이도록 전시하거나, 고객의 사무실이나 집으로 가져가기도 한다. 그러나 점포중심의 소매업체들은 판매원들이 업무 중일 때만 이 혜택을 제공할 수 있으며, 혜택을 제공하는 것조차도 비용 지출이 크다. 이와 달리, 인터넷은 낮은 비용으로 개인화 서비스를 시행할 수 있는 이점이 있다.

개인화된 고객 서비스 고객의 질문-FAQ(자주 묻는 질문들)페이지와, 문의를 위한 고객센터나 이메일 주소 제공-에 대한 답변을 위주로 하는 전통적인 인터넷 채널은, 종종 고객들이 원하는 시기에 알맞은 정보를 제공하지 못한다. 인터넷 채널을 통한 고객서비스 향상을 위해, 많은 소매업체들이 실시간 온라인 채팅을 제공한다. 온라인 채팅은 고객들에게 언제든지 버튼을 클릭할 기회를 주어, 이메일이 즉시 전달되도록 하거나, 고객서비스 대표자와 대화할 수 있도록 한다. 또한 이 기술은 전자상거래 소매업체들이 먼저 사이트에 있는 고객들에게 채팅 초대를 할 수 있도록 하고 있다. 초대의 시점은 방문자가 사이트에서 보낸 시간, 고객이 보고 있는 특정 페이지, 또는 고객이 클릭했던 상품에 기초하여 결정된다. 예를 들어, Bluefly.com에서는 방문자가 5분 안에 3가지 이상의 품목을 찾아보면(이는 일시적인 관심이상을 의미하는 것이기 때문에), Bluefly는 도움을 제안하는 다정한 얼굴의 팝업창을 보여준다. 온라인 채팅은 경제적으로 소매업체들에게 매력적인 제안이다. 전자상의 고객서비스 세션 당 평균비용은 이메일보다 적고, 전화 세션의 1/3비용이다. 판매 자극 및 고객만족 고양 대 온라인 채팅서비스 제공의 비용 사이의 균형은 소매업체들 마다 다르다.

개인화된 판매 인터넷의 상호작용적 특성은 소매업체들이 각각의 고객들에게 맞추어, 판매를 개인화할 수 있는 기회를 준다는 것이다. 예를 들어, MyYahoo 등 다양한 웹사이트들에서 당신은 당신의 필요에 맞춘 개인홈페이지를 만들 수가 있다. Amazon.com은 쿠키(하드 드라이브에 설치되어 신원을 확인할 수 있는 정보를 제공하는 작은 컴퓨터 프로그램)를 사용하여, 당신의 과거 구매에 기초한 책과 기타 흥미거리들에 대한 정보가 있는 개인화된 홈페이지를 보여준다. 또한 이곳에서는 고객들이 가장 좋아하는 작가나 음악가가 새로운 책이나 CD를 내놓았다는 것을 알려주는, 고객 맞춤화된 이메일 메세지를 보낼 것이다. 온라인 소매업체들이 고객에게 줄 수 있는 또 다른 개인화된 판매는 보완상품을 추천하는 것이다. 훈련이 잘 된 판매원이 계산하기 전에 고객에게 다른 상품들을 추천하는 것처럼, 상호작용적인 웹페이지는 똑같은 상품을 구매한 다른 고객이 함께 구매했던 상품처럼, 고객이 보고 싶어할지도 모르는 상품을 제시하기도 한다. Overstock.com과 같은 몇몇 인터넷 소매업체들은, 소비자의 현재 혹은 이전의 웹세션과 연관된 몇몇 특성들-시간, 인터넷 주소를 통해 알 수 있는 시간대, 추정 성별 등-에 기초하여, 판촉과 홈페이지를 개인화하기도 한다. Overstock.com은 약 5~10번의 클릭을 통해, 소비자의 성별을 알아낼 수 있다고 말한다. 이 정보를 이용하여, 소매업체들은 이전에 유사한 제품을 찾아보았던 사람들을 수집품에 대한 프로모션 대상으로 삼거나, 더 추운 기후에서 사는 사람들에게 오리털 파카에 대한 거래를 제시할 수도 있다. 또한 실시간으로 다른 프로모션의 효과성을 시험해

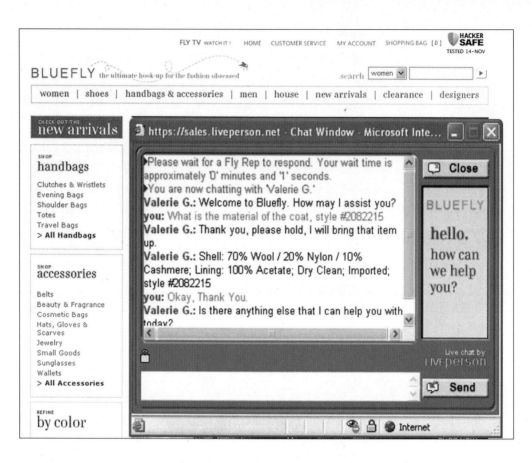

볼 수 있기도 하다. 예를 들어, 만약 5%할인이 5달러 할인보다 더 효과가 좋다면, 더 성공적인 프로모
션을 계속 해나갈 것이다.

4) 만지고 느낄 수 있는 특성을 지닌 상품 판매

당신이 상품을 구매할 때, 그에 대한 중요한 정보는 색상, 스타일, 탄수화물이 몇 그램인지와 같은 "보
는" 특성이나, 셔츠가 잘 맞는지, 아이스크림의 맛, 향수의 향기에 대한 "만지고 느끼는" 특성을 포함
한다. 의상의 핏(fit)은 의류업체가 일관된 사이즈체계를 고수하고, 고객이 시간이 지남에 따라 특정 브
랜드의 어떤 사이즈가 자신에게 맞는지를 알았을 때에 잘 예측될 수 있다. 만지고 느끼는 특성에 대한
정보를 전달하는 문제 때문에, 의류 소매업체들은 점포에서 구매된 상품이 10%의 반품률을 보이는 반
면 인터넷구매는 20%이상의 반품률을 보이는 상황에 있다.

브랜드의 역할 브랜드는 소비자에게 일관된 경험을 제공하여, 온라인 구매에서 상품을 만지고 느낄 수
없는 문제점을 극복하도록 돕는다. 이는 소비자들이 의류, 향수, 꽃, 음식과 같은 만지고 느끼는 특성
을 가진 상품에 대해서는, 친숙한 브랜드를 신뢰하기 때문이다. 잘 알려진 브랜드는 인터넷, 카탈로그,
TV홈쇼핑 등의 무점포 채널에서도 성공적인 판매를 보인다.

Nautica 향수나 Levi's 501청바지 같은 유명브랜드 상품을 생각해보라. 당신이 그 향수를 사기전에
향기를 맡아보지 못한다고 해도, 당신은 그 향수가 지난번에 사용한 같은 브랜드의 향수와 똑같은 향
기를 낼 것이라고 생각하고 인터넷으로 구매를 할 것이다. 이것은 Nautica의 제조업체들이 각각의 향

수는 똑같은 향기를 낸다는 것을 보증하였기 때문이다. 마찬가지로, 당신이 허리 30인치, 기장 32인치의 Levi's 501청바지를 입는다면, 인터넷으로 주문한 그 청바지가 당신에게 맞을 것임을 확신한다.

소매업체의 브랜드는 상품의 일관성과 품질에 대한 정보도 제공한다. 예를 들면, 소비자들은 인터넷 채널로 농산물을 사는 것은 꺼리는데, 구매하기 전에 과일과 야채의 상태를 직접 볼 수 없기 때문이다. 그러나 똑같은 소비자들이 Harry & David의 카탈로그나 인터넷사이트에서 과일을 구매할 때는 불안감을 느끼지 않는다. 그 이유는 Harry & David가 고품질의 과일만을 판매한다는 강력한 명성을 쌓아왔기 때문이다.

기술의 활용 인터넷 채널이 있는 소매업체들은, "만지고 느끼는" 정보가 인터넷에서 소통될 수 있도록, "보는" 정보로 전환하는 기술을 사용하고 있다. 웹사이트는 단순히 상품의 기본사진을 제공하는 것을 넘어, 3D 이미징과 줌 기술을 이용하여, 다양한 각도와 시각에서 상품을 볼 수 있도록 하고 있다. 예를 들면, JCPenny.com은 소비자들이 가상의 방에서 142,000가지의 창문 장식들을 믹스 앤 매치하여, 그것이 실제 가정에서는 어떻게 보일지를 미리 살펴보도록 하는 새로운 상호작용적 쇼핑도구를 실행하고 있다. 이러한 이미지강화 기술을 통해 전환률(상품을 본 후, 구매하는 소비자의 비율)을 증가시키고 반품을 줄여가고 있다.

의류 착용과 관련된 문제를 극복하기 위해서, 의류업체들은 웹사이트에서 가상 모델을 이용하기 시작했다. 이는 고객이 선택한 옷이 그와 비슷한 비율을 가진 모델의 이미지에 입혀봤을 때 어떤 모습일 지를 보여주며, 모델을 회전시켜 모든 각도에서 옷의 핏을 평가할 수 있도록 한다. 가상모델들은 미리 만들어진 모델들 중에서 선택되거나, H&M(www.hm.com)이 하는 것처럼, 고객의 키, 몸무게, 얼굴, 다리 등 신체질문에 대한 답변에 근거하여 구성된다. MyShape.com과 Zafu.com에서는 고객들이 자신들의 몸매에 관한 질문에 답하고, 사이트는 답변들을 바탕으로 하여 가장 잘 어울리는 옷을 추천해준다. Landsend.com은 고객들이 원하는 워싱, 기장, 다리모양의 형태 등을 반영한 청바지나 면바지같

H&M과 같은 여러 소매업체들이 가상 모델을 이용해 고객이 옷을 사기 전 입어볼 수 있도록 한다.

은 옷을 맞춤화하여 제공한 최초의 업체였다. Timberland.com에서는 고객들이 다양한 색상, 글자, 밑창 색상, 스티치 등 직접 부츠에 디자인할 수 있도록 한다.

선물 어떤 상황에서는 만지고 느끼는 정보가 중요할지 모르지만, 점포의 정보가 인터넷에서 제공되는 정보보다 훨씬 좋지는 않다. 예를 들어, 당신이 어머니를 위해 향수 한 병을 산다고 가정해보자. 당신이 점포에 가서 여러 가지 새로운 향기를 맡아본다고 할지라도, 어머니가 무엇을 좋아하실지 결정하는 것을 도와줄 정보를 많이 얻지는 못할 것이다. 이러한 상황에서 점포는 상품에 대한 유용한 정보제공의 측면에서 인터넷 채널보다 뛰어나지는 않다는 것이다. 반면, 인터넷으로 선물을 산다면, 당신은 시간과 포장하는 노력을 줄일 수 있고, 어머니에게 선물을 보낼 수도 있다. 이러한 이유로 선물은 인터넷 채널의 매출 중 상당한 비중을 차지한다.

서비스 몇몇 서비스 소매업체들은 보는 특성을 온라인상에서 매우 효과적으로 나타내어, 인터넷에서 매우 성공하였다. 예를 들면, REI Adventures(www.rei.com/adventures/)는 REI의 자회사로서 복합채널 야외스포츠용품 소매업체이다. 당신은 지역, 활동, 가족 혹은 개인 여행, 여성, 아이들 등 여행의 특성에 맞추어 쇼핑을 할 수 있다. 이 사이트는 각 지역 여행 가이드의 글을 실어 생생한 묘사를 통해, 당신이 당장 짐을 꾸려 여행을 가고 싶도록 만든다. 보스톤, 시카고, 달라스, 필라델피아에서 이용할 수 있는 Diningin.com(www.diningin.com)은 여러 레스토랑에서 당신의 집까지 음식을 배달해준다. 당신은 주소와 배달 받기를 원하는 시간을 적고, 사이트는 당신의 지역에서 이용할 수 있는 레스토랑의 리스트를 제공한다. 레스토랑과 음식을 선택하여 신용카드 정보를 기입한 후, 식사를 기다리기만 하면 된다.

5) 복합채널 쇼핑 경험을 향상시키기 위한 인터넷 활용

인터넷 채널은 소비자들이 왜 그리고 어떻게 쇼핑을 하며, 쇼핑경험에 만족하고 불만족 하는지에 대한 의미 있는 통찰을 제공해준다. 예를 들어, 소비자들이 점포에서 어떻게 쇼핑하는가에 대한 정보는 점포나 웹사이트를 설계하는데 유용하다.

점포와 웹사이트의 배치는 고객들이 브랜드에 따라 쇼핑하는지, 사이즈에 따른 것인지, 색상 혹은 가격에 따른 것인지를 반영하여야 한다. 예를 들면, 소비자가 한 브랜드를 다른 브랜드로 얼마나 기꺼이 대체하는가는 상품구색을 위한 중요한 정보이다. 점포나 카탈로그 고객으로부터 이 정보를 얻기 위해서는, 누군가가 점포에서 고객들을 따라다니거나 카탈로그 페이지를 읽는 것을 지켜보아야 하기 때문에 많은 어려움이 있다. 그러나, 소비자들이 웹사이트를 돌아다닐 때 데이터를 수집하는 것은 꽤 쉬운 일이다.

6) 인터넷 쇼핑에서 인지되는 위험들

대부분의 소비자들이 인터넷 쇼핑을 해볼 기회가 있지만, 그들은 인터넷 채널을 통해 상품을 구매하는 것에 대해 걱정하기도 한다. 중요하게 인지되는 두 가지 위험은 (1) 인터넷에서 신용카드거래의 안전성과 (2) 잠재적인 사생활 침해이다. 많은 소비자들이 신용카드 안전성에 대해 걱정하기는 하지만, 실제로 안전성에 문제가 생기는 경우는 드물다. 거의 모든 소매업체들이 통신망을 암호화하기 위해 정교한 기술을 사용하기 때문이다. 그러나 2006년에 TJX(Marshall's와 TJ Maxx 소유사들)회사들의 보안암호 시스템이 해킹 당하여, 45,700,000개의 신용카드와 현금카드(체크카드)정보가 도난 당하였다. 그

Refact

컴퓨터와 같은 상품과 비교해 봤을 때, 소비자의 대다수는 아직도 온라인에서 의류 상품을 구입하기를 꺼린다. 컴퓨터의 41%, 서적의 21%, 아기 선물의 15%가 웹에서 구매되는데 비해, 의류 상품은 전체 의류 구매의 오직 8%만이 웹에서 구매되고 있다. 그러나, 의류 판매는 인터넷 구매에서 가장 빠르게 성장하고 있는 카테고리 중 하나이다.

Recreational Equipment Inc.(REI)–
복합 채널 소매업의 선두주자

1938년, 등산가인 Lloyd와 Mary Anderson은 21명의 북서부 등산가들과 함께 고품질인 유럽의 ice axes 와 등산 장비들이 지역적으로 구매될 수 있게 Recreational Equipment Inc.(REI)를 설립하는데 뜻을 같이 했다. REI는 national brand의 판매 뿐만 아니라, 그들 고유의 야외활동 장비(outdoor gear)와 의류로 사업을 확장하였다. 이들 상품들은 가장 완벽한 품질보증 실험을 거친 상품들 중 하나로 평가받고 있는데, 이 상품들은 모두 가장 중요한 실험실, 즉 야외에서 광범위하게 테스트된다. REI의 상품 품질 보증팀은 모든 상태의 상품들을 테스트하는데 열성적인 야외 활동가들로 구성되어 있다.

Wahington의 Kent에 기반을 두고 있는 이 회사는 야외활동 장비와 의류 시장에서 총 90개의 점포 카테고리 전문점을 운영하는 회사이다. 그들의 점포는 적극적으로 야외활동을 즐기는 사람들에게 쇼핑을 위한 흥미로운 장소를 제공한다. 예를 들어, Seattle의 플래그십 점포는 65풋(foot)의 등산용 암벽, 마운틴 바이크 트레일(mountain bilke trails), 캠프 스토브 시연 테이블(camp stove demonstration tabels), "레인 룸(rain rooms)"이 설치되어 있어, 고객들이 물건을 구매하기 전 모든 장비들을 테스트해볼 수 있다. REI는 또한 카탈로그와 웹사이트(www.rei.com)를 통해 그들의 상품을 미국뿐만 아니라 전세계로 판매한다. 회사는 웹사이트를 통해 아울렛 점포 뿐만 아니라 야외 활동을 위한 풀 서비스(full-service) 여행 에이전시인 REI Adventures를 운영한다.

REI는 인터넷에서 상품을 팔기 시작한 1996년, 전자 소매업의 선구자였다. REI는 인터넷을 통해 "모든 상품(any product)을, 언제 어디서나(any time), 모든 장소(any place)로 배달하고, 어떠한 질문(any question)에도 응답한다"라는 방식을 제공했다:

- Any product:, 인터넷 상에서의 거대한 상품군
- Any time: 24시간/일주일 내내
- Any place: 인터넷/점포/카탈로그, 국내외
- Any question: 웹상에서의 풍부한 상품 정보

세 가지의 모든 채널을 함께 협력적으로 이용하면서, REI는 고객에게로의 판매를 증가하게 되었다. 예를 들어, 인터넷을 통해 구매되는 35%의 상품과 40%이상의 세일 상품은 점포에서 수령된다. 고객들이 주문에 대한 상품 수령을 위해 점포에 방문했을 때, 그들은 추가적으로 상품을 구매하는데 $70-85의 비용을 지출한다.

REI를 방문하는 고객은 암벽등반을 하며 장비를 사용해 보는 즐거움을 경험할 수 있다. 이런 경험은 다른 채널에서는 모방할 수 없는 것이다.

REI는 point-of-sale(POS) 터미널을 인터넷에 연결함으로써, 인터넷을 점포 안으로 가지고 왔다. 그러한 연결을 통해, 계산원은 인터넷 접근과 추가적인 상품 검색 기능을 얻게 된다. 점포 내 키오스크(kiosks)가 인터넷에 연결되어, 심지어 가장 작은 점포조차도 회사의 모든 상품 구색을 받아볼 수 있기 때문이다.

REI는 또한 웹사이트를 사용하는데, 이는 수십 개의 메시지 보드(message boards)를 통해 여행 경험을 공유하고, 상품에 대한 안내와 여행사진을 올리는 열성적인 야외활동가들의 커뮤니티를 만들어 고객들의 충성도를 높이기 위한 것이다. 그 사이트는 또한 장비를 선택하는 방법과 "길을 잃었을 때" 무엇을 해야하는지와 같은 주제들을 다루는, 전문 사용자에 의해 쓰여진 입문서도 포함하고 있다.

출처: www.rei.com (accessed June 15, 2007); "R.E.I.," http://en.wikipedia.org/wiki/R.E.I. (accessed June 15, 2007); Jordan K. Speer, "REI Continues Its Transformation with PLM", *Apparel Magazine* 47, no. 8 (2006).

결과, 소비자들은 더욱 조심스러워 지고, 은행들은 이 보안 정보를 적절하게 암호화시키지 않은 소매업체들을 고소하고 있다.

소비자들 또한 자신들의 과거구매정보, 개인정보, 인터넷에서의 검색행위에 대한 정보를 수집하는 소매업체들의 행태에 대해 염려한다. 소비자들을 이러한 정보들이 미래에 어떻게 이용될지에 대하여 걱정한다. 정보가 다른 소매업체들에게 팔릴 것인가? 아니면 소비자들이 원하지 않는 판촉 메일 등을 받을 것인가? 사생활과 관련된 이슈들, 그리고 이러한 우려들을 완화하기 위해 소매업체들이 취하고 있는 조치들에 대한 것은 11장에서 더 자세히 논의할 것이다.

II 복합채널 소매업 지향의 소매혁신

전통적인 점포소매업체 또는 카탈로그 소매업체들은 네 가지 이유를 들어 전자채널과 복합채널로의 발전을 강조한다. 첫째, 전자 채널은 현재의 기본적 형태의 소매업체가 갖는 한계점을 극복할 수 있다. 둘째, 전자채널을 사용함으로써 소매업체는 새로운 시장에 진입할 수 있다. 셋째, 복합채널은 "소비지 출점유율(share of wallet)" 또는 소비자의 총 구매 중 소매업체를 통한 구매가 차지하는 비율을 높일 수 있다. 넷째, 전자채널은 소매업체들이 소비자들의 구매 행태를 간파할 수 있도록 한다. Retailing vies 3.1은 등산장비 및 등산복을 판매하는 REI가 어떻게 세 가지 채널을 이용하여 소비자와 상호작용을 하는지를 설명하고 있다.

Refact

북아메리카 주부의 41%가 최소 한 달에 한번 온라인에서 쇼핑을 한다. 2010년까지, 이것은 61%의 수치를 나타낼 것으로 예상된다.

1. 기존 업태의 한계점 극복

점포 소매업체의 중요한 구성요소 중 하나는 점포의 크기이다. 판매 또는 진열할 수 있는 상품의 양은 한정되어있다. 인터넷이 가능한 키오스크(Internet-enabled kiosks)를 점포와 혼합함으로써, 소매업체는 고객에게 제공할 상품구색을 극적으로 확장시킬 수 있다. 예를 들어, Wal-Mart와 Home Depot는 한정된 수량의 가전제품을 점포에 보유할 수 있지만, 고객은 인터넷이 가능한 키오스크를 이용해 가전제품의 선택의 폭을 넓히고, 더욱 자세한 정보를 얻어 상품주문을 할 수 있다.

점포 소매업체가 직면한 또 다른 한계점은 바로 비일관적인 집행이다. 판매원의 가용성과 지식은 점포에 따라 다르고, 심지어는 동일 점포 내의 다른 시간대에 따라 상당히 달라진다. 이러한 비일관성은, 소매업체가 신상품이나 복잡한 상품을 판매할 때, 가장 큰 문제를 일으킨다. 예를 들어, Best Buy같은 소비재 전자상거래 업체는 최신상품의 특징과 장점을 모든 판매원이 알게 하는 것은 어렵다는 사실을 알아 냈다. 이러한 문제를 해결하기 위해서, Best Buy는 키오스크를 설치하여 판매원과 고객이 상품 정보를 얻을 수 있도록 하였다.

카탈로그 소매업체 또한 그들의 한계점을 극복하기 위해 전자채널을 이용한다. 일단 카탈로그가 인쇄되고 나면, 상품가격이 변동하거나 신상품이 출시되지 않는 이상 카탈로그는 업데이트 되지 않는다. 따라서 카탈로그 업체는, 인터넷 사이트를 이용하여, 고객이 상품의 재고와 가격 할인정보를 실시간으로 얻을 수 있도록 하고 있다.

1) 시장참여의 확대

전자채널을 이용하는 것은, 유명한 브랜드 인지도를 가졌으나 장소나 유통망에 한계점을 가진 기업에게 특히 도움이 된다. 예를 들어, Harrod's, Henri Bendel, IKEA, Neiman Marcus 등의 소매업체들은 특색 있고 양질의 상품을 제공하는 것으로 널리 알려져 있지만, 소비자는 이러한 소매업체에서 상품을 구매하기 위해 영국여행을 하거나 미국의 대도시로 떠날 수는 없다. 흥미롭게도 이러한 점포 소매업체의 대부분은 현재 카탈로그를 성공적으로 제공하는 복합채널 소매업체이다. Retailing View 3.2는 소형 소매업체가 인터넷을 이용하여 어떻게 그들의 시장을 확장시켰는지에 대하여 설명한다.

2) 소비지출점유율의 향상

전자채널을 도입하는 것은 기존의 채널에 어느 정도의 잠식을 초래하긴 하지만, 다른 채널과의 시너지를 통해 소매업체에서의 총 판매량을 높인다. 〈보기 3-4〉는 고객의 복합채널 구매행태를 설명하고 있다. 고객의 43%는 소매업체의 웹사이트를 방문하며, 그들 중 19%는 소매업체의 카탈로그를 보고, 소매업체에서 구매행위를 한다. 즉, 전자채널과 카탈로그채널은 매장에서의 구매를 촉진시키며, 매장은 웹사이트에서의 구매를 더욱 촉진시킨다.

복합 채널 소매업체인 Saks Fifth Allenue는 쇼핑백을 이용해 자신들의 인터넷 채널을 홍보한다.

전통적인 단일채널 소매업체는 다른 채널에서 제공되는 서비스를 촉진시키기 위해 하나의 채널을 사용할 수 있다. 예를 들어, 어떠한 매장의 웹사이트 주소는 그 매장의 간판, 쇼핑백, 신용카드 영수증, 계산대 영수증, 전단지, CF 등을 통해 홍보될 수 있다. 물리적인 점포와 카탈로그 역시 소매업체의 모든 채널을 홍보하기 위한 광고수단이라고 할 수 있다. 소매업체의 전자채널은 특별한 점포 이벤트나 프로모션을 알림으로써, 매장 방문을 촉진시키는데 활용된다. 점포 기반 소매업체는 주문을 수행하고, 반품 과정 등의 비용을 낮추기 위해, 그들의 점포를 소비자에게 상품을 전달하기 위한 "창고"로 이용 할 수 있다. 고객 역시 소매업체의 점포를 통해 운송요금 없이 상품을 고르고, 반품할 수 있다. 많은 소매업체들은 주문이 온라인이나 카탈로그를 통해 접수되었을 때, 만약 고객이 직접 점포를 방문한다면 운송요금을 부과하지 않을 것이다.

Zingerman's:
Yesterday Ann Arbor, Today the World

Zingerman's(www.zingermans.com)는 Michigan의 Ann Arbor에서 식료품점으로 시작했고, 인터넷과 카탈로그 채널을 통해 연 $30 million의 사업으로 성장했다. 현재에는 다음과 같은 사업을 포함하고 있다:

Zingerman's Bakehouse(www.zingermansbakehouse.com),
Zingerman's Roadhouse(www.zingermansroadhouse.com),
Zingerman's Creamery(www.zingermanscreamery.com),
Zingerman's Coffee Company(www.zingermanscoffee.com),
Zingerman's Training(www.zingtrain.com),
Zingerman's Catering(www.zingermanscatering.com),
Zingerman's Delicatessen(www.zingermansdeli.com)

여기에 양조장, 소규모 호텔, 훈제 어류, 육류 비즈니스, 그리고 출판사와 같은 사업으로의 확장이 고려되고 있다.

고객에게 서비스하는 친절한 종업원들과 고품질 상품에 초점을 둔 지역 식료품점(deli)은 회사가 다양한 사업을 하나의 브랜드로 발전시키는데 기초가 되어 왔다. 식료품점은 New York 스타일의 샌드위치를 제공하는데, Reuben은 $10.99, B.L.T 는 $9.50, 베이컨/체다치즈/케첩 핫도그는 $7.99이다. 회사는 특이한 식품들을 수입하는데, 전문 California 생산업체인 Niman Ranch로부터는 고기를, 유럽에서는 치즈를, 프랑스에서는 꿀을, 이탈리아에서는 식초와 올리브 오일을 수입하고, 이 올리브 오일의 소유주이기도 하다. 회사는 또한 Zingerman's Bakehouse에서 그들 고유의 빵을 만들기도 한다.

웹사이트는 상점만큼이나 흥미롭다. 각 상품에 대해 기재된 영양성분에 덧붙여, 사이트는 사업주로부터의 메시지를 담은 팝업창을 게시한다. 메시지의 내용은 다음과 같다: "우리는 고백합니다. 그렇습니다. 그것은 사실입니다: Zingerman's Bakehouse에서, 우리는 우리의 제과품에 포함된 지방에 대해 알기를 원합니다. 우리의 패스트리는 Zingerman's Creamery에서 취급하는 여러 개의 우수한 버터와 풍부한 생크림, 손수 만든 크림치즈와 농장에서 온 신선한 sour cream, 신선한 달걀, 그리고 다른 모든 종류의 지방 영양분으로 만들어집니다."

웹사이트는 또한 깔끔한 디자인으로 탐색을 쉽게 하였고, 그것은 점포 내의 비성숙된 글자체, 밝은 컬러, 그리고 유아적인 분위기를 갖게 하여 그들이 친절한 서비스로 경쟁할 수 있게끔 하였다. Zingerman's는 Michgan 남동쪽을 넘어 널리 알려졌고, 미국 전지역을 거쳐 성장해오고 있지만, Detroit Street에 뿌리를 둔 채 남아있다. 회사는 545명의 종업원들을 고용하고 있고, 전세계적으로 성장하고 있지만 지역적인 특색을 유지하는데 초점을 맞추고 있다.

인터넷이 있기 전에는 Michigan의 Ann Arbor 밖에서 Zingerman's를 아는 사람이 없었다. 그러나 이제는 인터넷, 카탈로그, 점포를 통해 연 $3000만 달러의 사업이 되었다.

출처: www.zingermans.com(accessed June 18, 2007); Micheline Maynard, "A Corner Deli with International Appeal," *The New York Times*, May 3, 2007.

보기 3-4
복합채널 구매 비율

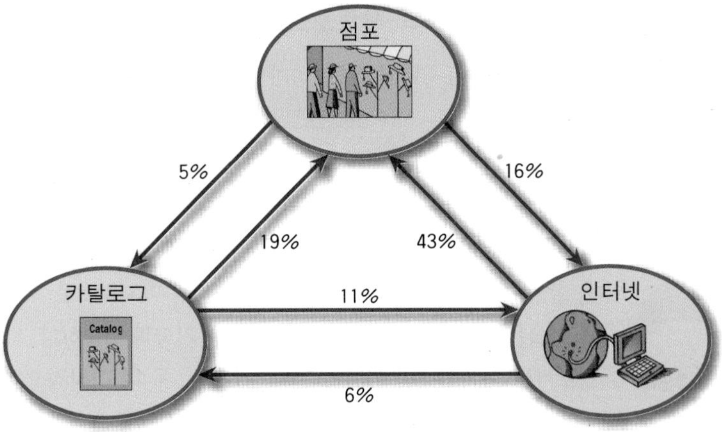

III 복합채널 소매업에 요구되는 역량

제 2장에서 언급했듯이, 1990년대 후반에 새로운 인터넷 전용 대형 소매업체가 나타났고, 결과적으로는 실패했다. 그에 따라 많은 전통적 소매업체들과 카탈로그 업체들은 전자소매로의 이동을 매우 조심스럽게 여겼다. 오늘날, 전자소매 활동은 인터넷 전용 소매업체보다는 전통적 매장과 카탈로그를 근본으로 하고 있는 소매업체에 의해 지배된다. 이러한 전통적 소매업체들은 전자채널을 그들의 사업과 통합시켜 복합채널 소매업체가 되는 것이 사업을 성장시킬 수 있는 커다란 기회임을 알아냈다. 이러한 소매업체들은 또한 전자채널이 보완 요소가 될 수 있다는 것을 인지함으로써, 기존의 채널이 다른 채널에 의해 잠식될 것이라는 우려를 하지 않게 되었다.

복합채널 소매업의 장점을 효과적으로 이용하기 위해서는 기업은 다음과 같은 역량을 필요로 한다: (1) 상품구색 개발과 재고관리-기본적인 상품 관리 활동, (2) 원거리직원관리를 포함한 매장운영관리, (3) 효과적인 유통관리-유통센터에서 점포로의 유통, (4) 카탈로그와 웹사이트 등 무점포 소매활동의 착수, (5) 개인고객의 전자주문과정 관리, (6) 개인 주문에 대한 효과적 유통 및 반품처리, (7) 채널간 고객경험의 일관성을 위한 정보시스템의 통합이다. 어떠한 소매업체와 상품제조업체는 이러한 역량을 다른 기업보다 더 잘 발휘하기도 한다. 〈보기 3-5〉는 다른 유형의 소매업체와 상품제조업체가 그 유형별로 필요로 하는 역량에 대한 평가표이다.

보기 3-5
복합채널 소매업체에게 필요한 능력들

필요한 능력	점포기반 소매업체	카탈로그 소매업체	틈새 소매업체	상품 제조업체
상품분류와 재고관리	높음	높음	낮음	낮음
종업원 관리	높음	낮음	낮음	낮음
상품 진열	높음	낮음	낮음	높음
인쇄물이나 카탈로그를 통해 상품 알리기	중간	높음	낮음	낮음
웹사이트를 통해 상품 알리기	중간	높음	높음	낮음
효과적인 고객 주문시스템	중간	높음	높음	낮음
효과적인 주문과 반송 시스템	중간	높음	낮음	낮음
통합 정보 시스템	낮음	중간	높음	낮음

1. 누가 이들 주요 자원들을 가지고 있는가?

〈보기3-5〉에 표시되어 있듯이, 카탈로그 소매업체는 전자채널을 도입하기에 가장 좋은 유형이다. 카탈로그 소매업체는 개인고객으로부터의 주문, 주문상품의 운송을 위한 포장, 운송상품 배달, 반품상품 관리에 있어 매우 효과적인 시스템을 보유하고 있다. 또한 고객에 대한 광범위한 정보를 가지고 있으며, 서비스를 효과적으로 개인화할 수 있는 데이터베이스 관리 기술을 가지고 있다. 예를 들어, 많은 카탈로그 소매업체는 현재 전화교환원이 고객데이터베이스를 통해 정보를 탐색하고 상품에 대한 제안을 할 수 있게 하는 시스템을 보유하고 있다. 마지막으로, 카탈로그를 준비하기 위한 시각적 머천다이징 기술은 웹사이트를 운영하는데 필요한 기술과 비슷하다.

점포기반 소매업체와 카탈로그 소매업체는 둘 다 이상적으로 상품구색 제공과 효과적인 상품재고관리에 적합하다. 일반적으로, 이 두 업체는 상품구색을 하는데 있어, 대부분의 상품제조업체나 전문유통업체가 부족한 기술을 갖고 있다. 그들은 상품구색을 하는 데 있어 다양한 경험과 방대한 기술을 가지고 있다. 게다가, 점포기반 소매업체와 카탈로그 소매업체는 다수의 공급자로부터 다양한 브랜드의 상품을 취급하기 때문에, 소비자에게 상품을 제안하는 데 있어 일반적으로 생산자보다 더 높은 신뢰성을 가지고 있다. 이러한 전통적인 소매업체들은 또한 공급체인을 관리할 수 있도록, 중간상과의 관계, 공급력, 현장에서의 정보/유통 시스템을 가지고 있다. 그러나, 대부분의 점포기반 소매업체와 생산자는 가정으로 상품을 배달해주는 적절한 운송시스템을 보유하고 있지 못하다. 이들의 물류센터 시스템은 유통 기업이나 소매 점포로부터의 많은 주문량을 처리하고, 소매업체의 유통센터나 점포로 상품을 운송하도록 설계되어 있기 때문이다. 그러나, 넓은 시장에 진출해 있는 점포기반 소매업체는 인터넷 구매자를 위해 그들의 점포를 상품을 고르거나 반품할 수 있도록 하는, 편리한 장소로 제공할 수 있다.

전문점 소매업체가 한때는 투자자에게 높은 가치로 평가받는 시기가 있었지만, 〈보기3-5〉를 보면 전문점 소매업체의 대부분이 복합채널 소매업체로 발전할만한 충분한 자원을 가지고 있지 못하다는 것을 알 수 있다. 이러한 틈새시장 소매업체들은 인터넷 기술과 깊은 연관이 있으며, 웹사이트를 디자인 할 수 있는 충분한 기술을 보유하고 있었다. 또한 전자상거래를 관리할 시스템을 개발하였으며, 인터넷의 특징을 이용하여 기업을 발전시킬 기회가 있었다. 그러나 그들은 브랜드 인지도가 낮았다. 또한 소비자 신뢰를 얻

Talbots는 인터넷 사이트에서도 고객환영의 상징인 빨간문 느낌을 유지한다.

고, 상품 구색을 설계하며, 재고를 관리하고, 적은량의 가정 주문을 수행하는데 필요한 소매 기술이 부족하였다.

2. 제조업체들은 소매업체들을 제치고 소비자에게 직접 판매하려고 하는가?

탈(脫)중개화(Disintermediation)는 제조업체가 소매업체를 통하지 않고 소비자에게 직접적으로 상품을 판매하는 것을 의미한다. 인터넷에 소매 사이트를 설립함으로써 제조업체가 소비자에게 직접적으로 상품을 판매할 수 있기 때문에, 소매업체는 이러한 탈중개화 현상에 대하여 우려하고 있다. Naturalizer라는 브랜드의 신발과 액세서리는 자사 웹사이트(www.naturalizer.com)를 통해 판매되는 동시에, Zappos.com이나 Macy's와 같은 타 소매업체에서도 직접 판매된다. 그러나 〈보기3-5〉는 왜 대부분의 제조업체들이 소매에 직접적으로 관여하는 것을 달갑지 않아 하는지 설명하고 있다.

제조업체는 전자상거래를 통해 상품을 판매하는데 필요한 결정적 기술들이 부족하다. 그리고 소매업체는 일반적으로 제조업체보다 고객을 좀더 효율적으로 다룰 수 있다. 소매업체는 상품을 고객에게 유통시키는 과정, 보완적인 상품구색의 제공, 고객 정보 수집 등에 있어서 제조업체에 비해 상당히 많은 경험을 가지고 있다. 소매업체는 또한 다양한 브랜드나 전문제품 취급 등 광범위한 상품과 서비스를 제공할 수 있다는 장점이 있다.

예를 들어, 소비자가 다양한 제조업체로부터 가정용 오락기기 용품을 구매하고 싶은 경우, 소비자는 서로 다른 인터넷 사이트를 방문해 볼 것이며, 그 용품들이 잘 작동할 것인지와 제때 도착할 것인지에 대해서는 확신할 수 없을 것이다.

또한 소비자에게 직접적으로 판매를 하는 제조업체는 그들이 통하지 않은 소매업체의 지원을 잃을 위험이 있다. 그러므로 세계적으로 가장 큰 배터리 제조업체인 Energizer와 같은 많은 제조업체들은 그들의 웹사이트를 단지 소비자에게 제품을 홍보하기 위한 마케팅 도구로서만 사용한다.

3. 어떤 채널이 가장 수익성이 높은가?

Energizer는 웹사이트를 통해 상품에 대한 정보만 제공하고 판매는 소매업체를 통해 한다.

많은 사람들은 전자채널이 소매업체로 하여금 더욱 낮은 가격에 상품을 팔게 할 수 있게 한다고 생각한다. 왜냐하면, 전자채널을 이용할 경우 점포를 세우거나 운영할 일이 없으며, 점포에서 일하는 판매원들에 대한 급여를 아낄 수 있다고 생각하기 때문이다. 그러나 전자채널은 설계, 유지, 업데이트, 고객을 사이트로 유치, 물류 시스템과 창고 유지, 대량의 반품 처리 등을 하는 데에 상당한 비용이 발생한다. 이러한 비용들은 전자채널을 운영하는데 드는 비용들로서, 어쩌면 물리적인 점포를 운영하는 비용보다 많을 지도 모른다. 예를 들어, Amazon.com의 직원들은 만 이천명이 넘는다고 한다.

복합채널 소매업의 주요 과제들

고객을 만나는 판매원이든, 점포 안에 설치된 키오스크든, 소매업체 웹사이트의 로그온 기능이든, 소매업체의 콜센터이든 간에, 이러한 다양한 접점들은 고객을 상대로 한다. 따라서, J.Crew에서 판매원들은 고객을 응대하는 방법을 교육받는다. 또한 콜센터의 경우, 전화가 걸려왔을 때 고객의 이름을 확인하고, 고객의 구매 기록을 살핀다. 소매업체는, 고객이 웹사이트에 접속하고 로그인하는 즉시, 고객의 이름을 알 수 있기도 한다.

고객에게 복합채널을 아우르는 일관된 서비스를 제공하기 위해서, 소매업체는 그들의 고객 데이터베이스와 각 채널을 지원하는 시스템을 통합하여야 한다. 이러한 정보기술 이슈에 더해, 소매업체가 직면한 결정적인 다른 이슈들은 통합된 쇼핑 채널, 브랜드 이미지, 상품 구색 그리고 가격에 대한 문제들이다.

1. 통합된 쇼핑채널

소매업체가 초기 온라인에 진입했을 때는, 단순히 판매를 위해 웹사이트에 상품을 진열하는 수준에 그쳤다. 그러나 현재 경쟁의 선두주자에 서기 위해서는, 복합채널 소매업체들은 그들만의 특징과 서비스를 제공하여, 고객이 다양한 채널을 아우르는 통합된 경험을 할 수 있도록 해야 한다.

많은 소매업체들은 아직도 복합채널을 뛰어넘는 고객구매경험을 통합하기 위해서 노력하고 있다. 초기 설치된 운영 시스템과, 연관성이 없는 고객데이터베이스 및 재고데이터베이스는, 소매업체가 채널을 가로질러 일관성을 유지하는데 방해요소가 되었다. 또한 많은 재고를 진열해 놓은 대형 점포들은, 점포에 보유하고 있는 재고들을 온라인에 정확히 반영하는 것이 불가능하였다. 이런 문제는 특히 패션소매업체에서 심각하다. 패션소매업체는 인터넷 품목의 적절한 재고수준을 유지해야 하기 때문이다. 또한 고가의 업그레이드 기술도 적용되기 어렵다. 온라인 판매는 여전히 총 판매의 작은 부분만을 차지하고 있다. 많은 소매업체들은 통합된 한 단계(one-step) 서비스를 제공하는 것이, 처음부터 모든 것을 연결시키려고 노력하는 것보다 쉽다는 것을 깨달았다. 처음부터 모든 것을 연결하려고 할 경우, 이러한 시도는 기업을 재무적으로나 기술적으로 위험하게 할 수 있으며, 잘 되지 않았을 경우 고객이 떠날 수 있기 때문이다.

Patagonia의 온라인상 이미지와 점포 이미지가 동일한지 생각해 보자.

2. 브랜드 이미지

복합채널 소매업체는 고객에게 모든 채널을 아우르는 동일한 이미지를 주어야 한다. 예를 들어, Patagonia는 높은 품질, 친환경적 스포츠용품점, 카탈로그, 웹사이트의 이미지를 강화하였다. Patagonia의 제품 설명서는 패션이 아닌 기능을 강조한다. 그들은 설명서를 통해 환경적인 지향과 특정한 프로그램을 아주 자세하게 설명한다. 예를 들어, Patagonia는 그들의 시간, 서비스, 그리고 적어도 매출액의 1%를 환경오염을 막기 위해 노력하는 전세계의 수백여 개 환경단체에 기부하고 있다. 매장 점포 조명을 조절하거나, 재활용된 폴리에스터를 의류제품에 사용하거나, 화학섬유가 아닌 유기농 재배 면을 사용하는 등의 노력은 그들이 환경에 미치는 부정적인 영향들을 최소화 하려고 한다는 것을 설명한다. 그들의 웹사이트인 www.teecleanest line. com는 환경 행동주의, 혁신적 디자인, 그리고 스포츠에 대한 에세이와 다른 특징들을 담고 있다. Retailing View3.3은 Pottery Barn이 다양한 채널을 아우르는 통합된 브랜드 이미지를 전달하기 위한 전략들을 설명하고 있다.

3. 상품 구색

일반적으로, 고객은 소매업체의 점포에서 볼 수 있는 대부분의 상품 구색을 웹사이트에서도 이용할 수 있을 것이라고 기대한다. 반대의 경우에도 마찬가지다. 채널을 아우르는 동일한 상품구색은 고객의 마음속에 기업의 브랜드 이미지를 강화시킬 수 있다. 그러나 채널들 간에 중복되는 상품의 양은 각 소매업체에 따라 매우 다르다. 중요한 것은 고객의 기대에 부합하는 상품구색을 개발하는 것이다. Costco와 같은 소매업체들은, 점포와 인터넷 사이트 사이의 상품 중복이 적다. 대형의 부피가 큰 품목은 매장과 온라인 두 장소에서 모두 판매하거나, 온라인에 상품 이미지를 올려두고 재고를 창고에 둘 수도 있다. 그러나 온라인 품목의 대다수는 매장 품목보다 고성능인 경우가 많다. 예를 들어, 중간 성능의 디지털 카메라는 매장 선반에 진열되지만, 전문가를 위한 디지털 카메라는 Costco.com에서 팔릴 것이다. 일반적으로 대부분의 복합채널 소매업체들은 그들의 인터넷 채널을 소비자에게 제공될 상품구색을 확장하는 데에 사용한다.

4. 가격

가격 산정은 복합채널 소매업체에 있어 또 다른 어려운 결정이다. 고객은 운송 요금이나 판매 수수료를 제외한 가격이 전 채널에 걸쳐 동일하길 기대한다. 그러나 어떤 경우 소매업체는 다른 채널의 경쟁상황에 직면하여 그들의 가격 전략을 조정해야 할 때가 있다. 예를 들어, Barnes&Noble.com은 Amazon.com에 효과적으로 대응하기 위해 전자채널의 상품을 점포보다 낮은 가격에 판매한다. 여러 시장의 점포 소매업체는 지역 내 경쟁 때문에 종종 동일한 상품에 다른 가격을 매기기도 한다. 일반 소비자의 경우 지역 시장에만 노출되어 있기 때문에, 이러한 가격 차이가 존재하는 것을 알아채지 못한다. 그러나 복합채널 소매업체의 소비자는 인터넷을 통해 쉽게 가격을 확인할 수 있기 때문에, 복합채널 소매업체는 지역적 가격 차이를 유지하는 데에 어려움을 겪고 있다.

결론적으로, 언제 어디서나 소매업체를 이용할 수 있을 것이라는 소비자들의 기대는 점점 커지고 있다. 또한 어떤 채널에서 구매를 했던 간에, 소매업체가 고객 자신과 자신의 구매 기록을 알고 있을 것이라는 기대 또한 커지고 있다. 복합채널 소매업체들은 고객의 기대에 부응하는 한결같은 접점을 제공해야 하는 어려운 도전 과제에 직면하고 있다. 인터넷 채널이 계속하여 건강한 방식으로 성장하고 있는 반면, 그 성장은 최근 10년간 매우 느리게 진행되었다. 다음 부분에서는 인터넷 쇼핑의 미래에 대해 살펴볼 것이다.

Living the Pottery Barn Lifestyle

Pottery Barn은 성공적으로 다양한 소매 채널을 통합하고 있다. Williams-Soroma가 소유한 가정용 가구 상점은 소비자들이 "편안한 스타일"을 정의하고 그들의 라이프스타일 속에서 활동할 수 있도록 강력한 브랜드를 만들어냈다.

Pottery Barn은 90개의 Pottery Barn Kids 점포와 함께, 180여개의 점포를 가지고 있다. 이는 또한 강력한 카탈로그와 온라인 비즈니스를 소유하고 있다. Crate & Barrel과 Restoration Hardware와 같이 가정용 가구 산업에서 많은 경쟁자들이 있다고 한다면, 고객들에게 가치를 더해주기 위해서는 모든 채널에 걸쳐 강력한 브랜드를 유지해야만 한다.

소매 채널 각각은 소비자가 "Pottery Barn Lifestyle"을 획득하는 방법에 대한 좀 더 많은 팁 (tips)과 상품, 아이디어를 얻기 위해 점포, 카탈로그, 웹사이트를 활용할 수 있도록 통합된다. 고객들은 그들이 심부름을 가거나 집에서 편히 쉴 때 카탈로그를 볼 수 있다. 카탈로그는 그들이 흔히 집에서 볼 수 있는 것과 같이 배열된 상품들의 아름다운 사진을 담고 있다. 그것은 또한 "좁은 거실 공간을 디자인하는 방법"과 같은 인테리어 디자인에 대한 조언을 포함한다. 웹사이트는 "와인과 치즈 파티를 개최하는 방법"과 같은 라이프스타일 조언도 제공한다.

Pottery Barn의 라이프스 타일은 점포, 카탈로그, 인 터넷 사이트에서 일관되게 전달되고 있다.

자연스럽고 차분한 분위기를 안락한 향기와 소리로 결합시킨 점포 내 경험은, 소비자와 Pottery Barn Lifestyle을 연결하는 것을 지속하게 해 준다. 그것은 완벽하게 장식되고 이사준비가 끝난 견본주택(a show house)을 둘러보는 것과 유사한 경험이다. Potstery Barn은 보완적인 휴일 장식 강좌와 같은 특별한 상점 행사에 대한 안내 메일을 고객들에게 발송한다.

Pottery Barn은 CBS의 Early Show 의 "Home Trends for 2007"와 "Rugs 101" 코너에 출연하였다. 회사는 각 채널을 소비자들이 이러한 라이프스타일을 영위하는데 좀 더 가까워지도록 돕고 있다. 그리하여 Pottery Barn은 가구와 장식품을 판매하는 것을 넘어서 인테리어 디자인과 파티 플래너의 역할까지 하게 되었다.

출처: www.potterybarn.com(accessed June 18, 2007); "Williams-Sonoma," http://en.wikipedia.org/wiki/Williams-Sonoma(accessed June 19, 2007); Lois Boyle, "Cracking the Multichannel Code: The Brand Experience," *Multichannel Merchant 3*, no.3 (2007), (accessed December 24, 2007).

미래의 인터넷 쇼핑

아래의 가상 시나리오는 미래에 고객이 경험할 수 있는 쇼핑 채널에 대해 묘사하고 있다.

1. 쇼핑 체험

오늘은 화요일 아침이다. Judy Jamison은 금요일 밤에 참석할 파티에 입을 드레스로 어떤 것을 살지 고민하며 아침을 먹고 있다. 그녀는 노트북을 켜고, FRED라 불리는 그녀의 상품구매상담원(personal shopper)프로그램에 접속한다. 그리고 다음과 같은 대화를 나눈다:

> Fred: 검색을 원하십니까? 특정한 매장을 가길 원하십니까? 아니면 특정한 품목을 구매하실 건
> 가요?
> Judy: 특정한 품목.
> Fred: 품목? [메뉴가 나타나고 Judy는 선택한다.]
> Judy: 드레스.
> Fred: 어떤 타입의 드레스? [메뉴가 나타난다.]
> Judy: 칵테일 드레스.
> Fred: 가격대는? [메뉴가 나타난다.]
> Judy: $75-$100.
> [이제 FRED는 유럽, 아시아, 아프리카, 호주, 북미, 남미 등 전세계의 칵테일 드레스를 파는 기
> 업 서버를 방문하여 전자적으로 쇼핑을 한다.]
> Fred: 1,231 개의 품목을 정렬하였습니다. 얼마만큼의 품목을 보고 싶으십니까? [메뉴가 나타
> 난다.]
> Judy: 5개.
> [FRED는 Judy의 스타일 선호에 대한 기본 정보에 근거하여, 최적의 드레스 5개를 선별한다. 5
> 개의 각 칵테일 드레스의 밑에 가격, 브랜드 이름, 판매자 등이 표시되어 스크린에 나타난다.
> Judy는 각 드레스를 클릭하여 보다 자세한 정보를 얻는다. 또 다른 클릭을 하여 Judy는 자신이
> 클릭한 드레스를 입고 있는 여성의 풀 모션(full-motion)영상을 본다. 그녀는 가장 마음에 드는
> 드레스를 선택한다.]

그러나 Judy는 입어보고 사기 위해 드레스를 당장 구매하진 않는다. 그녀는 FRED가 찾아준 Robert Rodriguez 스타일이 마음에 든다. 그래서 Brand-Habit.com 으로 가서, 디자이너와 그녀의 우편번호를 타이핑하고, 가장 가까운 매장을 찾는다. 사이트는 즉시 그녀에게 더 많은 드레스를 둘러볼 수 있는 매장의 웹사이트를 알려준다. Judy는 일이 끝난 후 매장에 가보기로 결정한다.

Judy가 매장으로 가자, 그녀의 신용카드에 내장된 칩이 신호를 통해 그녀의 현재 상태를 PDA (personal digital assistant)로 전송한다. FRED를 통해 웹사이트에서 보았던 제품을 포함한, Judy가 관심 있어 할 제품에 대한 정보가, 매장 서버에서 Judy와 판매원의 PDA로 다운로드 된다.

판매원은 Judy에게 다가서서 말한다. "안녕하세요, Jamison씨. 제 이름은 Joan Bradford 입니다. 무

엇을 도와드릴까요?" Judy는 파티에 입을 드레스가 필요하다고 말한다. 그녀는 매장의 웹사이트에서 어떤 드레스들을 보고 왔으며, 매장에서 그 드레스들을 보고 싶다고 말한다. 판매원은 Judy를 가상 탈의실로 안내한다.

탈의실 안에서 Judy는 편안한 의자에 앉아, 그녀의 이미지에 드레스가 입혀진 것을 본다. 그녀의 이미지는 Judy의 고객 파일에서 추출된 바디 스캔(body scan) 정보로 그려진다. Judy의 최근 웹사이트 방문에 관한 정보와, 지난 구매에 관한 정보가 드레스 전시에 사용된다.

PDA를 이용하여, Judy는 개인적인 의견을 캘리포니아에서 근무중인 그녀의 친구들과 나눈다. 그들은 어떤 드레스가 Judy에게 가장 잘 어울릴지 의논한다. Judy는 다시 PDA를 이용하여 드레스에 대한 자세한 정보-옷감, 세탁 안내 등-를 찾는다. 마지막으로 Judy는 드레스를 선택하고 한 번의 클릭으로 구매를 완료한다.

Judy의 PDA에 있는 정보를 이용하여, 판매 직원인 Joan은 드레스와 어울릴만한 핸드백과 스카프를 추천한다. 이 액세서리들은 Judy의 드레스를 입은 이미지에 추가된다. Judy는 스카프는 구매하고, 핸드백은 구매하지 않기로 한다. 마지막으로, Judy는 드레스의 완벽한 치수를 위해 수선을 맡긴다. 그녀는 매장의 웹사이트에서 옷 수선이 언제 완료되는지 확인할 수 있고, 드레스를 집으로 배달해주길 원하는지 아니면 직접 매장에 와서 가져갈 것인지 선택할 수 있다.

Judy는 가는 길에 화장품 백화점에 들려 새 립스틱과 가장 좋아하는 향수를 구매한다. 매장 시스템은 그녀가 떠나는 것을 감지하고, 그녀가 고른 상품들을 RFID(radio frequency identification)칩을 통해 자동으로 그녀의 신용카드로 계산한다.

2. 쇼핑 체험의 지원

이 시나리오는 전 채널을 걸쳐 공유되고 전 시스템에 걸쳐 통합된, 고객 데이터베이스의 이점을 설명하고 있다. 판매 직원과 매장 시스템은 이러한 데이터베이스에 기초하여 우수한 고객 서비스를 제공할 수 있다. 이러한 기술은 또한 제품과 서비스에 있어 최고의 쇼핑 체험을 고객에게 제공하기로 약속한 소매업체의 비즈니스 모델을 지원한다.

새 드레스의 구매에 대한 Judy의 관심은 다가오는 이벤트에 의해 자극되었다. 그러나 매장에 가기 전 그녀는 특정 브랜드와 제품이 있는 장소를 찾기 위해 검색 엔진과 상호작용을 하였다. 그리고는 소매업체의 웹사이트를 통해 수선 상태를 확인하고, 집으로 옷을 배달시키기로 결정하였다. 이 시나리오는 또한 RFID, 셀프 결제(self-checkout), 개인화된 가상 현실 전시와 같이 미래에 존재하게 될 신기술을 포함한다.

요약 *Summary*

전통적인 점포 기반 소매업체와 카탈로그 소매업체는 전자채널을 도입했으며, 통합된 고객중심의 복합채널 소매업체로 발전해왔다. 이러한 복합채널 소매업으로의 발전은 소매업체와 언제 어디서나 의사소통을 하고 싶어하는 고객 욕구의 증대로 인해 초래되었다.

각 채널(점포, 카탈로그, 웹사이트)은 고객에게 특유의 이점을 제공한다. 점포채널은 고객이 직접 제품을 만지고 느낄 수 있도록 하며, 구매 후 곧바로 사용할 수 있게 한다. 카탈로그는 고객이 언제 어디서나 소매업체의 제품을 열람할 수 있게 한다. 전자채널이 제공하는 특별한 장점은 고객이 다양한 범위의 제품을 검색할 기회를 가지게 하며, 고객의 욕구에 기반하여 대안을 좁히고, 원하는 대안에 대한 자세한 정보를 주며, 적은 클릭만으로 주문이 가능하다는 것이다.

복합채널을 제공함으로써, 소매업체는 각 채널의 한계를 극복할 수 있다. 즉, 웹사이트는 지역적인 한계를 극복하고, 점포채널을 통해 제공되는 상품구색을 확장하는 데에 사용할 수 있다. 또한 제품 홍보를 하며, 소비자에게 정보를 주고, 소매업체와 고객간의 친밀도를 높일 수 있다. 점포는 다양한 감각적 체험을 제공하는 데에 사용할 수 있으며, 점포와 인터넷 고객 양쪽에 상품을 경제적인 방법으로 제공하는 데에 사용할 수 있다.

인터넷 채널을 통해 가장 효과적으로 판매되는 제품의 유형은, 운송 비용, 운송 시간, 고객이 만족할 만한 상품을 고를 수 있도록 정보를 제공하는 지에 대한 정도, 고객 서비스 반품 정책 등에 달려있다. 전자채널의 성공적인 활용은, 다른 구매자의 증언이나 브랜드, 사이즈, 실용적 정보 등을 제공함으로써, 그것의 한계를 극복한다. 이전에 브랜드 상품을 구매했던 소비자에게, 브랜드 이름은 그 하나만으로도 그들의 구매 결정에 대한 만족을 예상하기에 충분한 정보일 수 있다.

어떤 결정적인 자원들은, 각 채널을 효율적으로 운영하고, 전 채널에 걸쳐 동일한 고객 체험을 제공하는 시스템을 보유하는 등의, 성공적인 복합채널 소매업을 위해서 필요하다. 전통적인 점포기반 소매업체와 카탈로그 소매업체는 이러한 자산의 대부분을 소유하고 있었기 때문에, 복합채널로 발전하는 데 있어서 초기 인터넷 전자소매업체보다 더 좋은 위치에 있었다. 제조업체에 의한 탈중개화의 만연은 제조업체가 개인고객에게 제품을 효율적으로 유통시키거나 충분한 조건의 상품구색을 제공하는 역량을 가질 수도 있기 때문이다.

전 채널을 걸쳐 동일한 접점을 제공하는 것은 복합채널 소매업체에게 도전과제로 다가온다. 구매자의 기대를 만족시키는 것은, 일반 고객 데이터베이스와 통합 시스템의 개발을 필요로 한다. 또한 복합채널 소매업체들은 어떻게 각기 다른 채널을 소매업체의 브랜드 이미지를 지원하는데 사용할 것인가, 또한 어떻게 전 채널에 걸쳐 일관된 상품 구색과 가격을 형성할 것인가에 대한 결정을 내려야 할 것이다.

핵심용어 *Key terms*

전환율(Conversion rate)	온라인 채팅(Online chat)
쿠키(Cookie)	소비지출점유율(Share of wallet)
탈중개화(Disintermadication)	사회적 쇼핑객(Social shopper)
매갈로스(Magalogs: 통신판매용 인터넷 잡지)	가상커뮤니티(Virtual communities)
복합채널 소매업체(Multichannel retailer)	

현장학습 *Get Out And Do It!*

1. 계속되는 사례 과제: 제 2장에서 분석하였던 비교 쇼핑 연습에서와 같은 카테고리의 상품을 인터넷 쇼핑을 통해 구매한다고 가정해보자. 소매업체의 웹사이트에 가서, 제공되는 제품구색, 가격을 비교해보고, 매장에서와 웹사이트에서의 쇼핑경험을 비교해보자. 당신이 찾은 제품을 발견하는 것이 얼마나 쉬웠는가? 상품 구색과 가격산정은 어떠하였는가? 체크아웃은 어떠하였는가? 공간이 주는 느낌, 위치, 특별한 특징 등 어떠한 공간(sites)의 특성이 쇼핑하기에 더 좋았는가, 또는 좋지 않았는가?

2. J.Crew(www.jcrew.com), JCPenney(www.jcp.com), Land's End(www.landsecd.com)의 웹사이트를 방문하고, 카키색 바지 하나를 구매해 보자. 각 사이트에서의 쇼핑 경험을 평가하라. 고객을 위해 중요하다고 당신이 생각하는 특성들에 기초하여, 각 사이트와 당신의 쇼핑체험을 비교 및 대조해보라.

3. 당신이 결혼을 하려고 하고 결혼식을 계획하는 중이라고 가정하자. 당신의 결혼을 계획하는 데에 www.theknot.com과 ww.weddingchannel.com 중 어느 사이트가 더 유용한지 비교 및 대조해보라. 사이트의 어떠한 특성을 선호하거나 비선호 하는가? 이 사이트에서 당신이 사용할 특정한 서비스에 대하여 설명하라.

4. 왜 인터넷 쇼핑의 구매자들은 개인정보(privacy)를 우려하는가? 온라인에서 자신의 개인정보를 보호하기 위해, 고객에게 추천되는 가장 중요한 열 개의 방법은 무엇인가? 당신은 쇼핑을 할 때 얼마나 많은 추천방법을 지키고 있는가?

5. http://images10.newegg.com/uploadfilesfornewegg/pressroom/PDFs/IRAnnouncesTop50for2006.pdf 의 주소를 가면, 상위 50개의 인터넷 소매업체 목록을 볼 수 있다. 얼마나 많은 온라인 소매업체들이 복합채널 쇼핑 체험을 향상시켰는가? 상위 50개 인터넷 소매업체들 중 어떤 곳을 과거에 방문한 적이 있는가? 목록에 어떠한 사이트를 추가하고 싶은가? 왜 그들은 상위 소매업체 웹사이트의 목록에 포함되어 있는가?

토의 질문 및 문제   *Discussion Questions and Problems*

1. 왜 점포 기반 소매업체는 공격적으로 전자 채널을 통한 판매를 추구 하는가?

2. 어떤 역량들이 효과적인 복합채널 소매업체가 되기 위해 필요한가?

3. 고객 관점에서 점포, 카탈로그, 웹사이트의 장점과 한계에는 각각 어떠한 것들이 있는가?

4. 당신은 가상모델을 통해 입혀진 옷을 구매 할 것인가? 답변해 대한 이유를 설명하라.

5. 왜 전자채널과 카탈로그채널은 선물을 구매할 때 자주 사용되는가?

6. 복합채널 소매업체가 웹사이트와 점포에서 동일한 상품구색과 동일한 가격을 제공해야 하는가? 왜 그런가? 혹은 왜 그렇지 않은가?

7. 다음의 상품 중 어떠한 상품이 전자 채널을 통하여 효과적으로 판매 될 수 있을 것인가? : 보석, TV, 컴퓨터 소프트웨어, 고급 의류, 의약제품, 헬스 케어 제품. 이유는 무엇인가?

8. 하이킹, 카약 등의 아웃 도어 스포츠를 즐기는 사람들로 구성된 인터넷 커뮤니티에 당신이 투자하고 싶다고 가정하자. 당신은 어떠한 상품과 정보를 사이트에 제공해야 하는가? 어떤 개체가 사이트를 운영하는 것이 가장 효율적이라고 생각하는가? 아웃도어 스포츠계 유명인, 아웃도어 스포츠 매거진, 아웃도어 상품을 판매하는 Patagonia나 REI같은 소매업체. 이유는 무엇인가?

9. 당신의 동네에서 상품과 서비스를 판매하고 있는 전자전용 소매업체의 사업을 위한 전략을 도출하라. 목표 시장과 인터넷 사이트에서 이용 가능한 것에 관한 전략을 도출 하라. 상품과 서비스를 제공하는 측면에서 누가 당신의 경쟁자인가? 경쟁자와 비교해 당신이 가진 장점과 단점은 무엇인가?

10. 당신이 상품을 구매하기 위해 온라인 쇼핑을 할 때, 상품을 검색하고 구매하는 데에 얼마만큼의 시간이 소요되는가? 당신이 상품을 구매하기 위해 매장에서 쇼핑을 할 때, 상품을 검색하고 구매하는 데에 얼마만큼의 시간이 소요되는가? 당신의 경우를 설명하라.

Cho, Jinsook. "The Mechanism of Trust and Distrust Formation and their Rational Outcomes." Journal of Retailing 82, no. 1(2006), pp. 25-35.

Dwyer, Paul. "Measuring the Value of Electronic Word of Mouth and Its Impact in Consumer Communities." Journal of Interactive Marketing 21, no. 2(2007), pp. 63-79.

Gopal, Ram D., Bhavik Pathak, and Rvind K. Tripathi. "From Fatwallet to eBay: An Investigation of Online Deal-Forums and Sales Promotions." Journal of Retailing 82, no. 2 (2006), pp.155-64.

Kleijnen, Mirella, Ko De Ruyter, and Martin Wetzels. "An Assessment of Value Creation in Mobile Service Delivery and the Moderating Role of Time Consciousness." Journal of Retailing 83, no. 1 (2007), pp. 33-46.

Lewis, Michael. "The Effect of Shipping Fees on Customer Acquisition, Customer Retention, and PUrchase Quantities." Journal of Retailing 82, no. 1 (2006), pp. 13-23.

Luge, Jason E., Nicole Ponder, Sharon E. Beatty, and Michael L.Capella. "Teenagers' Use of Alternative Shopping Channels: A Consumer Socialization Perspective." Journal of Retailing 82, no. 2 (2006), pp. 137-53.

Mendelsohn, Tamara, Brian Tesch, and Carrie A. Johnson. Treands 2007: Multichannel Retail, Cambridge: Forrester, 2007.

Neslin, Scott A., Dhruv Grewal, Robert Leghorn, Venkatesh Shankar, Marije L. Teerling, Jacquelyn S. Thomas, and Peter C. Verhoef. "Challenges and Opportunities in Multichannel Customer Management." Journal of Server Research 9, no. 2 (2006), pp. 95-112.

Payn, Yue, and George M. Zinkhan. "Exploring the Impact of Online Privacy Disclosures on Consumer Trust." Journal of Retailing 82, no. 4 (2006), pp. 331-38.

Sonneck, Peter, and Cirk Soren Ott. "Future Trends in Multi-channel Retailing." In Retailing in the 21st Century-Current and Future Trends, eds. Manfred Kraft and Murali Mantrala. Berlin: Springer, 2006, pp. 176-92.

Weitz, Barton A. "Electronic Retailing." In Retailing in the 21st Century-Current and Future Trends, eds. Manfred Kraft and Murali Mantrala. Berlin: Springer, 2006, pp. 309-23.

Chapter four 4

고객 구매 행동

Question
- 고객이 소매업체를 선택하고 상품을 구매할 때, 어떠한 단계를 거쳐 의사결정을 하게 되는가?
- 고객의 구매 의사결정에 영향을 미치는 사회적, 개인적 요소는 무엇인가?
- 소매업체가 고객들을 점포에 보다 자주 방문하게 하고, 방문 시에 상품을 더 많이 사게 하기 위해서는 어떻게 해야 하나?
- 소매업체는 고객들을 왜 세분화하여야 하고, 또 어떻게 세분화하여야 하나?

제1장에서 논의했듯이, 효과적인 소매 전략은 고객들의 욕구를 경쟁사에 비해 더 잘 충족시킨다. 그러므로 고객의 욕구와 구매 행동을 잘 이해하는 것은 효과적인 소매의사 결정에 있어 매우 중요하다. 성공적인 소매업체들은 수행하는 모든 사업 활동에서 고객들을 최우선적으로 고려한다. 고객들은 결코 뒤로 밀린 적이 없으며, 언제나 모든 사업 의사결정에서 제일 중요한 위치를 차지하고 있다.

제 4장에서는 개별 고객과 고객 그룹, 세분 시장의 욕구와 구매 행동에 대하여 살펴볼 것이다. 이를 위해 우선, 고객이 상품을 구매하는 과정과 그 과정상에 영향을 미치는 요인들에 대하여 살펴볼 것이다. 그런 다음, 이 구매 과정상의 정보들을 바탕으로 소비자들을 어떻게 세분화시킬 것인지에 대해 설명할 것이다. 본 장의 부록에는 패션상품 소비자들의 특이한 구매 행동에 대한 내용이 언급되어 있다.

I 구매 과정

다음의 시나리오는 소비자들이 상품을 구입할 때 겪는 단계를 제시한다. 워싱턴 대학의 학생인 Eva Carlyn은 직장을 구하기 위해 면접을 보기 시작한다. 캠퍼스에서의 첫 면접을 위해 Eva는 3년 전에 부모님이 사주신 파란색 정장을 입기로 계획했다. 그러나 그 정장을 보니까 유행에 뒤떨어졌으며 재킷은 낡기 시작했다. 그녀는 면접에서 첫 인상을 좋게 보이게 위해서 정장 한 벌을 새로 가기로 결정한다.

Eva는 옷차림에 대한 정보를 얻기 위해 인터넷 검색을 하고, 판매중인 옷의 스타일과 가격을 보기 위해 카탈로그를 본다. 그런 다음 그녀는 소매점에 가서 정장을 입어보고, 다음 주에 있을 첫 면접을 위해 구매하기로 결정한다. 그녀는 Abercrombie & Fitch와 American Eagle Outfitters에서 옷을 사는 것을 좋아하지만, 두 군데 다 비즈니스 정장은 판매하지 않는다. 그녀가 가장 좋아하는 Seattle의 쇼핑몰에 가기 전에, 그녀는 BrandHabit.com 사이트를 보는데 이 사이트는 쇼핑몰에서 현재 판매중인 모든 정장을 조사하고 비교할 수 있게 해준다. 쇼핑 가능한 상품의 목록을 가지고 그녀는 자신이 BrandHabit.com에서 이미 알아보았던 쇼핑몰에 있는 점포들로 바로 간다.

그녀는 친구인 Britt와 쇼핑하는 걸 좋아하지만, Britt는 이번 학기에는 파리에 있다. Britt의 의견을 존중하기에, 그녀는 자신의 쇼핑 목록을 Kaboodle.com에서 브리트와 함께 본다.

Eva는 처음에 Macy's로 들어갔으며, 커리어 여성 매장의 한 판매원이 그녀에게 다가간다. 그 판매원은 Eva가 원하는 종류의 정장과 사이즈를 묻고 나서 세 벌의 정장을 보여준다. 휴대폰으로 그 정장의 사진을 찍은 다음, 파리에 있는 브리트에게 영상 메시지로 보낸다. 브리트가 세 가지 다 마음에 든다고 하자, Eva는 다 입어 본다.

Eva가 탈의실에서 나왔을 때, 어떤 것을 골라야 할지 확실치가 않았지만 Britt에게 사진을 더 보낸 후에 Eva, Britt 그리고 판매원은 두 번째 정장이 가장 매력적이며 면접에 적합하다고 결정을 내린다. Eva는 정장의 색, 맞춤세, 옷감 및 정장길이가 맘에 들었지만, 드라이 크리닝을 해야 하고 계획했던 것 보다 더 많은 돈을 쓰게 되는 게 걱정이 된다. 그 점포의 다른 고객이 그녀가 매우 프로페셔널 해 보인다고 말하자 Eva는 그 정장을 구매하기로 결정한다.

Eva는 Macy's 신용카드가 없어서 개인수표로 결재할 수 있는지 물어본다. 그 판매원은 가능하다고 말하면서, Visa와 MasterCard 또한 받는다고 얘기해 준다. Eva는 비자카드로 계산하기로 결정한다. 판매원이 Eva와 함께 금전등록기로 걸어가면서 스카프가 진열된 곳을 지나간다. 그 판매원은 멈추면서 스카프 하나를 집어 들고는 그 스카프가 그 정장과 잘 어울릴 것이라면서 Eva에게 보여준다. Eva는 그 스카프도 사기로 결정한다.

고객 구매결정과정을 설명하면서 Eva의 쇼핑 방식을 생각해 보자. 소비자들이 상품이나 서비스를 구매할 때 경험하는 단계들인 구매결정과정은 고객들이 충족되지 않는 욕구를 인식할 때 시작한다. 그들은 자신의 욕구를 충족시킬 방법에 대해 정보를 찾는데, 그것은 어떤 상품이 유용할지와 어떻게 구매할 수 있는지에 대한 것이다. 고객들은 다른 소매업체와 점포, 카탈로그 및 인터넷과 같은 상품구매를 할 수 있는 수단을 평가한 다음 오프라인 점포나 인터넷 사이트를 방문하거나 검토할 카탈로그를 고른다. 점포에서는 더 많은 정보를 제공하며 고객들의 추가적인 욕구에 경각심을 갖도록 할 수 있다. 객관적이고 주관적인 기준 모두를 깊이 고려하여 제공되는 점포의 상품을 평가해본 후, 고객들은 구매를 하거나 더 많은 정보를 얻기 위해 다른 점포를 방문할 수도 있다. 결국 고객들은 구매를 하고, 그 상품을 사용한 다음, 고객 구매결정 과정의 구매 후 평가 단계 동안 그 상품이 그들의 욕구를 충족시키는지 여부를 결정한다.

〈보기 4-1〉은 점포를 선택하고 상품을 구매하는 구매결정 과정의 단계들을 간략하게 설명한다. 점포는 소비자들이 구매결정과정을 진행할 때 자신들의 상품과 서비스를 선택하도록 격려하면서 소비자들에게 영향력을 행사하려고 시도한다. 구매결정과정에서의 각 단계는 다음 부분에서 다루어진다.

우리는 구매결정과정의 각 단계에 대해 토의하면서, 고객들이 〈보기 4-1〉에 나오는 것과 동일한 순서로 그 단계를 진행하지 않을 수도 있다는 것을 고려해야 한다. 예를 들어, Eva가 위기의 주부들(Desperate Housewives) TV 쇼에 나오는 Gabrielle Solis(Eva Longoria)의 의상과 같은 정장을 찾기를 원했다고 가정해 보자. 이 경우에 그녀는 그 정장을 Banana Republic에서 살 수 있는지 알아보기 위해 SeenOn.com을 검색해 볼 것이다. 이렇게 그녀는 그녀가 원하는 상품이 무엇인지 결정하고, 그런 다음 그 특정한 소매업체를 선택한다. 아니면 그녀는 인터넷에서 치마를 사기로 결정하고,

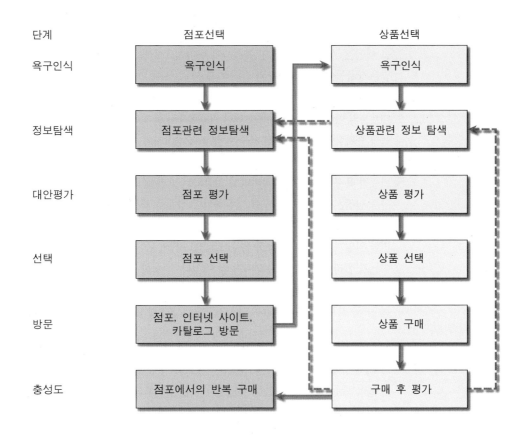

◐ 보기 4-1
고객의 구매과정

단계	점포선택	상품선택
욕구인식	욕구인식	욕구인식
정보탐색	점포관련 정보탐색	상품관련 정보 탐색
대안평가	점포 평가	상품 평가
선택	점포 선택	상품 선택
방문	점포, 인터넷 사이트, 카탈로그 방문	상품 구매
충성도	점포에서의 반복 구매	구매 후 평가

Shopping.com 과 같은 쇼핑 웹사이트로 가서 가장 저렴한 가격을 제시한 소매업체에서 의류를 구입할 수도 있다.

1. 욕구 인식

사람들은 자신들에게 충족되지 않은 욕구가 있다고 인식하면, 그것을 충족시키기 위한 구매 과정을 진행한다. 이러한 현상은 고객이 바라는 욕구 충족 수준이 현재의 욕구 충족 수준과 다를 때 발생한다. 예를 들어, Eva Carlyn은 파란색 정장을 입고 직장을 구하기 위한 면접 기회에 직면했을 때, 자신이 필요한 것이 있다는 것을 인식했다. 그녀는 좋은 인상을 줄 수 있는 정장 한 벌을 필요로 했고, 구식의 파란 정장은 이 필요를 만족시키지 못할 것이라는 것을 깨달았다. 머리손질이 필요하거나, 기말 시험 후 가라앉은 분위기를 살리고 싶다거나, Facebook 그룹 멤버가 적어놓은 댓글을 보면서도 새로운 필요의 인식은 생겨날 수 있다.

1) 욕구의 유형

쇼핑하거나 상품을 구매하려고 하는 고객의 욕구는 기능적(utilitarian)인 것과 쾌락적(hedonic)인 것으로 분류될 수 있다. 기능적인 욕구는 상품의 성능과 직접적으로 관련된다. 예를 들어, 헤어스타일에 대한 욕구를 가진 사람들은 헤어드라이어를 구매하려고 한다. 이러한 구매는 헤어스타일을 만드는 데에 헤어드라이어가 도와 줄 것이라는 기대에 의거한다.

심리적 욕구는 쇼핑이나 상품 구매 및 소유로부터 얻게 되는 개인적인 만족과 관련된다. 예를 들어, Tommy Hilfiger 셔츠는 Kmart의 니트 셔츠보다 더 나은 기능을 제공하지는 못하지만, 멋쟁이로서 인식 되고자 하는 고객의 욕구는 충족시킬 수 있다. 심리적 욕구를 충족시키기 위하여 상품을 구매했을 때에는, 상품의 기능적인 특성들이 상대적으로 덜 중요하게 고려된다.

많은 상품들이 기능적 욕구와 심리적 욕구를 동시에 만족시켜 준다. 고객들이 Tommy Hilfiger 셔츠를 구매하는 주된 이유는 자신의 이미지를 높일 수 있는 것이지만 옷이 기능적 욕구도 충족시켜주기 때문이다. 대부분의 미국인들은 의식주에 대한 기능적 욕구를 충분히 만족시킬 수 있는 소득을 얻고 있다. 가처분소득이 증가함에 따라 심리적 욕구는 점점 더 중요하게 되었다. 그러므로 점포의 환경이나 서비스, 그리고 패션 상품의 제공 등이 경제가 낙후된 다른 나라에 비해 미국의 고객들에게는 더 중요한 것이 되는 것이다. 기능적 욕구는 흔히 합리적이라고 언급되는 반면 심리적 욕구는 감정적이라고 한다. 이는 심리적인 욕구를 만족시키기 위해 점포를 방문하거나 상품을 사는 것이 비합리적이라는 의미를 내포하는 것이다. 그러나 사람들이 디자이너의 옷을 구매함으로써 자신을 더 성공한 사람으로 나타내는 것이 정말 불합리한 일일까? 고객이 기능적 욕구이든 심리적 욕구이든 그것을 만족시키고 개선시키는 일이라면 무엇이든지 합리적이라고 간주되어야 할 것이다. 성공한 소매업체들은 그들 고객들의 기능적 욕구와 심리적 욕구를 모두 충족시키려고 노력한다. 상품의 쇼핑과 구매를 통하여 충족될 수 있는 심리적 욕구에는 자극, 사회적 경험, 새로운 유행의 습득, 자기 보상, 지위와 권력 등이 있다.

자극 소매업체와 점포 개발업자들은 점포나 쇼핑몰에서 고객들에게 축제와 같은 자극적인 경험을 주기 위해서 배경 음악, 시각적인 진열, 향기, 전시 등을 활용한다. 이러한 소매 환경은 고객들을 그 점포나 몰을 방문하게 하고, 일상 생활에서의 휴식을 꾀하게 한다. 카탈로그나 인터넷 소매업체들 또한 흥미 있는 그래픽과 사진으로 고객들을 자극시키려고 한다.

사회적 경험 시장(marketplace)이란 전통적으로 사회적 활동의 중심지이고, 사람들이 친구들을 만나 새로운 관계를 발전시킬 수 있는 만남의 장소이다. 많은 지역의 쇼핑몰들은 사회적 만남의 장소로서 특히 10대들을 위한 열린 공간으로서 바뀌고 있다. 몰 개발자들은 먹거리 장터에서 앉아 이야기할 수 있는 공간을 제공함으로써 사람들의 사회적 경험의 욕구를 충족시킨다. Barnes & Noble 서점은 고객들이 Latte 커피를 마시면서 소설에 대해 토의할 수 있는 카페를 제공하고 있다. 어떤 인터넷 소매업체들은 그들의 사이트를 방문하는 사람들에게 대화방을 제공함으로써 비슷한 사회적 경험을 제공해준다. 예를 들어, Amazon.com 인터넷 서점 방문자들은 다른 방문자들과 함께 책에 관한 의견과 정보를 교환한다.

새로운 유행의 습득 사람들은 점포를 방문함으로써 새로운 유행과 아이디어에 대해 배운다. 이러한 방문은 고객들에게 그들이 접하고 있는 주변 환경에 대해 알려고 하는 욕구를 충족시킨다. 예를 들어, 레코드 점포는 새로운 음악 동향과 현재 뜨고 있는 가수들을 쇼핑객들에게 알려주기 위한 진열방식을 구사하기도 한다.

지위와 영향력 어떤 고객들은 쇼핑을 통해 지위와 영향력에 대한 욕구를 충족시키려 한다. 일부 고객들에게 점포는 자신들이 주목을 받고 존경을 받을 수 있는 몇 안 되는 장소 중 하나가 되기도 한다. 뉴욕 Madison 가의 Ralph Lauren 점포는 고귀한 품격의 분위기와 깨끗한 저택의 멋진 분위기를 연출함으로써 이러한 욕구를 충족시킨다. 예를 들어, 점포에는 값비싼 골동품들이 갖추어져 있다. 저녁에는 칵테일과 맛있는 안주가 고객들에게 제공된다.

자기 보상 고객들은 무엇인가를 달성했거나 혹은 좌절감을 떨쳐버리고 싶을 때에 그들 스스로에게 보상

외모를 가꾸는 것은 기능적 욕구인가, 쾌락적 욕구인가?

하기 위하여 상품을 구매한다. 향수와 화장품은 그런 대표적인 상품들이다. 소매업체는 고객들의 그러한 욕구를 개인적인 차원에서 충족시켜 주려고 노력하여야 한다.

모험 세일품목을 찾거나, 저가의 상품을 발견하고, 흥정을 하는 재미로 쇼핑을 하기도 한다. 이러한 경우 고객들은 "승리"를 위한 게임을 즐기듯이 쇼핑을 한다. 저가 상품을 취급하는 Marshalls, 창고형 클럽인 Costco, 할인전문점 Target, 그리고 패스트패션 소매업체인 Zara와 같은 업체들은, 지속적으로 상품구색을 변화시켜 고객들이 언제 보물 같은 상품을 찾게 될지 모르게 한다.

2) 욕구간 갈등

대부분의 고객들은 복합적인 욕구를 지닌다. 더욱이 이 욕구들은 종종 갈등을 일으킨다. 예컨대, Eva는 DKNY의 옷을 입고 싶어한다. 그 옷은 자신의 이미지를 높여 주고, 대학 친구들의 동경을 받게 할 것이다. 그러나 이 욕구는 구입 예산은 물론 직업을 구하고 있는 현재의 욕구와 갈등을 일으킬 수 있다. 고용주들은 만일 그녀가 신입사원이 되기 위한 면접 장소에 값비싼 옷을 입고 나타난다면, 그녀가 책임감이 없을 것이라고 느낄 지도 모른다. 일반적으로 고객들은 갈등상태에 있는 욕구들 사이에서 갈등을 서로 상쇄시킨다. 고객들이 어떻게 욕구간의 갈등을 상쇄시키는지에 대해서는 이 장의 뒷부분에서 자세히 설명될 것이다.

3) 욕구 인식의 자극

앞에서 언급했듯이, 고객들은 욕구를 인식한 후에 점포를 방문하고 상품을 산다. 때때로 이들 욕구는 개인의 일상 생활에 의해 자극된다. 예를 들어, Eva가 옷을 사기 위해 백화점을 방문한 것은 임박한 면접 시험과 기존의 파란 옷에 대한 욕구가 자극이 된 것이다. 또한 광고는 그녀에게 Macy's에 가서 옷을 찾도록 자극 시켰다.

소매업체들은 고객들의 문제 인식을 자극하고, 점포를 방문하여 상품을 사도록 하기 위하여 다양한 접근 방법을 시도한다. 광고, 직접우편, 상품홍보, 특별 이벤트 등은 상품의 구입 가능성이나 특별한 가격 판매를 고객들에게 알릴 수 있다. 점포 내에서는 시각적인 상

맨하튼에 있는 Saks Fifth Avenue는 고객들의 욕구를 자극시키기 위해 310 피트의 쇼윈도에 새로운 상품을 진열한다. 매일 점심시간이면 약 3,000명의 사람들이 이 쇼윈도를 지나간다. Saks Fifth Avenue는 연간 1200개의 쇼윈도를 구성하고 매주 쇼윈도를 바꾼다.

품 전시와 판매원들을 통하여 소비자의 욕구 인식을 자극할 수 있다. 예를 들어, 판매원은 Eva에게 새 옷의 액세서리에 대한 욕구를 자극하기 위해 그녀에게 스카프를 보여 준 것이다.

고객의 욕구를 자극하고 고객을 끌어들이기 위해서는 쇼윈도우 전시 방법이 여전히 가장 효과적인 방법 중의 하나라고 할 수 있다. 뉴욕의 Manhattan에 있는 Saks Fifth Avenue 백화점은 49번가와 50번가 그리고, 유명한 5번가를 따라 310피트에 이르는 전면을 가지고 있다. 매일 점심시간에 약 3,000명의 사람들이 31개의 쇼윈도를 보며 걷는다. 매주 바뀌고 있는 5번가 쇼윈도와 더불어, 매년 1200개의 새로운 쇼윈도를 전시한다. 이러한 전시 효과는 판매에 커다란 영향을 줄 수 있다. 예를 들어, Donna Karan 옷이 쇼윈도에 전시되었을 때, 이 옷의 판매액은 다른 경쟁적인 디자이너 라인들 보다 무려 5배 이상이나 되었다.

2. 정보 탐색

고객들이 욕구를 인식하게 되면, 그들의 욕구를 충족시키기 위해 소매업체와 상품에 관한 정보를 수집하게 된다. Eva의 정보 탐색은 Macy's의 점원이 보여주는 세 가지 품목에 한정되어 있었다. 그러나 그녀는 그 정도 수준의 정보에 만족하였다. 왜냐하면, 그녀와 친구 Britt는 Macy's가 제안한 상품과 가격에 믿음을 가지고 있었으며, 그녀에게 제시된 품목들이 마음에 들었기 때문이다. 만약 더 포괄적인 구매 과정을 시도했더라면, 더 많은 정보의 수집, 몇 개 소매업체의 추가 방문, 그리고 구매하기 전 오랜 시간동안의 심사 숙고 등을 거쳤을 것이다.

1) 탐색 정보의 양

고객들은 유명인사들이 입은 옷과 이를 구입할 수 있는 곳을 seen on과 같은 인터넷 사이트를 통해 찾는다.

대부분 정보 탐색의 양은 고객이 느끼는 가치 즉 탐색으로부터 얻을 수 있는 것과 탐색하는데 소비되는 비용과의 차이에 달려있다. 또한 탐색의 가치는 그것이 고객의 구매 결정을 얼마만큼 개선시킬 수 있느냐에 달려 있다. 과연 탐색이 소비자가 저가격의 상품을 찾거나 보다 월등한 성과를 줄 수 있는 상품을 찾는 데 도움을 줄 것인가? 탐색의 비용에는 시간과 돈이 포함된다. 점포에서 점포로의 이동은 기름값과 주차비가 필요하다. 그러나 주요한 비용은 소비자의 시간이다.

기술의 발전은 정보 탐색과 관련된 비용을 극적으로 줄여주었다. 예를 들어, NearbyNow.com은 고객의 휴대폰에 문자로 인근의 몰에서 어떠한 촉진 행사가 있는지 알려준다. 이를 통해서 고객은 정보탐색의 시간을 절약하고 소매업체는 자신이 촉진하고자 하는 상품을 고객에게 직접 알릴 수 있게 된다. 클릭 몇 번으로 전 세계에서 거래되는 방대한 상품정보를 확인할 수 있다. Retailing View 4.1에서, 자동차 구매시 웹에서의 유용한 정보가 고객 구매 과정에 미치는 영향을 확인할 수 있다. 정보 탐색의 양에 영향을 미치는 요인들로는

자동차 구매 과정을 바꾼 인터넷

10년 전에는 사람들이 자동차를 사려면 몇몇 딜러를 방문하고 여러 모델을 살펴 본 후, 시험운전 해 보고 가격을 절충하고 융자를 받았다. 많은 사람들에게 자동차를 구매하는 이런 전통적인 방법은 치과의사를 방문하는 것만큼 이나 즐거운 일이었다. 그러나 이제 인터넷이 이런 경험뿐 아니라 자동차 판매의 본질마저도 바꾸고 있다.

인터넷은 소비자들이 자동차를 구매하는 데 있어 더 많이 영향을 미치게 되었다. 소비자는 Autobytel.com이나 Cars.com 또는 Edmunds.com 등과 같은 사이트에 가서 자동차 별 옵션에 대한 딜러의 가격을 포함한 정보의 바다에 접속한 후, 가격, 특징, 출력, 연비, 크기, 옵션 등을 비교 검색 차트에서 비교하고, 그 모델들에 대한 사용 후기를 읽어볼 수 있게 되었다. 그리고 심지어는 360° 내부사진으로 운전석에 앉으면 어떻게 보일지에 대한 가상 체험을 할 수 있게 되었다. 사이트와 자동차 딜러 사이의 연결을 통해 소비자는 자신의 위치에서 딜러의 가격을 요 구할 수 있다. 소비자가 신용구매를 원할 경우 할부금이 어떻게 될지 손쉽게 계산 할 수도 있다. 이런 사이트들은 자동차 구매자가 자동차를 구매하는데 얼마나 소비할 수 있는지, 자신들이 새 차를 구매해야 할지 아니면 중고차를 구매해야 할지, 또는 리스를 할지 아니면 사야 할지 생각해 볼 수 있도록 계산기를 제공한다. 이들은 소비자가 대 리점에 가서 세일즈맨을 만나서 받을 수 있는 만큼 또는 그 이상의 정보를 제공한다.

Carfax는 한걸음 더 나아간다. 이 사이트는 소비자에게 자동차의 이력을 제공하는데 소비자는 VIN (자동차 식별 번 호)을 입력하기만 하면 된다. 이 이력은 사고, 이전 소유주, 주행기록계의 조작여부, 자동차에 대하여 보여줄 필요가 있는 사건 등을 설명한다. Carfax와 같은 서비스는 소비자가 중고차를 보다 신뢰를 갖고 구매할 수 있게 해준다.

출처: www.cars.com (accessed July 9, 2007); www.autobytel.com (accessed July 9, 2007); www.edmunds.com (accesseed July 9, 2007); www.carfax.com (accessed July 9, 2007); "Buy Better on the Web," *Consumer Reports* 72, no. 4(2007), pp. 21-28; Andreas Herrmann, Lan Xia, Kent B. Monroe, and Frank Huber, "The Influence of Price Fairness on Customer Satisfaction: An Empirical Test in the Context of Automobile Purchase," *Journal of Product and Brand Management* 16, no. 1 (2007), pp.48-49.

(1) 현재 구매되어지는 상품의 성향과 용도, (2) 소비자 개개인의 성격, (3) 거래가 이루어지는 시장과 구매 상황 등을 들 수 있다. 어떤 사람들은 다른 사람들보다 정보를 더 많이 탐색한다. 예를 들면, 쇼핑 을 좋아하는 고객들은 그렇지 않은 고객들보다 더 많이 정보를 탐색한다. 반면 자기 자만에 빠져 있거 나 구매나 사용 경험이 있는 소비자들은 정보를 덜 탐색하는 경향이 있다.

정보 탐색에 영향을 미치는 시장 및 상황 요인으로는 (1) 경쟁 브랜드와 점포 수, (2) 구매해야 하는 시간상의 압박 등을 들 수 있다. 경쟁이 치열할수록 그리고 고려되어야 할 대안이 많을수록, 탐색해야 할 정보의 양은 증가할 것이다. 또한 구매해야 하는 시간상의 압박이 클수록 정보의 양은 감소할 것이다.

2) 정보의 원천

소비자는 두 가지 정보의 원천 즉 내부적 원천과 외부적 원천을 지닌다. 내부적 원천은 브랜드, 이미지, 다른 점포에서의 경험 등과 같이 소비자의 기억 속에 있는 정보들이다. 예를 들면, Eva가 Macy's를 방문하기로 한 선택은 내부적 원천(광고에 대한 기억)에 의한 것이다. 외부적 원천은 광고나 다른 사람들에 의해 제공되는 정보이다. 소비자들은 인쇄물이나 전자 매체를 통하여 수 많은 광고에 접하고, 매일 많은 점포의 표시물을 읽는다. 또한 친구나 가족들로부터 점포나 상품에 대한 정보를 얻기도 한다. 외부적 정보의 원천은 특히 패션 상품의 구입시 중요하다.

내부적 정보의 주요한 원천은 소비자의 과거 구매 경험이다. 비록 소비자들이 노출된 정보의 일부분만을 기억하더라도, 나중에 어떤 점포에 갈지, 무엇을 살지 등을 결정할 때, 하나의 확장된 내부 정보 은행이 되는 것이다.

만약 그들의 내부적 정보가 부적절하다고 느끼면, 외부적 정보 원천을 이용할 것이다. 예컨대, Eva가 구매 결정을 위해 친구에게 어떻게 협조를 구했는지 보면 알 수 있다. 정보의 외부 원천은 패션 상품을 고를 때에 특히 중요한 역할을 한다.

3) 정보 탐색의 감소

구매 과정의 단계에서 소매업체의 목적은 점포에 대한 소비자의 정보 탐색을 제한하는 것이다. 소매믹스의 각 요소들은 이 목적을 수행하기 위해 사용되어질 수 있다.

첫째로, 소매상은 고객들이 점포 내에서 그들의 욕구를 충족시킬 수 있는 상품을 찾을 수 있도록 좋은 상품들을 제공해야 한다. 다양한 상품 부류나 상품 구색(브랜드, 색깔, 사이즈 등의 다양한 구색)의 제공은 고객의 구매 기회를 증대시킨다. 예컨대, Circuit City는 소비자들에게 선택의 폭을 넓혀주기 위해 보통 점포에서 구할 수 없는 맞춤형(자기 취향대로 디자인하는) 컴퓨터, 전자제품들을 구입할 수 있도록 점포 내에 키오스크를 설치하고 있다.

영국 Marks&Spencer의 이 스타킹맨은 휴가기간 프로모션으로 여자친구와 부인에게 선물할 란제리를 사러 온 남성들을 돕는 서비스를 제공했다.

소매업체에 의해 제공되는 서비스도 정보 탐색을 제한할 수 있다. 신용과 배달 서비스의 제공은 가구와 같은 규모가 큰 내구재의 구매를 원하는 소비자에게는 중요할 수 있다. 그리고 판매원들은 소비자가 다른 점포를 방문하여 추가적인 정보가 필요하지 않도록 충분한 정보를 소비자에게 제공할 수 있다. 예를 들어, 스포츠 웨어나 스포츠 장비를 우편 판매하는 업체인 L.L. Bean은 직원들이 첫 번째 고객과 만나기 전에 그들을 40시간 정도 훈련시킨다. 이 덕분에, 미국 전역에 있는 사람들은 알래스카에 여행갈 때 무엇이 필요한지, 스키 여행을 갈 때 무엇을 입어야 하는지 등에 대한 상담을 하기 위해 L.L. Bean에 전화를 하는 것이다. 만약 직원들이 정보를 제공하지 못하면, 사내의 전문가들에게서 정보를 얻게 된다. 스포츠 웨어나 스포츠 용품에 대한 전문 서비스를 제공하는 L.L. Bean의 명성 덕택에, 소비자들은 관련 상품에 대한 구매 결정을 할 때 필요한 모든 정보는 L.L. Bean에서 수집할 수 있다고 느끼고 있다.

매일 저가 전략(Everyday Low Pricing: EDLP)은 고객들이 다른 점포에서 더 낮은 가격이 있는지를 찾지 못하게 하고 자신의 점포에서 구매하도록 하는 방법이다. Wal-Mart나 Circuit City가 매일 저가 전략을 폄으로써, 소비자들은 나중에도 이보다 더 싸게 상품을 구입할 수 없을 거라고 믿고 있다. 매일 저가 전략을 펴는 점포들은 만약 경쟁 점포에서 같은 상품을 더 낮은 가격으로 제공하면 그 만큼의 돈을 환불해준다. 제 15 장에서 여러 가지 가격 전략의 장·단점에 대해 설명할 것이다.

3. 대안의 평가: 다속성 모델

고객들은 상품이나 소매업체의 선택 대안들에 대한 정보를 수집하고, 그 대안들을 평가하여, 그들의 욕구를 가장 잘 충족시키는 대안을 선택하게 된다. 다속성 모델(multiattribute attitude model)은 고객의 평가 과정을 살펴보기 위한 유용한 방법이다. 이 모델은 소매 전략의 개발을 위한 체계를 제공하기 때문에 보다 자세히 검토해 볼 필요가 있다.

다속성 모델은 고객들이 점포나 상품을 속성이나 성향들의 집합체로 본다는 사실에 근거한다. 이 모델은 소비자가 상품이나 소매업체를 평가할 때, (1) 몇몇 속성들에 대한 평가와 (2) 소비자에게 있어 그들 속성의 중요성을 고려하여 평가하며, 이를 근거로 소비자의 평가 결과를 예측해 보고자 하는 것이다. 소매업체의 바이어들도 구입 상품과 벤더의 선정에 있어 이 다속성 모델을 이용할 수 있다.

1) 성과(편익)에 대한 신념(평가)

다속성 모델을 설명하기 위해서, 일상생활용품을 필요로 하는 젊은 미혼의 직장 여성이 어떻게 점포를 선택하는지를 생각해 보자. 그녀는 세 가지 소매업체를 고려하고 있다. 교외의 슈퍼센터, 지역 슈퍼마켓, 그리고 Peapod(www.peapod.com)와 같은 인터넷 식품 소매업체가 그것이다. 이들 세 업체에 대한 비교는 〈보기 4-2〉에 나타나 있다.

소비자는 〈보기 4-2〉의 A에 나오는 각 식품 점포의 '객관적인' 정보를 검토하여, 점포가 제공하는 편익에 대한 인상을 지니게 된다. 〈보기 4-2〉의 B는 이러한 편익들에 대한 그녀의 신뢰도를 보여준다. 어떤 편익들은 몇 가지 객관적인 특성을 지니고 있음을 알아야 한다. 예를 들어, 편리함의 편익은 이동 시간, 계산하는데 걸리는 시간, 상품을 고를 때의 간편함 등을 포함한다. 식품의 가격과 배달 비용은 점포에서 쇼핑할 때의 경제성에 대한 소비자의 신념에 영향을 미친다.

각 점포가 제공하는 편익의 정도는 10점 척도로 나타내어진다. 10은 편익을 제공하는 점포의 수행 능력이 좋다는 것을, 1은 부족하다는 것을 의미한다. 여기서, 어떠한 점포도 모든 편익 부문에서 우위를 차지하지는 못하고 있다. 슈퍼센터는 경제성과 상품구색 면에서는 높은 점수를 얻었지만 편리함에서는 낮은 점수를 얻었다. 인터넷 식품점은 최고의 편리함을 제공하지만 가격과 상품구색에 있어서는 약한 면을 보였다.

2) 중요도(중요성 가중치)

앞의 예에 나온 젊은 여성은 각 점포에서 제공되는 편익 중 자신이 중요시하는 것에 기초하여 종합적

A. 그로서리 판매점에 관한 정보			
점포특성	슈퍼센터	슈퍼마켓	인터넷 그로서리
가격	20% 쌈	average	10% 비쌈
배달비($)	0	0	10
쇼핑시간 (분)	30	15	0
결재시간 (분)	10	5	2
상품, 브랜드, 사이즈의 수(개)	40,000	30,000	4,000
신선한 농산물	Yes	Yes	Yes
신선한 수산물	Yes	Yes	No
상품 탐색 용이성	어려움	쉬움	쉬움
영양정보 수집용이성	어려움	어려움	쉬움
B. 점포성과에 대한 신념(평가)			
성과(편익)	슈퍼센터	슈퍼마켓	인터넷 그로서리
경제성	10	8	6
편의성	3	5	10
구색	9	7	5
상품정보 가용성	4	4	8

*10 = Excellent; 1 = Poor

인 평가를 내린다. 편익에 대한 중요성도 10점 척도로 나타낼 수 있다. 10은 매우 중요함을, 1은 별로 중요하지 않음을 나타낸다. 이 비율을 사용하여 젊은 미혼 여성과, 4명의 아이를 가진 부모가 평가한 점포 편익에 대한 중요성 점수와, 앞서 논의한 성과에 대한 믿음의 정도 즉 신념을 〈보기 4-3〉에서 보여주고 있다. 여기서, 미혼 여성은 경제성과 상품 구색 보다는 편리함과 상품 정보의 유용성에 더 가치를 둔다는 것을 유의하여야 한다. 그러나 아이를 가진 부모는 경제성에 더 많은 중요성을 두며, 상품 구색은 약간 중요하며, 편리함과 상품의 정보는 그리 중요하게 생각하지 않는다.

고객들은 쇼핑하러 갈 때 독특한 자기 욕구의 유형을 지닌다. 점포 편익의 중요성은 각각의 소비자에 따라 다르며, 또한 각각의 쇼핑 코스에 따라서도 다를 수 있다. 예를 들면, 아이가 있는 부모는 음식비용에 관한 지출이 많기 때문에 경제성을 강조한다. 부모가 매주 쇼핑하는 동안 보모를 두게 되면, 편리

특성	중요도		성과신념		
	젊은 미혼 여성	내자녀를 둔 부모	슈퍼 센터	슈퍼 마켓	인터넷 그로서리
경제성	4	10	10	8	6
편의성	10	4	3	5	10
구색	5	8	9	7	5
제품정보 가용성	9	2	4	4	8
전반적평가					
젊은 미혼여성			151	153	221
네자녀를 둔 부모			192	164	156

*10 = very important, 1 = very unimportant

함은 그다지 중요하지 않게 된다. 반면, 미혼 여성은 식품의 영양 면과 지방 함유량에 매우 신경 쓰기 때문에 상품 정보의 유용성이 매우 중요하게 되는 것이다.

〈보기 4-3〉에서 미혼 여성과 아이 있는 부모는 각 점포의 수행성과에 대하여 동일한 신념을 가지지만, 점포가 제공하는 편익에 대한 중요성에 있어서는 서로 다르다. 일반적으로, 소비자들은 점포의 수행 성과뿐만 아니라 편익의 중요성에 대해서도 그 신념의 정도가 다를 수 있다.

3) 점포평가

조사결과를 보면, 각 대안(여기서는, 점포들)에 대한 소비자의 종합적인 평가는 수행성과에 대한 신념과 편익의 중요도를 곱한 값들의 합과 밀접한 관계가 있음을 보여준다. 그래서 우리는 젊은 미혼여성의 슈퍼센터에 대한 종합적 평가나 점수를 다음과 같이 계산할 수 있다:

$$4 \times 10 = 40$$
$$10 \times 3 = 30$$
$$5 \times 9 = 45$$
$$9 \times 4 = \frac{36}{151}$$

〈보기 4-3〉은 미혼여성과 부모의 중요성 비중을 사용하면서 세 개의 (점포)대안에 대한 종합적인 평가를 보여준다. 미혼여성인 경우, 인터넷 식품점이 최고 점수인 221점으로 가장 호의적인 평가이다. 그녀는 대부분의 식료품 쇼핑을 위해 인터넷 식품점을 선택할 수도 있다. 반면에 부모의 경우는 대형 쇼핑센터에 최고의 점수인 192점을 주는데, 아마도 그들은 이곳에서 가족이 일주일 동안 먹을 식료품을 구매할 것이다.

고객들이 실제로 점포를 선택할 때, 실제로 점포 특징을 열거하고, 이러한 특징에 대한 소매업체의 성과를 평가하고, 각 특징의 중요성을 판단하고, 각 점포의 종합 점수 계산하고, 그런 다음 최고 점수를 가진 소매업체를 단골로 삼는 것과 같은 이런 과정을 거치지는 않는다.

다속성 태도 모델(multi-attribute attitude

다속성 태도 모델에 기초하여 볼 때 왼쪽의 젊은 미혼 여성과 오른쪽의 아버지와 자녀들은 어디에서 상품을 구입하겠는가? 슈퍼센터, 슈퍼마켓 혹은 인터넷 식품점?

성과(편익)	중요도	성과에 대한 신념		
		SUIT A	SUIT B	SUIT C
경제성	6	6	5	8
품질	6	10	7	5
보수적인 느낌	8	6	6	10
의상의 보완성	8	7	6	9
패션	4	?	?	5
잘 맞음	10	7	7	8
전반적 평가				330

model)은 고객들의 실제 구매결정과정을 반영하지는 않지만, 고객들의 대안에 대한 평가와 선택을 예측하는데 활용된다. 게다가, 이 모델은 점포의 제공물(점포 믹스)을 디자인하기 위한 유용한 정보를 제공한다. 예를 들어, 만약 슈퍼마켓이 상품 구색면에서 7부터 10정도로 점수를 올릴 수 있다면(제과점과 즉석 음식의 다양한 선택을 추가하여), 아이가 있는 30~40대 이상의 고객들은 대형 쇼핑센터보다 슈퍼마켓에서 더 자주 구매할 수도 있다. 후반부에서 우리는 어떻게 소매업체들이 자신들의 평가를 향상시키기 위해 다속성 태도 모델을 사용할 수 있는지에 대해 설명할 것이다.

〈보기 4-3〉에서, 다속성 태도 모델의 적용은 소매업체를 평가하고 선택하는 고객의 측면을 다루고 있다. 동일한 모델을 활용하여, 고객이 어떻게 어떤 경로 대안(오프라인 점포, 인터넷 또는 카탈로그)을 평가하거나 선택하게 되는지 또는 어떤 상품을 평가하고 선택하게 되는지를 설명할 수 있다.

예를 들어, 〈보기 4-4〉은 판매원이 보여준 세 벌의 정장에 대한 Eva의 신념(belief)과 중요성 비중(weight)을 보여준다. Eva는 한 점포에서 단지 세 벌의 정장을 평가했고 "B" 정장을 구매했다. "A"와 "C"가 맞는지 평가해 보려고 하지도 않았지만 그것이 그녀의 처음의 욕구 대부분을 충족시켰기 때문이다. 그것의 종합적인 평가는 최소한의 경계만 평가했다(이것은 다속성 태도 모델면에서 330점이 될 수 있다).

고객들은 종종 Eva와 같은 선택을 한다. 그들은 다속성 태도 모델에서 제안하는 것처럼 모든 대안을 철저히 평가하지 않는다. 대신 그들은 그저 만족스럽거나 한 가지 특정 속성에 대해 매우 좋은 상품을 구매한다. 일반적으로, 고객들은 최고의 상품을 찾기 위해 필요한 시간을 허비하고 싶어 하지 않는다. 그들의 필요를 만족시키는 상품을 일단 찾고 나면 그들은 더 이상 추가적인 조사를 하지 않는다.

4) 소매업체에 대한 시사점

고객들이 더 자주 구매하도록 자극하기 위해 소매업체는 어떻게 다속성 태도 모델을 활용할 수 있을까? 첫째, 이 모델은 고객들이 어떤 소매업체를 단골로 삼고 어떤 경로를 주로 이용하는 가에 대한 정보가 무엇인지를 알려준다. 둘째, 이러한 정보는 소매업체가 고객에게 영향을 줄 수 있게 수행하는 전술을 제안한다. 그러므로 고객들을 유인하기 위한 프로그램을 개발하기 위해, 소매업체는 다음의 정보 수집을 위한 시장 조사를 수행하여야 한다.

1. 고객들이 고려하는 대안인 소매업체들
2. 소매업체를 평가하고 선택할 때 고객들이 고려하는 특징 또는 편익
3. 특징이나 편익에 있어 각 소매업체 성과에 대한 고객 평가(belief)
4. 특징이나 편익에 대한 고객들의 중요성 비중(weight)

이러한 정보를 가지고 소매업체는 고객이 자신의 점포 또는 인터넷 사이트에 단골이 되도록 하기 위해 다양한 접근법을 사용할 수 있다.

5) 고려 대안군(Consideration Set)에 포함되기

소매업체는 자신이 고객의 고려 대안군 또는 고객이 선택을 할 때 평가하는 선택 대안 집합(set of alternatives)에 포함되는 것을 확실히 할 필요가 있다. 고려 대안군에 포함되기 위해 판매자들은 고객들이 쇼핑하러 가려고 할 때 그들을 기억할 가능성을 높이는 프로그램을 개발한다. 소매업체는 인터넷, 광고 및 위치 전략을 통해 고객의 마음속에 최상위 수준의 인식(top-of-the-mind awareness)에 영향을 미친다. 그들은 Google 또는 Yahoo와 같은 검색 엔진에 자신을 노출하며 검색 항목과 관련된 페이지에 나오는 광고를 배치하는 방법을 활용한다.

소매업체의 이름을 강조하는 광고 지출은 초기의 인지도를 높일 수 있다. Starbucks와 같은 소매업체가 동일한 지역에 여러 개가 있을 때, 고객들은 그 영역을 운전해서 지나가면서 그 점포의 이름에 더 자주 노출되게 된다.

소비자들의 고려 대안군에 있다는 것을 확신한 후에, 소매업체는 다음 네 가지 방법을 사용하여 고객들이 자신의 점포를 선택할 가능성을 높일 수 있다:

1. 그 점포의 성과 평가의 강화
2. 고려 대안군에서 경쟁 점포에 대한 성과 평가의 감소
3. 고객들의 중요성 비중 증대
4. 새로운 편익의 추가

6) 성과 평가를 변화시키기

첫 번째 접근법은 특정한 특징에 있어서 소매업체의 성과 평가 점수를 높임으로 해당 소매업체의 실적에 대한 고객들의 신념(belief)을 변경하는 것을 의미한다. 예를 들어, 〈보기 4-3〉의 슈퍼마켓은 네 가지 편익 모두에 대한 점수를 향상시킴으로 자신의 종합 점수를 높이기를 원할 것이다. 슈퍼마켓은 가격을 인하함으로써 경제적인 면에서 점수를 향상시킬 수 있으며, 다양한 고급 음식과 외국 민속 음식을 제공함으로 상품 구색의 점수를 향상시킬 수 있다. Retailing View 4.2는 어떻게 Lowe's가 자신의 점포들에 대한 여성들의 신념을 변경시켰는지를 보여주고 있다.

모든 편익에 대한 실적을 향상시키는 데는 비용이 많이 들 수 있기 때문에, 소매업체는 목표 시장에서 고객들에게 중요하다고 여겨지는 편익들에 자신의 점수를 향상시키는데 집중을 해야 한다. 예를 들어, Best Buy는 고객들이 자신의 컴퓨터를 수리할 필요가 있을 때 오랜 시간 컴퓨터가 없는 것을 원하지 않는다는 것을 알았다. 그래서 수리 시간을 줄이며, PC를 하루에서 사흘 정도의 시간 안에 되돌려줄 수 있게 설계된 165,000 평방 피트의 "Geek Squad City" 창고를 마련하였다. 이 시설의 넓은 수리실 안에는, Geek Squad가 고용한 수백 명의 컴퓨터 기술자가 하루에 2,000대가 넘는 노트북을 수리하는 책상 위에 PC 부품 및 정밀 공구를 펼쳐 놓고 있다. Best Buy는 이 창고를 건립하기 위해 많은 투자를 해야 한다는 것을 알고 있지만, 고객들에게 매우 중요한 서비스 편익에 있어 큰 점수를 획득할 수 있기에 그만한 가치가 있다고 확신한다.

중요한 편익에 대한 성과 평가(신념)에 있어서의 변화는 고객의 종합 평가에서 큰 변화를 의미한다. 〈보기 4-3〉의 슈퍼마켓은 젊은 사람들을 유인하기 위하여 편리성 점수를 높이기 위한 시도를 해야 한

Lowe's에서 스스로 해보세요

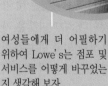

주택개선 소매업체가 대부분 남성들을 위한 곳이라고 생각할 수도 있다. 남성들은 주말에 이런 점포에 가서 새로운 연장이 있나 확인하고 스스로 작업하기 위한 DIY 재료를 구매한다. 그러나 실제로는 주택개선 소매업체에서 판매하는 물품의 50% 이상을 여성이 구매한다. 여성은 주택개선 프로젝트에서 어떤 재료를 사용할지 결정할 뿐 아니라 많은 일을 자신 스스로 한다.

Lowe's는 여성 고객의 중요성을 일찍이 인식했다. 점포 조명을 밝게 재조정하고, 창고 같은 분위기를 없애고, 상품 부분을 여성 고객 위주로 개선했다. 복도 방식 배열을 넓게 구성하여, 특히 여성들이 싫어하는 불쾌한 접촉(이를 butt brush라 함)이 없도록 하였다.

덜 위협적인 분위기로 매장을 만들기 위해서, 선반을 짧게 만들었고 복도 표시는 매장 지도와 함께 고객들이 상품을 찾기 쉽도록 식료품점처럼 만들었다. 그러나 Lowe's는 여성들이 매장에 대하여 가지고 있는 신뢰를 남성 고객의 신뢰와도 균형을 맞춰야 했다. 만일 Lowe's가 너무 여성스러우면 남성 고객들이 기피하게 될 수도 있기 때문이다. 또한 여성들 역시 너무 여성스러운 주택개선 소매업체에 대해 여성고객 역시 부정적 관점을 가지고 있다는 사실을 Lowe's는 깨달았다.

그래서 Lowe's는 여성을 위한 도구를 들고 다니는 것보다는 도구의 사용 방법을 여성 고객에게 가르치기로 결정하였다. Lowe's의 웹사이트(www.lowes.com/howto)에서는 소비자들이 자신의 DIY 프로젝트를 성공적으로 완성할 수 있도록 온라인 클리닉과 비디오를 제공한다.

여성들에게 더 어필하기 위하여 Lowe's는 점포 및 서비스를 어떻게 바꾸었는지 생각해 보자.

출처: John Birger, "Second Mover Advantage," *Fortune*, April 20, 2006, pp. 10-11; Patricia Anstett, "Hammer Time: Women Who Want To Tackle Repairs Around The House Can Get Help From Home Improvement Stores," *Knight Ridder Tribune Business News*, November 4, 2006 (accessed December 24, 2007).

다. 편리성 점수가 5에서 8로 올라간다면, 젊은이들과 미혼 여성들의 슈퍼마켓에 대한 종합 평가는 153에서 183으로 증가한다. 대형쇼핑센터의 평가보다 높은 점수를 받게 될 것이다. 경제성과 같은 상대적으로 덜 중요한 편익에 대한 점수가 8에서 10으로 증가하는 것은 그 점포의 종합 평가에는 덜 영향을 미치게 된다는 것을 유념하여야 한다. 슈퍼마켓은 편리성에 대한 자신의 점수를 향상시키려고 노력할 수도 있는데, 계산대의 수를 늘리고 계산 시간을 줄이기 위해 스캐닝을 사용하거나 점포 내 정보를 더 제공하여 고객이 상품위치를 더 쉽게 찾을 수 있도록 함으로써 점수 향상을 추구하는 것이다.

어떤 연구는, 더 나아가 독일, 프랑스 및 영국의 소비자들은 단골로 삼을 소매업체를 선정할 때 세 가지의 중요한 특성-가격/가치, 서비스/질 및 관계-에서 중요도 비중에서 차이가 있음을 시사한다. 독일 소비자들은 가격/가치에 더 많은 비중을 두는 반면, 프랑스 소비자들에게는 고객 서비스 및 상품의 질이 더 중요하며, 영국 소비자들에게는 고객카드 및 고객 우대 프로그램과 같은 친근감을 주는 편익을 더 중요하게 여기는 경향이 있다. 그러므로 일반적으로 가격과 상품 가치를 강조하는 소매업체들은 프랑스 또는 영국보다는 독일에서 더 성공적일 것이다.

다른 접근법은 경쟁 소매업체의 성과 점수를 낮추는 것이다. 이 접근법은 불법적일 수 있으며 대개는 그리 효과적이지 않다. 왜냐하면 욕을 하는 경쟁자에 대한 험담이 부작용을 일으키기 쉬우며, 고객 역시 회사가 하는 경쟁자들에 대한 부정적인 언급을 믿지 않기 때문이다.

7) 중요도의 변화

고객들이 느끼는 편익에 대한 가중치 중요도를 변화시키는 것도 소매업체의 선택에 영향을 미칠 수 있는 또 다른 방법이다. 소매업체는 고객들이 우월하다고 여기는 편익의 중요성을 증대시키고, 열등하다고 여기는 편익의 중요성은 감소시키고자 한다. 예를 들어, 〈보기 4-3〉에서 슈퍼마켓은 현재 슈퍼센터에서 쇼핑하는 가족들을 끌어들이기 위해서 상품 구색에 대한 중요도를 증대시켜야 한다. 전형적으로, 중요도는 소비자의 가치를 반영하는 것이기 때문에, 이 중요도를 증대시키는 것은 수행 성과에 대한 신념을 증가시키는 것보다 힘들다.

8) 새로운 편익의 추가

마지막으로, 소매업체들은 고객들이 점포를 선택할 때 고려하는 기존의 편익에 더하여 새로운 편익을 추가하려고 노력할 수 있다. 미국의 백화점 JCPenney에서는, 고객이 자기 지역의 JCPenney 점포나 JCPenney 웹사이트에서 선물을 구매해서, 미국내 다른 지역 사람에게 보낼 수 있으며, 받는 사람은 필요시 그가 사는 지역의 JCPenney 점포에서 그 선물을 교환할 수 있다. 일반적인 경우, 고객들은 점포를 고를 때 이 점을 고려하지 않는다. 새로운 편익을 추가시키는 방법은, 새로운 편익에 대한 성과 평가를 바꾸는 것이 기존 편익에 대한 성과 평가를 바꾸는 것보다 쉽기 때문에 더 효과적인 경우가 많다.

4. 상품 또는 서비스의 구매

고객들은 최고의 점수로 평가된 브랜드나 상품을 언제나 구입하는 것은 아니다. 최고의 편익을 제공하는 상품이나 서비스가 점포에 없을 수 있으며, 또한 고객이 지각하는 구매에 대한 위험이 잠재적인 편익을 능가하는 경우도 있다. 온라인이나 오프라인 점포에서 실제로 구매를 포기한 쇼핑카트의 수를 계산하여, 상품에 대한 긍정적인 평가가 구매로 전환되는 소매업체의 성과를 측정할 수 있다.

소매업체들은 고객들이 상품 혹은 서비스 구매 후 긍정적인 상품 평가를 이끌어내기 위해 다양한 전술을 사용한다. 소매업체는 고객들이 편리하게 상품 구매를 할 수 있도록 도와준다. 구매에 필요한 실질적인 시간을 감소시켜주는 것이다. 시간 절약을 위해 고객들이 대기하고 있는 계산대의 수를 늘린다. 온라인상에서 웹사이트에서 제공되는 내비게이션의 편리함은 구매를 포기하는 쇼핑 카트의 수를 감소시키는데 결정적인 역할을 한다.

고객들의 긍정적인 평가를 강화하는 충분한 정보의 제공은, 구매 의사 결정 단계에서 고객들이 인지하

Refact

부정적인 구전은 대가가 크다. 소매업체와의 문제를 경험한 쇼핑객들 중 오직 6%만이 회사와 연락을 취한 반면, 31%의 사람들은 무슨 일이 일어났는지를 다른 사람과 얘기한다. 그리고 그들 중 대다수는 또 다른 사람들에게 구전활동을 한다. 전반적으로, 만약 100명의 사람들이 나쁜 경험을 가지고 있다면, 소매업체는 32-36명의 현재 혹은 잠재 고객을 잃게 된다.

는 위험을 감소시킨다. 예를 들어, Britt, 세일즈맨, 그리고 또 다른 잠재 고객들은 Eva의 구매 결정에 긍정적인 피드백을 제공해주었다. 조언을 해줄 다른 친구가 없는 고객의 경우 인터넷을 통해 여러 정보를 수집하기 때문에, 소매업체는 온라인상의 구매후기를 제공하고 있다. 마지막으로 소매업체가 제공하는 자유로운 반품 정책, 환불 보증, 최저가 보상제 등을 통하여 고객의 위험을 줄일 수 있다.

5. 구매 후 평가

구매 절차는 고객이 상품을 사는 것으로 끝나는 것이 아니다. 구매 후에, 고객은 상품을 소비하거나 사용한 다음에 이 상품이 만족스러운지 혹은 불만족스러운지를 결정하기 위해 소비한 경험을 평가한다. 만족은 점포나 상품이 고객의 기대에 얼마나 잘 부응했는지 혹은 능가했는지에 대한 소비 후의 평가이다.

이러한 구매 후 평가는 고객의 내부 정보가 되어 향후 점포나 상품의 결정에 영향을 미치게 된다. 불만족스러운 경험은 고객들로 하여금 소매업체에 대해 불평하게 하고, 다른 점포들을 찾도록 만들 것이다. 일관된 수준의 만족은 점포나 브랜드 충성도를 형성하여 소매업체의 중요한 경쟁우위를 형성하게 된다.

제 17 장과 제 19 장에서는, 품질 좋은 상품의 제공, 상품에 대한 정확한 정보의 제공, 판매 후 고객들과의 접촉 등 고객 만족을 증가시키는 다양한 방법들에 대하여 토의할 것이다.

II 구매결정의 유형

어떤 경우, Eva Carlyn과 같은 고객들은 소매업체들을 선정하거나, 상품을 평가하는 데에 상당한 시간과 노력을 들인다. 이러한 노력이 지금까지 설명한 구매 절차와 관련되어 있다. 또 다른 경우, 구매 의사결정은 별다른 생각 없이 자동적으로 이루어지기도 한다. 고객 의사결정과정의 세 가지 유형은 포괄적 문제해결, 제한적 문제해결, 그리고 습관적 의사결정으로 구분된다.

1. 포괄적 문제 해결

포괄적 문제 해결(extended problem solving)은 고객들이 대안들을 분석하는 데에 많은 시간과 노력을 기울이는 구매 결정 과정이다. 고객들은 일반적으로 구매 결정에 따른 위험과 불확실성이 클 때 포괄적 문제 해결에 몰두한다. 그렇다면 고객들이 느낄 수 있는 위험은 어떤 것이 있는가? 우선, 재무상의 위험은 고객들이 값비싼 상품을 구매할 때 일어난다. 신체적인 위험은 상품이 건강 또는 안전에 영향을 끼칠 가능성이 있을 때 일어난다. 그리고 사회적인 위험은 상품이 자신에 대한 다른 사람들의 인식에 영향을 미칠 것이라고 생각할 때 발생한다.

고객들은 자신의 중요한 욕구를 만족시키기 위한 구매 결정을 할 때나, 또는 상품이나 서비스에 관한 정보를 거의 가지고 있지 않을 때에 포괄적 문제 해결에 몰두한다. 이 경우 관련되는 높은 위험과 불확실성 때문에 고객들은 자신보다 더 많은 정보를 알고 있는 친구들, 가족들 또는 전문가와 상담한다. 그리고 구매 결정을 하기에 앞서 소매업체 몇 군데를 방문하기도 한다.

소매업체들은 고객들이 쉽게 이해하고 사용할 수 있는 정보를 제공하거나, 현금 반환과 같은 구매조건을 제공함으로써 그런 결정들에 영향을 미칠 수 있다. 예컨대, 포괄적 문제 해결을 요하는 상품을 파는 소매업체들은 상품의 특징을 잘 설명하는 브로셔를 제공하거나, 점포 내에 정보를 잘 전달할 수 있도록 상품 진열을 하기도 한다(예를 들어, 소파의 내부 구조를 보여주기 위해 반으로 잘라 놓은 것 등). 또한 판매원을 두어 상품에 대해 설명해 주기도 하고 질문에 응답하기도 한다.

2. 제한적 문제 해결

제한적 문제 해결(limited problem solving)은 적당한 시간과 노력을 기울이는 구매 의사 결정 과정이다. 고객들이 상품이나 서비스와 관련된 경험이 있거나 구매에 따른 위험 부담이 크지 않을 때 이 구매 과정에 관여한다. 이 상황에서 고객들은 외부의 정보보다는 자신의 지식에 더 의존하는 경향이 있다. 그들은 통상 예전에 거래해 본 소매업체와 구매한 경험이 있는 상품을 선택한다. 대부분의 구매 의사 결정은 이러한 제한적 문제 해결에 해당된다.

소매업체는 그들의 고객이 상품을 살 때 이 구매 패턴을 강화하려고 할 것이다. 그러나 만약 고객이 다른 곳에서 물건을 사려고 한다면, 새로운 정보를 제공하거나 차별화된 상품이나 서비스를 소개함으로써 그러한 구매 패턴을 바꿀 필요가 있다.

Eva Carlyn의 구매 결정 과정은 제한적 문제 해결과 포괄적 문제 해결을 동시에 보여 준다. 그녀의 점포 선택은 그녀가 쇼핑했던 여러 점포들의 상품에 관한 정보와 Brandhabit.com에서 수집한 정보에 의하여 결정된 것이다. 이 정보에 의하여 점포의 선택에 별로 위험이 따르지 않았고, Macy's를 방문하는 것에 대해서도 별다른 망설임이 없는 제한적 의사결정을 할 수 있었다. 그러나 옷을 구매하는 과정은 보다 포괄적인 결정과정이 요구되었다. 이 결정은 그녀에게 중요하였고, 옷을 선택하고 평가하기 위해 판매원과 친구로부터 정보를 얻는데 시간이 필요했던 것이다.

제한적 문제 해결의 또 다른 유형은 충동구매이다. 충동구매는 상품을 보는 즉시 그 장소에서 이루어지는 구매이다. 스카프를 사기 위한 Eva의 결정은 충동 구매였다.

소매업체들이 현금계산대에 사탕을 두는 이유는 무엇일까?

소매업체는 고객의 관심을 이끄는 현란한 진열을 통하여, 별 생각 없이 구매를 결정하도록 유도하기도 한다. 예를 들면, 어떤 식료품의 품목이 상품 진열대 끝에 진열되어 있거나, 신상품이나 세일의 표시가 되어 있을 때나, 또는 눈높이(일반적으로 바닥으로부터 세 번째 선반)에 진열되어 있을 때, 고객이 줄을 기다리는 공간에 상품이 진열되어 있을 경우 등에는 소비가 크게 증가한다. 슈퍼마켓은 고객들의 충동구매를 이끌어 내고 수익이 많은 품목(밀가루, 설탕과 같이 구매가 계획적인 필수품보다는 기호 식품 같은 것)들의 판매를 위해 이와 같은 방법들(중요한 위치 선정과 진열 등)을 사용한다. 전자상거래 업체들은 특별 상품을 홈페이지에 올리거나 보조 상품을 제안함으로써 충동구매를 자극시킨다.

3. 습관적 의사 결정

습관적 의사 결정은 의식적인 노력을 거의 하지 않는 구매 결정이다. 요즈음의 고객들은 시간적으로 많은 제약이 있다. 이러한 시간의 압력에 대처하는 한 가지 방법은 구매에 관련된 의사 결정 과정을 단순화하는 것이다. 상품을 구입할 경우가 생겼을 때, 고객들은 "나는 같은 점포에서 지난번에 샀던 것과 같은 상품을 살 거야"라고 자동적으로 반응할 수도 있다. 이러한 습관적 의사 결정 과정은 결정이 그다지 중요하지 않고 과거에 샀던 익숙한 상품을 구매할 때에 주로 사용된다.

상표충성도(브랜드 충성도, brand loyalty)와 점포충성도(store loyalty)는 습관적 의사 결정의 예들이다. 고객들이 어떤 상품 유형 내에서 특정 상표를 좋아하고 그 상표를 끊임없이 사려고 할 때 상표충성도가 형성된다. 좋아하는 상표를 살 수 없는 경우, 다른 상표로 대체하여 구매하는 것을 싫어한다. 그러므로 소매업체들은 고객들이 원하는 특정 상표를 제공할 수 있어야만 그들의 욕구를 만족시킬 수 있는 것이다.

상표충성도는 소매업체들에게 기회와 아울러 문제점도 제공한다. 고객들은 인기가 있는 상표를 보유하고 있는 점포들에 이끌린다. 그러나 소매업체들은 비싼 로열티의 상표를 구입해야 하므로 상표 공급자와 유리한 교섭을 이끌어 내기가 쉽지 않다. 제 14 장에서 브랜드 상품의 구매와 재고에 대하여 다룰 것이다.

점포충성도는 고객이 어떤 특정 점포를 좋아하고, 원하는 상품을 구매하기 위해 그 점포를 습관적으로 방문하는 것을 의미한다. 모든 소매업체들은 그들 고객들의 점포충성도를 높이려고 노력한다. 점포충성도를 높이기 위해 편리한 입지를 선택할 수도 있고(제 7 장과 제 8 장 참조), 완전한 구색을 갖추고 결품을 줄일 수도 있으며(제 13 장 참조), 단골 고객들에게 응분의 보상을 해주기도 하고(제 11 장과 제 16 장 참조), 그리고 보다 좋은 서비스를 고객에게 제공해 줄 수도 있다(제 19 장 참조).

Ⅲ 구매 과정에 영향을 주는 사회적 요인

〈보기 4-5〉는 고객들이 구매 의사결정을 어떻게 하며, 고객들의 사회적 환경(가족, 준거집단, 그리고 문화)으로부터 어떻게 영향을 받는지에 대해 설명하고 있다.

1. 가족

많은 구매결정은 전체 가족이 소비하거나 사용하는 상품에 대한 것이다. 그러므로 효과적인 마케팅 프로그램을 개발하기 위하여, 가족들이 구매 결정을 어떻게 내리는지, 그리고 얼마나 다양한 가족 구성

○ 보기 4-5
구매 의사결정에 영향을 미치는 사회적 요인들

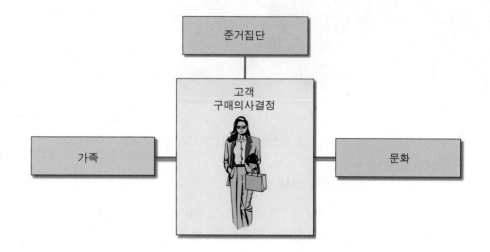

원들이 이 결정에 영향에 미치는지에 대해 이해해야 한다.

앞에서의 고객 구매 결정 과정에 대한 논의는 한 개인이 어떻게 의사 결정을 내리는 지에 대해 초점을 맞춘 것이다. 그러나 가족이 구매 결정을 내릴 때는 대체로 모든 가족 구성원들의 욕구를 고려해야 한다.

예를 들어, 가족을 위한 휴가 장소를 결정하는 데에는 모든 가족 구성원들이 의사 결정 과정에 참여할 것이다. 어떤 상황에서는 가족 구성원 각자가 구매 과정에서 나름대로의 역할을 담당할 수도 있다. 예를 들어, 아이가 학교에서 먹을 점심 도시락을 만들기 위해 아내가 사용할 식료품을 남편이 산다고 하자. 이런 상황에서 점포 선택 결정은 남편이 내릴 것이고, 브랜드 선택 결정은 아이의 커다란 영향 하에서 아내가 내릴 것이다.

어린이들은 가족의 구매 결정에 중요한 역할을 한다. 최근 휴양지내 호텔들은 어른들의 욕구와 함께 어린이들의 욕구도 만족시켜 주어야 한다는 것을 인식하게 되었다. 예를 들어, Hyatt 호텔은 가족들을 맞이할 때 아이들 나이에 맞는 게임과 책을 제공한다. 유아와 함께 오는 부모들은 하루치의 이유식이나 분유, 그리고 기저귀를 무료로 받는다. 아기 고객들을 끌어들이기 위해 아기를 돌봐주거나 보호하는 서비스를 제공하기도 한다.

소매업체들은 모든 가족 구성원들의 욕구를 만족시킴으로써, 가족과 같이 쇼핑하는 소비자들을 끌어들일 수 있다. 예를 들면, 스웨덴의 가구 체인점인 IKEA는 부모들이 쇼핑하는 동안에 아이들이 놀 수 있는 놀이 공간을 제공하고 있다. Nordstrom은 백화점 안에 앉을 수 있는 공간과, 부인들이 쇼핑하는 동안 남편들이 풋볼 경기를 보며 맥주를 마실 수 있는 간이주점을 갖추고 있다. 쇼핑에는 관심이 없는 남자들과 아이들의 욕구를 만족시킴으로써 가족을 점포에 더 오래 머무르게 하고 더 많은 상품을 구매하게 하는 것이다. Retailing View 4.3은 부모와 함께 쇼핑하는 10대 초반 소녀 고객을 표적시장으로 한 소매업체에 대해 설명하고 있다.

IKEA에는 부모들이 쇼핑하는 동안 아이들이 놀수 있는 놀이공간이 있다.

2. 준거 집단

준거 집단은 어떤 사람이 신념, 감정, 그리고 행동에 있어 비교의 기준으로 활용하는 사람들을 의미한다. 앞서 논의했듯이, 소비자에게 가족이 가장 중요한 준거 집단이지만, 많은 다른 준거 집단들도 있을 수 있다. 이러한 준거 집단들은 세 가지 요소에 의해 구매 결정 과정에 영향을 미친다. (1) 정보 제공, (2) 특별한 구매 행동에 대한 보상 관리, 그리고 (3) 자아 이미지의 강화가 그것이다.

준거 집단들은 직접적으로 대화를 통해 혹은 간접적으로 관찰을 통해 고객들에게 정보를 제공한다. 예를 들어, Eva는 자기가 고려하고 있는 옷에 대한 중요한 정보를 그녀의 친구로부터 얻었다. 또 다른 경우, Eva가 운동복을 고르게 되었다면, 아마도 축구 선수인 Mia Hamm과 테니스 선수인 Maria Sharapova 같은 여자들을 보고 도움을 받았을 것이고, 캐주얼 의류는 Jessica Simpson이나 Rachel Bilson의 의상을 살펴볼 것이다. 패션을 창조하는 준거 집단의 역할에 대해서는 본 장의 부록에 설명되어 있다.

어떤 준거 집단은 자신이 인정하는 것에 부합되는 행동을 하면 그에 대해 보상함으로써 구매 행동에 영향을 미칠 수 있다. 예를 들어, 회사 내 종업원들의 준거 집단은 회사에서 어울리는 의상 스타일을

10대 초반 소녀고객에 대한 소매업체의 기회

5-13세의 아동 쇼핑객은 미국에서 가장 빠른 성장세를 보이고 있는 연령대이다. 1,000만 명의 아동들이 연간 110억 달러를 소비하고 있고, 이는 그들의 부모가 그들에게 1,750억 달러를 지출하게 만든다. 이들은 아직 어린 소녀이다. 자신의 동심을 자극하는 즐겁고 프릴 장식이 많고 반짝이고 감각적인 환경을 좋아한다. 그녀는 아이 취급을 받는 것 보다는 숙녀로 취급을 받는 것을 좋아한다.

700개가 넘는 Limited Too와 Justice 매장을 운영하고 있는 Tweens Brand 주식회사는 아동분야에서 시장을 선도하는 업체이다. 이들은 10대 초반의 소녀들이 자신의 16세 언니처럼 보이고 싶을지도 모르지만 복장은 어린 신체에 맞게 세밀하게 조정되고 세련되어야 하며 감각적이어야 한다는 사실을 알고 있다. 이들의 매장은 10대 초반 소녀들을 위한 활력과 신나는 분위기를 연출한다. 이들은 화려한 매장전면 윈도우와 조명, 스티커 사진 부스, 귀 피어싱 스테이션, 검볼 기계 등을 포함한다. 아이들이 엄마와 함께 매장을 방문할지라도 특별한 물건들은 아이들의 눈높이에 맞춰 고정된다. 왜냐하면 선택은 아이들이 하고 엄마는 지불만 하기 때문이다. 매장에는 음악 감상 스테이션과 같은 오락적 요소가 있는데, 이는 아이들이 매장에 좀 더 오래 머물게 하기 위함이다.

Libby Lu 클럽이 하는 모든 것은 10대 초반의 아동들을 위한 것이다.

Libby Lu 클럽은 90개 이상의 몰을 기반으로 한 매장인데 이들은 10대 초반의 소녀들을 위해 좀 더 개선된 상호작용의 형태를 취하고 있다. 이러한 활동의 중심에는 생일파티가 있고, 소녀들은 잘 차려 입고 단장을 하며, 물론 물건을 구매한다. 아이들은 Libby Lu 클럽에서 의상을 차려 입을 뿐 아니라 장식이 달린 팔찌를 만들기도 한다. 가장 선호하는 것 중 하나는 '록 프린세스'이다. Libby Lu 클럽의 소녀 고객 중심 환경은 반짝이는 스팽클을 강조한 핑크와 퍼플의 색채를 포함한다. 각 매장은 주요 쇼핑 영역으로 구분된다.

■ 스타일 스튜디오. Libby Lu에 있는 동안 록스타나 공주 등의 캐릭터로 분장한다.
■ 스파클 스파. 목욕용품, 화장품, 향수 및 소녀들이 '소피 선디 (Soapy Sundae)' 바디 스크럽이나 '쿨 카르마 (Kool Karma)' 바디 스프레이와 같은 믹스 스파를 할 수 있는 '자신의 것을 만드세요' 등을 포함한다.
■ 귀 피어싱. 노래, 스티커, 증명서, 무료 Libby Charmette 등을 포함한 Libby Lu 클럽에서의 단순한 'Ear-isistable' 경험.
■ Pooch Parlor. 소녀들은 자신의 강아지(furry pup)들이나 고양이(kitty)를 칼라나 티셔츠를 입혀서 멋진 캐리어에 싣고 집으로 데려간다.
■ 쇼핑/상품. 무엇이 10대 초반의 소녀들에게 중요한지를 고려하여 디자인 된 물건들? 방, 밤샘파티, 멋진 의상 등

규정하고, 이 규정을 어기는 동료들을 비난할 수도 있다. 준거 집단에 동화되고 소속되면서, 고객들은 자신들의 이미지를 창조하고, 향상시키고, 유지시킨다. 사회적으로 최상류층의 일원으로 보이기를 원하는 고객들은 사람들 눈에 띄는 비싼 소매업체에서 쇼핑할 것이다. 반면, 활동적인 이미지를 창출하고 싶은 고객들은 L.L. Bean의 웹사이트에서 상품을 구매할 것이다.

백화점은 10대 소비자들에게 영향을 미치는 준거 집단을 제공하기 위해 10대 게시판을 이용한다. 10대 게시판의 멤버들은 다른 학생들이 본받기를 원하는 학생들로 구성된다. 다른 학생들은 10대 게시판 멤버들이 입은 옷을 구매함으로써 이들 학생 패션 리더들과 동화될 수 있다.

3. 문화

Refact

1994년 스위스의 가구 소매업체인 IKEA는 동성애 하위문화를 대상으로 동성애 관계를 특징으로 하는 첫 번째 주요 TV 광고를 내보냈다.

■ ■ ■ ■ ■

문화는 한 사회에 있어 대부분 구성원들이 공유하는 의미와 가치들이다. 예를 들어, 미국인들이 공유하는 주된 가치에는 개인주의, 자유, 지배와 통제, 자기 계발, 성취와 성공, 물질적 안락함, 그리고 건강이 있다.

소매업체들이 해외로 시장을 확장하려면 각 나라의 문화적 가치가 고객들의 욕구와 구매 행동에 얼마나 영향을 미치는 지에 대해 민감하게 파악할 필요가 있다. 예를 들어, 선물을 주는 관습은 미국 문화보다 일본 문화에서 더 중요한 역할을 한다. 일본 사람 개개인은 선물을 주고받는 친지와 친구들로 잘 구성된 그룹(kosai)에 속해 있다. 대부분의 일본인들은 여행에서 돌아올 때, 가족과 친구들을 위한 선물을 구매할 필요를 느낀다. 한 조사에 따르면, L.A.에서 집으로 돌아오는 일본 관광객들 중 거의 절반이 15명 이상의 가족과 친구들을 위한 선물을 사왔다. 그들은 다른 사람들을 위한 선물에 자신들이 사용할 상품에 들이는 양만큼의 비용을 소비한다. 그리고 선물에 대한 포장은 일본 소비자들에게는 매우 중요하다. 왜냐하면 일본인들은 선물을 선물 준 사람 앞에서 개봉하지 않기 때문이다. 그러므로 선물의 겉모습이 선물을 주는 사람에게는 특히 중요한 것이다.

하위문화(subcultures)는 하나의 문화 내에서 특이한 사람들의 집단을 말한다. 하위문화의 구성원들은 관습과 규범을 공유하고, 독특한 시각을 가지기도 한다. 하위문화는 지역(남부 사람), 연령(베이비 붐 세대), 인종(아시아계 미국인), 혹은 생활 양식(펑크족) 등에 의해 형성될 수 있다.

하위문화란 한 문화 내에 있는 독특한(특유의) 사람들로 이루어진 집단들이다. 주변문화의 구성원들은 전체 사회와 관습과 표준을 공유하기는 하지만 독특한 관점을 지니기도 한다. 주변문화는 지리(남부인들), 나이(Y 세대), 인종(아시아계 미국인들), 생활양식(프래피 – preppy) 또는 대학교에 기반을 둘 수 있다. 예를 들어, 당신이 다니는 대학교의 문화는 지망학생들 사이에서는 "지적인," "스포츠맨다운,"

또는 "파티" 명성을 형성하고 있을 것이다. 하위문화는 학생들이 여가 시간을 보내는 방법과 점포, 브랜드 및 구매할 상품을 선택할 때 영향을 준다.

많은 소매업체와 쇼핑센터 매니저들은 차별적인 문화와 하위문화에 호소하는 것의 중요성을 인식하고 있다. 예를 들어, 미국의 히스패닉 인구는 다른 어떤 시장 분야보다도 빠르게 성장하고 있으며, 일반 인구보다 그들의 구매력은 더 빠르게 증가하고 있다. 많은 히스패닉 인구가 있는 슈퍼마켓은 상당한 매장공간에 스페인어를 하는 나라의 고유한 특징을 반영하는 상품을 제공하고 있고 상품믹스는 각 지역마다 다르다. 이는 상품구성에 반영되는데, 마이애미에는 쿠바인과 라틴아메리카 인구가 많으며, 로스엔젤리스와 텍사스에는 멕시코 출신이 상대적으로 더 많다.

이중 언어를 구사하는 직원들을 채용하는 것은 히스패닉 인구의 고유한 요구를 만족시키려는 소매업체에게 있어 중요한 성공요소

다수의 소매업체와 쇼핑센터 매니저들이 다양한 문화 및 하위문화에 어필할 수 있도록 경영전략을 조정하였다.

이다. 최근 연구에서 히스패닉 가정은 특히 일요일에 함께 쇼핑을 한다고 밝혔다. 이 집단에 호소하기 위해서 쇼핑센터들은 자신들의 푸드 코트에 멕시코 식당과 히스패닉을 타깃으로 하는 오락적 요소를 추가하고 있다.

IV 시장세분화

지금까지 (1) 고객들 개개인이 어떻게 점포와 상품을 평가하고 선택하는지와 (2) 그러한 의사결정에 영향을 미치는 요소들에 대해 살펴보았다. 이에 대한 효과성을 높이기 위해, 소매업체들은 고객집단을 확인하고(시장 세분화), 개별적인 고객의 욕구를 만족시키기보다 세시장에 포함된 전형적인 고객의 욕구를 충족시키는 표적시장을 설정한다. 한 예로, Wal-Mart는 "모든 것을 하나의 사이즈로" 전략을 사용하고 있다. 이러한 상품 결정은 미국에서 지리적 혹은 인구통계적인 변수들의 차이가 반영되지 않은 것을 의미한다. 이러한 접근은 한정된 지역에 점포가 밀집되어 출점한 경우 잘 작동할 것이다. 그러나 다양한 입지의 매장을 출점하는 경우 소매 믹스 개발이 서로 다르게 적용되어야 한다. 즉 점포가 결정한 표적시장의 특성을 반영하여, 아프리카계 미국인, 히스패닉, 고소득층 소비자, empty - nester(자녀가 성장하여 떠난 가정), 그리고 비도시 주민을 위한 상이한 소매믹스를 제공하여야 한다.

소매 시장 세분, 욕구가 비슷하여 동일한 소매믹스로 그 욕구가 충족될 수 있는 고객 집단을 의미한다. 예를 들면, 휴가 중 여행하는 가정은 출장 중인 임원들과는 다른 욕구를 가지고 있다. 그러므로 Marriott는 이러한 각각의 고객집단을 위해 다른 소매믹스로 이루어진 호텔 체인을 제공한다.

인터넷은 판매자들로 하여금 효율적으로 개별적 고객들을 목표로 삼으며 일대일 기반으로 소비자에게 상품들을 홍보할 수 있게 해준다. 이러한 일대일 마케팅 개념은 11장에서 논의될 것이다.

1. 세분 시장의 평가 기준

고객들은 여러 가지 방법들에 의해 세분화 된다. 예를 들어, 그들이 같은 도시에 산다거나, 소득과 교

육 수준이 비슷하다거나, 집에서 일주일에 두 번 이상 바비큐를 즐긴다는 등의 사실을 토대로 같은 세분 시장 집단으로 구성될 수 있다. 〈보기 4-6〉에서는 소매 시장을 세분화하는 여러 가지 방법들을 소개하고 있다. 어떤 방법이 제일 좋다고 단정할 수는 없다. 어떠한 세분 소매 시장이 성장 가능성이 있는 표적 시장으로 선정될 수 있는 지의 여부를 평가하는 네 가지 기준으로는 실행가능성(actionability), 확인성(identifiability), 실질성(Substantial) 접근성(accessibility)이 있다.

1) 실행가능성

세분 소매시장을 평가하는 기본적인 기준으로는 다음과 같은 것들이 있다. ⑴ 세분 시장 내 고객들은

○ 보기 4-6
소비시장 세분화 방법들

시장 세분화 기준	유형 예
● 지리학적 기준(GEOGRAPHIC)	
지역	태평양 연안, 산악, 중부, 남부, 대서양, 북동부
인구밀도	도심, 부심, 시골
기후	차가움, 따뜻함
● 인구통계적 기준(DEMOGRAPHIC)	
연령	6세 미만, 6-12세, 13-19세, 20-29세, 30-49세, 50-65세, 65세 이상
성별	남, 여
가족 라이프 사이클	젊은 미혼, 젊은 기혼 무자녀, 젊은 기혼 6세 미만 자녀, 젊은 기혼 6세 이상 자녀, 중년 기혼 출가한 자녀, 미망인
소득	19,999달러 미만, 20,000-29,999달러, 30,000-49,999달러, 50,000-74,999달러, 75,000달러 이상
직업	전문직, 성직자, 판매직, 기술자, 은퇴, 학생, 주부
교육 수준	고등학교 재학, 고등학교 졸업, 대학 재학, 대학교 졸업, 대학원 졸업
종교	카톨릭, 기독교, 유대교, 무슬림
인종	백인, 아프리카계 미국인, 히스패닉, 아시아인
국적	미국, 일본, 영국, 프랑스, 독일, 이탈리아, 중국
● 사회심리학적 기준(PSYCHOSOCIAL)	
사회적 계급	하류 계급, 중간 계급, 상류 계급
라이프 스타일	노력하는, 동력적인, 헌신적인, 친밀한, 이타적인, 재미를 추구하는, 창조적인
개성	공격적인, 수줍어하는, 감정적인
● 가치관과 행동(FEELINGS AND BEHAVIORS)	
태도	긍정적, 중립적, 부정적
추구 편익	편의성, 경제성, 고급성
구매 행동 단계	비인지, 인지, 정보 획득, 관심, 구매 의향, 우선 구매
지각된 위험	높음, 중간, 낮음
혁신성	혁신층, 조기 수용층, 조기 다수층, 후기 다수층, 지연층
충성도	없음, 조금 있음, 높음
사용율	비사용, 적게 사용, 적당하게 사용, 많이 사용
사용 상황	집, 직장, 휴가, 여가
사용자 유형	비사용자, 과거 사용자, 잠재 사용자, 현재 사용자

유사한 욕구를 지니고 있고, 유사한 편익을 추구하며, 유사한 소매 믹스에 의해 만족하고, (2) 이들 고객들의 욕구는 다른 세분 시장에 속한 고객들의 욕구와 달라야 한다. 실행가능성이란, 어떠한 세분 시장을 설정함에 있어서, 소매업체가 고객들의 어떠한 욕구를 만족시켜야 하는 지를 명확히 제시해야 한다는 것을 의미한다. 이 기준에 의한다면, Lane Bryant(비만 여성들을 위한 의류를 제공하는 The Limited의 한 부문)가 신체 사이즈에 관한 인구통계 자료를 토대로 의류 시장을 세분화한 것은 의미 있는 것이라고 할 수 있다. 큰 사이즈의 옷을 입는 고객들은 작은 사이즈의 옷을 입는 고객들과는 다른 욕구를 지니고 있어서 독특한 상품 믹스를 제공하는 점포에 이끌리기 마련이다. 앞에서 제시한 다속성 모델을 적용하여 보면, 큰 사이즈의 옷을 입는 여성들이 옷맵시와 패션을 상대적으로 더 중요하게 여긴다는 것을 알 수 있는 데, 이는 그런 속성들에 대하여 자신들의 욕구를 충족시키기가 어렵기 때문이다. 그들은, JCPenney나 Macy's, Target과 같이 큰 사이즈의 상품들에 관해 폭 넓은 구색을 갖추지 못하는 점포들보다는, Lane Bryant가 그런 면에서 더 잘하고 있다고 느끼게 된다.

그런데, 슈퍼마켓이 고객의 체형 및 신체 사이즈를 토대로 시장을 세분화한다면, 그것은 비합리적일 것이다. 식료품에 관해서는 덩치에 관계없이 남녀 모두 비슷한 욕구를 지니고, 비슷한 편익을 추구하며, 아마도 비슷한 구매 과정을 거칠 것이다. 또한, 점포의 특성에 관한 중요도에 있어서도 별 차이가 없을 것이다. 그러므로 몸 사이즈에 의한 세분화 방법은 슈퍼마켓 소매업체에게는 적절하게 적용될 수 없을 것이다. 왜냐하면 슈퍼마켓은 신체가 큰 고객과 작은 고객을 구분하여 각각에 맞는 소매 믹스를 별도로 개발하기 어렵기 때문이다. 그래서 슈퍼마켓은 대체로 소득이나 인종을 기준으로 하여 시장을 세분화한다.

2) 확인성

소매업체들은 표적 세분 시장 내의 고객들을 확인할 수 있어야 한다. 확인성은 중요한 데, 그 이유는 소매업체들로 하여금 (1) 세분 시장의 크기와 (2) 소매 제공물을 촉진시킬 때 누구와 의사소통해야 하는지를 알 수 있게 해 주기 때문이다.

3) 실질성

만약 시장이 작거나, 구매력이 적은 경우(실질성이 낮다), 소매 믹스 활동을 지원하기 위한 이윤을 창출하기 어렵다. 예를 들어, 애완견의 제약시장의 경우, 독특한 세분화 전략을 위해 하나의 로컬 지역에 큰 매장이 없는 경우가 있다. 하지만 전국망 시장은 인터넷 채널을 통해 서비스를 실시한다.

4) 접근성

소매업체는 세분 시장이 결정되면 적절한 소매 믹스를 고객들에게 전달해 줄 수 있어야 한다. 예를 들어, Marriott 컨벤션 호텔의 고객과 휴양지 호텔의 고객은 서로 다른 방법으로 호텔에 접근하는데, 이는 서로가 상품 및 서비스에 관한 정보를 얻는 원천이 다르기 때문이다. Marriott 호텔의 고객들은 USA Today나 The Wall Street Journal과 같은 신문들을 통하고, 반면 휴양지 호텔의 고객들은 TV 광고나 여행 및 여가에 관한 잡지를 통하여, 각각 호텔 서비스에 가장 적절하게 접근하고 있다.

2. 시장 세분화 접근법

〈보기 4-6〉은 소매 시장을 세분화하는 다양한 방법들을 예시한 것이다. 어떠한 접근 방법도 소매업체들 모두에게 가장 잘 적용될 수 있다고 할 수는 없다. 소매업체들은 고객 구매 행동에 영향을 미치는 다양한 요소들을 탐색하고, 또한 어떤 요소들이 가장 중요한 지를 결정해야 한다. 지금부터 소매 시장을 세분화하는 방법들에 대해서 살펴보기로 한다.

1) 지리적 세분화

지리적 세분화는 고객들이 사는 장소에 따라 그들을 나누는 것이다. 소매 시장은 나라에 의해 세분화될 수도 있고, 한 국가 안의 주, 도시, 동네와 같은 지역들로 세분화될 수도 있다. 일반적으로, 고객들은 집이나 직장에서 가장 편리한 점포에서 쇼핑하기 때문에, 각 점포들은 자기 점포에 가까이 접근할수 있는 고객들에게 대체로 초점을 맞춘다.

미국에서는 많은 식품 소매업체들이 일정 지역 별로 집중되어 있다. 예를 들어, HEB는 Texas에, Wegmans는 서부 New York에 집중되어 있다. 그러나 영국에서는 슈퍼마켓 소매업이 Sainsbury나 Tesco와 같은 전국적인 기업에 의해 운영되고 있다.

비록 The Gap이나 Sears와 같은 전국적인 소매업체들은 지역적으로 집중하지는 않지만. 미국내 각지역 별로 상품의 구색을 다르게 하고 있다. 썰매는 Florida에서 잘 안 팔리고, 서핑보드는 Colorado에서 잘 안 팔린다. 대도시권 내에서의 체인점들도 동네 별로 다른 고객들의 욕구에 대응하려고 노력한다. 예를 들어, 부유한 동네의 슈퍼마켓들은 가난한 동네의 점포들보다 더 많은 기호 식품들을 갖추고 있다.

지리적 자료에 의한 세분화는 확인성이 높고, 실행가능성이 있으며, 실질성도 높다. 예를 들어, 파리메트로폴리탄 지역과 같은 지리적 세분시장에서는 누가 사는지 알기 쉬우며, 소비자들을 위한 점포의입지 선정과 의사소통이 용이하다.

서로 다른 지리적 세분 시장의 고객들이 유사한 욕구들을 지니고 있다면, 지리적 시장별로 차별화된소매 믹스를 개발한다는 것은 부적절한 일이다. 예를 들어, Detroit의 패스트푸드점 고객은 Los Angeles의 패스트푸드점 고객과 아마도 유사한 편익을 추구할 것이다. 그러므로 패스트푸드 시장을지리적으로 세분화하는 것은 유용한 것이 못된다. Target과 The GAP은 지역에 따라 몇몇 상품 구색을 다르게 개발하고 있지만, 대부분의 상품들은 거의 모든 점포에서 동일하다. 왜냐하면 기본 의상(속옷, 평상복 바지, 셔츠, 블라우스)을 구매하는 데 있어, 미국 전 지역에 걸친 고객들의 욕구가 서로 유사한 것이 많기 때문이다. 반면, Home Depot와 많은 슈퍼마켓 체인점들은 같은 도시에 위치한 점포들 사이에서도 서로 현저하게 차별화된 상품 구색을 갖추고 있다.

2) 인구통계적 세분화

인구 통계 변수들은 세분 시장을 정의하는데 가장 일반적인 방법이다. 왜냐하면 이와 같이 세분된 고객들은 쉽게 확인될 수 있으며, 쉽게 접근할 수 있기 때문이다. 성별은 쇼핑 행동을 예상하게 하는 좋은 자료이다. 여자들은 슈퍼마켓을 주어진 돈으로 가장 가치 있는 물건을 얻을 수 있는 전문력을 과시하는 장소로 여기는 반면, 남자들은 그들의 쇼핑 기술을 향상시키기 위한 능력이나 흥미를 거의 가지고 있지 않다. 남자들은 세일 중인 품목들을 찾거나 가격들을 비교하며 구매하기보다는 유명한 상표를선택한다. 여자들은 값에 맞게 지불하는지 알기 위해 계산대를 주시하지만 남자들은 계산서에 얼마가적혀있는지 조차 신경 쓰지 않는다. 남자들과 여자들이 구매하는 상품마저도 서로 다르다. 여자들은건강식품들(cottage cheese나 냉장된 요구르트 같은 것들)과 주부 필수품들(예를 들면, 세제나 개인의건강을 위한 상품들)을 보다 많이 구매한다. 남자들의 쇼핑 바구니에는 맥주, 컵 케이크, 아이스크림,

핫도그들이 많이 담겨져 있다. 그리고 남자들은 쇼핑 계획을 비교적 덜 세우고, 보다 많은 횟수의 식료품 쇼핑을 한다. 미혼 여자는 일년에 슈퍼마켓을 80회 방문하는 반면에 미혼 남자는 99번 방문한다. 이와 같이 남자들의 상대적으로 잦은 방문으로 인해 그들은 감자 칩이나 쿠키 같은 상품을 더 자주 충동 구매하게 된다.

인구 통계 자료를 근거로 한 세분 시장은 쉽게 확인되고 접근되지만, 인구 통계 자료가 고객의 욕구와 구매 행동과 항상 관련이 있는 것은 아니다. 그러므로 어떤 소매업체에게는 인구 통계 자료가 시장 세분화를 하는 데 별로 유용하지 않을 수도 있다. 예컨대, 조깅복과 육상화 같은 스포츠 용품의 사용자들에 대한 세분화에는 인구 통계 자료가 그다지 유용한 도구가 되지 못한다. 한 때, 소매업체들은 스포츠 의류가 대부분 젊은 사람들에 의해서만 구매된다고 생각하였지만, 건강에 관심을 쏟는 사회적 추세는 모든 연령층의 사람들로 하여금 이 스포츠 의류를 사도록 이끌었다. 그리고 상대적으로 비활동적인 소비자들도 운동복이 매우 편안하다는 것을 알게 되었다.

3) 라이프스타일 세분화

라이프스타일(life style)은 사람들이 어떻게 사는지, 시간과 돈을 어떻게 소비하는지, 어떤 활동들을 추구하는지, 그리고 그들이 살고 있는 세상에 대해 어떤 태도와 의견을 가지고 있는 지 등에 대한 것이다. 이 세분화는 다음과 같은 질문, "국립공원에서 나는 화려한 별장과 근사한 저녁식사, 그리고 그때 입은 멋진 옷들에 대해 생각하는 것이 즐겁다"와 "나는 죽은 동물의 가죽을 벗기는 것에 대해 참을 수 없다"에 대해 소비자들이 동의하는지 혹은 동의하지 않는지의 여부에 따라 이루어 질 수 있다. 소매업체들은 오늘날 표적 세분 시장을 구분하는 데 있어, 인구 통계적 기준에 의한 세분화보다는 라이프스타일과 심리적 변수에 더 중점을 두고 있다. Retailing View 4.4에서는 남성의 라이프스타일에 대해서 설명하고 있다.

4) 구매 상황 세분화

동일한 인구 통계적 특성 또는 생활양식을 가진 고객들이라 할지라도 그들의 구매 행동은 구매 상황에 따라서 다를 수 있다. 그러므로 소매업체는 즉각 필요한 물건을 구매하는 고객과 주말에 쇼핑을 하는 고객으로 구분할 수 있다. 예를 들어, 〈보기 4-3〉에서 네 명의 자녀를 둔 부모는 주간 식료품 구매를 하는데 인터넷 식료품점이나 슈퍼마켓 보다는 대형할인점을 더 긍정적으로 평가했다. 그러나 주중에 우유가 떨어졌다면, 그 부모는 없는 물건을 채우는 쇼핑을 위해서 창고형 도매클럽 보다는 편의점으로 갈 것이다. 〈보기 4-3〉의 다속성 태도 모델과 관련해서 볼 때, 없는 물건을 채우기 위한 쇼핑의 경우 편리성은 상품의 구색보다 더 중요한 요소이다. 이와 유사하게 회사 임원은 출장 중에는 컨벤션 호텔을 가족과 휴가를 즐길때는 리조트 호텔을 선호할 것이다.

구매 상황에 의한 세분화는 시장세분화의 기준중에서 그 중요성이 높아지고 있다. 소매업체가 특정 구매상황의 고객들의 욕구를 충족시키기 위해 무엇을 할지는 비교적 쉽게 파악할 수 있으므로 식별가능성이나 접근성이 높다. 소매업체는 누가 어떤 상황에서 상품 또는 서비스를 구매했는지를 근거로 고객들이 누구인지 결정할 수 있다.

5) 편익 세분화

표적 시장을 결정하기 위한 세분화의 방법 중 또 다른 하나는 유사한 편익을 추구하고 있는 고객들을

Metro를 넘어서

카메라를 구입하는 남성은 어떤 세분시장에 속하는가?

대부분 소매업체의 타깃은 여성이다. 그 이유는 여성은 전통적으로 가정의 대표적인 구매자였기 때문이다. 사실, 소매업체의 중역들은 고객을 "She"로 지칭하는 것이 일상화되어 왔다. 그러나 남성들이 예전보다 더 많은 쇼핑을 하는 주요한 시장으로 자리매김하게 되었다. 미국 가정의 약 20%에서 남성이 주도적으로 상품을 구매하고 70% 이상이 자신의 의복을 구매하는 것으로 나타났는데, 약 10년 전만해도 여성들이 대다수 남성들의 의복을 구매했었다.

이러한 남성 시장에 대한 인식은 남성들이 '메트로섹슈얼'로 간주되기 시작한 몇 년 전부터 시작되었다. 메트로섹슈얼은 여성적인 취향이 강한 도시에 거주하는 남성을 말한다. 이들은 강한 미적 감각을 지녔고 많은 시간과 돈을 자신의 외모와 생활방식의 개선을 위해 소비하며 쇼핑을 선호하는 고객을 지칭한다. 이들은 Barney's New York에서 쇼핑을 하고 머리 손질을 하는데 $100을 사용하며, 인공 태닝을 하고 케이블에서 'Queer Eye for the Straight Guy'를 시청하며 모든 상품에 대한 쇼핑 매거진인 Cargo를 읽는다. 이러한 메트로섹슈얼 이미지는 도시의 부수적인 문화에 있어서 너무나 대중적이기 때문에, 일부 '일반적인 남성'들은 자신들이 도시적이지 않고 맥주를 마시면서 스포츠를 보는 야만인은 아닌가 걱정하기도 한다.

소매업체들도 실제로 남성 시장에서 몇몇 라이프스타일에 주목한다. Metro는 남성시장의 약 20% 정도밖에는 차지하지 않는다. 추가적인 남성 시장은 10대 후반, 현대적 남성, 아버지 등이다.

성숙한 '10대 후반'은 책임감이 있고 실용적이다. 왜냐하면 그들의 베이비부머 세대인 부모들이 동등함을 가르쳤기 때문이다. 그들은 신기술에 능숙하고 인터넷을 사용하여 자신이 원하는 것을 검색하며, 자신의 가족을 위한 집안의 쇼핑 전문가이다.

'현대적 남성'들은 자신의 아버지보다 더 쇼핑을 즐기는 20~30대의 현대적인 쇼핑객이다. 그렇지만 이들은 아직 남자들과 모여 프로 풋볼 게임 보는 것을 좋아한다. 이들은 여성들과 함께 있는 것이 편안하지만 그들과 함께 쇼핑하는 것을 즐겨 하지 않는다. 이들은 보습크림과 헤어젤은 사지만 매니큐어를 바르는 것은 거부한다.

그리고 '아버지'들이 있다. 예전에는 남자가 결혼해서 아이를 가졌을 때 자신의 집에 있는 부인을 위해 쇼핑을 도맡아 했다. 이제는 맞벌이 부부가 너무 많아져서 기저귀 매장을 돌아다니는 아빠들을 엄마들만큼이나 많이 볼 수 있다.

출처: Diana Middleton, "Capturing the Hunter," Knight Ridder Tribune Business News, June 25, 2007 (accessed December 24, 2007); Blanca Torres, "More and More, Man Like Shopping," *Contra Costa Times*, October 12, 2006; Nanette Byrnes, "Secrets Of The Male Shopper," *Business Week*, September 4, 2006.

집단으로 구분하는 것이다. 이 방법을 편익세분화라고 한다. 다속성 태도 모델에서 동일한 편익에 의해 구분된 고객들은 특정 점포 또는 상품의 속성에 대해서 유사한 중요도 비중을 가지게 된다. 예를 들면, 패션과 스타일의 중요성은 높게 평가하며 가격의 중요성은 낮게 평가하는 고객들은 패션을 중요하게 생각하는 세시장을 형성할 수 있으며, 반면에 가격에 중요성을 더 두는 고객들은 가격에 민감한 세시장을 형성할 수 있다.

편익세분화는 실행가능성이 매우 높다. 표적 세시장에 속한 고객이 중요하게 생각하는 편익을 파악한 소매업체는 고객에게 무엇을 호소하여야 하는지를 분명하게 알려준다. 그러나 편익세분화에서 고객집단은 쉽게 식별되거나 접근할 수가 없다. 사람을 보고 그들이 어떤 편익을 추구하는지 판단하기는 쉬운 것이 아니다. 전형적으로, 소매업체가 활용하는 특정한 매체의 목표 청중도 인구 통계적으로 정의되지 편익을 기준으로 정의되지는 않는다.

3. 복합적 세분화 방법

지금까지 살펴보았던 것처럼, 시장세분화를 위한 모든 기준에 부합하는 접근법은 없다. 예를 들어, 인구 통계 및 지리적 변수로 구분하는 것은 소비자들을 식별하고 접근하는 데는 이상적이지만, 보통 고객들의 욕구와는 관련되지 않는다. 그러므로 이러한 접근에 의한 고객의 구분은 고객을 유인하기 위한 소매업체의 마케팅 활동을 나타내지 않을 수도 있다. 이와는 대조적으로 고객들이 어떤 편익을 추구하고 있는지 아는 것은 효과적인 소매믹스를 설계하는데 유용하다. 그러나 문제는 어떤 고객들이 이러한 혜택을 추구하고 있는지를 식별하기 어렵다는 것이다. 이러한 이유로, 복합적 세분화 방법은 다양한 구분 방법을 사용하여 고객들이 추구하는 편익, 라이프스타일 및 인구 통계적 특성에 따라 표적 세시장을 정의하고 식별한다.

Best Buy는 복합적 세분화 방법을 활용하여 "고객 중심(Customer Centricity)" 프로그램에 의한 다섯가지의 세분시장의 구분을 시도하였다. 각 세분시장에 이름(first name)을 붙이고, 세분시장에 대한 소매 전략 개발의 책임을 지는 관리자를 각가 두고 있다. "Barrys"는 최고의 고객들이다. 그들은 30-60세의 전문직 종사자인 부유한 사람들이며 일 년에 최소 15만 달러를 벌며 고급차를 몰고 다닌다. Barrys는 Best Buy에 들어와서 3만 달러짜리 홈시어터를 보고는 "이거 살게요"라고 말하는 그런 류의 남자이다. 이와는 대조적으로, "Jills"는 교외에 살고 있는 분주한 엄마들이고, "Buzzes"는 목적 의식이 있으며 활동적인 젊은 남자들이다. "Rays"는 새로운 과학기술을 받아들이는 것을 즐기는 가정이 있는 남자들이다. 다섯 번째 부분은 그들의 가전상품을 베스트 바이에서 사는 소규모 사업가들로 구성된다.

특정 지역에서 표적으로 삼은 고객의 특성을 반영하여 점포를 리뉴얼하게 되었다. 예를 들어, Jill을 위한 점포는 구매 상담원들을 배치하고 엄마가 쇼핑하는 동안 아이들이 놀 수 있는 공간을 설치하였다. 배경음악도 어린이를 위한 음악으로 구성한다. Barrys의 요구를 만족시키는 점포들은 최고급 오락 시스템을 진열한 특별한 공간과 모바일 기술에 대한 전문가를 배치한다. Jill을 위한 점포는 학습용 소프트웨어와 같은 상품을 많이 비치하고, 부드러운 색으로 매장의 분위기를 연출하고, 아동들을 위한 기술과학 매장을 특색 있게 꾸민다. 이와는 대조적으로, Buzz 지향적인 점포는 가장 최신의 과학기술 상품과 비디오 게임을 비치한다. 고객들이 새로운 첨단 상품을 이용해 볼 수 있는 편안한 장소가 있으며, 소파와 비디오 게임을 테스트하기 위한 평면 TV와 조작 테이블이 있다. Ray 지향적 점포는 저렴한 가격에 그 초점을 더 맞춘다.

요약

Summary

고객들의 욕구를 만족시키기 위해, 소매업체들은 고객들이 점포 선택과 상품구매 결정을 어떻게 하고, 또한 그 결정을 고려하는 요인들이 무엇인지를 정확하게 이해해야 한다. 본 장에서는 구매과정의 여섯 단계(욕구인식, 정보탐색, 대안평가, 대안선택, 구매, 구매 후 평가)와 소매업체가 각 단계에서 어떻게 영향을 미치는지를 살펴보았다.

각 단계의 중요성은 구매 결정의 특성에 달려있다. 구매결정이 중요하고 위험할 때, 그 구매과정은 더 길어진다. 왜냐하면, 고객들이 정보 탐색과 대안 평가에 더 많은 시간과 노력을 들이기 때문이다. 구매 결정이 고객에게 별로 중요하지 않을 때, 그들은 구매과정에 거의 시간을 소비하지 않을 것이며, 그들의 구매행위는 습관적으로 이루어질 것이다.

소비자 구매 과정은 개인적인 신념과 태도, 가치, 그리고 사회적 환경에 의해 영향을 받는다. 일차적인 사회적 영향은 소비자의 가족, 준거 집단, 문화에 의해 영향을 받는다.

효과적인 소매 프로그램을 개발하기 위하여 소매업체는 고객을 세분화하여야 한다. 시장 세분화는 지리, 인구통계, 라이프스타일, 사용 상황, 그리고 추구되는 편익 등에 근거하여 다양한 방법으로 이루어진다. 각 접근 방법들은 서로가 장점과 단점을 가지고 있기 때문에, 소매업체들은 일반적으로 복합적인 방법에 의해 표적 시장을 파악하고 있다.

핵심용어

Key terms

편익 세분화(benefit segmentation)

상표충성도(brand loyalty)

구매 과정(buying process)

구매 상황(buying situations)

적합성(compatibility)

복잡성(complexity)

복합적 세분화(composite segmentation)

고려 대안군(consideration set)

교차 쇼핑(cross-shopping)

인구통계적 세분화(demographic segmentation)

매일 저가 전략(everyday low pricing strategy)

포괄적 문제 해결(extended problem solving)

외부적 원천(external sources)

패션(fashion)

지리인구통계적 세분화(geodemographic segmentation)

지리적 세분화(geographic segmentation)

습관적 의사 결정(habitual decision making)

쾌락적 욕구(hedonic needs)

충동구매(impulse buying)

정보 탐색(information search)

내부적 원천(internal sources)

복사품(knockoffs)

라이프스타일(lifestyle)

라이프스타일 세분화(lifestyle segmentation)

제한적 문제 해결(limited problem solving)

대중 시장 이론(mass-market theory)

다속성 모델(multiattribute attitude model)

주목 능력(observability)

구매 후 평가(postpurchase evaluation)

심리적(psychographics)

준거 집단(reference group)

소매 시장 세분(retail market segment)

만족(satisfaction)

점포 옹호자(store advocates)

점포충성도(store loyalty)

하위문화(subcultures)

하위문화 이론(subculture theory)

시도 능력(trialability)

트리클다운 이론(trickledown theory)

기능적 욕구(utilitarian needs)

발스(VALS™)

1. 계속되는 사례 과제: 당신이 선택한 계속되는 과제에 대해, 해당 회사에 의해 운영되는 소매 점포를 방문해 보시오. 점포에서 판매되는 상품 중 무엇인가를 구매할 것처럼 행동해 보시오. 당신이 상품을 구매하도록 자극하기 위해 점포가 시도한 모든 것들을 기술하시오.

2. 슈퍼마켓을 방문하여 쇼핑 카트에 선택된 상품을 담는 사람들을 관찰해 보시오. 그들이 상품을 선택하는데 소요되는 시간은 얼마인가? 일부 사람들은 다른 사람들보다 더 많은 시간을 소요하는가?

3. 웹 OLC 연습: 자동차나 소비자 가전제품과 같이 최근에 당신이 구매한 상대적으로 값비싼 상품에 대한 평가와 결정을 묘사하는 다속성 모델을 개발하기 위해 책의 웹사이트를 방문하여라. 다속성 모델 연습을 열어보아라. 왼쪽 열에 당신이 고려하는 속성들을 나열하여라. 첫 번째 줄에는 당신이 고려하는 대안들을 나열하여라. 두 번째 열(10＝매우 중요함, 1＝전혀 중요하지 않음)에는 각 속성에 대한 중요도 가중치를 채우고, 그럼 다음 각 속성(10＝매우 훌륭함, 1＝형편없음)에 대한 각 상품의 평가를 채워 넣어라. 중요도 가중치와 성과에 대한 믿음을 바탕으로, 각 상품에 대한 평가가 마지막 줄에 나타나게 된다. 당신은 가장 높은 평가를 받은 상품을 구매했는가?

4. 소비자의 세분시장 분류를 보다 더 잘 이해하기 위해서, SRI Business Consulting Intellingence는 구별되는 개성 특징에 따라 사람들을 세분화하는데 심리적인 것을 이용하는 VALS tool을 개발했다. www.sric-bi.com/VALS/presurvey.shtml의 회사 홈페이지를 방문하여라. 그리고 당신의 가치, 태도, 라이프 스타일에 따른 VALS profile을 규명하기 위한 설문조사를 실시하여라. 결과에 따르면, 당신의 VALS profile 유형은 무엇인가? 당신의 소비자 profile에 동의하는가? 동의하거나 동의하지 않는다면, 그 이유는 무엇인가? 소매업체들이 그들의 비즈니스 전략을 계획하고 실행할 때 이 조사의 결과를 어떻게 효과적으로 사용할 수 있는가?

5. 소매업체들은 그들의 비즈니스에 최상의 입지를 선정하기 위해 소비자의 지리적 분류를 기초로 시장을 세분화한다. http://www.esri.com/data/community__data/community-tapestry/index.html의 ESRI Business Information Solutions 홈페이지를 방문하여라. 그리고 당신이 현재 거주하고 있는 지역이나 학교의 우편 번호를 입력하여 그 결과를 살펴보아라. 지역 레스토랑과 같은 소매업체들이 이러한 우편 번호 지역 내에 새로운 점포를 오픈할지의 여부를 결정할 때, 이 보고서의 정보를 어떻게 이용할 수 있을 것인가?

6. 가장 최신의 패션 정보를 제공하는 다음의 인터넷 사이트를 방문하여라: www.style.com (*Vogue*, *W*), www.fashioninformation.com (U.K.), www.telegraph.co.uk/fashion/index.jhtml (U.K.), http://www.informat.com/trend/index.html. 디자이너들에 의해 보여지는 가장 최신의 의류 패션을 묘사하는 보고서를 기술하여라. 이러한 패션들 중 어떤 것이 인기 있을 것이라고 생각하는가? 그 이유는?

토의 질문 및 문제 *Discussion Questions and Problems*

1. 고객 구매 과정은 고객들이 상품을 구매할 때 종료되는가? 설명해 보아라.

2. 소비자들이 한 종류의 빠른 서비스를 제공하는 레스토랑에서 밥을 먹는 습관적 결정 또는 전형적 결정에서 벗어나 제한적 또는 포괄적 선택 결정을 하여 새로운 레스토랑을 시도해 보도록 만드는 것은 무엇인가?

3. 고객 구매 과정(보기 4-1)의 단계를 고려하여, 당신(그리고 당신의 가족)이 대학을 선택하는데 이 과정을 어떻게 사용하였는지를 기술해 보아라. 얼마나 많은 학교를 고려하였는가? 이러한 구매 의사 결정에 얼마나 많은 시간을 투자하였는가? 당신이 어느 학교를 가야할지 결정할 때, 고객 구매 과정의 대안 평가 부분에서 당신이 사용한 객관적이고 주관적인 기준은 무엇인가?

4. 소매업체들이 점포의 입지 선정을 위해 지리인구통계적 세분화를 사용하는 이유는 무엇인가?

5. 모든 소매업체들의 목적은 소비자들을 점포로 유인하여 그들이 찾고 있는 상품을 점포에서 발견하게 한 후, 구매가 이루어지도록 하는 것이다. 스포츠 용품 소매업체는 자신들의 점포에서 소비자들이 운동 장비를 구매하도록 어떻게 확신시켜 줄 수 있을 것인가?

6. 대학 캠퍼스 맞은 편에 있는 가족 소유의 헌책방은 다양한 세분 시장을 확인하기를 원한다. 시장을 세분화하기 위해 점포 주인은 어떤 접근법을 사용할 수 있는가? 결정된 시장 세분 방법을 기초로 하여 두 개의 가능한 목표 세분 시장을 작성해 보아라. 그런 다음, 두 개의 가능한 목표 시장에 가장 적합한 소매 믹스를 비교해 보아라.

7. 점포에서의 쇼핑과 인터넷에서의 쇼핑을 비교해 볼 때, 구매 의사 결정 과정이 어떻게 다르게 나타날 것으로 예상하는가?

8. 다속성 모델을 사용하여 젊은 미혼 여성과 제한된 수입의 은퇴한 부부에 맞는 지역 자동차 딜러의 가능한 선택사항을 확인해 보아라(아래 표 참조). 전국 소매 체인은 그들의 딜러십에 은퇴한 부부를 단골손님으로 만들 기회를 증가시키기 위해 무엇을 할 수 있는가? 이 정보를 분석하기 위해 책의 웹사이트에 있는 다속성 모델을 사용할 수 있다.

| | 중요도 가중치 | | 성과에 대한 믿음 | | |
속성	미혼 직장 여성	은퇴한 부부	지역 주유소	전국 서비스 체인	지역 자동차 딜러
가격	2	10	9	10	3
수리시간	8	5	5	9	7
신뢰성	2	9	2	7	10
편의성	8	3	3	6	5

9. Nintendo Wii가 런칭되었을 때, 소비자들을 250달러의 비디오 게임기를 구매하기 위해 밤새 야영을 하며 지독한 추위의 야외에서 점포가 오픈하기를 기다렸다. 다른 소비자들은 eBay 온라인 사이트로 가 동일한 제품을 750달러까지 지불하였다. 이 게임기를 구매하기 위해 추가적인 돈과 시간을 기꺼이 지불하는 Nintendo Wii 고객들의 세분화 특징(보기 4-6에 기초하여)을 기술해 보아라.

10. *Confectioner* 잡지에 따르면, 사탕의 계절적 판매는 네 번의 주요 공휴일에 증가했다. 보기 4-1을 사용하여 사탕의 구매 과정 단계를 기술하여라. 사탕이 중요한 네 번의 주요 공휴일, 즉 크리스마스, 부활절, 발렌타인데이, 할로윈 각각에서 욕구 인식은 어떻게 다르게 나타나는가? 이러한 공휴일을 위해 소비자들은 사탕을 어디에서 구매하는가? 개인적 소비를 위한 사탕 구매와 선물을 위한 사탕 구매 과정은 각각 어떻게 다르게 나타나는가? Godiva와 Hershey를 고려하여 사탕 구매에서 브랜드 이름 인식의 중요성을 설명해 보아라. 사탕 제조업체와 소매업체들은 매출 성장의 긍정적인 추세를 지속하기 위해 무엇을 할 수 있는가?

Grohmann, Bianca, Eric R. Spangenberg, and David E. Sprott. "The Influence of Tactile Input on the Evaluation of Retail Product Offerings." *Journal of Retailing* 83, no.2 (2007), pp. 237-45.

Hawkins, Delbert, David L.Mothersbaugh, and Roger J. Best. *Consumer Bebavior*, 10th ed. New York: McGraw-Hill/Inwin, 2007.

Hines, Tony and Margaret Bruce. *Fasbin Marketing, second Edition: Contemporary Issues.* Burlington, MA: Butterworth-Heinemann, 2007.

Mcgoldrick, Peter J., and Natalie Collins. "Mutichannel Retailing: Profiling the Multichannel Shopper." *International Review of REtail, distribution & Consumer Research* 17, no.2 (2007), pp. 139-58.

Pan, You, and George M.Zinkhan. "Determinants of Retail Patronage: A Meta-Analytical Perspective." *Journal of Retailing* 82, no.3 (2006), pp. 229-43.

Peter, J. Paul, and Jerry Olson. *Consumer Bebavior and Marketing Strategy*, 7th ed. New York: McGraw-Hill/Irwin, 2005.

Reda, Susan. "What Are Shoppers Saying About You?" *Stores*, February 2007.

Uncles, Mark D."Understanding Retail Customers." In *Retailing in the 21st Century-Current and Future Trends*, eds. Manfred Kraft and Murali Mantrala Berlin: Springer, 2006, pp.159-73.

Underhil, Paco. *Why We Buy: The Science of Sbopping*. New York: Simon & Schuster, 1999.

Wagner, Tillmann. "Shopping Motivation Revised: A Means-End Chain Analytical Perspective." *International Jouranl of Retail & Distribution Management* 35, no. 7 (2007), pp. 569-82.

● 부 록: 패션에 대한 소비자 행동　　　　*Appendix*

많은 소매업체, 특히 백화점과 전문점은 최신 유행 상품을 판매한다. 소매업체는 최신 유행 상품을 수익성이 있게 판매하기 위해서, (1) 패션의 발전 방향과 시장을 통한 패션의 전파 경로를 이해하고 (2) 유행을 타는 최신 유행 상품의 수요와 공급을 조화롭게 운영할 수 있는 시스템을 사용해야 한다. 본 부록은 패션에 대한 소비자의 행동 측면을 검토한 것이다. 패션 상품에 대한 수요와 공급을 조화시키는 운영 시스템은 12장과 13장에서 토의될 것이다.

패션이란 다수의 소비자가 사회적으로 시간과 장소에 알맞다고 생각되는 상품이나 행동 방식을 일시적으로 채택한 상태를 말한다. 예를 들어, 어떤 사회에서는 밝게 염색된 머리카락을 가지거나, 골프를 치거나, 동물 모피로 만들어진 코트를 입거나, 턱수염을 기르거나, 휴가동안 값비싼 건강 온천을 가는 것이 패션이 될 수 있는 것이다. 그러나 많은 소매 환경에서 패션이라는 용어는 의류나 액세서리와 밀접한 관련을 맺고 있다.

1. 패션에 의해서 만족된 소비자의 욕구

패션은 감정적, 실용적 욕구를 만족시킬 수 있는 기회를 사람들에게 제공해 준다. 패션을 통해 사람들은 그들 자신의 독자성을 개발하게 되는 것이다. 용모를 관리하고, 자아 이미지와 감정을 표현하며, 자아를 향상시키고, 타인에게 좋은 인상을 주기 위해 패션을 사용한다. 수년에 걸쳐, 패션은 특수한 라이프스타일이나 사람들의 역할과 밀접하게 연관되어 왔다. 수업을 받으러 가거나 데이트에 나갈 때, 혹은 면접을 보러 갈 때, 사람들은 옷을 구별하여 입게 되는 것이다.

패션은 또한 타인과 의사소통할 때에도 사용될 수 있다. 예를 들어, Best Buy의 판매원은 제품 판매시 전통적인 비즈니스 정장을 입지만, Abercrombie & Fitch의 판매원은 좀 더 비공식적이고 패션지향적인 복장을 한다. 이러한 의복 착장의 차이는 기업들의 회사 문화 차이에 대한 판매원의 이해를 나타낸다.

사람들은 자신의 독자성을 개발하거나 타인으로부터 인정을 받기 위해 패션을 사용한다. 이러한 패션의 두 가지 편익은 서로 반대 세력으로 작용할 수 있다. 만약 여러분이 어느날 평소와는 달리 급진적으로 다른 종류의 옷을 입는다면 본인의 독자성 개발에는 성공할지 모르나 기존의 친구들은 받아주지 않을 수도 있다. 제조업체와 소매업체는 이렇듯 서로 갈등하는 욕구들을 만족시키기 위해서 다양한 디자인을 제공하는 한편, 최신 유행 디자인이면서 소비자들의 독자성을 표현할 수 있는 디자인을 제공하기도 한다.

2. 패션은 어떻게 개발되고 전파되는가?

패션은 보편적이지 않다. 하나의 패션은 한 지역, 국가, 연령 집단에서는 수용되면서도 다른 곳에서는 수용되지 않을 수도 있다. "패셔너블"하다는 것에 대한 당신의 생각과 부모님의 생각이 얼마나 다른지를 생각해 보아라. 낡고, 엉덩이에 걸쳐입는 청바지와 딱 붙는 티셔츠를 입는 것을 상상하기 힘들 것이다. 그것은 당신들에게 더블 브레스티드 비즈니스 정장을 입게 하는 것과 같을 것이다. 스포츠 패션 트렌드에 관심이 있는 사람은 대학과 NBA 농구 선수들의 유니폼을 입는다. 3년 전, 그들은 긴 머리를 즐기고 딱 붙는 짧은 바지를 입었으며, 컨버스 슈즈를 신었다. 현재 그들은 짧은 머리에 배기 바지를 입고 나이키 슈즈를 신는다(www.nba.com/phtostore/ 참조).

패션 라이프사이클의 단계는 〈보기4-9〉에서 보여진다. 사이클은 새로운 디자인이나 스타일의 창조에서 시작된다. 패션 리더나 혁신자로 인식된 일부 소비자들은 그러한 새로운 패션을 선택하고 그들의 사회집단에 유행시킨다. 패션은 리더에서 타인에게 전파되고 하나의 패션으로 넓게 수용된다. 결국 대부분의 사람들에게 패션이 수용되고 더 나아가서는 과잉으로 사용될 수도 있다. 패션의 포화 상태와 과잉 사용은 인기의 감소와 새로운 패션의 창조를 일으키게 된다. 패션 라이프사이클이 기간은 상품의 유형과 시장에 따라 다르게 나타난다. "트윈세대(tweens)"나 어린 10대들의 의류 패션은 몇 달이나 심지어 몇 주로 측정되지만, 가정용 가구의 패션 사이클은 몇 년 동안 지속되기도 한다.

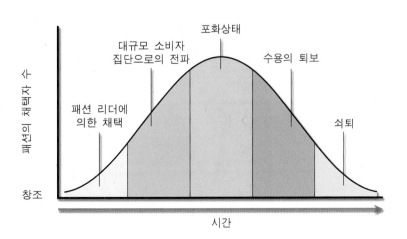

● 보기 4-9
패션 라이프
사이클의 단계

1) 창조

새로운 패션은 수많은 원천지로부터 생겨난다. 패션 디자이너들은 패션을 일으키는 창조적인 영감들 중 하나의 원천에 불과하다. 패션은 창조적인 소비자, 연예인, 심지어 소매업체에 의해서도 개발된다. 유명한 배우나 명사, 선수들이 TV 쇼나 영화, 무대, 또는 레드카펫에서 가장 최신의 스타일을 입으면, 소비자들은 패션에 관심을 가지게 되고, 그것을 종종 채택하고 이러한 트렌드를 따라가게 된다.

2) 패션리더에 의한 채택

패션 라이프 사이클은 패션을 주도하는 소비자에 의해서 채택될 때 비로소 시작된다. 새로운 패션의 초기 채택자들은 패션 리더나 혁신자, 또는 트렌드세터로 불리어진다. 그들은 그들의 사회집단에 처음 으로 새로운 패션을 보여주는 사람들이다. 패션이 너무 혁신적이거나 현재 수용된 패션과 많이 다르면 수용이 되지 않을 수도 있다. 그리하여, 일부 패션들은 짧은 라이프 사이클을 갖기도 한다.

유행이 사회속으로 전파되는 현상을 설명하는 3가지 이론이 있다. 트리클 다운 이론(trikle-down theory)은 최고의 사회적 지위를 가진 소비자(부유하고 교육수준이 높은 소비자)들을 패션 리더로 정 의한다. 트리클 다운 이론에 따르면, 그들이 채택한 패션은 후에 더 낮은 사회적 계층의 소비자들에게 흘러들어간다고 한다. 가장 낮은 사회계층에까지 수용된 패션은 더 이상 높은 사회계층의 패션 리더에 게는 수용되지 않는 것이다.

제조업체와 소매업체는 디자이너 패션쇼에 전시되고 독점적인 전문점에서 판매하는 최신의 스타일을 복사함으로써, 트리클 다운의 진행을 자극한다. Knock-offs로 일컬어지는 이러한 복사품들은 더 넓 은 시장을 목표로 하는 소매업체들을 통해 더 낮은 가격에 판매된다. 예를 들면, JCPenney의 디자이

소매업체들은 디자이너의 영감에서 비롯된 패션 트렌드를 면밀히 분석하여 자신들의 타켓시장에 적절한 상품을 만들 어낸다.

너들은 Texas의 Plano에서 그들의 컴퓨터로 패션쇼를 보고, 그들의 시장에 맞게 디자인을 해석한다. 만약 파리나 밀라노의 디자이너들이 터틀넥을 선보인다면, JCPenney 디자이너들은 그러한 패션의 어느 부분이 더 넓은 시장에 선호될 것인지와 아시아에서 그것들을 생산할 것인지의 여부를 결정하게 된다. 좀 더 고가격의 오리지날 상품들이 고급 전문점과 백화점에 들어가기 전, 모방된 터틀넥은 JCPenney의 선반에 잘 전시되어 있을 가능성이 크다.

다른 소매업체들은 디자이너들을 고용함으로써 그들에게 한 발 더 다가가기도 한다. 1990년대 초 Giorgia Armani와 Paco Rabanne의 여성복 디자이너 디렉터로 4년을 일한 Patrick Robinson은 현재, Target을 위한 50달러 이하의 옷을 디자인하고 있다. Robinson은 그가 기대했던 것만큼 디자인과 자재들에 타협할 필요가 없다는 사실에 놀라웠다고 언급한다.

두 번째 이론인, 대중 시장 이론(mass market theory)은 패션이 사회 계층 내에서 전파된다고 말한다. 각각의 사회 계층은 그들 자신의 사회적 네트워크에서 핵심 역할을 하는 패션 리더들을 가지고 있다. 패션 정보가 상위 계층에서 하위 계층으로 내려가기 보다는 오히려 한 사회 계층 내에서 전파되는 것이다. 예를 들어, 모터사이클 쟈켓과 다른 장비들은 전통적인 복장에 대한 디자이너들의 해석과 뭔가 다른 것을 시도해 보려는 패션 리더들의 욕구로 모터사이클을 한 번도 타 본적이 없는 사람들에게도 패션이 되었다.

세 번째 이론인 하위문화 이론(subculture theory)은 최신 패션의 발전에 기초를 둔다. 도시에 사는 가장 어리고 덜 풍요로운 소비자들의 하위 문화에서 다채로운 색깔의 직물, 티셔츠, 운동화, 청바지, 검은 가죽 쟈켓, 군복과 같은 상품들의 패션이 시작된 것이다. 많은 경우, 패션은 의도하지 않게 저소득 소비자 집단의 사람들로부터 시작되었고, 하위 계층에서 상위 계층으로 전파되었다. 예를 들어, 노동자들은 구멍이 있는 청바지를 입었고, 그 청바지는 작업으로 낡았으며, 티셔츠는 햇빛에서의 작업으로 색이 바랬고, 집을 페인트 칠하는 사람들은 페인트 자국으로 그들의 옷이 뒤덮였다. 이러한 차림은 제조업체들에 의해 채택되었고 많은 다양한 소비자 그룹에 판매되었다. 더 많이 낡을수록, 더 많은 사람들이 물건을 구매할 의사가 있었다.

Abercrombie & Fitch, The Gap, J.Crew의 중가브랜드와 Polo/Ralph Laure, Giorgio Armani, Hugo Boss의 고급 브랜드들은 빈티지 룩에 기초한 "casual luxury"을 발전시켰다. 그 브랜드들은 또한 빈티지 스타일의 골프 셔츠와 카키 팬츠로 그러한 차림을 더욱 빈티지스럽게 보이도록 만들었다. Abercrombie, Banana Republic, J.Crew도 지저분한 세탁 바구니에서 바로 꺼낸 듯한 주름을 그들의 옷에 적용함으로써 "그러한 차림"을 추가하였다. 극단적으로, 디자이너 Michael Kors는 모델들에게 주름진 비즈니스 정장을 입혀 패션쇼의 무대 위로 내보냈다. 주름을 지속하기 위해, 그는 원단에 금속재질을 추가하였다.

이러한 이론들은 다양한 장소와 사회집단에서 패션 리더가 나올 수 있다는 것을 증명한다. 다양한 사회에 속한 모든 소비자들은 모두 패션 추세를 만들어 가는 리더가 될 수 있는 것이다.

3) 대규모 소비자 집단으로의 전파

이 단계 동안, 패션은 초기 채택자로 대변되는 넓은 소비자 집단에 의해 수용된다. 패션은 점점 더 가시적으로 되고, 홍보와 매체의 주목을 받게 된다. 그리고 난 후, 소매점포에서 쉽게 구매할 수 있게 되는 것이다.

패션에 대한 상대적 이익(the relative advantage), 적합성(compatibility), 복잡성(complexity), 시

도 능력(trialability), 그리고 주목 능력(observability)은 한 사회집단을 통해서 패션이 전파되는 데 걸리는 시간에 영향을 미친다. 더 많은 효익을 제공하는 새로운 패션은 현존하는 패션과 비교하여 더 높은 상대적 이익을 가지고 더 빠른 속도로 전파된다. 종종 소비자들은 스스로를 특별하게 만드는 패션을 채택하기도 한다. 한 예로, 값비싼 의복과 같은 배타적인 패션은 부유층 시장에서 더 빨리 채택된다. 반면, 실용적인 수준에서 주름이 안지는 바지처럼 관리하기 쉬운 의류는 일반 대중 시장에 빨리 전파될 것이다.

적합성(compatibility)은 패션이 현존하는 규범, 가치, 행동과 일관된 정도를 나타낸다. 새로운 패션이 현존하는 규범과 일관되지 않는다면, 채택자의 수와 채택 속도는 더 낮아진다. 스키니 진은 청바지를 입는 상대적으로 소수의 대중들에게만 받아들여진다. 비록 몇 시즌에 걸쳐 그것이 성공했다 할지라도, 그것은 결코 광범위하게 수용되지 않을 것이다.

복잡성(complexity)은 새로운 패션을 이해하고 이용하는 것이 얼마나 쉬운가를 말한다. 소비자들은 그들의 라이프스타일에 새로운 패션을 결합시키는 방법을 배워야 한다. 예를 들어, 당신이 패션쇼의 무대 위만 빠르게 걷는 것이 아니라면 플랫폼(platform), 6인치, 뾰족한(stiletto-heeled) 구두는 평상시에 걷기에는 힘들 것이다.

시도능력(trialability)은 초기 패션을 채택할 때 필요한 비용과 참여 정도(commitment)를 말한다. 예를 들어, 새 시즌의 패션을 미리 보여주거나 미리 팔기 위해 트렁크 쇼를 갖는 디자이너들은 종종 오직 샘플만을 보여준다. 그리하여 소비자들은 그것이 잘 맞거나 좋은 스타일을 나타낼 것인지 대해 그들의 사이를 추측해야만 한다. 소비자들은 패션에 동참하기 위해 새로운 유형의 값비싼 의류 구매에 많은 돈은 지출한다. 소비자들이 그것들을 구매할 필요 없이 그들에게 그러한 패션이 잘 어울리는지 볼 수만 있다면 수용 속도는 더 빨라지게 된다.

주목능력(observability)은 새로운 패션의 가시적인 정도와 사회집단의 사람들과 쉽게 의사소통이 되는 정도를 말한다. 의류 패션은 시트나 수건과 같은 홈 패션과 비교하여, 눈에 매우 띤다. 그러므로, 의류 패션은 침실의 새로운 칼라 배합이나 스타일보다 더 빨리 전파된다.

패션 소매업체들은 표적 시장을 통한 새로운 패션의 채택과 전파를 증가시키기 위해 많은 활동을 한다. 패션의류의 새로운 품목을 이미 소유하고 있는 다른 아이템과 조화시키는 방법을 소비자들에게 보여줌으로써, 적합성은 증가시키고 복잡성은 감소시킨다. 시도능력은 소비자들이 옷을 입어볼 수 있는 탈의실을 제공함으로써 증가시킨다. 소비자들이 상품을 환불할 기회를 제공하는 것은 시도능력을 증가시키는 또 다른 방법이다. 또한, 점포에 패션 상품을 전시하거나 신문에 광고함으로써 주목 능력을 증가시킨다.

4) 포화상태

이 단계에서, 패션은 가장 높은 수준의 사회적 수용을 성취한다. 표적 시장 내 대부분의 소비자들은 패션을 알고 있으며 그 수용여부를 결정한 단계에 있다. 이 시점에서, 새로운 패션은 벌써 많은 사람들에게 낡고 권태로운 패션으로 변하게 된다.

5) 수용의 퇴보와 쇠퇴

패션이 포화상태에 도달할 때, 소비자들은 그 패션을 덜 소구하게 된다. 대부분의 사람들이 이미 그 패션을 채택했기 때문에, 패션은 사람들의 개성을 표현할 기회를 더 이상 제공하지 못하게 된 것이다. 패션 창조자와 리더들은 새로운 패션으로 이미 실험을 시작하게 된다. 그리하여 새로운 패션의 도입은 이전 패션의 퇴보를 가속화시킨다.

2부 소매 전략

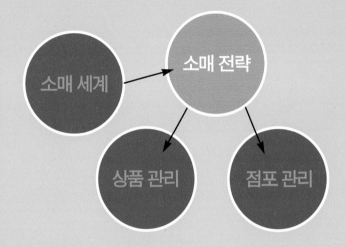

1부에서는 소매 관리 의사 결정들, 즉 소매업체의 다양한 유형과 각 소매업체들의 복합 유통 채널(점포, 인터넷, 카탈로그 등)활용 방안, 그리고 고객들의 소매업체 선택에 영향을 미치는 요인들을 살펴보았다.

2부에서는 소매업체에 의해 이루어지는 전략적인 의사 결정들에 대해 논의하도록 한다.

5장은 소매 시장 전략의 개발에 대해 다룬다.

6장은 소매 시장 전략과 관련된 재무 전략에 대해 설명한다.

7장과 8장은 소매점포의 입지와 입지선정에 대해 다룬다.

9장은 소매업체의 인적자원관리에 대해서 설명한다.

10장은 정보의 흐름과 상품 구색을 통제하는 시스템에 대해서 설명한다.

11장은 소매업체들이 고객들과 관계를 구축하기 위해 어떤 노력을 하고 있는지 알아본다.

1부에서도 언급했듯이, 이러한 결정들은 표적 세분 시장에서의 장기적인 경쟁 우위를 점하기 위해 중요한 자원들을 관리하는 전략들이다.

3부와 4부에서는 상품 구색과 점포 관리와 관련하여 다소 전술적인 결정들을 다루게 될 것이다. 이러한 전술들 역시 소매업체의 효율성에 영향을 주지만, 그 효과는 2부에서 다루게 될 전략적 결정에 비해 단기적이다.

Chapter five 5

소매 시장 전략

Question

● 소매 전략이란 무엇인가?

● 소매업체들은 어떻게 지속적인 경쟁우위를 구축할 수 있는가?

● 소매업체들은 전략을 개발하기 위해 어떤 단계를 거치는가?

● 소매업체들은 어떤 다른 전략적 기회를 추구할 수 있는가?

● 글로벌 소매업체가 되기 위해 어떠한 형태의 소매업체가 가장 유리한가?

Refact

전략이라는 말은 그리스어로 "art of the general(장군의 예술)"이라는 의미에서 비롯됐다.

고객 욕구의 변화와 함께 새로운 업태와 기술의 출현으로 소매업체간의 경쟁은 점차 치열해지고 있다. 따라서, 소매업체들은 장기적 전략에 보다 큰 관심을 쏟을 수밖에 없게 되었다. 소매전략에 관한 제 2부는, 소매환경 분석을 통해 소매업의 전반적인 실태를 설명하고 있는 제 1부와 소매전략 수행을 위한 기술적인 상품관리 및 점포운영활동을 설명하고 있는 제 3부와 제 4부 사이의 가교 역할을 한다. 소매전략은 소매업체들이 자신들이 처해있는 환경, 특히 고객과 경쟁사들을 보다 효과적으로 다루기 위해 필요한 방향을 제시한다.

본 장의 첫 번째 부분은 소매전략이라는 용어에 대한 정의를 내리고, 소매전략의 세 가지 중요한 요소인 표적시장 세분화, 소매업태, 지속적인 경쟁우위에 대해 토의한다. 그 다음에 지속적인 경쟁우위를 구축하기 위한 방법을 설명한다. 마지막으로 전략적 소매계획과정에 대하여 언급할 것이다.

I 소매전략이란 무엇인가?

소매전략이라는 용어는 소매업계에서 자주 사용된다. 예를 들어, 소매업체들은 자신들의 상품전략, 촉진전략, 입지전략, 그리고 유통업자 상표(private brand) 전략에 대해 검토한다. 사실 이 용어는 너무나 일상적으로 사용되기 때문에 현재 모든 소매결정이 전략적 결정인 것처럼 보인다. 그러나, 소매전략은 단순히 소매관리의 또 다른 표현인 것만은 아니다.

1. 소매전략의 정의

소매전략은 (1) 소매업체의 표적시장, (2) 소매업체가 표적시장의 욕구를 만족시키기 위해 기획하는 업태, (3) 소매업체가 지속적인 경쟁우위를 구축하기 위해 계획 단계에서 기반으로 삼는 근거를 설명하는 말이다. 표적시장은 소매업체들이 자체적으로 보유하고 있는 자원과 소매 믹스(mix)에 초점을 맞추기 위해 계획하는 세분시장들이다. 소매업태는 소매업체의 믹스(제공되는 상품과 서비스의 수준, 가격 정책, 광고와 판촉 프로그램, 점포 디자인과 가시적인 광고를 위한 접근 방식, 점포 입지)를 말한다. 이러한 유지 가능한 경쟁적인 이점은 쉽게 모방될 수 없으며, 오랜 기간 유지될 수 있다는 점이다. 다음은 소매전략의 예들이다.

Steve & Barry's Steve Shore와 Barry Prevor는 그들의 첫 번째 매장을 1985년 Philadelphia의 Pennsylvania 대학교 근처에 처음 세웠다. 이들은 최초로, 학교 로고가 새겨진 스포츠웨어를 팔았다. 현재는 200개의 매장으로 확장되었으며, 이곳에서는 남자, 여자, 어린이를 위한 유머러스한 티셔츠와 베이직한 아이템을 제공하고 있다. 이곳의 모든 상품들의 가격은 $15이지만, 품질은 놀랍게도 매우 높다. Starbury 브랜드 신발(Stephon Marbury NBA 선수들의 신발로 허가)은 NBA 코트에서 알려졌으며, 프로 농구 선수들이 즐겨 신었다. 이들이 성공할 수 있었던 주요 요인은 몰 소유자의 적극적인 입점장려를 통해 비롯되었으며, 이들은 사실상 광고에 의존했던 것이 아니라, 벤더들과 공동 노력을 하는 창조적인 접근 방법을 활용하였다.

Chico's 전문품을 취급하는 600개의 체인을 가진 이 브랜드는 35세부터 55세의 여성을 위한 패셔너블한 의류를 판매하고 있다. 이 회사는 오직 유통업체 브랜드(PB)만 판매하며, 수직적 통합을 통하여 상품과 제조, 그리고 운반을 모두 직접 관리한다. Chico's는 매장에서 판에 막힌 제품이 아니라 상품 구색을 지역 특색에 맞춰 조정한다. 소매업체는 재고를 세 가지로 분류해서 모아놓는다. Traveller 모음은 핵심 구색이며, 반면에 다른 두 가지의 모음은 한정품 또는 유행이 지난 것들이다. Chico's의 5백만 로열티클럽 회원들은 상품을 구입할 때 5%을 할인받을 수 있으며, 매장의 세일, 무료 쇼핑, 카탈로그 할인에 대한 공지를 받을 수 있으며, 이들은 Chico's 판매량의 78%을 차지한다. 이러한 쇼핑객들은 한번 방문 시 평균 $100 정도의 비용을 지불하며, 비회원 쇼핑객들은 평균 $70 정도의 비용을 지불한다고 한다. Chico's의 상품 운반은 높은 품질의 고객 서비스와 시간을 들여서 이루어지며, 고객들과의 인간적인 관계를 유지하게끔 직원들을 교육한다.

Curves 50개의 주와 30개의 국가에 있는 10,000개의 프랜차이즈 점을 가진 Curves는 휘트니스 클럽이다. 미국의 휘트니스 클럽 중 4개중 하나가 Curves다. 대부분의 휘트니스 클럽이 18세에서 34세의 연령층을 타깃으로 하는 반면, Curves의 주 고객들은 주로 베이비부머 세대로써, 비교적 작은 타운에 살고 있다. Curves는 트레드밀 머신, 사우나, 사물함, 거울이 없고 에어로빅 클래스를 운영하고 있지 않는다. 회원들은 수중에서 운동기구를 사용하며, 같은 위치에서 걷거나 조깅을 하는 운동은 하지 않는다. 이 클럽의 표준 운동시간은 30분 내외이지만, 500칼로리를 소모할 수 있도록 설계되어 있다. 클럽 회원들은 다른 클럽보다 저렴한데, 일반적으로 한 달에 $29의 비용을 지불한다. 이러한 방식은 다른 클럽보다 매력적이어서 Curve는 휘트니스 클럽에 가입하고자 하지 않았던 고객들에게도 선호하는 클럽으로 급부상하고 있다.

Steve & Barry에서는 놀
라울 정도로 저렴한 가격
에 좋은 품질의 스포츠 의
류를 제공한다.

Magazine Luiza 브라질에서 세 번째
로 큰 비식료품 소매업체로서 저소득 고
객층을 대상으로 한다. 이곳은 저소득 고
객층이 가전제품과 기구들을 구입할 때
지불하는 값에 대해 할부 결제를 할 수
있고 세계 최고의 이자율과 감당할 수 있
는 신용을 제공한다. 이 회사는 고객들이
할부로 물건을 구입했을 때 매달 청구되
는 값에 대해 직접 지불하기를 요구하며,
매장에서 판매되는 물건들의 우수한 진
열상태는 많은 고객들의 구매를 자극한
다. 브라질에서 절반가량의 인구들은 개
인계좌를 가지고 있지 않아서, 소매업체
가 금융서비스를 제공 개인적인 대출과
보험정책 등을 포함한 한다. 만약 이러한
서비스가 없다면, 대부분의 고객들이 구매를 하지 못할 것이다. 이러한 제도로 인해 판매의 80%가 할
부제도를 통해 이루어지지만, 브라질의 다른 소매업체에 비해 채무불이행의 비율도 50%가량 낮다.

이런 각각의 소매전략은 (1) 표적시장 및 소매업태 선정, (2) 소매업체가 직면하고 있는 지속적인 경쟁
우위를 개발하는 것과 관련된다.

II 표적 시장과 소매 업태

소매 개념은 소매업체가 소매전략을 개발할 때 자사 및 경쟁사 양쪽의 고객들을 모두 고려해야함을 강
조하고 있다. 성공적인 소매업체는 표적시장내의 고객의 욕구를 만족시키는데 있어 경쟁업체들을 능
가한다. 표적시장을 선택함으로써 소매업체는 특정 고객군에게 집중하여 그들의 욕구에 부합하도록
노력할 수 있는 것이다. 이를 위해 소매업태를 선택하여 표적시장 고객의 욕구를 만족시키는데 사용되
는 소매믹스의 틀을 잡는 것이 중요하다.

소매전략은 소매업체가 경쟁할 시장에 따라 다르다. 농부가 참여하는 시장처럼 전통적인 시장은 구매
자와 판매자가 만나고 거래를 하는 장소였다. 그러나 현대적 시장에서는 잠재적인 구매자와 판매자가
항상 동일 장소에 있는 것은 아니다. 거래는 직접적인 교환 없이도 발생할 수 있다. 예를 들어, 많은 고
객들은 컴퓨터를 이용하여 인터넷으로 소매업체와 접촉하고 주문을 한다.

우리는 소매시장을 구매자와 판매자가 만나는 특정한 장소가 아니라 비슷한 욕구를 가진 일단의 소비
자 집단과 이런 소비자 집단의 욕구를 만족시키기 위해 비슷한 소매업태를 사용하는 일단의 소매업체
로 정의한다.

〈보기 5-1〉은 여성의류 부문의 일련의 소매시장을 나타낸다. 많은 소매업태가 좌측에 기재되어 있다.
각각의 업태는 해당 고객에게 서로 다른 소매믹스를 제공한다. 고객부문은 이 보기의 상단에 기재되어
있다. 제 4장에서 언급하였듯이, 각 부문들은 고객의 인구통계, 라이프스타일, 구매 상황 혹은 추구하

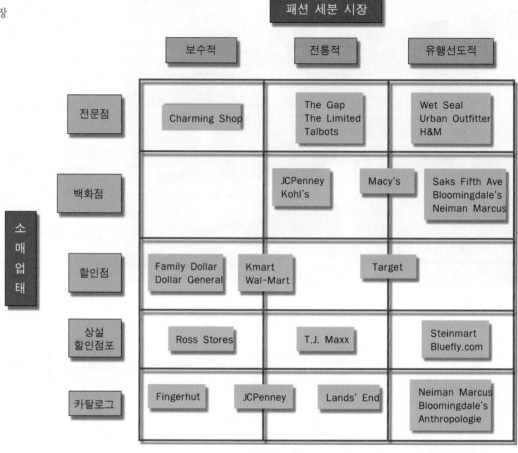

패션 세분 시장

소매업태	보수적	전통적	유행선도적
전문점	Charming Shop	The Gap / The Limited / Talbots	Wet Seal / Urban Outfitter / H&M
백화점		JCPenney / Kohl's — Macy's	Saks Fifth Ave / Bloomingdale's / Neiman Marcus
할인점	Family Dollar / Dollar General — Kmart / Wal-Mart	Target	
상설 할인점포	Ross Stores	T.J. Maxx	Steinmart / Bluefly.com
카탈로그	Fingerhut — JCPenney	Lands' End	Neiman Marcus / Bloomingdale's / Anthropologie

는 편익에 근거하여 정의된다. 이 예에서, 우리는 시장을 세 가지 패션 관련 세시장으로 나눈다. 즉, 유행에 전혀 관심이 없는 보수주의자, 고전적인 스타일을 추구하는 전통주의자, 그리고 가장 유행하는 제품을 원하는 유행 선도형자로 나눈다. 〈보기 5-1〉에서 표의 각 칸은 두 개 이상의 소매업체들이 서로 경쟁하는 잠재적인 소매시장을 묘사한다. 예를 들어, 지리적으로 같은 위치에 있는 Wal-Mart와 K-Mart는 보수적인 고객을 표적시장으로 하여 할인점의 형태로 경쟁한다. 반면, Saks와 Neiman Marcus는 유행 선도형 소비자 시장을 겨냥하는 백화점 업태로 서로 경쟁한다.

〈보기 5-1〉의 여성의류 시장은 가능한 여러 가지 예 중 하나에 불과하다. 소매업태는 확장되어 판매대리점과 인터넷 소매를 포함할 수 있다. 이 시장은 패션 동향에 의해 세분화하기 보다는 제 4장에서 설명된 다양한 접근방법을 사용하여 세분화될 수 있다. 〈보기 5-1〉이 여성 소매의류시장을 설명할 수 있는 유일한 방법은 아니지만, 이것은 소매시장이 소매업태와 고객세분시장에 근거하여 어떻게 정의될 수 있는지 보여준다.

기본적으로 〈보기 5-1〉은 여성의류 소매업체들이 서로 경쟁하는 전쟁터로 묘사된 것이다. 이 전쟁터에서의 전략적인 위치는 소매전략의 처음 두 가지 요소인 표적세분시장과 소매업태를 가리킨다. Gap이 여성의류 시장을 겨냥한 소매전략을 개발하는 과정에서 직면하고 있는 상황을 고려해 보자. Gap은 〈보기 5-1〉에 나타난 15개의 모든 시장에서 경쟁해야 할까, 아니면 한정된 일련의 소매시장에 초점을 두어야 할까? Gap이 한정된 시장에 초점을 두기로 결정한다면 어떤 시장을 겨냥해야 할까? 이 질문에 대한 Gap의 대답은 이 회사의 소매전략을 정의하고, 이 회사가 자원을 집중하기 위해 어떤 계획을 세우고 있는지 보여준다.

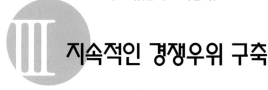

III 지속적인 경쟁우위 구축

소매전략의 마지막 요소는 지속적인 경쟁우위를 구축하기 위해 소매업체들이 취하는 접근방식이다. 지속적인 경쟁우위는 경쟁에서 장기적으로 기업이 유지할 수 있는 장점을 말한다. 〈보기 5-2〉는 경쟁 업체보다 더 많은 장점을 확보하기 위해 소매업체들이 사용할 수 있는 몇 가지 방법들을 보여준다. 이 보기가 완전한 것은 아니지만, 소매업체들이 참여할 수 있는 모든 사업 활동에서 경쟁우위를 갖추게 하는 기반을 제공할 수 있다.

그러나 몇 가지 장점들은 장기적으로 지속될 수 있는 반면, 다른 장점들은 경쟁자들에 의해 즉시 모방될 수 있다. 예를 들어, Jiffy Lube가 단순히 저가에 오일 교환을 제공하는 것만으로는 Pep Boys Automotive Center에 대해 장기적인 우위를 점하기는 어려울 것이다. 만약 Jiffy Lube가 가격 할인으로 고객을 유인하는데 성공했다면, Pep Boys는 Jiffy Lube가 취한 사실을 알고 몇 시간 내로 가격 할인에 대응할 것이다. 비슷한 예로, 소매업체들이 보다 광범위하고 깊이 있는 상품 선정을 한다고 해도 장기적인 우위를 유지하는 것은 어렵다. 보다 광범위하고 깊이 있는 상품 선정으로 많은 고객을 유인한다면, 경쟁사들은 자신의 점포에 동일한 품목을 구입하기만 하면 될 것이다.

경쟁우위를 구축하는 것은 소매업체가 소매시장에서 자신의 주변에 진입장벽을 쌓는 것을 의미한다. 이 진입장벽은 외부의 경쟁업체들이 이 소매업체의 시장에서 고객과 접촉하는 것을 어렵게 만든다. 소매업체가 매력적인 시장 주변에 진입장벽을 구축한다면 경쟁업체들은 이 장벽을 부수려고 시도할 것

○ 보기 5-2
지속적인 경쟁우의 개발을
위한 방안

경쟁 우위 원천	우위의 지속성	
	오래 지속되지 않는 방안	오래 지속되는 방안
고객 충성도 (11장, 16장)	습관적인 반복 구매; 인근 지역의 제한된 경쟁으로 인한 반복 구매	고객과의 정서적인 연결을 통한 브랜드 이미지 구축; 소비자에 대한 보다 심층적인 이해의 발 전과 활용을 위한 데이터베이스 의 사용
입지(7장, 8장)		편리한 입지
인적자원관리(9장)	보다 많은 종업원	성실하고 전문 지식이 많은 직원
정보시스템과 공급체인관리 (10장)	더 큰 웨어하우스; 자동화된 웨 어하우스	벤더와의 시스템 공유
상품 관리(12-14장)	보다 많은 상품; 보다 많은 상품 구색; 보다 낮은 가격; 보다 높은 광고 예산; 보다 많은 판촉 활동	독점적인 상품
벤더와의 관계(14장)	한정된 대안으로 인한 벤더로부 터의 반복 구매	획득 노력의 조정; 부족 상품의 획득 능력
고객 서비스(19장)	운영 시간	지식이 많고 도움이 되는 판매원

이다. 시간이 지나면서 모든 경쟁 우위 요소들은 이러한 경쟁으로 인해 약화되겠지만, 높고 두꺼운 진입 장벽을 구축함으로써, 소매업체는 장기적으로 자신의 우위를 지속시키고 경쟁 압력을 최소화하는 동시에 이익을 향상시킬 수 있다. 따라서 지속적인 경쟁우위를 구축하는 것은 장기적인 재무성과를 위한 핵심 요인이 된다.

소매업체가 지속적인 경쟁우위를 확보할 수 있는 일곱 가지 중요 요소는 (1) 고객 충성도, (2) 입지, (3) 인적 자원 (4) 물류 및 정보 시스템, (5) 독특한 상품, (6) 벤더와의 관계, 그리고 (7) 고객 서비스로 구성된다.

1. 고객 충성도

고객 충성도는 고객이 어떤 소매업체의 점포에서만 쇼핑하겠다고 스스로 약속하는 것을 의미하며, 고객 애호도라고도 한다. 충성도는 단순히 하나의 소매업체를 다른 소매업체보다 선호한다는 의미 이상이다. 예를 들어, 충성스런 고객들은 비록 Best Buy가 근처에 점포를 열어 약간 우세한 제품 혹은 약간 낮은 가격을 제공하더라도 Circuit City에서 계속 쇼핑할 것이다. 소매업체들이 충성도를 구축할 수 있는 몇 가지 방법은 (1)강력한 브랜드 이미지의 구축, (2)명확하고 정확한 포지셔닝, 그리고 (3)충성도 프로그램에 의한 고객과의 관계강화를 통해서이다.

1) 소매 브랜딩(Retail Branding)

소매업체들은 동일한 업태에 있는 소매업체와의 경쟁에서 그들의 입지를 굳히기 위해 브랜드 로열티를 형성시키고자 한다. 하지만 소매업자는 Hot Topic과 같은 상품명을 만들거나, 혹은 Sears의 Kenmore 가전제품점과 같은 이름을 이용하여 독점적인 판매를 추구한다. 잘 알려진 유통업체 브랜드와 이외의 매장명에 관한 논의는 제 14장에서 자세히 다룬다.

소매 브랜드는 소매업체의 이름 혹은 유통업체 브랜드를 포함하는데, 이를 통해 신뢰와 충성도를 구축할 수 있는 고객과의 정서적인 관계를 형성할 수 있다. 예를 들어, 사람들이 L.L. Bean 브랜드의 제품을 구입할 경우, L.L. Bean 제품에 대해 신뢰하고 충성도를 보인다. 이를 위해 L.L. Bean은 다음과 같이 주장한다. "고객은 언제나 100%의 만족을 보장받아야하고, 만족하지 못한 어떠한 경우라도 반품할 수 있다. 우리는 제품이 닳아 없어져 못쓰게 될 때까지도 고객을 만족시켜줄 때 비로소 판매가 끝났다고 생각한다."

소매 브랜드는 또한 충성심을 촉진시킨다. 왜냐하면, 브랜드는 고객이 편안함을 느끼고 제품을 찾게 하는 높은 수준의 품질을 상징하기 때문이다. 소매 브랜딩에 대한 구체적인 논의는 제 16장에서 다룰 것이다. 이러한 강력한 소매 브랜드는 소매업체의 포지셔닝 전략의 한 부분이다.

2) 포지셔닝

어떤 소매업체는 유통업자상표의 이미지를 선명하고 뚜렷하게 개발하고 상품과 서비스를 통해 계속적으로 이를 강조함으로써 고객 충성도를 구축한다. 즉, 포지셔닝이란 고객의 마인드에 경쟁사와 차별화된 자사의 이미지를 창출하는 소매믹스의 설계와 실행을 뜻한다.

포지셔닝은 고객의 마인드(소매관리자의 마인드가 아님)에 있는 이미지가 중요함을 강조한다. 따라서 소매업체는 자사의 이미지가 무엇인지 연구하고, 이 이미지가 표적시장의 고객이 원하는 것과 일치하는지 점검해야 할 필요가 있다. 지각도(perceptual map)는 고객의 이미지와 소매업체의 선호도를 나타내기 위하여 사용된다.

○ 보기 5-3 美 워싱턴市-여성의류시장의 가상적인 지각도

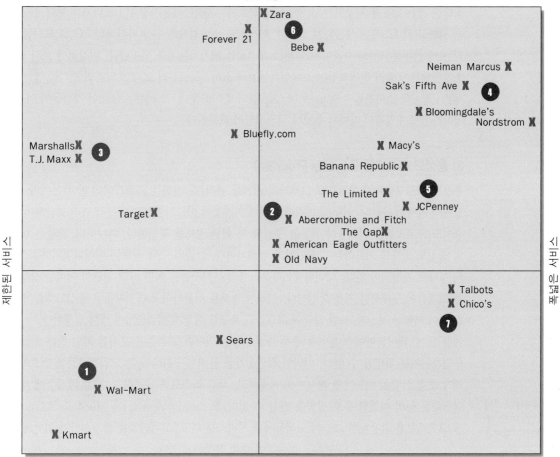

〈보기 5-3〉은 Washington D.C.에서 여성 의류를 판매하는 소매업체들의 가설적인 지각도이다. 이 지도의 두 가지 차원인 패션 스타일과 서비스는 이 예에서의 소비자가 소매점포에 대한 자신들의 인상을 형성하는 과정에서 사용하는 두 가지 중요한 특징들을 나타낸다. 지각도는 지도상에 있는 두 개의 소매업체의 거리로서, 두 개의 소매업체가 고객에게 얼마나 유사하게 느껴지는지를 나타내줄 수 있도록 개발된 것이다. 예를 들어, 소비자들은 Neiman Marcus와 Bloomindale's를 소비자들이 이들을 동일한 서비스와 유행을 제공하는 업체로 보기 때문에 지도에서 서로 매우 가깝게 위치해 있다. 반면 Nordstrom과 K-Mart는 소비자들이 이들을 매우 다른 업체라고 여기고 있기 때문에 멀리 떨어져 위치해 있다. 여기서 주목해야 할 점은 서로 가까이 위치한 소매업체들은 소비자들이 비슷한 혜택을 제공하는 업체로 느끼기 때문에 서로 치열하게 경쟁한다는 것이다.

이 예를 근거로 The Limited는 양질의 서비스와 함께 적절하게 유행을 반영하는 여성 의류를 제공한다는 이미지를 가지고 있다. T.J. Maxx는 낮은 수준의 서비스와 함께 보다 유행성있는 의류를 제공한다. Sears는 낮은 수준의 서비스와 함께 유행을 타지 않는 여성 의류를 제공하는 소매업체로 보여진다.

이상점(지도에서 점으로 표시된)은 서로 다른 세분시장에서 소비자 관점에서 본 이상적인 소매업체의 특징을 나타낸다. 예를 들어, 세분시장(segment) 3의 소비자들은 낮은 서비스를 제공하면서도 유행의 첨단을 걷는 의류를 제공하는 소매업체를 선호하는 반면, 세분시장 1의 소비자는 보다 전통적인 제품을 원하고 서비스에는 상관하지 않는다. 이상점과 소매업체의 위상(파란색의 "X"로 표시됨)사이의 거리는 해당 부문의 소비자들이 어떻게 소매업체를 평가하는지를 의미한다. 이상점에 보다 근접해있는 소매업체들이 멀리 떨어져있는 소매업체들보다 소비자들로부터 보다 호의적인 평가를 받는다. 따라서 세분시장 6의 소비자들은 Sears보다 Gap을 더 좋아하는데, 그 이유는 Gap이 자신들이 이상적이라고 생각하는 소매업체의 이미지에 보다 근접해있기 때문이다.

3) 충성도 프로그램 (Loyalty Program)

충성도 프로그램은 종합적으로 고객과의 관계를 관리(CRM)하는 프로그램의 한 부분이며, 이는 제 11장에서 자세히 다룬다. 이는 백화점에서 지역 피자샵에 이르기까지 소매에서 널리 보급되어 있다.

충성도 프로그램은 회원들이 상품을 구입할 때 회원 정보를 확인한다. 왜냐하면, 그들은 어떠한 종류의 충성도 카드를 이용하는지 확인하기 위해서이다. 그들의 구매 정보는 데이터웨어하우스에 데이터의 형태로 저장되어 있다. 데이터웨어하우스에서 분석자들은 어떤 고객 집단이 어떠한 상품과 서비스를 고객들이 구매하는 지를 확인한다. 이러한 정보를 이용하여 소매업자들은 충성고객들이 필요로 하는 것이 어떠한 것인지, 또한 그들이 고객들의 욕구를 어떻게 채워줄지에 대해 결정한다.

예를 들어, 데이터베이스 분석을 통해 Safeway는 어떠한 고객들이 값비싼 와인 혹은 고급 식료품을 구입하는지를 확인할 수 있다. 이러한 확인절차를 통해서, Safeway는 고급식료품을 선호하는 고객들에게 초점을 맞춰 이들에게 레시피를 제공하고, 재료 리스트를 제공하고, 재료 제품들에 대한 쿠폰을 발급하는 등의 특별한 홍보 전략을 펼칠 수 있다. Retailing View 5.1은 Mitchells/Richards가 어떻게 고객정보를 활용하여 그들의 고객들에게 서비스를 하고, 고객만족을 증가시키기 위한 홍보 전략을 펼치고 있는지에 대해 설명하고 있다.

스타벅스는 지역을 스타벅스로 메우는 방식으로 좋은 입지를 선점해 경쟁우위를 갖는다.

2. 입지

전통적으로, 소매업을 하는데 있어 가장 중요한 것이 무엇이냐고 묻는다면 첫째도 입지, 둘째도 입지, 셋째도 입지라고들 말해 왔다. 입지는 소비자의 점포 선택에 있어 결정적인 요소이다. 또한 경쟁자가 쉽게 따라할 수 없는 경쟁적 이점이 된다. 예를 들어, Holiday Inn이 고속도로 상에서 가장 좋은 입지에 위치한다면 경쟁 모텔들은 상대적으로 불리한 입장에 놓일 것이다. Days Inn과 LaQuinta 모텔은 오직 Holiday Inn이 자신의 입지를 포기해야만 이 불리점을 극복할 수 있을 것이다. 제 7장과 제 8장은 이러한 입지상의 지속적인 경쟁 우위를 개발하는 방법에 대해 토의할 것이다. 그러나 쇼핑을 위한 인터넷 사용의 증가는 입지적 이점을 높이는 것을 저해하는 요인이 되고 있다.

3. 인적자원관리

소매는 노동 집약도가 높은 사업이다. 직원들은 고객에게 서비스를 제공하

고객 각각을 허깅하는 Mitchells/Richards

Mitchelles/Richards는 두 개의 매장을 Connecticut의 Westport와 Greenwich에 운영하는, 백만장자들을 위한 의복 소매업체이다. 가족 소유인 이 의복 소매업체는 고객들에게 뛰어난 개인적 서비스를 제공한다. 이 회사는 관계를 만들어간다는 철학에 초점을 맞추고 소비자에게 일상적인 상호작용으로서가 아닌 허깅을 한다. Mitchelles의 가족은 자신의 직원을 고객 중심 사업 모델의 중요한 요소로서 생각한다. 평균적으로 코네티컷 매장에서 근무하는 직원은 15년 이상이 되었고, 이러한 장기간의 직원들은 모든 소비자를 유명 인사나 CEO로 대우한다.

직원들이 고객을 잘 응대하기 위해 Mitchelles/Richard는 고객과의 세련된 관계 관리 (CRM) 프로그램을 활용한다. Mitchelles/Richards는 자신의 사업 모델에 맞게 컴퓨터 시스템을 설계하였다. 이 시스템은 개개인 소비자의 프로파일뿐 아니라 각 가정의 가족들의 프로파일까지도 포함되는데, 이는 우선적으로 고객 자신, 배우자, 아이들 심지어는 애완동물까지 포함된다. 이러한 CRM 시스템으로부터 돌아오는 경제적인 대가는 어마어마하다. 매출 100만 달러 달성은 아직 이루어지지 않았지만, 일부 고객의 구매금액은 연간 10만 달러를 넘고 심지어는 25만 달러를 소비하는 고객도 있다.

고객 서비스는 단지 칭찬의 정도를 넘어선다. 영업직원, 재단사, 맞춤 기술자, 배달직원 등을 포함한 모든 직원들은 자신의 고객에 대하여 알고 있다. 이들은 고객의 프로파일을 연구하고, 여기에는 고객들이 최근에 구매한 상품과 구매하지 않은 상품 및 가족의 생일이나 소비 경향의 변화, 골프 핸디캡 등과 같은 사항까지도 포함된다.

Mitchelles/Richards는 상업광고를 하지 않는다. 그러나 개인화된 의사소통을 통해 현재 및 새로운 고객들과 대화한다. 예를 들어, 그 지역에서 100만 달러짜리 주택을 구매한 고객은 나무 옷걸이 한 박스와 $100짜리 교환권을 받는다. 이러한 노력으로 소매업자는 고객에게 자신의 충성도와 서비스를 상기시킨다.

Mitchelles/Richards와 같은 매장은 뛰어난 고객 서비스로 충성고객 기반을 구축하여 경쟁력을 만들어 간다.

출처: Edmondson, Amy C. and John A. Davis, "The Mitchell Family and Mitchells/Richards," Boston: Harvard Business Press, 2007; http://www.mitchellsonline.com (accessed July 30, 2007); Keiko Morris, "Venerable Men's Store 'Hugs' Women," *Knight Ridder Tribune Business News*, September 11, 2006, p. 1.

고 고객 충성도를 구축하는데 중요한 역할을 한다. 소매업체의 목적에 헌신적이며, 지식이 풍부하고 숙련된 직원은 Southwest Airlines, Whole Foods, Home Depot, Men's Wearhouse 같은 소매업체의 성공 기반이 되는 중요한 자산이다. 제 9장에서는 이런 소매업체들이 효과적인 인적자원관리를 통해 어떻게 지속적인 경쟁우위를 가질 수 있는지를 검토할 것이다.

4. 물류와 정보시스템

모든 소매업체들은 운영비용을 줄이려고 노력한다. 또한, 고객이 원할 때, 원하는 장소에서 적절한 상품이 공급되는 것을 추구한다. 정교한 물류 시스템의 활용은 소매업체가 이러한 효율성을 달성할 수 있는 기회를 제공한다. 예를 들어, Wal-Mart는 벤더로부터 상품 정보가 원활하게 흐르고, Procter & Gamble는 빠르고 효율적인 물품 공급과 재고비용을 줄이며, 재고를 줄일 수 있도록 촉진한다. Wal-Mart는 방대한 데이터 웨어하우스를 가지고 있으며, 점포별, 카테고리별로 조화로운 상품 구색을 가능하도록 하고 있다. 또한 Wal-Mart의 물류와 정보시스템은 소매업체가 경쟁시장에서 가장 낮은 비용으로 상품을 공급할 수 있도록 하고 있다. 경쟁적인 이점의 구성요인에 관해서는 제 10장에서 자세히 다루도록 하겠다.

5. 독특한 상품

일반적으로 소매업체가 상품을 통해 점포 충성도를 향상시키기는 어렵다. 왜냐하면 경쟁업체들이 똑같은 브랜드를 구입하고 판매할 수 있기 때문이다. 그러나 많은 소매업체들은 자신들의 점포에서만 구입할 수 있는 브랜드인 유통업자브랜드를 개발할 경우 지속적인 경쟁우위를 실현시킬 수 있다. 예를 들어, Kenmore 세탁기와 드라이어를 구입하기 원한다면 이것은 Sears에서 구입해야 한다. 유통업자 브랜드 개발에 관련된 문제들은 제 14장에서 다뤄질 것이다.

Sears는 강력하게 유통업자 브랜드를 관리한다. Craftsman 혹은 Kenmore 제품은 Sears 혹은 Kmart 에서만 구입이 가능하다.

6. 벤더와의 관계

소매업체들은 공급업체와 강한 유대관계를 발전시킴으로써 (1) 어떤 한 지역에서 상품을 판매할 수 있고, (2) 타경쟁업체들보다 더 낮은 가격이나 보다 나은 조건으로 상품을 구입할 수 있으며, (3) 공급부족 상황에서도 인기 있는 상품을 확보할 수 있는 배타적인 권리를 가지게 된다. 고객과의 관계와 같이, 공급업체와의 관계는 장기간에 걸쳐 형성되며 경쟁사에 의해 쉽게 침해받지 않는다.

예를 들어, JCPenney의 익스트라넷인 SupplierNet은 3,000개의 등록된 공급업체에게 주문하고 지불 상황을 검토하며 그들 상품의 판매결과를 볼 수 있도록 허용하지만, 경쟁사의 상품에 대해서는 이를 불허한다. 공급업체와 컴퓨터로 연락을 취함으로써 JCPenney는 고객이 원할 때 적합한 점포에 올바른 상품을 비치할 수 있는 기회를 증가시킨다. 제 14장에서는 소매업체들이 자신들의 공급업체와 어떻게 협력해야 하는지를 검토한다.

7. 고객서비스

또한 소매업체들은 높은 수준의 고객서비스 제공을 통해 충성도를 구축한다. 그러나 좋은 서비스를 계속해서 제공하는 것은 어렵다. 고객서비스는 소매 직원에 의해 제공되는데, 서비스질이 항상 유지되기가 쉽지 않다. 좋은 고객서비스를 제공하는 소매업체들은 장기간에 걸쳐 직원들에게 서비스의 일관성에 대한 중요성을 주입시킨다.

고객서비스부문에서의 명성을 구축하기 위해서는 상당한 시간과 노력이 요구되지만, 훌륭한 서비스는 가치있는 전략적 자산이 된다. 일단 소매업체가 서비스부문에서 명성을 획득하게 되면 이 회사는 장기적으로 서비스 우위를 지속시킬 수 있는데, 그 이유는 경쟁업체가 이에 필적할 만한 명성을 개발하는 것이 어렵기 때문이다. 따라서, 제 19장에서는 소매업체들이 어떻게 서비스 우위를 개발하는지에 대해 논의할 것이다.

8. 경쟁우위의 다양한 원천

일반적으로, 소매업체들은 지속적인 경쟁우위를 구축하기 위해 저비용이나 뛰어난 서비스와 같이 한 가지 방식에만 의존하지 않는다. 이들은 자신들 주변에 가급적 높은 장벽을 쌓기 위해 다양한 방식을 활용 한다. 예를 들어, McDonald의 성공은 충성 고객의 형성, 공급업체와 좋은 관계의 유지, 그리고 뛰어난 정보 및 물류시스템을 통한 비용 조절로 이루어진 것이다.

McDonald는 표적 세분시장마다 각기 다른 고객서비스를 제공하지 않는다. 고객들은 McDonald에서 자신들의 특정한 취향에 맞는 음식물을 기대하지 않는다. 대신 그들은 따뜻한 음식, 최소한의 대기시간, 적절한 가격을 기대한다. 즉, McDonald는 고객이 점포를 방문할 때마다 이런 기대에 부응함으로써 충성스런 고객 그룹을 만들었다.

고객의 기대에 계속적으로 부응하기 위해 McDonald는 많은 영역에서 역량을 개발해왔다. 공급업체와의 좋은 유대관계로 항상 품질 좋은 식자재를 확보할 수 있다. 물류와 재고관리 시스템으로 식자재를 각 지역에서 자체적으로 구할 수 있도록 했다. 점포 관리자들에게 다양한 훈련을 시킬 수 있는 시스템을 개발함으로써, 결과적으로 McDonald는 고객들의 대기시간을 줄였다. 또한, 이 훈련으로 인해 소비자들은 더욱 빠르고 친절한 대접을 받게 되었다. 많은 영역에서 독특한 역량을 개발함으로써, McDonald는 어린이를 가진 가정을 겨냥한 패스트푸드 업태의 개념으로 서비스 소매업체로서의 자사의 입지 주변에 높은 장벽을 구축하였다.

이 장 앞부분에 개략적으로 설명된 각각의 소매전략은 다양한 경쟁우위 원천과 관련된다. 예를 들어, Starbucks는 독특한 위치, 강한 브랜드명, 그리고 성실한 직원들에 의한 고품질의 서비스를 통해 강한 경쟁적 위치를 확보했다. 참고로, Retailing View 5.2는 독특한 제품, 뛰어난 고객서비스, 효과적이고 성실한 직원을 통해 지속적인 경쟁우위를 구축한 소매 체인인 The Container Store를 소개한다.

생활을 더욱 편리하게 해주는 제품을 판매하다

The Container Store는 자신들의 특별한 제품에 대한 직원들의 교육에 많은 시간을 할애하고, 이는 고객의 생활을 정리 정돈 할 수 있게 해준다.

사람들은 문제를 해결하기 위해 The Container Store를 찾는다. 예를 들어, 영업사원이 찾아오면 고객은 말한다. "우리 집사람은 연애소설을 좋아합니다. 그녀는 책들로 온 집안을 어지럽히지요. 나는 그 책들을 정리할 수 있는 무언가가 필요합니다." 그러면 영업사원은 그 문제를 해결할 수 있게 해주거나 회사가 그 사람에게 전화를 할 수 있도록 한다.

The Container Store는 사람들이 자신의 생활을 정리하며 살 수 있는 제품을 판매한다. 다용도 선반과 의류 정리함은 옷장을 정리할 수 있게 해준다. 이동식 파일 캐비닛과 잡지꽂이는 가정 겸 사무실을 정리해주고, 백팩, 조립식 선반, CD꽂이 등은 기숙사를 어수선하지 않게 만들어 준다. 레시피 홀더, 병, 단지, 쓰레기통 등은 부엌에 조화로움을 제공한다.

The Container Store는 선반과 저장 유닛의 주요 공급자인 Elfa International을 소유하고 있다. 비록 Elfa가 전 세계적으로 판매되고 있지만, 2007년에 북미에서 The Container Store를 독점 딜러로 결정하였다. Elfa의 제품은 필요한 크기와 모양으로 연동하여 사용할 수 있는 제품들이다. 22,000~ 30,000 평방 feet 크기의 매장이 40개 이상 있고, 10,000개 이상의 혁신적인 제품이 있다. 매장은 옷장, 부엌, 사무실, 세탁 등의 밝은 색 현판으로 표시된 일용품 섹션으로 구분되어 있다. 매장 어디에서나 푸른 에이프런을 두르고 보관상의 가장 작은 문제에서부터 위협적인 조직 문제까지 모든 문제를 도울 준비가 되어 있는 사람들을 볼 수 있다. 1 평방 feet당 연간 매출은 약 $400이다. 비록 보관용 아이템과 다른 유사한 제품들은 Linens 'N Things나 Bed Bath & Beyond와 같은 곳에도 제공하고 있지만, 경쟁업체들은 The Container Store의 고객 서비스를 제공하지는 못한다. The Container Store는 직원들의 상품 교육에 많은 시간을 할애하고 고객의 문제를 해결함에 있어 자신의 직관과 창조성을 사용하도록 장려한다. 이들은 사람들이 생활을 정리하면서 살 수 있도록 돕는 것을 즐겨 하는 소비자들을 적극적으로 채용하고 있어, 취업은 생각조차 하지 않았던 사람을 고용하기도 한다. The Container Store는 Fortune의 일하고 싶은 직장 베스트 100에 지난 8년 동안 매번 등록되었다. 수년 동안 The Container Store는 강력한 공급업체와 좋은 관계를 유지해왔다. 대부분의 공급업체의 우선적 관심은 산업적으로 사용할 수 있는 제품의 생산이었다. 그러나 시간이 지나면서 The Container Store는 벤더들과 함께 긴밀히 협조하면서 가정에 적합한 제품을 개발해 왔다.

출처: Katherine Field, "Containing Culture," *Chain Store Age*, April 2007, pp. 22-24; Sara Schaefer Munoz, "Why The Container-Store Guy Wants to Be Your Therapist," *The Wall Street Journal*, March 29, 2007, p. D.1; www.containerstore.com (accessed July 16, 2007).

IV 성장 전략

소매업체들이 추구하는 네 가지 형태의 성장 기회(시장 침투, 시장 확장, 소매업태 개발, 다각화)가 〈보기 5-4〉에 나와 있다. 수직선은 소매업체의 현재시장과 성장기회를 지닌 시장간의 시너지, 즉 표적시장이 현재 추구하고 있는 시장인지 또는 새로운 시장인지를 가리킨다. 수평선은 현재의 소매믹스와 성장기회의 소매믹스 사이의 시너지, 즉 현재의 업태를 이용하는지 혹은 새로운 업태를 요구하는지를 가리킨다.

1. 시장 침투

시장 침투 기회는 현재의 소매업태를 사용하여 기존의 고객을 향해 직접 투자하는 것과 관련된다. 구체적으로, 해당 소매업체의 표적시장의 고객 중에서 자사의 점포에서 쇼핑하지 않는 고객을 유인하고, 현재의 고객들로 하여금 보다 자주 점포를 방문하여 보다 많은 상품을 구입하도록 유도함으로써, 매출 증가를 시도하는 것이다.

시장 침투를 증가시키기 위한 방법에는 표적시장에 보다 많은 점포를 개설하고, 기존 점포의 영업시간을 보다 늘림으로써 새로운 고객을 유인하는 것이 있다. 다른 방법은 충동 구매를 유도하는 상품을 진열하고 다른 상품을 끼워 팔도록 판매 직원들을 훈련시키는 것이다. 끼워팔기는 한 부서의 판매 직원들이 자신들의 고객에게 다른 부서의 상품을 함께 판매하도록 시도하는 것이다. 예를 들어, 고객에게 드레스를 판매한 판매 직원이 그 고객을 액세서리점으로 데리고 가서 그녀에게 이 드레스와 어울릴 핸드백이나 스카프를 판매하는 것이다. 끼워 팔기식 판매는 기존의 고객으로부터 매출을 증가시키는 데에 기여한다.

◑ 보기 5-4
성장기회

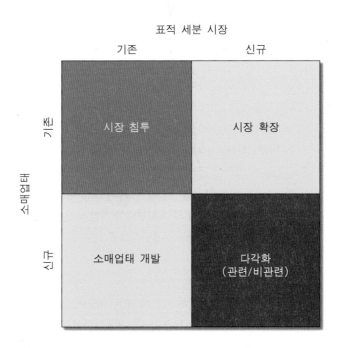

표적 세분 시장

2. 시장 확장

시장 확장 기회는 새로운 시장에서 기존의 소매업태를 이용한다. 예를 들어, Gap의 전략은 최신의 유통업자상표 스포츠웨어를 20세에서 45세 사이의 부유층 남녀에게 판매하기 위해 특별 점포 소매업태를 사용하는 것이다. Banana Republic이라는 유통업자상표 의류를 판매하는 특별 점포 업태는 또 다른 패션의류를 지향하는 젊은 성인을 향한 시장 확장 기회였다. 또 다른 예는 Toys "R" Us가 일본과 독일에서 오픈 한 것이다. 이 확장 기회는 기존의 소매업태를 가지고 새로운 지리적 시장으로 진입하는 것이라 할 수 있다.

3. 소매업태 개발

소매업태 개발 기회는 동일한 표적시장의 고객에게 다른 소매믹스를 가진 새로운 소매업태를 제공하는 것과 관련된다. 예를 들어, 서적 전문 소매업체인 Barnes & Noble은 인터넷(www.barnesandnoble.com)을 통해, 현재의 표적시장에 책을 판매함에 있어 새로운 업태 개발 기회를 모색했다. 또 다른 예로써, Amazon.com은 책뿐만 아니라 CD, 비디오, 애완동물 먹이, 선물과 같은 부가적인 상품 카테고리를 판매했다. 일반적으로 제공되는 상품이나 서비스의 형태를 조정하는 것은 작은 투자만 하면 되지만 완전히 다른 업태(가령, 점포 소매업체에서 인터넷 소매업체로 가는 것)를 제공하기 위해서는 훨씬 크고 위험한 투자가 요구된다.

4. 다각화

다각화 기회는 현재 전념하고 있지 않는 세분시장에 대해 새로운 소매 업태를 제공하는 것과 관련된다. 다각화 기회는 사업 간에 관련적일 수도 있고 아닐 수도 있다.

1) 관련 vs. 비관련 다각화

관련 다각화는 현재의 표적시장과 (또는) 소매업태가 새로운 사업기회와 공통점이 있는 경우이다. 이런 공통점은 동일한 물류와 (또는) 경영 정보시스템을 사용하거나, 비슷한 표적시장과 동일한 신문에 광고하면서 같은 공급업체로부터 구매를 하는 것일 수도 있다. 대조적으로 비관련 다각화는 현재의 사업과 미래의 사업 사이에 어떠한 공통점도 없다.

Old Navy는 Gap에 의해 관련 다각화된 경우이다. 그 이유는 Old Navy는 다른 시장 즉 보다 낮은 수입과 보다 오래된 시장을 겨냥했고, 다른 소매업태인 주요 쇼핑가나 쇼핑몰 양쪽 중 한 곳에 위치해 있는 대형 점포를 사용했다. 그러나 Old Navy 개념은 유통업자상표의 캐주얼 의류를 개발하고 판매하는 Gap의 기술에 근거하여 만들어졌다. Old Navy가 점포를 개점할 때 다른 세분시장을 포지셔닝했지만, Gap은 많은 고객들이 Old Navy와 Gap 점포 두 군데 모두에서 쇼핑을 한다는 사실을 발견했다. 한편, Dayton Hudson의 쇼핑센터에 기반을 둔 백화점과 이 회사의 할인점(Target) 사이의 시너지는 제한적이다. 이 다각화의 비관련성으로 인하여 이 회사의 주가가 떨어졌다.

2) 수직적 통합

수직적 통합은 소매업체가 도매 또는 제조에 투자하는 다각화 방식의 하나이다. 수직 통합의 예는, The Limited가 Mast Industries(유통업자상표 제조를 위해 계약을 맺은 무역회사)를 인수한 것과,

Zales가 보석을 제조하는 것이 그 예이다. 제조로의 후방 통합(backward integration)은 제조업체가 소매업체보다 다양한 운영 기술을 요구하기 때문에 대표적인 다각화 방식이다. 게다가 소매업체와 제조업체는 서로 다른 고객을 대상으로 한다. 제조업체의 제품에 대한 1차 고객은 소매업체인 반면 소매업체의 고객은 소비자들이다. 따라서 제조업체의 마케팅 활동은 소매업체의 그것과 매우 다르다. 이 때문에 Nike와 Ralph Lauren 같은 일부 제조업체와 디자이너들은 소매기능까지 전방 통합(forward-integrate)을 한다. 그러나 제조업체들이 소매점을 개설할 때는 상품 판매보다 브랜드 이미지 구축에 보다 큰 관심을 기울인다.

5. 전략적 기회와 경쟁우위

일반적으로 소매업체들은 자신들이 현재 가지고 있는 소매전략과 매우 유사한 기회속에서 가장 큰 경쟁우위를 가진다. 따라서 소매업체들은 익숙한 시장, 유사한 운영방식의 소매업태 사장에 진출하는 것이 가장 성공적일 것이다.

소매업체들이 시장 확장을 추구할 때, 이들은 소매업태를 운영함에 있어 자신들이 가지고 있는 강점에 기반을 두며, 기존에 가지고 있는 경쟁우위를 새로운 시장에 이용한다. 소매업태 확장 기회는 해당 소매업체가 현재의 고객에게 얻은 명성과 성공에 기반을 둔다. 비록 소매업체가 새로운 업태 운영에 따른 경험과 성공이 없더라도, 이 소매업체는 충성도가 높은 고객을 이 업태로 유인할 수 있다고 기대한다.

예를 들어, 많은 점포 소매업체들은 현재 웹사이트를 통해 상품과 서비스를 제공하고 있으며, 이것은 소매업태 확장을 통한 성장전략에 해당한다. 이런 소매업체들은 다중경로(multi-channel) 혹은 "clicks & mortar" 소매업체로 불린다. 점포 소매업체들은 웹사이트와 관련된 의사소통 및 정보시스템 개발에 있어 순수한 인터넷 소매업체들보다 기술이 부족하다. 그러나, 제 3장에서 논의된 바와 같이, 점포 소매업체들은 높은 인지도와 고객 충성도 및 현재의 고객 기반에 대한 많은 정보 등 몇 가지 중요한 자원을 가지고 있다. 게다가 clicks & mortar 소매업체들은 자신들의 인터넷 및 점포 소매 운영 사이의 시너지 효과를 이용할 수 있는 기회를 가진다. 점포의 간판, 점포 이벤트 광고, 점포에서 배포되는 쇼핑백은 이들의 웹사이트를 광고하게 된다. 점포에서 인터넷에 접속을 할 수 있는 kiosks는 고객들로 하여금 특별 사이즈의 의류와 같이 점포에 비치되어 있지 않은 상품을 주문할 수 있게 해준다. 점포는 또 웹사이트에서 주문된 상품을 가져가고 반환할 수 있는 편리한 장소이다. 웹사이트는 점포 위치에 대한 정보, 점포 상품의 유용성, 점포에서 열리는 특별 이벤트에 대한 정보를 제공하는데 사용된다.

소매업체들은 새로운 시장이나 새로운 소매업태와 관련된 기회를 발견할 능력이 제조업체에 비해 부족하다. 그러나 소매업체들은 시장 확장이나 소매업태 확장 기회에 대해 종종 고려해야 한다. 예를 들어, Kmart는 일반적인 상품 할인 업태를 사용하는 자사의 미국 표적시장이 포화 되었다고 느껴, (1) 동유럽과 멕시코에 할인점을 여는 시장 확장 전략과 (2) 미국에 카테고리별 전문점(Sports Authority, Pace Warehouse, Builders Square)을 운영함으로써 소매업태 확장 전략을 추구하기로 결정했다. 그러나 이 두 성장 전략은 모두 Kmart의 관심을 핵심적인 할인 사업으로부터 벗어나게 하였다. 그래서, 미국의 할인점 시장에 대한 회사의 전략을 다시 강화하기 위해 추진하던 카테고리별 전문점과 국제 확장 계획을 모두 포기했다.

소매업체들은 다각화 기회를 추구할 때 가장 낮은 경쟁우위를 가진다. 따라서, 이 기회들은 매우 위험하다. 부분적으로 Sears의 재정적인 어려움은 보험, 부동산, 소비자 재무 서비스 분야로 다각화 정책을 편 데서 비롯됐다.

Refact

남성복 전문 체인인 Brooks Brothers는 Polo의 브랜드 네임에 대한 권리를 Ralph Lauren에 판매하였다.

V 국제적인 성장 기회

국제적인 확장은 소매업체에게 또 다른 시장 확장의 기회를 의미한다. 50개의 대형 소매업체 들 중 38 개 업체가 2개국 이상의 나라에서 활동하고 있다. 하지만 국제적으로 사업을 확장하는 것은 위험요소 도 가지고 있다. 왜냐하면 국제적 확장을 시도하는 소매업체들은 반드시 정부 규제, 문화적 관습, 공급 체인, 그리고 언어적인 문제를 고려해야 하기 때문이다. 따라서 우리는 국제 기업으로 성공하기 위해 어떠한 소매 형태가 가능성이 높은지에 대하여 논의하며, 국제적으로 확장하는 데에 있어 위험은 어떠 한 것인지에 대해 논의한다. 즉, 우리는 국제적 확장의 주요성공 요인과 국제 시장 전략에 대해 평가해 본다.

1. 누가 성공하며, 누가 성공하지 않는가?

소매업체들, 특히 Gap과 Zara와 같이 강한 브랜드명을 가진 전문점 소매업체와 Toys "R" Us 같은 카 테고리 전문점 들은 세계적으로 경쟁할 때 강한 경쟁우위를 가질 수 있다. 가장 부유한 국가들의 부유 한 소비자들은 중요한 특성을 서로 공유한다. 구체적으로 살펴보면, 이들은 과거보다 낮은 출산율, 맞 벌이, 고용주와 정부로부터 받는 풍부한 혜택 등 여러 가지 이유들 때문에 상대적으로 높은 가처분 소 득을 가진다.

현재 미국의 소매업체들은 국제 시장에서 경쟁우위를 가지며 미국문화는 많은 국가들에서, 특히 젊은 이들 사이에서 열심히 모방된다. 발전하는 경제적 부와 미국 프로그램을 볼 수 있는 케이블 TV 접속의 급속한 증가로 인하여 미국의 패션 동향이 신생 국가들의 젊은이들에게 확장되고 있다. 세계적인 MTV 세대는 차(茶)보다 콜라, 샌들보다 구두, 밥보다 치킨 맥너겟, 그리고 현금보다 신용카드를 더 좋 아한다. 전 세계의 젊은이들을 조사한 바에 의하면, 이들 중 87%가 뮤직 비디오를 보고, 농구가 축구 를 제치고 가장 인기 있는 스포츠로서의 자리를 차지한다. 태국은 10대들의 98%가 MTV를 본다. 세계 적으로 어린 자녀들에게 더 많은 돈을 지출하고 있는 가족들이 늘고 있다. 예를 들어, 중국 대도시에 있는 가정에서 7~12세 사이의 어린이들에게 평균적으로 지출하는 돈은 182달러이며, 이는 프랑스의 377달러, 미국의 493달러와 비교된다.

반면, 유럽과 일본의 일부 대형 소매업체들은 해외 시장에서의 소매 점포운영에 대해 상당히 많은 경 험을 보유하고 있다. 예를 들어, 프랑스의 Carrefour(까르푸)는 25년 간에 걸쳐 해외 시장에서 점포를 운영해오고 있다. 이 회사는 대형 슈퍼마켓 업태를 국가별 취향에 맞게 조정하는데 매우 익숙하다. Carrefour는 해당 국가에서 많은 제품을 구입하며 그 지역에서 관리자를 채용하고 교육시키며 이들에 게 상당한 권한을 부여한다. 비록 Wal-Mart가 보다 효율적인 물류시스템을 가지고 있다고 해도, Carrefour는 브라질과 아르헨티나에서 Wal-Mart와 효율적으로 경쟁하고 있는 것이다.

카테고리 전문점과 하이퍼마켓 소매업체들은 이미 자국내에서 개발한 전문 노하우 덕분에 국제적으로 성공할 수 있었다. 첫째, 이 소매업체들은 투자자를 관리하고 세계적인 물류시스템을 통제하며 제품을 지역별 특성에 맞게 조정하는 능력에서 선두적이다. 예를 들어, Home Depot 같은 기업들은 소비자들 에게 전 세계에서 입수한 유명 상품을 제공한다. 이러한 경쟁우위는 유명 상품이 소비자에게 중요할 경우 특히 가치가 있다. 둘째, Wal-Mart와 Carrefour 같은 소매업체들은 구매할 때 규모의 경제를

IKEA의 사례

IKEA는 미국 소비자의 필요를 충족하기 위해 자신의 특별한 가구 소매업체의 포맷을 조정 하였다.

많은 소비자들은 가구를 구매할 필요가 있고 세련된 취향을 가지고 있지만, 많은 돈을 쓰고 싶어 하지는 않는다. 이러한 소비자들은 영원히 사용할 수 있는 가구를 원하지 않는다. 35개 국가에서 254개의 매장을 운영하고 있는 IKEA는 독특하고 훌륭한 디자인의 기능성 가구를 저렴한 가격으로, 실제처럼 꾸며진 전시공간에서 제공한다. IKEA에서 소비자는 소파에 앉거나 서랍을 여닫으면서 활동적으로 쇼핑할 수 있다. 가격과 제품의 정보는 크고 읽기 쉽게 표시되어 있고, 소비자가 구매를 위해 무엇을 해야 하는지 알기 쉽도록 설계하였다. 주된 철학은 '당신은 당신의 할 바를 하고 우리는 우리의 할 바를 한 후, 힘을 합하여 절약합시다' 이다.

점포에서 소비자는 합리적인 구매 경로를 따르게 설계되어 있다. 거실에서 시작을 하게 되면 다음으로 침실, 옷장/사무실, 부엌, 화장실로 가게 된다. 방을 위한 가구를 선택하고 나면 전등, 식기, 예술품, 러그 등의 액세서리를 구매한다. 쇼핑을 끝내기 위해 소비자는 자신의 가구를 가지고 접수하러 간다. 셀프서비스 아이템은 작은 테이블, 의자 및 다른 작은 물품 등이다. 너무 큰 물건들은 다른 창고에서 가져온다. 조립되지 않은 가구는 평평한 상태로 패킹되어 차의 위에 실을 수 있다. 조립을 직접 하는 것을 원치 않는 고객을 위해 IKEA는 배달서비스와 조립 서비스를 제공한다. 직접 고르고 조립하는 등의 활동은 4~6시간이 걸릴 수도 있지만, IKEA의 고객은 그 혜택과 가격의 놀랄만한 가치를 알기 때문에 기꺼이 셀프서비스로 구입한다.

고객을 위한 보너스로 IKEA는 자신의 카페테리아에서 스웨덴 음식을 제공한다. 레스토랑에서 사람들은 쇼핑 중 잠시 쉬기도 하고 아침, 점심, 저녁, 디저트 또는 스낵을 먹을 수도 있다. 음식의 가격은 저렴하고 심지어는 스웨덴 소시지와 같은 별미를 집에 가져가기 위해 점포에 방문하는 경우도 있다.

1987년에 미국에 들어 올 때 IKEA는 제품에 기능상의 변화를 주어야 했다. 예를 들어, 스칸디나비아 침대는 미국식 침대보에 맞지 않았고, 스칸디나비아 스타일의 책꽂이는 엔터테인먼트 시스템을 선반 위에 올려놓기 좋아하는 미국 사람들에게는 너무 작았으며, 유리도 뭐든지 큰 것을 좋아하는 미국사람들에게는 작아 보였다. 그리고 식탁은 추수감사절 칠면조를 놓기에 적합하지 않았다. 그러나 IKEA는 미국 시장의 요구에 발 빠르게 맞춰나갔다.

출처: www.ikea.com (accessed July 19, 2007); Marianne Barner, "Be a Socially Responsibel Corporation," *Harvard Business Review*, July/August 2007, pp. 59–60; Je´ro^me Barthe´lemy, "The Experimental Roots of Revolutionary Vision," *MIT Sloan Management Review*, Fall 2006, p. 81; R Michelle Breyer, "Marketing Tactics Involve Nuance Within Each Culture," *DSN Retailing* Today, March 27, 2006, pp. 5–6.

누릴 수 있고, 또한 효율적인 물류시스템이 있기 때문에 진입하는 시장마다 저가에 상품을 제공할 수 있다. 셋째, 국제 환경의 특유한 성격에도 불구하고 카테고리 전문점과 하이퍼마켓들은 독특한 시스템을 개발했고 많은 점포에 대한 통제를 원활하게 하는 업태를 표준화했다. 이 시스템과 절차는 운영되는 나라에 상관없이 잘 적용되었다. 넷째, 카테고리 전문점의 한정된 상품과 전략의 집중 때문에, 국가와 문화간의 의사소통에 특히 초점을 맞추어져 경영상의 조정을 개선하였다. 마지막으로, 한 때 사람들은 미국을 제외한 국가의 국민들이 높은 수준의 개인적인 서비스에 익숙하며 카테고리 전문점과 대형 슈퍼마켓에 의해 도입된 셀프서비스 개념을 받아들이지 않을 것이라고 느꼈다. 그러나, 전 세계적으로 상당히 많은 수의 소비자들은 저가에 물건을 구입하기 위해 서비스를 기꺼이 포기했다.

2. 성공을 위한 핵심 요소

국제적 성장 기회를 성공적으로 활용한 소매업체들이 가지고 있는 네 가지 특징은 (1) 국제적으로 유지 가능한 경쟁 우위 (2) 적응성 (3) 국제적 문화 (4) 재무적 자원이 있다. 국제적 성장 기회의 평가방법에 대해서는 이 장의 부록에 설명되어 있다.

1) 국제적으로 유지 가능한 경쟁 우위

국제시장에 진입하는 것은 소매업체의 핵심 경쟁 우위를 기본으로 한 확장 기회와 일치될 때 성공적일 수 있다. 다음 표는 어떠한 국제적 소매업체가 핵심 경쟁 우위를 가지고 있는지를 보여준다.

핵심 경쟁 우위	글로벌 소매업체의 예
저비용, 효율적 운영	Wal-Mart, Carrefour, ALDI
강력한 유통업자브랜드	Starbucks, KFC
패션선도에 대한 평판	H&M, Zara
상품부문의 지배력	Office Depot, IKEA, Toys 'R Us

Wal-Mart, Carrefour, 그리고 ALDI는 국제 시장에서 성공한 기업들이다. 이들은 고객 의사결정의 중요한 요인으로 가격을 내세웠으며, 물류 하부구조는 그들의 로지스틱 역량 개발을 위해서 기업이 할 수 있는 것들을 가능하게 해주었다. 이와는 반대로, H&M과 ZARA 또한 국제적으로 성공한 기업인데, 이들은 패셔너블한 제품들을 낮은 가격으로 판매하는 전략을 세웠다.

2) 적응성

국제 시장에서 성공하기 위한 두 번째 핵심 경쟁 우위는 적응성이다. 그들은 국제 시장에서 성공하기 위해 문화적 차이와 로컬 시장의 욕구를 위한 그들의 핵심 전략이 무엇인지를 인식해야 한다. 선호하는 색상, 선호하는 의류, 그리고 문화에 따른 사이즈의 차이 등에 대해서 알아야 한다. 예를 들어서, 중국에서는 흰색은 '슬픔'을 의미하는 색상이며, 결혼식 때 신부들은 빨간색상의 드레스를 입는다. 또한 식품의 경우 대개, 나라마다 맛을 느끼는 다양성이 매우 클 것이다. Carrefour는 로컬 지역에 대한 빠른 이해와 통합에 매우 숙달되어 있다. 예를 들어서, Carrefour는 각각의 지역 시장의 생선에 대한 선호도 차이를 확인하고 있다. 샌프란시스코에서 생선이 죽은 상태에서 가시를 발라내며, 프랑스에서는 생선을 죽이지만 생선의 머리 부분은 손대지 않은 상태로 냉동시킨다. 중국에서는 오로지 살아있는 생선만을 판매한다. 하지만 중산층 혹은 중국의 서부 쪽 고객들만 냉동 상태의 생선만을 취급한다. 왜냐하면 그들은 해안가로부터 먼 지리적 위치에 있기 때문이다.

수요의 피크 타임에 대한 차이는 각 나라마다 다양하다. 미국에서는 많은 점포들이 8월에 판매가 잘되며, 이 시기에는 학용품 혹은 의류에 대한 재고를 많이 비축해둔다. 하지만 유럽에서 8월은 수요가 많지 않은 시기이다. 왜냐하면 대부분의 사람들이 휴가에 돌입하기 때문이다. 또한 일본은 4월이 학용품에 대한 수요가 많은 시기이다.

점포 설계와 배치 또한 종종 나라마다 차이를 보이는데, 미국의 할인점은 일반적으로 큰 규모로 설계되는 것이 표준이라고 인식한다. 하지만 유럽이나 아시아의 경우에는 어떠한 공간에는 할증금이 부과되며, 점포들은 작은 공간에 맞춰 설계되는 것이 대부분이다. 그래서 유럽이나 아시아는 다양한 수준의 규모로 설계된다. 어떠한 문화의 사회적 규범은 남성복과 여성복을 서로 옆에 배치할 수 없게끔 규정하기도 한다.

정부 규제와 문화적 가치는 또한 점포 운영에 영향을 준다. 휴일, 업무시간, 파트타임 근로자에 대한 규정 등에 대한 것들은 각각의 문화마다 차이가 있다. 따라서 이에 대한 깊이 있는 이해가 요구된다. 예를 들어서, 라틴아메리카 문화는 매우 가족 중심적이기 때문에, 라틴 아메리카의 직원을 고용할 때에는 이들의 근무시간을 조정할 필요가 있다. 영국의 드럭스토어 체인인 Boots의 일본 점포에서는 점원들을 서있는 상태로 서비스를 하게끔 하는데, 이는 일본의 고객들은 점원들이 앉아서 계산을 하면 매우 무례하다고 생각하기 때문이다. 하지만 독일의 소매업체들은 점원들이 앉아서 일하도록 한다. 독일의 소매업체들은 점원들이 반드시 제품의 포장까지 할 수 있게끔 하기 위해서이다. 또한 독일에서는 시즌별 판매가 특정한 주 동안 이루어지며, 특정한 제품 카테고리에 적용되며, 할인되는 제품의 양 또한 한정적이다.

Starbucks는 전 세계 고객들이 미국내에서 팔리고 있는 상품들을 얼마나 빠르게 받아들이는 가에 대해서 놀라워했다. 상품구색 측면에서 각국의 특성변수는 별로 크지 않았다. 미국을 제외한 국가들, 중국, 일본, 영국에서 음식서비스 업은 매우 큰 사업이라고 할 수 있는데, 프라푸치노의 경우 큰 차이없이 모든 국가에서 잘 판매되었다. 물론 대만과 일본에서는 녹차 프라프치노가 있고, 영국에는 딸기-크림 프라푸치노가 특별히 개발되어 판매되고 있다.

3) 국제적 문화

글로벌 기업이 되려면 사고도 글로벌로 해야 한다. 그것은 자국의 문화와 경제기반을 다른 나라에 이입하는 것만으로는 충분하지 않다. 이 점에서, Carrefour는 매우 글로벌하다. Carrefour는 글로벌 기업으로 확장하는 초기에, 각국에 자민족중심주의를 천천히 줄이는 것부터 각 나라에서 진행하였다. 더 나아가서 글로벌 관점을 강화하여, Carrefour는 항상 현지 경영진의 발전을 격려하였고, 해외 운영에서 거의 철수하지 않았다. Carrefour 의 경영진 역시 국제적이어서 어떤 이는 홍콩에 포르투갈 출신의 지역담당 관리자가 프랑스와 중국 직원과 함께 일하고 있다.

마지막으로, 미국의 기업에서 발견되는 의무적으로 해외로 가는 "해외 의무근무"의 개념을 장려하지 않는다. Carrefour의 임직원에게 있어 해외근무는 프랑스로 돌아가 승진하는 것을 목표로 하는 것이 아니라 그 자체로서 중요한 의미를 갖는 것이다. Carrefour의 글로벌 문화는 조직내의 그 전파의 속

중국에 스타벅스가 진출하기 전까지 커피는 선택 사항이 많은 음료가 아니었다. 그러나 이제는 상하이, 베이징 각각에 24개 이상의 스타벅스가 있다.

도도 매우 빠른 것으로 알려져 있다. 지역내 관리자 및 직원들의 만남으로 이루어진 "위원회"의 글로벌 경영 조직은 글로벌 실행의 인식과 실행을 증진시키기 위해 활용된다. 이는 Carrefour가 글로벌 전략에서 추구하는 가시적 결과에서도 확인된다. Carrefour 는 선진국과 개발도상국 모두를 포함한 30개의 국가에서 30년 이상의 국제적인 경험을 가지고 있다.

4) 재무적 자원

국제적인 시장으로의 확장은 장기적인 몰입과 철저한 계획의 고려를 요한다. 소매업체들은 그들이 국제적인 기업으로 변화하려고 할 때, 단기간에 많은 수익을 산출하는 것은 어렵다는 것을 발견한다. 비록 Wal-Mart, Carrefour, Office Depot, 그리고 Costco와 같은 회사들이 종종 초기에 새로운 글로벌 시장에서 성공을 하는데 어려움이 있을지라도, 큰 규모의 회사들은 일반적으로 재무 상태가 좋으며, 성공하기에 충분히 긴 계획에 투자를 유지할 능력을 가지고 있다.

3. 국제적 성장 기회의 평가

성장의 노력에서, 많은 소매업체는 다른 나라에 점포를 출점할 기회를 찾아가고 있다. 그러나 일부 국가들은 다른 나라들보다 더 많은 기회들을 제공하고 있다. 〈보기 5-5〉는 전제적인 기회 정도에 의해 순위가 매겨진 상위 20개 국가들을 보여준다. 이러한 순위는 그들의 성장률(55퍼센트), 위험도(25퍼센트), 그리고 시장규모(20퍼센트)에 의해 계산된 점수에 기초한다. 중국, 인도, 일본, 호주, 말레이시아 등 모든 아시아-태평양연안의 국가들은 상위 10위 안에 든다. 글로벌 식품취급 소매업체(Auchan, Carrefour, Ito-Yokado, Metro, Tesco and Wal-mart)에 대한 진입 규제가 늘어날 것이라는 점은 중국시장으로의 조기 진입을 가속화하기도 했다. 중국에서 소매업체 기존 진출은 상하이와 베이징과 같은 주요 대도시를 중심으로 이루어졌지만, 이제는 내륙의 다른 도시에도 확산되고 있다. 그럼에도 중국에서의 점포 운영은 여전히 해결해야할 많은 과제를 안고 있다. 운영비용은 증가하고 있으며, 관리자의 발굴과 유지는 어려워지며, 저개발과 비효율적인 공급체인으로 인한 어려움이 해결되고 있지 않다.

인도는 소매업체에게 매우 매력적인 시장인데, 그 이유는 10억 명의 인구가 있으며, 튼튼한 경제 성장,

2006 Ranking	Country	Index*	2006 Ranking	Country	Index*
1	China	76	11	Philippiness	40
2	United States	63	12	Turkey	40
3	India	61	13	South Africa	40
4	Russia	59	14	Germany	40
5	United Kingdom	57	15	France	39
6	Malaysia	48	16	Taiwan	39
7	Japan	46	17	Vietnam	38
8	Australia	46	18	Thailand	37
9	Canada	44	19	Netherlands	36
10	Spain	41	20	Sweden	35

◐ 보기 5-5
글로벌 소매 기회 순위

*Weighted index.
출처: Ayuna Kidder, "Global Retail Outlook," Columbus, OH: Retail Forward, Inc., March 2007.

고소득층인 중간계층의 증가, 외국인 투자 제한을 폐지시켰기 때문이다. 하지만 인도에서 이러한 국제적인 소매업체들의 직면한 어려움은 특히나 지방 구역에서 많이 나타나는데, 인도 인구의 대다수는 여전히 작고 가족 중심으로 이루어지는 샵을 선호하는 것에 원인이 있다. 몇몇의 제약들은 완화되어 가고 있는데도 불구하고, 인도의 외국인 투자 금지, 소유권의 대부분을 인도 국가에 귀속되어야 한다.

기업이 한 국가에 새롭게 진출하기 위해서는 그 국가의 교통수단, 유통채널, 커뮤니케이션 수단 그리고 상업 인프라가 먼저 평가되어야 한다.

또한 러시아나 영국 또한 높은 순위를 보이는데, 다른 유럽 국가들은 그들의 느린 성장으로 인해 순위가 하위에 머물고 있다. 특히나 러시아는 성장이 매우 두드러지는데, 소비자 욕구, 인플레이션 하락 등이 긍정적으로 평가되고 있다. 러시아 같은 경우에는, Moscow나 St. Petersburg와 같은 대도시만 제외하고는 여전히 가족 소유의(family-owned) 소매업체들이 소매 판매의 약 86%를 차지하고 있다. 러시아에서의 경영활동은 부족한 운송수단과 같은 하부구조, 관료주의, 부패 행위 등으로 인한 문제에 직면해 있다.

라틴이나 북부 아메리카, 아프리카의 순위는 혼잡한 형태를 띠고 있다. 브라질, 아르헨티나, 멕시코는 북부와 라틴 아메리카에서 높은 순위로 나타나며, 반면에 남아프리카 공화국은 아프리카 내에서 가장

● 보기 5-6 상위 30개국의 성장, 위험, 시장 크기

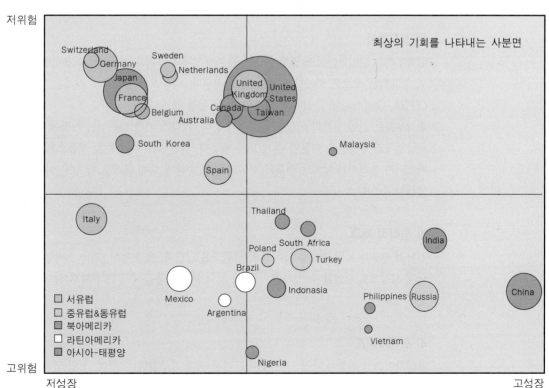

강력한 기회를 보여준다. 아직 경영상에서의 위험이 있는 지역이다.

순위 범주내에서 세 가지의 기회가 존재하는데 – 성장률, 위험, 시장 규모 – 이들은 〈보기 5-6〉과 같이 주요 30개국 위치를 통해서 알 수 있다. 수평 축은 성장률을 나타내며, 수직축은 위험을, 원의 크기는 시장 규모를 나타낸다. 이 사분면을 통해서 보면 미국, 영국, 태국, 말레이시아는 "최고의 기회"를 가지고 있다. 오스트레일리아와 캐나다는 사분면의 외곽에 표시되며, 중국, 인도, 러시아는 사분면에서 오른쪽 아래에 표시된다. 왜냐하면, 그들은 높은 성장률을 보이지만, 높은 위험률도 갖고 있기 때문이다. 또한 서부 유럽 국가들의 대부분은 안정된 형태를 보이며, 그들의 성장률은 정체된 형태를 보인다. 따라서 이들의 위치는 사분면에서 왼쪽의 윗부분에 표시할 수 있다. 이 장의 부록에서는 성장 기회 평가에 대해서 설명하고 있다.

4. 진입 전략

소매업체들이 해외 시장으로 진입하는 접근 방식은 직접투자, 합작투자, 전략적 제휴, 그리고 프랜차이즈의 네 가지이다.

1) 직접투자

직접투자는 외국에 점포를 세우고 이를 운영하는 부서나 지사에 투자하고 소유하는 방식이다. 이 진입 전략은 가장 높은 수준의 투자를 요구하고 소매업체를 높은 위험에 노출시키지만 가장 높은 잠재적 수익을 가진다. 직접투자의 한가지 이점은 소매업체가 운영에 대한 완전한 통제권을 가지는 것이다. 예를 들어, McDonald는 국내 공급업체들이 자사의 세부적인 요구사항을 만족시킬 수 없었을 때 아예 롤빵을 제조하는 공장을 건설했고, 영국 시장 진입시 이 전략을 선택했다.

2) 합작투자

합작투자는 진입하는 소매업체가 그 지역 소매업체와 자원을 공동으로 이용하여 소유권, 통제권, 이익이 공유되는 새로운 회사를 설립할 때 형성된다. 성공적인 합작투자 사례는 Wal-Mart와 멕시코의 CIFRA, Crabtree & Evelyn과 일본의 Daiei 등을 들 수 있다.

합작투자는 진입 업체의 위험을 감소시켜 준다. 게다가 지역 파트너는 시장에 대한 정보를 제공하고, 공급업체와 부동산을 이용할 수 있도록 해준다. 많은 외국 기업들은 공동소유권을 요구하는데, 만약 파트너가 동의하지 않거나 정부가 이익의 본국 송환에 대해 규제를 할 경우 이런 진입 방식에 문제가 발생할 수 있다.

3) 전략적 제휴

전략적 제휴는 독립 기업들 사이의 공동 관계를 말한다. 예를 들어, 외국 소매업체는 직접 투자를 통해 국제 시장으로 진입할 수 있지만, 물류와 창고 보관 활동을 수행하기 위해서는 지역 업체와 제휴를 할 수도 있다.

4) 프랜차이즈

프랜차이즈는 위험이 가장 낮고 투자도 가장 적게 요구된다. 그런데, 진입 업체의 통제력이 제한적일 수 밖에 없기 때문에 이익 실현 가능성은 감소하고, 현지 경쟁업체의 탄생으로 인한 위험은 증가된다.

영국에 본사가 있는 백화점 체인인 Marks & Spencer는 앞서 설명한 접근 방식들 가운데 세 가지를 취하고 있다. 이 회사는 영국에 260개의 100% 지분을 가진 점포를 가진데 이어 벨기에, 프랑스, 독일, 네덜란드, 아일랜드, 홍콩, 그리고 캐나다에 독자 투자한 점포를 갖고 있다. 또한, 스페인에 진입할 때는 합작투자를 결성했고, 체코, 헝가리, 이스라엘, 터키, 포르투갈, 그리스 등 20개국에서는 85개의 프랜차이즈 체인을 구성하였다.

이 장의 나머지는 소매전략 개발 절차를 개략적으로 설명한 것이다.

Ⅵ 전략적 소매 계획 과정

전략적 소매계획 과정은 소매업체가 전략적 소매계획을 개발하기 위해 거치는 일련의 절차를 말한다 (〈보기 5-7〉 참조). 여기서는 소매업체의 표적시장 선택과 적합한 소매업태의 결정 그리고 경쟁우위를 구축하는 방법에 대해 설명한다. 이 계획 과정은 하나의 소매기업 내에서 다른 차원의 전략적 계획을 고안하는데도 사용될 수 있다. 예를 들어, American Express의 전략적 계획은 신용카드와 여행 서비스 같은 기업의 다양한 사업들에 자원을 어떻게 배분할지를 제시해 준다. American Express내의 각각의 사업은 각자 자체적인 전략적 계획을 가지며, 이어서 American Express Gold 카드와 같은 상품을 위한 전략들이 개발된다.

우리는 소매계획 과정에서 토의한 각각의 세 단계를 Kelly Bradford가 시행하고 있는 계획 과정에 적

○ 보기 5-7
전략적 소매 계획 과정의
단계

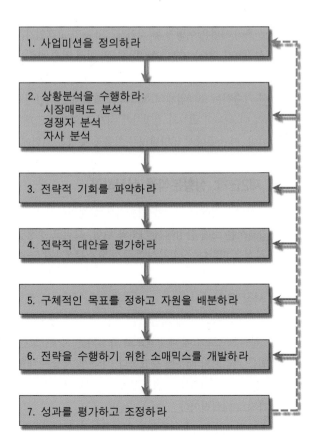

제5장 · 소매 시장 전략　155

용하고자 한다. Kelly는 시카고 지역에 두 개의 점포를 가진 소규모 체인인 Gifts To Go를 소유하고 있다. 1000 평방피트 크기의 한 점포는 도시 중심가에 있고, 다른 하나는 상류층이 사는 교외 쇼핑몰에 있다. Gift To Go의 표적시장은 50~500달러 사이의 선물을 고르는 고소득층 남녀들이다. 이 점포는 수공예 보석과 공예품, 정교한 도자기와 유리 그릇, 향수, 시계, 필기 도구, 독특한 물건 등 다방면에 걸친 제품을 선별해 놓고 있다. 이 점포는 가족 기념일과 생일이 다가올 때 판매 직원과 인간관계를 맺고 있는 많은 충성도 높은 고객을 확보하였다. 많은 경우에 고객들은 판매 직원의 판단에 충분한 신뢰를 하기 때문에 직원으로 하여금 선물을 고르도록 한다. Bradford 사장은 직원을 가족의 일부로 대하기 때문에 Gift to Go의 이직률은 업계에서 낮은 편이다.

1. 제1단계: 사업의 미션 즉, 사명을 정의하라

전략적 소매계획 과정의 첫 번째 단계는 사업의 미션을 정의하는 것이다. 사업의 미션 기술서(mission statement)는 소매업체의 목적과 이 업체가 책임지고자 계획하는 활동 범위에 대한 폭 넓은 설명을 말한다. 공개 기업의 목적은 주가를 높이고 배당금을 지불함으로써 주주의 부를 최대화하는 것이다. 소규모의 개인소유 기업은 수입 최대화보다는 일정 수준의 수입을 제공하고 위험을 회피하는 것 등과 같이 서로 다른 목적을 가진다.

미션 기술서는 기업이 고려할 표적세분시장과 소매업태의 일반적 성격을 정의해야 한다. 예를 들어, 사무용품 카테고리 전문업체의 미션이 "고객에게 봉사하고, 주주를 위해 가치를 향상시키고, 직원을 위한 기회를 창출한다"는 것이면 너무 광범위하다. 이것으로는 전략적인 방향 감각을 제공하지 못한다.

미션 기술서 작성시 경영자들은 다섯 개의 질문에 답해야 한다. (1) 우리는 어떤 사업분야에 있는가? (2) 앞으로 우리 사업은 어떻게 될 것인가? (3) 누가 고객인가? (4) 우리의 핵심역량은 무엇인가? (5) 우리는 무엇을 성취하기 원하는가? Gifts To Go의 미션 기술서에는 "Gifts To Go의 미션은 시카고에서 고가 선물 분야의 선두 소매기업이 되고, 소유주에게 매년 10만달러의 안정된 수입을 제공하는 것이다."라고 되어 있다. 미션 기술서는 소매업체의 목적과 소매업체가 책임지고자 하는 활동 범위를 정의하기 때문에 Gifts To Go의 미션은 이 회사의 경영자가 시카고 외부의 소매 기회나, 저가의 선물 판매 기회는 고려하지 않을 것이며, 연 소득에서 10만달러를 창출할 능력을 위험에 빠트릴 모험을 전혀 하지 않을 것임을 나타낸다.

2. 제2단계: 상황분석을 실시하라

전략계획 과정에서 미션을 기술적으로 정의하고 목적을 설정한 후에는 상황분석을 실시하여야 한다. 상황분석은 소매 환경에서 기회와 위협, 그리고 경쟁업체에 대해 상대적으로 가지는 강점과 약점에 대한 분석을 말한다. 상황분석의 구성 요소는 〈보기 5-8〉에 나타나 있다.

1) 시장 요소

소비자와 이들의 구매 패턴에 관련된 몇 가지 중요한 요소는 시장규모와 성장, 매출 주기, 계절 주기이다. 일반적으로 소매 매출액으로 측정되는 시장규모는 소매업체에 대한 투자에 상응하는 수입 창출의 기회를 가리키기 때문에 중요하다. 대규모 시장은 대형 소매기업에게 매력적이다. 그러나 이런 대규모 시장들은 세분시장에 초점을 맞출 수 있는 기회를 더 많이 제공하기 때문에, 소규모 기업들에게도 마찬가지로 매력적이다.

성장중인 시장은 이미 포화상태이거나 쇠퇴하는 시장보다 매력적이다. 예를 들어, 전문점 소매시장은

시장 요소
규모
성장
계절성
사업주기

경쟁 요소
진입장벽
공급업체의 교섭력
경쟁업체

환경 요소
기술
경제
규제
사회

강점과 약점 분석
관리역량
재무자원
입지
운영
상품제공
점포관리
고객충성도

백화점 소매시장보다 빨리 성장하고 있다. 일반적으로 성장중인 시장에서는 포화상태인 시장보다 경쟁이 덜 치열하기 때문에 매출 이익과 가격이 더 높다. 성장하는 시장에서는 새로운 고객이 점포를 이용하기 시작하는 단계이기 때문에, 이들은 점포에 대한 강한 충성심이 없으며, 그에 따라 새로운 점포로 발길을 돌리기 쉽다.

기업들은 경기순환주기가 자신들의 매출에 미치는 영향력을 최소화하는데 관심이 있다. 따라서, 경제 환경에 영향을 받는 제품(가령 자동차와 주요 가전 제품들)을 파는 소매시장은 경제 환경에 영향을 받지 않는 소매시장(가령 식품)보다 매력이 떨어진다. 일반적으로 계절주기를 많이 타는 시장은 성수기에는 많은 자원이 요구되지만, 그 나머지 기간 동안에는 자원이 충분히 활용되지 않기 때문에 덜 매력적이다. 계절적 주기 때문에 생기는 이런 문제를 최소화하기 위해, 예를 들어 스키 휴양지들은 사계절 동안 매출을 일으키기 위해 여름 휴가철용 상품을 판촉한다.

Gift To Go를 위한 시장 요소의 분석을 위해 Kelly Bradford는 선물 시장, 특히 시카고 지역에 있는 선물 시장의 크기, 성장, 주기성, 그리고 계절적 주기에 대한 정보를 얻기 위해 도서관으로 갔다. 그녀는 자신의 분석을 바탕으로 시장 요소는 매력적이라는 결론을 내렸다. 보다 값비싼 선물들을 위한 시장은 규모가 크고 성장 중이며 경기주기에 영향을 받지 않는다. 유일한 부정적 요소는 발렌타인데이, 부활절, 6월(결혼 시즌), 그리고 크리스마스가 최고 경기를 누리는 계절적 주기였다.

2) 경쟁 요소

소매시장에서 경쟁의 성격은 진입 장벽, 공급업체의 교섭력, 경쟁자, 강력한 새로운 업태의 위협 같은 것에 의해 영향을 받는다. 소매시장은 경쟁적 진입 비용이 클 때 더욱 매력적이다. 진입 장벽은 기업들이 시장에 진입하는 것을 어렵게 만드는 소매시장의 조건이다.

규모의 경제는 소매업체의 규모로 인한 경쟁우위이다. 규모의 경제를 가지고 있는 대형 경쟁사가 장악하고 있는 시장은 매력이 없다. 예를 들어, 사무용품 전문점은 세 개의 대기업인 Staples, Office Depot, OfficeMax에 의해 장악되어 있기 때문에, 소기업을 경영하는 기업가는 이 분야를 피할 것이다. 이들 기업들은 소기업에 대해 상당한 경쟁우위를 가진다. 왜냐하면 이런 대기업들은 제품을 보다 저렴하게 구매하고 최신 기술에 투자하며 보다 많은 점포에 걸쳐 간접비를 분산하기 때문에 보다 효율적으로 운영할 수 있다. Retailing View 5.4는 일부 소규모 소매기업들이 어떻게 하면 보다 큰 규모의 경제를 가진 전국 체인들에 대해 지속가능한 경쟁우위를 개발할 수 있는가에 대해 토의한다.

이와 유사하게 충성도 높은 고객층을 가진 잘 구축된 소매기업이 장악하고 있는 소매시장 역시 이익실현 가능성이 제한적이다. 예를 들어, Atlanta에서 Home Depot에 대한 높은 고객 충성도는 경쟁사들이 Atlanta 시장에 진입하는 것을 어렵게 만든다.

마지막으로, 입지 확보가능성은 경쟁사가 진입하는 것을 방해할 수 있다. 아시아에서의 소매사업은 미국과 다르다. 예를 들어, 아시아에서는 대부분의 소매가 인구가 밀집된 도시지역에서 이뤄지며 점포 부지는 비싸고 드물다. 따라서 아시아시장에 진입하는 소매업체들은 진입하려는 지역의 부동산 회사와 제휴 관계를 갖고 있지 않다면 일반적으로 불리한 위치에 놓이게 된다.

진입장벽은 양날을 가진 칼과 같다. 높은 진입장벽을 가진 소매시장은 이 장벽이 경쟁을 제한시키기 때문에 현재 이 시장에서 경쟁하는 소매업체들에게는 매우 매력적이다. 그러나, 높은 진입장벽을 가진 시장은 진입하려는 소매업체들에게는 매력이 없게 된다. 예를 들어, 홍콩에서는 소매를 위한 좋은 위치가 부족하기 때문에, 이미 이 지역에 입점돼 있는 소매업체에게는 이러한 시장이 매력적이지만, 홍콩 시장에 진입하고자 하는 소매업체에게는 매력이 떨어진다.

또 다른 경쟁 요소는 공급업체의 교섭력이다. 소수의 공급업체들이 제품을 장악한 시장은 매력이 없다. 이런 상황에서는 공급업체들이 가격을 비롯한 다른 조건들(배송일자 등)을 좌지우지할 수 있는 기회를 가지며 소매업체의 이익을 줄일 수 있다. 예를 들어, 패션 화장품 시장은 Estee Lauder(Estee Lauder, Clinique, Prescriptive, Aramis, Tommy Hilfiger, Donna Karan 등의 브랜드)와 L'Oreal(Lancombe, L'Oreal, Ralph Lauren 등의 브랜드)의 두 공급업체들이 가장 인기 있는 고급 브랜드들을 제공하고 있기 때문에 매력이 줄어든다. 백화점들은 유행하는 이미지를 주기 위해서는 이런 브랜드가 필요하기 때문에 이 공급업체들은 제품을 고가에 판매할 수 있는 힘을 가지게 된다.

마지막 경쟁 요소는 소매시장에서의 경쟁의 정도이다. 경쟁 정도는 경쟁업체가 어떤 조처에 대해 반응하는 빈도와 강도를 말한다. 경쟁 정도가 높으면 가격 전쟁과 종업원 빼내기가 일어나고, 광고와 판촉비가 증가하며, 잠재 이익이 하락하게 된다. 과열된 경쟁으로 가는 조건들에는 (1) 비슷한 규모의 많은 경쟁사들, (2) 성장의 둔화, (3) 높은 고정비용, (4) 경쟁하는 소매업체들 사이의 차별성의 결여 등이 있다.

Kelly Bradford가 Gifts To Go에 대한 경쟁 요소를 분석하기 시작했을 때, 그녀는 자신의 경쟁업체를 파악하는 것이 쉽지 않음을 깨달았다. 시카고 지역에 비슷한 상품과 가격을 판매하는 선물 가게는 없었지만, 고객이 이런 종류의 선물을 구입할 수 있는 장소는 많았다. 그녀는 자신의 주요 경쟁업체를 백화점, 공예품 전시장, 카탈로그, 그리고 인터넷 소매업체로 파악했던 것이다. Kelly는 선물 소매를 지원하는 고객 데이터베이스 개발에 일정부문 규모의 경제가 있다고 느꼈다. 대형 공급업체가 없다는 것은 선물 사업이 백화점 전체 사업의 핵심 부분이 아니기 때문에, 공급업체의 교섭력이 문제가 되지 않고 경쟁 정도가 미미하다는 것을 의미했다. 게다가 다양한 소매업체에 의해 판매되는 상품들은 소매업체들을 차별화할 수 있는 상당한 기회를 제공했다.

3) 환경 요소

시장 매력에 영향을 미치는 환경적 요소는 기술적, 경제적, 규제적, 그리고 사회적 변화에까지 이른다. 어떤 소매시장이 기술분야에서 중요한 변화를 거치고 있다면, 현재의 경쟁자들은 새로운 기술의 사용에 능숙한 새로운 신규업체들에게 공격 당하기 쉽다. 예를 들어, JCPenney는 카탈로그 소매시장에 늦게 진입한 업체이지만, 카탈로그 소매에서 50년 이상의 경험을 가진 Sears보다 빨리 새로운 정보처리 및 통신기술을 채택했다.

일부 소매업체들은 다른 업체들보다 경제 환경에 더 많은 영향을 받을 수 있다. 예를 들어, Neiman Marcus와 Nordstrom은 고품질의 고객서비스를 제공하기 위해 고임금의 많은 판매원을 고용했다.

5.4

거인과의 경쟁

작은 기업이 규모가 큰 기업과 동일한 소비자를 놓고 경쟁한다면 결말은 뻔하다. 그들은 이길 수 없을 것이다. 그러나 Massachusetts의 Acton에 있는 Quill & Press라고 불리는 작은 종이제품이나 사무실 용품 또는 선물용품점은 근처에 Staples가 있으면서도 대단한 성과를 이끌어 냈다.

이 작은 매장은 Staples에서 찾을 수 없는 틈새상품을 찾았다. 이 매장의 제품 가격의 범위는 35센트짜리 볼펜에서 $3,500짜리 Graf von Faber-Castel의 만년필까지를 포함한다. 업스케일된 고객 기반을 위해, 최상품 문구류, 초대장, 가죽제품, 예술품 및 필기용품 등을 포함해서 이 매장에서만 가능한 특별한 상품들을 제공한다.

이 작은 소매점은 35,000~40,000개의 아이템을 판매하고 있지만, 그 구성은 Staples와 전혀 다르다. Staples가 기본적인 사무실과 학교 문구류에 대한 소비자의 쇼핑에 대한 편의를 제공한다면, 이 매장은 $2,500짜리 인체공학적인 가죽 의자와 같은 보다 감성적으로 가치 있는 상품을 판매한다.

고객은 소매업체에서 받은 특별한 서비스에 가치를 부여한다. 이들은 고객을 더 잘 알기 때문에 자신들이 원하는 상품을 쌓아둘 뿐 아니라 고객들이 원하는 물건을 선택할 수 있도록 돕는다. 또 다른 장점은, 소비자들이 Quill & Press를 전국적 체인(Staples) 보다는 지역적인 비즈니스를 더 많이 지원한다고 느낀다는 것이다. Quill & Press는 전국적 체인 소매업체는 지원할 것 같지 않은 지역 학교와 아이들의 발레 활동을 후원한다.

이렇게 해서 거대 소매업체와 지역 소매업체는 시장에서의 각자의 여지를 찾았다. 소비자의 각자의 취향에 따라 또는 무엇을 추구하는가에 따라 한 매장을 더 선호하는 것이다. 그러나 서비스, 고유하고도 고급스러운 상품이 즉각적이고 고객의 충성도를 이끌어 내고 있다.

Massachusetts의 Acton에 있는 Quill & Press는 특이한 제품과 뛰어난 서비스로 Staples와 경쟁한다.

출처: Davis Bushnell, "Thriving Retailer's Personal Stamp," *Boston Globe*, April 12, 2007. Reprinted by permission of The Boston Globe.

그러나 실업률이 낮을 때는 자질 있는 직원을 고용하는데 어려움이 따르기 때문에, 판매원의 임금이 상승하여 비용이 대폭 증가하게 된다. 반면에, 서비스는 거의 제공하지 않고 매출 비율에 비해 훨씬 낮은 임금을 지출하는 Wal-Mart 같은 소매업체들은 낮은 실업률의 영향을 적게 받는다.

정부의 규제는 소매시장의 매력도를 줄일 수 있다. 예를 들어, 규제는 유럽에서 소매업체들의 점포 건설 비용(건축 규제법으로 인해)과 고용비용(해고 제한으로 인해)을 높게 만든다. 이러한 규제들은 진입

장벽이 되며, 이 장벽들은 이미 시장에 진입해 있는 소매업체들 편에서는 이 시장을 보다 매력적으로 만들고 앞으로 진입할 새로운 업체들에게는 매력을 떨어뜨린다.

마지막으로 인구통계, 라이프 스타일, 태도, 그리고 개인의 가치 변화가 소매시장의 매력도에 영향을 미친다. 제4장에서 이 같은 수많은 변화와 이것들이 함축하는 내용을 다룬바 있다. 소매업체들은 각각의 환경적 요소에 대한 세가지 질문에 대답할 필요가 있다.

1. 새로운 기술과 규제 혹은 상이한 사회적 요소와 경제 여건 등 어떤 새로운 변화가 일어날 수 있는가?
2. 이런 환경의 변화가 일어날 가능성은 어느 정도인가? 어떤 핵심요소가 이러한 변화의 발생 가능성에 영향을 미치는가?
3. 이 변화는 어떻게 소매시장, 기업, 경쟁업체에 각각 영향을 미칠 것인가?

Kelly Bradford 사장이 환경을 분석했을 때, 그녀의 주된 관심사는 선물 시장에서 전통적인 카탈로그와 인터넷 소매업체의 성장 잠재력이었다. 선물은 인터넷 소매업체 편에서 보면 이상적인 품목인 것처럼 보인다. 일반적으로 고객들은 자신을 위해서 제품을 구입하지 않기 때문에 점포 방문에서 별 다른 편익을 얻지 못한다. 비록 선물을 고르는 사람이 제품을 보고 만질 수 있다고 해도 선물을 받는 사람이 그 선물에 대해 어떻게 느낄지 모르기 때문이다. 게다가 Gifts To Go의 많은 고객들은 선물을 직접 전달하기 보다 점포로 하여금 선물을 배달시킨다. 마지막으로 Kelly는 인터넷 소매업체가 고객에 대한 정보를 효과적으로 수집한 다음, 선물을 줄 경우가 발생할 때 해당 고객을 대상으로 판촉을 벌이고 여러 가지 제안을 할 수 있다고 생각했다.

4) 강점과 약점 분석

상황분석에서 가장 중요한 측면은 소매업체가 경쟁업체에 비해 가지고 있는 강점과 약점에 근거하여 자사의 독특한 역량을 결정하는 것이다. 이런 강점과 약점은 업체가 아주 능숙하게 기회를 잡고 환경이 주는 위협을 피할 수 있도록 방향을 제시해준다. 〈보기 5-9〉는 자사 분석을 수행함에 있어 고려해야 할 문제를 개략적으로 나타낸 것이다.

다음은 Kelly Bradford가 Gift To Go의 강점과 약점을 분석한 것이다.

관리 역량	제한적임. 두 명의 제품 구매 관리자와 상대적으로 경험이 부족한 한 명의 직원이 협력하고 있다. 회계법인이 이 회사의 재무 기록을 갖고있지만, 고객 데이터베이스를 개발하고 활용하는 능력은 없다.
재무 자원	양호. Gifts To Go는 채무가 없고 은행과의 관계도 좋다. Kelly는 주식에서 번 25만5천달러를 저축했다.
운영	형편없음. Kelly는 Gifts To Go가 상대적으로 낮은 경상비를 가지고 있다고 느낀 반면 컴퓨터 기반의 재고관리시스템이나 경영 및 고객 정보시스템이 없다. 경쟁업체(지역 백화점, 카탈로그 및 인터넷 소매업체)는 보다 우수한 시스템을 보유하고 있다.
상품제공 역량	좋음. Kelly는 독특한 상품 선택 능력이 있고 독특한 상품을 제공하는 공급업체와 뛰어난 관계를 가지고 있다.
점포관리 역량	뛰어남. 이 회사의 관리자와 판매 직원들의 역량은 뛰어나다. 이들은 고객에게는 매우 친절하고 회사에는 충성스럽다. 직원과 고객에 의한 도난은 최소의 수준을 유지하고 있다.
입지	뛰어남. 두 곳의 Gifts To Go 점포 입지는 매우 좋다. 시내에 위치한 점포는 사무실 근무자에게 편리하다. 교외 쇼핑센터에 위치한 점포는 교통량이 매우 많은 접점 지역에 있다.
고객	좋음. Gifts To Go는 백화점 선물코너만큼의 매출 규모는 아니지만, 충성스러운 고객 기반은 가지고 있다.

자사 분석을 수행함에 있어 소매업체는 아래 표에 있는 경쟁우위 개발을 위한 잠재 영역을 고려하고 다음 질문에 답한다.

- 우리 회사는 어떤 점에서 우월한가?
- 우리 회사는 다음 영역들 중 어느 부분에서 경쟁사보다 우월한가?
- 우리 회사의 독특한 역량은 다음 영역들 중 어느 부분에서 상당한 경쟁우위나 이를 개발하기 위한 기반을 제공하는가?

관리 역량
최고경영층의 역량과 경험
관리적 심도-중간 관리자들의 역량
관리의 성실성

상품 제공 역량
바이어의 지식과 기술
공급업체와의 관계
유통업자상표 개발에 따른 역량
광고와 판촉 역량

재무 자원
기존 사업으로부터의 현금흐름
채권과 주식을 통한 자금 조달 능력

점포관리 역량
관리 역량
판매 직원의 자질
판매 직원의 성실성

운영 회사
경상비 구조
운영 시스템의 질
유통 역량
경영정보 시스템
손실방지 시스템
재고관리 시스템

입지

고객
고객의 충성도

3. 제3단계: 전략적 기회를 파악하라

상황분석이 끝난 다음 단계는 소매 매출을 증가시키기 위한 기회를 파악하는 것이다. Kelly Bradford는 현재 전문점 업태를 가지고 선물 소매업에서 경쟁하고 있다. Kelly가 고려하고 있는 전략적 대안은 소매시장 매트릭스와 〈보기 5-4〉의 성장 기회로 정의된다. 이런 성장 기회들 중 일부는 Kelly사장의 사업 미션을 재정의 하는 것과 관련되었음을 주목하라.

4. 제4단계: 전략적 기회를 평가한다

전략적 계획과정의 네 번째 단계는 상황분석에서 파악된 기회를 평가하는 것이다. 평가는 지속 가능한 경쟁우위를 구축하여 평가된 기회로부터 장기적인 이익을 거둘 수 있는 잠재력이 있는가를 결정하는 것이다. 따라서 하나의 소매업체는 자사가 가진 강점과 경쟁우위를 활용하는 기회에 초점을 두어야 한다. 시장 매력도와 소매업체의 강점과 약점 모두 전략적 기회를 평가하는데 고려된다. 가장 큰 투자는 소매업체가 강한 경쟁우위를 가지고 있는 시장 기회에 대해 이뤄져야 한다. 분석을 위한 공식적인 방법은 이 장의 부록에 설명돼 있다. 다음은 Kelly가 실시한 비공식적 분석이다.

성장기회	시장 매력도	경쟁위상
현재의 점포 규모와 점포 내 제품 양을 늘인다.	저	고
시카고 지역에 선물 가게를 더 많이 연다.	중	중
시카고 외곽 지역(새로운 지리적 부문)에 선물 가게를 연다.	중	저

현재의 점포에서 저가의 선물을 판매하거나 저가의 선물을 판매하는 새로운 점포(새로운 이익부문)를 연다.	중	저
같은 매장이나 새로운 매장에서 같은 고객에게 의류나 기타 다른 제품을 판매한다.	고	중
인터넷을 사용하여 같은 세분시장에 비슷한 선물 제품을 판매한다.	고	저
10대들을 겨냥한 의류매장을 오픈한다.	고	저
저가 선물을 판매하는 카테고리 전문점을 오픈한다.	고	저

5. 제5단계: 세부 목표를 정하고 자원을 배분한다

전략적 투자 기회를 평가한 후 전략적 계획과정의 다음 단계는 각각의 기회를 위해 세부적인 목표를 설정하는 것이다. 소매업체의 전체적 목표는 기업의 사명에 포함된다. 세부적인 목표는 전체 목표를 향한 과정을 측정할 수 있는 있도록 설정된 목표이다. 따라서 이런 세부적인 목표들은 세 가지 요소를 가지고 있다. (1) 진척된 정도를 측정할 수 있는 지수 등 추구하는 목표 성과 수준, (2) 목표 달성을 위한 시간계획, (3) 목표 성취에 필요한 투자 규모가 그들이다. 일반적으로 성과 수준은 투자 수익, 매출 혹은 이익 같은 재무적 영역이다. 일반적으로 사용되는 또 다른 목표인 시장점유율은 측정하기가 보다 쉽고 회계정보(회계 법칙에 의해 크게 영향을 받을 수 있는)에 근거한 재무적 척도 보다 객관적이다. 조사에 의하면 많은 사업분야에서 시장점유율이 장기적 이익가능성을 나타내는 좋은 지표라고 한다.

6. 제6단계: 전략 수행을 위해 소매믹스를 개발한다

계획과정의 제6단계는 투자가 이뤄질 각각의 기회를 위한 소매믹스를 개발하고 업적을 관리하고 평가하는 것이다. 소매믹스의 요소와 관련된 결정들은 제 3부와 제 4부에서 논의된다.

7. 제7단계: 성과를 평가하고 조정한다

계획과정의 마지막 단계는 전략의 결과와 실행 프로그램을 평가하는 것이다. 만약 소매업체가 목표를 달성하고 초과한다면 변화는 필요치 않게 된다. 그러나 만약 소매업체가 목표 달성에 실패한다면 재분석이 요구된다. 일반적으로 이런 재분석은 수행 프로그램을 검토하는 것으로 시작하지만 전략(혹은 사업의 미션까지도)이 재고될 필요가 있음을 지적한다. 이런 결론은 새로운 상황분석 등 새로운 계획과정을 시작하는 결과를 낳을 것이다. Retailing View 5.5는 환경의 변화들이 Blockbuster가 전략을 재평가하고 사업을 조정한 예를 보여주고 있다.

8. 실제 세계의 전략적 계획

〈보기 5-7〉의 계획과정은 전략적 결정이 연속적인 방식으로 이뤄짐을 나타낸다. 사업 미션이 정의된 후 상황분석이 수행되고, 전략적 기회가 파악되며, 대안평가, 목표설정, 자원배분, 수행계획전개의 단계를 거친 후 마지막으로 성과가 평가되고 조정이 이루어진다. 그러나, 실제 계획과정에서는 단계들 사이에 상호작용이 이루어진다. 예를 들어, 비록 사업의 미션에 대안이 포함되지 않는다 해도 상황분석은 기업들이 재고해 볼 논리적 대안을 제시해 줄 수 있다. 따라서 미션은 다시 정의될 필요가 있다. 수행 계획의 전개는 기회에 대한 자원 배분이 목표 달성에 충분치 않음을 나타낼 수 있다. 이 경우 목표를 수정하거나 자원을 늘리거나 이 사업 기회에 전혀 투자하지 않을 수도 있다.

Blockbuster가 블록버스터로 남을 수 있을까?

DVD 렌탈 전쟁에서 누가 승자가 될 것인가? Blockbuster인가 (위쪽) 아니면 Netflix 인가(아래쪽)?

1998년에 시작 된 가장 큰 온라인 DVD 렌탈 비즈니스인 Netflix (www.netflix.com)의 등장으로 Blockbuster는 더 이상 고객의 충성도를 이끌어내지 못하고 있다. 많은 고객들이 블록버스터 매장에 가는 것보다 집에서 배달하여 보는 것을 더 좋아하기 때문이다. 이 서비스를 사용하는 것이 편리해서뿐 아니라 Netflix는 그 당시 일반적이었던 연체료를 받지 않았기 때문이다.

2004년에 Blockbuster는 Netflix와 경쟁하기 위해 온라인 서비스를 시작했다. 2006년 11월, 토털 액세스 플랜을 개시했다. 이는 소비자가 온라인으로 빌린 DVD를 매장에 돌려주게 해주고 어떤 채널을 사용하든지 메일의 답장이 오기 전에 다른 영화를 즉각적으로 빌릴 수 있도록 소비자에게 편의를 제공한다. Blockbuster의 토털 액세스 플랜에 대한 대응으로 Netflix는 소비자가 자신의 영화와 텔레비전 쇼를 컴퓨터를 통해 선택하고 즉각적으로 볼 수 있는 서비스를 개시했다.

Blockbuster 역시 온라인 비즈니스의 성장을 위해 노력하고 있다. 정기구독자 기반을 넓히기 위해 가격(과 이윤)을 낮췄다. Blockbuster는 현재 전 세계적으로 DVD와 게임 렌탈을 하는 큰 규모의 스토어이며 인터넷 구독자는 300만명 −Netflix는 680만− 이 넘는다. 두 회사 모두 케이블의 무비-온-디멘드(Movies-on-demand)와 위성기반 영화 컨텐츠 제공자로 인해 위협을 받고 있다.

출처: www.netflix.com (accessed July 18, 2007); www.blockbuster.com (accessed July 18, 2007); "Blockbuster, Inc.," http://en.wikipedia.org/wiki/Blockbuster_Inc. (accessed July 18, 2007); Angela Pruitt, "Blockbuster's Online Plan Undercuts Netflix Rates," *The Wall Street Journal*, June 13, 2007; Doug Desjardins, "Blockbuster's Recent Moves Shifts Focus to Digital Business," *Retailing Today*, March 19, 2007; Russ Britt, "Blockbuster, Netflix Settle Patent Dispute," *The Wall Street Journal*, June 28, 2007.

요약

Summary

소매업체의 장기적인 성과는 대체로 전략에 의해 결정된다. 전략은 직원들의 활동을 조정하고, 소매업체가 실행하려는 계획의 방향을 전달한다. 그러므로, 소매시장 전략은 전략적 방향과 전략이 개발되는 과정 모두를 설명한다.

소매 전략 기술서는 표적 시장 파악과 표적 시장을 향한 방향을 제공하는 소매업태를 포함한다. 또한 이 기술서는 지속적 경쟁 우위를 구축할 소매업체의 방법을 나타낼 필요가 있다. 지속적인 경쟁 우위를 개발하기 위해 소매업체에게 중요한 7가지 기회는 (1) 고객 충성도, (2) 입지, (3) 인적자원관리, (4) 정보시스템과 공급체인관리, (5) 상품 관리, (6) 벤더와의 관계, (7) 고객 서비스이다.

전략적 계획 과정은 (1) 사업 미션의 정의, (2) 상황 분석 실시, (3) 전략적 기회 파악, (4) 대안 평가, (5) 세부 목표 설정과 자원 배분, (6) 전략 수행을 위한 소매믹스 개발, (7) 성과의 평가와 조정을 포함하는 연속적 단계로 이루어진다.

전략적 계획은 계속적으로 진행되는 과정이다. 매일 소매업체들은 자신들의 상황을 검토하고, 소비자 동향을 조사하고, 새로운 기술을 연구하고, 경쟁업체의 활동들을 감시한다. 그러나 소매전략 기술서는 매년 혹은 6개월마다 변하지 않으며 소매업체의 환경과 역량에 큰 변화가 발생할 경우에만 검토되고 변경된다.

한 소매업체가 전략을 재검토할 때 새로운 전략 기술서를 작성하는 데는 1, 2년이 걸릴 수 있다. 잠재적인 전략 방향은 조직의 모든 단계에 있는 사람들에 의해 창출된다. 이 아이디어들은 결과적으로 도출된 전략적 방향이 장기적으로 이익이 되고 실행될 수 있음을 확실시하기 위해 고위 경영진과 운영자들에 의해 평가된다.

핵심용어

Key terms

진입 장벽(barriers to entry)

경쟁적 대립 관계(competitive rivalry)

교차판매(cross-selling)

고객 충성도(고객 애호도, customer loyalty)

데이터 웨어하우스(data warehouse)

직접 투자(direct investment)

다각화 성장 기회(diversification growth opportunity)

프랜차이즈(franchising)

합작 투자(joint venture)

시장매력도/경쟁위상 매트릭스(market attractiveness/competitive position matrix)

시장확장 성장 기회(market expansion growth opportunity)

시장침투 성장 기회(market penetration growth opportunity)

미션 기술서(mission statement)

포지셔닝(positioning)

유통업자 브랜드(private-label brands)

관련 다각화 성장 기회(related diversification growth opportunity)

소매업태(retail format)

소매업태 개발 성장 기회(retail format development growth opportunity)

소매 개념(retailing concept)

소매 시장(retail market)

소매 전략(retail strategy)

규모의 경제(scale economies)

상황 분석(situation audit)

전략적 제휴(strategic alliance)

전략적 소매 계획 과정(strategic retail planning process)

강약점 분석(strengths and weaknesses analysis)

지속가능한 경쟁 우위(sustainable competitive advantage)

표적 시장(target market)

비관련 다각화(unrelated diversification)

수직적 통합(vertical integration)

1. 계속되는 사례 과제: 계속되는 과제에 대해 당신이 선택했던 회사의 분석을 준비해 보아라. 직접 경쟁자와 표적 시장, 포지셔닝을 밝히고, 경쟁사에 대한 전략, 소매업태(소매믹스의 요소들-상품 다양성과 구색, 가격, 입지) 그리고 경쟁사에 대비한 경쟁 우위를 개발하기 위한 기반도 밝혀라. 경쟁사 대비 소매업체의 강점과 약점, 기회와 위협도 나타내 보아라. 또, 회사가 운영되지 말아야 하는 국가와 소매업체가 특정 나라에 들어가야 하는지의 여부도 추천해 보고, 만약 그렇다면 어떻게 해야만 하는지 설명해 보아라.

2. IKEA(www.ikea.com)와 Starbucks(www.starbucks.com)의 웹사이트를 방문하여라. 이 사이트들의 외관과 분위기는 이 점포들의 점포 내 경험과 일치하는가?

3. Wal-Mart(www.walmartstores.com), Carrefour(www.carrefour.fr), RoyalAhold(www.ahold.com), 그리고 Metro AG(www.metro.de)의 웹사이트를 방문하여라. 어느 체인이 가장 글로벌한 전략을 가지고 있는가? 설명해 보아라.

4. 비슷한 상품 카테고리와 카터(cater)를 동일한 표적 시장에 판매하는 두 개의 점포를 방문해 보아라. 그들의 소매업태(소매믹스의 구성요소들)는 얼마나 비슷한가? 또는 얼마나 다른가? 그들은 어느 기반에서 지속가능한 경쟁 우위를 가지고 있는가? 또, 어느 점포가 좀 더 강한 우위를 가지고 있다고 생각하는지 설명해 보아라.

5. 책의 웹사이트를 방문하여 Market Position Matrix를 클릭해 보아라.
   - 연습 1: 이 스프레드시트(spreadsheet)는 5장의 부록에서 논의되었던 국제적 성장 기회 분석을 다시 만들어낸다. 중국과 프랑스를 좀 더 매력적인 기회로 만들기 위해서는 매트릭스의 어느 숫자가 바뀌어야만 하는가? 브라질과 멕시코를 좀 덜 매력적인 기회로 만들기 위해서는 매트릭스의 어느 숫자가 바뀌어야만 하는가? 매트릭스상의 숫자를 변화시키고, 이것이 격자(grid)상에서 기회의 전반적인 위치에 어떠한 영향을 미치는지를 살펴보아라.
   - 연습 2: 시장매력도/경쟁적 포지션 매트릭스는 백화점이 상품 카테고리를 평가하고, 각 카테고리에 얼만큼의 투자를 해야 할 것인지를 결정하기 위해 사용할 수 있다. 중요도 가중치(10=매우 중요함, 1=매우 중요하지 않음)와 상품 카테고리에 대한 평가(10=매우 훌륭함, 1=형편없음)를 채워 넣고, 기회 매트릭스에서의 플롯(plot)을 통해 무엇이 추천될 만한 것인지 살펴보아라.
   - 연습 3 전략적 분석 매트릭스를 사용하여 소매업체가 결정하고 분석해야 하는 또다른 투자 결정에 대해 생각해 보아라. 대안들과 각 대안들의 특징을 적어보고, 각 특징들에 따른 각각의 대안에 중요도 가중치(10=매우 중요함, 1=전혀 중요하지 않음)와 평가(10=매우 훌륭함, 1=형편없음)를 입력하여라.

토의 질문 및 문제 *Discussion Questions and Problems*

1. 본 장의 앞부분에서 논의되었던 네 개의 소매업체(Steve & Barry's, Chico's, Curves, 그리고 Magazine Luiza) 각각의 전략과 경쟁적 우위의 기반에 대해 설명해 보아라.

2. 소매업체를 선정하고, 경쟁적 전략 우위를 어떻게 개발할 수 있는지 설명해 보아라.

3. Best Buy가 사용하는 시장침투, 소매업태 개발, 시장확장, 다각화 성장 전략의 예를 들어보아라.

4. 당신이 가장 좋아하는 소매업체를 선정하라. 선정된 소매업체를 포함하여 동일한 유형의 상품을 판매하는 소매업체, 그리고 표적 소비자 세분시장(이상점)을 포함하는 〈보기 5-3〉과 같은 포지셔닝 맵을 그리고, 그것을 설명해 보아라.

5. McDonald's의 상황분석을 해 보아라. 미션은 무엇인가? 강점과 약점은 무엇인가? 다음의 10년 동안 McDonald's가 직면할 환경적 위협은 무엇인가? 이러한 위협들에 어떻게 대처할 수 있을 것인가?

6. Neiman Marcus와 Save-A-Lot의 지속가능한 경쟁 우위의 기반은 무엇인가? 그것들은 지속가능한 것인가, 아니면 쉽게 모방될 수 있는 것인가?

7. 당신이 레스토랑을 오픈하는 데 관심이 있다고 가정해 보아라. 〈보기 5-7〉에 나타난 전략적 계획 과정의 단계를 거쳐 보아라. 지역 레스토랑 시장의 상황 분석을 실행하고, 대안을 확인하고 평가 하여라. 그리고 레스토랑에 알맞은 표적 시장과 소매믹스를 선택하여라.

8. Abercrombie & Fitch (A&F)는 7-14세를 타겟으로 하는 abercrombie와 14-18세를 타겟으로 하는 Hollister Co., 18-22세를 타겟으로 Abercrombie & Fitch, 그리고 22-35세를 타겟으로 하는 Ruehl No. 925의 몇 개의 체인을 소유하고 있다. 이러한 각각의 소매 개념을 오픈하였을 때, A&F가 추구하는 것은 어떤 유형의 성장 기회인가? 본래의 A&F 체인과 무엇이 가장 큰 시너지를 낼 수 있는가?

9. 효과적인 충성도 프로그램을 가졌다고 생각하는 점포나 서비스 제공자를 확인해 보아라. 그리고 그것이 왜 효과적인지 설명해 보아라.

10. 아직은 아니지만, 다른 국가에서 성공할 수 있을 것이라고 생각하는 소매업체를 선정해 보아라. 그리고 그것이 왜 성공할 것이라고 생각하는지 그 이유를 설명해 보아라.

11. Amazon.com은 책을 판매하는 인터넷 소매업체로 시작하였다. 그 후, 식료품, DVD, 의류, 소프트웨어, 여행 서비스, 그리고 태양 아래 있는 기본적인 모든 것으로 사업을 확장하였다. 이러한 사업 확장이 Amazon.com에게 유익한 비즈니스가 될 것이라는 가능성의 측면에서, 이것들의 성장 기회를 평가해 보아라.

추가로 읽을 자료들 Suggested readings

Aaker, David. *Strategic Market Management*, 8th ed. Nw York: Wiley, 2007.

Ander, Willard, and Neil Stern. *Winning at Retail: Developing a Sustained Model for Retail Success*. Hoboken, NJ: Wiley, 2004.

Dawson, John A., and Jung-Hee Lee. *International Retailing Plans and Strategies in Asia*. New York: International Business Press, 2005.

De Mooij, Markege K. *Global Marketing and Advertising: Understanding Cultural Paradoxes*, 2nd ed. Thousand Oaks, CA: Sage Publications, 2005.

Etgar, Michael, and Dalia Rachman-Moore. "Determinant Factors of Failures in Foreign Markets." *International Review of Retail, Distribution and Consumer Research* 17, no. 1 (2007), 79-100.

Fox, Edward J., and Raj Sethuraman. "Retail Competition." In *Retailing in the 21st Century-Current and Future Trends*, eds. Manfred Kraft and Murali Mantrala. Berlin: Springer, 2006, pp. 193-208.

"Global Retail Outlook." Columbus, OH: Retail Forward, March 2007.

Kumar, Nirmalya. "The Global Retail Challenge." *Business Strategy Review* 16 (Spring 2005), pp. 5-14.

Lehmann, Donald and Russell Winer, *Analysis for Marketing Planning*. 7th ed. Burr Ridge, IL: McGraw-Hill/Irwin, 2007.

Megicks, Phil. "Levels of Strategy and Performance in UK Small Retail Businesses." *Management Decision* 45, no. 3 (2007), pp. 484-502.

Souitaris, Vangelis, and George Balabanis. "Tailoring Online Retail Strategies to Increase Customer Satisfaction and Loyalty." *Long Range Planning* 40, no. 2 (2007), pp.244-61.

부 록: 시장매력도 / 경쟁위상 매트릭스의 사용 *Appendix*

다음 예는 시장매력도/경쟁위상 매트릭스의 응용을 보여준다. 시장매력도/경쟁위상 매트릭스(〈보기 5-10〉)는 소매업체의 역량과 소매시장의 매력도를 모두 감안한 기회 분석 방법을 명시적으로 제공한다. 이 매트릭스에 깔려있는 전제는, 시장매력도가 기회를 위한 장기적인 잠재 이익을 결정하고, 소매업체의 경쟁위상이 기회에 대한 잠재 이익을 가리킨다는 점이다. 이 매트릭스는, 가장 큰 투자는 소매업체가 강력한 경쟁위상을 지닌 기회에서 이뤄져야 함을 지적한다.

전략적 투자에 대한 기회를 평가하기 위해 매트릭스를 사용하는 데에는 6단계가 있다.

1. 평가될 전략적 기회를 정의하라. 예를 들어, 점포관리자가 점포 내의 부서를 평가하기 위해서나, 전문점 체인의 부사장이 점포나 잠재적인 점포 입지를 평가하기 위해서, 혹은 제품부사장이 소매업체에 의해 판매된 상품 카테고리를 평가하기 위해서 이것을 사용할 수 있으며, 때로는 소매 지주회사의 CEO가 국제적 상장 기회를 평가하기 위해서도 이것을 사용할 수 있다.

2. 시장매력도를 결정하는 핵심적인 요소와 소매업체의 경쟁위상을 파악하라. 선택될 수 있는 요소들은 상황분석의 시장매력도, 경쟁업체 분석, 자사 분석에서 논의된다.

3. 시장매력도와 경쟁위상을 결정하는데 사용되는 각각의 요소에 중요도를 부여하라. 각각의 요소에 부여된 중요도는 시장매력도와 경쟁위상을 결정함에 있어 해당 요소의 중요성을 나타낸다. 일반적으로 중요도는 합해서 100이 되도록 한다.

4. (a)시장 매력도와 (b)이 시장에서 소매업체의 경쟁위상에 대한 전략적 투자기회를 평가하라. 일반적으로 1에서 10까지의 범위로 결정되며, 이때 10은 매우 매력적인 시장이거나 매우 강한 경쟁위상을 나타내며, 1은 매우 매력이 없는 시장이나 매우 취약한 경쟁위상을 나타낸다.

5. 시장매력도와 경쟁위상에 대해 각 기회의 점수를 합하라. 점수는 (a)중요도를 각 요소의 점수로 곱하고 (b)각 요소들의 점수를 합한 것으로 산출된다.

6. 〈보기5-10〉에 있는 매트릭스에 각각의 기회를 표시하라.

○ 보기 5-10
사정매력도 / 경쟁적 포지션 매트릭스

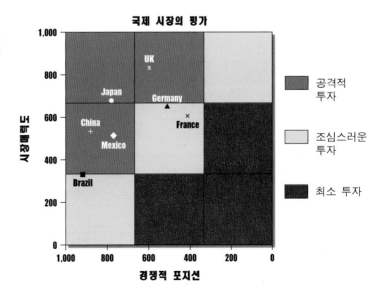

	미국	멕시코	브라질	독일	프랑스	영국	일본	중국
인구, 2006(백만명)	299.1	108.3	186.8	82.4	61.2	60.5	127.8	1311
2006-2050 예상 인구 변화율(%)	40	28	39	−9	5	14	−21	10
2006 소매 매출 시장 크기(십억)	3428	288	188	800	665	750	1206	629
1인당 소매매출액, 2006 (달러)	11,461	2,659	1,006	9,709	10,866	12,397	9,437	480
2006-2011 소매매출 종합연평균성장률(%)	4.3	2.8	4	1.4	2	4.1	1.9	9
인구 밀집도(스퀘어마일)	80	143	57	598	287	640	876	355
도시지역 거주비율(%)	79	75	81	88	74	89	48	41
사업 환경 순위	4	33	37	15	13	5	27	38

출처: "2007 Global Powers of Retailing," Stores, January 2007;"2006 World Population Data Sheet," Population Reference Burea, 2006;"Global Retail Outlook," Columbus, OH: Retail Forward, March 2007.

이 예에서 패션 지향적인 미국의 여성의류 소매업체는 국제적 확장을 위해 멕시코, 브라질, 독일, 프랑스, 영국, 일본, 중국 7개국을 평가하고 있다. 이 시장에 대한 일부 정보는 〈보기5-11〉에서 보여진다. 경영진은 각 나라의 시장 매력도를 평가하기 위해 다섯 개의 시장 요소를 파악하여 각 요소에 중요도를 부여하고 각 요소의 시장 점수를 매기고, 각 대안에 대한 시장매력도 점수를 산출했다 (〈보기 5-12〉). 여기서 경영진은 해당 국가의 소비자들이 미국에 대해 가지는 태도에 가장 높은 중요도(30)을 부과했고 시장성장성(10)에 가장 낮은 중요도를 두었다. 시장규모와 시장의 성장성에 대한 평가는 국가 자료에 기초를 두며, 25세와 50세 사이의 중산층 여성이 타겟층인 표적시장의 크기를 고려해야 한다. 이런 이유로 인해 브라질과 멕시코는 시장규모에서는 낮은 점수를 받았다. 이 국가들은 또한 경제적 안정성 면에서도 점수가 낮으나, 표적세분시장의 구매력이 상대적으로 국가 경제에는 민감하지 않기 때문에 이 요소가 특별히 중요하다고는 생각하지 않았다. 사업분위기에는 정부가 기업과 외국인투자를 지원하는 정도가 포함되며, 유럽 국가와 일본은 이 영역에서 점수가 높다.

● 보기 5-12 국제 성장 기회를 위한 시장 매력 비율   〈10점 척도〉

	가중치	멕시코	브라질	독일	프랑스	영국	일본	중국
시장규모	20	2	2	7	6	5	10	4
시장성장성	10	10	7	3	3	3	2	6
경제적 안정성	15	2	2	10	9	9	5	2
사업 풍토	25	4	2	7	7	10	6	2
미국에 대한 태도	30	7	5	8	3	10	10	2
합계	100	480	340	735	550	815	745	280

〈보기 5-13〉은 각국의 소매업체와 경쟁업체의 경쟁위상을 비교하여 평가하는데 사용되는 요소와 중요도 및 점수를 보여준다. 경쟁위상 평가시 경영진은 패션 상품의 판매에 있어 이미지가 가장 중요하기 때문에, 브랜드 이미지가 경쟁위상에서 가장 중요하다고 생각했다. 비용은 하이 패션 소매업체의

● 보기 5-13 국제 성장 기회를 위한 경쟁위상

	가중치	멕시코	브라질	독일	프랑스	영국	일본	중국
비용	10	9	10	5	5	5	7	10
브랜드 이름	30	8	10	4	4	7	9	6
공급업체와의 관계	20	7	7	4	4	3	8	8
입지	20	6	8	6	5	7	6	10
마케팅	20	8	8	6	3	6	8	10
합계	100	750	860	490	380	630	780	840

경쟁위상을 결정하는데 가장 미미한 요소로 여겨졌기 때문에 중요도를 10만 주었다.

이 회사는 각 나라 소매업체의 경쟁위상에 대하여 유통업자브랜드가 일본과 브라질에서는 잘 알려져 있지만 프랑스와 독일에서는 그다지 잘 알려져 있지 않다고 판단하였다. 브라질, 멕시코, 중국은 낮은 인건비로 인해 효율적으로 운영될 수 있는 최선의 기회를 제공한다.

각 국가에 대한 평가는 〈보기 5-10〉의 시장매력도/경쟁위상 매트릭스에 표시되어 있다. 표의 각 칸과 관련하여 제시되는 투자 정도와 목적에 기초해 이 소매업체는 일본, 영국, 멕시코, 중국에는 상당히 많은 투자를 해야 하고 브라질과 독일, 프랑스에 대한 투자는 조심해야 한다.

Chapter Six 6

재무전략

Question
- 소매업체의 재무목표는 소매전략에 어떻게 반영되는가?
- 소매업체들은 왜 자신들의 성과를 평가할 필요가 있는가?
- 전략적 이익 모델은 무엇이며, 이것은 어떻게 이용되는가?
- 소매업체들은 성과 평가를 위해 어떤 방법을 사용하는가?

재무적 목표의 설정은 소매업체가 수립하는 시장전략의 필수 부분이다. 우리는 제5장에서 소매업체들이 전략을 어떻게 개발하는지, 그리고 이익을 지속적으로 창출할 수 있는 경쟁우위를 어떻게 형성하는지에 대해 검토하였다. 이번 장에서는 재무전략이 소매업체의 시장전략을 평가하는데 어떻게 사용되는지를 살펴볼 것이다. 재무전략은 소매업체의 성과 평가 그 자체는 물론, 성과가 기대보다 높거나 낮은 원인의 파악, 그리고 성과가 기대치보다 부족할 때 취할 수 있는 적절한 조치에 대한 시사점을 제공한다.

예를 들어, 5장에서 설명한 Gifts To Go의 소유주 Kelly Bradford는 성과평가의 필요성을 인식했다. 왜냐하면 사업을 지속시키고, 이윤율을 증대시키며, 또한 10만 달러가 넘는 이익 목표의 실현을 원했기 때문이다. 그녀는 점포의 성과를 평가하기 위해 구매 고객의 수를 파악하고, 업무를 마감하며 영수증의 합계로 일 매출을 확인할 수 있다. 그러나 이러한 간단한 지표로 그녀가 진정 원하는 바를 알기는 어렵다. 예를 들어, 매출이 일어나고 이익이 발생한다는 보고가 있을지라도, 신상품의 구매를 위한 현금이 부족할 수도 있다. 이런 문제가 발생할 때, Kelly는 문제의 원인과 그것을 극복하기 위해 할 수 있는 방안을 확인하기 위해 보다 면밀하게 사업을 분석할 필요가 있는 것이다.

본 장에서는 목적을 설정하는 것과 구체적인 목표에 대한 성과 측정의 중요성을 다시 확인할 것이다. 소매업체가 수립하는 목적의 대안을 살펴보고, 기업의 재무성과에 영향을 주는 요인을 분석하는데 활용되는 전략적 이익모델을 소개할 것이다. 이 모델에 대한 설명을 위해서, 백화점 체인인 Macy's Inc.(Macy's and Bloomingdale's)와 회원제 할인매장 체인인 Costco의 성과에 영향을 주는 요인들을 조사하고 비교하였다. 그 다음으로, 소매업체의 성장 기회를 평가하는데 어떤 모델이 사용될 수 있는지 설명한다. 본 장의 마지막 부분에서는 소매활동, 상품관리, 그리고 점포운영의 성과를 평가하는 생산성 지표에 대해서 설명하고 있다.

I 재무 목표

제5장에서 설명한 것처럼, 전략적 계획수립과정의 첫 단계는 소매업체의 목표와 수행할 계획의 활동범위를 명확하게 표현하는 것을 포함한다. 수립된 목표들은 소매업체의 전략개발 방향을 제시하고 특정한 성과가 달성되고 있는지를 결정한다. 목표가 달성되지 못했을 때, 소매업체는 목표를 조정하거나 별도의 조치를 취할 수 있다. 소매업체는 (1) 재무적, (2) 사회적, 그리고 (3) 개인적 목표 등 세 가지의 목표를 수립할 수 있다.

1. 재무적 목표

재무성과를 평가할 때, 대부분의 사람들은 이익에 집중한다: 작년의 이익 또는 이익률(매출에서 이익이 차지하는 비율)은 얼마나 되나? 올해는 그리고 미래에는 어떨까? 그러나 적절한 재무성과는 이익이 아니라 투자이익률(ROI: return on investment)로 측정한다. Kelly Bradford는 최소한 연 10만 달러의 이익을 내는 것을 재무적 목표로 설정하였다. 하지만 10만 달러의 이익을 위해 얼마나 투자해야 하는지, 투자로부터 얼마의 이익을 바라는지 고려할 필요가 있다.

가진 돈을 얼마나, 어떻게 투자할지 계획할 때 당신이 할 수 있는 결정을 생각해 보자. 투자에서는 이익의 절대적인 양이 문제가 아니라 투입한 자원에 대해서 돌아오는 수익의 비율을 증대시키기를 원한다. 일반적으로는 많이 투자해서 더 큰 이익의 양을 얻을 수 있다. 그러나 반드시 그런 것은 아니다. 예를 들어, Kelly Bradford가 50만 달러를 투자해 10만 달러(20% ROI)의 수익을 올리는 경우와 400만 달러를 투자해서 10만 달러(2.5% ROI)의 수익을 올리는 것을 생각해보자. 전자가 더 좋은 상황이라고 할 수 있다. 투자 이익에서 흔히 쓰이는 성과측정은 총자산이익률 (ROA: return on assets)이다. 즉, 기업이 소유한 모든 자산에 대한 이익을 의미한다.

2. 사회적 목표

사회적 목표는 "세상을 더 살기 좋은 곳으로 만드는 것"과 같이, 이익을 사회에 공헌하는 더 넓은 광의의 개념을 의미한다. 예를 들면, 소매업체들은 특정 지역이나 더 특별하게는 장애가 있는 소수의 사람들에게 고용기회들을 제공하는데 관심을 가질 수 있다. 또는 고객들에게 환경 친화적 상품을 제공하는 것을 포함할 수 있다. 비만이 사회적으로 문제가 되는 경우, 체중감량 프로그램과 같은 개인의 건강을 증진시키기 위한 혁신적인 서비스를 제공하는 것도 사회적 목표에 부합한다. 물론 지역사회 단체를 후원하는 행사도 대표적인 예가 된다.

예컨대, Ben & Jerry's는 녹색기업이라는 이미지를 지속적으로 추구하고 있다. 신상품을 출시하면서 Dave Matthews Band나 Save Our Environment와 제휴를 했다. 제휴된 새로운 상품 구매에 대한 모든 판매이익은 모두 Bama Works Fund를 후원하는 용도로 사용되는데, 이 재단은 Dave Matthews Brand가 설립한 자선조직을 지원하고 있다. 또한 Ben & Jerry's는 지구 온난화에 대해 학생들을 교육하기 위해 록 밴드 Guster와 함께하는 "Campus Consciousness Tour"를 후원한다. 그리고 "Lick Global Warming"이라는 환경캠페인도 시작했다. 이 프로그램의 웹사이트 (www.lickglobalwarming.org)를 방문하면 지구온난화에 대해 사람들을 교육하고 이 주제에 대해 자

Refact

의회가 석유 시추를 위해 2005년에 Artic National Wildlife Refuge를 열었을 때, Ben & Jerry's는 지구의 날을 맞이하여 세계에서 가장 큰 baked Alaska를 만들었다. 그런 다음, 석유 시추로 인해 야생 보호에서 야기될 수 있는 환경적 손실을 보여주기 위해 U.S. Capitol 앞에서 무게 1,140 파운드, 높이 4피트의 거대한 디저트를 전시하였다.

신의 지역구 하원의원에게 편지를 쓰도록 장려하는 내용을 확인할 수 있다. Ben & Jerry's는 직원들의 비행기 출장도 매 마일(miles)마다 이산화탄소가 얼마나 발생하는지 측정하여 관리하는 등 환경에 대한 관심을 모든 기업활동에 적용하고 있다. Ben & Jerry's는 매탄 제거, 바람, 그리고 태양광 에너지로 무공해 에너지를 공급하는 Native Energy로 부터 재생 에너지를 구입하고 있다.

사회적 목표에 대한 성과는 재무적 목표의 성과보다 더 측정하기 어렵다. 그러나 친환경 에너지의 사용, 과잉포장의 감소, 자원 재사용의 제고나 United Way와 Habitat for Humanity 같은 비

Jerry Greenfield(왼쪽) 그리고 Ben Cohen(오른쪽)은 Ben & Jerry's Homemade Ice Cream을 친환경 기업으로 만들기 위해 헌신한다.

영리조직을 후원하는 것처럼 상대적으로 명료한 사회적 목표들을 설정할 수 있다.

3. 개인적 목표

많은 소매업체들 중 독립적으로 사업을 영위하는 특히 작은 소매업체들은 경영주의 자기만족, 사회적 지위, 존경과 같은 개인적으로 중요하게 생각하는 목표를 가지고 있다. 예를 들면, 서점의 경영주는 책 읽기를 좋아하는 사람과 책 서명 판촉을 위해 점포를 찾는 작가들과의 교류를 통해서 개인적인 보상을 찾으려 할 것이다. 유명한 명소 같은 점포를 운영함으로써, 소매업체 경영주는 지역사회에서 널리 존경 받는 리더로 인정받게 될 수 있다.

사회적, 개인적 목표가 소매업체에게 중요한 목표이지만, 상장사의 경우 재무적 목표는 더욱 중요하게 다루어진다. 기업의 주식을 산 사람들은 주로 그들의 투자에서 이익을 얻는 것에 관심을 가지며, 이러한 소매업체의 경영자도 주주의 이러한 목표에 부합할 수 있어야 한다. 본 장의 이하에서 재무적 목표와 소매업체들이 재무적 목표들을 달성하기 위한 능력의 영향요소에 대해서 설명할 것이다.

Ⅱ 전략적 이익모델

〈보기 6-1〉에서 설명되었듯이, 전략적 이익모델(strategic profit model)은 ROA에 의해 측정된, 회사의 재무적 성과에 영향을 주는 요인들을 요약하는 방법이다. 이 모델은 ROA를 두 개의 구성요소로 구분한다: 간단히 말해서 순이익률(net profit margin)은 기업이 창출한 이익(세금, 이자수익, 특별손익을 계산한 후)을 순매출액으로 나눈 것이 얼마나 많은가를 의미한다. 그러므로 이것은 매출액 1 달러당 창출하는 이익이다. 만약 어떤 소매업체의 순이익률이 5%면 파는 상품 또는 서비스 1 달러당 창출하는 소득이 0.05 달러라는 것을 의미한다.

자산회전율(asset turnover)은 그 소매업체의 순매출액을 자산으로 나눈 것이다. 이런 재무적 측정은 기업

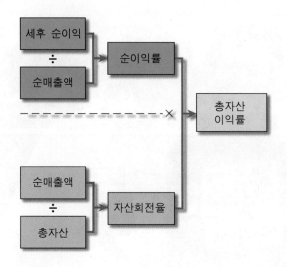

자산에 투자하는 것의 생산성을 평가하고, 자산 1 달러당 얼마의 매출을 창출하는지를 나타낸다. 그러므로 만약 어떤 소매업체의 자산회전율이 3이라면 그 회사 자산은 1달러당 3달러를 창출한다는 것을 의미한다. 소매업체의 ROA는 두 요인의 곱으로 결정된다.

순이익률 × 자산회전율 = 총자산이익률(ROA)

$$\frac{순이익}{순매출액} \times \frac{순매출액}{총자산} = \frac{순이익}{총자산}$$

전략적 이익모델에서 사용되는 이 두 요인들은 ROA가 두 가지의 활동-이익률 관리 활동과 자산회전율 관리 활동-으로 구성되어 있음을 나타낸다. 그러므로 높은 ROA는 순이익률과 자산회전율 수준을 높이는 다양한 조합에 의해 달성될 수 있음을 의미한다.

높은 ROA를 달성하기 위한 상이한 방식을 이해하기 위해서, 〈보기 6-2〉의 두 개의 매우 다른 가상의 소매업체의 재무적 성과를 살펴보자. La Chatelaine Bakery는 자산회전율은 10이고, 순이익률은 단지 1%로 ROA의 결과는 10%이다. 베이커리 사업의 성격상 매우 경쟁이 치열하기 때문에 이익률이 낮다. 소비자들은 동일 지역에 있는 다른 빵집이나 대형점에 있는 제과코너에서 구운 빵 종류 상품들을 살 수 있을 정도로 경쟁 대안이 많다. 그런데 낮은 이익률에 비해서 자산회전율은 상대적으로 높다. 왜냐하면 빵은 구워진 날 모두 팔기 때문이다.

반면에 Lehring Jewelry Store는 그 빵집보다 열 배나 더 높은 10%의 순이익을 얻는다. 매우 높은 순이익률을 갖는데도 보석가게는 빵집과 같은 ROA를 가진다. 왜냐하면 1이라는 매우 낮은 자산회전율을 갖기 때문이다. Lehring은 매우 높은 재고수준과, 팔리기까지 몇 달이 걸리는 상품을 많이 가지고 있기 때문에, Lehring의 자산회전율은 빵집과 비교해서 낮다. 게다가 보석가게는 고객과 자산에서 외상매출금을 증가시키는 방법과 같은 신용거래를 많이 제공한다.

	순이익률	×	자산회전율	=	총자산이익률
La Chatelaine Bakery	1%		10 회		10%
Lehring Jewelry Store	10%		1 회		10%

Retailing View 6.1

Macy's 백화점

Federated 백화점은 1929년 가족 몇 명이 함께 시작하였다. Federated 백화점은 Boston에 위치한 Jordan Marsh, Ohio주의 Lazarus, 그리고 New York의 Abraham & Straus 등을 포함하고 있었다. 그 후 60년 동안, Federated 백화점은 더 많은 지방의 백화점을 인수했는데, Seattle의 Bon Marche, Ohio주의 Rike's, Memphis의 Goldsmith's, Miami의 Burdines, 그리고 Atlanta의 Rich's 등이 이에 해당한다. 이 중 가장 주목할 만한 인수는 1994년 당시 Macy's와 2005년 May Company였다.

지역의 백화점들은 Federated의 소유이지만, 독립적으로 운영되고 각각의 체인점들은 그들만의 시스템으로 분배와 상품 구입을 한다. 지난 15년간, Federated는 다양한 직무와 유통업자 상표의 상품기획 및 관리 기능을 중앙으로 집중화 하였다. 2005년, Federated는 모든 지역 백화점들을 Macy's로 브랜드 리뉴얼을 하였고, 2007년 2월, Federated 백화점은 Macy's 그룹으로 회사명을 바꾸고 법인화하였다. 또한, 그들의 상징 심볼을 "M"으로 변경하였다.

Macy's는 두 개의 전국 소매 체인점(Bloomingdale's와 Macy's)을 운용하여 장기적인 전략을 달성하고자 하였다. 두 개의 전국 소매 체인의 각각 다른 목표는 가격/품질 선상에서 차이를 가진다. Macy's와 Bloomingdale's는 소매업체 중에 가장 강력한 브랜드 파워를 지니게 되었다. Macy's 그룹은 85개 이상의 스토어로 운영되며, 이들의 총 연 매출은 270억불 이상이다. 소비자의 욕구에 기초하여 시설을 리모델링하여 Macy's는 브랜드 파워를 강화하고 www.macys.com을 통해서도 연간 10억불 이상의 매출을 올리고 있다.

Macy's의 주된 목표 고객은 25-54세 연령 사이의 여성고객이다. 이들은 전통적으로 밖에서 근무를 자주하며, 슬하에 자녀들이 있으며, 한 가정의 평균 소득 75,000불이며, 이중 5,000불 이상을 자신을 위해, 그녀의 가족을 위해, 그리고 선물을 하기 위해 Macy's의 상품을 이용한다. Macy's는 특히 자사 유통업체 브랜드(private-label) 상품과 전문적인 상품의 개발에 뛰어나다. 예를 들면, I.N.C., Charter Club, The Cellar, Alfani, Greendog, 그리고 Tools of the Trade가 있다. 뿐만 아니라 Elie Tahari 디자이너의 T Tahari, Oscar De La Renta의 O Oscar 등이 Macy's에서만 판매된다. 이들 유통업자 브랜드는 현재 매출의 33%를 차지하며, 매출 증가율 또한 전국 브랜드 상품보다 세 배 빠른 속도로 증가하고 있다.

36개의 Bloomingdale's 체인은, 디자이너 의류와 액세서리와 같은 최신 스타일에 관심을 가지고 있는 여성을 타겟으로 하고 있다. 게다가 이들은 디자이너의 상품을 독점적으로 제공하며, 높은 수준의 개인화

Macy's는 New York의 Herald Square에 위치해 있으며, 미국에서 가장 큰 백화점이다.

Refact

Macy's는 여성경영진과 히스패닉 매거진에 의해서 라틴계 남성들을 위한 최고의 기회를 제공하는 100개의 기업 중 하나로 선정되었으며, 여성 경영자 전국협회에 의해서 여성경영자를 위한 10대 기업 중 하나로 뽑혔다.

된 고객 서비스를 제공한다. 또한, 그들은 새로운 상품을 출고할 때마다 정기적으로 그들의 주요 고객들과 접촉하며, 점포의 이벤트에 그들을 초대하고, 고객만족의 수준을 높이기 위해 사후 연락을 철저히 한다.

출처: Macy's 2007 Fact Book,www.macysinc.com/ir/vote/2007_fact_book.pdf (accessed July 1, 2007); www.macys.com (accessed July 1, 2007); Kelly Nolan, "Given Its Past, Federated Has Experience to Succeed in Future," *Retailing Today*, May 7, 2007, pp. 3-4; Kelly Nolan, "Macy's to Woo May Patrons with Marketing Revamp," *Retailing Today*, June 4, 2007, pp. 5-6.

그러므로 La Chatelaine Bakery는 상대적으로 높은 자산회전율을 갖는 자산 관리 경로로 10%의 ROA를 달성하고 있다. 대조적으로 Lehring Jewelry Store는 상대적으로 높은 순이익률을 갖는 이익률 관리 경로로 같은 ROA를 달성한다.

다음 부분에서 우리는 ROA의 이 두 요인들을 자세히 살펴볼 것이다. 우리는 이 비율들과 회사의 소매 전략의 관계를 명확히 조사하고, 어떻게 이 재무적 지표들이 전통적 회계 정보와 함께 성과 평가에 사용될 수 있는지 설명할 것이다. 서로 다른 소매 전략의 재무적 의미를 확인하기 위해서 Macy's Inc. 와 Costco의 재무 성과들을 비교할 것이다.

Retailing View 6.1에서 언급하고 있는 Macy's Inc.는 Macy's와 Bloomingdale's라는 두 개의 전국 백화점 체인을 운영하고 있다. 다른 백화점 체인과 유사하게, Macy's Inc.는 폭넓고 다양한 패션 의류와 가정용 가구를 제공하며, 판매 직원은 높은 수준의 고객서비스, 매력적인 쇼핑환경을 제공한다. 대조적으로 Costco의 창고형 매장은 제한된 음식 구색과 무인 판매대에서의 상품 판매, 창고와 같은 환경을 제공한다. Retailing View 6.2는 Costco에 대한 참고 자료도 제공한다.

1. 이익경로

이익이 만들어지는 회계상의 경로를 조사하기 위해 이용하는 정보는 소매업체에서 한 기간 동안 기업의 재무적 성과를 요약한 손익계산서에서 얻는다. 예를 들어, 어떤 소매업체의 연례 보고서의 손익계산서는 이전 회계연도 동안 소매업체의 성과를 요약한다(회계상의 년은 1월에 시작하지 않을 수 있다). 또한, 모든 매출액과 크리스마스 철의 이익을 포함하기 위해, 많은 소매업자들은 그들의 회계연도를 2월 1일에 시작해 1월 31일에 끝내는 것으로 정의한다.

〈보기 6-3〉은 Macy's Inc.와 Costco의 손익계산서를 보여준다. 이 자료를 요약하여, 전략적 이익모델의 이익률 관리 경로 부분은 〈보기 6-4〉에 나타나 있다. 다음 부분에서 우리는 이익률 관리 경로 안에 있는 각 요소에 대해 살펴보기로 한다.

1) 순매출(Net sales)

순매출액 항목은 소매업체의 총수익에서 반품된 상품의 환불액을 차감하고 공급자로부터 받은 촉진을 위한 지불액을 가산한 금액을 의미한다. Costco는 순매출액에 포함되는 개인당 50 달러인 가입비를 10억 달러 넘게 모았다. 고객 반품(customer returns)은 고객이 돌려받은 상품의 가치와 그것을 위해 그들이 환불한 현금이나 신용판매를 나타낸다. 촉진 공제(promotional allowance)는 공급자의 상품을 소매업체가 촉진해주고 이에 따라 공급자가 소매업체에게 지불하는 비용이다. 예를 들면, 소비재 상품(Consumer Packaged Goods) 제조업자는 슈퍼마켓 체인에 신상품을 출시하거나 상품을 촉진하기 위한 비용을 지출한다.

Costco 도매 기업

대규모의 창고형 클럽인 Costco는 전체 매출, 매장 당 매출, 규모 면에서 경쟁업체인 Sam's Club과 BJ's Wholesale Club보다 높은 성과를 자랑하고 있다. 610억 달러의 매출을 올리는 500개가 넘는 점포를 가지고 있는 Costco는 미국 전역을 커버하고 있다. 155,000 평방 피트의 큰 규모를 가진 창고형 클럽은 주로 생필품을 취급하는데, 예를 들어 화장실 휴지와 같이 매일매일 사용해야 하는 상품뿐 아니라, 파티를 위한 특별하고 독특한 아이템도 취급하고 있다. "보물찾기" 환경은 고객들에게 그 아이템을 긴급하게 사야 한다는 인식을 자극한다. 4캐럿의 다이아몬드 반지, Louis Vuitton 가방 또는 Versace 도자기 세트 같은 한정된 상품도 공급한다. Costco는 고객에게 가치와 품질 모두를 제공하기 위하여 노력한다.

Costco의 표적 시장은 낮은 가격의 상품을 선호하는 저소득층의 소비자뿐 아니라, 특가와 독특한 상품을 찾고 즐기는 상류층의 고객을 포함하며, Costco가 제공하는 편익은 이들의 충성도를 이끌어낸다. 고객이 가치를 지각하는 상품이라면, 그것이 케첩이든 LCD 텔레비전이든 상품의 가격을 14퍼센트 이상 올리지 않는다. Costco는 기존의 슈퍼마켓보다 더 많은 양의 상품 즉, 4,000개의 SKU(stock kepping unit)만을 취급했지만, 2006년에 9억 달러에 달하는 해산물 매출을 올렸고, 1억5천 만 달러에 달하는 치킨, 전 미국 우유 소비의 7%를 판매했다. Costco는 오직 110개의 냉동상품과 72개의 냉장 SKU만을 취급함으로써, 상품의 이동과 품질을 유지할 수 있었다.

유통업체 브랜드 상품은 전체 매출의 15%를 차지하며, Costco의 공산품 판매의 40%를 차지한다. 와인과 샴페인, 제과와 제빵류 등 다양한 상품에 활용되는 유통업체 브랜드인 Kirkland Signatures를 성장시키기 위해서, Costco의 바이어는 벤더와의 관계를 높여 고객이 선호하는 점포에 상품을 발굴하여 공급하고, 이것이 다시 재무적 이익에도 공헌하도록 하고 있다. 많은 아이템들이 제조업체와 공동브랜드 방식으로 개발되는데, 예를 들어 Hormel bacon, Stonyfield Farm organic smoothies, Dannon Activia, 그리고 Borghese와 같은 기업들이다. 공동브랜드 상품은 고객들이 신뢰할만한 브랜드의 상품을 가치 있는 가격으로 제공받을 수 있다는 것을 의미한다.

Costco는 또한 건강상품과 환경에 대한 책임에도 관심을 가지고 있다. 그들은 원재료를 이용할 때 – 예를 들어, 코코아, 커피 또는 해산물 등 – 공정거래에 입각하여 생산된 것만을 구입한다. 또한 Costco는 포장의 양을 줄이기 위해 노력한다. 그리고 Costco는 그들의 공급자들을 면밀하게 평가한다. 예를 들어, 하나의 해산물 공급자를 점검하기 위해서, 그들이 어떻게 해산물을 냉동했는지, 어떻게 선적했는지, 그리고 어떻게 해산물을 선적 단계에서부터 공장까지 온도를 유지하는지를 점검한다. 이러한 점검 방식이 Costco가 지속적으로 품질을 유지할 수 있게 해 주었다.

출처: Warren Thayer, "Costo Wholesale: Our Retailer of the Year," *RFF Retailer*, April 2007; Katia Watson, "Costco: What's the Buzz?" Columbus, OH: Retail Forward, December 2006; www.costoco.com (accessed June 3, 2007).

미국에서 네 번째로 큰 Costco는 강한 재무 성과를 가지고 있으며, 가격을 컨트롤하고, 제한된 구색을 취급함으로써 소비자에게 좋은 가치의 상품을 제공한다.

Refact

Costco에서 일하는 68,000명의 근로자들은 Sam's Club보다 시간 당 더 많은 매출을 올리고 있다. Sam's Club의 102,000명의 미국인 근로자들은 작년 350억 달러의 판매를 기록한 반면, Costco는 3분의 1 이하의 직원 수로 340억 달러를 기록했다.

	Macy's Inc.	Costco
순매출액(Net sales)	$26,970	$60,151
매출원가 차감(Less Cost of goods sold)	16,197	52,745
매출총이익(Gross Margin)	10,773	7,406
영업비용 차감(Less operating expenses)	8,937	5,781
이자비용/수익 차감(Less net interest expense/income	390	(126)
총비용(Total Expenses)	9,327	5,655
세전순이익(Net Profit Before Tax)	1,446	1,751
세금 차감(Less taxes)	451	648
세후순이익(Net Profit After Taxes)	995	1,103
비율(Ratios)		
매출총이익률(Gross margin percentage)	39.9%	12.3%
매출영업비율(operating expenses as percentage of sales)	33.1	9.6
순영업이익률(Net operating income percentage)	6.8	2.7
세후순이익률(Net profit percentage after taxes)	3.7	1.8

출처: Macys 10K Report, filed April 4, 2007, for fiscal year ending January 31, 2007, p.F6; Costco 10K Report, filed November 17, 2006, for fiscal year ending September 3, 2006, p.42

● 보기 6-4 Macy's Inc.와 Costco의 이익 관리 경로

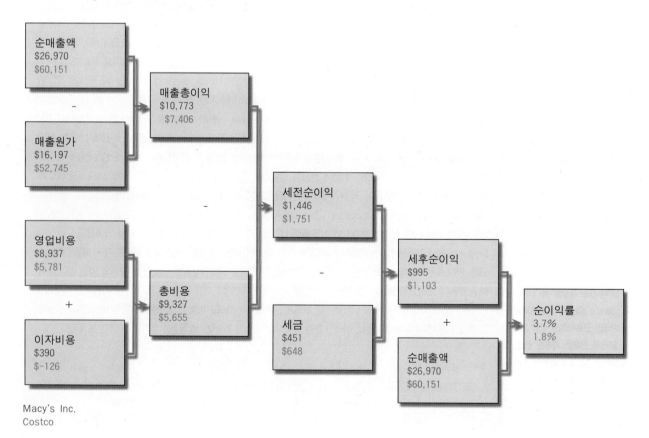

Macy's Inc.
Costco

$$순매출액(Net\ sales) = 총매출액(Gross\ amount\ of\ sales) + 촉진공제(Promotional\ allowances)$$
$$- 고객반품(customer\ returns)$$

매출액은 성과 측정에 중요하다. 왜냐하면 매출액은 상품기획의 역량을 반영하기 때문이다. 상품매출액과 회원 가입비를 모두 포함한 Costco의 순수익은 Macy's의 순수익의 두 배가 넘는다.

2) 총마진(Gross Margin)

총마진은 순매출액에서 매출원가를 차감한 것이다. 이는 소매업체에서 중요한 척도이다. 왜냐하면 점포운영과 관계되는 비용과 기업의 간접비용을 고려하지 않고 상품매출을 통해, 소매업체가 얼마나 많은 이익을 얻었는지를 나타내기 때문이다.

$$총마진 = 순매출액 - 매출원가$$

다른 성과지표들과 비슷하게, 총마진 역시 순매출액의 백분율로 표현될 수 있다. 그래서 소매업체들은 (1) 다양한 상품 종류의 성과, (2) 다른 소매업체들의 더 높거나 낮은 매출액 수준과 그들이 가진 성과를 비교할 수 있다.

$$\frac{총마진(Gross\ Margin)}{순매출액(Net\ sale)} = 총마진율\%(Gross\ Margin\ \%)$$

$$Macy's: \frac{10,773}{\$26,970} = 39.9\%$$

$$Costco: \frac{7,406}{\$40,151} = 12.3\%$$

Costco가 Macy's의 매출보다 두 배 높음에도, Macy'는 훨씬 더 높은 총마진율을 보인다. 총마진율에서의 이런 차이는 기업의 소매전략 차이를 반영한 것이다. 회원제 창고형 매장들은 일반적으로 백화점에 비해 낮은 총마진율을 갖는다. 왜냐하면 그들은 좋은 조건의 기회에 상품을 매입하고, 판매 예측이 가능하여 처분 세일을 덜 하는 필수품을 주로 판다. 이처럼 그들의 목표는 낮은 가격을 중요하게 생각하여 저가 상품을 찾는 고객에게 서비스를 제공하는 것이다. 대조적으로, 백화점의 고객은 가격을 덜 의식하기 때문에 더 최신유행의 상품을 팔고 더 높은 가격을 부과한다. 백화점들이 상대적으로 높은 총마진율을 성취하는 것은 중요하다. 왜냐하면 그들이 고객에게 제공하는 서비스와 가장 좋은 위치의 임대료 등 운영비용이 회원제 창고형 매장보다 더 높기 때문이다.

3) 영업비용(Operating Expenses)

영업비용은 판매관리비(SG&A: selling, general, and administrative expenses) 더하기 자산의 감가상각비(Depreciation and amortization)이다. SG&A는 상품의 비용 이외에 판매직원이나 관리자의 급여, 광고, 공공설비, 사무용품, 임대료와 같이 보통의 업무수행에서 초래되는 비용을 포함한다.

Macy's와 Costco 손익계산서에는, 〈보기 6-4〉에서 제시된 총영업비에 일반적인 SG&A 비용 이상의 몇몇 비용들이 포함된다. Macy's가 May company를 인수했을 때, 전 회사의 외상매출금 승계에서 늘어난 부분, 재고의 재평가와 통합에서 발생한 부분이 추가적인 비용으로 계상되었다. Costco는 신규 점포를 여는데 몇 가지 추가 비용을 발생시켰다.

소매업체의 성과분석에서, 이들 다른 비용이 소매업체의 통상적인 운영에 관계된 것인지 아니면 단지 특정연도에 일어난 특별한 비용인지에 따라 결정해야 한다. 예를 들어, Costco의 점포를 개설하는 비용은 아마도 소매업체가 새 매장을 열 때마다 발생할 것이다. 반면에 Macy's의 May Company 인수와 관계된 비용과 외상매출금의 가감은 특정 연도에만 일어나며, Macy's가 일반적으로 발생시킬 영업비에 반영되지 않을 것이다.

총마진율처럼 영업비용은 다른 매출액 수준들에서 상품, 점포, 상품카테고리들에 관계없이 비교가 가능하도록 순매출액에서 영업비용이 차지하는 비율로 표현될 수 있다. Macy's는 Costco에 비해 영업비가 상당히 높다.

$$\frac{\text{영업비}}{\text{순매출액}} = \text{영업비율}\%$$

$$\text{Macy's: } \frac{8{,}937}{\$26{,}970} = 33.1\%$$

$$\text{Costco: } \frac{5{,}781}{\$60{,}151} = 9.6\%$$

Costco의 영업비율은 Macy's의 거의 4분에 1에 불과하다. 왜냐하면 Costco는 더 낮은 판매비용이 들고, 그 매장의 외관 유지비용을 덜 사용하기 때문이다. 결국 회원제 창고형 매장은 백화점에 비해 더 적은 관리직원을 고용한다. 예컨대, Costco의 매입비용은 훨씬 더 낮다. 왜냐하면 포장식품과 신선품과 농산물 같은 일반상품은 패션 의류와 비교할 때 매입노력이 상대적으로 덜 복잡하기 때문이다. 또한 Costco의 바이어들은 백화점의 바이어처럼 전 세계 패션 시장을 여행하지 않아도 된다.

4) 이자와 세금(Interest and Taxes)

다른 중요한 두 가지 비용의 범주는, 재고품에서부터 신규 매장의 장소까지 모든 자본을 조달하기 위해 돈을 빌리는 비용에 발생하는 이자, 그리고 세금이다. 이자비용에서 차감하는 것은 소유주의 신용카드, 은행예금, 채권, 재무부증권, 고정이익투자, 그리고 다른 투자들을 통해 소매업체가 창출할 수 있는 이자수익이다. 〈보기 6-4〉는 이자비용에서 이자수익을 차감한 결과를 순이자비용/수익으로 보여준다.

대부분의 소매업체들은 이자비용과 세금을 발생시킨다. 그런데 이런 업무수행 비용은 상품과 서비스를 파는 주요 사업 활동으로부터 창출된 소매업체의 성과와 직접적으로 관련된 것은 아니다. 이자비용은 영업이 아닌, 회사가 더 많은 주식을 팔아 기금을 모으거나 빌리는 돈에 상대적인 비용 평가에 근거한 재무적 결정이다. 세금은 전년도 소매업체의 손실에 영향을 줄 수 있고, 정부 정책이나 법에 따라 변화한다.

5) 순영업이익(Net Operating Income)

부과된 세금, 이자, 특별손실들은 통제할 수 없기 때문에, 일반적으로 사용하는 이익의 척도는 이자비용, 세금, 특별손실 차감 전 순이익률이다. 총마진과 운영비처럼 다른 매출액 수준들에서 상품, 상품카테고리, 부문에 관계없이 비교 가능하도록 순영업이익은 종종 순매출액의 백분율로 표현된다.

$$\frac{매출총이익 - 운영비}{순매출액} = 순영업이익률\%$$

$$\text{Macy's:} \quad \frac{10,773 - 8,937}{\$26,970} = 6.81\%$$

$$\text{Costco:} \quad \frac{7,406 - 5,781}{\$60,151} = 2.70\%$$

6) 순이익(Net Profit)

순이익(세금을 제한 후)은 총마진에서 운영비, 순이자, 그리고 세금을 뺀 것이다.

$$순이익 = 총마진 - 운영비 - 순이자 - 세금$$

이는 이익률 관리 경로에 대한 전반적인 성과지표이고, 세금을 제하기 전으로도 나타낼 수 있다. 순이익률은 총마진율처럼 순매출액의 백분율로 표현된다.

$$\frac{세후순이익}{순매출액} = 세후순이익률\%$$

$$\text{Macy's:} \quad \frac{995}{\$26,970} = 3.70\%$$

$$\text{Costco:} \quad \frac{1103}{\$60,151} = 1.83\%$$

두 회사의 이익 관리 경로에 대한 조사에서, Costco는 Macy's보다 두 배가 넘는 매출을 올리고 있음에도 두 회사는 거의 비슷한 금액의 이익을 거둔 것으로 나타났다. 게다가 Macy's의 낮은 매출 수익 때문에, 순이익률은 훨씬 높았다. 만약 May Company 인수가 포함된 특별비용이 순이익률 계산에서 제거된다면, Macy의 순이익률은 더 클 것이라는 사실에 주목하자. 그러므로 이 전략적 이익모델의 요소는 Macy's가 Costco를 능가한다는 것을 암시한다. 하지만 다음에 이어지는 자산 관리 경로의 조사는 다른 이야기를 말해준다.

2. 자산 관리 경로

소매업체의 자산관리경로를 분석하기 위해 사용하는 정보는 주로 기업의 대차대조표에서 얻는다. 손익계산서는 한 기간(보통 1년 또는 한 분기) 동안의 재무적 성과를 요약해주는 반면에, 대차대조표는 소매업체의 일반적으로 회계연도의 마지막에 주어진 시점의 재무적 상태를 요약해 준다. 대차대조표로부터 얻은 Macy's와 Costco의 자산에 대한 정보는 〈보기 6-5〉에 제시되어 있고, 전략적 이익모델의 자산관리경로 요소는 〈보기 6-6〉에 제시되어 있다.
자산(Assets)은 기업에 의해 소유되거나 통제되는 경제적 자원(예: 재고, 건물, 컴퓨터, 점포의 시설)이다. 자산에는 유동자산과 고정자산의 두 종류가 있다.

1) 유동자산(Current Assets)

회계적 정의에 의해 유동자산은 일반적으로 1년 내에 현금으로 전환할 수 있는 자산이다. 소매업에서,

유동자산은 주로 현금, 미수금, 그리고 재고자산이다. 매출채권(Accounts receivable)은 소비자에게 신용거래로 상품을 팔았기 때문에, 소비자가 소매업체에게 빚진 돈이라고 할 수 있다.

유동자산 = 현금 + 매출채권 + 재고자산 + 기타 당좌자산

○ 보기 6-5
Macy's와 Costco의 대차
대조표에서 얻은 자산 정보
(단위: $100만)

	Macy's	Costco
현금 및 단기투자	$1,211	$2,833
매출채권	517	565
재고자산	5,317	4,569
기타 당좌자산	126	265
총유동자산	7,422	8,232
총고정자산	22,128	9,263
총자산	29,550	17,495
비율		
재고자산회전율	3.04	11.54
자산회전율	0.91	3.44
총자산이익률	3.37%	6.19%

출처: Macys 10K Report, filed April 4, 2007, for fiscal year ending January 31, 2007, p.F7; Costco 10K Report, filed November 17, 2006, for fiscal year ending September 3, 2006, p.43.

○ 보기 6-6
Macy's와 Costco의 자산
관리경로

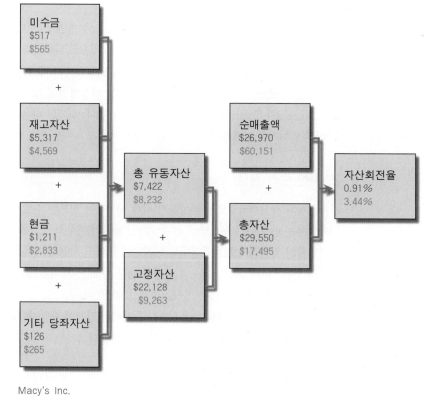

Macy's Inc.
Costco

신용카드 판매는 소매업체에게 상대적으로 비싼 판매법일 수 있다. 그렇다면 소매업체는 왜 신용카드를 받을까?

몇몇 소매업체들은 유동자산이 상당히 많다. 마케팅의 관점에서, 자사 매장신용카드 시스템(proprietary store credit card system)으로부터 창출되는 매출채권은 고객에게 중요한 서비스를 제공한다. 또한 사내 신용카드시스템(in-house credit card system)으로 알려진 이 시스템은 신용카드 위에 점포 이름이 있고, 매출채권은 Visa나 Master Card와 같은 신용카드회사나 금융기관이 아니라 소매업체에 의해 관리된다. 소매업체들이 신용으로 공급할 수 있는 역량은, 특별히 고객을 유인하는 낮은 이자율로 공급할 수 있는지에 따라, 판매기회를 만들어내느냐 잃느냐에서 차이를 만들 수 있다. 왜냐하면 상당한 구매에 대해 현금을 지불하는 것은 많은 사람들에게 어려울 수 있기 때문이다. 하지만 이 서비스를 제공하는 것은 매출채권이다. 따라서 소매업체가 필요한 총자산을 증가시키기 때문에 비용이 많이 든다. 상품이 신용판매될 때, 판매수익은 소매업체가 빚을 회수할 때까지 매출채권으로 묶인다. 매출채권에 투자된 돈은 소매업체의 이자비용이 들고, 다른 곳에서 판매를 통해 창출할 돈에 투자하지 못한다. 매출채권 회수에 대한 재무상의 짐을 덜기 위해, 소매업체들은 종종 Visa 또는 Master Card와 같은 제3자(third-party) 신용카드를 사용하고, 연체금액은 빠르게 회수한다.

재고자산은 소매업체에게 생명의 혈액과 같다. 소매업체가 고객에게 제공하는 주 이점은 바로 고객이 원하는 시간에, 원하는 장소에서 구매를 할 수 있도록 재고를 갖추고 있는 것이다. 재고자산회전율(Inventory turnover)은 재고에 대해 소매업체들이 얼마나 효율적으로 투자하는지 나타낸다. 손익계산서에서 얻은 매출원가를 대차대조표에서 얻은 평균 재고수준(비용)으로 나눈 것이다. 대차대조표에서 얻은 재고수준은 평균수준이 아니라 회계연도의 마지막 날의 수준임에 주목하자. 평균 재고수준을 더 정확히 측정하기 위해, 우리는 그 해의 각 날의 수준을 측정해야 하고, 365로 나누거나 각 월 별로 나누어야 한다(12장 참조).

Refact

스페인 패션 전문 체인인 Zara는 완벽한 점포는 오늘 당장 판매할 상품이 아닌 것은 결코 소유하지 않는다고 믿는다. Zara가 완벽하다고 할 수는 없지만, 재고자산 회전율이 Saks Fifth Avenue의 3배, Abercrombie & Fitch의 거의 3배이며, 가장 거대한 경쟁업체인 H&M보다도 여전히 1.5배나 빠르다.

$$\frac{\text{매출원가}}{\text{평균재고자산가격}} = \text{재고자산회전율}$$

$$\text{Macy's}: \frac{\$16,197}{\$5,317} = 3.04\%$$

$$\text{Costco}: \frac{\$52,746}{\$4,569} = 11.54\%$$

재고자산회전율은 특정 기간(보통 1년) 동안 점포를 통해 평균적으로 몇 번이나 재고가 순환하는지 보여주는 재고 생산성의 척도이다. Costco는 소매전략과 파는 상품의 특성 때문에 높은 재고자산회전율이 기대된다. 말하자면 Costco에 있는 대부분의 상품은 음식, 배터리, 가정용품 그리고 기본적 의류상품과 같은 일용품들과 기본식료품들이다. Macy's와 같은 백화점의 중심인 의류 패션과는 달리, 이들 기본식료품들은 빠르게 재공급할 수 있다. 또한 Costco 매장은 단지 총 4,000개의 SKUs만을 취급한

더 매력적인 매장 분위기를 위해 백화점(위)은 창고형 클럽(아래)에 비해 더 많은 고정자산을 보유한다.

다: 예를 들면, 두 개의 재고품목으로 나타나는 두 가지 용량의 한 브랜드 케첩만 공급한다. 그런데 백화점은 무려 500개 SKUs나 되는 남자 와이셔츠(다른 색상, 크기, 스타일, 브랜드)를 포함해서 일반적으로 100,000개가 넘는 SKUs를 갖추고 있다. 이렇듯 백화점과 같은 구색은 상대적으로 높은 재고투자를 필요로 하고 느린 재고자산회전율을 갖게 한다.

2) 고정자산(Fixed Assets)

고정자산은 현금화 하는데 1년 이상이 필요한 자산이다. 소매업의 주요 고정자산은 건물(만약 부동산을 임대한 것이 아니라 소유한 것이라면), 시설(예: 진열선반), 장비(예: 컴퓨터, 배송트럭), 그리고 다른 기업의 주식과 같은 기타 장기 투자이다.

Wal-Mart나 Home Depot와 같은 큰 소매업체들은 일반적으로 그들의 매장을 소유하고 있다. 다른 소매업체들은 그들의 소매공간을 임대하고 땅을 사는데 썼어야 할 돈을, 점포를 개조하거나 상품을 구매하기 위해 사용한다. 그럼에도 소유권은 그들의 비용을 확보하고 임차료의 상승 가능성을 피할 수 있게 하기 때문에, 많은 소매업체들에게 이점을 준다. 소매업체가 소유한다고 했을 때에도, 그 주변의 지역이 변해서 소매업체가 손해를 보면서 그 위치를 팔 수밖에 없는 매력 없는 장소가 될 수도 있다.

한 소매업체가 매장을 개조할 때의 예를 들면, 오래된 시설, 바닥재, 조명을 제거하고 재배치한다. 이렇게 해서 재고와 같은 이러한 자산은 점포를 통해 순환한다. 차이는 과정이 많이 느리다는 것이다. Macy's 점포에서 판매시설의 수명은 5년쯤(물론 Sony 같은 디지털 기기에서는 두 달일 수도 있다)이고, 그럼에도 불구하고 회전율의 개념은 같다. 소매업자가 고정자산에 투자하는 것을 결정할 때, 그 자산으로부터 얼마의 매출액이 창출될 수 있는지를 판단할 필요가 있다.

Macy's가 식기류의 전시를 위해 새로운 판매 시설 구매를 고려하고 있다고 하자. 값비싼 고풍스런 $20,000의 진열장을 구매하거나 $5,000로 간단한 전시대를 구성하는 선택이 있다. 값비싼 고풍스런 장을 사용하면 첫 해에 $50,000의 매출액 증가를 예상하는 반면, 간단한 전시대는 단지 $25,000의 창출이 기대된다. 모든 다른 자산을 없다고 가정하자.

$$\frac{\text{순매출액}}{\text{고정자산}} = \text{자산회전율}$$

$$\text{Macy' s: } \frac{\$50,000}{\$20,000} = 2.5$$

$$\text{Costco: } \frac{\$25,000}{\$5,000} = 5.0$$

고풍스런 진열장은 확실히 판매가 증가되는 분위기를 만들어 내는데 도움이 된다. 그래서 매출액 관점에서 고풍스런 진열장은 적절하게 보일 수 있다. 그러나 간단한 전시대보다 훨씬 더 많은 비용이 든다. 단지 자산회전율을 고려한다면, 간단한 전시대 쪽으로 가야 함이 명확해졌다. 결국 적절한 자산 구매 결정을 할 때, 마케팅과 재무적 요인들이 함께 고려되어야 한다.

3) 자산회전율(Asset Turnover)

자산회전율은 전략적 수익 모델에서 자산 관리 요인으로부터 얻어진 총체적 성과측정이다.

$$\frac{\text{순매출액}}{\text{총자산}} = \text{자산회전율}$$

$$\text{Macy' s: } \frac{\$26,970}{\$29,550} = .91$$

$$\text{Costco: } \frac{\$60,151}{\$17,494} = 3.44$$

Costco의 자산회전율은 이렇게 Macy's보다 세 배 이상 높다. 이 차이 또한 기업이 추구하는 서로 다른 소매전략을 반영한다. Costco의 시장 목표는 광범위한 상품 구색을 갖추는 것보다 낮은 가격에 더 흥미를 가지는 소비자이다. 그래서 Costco는 적은 SKUs로써 재고를 제한했고, 높은 재고자산회전율을 가진다. 게다가 Macy's의 매장보다 비교적 더 낮은 가격의 고정자산(예: 시설, 조명, 마네킹)을 사용한다.

Macy's는 패션 의류 구매에 흥미를 가진 고객을 시장목표로 한다. 목표부문의 소비자들은 가격을 덜 의식한다; 색, 크기, 그리고 브랜드의 넓은 구색 중 선택하길 원하며, 창고형 매장이 아닌 더 매력적인 환경에서 쇼핑하고 싶어 한다. 그래서 Macy's는 유동자산(재고자산)과 고정자산(점포 디자인 요소)에 더 투자할 필요가 있고, 이는 결국 자산회전율을 낮게 만든다.

3. 자산수익률

이익률 측면에서 보면 Macy's의 성과는 Costco보다 낮지만, 자산관리 측면에서는 Costco가 더 높은 자산회전율을 가지므로 더 좋은 성과를 낸다고 할 수 있다. 그러나 기업의 전반적 성과는 ROA를 통해 측정되며, 이는 순이익률과 자산회전율의 곱으로 계산된다:

	순이익률	×	자산회전율	=	자산수익률
Macy' s:	3.70%	×	.91	=	3.37%
Costco:	1.8%	×	3.44	=	6.19%

위의 계산된 ROA가 특정 기간의 자산수익률을 나타내는데도 불구하고, 이 수익률은 향후 성과의 지

표로서는 좋지 않을 수 있다. 만약 순이익률 대신 영업이익률을 계산에 이용하고자 한다면, ROA의 결과는 다음과 같다:

	영업이익률	×	자산회전율	=	자산수익률
Macy's:	6.81%	×	.91	=	6.20%
Costco:	2.70%	×	3.44	=	6.29%

이러한 차이는 Macy's가 May company를 인수함으로써 연간 비용을 과다 지출했기 때문에 발생한다. 결과적으로, ROA는 서로 다른 재무적 성과에 기초한 두 기업의 내용을 설명해준다. Macy's는 높은 순이익률을 지녔으며, Costco는 높은 자산회전율을 가졌다. 자산수익률은 기업의 성과를 측정하는 지표로서 매우 중요하다. 소매업체가 얼마만큼의 금액을 그들의 자산에 투자했고, 다른 투자에 비례하여 얼마나 좋은 수익을 얻고 있는지를 보여주기 때문이다. 예를 들어, 만약 한 소매업체가 새 점포를 개점할 경우 4퍼센트의 ROA를 달성할 수 있고, 단기재정증권(treasury bill)에 투자할 경우 6퍼센트의 ROA를 달성할 수 있다면 소매업체는 높은 수익률과 낮은 위험성을 지닌 투자를 해야 할 것이다.

○ 보기 6-7
다양한 소매업체의 전략적
이익모델 비율

	순이익률(%)	자산회전율	자산수익율(%)
카테고리 전문점			
Best Buy	3.80%	2.56%	10.07%
Home Depot	6.30	1.74	10.96
Lowe's	6.60	1.69	11.15
PetSmart	4.40	2.06	9.06
Barnes & Noble	2.90	1.65	4.79
Borders	−3.70	1.57	−5.81
전문점			
The Gap	4.90	1.87	9.16
Chico's	10.10	1.56	15.76
Abercrombie & Fitch	12.70	1.48	18.80
The Limited Brands	6.30	1.50	9.45
Urban outfitters	9.50	1.36	12.92
드럭스토어			
CVS	3.10	2.13	6.60
Walgreens	3.70	2.77	10.25
디스카운트			
Family Dollar	3.10	2.54	7.87
Dollar General	1.50	3.02	4.53
Wal-Mart	3.20	2.31	7.39
Target	4.70	1.59	7.47
슈퍼마켓			
Safeway	2.20	2.47	5.43
Albertson's	1.10	2.26	2.49

출처: 2007 Hoovers Online.

전략적 이익모델은 두 가지 중요한 이슈에 대하여 설명한다. 첫째, 소매업체와 투자자는 그들의 재무적 활동을 평가할 때 순이익률과 자산회전율 두 가지 모두를 고려해야 한다. 기업은 순이익률과 자산회전율 모두를 효과적으로 관리함으로써 높은 성과(높은 ROA)를 달성할 수 있다. 둘째, 소매업체는 전략적 이익모델의 두 가지 요소에 기초한 전략적 의사결정의 함의를 고려해야 한다. 예를 들어, 단순히 가격을 인상시킬 경우, 매출총이익률과 순이익률 또한 상승될 것이다(이익률 관리 측면). 그러나 가격을 인상시키는 것은 매출량을 감소시키므로, 자산이 그대로라고 가정한다면 자산회전율이 감소할 것이다. 즉, 이익률은 증가하고 자산회전율은 감소한다. 그리고 ROA에 대한 영향은 자산회전율의 감소에 비교하여 얼마만큼의 이익률이 증가했는가에 달려있다.

〈보기 6-7〉은 다양한 소매업체의 전략적 이익모델 비율을 보여주고 있다. 보기에 따르면, 슈퍼마켓과 할인점은 일반적으로 높은 자산회전율과 낮은 순이익률을 가진다. 의류 전문점은 낮은 자산회전율과 높은 순이익률을 가진다. 드럭스토어의 경우는 이와 반대이다

4. 실례: Gifts-to-go.com의 성장 기회에 대한 Kelly Bradford의 평가

성장 기회를 평가하기 위한 전략적 이익모델의 사용을 설명하기 위해, 제5장에 언급되었던 Kelly Bradford가 고려하고 있는 기회를 살펴보자. 제5장에서 Kelly Bradford가 Chicago 지역에 두 개의 점포 체인인 Gifts To Go를 소유했다는 사실을 설명하였다. 그녀는 몇 가지 성장 옵션을 고려하고 있는데, 그 중 하나는 Gifts-to-go.com이라 불리는 새로운 인터넷 채널을 여는 것이다. 그녀는 인터넷 채널의 시장 규모가 크지만 경쟁이 치열하다고 판단하였다. 이제 그녀는 제시된 온라인 채널을 위한 재무 분석을 하고, Gifts To Go 점포와 그 계획을 비교해야 한다. 또한 사업을 병행할 경우의 재무적 성과도 분석해야 한다. 우리는 먼저 이익률 관리 경로를 살펴본 후, 자산회전율 관리 경로를 살펴 볼 것이다. 〈보기 6-8〉은 Gifts To Go 점포의 손익계산서와, Gifts-to-go.com, 그리고 두 개 사업을 병행할 경우의 예상결과를 나타내고 있다.

○ 보기 6-8
Gifts To Go 점포와 제안된 Gifts-to-go.com 인터넷 점포의 손익계산서

손익계산서	Gifts To Go 점포	Gifts-to-go.com(예상)	병행할 경우
순매출액	&700,000	%440,000	$1,140,000
(−) 매출원가	350,000	220,000	570,000
총마진	350,000	220,000	570,000
(−) 영업비용	250,000	150,000	400,000
(−) 이자비용	8,000	0	8,000
총비용	258,000	150,000	408,000
세전 순이익	92,000	70,000	162,000
(−) 세금	32,200	24,500	56,700
세후 순이익	59,800	45,500	105,300
총마진율	50.00%	50.00%	50.00%
영업비용 비율	35.7	34.1	35.1
세후 순이익율	8.5	10.3	9.2
순 운영수입 비율	14.3	15.9	14.9

1) 이익률 관리 경로

Kelly는 Gifts-to-go.com을 사업에 도입할 경우 연간 매출 440,000달러를 낼 수 있을 것이라 생각한다. 그녀는 인터넷 채널에 의해 기존 매장에 어느 정도 자기잠식효과(cannibalization effect)가 나타날 것으로 예상한다. Gifts-to-go.com에서 상품을 구매하는 어떤 고객들은 더 이상 매장에서 구매를 하지 않을 수 있고, 선물품목을 웹사이트에서 본 고객들은 매장에 방문하고 매장에서 구매를 할 수도 있기 때문이다. 즉, 그녀는 인터넷 채널을 도입한 후에도 매장의 매출을 유지할 수 있을 것인가에 대한 분석을 하여야 한다.

총마진률(Gross Margin Percentage)   Kelly는 Gifts-to-go.com에서 그녀의 매장과 동일한 가격을 상품에 매기며, 기본적으로 동일 상품을 판매하고 보다 확장된 상품구색을 제공할 예정이다. 그러므로 그녀는 매장의 총마진률이 Gifts-to-go.com의 총마진률과 같을 것으로 예상한다.

$$총마진률 = \frac{총마진}{순매출액}$$

매장: $\frac{350,000}{\$700,000} = 50\%$

Gifts-to-go.com: $\frac{220,000}{\$440,000} = 50\%$

영업비용(Operating Expenses)   초기에 Kelly는 Gifts-to-go.com의 매출액 대비 영업비의 비중이 비교적 작을 것이라 생각했다. Gifts-to-go.com은 임대료를 납부하거나 잘 훈련된 판매직원을 고용할 필요가 없기 때문이다. 그러나 그녀는 Gifts-to-go.com의 매출액에서 영업비가 차지하는 비중이 매장보다 단지 약간 낮을 뿐이라는 것을 발견했다. 그녀는 웹사이트, 주문 과정, 주문상품의 운송 등을 관리하기 위한 기업을 고용해야 했기 때문이다. 또한 Gifts To Go 매장은 단골 고객, 매장이 잘 보이고 교통이 편리한 위치 등의 장점을 가지고 있다. 그녀의 현재 고객의 일부가 매장 홍보로 인해 웹사이트를 알게 됐음에도 불구하고, Kelly는 인터넷 채널의 인지도를 높이고, 그녀의 매장과 친숙하지 않은 고객들에게 인터넷 채널을 알리기 위해 광고와 판촉에 더 많은 비용을 써야 한다.

$$영업비용 비율 = \frac{영업비}{순매출액}$$

매장: $\frac{250,000}{\$700,000} = 35.7\%$

Gifts-to-go.com: $\frac{150,000}{\$440,000} = 34.1\%$

순이익률(Net Profit Margins)   총마진률과 영업비용의 매출액 비율은 동일하게 계획되었기 때문에, Gifts-to-go.com은 약간 더 높은 순이익률을 낼 것으로 기대된다.

$$순이익률 = \frac{순이익}{순매출액}$$

$$\text{매장:} \qquad \frac{59,800}{\$700,000} = 8.5\%$$

$$\text{Gifts-to-go.com:} \quad \frac{45,500}{\$440,000} = 10.3\%$$

2) 자산회전율 관리 경로

이제 〈보기 6-9〉에 제시된 대차대조표의 정보를 통해 자산회전율 관리 경로를 사용해서 두 경영을 비교해 보자.

외상매출금(Accounts Receivable) 많은 고객이 선물을 사는 데에 신용카드를 사용하기 때문에, Gifts To Go처럼 Gifts-to-go.com도 외상 매출금이 발생한다. 매장보다 인터넷 채널에서의 신용카드 매출액 비율이 더 높기 때문에, Kelly는 점포 채널보다 인터넷 채널의 외상매출금이 더 높을 것으로 예상한다.

재고자산 회전율(Inventory Turnover) Kelly는 Gifts-to-go.com의 재고자산회전율이 Gifts To Go 매장보다 더 높을 것으로 예상한다. 대규모로 판매량을 일으키는 하나의 중앙물류센터에서 재고자산이 통합되어 다루어질 것이기 때문이다. 이와는 반대로 Gifts To Go 매장은 다수의 매장에서 상대적으로 작은 판매량으로 재고자산을 다룬다.

Refact

철물점(hardware stores)의 평균 재고자산 회전율이 3.5인 것에 비해, 식료품점의 평균 재고자산 회전율은 12.7이다.

$$\text{재고자산 회전율} = \frac{\text{원가}}{\text{평균재고}}$$

$$\text{매장:} \qquad \frac{350,000}{\$178,000} = 2.0$$

$$\text{Gifts-to-go.com:} \quad \frac{220,000}{\$70,000} = 3.1$$

고정자산 Gifts To Go 매장은 임대한 장소이다. 따라서 Kelly의 고정자산은 점포 내 시설물, 조명, 임차자산, POS(point-of-sales)시스템 장비 등으로 구성되어 있다. Kelly는 또한 매장을 심미적으로 꾸

◐ 보기 6-9
Gifts To Go 점포와 제안된 Gifts-to-go.com 인터넷 점포의 대차대조표

대차대조표	Gifts To Go 점포	Gifts-to-go.com(예상)	병행할 경우
외상매출금	$140,000	$120,000	$260,000
상품재고	175,000	70,000	245,000
현금	35,000	11,000	46,000
총유동자산	350,000	201,000	551,000
고정자산	30,000	10,000	40,000
총자산	380,000	211,000	591,000
비율			
재고자산 회전율	2.0	3.1	2.3
자산회전율	1.84	2.09	1.93
총자산이익률(ROA)	15.70%	21.60%	17.80%

며주는 자산에도 투자를 하였다. Gifts-to-go.com은 주문이 웹사이트상에서 이루어지기 때문에 창고자산을 가지지 않는다. 따라서 Gifts-to-go.com의 고정자산은 웹사이트 그 자체와 주문과정의 컴퓨터 시스템이다.

자산회전율 Kelly가 예상한 바대로, Gifts-to-go.com의 계획된 자산회전율은 Gifts To Go 매장 보다 높다. Gifts-to-go.com은 보다 높은 재고 회전율과 낮은 자산 수준을 가지기 때문이다.

$$재고회전율 = \frac{순매출액}{총자산}$$

매장:
$$\frac{700,000}{\$380,000} = 1.84$$

Gifts-to-go.com:
$$\frac{440,000}{\$211,000} = 2.09$$

자산 수익률(Return on Assets) Gifts-to-go.com의 순이익률과 자산회전율이 기존 매장보다 높을 것으로 예상되기 때문에, Gifts-to-go.com은 매장보다 더 높은 ROA를 가진다. 따라서, 이 전략적 이익모델 분석은 Gifts-to-go.com이 재무적으로 성장 가능한 기회라는 것을 말해준다.

	순이익률	×	자산회전율	=	자산수익률(ROA)
매장:	8.54%	×	1.84	=	15.7%
Gifts-to-go.com:	10.3%	×	2.09	=	21.5%

3) 다른 의사결정을 분석하기 위한 전략적 이익모델의 사용

전략적 이익모델은 이익률관리와 자산회전율관리 두 가지 측면의 의사결정을 결합시키므로 소매업체에게 유용하다. 관리자는 이 모델을 구성요소들 간의 상호관계를 측정할 때 사용할 수 있다. 예를 들어, Kelly는 전산화된 재고관리시스템을 통해 언제 상품을 주문해야 할지, 언제 재주문 해야 할지, 팔리지 않을 상품의 가격을 어떻게 산정할지 등의 의사결정을 내릴 수 있다.

만약 Kelly가 이 시스템을 구매할 경우, 판매가 원활하며 품절상태를 방지하여 더 많은 비율의 상품을 보유하므로 매출을 향상시킬 수 있다. 그러나 저회전 상품(slow-moving merchandise)을 판매하기 위해, 적은 가격 할인을 할 것이므로, 매출원가가 상승한다고 해도 비례적으로 상승하지는 않을 것이다.

자산회전율 경로관리측면에서 보면, 컴퓨터 시스템의 구매는 Kelly의 고정자산의 양을 증가시킬 것이다. 그러나 상품구매를 더욱 효율적으로 할 수 있기 때문에 재고회전율은 상승하고 재고자산수준은 감소한다. 따라서 총자산보다 훨씬 큰 비율로 매출이 상승할 것이므로, Kelly의 자산회전율은 아마도 상승할 것이다. 만약 추가적인 재고 시스템의 비용이 재고 감소량보다 작다면, 총자산은 아마도 감소할 것이다.

III 성과 목표의 설정과 측정

성과 목표를 설정하는 것은 기업의 전략적 계획과정에서 필수적인 요소이다. 만약 구체적인 목표를 설정하지 않을 경우에, 실제 성과에는 어떠한 영향이 있을지 소매업체는 파악하기 어렵다. 성과 목표는 (1) 수치적 지표로 측정될 수 있는 목표, (2) 목표가 달성되는데 걸리는 시간계획, (3) 목표 성취에 필요한 자원을 포함해야 한다. 예를 들어, "적당한 이익을 얻는 것"은 좋은 목표가 아니다. 이것은 성과를 평가하기 위해 사용될 수 있는 구체적인 목표를 제공하지 못한다. 보다 나은 목표 설정은 "상품과 건물에 투자한 50만 달러에 대해 2010년 1년 동안 10만 달러의 이익을 벌어들이는 것"과 같은 것이다.

1. 하향식 대 상향식 과정

대규모의 소매조직에서 목표를 수립하기 위해서는 하향식과 상향식 계획과정을 조합하는 것이 필요하다. 하향식 계획(Top-down planning)은 목표가 조직의 최고층에서 설정되어 운영단계를 따라 밑으로 걸러지며 내려오는 방식이다. 소매조직에서 하향식 계획은 전반적인 소매전략 개발과 경제동향, 경쟁동향, 소비자동향을 폭 넓게 다룰 수 있는 임원들을 필요로 한다. 이런 정보로 무장된 임원들은 기업을 위해 성과목표를 개발한다. 그런 다음 이 전체적인 목표는 각각의 상품 영역과 지역, 그리고 개별 점포들을 위해 구체적인 목표로 나눠진다. 전체적인 전략은 점포 규모, 입지, 고객서비스 차원에 이어 상품의 폭과 깊이 그리고 상품 취급률을 결정한다. 그런 다음 상품담당 부사장은 어떤 유형의 상품이 성장, 유지, 또는 쇠퇴할지 판단한다. 다음으로, 성과목표는 각 상품 관리자(merchandise manager)나 구매자를 위해 설정된다. 이 과정은 제 12장과 13장에서 다루어질 것이다.

마찬가지로, 점포총괄책임자는 성과목표를 위해 각 지역의 관리자와 협조한다. 다음에는 이 지역관리자가 지역 내의 각 점포관리자와 목표를 설정한다. 그런 다음 이 과정은 점포 내 근무하는 개인 판매직에게 까지 전달되는 것이다. 매장의 판매직 직원을 위한 목표 설정의 과정은 제 17장에서 토의될 것이다.

이러한 하향식 계획은 상향식 계획 방식에 의해 보완된다. 상향식 계획(Bottom-up planning)방식은 기업의 전체 목표로 집계될 성과 목표를 개발하는 데 있어서 기업의 하위층을 포함하는 방식이다. 바이어와 매장관리자는 그들이 어떠한 것을 달성할 수 있는지 판단하고, 그 평가는 조직 상층의 사업 기획 관리자들에게 전달된다.

종종 위에서 아래로 전달되는 목표와 조직의 하층부에서 세워진 목표 사이에는 차이가 있기도 하다. 예를 들어, 어느 점포관리자는 그 지역의 주요 회사 하나가 2,000명을 해고할 계획을 발표했을 경우, 자신의 지역에 설정된 10%의 매출 성장 목표를 달성할 수 없다. 이러한 상향식과 하향식 계획 간의 차이는, 회사 기획 관리자들과 현지 운영 관리자들이 함께 참여하여 조정과정을 통해 해결해 나가야 한다. 운영 관리자들이 목표설정 과정에 참여하지 않는다면, 이들은 이 목표를 수용하지 않을 것이고 따라서 목표 성취동기가 떨어질 것이다

2. 성과 측정

소매조직의 사업부와 사업부 관리자는 각 단계에서 관리하는 수입과 지출에 대해서만 책임을 져야 한다. 따라서, 조직의 여러 단계에 이익을 주는 비용(본사 운영에 따른 노동과 자본비용 등)을 낮은 단계

로 임의로 부과해서는 안 된다. 예를 들어, 점포의 경우 매출과 직원의 생산성에 근거해 성과목표를 정하는 것이 합당할 것이다. 만약, 바이어가 상품을 처분하기 위해 가격을 낮춰서 이익에 손실이 갔다면, 이러한 손실에 근거해 점포 관리자의 성과를 평가하는 것은 공정하지 않다. 성과 척도는 문제되는 분야를 정확히 집어내는데 사용될 수 있다. 성과가 계획된 수준 이상이나 이하인 경우에는 검토 대상이 된다. 때로는 목표 설정에 관련된 사람들의 예측 능력이 떨어질 수도 있다. 만약 그렇다면, 이들은 예측을 잘 할 수 있도록 훈련될 필요가 있다. 또한, 관리자가 보장된 수준 이상으로 상품 예산을 확보하기 위해 회사의 재무목표에 기여할 수 있는 능력을 잘못 제시했을 수도 있다. 어떤 경우에든 자금은 잘못 분배될 수 있는 것이다. 실제 성과는 관리자의 통제를 벗어나 여러 가지 환경요인으로 인해 계획과 다르게 나타날 수 있다. 예를 들면, 경기침체의 경우가 있을 수 있다. 경기침체를 예상하지 못했거나 생각보다 심각하여 보다 장기화됐다고 가정하면, 몇 가지 관련된 질문들이 발생한다: 얼마나 빨리 계획들이 조정됐는가? 가격과 촉진정책이 얼마나 신속히 그리고 적합하게 수정되었는가? 간단히 말하면, 관리자가 불리한 상황을 모면하기 위해 대책을 마련했는가 혹은 이런 대책들이 상황을 악화시켰는가?와 같은 질문을 할 수 있게 되는 것이다.

3. 성과 목표와 측정

소매업체의 전체 성과에는 많은 요소들이 기여한다. 따라서, 성과를 평가하기 위한 유일한 척도를 발견하는 것은 쉽지 않다. 예를 들어, 매출액은 얼마나 많은 활동들이 점포에서 진행되고 있는지를 알아보기 위해 세계적으로 널리 사용하는 척도이다. 점포관리자는 가격을 인하함으로써 매출액을 쉽게 증가시킬 수 있지만, 판매에 따른 이익(총수익)은 줄어드는 결과를 초래한다. 한 가지 척도를 최대화하려는 시도는 분명 다른 지표의 감소를 가져온다. 따라서, 관리자들은 자신들의 행동이 다양한 성과 척도에 어떤 영향을 미치는지에 대해 이해하고 있어야 한다. 성과지표를 한 가지만 사용하면 전체적인 상황이 반영되지 못하는 경우가 일반적이다. 소매 운영을 평가하기 위해 사용되는 척도는 (1) 의사결정이 이뤄지는 조직 단계와 (2) 관리자들이 관리하는 자원에 따라 다양하다. 예를 들어, 점포관리자에 의해 통제되는 기본 자원은 점포공간과 영업비(판매원의 급여와 조명비 및 난방비 등)다. 점포 관리자들은 평방 피트당 매출액과 인건비 같은 성과지표에 초점을 맞춘다.

4. 성과 측정의 유형

Refact

직원 인당 평균 연간 매출액은 여성복 전문 소매업체의 경우 $89,169, 홈임프루브먼트 센터(home improve ment centers)는 $181,833, 카탈로그와 온라인 소매업체의 경우는 $361,795이다.

■ ■ ■ ■ ■

〈보기 6-10〉은 다양한 소매업체의 성과 척도를 세 가지 형태로 나눈다. 투입 척도(input measures)는 소매업체가 결과나 목표를 달성하기 위해 사용한 자원이나 돈의 규모를 평가한다. 예를 들면, 상품 재고의 양, 매장의 수, 매장의 규모, 직원, 광고, 가격인하, 영업 시간, 촉진 등은 자원 배정 의사결정에 관련된 요소들이다. 산출 척도(output measures)는 소매업체의 투자결정 산출물을 평가한다. 예를 들어, 매출수익은 점포 개수, 점포별 상품 재고량, 광고비 지출 등에 대한 투자결정의 산출물이다. 생산성 척도(productivity measures)(투입 대비 산출의 비율)는 소매업체가 얼마나 효율적으로 자원을 사용했는지, 투자 대비 얻은 이익은 얼마큼인지를 나타낸다. 일반적으로 생산성 척도는 투입에 대한 산출물의 비율이기 때문에, 서로 다른 사업부문 간의 비교를 하는데 유용하게 사용된다. 가령, Kelly Bradford의 두 개의 점포가 규모가 다르다고 가정하자. 하나는 5,000평방피트이고, 다른 하나는 1만 평방피트이다. 단지 산출이나 투입 척도를 사용하여 점포의 성과를 비교하기란 어렵다. 보다 큰 점포

조직의 수준	산출(OUTPUT)	투입(INPUT)	생산성(OUTPUT/INPUT)
기업 (전체 기업의 척도)	순매출액 순이익 매출성장 수익 비교가능한 점포 매출	점포면적(평방피트) 직원수 재고자산 광고비	자산수익률 자산회전율 직원 인당 매출액 평방피트당 매출액
상품관리 (상품 카테고리를 위한 척도)	순매출액 총수익 매출성장 상품원가	재고수준 가격인하액 광고비 매출액 대비 가격 인하*	총투자수익률(GMROI) 재고회전 매출액 대비 광고비
점포 운영 (점포 및 점포내 부서를 위한 척도)	순매출액 총수익 매출성장	판매공간 면적(평방피트) 수도, 가스, 전기료 판매원수	평방피트당 순매출액 직원 인당 혹은 판매 시간당 순매출액 판매 비율로서의 수도, 가스, 전기료*

*이 생산성 척도들은 공통적으로 투입/산출로서 표현된다.

가 아마 더 많은 매출을 창출할 것이고 더 많은 경비를 필요로 할 것이기 때문이다. 그러나 큰 점포가 1 평방피트당 210달러를 창출하고 작은 점포가 350달러를 창출한다면, 작은 점포가 비록 매출은 적지만 보다 효율적으로 운영되고 있음을 알 수 있을 것이다.

1) 기업 성과(Corporate Performance)

기업수준에서 소매업체의 경영자들은 매출과 수익을 창출하기 위해 관리할 수 있는 세 가지 결정적인 자원을 갖는다. 상품 재고, 매장 공간, 직원이 바로 그것이다. 따라서 이러한 자산 이용률의 효과적인 생산성 척도는 재고자산회전율, 판매공간당 매출액, 직원당 매출액 등을 포함한다.

앞에서 설명하였듯이, ROA는 수익률과 자산회전율을 결합한 전반적인 생산성 척도이다. 동일점포 매출증가율(Comparable store sales growth or Same-store sales growth)은 소매업체의 성과를 측정하는 데 널리 쓰이는 척도이다. 연간 매출 증가의 원인으로는 두 가지가 있는데, 당해 년에 개장한 새 점포로부터의 매출액과 전년도에 개장한 기존 점포로부터의 매출 증가가 바로 그것이다. 동일점포 매출증가율은 바로 두 번째 매출 증가의 원인 즉, 개장한지 적어도 1년이 지난 기존 점포로부터의 매출 증가액을 의미한다. 따라서 동일점포 매출증가율은 소매업체가 핵심사업전략과 실행을 얼마나 잘 수행했는지를 나타낸다. 새로운 점포의 매출은 장기적인 성과 측정을 불명확하게 할 수 있기 때문에, 동일점포 매출증가율은 전반적 매출 증가를 평가하는데 바람직하다. 예를 들어, 만약 소매업체가 새로운 점포를 개장한 경우 전체 매출액은 증가하지만, 시간이 흐르면 소매업체의 새 점포와 기존 점포의 매출액은 감소할 것이다. 따라서 새 점포의 개장이 천천히 이루어 질 때, 소매업체는 매출증가에 부정적인 영향을 받는다. 새 점포의 매출액을 척도에서 제외함으로써, 소매업체와 투자자들은 전반적 전략과 실행이 얼마나 효과적인지를 더 잘 평가할 수 있다. 동일점포 매출증가율은 소매업체의 근본적인 사업방식이 고객에 의한 것이 아님을 잘 설명한다.

2) 상품관리척도(Merchandise Management Measures)

상품관리자가 통제하는 결정적인 자원은 상품 재고이다. 상품관리자는 또한 초기에 상품의 가격을 산정할 권리와, 상품이 잘 팔리지 않을 경우 가격을 낮출 수 있는 권리를 갖는다. 마지막으로 그들은 상품에 지불할 가격을 납품업체와 협상한다.

재고회전율은 재고관리의 생산성 척도이다. 높은 회전율은 재고관리생산성이 더 좋음을 의미한다. 총마진율은 납품업체와의 가격협상 및 이윤을 창출할 상품 구매에 있어서 상품관리자의 성과를 나타낸다. 매출에서 가격할인(mark-downs)이 차지하는 비율 역시 상품구매 의사결정의 질을 평가하는 척도이다. 만약 상품관리자가 높은 가격할인비율을 낼 경우, 상품을 구매한 원가로 판매 하지 못한 것을 의미하므로 상품관리자는 알맞은 상품이나 알맞은 수량을 구매하지 못한 것이다. 총마진율과 할인율은 생산성 척도이지만, 이 척도들은 일반적으로 산출물에서 투입물이 차지하는 비율을 나타낸다. 전형적인 생산성 척도가 투입물에서 산출물이 차지하는 비율을 나타내는 것과는 대조적이다.

3) 점포운영척도(Store Operations Measures)

매장관리자가 통제하는 결정적인 자산은 매장공간활용과 매장직원관리이다. 따라서 점포운영생산성 척도는 판매공간평방당 매출액, 직원당 매출액(혹은 직원근무시간당 매출액)을 포함한다. 점포 관리는 또한 직원과 고객에 의한 도난(감모손실), 점포 유지, 에너지 비용(조명, 난방, 냉방, 공기청정 등)을 통제하는 데에도 책임을 지닌다. 즉, 매장관리자의 성과를 평가하는데 사용되는 다른 생산성 척도들은 매출액에서 감모손실과 에너지비용이 차지하는 비율이다. Retailing View 6.3은 무인판매대(Self check-out)가 노동생산성을 어떻게 향상시켰는지를 설명한다.

5. 성과 측정: 벤치마킹의 역할

앞에서 설명한대로, 성과를 측정하는데 사용되는 재무적 척도는 소매업체의 시장전략을 반영한다. 예를 들어 Costco는 Macy's와 다른 사업전략을 가졌기 때문에, 낮은 수익률을 가진다. 그러나 유행을 덜 타는 제한된 상품 구색과 유행에 상관없는 기본 상품을 보유함으로써 재고회전율과 자산회전율을 향상시켰기 때문에 적당한 ROA를 갖는다. 이와는 대조적으로, Macy's는 의류와 액세서리 전문점이기 때문에 폭넓고 깊은 상품 구색을 보유해야 한다. 따라서 재고회전율과 자산회전율은 낮지만 높은 수익률로 인해 적당한 ROA를 갖는다. 즉, 소매업체의 성과는 사업단위의 전략을 반영하기 때문에 단순히 하나의 척도만으로는 정확히 평가될 수 없다. 소매업체의 성과를 더 잘 평가하기 위해서, 우리는 성과를 벤치마크(benchmark)와 비교해야 한다. 가장 널리 이용되는 두 가지 벤치마크는 (1) 소매업체 성과의 장기적 변화와 (2) 경쟁업체 대비 소매업체의 성과이다.

1) 성과의 장기적 변화(Performance over time)

소매업체의 성과를 측정하는 유용한 방식 중 하나는 최근의 성과를 지난 달, 분기, 년도의 성과와 비교하는 것이다. 〈보기 6-11〉은 Macy's Inc.와 Costco의 지난 3년 동안의 성과척도를 나타낸다.

Costco는 판매되는 상품의 유형(식품과 기본식료품 등)으로 인해 재고회전율과 평방당 매출액 비율이 높다. 또한 Macy's가 판매직 직원을 통해 고객서비스를 제공하고 있는 반면, Costco는 셀프서비스를 제공하고 있기 때문에 직원당 매출액이 낮다. 전략적 이익모델 구성요소 관점에서 Costco의 ROA는 일반적으로 상승추세를 보이고 있으며, Macy's는 장기적으로 감소추세를 보이고 있다. 이러한 ROA

셀프-체크아웃이 노동생산성을 증대시킨다

Home Depot는 self-checkout 라인을 사용하여 고객 서비스를 향상시키며, 매장 직원들의 생산성을 높이고 인건비 또한 줄인다.

셀프-체크아웃은 오래 전부터 주유소, ATM 기계, 그리고 FastLane 등 여기 저기서 나타났다. 소매업체가 높은 효율을 지향함에 따라, 셀프-체크아웃을 활용함으로써 식료품점, Home Improvement 소매업체, 할인점 그리고 패스트푸드점에서 점원의 역할을 대체하는 정도가 증가하고 있다. 셀프-체크아웃으로 처리된 거래량은 2005년 1천6백10억 달러에서 2008년 4천5백 달러로 증가하는 것으로 나타났다.

셀프-체크아웃은 고객들이 각자 상품을 스캔하고, 상품을 담고 계산을 할 수 있게끔 한다. 점포에서 보통 한 명의 직원이 네 개의 계산대를 주목하고 관리한다. 몇몇 고객은 특히 셀프-체크아웃을 통해서 전통적인 체크아웃보다 더 빠르고 편리하게 계산을 마친다는 것을 확인하였다. 소매업체는 셀프서비스를 통해서 고객의 편의가 증대됨을 강조한다. 게다가 계산대에서 자유로워진 점원들은 상품 진열대에서 고객을 도울 수 있게 되었다. 몇몇의 소비자들은 물건을 살 때 점원들과 상호작용을 하지 않아도 된다거나 개인 사생활과 관련된 상품을 구매할 때, 점원과 눈이 마주치는 것과 같은 어색한 상황을 피할 수도 있다고 지적한다.

반면에, Safeway, Macy's와 같은 일부 소매업체들은 개인적 서비스는 그들 경영방식의 상징이거나 회사의 이미지이므로, 셀프-체크아웃이 그들의 이미지를 손상할 것이라고 주장한다. 고객들은 스캔하는데 문제를 일으킬 것 같은 특정 아이템을 구입하면 셀프-체크아웃을 시도하기를 꺼려한다. 잘못 스캔 하면 경고음이 계속해서 들린다거나 하여, 줄 서있는 다른 고객들 앞에서 당황하여 잘못된 상품을 선택하게 할지도 모른다. 셀프-체크아웃 기술은 지속적으로 발전하여, 고객의 편의는 증대시키고, 도난의 가능성은 줄여줄 것이다. RFID(radio frequency identification) 기술을 접목하여 계산대를 지나가기만 해도 계산이 되는 단계에 이르고 있다. 고객은 쇼핑 카트에 짐을 싣고 계산대를 걸어나오면, 키 체인이나 은행 카드에 있는 칩으로부터 나오는 신호를 읽어 자동으로 계산하게 한다.

출처: Paul Burel, "Checking Out Self Checkout," Chain Store Age, July 2007, p. 58; Suzanne Barlyn and Jim Carlton, "Do-It-Yourself Supermarket Checkout," The Wall Street Journal, April 5, 2007, p. D3; Paul Lukas, "Whither The Checkout Girl?" Fast Company, November 2006, pp. 50-51.

추세의 차이는 아마도 Macy's의 May company의 인수로 인해 자산회전율이 감소한 반면, Costco의 자산회전율은 장기적으로 증가해왔기 때문인 것으로 보인다. 그러나 Macy's는 May Company를 흡수함으로써 다시 도약할 것으로 보인다.

	Macy's			Costco		
	2006	2005	2004	2006	2005	2004
총마진율	39.90%	40.60%	40.50%	12.30%	12.40%	12.50%
영업비용 비율	33.10%	30.00%	31.66%	9.60%	9.76%	9.60%
순이익율	3.70%	6.30%	4.40%	1.80%	2.00%	1.80%
자산회전율	0.91	0.68	1.05	3.44	3.21	3.19
ROA	3.37%	4.28%	4.62%	6.19%	6.42%	5.84%
재고자산 회전율	3.04	2.35	2.88	11.54	11.54	11.55
직원 인당 매출액	$143,457	$96,509	$140,857	$473,632	$448,748	$425,751
평방피트당 매출액	$172	$141	$189	$937	$897	$1,062
동일 점포 매출 성장	4.40%	1.30%	2.40%	7%	6%	9%

출처: Calculations based on data in Macy's 10K Report, filed April 4, 2007, for fiscal year ending February 3, 2007; Macy's 10K Report, filed April 13, 2006, for fiscal year ending January 28, 2006; Macy's 10K Report, filed March 29, 2005, for fiscal year ending January 28, 2005; Costco 10K Report, filed November 17, 2006; for fiscal year ending September 3, 2006; Costco 10K Report, filed November 10, 2005, for fiscal year ending August 28, 2006; Costco 10K Report, filed November 11, 2004, for fiscal year ending August 29, 2004.

2) 경쟁업체대비성과(Performance Compared to Competitors)

소매업체의 성과를 평가하는 두 번째 방식은 경쟁업체와 비교하는 것이다. 〈보기 6-12〉는 Macy's Inc.와 다른 지역 백화점 체인의 성과를 비교하고 있다.

Macy's는 높은 총마진에도 불구하고 자산회전율과 순이익률이 낮기 때문에 낮은 ROA를 가진다. May Company의 인수는 이러한 지표들에 아마도 영향을 끼쳤을 것이다. 예를 들면, Macy's는 일시적인 물류시스템의 중복과 바이어의 중복 등으로 인해 더 큰 판매비와 일반관리비를 지출했을 것이다. 또한 May Company의 인수로 인해 Macy's는 매출액의 높은 증가율을 가진다. 하지만 동일점포매출 증가율은 Nordstrom이나 Kohl's보다 낮다.

	Macy's	JCPenney	Sears	Dillard's	Nordstrom	Kohl's
순매출액(백만 달러)	26,970	19,903	53,012	7,810	8,561	15,544
총마진율	39.90%	39.30%	28.70%	35.60%	37.50%	36.40%
순이익률	3.70%	5.80%	2.80%	3.10%	7.90%	7.10%
자산회전율	0.91	1.57	1.76	1.44	1.77	1.72
ROA	3.37%	9.11%	4.93%	4.48%	13.98%	12.21%
재고자산 회전율	3.04	3.55	3.82	2.8	5.37	3.82
평방 피트당 매출액	$172	$193	$181	$135	$424	$256
직원 인당 매출액	$143,457	$131,808	$168,292	$148,604	$161,828	$136,352
2006/2005 매출 성장	16.98%	5.64%	7.33%	1.11%	9.79%	13.78%
비교가능한 점표 매출율 변화	4.40%	3.70%	-3.70%	0%	7.50%	5.90%

출처: Calculations based on data in Macy's 10K Report, filed April 4, 2007, for fiscal year ending March 23, 2007; JCPenney 10K Report, filed April 4, 2007, for fiscal year ending February 3, 2007; Sears Holding 10K Report, filed April 4, 2007, for fiscal year ending February 3, 2007; Dillard's 10K Report, filed March 23, 2007; for fiscal year ending February 3, 2007; Nordstrom 10K Report, filed March 23, 2007, for fiscal year ending February 3, 2007; Kohl's 10K Report, filed March 23, 2007, for fiscal year ending February 3, 2007.

요 약   *Summary*

본 장에서는 소매 재무전략의 기본적인 요소 몇 가지를 설명하고, 소매전략이 한 기업의 재무적 성과에 어떤 영향을 미치는지를 검토하였다. 우리는 재무비율과 소매전략 사이의 복잡한 상호관계를 이해하는 수단으로 전략적 이익모델을 사용하였다. 또한, 우리는 다른 형태의 소매업체들은 다른 재무적 운영 특징을 가진다는 사실도 발견하였다. 구체적으로, Macy's 같은 백화점 체인은 일반적으로 Costco 같은 창고형 할인점보다 이익률은 높고 회전율은 낮다. 그러나 이익률과 회전율이 자산수익률과 결합될 때, 비슷한 재무적 성과를 얻을 수 있다는 사실도 알 수 있었다. 우리는 또한 소매조직의 다른 양상을 평가하기 위해 사용되는 일부 재무적 성과 척도들을 살펴보았다. 전략적 이익모델에서 자산수익률은 소매 운영 관리자들의 성과를 평가하는데 적합하며, 다른 척도들은 보다 구체적인 다른 활동들을 평가하는데 적합하다. 예를 들어, 총재고투자수익률(gross margin return on investment: GMROI)은 바이어들에게 적합하고, 점포관리자들은 1평방피트당 매출이나 총수익에 신경을 쓴다.

핵심용어   *Key terms*

매출채권(accounts receivable)	재고회전율(inventory turnover)
자산(assets)	순이익(net profit)
자산회전율(asset turnover)	순수익률(net profit margin)
상향식 계획(bottom-up planning)	순매출액(net sales)
비교점포 매출증가율(comparable store sales growth)	영업비(operating expenses)
유동자산(current assets)	산출척도(output measures)
고객회수율(customer returns)	생산성척도(productivity measure)
고정자산(fixed Assets)	촉진비(promotional allowances)
매출총이익(gross margin)	자산수익률(return on assets)
총수익(gross profit)	동일점포매출증가율(same-store sale growth)
투입척도(input measures)	판매관리비(selling, general, and administrative expenses: SG&A)
이자(interest)	전략적 이익모델(strategic profit model)
이자수익(interest income)	하향식계획(top-down planning)

현장학습   *Get Out And Do It!*

1. 비슷한 상품을 판매하지만 목표 시장이 다른 몇 개의 소매업체를 골라서 재무적 성과를 측정하라. 만약 선택한 소매업체가 높은 수익률과 낮은 회전율을 가진 점포라면, 낮은 수익률과 높은 회전율을 가진 다른 점포와 비교하라. 선택한 점포의 연차보고서에서 정보를 얻어, 왜 두 점포간의 매출총이익, 순수익률, 재고회전율, 자산회전율, 평방당 매출액, 직원당 매출액이 다른지를 설명하라. 또한 어떠한 점포가 전반적 재무 성과를 더 잘 달성하였는지 평가하라.

2. Macy's와 Costco의 가장 최근의 연차보고서를 통해 순이익률 관리경로와 자산회전율 관리모델을 위한 재무정보를 업데이트 하라. 그들의 재무적 성과에 중대한 변화가 있었는가? 왜 두 기업의 핵심재무비율은 다른가?

3. 가장 좋아하는 점포에 가서 관리자를 인터뷰하라. 소매업체가 어떤 성과 목표를 수립하였는지 조사하라. 또한 그들이 현재 정해놓은 목표가 실제 성과를 어떻게 달성하는지 그 절차를 평가하라.

토의 질문 및 문제

1. 소매업체의 성과를 평가하기 위해 왜 다양한 성과 척도를 사용하여야 하는가?

2. 다양한 점포를 가진 소매업체가 연간성과목표를 어떻게 설정하여야 하는지 설명하라.

3. 바이어의 성과는 종종 그들의 매출총이익률을 통해 측정된다. 왜 이 척도가 순이익률을 사용하는 것보다 적절한가?

4. 전략적 이익모델은 소매업체가 마케팅전략과 재무전략을 계획하고 평가하는데 어떠한 도움을 주는가?

5. Neiman Marcus(높은 수준의 서비스를 제공하는 백화점 체인)와 Wal-Mart는 다른 소비자 시장을 목표로 한다. 어떠한 소매업체가 더 높은 매출총이익을 달성할 것으로 예상하는가? 어떠한 소매업체가 더 높은 판매비용을 가지는가? 더 높은 자산회전율과 순수익률을 가지는 곳은 어디인가? 이유를 설명하라.

6. 한 소매업체가 10개의 새로운 점포를 열기로 결정한 경우, 전략적 모델의 어떠한 구성요소에 영향을 미치는가?

7. Gifts To Go 전문점의 전략적 이익모델과 두 개의 드라이클리닝 서비스 사업을 비교할 때 어떠한 차이점을 발견할 수 있는가?

8. Lowe의 2007년도 손익계산서와 대차대조표에 관련된 아래의 정보를 이용하여 자산 회전율, 순수익률, ROA를 계산하라. (단위는 백만 달러 이다.)

   순 매출액 $46,927

   총 자산 $27,285

   순 이익 $ 3,259

9. Urban Outifitters의 2007년도 대차대조표와 손익계산서에서 추출한 아래의 정보를 이용하여, 전략적 이익모델을 개발하라. (단위는 백만 달러 이다.)

   순 매출액 $1,224.7   매출원가 $ 772.8

   영업비용 $ 287.9   재고자산 $ 154.4

   매출채권 $ 25.5   다른 유동자산 $27.3

   고정자산 $ 445.7

10. www.hoovers.com의 정보를 기초로 하여 Circuit City와 Best Buy의 재무적 성과를 설명하라. 두 전자상품 소매업체간의 어떠한 결과가 비슷하며, 어떠한 결과가 다른가? 이유를 설명하라.

추가로 읽을 자료들

Brealey, Richard; Stewart C. Myers; and Franklin Allen. *Principles of Corporate Finance*, 9th ed. New York: McGraw-Hill, 2008.

Brewer, Peter; Ray Garrison; and Eric Noreen. *Introduction to Managerial Accounting*, 3rd ed. New York; McGraw-Hill, 2006.

Castellano, Joseph; Saul Young; and Harper Roehm. "The Seven Fatal Flawa of Performance Measurement." *The CPA journal* 74 (June 2004), pp. 32-36.

Chiquan, Guo; and Pornsit Jiraporn. "Customer Satisfaction, Net Income and Total Assets: An Exploratory Study." *Journal of Targeting, Measurement and Andlysis* 13, no. 4 (2005), pp.346-53.

Devan, Janamitra; Anna Kristina Millan; and Pranav Shirke. "Balancing Short-and Long-Term Performance." *Mckinsey Quarterly* 1 (2005), pp. 31-35.

Lehmann, Donald R.; and David J. Reibstein. *Marketing Metrics and Financial Performance*, Cambridge, MA: Marketing Sicence Institute, 2006.

Keiningham, Timothy L.; Bruce Cooil; Tor Wallin Andreassen; and Lerzan Aksoy, "A Longitudinal Examination of Net Promoter and Firm Revenue Growth." *Journal of Marketing* 71, no. 3 (2007), pp. 39-51.

O'Sullivan, Donl; and Andrew V.Abela. "Marketing Performance Measurement Ability and Firm Performance," *Journal of Marketing* 71, no. 2 (2007), pp.79-93.

Chapter Seven 7

점포입지

Question
- 소매업체는 어떤 유형의 입지를 이용할 수 있는가?
- 각 입지 유형별로 상대적인 이점이 무엇인가?
- 왜 몇몇 입지들이 특정한 소매전략에 가장 적합할까?
- 어떤 유형의 입지가 소매업체에게 인기를 얻고 있는가?

" 소매에서 가장 중요한 세 가지가 무엇인가?"라는 질문에 대한 가장 일반적인 답변은 "첫째도 입지, 둘째도 입지, 셋째도 입지"라는 것이다. 소매업에 있어 점포 입지는 왜 이와 같이 중요한 요인인가? 첫 번째로 입지는 고객이 점포를 선택할 때, 최우선적인 고려 사항이기 때문이다. 예를 들어, 세차할 곳을 선택할 때, 사람들은 주로 집이나 직장에서 가장 가까운 장소를 선택한다. 이와 유사하게 대부분의 고객들도 가장 가까운 슈퍼마켓에서 쇼핑을 한다.

두 번째로 입지 결정은 지속적인 경쟁 우위가 될 수 있기 때문에 전략적으로 중요하다. 만약 소매업체가 좋은 입지를 점유하고 있다면, 그 장소는 고객들에게도 가장 매력적인 위치일 것이고, 경쟁자들은 쉽게 이러한 우위를 모방하지 못한다. 그들은 두 번째로 좋은 위치로 밀려나는 것이다.

세 번째로 입지 결정에는 위험이 따른다. 일반적으로 소매업체가 입지를 선택할 때, 부동산을 사거나 개발하기 위해 상당한 금액을 투자하거나 장기간 임대 계약을 맺어야 한다. 소매업체들은 5년~15년 기간의 임대 계약을 하는 것이 보통이다.

소매업체는 그 나라에서 가장 오래 된 쇼핑 센터(캔자스 시티의 컨트리 클럽 플라자)처럼 재개발된 역사적 건물에서부터 실내 몰, 라이프스타일 센터까지 다양한 입지 선택이 가능하다. 그러나 서유럽과 아시아 지역에서의 입지 선정은 미국에 비해 더욱 제한적이다. 이 지역에서는 인구 밀도가 높고 거주자가 많으며 도심에서 쇼핑하는 사람이 많다. 그러므로 소매업이 가능한 지역이 적고, 가능한 지역 역시 많은 비용이 소요된다. 또한 서유럽의 많은 국가들은 특정 지역에서의 소매업과 점포의 규모를 제한하고 있다.

본 장의 첫 번째 부분에서는 소매업체의 입지 유형과 상대적 이점에 대해 알아볼 것이다. 그리고 입지 선정이 소매업체의 전략에 어떻게 부합되는지 살펴볼 것이다. 예를 들어, 7-eleven 편의점에게 가장 좋은 입지가 Bed Bath and Beyond와 같은 카테고리 전문점에게도 최적의 입지는 아니다. 다음 장에서는 점포 입지 선정에 관련된 문제들과, 특정 입지에 대해 어떻게 평가하고 어떻게 임대 계약을 체결할 것인가에 대해 살펴볼 것이다.

I 입지 유형

소매업체에게는 다양한 유형의 입지가 가능하며 각각의 입지는 장단점이 있다. 독립입지, 상업/도시지역, 쇼핑센터 등 세 가지 기본적인 입지 유형이 있다. 소매업체들은 공항이나 점포 내 입지와 같이 비전통적인 장소에 위치할 수도 있다. Retailing View 7.1에서 서브웨이(Subway)가 어떻게 비전통적인 입지에 위치하고, 안정성 확보를 위한 시설들을 만들고 있는가를 보여주고 있다.

특정한 입지유형을 선택하는 것은 일련의 상쇄작용(trade-off)을 평가하는 것과 관련된다. 이러한 상쇄

● 보기 7-1
입지의 유형

	규모 (OOOsq.ft)	상업지역 (Miles)	년간 점유 비율 ($per sq. ft)	쇼핑 편리성	보행자 교통	자동차 교통	운영 제약	전형적 입주업체
	비계획지역							
독립입지 도시입지/중심상업지역	다양함 다양함	3-7 다양함	15-30 8-20	높음 낮음	낮음 높음	높음 낮음	약간 약간에서 중간 정도	편의점, 약국, 범카테고리전문점
	쇼핑센터							
네이버후드/커뮤니티 쇼핑센터	30-350	3-7	8-20	높음	낮음	높음	중간	슈퍼마켓, 할인매장
파워센터	250-600	3-7	8-20	중간	중간	중간	약간	카테고리 전문점
인클로즈드몰	400-1,000	5-25	10-70	낮음	높음	낮음	높음	백화점과 전문의류점포
라이프스타일 센터	500+	5-15	15-35	중간	중간	중간	중간에서 높음까지	전문의류 및 가정용품, 식당가
패션/전문 센터	80-250	5-15	10-70	중음	높음	낮음	높음	고품격 의류 전문점
아울렛센터	400+	25-75	8-15	낮음	높음	높음	약간	팩토리 아울렛
테마/페스티벌 센터	80-250	N/A	20-70	낮음	높음	낮음	최고	전문점, 식당가

출처: Personal communications with industry executives; "North American Retail Highlights2006." http://colliers.com/Content/Repositories/Base/Corporate/English/Market_Report_Corporate/PDFs/RetailNAHighlights2006.pdf.

교회에까지 입점한 Subway

성장을 유지하기 위하여 Subway는 Goodwill Industries와 같은 비전통적인 입지에서 점포를 개점했다.

20,000개의 점포를 갖고 있는 Subway 레스토랑은 새로운 입지를 찾아서 성장을 유지하는 것이 점점 어렵다는 것을 알게 되었다. 스트립몰이나 고속도로 근처의 전통적인 입지는 다른 패스트푸드 식당이 그 자리를 차지하게 되었다. 그래서 이에 대응하여, 서브웨이는 독특한 입지를 찾고 있다. 지난 몇 년 동안, 서브웨이는 뉴욕의 북부지방에 있는 교회, 캘리포니아의 빨래방, 남부 Carolina 지방의 Goodwill Industries 내부에, 독일에 있는 자동차 대리점, 그리고 미국에 있는 110개의 종합병원에서 개점했다.

Subway의 주 메뉴가 샌드위치이기 때문에, 이례적인 시간에 개점해도 별문제가 없다. 왜냐하면 전통적인 패스트푸드 식당에 비해 튀기고 굽는 장비가 필요한 조리공간이 작기 때문이다. 병원과 종교 시설들은 Subway가 전통적인 패스트푸드 음식에 비해 혹은 음식과 비교하며 상대적으로 신선하고 건강한 샌드위치를 지향하기 때문에 호의적인 태도를 보이고 있다.

Subway는 종종 비전통적인 입지에서 점포를 오픈할 때 약간의 수정을 해야 된다. 예를 들어, Cleveland의 유대 공동체에서 오픈할 때, kosher를 메뉴에 포함했다. 치즈 대신 콩 제품으로 바꿔야하고 샌드위치에서 햄과 베이컨을 빼야한다. 유대 안식일을 준수하여 금요일 오후부터 토요일 내내 문을 닫는다. Subway가 뉴욕의 저소득 지역인 Buffalo의 True Bethel 침례교회에서 개점을 했을 때, 교회의 지도자와 긴밀한 관계를 유지해야만 되었다. 교회지도자는 성도들을 지원하고 일자리 창출을 목적으로 교회의 한 코너에 가맹점을 개점하기 위해서 패스트푸드 본사와 여러 번의 접촉을 가졌다. Subway만이 공간 활용이 유연하고 교회시간에 맞춰 개점할 수 있었다. Subway는 회사간판을 교회밖에 부착하지 않을 것과 주차 문제로 예배를 방해하지 않을 것을 약속했다.

출처: Howard Riell, "When only a QSR Will Do," Food Service Director, February 15, 2007, pp.46-47; Janet Adamy, 'For Subway, Every Nook And Cranny on the Planet Is Site for a Franchise," The Wall Street Journal September 1,2006, p.AⅠ.

작용은 상권의 크기, 점유 비용, 보행자나 자가 운전 고객의 교통 문제, 건물주에 의한 매장 운영의 제한, 고객 접근 편의성 등이 있다. 상권은 특정 소매 입지를 이용하는 고객들을 포함하는 지리적 지역이다. 다음 절은 〈보기 7-1〉에 요약된 각 입지유형의 특성에 대한 설명이다. 첫 부분의 두 가지 유형은 소매

점포가 차지하고 있는 비계획적인 입지이고, 나머지는 계획적이고 체계적으로 관리되고 있는 쇼핑센터이다.

II 비계획적인 소매입지

몇몇 소매업체들은 어디에 특정 점포를 위치시킬 것인지, 어떻게 운영할 것인지 등의 집중적인 관리를 받지 않는 비계획적인 입지를 선택한다. 비계획적 소매입지의 두 가지 유형은 독립입지와 도시입지이다.

1. 독립입지

독립입지는 다른 소매업체와 연결되지 않은 개별적이고 독립된 소매 입지이다. 그러나 다른 독립입지나 쇼핑센터와 근접한 지역이나, 키오스크처럼 사무실 건물이나 쇼핑센터 내에 위치할 수도 있다. 독립입지의 장점은 높은 접근성과 주차 시설 등 고객 편리성이다. 차량 통행 편의성과 주행 중인 고객들을 끌어들이는 가시성이 높고, 적절한 임대료에, 일반적으로 쇼핑센터에서 시행하고 있는 간판, 영업시간, 상품 등에 관한 제한이 덜하다. 옥외점포(outparcels)는 쇼핑센터에서 다른 점포들과 연결되어 있지는 않지만 일반적으로 주차장과 같은 부지 내에 위치한 점포 형태이다. 이러한 독립입지들은 맥도날드, 던킨 도넛과 같은 패스트푸드 음식점이나 은행 입지로 인기가 있다. 옥외점포는 전용 주차장과 드라이브스루(drive-through)용 창문을 갖추고 도로에서 잘 보이도록 되어 있다.

그러나 독립입지는, 한번에 여러 장소에서 쇼핑할 정도로 소비자들의 관심을 끌 수 있는 근처의 다른 소매 업체들이 없을 때는, 상권이 제한된다. 그리고 독립입지는 다른 소매점들과 외부 조명, 주차장 유지 비용, 쓰레기 수집 비용 등을 분담할 수 없으므로 스트립센터에 비해 운영비용이 많이 든다. 마지막으로 독립입지는 일반적으로 보행자 통행이 적은 지역에 위치하기 때문에 지나가다 들릴 수 있는 고객들의 수가 제한적이다.

미국 대부분의 소매업체가 쇼핑센터에 위치해 있음에도 불구하고, 독립입지는 그들이 고객에게 제공하는 편의성 때문에 인기가 날로 높아지고 있다. 예를 들어, 독립입지에서 Kohl's의 성공을 바탕으로 JCPenny와 Sears는 독립입지에서 오프 더 몰(off-the-mall) 점포를 개장하고 있다. 미국의 대형 드럭스토어 체인들 역시 드라이브스루 윈도우를 통한 접근성, 더 넓은 매장 면적, 상품을 들여올 때의 나은 접근성 등으로 인해 독립입지에서 개점하고자 한다.

1) 상품 키오스크

상품 키오스크(Merchandise Kiosks)는 일반적으로 쇼핑몰이나 공항, 기차 역, 사무실 건물 로비 등의 통로에 위치하는 소규모 판매 공간이다. 일부는 직원이 있기도 하고, 소형 매점이나 쉽게 이동이 가능한 카트 형태와 유사하기도 하다. 또 다른 형태는 21세기 버전의 자동 판매기이다.

몇몇의 Sears 점포는 고객들에게 쉬운 주차와 편리함을 제공하기 위해 몰에서 떨어진 독립입지에 위치한다.

예를 들어, 맥도날드 사의 사업부인 레드박스(Redbox)는 미국에서 3,000대 이상의 DVD 대여 키오스크를 운영하는데, 그 중 대부분은 슈퍼마켓에 위치해 있다. DVD를 하루 대여하는데 $1 정도 드는데 신용 카드나 체크 카드로 결제할 수 있다. 레드박스 키오스크는 대략 80개 정도의 영화를 보유하는데 대다수는 신작이다. 레드박스와 관련 경쟁업체들의 DVD 대여 시장점유율은 아직 1%에 불과하지만 급속도로 성장하고 있다.

쇼핑몰 운영자들은 키오스크가 활용되지 않는 빈 공간에서 임대 수입을 거둘 수 있을 뿐만 아니라 방문객들에게 다양한 종류의 제품을 제공할 수 있는 기회로 생각한다. 고객들에게 즐거움을 제공할 수 있을 뿐만 아니라, 쇼핑몰 전체의 판매 증가로 이어진다. 델 컴퓨터의 키오스크는 웹사이트인 www.delldirect.com에서 판매하는 것과 동일 제품과 가격, 서비스를 제공한다. Sprint나 T-mobile과 같은 많은 휴대폰업체들 또한 쇼핑몰 키오스크를 활용하고 있다. 또한 키오스크는 계절적 수요에 맞춰 재빠르게 변화할 수 있다.

쇼핑몰 내에서 키오스크 입지를 정할 때, 관리자들은 기존 입점 업체들의 욕구에 민감하다. 그들은 점포 앞을 막지 않도록 주의하거나, 입점업체의 이미지와 맞지 않는 키오스크를 피하기도 하고, 더 나아가 유사한 제품을 판매함으로써 직접적으로 경쟁하기도 한다.

사무실 건물 관리자들은 키오스크를 건물에서 근무하는 사람들에게 서비스를 제공하는 수단으로 인식한다. 그러므로 사무실 로비에 위치한 키오스크는 보통 신문, 꽃, 간식류 등을 판매한다.

2. 도시입지

대부분의 소매업체들은 시내에서 인근 교외지역으로 미국 가정의 이동을 따라갔다. 그러나 몇몇 소매업체들은 특히 재개발되고 교외 주택 지역으로 둘러싸인 시내 지역이 도시에서의 매력적인 입지라고 생각했다. 주로 교외에 위치한 Target, Wal-Mart, Home Depot, Costco와 같은 대형 소매업체의 경우 도심에 소규모의 다층 형태로 새로운 점포를 개장하고 있다.

일반적으로 도시입지는 임대료가 낮고, 중심상업지구 입지는 보행자의 유동인구가 많다. 그러나 도시의 혼잡으로 인해 자가용 이용은 제한적이고, 주차 문제는 고객 편의성을 감소시킨다. 또한 독립입지와는 달리 이 지역에서의 점포간판은 제한적일 수 있다.

폐허화되고 있는 많은 도시 지역은 사무실의 재개발, 주택의 재건축 등의 고급 주택화 (gentrification) 과정을 거칠 것이다. 또한 이전의 빈곤층 거주자들은 이동하고 경제적으로 윤택한 사람들이 유입될 것이다. 젊은 전문가들이나 자녀를 출가시킨 은퇴한 노인들은 원래의 거주 지역에서 쇼핑, 음식점, 여가 시설 등의 편의성을 누리기 위해 이 지역으로 이동할 것이다.

소매업체들에게 재개발 기회는 소위 재개발용(brownfields)이라고 불리는, 화학 오염물질이 있는 과거 공장 지역에서 생겨나기도 한다. 1980년대에 대부분의 개발업자들은 버려진 공장 지역을 피했다. 그러나 투자자들과 임대인들은 1990년대 중반 환경법의 변화와 법적 문제로부터 보장이 증가해서 그러한 지역을 다시 검토했다. 공장지역을 처분하는 개발업자들에게 더 많은 책임보험이 가능해졌고, 지방 정부는 미래의 소송에 대비한 보호를 보장하게 되었다. 도시입지의 세 가지 유형은 중심상업지역, 시내 중심가(main street), 그리고 도심 입지(inner city locations)이다.

1) 중심상업지역(Central business district)

중심상업지역(CBD)는 전통적인 도시 내의 상업지역이다. 일상 활동 때문에 유동인구가 많고 업무 시간 유입도가 높다. 중심상업지역은 대중 교통의 중심지로 보행자 통행량이 많다. 마지막으로 중심상업지역들은 거주자의 수가 많다.

중심상업지역이 미국 내에서는 몇 해 동안 소매업체들과 고객들 사이에서 인기가 떨어지고 있음에도 불구하고, 고급 주택화에 따라 많은 수가 부흥했고, 새로운 소매업체와 도시의 경험을 희망하고 걸어서 일하고 쇼핑하러 갈 수 있기를 원하는 거주자들을 끌어들였다.

점포에서 절도가 빈번해졌고, 주차장이 제한적이기 때문에 중심상업지역에서는 일반적으로 소매업체들이 경비 업체를 고용한다. 주차 문제와 운전소요시간은 도시 쇼핑객들이 중심상업지역의 점포들을 애용하는 것을 방해한다. 또한 많은 중심상업지역에서는 저녁 시간대와 주말 쇼핑 흐름이 느리다. 마지막으로 쇼핑센터와는 다르게 중심상업지역은 부실한 계획으로 어려움을 겪는 경향이 있다. 한 구역에 고급 의류업체가 있는데, 그 옆은 저소득 가정이 밀집해 있을 수도 있다. 이는 소비자들이 한번의 쇼핑업체 방문으로 관심 있는 소매업체를 충분히 찾지 못한다는 것을 의미한다.

2) 시내중심가(Main Street)

시내 중심가는 대도시의 외곽이나 대도시의 내부에 있는 소형구역이나 부가적인 상업지역에 위치해 있는 전통적인 쇼핑지역을 가리킨다. 이 지역의 거리는 보행자 통로로 전환되어 있다. 도시에서 사람들을 끌어들이고 쇼핑과 여가활동을 위한 공간으로 재활성화 하려는 도시의 노력을 보여준다.

시내 중심가는 앞서 살펴본 중심상업지역과 대다수의 특성이 비슷하다. 그러나 주요 중심상업지역처럼 많은 사람들을 끌어들이지 못하고, 근무하는 사람의 숫자도 적고, 적은 수의 점포들로서는 보통 전체적 선택의 폭이 좁은 것을 의미하기 때문에 일반적으로 사용비용이 더 낮다. 그 뿐만 아니라 시내 중심가는 일반적으로 주요 중심상업지역에서 즐길 수 있는 오락과 여가 활동기능을 제공하지 않는다. 마지막으로 도시 계획 담당 기관이 점포운영에 제약을 요구할 수도 있다.

유럽연합에서는 시내 중심가 입지(영국에서는 High Street라고 불림)가 시의 경계 외곽에 위치하는 대형 소매 업체들에 의해 위협 받고 있다. 이러한 국가의 지방 정부는 규모를 제한해서 슈퍼스토어의

영국에서는 소형 소매업체들이 있는 시내중심가 입지가 인기가 있지만, 슈퍼마켓, 그리고 하이퍼마켓과 같은 대형소매업체들과의 경쟁에 직면해있다.

성장을 제한하려고 노력하고, 지역 소매업체의 경쟁력을 위해 시내 중심가의 재개발을 위한 보조금을 지급하고 있다. 유럽은 인구 밀도가 높고 공간이 좁으며, 엄격한 계획과, 도시와 시골을 구분하는 그린 벨트법이 존재한다. 교외 지역이 많지 않으므로 도시가 무질서하게 확대되는 것을 최소화한다. 그러나 환경을 보호하는 것은 비용으로 작용한다. 도시 외곽 제한과 대규모 소매업체의 경쟁 및 효율성 축소 는 높은 가격으로 이어진다.

3) 도심지역(Inner city)

도심지역은 미국에서 인근의 대도시에 비해 실업률이 높고 중산층 이하의 소득을 가진 사람들이 모여 사는 인구 밀도가 높은 도시 내 지역을 가리킨다. 몇몇 소매업체들은 이 지역이 위험하고 다른 장소에 비해 수익이 낮다고 생각해서 도심지역에 점포를 개점하는 것을 피했다. 결과적으로, 도심지역의 고객 들은 단순히 식료품을 살 때조차 쇼핑을 위해 교외로 나가야 했다. 도심지역 고객들은 연간 소매지출 액이 $850억에 달하는데, 이는 멕시코 국가 전체의 소비력과 비슷한 수준이다. 도심지역의 소득 수준 이 인근에 비해 낮음에도 불구하고, 대다수의 도심입지 소매업체들은 높은 판매량과 마진으로 인해 결 과적으로 높은 이윤을 얻는다.

소매업은 도심 거주자들에게 필요한 서비스와 직업을 제공하고, 재산세 납세를 통해 도심의 재개발 활 동에 중요한 역할을 한다. 미개발된 시장의 잠재력과 지방정부로부터의 장려정책으로 인해 개발업자 들은 도심의 기회에 관심을 높이고 있다. 지방정부는 좋은 위치의 건물과 토지를 구매할 권리를 이용 해서 개발업자들에게 매력적인 가격으로 판매한다. 그러나 도심 재개발은 논란의 여지가 있다. 예를 들어, 개발로 인해 거주자들이 쫓겨나고 교통량과 주차문제가 악화될 수도 있다.

도심입지의 기념비적인 재개발 프로젝트는 맨하튼 할렘 지역에 세간의 이목을 끄는 최신 유행의 체인 점들이 들어선 것이다. 300,000 평방피트의 공간이 체인점과 지역 소매업체, 음식점, 영화관, 비영리 문화 단체를 비롯해, 적절한 가격대로 1,000채의 주택에 배정되었다. 할렘 도처에 새로운 FedEx Kinkos, Staples, 스타벅스, Marshall's, The Children's Place store, Old Navy와 H&M 아울렛, Chuck E. Cheese 음식점, Chase 은행 등이 생겼다. 이러한 점포들은 그 지역에 필요한 제품과 서비 스를 공급할 뿐만 아니라, 일자리 역시 창출한다. Retailing View 7.2는 Magic Johnson이 어떻게 소 매업체를 도심에 위치시켰는지 보여준다. 도심 개발을 비계획적인 입지에서 논의하였으나 다음 절에 서는 쇼핑센터에 포함하여 논의될 것이다.

Refact

Baby boomers와 echo boomers는 모든 면에서 접근용이성이 뛰어난 시내 로 이사하고 있다. 따라서 도시 소매업체의 입지가 75%로 증가하고 있다.

III 쇼핑센터

쇼핑센터는 독립된 단일 부동산으로서 계획, 개발, 소유, 관리되는 소매 및 상업 시설들의 집단이다. 한 장소에 여러 점포들을 결합시킴으로써, 각 점포들이 따로 떨어져있을 때보다 쇼핑센터에 더 많은 고객들을 유인하게 된다. 예를 들어, 경쟁 점포가 쇼핑센터에 들어왔을 때 판매량이 증가할 수 있다. 그러나 개발업자와 쇼핑센터 경영진은 소비자들에게 세심하게 계획된 소매업체를 포함하여 포괄적인 쇼핑경험을 제공하기 위해 상호 보완적인 소매업체들을 신중하게 선정한다.

쇼핑센터의 관리자는 주차 공간처럼 공통시설들을 관리한다(CAM: common area maintenance). 관 리자는 또한 보안, 주차장 조명, 쇼핑센터의 외부 간판, 고객들을 끌기 위한 광고와 특별 이벤트와 같

Magic Johnson은 소매업을 도심지로 가져온다

Magic Johnson은 더 이상 농구코트에 등장하지 않고 도시의 소매업 개발의 지도자가 되어 있다.

NBA(National Basketball Association)에서 Magic Johnson은 13년 동안 전대미문의 대기록을 수립했는데, 보지 않고 패스하거나 2중 점프는 특히 일품이었다. 그는 Los Angeles Lakers를 다섯 번이나 챔피언으로 이끌었다. 1991년 그가 HIV에 감염되었다고 발표한 이후 많은 사람들은 그가 공적생활에서 은퇴할 것으로 생각했다. 그러나 Johnson에게 농구는 단지 시작에 불과했다. 그는 매년 100번 이상 공개석상에 출현했고, 이러한 공개석상의 출현은 농구선수일 때보다 더 빈번했다. 농구 이후, 그는 게임을 다른 활동장소로 가져갔다. 장애물들은 더 높고, 도전들은 더 위대했다. 새로운 경력은 이전에 Sony Retail Entertainment였던 Loews Cineplex Entertainment와 평범한 파트너십으로 다시 시작되었다. 시장조사를 통해 Magic과 동료들은 전국적으로 영화 관객의 약 32~35%가 소수민족이 점유하지만 일반적으로 이들 소수민족 주거지에는 극장이 거의 없음을 깨달았다. 도심지역에 사는 소수민족들이 영화관에 가기 위해 30~40분 운전해야 했다. 그리하여 전국 도시 지역에 영화관을 설립하기 시작했다.

영화관이 자리 잡자 그 다음 단계로, 영화관을 보완할 다른 사업을 발굴했다. 그들이 찾은 것은 편히 쉬면서 식사하는 레스토랑으로 비슷한 특징의 고객이었다. 그러나 식당 손님들은 그 장소를 좋아하지 않는다는 것을 알게 되었다. Magic과 그의 동료들은 그들이 영화관을 사랑한다고 얘기하지만 만약 뭔가를 먹기 원하면 도시를 가로질러 어디든 간다는 것을 알았다. 그래서 Magic은 Starbucks와 TGI Fridays와 협력하게 되었다.

Majic Johnson Enterprise는 도시개발 사업에 전념하였다. 동업자는 Burger King, 24 Hour Fitness, Starbucks, 그리고 도심지역에서 사업을 확장하는 다른 파트너들이다. 그의 버거킹 입지는 다른 곳보다 10%정도 많은 매출을 기록한다.

Magic Johnson Foundation은 비영리 조직이다. 소수민족의 발전을 위하여 혁신적인 프로그램을 교육하고 개발한다. Magic Johnson은 HIV/AIDS에 대한 확산을 막고, 예방하기 위하여 적극적으로 홍보하고 있다.

현재, 그는 미국전역에서 아프리카계 미국인 지역에서 쇼핑센터와 몰들을 개발하고 있다. 2009년 조지아 애틀란타에 11억 평방피트가 넘는 규모에 주거지, 호텔, 사무실, 소매업체 등의 복합용도를 개발하였는데, "Midtown Mile"이라고 명명했다.

출처: www.magicjohnsonenterprises.com (accessed July 24, 2007); www.magicjohnson.org (accessed July 24, 2007); Jill Lerner, "999 Peachtree Aims for Slot on 'Midtown Mile'," *Atlanta Business Chronicle*, February 9, 2007; Claire Heininger, "Magic Johnson Tells Newark to Get Smart on HIV/AIDS," www.nj.com, July 17 2007 (accessed January 4, 2008).

은 업무들도 책임지고 있다. 임대 계약을 통해, 일반적으로 쇼핑센터 내의 소매업체들이 점포 규모, 매출액을 기준으로 CAM 비용의 일부와 쇼핑센터의 홍보비용을 부담할 것을 명시한다. 쇼핑센터 관리자는 운영 시간, 간판, 심지어는 점포 내에서 판매되는 제품의 종류까지 제한할 수 있다.

대부분의 쇼핑센터에는 최소한 한 두 개의 고객 유인점포(anchors)라고 불리는 주요 소매업체가 있다. 이 소매업체들은 상당한 수의 고객을 끌어들이고, 결과적으로 다른 소매업체들에게 쇼핑센터를 더욱 매력적으로 보이게 하므로 쇼핑센터 개발업자들은 특히 관심을 집중한다. 이러한 고객 유인점포들이 쇼핑센터에 입지하도록 하기 위해서 개발업자들은 임차인들에게 임대료 인하 등의 특별 거래를 제안한다.

스트립쇼핑센터에서 슈퍼마켓과 할인점은 전형적인 고객 유인점포이다. 반면 백화점은 전통적으로 실내 쇼핑몰의 유인점포이다. 그러나 라이프스타일센터에는 유인점포가 없고, 파워센터는 다수의 유인점포들로 구성되어 있다. 다양한 유형의 쇼핑센터들이 다음에서 다루어질 것이다.

1. 네이버후드/커뮤니티 쇼핑센터

네이버후드/커뮤니티 쇼핑센터(스트립쇼핑센터)는 점포들이 한 단위(unit)로 관리되는 줄로 늘어서 있고, 보통 점포 앞에 주차장이 위치한 형태이다. 이러한 쇼핑센터들은 공동 공간이 실내가 아니기 때문에 야외센터(open air center)라고도 불린다. 가장 일반적인 형태는 직선형, L자 모형, 역 U자 모형이다. 역사적으로 "스트립센터"라는 용어는 직선 배치 형태에 적용된다.

비교적 작은 규모의 쇼핑센터(네이버후드 센터)는 전형적으로 슈퍼마켓에 의해 주도되고, 편리한 쇼핑을 위해 설계되었다. 더 큰 규모의 쇼핑센터(커뮤니티 센터)는 Wal-Mart나 Target과 같은 할인점에 의해 주도되고, 할인 소매업체(off-price retailers)나 카테고리 전문점과 같은 추가적인 고객 유인점포를 보유한다. 이러한 고객 유인 점포들은 철물, 장비, 꽃, 그리고 이발소나 세탁소처럼 다양한 서비스를 제공하는 작은 규모의 전문점포에 의해 뒷받침된다.

이러한 쇼핑센터들의 주된 장점은 고객들에게 편리한 입지와 손쉬운 주차를 제공한다는 것이다. 그리

네이버후드 쇼핑센터는 점포들이 한 단위(unit)로 관리되는 줄로 늘어서 있고, 보통 점포 앞에 주차장이 위치한 형태이다.

고 임대료가 비교적 낮다. 반면 단점은 소규모 센터들은 규모로 인해 제한된 상권을 갖고 있고, 여가 시설과 음식점이 부족하다는 것이다. 뿐만 아니라 날씨가 안 좋을 때의 대비책이 없다. 결과적으로 네이버후드/커뮤니티센터들은 큰 실내 쇼핑몰처럼 많은 고객들을 끌어들이지는 못한다.

현재의 네이버후드/커뮤니티센터에는 과거에 비해 적은 수의 지역, 독립 점포들이 있다. The Children's Place, Borders, Kohl's, Radio Shack, Marshall's와 같은 전국적인 체인점은 네이버후드/커뮤니티센터의 편리함을 제공함으로써 쇼핑몰 기반의 점포들과 경쟁한다. 이러한 입지에서 그들은 부분적으로 낮은 임대료에 기인하는 낮은 가격을 제공할 수 있고, 고객들은 점포 입구 바로 앞에 차에서 내릴 수 있다.

또한 이러한 센터들은 비전통적, 서비스 지향의 임차인들에게 점포를 임대하기 시작했다. 예를 들어, 미국 치과교정술 환자의 80퍼센트는 어린이들이다. 따라서 네이버후드/커뮤니티 센터나 Toy "R" US, Home Depot와 같은 고객기반을 가진 상호보완적인 소매업체 근처의 건물에 위치하는 것으로 보인다.

2. 파워센터

파워센터는 주로 대형 구매 소매점들로 구성된 쇼핑센터를 일컫는다. 예를 들어, 할인점(Target), 할인 잡화점(Marshall's), 회원제 할인매장(Costco), 카테고리 전문점(Lowe's, Staples, Michaels, Barne & Noble, Circuit city, Sports Authority, Toys "R" US) 등이 있다. 전통적인 스트립센터와는 다르게 파워센터에는 전문점 입점업체가 거의 없다. 상당수 파워센터는 실내 쇼핑몰 근처에 위치한다.

파워센터는 사실상 1990년대 전에는 알려지지 않았었다. 그러나 카테고리 전문점에서 매출이 증가하면서 그 수가 증가하게 되었다. 현재는 상당수의 파워센터는 몇몇 지역 쇼핑몰보다 더 규모가 크며, 거의 비슷한 상업지역을 가지고 있다. 파워센터는 낮은 임대료와 적절한 소비자 편익, 그리고 차량 및 보행자 통행량을 적정한 수준으로 제공한다.

3. 쇼핑몰

쇼핑몰은 실내에 위치하고, 날씨에 구애 받지 않으며 조명이 환한 곳으로, 점포가 통로 한쪽 혹은 양쪽에 있는 쇼핑센터를 일컫는다. 주차는 몰의 주변에 가능하다. 쇼핑몰은 지역 몰(100만 평방피트 이하 규모)과 초대형 지역 몰(100만 평방피트 이상)로 구분된다. 초대형 지역 몰은 지역 쇼핑센터와 유사하지만, 더 규모가 크기 때문에 초대형 지역 몰에는 더 많은 고객 유인점포와 전문 소매점 그리고 즐길 거리가 있으며, 더 넓은 크기의 대지에 위치한다. 초대형 지역 몰은 관광객들을 끄는 요소이기도 하다. Retailing View 7.3은 아시아의 초대형 몰 중 일부에 대해 설명하고 있다.

쇼핑몰은 다른 쇼핑입지에 비해 여러 장점이 있다. 첫째, 쇼핑몰은 아주 다양한 종류의 점포, 그 점포 내부에서 구매 가능한 상품 구색, 쇼핑과 오락을 결합할 수 있는 가능성이 있다. 그렇기 때문에 많은 쇼핑객을 유치하며, 대규모의 거래 공간이 있다. 쇼핑몰은 중요한 보행자 통행 흐름이 쇼핑몰 안으로 이어지도록 인도하며, 저렴한 오락시설을 제공한다. 중년 이상 고객들은 운동 삼아 쇼핑몰을 걸어 다닌다. 비록 일부 쇼핑몰이 저녁에 청소년 출입을 제한하기도 하지만 청소년들은 쇼핑몰에서 친구들과 만나서 시간을 보낸다. 둘째, 고객들은 날씨에 대해 염려할 필요가 없어서, 추운 겨울이나 더운 여름에도 쇼핑할 수 있는 공간으로 고객들에게 매력적이다. 셋째, 쇼핑몰은 소매업체들에게 다른 점포들과 비슷한 영업방식을 아주 강력하게 제공한다. 예를 들어, 대부분의 주요 쇼핑몰은 통일된 영업시간을 강요한다.

그러나 쇼핑몰은 몇 가지 단점들도 있다. 첫째, 쇼핑몰 임대료는 스트립센터, 독립입지, 그리고 대부분

Refact

지난 15년 동안 몰에 기반을 둔 소매업체의 매출은 비음식 소매매출의 경우 39%에서 18.5%로 감소했다.

▪▪▪▪▪▪

의 중심상업지역 보다 더 비싸다. 둘째, 일부 소매업체들은 자신의 영업에 대한 쇼핑몰 관리자들의 통제를 달가워하지 않을 수도 있다. 예를 들어, 대부분의 쇼핑몰에는 진열창이나 간판을 통제하는 엄격한 규약이 존재한다.

셋째, 쇼핑센터 내 점포 간 경쟁이 심화될 수 있다. 여러 전문점이나 백화점에서 아주 유사한 제품을 팔거나 서로 아주 가까운 위치에 있을 수도 있기 때문이다.

그리고 쇼핑몰은 여러 가지 도전에 직면해 있다. 첫째, 많은 사람들이 쇼핑몰 내부에서 한가로이 구경할 여유가 없다. 자유입지, 스트립센터, 파워센터에서 고객들은 점포 앞에 주차할 수 있고, 점포에 들어갔다가 자신들이 원하는 것을 산 후 할 일을 계속 할 수 있기 때문에 더 편리하다.

둘째, 쇼핑몰 내 대부분의 소매업체들은 패션의류를 팔고 있는데 이 범주는 자유로운 라이프스타일 때문에 성장이 제한되었다. 셋째, 일부 쇼핑몰은 건립된지 40년도 넘었으며, 대규모 리모델링도 하지 않아서 황량하고 매력이 없다. 오래된 일부 쇼핑몰들은 쇼핑몰에 적절하지 않은 인구계층이 있는 장소에 위치해 있다. 왜냐하면 인구가 근교에서 더 먼 근교로 그리고 준(準)교외로 이동하기 때문이다. 넷째, 특히 백화점 분야에서 소매산업분야 합병으로 인해 잠재적인 고객 유인 점포 임차인의 수가 감소하여, 일부 쇼핑몰은 이들을 쇼핑몰에 흡인하게 하는 힘이 감소하였다.

이러한 이유들 때문에 쇼핑몰에 오는 교통량이나 판매가 감소해 왔고, 많지 않은 자원이 새 쇼핑몰 건설에 소요되고 있다. 한 두개의 고객 유인 점포가 있는, 적어도 300개의 오래된 미국의 쇼핑몰들은 1990년대 중반 이후로 폐점했다. 2000년에서 2006년 사이에 연간 5개 매장만이 개업했다. 이러한 문제에 직면하여, 쇼핑몰 관리자나 개발업자들은 쇼핑몰에서의 쇼핑경험을 강화하거나 폐업 쇼핑몰을 재개발하려고 노력하는 중이다.

1) 몰(Mall) 경험의 강화

Refact

J.Crew, Little Gym International, Lucy, ULTA, UNIQLO와 WineStyles는 현재 가장 인기 있는 소매업체들이다. 즉, 개발업체들이 자신의 몰에 그 업체들이 입점하기를 희망한다.

▪▪▪▪▪▪

쇼핑몰 관리자들은 쇼핑몰에서의 경험을 보다 흥미롭게 만들기 위한 여러 방법을 고안한다. 왜냐하면 고객들이 쇼핑몰에서 더 오래 머무를수록 그들이 쓰는 돈도 더 많아지기 때문이다. 몇몇 몰들은 넓은 팔걸이의 안락의자와 푹신한 소파, 신문이 펼쳐있는 커피 테이블을 갖추고 양탄자가 깔린, 전형적인 거실처럼 보이는 공통 공간을 갖고 있다. Westfield Group은 68개의 쇼핑몰에 의자, 소파, 테이블과 양탄자뿐만 아니라 어린이 프로그램이 방영되는 텔레비전, 병 데우는 기구, 게임, 장난감과 같은 기구들이 구비된 500 평방피트의 가족 라운지를 개장했다.

쇼핑몰의 맛있는 음식 역시 고객들을 끌어들이기 위한 또 다른 방법이다. 예를 들어, 쇼핑객들은 200개의 점포를 갖춘, 플로리다주 탬파 국제공항 옆에 위치한, 인터내셔널 플라자 몰에서 아홉 가지의 패스트푸드를 갖춘 실내 푸드 코트에서 식사할 수 있다. 또한 고객들은 몰에 인접한 여러 개의 넓은 야외 공간을 포함한 15개의 풀 서비스 레스토랑 역시 선택할 수 있다. Bay Street이라고 불리는 이 공간에는 고급 메뉴를 자랑하는 Blue Martini와 하얀 식탁보가 깔린 Capital Grille 스테이크하우스도 있다. 다른 몰들에는 치과, 세탁소, 결혼식장, 전자제품 체험관 등도 있다.

Refact

히스패닉계 사람들은 다른 사람들보다 더 많은 시간과 돈을 몰에서 소비한다—평균 80.6분과 비교해서 91.5분을 쓰고, $86.30에 비교해서 $96.70를 소비한다.

▪▪▪▪▪▪

상권 내의 인구통계적 변화에 대응하기 위해, 이용하는 쇼핑몰 개발자들의 또 다른 전략은 지역 상권의 인구특성들을 고려하는 것이다. 예를 들어, 오래된 쇼핑센터들은 거대한 히스패닉계 고객의 흥미를 끌기 위한 이미지로 전환했다. 전형적으로, 쇼핑센터는 일반고객과 히스패닉에 특화된 야외 공간, 함께 쇼핑 오는 가족들의 편의를 도모하기 위한 휴식 공간을 동시에 갖고 있다. 왜냐하면 이 쇼핑센터들은 휴식 공원이 부족한 복잡한 도시 지역에 위치해 있기 때문에 쇼핑몰이 도시의 광장 역할을 한다. 애틀랜타에 위치한 Plaza Fiesta Mall은 마리아치 음악, 레게, 반다를 연주하는 14개의 밴드와 함께

1.3

아시아의 메가몰

중국 Donggguan에 있는 The South China Mall은 세계에서 가장 큰 몰로서 9.6 백만 평방 피트에 1,500개의 점포들이 입점해 있다.

세계에서 가장 큰 10개의 몰 중에서 7개는 아시아에 위치하고 있으며, 이 중에서 6개는 2004년 이후에 세워진 것들이다. 14년 전에는, 미네소타 Bloomington에 있는 The Mall of America가 세계에서 가장 큰 몰이었다. 하지만 아시아의 경제가 급성장되면서, 오직 두 개의 미국 몰, Pennsylvania에 위치하고 있는 The King of Prussia와 California의 Costa Mesa에 위치하고 있는 South Coast Plaza만이 여전히 상위 10위에 속하게 되었다.

몰의 개발은 세계 각 지역의 라이프스타일과 수입의 변화 추세에 부응하여 급성장중이다. 메가몰은 소매업, 식사, 오락, 그리고 거주지가 복합된 복합목적센터이다. 그들은 Gucci, Hermes, Versace와 Cartier 같이 친숙하고 세계적인 고급 브랜드를 유치하고 있다. 두바이, 싱가포르, 홍콩, Kuala lumpur에 위치한 몰들은 매우 인상적인 모습인데, 그 이유는 큰 규모와 엔터테인먼트(영화관, 볼링장, 풍차, 아이들의 테마파크, 스케이트 링크 그리고 많은 종류의 음식점)를 제공하기 때문이다. 그들은 또한 미국 몰에서 원하는 모습을 많이 갖고 있지 않다. 예를 들어, 몰은 통일된 전체 이미지만 강조하고 따라서 지역적 특징을 약화시킨다. 그렇지만 몰의 3분의 1은 관광객들이 차지하고 있기 때문에 몰의 운영에 장애가 되지 않는다.

홍콩 북부의 Dongguan City에 있는 The South China Mall은 9.6만 평방피트에 달하는 세계에서 가장 큰 몰 중의 하나이다. 내부센터와 외부센터가 100 아크 넘게 펼쳐져 있으며, 점포를 따라 양 주변에 인도가 있다. 이것은 국제적인 7개 도시의 7개의 "Zones"을 모델로 삼은 것인데, 그 지역은 암스테르담, 파리, 로마, 베니스, 이집트, 카리브 해 그리고 캘리포니아이다. 세부적인 사항에 많은 신경을 썼기 때문에 각각의 지역은 진짜 7개 도시지역 같은 분위기가 난다. 예를 들어, 파리 구역에 있는 안전 요원들은 프랑스의 경찰관처럼 옷을 입고 있다. 쇼핑객들은 곤돌라를 타고 일주를 할 수 있고, 베네치아를 본받은 수로로 수상택시를 타고 1마일 넘게 달릴 수 있다.

거대한 메가몰

쇼핑몰	개점년도	GLA (평방피트)	전체 면적 (평방피트)	점포	비고
South China Mall in Dongguan, China	2005	7.1-million	9.6-million	1,500	6개의 테마 지역으로 구성된 세계에거 가장 큰 몰 중의 하나

Jin Yuan(Golden Resources Shopping Mall)in Beijing, China	2004	6.0-million	7.3-million	1,000+	"Great Mall of China"라고도 알려져 있는 이 몰은 6층 건물이며 북경 서쪽의 Fourth Ring Road에 위치
West Edmonton Mall in Edmonton, Alberta, Canada	1981	3.8-million	5.3-million	800	북아메리카에서 가장 큰 몰; 내부에 수영장, 놀이공원, 호텔, 음식점, 20,000대 주차 공간
Cevahir Istanbul in Istanbul, Turkey	2005	3.8-million	4.5-million	280	유럽에서 가장 큰 몰; 6층 건물이며, 시네마, 롤러 코스터, 영화관
Berjaya Times Square in Kuala Lumpur, Malaysia	2005	3.4-million	7.5-million	1,000+	45개의 음식점, 테마 파크, 3D 영화관
Beijing Mall in Beijing, China	2005	3.4-million	4.7-million	600	내부 주거인 포함 4층의 쇼핑; 북경 남동쪽 Fifth Ring Road 근처 위치
Zhengjia Plaza(Grand-view Mall) in Guangzhou, China	2005	3.0-million	4.5-million		48층 호텔과 30층의 사무실 포함한 복합 몰
King of Prussia Mall in Philadelphia, Pennsylvania, USA	1962	2.8-million		327	인접한 3개의 몰을 연결해서 건설, 한 회사가 운영
South Coast Plaza in Costa Mesa, California, USA	1967	2.7-million		280	미국에서 매출이 가장 많은 몰. 또한 Orange County 미술 박물관의 지점
Central World Plaza in Bangkok, Thailand	2006	2.6-million		500+	21개의 스크린 시네마, 볼링장, 음식점; 또한 컨벤션 센터를 보유

출처: Stan Sesser, "The New Spot for Giant Malls:Asia," *The Wall Street Journal*, September, I 6,2006;Tom Van Riper,"World's Largest Malls," *Forbes*, January 9,2007;www.easternct.edu/depts/MallsWorld.htm (accessed July 25, 2007)

멕시코 승전일을 기념한다. 그 곳에는 놀이기구와 멕시칸 음식이 있다. 쇼핑몰은 Burlington Coat Factory와 Marshall's가 주도하고 있지만, 히스패닉계 소매업체 또한 많고, 점포에서 quinceanera 드레스(15세 소녀의 생일파티 기념으로 입는다)부터 종교적인 조각상에 입히는 의복까지 모든 것을 파는 300개의 판매업체들도 있다.

2) 쇼핑몰 혁신과 재개발

쇼핑몰이 활기를 되찾기 위한 또 다른 방안은 기존 쇼핑몰의 혁신과 재개발이다. 예를 들어, 노스캐롤라이나 주 샬럿에 위치한 130만 평방피트 규모의 South Park Mall은 리얼리티 쇼인 Extreme Makeover의 주인공이 될 수 있다. 30년 된 몰의 소유주는 South Park Mall을 전형적인 지역 몰에서, 애틀랜타에 있는 고급 점포들에서도 만족을 못하는 안목이 뛰어난 쇼핑고객을 유도하는 쇼핑센터로 바꾸고자 결심했다. 추가적인 유인점포와 전문점을 들여오고, Charlotte Symphony 오케스트라의 여름 음악회를 위한 원형극장을 갖춘 인근의 공원을 조성하는데, 모두 천만 불이 소요되었다.

4. 라이프스타일센터

가장 빠르게 성장하고 있는 소매업체인 라이프스타일센터는 전문점, 엔터테인먼트 공간, 그리고 분위기 있는 레스토랑과 폭포나 도로시설물이 있는 생활편의시설이 옥외로 배열되어 있는 쇼핑센터이다. 향후 몇 년 간 라이프스타일센터 건설 계획은 100~150개에 달하지만, 단순한 쇼핑몰의 건설 계획은 한두 개에 불과하다. 날씨에 노출되는 것이 단점이 될 수도 있지만, 라이프스타일센터는 북부지방에도 건설되고 있다.

라이프스타일센터는 사람들이 점포를 거닐고, 점심을 먹고, 공원 벤치에 앉아 친구들과 대화를 나누는 작은 도시의 중심가와 비슷하다. 그러므로 센터들은 상업지역에 거주하는 소비자들의 라이프스타일에

애틀랜타에 있는 The Plaza Mall은 히스패닉 테마를 강조한다.

부응하기 위해 노력한다. 라이프스타일센터는 Talbot's, Victoria Secret, Chico's, The Gap, Banana Republic, Williams-Sonoma, American Eagle과 같이 현재 몰에 입주하고 있는 전문점업체들에게 특히 매력적이다. 몇몇 라이프스타일센터에는 Sears, Macy's, Dillard's와 같은 백화점이나 Wal-mart와 같은 할인점, 심지어 Wegmans Food Market과 같은 식료품점들도 자리를 잡았다.

주차가 쉬운 이점 때문에, 라이프스타일 센터들은 쇼핑객들에게 매우 편리하다. 그러나 보통 라이프스타일센터는 몰에 비하여 적은 소매공간을 가지고 있고, 상업지역도 협소하기 때문에 쇼핑몰에 비해서는 적은 수의 고객을 유인한다. 하지만 전형적으로 쇼핑몰을 기피하는 남성들과 같은 경우에는 라이프스타일센터의 편안하고 열린 환경을 선호한다. 많은 라이프스타일센터들은 소득이 높은 지역의 주변에 위치하는데, 이는 높은 구매 객단가로 낮은 고객 수를 보완하기 위해서이다. 보행자 교통은 스트립몰보다 좋다. 마지막으로, 공통지역에 대한 날씨 통제가 필요 없기 때문에, 사용 비용이 적고 운영 제약이 쇼핑몰들에 비해 적다.

Rhode Ireland의 Cranston에 위치한 Chapel View 라이프스타일센터의 경우, 오래된 학교와 교회를 마을 분위기에 맞는 소매, 주거, 사무의 복합공간으로 바꾸었다. 기존의 주립 교정시설과 교육시설이 있던 복합공간이 하나의 라이프스타일센터로 바뀐 것이다. 개발자는 시설을 소매와 주거를 위한 공간으로 전환하면

라이프스타일센터는 옥외의 최고가 쇼핑센터이며, 엔터테인먼트, 그리고 분수나 도로시설물과 같이 쾌적하고 고급스럽게 디자인된 레스토랑도 위치해 있다.

Refact

라이프스타일센터 고객의 평균 소득은 몰 쇼핑객 소득의 약 2배이다. 그들은 2.5 배 더 자주 방문하고, 한 번 방문할 때 50% 이상 더 많이 소비한다.

■■■■■■

서도 역사적인 기존 외관을 보존하기 위해서 현지 기관과 공동으로 작업했다. 이 건물은 지상 층에는 소매공간을, 위층으로는 주거와 업무공간을 조합해 놓은 형태로 구성되어 있다.

5. 패션/전문센터

패션/전문센터는 고품질, 고가의 선별된 패션이나 특별한 상품을 취급하는 고급 의류점과 부티크, 그리고 선물점이 조합된 쇼핑센터이다. 이 센터는 꼭 다른 유인점포와 함께할 필요는 없지만 때로는 고급 백화점이나, 고급 레스토랑, 주점, 연극 공연장과 함께 있을 수도 있다. 이러한 센터들의 디자인은 비싼 장식과 고급스러운 경관을 강조하는, 굉장히 우아한 디자인이다.

패션/전문센터는 일반적으로 고소득지역, 관광지역, 중심상업지역에서 볼 수 있다. 이러한 센터들은 상권이 전형적인 쇼핑몰에 비해서는 광활한데, 이는 상품과 입점업체의 독특성 때문이다. 전형적인 쇼핑몰보다 패션/전문센터의 주변 경관이 더 우아하기 때문에 사용 비용 역시 전형적인 쇼핑몰에 비해서 비싸다.

패션/전문센터의 예로는 Phipps Plaza가 있다. Phipps Plaza는 Atlanta의 독특한 Buckhead 지역에 위치하였기 때문에, Southern Living magazine's reader's Choice Awards에서 "Southern Best"라고 이름 지어졌다. 패션/전문센터는 Nordstrom, Parisian, Saks Fifth Avenue와 같은 업체들이 목적 점포로 위치를 확보한다. Atlanta의 고급 쇼핑센터로써 Phipps Plaza는 Tiffany, Gucci, Max Mara, Giorgio Armani, Tommy Bahama's와 같은 전문점이 100개도 넘게 입점해 있다.

6. 아울렛센터

아울렛센터는 대부분 Ralph Lauren/Polo, Nautica와 같은 제조업자들의 아울렛과, Pottery Barn, Ann Taylor와 같은 소매업체들의 아울렛을 포함하고 있는 쇼핑센터이다. 유명 상표의 의류, 액세서리, 가구가 주요 판매 상품이다. 아울렛 센터는 장식 없는 창고의 형태에서 훌륭한 경관, 정원, 푸드 코트를 갖춘 좋은 디자인의 건물을 갖추어 전통적 쇼핑몰들과 구분이 어려운 형태로 변화하였다. 최신의 아울렛센터는 고객을 오래 머물게 하기 위해서 극장, 테마 레스토랑을 포함한 강력한 엔터테인먼트 요소를 포함하고 있다. 예를 들어, 텍사스의 Prime Outlets San Marcos는 운하와 노래를 들려주는 곤돌라가 있는 "Venice" 섹션이 있다. 아울렛센터 입점업체는 신용거래, 탈의실, 고급 시설과 조명, 생활편의시설을 추가하면서 고급화를 시도하고 있다.

미국의 아울렛센터 수는 15년 전 329개로 최고점에 도달한 후에 220개까지 감소하였다. 비록 숫자는 줄어들었지만 요즘 아울렛 센터들은 10년 전보다 규모가—148,000 평방피트에서부터 362,000 평방피트, 100만 평방피트가 넘는 것도 있음—커졌다. 미국에서는 매년 두세개 정도만 새로 개점한다. 많은 아울렛 소매업체들은 재개발된 기존 쇼핑몰에 입점한다. 하지만 아울렛센터는 미국 외에서는 점점 더 인기를 끌고 있다.

유럽과 아시아에서는 400개가 넘는 새로운 아울렛센터들이 개발되고 있다. 예를 들어, 높은 인구수와 미국 브랜드에 대한 관심, 가치 소매 컨셉에 대한 관심 때문에 일본은 굉장히 매력적인 시장이다. 후지산 아래 Gotemba Premium Outlet은 남녀노소할 것 없이 브랜드 제품을 찾는 사람들로 넘친다. 일본에서 가장 큰 이 아울렛센터는 도쿄돔의 7배 규모에 165개의 점포가 입점해 있다. Gotemba Outlet을 찾는 고객들 중에는, 도쿄 디즈니랜드와 하코네, 유명 관광지, 그리고 아울렛을 포함하는 패키지 여행을 온 홍콩 사람들도 있다. 주말에는 10,000대 이상의 승용차와 100대 이상의 버스가 아울렛센터로 오며, 토요일과 일요일 방문 고객은 3만 명으로 추정된다.

관광은 고객들을 아울렛센터로 이끄는 주요 요인이다. 그러므로 많은 아울렛센터들은 유명 관광지 근처에 접근이 편리하게 위치한다. 예를 들어, 뉴욕의 Niagara Falls에 위치한 Factory Outlet Mega Mall의 경우, 매년 Niagara Falls를 방문하는 천오백만 관광객들에게 흥미로운 우회로를 제공한다. 몇몇 아울렛센터 개발자들은 실제로 자신들의 점포로 수백 마일을 오도록 버스투어를 계획하기도 한다. 결과적으로 몇몇 아울렛 센터의 주요 상권은 50마일 혹은 그 이상이다.

샌프란시스코에 있는 Ghirardelli Square는 역사적 건축물에 대한 관심 때문에 테마센터라고 할 수 있다.

7. 테마/페스티벌센터

테마/페스티벌센터는 전형적으로 독특한 테마를 개인 점포, 건축적인 디자인 그리고 더 나아가 상품에 반영하는 쇼핑센터이다. 이 센터들은 관광객들에게 가장 매력적이다. 테마/페스티벌센터는 레스토랑과 엔터테인먼트 시설이 목적 점포 역할을 할 수 있다.

테마/페스티벌센터는 Boston의 Quincy Market and Faneuil Hall이나 San Francisco의 Ghirardelli Square와 같은 역사적 관심이 있는 지역에 위치할 수 있다. 약간 다르게, California Mountain View에 있는 Old Mill Center처럼 역사적인 공간을 모방하거나, Los Angeles에 있는 MCA's City Walk처럼 특별한 쇼핑 환경을 창출할 수도 있다.

8. 옴니센터

새로운 쇼핑센터 개발은 쇼핑몰, 라이프스타일센터, 그리고 파워센터를 결합하고 있다. 비록 이러한 형태의 센터가 공식적인 명칭은 없지만 옴니센터라고 지칭할 수 있다.

옴니센터는 소매의 몇몇 추세에 대한 반응을 나타내고 있는데, 이는 공통지역 관리비용(common area maintenance charge)을 분담하여 낮추는 것과, 보행자 도로를 창출하여 더욱 긴 쇼핑 경로를 역할을 하는 입점업체의 요구도 포함한다. 그리고, 옴니센터는 증가하고 있는 고객들의 교차 쇼핑(Wal-Mart 소비자들이 Cheesecake factory와 Nordstrom's를 애용하는 것) 경향과 모든 것을 제공하는 곳에 가서 시간을 절약하고자 하는 고객들의 열망도 반영하고 있다. 예를 들어, Florida Jacksonville에 위치한 130만 평방피트의 St, John's Town Center의 경우, Dillard's Department Store가 목적 점포역할을 하고 있는 라이프스타일센터, Dick's Sporting Goods와 Barnes & Noble bookstore가 유인점포 역할을 하는 커뮤니티센터, 그리고 Cheesecake Factory와 P.F.Chang's Restaurant가 유인점포 역할을 하는 Main Street의 세 가지 구역으로 나누어진다.

플로리다 보카 라톤에 위치한 Minzer Park는 정면에 바다가 보이는 아파트와 편리하게 인접하여 독특한 부티크, 음식점, 음악, 영화, 예술품 전시관이 위치한 소매, 주거, 엔터테인먼트를 한 장소에서 제공하는 복합용도개발의 사례이다.

9. 복합용도개발

단순히 다른 쇼핑센터 유형을 한 장소에 섞어 놓는 것이 옴니센터라고 하는 반면, 복합용도개발(Mixed Use Development)은 쇼핑센터, 업무 건물, 호텔, 주거 건물, 시민 센터, 컨벤션 센터와 같은 여러 가지 용도의 공간을 한 복합된 공간에 결합하는 것이다. 이러한 개발은 모든 것을 포함한 환경을 제공하여 소비자들이 근거리에서 일하고 살고 놀 수 있도록 한다. 복합용도개발은 장거리 통근에 지친 사람, 이웃 간의 사회적 거리감에 지친 사람, 자신이 좋아하는 일을 위해 더 많은 시간을 소비하고 싶은 라이프스타일, 참된 공동체에서 살 기회를 찾는 사람들에게 매력적이다. 그리고 복합용도개발은 소매업체에게도 인기가 좋은데, 왜냐하면 복합용도개발이 추가적인 고객을 창출하기 때문이다. 복합용도개발은 편안하고 보행중심의 환경을 창출하기 때문에 정부, 도시계획자, 환경론자에게도 인기가 좋다. 개발자들은 공간을 효율적으로 활용한다는 점에서도 복합용도개발을 좋아한다. 왜냐하면 쇼핑몰 하나만 짓는 것과 쇼핑몰이나 주차장 위에 추가적으로 사무공간을 건설하는 것의 토지비용은 똑같기 때문이다.

Florida의 Boca Raton에 위치한 430,000 평방피트의 지역 쇼핑몰인 Boca Mall은 1974년에 개점했다. 몇 십년이 지난 후, Boca Mall은 두 가지 문제로 어려움을 겪었다. 도시의 서쪽지역의 인구가 증가한다는 것과, 130만 평방피트의 타운 센터몰이 대부분의 Boca Mall 고객을 유인해 간다는 것이었다. 기존 목적 점포들과 다수의 전문점들이 몰을 빠져 나갔다. Boca Mall은 철거되었고, Mizner Park라는 복합용도개발이 성사되었다. Mizner Park는 거리 한쪽의 지상층에 점포, 위층에는 업무공간이 있는 건물이 위치하고, 거리 반대편에는 점포 위층에 주거공간이 위치한 형태로 개발되었다.

IV 다른 소매 입지

공항, 임시 입지, 리조트와 점포내 점포는 많은 소매업체들을 위한 다른 입지 대안이다. Retailing View 7.4는 Second Life Virtual Locations에 관한 것을 다루고 있다.

1. 공항

공항은 보행자가 많기 때문에 전국 소매 체인의 인기를 끌고 있다. 공항에서 Starbucks 커피를 마시거나 Brookstore에서 선물을 사는 것보다 대기 시간을 더 잘 소비하는 방법이 무엇이 있겠는가? 때때로 공항의 평방피트당 매출액은 일반 점포의 평방피트당 매출액보다 높다. 하지만, 임대료 역시 더 높기 때문에 비용 역시 높아 질 수가 있다. 영업시간이 길뿐만 아니라 공항위치가 불편하기 때문에 직원들에게 더 높은 임금을 주어야 한다. 공항입지로 가장 좋은 곳은 연결 노선(Atlanta와 Frankfurt)이 많고 국제 운항(Washington Dulles와 London Heathrow)이 많은 곳인데, 왜냐하면 고객들이 점포를 둘러볼 시간이 있기 때문이다. 가장 잘 팔리는 상품들은 선물, 필수품 그리고 포장이 쉬운 물건들이다.

2. 임시 입지

때때로 소매업체들과 제조업체들은 신제품이나 몇몇 제품군에 집중하기 위한 임시적인 혹은 팝업의 점포를 개점한다. 이러한 임시 매장은 고객들에게 브랜드와 점포를 소개하고 기억시키기 위한 것으로 상품 판매가 주된 목적이 아니다. 팝업 점포의 효시 중 하나는 Manhattan Chelsea Piers의 보트에 잠시 문을 연 Target 점포인데, 이는 Manhattan의 소매 공간이 부족했기 때문이다. Target은 이 임시 점포를 소문내기 위해 이용하였고, 일년 후

거리의 상인과 같은 임시 소매업체들은 즐거움을 제공해서 사람들과 매출을 이 지역에 끌어들인다.

3D 가상의 **쇼핑 경험**

소매업체들은 가상공간 또는 Second Life에서 점포 위치에 대한 실험을 하고 있다.

Second Life의 3차원 커뮤니티에서는 사람을 창조하여 토지를 사고 팔고, 집을 짓고 가구를 배치하고 의류를 사고, 혼자서 또는 친구들과 바를 가고 레스토랑도 간다. Second Life에서만 사용할 수 있는 통화가 있다. 미국 돈 $1를 270 Linden 달러로 바꿀 수 있다.

8만 명이 넘는 사람들이 이 가상현실에 관여되어 있다. 많은 소매업체들은 자신들의 점포를 이러한 가상세계에 위치시키고, 인터넷으로 가상세계와 현실세계의 점포 사이트를 링크시킨다. 예를 들어,

- American Apparel은 Second Life에서 점포를 갖는 최초의 "현실 세계"의 소매업체로 알려져 있다. 밝은 단색의 심플한 디자인이 특징이다. 실제로는 20개의 기본 아이템을 팔며 $2로 가상의 청바지를 12,000개 팔아 왔다고 한다.
- Best Buy는 Geek Squad Island에 개점했다. 기술자들은 하얀색의 민소매의 단추로 잠그는 옷과 배지를 차고 무료로 컴퓨터 상담을 한다. 물건을 팔고, Geek Squad Island에서 이벤트를 열 계획이다.
- Circuit City는 쌍방향의 홈 씨어터를 설치하고, 고객들은 자신의 집 환경에 맞게 재설계 할 수 있고 구매할 수 있는 최적 크기의 텔레비전을 결정한다.
- Sear's 가상의 점포들은 가상의 부엌 내에서 캐비넷과 주방의 조리대의 색깔 변경 실험을 해보게 하고, 고객들이 차고를 마음에 들게 꾸미게 한다.

비록 이런 주도적인 시도들이 별것 아닌 것처럼 보이지만, 그들은 단순하게 미래의 가상적인 입지의 선구자로 기대되고 있다.

출처: Susan Reda, "Retailers Explore Opportunities on the Latest Virtual Frontier," *Stores*, May 2007(accessed January 4, 2008); Vanessa Facenda, "Retail's Newest Frontier," *Retail Merchandiser*, February 2007, p. 4; www.secondlife.com(accessed February 19, 2008)

Refact

Second Life 거주자들은 옷부터 부동산까지 모든 것을 구매하면서 하루에 1.5백만 달러(실제 달러는 아님) 이상을 지출하고 있다. 이 수치는 매달 20%씩 증가하고 있다.

Rockfeller Center 안 점포에 Issac Mizrachi의 의류 콜렉션을 선보였다.

다른 소매업체들은, 종종 개인 사업자인 경우가 많은데, 12월 연휴기간을 활용하거나 Newport Jazz Festival, 주말 예술품 전시회와 같은 축제나 콘서트에서 시선을 끌거나, 추가적으로 물건을 판매하기

위해 임시 점포를 연다. 일례로, New York's Columbus Cite에서는 100개의 벤더들이 요가복에서부터 핸드메이드 보석까지 다양한 상품을 판매한다. 미국 도시들은 이러한 임시 소매업체들을 환영하는데, 왜냐하면 이러한 업체들이 사람들을 유인하고, 활력과 매출을 유발하기 때문이다. 높은 임대료를 내는 기존의 소매업체들은 임시 점포들 유치에 그와 같이 열정적이지 않은데, 왜냐하면 몇몇 임시 매장들이 자신들의 고객을 유인해 가기 때문이다.

3. 리조트

소매업체들은 리조트를 주요 입지 기회로 간주한다. 왜냐하면 리조트에는 부유한 고객들이 머무르고 있기 때문이다. 앞서 언급했듯이 아울렛몰들은 유명 관광지역에 있다. 사실, Florida Sunrise에 있는 Sawgrass Mills나 Florida Destin에 있는 Silver Sands Factory Stores와 같은 몇몇 아울렛몰들은 실제로 관광객들을 지역으로 유인한다. 리조트 소매 역시 소규모의 독특한, 지역 소매업체들과 Scoop in Miami's the Shore Club이나 Roberto Cavalli and Dolce & Gabbana in Las Vegas's Ceasar's Palace Forum shops과 같은 프리미엄 브랜드를 유치한다. Colorado에 위치한 Aspen과 같은 리조트의 경우, 수십 개의 아트갤러리와 고급 디자이너 패션 소매업체들에 장소를 지원할 수 있다. 결국 이러한 장소들은 관광객들로부터 수백만 달러의 매출을 얻게 된다.

4. 점포 내 점포

소매업체들의 또 다른 비전통적 입지는 대형 타점포 내에 입점하는 것이다. 소매업체들 특히 백화점은 전통적으로 보석이나 모피를 판매하는 다른 소매업체들에게 공간을 임대해줬다. 식료품점은 지난 몇 년간 세탁, 커피 전문점, 은행, 사진관, 병의원, 비디오 대여점과 같은 서비스 제공자들과 점포 내 점포 형태를 시도하고 있다.

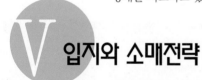

V 입지와 소매전략

선정된 입지 유형은 소매업체의 전략을 강화시켜야 한다. 그러므로 입지 유형결정은 구매행동과 표적 시장의 크기 그리고 소매업체의 표적시장에서의 포지셔닝과 일관성을 유지해야 한다. Retailing View 7.5는 가치를 지향하는 할인 점포인 Bealls의 회장인 Steve Knopik가 어떻게 입지결정을 소매 전략과 일치시켰는지 보여주고 있다.

1. 소매업체의 목표시장에서의 소비자의 구매행동

소비자들이 방문할 점포를 선택하는데 핵심적인 요소는 자신들이 처해있는 구매상황이라고 할 수 있다. 세 가지 유형의 구매 상황으로는 편의 구매, 비교 구매, 그리고 전문 구매가 있다.

1) 편의 구매

소비자들이 편의 구매를 하는 경우, 그들은 원하는 상품이나 서비스를 구하는 것에 소요되는 노력을 최소화하는 것에 중점을 둔다. 그들은 브랜드나 소매업체에 무관심하고 가격에 민감하지 않다. 그러므

전략을 따른 Bealls의 입지선정

Florida에 기반을 둔 백화점은 물론 이지만, Bealls는 South와 North Carolina에서 California까지에 있는 Sunbelt 지역에 위치한 500개가 넘는 Bealls 아울렛과 Burke의 아울렛 점포를 운영하고 있다. Bealls의 전략은 가격에 민감한 고객들에게 초특가세일 의류를 15,000에서 25,000 평방피트 점포에서 판매하고 있다. 이런 소비자들에게 서비스를 제공하기 위해서, Bealls는 가격을 낮추고 비용도 절약해야 된다. Bealls는 광고를 하지 않기 때문에, 대신 고객들을 유인하기 위해 교통 혼잡이 심한 교차로나 스트립쇼핑센터에 입지해야 된다.

Bealls는 잠재적인 마켓을 발견하고 측정하기 위해서 지리인구통계변수를 활용한다. Bealls는 고객의 인구통계 프로필을 알고 있고, 고객들이 많이 사는 곳에 입지하려고 노력한다. 기준을 충족한 거주지를 확인했으면, 다음은 그 거주지에서 특정한 입지를 결정하는 것이다. Bealls의 최적의 입지조건은 Wal-mart, Target, 식료품 점포와 같은 유인 점포가 위치한 스트립센터이다.

가끔 Bealls는 선호하는 것보다 더 큰 30,000에서 40,000 평방피트의 장소를 찾는다. 이러한 장소를 선택하는 기회를 활용하기 위하여, Bealls는 가끔 Big Lots와 같은 상호보완적인 소매업체나, 내구소비재 할인점포, 부동산 소유주와 함께 협력하기도 한다.

(위) Bealls의 대표인 Steve Knopik이 한 Bealls 매장을 방문하고 있다. (아래) Bealls 아울렛은 교통이 혼잡한 스트립 쇼핑센터에 매장을 위치시키고, 타켓시장에게 적절한 공간을 조성하여 고객을 유인한다.

로 그들은 브랜드와 소매업체 평가에 많은 시간을 쓰지 않는다. 그들은 단순히 구매 자체를 빠르고 쉽게 끝내기를 바라고 있다. 편의 구매의 예로는 휴식 시간에 커피 한잔, 주유, 아침 식사를 위한 우유를 사는 것이다.

편의 구매를 하는 고객을 표적으로 하는 편의점이나 주유소와 같은 소매업체의 경우, 고객들이 장소에 접근하고 주차하기 쉽도록 점포를 고객들 가까이에 위치시키며, 고객들이 원하는 것을 쉽게 찾을 수 있도록 한다. 그러므로 편의점은 대부분 네이버후드 스트립센터나 독립 입지, 그리고 도시(city and town)에 위치한다. 약국이나 패스트푸드 전문점 역시 편의 구매 고객을 대상으로 하기 때문에 접근이 편하고, 주차하기 쉬우며 드라이브스루 창문을 설치할 수 있는 입지를 선택한다. 슈퍼마켓이나 할인점에서도 편의는 굉장히 중요하다. 가끔, 이러한 점포의 고객들은 브랜드나 점포충성도를 갖고 있지 않으며, 이러한 점포에서 쇼핑하는 것을 즐거워하지 않는다. 그러므로 슈퍼마켓이나 편의점들도 전형적으로 네이버후드 스트립센터나 독립 입지에 위치한다.

2) 비교 구매

비교 구매를 하는 고객들은 자신들이 원하는 상품과 서비스의 유형에 대하여 개략적인 생각을 가지고 있으나, 브랜드, 모델, 특별한 소매업체에 대하여 단골이 될 만큼 강한 선호를 가지고 있지 않다. 많은 편의 구매 상황과 유사하게, 고객들은 특별한 브랜드나 점포에 충성도가 없다. 하지만, 구매상황이 더 중요하기 때문에 그들은 정보를 탐색하고 구매 결정을 계획하고 실행하는데 적지 않은 노력을 기울일 용의가 있다. 전형적으로, 가구, 장치, 의류, 가전제품, 공구, 카메라를 구매할 때 이러한 구매 행동을 보인다.

예를 들어, 가구 소매업체들은 서로 서로 옆에 입점하여 "가구 거리"를 형성하고자 한다. New York city에서는 많은 꽃집들이 Chelsea 6번가 27번부터 30번 거리에 위치하고 있고, 다이아몬드 점포들은 5번가와 6번가 사이 47번 거리에 위치하고 있다. 이러한 경쟁 소매업체들은 다른 점포 가까이에 입점하는데, 이렇게 함으로써 비교 구매가 가능해지고 지역으로 고객들을 유인할 수 있기 때문이다. New Yorker들이 화분의 유형과 가격을 비교하기 위해서는 6번가의 점포들을 구경하면 되고 화분 유형의 대부분을 볼 수 있다는 것을 안다. 이와 유사하게, 서쪽 47번 거리로 많은 고객들을 유인하는 것의 이점은, 다른 보석상들과 고객을 두고 경쟁하게 함으로써 나타날 수 있는 단점을 훨씬 능가한다.

쇼핑몰들은 패션 의류를 비교 구매하고자 하는 고객들에게 똑같은 이점을 제공한다. 예를 들어, 앞서 4장에서 언급한 취업 면접을 위해 정장을 찾고 있는 Eva Carlyn의 경우, JCpenney와 Ann Taylor의 정장을 Macy's라는 한 공간 안에서 쉽게 비교할 수 있다. 화분 판매상들이 New York 6번가에 함께 입지한 것과 같은 이유로, 백화점과 의류전문 소매업체들은 쇼핑몰에 입점한다. 같은 몰에 입점함으로써, 그들은 패션의류의 비교 구매에 관심이 있는 더 많은 잠재고객을 유인할 수 있다. 비록 독립 입지에 비해 쇼핑몰로 들어가는 것이 더 불편할지라도 고객이 비교 구매를 하는 것은 더 쉽게 된다.

카테고리 전문점들은 앞서 언급했듯이 전문점들을 한곳에 입점시킴으로써 비교 구매의 이점을 제공한다. 고객들은 비교 구매를 할 때, 소형 전문점들을 방문하는 것보다 Best buy나 Circuit city를 방문하면 대부분의 브랜드와 모델을 볼 수 있다는 사실을 안다. 쇼핑몰이 불편하더라도 패션의류 비교구매를 위한 목적 입지가 되듯이, 카테고리 전문점들도 고객들이 불편하더라도 찾아가는 목적점포(destination stores)라고 볼 수 있다. 카테고리 전문점들은 파워센터에 입점하는데, 이는 비용을 절감하고 자신들의 위치에 대한 인지도를 제고하는 것이 주목적이며, 고객을 유인하는 다수의 소매업체들의 이점과 크로스 쇼핑의 가능성을 부수적으로 기대하고 있다. 기본적으로, 파워센터는 목적점포들의 집합체라고 할 수 있다.

3) 전문 구매

고객들이 전문 구매를 할 때 자신들이 무엇을 원하는가를 알며, 대체물을 용납하지 않는다. 그들은 브랜드, 소매업체 충성도를 가지고 있으며, 자신이 원하는 것을 정확하게 소유하기 위해서는 필요하다면 추가적인 노력을 기꺼이 지불할 것이다. 이러한 구매 상황의 예로는, 고가의 디자이너 브랜드 향수를 구매하는 것, 강아지를 분양 받는 것, 새로 나온 비싼 고급 오븐을 사는 것을 들 수 있다. 단골로 방문하는 소매업체는 목적점포가 된다. 그러므로 고객들은 독특한 미식가 식당과 유기농 야채를 판매하는 건강식 점포에는 불편한 입지라 할지라도 찾아가는 노력을 기울일 것이다. 독특한 상품과 서비스를 판매하는 소매업체들에게 편리한 입지는 그렇게 중요하지 않다.

2. 목표시장의 규모

두 번째이지만 상당히 밀접한 입지 유형의 선정요인은 소매업체 근처의 표적시장의 크기이다. 좋은 입지는 표적 시장에 유입되는 고객이 많은 입지이다. 따라서 중심상업지구에 위치한 편의점의 경우, 근처에서 살고 일하는 많은 고객들로 인해 유지된다. 특화된 상품을 파는 점포는 근처에 고객 밀집도의 높고 낮음의 중요성이 떨어진다. 왜냐하면 고객들은 이러한 유형의 상품을 구매하기 위해서 기꺼이 찾아갈 의향이 있기 때문이다. 예컨대, Porsche를 판매하는 경우 다른 자동차 판매소 옆에 위치하거나 표적시장에 근접할 필요가 없다, 왜냐하면 이 고급차를 찾는 고객들은 어디에서 판매하던지 찾아올 것이기 때문이다.

3. 개별 소매업체의 독특함

마지막으로, 독특하고 차별화된 것을 제공하는 소매업체들은 서로 비슷한 상품들을 판매하는 소매업체들에 비해 입지의 편의성이 중요하지 않다. 예컨대, Bass Pro Shops는 독특한 상품 구색과 점포 분위기를 제공한다. 고객들은 이 점포가 어디에 입점하던지 찾아 올 것이며, 점포 위치가 목적지가 될 것이다.

VI 법적 고려사항

법적인 고려사항은 각기 다른 입지 유형을 평가할 때 조사되어야 한다. 부지가 어떻게 이용될 수 있는지에 대한 법은 굉장히 중요하기 때문에 입지 탐색에 있어 중요한 고려사항이다. 입지 선정에 영향을 미치는 법적인 문제들로는 환경문제, 토지와 건축의 행정규제, 간판, 주류허가법이 있다.

1. 환경 문제

주 정부와 지방의 기관들을 포함한 환경보호국은 소매점포에 영향을 줄 수 있는 이슈들에 점차 깊이 관여하게 되었다. 최근 몇 년간 두 가지 환경 문제가 특히 부각되었다. 첫 번째는 지상의 위험인데, 이는 건설에 사용한 석면을 함유한 물질들이나 납 파이프이다. 이러한 물질들은 상대적으로 쉽게 제거될 수 있다.

두 번째 문제는 지하에 저장된 위험한 물질들이다. 이러한 고려사항은 화학물질을 사용하는 세탁소나, 사용된 엔진오일과 배터리용액을 버리는 자동차 정비업체에 있어 더욱 중요하다. 한 장소의 위험 물질을 치우는데 소요되는 비용은 수천 달러에서부터 수백만 달러까지 매우 다양하다.

부동산 거래는 언제나 부동산의 환경적 영향에 대한 진술을 요구한다. 그러나 매장되어 있는 위험 물질에 대한 공적기록물은 신뢰할 수도 없을 뿐만 아니라 법적인 보호도 되어주지 못한다. 소매업체들이 이러한 환경적 위험으로부터 자신들을 보호하기 위해서는 두 가지 구제방법을 쓸 수 있다. 가장 좋은 대처 방안은 위해 물질들이 발견될 경우 이것의 제거와 처리 책임이 임대인에게 있음을 규정하는 것이

뉴멕시코 산타페의 빌딩 규제조항은 전통적인 진흙 벽토(아도비 점토)를 사용하게 하고 있다.

다. 또한, 소매업체는 환경적 위험으로부터 특별한 보호를 해주는 보험에 가입할 수도 있다.

비록 환경에 관련된 법이 소매의 발전에 제약이 된다 할지라도, 많은 새로운 개발자들은 지속성과 에너지 효율성 문제를 해결하기 위해 법적 필요사항을 준수한다. 새로운 소매개발자들은 에너지 효율적인 건축자재, 조명, 냉방 시스템을 사용한다. 예를 들면, 재생 가능한 대체에너지 전원 공급장치, 물 보존시스템, 일일 쓰레기 재활용, 재활용 자재를 활용한 건축 등을 준수하고 있다.

2. 토지/건축의 행정 규제

토지별 건축규제를 준수해야 한다. 예를 들어, 도시의 일부분은 오로지 주거를 위한 목적으로 정해져 있으며, 다른 곳은 상업용이나 경공업을 위해 구획되어 있다. 건축법규는 건물의 유형, 간판, 주차장의 크기와 유형 등을 규정하는 법적 규제와 유사하다. 어떤 법규는 특정 주차장 사이즈와 건축 디자인을 요구한다. New Mexico의 Santa Fe의 건축법규는 빌딩들이 전통적인 진흙 벽토 스타일을 유지하도록 요구한다.

1) 간판

간판에 대한 규제는 특정 장소의 매력에 영향을 줄 수 있다. 간판 크기나 스타일은 건축법규, 토지별 건축조례, 심지어 쇼핑센터 내규에 의해 제한 될 수 있다. North Miami Beach에 있는 Bal Harbour Shops의 경우, 세일 홍보 간판을 포함한 모든 간판에 대해서 개별 소매업체가 사용하기 전에 쇼핑센터 관리자의 승인을 반드시 득해야 된다.

2) 주류허가법

주류허가는 지역에 다라 다르다. 예를 들어 Dallas의 네이버후드 센터에서는 엄격해서 주류를 판매할 수 없는 반면, 다른 지역에서는 오로지 와인과 맥주만 판매가 가능하다. 이러한 규제는 레스토랑과 술집 외의 소매업체에도 영향을 끼친다. 예를 들어, 알코올음료의 사용을 제한하는 테마/페스티발 쇼핑센터의 경우, 밤에만 고객에게 알코올음료를 팔 수 있다.

앞서 언급한 것과 같은 법적 문제들은 소매업체들의 특정 장소에 대한 선호를 변화시킨다. 하지만 이러한 규제들이 영구적인 것은 아니다. 비록 어렵고, 시간이 필요하고, 비용이 들지만 로비활동과 법정소송을 통해 이러한 법적 규제를 바꿀 수 있다.

요약
Summary

입지에 대한 결정은 어떤 소매업체에게나 성공에 있어 매우 중요하다. 입지선정은 고비용, 장기간, 그리고 단골고객 형성에 영향을 주기 때문에 특히 중요하다. 특정 입지 유형을 결정하는 것은 장단점에 대한 많은 평가와 관련된다. 이러한 장단점 평가에는 일반적으로 입지의 사용비용과, 입지와 관련된 보행자와 교통수단 사용자의 수, 점포를 운영할 때 부동산 관리자에 의한 제약, 고객의 입지 접근 편의성이 포함된다. 이와 더불어 장소 선정 시에는 법적인 요소도 고려해야 한다.

소매업체들이 선택할 수 있는 장소 유형은 무궁무진하다. 각 입지 유형은 장점과 단점을 가지고 있다. 많은 중심상업지구, 도시중심부, 그리고 중심가 입지는 고급주택화와 세제혜택, 경쟁의 감소 때문에 과거에 비하여 훨씬 성공 가능한 선택 대안이 되었다. 소매업체들을 위한 다양한 쇼핑센터 유형도 존재한다. 소매업체들은 번화가 쇼핑센터나 파워센터에 위치할 수 있고, 쇼핑몰에 들어갈 수도 있으며, 라이프스타일센터, 패션/전문센터, 테마/페스티벌센터 혹은 아울렛센터에 입점할 수 있다. 다른 비전통적인 장소로는 복합용도개발, 가상공간입지, 공항, 리조트, 점포 내 점포 그리고 임시 입지가 있다.

핵심용어 Key terms

유인점포(anchor)	네이버후드센터(neighborhood center)
중심상업지역(central business districts; CBD)	옴니센터(omnicenter)
커뮤니티 센터(community center)	아울렛센터(outlet center)
비교 쇼핑 상황(comparison shopping situation)	옥외점포(outparcel)
편의 쇼핑 상황(convenience shopping situation)	파워센터(power center)
목표 점포(destination store)	지역 몰(regional mall)
패션/전문센터(fashion/specialty center)	쇼핑센터(shopping center)
독립입지(freestanding site)	쇼핑몰(shopping mall)
고급주택화(gentrification)	전문 쇼핑(specialty shopping)
도심지역(inner city)	스트립 쇼핑센터(strip shopping center)
키오스크(merchandise kiosk)	슈퍼 지역 몰(super regional mall)
라이프스타일센터(lifestyle center)	테마/페스티벌 센터(theme/festival center)
중심가(Main Street)	상업지역(trade area)
복합용도개발(mixed-use developments; MXD)	

현장학습 Get Out And Do It!

1. 계속되는 사례 과제: 선택한 소매업체를 포함한 쇼핑센터의 관리자를 인터뷰하시오. 쇼핑센터 관리자들이 생각하는 최고의 입점 소매업체와 선정 이유에 대한 보고서를 쓰시오. 당신이 선택한 소매업체에 대하여 관리자는 어떻게 생각하는가? 관리자는 평가에 어떠한 기준을 사용하는가?

2. www.faneuilhallmarketplace.com과 www.galleryatcocowalk.com을 방문하시오. 어떤 유형의 센터인가? 공통점과 차이점을 나열하시오.

3. 당신이 가장 선호하는 쇼핑센터를 방문하여 입점 업체 믹스를 분석해보시오. 입점 업체들은 상호 보완적인가? 센터 전반의 성장을 위해 어떠한 입점 업체 믹스 변화가 필요한가?

4. 학교 혹은 집 가까이에 있는 라이프스타일센터를 방문하시오. 어떤 입점 업체들이 있는가? 센터 주변의 인구 특성에 대하여 설명해 보시오. 이 라이프스타일센터에 오기 위한 운전 거리는 얼마나 되는가? 이 라이프스타일센터는 어떠한 유형의 소매 입지와 경쟁하고 있는가?

5. Regency Commercial Associates, LLC의 홈페이지 www.regency-prop.com을 방문하여 5개 주에서 200만 평방피트에 달하는 쇼핑센터와 업무공간을 관할하는 이 부동산 개발회사에 대해 조사해 보시오. 소매 입점 업체들과의 관계 구축을 위한 회사전략에 대하여 설명해 보시오.

6. 자신이 가장 선호하는 패션몰 홈페이지를 방문하여, 다음과 같은 사항을 기준으로 설명하시오: 입점 업체 수, 전문 업체의 카테고리 수, 식당의 수, 제공되는 엔터테인먼트. 이러한 소매업체 구색의 강점과 약점은 무엇인가?

7. 학교 혹은 집 가까이에 Target, Staples, Sports Authority, Home Depot 이외 다른 카테고리 전문점이 입점해 있는 파워센터를 방문하라. 같은 장소에 어떤 다른 소매업체들이 있는가? 이러한 점포 믹스가 고객과 소매업체에게 어떠한 이점을 주는가?

토의 질문 및 문제

1. 소매업체들에게 있어 점포 입지 선정이 왜 중요한가?

2. 당신이 가장 좋아하는 점포를 선택한 후, 그 점포의 표적시장과 현재 위치에 대하여 강점과 약점을 설명하시오.

3. 급격히 성장하고 있는 가정용품센터 Home Depot는 전형적으로 파워센터나 독립입지에 위치한다. Home Depot와 같은 업체에게 각 입지의 강점은 무엇인가?

4. 당신이 컨설턴트라고 가정하였을 때, 7-eleven 편의점, American Eagle Outfitters, Porsche of America와 같이 서로 다른 세 가지 유형의 점포에게 입지 선정에 있어 가장 중요한 한 가지 요인은 무엇이라고 조언하겠는가?

5. 소매업체들은 어려움을 겪었던 중심상업지구에 쇼핑센터와 독립입지를 개발하고 있다. 이 과정을 고급주택화라고 통칭하고 있는데, 몇몇 사람들은 윤리적이고 사회적인 효과에 대해 의문을 갖는다. 이러한 고급주택화의 이점과 문제점은 무엇인가?

6. Staple와 Office Depot는 모두 강력한 다채널 전략을 가지고 있다. 이러한 업체들의 입지선정에 있어 인터넷은 어떠한 영향을 미치는가?

7. 많은 몰에서 패스트푸드 업체들은 푸드코트에 집단적으로 위치한다. 이것의 이점과 불리한 점은 무엇인가? 구매 환경에서 외식 소매업체들의 새로운 추세는 무엇인가?

8. 왜 Payless ShoeSource는 지역 쇼핑 몰이 아닌 네이버후드 쇼핑센터에 위치하는 것일까?

9. 당신이 자주 방문하는 몰은 어떻게 쇼핑과 엔터테인먼트 경험을 결합하는가?

10. 도시 르네상스에 투자한 큰 도시들을 생각해 보아라. 고급주택화 계획의 어떠한 요소가 지역 거주민과 관광객 모두 그 장소에서 쇼핑하고 먹고 관광하는데 시간을 소비하게 하였는가?

11. 각기 다른 자동차 브랜드 판매점들은 일반적으로 한 거리에 나란히 위치한다. 이러한 전략에 대한 장점과 단점은 무엇인가?

추가로 읽을 자료들

Anselmsson, Johan. "Sources of Customer Satisfaction with Shopping Malls: A Comparative Study of Different Customer Segments." *International Review of Retail, Distribution and Consumer Research* 16, no. 1 (2006), pp. 115-38.

Chebat, Jean-Charles; M. Joseph Sirgy; and Valerie St-James. "Upscale Image Transfer from Malls to Stores: A Self-Image Congruencec Explanation." *Jouranl of Business Research* 59, no. 12 (2006), pp. 1288-96.

Chhen, Nancy, America's Marketplace: The History of Shopping Centers. Lyme, CT: Greenwich Publishing Group, 2002.

Hazel, Debra. "Life as a Lifestyle Center". *Chain Store Age*, March 2007.

ICSC, *Brief Notes Shopping Center Management.* New York: ICSC, 2006.

ICSC, *Winning Shopping Center Designs*, 30th ed. New York: ICSC, 2007.

Kramer, Anita. *Dollars & Cents of Shopping Centers The SCORE 2006.* Washington DC: Urban Land Institute, 2006.

Maronick, Thomas. "Specialty Retail Center's Impact on Downtown Shopping, Dining, and Entertainment." *International Journal of Retail and Distribution Management* 35, no. 7 (2007), pp. 556-68.

Morgan, Michael. "Making Sqace for Experiences." *Journal of Retail and Leisure Property* 5, no. 4 (2006), pp. 305-13.

Chapter eight

입지선정

Question

● 소매업체의 입지 선정에는 어떤 요소들이 고려되어야 하는가?

● 점포와 관련하여 상권이란 무엇이며, 소매업체들은 상권을 어떻게 결정하는가?

● 특정한 지역을 결정할 때, 소매업체들은 어떤 요소들을 고려해야 하는가?

● 소매업체는 새로운 점포 입지에 대한 매출을 어떻게 예상하는가?

● 소매업체들은 잠재적인 점포의 위치를 평가하기 위한 정보를 어디에서 얻을 수 있는가?

● 리스 협상시 어떤 사항들이 주로 논의되는가?

제 5장에서는 입지 선정의 전략상 중요성이 강조되었다. 입지 선정이 모든 다른 전략적 의사결정과 같은 새로운 전략적 우위를 창출할 수 있지만, 동시에 위험요소도 존재한다. 왜냐하면 입지선정에는 많은 자원이 소요되기 때문이다. 적합한 위치에 점포를 오픈할 때, 주로 5년 이상의 임대차 계약을 하거나, 대지, 건물의 점포 등을 매입한다. 만약 점포의 매출이 기대보다도 저조하다면, 소매업체는 인수의사가 있는 거래 상대방에게 그 지역으로 들어오게 하거나, 리스를 하거나, 빌딩을 매입하게 하더라도 투자비를 쉽게 회복하기는 힘들다.

제 7장에서는 소매업체가 이용할 수 있는 여러 유형의 입지와, 특정 유형의 소매업체가 특정 유형의 입지에 적합한 이유를 살펴보았다. 본 장에서는 소매업체가 특정 장소를 선택하는 방법에 대해 자세하게 살펴볼 것이다.

소매 점포 입지를 선정 할 때, 많은 양의 자료와 복잡하고 정교한 통계자료를 사용하여야 한다. 왜냐하면 대부분의 소매업체들은 입지에 대한 의사결정이 빈번하지 않고, 최고의 기술을 보유하고 있는 부동산 전문 분석가를 직접 고용하는 것은 소매업체에게 경제적 측면에서 여의치 않기 때문이다. 그러므로 소규모의 소매업체는 입지선정을 위해 지리적, 인구통계적인 자료를 제공하는 회사나 부동산 컨설팅 서비스를 이용한다. 그러나 입지선정은 어려운 결정임에는 틀림이 없다.

제 8장에서는 소매업체들이 점포의 위치를 선정하는 절차와 리스 협상하는 과정을 순차적으로 검토한다. 초반부에는 소매업체가 일반 권역에서 입지 선정 시 고려하는 요소들과 특정 지역에서 영업활동을 위한 점포의 수를 결정하는 요소들을 살펴볼 것이다. 다음으로, 특정 입지를 평가하기 위한 다

양한 접근 방법과 그 곳에 점포가 위치했을 때 기대되어지는 매출액을 평가하는 방법을 살펴볼 것이다. 마지막으로, 소매업체가 점포를 위한 리스 계약을 체결할 때 협상하는 다양한 조건들을 살펴볼 것이다.

I 입지 선정을 위한 기준

Refact

미국에는 363개의 MSA(Metropolitan Statistical Area)와 576개의 마이크로폴리탄 통계지역(Micro politan Statistical Area)이 있다.

소매업체가 입지를 선정할 때는 나라가 될 수도 있고, 또는 프랑스의 한 지방도시, 혹은 미국의 특정 주, 혹은 도시 안에 있는 특정 지역과 같은 구체적인 지역을 지칭할 수도 있다. 미국의 소매 업체들은 광역통계지역(MSA: Metropolitan Statistical Area)에 주로 초점을 둔다. 왜냐하면 소비자들은 MSA 지역 안에서 쇼핑을 하는 경향이 있고, 또한 입지 기회(location opportunities)를 분석하기 위해서는 매체의 도달과 인구통계적 자료는 주로 MSA를 근간으로 작성되기 때문이다.

MSA는 높은 수준의 경제력과 핵심 지역사회와 인접해 있는 인구 5만 이상의 핵심 도시 지역을 의미한다. 예를 들어, MSA에 있는 많은 사람들은 직장은 도심지역에 있지만 근교에 거주한다. MSA는 한 개 혹은 여러 개의 자치 주(county)에 의해 구성되어질 수 있고, 명칭은 대표적인 자치주의 이름을 따른다. 예를 들어, 신시네티 미들튼(Cincinnati-Middleton) MSA는 15개 자치주, 즉 인디아나주 3개, 켄터키주 7개, 오하이오주 5개의 인구 2,104,218명으로 구성되어 있고, Montana의 Missoula MSA는 인구 101,417명인 한 개의 주로 구성되어 있다. Micropolitan Statistical Area는 10,000명 정도의 거주민으로 이루어 진 작은 규모의 분석 단위이다.

점포입지에서 최고의 지역은 소매업체에게 장기적으로 높은 이익을 발생시키는 지역들이다. 장기적인 이익을 발생시키는데 영향을 주는 몇 가지 요소들이 있다. 지역을 평가할 때 1. 사업환경, 2. 경쟁, 3. 소매업체의 표적 시장과 현지 지역 인구와의 전략적 적합성, 그리고 4. 운영비용 등을 고려해야 한다 (〈보기 8-1〉 참조). 다음의 요소들은 제 5장에서 언급한 것처럼 소매 업체들이 새로운 사업에 투자하거나 또는 해외시장 진출 등에 투자할 때 고려하는 요소들과 비슷하다.

○ 보기 8-1
지역이나 상권의 수요에 영향을 미치는 요소들

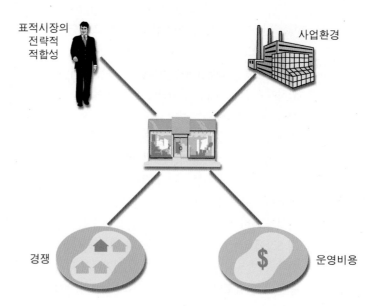

표적시장의
전략적
적합성

사업환경

경쟁

운영비용

1. 사업환경

입지는 장기적으로 재원을 투자해야 하는 업무이기 때문에, 지역의 제반 수준과 인구의 증가 및 고용률을 검토하는 것이 중요하다. 지역의 규모가 크고 완전고용 상태에 있다는 것은 높은 구매력과 높은 수준의 매출 가능성을 뜻한다. 〈보기 8-2〉는 미국의 MSA에 인구 증가를 보여준다.

그러나 인구와 고용의 성장률만으로는 장래에 강력한 소매 환경이 될 것으로 확신하기에 충분하지 않다. 소매 입지분석은 반드시 얼마나 미래에 지속적으로 성장할 것인지와, 이것이 어떻게 수요와 점포 내에서의 상품의 판매에 영향을 미칠 것인지를 추정할 수 있어야 한다.

예를 들어, Michigan의 Flint 같은 일부 공업지대 도시들의 경제는 자동차와 같은 특정 산업에 대한 의존도가 높기 때문에 경기의 영향을 크게 받는다. 다양한 산업으로 다각화되지 않는다면, 그 지역은 주기적으로 하강할 가능성이 있기 때문에, 매력적인 지역이 되지 못할 것이다. 많은 지역이 전통적으로는 하강산업인 농업에 의존했었는데, 제조업이나 첨단기술 산업 등 그들의 경제를 다각화 시킬 수 있는 새로운 산업을 유치함으로써, 다각화하고자 하는 노력을 경주하고 있다.

또한, 고용율이 특정 지역에서 빠르게 증가했다면, 그 원인을 파악하는 것이 도움이 될 것이다. 예를 들어, Washington의 Seattle 동쪽은 Microsoft의 본사가 인접해 있기 때문에 소매업체에게는 바람직한 장소로 떠오르고 있다. 하지만, 이 곳 소매업체의 매출은 Microsoft사의 재무성과와 불가분의 관계에 있다.

대부분의 경우, 인구가 증가하고 성장하고 있는 지역이 하락하는 지역에 비해 인기가 있다. 그러나 Subway 같은 일부 소매 업체들은, 현재는 거주자가 별로 없지만 주변의 교외 지역이 궁극적으로는 지속적인 수요를 창출할 만큼 충분히 성장할 것을 기대하고, 새로운 스트립 쇼핑센터에 입점한다.

2. 경쟁

한 지역에서의 경쟁 정도 또한 소매업체의 수요와 판매에 영향을 미친다. Wal-Mart의 초기성공은 상대적으로 경쟁이 약한 작은 도시에서 점포를 개점하는 입지 전략을 실행했기 때문이다. Wal-Mart는 소규모 도시에 거주하는 소비자에게 좋은 품질의 상품을 저렴한 가격으로 제공했다. Wal-Mart가 들

○ 보기 8-2
광역통계지역의 인구성장률

광역통계지역(MSA : Metropolitan Statistical Area)의 인구성장
MSAs & MISAs by Percent Population Change 7/1/2000 - 7/1/2007

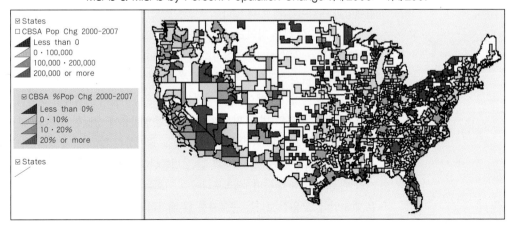

출처: http://www.proximityone.com/msa0007.htm. Used by permission of proximity.

어오기 이전의 시골에 살던 소비자들은 작은 점포에서 구색이 부족한 잡화만을 구매하거나 운전을 하여 큰 도시까지 가서 쇼핑을 해야만 했다.

예전에는 입지에 매력적이지 않는 지역으로 보였음에도 불구하고, 지금에는 저소득층 주거지역 인근 지역에 완전 서비스를 제공하는 고급 레스토랑의 체인점들이 많이 입점하게 되었다. IHOP, T.G.I Friday's, Chili's, 그리고 Denny's와 같은 완전 서비스를 제공하는 기업들은 Oakland, California와 같은 도시에서 도심지역인 New York으로 이동하고 있다. 그들은 이전의 시장이 경쟁이 적은 시장이었고, 거주민들의 비교적 높은 가처분 소득과 큰 규모, 그리고 잠재 노동력이 풍부하기 때문에 잠재력이 충분하다는 것을 발견했다. 〈Retailing View 8.1〉은 Whole Foods가 어떠한 방법으로 도시 시장의 세분시장의 욕구를 만족시켜주는가를 설명하고 있다.

3. 전략적 적합성

인구의 수준, 성장, 경쟁 중 어느 한가지만으로는 모든 것을 설명할 수 없다. 상권은 소매업체들의 표적시장 안에 있는 소비자들이 소매업체들이 제공하는 상품에 매력을 느끼며 그 점포의 단골을 만들 수 있어야 한다. 그러므로 그 지역의 정확한 인구통계적인 데이터와 라이프스타일에 관한 정보를 반드시 가지고 있어야 한다. 한 지역의 가족 규모와 구성 또한 성공을 결정하는 중요한 요소일 수 있다. 예를 들어, Ann Taylor(직장 여성을 위한 전통적인 정장 의류 전문점)는 일반적으로 고소득 주택가와 관광지역에 입지한다. 한편, 가구의 규모는 중요한 문제가 되지 않는 소매업체도 있다. 반면, Toy "R" Us는 어린아이가 있는 가구가 집중해 있는 지역에 관심을 갖는다.

마지막으로, 해당지역 인구의 라이프스타일 특징은 특정 소매업체가 추구하고 있는 표적시장과 관련이 있을 수 있다. 예를 들어, 야외활동(outdoor activities)에 흥미가 있는 소비자들이 많은 지역이라면 R.E.I.와 Bass Pro Shops에게 매력적인 지역이다.

4. 운영비용

점포의 운영비용은 지역마다 다를 수 있다. 예를 들면, Montana MSA의 Missoula지역의 점포 임대료와 광고비용은 Cincinnati-Middletown MSA에 비해 상당히 저렴하다. 그러나 Cincinnati-Middletown MSA은 규모가 크고 인구밀도가 높기 때문에, 이 지역에 위치하고 있는 점포는 잠재적인 판매량과 이익이 실제로 더 많다.

운영비용은 또한 다른 지역 소매업체가 운영하고 있는 점포와의 지역적 접근성에 영향을 받는다. 소매업체가 점포를 운영하는데 있어서의 운영비는 다른 지역과의 근접성에 따라 달라진다. 예를 들면, 만약 한 점포가 다른 점포와 소매 업체 유통 센터의 가까운 곳에 위치해 있다면, 관리자가 운송비용과 운송 시간을 덜 들이기 때문에, 점포까지의 상품 운송비용이 저렴해질 것이다.

해당 지역 및 국가의 법률 및 규제 환경은 운영비용에 상당한 영향을 미친다. 몇몇의 소매업체들은 California 지역에 점포를 입점 시키는 것을 좋아하지 않고 있다. 왜냐하면 캘리포니아 주정부, 투표를 통한 정치과정, 계층 간 소송과 같은 법률환경 등으로 소매업체는 많은 운영비용이 발생한다고 느끼기 때문이다. 예를 들면, 캘리포니아주 의회는 의료 혜택, 근로자의 보상청구, 초과 근무 수당 등의 문제에 있어, 고용주 보다는 근로자를 더 배려하는 법률을 고려하고 있거나 시행하고 있기 때문이다.

또한 몇몇 주법원은 장애인들이 소매점포에 접근이 용이하게 하는 것을 의무화 하는 등 소매운영에 영

Whole Foods Market이 **여러분 바로 아래층에**

최고급 슈퍼마켓이 있는 아파트개발은 도시의 주민들에게 인기가 있고, 이것은 Whole Foods Market이 찾는 적합한 입지이다.

지난 2007년, New York의 Manhattan의 Lower East Side에 네 번째 Whole Foods Market이 개점했다. 앞서 개점한 세 개의 점포는 Chelsea, Union Square, 그리고 Columbus Circle 등, 모두 주요 물류 중심지에 위치해 있지만, 이번 점포는 이전 점포들과는 다른 편익을 제공했다. 즉, 소비자들의 거주지가 Whole Foods Market 바로 위에 있다.

2층으로 된 이 점포는 71,000평방 피트의 규모로 미국 북동부에서 가장 큰 점포이며, 361 동의 고급 아파트 건물의 아래에 위치한 주상복합 지역이다.

기존의 대부분의 Whole Foods Market은 독립된 별도의 지역에 위치해있다. 그러나 이와 같은 복합 공간에 위치한 Whole Foods Market은 소매점포, 아파트 개발업자 그리고 임차인 간 모두 윈, 윈, 윈 상황을 제공해 준다. 이곳에 위치한 고급아파트의 임대료는 평방 피드 당 $56로, 다시 말해서 700평방 피트의 침실하나의 아파트 임대료가 $3,400, 1,190평방 피트의 침실 두개의 임대료가 $4,500~$6,500를 호가한다. 임차인은 이렇게 높은 월세를 지불할 수 있는 부유한 층이다.

이러한 고급 아파트 빌딩이 일반적인 편의시설을 갖추고 있는 것은 특이한 것이 아니지만 Whole Foods Market는 사업 기회를 찾고 있다. 예를 들어, Whole Foods Market은 체육관 및 전문 아파트 관리업체와 계약을 맺어, 현재 미국의 몇몇 도시에 건설되고 있는 고급형 콘도 및 아파트의 필수 편의시설로 만들었다. 그래서 New York에는 많은 아파트로 경쟁이 치열한 상황에서도 이 고급 아파트들은 다른 아파트들에 비해 충분히 경쟁 우위를 가지고 있다.

출처: Michael Stoler, "Luxury Seems to be Set for the Lower East Side." *The New York Sun*, May 12. 2007; Mark Hamstra, "Slow Start for Newest Whole Foods," *Supermarket News*, April 9. 2007; www.avaloncommunities.com (accessed July 31. 2007); www.wholefoods.com (accessed July 31. 2007)

향을 미치는 소송행위를 지지하고 있다. 많은 도시들은 최저임금을 국가에서 정한 수준 이상으로 올리는 "최저 생활 임금제"를 도입했다. 정치적이고 법적인 활동이 노동자와 소비자들에게 이익을 제공하지만, 이러한 활동들은 소매업체들의 운영비용을 증가시키고 결국에는 소비자가 상품을 구매할 때 지불하는 가격을 증가시킨다.

Ⅱ 지역 내의 점포 수

점포 입지를 위한 장소를 선택했다면, 소매업체들이 해야 할 다음 결정은 한 지역에서 몇 개의 점포를 운영해야하는가 이다. 일견 소매업체가 주어진 상권에서 최선의 장소 한 곳만을 선택할 것이라고 예상할 것이다. 규모가 큰 MSA에서는 규모가 작은 MSA보다 더 많은 점포를 운영해도 된다. 그러나 규모가 큰 MSA 일지라도 한 지역 내에서 운영될 수 있는 점포의 수에는 한계가 있다. 한 지역 내에 여러 개의 점포를 개점하는 경우는, 소매업체는 한 지역에서 다점포 운영으로 발생하는 비용의 감소와 매출의 자기잠식 등의 사업조건을 반드시 고려해야 한다.

1. 다점포 운영을 통한 규모의 경제

대부분의 소매업체 체인들은 촉진과 유통에 있어서 규모의 경제를 성취 할 수 있기 때문에 한 지역에 다수의 점포를 개점한다. 한 소매업체가 신문광고를 낼 때, 총비용은 소매업체가 한 개의 점포만을 가질 경우에나 한 지역에서 20개의 점포를 가질 때나 동일하다. 물류센터를 구축해서 다점포의 비용을 상쇄해야 된다. 따라서 Wal-Mart와 같은 체인들은 점포 지원이 가능한 유통센터가 있는 지역으로만 확장해 나갈 수 있다. Kohl's가 Florida 시장에 진출할 때 Jacksonville와 Orlando지역에 14개의 점포를 같은 날 개점한 것도 이와 같은 이유이다.

다수의 점포를 한 지역에 개점하면, 점포당 판매량을 증가시켜 줄뿐만 아니라 비용을 감소시켜 준다. 예를 들어, Iowa의 Davenport에 있는 Von Maur는 22개의 점포를 보유한 지방 백화점이다. 비록 Von Maur는 소규모로 비용측면에서 우위에 있는 전국적인 대형 백화점과는 경쟁할 수 없지만, 경쟁우위 중 하나는 지방에 입지한다는 것이다. 또한 지방 체인점으로 남음으로써 충성스런 고객기반을 유지할 수 있다. 또, 상품, 가격, 촉진 전략은 전국시장을 관리하는 것 보다 지역시장의 욕구에 더 용이하게 조정이 가능하다. 마지막으로, 관리팀은 지역시장에 대해서는 더 넓은 통제영역을 가지고 있는데, 점포를 더 용이하게 방문하여 경쟁 상황에 더 효율적으로 대응할 수 있다.

2. 자기잠식(Cannibalization)

소매업체들이 한 지역에 다수의 점포를 입점시킴으로써 규모의 경제를 달성할 수 있지만, 한 지역 내의 너무 많은 동업종 점포의 증가로 수입이 감소할 수 있다. 예를 들어, 처음 네 개의 점포가 특정 MSA에 개점했을 때, 각각의 전문 소매 매장에서 2백만 달러씩의 매출이 발생할 수 있다. 왜냐하면, 위치가 서로 떨어져 있기 때문에 소비자들은 그들과 가까운 곳에 위치한 점포만의 단골이 되고, 점포의 자기잠식은 일어나지 않기 때문이다. 이때 소매업체가 다섯 번째 매장을 기존 매장과 가까운 곳에 오픈을 할 경우, 매장의 증가로 인한 2백만 달러의 매출액 증가를 기대할 수 있다. 새로운 매장도 기존 매장들과 같은 수준의 매출 수준을 가져올 것이다. 그 다음의 새로운 점포를 개점한 경우는, 가까운 기존 매장의 매출을 1천 7백만 달러로 감소시킬 수 있기 때문에 매출액은 1천 5백만 달러가 될 것이고, 새로운 매장에서의 매출액은 5번째의 매장까지가 그 지역에서는 최선이었기 때문에 1천 8백만 달러에 불과할 것이다.

입지의 목적과 관련하여, 프랜차이즈 본부와 프랜차이즈 가맹점 사이에는 왜 이견이 존재하는가?

회사소유의 점포는 체인 전체 이익을 최대화하는 것이 목표이기 때문에, 해당 소매업체가 점포 신설로 얻는 한계이익이 한계비용보다 많은 한 계속해서 점포를 개점할 것이다. Wal-Mart는 미국에 대형 쇼핑센터를 일 년에 250개 이상 오픈한다. Wal-Mart가 잠재적인 새로운 시장을 분석할 때, 새로운 점포가 기존 점포의 매출액을 가질 수 있는지 아니면 자기 잠식으로 인한 매출액에 영향을 주는지 등을 고려한다. Wal-Mart는 처음에 생각했던 것 보다는 대형쇼핑센터 간의 거리가 가까워도 된다는 사실을 발견하였다. 기존의 점포들이 연매출 1억 달러 정도에서 매출액 자기잠식이 발생할 수 있기 때문에, 새로운 점포의 오픈을 신중하게 계획해야 한다. Wal-Mart는 매년 8천만 달러의 매출을 달성하는 두 개의 점포를 운영하는 것을 매년 1억 달러의 매출을 올리는 한 개의 점포를 운영하는 것 보다 더 선호한다. 기존 점포 주변에 새로운 점포의 개점으로 인한 자기잠식은 최근에 개점한 점포의 잠재성장력을 감소시킨다. 그러나 장기적인 안목에서 보면, 계획된 자기잠식은 덜 혼잡한 두 개의 점포에 대한 소비자의 쇼핑 경험을 강화시키기 때문에 경쟁우위를 가져온다. 게다가, 한 지역에 다수의 점포를 가지게 되면 경쟁자에게 진입장벽으로 작용할 것이다.

프랜차이즈 방식으로 운영될 경우, 프랜차이즈 본부와 가맹점들은 목적을 달리하기 때문에 한 지역 내의 적정한 입점 점포 수에 관한 논쟁이 발생할 수 있다. 프랜차이즈 본부는 전체 점포의 매출에 의한 로열티로 수입을 얻기 때문에, 모든 점포에서 매출을 최대화하기를 원한다. 그러나 가맹점은 오직 해당 점포에서 나오는 매출과 이익에만 관심을 둔다. 본부는 가맹점들만큼 자기잠식에 민감하지는 않는다. 갈등의 수준을 줄이는 방법으로, 대부분의 프랜차이즈 계약은 다른 가맹점으로부터 오는 시장 자기잠식을 막기 위해 가맹점에게 독점적인 지리적 운영권을 제공한다.

Ⅲ 점포 입지 평가

한 지역 내에 점포의 위치를 결정한 이후, 소매업체가 다음으로 해야 할 것은 특정 입지를 평가하고 선택하는 것이다. 의사결정시 소매업체는 다음 세 가지 요소를 고려해야 한다. (1) 입지의 특성, (2) 그 입지에 위치한 점포의 상권 특성, (3) 그 입지에 위치한 점포에서 창출될 잠재 예산 매출액이 그것이다. 앞의 두 가지 평가 요소는 초기 조사 과정에서 전형적으로 고려되는 것이다. 점포별 매출 규모를 예상하는데 사용되는 세 번째 요소는 좀 더 복잡하고 분석적인 접근이 요구된다.

1. 입지 특성

다음과 같은 입지의 특성은 점포의 매출과 입지의 선정에 영향을 주게 되는데, (1) 입지의 교통 흐름과 입지의 접근성, (2) 점포 위치의 특성, 그리고 (3) 점포 위치와 관련된 비용 (참고〈보기 8-3〉) 등이다. 이 장의 후반부에는 입지선정과 관련된 가격요소인 리스협상에 대해 다룰 것이다.

교통 흐름과 접근성	제약 사항
차량통행 (vehicular traffic)	지대설정 (zoning)
차량 접근의 용이성 (ease of vehicular access)	신호체계 (signage)
주요 고속도로에의 접근 용이성	임차인 믹스에 대한 제약
(access to major highways)	(restrictions on tenant mix)
교통 혼잡, 정체 (street congestion)	안전 코드 제약 (safety code restriction)
보행자 수 (pedestrian traffic)	
대량 수송수단의 이용가능성 (availability of mass transit)	
점포 위치 특성	**비용**
주차 공간 (Parking Spaces)	렌탈 요금 (rental fee)
점포 출입구의 접근 용이성	공동구역 유지, 보수비용
(access to store entrance and exit)	(common area maintenance cost)
점포외관 (visibility of store from street)	지방세 (local taxes)
배달의 용이성 (access for delivery)	광고 및 촉진비용 (advertising and promotion fees)
점포의 크기와 모양 (size and shape of store)	임대 기간 (length of lease)
건물의 상태 (condition of building)	
인접 소매업체 (adjacent retailers)	

2. 교통 흐름과 접근성

점포의 매출에 영향을 미치는 중요한 요소 중의 하나가 차량통행 흐름과 그 지역 유동인구의 수, 또는 교통량이다. 교통이 혼잡할 때 더 많은 소비자들이 그 지역의 소매점 내로 들어와 머무를 가능성이 있다. 따라서 소매 업체들은 입지의 매력도를 측정 할 수 있는 교통통계량을 자주 이용한다. 교통량 조사는 소매업체가 제공하는 상품과 서비스의 충동적 구매와 단골 구매적인 측면에서 매우 중요하다. 예를 들어, 많은 교통량과 접근성은 Container Store보다 세차장과 식료 잡화점에게 훨씬 더 중요하다.

Wireless Toyz는 모든 종류의 휴대전화의 서비스, 비품, 액세서리 등의 원스톱 쇼핑 목적의 전문 소매업체이다. 새로운 입지를 평가할 때, Wireless Toyz는 많은 교통량과 야외활동 중심지, 대형 유명 점포 옆, 눈에 띄는 코너와 같은 위치들을 찾는다. Wireless Toyz는 2011년까지 현재의 매장수의 3배가 넘는 1,000개의 매장을 갖는 것을 계획하고 있다.

그렇지만 많은 교통량이 항상 좋은 것만은 아니다. 교통량은 균형의 문제이다. 점포는 하루에 상당한 수의 교통량을 가지고 있어야 하지만, 교통 정체는 점포로의 접근을 불가능하게 한다.

차량통행 정보를 알기 위해서는 지역을 방문해 보거나, 조사를 의뢰해야 한다. 그러나 특정시간의 차량통행량은 전체적인 교통량을 보여주지 못할 것이다. 예를 들어, 출퇴근 시간에 도로가 정체되는 지역은 대부분의 쇼핑이 이루어지는 낮 시간에 교통 흐름이 좋을 수 있다. 교통량만큼이나 중요한 것은 얼마나 고객이 쉽게 들어오고 나갈 수 있는가를 의미하는 입지의 접근성이다. 고속도로나 간선도로 근처에 위치하고, 교통 신호와 차선이 점포로 들어오는 것이 가능한 상권은 접근성이 좋은 상권이다. Retailing View 8.2는 소매업체에게 있어서 접근성의 중요성을 나타내고 있다.

자연 장애(강이나 산)와 인공 장애(철로, 주요 고속도로 혹은 공원)도 접근성에 영향을 미칠 수 있다. 이 장애들이 특정 입지에 미치는 영향은 기본적으로 상품이나 서비스를 위해 고객들이 이것을 극복하

우회전의 **중요성**

Walgreen은 운전 중에 약 처방을 가능하게 하는 입지를 선택하여 고객 서비스의 부가가치를 상승시켰다.

한 소매업체의 소멸이 다른 소매업체에게는 기회일 수 있다. North Carolina주의 Wake Forest안에 있는 Jones Hardware & Building Supply사는 대공황에서 생존했을 뿐만 아니라 도시의 가장 큰 고용주로 성장했다. 그래서 Home Depot사가 도시에 입점해도 생존할 수 있다고 확신했다. 그러나 점포 주변에 있었던 교통 패턴이 Home Depot과 Target 점포에 유리하게 작용했다. 예전에 철물점은 자동차로 한 번에 접근이 가능한 너무 좋은 위치에 있었는데 새로운 교차로로 인해 장점을 상실하게 되었다. 고객이 좌회전으로 들어 올 수 있었던 점포를 강제로 유턴을 해야 했고, 그 것도 Winn-Dixie의 주차장을 통과해야만 되었다. 이러한 불편함 때문인지 아니든지 간에 Lowe's Home Improvement가 Home Depot의 반대편에 등장했을 때, 소규모의 소매 업체들의 운명은 이미 예정된 것이었다. 2년 이내에 Jones Hardware는 문을 닫았다.

같은 위치의 코너를 재빠르게 Walgreen이 차지하게 되었다. 왜냐하면 그 위치는 Walgreen의 입지 전략을 바로 만족시켰기 때문이다. 즉, 그 지역거주민이 퇴근길에 쉽게 접근할 수 있는 곳이 되었다. Walgreen 점포의 위치는 저녁의 퇴근 차량들이 점포의 주차장으로 쉽게 우회전 할 수 있도록 하는 것이었다. 이전의 Jones Hardware의 점포는 오후의 퇴근 차량을 위한 주요 도로였으며, Walgreen의 맞은편에 있는 쇼핑센터 안의 편의점은 동일한 통근자들이 불편을 감수하고 점포의 주차장으로 좌회전해 들어오는 충성고객에게 의존해야 했다.

출처: Jim Frederick, "The Hedgehog vs the Elephant: Winning the Walgreen Way." *Drug Store News*, March 19. 2007: Connie Gentry, "Science Validate Art." Reprinted by permission from *Chain Store Age*, April 2005, pp. 83-84, Copyright Lebhar-Friedman, Inc., 425 Park Avenue, New York, NY 10022.

고 점포로 오는가에 달려있다. 예를 들어, 고속도로변에서 한쪽 방향의 길에만 슈퍼마켓이 영업을 한다면, 반대편 쪽 거주자들은 쇼핑을 하기 위해 길을 건너와야만 한다.

미국의 대부분의 소비자들은 쇼핑센터에 주로 운전을 해서 가기 때문에, 입지를 평가할 때 차량교통량은 중요하게 고려할 사항이다. 그러나 소비자가 운전을 해서 쇼핑센터에 가지 않거나 쇼핑몰들이 인접해 있는 도시의 입지를 평가할 때는, 유동인구와 대중교통의 접근 가능성에 관한 입지분석이 더 중요하다.

3. 점포 위치 특성

소매업체들이 입지 내에서 특정 점포의 위치를 평가할 때 고려해야 할 요소는 (1) 주차공간, (2) 점포외관, (3) 인접 소매업체와 같은 것들이다.

1) 주차 공간

주차시설의 양과 질은 쇼핑센터의 전체적인 접근성에 중요한 요인이 된다. 주차공간이 충분하지 않거나 점포에서 너무 멀리 떨어져 있으면 고객들은 그 지역에 들어가기를 꺼려할 것이다. 반면, 빈공간이 너무 많이 있다면, 쇼핑센터는 실패했거나 인기가 없는 센터로 보일 수 있다. 쇼핑센터의 표준적인 황금비율은 5.5 : 1,000(천 평방피트 당 5.5대 면적)이고, 대형 슈퍼마켓의 경우 1,000평방피트당 10대에서 15대의 면적이다.

소매업체들은 일별, 주별, 계절별로 다양한 시점에서 쇼핑센터를 관찰해야 한다. 그들은 또한 직원용 주차공간의 확보 가능성, 차를 사용하는 쇼핑 고객의 비율, 쇼핑객이 아닌 사람들의 주차, 쇼핑 동선 등도 평가해야 한다.

상대적 혼잡도는 이용 가능한 주차시설의 양과도 밀접하게 관련되었지만, 이는 쇼핑센터 자체의 문제이다. 혼잡도는 자동차나 사람의 복잡한 정도를 가리킨다. 고객 입장에서는 만족할 만한 수준의 혼잡도가 필요하다. 너무 혼잡하면 쇼핑의 속도를 떨어뜨리고 고객을 화나게 만들며 일반적으로 매출을 하락시킨다. 반면, 어느 정도 높은 수준의 혼잡도는 고객에게 즐거움을 주고 매출을 촉진시킨다.

2) 점포 외관

점포외관은 점포의 입지를 평가할 때 중요한 고려 사항이다. The Banana Republic Store(왼쪽)는 분명한 점포외관을 가지고 있는 반면, 계단을 올라가야 하는 점포(오른쪽)는 그렇지 못하다.

점포 외관은 고객이 거리에서 점포를 보게 하는 능력을 말한다. 충성도가 높은 고객이 있는 점포는 양호한 점포외관이 덜 중요하지만, 대부분의 소매업체들은 점포가 방해받지 않고 직접적으로 보여지길 원한다. 높은 유동인구(관광센터나 대도시 등)가 있는 지역에서는 길에서 쉽게 눈에 띌 수 있는 것이 특히 중요하다.

3) 인접 소매업체

상호 보완적이고 경쟁적인 위치에 있는 인접한 소매업체들은 교통을 발생시킬 수 있는 잠재력을 가지고 있다. 동일한 표적고객을 대상으로 상호 보완적인 소매상들은 서로 다른 종류의 경쟁적이지 않은 상품을 제공한다. 예를 들어, Save-A-Lot의 한정된 구색을 갖춘 슈퍼마켓의 표적은 가격에 민감한 소비자이고, Big-Lots, Family Dollar, 심지어 Wal-Mart와 같이 가격에 민감한 소비자를 표적으로 삼고 있는 다른 소매업체들과 동일한 위치에 입점하는 것을 선호한다.

패스트푸드 식당, 자동차 대리점, 골동품점, 심지어 신발과 의류 매장까지 한 쇼핑몰 안에 바로 옆에 위치에 있는 것을 인지한 적이 있는가? 제 7장에서 소개된 바와 같이 소비자들은 이러한 종류의 상품들이 밀집해 있는 편리하고, 비교와 대조가 용이한 쇼핑 장소를 찾는다. 소비자들은 자신들의 결정을 쉽게 할 수 있는 편리한 쇼핑 상황이나 그들이 많은 점포들을 돌아 볼 수 있게 좋은 구색을 갖춘 쇼핑 장소를 원한다.

이렇게 그룹화 된 장소의 접근은, 비슷하고 상호보완적인 소매활동을 하는 집단이 같은 종류의 소매활동을 하는 단독의 점포보다 일반적으로 매출이 더 높다는 누적유인의 원리에 기초를 둔다.

4. 제약 사항과 비용

이 장의 마지막 부분에서 다루겠지만, 소매업체는 쇼핑센터의 리스 협상안에 어떤 임차인이 들어올 수 있는가에 대한 제약을 가할 수 있다. 일부 이런 제약은 소매업체에게 쇼핑센터가 더 매력적이게 만들어 준다. 예를 들어, 남성 의류 전문 소매업체는 같은 쇼핑센터 안의 다른 남성 의류 전문점의 입점을 반대하는 리스 협상을 선호할 것이다. 소매업체들은 거리에서 봤을 때 상호명이 쉽게 보이는 것을 막는 쇼핑센터 내의 간판 크기에는 문제점을 느낄 것이다. 이 장의 마지막에서 리스 협상 과정의 제약조건과 비용에 관한 문제들을 다룰 것이다.

5. 쇼핑센터 내 위치

쇼핑센터 내의 장소는 매출과 점유비용에 영향을 준다. 쇼핑센터 내의 입지가 좋으면 그 만큼 점유비용이 비싸다. 따라서 충동적인 구매자를 유인할 수 있는 꽃가게나 샌드위치 가게는 더 비싼 위치인 슈퍼마켓과 가까운 곳에 있어야 한다. 그러나 소비자의 충동적인 구매 욕구를 채워 줄 수 없는 구두가게와 같은 소매점은 슈퍼마켓과 멀리 떨어진 교통량이 적은 곳에 위치할 수 있다. 왜냐하면 소비자는 신발이 필요할 때 그 점포를 찾기 때문이다. 다시 말해서 구두가게는 목적 점포이다.

이 점은 여러 종류의 점포가 동시에 위치해 있는 몰의 입지를 평가 할 때에도 적용된다. 소비자(최신 유행하는 의류를 구매하는 소비자)의 욕구를 만족시킬 수 있는 점포는 비교 쇼핑에서 매력적일 것이고, 이러한 의류 쇼핑객의 목적 점포인 백화점과 가까이에 있는 값비싼 장소에 밀집해 있는 것이 유리하다. 백화점을 들어갔다가 나오는 의류 쇼핑객들은 백화점 근처에 위치한 전문 매장들에게 이끌릴 것이다. 그러나 Foot Rocker와 같은 목적 점포(destination store)는 가장 비싼 장소에 입지할 필요가 없다. 왜냐하면 고객들 중 다수가 센터에 도착하기도 전에 이런 유형의 제품을 판매하는 곳이 있다는 것을 알고, 구매의도가 있다면 찾아가기 때문이다.

또 다른 고려사항은 비슷한 표적을 가진 점포들을 서로 가까이 입지시키는 것이다. 요점은 고객들이 상품 분류가 잘 된 곳에서 쇼핑하기를 원한다는 것이다. 이것은 유사하고 상호보완적인 점포들이 함께

Refact

Lowe's Home Improvement 매장의 70%는 Home Depot 매장의 10마일 반경 안에 있다.

■■■■■

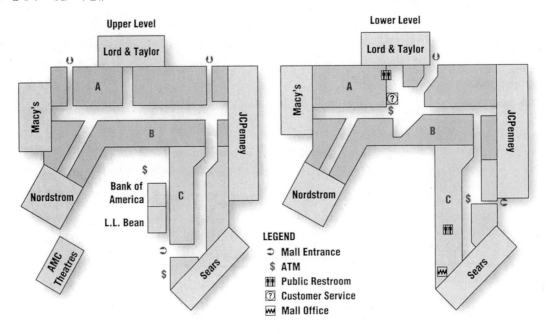

무리지어 있는 것이 독립적으로 있는 것보다 더 큰 유인력을 가진다는 누적유인(cumulative attraction) 원칙에 근거한다. 〈보기 8-4〉에 있는 Maryland의 Columbia 지역 개발 계획의 가장 중요한 작품인 Columbia Mall의 지도를 보자. 몰의 상권은 75만 명의 인구, Maryland의 Baltimore와 Washington, DC 의 중간부분에 위치한 부유한 Howard County를 포함하고 있다. 이 몰은 80,000

Columbia Mall의 확장이 진행되는 동안 많은 입주업체의 위치가 표적 고객에 맞추어 재설정되었다. 예를 들어, GapKids, BabyGap, Limited Too는 서로 근접하게 위치했다.

평방피트의 고급품 매장과 엔터테인먼트 공간을 위한 확장공사를 시행해 지난 2003년에 완성되었다. P.E.Chang's, Uno Chicago Grill, Champs 등 세 개의 식당과 최신의 14개의 스크린을 가진 좌석형 영화관과 L.L. Bean, Domain, Restoration Hardware, Banana Republic, Bebe, Build-A-Bear Workshop, Abercrombie & Fitch, Starbucks, J.Crew 등이 입점했다.

몰을 확장하는 동안, 표적 고객을 더 잘 맞추기 위해서 몰 안의 카테고리에 따라 많은 임차인들의 위치가 재설정 되었다. 재설정의 좋은 예 중 하나가 아동의류를 판매하는 소매점과 관련 상품을 판매하는 소매점들의 위치이다. Gymboree와 Abercrombie Kids는 1층의 A구역에 나란히 입점하였다. 에스컬레이터를 설치하여, 2층으로 올라간 부모들과 자녀들이 Build-A-Bear Workshop, The Disney Store, Club Libby Lu 등 모든 B구역에 위치한 점포들을 들릴 수 있게 했다. A구역을 가로질러 가면, 쇼핑객들은 아이들의 더 많은 옷과 액세서리를 위한 GapKids, BabyGap, Limited Too 등의 매장을 방문할 수 있다.

IV. 상권의 특성

교통량과 접근성, 다른 입지특성을 충족시키는 몇 개의 입지를 결정한 이후 다음 단계는 매출 예측을 위해 상권에 관한 정보를 수집하는 것이다. 소매업체는 각각의 입지에 대한 상권의 정의가 필요하다. 먼저 상권에 대한 정의를 내린 후, 소매업체는 다양한 정보를 이용하여 상권내의 소비환경을 보다 자세하게 이해하는 데 사용할 수 있다.

1. 상권의 정의

상권은 점포의 매출과 점포의 고객들이 창출되는 지리적으로 인접한 구역을 말한다. 상권은 〈보기 8-5〉에서 보는 것처럼 세 개의 구역으로 분리될 수 있다. 쇼핑센터가 위치해 있는 보기의 상권에서 운전시

◐ 보기 8-5
빨간색 사각형은 제1차, 제2차, 제3차 상권 중 어느 권역을 나타낼까?

간을 기준으로 빨간 다각형은 5분 (밝은 갈색)이고, 파란부분은 10분, 마지막으로 녹색부분은 15분의 거리 지역을 나타낸다.

〈보기 8-5〉에서 보여주고 있는 상권은 점포로부터의 거리를 중심으로 구성된 동심원은 아니고, 도로의 위치, 고속도로, 강과 마을 같은 자연 장애를 기초로 한 불규칙한 다각형으로 점포까지의 자동차 거리에 더 영향을 미친다. 경쟁 점포의 위치 또한 실제 상권의 배열에 영향을 줄 수 있다.

제1차 상권은 쇼핑센터 혹은 점포가 고객의 50-70%를 흡수하는 지리적 영역이다. 제2차 상권은 매출을 기준으로 2차적인 중요성을 가지며, 20-30%의 고객을 창출하는 영역이다. 제3차 상권 또는 주변 상권(최고 외곽선)에는 먼 거리에서 가끔 쇼핑하러 오는 남아있는 고객들을 포함한다. 이 소비자들은 집 근처에 적합한 쇼핑 시설이 없거나, 매장이나 센터 주변을 출퇴근 시 혹은 우연히 지나가면서 쇼핑을 하는 장거리 쇼핑 고객일 것이다.

세 개의 권역을 운전시간을 기준으로 정의하는 것이 거리를 기준으로 정의하는 것 보다 더 좋은 방법이다. 그러므로 제1차 상권은 운전 시간을 기준으로 고객이 5분 이내에 점포에 도착할 수 있는 지역으로 정의할 수 있고, 제2차 상권은 15분 이내에 도착할 수 있는 지역, 제3차 상권은 15분 이상 떨어져 있는 거리를 의미한다. Los Angeles와 같이 운전 시간이 많이 소요되는 대도시의 경우에는, 운전시간을 기준으로 제1차 상권은 15분, 제2차 상권은 40분, 제3차 상권은 1시간 이상이 될 것이다. 그러나 지리적 영역을 기준으로 다양한 영역의 고객과 그들의 특징에 대한 정보를 모으는 것이 운전시간을 기준으로 하는 것보다 정보를 더 쉽게 모을 수 있다. 따라서 소매업체들은 주로 운전시간보다는 거리(입지로부터 3, 5, 10 마일)를 기준으로 지역(zone)을 결정한다.

2. 상권 크기에 영향을 미치는 요소

앞서 언급한 바와 같이 실제 상권의 영역은 상권의 접근성, 자연 혹은 인공 장애, 경쟁의 강도와 같은 요소들에 의해 결정된다. 영역은 또한 쇼핑 지역의 유형과 상권의 유형에 의해서도 영향을 받는다.

상권크기는 점포와 쇼핑지역의 유형에 의해 영향을 받는다. 예를 들어, 중심상업지역에 위치한 Starbucks의 제 1차 상권은 2-3 개의 골목이 될 것이다. Best Buy와 같은 전문점 점포는 10마일 밖에서도 고객을 끌어 모은다. 한 도시 안에 한 개의 점포만을 가진 The Container Store는 30마일 밖에 있는 고객도 흡인할 것이다. 상권의 크기는 팔리는 상품의 종류와 깊이, 대안상품 등에 의해 결정된다. 우리들은 우유와 빵과 같은 상품을 쉽고 빠르게 구매할 수 있기 때문에 편의점을 이용한다. 이러한 이유로 상권은 상대적으로 작다. 반대로 전문점은 고객에게 다양한 상품과 브랜드의 큰 선택의 폭을 제공한다. 이러한 이유로 고객들은 일반적으로 일정 거리를 운전해서 점포로 가는 것이다.

제 7장에서 목적 점포의 정의는 소비자가 불편을 감수하고서라도 가는 장소라고 정의했다. 일반적으로 목적 점포는 큰 상권을 가지며, 사람들은 이곳으로 쇼핑하러오기 위해 먼 거리를 기꺼이 달려온다. 목적 점포의 예로는 식료품점이나 백화점 같은 쇼핑센터 내의 유인 점포, IKEA 같은 특별 전문점, Staples and Office Depot 같은 카테고리 전문점, IMAX영화관 같은 일부 서비스 제공업체들이다.

기생 점포는 고객이동을 발생시키지는 못하며, 이것의 상권은 해당지역의 쇼핑센터나 소매지역에서 주도적인 소매업체에 의해 결정된다. Wal-Mart와 함께 위치한 세탁소의 경우, 사람들이 Wal-Mart나 다른 점포들을 오가며 세탁소에 들르는 경향이 있기 때문에 Wal-Mart에 의존하게 된다. 이 점포의 영업은 같은 지역의 Wal-Mart와 다른 사업체에 의해 유발된다. 일부 소매 전문가들은 Wal-Mart가 경쟁력을 가졌기 때문에, 어떤 상권에서 경쟁하게 되더라도 파괴적인 힘을 행사할 수 있다고 지적

한다. 그러나 Wal-Mart와 경쟁하기 보다는 이 점포를 보완할 수 있는 상품과 서비스를 제공하는 일부 기생 점포들은 Wal-Mart의 존재로부터 혜택을 받는다.

예를 들어, 세계에서 가장 큰 파티용품 공급 업체인 Party City는 41개 주에 249개의 지점과 258개의 프랜차이즈 사업장을 소유하고 있다. 생일과 기념일, 또는 할로윈 파티와 추수감사절(Thanksgiving)과 같은 주기적인 행사를 위한 다양한 구색의 상품 선택의 기회를 제공한다. Party City는 전국적으로 잘 알려진 Wal-Mart, Target, Kohl's와 같은 커뮤니티 센터를 선호한다. 왜냐하면 이러한 점포들이 쇼핑객들을 센터로 모으기 때문이다. Party City는 중류층의 쇼핑객이 있는 곳, 인구가 성장하는 지역과 아이들의 분포가 높은 장소를 선택한다. Party City는 Wal-Mart나 Target보다 더 광범위한 상품 구색의 다양한 파티 용품들을 보유하고 있다. 기생점포의 또 다른 예는 쇼핑몰에서의 음식점과 키오스크 등이다.

3. 소매입지를 위한 상권 측정

소매업체들은 고객스포팅(customer spotting)을 통해 점포가 있는 지역의 상권을 결정할 수 있다. 고객스포팅은 얼마나 많은 고객이 그 지역(상권)에 살고 있는지를 점포의 위치와 관련하여 지도상에 위치를 표시하는 과정이다. 고객의 주거위치를 위한 주소는 고객에게 직접 물어보거나, 수표 혹은 인터넷 구매로부터 오는 정보, 또는 데이터 웨어하우스에 의해 개발된 소비자 충성도 프로그램을 통해 구할 수 있다. 오래된 관찰 방법으로는 주차장에서 자동차 번호판 정보를 수집하고, 이와 관련하여 지방정부나 민간업체로부터 정보를 구입하여 소유주를 추적하는 것이 있다. 이 방법은 정확도가 떨어지며 일부 지역에서는 불법으로 간주되기 때문에 세심한 주의가 필요하지만, 경쟁 상권을 이해하는데 가장 쉬운 방법일 것이다. 고객스포팅을 통해 모아진 자료는 두 가지 방식으로 처리될 수 있다. 수작업으로 지도에 각 고객의 입지를 표시하거나, 본 장 후반에 설명된 것과 같이 지리 정보시스템을 사용하는 방식이 있다. Retailing View 8.3은 멀티채널 소매업체가 그들의 비매출 자료를 가지고 지점 고객을 정하고 잠재적인 점포 장소를 결정하는데 어떻게 이용하는지를 보여준다.

점포를 위한 새로운 장소를 평가하는 것이 기존 장소를 평가하는 것보다 더 어렵다. 그러나 소매업체들은 일반적으로 기존 점포로부터의 정보를 새 점포의 상권을 평가하는데 사용한다. 예를 들어, 근처 쇼핑센터에 7,000 평방피트의 신발점을 가지고 있는 스포츠용품 소매 체인은 해당 점포를 위해 제1차 상권을 운전시간 기준으로 10분 이내의 지역으로 고려할 것이고, 제2차 상권은 10-20분 이내, 제3차

Factory Card & Party Outlet은 Best Buy로부터 고객을 창출하려는 기생점포이다.

8.3

멀티채널 소매업체를 위한 **고객스포팅**

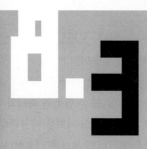

제품 카탈로그와 인터넷을 통해 판매하는 멀티채널 소매업체들은, 어느 위치가 더 적합한지에 대한 결정을 내릴 때 고객정보를 활용할 수 있기 때문에, 점포 소매업체에 비해 잠재 점포 입지의 평가에 있어서 이점이 있다. 예를 들어, 특화된 의류 멀티채널 소매상인 Talbot은 점포를 어디에 오픈 할 것인가를 결정할 때, 우선적으로 카탈로그와 인터넷 매출 정보에 의존했다. Talbot은 무점포 매출 정보를 사용함으로써, 고객이 어디에 있는지 또 그 고객이 무엇을 사는지에 대한 정보를 제공한다는 것을 입증하였다. Talbot이 지난해 특정지역에서 카탈로그 매출로 $150,000을 올렸다고 가정해 보면, Talbot은 그 지역으로의 입지가 가능하며, $1-$1.5 million의 매출을 올릴 수 있다는 것을 알고 있을 것이다.

Talbot은 이러한 무점포 매출을 이용하여 다른 소매업체가 간과했던 자리에 성공적인 점포를 오픈하였다. 한때 Talbot은 이러한 고전적 스타일 의상이 북동부와 북서부의 여성들에게 호소력이 있다고 생각했다. 그러나 Sun Belt주의 높은 카탈로그 매출은 따뜻한 기후의 지방에도 Talbot이 점포를 열 수 있게 해 주었다. 무점포 매출 정보는 또한 일반적으로 고려되지 않는 몇몇의 위치를 식별해 준다. 예를 들어, New York의 Fishkill-New York City에서 북부 방향으로 75마일 지역에는 20,000명 이하의 인구가 거주하고 있지만 Talbot의 적합한 입지였다. 회사에서 최고의 성과를 내는 몇몇 점포들은 이렇게 그동안 지나쳤던 장소에 입지해 있다. 그 곳이 Talbot은 주로 목적 지점이며, 그 지역과 주변 지역을 기초로 고객을 확보할 것을 알고 있다.

출처: Bruce Soderholm, Senior Vice President, Operations, Talbot, personal communication, April 2006; Paul Miller, "Location, Location, Location," *Catalog Age*, May, 2004, pp.55-56, Reprinted with the permission of Primedia Business Magazine & Media, Copyright 2004, All rights reserved.

Talbot은 카탈로그 고객의 주소를 이용하여 미래의 점포위치를 전망한다.

상권 영역은 운전시간 기준으로 20분 이상의 지역으로 고려할 것이다. 고려중인 입지는 인구통계나 라이프스타일이 비슷한 한 지역에 위치한다. 소매업체들은 새로운 입지를 위한 상권을 예상할 때 운전시간으로 10-20분 지역으로 결정한다.

4. 상권관련 정보원천

점포입지의 잠재성을 자세하게 분석하기 위해서는 상권 내의 소비자와 경쟁업체에 관한 정보를 필요로 한다. 두 가지 방법이 광범위 하게 사용되는데 (1) Decennial Census of the United States를 기초로 하는 U.S. Census Bureau가 제공하는 자료와 (2) 지리정보시스템(GIS: geographic information systems)이다.

1) U.S. Census Bureau에 의한 인구통계적 자료

센서스는 한 나라의 특정 시점의 인구의 수를 파악하는 것이다. 미국의 10년 단위 센서스는 헌법의 준수규정으로 1790년 각 주의 인구비례에 따라 의회의 하원을 정기적으로 재배분할 목적으로 시작하였다.

매 10년마다 센서스 조사자는 미국의 각 가정으로부터 인구통계적 자료(성별, 나이, 민족, 교육, 결혼생활 등)를 수집한다. 10년 주기 센서스의 많은 질문들은 연방법률과 정보의 필요, 국민들의 관심사의 변화를 반영한다. 예를 들어, 최근의 센서스 설문지는 가족의 전기 사용량이나 텔레비전 소유에 대해 더 이상 묻지 않지만, 입양 자녀, 주택 태양열 판의 유무, 가장 최근에는 조부모님이 아동의 주 보호자인지의 여부에 대해 질문한다. 10년 단위 센서스는 인구조사 그 이상이다. 센서스는 나라의 인구통계적, 사회적, 경제적 특성의 단면을 보여준다.

U.S. Census Bureau는 각 사람의 인구통계적 자료와 인구 표본 집단으로부터 모아지는 추가적인 자료 두 가지를 바탕으로 정보를 요약하여 정기적인 보고서를 준비한다. 센서스 데이터로 이용가능한 지리적으로 가장 작은 구역이 센서스 블록인데, 이는 전면이 가시적(도로, 강 등)으로 구별되어 있거나, 자치주와 주별 경계지역으로 나눠진다. 미국에는 700만개의 센서스 블록이 있고, 각각은 40명 정도의 거주민을 포함하고 있다. 샘플 자료를 위한 가장 작은 단위를 블록그룹이라고 하는데, 300에서 3,000명의 인구를 가진 인접 블록의 집합을 지칭한다. 센서스 추적 자료는 우편번호를 이용해 추적할 수 있는 지역, 군(county), 주를 포함한 상위 수준의 집단에서도 이용가능하다.

비록 U.S. Census Bureau의 자료가 특정 상권의 소비자 환경에 대하여 이해에 도움을 주지만, 몇 가지 한계점을 가지고 있다. 첫째, 10년마다 모아지는 자료를 기초로 하고 있어 가장 최신의 자료는 아니다. 둘째, 한 지역에 대한 인구통계적인 자료만 이용이 가능하다. 제4장에서 논의된 바와 같이 인구통계는 구매행동에 대해 완벽히 예상할 수 있는 것은 아니다. 셋째, 특정 사용자에게는 자료가 유용하지 않다. 센서스자료를 특정 상품과 서비스의 위치를 결정하기 위한 상권 검색에 사용하는 것은 쉽지 않다. 그러므로 대부분의 소매업체는 잠재 점포를 위한 상권을 분석하는 민간업체에서 제공하는 GIS자료에 의존한다.

2) 지리정보시스템(GIS) 공급자들

GIS는 지리적 정보를 저장, 검색, 지도에 표시하고, 그것들을 관리하는 인원은 물론 자료를 모두 포함하는 하드웨어와 소프트웨어의 시스템을 의미한다. GIS시스템의 주요 특징은 지구상의 특정지역을 나타내는 위도와 경도의 좌표와 연관되어 있다는 것이다. 시스템 내의 정보는 강과 도로뿐만 아니라, 공간적인 특징의 기술적인 정보를 조합한 거리의 주소와 주소상의 거주자의 특징과 같은 공간적인 특징을 포함하고 있다.

ESRI(www.esri.com), Claritas(www.claritas.com), MapInfo(www.mapInfo.com)와 같은 기업들

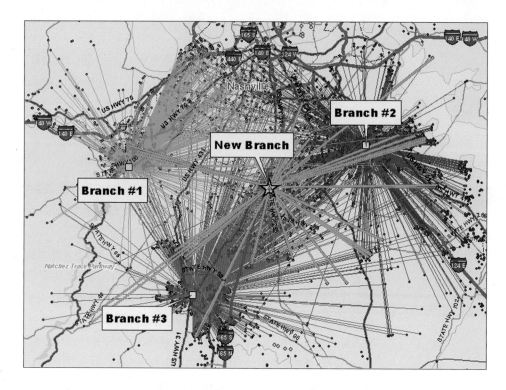

은 다른 정보의 원천으로부터 수합되는 고객의 구매행동과 특정 지역의 생활양식 등의 인구통계적 데이터를 취합하여 GIS시스템을 통해 서비스를 제공하는 회사들이다. 게다가, 그들은 사용자 친화 인터페이스를 제공함으로써 데이터의 이용과 분석이 용이하게 되었다. 또한 주로 소매업체가 빠르게 이용할 수 있도록 지도를 통하여 시각적으로 보여준다. 예를 들어, 〈보기 8-6〉의 지도는 MSA지역 안에 있는 3개의 은행 지점과 4번째 지점으로 고려되고 있는 장소의 거주민뿐만 아니라 누가 각 은행 지점 소비자가 될 것인지를 보여준다.

상권을 위해 더 많은 이해를 원하는 소매업체는 고려하고 있는 몇몇 지역에 대하여 위도와 경도, 혹은 주소 등의 정보를 ESRI에서 제공받을 수 있다. 이 시스템은 아래 표에서 보여 지고 있는 것과 같이 2009년과 2014년을 예상해 한 지점을 중심으로 반경 3마일, 5마일, 10마일 안에 거주하고 있는 거주민의 정보들을 포함해서 제공한다.

gender(성별)	occupation(직업)
income(수입)	travel time to work(출퇴근 시간)
disposable income(가처분 소득)	transportation mode to work(출퇴근 방법)
net worth(순자산)	household composition(세대 구성)
education(교육수준)	household expenditures by NAICS categories(NAICS 분류에 의한 가계 지출)
age(연령)	geodemographic market segment(지리 인구통계적 세분시장)
race/ethnicity(인종)	market potential index(시장잠재력 지수)
employment status(고용 상태)	spending potential index(소비잠재력 지수)

얼마 전까지만 해도 Wendy 's는 가계 소득과 같은 인구통계적 자료를 이용하여 입지를 선정했다. 요즘은 GIS데이터를 기초로 한 모델을 통해 Miami 혹은 Salt Lake City에 집중해야하는지를 결정하

는데 이용한다. 섬세한 수준에서도 GIS 도구는 Wendy 's의 입지를 선택하는데 도움을 준다. 인터넷을 기반(Web-based)으로 한 도구들을 사용하여 GIS팀은 Wendy' s의 기존 점포들을 이용하여 새로운 점포의 매출을 추정할 수 있다.

〈보기 8-7〉은 상권 내 고객으로부터의 상품이나 서비스와 같은 소매 상품을 구매하는 한 예를 보여준

● 보기 8-7 상권 내 소매지출을 위한 GIS자료

ESRI			소매 상품 및 서비스 지출 견본	
Proposed Location			위도:	41.880499
100 S Wacker Dr			경도:	-87.637123
Chicago, IL 60606		입지 유형: 반경	반경:	1.5 miles

Top Tapestry Segments:		인구 통계적 요약	2007	2012
Metro Renters	48.8%	인구	99,551	109,128
Laptops and Lattes	30.8%	세대수	55,684	60,991
City Strivers	5.7%	가족수	17,466	18,495
Trendsetters	5.1%	평균연령	35.9	37.7
City Commons	1.8%	세대당 평균 수입	$76,509	$93.848

	소비잠재지수	평균 지출액	합계
의복 및 서비스	162	$4,444.21	$247,471,207
남성	164	$814.22	$45,399,170
여성	155	$1,487.88	$82,851,060
아동	159	$696.51	$38,784,351
신발류	149	$758.66	$42,245,409
시계 및 보석류	178	$351.17	$19,554,657
의복 제품 및 서비스	227	$335.76	$18,696,560
컴퓨터			
가정용 컴퓨터 및 하드웨어	176	$384.83	$21,429,014
가정용 소프트웨어 및 주변기기	174	$51.98	$2,894,710
엔터테인먼트 및 레크레이션	156	$5,346.95	$297,739,447
입장료	165	$1,005.79	$56,006,451
클럽의 멤버십 비용	156	$247.73	$13,794,616
스포츠 및 여행 참가비용	152	$172.55	$9,608,284
영화, 극장, 오페라, 발레 등의 입장료	189	$283.75	$15,800,064
스포츠 이벤트 및 여행 입장료	164	$94.05	$5,237,000
레크레이션 교육비용	159	$207.72	$11,566,487
TV/Video/음향 시설	169	$1,965.82	$109,464,907
지역 안테나 및 케이블 텔레비전	164	$1,093.62	$60,897,100

다. 인구통계적 데이터와 더불어 이 샘플 자료는 상권내의 구획별 라이프스타일과 다양한 소매 범주 안에서의 소비능력지수 등 다음에 토론하게 될 여러 가지 정보들을 포함한다. 그러나 먼저 어떻게 Wendy's가 GIS정보를 활용하는가를 살펴본다.

3) Tapestry segment (테피스트리 세분)

ESRI를 포함한 다른 GIS공급자들은 사람들의 라이프스타일과 구매행동에 대한 센서스를 취합하고 데이터를 조사하여 미국의 지리학적 지역을 분류하는 방식을 개발했다. 이 분석은 "사람은 비슷한 사람들끼리 모인다"는 전제를 기초로 하고 있다. 특히 같은 주거지역에 거주하는 사람들은 비슷한 라이프스타일과 소비행동 패턴을 가지는 경향이 있다.

Metro renters는 젊고(대략 인구의 30%가 20대) 고등교육을 받은 미혼으로, 직장 생활을 New York, Chicago, Los Angeles와 같은 대도시에서 시작한다.

ESRI Community Tapestry 세부 설계는 65가지의 카테고리 안에 있는 이웃을 세분화한다. 〈보기 8-7〉은 Chicago의 100 S. Wacker Drive의 반경 1.5 마일 지역의 가상적인 자료이다. 각 세분시장은 일반적인 사람을 기술하고 있다. 〈보기 8-7〉의 상권에 대한 자료에서 가장 큰 분류는 metro renters이다. Metro renters는 젊고(대략 인구의 30%가 20대) 고등교육을 받은 미혼으로, 직업을 New York, Chicago, Los Angeles와 같은 큰 도시에서 시작한 사람들이다. 그들은 평균 수입은 $50,400으로, 다른 거의 모든 시장 구획보다 빠르게 증가했다. 그들 대다수는 거주지를 빌려서 살고 있는데, 혼자 살거나 친구와 함께 동거를 한다. Metro renters는 디자이너의 청바지나 스키 의류, 운동복의 구매 등 자신들을 위해 돈을 사용한다. 그들은 또한 친구들과 게임 등으로 집에서 즐거운 시간을 보낸다. 여가를 위해서 락 콘서트에 가고, 영화를 보고, 춤을 추며 라켓볼과 테니스를 즐기고, 요가를 하고, 스키와 조깅 등 규칙적으로 운동도 한다. 인터넷 검색은 삶에 중요한 부분이다. 그들은 인터넷을 이용해 일자리 검색, 라디오 청취, 비행기표와 콘서트 티켓 등을 주문한다.

제 4장에 논의 되었던 Claritas가 개발한 PRIZM(Potential Rating Index for Zip Markets)을 포함한 몇몇 GIS는 상업적으로 현재 이용가능 하다.

4) 소비잠재지수(Spending Potential Index)

〈보기8-7〉은 특정 제품이나 서비스에 대한 평균 소비량과 전국적인 상품 또는 서비스 평균사용량을 비교한 소비잠재지수를 보여준다. 전 미국의 평균 소비 지수는 100이 된다. 따라서 〈보기 8-7〉에서 남성 의류의 SPI 지수가 162라는 것은 상권 안에 있는 남성이 여타 미국 내의 다른 지역 남성 소비자들 보다 62퍼센트를 더 소비한다는 것을 의미한다. 이 특정 상권은 모든 상품과 서비스 카테고리에 있어서 전국 평균보다 지수가 높다.

〈보기8-8〉은 쇼핑센터를 위한 상권의 인구통계적 자료에 요구되는 소비자들의 위치를 나타낸다. 대부분의 소매업체들이 원하는 소비자는 제3지역의 상권 안에 있는 소비자가 아니라는 것을 인지해야 한다. 따라서 이 쇼핑센터는 매력적인 장소가 아닐 수도 있다. (쇼핑센터는 Red Star에 의해 나타나 있다. 일차적인 상권은 녹색지역, 2차적인 상권은 엷은 자주색 지역, 3차적인 상권은 청록색 지역이다.)

5. 상권의 경쟁

소매업체들은 상권의 거주민들에 대한 정보 외에 상권내의 경쟁의 정도와 유형에 대한 정보가 필요하다. GIS 판매업자는 지역 내의 소매업체의 경쟁관련 정보를 제공하기는 하지만, 정보에 대한 다른 원천이 존재한다. 예를 들어, 대부분의 소매업체의 웹사이트 리스트는 현재의 입지뿐만 아니라 미래의 입지도 나타낸다. 경쟁업체에 대한 전통적인 접근 방법으로는 전화번호부 내의 업종별 기업안내를 찾아보는 방법이 있다. 경쟁업체에 대한 정보의 다른 원천으로는 협회, 상공회의소에서 출판하는 Chain Store Guide(출판사: CSG Information Services, www.csgis.com)와 같은 회원명부, 지자체나 정부에서 출판하는 책자 등이 포함된다.

점포 입지를 위한 잠재력 평가

상권 내에 위치한 한 점포에 대한 잠재 매출액은 (1) 허프중력모델, (2) 회귀분석, (3) 유추기법 등의 세 가지 방법으로 예측할 수 있다.

1. 허프중력모델(Huff Gravity Model)

허프중력모델은 소매 점포의 매출액의 예측을 Newton의 중력의 개념을 바탕으로 하고 있다. Newton의 사과는 중력 때문에 땅으로 떨어지는 것처럼 소비자는 점포의 위치에 이끌린다. Huff의 모델은 두 가지의 흡인력에 기초한다. 즉, 점포의 규모(큰 점포들은 더 많은 고객을 유인할 수 있음)와 점포까지 이동할 때 소요되는 시간(쇼핑센터까지의 거리가 멀면 점포의 매력도는 떨어짐)이다. 소비자가 특정점포를 방문할 확률을 예측하는 수학적 공식은 다음과 같다.

$$P_{ij} = \frac{S_j/T_{ij}^{\lambda}}{\sum S_j/T_{ij}^{\lambda}}$$

여기에서,
P_{ij} = 고객 i가 특정 쇼핑센터 j에서 쇼핑할 확률
S_j = 쇼핑센터 j의 규모
T_{ij} = 고객 i가 쇼핑센터 j까지 이동시간

이 모델은 경쟁 쇼핑센터의 규모와 비교되는 쇼핑센터의 규모(S_j)가 커질수록 고객이 그 센터로 쇼핑을 갈 확률이 높다는 점을 나타낸다. 보다 큰 규모는 일반적으로 보다 많은 상품군과 다양성을 의미하기 때문에 고객의 입장에서는 더 선호하는 점포이다. 이동시간(T_{ij})이나 거리는 고객이 주어진 쇼핑센터로 갈 가능성에 부(-)의 영향을 미친다. 경쟁 쇼핑센터와 비교되는, 고객으로부터 거리나 이동시간이 길면 길수록 고객이 이 센터로 쇼핑을 올 가능성은 줄어든다. 일반적으로 고객은 멀리 있는 쇼핑센터보다 가까운 곳에 있는 쇼핑센터에서 쇼핑을 한다.

지수 λ는 점포의 크기와 이동시간 사이의 상대적인 영향이다. $\lambda=1$일 때, 소비자자 특정 점포를 방문할 확률에 있어서 점포의 크기와 이동시간 사이의 영향력은 같지만 서로 반대의 영향을 미친다. $\lambda>1$일 때, 이동거리가 더 큰 영향을 미친다. 또한 $\lambda<1$ 일 때, 점포의 크기가 더 큰 영향을 미친다. λ의 가치는 소비자가 언제 특정한 유형의 쇼핑센터를 찾아오는가에 대한 소비자의 쇼핑 욕구에 영향을 받는다. 예를 들어, 이동 시간이나 거리는 생활필수품이 전문용품보다 더 중요하다. 왜냐하면 사람들은 신발을 사기 위해 먼 거리를 갈 수 있지만, 우유를 사기 위해 먼 거리를 가려고 하지는 않기 때문이다. 따라서 만약 전문용품 보다는 생활필수품을 전문으로 하는 점포에 높은 λ수치를 부여한다. λ의 가치는 주로 기존 점포의 쇼핑 패턴을 기술한 데이터를 이용해 통계적으로 예측된다.

○ 보기 8-9
점포 매출 예측을 위한 허프중력모델의 이용

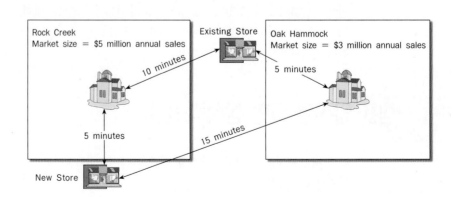

허프중력모델이 어떻게 이용되는가를 보여주기 위해 〈보기 8-9〉의 상황을 생각해 보자. 작은 마을은 두 개의 공동체로 구성되어 있는데 Rock Creek과 Oak Hammock이다. 이 마을에는 연간 8백만 달러 매출의 5,000평방피트 규모의 약국이 있다. 3백만 달러는 Oak Hammock의 거주자로부터 오고, 5백만 달러는 Rock Creek의 거주자로부터 발생한다. 한 경쟁 점포가 10,000 평방피트 안에 새로운 점포를 개점하고자 한다. 보기의 그림에서 보이는 것과 같이 Rock Creek의 거주자의 기존점포까지 평균 이동시간은 10분이지만 새로운 점포까지의 거리는 5분이다. 이와는 반대로 전형적인 Oak Hammock 거주자의 기존점포까지의 이동거리는 5분인 반면, 새 점포까지의 거리는 15분이다. 과거의 경험에 기초하여 드럭스토어 체인점은 새로운 입지가 $\lambda = 2$라는 사실을 발견하였다. 허브중력모델을 이용해 보면, 새로운 점포에서 Rock Creek 거주민들의 쇼핑, P_{RC}은

$$P_{RC} = \frac{10,000/5^2}{10,000/5^2 + 5,000/10^2} = .889$$ 일 것이다.

새로운 점포에서 Oak Hammock 주민들의 쇼핑, P_{OH}는

$$P_{OH} = \frac{10,000/15^2}{10,000/15^2 + 5,000/5^2} = .182$$ 일 것이다.

새로운 위치에 입점한 점포의 예상 매출액(점포의 크기 곱하기 단골 손님이 될 확률)은 .889 × \$5million + .182 × \$3million = \$4,991,000일 것이다.

단순한 적용사례에서는, 한 지역사회 안의 드럭스토어의 매출 규모가 새로운 점포가 생기더라도 8백만 달러로 동일하다고 가정했음을 알 수 있다. 한편, 두 개의 드럭스토어가 전체시장 규모를 확대시킨다고 가정할 수도 있다. 게다가 각 집단의 중간에서 각각 소비자의 평균을 이용해 측정하는 것 보다 새로운 점포를 이용 할 두 개 집단 각각의 소비자를 이용한 예측이 가능하다.

허프중력모델은 매출액에 영향을 미치는 요인으로 이동 시간과 점포의 크기라는 오직 두 가지의 요소만을 가정하지만, 이 모델을 통한 예측은 아주 정확함을 알 수 있다. 왜냐하면, 이 두 가지 요소들은 일반적으로 점포의 선택에 있어서 상당한 영향을 미치기 때문이다.

2. 회귀분석

회귀분석은 새로운 점포의 매출을 예측할 때 기존점포의 매출에 영향을 미치는 요소가 동일하다는 가정에 기초하고 있다. 이 접근 방법을 이용하면, 소매업체는 다중 회귀 분석이라 불리는 기존 점포의 매출액을 이용하여 향후 매출을 예측하는 통계모델 기술을 사용한다. 이 통계기법은 본 장에서 논의된 점포 외관과 접근성 등의 지역특성과, 인구통계적 자료와 각 지역별 라이프스타일을 나타내는 등의 상권의 특성과 같은 더 넓은 범위의 요인들의 영향을 동시에 고려할 수 있다.

다음의 예를 생각해 보자. 다음과 같은 요인들이 스포츠용품점 체인점의 매출에 영향을 미치고 있다고 하자. 회귀분석 모델을 통해 분석해 보면, 점포의 매출을 예상할 수 있다(거주자에서 227과 같은 숫자는 다중회귀분석을 이용해 예측된 요소의 가중치이다.).

점포 매출액＝275×상권 내의 가계의 수(이동거리 15분 이내)

　　　　　　＋1,800,000×상권 내 가계 중 15세 이하 어린이의 비율

　　　　　　＋2,000,000×상권 내 가계 중 테피스트리 분류에 의한 "aspiring young: 열망하는 젊은이"의 비율

　　　　　　＋8×쇼핑센터의 평방미터

　　　　　　＋250,000(거리에서 볼 수 있는 경우)

　　　　　　＋300,000(센터 내에 Wal-Mart가 존재한 경우)

스포츠용품 체인점은 다음과 같은 두 지역을 고려할 것이다.

	A장소	B장소
이동 거리 15분 이내 지역의 거주민	11,000	15,000
상권 내 가계 중 15세 이하 어린이의 비율	70%	20%
상권 내 가계 중 인구통계적 분류에 의한 "열망하는 젊은이"의 비율	60%	10%
쇼핑센터의 평방미터	200,000	250,000
거리에서 볼 수 있는지의 여부	볼 수 있음	볼 수 없음
센터 내에 Wal-Mart가 있는지의 여부	있음	없음

A장소에 대한 예상 매출액을 통계모델을 이용해 계산해 보면,

　　A장소 점포의 매출액＝\$7,635,000＝275×11,000

　　　　　　　　　　　　＋1,800,000×0.7

　　　　　　　　　　　　＋2,000,000×0.6

　　　　　　　　　　　　＋8×200,000

　　　　　　　　　　　　＋250,000

　　　　　　　　　　　　＋300,000이고,

　　B장소에 대한 예상 매출액은

　　B장소 점포의 매출액＝\$6,685,000＝275×15,000

　　　　　　　　　　　　　　＋1,800,000×0.2

　　　　　　　　　　　　　　＋2,000,000×0.1

　　　　　　　　　　　　　　＋8×250,000이다.

모델에 의하면 A장소가 더 적은 수의 인구와 작은 크기의 쇼핑센터를 가지고 있음에도 불구하고 예상 매출액이 더 높음을 알 수 있다. 이는 표적시장의 프로필이 상권의 프로필에 더 적합하기 때문이다.

3. 유추분석

소매업체들이 회귀분석을 이용하기 위해서 상권과 지역의 특성에 대해 수 많은 점포를 통해 수집되는

자료가 필요하다. 소규모 체인점들은 회귀분석을 이용할 수 없기 때문에 비슷하지만 좀 더 주관적인 유추분석을 이용한다. 유추분석을 이용할 때, 소매업체들은 입지와 상권의 특성을 대부분의 성공한 점 포와 비슷한 점을 가진 입지를 찾는 등 간단한 방법을 이용한다. 이 접근 방법은 다음의 보기에서 다뤄 진다.

Ⅵ 입지선정사례: Edward Beiner Optical

Edward Beiner 안경점은 여섯 개의 점포를 가진 Florida의 고급 패션 안경 전문 소매업체이다. 이 점 포는 South Miami의 Main Street에 위치해 있다. Main Street의 위치는 큰 상권인 중심상업지역이 나 쇼핑센터와 같은 대형 상업지역이 아니기 때문에 고객을 끌어당기지는 못하지만, 그 지역 안에서 직장을 갖고 생활을 하는 사람들에게 서비스를 제공한다.

Main Street에 있는 소매업체들은 그 지역이 쇼핑센터 안에서 엔터테인먼트와 레크레이션 요소가 부 족하다는 것을 깨달았다. 그래서 그들은 예술활동을 지원해 주고, 음악축제를 열어 고객을 그 지역 안 으로 불러 모았다. 할로윈에는 미래의 잠재 고객인 어린이들과 부모들에게 사탕을 제공하였다.

Edward Beiner 안경점은 South Miami의 Main Street 지역을 완벽하게 만들지 못하는 또 다른 문 제점을 깨달았다. 아열대 기후의 특성을 가진 그 지역에는 많은 비를 피할 수 있는 곳이 없었다. 대부 분의 점포들이 밤(그 곳의 대부분의 소비자들이 주로 쇼핑을 하는 시간)에 문을 닫기 때문에 안전 문제 도 대두되었다. 지역 안에 있는 거의 모든 점포들이 주변지역에 사는 상류층 고객들의 욕구를 충족시 켜줌에도 불구하고 입점 구성이 균형을 이루지 않았다. 예를 들어, Edward Beiner는 중고의류 매장 과 저렴한 식당과 같은 블록에 위치해 있다. 마지막으로 주차 문제도 있었다.

전반적으로 Edward Beiner에게는 Main Street가 매력적인 지역이다. 임대비용은 쇼핑몰 보다 훨씬 더 저렴하고 보행자도 쉽게 이동할 수 있다. 몇몇의 개인이 Main Street의 부동산을 소유하고 있기 때

Edward Beiner 안경점은 고급 패션 안경류를 전문으 로 취급하여, 부유한 소비 자를 표적으로 하고 있다.

문에, 쇼핑센터의 경우보다는 Main Street 소유주가 그 지역의 임차인들에 대한 통제능력이 약하다. 결과적으로, 그 지역 안에 다른 안경점이 있더라도, Edward Beiner가 배타적 조항을 이용하면 경쟁이 극심하지는 않다.

Edward Beiner 안경점은 새로운 점포의 개점을 희망하고 있다. 왜냐하면, South Miami의 입지가 최고이기 때문이다. Edward Beiner 안경점은 비슷한 특성을 가진 상권을 찾기를 원하고 있다. Edward Beiner 안경점은 평가를 통해 몇몇의 잠재적인 위치를 확인했다.

Edward Beiner는 유추 분석을 이용해서 다음의 순서로 업무를 수행했다.
1. 경쟁상황을 분석한다.
2. 현재의 상권을 정의한다.
3. 상권의 특성을 분석한다.
4. 현재 상권의 특징과 새로운 점포의 상권을 비교한다.

1. 경쟁 분석

Edward Beiner에 의해 고려되고 있는 네 곳의 잠재적 입지에 대한 경쟁 분석은 〈보기 8-10〉에 나타나 있다. Edward Beiner는 업계에서 제공되는 자료를 이용해 먼저 개인당 매년 판매되는 안경의 수를 측정했다(제2열). 상권의 인구는 ESRI에서 제공하는 정보에서 얻어진다(제3열). 제4열은 안경 판매를 위한 잠재 상권으로 제2열과 제3열을 곱한 수이다.

제5열의 상권에서 판매되는 안경의 수는 경쟁 점포를 방문하여 추정된다. 제6열의 상권 내에서 안경의 잠재 판매량은 제4열에서 제5열을 뺀 수이다. 상권의 잠재된 비율은 제 6열을 제4열로 나눠서 나온다. 예를 들어, South Miami에서 발생되는 총 안경 판매량이 1만 7,196개이고, 그 상권에서 추가적으로 9,646개가 더 판매 될 수 있기 때문에, 이 지역의 안경시장은 56.09%가 미개발 된 상태로 있다. 수치가 클수록 경쟁의 정도는 낮다. 제8열인 경쟁의 상대적 수준은 제7열을 기준으로 주관적으로 측정된다.

이 상권의 다른 안경점과는 달리, Edward Beiner 안경점은 매우 배타적인 상품을 판매한다. 그러나 일반적으로 상권 잠재력이 높을수록 경쟁의 상대적 정도는 낮다.

〈보기 8-10〉의 분석에 의하면, Edward Beiner 안경점은 B입지에 새로운 점포를 개점해야 한다. 상권의 잠재성은 높고 경쟁은 상대적으로 낮다. 상대적 경쟁은 고려해야할 한 가지 요소에 불과하다. 본장 후반에 우리는 Edward Beiner 안경점을 위한 최선의 장소가 어디인지 결정하기 위해 다른 문제들과 병행하여 고려할 것이다.

○ 보기 8-10
잠재 입지에 대한 경쟁 분석

상권 (1)	안경/년/ 사람(2)	상권인구 (3)	총 잠재 안경수(4)	추정안경 매출(5)	상권잠재 단위(6)	상권잠재 비율(7)	상대적 경쟁 수준(8)
South Miami	0.2	85,979	17,196	7,550	9,646	56.09%	낮음
Site A	0.2	91,683	18,337	15,800	2,537	13.83	중간
Site B	0.2	101,972	20,394	12,580	7,814	38.32	낮음
Site C	0.2	60,200	12,040	11,300	740	6.15	높음
Site D	0.2	81,390	16,278	13,300	2,978	18.29	중간

2. 현재 상권의 정의

현재의 고객에 대한 데이터 웨어하우스로부터 나온 고객 스포팅 자료를 기초로, ESRI의 GIS자료를 사용하여 〈보기 8-11〉에 있는 상권에 대한 지도를 만들었다. 상권은 이동거리를 기준으로 구분되었다. 5분 이내의 이동거리는 제1차 상권(빨강), 10분 이내의 이동거리는 제2차 상권(보라), 20분 이내의 이동거리는 제3차 상권(초록)이다. 상권의 경계는 직사각형이다. 왜냐하면, 미국의 남과 북을 가로지르는 미국의 1번 도로와 같은 주요 고속도로 때문이다. 남과 북을 가로지르는 고속도로는 교통을 상권으로 유입시킬 뿐만 아니라 교통 체증으로 도로를 가로질러 가지 못하게 된다. Biscayne Bay 또한 동쪽 상권의 한계 지점이다.

Edward Beiner 안경점이 Main Street에 위치했기 때문에, 상권이 지역쇼핑몰 안에 위치했을 때 보다 더 작을 수 있다. 그러나 Edward Beiner 안경점은 상업지역을 가지고 있는 몇 안 되는 안경점 중 하나이다. 동일한 인근 지역에 비슷한 쇼핑 상품의 점포를 갖는 것은 상권의 영역을 확장할 수 있음을 의미한다. 많은 고객이 선택영역이 확장되어 상권 안으로 유입된다. 게다가 Edward Beiner 안경점의 상권은 비슷한 상품을 가진 점포를 소유한 지역의 대형 쇼핑센터에 의해 남쪽지역에 국한되어져 있다.

◑ 보기 8-11 Edward Beiner 안경점의 상권

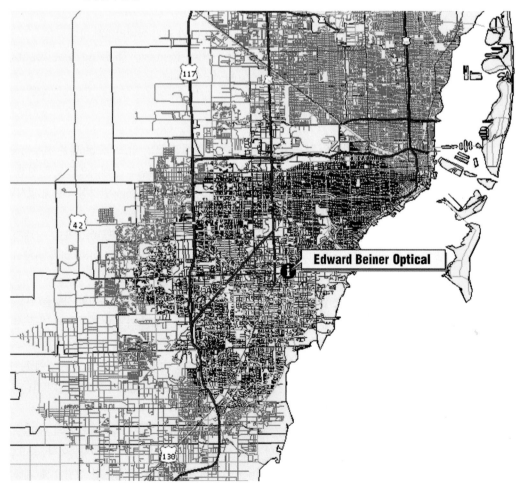

● 보기 8-12
Edward Beiner 안경점의
새로운 입지를 위한 4가지
잠재 위치

점포 입지	가구당 평균소득	사무직 인구	45세이상의 인구비율	주요 지리 인구통계적 분류	경쟁 정도
Edward Beiner 안경점	$100,000	High	37%	Top One Percent	낮음
Site A	60,000	High	25	Young Immigrant Families	중간
Site B	70,000	Low	80	Gray Power	낮음
Site C	100,000	High	30	Young Literate	높음
Site D	120,000	High	50	Upper –Income Empty–Nesters	중간

3. 상권의 특성

상권에 대한 정의를 한 이후, Edward Beiner 안경점은 ESRI의 GIS에 따라 해당 상권에 대한 특성들을 나타낸 자료들을 통해 검토한다. 이러한 자료들을 통해 얻은 몇 가지 흥미로운 정보는 다음과 같다:

■ 가구당 평균 소득은 9만 2,653달러이다. 또 27.6%의 가구가 7만 5,000달러에서 14만 9,000달러의 수입을 얻으며, 13.7%의 가구가 15만 달러 이상의 수입을 얻는다. Edward Beiner 안경점의 3마일 이내의 지역은 매우 부유한 지역이다.
■ Edward Beiner 안경점 주변지역 인구의 약 53.1%가 라틴 아메리카계 이다.
■ 상권의 주요 지리인구통계적 분류는 High-Rise Renters, Thriving Immigrants, Top One Percenters, and Wealthy Seaboard Suburbs 등이다.

4. 현재 상권의 특성과 잠재 상권의 일치

Edward Beiner 안경점은 최근의 상권에 대한 분류가 고소득, 압도적으로 많은 사무직 근로자, 상대적으로 높은 장년층 비율, 상류층의 지리학적 분류, 고가 안경점의 상대적으로 낮은 경쟁 등으로 생각했다. 〈보기 8-12〉는 이러한 다섯 가지 요소에 대해 Edward Beiner 안경점의 현재 입지와 향후 가능성 있는 네 곳의 입지를 비교한 것이다.

비록 입지(Site) A의 잠재적인 고객들은 일반적으로 사무직 직종에 근무하더라도, 상대적으로 수입이 낮고 비교적 젊은 층이다. 젊은 이민가족들은 어린 가족이 있는 경향이 있어, 비싼 안경이 최우선적인 소비상품이 아니다. 한편, 이 지역의 경쟁정도는 중간이다.

입지 B를 둘러싸고 있는 Gray Power집단은 중간정도의 소득을 가진 은퇴한 사람들이다. 경쟁이 낮고 대부분의 거주인들은 안경이 필요하지만, 이 고객들은 유행보다 가치에 관심을 더 기울인다.

입지 C 지역에 거주하는 Young Literate(젊은 지식인) 계층은 고소득자들로서 유행에 강한 관심을 보인다. 직업이 있지만, 집이나 아파트에 가구를 들여놓고, 학자금 대출 등을 갚는 것에 관심이 있다. 그들은 Edward Beiner 안경점의 다양한 유행 상품의 진가를 인정하지만 가격이 비싸다고 느낀다. 또 다른 고급 안경점들이 그 지역에 이미 들어와 있다.

입지 D는 Edward Beiner 안경점을 위한 최고의 장소이다. 거주자들은 고소득의 나이든 전문직 종사자들이다. 부유층과 지식층은 고급 안경 같은 세련된 성인 사치품의 소비자들이다. 중요한 것은 이러한 지리적인 분류가 현재 Edward Beiner 안경점의 두 개의 큰 상권인 상위 1 % 계층과 Wealthy

Seaboard Suburbs(부유한 교외 해안가 거주) 계층과 비슷하다는 것이다.

불행하게도 유사한 상황을 찾는 것은 항상 이 사례처럼 쉽지는 않다. 유사성이 약할수록 입지선정이 더욱 어려워진다. 소매업체가 상대적으로 적은 수의 점포수를 가질 때(가령 20개 이하), 유추분석이 최선일 경우가 많다. Edward Beiner 안경점과 같이 한 개의 점포만을 가진 소매업체도 유추분석 방식을 사용할 수 있다. 점포의 수가 늘어나면서 의미있는 방식으로 자료를 분류하는 것이 더욱 어려워진다. 회귀분석과 같은 보다 분석적인 기법이 필요하다.

VII 리스협상

특정한 입지가 선정되어도 소매업체는 리스의 유형과 조건 등 수많은 의사결정을 해야 된다.

1. 리스의 유형

대부분의 소매업체들은 점포를 임차한다. 점포를 직접 소유하면 얻어지는 이점(안정적인 주택 담보 대출과 리스 계약에서의 자유로움 등)이 있음에도 불구하고, 대부분의 소매업체들은 자본을 부동산을 보유하는데 묶어두고 싶어 하지 않는다. 또한 대부분의 최고의 장소(쇼핑몰 내에 입점 등)는 오직 임차만이 가능하다. 리스에는 비율 리스와 고정 비율 리스 등 두 가지 유형이 있다.

1) 비율 리스(Percentage Lease)

많은 리스 유형이 있지만, 대부분의 공통적인 유형은 매출액에 기초를 둔 리스방식인 비율 리스(Percentage Lease)이다. 매출액에 대한 일정 비율과 더불어 임차인들은 전형적으로 임차한 공간에 대한 피트 단위로 관리비를 지불한다. 대부분의 쇼핑몰은 비율 리스의 형식을 사용한다. 왜냐하면, 소매 리스는 일반적으로 5년에서 10년까지 이어지기 때문에 매출액 상승이나 물가 상승에 의해 임대료가 상승(하락)할 때, 양쪽 모두에게 공정하기 때문이다.

상한가 비율 리스는 임대인이나 소유주에게 상한가를 정해놓고 매출액의 비율에 따라 임차료를 지불하는 방식이다. 이러한 유형의 리스 계약은 일정한 수준의 매출액 이상일 경우에도 정해진 임차료만 지불하게 함으로써 소매업체의 높은 성과를 보상하고 있다. 비슷한 유형의 리스에는 하한가 비율 리스계약이 있다. 이 계약은 소매업체의 매출액과는 관계없이 정해진 최소한의 임대비용을 지불하는 유형이다.

또 다른 유형의 비율리스 방법으로는 매출에 대한 비율로 하지만 매출이 상승할 때마다 임대료가 감소하는 이동 비율 리스 계약이 있다. 예를 들어, 소매업체는 매출이 20만 달러까지는 4%를 지불하고, 매출이 20만 달러 이상이 되면 3%의 임대료를 지불하는 것이다. 상한가 비율리스 방법과 같이 이동비율 리스 계약 방법은 높은 수익을 내는 소매업체를 대상으로 한다는 것이다.

2) 고정 비율 리스

두 번째 기본적인 유형으로는 고정 비율 리스가 있다. 대부분의 커뮤니티센터나 네이버후드 센터에서 주로 사용하는 방법이다. 소매업체들은 계약기간 동안 월별로 일정한 액수의 금액을 지불한다. 고정비율 리스에서는 소매업체와 소유주가 얼마의 금액을 지불해야 하는지를 정확히 알고 있다. 그러나 이

유형의 리스는 비율 리스 방식만큼 다양하지 않아 자주 사용되지는 않는다.

고정 비율 리스의 변형된 방식에는 누진 리스 방식이 있는데, 이 방식은 일정한 기간동안 정액 임대료를 지불하고 이후에는 임대료가 상승되는 방식이다. 예를 들어, 임대료가 처음 3년 동안은 한 달에 천 달러였다면, 그 이후의 5년은 1천 250달러를 지불하는 것이다.

유지비용보상 리스(maintenance-increase-recoupment-lease)는 비율 리스와 고정비율 리스 두 가지 모두에 사용될 수 있다. 이러한 유형의 리스는 보험료, 재산세, 또는 공공요금이 대한 정해진 액수를 상회할 경우에는 소유주가 임대료를 인상할 수 있다.

2. 리스의 조건

리스가 공식적인 계약이지만, 소매업체의 상대적인 힘과 필요사항을 반영하여 수정될 수 있다. 왜냐하면, 대부분의 리스계약의 기본 형식은 임대인(소유주)에 의해 작성되기 때문에, 리스의 조건이 임대인의 편의에 따라 기울어 질 수 있기 때문이다. 그러므로 임차인(리스계약에 서명하는 주체, 이 경우에는 소매업체)에 의해 임차인의 필요를 확실하게 반영하는 것이 필요하다. 소매업체들은 어떠한 조항들이 리스 계약에 포함되기를 원하는지 살펴보자.

1) 사용 금지 조항

사용 금지 조항은 소유주가 리스 계약을 통해 어떤 종류의 임차인을 제한해야 하는 것을 의미한다. 많은 소매업체들은 건물주로 하여금 많은 주차공간을 차지하지만 고객들을 유치하지 않는, 예를 들어, 볼링장, 스케이트장, 회의, 치과, 또는 부동산 사무실 등의 업체들과는 계약을 원하지 않는다. 또한 소매업체들은 쇼핑센터 전체 이미지에 해를 가할 수 있는 시설들의 공간 사용의 제한을 원한다. 사용 금지 조항은 술집, 당구장, 게임장, 장외 경마 도박장, 마사지실, 포르노 시설들이 들어오지 못하게 하는 것을 명시하고 있다.

2) 배타적 사용 조항

배타적 사용 조항은 소유주가 경쟁상품을 판매하는 다른 소매업체와는 리스계약을 하지 못하게 하는 조항이다. 예를 들어, 할인점에 대한 리스 계약에서 소유주는 다른 할인점, 잡화점, 귀중품 점포, 의류 상설 할인점과 계약을 할 수 없다는 것을 명시할 수 있다.

일부 소매업체들은 점포의 정면모습에 특별히 신경을 쓴다. 예를 들어, 여성복 전문 매장은 고객들이 매장 안을 들여다 볼 수 있게 하기 위해서 매장의 앞부분은 마루부터 천장까지 가능한 한 큰 유리로 되어 있어야 함을 명시해야 한다. 다른 소매업체들은 거리에서 점포를 바라볼 때 아무런 장애물이 없는 것이 중요하기 때문에 소유주가 주차공간에 아무 것도 두지 못하도록 열거한다. 옥외점포(outparcel)는 구조물로서, 은행 또는 McDonald's 표지판이거나 간이건물(공중전화박스)과 같은 것으로, 쇼핑센터 내의 주차 공간 안에 있는 경우를 의미하는데, 이것은 쇼핑센터에 물리적으로 부속된 건물은 아니다.

일부 소매업체에게는 특정한 유형의 임차인과 쇼핑센터 안에 같이 있는 것은 아주 중요하다. 예를 들어, 적당한 가격의 여성의류 매장을 판매하는 곳은 Kmart와 Wal-Mart로부터 오는 이동으로부터 이익을 얻을 수 있다. 따라서 이러한 리스 계약에서는 주요 소매업체가 떠날 경우에는 리스 계약을 취소하거나 임차료를 삭감해 주는 선택권을 명시할 수 있다.

3) 면책 조항

흥미로운 특징으로는 이러한 사항들만 피할 수 있다면 모든 소매업체는 면책 조항을 포함하는 리스 계약을 원한다는 것이다. 면책 조항은 명시된 일정 기간의 시간이 지나고도 매출이 어느 일정한 지점에 도달하지 않았거나, 센터내의 특정한 동료 임차인이 리스를 종결시켰을 경우, 소매업체도 본 계약을 종결시킬 수 있는 것을 의미한다.

요약 *Summary*

입지선정은 전략적 중요성을 가지고 있다. 왜냐하면, 입지에 따라 점포의 선정이 상당한 영향을 받고 경쟁업체도 쉽게 모방할 수 없기 때문이다. 점포 입지를 위한 좋은 장소의 선정은 한편으로는 과학이면서 동시에 예술이라고 할 수 있다.

점포의 입지를 위한 장소를 평가할 때, 소매업체들은 (1) 사업 환경, (2) 경쟁, (3) 인구와 표적시장에 대한 전략적 적합성, (4) 운영비용 등의 요소들을 고려한다. 점포입지를 위해 특정한 지역을 선택했다면 다음단계는 그 지역에서 몇 개의 점포를 운영할 것인가를 결정하는 것이다.

한 지역에 몇 개의 점포를 개점할 것인가를 결정했다면, 소매업체는 한 지역에서 다점포를 운영함으로써 얻을 수 있는 운영비용 절감과 자기잠식 사이의 상쇄효과를 고려해야 한다. 대부분의 소매 체인은 한 지역에 많은 수의 점포를 오픈한다. 왜냐하면, 촉진 전략과 물류 측면에서 규모의 경제를 달성할 수 있기 때문이다. 한 지역 내에 다점포를 가짐으로써 오는 규모의 경제가 주는 이득이 있지만, 한 지역의 너무 많은 점포가 있으면 자기잠식으로 인해 한계수입체감현상이 발생할 수 있다.

소매업체가 해야 할 다음 과업은 선택한 지역을 평가하고 특정 입지를 구체적으로 선택해야 한다. 의사결정을 하기 위해서 소매업체들은 (1) 입지의 특성, (2) 점포가 있는 상권의 특성, (3) 추정 매출액 등의 세 가지 요소를 고려해야 한다.

상권은 일반적으로 제1차, 2차, 3차로 분류할 수 있다. 상권의 경계선은 고객의 접근성, 그 지역에 존재하는 자연적 혹은 물리적 장애, 점포가 위치하고 있는 쇼핑 지역의 유형, 점포 유형, 경쟁 정도에 의해 결정된다.

소매업체가 상권을 설명하기 위한 자료를 확보하면, 몇가지 분석 기술을 활용하여 수요를 예측할 수 있다. 허프중력모델은, 만약 상권이 접근하기 용이하고 많은 상품을 제공한다면 고객은 그 점포와 쇼핑센터를 더 많이 이용할 것이라는 전제를 바탕으로 한, 상권내의 특정 점포를 선택할 가능성을 예측하는 모델이다. 회귀분석은 통계를 기반으로 한 기법인데, 이는 기존 점포의 매출에 영향을 미치는 여러 요소들의 영향력을 새로운 점포의 예상 매출을 추정하기 위해 활용하고 있다. 유추분석-사용하기 가장 쉬운 방식 중 하나인데-은 소규모 소매업체에게 특히 유용할 수 있다. 이 방법을 사용하는 소매업체는 비슷한 지역에 있는 점포의 매출을 기준으로 새로운 점포의 매출을 예측한다.

마지막으로, 소매업체들은 리스의 조건을 위해 협상을 할 필요가 있다. 이러한 리스의 조건은 입지의 가격에 영향을 미치고 소매활동에 제약을 가할 수 있다.

핵심용어 *Key terms*

접근성(accessibility)

인공 장애물(artificial barrier)

유추분석(analog approach)

블록 그룹(block group)

센서스(census)

센서스 블록(census block)

혼잡(congestion)

누적유인(cumulative attraction)

고객 스포팅(customer spotting)

면책 조항(escape clause)

배타적 사용 조항(exclusive use clause)

고정 비율 리스(fixed-rate lease)

주변부(fringe)

지리정보시스템(GIS)

누진 리스(graduate lease)

허프중력모델(Huff gravity model)

유지 비용 보상 리스
(maintenance-increase-recoupment-lease)

광역통계지역(MSA:Metropolitan Statistical Area)

마이크로폴리탄 통계지역(Micropolitan Statistical Area)

자연 장애물(natural barrier)

옥외점포(outparcel)

기생 점포(parasite store)

비율 임대(percentage lease)

상한가 비율 리스
(percentage lease with a specified maximum)

하한가 비율 리스
(percentage lease with a specified minimum)

일차적 상권(primary trade area)

사용 금지조항(prohibited use clause)

회귀분석(regression analysis)

2차적 상권(secondary trade area)

이동 비율 리스(sliding scale lease)

소비잠재지수(SPI)

3차적 상권(tertiary trade area)

상권(trade area)

교통 흐름(traffic flow)

점포외관(visibility)

현장학습   *Get Out And Do It!*

1. 계속되는 사례 과제: 지속적 사례 분석을 위해 소매업체가 선택한 점포의 입지를 평가하시오. 상권의 크기와 유형은 어떠한가? 그 지역의 긍정적인 측면과 부정적인 측면을 기술하시오. 경쟁업체의 점포와 비교해 보시오.

2. '사람은 비슷한 사람들끼리 모인다'는 속담이 사실인지, 또한 비슷한 그룹이 집단을 형성하는지 www.claritas.com/MyBestSegments/Default.jsp?ID=200에 방문해서 확인해 보시오..

   여러분의 가정과 학교의 주변 지역 내의 우편번호를 기입하시오. 그 정보는 당신과 당신의 가족을 정확하게 설명 할 수 있는가? Claritas의 설명과 ESRI(www.gis.com)가 제공하는 zip code fast fact의 정보가 비슷한지 비교해 보시오. 동일한 주변 지역 내의 공통점과 차이점에 대한 내용을 기술하시오.

3. ESRI Geographical Information System의 홈페이지인 www.gis.com에서 "Demo: What is the GIS?"를 클릭하시오. 3분 정도의 비디오를 감상한 후 소매업체들이 GIS를 이용해 어떻게 더 나은 의사결정을 하는지를 설명하시오.

4. U.S. Census Bureau는 인구의 주요 특징(연령, 성별, 장애, 고용상태, 수입, 언어, 빈곤, 인종, 전망 등)을 추적조사하고 있다. U.S. Census Bureau의 홈페이지(http://factfinder.census.gov/home/saff/main.html?__lang=en)에 접속해 Population Finder를 이용해 여러분들이 거주하고 있는 주의 주요 인구통계적 자료를 찾아보시오.

   그 지역의 어떤 세분화된 시장이 변화하였는가? 왜 변화했는가? 소매업체가 입지를 평가하는데 어떤 요소들을 가장 중요하게 고려하는가?

5. 쇼핑몰을 방문하여 지도에 점포의 위치를 표시하시오. 점포들이 논리적인 방식으로 집단을 형성

했는지 분석하시오. 예를 들어, 모든 고급 점포들이 모여 있는가? 쇼핑객들이 주변의 다른 점포들과 비교를 할 수 있도록 소매업체들의 상품이 적절하게 혼합되어져 있는가?

6. enclosed 몰에 위치한 보석점포와 네이버후드 스트립몰에 위치한 보석점포를 방문하시오. 각각의 위치에 대하여 장점과 단점을 기술하시오. 어느 위치가 더 유리한가? 왜 그러한가?

7. student side of book's의 홈페이지를 방문해 보고, "Location"을 클릭하시오. 45개의 스포츠용품 점포의 매출액과 각 점포의 특징이 기록되어 있는 엑셀 자료를 발견할 것이다. 특징은 상권 내 가구 수, 15세 이하의 어린아이가 있는 가구 수, 소매업체가 목표로 한 테피스트리 방식을 이용한 가구 수, Wal-Mart, Sports Authority 점포로 부터의 거리 등이 포함되어 있다. 입지특성 변수를 고려한 다중 회귀분석을 이용, 가중치를 추정하고 매출을 예측하고 두 군데의 입지를 평가하시오.

토의 질문 및 문제

Discussion Questions and Problems

1. 소매업체가 점포를 위한 입지를 평가할 때 고려하는 요소는 무엇이 있는가? 소매업체는 점포를 위한 상권을 어떻게 정의하는가?

2. 상권을 측정할 때, 몇 백 개의 점포를 가진 소매업체에게는 유추방식이 왜 좋은 선택이 아닌가?

3. True Value Hardware는 새로운 점포를 열기 위한 계획을 가지고 있다. 두 가지의 입지가 이용가능한데, 두 곳 모두 중간정도의 소득 수준을 가지고 있다. 한 지역은 20년 정도 된 네이버후드 커뮤니티이며 잘 관리되고 있다. 다른 지역은 새롭게 계획된 커뮤니티로 최근에 건설되었다. 어떠한 입지가 True Value Hardware에게 더 적합한가? 그 이유는 무엇인가?

4. 상권은 주로 점포나 쇼핑센터로부터 유발되는 동심원으로 묘사된다. 왜 이러한 방법들을 이용하는가? 대안적인 방법을 제시하시오. 여러분이 만약 점포를 가지고 있다면, 상권을 분석하기 위해 어떠한 방법을 이용할 것인가?

5. 새로운 점포에 대한 수요를 예측하는데 어떤 상황에서 유추분석을 사용하는가? 회귀분석은 어떤 경우에 사용하는가?

6. 일부 전문점들은 유인점포 옆이나 가까운 곳에 위치하는 것을 선호한다. 그러나 스트립센터에 있는 피자 전문점인 Little Ceasars는 슈퍼마켓 유인 점포로부터 멀리 떨어져 센터의 끝에 위치하기를 원한다. 그 이유는 무엇인가?

7. 소매업체들은 몰의 1층이나 2, 3층을 선택한다. 일반적으로 1층은 가장 좋은 상품을 판매하지만 가장 비싼 장소이다. Radio Shake와 Foot Locker같은 전문점이 2, 3층을 선택하는 이유는 무엇인가?

8. 어떠한 소매 입지가 백화점, 가전 카테고리 킬러, 의류 전문매장, 창고형 마트를 위한 최적의 장소인가? 근거를 설명하시오.

9. 만약 여러분이 Taco-Bell의 프렌차이즈 점을 갖는 것을 고려한다면, 점포를 위해 교통의 유형, 인구, 소득수준, 고용상태, 경쟁 중 어떠한 것을 알고 싶은가? 잠재적인 입지를 위해 어떤 다른 시장조사가 필요한가?

10. 어떤 드럭스토어가 지금 건설 중인 신도시로부터 매출을 올리기 위하여, A 쇼핑센터에 새로운 점포를 개점하고자 한다. 인근에는 두 곳의 경쟁 쇼핑센터인 B와 C가 있다. 다음의 정보와 허프 중력모델을 이용하여 새로운 도시의 거주자들이 A쇼핑센터에서 쇼핑할 확률을 추정하라.(가정: $\lambda=2$)

쇼핑센터	규모(평방피트)	새로운 지역으로 부터의 거리 (마일)
A	3,500	4
B	1,500	5
C	200	3

추가로 읽을 자료들 *Suggested readings*

Birkin, Mark; Graham Clarke; and Martin Clarke. *Retail Geography and Intelligent Network Planning.* Chichester, UK: Wiley, 2002.

Chen, Rachel, J. C. "Significance and Variety of Geographic Information System(GIS) Applications in Retail, Hospitality, Tourism, and Consumer Services." *Journal of Retailing and Consumer Service* 14, no. 4 (2007), pp. 247-48.

DeMers, Michael N. Fundamentals of Geographic Information System. New York: Wiley Publishing, 2002.

González-Benito, Óscr; César Bustos-Reyes; and Pablo Muñoz-Gallego. "Isolting the Geodemographic Characterisation of Retail Format Choice from the Effects of Spatial Convenience." *Marketing Letters* 18, no. 1/2 (2007), pp. 45-59.

Hernandez, Tony. "Enhancing Retail Location Decision Support: The Development and Application of Geovisualization." *Journal of Retailing and Consumer Service* 14, no. 4 (2007), pp. 249-58.

Maantay, Juliana; John Ziegler; and John Pickles. *GIS for the Urban Environment.* ESRI Publishing, 2006.

Miller, Fred; Glynn W. Mangold; and Terry Holmes. "Integrating Geographic Information Systems (GIS) Applications into Business Courses Using Online Business Geographics Modules." *Journal of Education for Business* 82, no. 2 (2006), pp. 74-49.

Peterson, Keith (ed.). *The Power of Place: Advanced Customer and Location Analytics for Market Planning.* San Diego: Integras, 2004.

Wood, Steve; and Sue Browne. "Convenience Store Location Planning and Forecasting-a Practical Research." *International Journal of Retail and Distribution Management* 35, no. 4 (2007), pp. 233-55.

Chapter nine 9

조직구조와 인적자원관리

Question

- 인적자원관리가 소매업체의 경영성과에 중요한 역할을 하는 이유는 무엇인가?
- 소매업체는 인적자원개발과 관리를 통해 어떻게 지속적인 경쟁우위를 구축하는가?
- 소매업체 종업원들은 어떤 활동을 수행하며, 어떻게 조직되는가?
- 소매업체는 종업원의 활동을 어떻게 조정하며, 이들이 조직목표를 향해 일하도록 어떻게 동기부여 하는가?
- 종업원의 몰입도를 높이기 위한 인적자원관리 프로그램에는 어떤 것이 있는가?
- 소매업체가 종업원간의 다양성을 관리하는 방법과 이유는 무엇인가?

소매업체는 다섯 가지 핵심 자산인 입지, 상품관리, 점포, 종업원 및 고객을 효율적으로 관리함으로써 자사의 재무목표를 달성한다. 본 장에서는 소매업체의 인적자원인 종업원의 조직과 관리에 초점을 둔다. 스타벅스의 CEO인 Howard Schultz는 "우리 기업은 종업원들과의 관계와 우리 회사의 기업문화가 가장 지속가능한 경쟁우위이다"라고 강조했다.

Macy's의 인사조직부문 부사장인 Sherry Hollock은 소매에 있어서 인적자원의 중요성에 대해서 다음과 같이 강조했다: "Macy's뿐만 아니라 대부분의 다른 소매체인들이 직면해 있는 가장 큰 도전은, 미래에 기업을 이끌어 갈 관리자를 고용하거나 유지하는 문제이다. 인구구성의 변화가 고용과 종업원의 유지를 어렵게 만들고 있다. 향후 10여 년 동안, 베이비붐세대의 임원들은 퇴직을 하게 될 것이다. 따라서 우리는 베이비붐세대 이후의 세대의 적은 수의 관리자들을 활용하여 경쟁 소매업체, 이종 산업의 기업들과 경쟁할 것이다. 게다가, 소매업은 더욱 더 복잡한 비즈니스가 되어가고 있다. 관리자들은 다양한 종업원들을 관리하고, 상품을 구매하는 것 뿐만 아니라, 새로운 기술 및 정보, 그리고 공급체인 관리시스템(SCM) 및 국제비즈니스에 있어서도 충분한 지식을 가지고 있어야 할 것이다."

소매에서는 종업원이 핵심적인 사업기능 수행에 주요 역할을 담당하기 때문에 인적자원관리가 특히 중요하다. 제조업체에서는 자본설비(기계, 컴퓨터 시스템, 로봇)가 종업원이 직접 수행했던 업무를 대체하기도 한다. 그러나 소매와 기타 서비스 사업은 여전히 노동집약적인 형태로 남아있다. 소매업체들은 구매, 상품전시, 고객서비스와 같은 기본적인 소매활동을 수행하기 위해 여전히 인간에게 의존한다.

인적자원관리는 소매업체의 업무성과에 매우 중요한 문제이기 때문에, 이 책에서는 두 개의 장에서 이 것을 검토한다. 본 장에서는 조직구조와 관련된 광범위한 전략적 이슈와 종업원의 활동을 조정하고 동 기부여하는 일반적인 접근방식, 그리고 효과적으로 종업원의 몰입도를 높이고 이직률을 낮추는 경영 실무에 초점을 맞춘다.

종업원의 채용, 선발, 훈련, 감독, 평가, 보상 등 소매업체가 인적자원 전략을 수행하기 위한 활동들은 일반적으로 점포관리자에 의해 수행된다. 점포관리에 관한 운영상의 문제에 대해서는 제 17장에서 보 다 상세하게 다룰 것이다.

I 인적자원관리를 통한 경쟁우위의 확보

인적자원관리(Human Resource Management)가 지속가능한 경쟁우위의 근거가 될 수 있는 세 가지 이유가 있다. 첫째로, 임금은 소매업자의 전체비용에서 중요한 부분을 차지한다. 그러므로 종업원의 효과적인 관리로 비용을 절감할 수 있다. 두 번째로, 대부분의 소비자는 상품을 선택하는데 정보와 조 언을 제공하고, 진열대와 선반에 상품을 채우는 역할을 하는 종업원의 행동을 통해 소매업체에 대해 느끼고 경험하게 된다. 그러므로 종업원은 경쟁사와 서비스 제공정도를 차별화하는데 있어 주요한 역 할을 할 수 있다. 세 번째로, 이러한 잠재적 우위들은 경쟁자들이 따라하기 어렵다는 점이다. 예를 들 어, 모든 백화점 경영자들은 Nodstrom백화점의 종업원들이 뛰어난 고객서비스를 제공한다는 사실을 알고 있지만, 경쟁 회사에서 이와 같은 고객지향적 문화를 개발할 수는 없다. Retailing View 9.1에서 는 효과적인 인적자원관리를 통해서 어떻게 Men's Wearhouse가 경쟁우위를 구축할 수 있었는지 보 여준다.

1. 인적자원관리의 목표

인적자원관리의 전략적 목표는 종업원들의 역량과 행동을 소매업체의 장·단기 목표와 결합시키는 것이 다. 인적자원관리의 성과지표 가운데 하나는 종업원 생산성으로, 이것은 소매업체의 매출이나 이윤 을 종업원의 수로 나눈 것이다. 종업원 생산성은 현재의 종업원으로 매출액을 증가시키거나, 매출에 영향을 미치지 않고 종업원 수를 줄임으로써 향상될 수 있고, 또 두 가지 방법을 다 쓸 수도 있다.

단기적으로 종업원 생산성은 소매업체의 이익과 직접 관련이 있지만, 종업원의 직장 만족도나 결속과 같은 태도는 고객 만족, 브랜드 충성도, 그리고 소매업체의 장기적 성과에 중요한 영향을 미친다. 이러 한 태도와는 별도로 행동지표는 종업원의 이직율이다. 종업원 이직율은 다음과 같다.

$$\frac{\text{한 해 동안 일자리를 떠난 종업원의 수}}{\text{업체 내 가용가능한 일자리 수}}$$

매장에 5명의 판매원 일자리가 있는데 3명의 종업원이 회사를 떠나고 그 해에 다시 3명의 직원을 채웠 다면, 이직율은 3÷5=60%가 된다. 한 해 동안 상당한 숫자의 종업원들이 한번 이상 새롭게 고용된다 면, 이직율은 100%이상이 될 수도 있다. 위의 사례에서, 세 명의 종업원을 대신하여 고용된 직원이 그 해에 다시 떠나게 된다면, 이직율은 6÷5=120%가 된다.

Men's Wearhouse:
경쟁우위를 창출하기 위한 인적자원관리의 활용

남성 기성복 매출이 지난 30년 동안 감소해오고 있는 반면, 당시 24세였던 George Zimmer에 의해서 새워진 Men's Wearhouse는 북미내의 남성복시장에서 가장 큰 전문 소매업체중 하나로 성장할 만큼 시장점유율을 계속해서 높여 왔다. Men's Wearhouse의 매출액은 미국과 캐나다에서 1,200개 이상의 매장을 통해서 18억 달러 이상의 매출액을 기록했다.

회사전략의 핵심은 의상컨설턴트로 불리면서, 해박하고 배려심이 많은 영업사원들을 통해서 우수한 고객서비스를 제공하는 것이다. 의상컨설턴트라는 용어는 판매점원들이 의사나 변호사 같은 전문가라는 것을 강조하기 위해서 의도적으로 채택되었다.

George Zimmer는 윈-윈-윈 철학을 신봉하는데, 그것은 소비자, 의상컨설턴트 그리고 회사 모두가 이득을 얻는 것이다. 회사는 종업원들의 미개발된 인적잠재력을 개발하는 것이 임무라고 믿기 때문에, 회사의 엄청난 관심을 교육에 집중하고 있다. 다음은 Men's Wearhouse의 핵심 철학들 중 일부이다.

광범위한 훈련과 팀웍을 통해 Men's Wearhouse의 영업사원은 뛰어난 서비스 제공이 가능하고, 회사 경쟁우위 구축에도 기여하게 된다.

- **직장에서의 성취** 직무만족도 – 모든 이들이 이것을 원한다. 그렇다면 어떻게 Men's Wearhouse는 종업원들이 이것을 찾도록 도와주는가? 그것은 바로 신뢰와 상호존중에서부터 시작한다.
- **실수의 용납** 종업원들이 실수할 때 회사가 어떻게 하는가가 어떤 회사인가에 대해 많은 것을 이야기 해 줄 수 있다. Men's Wearhouse는 실수를 통한 배움의 기회들에 초점을 맞추고 있다. 다시 말해 종업원들의 성공과 실패를 모두 격려해준다는 것이다.
- **일과 가정생활의 균형** Men's Wearhouse는 종업원들의 직장 내부 및 외부 환경의 균형을 맞추라고 권고한다.
- **즐거운 일터** 동료들과 함께 즐거움이 가득한 일터는 사업성과에 좋다.
- **개인과 팀의 성공** Men's Wearhouse는 개인과 팀이 그들 서로 협력하기 때문에, 그들의 우수성이 상호연계되어 있음을 인지하고 있다. 그것이 바로 개인과 팀의 성취 모두를 기뻐하고 있는 이유이다.
- **내부 승진** 업무에서의 기술과 경험은 필요요건의 일부분에 불과하다. 대표를 뽑을 때에는, 팀과 개인의 목표를 향해서 일을 할 때 다른 사람을 배려하고, 경청하고, 열정을 보이는 사람을 찾는다. 이 점이 바로 내부 승진 이유이다.

출처: Sharon Delson, "The Training Advantage," WWD, 2007년 4월 2일, 14페이지, "Give People a Second Chance" Business 2.0, 2007년 5월, 67페이지
Men's Wearhouse 2007년 연차보고서, http://www.menswearhouse.com (2007년 9월 14일자)

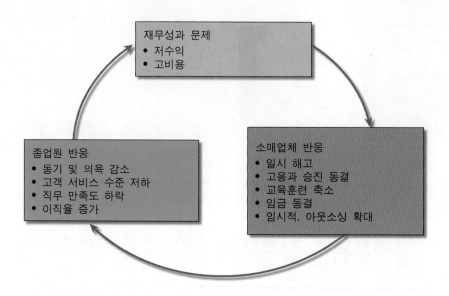

장·단기 목표를 모두 고려하지 않으면 비효율적인 인적자원관리의 결과로 나타나고, 〈보기 9-1〉에서 보이는 것과 같은 지속적인 성과하락의 결과로 나타날 수 있다. 심화되는 경쟁으로 인해서 매출과 이익이 하락하게 될 때, 소매업체는 흔히 인건비 절감을 통해 대처한다. 이들은 점포 판매원의 수를 줄이는 대신, 파트타임 근무자를 더 고용하고, 교육투자를 줄인다. 이런 활동들은 단기적인 생산성과 이익을 증대할 수 있긴 하지만, 종업원의 사기와 고객서비스 수준이 낮아지기 때문에 장기적인 업무성과 측면에서 역효과를 가져 올 수 있다.

2. 인적자원의 세 가지 축

많은 소매업체들에 있어, 인적자원은 너무 중요하기 때문에 인적자원관리부서(HR)에서만 전담할 수는 없는 업무라고 생각하고 있다. 인적자원의 세 가지 축(인적자원 전문가, 라인(상품이나 점포), 종업원)이 함께 움직일 때 소매 인적자원의 무한한 잠재력이 실현된다.

일반적으로 회사의 본사에서 근무하는 인적자원 전문가는 인적자원 실무와 노사관련법에 특별한 업무 지식을 가지고 있다. 이들은 소매업체의 전략을 강화하고 그 정책을 실행하기 위해서, 종업원과 라인 관리자에게 주어지는 교육과 도구들을 제공하는 인적자원정책 수립을 담당하고 있다. 주로 매장에서 근무하는 점포관리자 또는 라인관리자들은 매일 매일 종업원들을 관리하여 현장에 그 정책을 적용할 책임이 있다. 점포관리자의 책임에 대해서는 제 17장 점포관리 부분에서 다시 언급하기로 한다. 마지막으로, 종업원들도 역시 인적자원 관리에 동참한다. 그들은 정책에 대한 피드백을 제공하거나, 커리

◐ 보기 9-2
인적자원의 세 가지 축

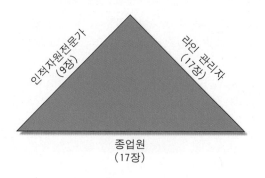

어를 스스로 관리하거나, 자신들의 직무의 기능을 규정하거나, 상사나 동료들의 평가를 통해서 능동적인 역할을 하게 된다. 인적자원 세 가지 축의 세 요소들은 〈보기 9-2〉에 나타나 있다.

3. 소매업체의 인적자원관리 특수조건

소매업체의 인적자원관리는 다음과 같은 이유로 매우 어렵다. 첫 번째는 파트타임 종업원 고용, 두 번째는 비용관리, 세 번째는 줄어드는 종업원의 인원이다. 글로벌 시장에서 소매업경영은 더 어려워진다.

1) 파트타임 종업원

대부분의 소매업자들은 가족단위 구매자들과 직장인들의 수요에 의해 평일 늦은 시간과 주말까지 매장을 연다. 게다가 점심시간, 저녁, 세일기간 동안에는 쇼핑량이 절정에 이른다. 이런 피크타임과 장시간의 매장영업을 하기 위해, 소매업자들은 주당 40시간을 일하는 풀타임 매장 종업원에 해당하는, 1개 또는 2개의 파트타임 종업원 교대조를 함께 운영하여 보완해야만 한다. 파트타임 종업원은 회사에 충성도가 덜하고, 그들의 일자리가 풀타임 종업원에 비해서 그만두기 더욱 쉬운 것처럼 느끼기 때문에, 풀타임 종업원보다 관리하는 것이 더 어려울 수 있다.

2) 비용통제

소매업자들은 수익성을 생각한다면 비용지출을 관리해야 한다. 그러므로 낮은 기술을 요하는 위치에서 일하는 파트타임 종업원에게 높은 임금을 지불하는 것을 주의해야 한다. 비용 통제를 위해서, 소매업자들은 대부분 판매보조점원, 은행창구직원, 웨이터와 같은 일을 한 경험이 적거나 전혀 없는 사람을 고용하곤 한다. 높은 종업원 이직율, 잦은 결근 그리고 근무태만은 대부분 이런 경험이 없고 저임금 종업원들에 의해 발생한다.

대부분의 종업원이 직접적으로 소비자와 대면하게 되기 때문에, 소매종업원의 경험과 동기부여의 결여는 특히 골치 아픈 문제가 된다. 좋지 못한 외모와 예의 그리고 태도는 매출과 고객의 충성도에 나쁜 영향을 미친다. 조사에 따르면, 일부 소매업체는 직원고용을 약간만 늘여도 확실하게 매출이 증가하였다.

3) 종업원 수

인구통계의 변화로, 자격이 충분한 판매점원이 만성적으로 부족해지고 있다. 1980년도 미국 인력시장의 연간 성장률은 14%였다. 2010년에는 성장률이 4%로, 2020년에는 2% 이하로 떨어질 것으로 예상하고 있다. 그러므로 소매업자들은 이런 빠듯한 인력시장에서 효과적인 경영을 하기 위해 직원보유율 증대, 사원모집과 교육 그리고 소수계층, 장애인 및 노인 노동자들의 관리, 생산성향상을 위한 인센티브와 기술의 사용 등 효과적인 방법을 모색해야 할 필요가 있다.

인적자원 수요를 충족시키기 위해서는, 소매업자들이 노동력의 다양성을 증가시키고 더 많은 소수계층, 장애인이나 노년층을 고용할 필요가 있다. 젊은 종업원의 노동 가치는 베이비붐 세대의 관리자와는 많이 다른데, 나이든 관리자들은 젊은 종업원들이 부족한 직무 윤리를 가지고 있다고 느끼게끔 한다. 만약에 젊은 종업원들이 그들의 개인적인 삶과 직업인으로써의 삶의 균형을 위하여 노력한다면, 그들은 "개인적인 삶을 택할 것"이라고 답할 것이다. 이런 젊은 노동자들은 부모님, 선생님 그리고 선배들로부터 지속적인 칭찬을 받아왔기 때문에, 칭찬을 받을 자격이 없다하더라도, 그들에게 지속적인 동기부여를 하기 위해서 계속 칭찬을 해주는 것이 필요하다는 것을 관리자들은 알게 되었다. 소매 종

Refact

전체 소매종업원의 35%이상이 파트타임 종업원이고, 60만 명 이상의 직원이 휴일기간동안에 추가로 소매점에서 일한다.

■■■■■■

Refact

대략 3분의 1에 해당하는 소매 종업원들은 연령이 24세 이하이다.

■■■■■■

Refact

전체 여성 직원의 거의 3분의 2에 해당하는 사람들이 소매업의 파트타임 직원으로 일하고 있다.

■■■■■■

업원들의 다양성의 증가와 가치의 변화를 관리하는 것은 인적자원관리자들에게 기회와 문제를 동시에 가져온다.

나이든 종업원들은 그들 스스로 더 신뢰할 수 있는 종업원인 것을 입증하기 때문에, 더욱 많은 소매업자들이 나이든 종업원들을 일하도록 권하고 있다. 나이든 노동자의 장점은 낮은 이직율과 더 나은 업무성과이다. Home Depot는 좋은 날씨를 찾아 이동해온 은퇴한 사람들을 위해 플로리다주에서 겨울 일자리를, 매인주에서는 여름일자리를 제공한다. 미국퇴직자연합회(AARP)과 같은 단체들과의 좋은 관계를 구축함으로써, Home Depot는 향후 직업을 구하게 될 전역군인들과 같은 사람들을 돕기를 희망한다. 나이든 사람의 교육과 채용에 대한 비용은 아주 낮기 때문에, 그들이 건강 때문에 결근으로 비용이 들어가더라도 그것을 상쇄할 수 있다.

4) 글로벌/국제적 인적자원의 문제

마지막으로 글로벌 소매업체에 근무하는 종업원들의 관리는 특히 문제가 되고 있다. 직장가치, 경제구조 그리고 노동법들의 차이들은 한 나라에서 효과적인 인적자원관리 방식이 다른 곳에서는 아닐 수 있다는 것을 의미한다. 예를 들어, 미국 소매업자들은 개인의 업무성과 평가에 따라 보상을 받는다. 이는 개인주의 미국 문화에서의 한결같은 관행이다. 그러나, 집단주의 문화를 가진 중국과 일본과 같은 국가에서는 종업원들은 개인적인 욕망은 경시하고, 조직의 요구에 더욱 초점을 맞춘다. 그러므로 이런 나라에서는 조직단위의 평가와 장려책이 더욱 효과적이다.

특정 국가의 법률과 정치구조는 소매업자들이 적용할 수 있는 인적자원관리에 영향을 준다. 예를 들어, 미국은 작업장에서의 차별금지를 선도해 왔다. 하지만 싱가포르에서는 구직자가 화교로 25세에서 40세 사이의 남성이어야 한다는 채용공고를 내는 것이 합법이다. 네덜란드에서는 직원 감축이 반드시 필요하다는 것을 정부에 입증할 수 있어야만 상당한 인력을 감축할 수 있다. 게다가 직원감축에 대한 계획을 반드시 미리 세워야 하고, 그 계획은 다른 관련부서와 노동조합의 승인이 필수적이다.

마지막으로 외국에서의 관리자 채용은 여러 문제를 유발한다. 관리자가 현지인이어야 하는가 아니면 본국에서 파견해야 하는가? 어떻게 선발되고, 교육되고, 보상되어져야 하는가? 예를 들면, 프랑스에 본사를 두고 있는 대형슈퍼마켓인 Carrefour에서는 브라질사람이 중국에 있는 매장을 관리 할 수 있다. 이 회사는 스스로 글로벌 경험을 위해 매니저를 훈련시키는 것을 자랑한다.

II 소매업체를 위한 조직구조 설계

조직구조는 특정 종업원에 의해 수행되는 활동을 파악하고 기업 내에서 권한과 책임을 결정한다. 조직구조 개발을 위한 첫 번째 단계는 수행해야 할 과업을 결정하는 것이다. 〈보기 9-3〉은 소매기업에서 일반적으로 수행되는 과업을 보여준다.

이 과업들은 네 가지 주요영역인 전략적 경영, 상품관리, 점포관리, 운영관리로 나눠진다. 이 책은 이 과업들과 이것을 수행하는 관리자를 기반으로 구성되었다.

이 책의 제 2부에서는 전략과 관리업무에 초점을 맞춘다. 시장전략과 재무결정(5장과 6장에서 논의된 내용)은 대표이사, 최고 경영층, 부사장, 이사회 등 고위 경영층이 주로 맡는다. 관리업무(7장~11장에서 논의된 내용)은 인적자원관리, 재무, 회계, 부동산, 물류 그리고 경영정보시스템(MIS)에 전문 업무

지식을 가지고 있는 본사 직원에 의해 수행된다. 이런 관리기능을 수행하는 임직원들은 전략을 실행하는데 있어서 중간관리자들을 도와줄 계획, 절차 그리고 정보를 개발한다.

소매업체에서 1차 경영자 또는 라인관리자들은 상품관리자(섹션3) 그리고 점포관리자(섹션4)에 포함된다. 이들은 지원부서의 협조로 전략계획을 시행한다. 이들은 소매업자의 성과에 직접적으로 영향을 미치는 일일 계획을 수립한다.

〈보기 9-3〉에서 수행되어지는 과업들과 이어지는 섹션에서 제시되는 조직구조사이의 관계를 분명히 보여주기 위해서, 과업들은 색깔로 표시되었다. 빨간색은 전략적인 과업들을 표시한 것이며, 오렌지색은 운영관리 과업들을, 갈색은 상품 과업들을 표시하였으며, 초록색은 점포관리 과업을 표시하였다.

1. 소매전략과 조직구조의 정합(matching)

조직구조의 설계는 기업의 소매전략과 연결시킬 필요가 있다. 예를 들면, 카테고리 전문점, 창고식 유통회사인 Best Buy, Costco와 같은 회사는 가격에 민감한 소비자들을 목표시장으로 삼고 있으며, 그렇기 때문에 저렴한 가격에 기반을 둔 경쟁우위를 창출하기 위하여 많은 노력을 한다. 그들은 회사본부의 소수 인원에게 결정권을 맡김으로써 종업원의 숫자를 최소화한다. 이러한 중앙집권화된 조직구조는 소비자 수요에 있어서 지역적 차이가 거의 없을 때 매우 효과적이다.

○ 보기 9-3 전형적인 소매업체에서 수행되어지는 과업들

전략적 경영
- 소매전략 개발
- 표적시장 파악
- 소매 업태 결정
- 조직 구조 설계
- 입지선정

상품 관리
- 상품매입
  공급업체 파악
  공급업체 평가
  공급업체와 협상
  주문
- 상품재고 통제
  상품 예산 계획 개발
  상품의 점포별 할당
  Open-to-buy와 재고
  위치 검토
- 상품 가격 결정
  초기 가격 결정
  가격 조정

점포관리
- 점포 종업원의 모집, 선발, 훈련
- 작업 일정 계획
- 점포 시설 유지
- 상품 위치 선정과 진열
- 상품의 대고객 판매
- 상품의 수선 및 변경
- 선물 포장과 배달 등의 서비스 제공
- 고객 불평 처리
- 상품 재고 보유
- 재고 손실 방지

운영관리
- 회사, 상품, 그리고 서비스 촉진
  커뮤니케이션 프로그램 계획
  특별 촉진 기획
  특별 진열 설계
  PR관리
- 인적 자원 관리
  점포 종업원 관리 정책 개발
  관리자의 모집, 선발, 훈련
  경력 개발 계획
  종업원 카드 보유
- 물류관리
  창고 입지 결정
  상품 인수
  상품 상표 및 라벨 부착
  상품 보관
  상품의 점포 출하
  공급업체로 반품
- 재무 통제 구축
  재무성과에 대한 적절한 정보 제공
  매출, 현금흐름, 그리고 이익의 예측
  투자자로부터 자본조성
  고객에게 대금 청구
  신용 제공

대조적으로, 최신유행 의류를 구매하는 소비자들은 가격에 그다지 민감하지 않고, 그들의 선호도 또한 지역마다 다양하게 나타난다. 이 세분시장을 목표로 하는 소매업자들은 많은 관리자를 두고 지역단위 매장에서 의사결정을 하는 경향을 보인다. 지역단위 매장에서 더 많은 의사결정이 이루어질 때 상품과 서비스가 지역 시장의 수요와 맞도록 조정되기 때문에, 인적자원비용이 더 많이 소요되지만 매출도 또한 증가한다. Retailing View 9.2에서는 PetSmart의 전략을 강화시키기 위해 인적자원전략의 요소들을 어떻게 사용하였는지를 분명히 보여준다.

2. 단일점포 소매업체의 조직

단일 점포의 소유 경영자들은 전체 조직이 될 수 있다. 이들이 점심을 먹거나 집에 갈 때 점포는 문을 닫게 된다. 매출이 향상됨에 따라 소유경영자는 종업원을 고용하게 된다. 종업원의 행동을 조정하고 관리하는 것은 큰 체인들보다 단일 점포에서 더 쉽다. 소유경영자는 과업을 각 종업원들에게 부여하고, 과업이 적절하게 수행되는지 관찰하기만 하면 된다. 종업원의 수가 한정되어있기 때문에, 단일 점포 소매업체들은 전문화가 거의 되어있지 않다. 종업원 한명이 다양한 영역의 업무를 수행해야 하고 소유경영자는 모든 관리업무에 책임을 갖는다.

매출이 증가하면서, 관리의 전문화는 소유경영자가 다른 관리자를 추가적으로 고용할 때 발생할 수 있다. 〈보기 9-4〉는 관리책임을 상품과 점포관리로 나누는 일반적인 부서형태를 보여주고 있다. 소유경영자는 전략적 관리 업무를 계속 수행한다. 점포 관리자는 상품의 인수와 선적 및 종업원관리와 연관된 관리업무에 책임을 질 수 있다. 상품관리자나 매입담당자는 상품선택과 창고관리의 업무뿐만 아니라 광고와 판촉업무까지 수행한다. 종종 소유경영자는 재무관리업무를 수행하기 위해 비용을 주고 회계기업과 계약을 맺기도 한다.

3. 전국 소매체인의 조직

단일 점포관리와는 대조적으로, 소매체인관리는 복잡하다. 관리자들은 지리적으로 서로 떨어져 있는 단위 점포를 관리해야 한다. 이번 절에서는, 전국단위 소매체인의 조직을 설명하기 위해서 Macy's Inc의 예를 들기로 한다. Macy's Inc는 Macy's, Bloomingdale's, the Macy's Catalog, 인터넷 채널, 지

⊙ 보기 9-4
소규모 소매업체의 조직 구조

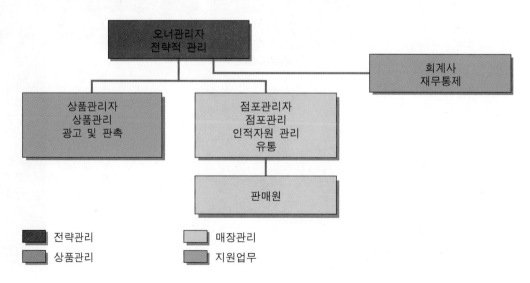

PetSmart의 인적자원의 소매전략 지원 사례

1988년에 PetSmart가 애완동물용품 전문소매점의 컨셉을 가지고 출시되었을 때는, 다른 전문소매점의 선도업체의 방식을 그대로 따랐고, 저렴한 가격, 방대한 상품 종류, 한정된 소비자 서비스 그리고 창고의 분위기를 강조했다. 그러나 PetSmart는 애완동물 보유자들이 더 많은 것을 원한다는 것을 발견했다. 애완동물 주인들은 애완동물에게 먹이를 주는 것만이 필요한 단순한 동물이 아닌, 가족의 일부로써 애완동물을 바라보았다. 그들은 애완동물에게 좋은 "애완동물의 부모"가 되기를 원했고, 사람에게 하듯이 그들의 애완동물의 건강과 웰빙에 대해서 생각하는 회사와 거래하기를 원했다. 그래서 PetSmart는 전문매장에서 애완동물을 위한 상품과 서비스의 믿을만한 공급자로 재포지셔닝을 하기 위한 전략을 개발했다.

이 새로운 포지셔닝을 위해서, PetSmart는 애완동물의 털 손질, 동물치료 서비스 그리고 동물 훈련 프로그램 같은 새로운 서비스를 매장 내에서 제공하기 시작했다. 수의사를 고용하기 보다는, 애완동물을 위한 "인간적" 양질의 의료서비스를 제공하는, 믿을 수 있는 제공자인 Benfield 동물병원의 클리닉을 시행하도록 준비했다. PetSmart는 개나 고양이를 파는 것보다는, 유기된 애완동물들이 쉴 수 있는 쉼터 공간 및 시설을 제공하기로 결정했다. 마침내 회사는 애완동물도 가족의 일부로 대우받는 만큼 매장에서도 환영받는다는 흥미로운 메시지와 함께, 저가 위주가 아닌 더 많은 서비스에 기초한 커뮤니케이션방법으로 바꿨다. 주요 동물보호소와 애완동물 구조대와 함께한 홍보성 광고물들은 전국적으로나 지방에서도 많은 관심을 끌게 되었다.

PetSmart는 애완동물 주인들이 한 장소에서 편리한 서비스를 제공받을 수 있도록 상냥한 애완미용사와 조련사들을 고용한다.

PetSmart는 회사의 종업원들이 새로운 브랜드 이미지 구축에 있어서 중요한 역할을 한다는 것을 인지했다. 종업원들이 먼저 소비자들에게 회사가 구축하고자 하는 브랜드의 약속과 가치에 대해서 이해하고 수용해야만 한다. 종업원들이 이러한 가치들을 개발하기 위해서 PetSmart는 판매점원 선발기준을 바꿨다. 회사는 더 이상 단순히 선반의 물건을 채우는 점원을 찾는 것이 아니라, 진정으로 개나 고양이 혹은 열대물고기들을 사랑하는 마음을 가진 사람들을 뽑고 있다. 애완동물 스타일 살롱에서 일하는 조련사들은 애완동물이 아름답게 보이도록 만드는 것을 사랑한다. 회사 종업원들의 능력을 개발하기 위해, PetSmart는 폭넓은 교육프로그램을 운영함으로써, 매장의 종업원들이 그곳에서 일하는 것과 더불어 애완동물에 대한 더 많은 지식을 쌓게 하도록 하고 있다.

출처: PetSmart 2007년도 연차 보고서, http://www.petsmart.com (2007년 8월 15일 자)
http://www.petsmartjobs.com (2007년 8월 15일 자)
Betsy Spethmann, "Pet Friendly," *Promo*, 2007년 2월 1일 발행
Patricia Odell, "Play Money," *Promo*, 2007년 2월 1일 발행

역에 기반을 둔 사업부 지원을 위한 본사 기능 등 여섯 개 지역에 떨어져 있는 부문을 관리하고 있다.

전통적으로 소매업은 가족이 소유하고 경영했다. 이러한 기업의 조직은 가족의 상황에 따라 달라졌다. 임원직위는 사업에 관여하는 가족구성원들의 자리를 마련해주기 위해서 설계되었다. 현재 대부분의 소매업체에 의해 채택된 기능적 조직계획은 1927년에 Paul Mazur에 의해 구상되었다. Macy's 플로리다 지부를 포함하는 소매체인의 조직 구조는 매입과 점포관리 업무를 각각 다른 부서로 분리시키고 있는데, 이는 Mazur 계획 원칙을 계속해서 반영한다고 할 수 있다.

〈보기 9-5〉는 Macy's Inc의 6개 점포 기반들 중 하나인 Macy's의 플로리다 지부의 조직 구조를 보여준다. 운영업무, 특정 상품분류업무(갈색), 그리고 매장(노란색)에 책임을 가지는 부문장(오렌지색)은 회장이나 사장에게 보고한다.

대부분의 소매기업 경영에서 일반적으로 CEO 그리고 COO라고 불리는 두 명의 고위 임원은 회사경영을 위해서 긴밀하게 협조한다. 이들은 종종 업주 또는 동반자로 불려진다. 한 파트너는 기본적으로 기업의 판매활동인 상품과 마케팅부서의 활동을 책임진다. 다른 파트너는 매장, 인적자원, 물류, 정보시스템, 재무부분에 관한 운영부서의 활동을 책임진다. Macy's 플로리다 지부에서, CEO는 상품에 대

◐ 보기 9-5 Macy's 플로리다의 조직

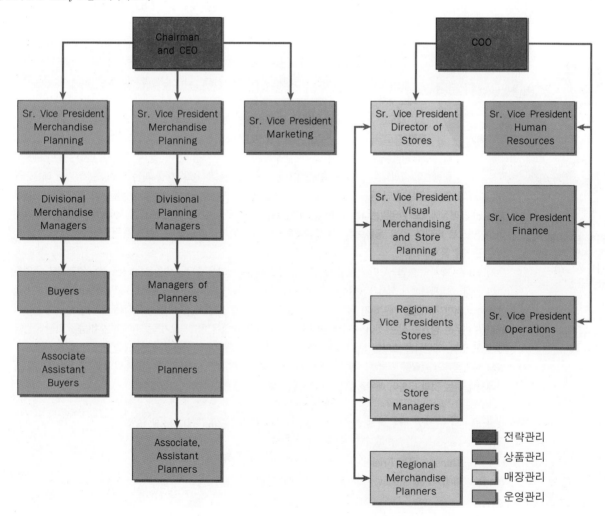

해 책임을 지는 반면 COO는 점포운영에 책임을 진다. 그러나 이러한 책임들은 다른 소매업체에서 바뀔 수 있다.

점포의 대부분의 관리자와 종업원은 여러 곳에 입지한 점포에서 근무한다(Macy's 플로리다 지점의 경우는 플로리다 주 전역에 있다). 상품, 기획, 마케팅, 재무, VMD(Visual Merchandising), 그리고 인적자원관리 관리자들과 관련 직원들은 마이애미시에 있는 본사에서 근무한다.

1) 상품부문

상품부문은 점포에서 판매되는 상품을 조달하고, 상품의 품질, 유행성, 종류, 가격이 기업의 전략과 얼마나 일치하는지 확인하는 책임을 맡고 있다. 12장부터 15장을 통해 상품 부문에서 행해지는 주요 활동들을 논의한다.

〈보기 9-6〉은 Macy's 플로리다 지부 상품부문의 조직구조를 상세하게 보여준다. 이 그림은 〈보기 9-5〉의 왼쪽부분에서 갈색부분을 더 자세하게 보여주고 있다. 각각의 고위 임원/일반상품관리자(GMM: General merchandise manager)는 특정 카테고리의 책임을 진다. GMM들은 상품판매활동을 총괄하고 있는 파트너인 회장과 CEO에게 직접 보고한다.

2) 매입자(바이어)

매입자(바이어)들은 상품의 공급, 가격의 설정, 가격인하와 더불어 특정 상품 영역의 재고를 관리하는

● 보기 9-6 Macy's 플로리다의 상품부문 조직

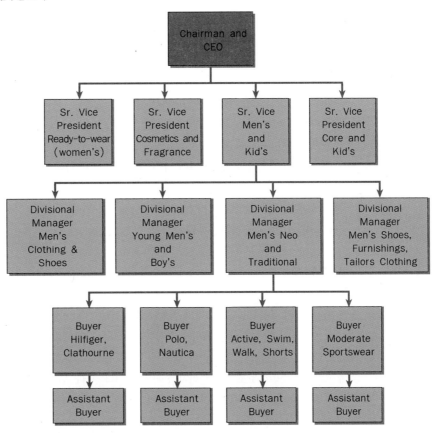

책임을 맡고 있다. 그들은 전시회나 패션쇼에 참가하며, 공급회사들과 가격, 품질, 종류, 배송기간, 대금결제방법에 관해서 협상한다. 게다가 그들은 유통업체상표 상품을 확정하거나, 소매업체의 타겟시장에 경쟁상품과 해당상품을 차별화하기 위하여 상품을 수정하기도 한다.

바이어들은 "마치 자기 사업을 하는 것"과 같은 많은 자율성을 가지고 있다 하더라도, 그들은 계절마다 바뀌는 재고예산에 영향을 받을 수밖에 없다. 그 예산은 바이어들과 그들의 상위부서 혹은 상품매입관리자들 사이 협상의 결과이다. 재고예산을 관리하는 것에 대한 문제는 12장과 13장에서 논의되었고, 상품매입활동은 14장에서 검토된다.

최근 몇 해 동안, 슈퍼마켓 체인에서 바이어의 역할은 카테고리 관리자로 점진적으로 발달해 왔다. 전통적인 슈퍼마켓 바이어들은 공급업체에 초점이 맞춰졌다. 예를 들어, Campbell이나 Kraft와 같은 제조업체들로부터 상품을 매입하는 역할만을 맡고 있었다. 그들은 제조사들과 긴밀한 관계를 발전시켰고, 그래서 상품을 소비자에게 판매하는 것보다, 이러한 제조사들과의 관계를 유지하는데 더 많은 관심을 가지게 되었다. 이러한 현상은 상품의 판매, 총이익, 재고자산의 회전보다 가격 할인을 얻어내는 바이어에게 더 많은 보상이 이뤄지는 평가체계 때문에 일어났다고 할 수 있다.

카테고리 관리자들은 소비자들이 대체품으로 간주하는 일련의 상품들에 책임을 지고 있다. 예를 들어, 카테고리 관리자는 얼리지 않은, 냉동된, 혹은 포장되거나 통조림된 모든 종류의 파스타에 대해 책임을 진다. 그들이 관리하는 카테고리 품목의 수익성에 따라 평가되어지기 때문에, "모방(me-too)" 상품을 없애고, 필수적인 틈새시장 상품을 유지하도록 동기부여 된다. 대부분의 다른 소매업체 형태에서 바이어들은 항상 상품영역에 대한 책임을 지녀왔다. 카테고리 관리자라는 용어는 주로 슈퍼마켓, Wal-mart나 Costco와 같은 대형 소매업체들에 의해 사용된다.

3) 기획자(Planner)

전통적으로, 바이어나 카테고리 관리자들은 각 점포에 진열될 상품종류의 결정, 점포별 상품 할당, 매출관리 및 재입고 주문에 대한 책임을 갖고 있었다. 이러한 책임을 바이어에게 부여한 것은 상품을 선택하고 조달하는 그들의 기본적인 책임을 빼앗는 결과를 가져왔다. 결과적으로, 상품종류의 결정과 할당에 대한 의사결정은 그에 합당한 관심을 얻지 못하였다. 이 문제를 다루기 위해, 대부분의 소매체인들은 매입 부문의 상품관리자와 동급에 해당하는, 기획과 유통 부문의 고위 임원(Senior VP)의 감독을 받는 상품 기획자를 만들었다(보기 9-5 참조). 상품 기획자는 지역의 특정 몇 개의 점포에서 몇 가지 상품종류를 결정하고 또 상품을 할당하는 임무를 담당한다. 예를 들어, 미술 공예재료에서 가장 큰 전문 소매업체인 Michaels의 상품기획자는 텍사스 남부와 태평양연안 남서지역의 각기 다른 기후를 고려하여 인조식물의 상품종류를 결정한다.

4) 점포 부문

〈보기 9-5〉에서 노란색으로 보이는 부분인 점포부문은 점포에서 행해지는 제반활동에 대한 책임을 진다. 각각의 부문장들은 몇 개의 점포를 책임진다. 지배인이라고 불리는 점포 관리자는 각각의 점포에서 수행되는 활동에 대한 책임을 가진다.

〈보기 9-7〉은 Macy's 플로리다 점포의 조직도를 보여주고 있다. 큰 점포에서의 지배인은 그들에게 보고하는 두 명의 보조 점포관리자를 가지고 있다. 판매 보조 점포관리자는 판매 점원들을 관리한다. 운영 보조 관리자는 상품의 인수·재배치·진열, 종업원의 선발·교육·평가를 포함하는 인적자원업무, 점포유지 같은 관리, 그리고 매장보안을 담당한다.

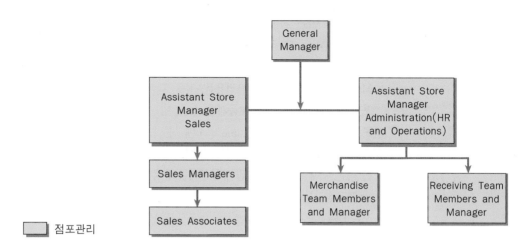

○ 보기 9-7
Macy's 플로리다 점포 조
직도

점포관리

판매 관리자와 판매원은 점포 내 특정한 지역의 고객과 함께 일을 한다. 예를 들어, 판매관리자는 주방
기구, 선물, 도자기, 은제품, 식탁식기류가 팔리고 있는 전체 지역에 책임을 가지고 있다.

5) Macy's Inc의 본사 조직

〈보기 9-8〉은 오하이오 주의 신시내티시에 있는 Macy's Inc 본사의 조직도를 보여주고 있다. 본사는
전략적 방향을 설정하고 부문별 활동을 조정하여 생산성을 향상시키는 활동을 담당하고 있다. 예를 들
어, 본사가 단일경영정보시스템을 갖고 유통업체상표 프로그램을 관리하는 것은 각각의 지역체인별로
개별적으로 독립된 시스템과 프로그램을 가지고 운영하는 것보다 훨씬 효율적이고 효과적이다.
Macy's의 본사에서 이루어지는 활동들은 다음을 포함한다.

- 세금, 회계감사, 회계, 현금관리 및 재무, 기획, 보험, 통계적인 분석과 예측, 법무, 공급업체 개발프
  로그램, 다양성교육, 커뮤니케이션, 부동산 등을 포함한 전반적인 지원서비스와 조언을 제공.
- 유통업체 상품 관련 컨셉, 설계, 제조업체 선정, 그리고 Macy's나 Bloomingdale's에서 판매되는

○ 보기 9-8 Macy's Inc의 본사 조직

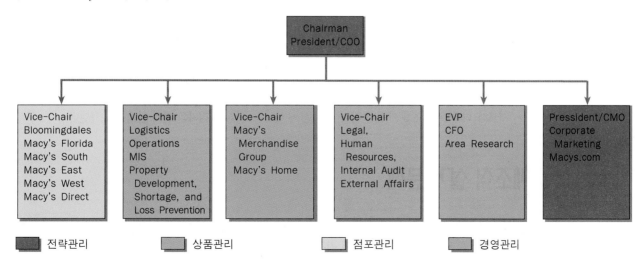

독점상품. Macy's의 유통업체상표 중 일부는 I·N·C, Charter Club/Club Room, Alfani, Style & Co., Tasso Elba, Tools of the Trade, Hotel Collection, The Cellar, Greendog, First Impressions를 포함.

- Macy's의 매장의 전반적 가정용품-직물, 테이블탑, 주방용품, 가구-를 위한 설계, 계획, 마케팅을 포함하는 전반적인 전략, 제품개발, 상품, 마케팅 활동.
- 모든 Macy's와 Bloomingdale의 소매부문 위한 물류, 유통, 운영기능 지원. 1차적인 책임은 매장의 가판대에서 효율적이고 시의 적절한 신상품의 유입을 확실히 하는 것임. 이것을 위해, 해당 부문은 작은 구매권과 큰 구매권 유통센터를 운용하고, 운송수단과 셔틀배송을 조직, 제조사로의 반품과 재고정리를 담당.
- 모든 Bloomingdale과 Macy's의 등록상표, VISA 신용카드 구좌관리.
- 소비자와 종업원들을 위해 메일을 통한 소매부문과 Bloomingdale의 전화주문, 가구와 침대 고객 서비스, www.macys.com, www.bloomingdales.com, 웨딩채널의 신부의 비즈니스를 위한 전자상거래 서비스(e-mail, 전화), 인적자원 서비스, 급여와 수당을 포함하는 대부분의 다른 무점포 활동.
- 전국범위의 활동이지만 지역에 반응이 좋은 Macy's 브랜드를 위해 차별화된 판매촉진 프로그램 개발. 전국의 공중관계와 행사, 신용마케팅, Macy's의 선도적인 대의 마케팅계획.
- 통합전자상거래, Macy's 안의 모든 계층이 사용할 수 있는 데이터웨어하우스 시스템의 제공. 상품 계획 시스템의 개발 및 실행, 고객 서비스 장치(예: 가격, 선물카드 금액체크)와 신기술의 제공, 처리과정을 더욱 빠르고, 정확하고, 효과적으로 진행되도록 돕기 위한 새로운 기술 도입, 마케팅에 집중하고 극대화하기 위한 데이터의 분석.

4. 다른 유형의 소매업체 조직구조

대부분의 소매체인들은 〈보기 9-5〉에서 보이는 것처럼, 상품, 점포관리, 지원업무, CEO 등 최고경영 자에게 보고하는 Macy's 플로리다점의 구조와 매우 유사한 조직구조를 가지고 있다. 몇 개의 다른 체인을 운영하는 Macy's, Kroger, The Gap과 같은 본부회사들은 〈보기 9-8〉과 비슷한 대단히 중요한 본부 구조를 가지고 있는데, 각각의 부문은 〈보기 9-5〉에서 보이는 것처럼 독립적으로 부문의 상품 및 점포관리 단위를 가진 조직으로써 운영되어진다.

백화점의 조직구조와 다른 소매업태와의 기본적인 차이점은 구성원의 수와 상품·점포관리 영역에서의 관리 단계의 수이다. Gap, Kohl's, JCPenney, Circuit City와 같은 많은 전국적인 소매업체들은 회사본사에서 상품관리를 중앙집권화 한다. 결과적으로, 그들은 상품부문에서 더 적은 구매자들과 관리 단계를 가지게 되었다. 그러나 전국적인 소매업체들은 Macy's 플로리다 지부 같은 지역 백화점 부서보다 더 많은 점포를 가지게 되어, 점포의 부서에 더 많은 관리자와 관리 단계들을 가진다.

III 소매조직 설계 문제

소매조직의 설계에서 두 가지 중요한 문제는 (1) 의사결정이 중앙집권화하거나 분권화하는가의 정도 (2) 상품과 점포 관리를 조직했었던 접근방법들, 이 두 가지이다. 첫 번째 문제는, 상품관리, 정보와 유통시스템, 인적자원관리에 대한 의사결정이 누구에 의해-지역의, 구역의 또는 점포관리자나 본부에 있는 관리자- 결정되는지에 대한 것으로 해석된다. 두 번째 문제는, 소매업자들이 상품과 점포관리 활동을 회사 내의 세부 부서 조직으로 나누기 때문에 발생한다. 그러므로 이런 상호의존적인 활동을 조화시키기 위한 방법을 개발할 필요가 있다.

1. 중앙집권적 vs 분권적 의사결정

중앙집권화는 소매 의사결정권한이 지리적으로 흩어져있는 관리자에게 있는 것이 아니라, 기업의 본사 관리자에게 위임되었을 때이다. 분권화는 의사결정권한이 조직의 더 낮은 계층에 의해 맡겨질 때이다. JCPenney는 지리적으로 분권화되어있는 의사결정을 중앙집권화 의사결정으로 변경한 소매업체의 한 예이다. 현재 대부분의 소매관리 의사결정은 본사관리자에 의해 결정된다.

소매업자들은 의사결정이 본사 차원의 중앙집권화 되어질 때 비용이 감소한다. 첫째, 더 적은 관리자가 상품, 인적자원, 마케팅, 재무관련 의사결정을 하기 때문에 간접비용이 줄어든다. 예를 들면, Macy's는 6개의 지역부서를 운영하고 있는데 7명의 여성 블라우스 바이어를 가지고 있다(6명은 Macy's의 지역본부에 있고, 1명은 지역체인과 유통업체 상표 블라우스의 매입 조정역할을 하는 본부의 바이어이다). 대조적으로, JCPenney는 본부에 여성용 블라우스를 구매하는 두 명의 바이어를 가지고 있다. 중앙집권화된 소매조직은 마케팅, 부동산, 정보시스템, 인적자원관리와 같은 경영관리기능에서의 인력을 비슷하게 줄일 수 있다.

둘째, 지역적으로 흩어져 있는 점포간의 매입을 조직화함으로써, 회사는 공급자들로부터 더 낮은 가격을 달성할 수 있다. 소매업자들은 몇 개의 작은 주문을 하는 것보다 한 개의 대량 주문을 함으로써, 더 나은 구매조건으로 협상할 수 있다.

셋째, 중앙집권화는 기업전체를 위해 가장 우수한 인력이 의사결정을 할 수 있도록 기회를 제공한다. 예를 들어, 중앙집권화된 조직에서는 경영정보시스템(MIS), 매입, 점포디자인, 시각적 상품기획과 같은 영역에서 가장 많은 전문지식을 가지고 있는 사람들이 모든 점포들에 그들의 능력을 발휘할 수 있다.

넷째, 중앙집권화는 효율성을 증가시킨다. 표준화된 운영방침이 점포와 인력관리에 적용되며, 이러한 방침은 점포관리자의 자의적인 의사결정을 제한한다. 예를 들어, 본부 상품기획자들은 상품을 전시할 가장 최고의 방법을 결정하기 위해 많은 시장조사를 수행한다. 그들은 전국의 모든 점포가 일관된 이미지를 제공할 수 있도록 점포관리자들에게 상품진열에 대한 자세한 안내를 제공한다. 그들이 모든 점포에 비슷한 핵심 상품기획을 할 수 있기 때문에, 중앙집권화된 소매업체들은 단가가 비싼 지역매체보다, 전국매체를 통한 광고를 통해 규모의 경제를 달성할 수 있다.

중앙집권화가 비용절감의 이점들을 가지고는 있지만, 단점은 지역시장 환경에 적응하려고 하는 소매업자들을 더 힘들게 만든다는 것이다. 예를 들어, Gainesville은 플로리다주의 중심에 위치하고 있으므로, Sports Authority 본사 사무실의 낚시용품담당관리자는 Gainesvile 매장 고객들이 주로 민물 호수 낚시를 한다고 생각하게 될 것이다. 그러나 현지지역 점포관리자들은 대부분의 고객들이 멕시코만이나 대서양쪽으로 바다낚시를 하러가기 위해 150 킬로미터를 운전해 이동한다는 사실을 알고 있다.

해당상품을 지역요구에 맞게 수정하는 문제와 더불어, 중앙집권화된 소매업체들은 지역경쟁과 인력시장 대응에 어려움이 있을 수 있다. 가격이 중앙에서 결정되면, 개별 점포들은 시장에서 경쟁에 재빠르게 대응하지 못할 수도 있다. 마지막으로, 중앙집권화된 인사방침은 지역의 관리자들이 그 지역에서 경쟁력있는 임금을 주거나, 적절한 판매사원의 고용을 어렵게 만든다.

그러나, 중앙집권화된 소매업체들은 지역시장에 대응하기 위해서 그들의 정보시스템에 더욱 의존하고 있다. 예를 들어, 중앙집권화된 바이어들은 점포단위 또는 지역단위 기반의 가격책정, 가격인하, 상품 할당을 다양화 할 수 있다.

2. 상품관리와 점포관리의 조정

소규모 혹은 독립적인 소매업체들은 매입과 판매활동을 조정하는데 어려움이 거의 없다. 소유경영자들은 일반적으로 상품을 매입하고 판매하는 직원들과 함께 일을 한다. 고객과 긴밀한 접촉을 통해 소유경영자는 소비자들이 원하는 것을 잘 알고 있다.

대조적으로, 대규모 소매기업들은 매입과 판매를 독립된 부서로 조직한다. 바이어는 상품의 매입에 전문적이고, 그것을 판매하는 책임을 가지고 있는 점포 직원과는 접촉이 많지 않다. 이런 특성화가 바이어들의 기술과 전문성을 향상시키는 반면, 고객의 요구를 이해하는 것을 더욱 어렵게 만든다. 대규모 소매업체들이 매입과 판매를 조직하기 위해 사용하는 세 가지 접근방식은 (1) 점포 환경에 대한 매입직원들의 공감대 향상, (2) 점포 방문, (3) 종업원들에게 조정자역할을 부여하는 것이다.

1) 점포환경에 대한 공감대 향상

균형적인 이해를 높이기 위해, 소매업체들은 상품을 사는 매장고객과 바이어들 사이의 비공식적 의사소통을 향상시키고, 소비자와 바이어들과의 접촉을 증가시키기 위해서 노력한다. 수습직원은 매입부서의 정식직원이 되기 전에 매장에서 일하도록 요구한다. 이 6~10개월의 교육기간 동안, 전도 유망한 매입직원들은 매장에서 수행하는 활동을 이해하고, 판매직원과 점포관리자가 직면하는 문제들, 소비자의 요구에 대해서 공감대를 얻게 된다.

2) 점포 방문

소비자 접촉과 의사소통을 향상시키기 위한 또 다른 접근방법은, 매입직원들이 점포를 방문하게 하여 자신들이 매입하여 공급하는 부서에서 일하도록 하는 것이다. Wal-Mart에서는, 매입직원뿐 아니라 모든 관리자들이 종종 매장을 방문하여 회사의 CBWA(coaching by wandering around: 현장순회 지도) 철학을 수행한다. 관리자들은 일요일 밤에 Arkansas의 Bentonville에 있는 본사를 떠나, 통상적으로 토요일 아침에 열리는 미팅에서 그들의 경험을 공유하기 위해 돌아온다. 이와 같은 대면 의사소통은 회사의 경영정보시스템으로부터 얻을 수 있는 딱딱한 매출 리포트보다 매장과 소비자 사이의 더 풍부한 시각을 관리자에게 제공한다. 매장에서 시간을 보내는 것은 소비자 요구에 대한 매입직원의 이해도를 향상시키지만, 이런 접근은 매입직원이 매출 패턴을 검토하고, 프로모션을 기획하고, 재고관리, 상품의 새로운 공급원을 탐색할 시간을 할애해야 되기 때문에 많은 비용이 든다.

Wal-Mart의 설립자 Sam Walton은 실천을 통해 Wal-Mart의 경영철학인 CBWA(현장순회지도: Coaching By Wandering Around) 상징이 되었다.

3) 종업원에게 조정자 역할 부여

TJX와 같은 일부 소매업자들은 상품부서(매입직원과 함께 일하는 기획자와 유통업자)와 판매·매입을 조정하는 책임이 있는 매장에 직원이 근무하게 한다. 많은 전국 소매 체인들은 지역(regional)과 구역(district)의 인력들도 매입과 판매활동을 조정하게 하고 있다. 예를 들어, 시카고에 있는 Target 지역의 상품관리자들은 본사 매입 담당자에 의해 개발된 계획을 지역 고객의 욕구에 맞게 조정하기 위해 North Central에 있는 점포와 협력하게 한다.

조직구조의 개발뿐만 아니라 인적자원(HR)관리자는 수 많은 활동을 수행하는데 능력있는 종업원을 모집하거나, 종업원의 성과를 향상시키거나, 종업원들 사이의 결속을 강화시키거나, 기업의 이직률 감소를 위해 노력하고 있다.

IV 인재확보를 위한 전쟁

우리가 이 장의 첫 부분에서 보여주었듯이, 이용 가능한 종업원의 인력은 인구통계의 변화로 인하여 감소하고 있다. 그렇지만 신기술 사용, 심화된 글로벌 경쟁, 다양한 인력과 같은 문제에 효과적으로 대처할 수 있는 관리자는 더 필요한 실정이다. 따라서, 소매업자들은 유능한 인재, 즉 능력있는 종업원과 관리자의 확보를 위해 그들의 경쟁자들과 "전쟁"에 임하고 있다. 회사의 인적자원(HR) 부서는 인재확보를 위한 전쟁에서 장군의 역할을 한다. 그들은 인재들의 관심을 끌고, 개발하고, 동기부여하며, 유지할 수 있는 프로그램들을 개발하는 책임을 가지고 있다.

1. 인재 영입: 채용 마케팅

Starbucks와 Marriott와 같은 소매업체들의 HR부서들은 "가장 우수하면서 똑똑한" 잠재력 있는 인재들을 유치하기 위한 마케팅 프로그램을 개발한다. 채용 마케팅 또는 채용 브랜딩이라고 불리는 이러한 프로그램들은, 잠재적인 종업원들이 무엇을 바라고 있는지, 뿐만 아니라 소매업체에 대해서 어떻게 생각하는지, 업체가 가치 제안과 채용 브랜드 이미지를 개발하고 있는지, 그 브랜드 이미지가 잠재적인 종업원들에게 의사소통이 되고 있는지, 채용브랜드의 약속을 지키고 있는지에 대해서 이해하는 마케팅 조사도 포함한다. 소매업체들은 종업원들을 끌어들이기 위한 창조적인 접근방법을 개발하기 위해, 채용 마케팅 전문 광고 대행업체를 종종 쓰기도 한다.

예를 들어, Starbucks의 조사에서는 기존직장에 있는 유망한 종업원들이 그들의 직업을 좋아하고 있다는 사실을 밝혀냈다. 그들이 Starbucks의 일터로부터 받는 보상은 기존 보수와 승진기회 이상을 넘어선다. 그래서 Starbucks는 "Love What You Do"라는 테마를 기반으로 채용 마케팅 프로그램을 개발하였다. Southwest도 채용마케팅 프로그램을 위해 "Feel Free to Actually Enjoy What You Are Doing"이라는 비슷한 슬로건을 사용한다.

Starbucks는 "Love What You Do"라는 테마를 프린트된 홍보물이나 Starbucks의 종업원들의 경험을 묘사하는 비디오에 사용하며, 이것을 매장에서 종업원이 될 가능성이 있는 사람들에게 제공한다. 이와 같은 이차적인 홍보물에서, 실제 종업원들은 왜 그들이 하는 일을 사랑하는지에 대해서 설명하고 있다.

Starbucks는 모든 파트너와 종업원들에게 잠재적인 종업원 고용에 관여하도록 한다. 매장의 종업원들은 일자리에 대한 소비자의 문의와 매장에서 일하는 것에 대한 질문에 대한 대답을 하도록 교육받는다. 또한 식당에서 서빙하는 사람이나 은행의 텔러처럼 많은 고객서비스를 제공하는 사람이, 고객 누구에게나 줄 수 있는 WOW 비즈니스 카드를 매장 관리자에게 준다. WOW에는 "WOW, that is great service you provided; 그건 당신이 제공한 최고의 서비스 입니다"라고 쓰여 있다. 서비스 제공자에게 감사함을 표하는 WOW카드는 매장 관리자의 이름과 연락처가 적혀있고, 해당 Starbucks 매장에 지나가다 들려서 무료 라떼 한 잔과 스타벅스에서의 일자리에 대해서 이야기할 수 있도록 서비스 제공자를 초대할 수 있게, 매장관리자에게 개인적인 메모를 쓸 수 있는 공간이 있다.

2. 능력 개발: 선발과 훈련

소매업자들이 그들의 인적자원관리에서 지식, 기술, 능력 개발을 위해 수행하는 두 가지 활동은 선발과 훈련이다. 인적자원을 통하여 경쟁우위를 창출하는 소매업자들은 인력고용에 매우 선별적이고, 교육에 있어서도 중요한 투자를 한다.

1) 선별적 채용

효과적인 노동력을 확보하기 위한 첫 번째 단계는 직군에 맞는 사람을 채용하는 것이다. 아시아에서 가장 존경받는 회사 중 하나인 싱가포르항공은 서비스 품질 부분에서 한결같이 최고 항공사 중의 하나로 평가받고 있다. 승무원들은 고객과 접촉하는 중요한 요소이기 때문에, 고위 임원이 직접 채용에 관여한다. 오직 10%의 지원자들이 1차 전형을 통과하고, 결국에는 2%만이 채용된다.

직무요건과 기업전략은 어떤 인력이 고용되어야 하는가를 말해준다. 단순히 가장 우수하면서 똑똑한 사람을 찾는 것은 가끔은 가장 효과적인 접근이 되지 않을 수도 있다. 예를 들어, 레저용품을 판매하는 전문점인 Recreational Equipment Inc(REI)에서 사명은 "You live what you sell; 당신은 당신이 판매하는 것으로 살아간다"는 것이다. 레저생활을 열광적으로 즐기는 사람을 판매점원으로 채용함으로써, 소비자들에게 도움을 줄 수 있고 구매직원으로서 자원의 역할을 담당할 수 있다. Borders Books and Music도 비슷하게 독서광인 종업원이 일하는 것을 원한다.

2) 교육 훈련

60퍼센트가 넘는 소매 종업원들이 소비자와 직접 접촉하기 때문에 소매에서 교육은 특별히 중요하며, 그 의미는 종업원이 소비자의 요구를 만족시키고, 소비자의 문제를 해결하도록 돕는 책임이 있다는 것이다.

JCPenney는 고용 브랜드를 구축하기 위해 잠재적 종업원을 향한 모든 대응과 광고에 "A Perfect Fit"이라는 태그라인을 사용한다.

뉴욕의 Rochester에 있는 슈퍼마켓 체인인 Wegmans의 핵심성공요인은 종업원을 다루는 방식과 교육의 강조에 있다. 그들은 주인의식에 대한 생각을 종업원들에게 천천히 심어주며, 이는 그들에게 어떻게 회사가 운영이 되어야 하고, 어떻게 활동해야 하는지에 대한 책임을 지도록 하는 것을 의미한다. 회장인 Coleen Wegman은 "우리는 우리 직원들의 말을 경청합니다. 회사 도처에서 아이디어를 얻습니다. 그리고 그것을 시도해 봅니다. 만약 그것이 되지 않으면, 우리는 방향을 선회합니다"라고 말한다. Wegmans는 회사의 장학프로그램을 통해 젊은 노동자들의 소양을 개발하고 있다. 1984년 이후, Wegmans 장학 프로그램은 2만 명이 넘는 근로자, 파트타임 종업원들에게 6천 3백만 달러의 장학금을 주고 있다. 교육 프로그램을 제공함으로써 회사의 종업원들에게 투자를 한다. 제품에 대한 깊은 지식을 갖게 되면, 하는 일에 더 성취감을 느낄 수 있다. 종업원들은 새로운 요리 기술에 대해서 배우고, 그것을 소비자들과 공유한다.

소매업체들이 직면하고 있는 흥미로운 문제는 젊은 종업원들을 교육하는 방법이다. 인터넷과 인터넷 게임과 함께 자라온 첫 번째 세대인 Y세대는 이전 세대보다 다르게 배운다는 것을 인지했다. 그래서 예를 들어, 아동 의류 소매업체인 The Children's Place는 TV시리즈인 CSI(범죄과학수사대)를 참조하여 "Place Scene Investigation(PSI)(상황에 맞게 장면을 연결함)"라고 불리는 손실방지와 점포보안에 대한 교육모듈 시리즈를 개발했다. 이런 모듈들은 소매에서 전형적으로 보이는 Click-next(계속적으로 다음을 누름) 모듈보다 훨씬 더 효율적인 상호작용을 한다. Retailing View 9.3은 Peet's Coffee & Tea가 어떻게 교육에 전념하고 있는가에 대한 또 다른 사례를 보여주고 있다.

3. 동기부여: 목표의 일치

종업원과 기업의 목표를 조정하는 것은 보통 어려운 일인데, 그 이유는 종업원의 목표가 통상 그들이 일하는 기업의 목표와는 다르기 때문이다. 예를 들어, 판매점원이 고객을 돕는 것보다, 상품전시를 창조적으로 조정하는 것이 개인적으로 더 보람된다고 생각할 수 있다. 소매업체들은 보통 종업원을 동기부여하기 위해서 세 가지 방법을 사용한다. (1) 문서화된 방침과 감독, (2) 인센티브, 그리고 (3) 조직문화가 그것이다.

1) 방침과 감독

아마도 대부분 조정의 기본적인 방법은 종업원들이 해야 할 일을 지시하는 문서화된 방침을 준비하고, 관리자로 하여금 이 방침을 준수하도록 하는 것이다. 예를 들어, 소매업체는 상품이 고객으로부터 언제, 어떻게 반환될지에 대한 방침을 세울 수 있다. 종업원이 이와 같은 결정을 하기 위해 문서화된 방침을 사용한다면, 이들의 행동이 소매업체의 전략과 일관성을 가질 것이다. 그러나 문서화된 방침에 지나치게 의존하면 종업원의 의욕을 떨어뜨릴 수 있는데, 그 이유는 종업원들이 자신들의 책임 영역에서 성과를 올리기 위해 그들만의 독창성을 사용할 기회가 적어지기 때문이다. 결과적으로, 이들은 그 직장에 대해 흥미를 잃게 된다.

조정의 방법으로써 방침에 의존하는 것은 많은 불필요한 요식을 만들어 낸다. 방침에 의해 해결되지 않는 상황이 발생할 수 있으며, 종업원들은 상사에게 보고해야 할 필요성을 느끼게 된다. 대체적으로 많은 소매업체들이 종업원들 스스로 의사결정을 하도록 권한을 준다. 권한위임은 이 장과 19장에서 논의한다.

Peet's는 그들이 판매하는 차에 대해 알고 있다.

Peet's Coffee & Tea에서는 고객에게 경쟁사보다 우수한 서비스를 제공하기 위해, 스탭에게 상품에 대한 깊이 있는 지식을 제공한다.

Lipton 티백을 사서 뜨거운 물에 넣어 차를 만드는데 단돈 몇 센트가 드는 데, 왜 사람들은 차 한 잔을 위해 2달러 이상의 돈을 내는 것일까? Peet's Coffee & Tea와 같은 회사들은, 좋은 고객 서비스를 제공하기 위해서 종업원들을 교육함으로써, 가치창출을 해왔기 때문이다. Alfred Peet는 1966년 Berkeley 대학으로부터 몇 블록 떨어진 거리에 "커피전문점의 할아버지" 격으로 알려진 Peet's를 설립했다. 주요 품목은 커피였지만, Peet's의 관리자들은 차를 포함하여 판매하는 다른 모든 것이 잘 팔리지 않으면, 사업이 잘되지 않을 것이라는 것을 알았다.

Peet's가 첫 번째로 우선한 일은 직원을 교육하는 것이었다. 차를 만드는 방법을 알려주는 것과 더불어, 종업원들은 제공하는 음료에 대해서 알 필요가 있었다: 녹차, 흑차, 우롱차가 어떻게 재배되고 생산되는가? 어떻게 서로 다른가? 맛은 어떠한가? 카페인 함유량은 어떻게 되는가?

직원이 차에 대해서 알아야만 하는 것들을 알 때, 고객들에게 정보를 제공할 수 있는데, 그러면 고객들은 보통 차에 대해서 많이 알고 있는 소수의 고객과 그렇지 않은 나머지 고객들의 두 부류로 나뉘게 된다. 차 마니아들은 매우 특별한 질문을 던질 수 있는 반면, 대부분의 초보 고객들은 아마도 왜 이 차가 이렇게 비싼지 이해하지 못할 것이다. 대부분의 소비자들은 티백과 함께 자라왔기에, Peet's에서 팔고 있는 내려 마시는 차를 만드는 방법에 대해서 배워야할 필요가 있는 것이다.

Peet's에서, 직원들은 또한 소비자들에게 줄 수 있는 모든 차 성분함유량에 대한 정보인 "cheat sheet:(진품검사지)"를 가지고 있다. 이 종이는 차가 얼마나 많이 사용되고, 얼마나 오래 내려야 적절한 맛을 내는가에 대해서 보여주고 있다. 만약에, 직원이 소비자의 질문에 대한 대답을 알고 있지 못한다면, 관리자나 사무실에 문의하여 알아낸다.

차를 팔고 마시는 것은 매우 개별적인 경험이 될 수 있으므로, Peet's의 직원들은 소비자와 상호작용하도록 교육받는다. 예를 들어, 직원들은 고객에게 가장 좋아하는 차와 그것의 맛에 대해서 물어볼 수 있으며, 그 세부사항들을 새로운 대체 차를 제안하는데 사용할 수 있다. 그러나 차를 판매하는 가장 좋은 방법은 그것을 직접 마셔보는 것이다. 서로 다른 차들을 마셔보고 평가하는 직원들을 고용함으로서, 그들에게 훌륭한 차 홍보대사가 되는 자신감과 지식을 제공해 준다. Peet's는 성공의 열쇠가 좋은 커피와 차뿐만 아니라, 차에 대한 지식이 많은 종업원들로부터 제공되는 훌륭한 서비스라는 것을 알았다.

출처: http://www.peets.com (2007년 8월 15일 자)
Gray W. Blake "Coffee Drinks Give 'I'm Buzzed' a Double Meaning," *San Francisco Chronicle*, 2006년 2월 23일 판. Gene G. Marcial "Peet's Tempting Aroma," *Business Week*, 2004년 6월 13일 판

1970년에 Wal-Mart가 주
식을 상장할 때, 종업원들은
Wal-Mart주식 100주를
1,650달러에 구매했는데,
현재 그 주식가치는 5백 만
달러가 넘는다.

2) 인센티브

종업원을 동기부여하고 조정하는 두 번째 방법은 종업원들이 소매업체의 목표에 일치하는 활동을 수행할 수 있도록 인센티브를 제공하는 것이다. 예를 들어, 매입직원이 그들이 매입하는 상품의 수익에 따라서 보너스를 받게 된다면, 기업의 이익을 염두에 두도록 동기부여 될 것이다.

인센티브 보상의 유형 인센티브의 두 가지 유형은 커미션과 보너스이다. 커미션은 판매량의 2%와 같이 고정된 비율에 의해 보상하는 것이다. 많은 소매 판매원들의 보상정도는 그들이 판매한 상품의 고정된 비율에 기반을 둔다.

보너스는 종업원의 업무성과에 대한 평가를 기준으로 정기적으로 받는 추가적인 보상이다. 예를 들어, 점포관리자는 초기 예상매출과 이익을 기준으로 매년 말에 보너스를 받는다. 17장에서는 표창과 승진처럼 다른 비재무적인 인센티브와 비교하여 보상 계획의 장단점에 대해서 상세하게 다룬다.

개인적인 활동에 기반을 둔 인센티브에 더하여, 소매업체 관리자들은 기업의 성과에 대해서도 인센티브를 받는다. 이러한 이익공유제도는 기업의 이익을 바탕으로 한 현금 보너스의 형태나, 기업주식의 성과와 기타 수익을 기본으로 하는 스톡옵션의 형태로 제공될 수 있다.

일부 소매업체들은 판매원을 포함하는 모든 종업원들에게 동기부여하고 보상해주기 위해 주식 인센티브를 사용한다. 종업원들은 급여공제계획을 통해 할인된 가격으로 그 회사의 주식을 사도록 권장 받는다. 이러한 주식 인센티브는 종업원들이 그들의 회사에 관심을 가지도록 하고, 회사가 잘 될 때 매우 보람이 클 수 있다. 그러나 회사의 주가성장이 감소하면, 종업원들의 사기 또한 하락하고, 기업문화가 위협당하며, 임금인상과 복지향상에 대한 요구가 더 커진다.

인센티브의 단점 인센티브는 인센티브 기반의 활동을 수행하는 종업원들에게 동기부여 하는데 매우 효과적이다. 그러나 인센티브는 또한 종업원들이 다른 활동을 무시하게 만들 수 있다. 예를 들어, 보상이 전적으로 판매량에 기반을 둔 판매원의 경우, 상품 진열과 정리에 시간을 투자하지 않을 것이다. 뿐만 아니라, 직원들의 동기부여를 위해 인센티브를 과다하게 사용하는 것은 또한 종업원들의 결속력을 떨어뜨릴 수 있다. 종업원들은 회사가 자신들에게 전적으로 헌신하지 않는다고 생각하여(그들의 보상을 보장하지 않으려 한다고 느끼기 때문에), 회사에 대한 충성도는 떨어지게 된다. 따라서 경쟁사가 더 높은 커미션을 제공한다면, 종업원들은 부담없이 떠날 것이다.

3) 조직 문화

Wal-Mart의 설립자이며,
죽을 때 세상에서 가장 부유
한 사람 중 한사람이었던
Sam Walton은 아프리카로
의 여행에서 일생에 단 한
번 일등석을 이용하였다.

종업원을 동기부여하고 조정하는 마지막 방법은 강한 조직문화를 개발하는 것이다. 조직문화는 종업원들의 행동을 유도하는 기업의 가치, 전통, 관습을 말한다. 이 지침들은 일련의 방침과 과정으로 명시되어 있지는 않지만, 선배 종업원에게서 신입사원으로 전달되는 전통이다.

많은 소매기업들은 종업원에게 업무에 대한 책임의식과 기업전략에 일치하는 행동지침을 심어주는 강력한 조직문화를 가진다. 예를 들어, Nordstrom의 강력한 조직문화는 고객서비스를 강조하는 반면, Wal-Mart의 조직문화는 비용을 감소함으로써, 저가로 소비자에게 상품을 공급하는데 초점을 맞춘다. 조직문화는 보상계획, 관리자에 의해 지시되는 방향, 문서화된 회사 방침을 통해 제공되는 보상보다 종업원들의 행동에 훨씬 더 강한 영향을 미친다. Nordstrom은 신입사원에게 나눠주는 방침 안내서에

Nordstrom의 정책 매뉴얼에는 다음과 같은 조항이 있다. "고객이 원하는 서비스를 제공하기 위해 할 수 있는 모든 것을 하는 데 판단력을 최대한 이용하라."

서 조직문화의 힘을 강조한다. 안내서 중의 한 가지 규칙은 고객에게 서비스를 제공하기 위해 최선의 판단력을 사용하여 할 수 있는 모든 것을 하라는 것이다. 문서화된 규칙이 없다는 것은 Nordstrom의 직원들이 자신의 행동에 대해 아무런 지침이나 규제가 없다는 것이 아니고, 조직문화가 종업원들의 행동을 이끌어 주고 있다는 점이다. 신입판매직원들은 다른 종업원들로부터 항상 Nordstrom에서 판매하는 옷을 입어야 하고, 고객들이 편리하게 주차할 수 있도록 주차장 외곽에 차를 주차해야 하고, 백화점에 들어가는 고객과 가까워져야 하며, 상품이 비록 Nordstrom에서 구매된 것이 아니라도 고객에 의해 반품되는 상품을 받아들여야 하고, 고객의 차로 짐을 옮겨줘야 한다는 것을 배운다.

4) 문화를 개발하고 유지하기

조직문화는 이야기와 상징물을 통해 개발되고 유지된다. 조직문화의 가치는 이야기를 통해 신입사원에게 설명되고, 현재 근무 중인 종업원에게 강조된다. 예를 들어, 세계 각지의 모든 Ritz-Carlton에서는 각 부서의 종업원들이 고객 경험을 되짚어보고, 문제를 해결하고, 서비스 향상을 위한 방법을 논의하기 위해 매일 회의를 한다. 회의동안에 "wow story"가 나온다. 이 이야기는 모든 Ritz-Carlton에서 회자되는데, 모범적인 서비스를 제공한 한 직원을 지목하게 된다. 예를 들어, 발리의 Ritz-Calton에 머무르고 있는 한 가족은 음식 알러지로 고통받고 있는 아들을 위해 특별히 준비한 계란과 우유를 가져왔다. 그들이 도착했을 때, 계란은 깨어져 있고 우유는 상해있었다. 현지에서 이 재료들을 구하는 것이 어렵게 되자, 주방장은 싱가포르에 있는 장모에게 연락을 하여, 그 재료들을 사서 전달해 주기 위해 발리로 와줄 것을 부탁하였고, 장모는 그렇게 했다.

Whole Foods는 채용과정에서 팀 단위로 일을 하게 하여, 조직문화를 강화한다. 각 매장은 약 10개의 팀으로 구성되어 있으며, 각 팀은 고객 서비스나 계산대 라인과 같은, 다른 카테고리나 매장운영을 맡고 있다. 매장 운영은 매우 분권화 되어있기 때문에, 매입과 운영의 많은 의사결정은 팀에 의해서 결정된다. 직원채용시 팀장은 지원자를 면접하지만, 팀의 2/3이상이 동의해야 채용이 가능하다.

상징물을 사용하는 것은 조직문화를 관리하고 근원적 가치를 전달하는 또 다른 기술이다. 상징물이 보여주는 가치는 쉽게 기억될 수 있기 때문에, 종업원들과의 의사소통의 효과적인 수단이 된다. Wal-Mart는 비용을 관리하고, 고객과 지속적인 접촉의 중요성을 강조하기 위해, 상징물과 상징적인 행동들을 다양하게 활용한다. 본사의 복사기에는 종업원들이 개인적인 복사를 위해 돈을 지불할 수 있도록, 돈을 담을 컵이 비치되어 있다. 전통적으로 열리는 토요일 아침 임원 모임에서, 임직원들이 최근 실행한 비용 절감 조치에 대한 정보를 발표한다. 출장중인 관리자들은 현장보고서를 통해 자신이 관찰한 것과, 다른 회사들이 수행되는 독특한 프로그램, 유망한 상품에 대해 보고를 한다. 본사는 스파르타식이다. 죽기 전에 세계에서 가장 부자 중 한 사람이었던 설립자 Sam Walton은 검소한 집에서 살았으며, 트럭으로 출퇴근을 했다.

4. 인재 보유: 종업원 결속력

능력 있는 종업원을 발굴하고 유치하기 위해 소매업체에서의 중요한 문제는 그들을 유지하는 것, 즉 이직률을 감소시키는 것이다. 높은 이직률은 매출을 감소시키고, 비용을 증가시킨다. 경험이 없는 신입사원들은 고객과 효과적으로 상호작용하기 위한 회사방침과 상품에 대한 기술과 지식이 부족하기 때문에, 매출손실을 가져온다. 신입 직원에 대한 채용과 교육 때문에 비용이 증가한다. Retailing View 9.4는 Wal-Mart가 어떻게 투자하여 종업원 결속력을 구축하였는지를 보여주고 있다.

한 슈퍼마켓 체인의 정육부분 관리자였던 Bob Roberts가 회사를 떠나게 되었을 때, 무슨 일이 발생하는지 생각해보자. 그의 고용주는 Bob이 수행했던 직위를 맡기기 위해, 작은 점포의 정육부문 관리자를 승진시켰다. 그리고 그 자리에는 보조 관리자를 승진시켜 앉히고, 이어 정육부문 연수생을 보조 관리자로 승진시킨 후 새로운 실습생을 고용한다. 이제 슈퍼마켓 체인은 두 명의 정육부문 관리자와 한 명의 보조관리자를 교육시키고, 한명의 실습생을 채용하여 교육시켜야만 한다. Bob Roberts를 대체하는데 추정되는 비용은 대략 1만 달러이다.

이직률을 감소시키기 위하여, 소매업체는 회사 내에서 상호 헌신의 분위기를 조성할 필요가 있다. 회사가 종업원에게 헌신적인 자세를 보여줄 때, 종업원들은 회사에 대한 충성심을 높이게 된다. 종업원들은 회사가 장기간에 걸쳐 자신들에게 약속을 지킨다고 느낄 때, 회사를 위해 기술을 향상시키고 열심히 일을 한다. 소매업체가 상호 헌신적인 분위기 구축을 위해서 해야 하는 몇 가지 접근 방식은 (1) 종업원들에게 권한을 부여하고, (2) 종업원들과 공동관계를 창출하는 것이다. 연구결과에 의하면, 이같은 방식의 인적자원관리를 수행하게 되면, 기업의 재무성과가 높아지는 것으로 나타났다.

1) 권한 위임

권한 위임이란 관리자가 권한과 의사결정권을 종업원과 공유하는 과정이다. 종업원이 의사결정권을 가질 때, 종업원 자신의 능력에 보다 큰 자신감을 얻게 되고, 더 나은 서비스를 고객에게 제공하며, 회사의 성공에 보다 더 헌신하게 된다.

종업원에게 권한을 위임하는 첫 번째 단계는, 관리자의 승인을 요하는 종업원의 업무를 다시 재검토하는 것이다. 예를 들어, Belk 소유의 고급 지역 백화점 체인인 Parisian에서는 판매원이 매니저의 승인 없이 1,000달러까지의 수표를 받을 수 있는 권한을 갖도록 방침을 변경했다. 이전의 방침에서는 판매원이 매니저의 소재를 파악하는 동안, 고객이 10분 이상 기다리는 경우가 종종 있었다. 그리고 바쁜 매니저는 고객의 신원도 확인하지 않고 수표에 사인을 했다. 판매원에게 수표승인 권한이 주어지면서 서비스는 향상되었고, 판매원이 개인적으로 책임을 지고 신원을 주의 깊게 확인하여 불량 수표의 수도 줄었다.

종업원에 대한 권한 위임은 의사결정에 관한 책임을 조직의 하위 단계로 이전시킨다. 종업원들은 소매 조직의 고객과 더 가까이 있으며, 고객만족을 위해 무엇이 필요한지 알 수 있는 좋은 위치에 있다. 업무 권한을 위임하기 위해서 관리자들은 종업원에 대한 통제와 불신을 버리고, 존경과 신뢰의 태도를 가져야 한다.

2) 종업원과의 동반자적 관계 구축

종업원과 동반자적인 관계를 통해 소속감을 구축하기 위한 세 가지 인적자원관리 활동들은 (1) 지위 격차의 축소, (2) 내부 승진, 그리고 (3) 종업원들의 일과 가정 사이에 균형을 가지는 것이다.

9.4

Wal-Mart가 종업원들의 위하여 관심을 기울이는 것들

Wal-Mart에서 일하게 하는 이유가 바로 회사가 보여주는 환경, 개인 건강, 건강한 생활방식에 대한 회사의 몰입일까? IBM, Microsoft, 그리고 다른 화이트칼라 회사들은 벌써 종업원들을 위한 건강과 생활방식 향상 프로그램을 지원하고 있다. 그러나 현재 세계에서 가장 큰 소매업체이며, 130만 명의 임직원으로 연평균 일 인당 2만 달러의 매출을 달성하는 Wal-Mart는 개인별 자발적 지속가능 프로젝트를 도입했다.

대략 종업원의 50%정도가 이 프로그램에 참여하고 있다. Wal-Mart는 워크샵을 통하여 종업원에게 3명의 종업원과 카풀, 금연, 안보는 TV 끄기의 이점들을 가르친다. 종업원은 환경의 지속가능성, 탄소 배출량 감소, 친환경 음식 섭취의 중요성에 대해서 배우고 있다.

이런 세미나들의 결과로써, 종업원들은 벌써 새로운 생활방식에 맞는 환경생활을 주도하고 있다. 종업원들은 집에서 재활용을 시작하고, 자연식품과 운동을 통한 신체적 건강의 향상을 약속했다. 한 종업원은 "쓰레기 제로(zero waste)" 방을 만들어, 그 장소에서는 종업원들이 스티로폼 컵을 대신해 머그컵을 사용해야 했으며, 알루미늄 캔과 플라스틱을 위한 재활용 쓰레기통을 비치하였다. 종업원들은 또한 McDonald's 대신, 더 건강한 Subway가 Wal-Mart에 입점하도록 영향력을 행사하는 중이다.

처음에는 Wal-Mart가 공중관계의 이목을 집중하기 위해 이러한 활동을 한다고 느껴졌는데, 종업원들의 생산성과 삶의 질을 향상시키고, 건강보조 비용을 줄이면서, 소비자들 사이의 기업의 이미지를 향상시키고, 또한 친환경주의에서 선두 주자가 되도록 돕는 긍정적인 프로젝트로 바뀌고 있다.

Wal-Mart의 개인별 지속가능 프로그램은 환경에 대한 계획의 일부분이다. 이 계획은 포장을 최소화하고 이러한 노력을 벤더들도 준수하게 하는 것도 포함한다.

출처: Michael Barbaro, "At Wal-Mart, Lessons in Self-Help," *The New York Times*, 2007년 4월 5일 자 http://www.walmart.com (2007년 8월 6일 자)

지위 격차 축소 대부분의 소매업체들은 종업원들 사이에 존재하는 지위상의 격차를 줄이고자 한다. 지위격차가 줄어들면, 종업원들은 스스로를 회사에서 중요한 역할을 하고 그들의 기여가 가치가 있다고 생각한다. 지위격차는 상징적으로는 직급에 대한 호칭을 통하여 축소되고, 실질적으로는 회사 내의 각기 다른 계층에 있는 관리자들 사이의 의사소통과 임금격차의 축소를 통하여 축소된다. 예를 들어, JCPenny의 시간제 근무자들은 "동료/님(associate)"이라고 불려지고, Sam Walton이 창립한 Wal-Mart에서는 창업할 때부터 관례적으로 관리자를 "동반자/동지(partner)"라고 부른다.

Whole Foods에서는 임원들에 대한 보상이 정규직원 평균 급여의 14배가 넘지 못하는 방침을 가지고 있다. Southwest Airlines의 CEO인 Herb Kelleher는 종업원들에게 스톡옵션을 주는 대신 5년간 임금동결 협상을 했다. 또한 자신의 기준급여를 38만 달러로 동결하기로 했다. Sam Walton은 가장 월급이 적은 CEO 중 한 사람이었다.

내부 승진 이 채용방침은 직급단계에서 최하위 직급에서만 새로운 종업원을 채용하고, 고위직에서 공석이 생기면 내부직원을 승진시키는 인사방침이다. 많은 소매업체들이 내부승진 방침을 사용하는 반면, 다른 소매업체들은 관리자 급의 공석이 생기면 종종 경쟁사로부터 채용을 한다.

내부승진정책은 직원들에게 공평성을 느끼게 한다. 종업원이 두드러진 업적을 세웠는데도 불구하고 외부인사가 영입되었을 때, 종업원들은 회사가 자신들을 존중하지 않는다고 느낀다. 내부승진 정책은 소매기업들로 하여금 자사 종업원의 능력을 개발하는데 전념하도록 한다.

직장과 가정생활의 균형 맞벌이와 편부모 가정이 점차 늘어나면서, 종업원들은 직장과 가정생활을 모두 효과적으로 하기가 어렵게 되었다. 소매업체는 종업원의 이런 문제들을 돕기 위해 업무공유, 탁아소, 종업원 보조 프로그램 같은 서비스를 제공함으로써, 종업원들의 직무 충실도를 높이고 있다.

유연시간 근무제(Flextime)는 종업원으로 하여금 업무시간을 선택할 수 있도록 하는 시스템이다. 업무 공유(job sharing)는 이전에는 한 사람에 의해 이뤄지던 업무를 두 명 이상의 종업원이 자발적으로 책임을 지도록 하는 방식이다. 두 프로그램 모두 직원들이 아이가 학교에서 돌아올 때 집에 있을 수 있도록 하는 등, 업무일정을 그들의 생활요구에 맞게 조정할 수 있도록 하는 프로그램이다.

Best Buy는 ROWE(results-only work program environment: 결과위주의 업무프로그램 환경)라는 프로그램을 통해 이미 한 단계 더 나아가 있다. 이전의 유연시간 근무제 구조에서는, 근로자가 그들의 관리자를 통해서 미리 일정을 조정해야만 했다. ROWE에서는, 관리자가 업무시간에 대하여 관여하지 않는다. 종업원들은 완료해야할 업무를 완수할 수 있을 정도의 시간을 투자하여 일만 하면 된다. 성공적으로 완결된 업무를 기준으로 평가를 받는다.

많은 소매업체들은 육아 보조를 지원한다. 시카고 근처의 Sears 본사는 2만 평방피트 면적의 탁아시설을 보유하고 있다. Eddie Bauer(Seattle의 카탈로그 소매업체)는 시간에 쫓기는 종업원들을 위해 본사 식당을 늦게까지 열고, 도시락도 준비한다. 일부 기업들은 직원의 집에 사람을 보내 케이블회사의 직원의 방문을 기다려서 세탁물을 가지고 맡기게 하기도 한다.

 소매 인적자원관리의 문제

마지막 절에서는, 인적자원(HR) 관리에서의 3가지 추세로 (1) 다양한 인력의 중요성의 증가, (2) HR 실무에서 법적 제약의 증가, 그리고 (3) 종업원의 생산성 향상을 위한 기술의 활용을 선정하고 살펴보기로 한다.

1. 다양성 관리

다양성 관리는 다양한 인력이 가진 장점을 살리기 위해 고안된 인적자원관리 활동이다. 오늘날 다양성은 인종, 국적, 성별의 차이 이상을 의미하며, 다양성을 관리하는 것은 소매업자들에게 새로운 문제는 아니다. 1800년대 말과 1900년대 초, 미국을 향해 쇄도한 이민자들은 소매매장에서 일을 했다. 이러한 다양한 그룹을 다루는 전통적인 방식은 "melting pot"으로 융화시키는 것이었다. 소수민족 출신 종업원들은 다수의 백인남성 중심적 가치를 받아들이도록 권유했다. 직장에서 살아남고, 승진을 하기 위해서, 종업원들은 자신의 민족적, 인종적 차이를 포기해야 했다.

그러나 시대가 변화했다. 소수 민족들은 이제 그들의 차이점을 수용하고, 고용주가 그들의 차이점을 수용해 주기를 원한다. 이를 표현하는 적절한 비유는 melting pot이 아닌 salad bowl이다. 샐러드안의 각각의 재료들은 독특한 특성을 보존하지만, 재료들이 섞이면 맛을 향상시킨다.

일부 법률규정은 소매업체가 업무와 관련이 없는 종업원의 특성을 근거로 차별하는 것을 금지함으로써, 직장 내의 다양성을 향상시킨다. 오늘날 소매업체는 종업원의 다양성을 고무하는 것이 재무성과를 향상시킬 수 있다고 인식한다. 종업원들의 다양성을 권장함으로써, 소매업자는 소비자를 더 잘 이해할 수 있고, 욕구에 더 잘 대응할 수 있을 뿐 아니라, 줄어드는 인력시장에서 인력을 더 잘 관리할 수 있다. 이렇게 변화하는 시장에서 경쟁하기 위하여, 소매업자들은 그들의 목표 시장의 특성에 부합되는 관리자를 필요로 한다. 예를 들어, 백화점과 홈센터(home improvement center)에서 팔리는 주요한 상품들의 주 고객은 여성이다. 백화점과 홈센터들은 소비자의 요구를 더 잘 이해하기 위해 여성 상위 관리직원을 배치하여, 여성 고객의 욕구를 잘 이해할 수 있어야 한다.

고객 욕구에 대한 보다 큰 통찰력을 얻는 것 이외에도, 소매업체 종업원들은 미래에 더욱 다양화될 현실에 대처해야 한다. 많은 소매업체들은 이런 다양성을 지닌 종업원들이 전통적인 종업원들보다 생산성이 높다는 사실을 발견했다. Days Inn에서는 전국 예약센터에 장애인을 고용한 이후, 전체이직률이 30%인데 반해 장애인의 이직률이 연간 1%에 불과해, 이직률이 현저히 낮다는 것을 발견했다. Lowe's는 현장직원이 무거운 물건을 들 필요가 없도록 책임을 변경했다. 이 업무를 야간조에 부과함으로써, 현장인력을 10대의 남자종업원에서 나이든 종업원으로 전환할 수 있었으며, 나이든 종업원들은 직접 제작(DIY)하는 다양한 개인적인 경험을 갖고 있어 보다 나은 고객서비스를 제공할 수 있었다. 다양한 인력을 효과적으로 관리하는 것은 도덕적인 면을 넘어서서 사업의 성공을 위해서 필요하다.

다양성을 관리하는 기본 원칙은 종업원들이 다양한 욕구를 가지고 있으며, 그것을 수용하기 위해서는 다양한 방식이 필요하다는 점을 인식하는 것이다. 다양성 관리는 고용평등법에 부합되는 이상적 모습이다. 이것은 종업원의 다양성을 인정하고, 가치있게 여기는 것을 말한다. 소매업체들이 다양성을 관리하기 위해 사용하는 프로그램에는 다양성 훈련, 지원 그룹과 조언제도, 경력개발과 승진관리가 있다.

1) 다양성 훈련

다양성 훈련은 전형적으로 두 가지 요소로 구성되어 있다. 문화적 인지도를 높이는 것과 역량을 개발하는 것이다. 문화적 인지도는 사람들에게 그들의 문화가 다른 종업원의 문화와 어떻게 다른지, 그 미묘한 차이의 고정관념을 인지하지는 못하지만, 그것이 사람을 다루는 방법에 어떻게 영향을 미치는지에 대해서 가르쳐 준다. 그리고 역할연기법(role playing)은 종업원들이 다른 사람들을 동등하게 대하고 존중함을 보여줄 수 있는 더 나은 대인관계 역량을 높이도록 도와준다.

2) 지원 그룹과 조언제도

멘토링 프로그램은 상위관리자들이 하위관리자들로 하여금 기업의 가치를 알려주고, 다른 고위경영자를 대하는 법을 배울 수 있도록 도와주는 프로그램이다. 많은 소매업체들은 정보를 교환하는 주요 네트워크에 포함되지 않은 구성원을 위해 소수 민족 네트워크를 형성하도록 돕는다. 게다가 맨토들은 종종 소수 민족 관리자들에게 전담 배정된다. 메릴랜드에 있는 슈퍼마켓 체인인 Giant Food의 조언 프로그램은 소수 민족들이 자신들에게 도움이 되는 제도를 보다 잘 인식하도록 하고, 직장에서 일어나는 문제를 해결하기 위한 실질적인 충고를 이들에게 제공함으로써 소수 민족의 이직률을 줄였다.

3) 경력개발과 승진

법이 여성과 소수민족을 위해 초기 단계의 기회를 제공하는 반면, 이러한 종업원들은 종종 기업의 승진단계에서의 보이지 않는 상한선과 마주치게 된다. 승진의 상한선(glass ceiling)은 소수 민족과 여성이 특정단계 이상으로 승진하는 것을 어렵게 만드는 보이지 않는 벽이다. 이 상한선을 타파하기 위해 JCPenney는 유능한 소수 민족과 여성 인력을 관찰하고, 이들이 고위 경영자로 승진하기 위한 핵심적인 부처인 점포 및 상품부로 갈 수 있는 기회를 가지도록 한다.

비슷하게, 슈퍼마켓 업체의 여성들은 전통적으로 빵이나 조제식품과 같은 중요하지 않은 부서로 배치를 받았다. 슈퍼마켓 체인본사에서 조차 여성들은 전통적으로 인적자원 관리, 재무, 회계와 같은 지원 부서에서 일을 하는 반면 남자들은 점포 운영과 매입에 관련된 일을 더 많이 한다. 보다 많은 여성들이 슈퍼마켓 업계에서 승진 상한선을 극복하도록 하기 위해, 기업들은 이들을 기업의 성공에 있어서 핵심적인 위치에 두려고 하고 있다.

2. 인적자원관리의 법과 규제 문제

1960년대에 고용 사례에 영향을 준 법률과 규정이 확산됨에 따라 인적자원관리가 중요한 조직기능의 하나로 등장하게 되었다. 이런 복잡한 규제환경에서의 관리를 할 수 있기 위해서는 노동법의 전문지식을 소유해야만 하고, 다른 관리자들이 법률을 준수할 수 있게 도움을 줄 수 있는 기술을 가지고 있어야 한다. 소매 종업원들의 관리를 포함하는 주요한 법적 규제 문제는 (1) 동등한 고용 기회, (2) 보상, (3)

식품연합과 상인조합 구성원들이, 비조합 소매업체들로부터 크게 위협받고 있는 남부 캘리포니아 슈퍼마켓으로부터 임금과 혜택을 보장받기 위해 파업하고 있다.

노동관계, (4) 종업원 안전과 건강, (5) 직장내 성희롱, (6) 종업원의 사생활 등이다.

1) 동등한 고용 기회

동등한 고용 기회 규정의 기본적인 목표는 직장에서 공평하지 못한 차별로부터 종업원들을 보호하는 것이다. 불법적인 차별은 기업이나 기업의 관리자들이 다른 사람과 달리 보호받는 계층을 불공평하고 다르게 대우함으로써 나타나는 결과의 행동을 의미한다. 보호 계층은 법에 명시된 것처럼 대중적 특성을 공유하는 개인들 모임이다. 기업은 단순히 인종, 종교, 성별, 국적, 나이, 장애유무에 따라 종업원들을 다르게 대우해서는 안 된다. 종업원들을 차별적으로 대우해야 하는 아주 몇 개의 상황들이 있다. 예를 들어, 식당에서는 그 식당의 고객들이 좋아한다는 이유로 젊고 매력적인 외모의 직원을 채용하는 것은 불법이다. 그러한 차별은 단순히 선호되는 것이 아니라 정말로 필요한 것이다.

게다가, 균형에 맞지 않게 보호계층을 배제하여 고용하는 사례들은 그것이 비차별로 안 보인다고 하더라도 불법이다. 예를 들어, 소매업자들이 채용 의사결정을 할 때 시험점수를 사용한다고 하자. 만약 보호계층이 체계적으로 시험에서 더 나쁜 성적을 내게 된다면, 소매업체들은 차별의 의도가 없었다고 하더라도 차별하게 되는 것이다.

2) 보상

보상과 관련된 법률은 주 40시간 근로, 시간외 근무수당율, 최저 임금, 종업원 연금 보호 등을 규정한다. 또한 기업들에게 동일한 직무를 수행하는 남성과 여성 노동자에게 동등한 보수를 지급하도록 요구하고 있다. 보상과 관련된 최근의 문제는 급여는 받고 있지만 초과근무 수당을 받을 수 없는 관리자급 종업원들을 분류하는 기준이다. 많은 소송들은 보조 관리자들이 시간단위 근무자들과 똑같이 일을 하지만 관리자로 분류되기 때문에, 고용주들이 그들에게 초과근무 수당을 지불하는 것을 회피하고 있다는 문제를 제기 해왔다. 예를 들어, 한 소송에서는 지배인이 종종 매장 관리자에게 근무 교대시간이 초과근무 수당 시간을 넘기 전에 파트타임 근무자들을 집으로 보내라고 권유하였고, 이들의 빈자리를 채우기 위해 자기들이 계속해서 일을 하게 되었다고 주장하였다.

이러한 소송들은 매장 보조관리자와 시간단위 근무자들의 업무를 구별하는 것의 어려움을 보여준다. 연방 법률은 관리자들이 총 근무시간의 40% 이상의 시간동안 감독업무를 하지 않거나, 업무가 의사결정의 업무를 포함하지 않을 경우에 초과수당을 받아야 한다고 규정한다. 그러나 많은 소매업자들은 관리자들이 채용지원자들의 인터뷰, 일정 조정, 다른 감독업무와 같은 제반 활동들을 수행한다고 느낀다. 초과 수당과 관련한 매우 많은 소송들이 매년 의뢰되기 때문에, 노동부에서는 관리자의 업무내용을 법률로 규정하고, 한해 23,660달러 이하를 버는 관리자들에게는 초과수당을 지급하고, 10만 달러 이상 매년 버는 관리자들에게는 초과수당을 지급하지 않는 초과수당 규정을 제정하였다.

3) 노동/노사 관계

노동관계법률은 노동조합이 창립되는 절차와 사측이 조합을 상대하는 방법에 대해서 설명하고 있으며, 조합과의 협상이 어떻게 이루어지는지, 노사측의 할 수 있는 것과 할 수 없는 것을 보여주고 있다. Wal-Mart는 종업원을 대표한다는 노동조합에 의한 시도들에 대해 활발하게 도전해 오고 있다. 슈퍼마켓 체인에서는 대조적으로, 전통적으로 노조가 존재하기 때문에 Wal-Mart와 효과적으로 경쟁하기에 어려운 인력비용이 많이 소요되는 단점을 가지고 있다고 믿는다. Safeway는 4개월 반 동안 남 캘리포니아에서 파업이 진행되었는데, 289개 매장에 영향을 주었고, 이는 전체 매장의 약 16%에 해당하는 비율이었다. 대략 종업원의 77% 가량이 400개 조항의 단체협약에 영향을 받는다. 이 협상안은 일반적으로 3년 기간이며, 10개의 다른 조합들과 협상이 이뤄진다. 그러므로 매 3년마다, Safeway는 종업원 건강관리와 복지의 비용을 위해, 더 큰 양보를 희망하는 몇몇 노동조합과 협상을 해야 한다.

4) 종업원 안전과 건강

건강과 안전법률의 기본전제는 고용주가 모든 종업원에게 사망이나 심각한 상해를 유발할 수 있는 위험이 제거된 환경을 제공할 의무가 있다는 점이다. 노동부의 준법감사관은 고용주는 근로자들을 위한 적절한 근로환경을 제공하고 있는지 감시함으로써 작업안전과 건강법률(Occupational Safety and Health Act: OSHA)을 시행한다.

5) 성희롱

성희롱은 불쾌한 성적 접근, 성상납 요구, 적절하지 않은 언어적, 신체적 행동을 포함한다. 성희롱은 임금인상과 승진과 같은 직장 업무관련 배려를 대가로 성적 호의를 요청한 것에 국한되지 않는다. 단순히 적대적 직장환경을 만드는 것도 성희롱이 생길 수 있다. 예를 들어, 외설적 사진을 보여주는 것, 음침한 눈빛으로 직장동료를 주시하는 것, 성적인 행동에 연루되어 종업원이 보상을 받았던 것을 넌지시 이야기 하는 것, 종업원의 도덕적 평판에 대해서 언급하는 것 뿐만 아니라 외설적 언변, 농담, 낙서까지도 성희롱에 포함이 된다.

소비자들도 관리자와 동료직원 만큼이나 성희롱에 연관될 수 있다. 예를 들어, 남성고객이 식당에서 여성종업원에게 성희롱을 하고, 이것을 식당 관리자가 알았지만 성희롱을 그만두도록 아무 조치도 취하지 않았다면, 고용주는 성희롱에 책임을 질 수가 있다.

6) 종업원 사생활

종업원의 사생활보호는 매우 제한적이다. 예를 들어, 고용주는 e-메일이나 전화를 모니터 할 수 있고, 종업원의 일자리나 가방을 검사하며, 약물검사도 요구할 수 있다. 그러나 고용주가 특정한 종업원이 부적절한 행동을 한다는 강한 의심을 가지고 있지 않다면, 이러한 행동들을 시행할 때에 종업원들을 차별해서는 안 된다.

7) 정책/방침의 개발

인적자원부서는 관리자와 종업원들에게 이러한 법적인 제약사항을 인식시키고, 잠재적 위반에 대해 이를 어떻게 처리해야 할 방법을 알게 하는 프로그램과 방침을 개발할 책임이 있다. 법적인 규제 요건은 기본적으로 사람들을 공평하게 대하게 계획되었다. 종업원들은 공평하게 대우받기를 원하고, 기업은 종업원들을 공평하게 대하는 기업으로 인지되길 원한다. 공평한 기업이라고 인식하면, 종업원은 함께 일하기를 원하고, 회사에 대한 헌신과 믿음으로 나타난다. 만약 종업원들이 공평하게 대우받지 못한다고 느낀다면, 그들은 내부적으로 불평하거나, 상황을 수용하면서 그냥 일하거나, 협상에 관여하거나, 직장을 그만두거나, 외부 관련기관에게 불만을 제기하거나, 고용주를 고소할 수도 있다.

공정함의 인식은 (1) 분배적 공정성, (2) 절차적 공정성 두 가지 인식을 기반으로 한다. 분배적 공정성(Distributive justice)는 다른 사람이 받은 성과와 관련하여 자신이 받은 성과가 공정하다고 간주하는 정도이다. 그러나 분배적 공정성의 인식은 문화에 따라서 달라질 수 있다. 예를 들어, 미국의 개인주의 문화에서는 실적위주의 급여가 공정하다 생각되지만, 반면에 중국과 일본에서의 집단주의 문화에서는 동등한 급여가 공정한 것으로 인식된다. 절차적 공정성(Procedural justice)는 결과를 도출해내는 과정에서의 공정함에 기초한다. 미국의 노동자들은 공식 절차를 공정한 것으로 생각하는 반면, 집단주의 문화에서는 집단의사결정이 더 공정한 것으로 생각한다. 절차적 공정성에 관련되는 방침의 몇 가지 예시가 17장에서 다뤄진다.

3. 기술의 활용

소매체인들은 인적자원 운영을 자동화하고 간소화하기 위해 인트라넷을 활용하고 있다. 예를 들어, JCPenney의 15만 종업원들은 개인적인 인사자료 수정, 휴가 요청, 교육과정 등록에 1,200개의 키오스크를 이용하고, 기업의 방침과 매뉴얼을 검토하고, 급료에 대한 계좌 이체 등을 요청하기도 한다. 이러한 키오스크 셀프서비스는 또한 구직자들이 채용 기회 열람, 이력서 제출, 사전시험도 시도해 볼 수 있다. 중앙 데이터베이스에 인트라넷으로 연결된 키오스크의 사용함으로써, 서류작업에 소요되는 인적자원관리 인력의 시간을 획기적으로 줄일 수 있다.

요약 · Summary

인적자원관리는 소매업체 전략을 지원하는 데에 핵심적인 역할을 한다. 조직구조는 감독관계와 종업원의 책임을 규정한다. 소매업체에 의해 수행되는 네 가지 기본적인 과제는 본사임원에 의해 이뤄지는 전략적 결정, 본사 스텝에 의해 수행되는 관리과업, 매입부문에 의한 상품관리, 그리고 점포관리이다.

조직구조를 개발함에 있어 소매업체들은 중앙집권화된 의사결정을 통해 이루어지는 원가절감과, 의사결정이 분권화 될 때 생기는 현지 시장의 요구에 맞는 상품공급의 이점 중 하나를 선택해야 한다. 소매업체들은 인재확보를 위한 전쟁을 하고 있다. 이 전쟁에서 이기기 위하여, 소매업체들은 유능한 인재들의 관심을 끌고, 동기부여하고, 역량을 개발하며, 이런 인재들을 유지하기 위한 프로그램을 개발한다. 이직률을 감소시키는 핵심요인은 상호간에 헌신하는 분위기를 만드는 것이다.

다양성 관리는 또한 소매업에서 중요한데, 이는 소비자들이 더욱 다양화되어가고 있고, 또한 소매업에 처음 관여하게 되는 사람들이 대부분 여성들과 소수민족 출신들이기 때문이다. 다양성 관리의 프로그램들은 다양성 교육, 지원그룹과 멘토링, 승진관리를 포함한다.

인적자원부서는 또한 종업원들에 대한 차별의 사례를 예방하는 법률과 규정을 준수하고 있다는 점과, 종업원들이 성희롱이 없는 안전한 업무환경에서 일한다는 것에 대한 확신을 심어줄 책임을 지고 있다.

핵심용어 · Key terms

바이어, 매입자(buyers)	종업원 생산성(employee productivity)
카테고리 관리자(category manager)	종업원 이직률(employee turnover)
중앙집권화(centralization)	채용 브랜딩(employment branding)
분권화(decentralization)	채용 마케팅(employment marketing)
분배적 공정성(distributive justice)	권한위임(empowerment)

유연시간 근무제(flextime)   상품기획자(merchandising planner)

승진 상한선(glass ceiling)   조직문화(organization culture)

불법적 차별(illegal discrimination)   조직구조(organization structure)

업무 공유(job sharing)   절차적 공정성(procedural justice)

다양성 관리(managing diversity)   전문화(specialization)

멘토링 프로그램(mentoring program)

현장학습   *Get Out And Do It!*

1. 계속되는 사례 과제: 이 지속적인 과제를 위해 선택한 소매업체의 매장관리자를 면담하라. 매장관리자에게 어느 회사의 인적자원방침이 가장 효율적이고, 어느 회사가 효율적이지 않다고 느끼는지 물어봐라. 왜? 이 장에서 논의된 문제인 법적, 규제적 이슈에 관련된 매장의 방침에 대해서 관리자에게 물어봐라. 소매업체들은 관리자들에게 발생한 어떠한 상황에서도 효과적으로 대응할 수 있도록 문서화된 방침을 가지고 있는가? 방침에 의해서 대응되어지지 않는 상황이 발생했는가? 그 상황은 어떻게 처리되었는가? 관리자가 매장의 업무성과에 영향을 주는 의사결정을 하도록 어느 정도까지 권한위임을 받았다고 느끼는가? 관리자는 더 많은 혹은 더 적은 의사결정권한을 가지길 원하는가? 왜 그런가?

2. 인적자원관리협회(SHRM: www.shrm.org) 홈페이지를 방문하라. 인적자원 전문가 조직인 SHRM은 HR 매거진을 발간하는데, www.workforce.com 에서 그 논문을 찾아 읽을 수 있다. 소매업자들이 직면한 노동력의 다양성, 해외진출, 그리고 생산성 향상을 위한 기술의 활용 등 인적자원 문제를 다루고 있는 논문을 찾아 그 내용을 요약하라.

3. 공정성 대책 법률 자문 그룹(The Fair Measures Law Consulting Group)은 고용주들을 위한 교육과 법적 서비스를 제공한다. www.fairmeasures.com 을 방문하여, 법적 영역 중(성희롱 방지, 잘못된 계약종료 등등) 하나를 골라라. 종업원과 관련된 법적 문제에 관한 또 다른 정보는 www.law.cornell.edu/topics/emplyment.html 에 있다. 고용문제에 대한 가장 최근의 법원 판결과 논문들을 읽고 소매업에서 인적자원관리에 미치는 시사점을 요약하라.

4. Club Med의 채용홈페이지(www.clubmedjobs.com/index.php)를 방문하라. 채용과 관련되어, 면접과정, 직무소개에 대해 제공된 정보, 그리고 이 글로벌 레저 회사가 원하는 역량이 무엇인지 시간을 내서 읽어보고 친숙해져라. 고용주가 국제적으로 채용을 할 때, 당면한 특별한 도전은 어떤 문제들인가?

5. 전국 소매 연합(National Retail Federation)의 소매 경력과 승진(Retail Careers & Advancement) 홈페이지(www.nrf.com/RetailCareers/)를 방문하여, "Is retail for me?"를 클릭하라. 각기 다른 마케팅/홍보, 매장운영, 손실방지, 매장관리, 재무, 인적자원, IT, e-커머스, 판매, 유통, 상품매입/기획, 창업 영역에서의 진로설계에 대해서 읽어라. 당신은 어떤 분야에 가장 매력을 느끼는가? 왜 그런가?

6. 매장의 판매원과 이야기를 나누어 보아라. 그리고 소매업자를 위해 얼마나 헌신적으로 일하고 있는지 물어봐라. 왜 판매점원이 그렇게 느끼고 있는가? 종업원의 헌신도를 높이기 위해서 소매업자는 어떠한 것들을 할 수 있을까?

7. A. 본 교재의 학생부분 웹사이트를 방문하여 학생들의 이력서를 검토하라. 어떤 이력서가 효과적이고 어떤 이력서가 효과적이지 못한가? 왜 그런가?

B. 최신 이력서를 준비하고, 대형 목재 및 건축 재료 공급 소매업체에서 진행하는 관리자양성 교육 프로그램을 위한 면접을 준비해라. 훈련을 마치면 정규취업자의 빠른 승진을 보장한다. 대학 학위와 소매, 판매, 마케팅에서의 경험은 우대된다. 기본 급여기준은 28,000달러에서 34,000달러이다. 이 소매업체는 내부 승진을 실시하고 있으며, 신임 관리자 수습생은 2년~3년 내에 매장관리자가 될 수 있고, 잠재적으로 10만 달러 이상을 벌 수 있다. 복지는 종합검진, 입원, 치과, 상해, 생명보험, 수익배분, 보상과 인센티브, 퇴직금, 유급휴가 및 공휴일을 포함한다. 이력서에는 연락처 정보, 학력과 교육, 기술, 경험과 상훈 등이 포함되어야 한다.

C. 이 직책을 위해서 역할분담을 하여 가상 인터뷰를 실시하라. 짝을 이루어 서로의 이력서를 읽어라. 20분~30분 간 각 역할을 수행하라. 한 사람은 반드시 응시자를 면접하는 인적자원 관리자여야하며, 다른 한사람은 관리자양성 교육프로그램에 응시한 지원자여야 한다. 역할연기(role paly) 시나리오를 위한 몇 가지 질문들이 아래 있으니 참고하기 바란다.
   - 왜 이 직무에 응시하게 되었습니까?
   - 이 직무에 있어서 당신의 강점과 약점은 무엇입니까?
   - 왜 우리 회사가 당신을 이 직무에 뽑아야 한다고 생각합니까?
   - 왜 이 회사에서 일하고 싶어 합니까?
   - 향후 5년에서 10년 이후의 귀하의 목표는 무엇입니까?
   - 팀원으로 일할 때, 당신의 능력에 대해서 말해 보십시오.
   - 회사에 대한 어떤 질문이 있습니까?

토의 질문 및 문제
Discussion Questions and Problems

1. 인적자원 관리가 제조업체보다 소매업체에서 더 중요한 이유는 무엇인가?

2. 소형 소매업체와 대형 소매업체의 조직구조 간의 공통점과 차이점에 대해서 서술하시오. 왜 이런 공통점과 차이점이 존재하는가?

3. 일부 업체들은 특정 종업원(상품 보조)에게 가판대 상품진열 및 매장 유지관리업무를 맡긴다. 다른 소매업자들은 이 업무를 매장 판매원에게 맡긴다. 각각의 이런 접근에 대한 장점과 단점은 무엇인가?

4. 중앙집권적 매입시스템을 사용하고 있는 Best Buy나 Victoria's Secret과 같은 전국 체인들은 매입자(바이어)가 고객욕구에서 지역별 차이를 인식하고 있음을 어떻게 확인할 수 있는가?

5. 종업원 이직률의 긍정적인 면과 부정적인 면은 무엇인가? 소매업체가 자사 판매원의 이직률을 줄일 수 있는 방법은 무엇인가?

6. 종업원들을 동기부여하기 위해 일부 주요 백화점들은 인센티브 보상계획을 실험적으로 시행하고 있다. 많은 인센티브를 가지고 있는 보상 계획이라고 모두 우수한 고객 서비스를 조장하지는 않는다. 소매업체들이 판매원으로 하여금 상품을 적극적으로 판매하고 동시에 고객 서비스도 위험에 빠뜨리지 않도록 동기부여 할 수 있는 방법은 무엇인가?

7. 대학생들을 대상으로 새로운 레스토랑을 개업하기로 하고, 대학생을 웨이터로 고용할 계획을 세우고 있다고 가정해 보자. 어떤 인적자원 관리 문제가 있을 것으로 예상하는가? 뛰어난 고객 서비스를 제공하기 위한 강력한 조직 문화를 어떻게 구축할 수 있는가?

8. 종업원의 활동을 동기부여하고 조정하는 세 가지 방식은 방침과 감독, 인센티브, 조직문화이다. 각각의 장단점은 무엇인가?

9. 소매업체들이 종업원의 욕구에 대해 유념해야 하는 이유는 무엇인가? 소매업체들이 종업원의 욕구를 만족시키기 위해 무엇을 할 수 있는가?

10. 당신은 일반 상품 할인점을 관리하도록 승진이 되었다. 당신의 보조 관리자들은 흑인 남자와 라틴아메리카계의 백인 여성과 65세의 베트남 전우회 회원이다. 당신의 관리해야할 그룹의 강점은 무엇이며, 어떤 문제가 발생할 수 있을 것으로 예측하는가?

11. 어떠한 인적자원의 추세가 종업원들의 요구를 충족시키고, 직업만족도를 향상시키며, 이직률을 낮추도록 도와주는가?

추가로 읽을 자료들 *Suggested readings*

"The 100 Best Companies to Work For," *Fortune*, January 8, 2007, pp. 148-68.

Booth, Simon, and Kristian Hamer. "Labour Turnover in the Retail Industry." *International Journal of Retail and Distribution Management* 35, no. 4(2007), pp. 289-307.

Burke, Ronald, and Cary Cooper (eds.). *Reinventing Human Resource Management: Challenges and New Directions.* London: Routledge, 2005.

Feuti, Norman. *Pretending You Care: The Retail Employee Handbook.* New York: Hyperion, 2007.

Hart, Cathy; Grazyna B. Stachow; Andrew M. Farrell; and Gary Reed. "Employer Perceptions of Skills Gaps in Retail: Issues and Implications for UK Retailers." *International Journal of Retail and Distribution Management* 35, no. 4 (2007), pp. 271-88.

Henly, Julia R.; H. Luke Shaefer; and Elaine Waxman. "Nonstandard Work Schedules: Employer-and Employee-Driven Flexibility in Retail Jobs." *Social Service Review* 80, no. 4 (2006), pp. 609-34.

Ivancevich, John, Human Resource Management. 10th ed. Boston: McGraw-Hill/Irwin, 2006.

McBride, Dwight. *Why I Hate Abercrombie & Fitch : Essays on Race and Sexuality (Sexual Cultures Series).* New York: NYU Press, 2005.

McKay, Patrick F.; Derek R. Avery; Scott Tonidandel; Mark A. Morris; Morela Hernandez; and Michelle R. Hebl. "Racial Differences in Employee Retention: Are Diversity Climate Perceptions the Key?" *Personnel Psychology* 60, no. 1 (2007), pp. 35-62.

Noe, Raymond; John Hollenbeck; Barry Gerhart; and Patrick Wright. Human Resource Management, 6th ed. Burr Ridge, IL: McGraw-Hill/Irwin, 2007.

Rothwell, William J., Carolyn K. Hohne; and Stephen B. King. *Human Performance Improvement, 2d ed.: Building Practitioner Competence.* Boston: Butterworth-Heinemann, 2007.

Chapter ten 10

정보시스템과 공급체인관리

Question
- 상품과 정보가 벤더(공급업체)로부터 소매업체 그리고 소비자로 어떻게 흐르는가?
- 어떤 정보기술이 벤더와 소매업체의 의사소통을 용이하게 하는가?
- 소매업체와 벤더는 어떻게 협력하여 소비자가 구매하고자 할 때 바로 그 상품을 살 수 있게 하는가?
- 공급체인관리를 통한 협력은 벤더와 소매업체에게 어떤 혜택을 가져오는가?
- RFID란 무엇이고, 이것은 소매업에 어떤 영향을 미칠 것인가?

Joe Jackson은 아침에 일어나, 샤워를 하고, 옷을 입고, 주방으로 가서 한 잔의 커피와 베이글을 준비한다. 그는 베이글을 얇게 잘라 토스터오븐에 넣는데, 오븐이 작동하지 않자 당황한다. 그가 신문을 읽으며 구워지지 않은 베이글을 커피와 함께 먹고 있을 때, Target사가 Michael Graves 토스터오븐을 세일한다는 것을 알게 된다. 그 토스터오븐은 훌륭해 보인다. 그래서 그는 퇴근길에 오븐을 구입하기 위해 Target사의 점포에 들린다. 그는 선반위에 진열된, 광고되었던 Michael Graves 모델을 발견하고 구입한다.

Joe는 Target점포에 Michael Graves 모델과 구매 가능한 다른 모델이 있을 것이라고 예상했지만, Target사가 Micheal Graves 오븐과 다른 모델의 오븐이 점포에서 구매가능한지 확인할 수 있는, 최신 정보와 공급체인관리시스템을 활용하고 있다는 것은 깨닫지 못한다. Joe가 토스터오븐을 구입했을 때, 그의 거래에 관한 정보가 자동적으로 Target사의 정보시스템을 통해 지역물류센터, Minneapolis시에 있는 Target사의 본사 가전기기 기획자 그리고 중국의 벤더에 전송된다. 컴퓨터 정보시스템을 통해 모든 Target사 점포의 토스터오븐과 재고수준을 점검하고, 중국의 벤더로부터 지역물류센터 그리고 물류센터로부터 점포로의 운송을 결정한다. 위성추적시스템을 사용하여 물류센터와 점포로의 운송현황을 파악하고, 토스터오븐을 운반하는 배와 트럭의 이동경로도 파악된다.

물론, Target사는 항상 점포에 많은 물량을 유지함으로써, 토스터오븐과 다른 제품들의 가용성을 보장할 수도 있다. 그러나 수많은 SKU를 저장하는 것은 매우 넓은 공간과 추가적인 재고관리에 상당한 투자가 요구될 것이다. 그래서 Target사는 최소한의 재고관리를 유지하면서 고객들이 구매하기를 원할 때는 상품을 구비하고 있어야 한다.

이 장에서는 공급체인관리와 정보시스템을 통해 어떻게 소매업체들이 전략적인 이점을 얻을 수 있는지에 대해 설명해 나갈 것이다. 그리고 이 장은 공급체인관리와 상품흐름 그리고 물류센터에서 담당하는 활동들에 대해 설명할 것이다. 이어서, 벤더로부터 소매업체의 물류센터로, 그리고 점포로 이동하는 상품의 운송을, 벤더와 소매업체가 어떻게 효율적으로 관리할 것인지 살펴볼 것이다. 마지막으로 공급체인 효율에 기여하는 새로운 기술인 RFID(Radio Frequency Identification)에 대해 논의할 것이다.

I 공급체인관리와 정보시스템을 통한 전략적 우위의 창출

1장에서 논의된 데로, 소매업체는 상품을 제공하는 벤더(공급업체)와 소비자를 연결한다. 소비자의 욕구를 측정하고, 고객들이 상품 구매를 원할 때 언제나 구입을 가능하게 하기 위해, 공급체인의 다른 이해관계자들 즉, 도매업체, 벤더, 운송회사와 협력하는 것이 소매업체의 책임이다.

단순화된 공급체인이 〈보기 10-1〉에 설명되어 있다. 제조업체는 상품을 소매업체에 의해 운영되는 물류센터(V1과V3의 경우)나 직접 점포(V2의 경우)로 배달한다. 직접 점포로 운송하는 것과 물류센터로 운송하는 것 사이의 상대적인 우위는 본장 후반에 논의되어질 것이다.

◑ 보기 10-1
공급체인의 예시

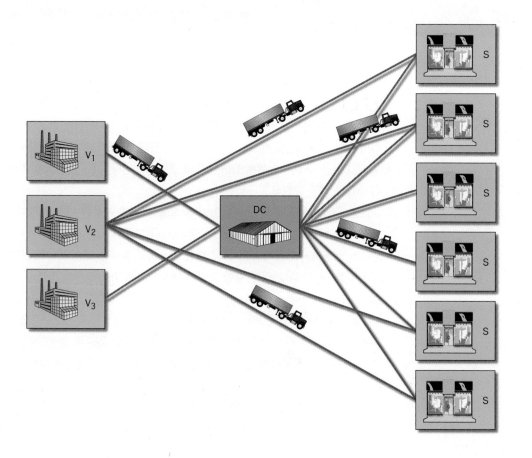

공급체인관리란 정확한 수량, 정확한 장소, 정확한 시간에 운송될 수 있도록, 벤더, 제조업체, 창고, 점포 그리고 운송중개자를 능률적이고 효과적으로 통합하기 위하여, 기업이 활용하고 있는 접근법과 기술을 지칭한다. 소매업체들은 그들의 각 공급체인들을 운영하는데 있어서 점점 더 주도적 역할을 한다. 소매업체의 크기가 가족기업의 형태로 현저히 작았을 때, 더 큰 공급업체나 도매업체는 언제, 어디로, 어떻게 물건을 배달할 것인지를 주도했다. 그러나 전국적인 대형 소매 체인이 생기면서 소매업체가 공급체인관리 활동을 조정하는 역할을 하게 되었다. 전국적인 소매업체의 규모가 커지면서, 벤더보다 더욱 강력하게 되어 공급체인을 더욱 잘 조절할 수 있게 되었다. 그리고 소매업체는 고객들에 관하여 더 많은 정보를 가지고 있다. 그들은 고객을 통한 고객별 정보나 거래를 통한 거래별 정보와 같은 구매정보를 수집하는 특수한 위치에 있다. 이 정보는 생산, 촉진, 물류, 구색 그리고 재고수준을 계획하기 위해 공급자와 공유하며, 후에 이 장에서 논의 될 것이다. 그러나 우리는 왜 효율적인 공급체인관리가 소매업체에게 매우 중요한지 상세히 논의할 것이다 – 그 이유는 상품 가용성의 확대와 투자 수익률 증대 그리고 전략적인 이익을 제공하기 때문이다.

1. 상품 가용성(Product Availability)의 확대

효율적인 공급체인은 고객에게 두 가지 혜택을 제공한다. (1) 품절의 감소와 (2) 고객에 맞는 상품 구색의 확보가 그것이다. 그리고 이들은 매출증가와 원가절감, 재고 회전율 증가 및 가격인하로 연결된다.

1) 품절의 감소

품절은 고객들이 원하는 상품을 이용하지 못하는 경우를 말한다. 만약 Joe가 Target점포에 갔을 때, Michael Grave 토스터오븐이 물류센터에서 충분히 점포에 배달하지 않아 품절되었다면, 어떤 일이 벌어졌을까? 이 점포는 Joe에게 우선 교환권을 주었을 것이고, 집으로 돌아간 후 자신이 원하는 상품을 받았을 때 할인된 가격으로 돈을 지불할 수 있었을 것이다. 그러나 Joe는 점포를 오가는 시간낭비를 했다. 품절로 인하여 Joe는 다른 모델을 사려고 했거나, 근처의 Wal-Mart에서 토스터오븐을 사러 갔을 수도 있다. 그는 Wal-Mart에 있는 동안, 토스터오븐 뿐만 아니라 다른 상품들을 살 수도 있다. 그는 또한 이후에는 Target사의 점포에서 쇼핑하기를 꺼려할 것이고, 그의 친구들에게 그가 겪었던 좋지 않았던 경험들을 말할 것이다. 이 문제는 Target사가 공급체인관리를 잘했다면 피할 수 있는 일이다.

일반적으로, 품절은 장·단기적으로 상당한 매출과 이익의 감소를 유발한다. 처음 방문한 고객이 품절을 경험하면, 그들의 70%가 대체상품을 구매한다고 연구되어 있으며, 두 번째로 품절을 경험한 고객은 50%가 경쟁업체의 상품을 사게 되어 결과적으로 매출이 50% 감소하게 된다. 세 번째로 품절을 경험한다면 매출의 70%가 감소하고, 고객의 충성심은 사라지며, 그 점포는 다시 오지 않게 된다.

2) 고객에 부합되는 상품 구색

정보시스템의 또 다른 혜택은 공급체인관리를 활용하여 정확한 상품이 정확한 점포에서 가용할 수 있게 해준다는 점이다. 전국규모 소매체인들은 기후에 기초하여 상품구색을 갖추고 있다 – 겨울 동안에 북쪽 지방의 점포에서는 양모 스웨터를 비축하고 남쪽 지방의 점포에서는 면 스웨터를 비축한다. 요즘 소매업체들은 거래를 분석하고 점포의 지역 시장의 고객 요구 특성을 고려한 복잡한 통계 방법을 사용하여 많은 상품 구색을 갖추고 있다. 예를 들어, Oracle의 상품구색계획프로그램은 $6.5억 매출의 전국적인 전문점체인에서 사용되어, 올바른 상품을 올바른 장소에 정확한 시간에 가져다줌으로써 $6천만 달러의 이익을 가져다 주었다.

2. 투자수익률(Return on Investment; ROI)의 증대

소매업체의 입장에서는 효율적인 공급체인과 정보시스템을 이용하여 투자수익률을 향상시킬 수 있다. 왜냐하면 총 매출과 순이익, 재고회전율을 증가시키기 때문이다. 매출은 고객에게 더욱 더 매력적인 구매 가능한 상품 구색이 제공 되어질 때 상승한다. Joe Jackson의 토스터오븐 구매를 생각해 보라. 훌륭한 정보시스템을 갖춘 Target사는 특별 판촉기간에 각 점포에서 Michael Grave 토스터오븐을 얼마나 팔 것인지 정확하게 예측하게 할 수 있었을 것이다. 공급체인관리시스템을 사용하여, 점포에 충분한 재고가 확실히 가용되도록 하였고, 그래서 모든 고객들이 그들이 사고자 하는 것을 살 수 있게 했을 것이다.

순이익은 매출액을 증가시키고 비용을 줄임으로써 개선된다. 정보시스템은, 소매업체들에게 특별매입 기회의 이득을 주고 낮은 가격에 상품을 매입할 수 있도록 매입부서와 벤더의 조정을 용이하게 하여, 소매업체의 이익율을 개선시킨다. 또한 소매업체들은 상품이동을 조정함으로써 그들의 운영비를 낮출 수 있고, 따라서 수송비를 절감할 수 있다. 이 소매업체의 물류센터는 매우 효율적이어서, 최소한의 업무로 상품을 수령하고 판매 준비를 할 수 있도록 배달되어 지출을 줄인다.

공급체인을 효율적으로 운영함으로써, 소매업체들은 재고유지를 위해 적은 예비물량을 보유해도 된다. 따라서 재고 수준이 낮아지고, 재고목록에 대한 투자도 낮아져, 총자산 또한 낮아진다. 그래서 자산과 재고 회전율은 모두 높아진다. Retailing View 10.1은 어떻게 공급체인관리가 패션상품들이 시장에 출시되는 방법을 변화시키고 있는지 설명해준다.

3. 전략적 우위

물론, 모든 소매업체들은 매출향상을 위해 노력하고, 고성능의 정보시스템과 효율적인 공급체인관리를 활용함으로써, 비용을 줄인다. 그러나 모든 소매업체들이 정보와 공급체인시스템으로부터 경쟁적인 우위를 창출할 수는 없다. 하지만, 만약 그들이 우위를 창출한다면, 그 우위는 지속 시킬 수 있다. 즉, 경쟁자들이 이점을 모방하는 것은 어려운 일이다. 예를 들어, Wal-Mart의 중요한 성공 요인은 정보와 공급체인관리이다. 비록 경쟁자들이 이러한 이점을 인식했을지라도, 두 가지 이유에서 그들이 Wal-Mart의 시스템과 같은 수준의 업무성과를 달성하기는 어렵다. 첫째, Wal-Mart는 그들의 시스템 개발에 상당한 투자를 했고, 이 투자를 정당화하기 위해 규모의 경제를 실현했다. 호평을 받은 진보된 공급체인시스템으로 인도의 Bharti Enterprises와, 식품 도매업체로부터 소규모 소매업체들까지 공급하는, 합작투자를 시작했다. Wal-Mart 의 공급체인관리시스템이 도입되어, 농부들과 소규모 제조업체들을 직접 소매업체들에게 연결하여, 효율적인 공급체인이 된 것이다. 둘째, 이 시스템들은 일반회사가 판매자로부터 쉽게 구매할 수 있는 소프트웨어가 아니다. 경험과 학습을 통해, 이 시스템들의 성능을 향상시키기 위한 변화가 일어난다. 게다가, 이 시스템들을 효과적으로 사용하기 위해서는 전 회사를 통하여 모든 직원들과 회사 각 부서의 종합적인 노력이 요구되고 있다.

이 시스템들에 의해 수행되어 지는 업무들의 복잡성과 종합적인 노력이 필요하다는 것을 설명하기 위해서는, 점포 재고유지를 위해 아래와 같이 다양한 활동이 요구되고 있다는 점을 보여주면 된다.

■ 정확한 수요예측

유행에 따라 신속히 디자인을 바꿔서 내놓는 ZARA

유행에 따라 신속히 디자인을 바꿔서 내놓는 것(Fast Fashion)은, 유행 상품을 신속히 소개하고 소비자 요구에 즉각 반응하기 위해, 공급체인관리 절차를 활용한 소매업체들의 전략이다. 이 사업전략은 스페인 라 코루나에 위치한 세계적인 전문 의류 체인 ZARA에 의해 개척되었고, H&M(스웨덴), TopShop(영국), Forever21(미국)과 같은 다른 소매업체에 적용되었다.

Fast Fashion 절차는 점포관리자로부터 적시에 정보를 받는 것으로 시작한다. ZARA의 점포 관리자들은 스페인의 본사와 직접적으로 연결된 손바닥 크기의 장치를 갖고 있다. 그들은 어떤 손님들이 구매를 했는지 안했는지, 그리고 그들이 어떤 것을 요청했는데 못 찾았는지에 대해서 매일 보고한다. 예를 들어, 소비자들이 보라색 셔츠를 요청했는데 그들은 비슷한 핑크색 셔츠만 팔고 있을 때, 이 정보를 스페인의 디자이너에게 전송하면 그들은 단시간 내에 보라색 셔츠를 만들어 점포로 운송한다.

ZARA는 공장과 공장 근처에 있는 조립기술자 그리고 뛰어난 운송 업체들과 자동 컴퓨터를 통하여 의사소통함으로써, 기획에서 생산까지 걸리는 시간을 성공적으로 단축시켰다. 비록 ZARA가 아시아로부터 염색되지 않은 옷감을 살지라도, 대량의 옷을 만드는 일은 스페인과 포르투갈에서 이뤄진다. 새로운 디자인 개념과 고객들의 의견을 토대로, 옷감은 스페인에 있는 23개의 고급 자동화 공장들의 로봇을 통해 재단되어지고 염색된다. 그리고 최종적으로, 상품화는 스페인의 갈리시아와 포르투갈 북부지역의 공장 근처에 위치한 약 300개의 소규모 공급업체가 담당한다. 시의적절하게 배달되어지기 위해, 유럽지역에는 트럭을 통해 배달되어지고, 나머지 나라들은 비행기로 배달된다.

ZARA는 며칠 간격으로 매 점포로 배달을 한다. 보라색 셔츠와 같은 새로운 상품은 몇 주마다 점포로 배달된다— 대부분의 백화점과 전문 의류 매장에서 새로운 상품이 점포에 들어오려면 몇 달이 걸리는 것과 비교된다. 예를 들어, 만약 ZARA점포에서 진한 황록색 스웨터가 모두 팔렸다면, Fast Fashion 제도는 전통적인 소매업체들보다 기획에서 생산에까지 이르는 시간을 더 짧게 한다. 그 결과, ZARA점포에는 스웨터의 다음 물량이 들어오기 전에 거의 품절되지 않는다. 점포에서 제한된 재고는 고객들에게 부족감을 줄 수 있다. 만약 그들이 지금 사지 않는다면, 그들이 다음에 방문했을 때 그 상품은 구매가 불가능할 것이다. 결국, 적은 량을 생산하고 운송함으로써, ZARA는 신속하게 품절되었다는 느낌도 주지 않을 것이다.

공급체인의 효율성 때문에, ZARA는 상품을 세일할 필요가 없다. 즉 다른 전문 의류매장 소매업체들처럼 판매하지 않는다. ZARA가 할인하는 상품의 수는 일반 업계의 약 50%에 불과하다. 그럼에도 불구하고

오늘날 효율적인 공급체인을 갖추는 것 이상으로 유행의 첨단을 걷는 방법도 없다. 이는 ZARA의 사례만 보아도 알 수 있다.

Refact

런던 중심가의 소비자들은 평균적으로 의류 매장에 1년에 4번 방문한다. 그러나 ZARA의 고객들은 그들의 매장에 평균적으로 1년에 17번 방문한다.

매년 10,000개의 새로운 디자인과 40,000개의 새로운 SKU를 갖춘다.

H&M은 약간 다른 전략을 구사한다. 1/4 정도가 Fast Fashion 상품이며, 회사 내에서 디자인되고 독립적인 지방 공장에서 생산되는 상품들로 구색을 갖춘다. ZARA에서는 이 상품들을 재빨리 점포들로 운송하고 새로운 디자인들로 자주 대체되어진다. 그러나 H&M은 또한 기본 재고목록은 많이 유지하고, 이들을 싼값에 아시아의 공장들로부터 조달받는다.

Fast Fashion 접근은 매우 유행에 민감하고 항상 새로운 옷차림을 원하거나 그들의 친구들과 같은 옷을 입기 싫어하는 고객들을 타겟으로 한 전문 의류 소매업체들에게 특히 효과적이다. Fast Fashion에 유인된 소비자들은 새로운 의류를 더욱 자주 사고, 단지 몇 달된 상품을 버린다. 따라서 중고의류매장에서 Fast Fashion 상품의 판매고는 급격히 증가한다.

출처: Anita Hamilton,"Fast Fashion, the Remix," Time June 11,2007,p.85:Elizabeth Esfahani,"High Class, Low Price,"Business 2.0,November 2006,p.74:Margaret Bruce,"Buyer Behaviour for Fast Fashion," *Journal of Fashion Marketing and Management* 10 (2006), pp.329-40:Jeanine Poggi,"Retail Market Feels Fast Fashion Effect,"WWD,October 23,2006,p.13:Brian Dunn,"Inside The Zara Business Model,: DNR, March 20, 2006,p. 11:Michael A. Lewis and Jose A.D. Machuca, "Rapid-Fire Fulfillment," *Havard Business Review* 82, no.11 (November 2004).

- 적합한 빈도로 적절한 / 정확한 선반 공간을 고려한 재고
- 저장지역의 활용
- 공급업체벤더와 물류센터에 정확하고 시의적절한 주문
- 점포에서 상품 요청 시 정확한 수량을 물류 센터로부터 보충
- 바이어와 마케팅 관리자간에 특판 및 판촉 상품 배달 및 명확한 조정

〈보기 10 -2〉는 일반적인 다점포 체인에서 볼 수 있는 상품의 복잡성과 정보의 흐름을 보여준다. 정보

○ 보기 10-2
정보 및 상품의 흐름

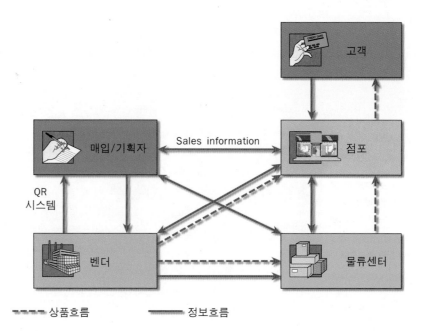

와 상품흐름이 함께 가고 있지만, 다음 절에서는 고객 수요가 점포에서 어떻게 파악되는지를 살펴 볼 것인데, 이 정보는 바이어와 상품기획자, 물류센터의 연속적인 반응을 촉발할 것이며, 고객이 상품을 원할 때 반드시 점포에서 구입할 수 있게 한다. 그런 다음, 벤더로부터 점포의 물류센터에 상품이 어떻게 물리적으로 이동되는지 설명할 것이다.

Ⅱ 정보의 흐름

Joe Jackson이 Target점포에서 토스터오븐을 구매했을 때, 그는 〈보기 10-3〉에서 설명된 정보흐름을 개시한 것이다.

Target사 점포의 판매직원은 UPC(Universal Product Code)상표를 꼼꼼하게 살펴본다(1), 그리고 Joe를 위해 매출 영수증을 발행한다. UPC상표는 상품의 제조업체, 제품 설명, 특별 포장에 관한 정보, 그리고 판촉정보를 알려 주는 13자리코드를 포함한 흑백 바코드이다. 모든 제품을 위하여 GS1 US(www.gs1us.org)에서 코드가 발행되었는데, 예전에는 Uniform Code Council에서 담당했다. 향후에는, 이 장 끝에서 논의되어질 RFID상표가 UPC 태그를 대체할 것이다. Retailing View 10.2는 소매업체가 세탁물 위치를 추적하기 위해 UPC 태그를 어떻게 사용하는지 설명한다.

거래 정보는 POS(Point-Of-Sale)터미널에 기록되고, 토스터오븐 상품기획부서에 의해 접근되어질 수 있는 Target사의 정보시스템으로 전송된다(2). 상품기획부서는 판매량을 점검하고 분석하며, 더 많은 양의 토스터오븐을 재주문하기 위한 결정을 하거나 만약 판매량이 기대에 못 미치면 가격을 낮추기 위하여 이 정보를 사용한다.

판매 거래 자료는 또한 물류센터로 보내진다(6). 점포의 재고가 특정 수준으로 떨어질 때, 더 많은 토스터오븐들이 점포로 운반되고, 운송정보는 Target사의 컴퓨터 시스템으로 보내진다(5). 그리하여 기획부서는 물류센터의 재고 수준을 알게 된다.

재고가 물류센터에서 특정 수준으로 떨어질 때(4), 기획부서는 조건과 선적일자를 협의하고, 토스터오븐의 벤더와 함께 주문을 한다. 그래서 기획부서는 물류센터에 새로운 주문과 언제쯤 점포에 배달할 수 있는지를 알린다(5).

○ 보기 10-3
정보의 흐름

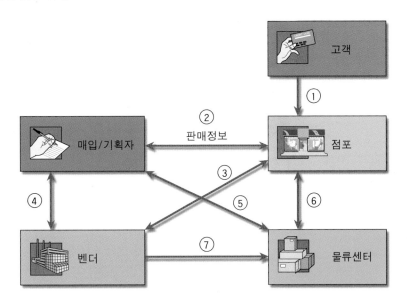

Refact

1974년 6월 26일 오전 8시, 오하이오주 트로이에서 Clyde Dawson이 10통의 Wrigley 과즙 껌을 Marsh Supermaket에서 샀을 때, 첫 번째 UPC 태그가 읽혀졌다. 요즘에는 100억개 이상의 상품들이 매일 읽혀진다.

벤더는 Target사의 물류센터로 토스터오븐을 운송할 때, 그들은 사전발송통지문(ASN)을 물류센터에 보낸다 (7) ASN(Advanced Shipping Notice)은 구체적으로 무엇이 운송되어지고, 언제 배달되는지를 물류센터에 알려주는 문서이다. 그리고 물류센터는 특정 시간과 날짜 그리고 특정 하역장에 배달하기 위한 트럭들을 선정한다. 화물이 물류센터에 도착되어질 때, 기획부서에 통보되고 (5) 벤더에 결제가 이뤄진다.

어떤 경우에는, 매출 거래 자료가 직접 점포에서 벤더로 전송되어 질 수도 있으며 (3) 벤더가 상품을 물류센터와 점포에 선적할 시기를 직접 결정할 수도 있다. 또 상품이 빈번하게 재주문될 경우에는, 주문과정이 상품기획부서를 우회해서 자동적으로 이뤄질 수도 있다.

1. 데이터 웨어하우스(Data Warehouse)

POS에서 수집된 구매 정보는 데이터 웨어하우스라고 알려져 있는 방대한 데이터베이스에 입력된다. 데이터 웨어하우스에 저장된 정보는, 〈보기 10-4〉의 직육면체로 나타낸 것과 같이, 다양한 차원들과 수준들에 접근이 가능하다.

수평축에 나타난 바와 같이, 데이터는 상품집합에 따라 접근되어질 수 있다 – 카테고리(옷), 공급업체(Jones New York), SKU(검정, 5사이즈)이다. 수직축에서는, 데이터가 회사의 수준에 의해 접근되어질 수 있다 – 점포, 부서, 또는 전체회사이다. 마지막으로 세 번째 차원을 따라, 데이터들은 시간을 기준으로 접근되어질 수 있다 – 년, 계절, 일이다.

CEO는 회사들이 전반적으로 어떻게 운영되는지에 대해 관심을 가질 수 있는데, 상품본부별, 지역별, 혹은 회사 전체를 기준으로 분기당 누적된 자료에 관심을 가질 수 있다. 한편, 바이어는 특정일의 특정 점포에서 특정 제조업체에 대해 더욱 관심을 가질 것이다. 소매업체의 여러 분석가들은 상품을 개발하

○ 보기 10-4
소매 데이터 웨어하우스
(Retail Data Warehouse)

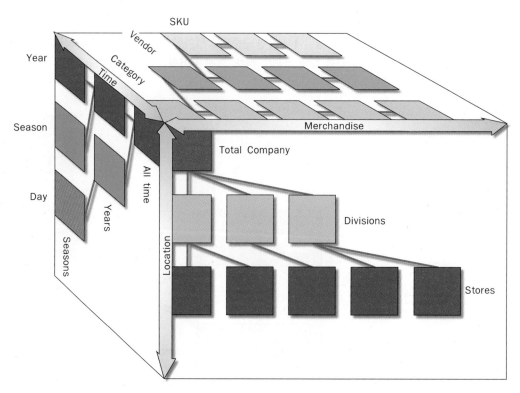

고 지속적으로 보충하기 위한 수 많은 의사결정을 위하여 웨어하우스로부터 자료를 추출하고 있다. 데이터 웨어하우스는 또한 고객들에 관한 상세한 정보를 포함하고 있는데, 이들은 점포에서 판촉목표를 정하고 단체 상품판매에 활용되기도 한다. 11장에서 어떻게 응용되고 있는가를 설명할 것이다.

2. 전자문서교환(Electronic Data Interchange)

예전에는, 정보의 흐름이 메일이나 팩스를 통해 손으로 쓰거나 문서를 타이핑함으로써 이루어졌다. 요즘에는, 제조업체와 소매업체 사이에 대부분의 의사소통은 전자문서교환을 통해 이루어진다. 전자문서교환(EDI)는 미리 정해진 포맷을 쓰는 상업 문서의 컴퓨터 대 컴퓨터 교환이다. 즉, 자료전송은 표준형 포맷을 사용한다는 의미이다. 예를 들어, 특정한 기호들은 구매주문번호, 제조업체의 이름, 수신자 주소 등을 나타낸다.

1) 표준(Standards)

소매 산업에는 두 종류의 데이터 전송 표준이 사용되고 있다: (1) UCS(Uniform Communication Standard)는 초기에 식료품 분야에서 사용되어졌지만, 최근에는 주류, 편의점, 음식서비스 산업, 할인점 그리고 제약 도매상 등의 많은 공급체인에서 채택되어지고 있다. 그리고 (2) VICS(Voluntary Interindustry Commerce Solutions)는 잡화 소매업체에서 사용된다. 이 두 가지 표준들을 사용함으로써 소매업체와 제조업체는 구매 주문의 변동사항, 주문 상태, 운송 절차, 사전 발송 통지문, 재고 상태, 그리고 제조업체의 가격표기뿐만 아니라 제조업체의 판촉 등 모든 것에 대한 정보를 교환할 수 있다. 이 표준들을 개발하고 사용하는 것이 EDI의 사용에 핵심적이다. 왜냐하면 모든 소매업체들이 제조업체로 데이터를 전송할 때 동일한 포맷을 사용하게 하기 때문이다.

2) 전송 시스템(Transmission Systems)

대규모 소매업체에서는, 점포 매니저, 기획자, 물류센터 직원들 간의 의사소통과 같은 회사 내 직원들 간의 통신은, 인트라넷을 통해 이루어진다. 인트라넷(Intranet)은 내부적으로 정보에 접근, 통신을 용이하게 하기 위해 조직 내 인터넷기술을 사용한 근거리 통신망이다.

월마트 같은 대형 소매업체는 초기에는 제조업체와 물류회사처럼 외부의 조직과 통신하기 위하여 초기에 자신들만의 전송시스템을 개발했다. 그러나 요즘에는 소매업체와 제조업체 사이에 EDI전송은 인터넷을 통해 이뤄진다. 엑스트라넷(Extranet)은 공급업체, 고객, 다른 사업자들과 함께 사업을 연결하기 위한 인터넷기술을 사용하는 협력적인 네트워크이다. 엑스트라넷은 보통 개인적이고 안전하며, 인증을 받은 상대방에 의해서만 접근이 가능하다.

엑스트라넷은 일반적으로 회사 인트라넷을 확장한 것이고, 특정 외부의 사용자들의 접근이 허용되도록 수정되었다. 자사만의 전송 네트워크로부터 인터넷을 기반으로 한 네트워크까지의 변화는 소규모 소매업체들과 제조업체들에게 경제적으로 EDI의 이점을 얻을 수 있도록 한다. 예를 들어, Target사는 그들의 자사 EDI네트워크를 Partners Online이라고 불리는 엑스트라넷 시스템으로 바꿨으며, 월마트의 엑스트라넷은 Retail Link라고 불린다.

3) 보안(Security)

인터넷은 공개적으로 접속할 수 있는 네트워크이기 때문에, 제조업체와 고객들과 내부적으로나 외부적으로 통신하는 것은 보안 문제를 제기한다. 보안을 소홀이 하면, 비즈니스를 수행하는데 필요로 하는 자료 손실, 제조업체와 고객들 사이의 분쟁, 대중 신뢰의 상실, 나쁜 브랜드 이미지, 매출 감소에 영양을 미칠 수 있다.

인터넷 보안은 작은 소매업체나 서비스 공급업체에게는 비용상으로 부담일 수 있지만, 꼭 필요하다고 할 수 있다. 예를 들어, 작은 온라인 여행사인 Groople은 정보기술보안의 품질을 높이는데 55,000달러를 투자하여, Travelocity 그리고 큰 호텔기업과 같은 많은 고객들과 거래를 지속한다. 이는 해커, 사이버도둑, 심지어는 불만을 품은 직원들이 접근할 수 없도록 유지하게 함으로써, 비용 이상의 이익을 볼 수 있다.

보안은 엑스트라넷과 인터넷 소매 채널들의 기능을 사용한 EDI의 결과로서, 최근에 매우 큰 도전이 되고 있다. 오늘날 제조업체와 고객들은 소매업체의 정보시스템에 접근하는 어떤 형태의 접속을 필요로 하고 있다.

이 변화하는 정보환경을 통제하기 위해, 소매업체들은 보안 정책을 수립하고 있다. 보안 정책은 기업의 컴퓨터활동과 통신자원들에 적용되는 법규의 집합이다. 그러나 소매업체들은 이 정책들을 제정할 뿐만 아니라, 직원들을 교육하고 이 규칙을 준수하기 위하여 소프트웨어나 하드웨어를 추가한다.

보안 정책의 목적은 다음과 같다:

- **인증:** 이 시스템은 상호작용을 하는 상대 또는 상대컴퓨터가 누구이고 무엇을 요구하는지를 보증하고 증명한다.
- **허가:** 이 시스템은 상호작용을 하는 상대 또는 상대컴퓨터가 요청 사항을 수행하기 위한 허가를 득하고 있는지 보증한다.
- **완전 무결성:** 이 시스템은 수령된 정보를 보낼 때 정보와 같은지 보증하고, 이는 데이터가 인가되지 않은 변화나 데이터의 암호화 절차를 통해 위조하는 것으로부터 보호되어진다는것을 의미한다.

4) EDI의 장점

EDI의 사용은 소매업체와 제조업체에게 세 가지 주요 장점을 제공한다. 첫째, EDI는 상품주문 그리고 상품수령 사이의 공정과 그 시간을 줄인다. EDI를 사용함으로써 정보는 더 신속하게 흐르고, 재고의 회전율은 더 높아진다는 의미이다. 둘째, EDI는 향상된 문서보존; 주문의 입력, 수령, 그리고 ASN (Advance Shipping Notice)관련 실수의 감소; 그리고 데이터 해석 시 더 적은 실수를 통해 전체적인 통신의 질을 향상시킨다. 셋째, EDI에 의한 데이터의 전송은, 제조업체 배달을 평가하고 재 주문 자동화에 이르기까지 다양한 업무들을 위해 사용되어지고, 쉽게 분석되며, 직접 컴퓨터가 인식할 수 있는 포맷이다.

이러한 장점들 때문에, 많은 소매업체들은 제조업체들에게 EDI를 사용하는 거래를 요청한다. 그러나 소규모 혹은 중간규모의 제조업체들과 소매업체들은 특히 EDI를 가능하게 하는 비용이 비싸며 전문적인 정보기술의 부족이라는 중대한 장벽에 직면한다.

3. 풀 공급체인 전략과 푸시 공급체인 전략

이전에 서술한 정보의 흐름은 풀 공급체인 전략(Pull supply chain)을 설명하고 있다 – 상품 주문은 POS 터미널에 의해 계산된 판매 데이터를 기준으로 점포에서 발생된다. 일반적으로, 이러한 종류의 공급체인에서 상품의 수요는 공급체인을 통해 끌어당긴다. 다른 대안으로 보다 덜 복잡한 접근법으로는 예측 수요를 근거하여 상품을 점포에 할당하는 푸시 공급체인 전략(Push supply chain)이 있다. 일단 수요예측이 이루어지면, 상품의 정해진 양이 물류센터와 점포로 예정된 시간 간격대로 운송된다. 풀 공급체인 전략은 과잉 재고나 재고 품절의 가능성이 더 적다. 왜냐하면 점포는 소비자의 수요에 근거하여 필요시에 상품을 주문하기 때문이다. 수요가 불확실하거나 예측하기 힘들 때는 풀 전략이 푸시 전략보다 더 효율적이다.

비록 일반적으로는 풀 전략이 더 이상적이지만 모든 상황에서 가장 효율적인 것은 아니다. 첫째, 풀 전략은 그것을 지원하기 위해 더 많은 비용과 복잡한 정보 시스템이 요구된다. 둘째, 몇몇의 상품들을 위해 소매업체들은 수요에 근거하여 재고 수준을 자주 조정해서는 안된다. 예를 들어, 이러한 주문은 의류업계에서는 한 달 전에 미리 이루어 져야 한다. 왜냐하면 이러한 주문은 쉽게 바꿀 수 없고, 상품의 주문양이 결정될 때 점포로 사전에 할당되어져야 하기 때문이다. 셋째, 푸시 공급체인 전략은 우유, 계란, 남성 속옷 그리고 샤워 타월과 같이 꾸준하고 예측 가능한 수요의 상품일 때 효율적이다. 풀 공급체인 전략과 푸시 공급체인 전략 모두 각각의 장점을 가지고 있기 때문에, 대부분의 소매업체들은 이를 혼용한다.

III. 상품의 물적 흐름 - 물류(Logistics)

〈보기 10 -5〉는 공급체인에서 상품의 물리적인 흐름을 설명한다.
1. 상품이 벤더로부터 물류센터로 이동한다.
2. 상품이 물류센터에서 점포로 운송된다.
3. 대안으로, 상품이 벤더에서 직접 점포로 갈 수 있다.

물류(Logistics)는 공급체인관리의 한 부분인데, 이는 고객의 욕구를 만족시키기 위하여 본래의 시점에서부터 소비의 시점까지 상품, 서비스, 그리고 정보의 효율적인 이동과 보관에 대하여 계획, 실행, 통제하는 것을 의미한다. 또한 물류는 소매업체가 물류센터에서 수행하는 업무도 포함한다. 예를 들어, 종종 상품은 임시적으로 물류센터에 저장되어 진다. 또 어떤 경우에는 즉시 개개인의 점포로 운송할 준비가 이뤄진다. 이 준비 과정에는 상품에 가격 스티커, UPC코드, 점포 라벨을 부착하는 것뿐만 아니라, 발송될 상품 박스를 개별 점포가 보다 쉽게 이용될 수 있는 작은 분량으로 나누는 작업이 포함된다.

1. 물류센터 vs 직접 점포배송

〈보기 10-5〉에 설명한 것처럼, 소매업체들은 상품을 그들의 점포로 직접 받게 할 수도 있다(점포직송 3번 경로). 또는 그들의 물류센터로 운송 받을 수도 있다(1번, 2번 경로). 이에 대한 적절한 결정은 상품의 특성과 수요의 본질에 달려있다. 물류센터 또는 직접 점포배송 중 보다 나은 방법을 택하기 위해서는, 소매업체들이 총비용과 연관된 각각의 대안과 고객들이 상품을 구매하고자 할 때 올바른 상품을 보유하는 고객 서비스를 고려해야 한다.

다음은 물류센터를 이용했을 때의 장점들이다.
■ 소매업체가 각 점포에 대한 예측을 하는 것보다는, 모든 점포를 위해 물류센터로부터 나오는 결합된 예측을 할 때, 더 정확한 매출에 대한 예측이 가능하다. 하나의 물류센터에 의해 서비스되는

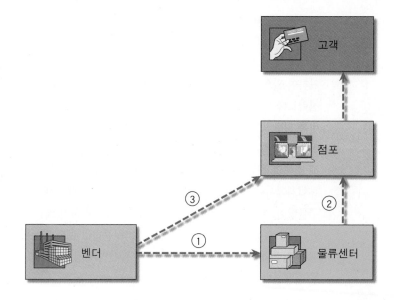

Target사의 50개 점포를 생각해 보자. 이 시스템에서 각 점포는 일반적으로 오븐은 5개씩 총 50개를 보유한다. 각 점포에 상품을 운반함으로서 소매업체는 상품이 너무 많은지 혹은 적은지 일어날 수 있는 실수의 가능성 50가지를 예측해야 한다. 대안으로 대부분의 재고를 물류센터로 운반하고 그들이 필요로 하는 추가적인 토스터오븐들을 점포로 공급함으로써, 개개인의 점포의 예측오차를 최소화하고, 상품의 품절현상을 막을 수 있다.

■ 물류센터를 이용하기 때문에 소매업체는 개별 점포에 적은 수량의 상품을 보유할 수 있어 전체적으로 물류투자비를 줄인다. 만약 점포가 물류센터로부터 잦은 배달을 받을 수 있다면, 점포에는 예비상품으로 상대적으로 적은 여분의 상품만 보유하면 된다.

■ 상품이 필요할 때만 물류센터로부터 주문이 되기 때문에, 상품이 매진이 되거나, 너무 많게 되는 상황을 피할 수 있다.

■ 소매 공간은 일반적으로 물류센터의 공간보다 훨씬 비용이 많이 들며, 반면 물류센터는 소매 점포보다 장비가 잘 갖춰져 있다. 그 결과 많은 소매업체들은 개별 점포보다 물류센터에 상품을 비축하고, 이곳에서 판매 준비를 하는 것이 비용 면에서 효율적이다.

그러나 모든 소매업체가 물류센터를 이용할 수 있는 것은 아니다. 한 소매업체가 단지 몇 개의 점포만 가진다면 물류센터 비용은 아마 보장되지 않을 것이다. 또 많은 점포가 대도시 지역에 집중되어 있다면, 공급업체에 의해 상품이 통합되고 한 지역에서 모든 점포로 바로 배달될 수 있다. 직접 점포배송은 상품을 점포로 더 빠르게 배달할 수 있는데, 이 방식은 부패하기 쉬운 상품(육류나 농산품 등), '최신 상품을 처음으로 판매하는 곳'이라는 소매업체의 이미지를 제고하는데 영향을 주는 상품(예를 들면, 비디오게임), 그렇지 않으면 유행이 지나가버린 상품 등을 위해 사용된다. 예를 들어, 물류센터를 우회하는 공급체인을 개발함으로써, ProFlower사는 재배농장에서 꽃을 확보했을 때부터 걸리는 운송시간을 12일에서 3일로 줄였다. 이와 같이 몇몇의 공급업체들은 소매업체들에게 직접 점포배송 서비스를 제공하여, 그들의 상품이 적절하고 신선하게 선반 위에 진열되는 것을 보장하였다. 예를 들어, 직접 슈퍼마켓에 Frito-Lay 과자류를 배달하는 직원들은 선반에 오래 진열되었던 상품들이나 신선하지 않은 상품들을 새 상품으로 대체하고, 팔린 물품들은 보충하여 깔끔하게 진열하는 역할을 하고 있다.

왜 식품점들은 Dolly Madison 베이커리 제품을 배송받을 때, 직접 배송 받는 것을 물류센터를 이용하는 것보다 선호할까?

그렇다면 물류센터를 통해 가장 효율적으로 공급될 수 있는 소매 점포의 종류와 상품은 무엇인가?

- 쉽게 부패되지 않는 상품
- 패션의류와 같이 매우 불확실한 수요를 가진 상품. 이 상품들은 많은 점포로부터 모인 수요들을 물류센터에서 누적해야만 더욱 정확히 판매 예측을 할 수 있기 때문이다.
- 식료품과 같이 자주 보충이 필요한 상품. 이 상품들의 경우, 직접 점포배송은 점포에서 많은 공급업체로부터 배달을 받고 처리하는데 너무 많은 시간이 소비되기 때문이다.
- 약국과 같이 소량으로 많은 종류의 상품이 배달되어야 하는 소매업체
- 물류센터로부터 150~200마일 내에 있지만, 지리적으로 대도시 안에 집중되어 있지 않은 점포를 많이 가진 소매업체
- 스낵, 과자나 매장에서 만들지 않는 구운 상품 등과 같이, 매장 내 서비스를 요구하지 않는 소매업체

 물류센터(Distribution Center)

물류센터는 입하 운송 조정, 상품수령, 검수, 저장 그리고 크로스도킹, 상품출하준비, 출하 운송 조정 기능 등을 수행한다. 이러한 물류센터에서 수행하는 업무를 설명하기 위해, Sony plasma TV가 Sears 물류센터에 도착하는 것을 생각해 보자.

1) 입하 운송(Inbound Transportation) 관리

예전에는, 바이어가 벤더와 거래할 때 상품의 구색, 가격협상 그리고 공동판촉 계획에 초점을 두었다. 최근에는, 바이어들과 상품기획자들은 상품의 물리적인 흐름 조정에 더욱 더 관심을 갖고 있다. 플라즈마 TV 바이어들은 월요일 오후 1시에서 3시 사이에 텍사스 휴스턴 물류센터로 트럭 한 대분의 TV가 배달되는 것을 계획한다. 또한 바이어들은 쉽게 하차시키기 위해 어떻게 상품을 파렛트에 놓을 것인가를 명시한다.

물류센터에 100개의 모든 하역장이 매일 할당된 업무가 있고, 트럭의 수많은 상품들이 그 날 저녁에 점포로 배송되어야 하기 때문에 트럭은 정해진 시간에 정확히 도착해야 한다. 불행히도, 그 트럭은 눈보라 때문에 지연되었다. 물류센터로의 배송을 조정하는 담당자는 수요일 아침 배달 시간으로 TV운송을 재배치했고, 배송시간 지연에 대한 몇 백 달러의 벌금을 그 회사에 물어 주었다. 비록 많은 공급업체들이 외부회사에 운송비용을 지불하지만, 만약 그들이 직접 운송회사와 협상하고 지불한다면, 상품비용을 더 낮출 수 있고 상품흐름을 더 잘 통제할 수 있다고 생각하고 있다.

2) 상품수령과 검수

상품수령은 물류센터에 도착한 상품을 받고 기록하는 절차이다. 검수는 주문한 상품이 제대로 배달되었는지와 파손의 유무를 확인하는 절차이다.

예전에는, 검수작업이 매우 노동집약적이고 많은 시간을 요하는 작업이었다. 그러나 오늘날에는, EDI를 사용하는 많은 물류센터에서, 이 과정이 생략되지는 않았지만 최소화되었다. 사전발송통지문(ASN:Adavance Shipping Notice)은 각 상자에 무엇이 들어 있는지 물류센터에 통보한다. UPC라벨로 상자의 내용물이 확인된 화물상자는 수령과 확인을 거치면서 스캔이 되고 기록이 된다. 주로 Wal-Mart와 같은 몇몇 소매업체에서는, 공급업체가 RFID태그가 부착된 UPC라벨로 교체하도록 요구하고 있는데, 이는 이 장 마지막에서 논의될 것이다.

3) 저장과 크로스도킹

크로스도킹 물류센터에서, 상품은 제조업체의 트럭에서 소매업체의 배달 트럭으로 단지 몇 시간 만에 이동된다.

상품이 수령되고 확인된 후, 저장되거나 크로스도킹 된다. 상품이 저장될 때, 판지상자(상품상자, 상자, carton)는 컨베이어 시스템과 포크리프트 트럭에 의해 물류 센터의 바닥에서부터 천장으로 놓여 있는 랙으로 운반되어 진다. 그 후, 점포에서 필요로 할 경우 포크리프트 기사가 랙으로 가서 상자를 픽업하여 컨베이어 시스템에 놓는다. 이 컨베이어는 상자를 점포로 출발하는 트럭의 하역장으로 보내게 된다.

크로스도킹 된 상품상자들은 특정 점포를 위하여 도매업체에 의해 재포장 된다. 상자의 위에 부착된 UPC라벨은 보내져야 할 점포를 나타낸다. 상품은 상품이 들어오는 수하장에서 점포로 가는 하역장으로 바로 보내진다. 따라서 이를 크로스독(crossdock)되었다고 한다. 상자위에 부착된 UPC라벨을 읽는 센서에 의해, 상자는 컨베이어 시스템으로 자동적으로 운반된다. 크로스도킹 된 상품은 점포로 배송되기 전에 단 몇 시간정도만 물류센터에 머물게 된다.

일반적으로, 상품의 크기와 매출액이 상자가 크로스도킹 될

Refact

크로스도킹은 슈퍼마켓 체인점으로 상품을 배송하는 데 건당 60~70센트의 벤더 비용을 35~45센트로 삭감할 수 있다.

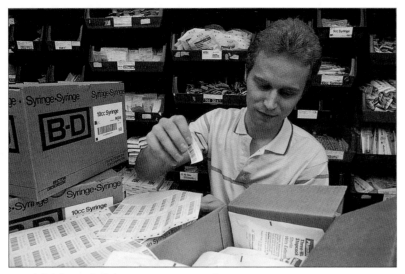

물류센터에서 중요한 작업 중 하나는 상품을 티케팅 하고 마킹하여, 플로어 레디 상태가 되도록 하는 것이다.

지 저장될지를 결정한다. 예를 들어, 소니의 플라스마 TV는 크기가 다소 크고 잘 팔리기 때문에게 크로스도킹하는 것이 Sears사의 가장 큰 관심거리이다. 이렇게 TV는 몇 시간 이내에 하역되고 재선적 된다.

4) 상품 플로어 레디(소매점에 납품되기 전 상품이 그대로 진열되기 위해 준비하는 것)

몇몇 상품을 위해서는 상품 플로어 레디를 위한 추가적인 업무가 물류센터에서 이뤄진다. 플로어 레디 상품은 판매를 위한 진열대에 위치시키기 위한 준비를 하는 상품을 말한다. 상품준비는 티케팅과 마킹, 몇몇 의류의 경우에는 옷걸이에 놓는 것 등을 포함한다.

티케팅과 마킹은 상품에 가격과 식별 라벨을 부착하는 일들인데, 소매상을 위해서 점포에서보다 물류센터에서 수행하는 것이 좀 더 효과적이다. 물류센터에서는 장소를 따로 마련하고 라벨을 붙이는 과정이 효과적으로 수행될 수 있으며, 옷걸이에 옷을 걸 수도 있다. 반대로, 점포에서 상품 플로어 레디를 하게 되면, 복도를 막고 판매원들의 신경을 고객들 한테 집중할 수 없다. 소매상의 관점에서 보더라도, 플로어 레디상품을 배송하도록 공급업자에게 요구하는 것이 더 나은 방법이며, 시간을 많이 소비하는 티케팅과 마킹 과정을 전체적으로 줄일 수 있다.

5) 점포로 상품을 배송하기 위한 준비

하루의 업무를 시작할 때, 물류 센터의 컴퓨터 시스템은 각 점포별로 그날 배송 되어야할 상품의 목록을 작성한다. 각각의 상품에 대해 pick ticket과 배송라벨이 생성된다. Pick ticket은 각각의 상품을 보관 장소로부터 얼마나 많이 가져와야 하는가를 나타내는 서류나 포크리프트 트럭에 표시되는 화면을 말한다. 포크리프트 트럭 기사는 보관 장소로 가서 Pick ticket상에 나타난 수량만큼 판지상자(carton)를 가져온다. 상자에 부착된 UPC 배송라벨은 배송되어야 할 점포를 나타내고, 상자는 점포로 출발하는 트럭이 있는 수하장으로 자동적으로 보내지는 컨베이어 시스템에 놓여진다.

Pick ticket과 라벨은 Break pack 장소에서 만들어 질 수 있다. Break pack 장소에서는, 직원이 상자를 개봉하고 새로운 상자에 넣는 작업을 통해서 점포를 위한 상품을 선별한다. 이후에는 점포 목적지를 나타내는 배송라벨이 새로운 상자에 부착되며, 상자는 컨베이어 시스템에 놓이게 되고 적합한 수하장으로 운반된다.

컨베이어 시스템은 세 가지 원천을 통해 판지상자를 특정 점포로 향하는 트럭이 있는 수하장으로 보낸다. (1) 벤더의 배송트럭으로부터 직접 크로스도킹 되고, (2) 물류센터에 저장된 상자, (3) Break pack 장소로부터의 상자. 이런 상자들은 직원들에 의해 트럭에 적재된다.

6) 유출수송(Outbound Transportation) 관리

물류센터에서 점포로 가는 유출수송 관리는 점점 더 복잡해지고 있다. 대부분의 물류센터는 매일 50-

100개의 유출수송 경로를 운영한다. 이런 복잡한 유출수송 관리를 수행하기 위해, 물류센터는 복잡한 경로와 스케줄 컴퓨터 시스템을 이용한다. 이 시스템은 가능한 효율적인 경로를 개발하기 위하여, 상점의 위치, 도로 상황 그리고 수송 활동 제약들을 고려한다. 그 결과, 점포들에게 정확한 도착 예정 시간이 제공되고, 운송 수단이 최대로 활용된다.

Dollar General은 저소득층 가정에게 한정적인 생필품과 소비재를 편리하고 낮은 가격에 제공한다. 8,000여개의 점포들에게 원가를 통제하고 효율적으로 상품을 공급하는 것이 저렴한 가격을 유지하고 이익을 창출하는 열쇠가 된다. 매주 2천개 이상의 상자가 각 점포로 배달된다. 그리고 시간당 12명의 직원이 배달 트럭에서 하역을 하는데 필요하다. 이 시간은 직원들이 고객을 돕는데 쓰였던 시간들이다. 점포관리자는 배달트럭이 오는 날에는 추가인력을 배치해야 하기 때문에, 근로 스케줄이 실질적인 문제가 된다. 그리고 때때로 배달기사가 사전에 계획된 시간에 배달을 하지 못하는 경우도 있다. 또, 상당수의 점포들이 도심지에 위치해 있기 때문에, 배달트럭이 편리한 장소에 장시간 주차하는 것이 쉽지 않다.

이러한 과제들을 해결하기 위해서, Dollar General은 EZ 점포라고 불리는 배달 시스템에 100만 달러를 투자하였다. EZ 점포 시스템은 움직이기 쉬운 컨테이너 즉 roll-tainer 속에서 점포로의 배송을 위한 상품 포장도 포함한다. 트럭이 도착했을 때 점포 직원이 하역하는 대신에, 트럭 기사 혼자 각 점포당 90분 동안 25개 roll-tainer를 하역할 수 있다. 점포 직원들은 더 이상 트럭이 도착하기를 기다리거나 하역 당일 3~8마일 정도를 걸어서 6,000파운드 물품을 들어낼 필요가 없다. 대신에, 직원들은 roll-tainer와 roll-tainer안에 상품과 선반을 하역한다. roll-tainer는 상품을 보호하도록 설계되어 있다. 트럭기사가 다음 배송을 할 때, 가득한 roll-tainer를 넘겨주고 비어 있는 roll-tainer을 넘겨받는다. 이 시스템을 이용하여 직원 부상과 이직률이 현저하게 감소되었고, 근로시간이 단축되었으며, 고객 만족으로 이어졌다.

Retailing View 10.2는 Wal-Mart의 물류센터의 비슷한 업무에 대하여 기술하고 있다.

1. 역물류(Reverse Logistics)

역물류는 고객으로부터 반송되는 상품을 점포, 물류센터, 벤더로 공급체인을 통해 되돌리는 절차이다. 이는 손상, 초과 상품, 또는 리콜로 인한 반품된 상품의 절차를 포함한다. 역물류는 중요한 문제일 수 있다. 반송 제품은 미국 제조업체와 소매업체들에게 판매, 운송, 처리, 공정, 처분에서 연간 1,000억 달러 손실을 발생시킨다.

역물류는 도전을 받고 있다. 반송된 상품들은 파손되었거나 원 배송 상자가 없기 때문에 특별히 다루어야 한다. 또한 역으로 전송되는 상품의 수량이 적기 때문에 수송비가 높을 수 있다.

L.L.Bean 사는 매년 4천 8백만개의 상품을 배송하고, 이 중 6백만 개가 반품된다. 이 중 대부분의 양이 휴가시즌 이후에 반송되고, 반품 중 85퍼센트가 환불되고, 15퍼센트가 교환된다. L.L.Bean은 품질 보증을 유지하는 방법으로써, 어떻게 반품들을 처리할지 고민한다. 무슨 이유에서든지, 한번 상품이 고객들에게 실망감을 주면, 다음에는 이를 바르게 고쳐야 한다. 일단 반송 상품이 컨베이어 벨트상의 시스템을 통하게 되면, 재고 시스템을 새로 맞추기 위해서 컨베이어에서 반품상자를 집어서 들어내는 것에서부터 반품상자가 종류별로 정리되어 컨베이어에 올려지기까지의 스캔, 처리, 준비하는 과정을 한 사람이 관리한다. 이 공정은 반송 과정을 간소화 하고 오류를 줄인다.

Guaranteed
You Have Our Word

당사의 제품은 어떠한 방법으로도 100%만족을 드릴 것을 약속합니다. 만약 주문한 상품이 수령한 상품과 다르다면 언제든지 반품해 주세요. 귀하께서 완전히 만족하지 않은 L.L.Bean의 어떠한 제품도 갖고 계시길 원치 않습니다.

당사는 카약에서 슬리퍼까지, 낚싯대와 스웨터, L.L.Bean에서 판매하는 모든 물품에 확실한 만족을 보장합니다. 당사의 설립자가 1912년에 Bean Boots를 판매했던 때부터 이 방식을 고수하고 있습니다. 당사는 질 좋은 상품을 제공하며 전통을 고수하고 있는 것을 자랑스럽게 생각합니다.

물론 당사는 고객께서 최종적으로 품질로 판단하시길 바랍니다. 만약 고객께서 구매품에 만족하시지 못할 경우 불편함 없이 교환해 드리거나 환불해 드립니다.

2. 카탈로그 주문과 인터넷 주문을 수행하기 위한 물류

고객으로부터 인터넷과 카탈로그 주문을 수행하는 것은 점포로 상품을 배송하는 것과는 매우 다르다. 전형적인 소매 물류센터는 상대적으로 적은 점포로 트럭 한대 분량에 많은 상자를 배송하도록 고안되었다. 이런 물류센터는 자동 처리 장비와 창고 관리 소프트웨어를 보유하고 있다. 이와 대조적으로, 개별 고객들로부터의 주문을 이행할 경우 소매점은 각기 다른 장소로 한 상자 안에 한두 가지의 물품을 포장하여 배송한다. 이와 같이 인터넷과 카탈로그 채널을 지원할 경우는 점포 채널과는 완전히 다른 물류센터 설계가 필요하다.

카탈로그 소매업체들은 개인별 고객들을 위한 선별과 주문 포장을 위해 설계된 물류센터를 활용한다. 점포소매상에 기반을 둔 전통적인 점포는 다채널을 사용하는 소매상들로 발전함에 따라 물류센터를 재 디자인 하거나 주문 처리를 아웃소싱 하였다. Staples사와 같이 몇몇 다 채널을 가진 소매업체들은 점포와 인터넷, 카탈로그 고객들에게 제공하기 위해 각각 서로 다른 물류 센터를 이용한다. 카탈로그 업체로 시작해서 현재 미국 내에서 190개 점포를 운영하고 있는 Sharper Image사는 세 가지 소매 업태를 경영하기 위해 두개의 물류센터를 이용한다.

3. 아웃소싱 물류

작업을 최소화 하고 자산과 인력 활용을 좀 더 생산적으로 하기 위해서, 소매업체는 물류 기능이 3자 물류 회사에 의해 좀 더 효과적으로 혹은 적은 비용으로 운용된다면, 아웃소싱도 고려한다. 3자 물류

회사들은 독립적인 회사이지만, 제조업체로부터 소매업체까지 상품의 운송을 효율적으로 담당하고 있다. 구체적으로 말하면, 그들은 운송, 창고, 주문 통합 처리, 문서관리 업무를 수행하고 있다.

1) 운송

소매업체들은 신뢰할 수 있고 맞춤형 서비스를 원하기 때문에 배송업자의 선정에 있어 조심스럽다. 왜냐하면 소매업체의 사이클 타임과 예상외의 일들이 운송회사에 의해 발생되기 때문이다. 또한 많은 소매업체들은 상품을 점포로 빨리 가져오기 위해 추가 항공운임을 지불하는 것도 회사에 도움이 된다는 것도 깨달았다.

비용적인 면에서 독립적인 운송회사의 한 가지 장점은, 소매업체들이 하는 것보다 귀로 물류에 트럭을 더 배치할 수 있다는 것이다. 효과적인 왕복 경로를 배열함으로써, 모든 소매업체들이 스스로 수행할 때 보다 낮은 비용으로 서비스를 제공받을 수 있다.

몇몇 소매업체들은 전체적인 비용과 시간 지연을 줄이기 위하여 혼합된 운송 수단 방식을 활용한다. 예를 들어, 많은 일본 운송사들은 유럽행 화물을 미국으로 보낸다. 그곳에서 화물은 최종 목적지인 유럽으로 향하게 된다. 해상과 항공 두 가지 운송방식을 결합함으로써 전체 기간은 약 2주일이 걸린다. 전체를 해상 경로로만 이용했을 때는 4~5주가 걸리며, 비용도 전체 경로를 항공으로 이용했을 때 보다 반으로 줄어든다.

2) 창고관리

점점 더 까다로워지는 요구를 충족하기 위해, 소매업체는 플로어 레디 상품에 대해 정확한 배달 시간을 지킬 것을 벤더측에 요구하고, 이를 위해 많은 벤더들은 소매업체들 근처에 상품을 보관해야 한다. 벤더는 자신들의 창고를 소유하기 보다는 제 3자가 소유하고 운영하는 공공 창고를 사용한다. 공공 창고를 이용함으로써, 벤더들은 창고 설비에 투자 없이 소매업체로부터 요구 받은 질 높은 서비스를 제공한다.

3) 화물 운송업자

화물 운송업자는 운송 서비스를 수행하는 회사이다. 그들은 수많은 화주로부터 작은 화물을 받아 큰 화물로 통합하여 낮은 운임가격으로 제공한다. 이런 회사들은 화주가 직접 운송회사로부터 제시하는 가격보다 낮은 가격을 제공한다. 왜냐하면 작은 화물의 경우 단위당 운송비가 큰 화물에 비해 비싸기 때문이다.

미국의 상품 수입과 관련되어 소매업체에게 가장 힘든 업무 중의 하나는 정부의 복잡한 행정 절차이다. 국제 화물 운송업자들은 운송 서비스를 대신 처리할 뿐만 아니라 정부가 요구한 수출신고서, 영사송장, 선적서류와 같은 모든 필요 서류를 신속히 처리한다.

4) 통합된 제3자 물류 서비스

운송, 창고관리 그리고 화물 운송업자 사이의 전통적인 개념의 차이점은 현대에 와서 점점 더 모호해졌다. 예를 들어, 주요 몇몇 운송업체는 공공 창고와 화물 운송을 제공하고 있고, 다른 형태의 제 3자 물류 제공업자들도 비슷한 다각화 전략을 사용하고 있다.

소매업체들은 이러한 one-stop 서비스가 상당히 유용하다는 것을 알게 되었다. 예를 들어, 캐나다에

Wal-Mart의 힘: 물류센터

Wal-Mart는 공급체인관리에 있어서 항상 주도적인 역할을 하고 있지만, 회사의 규모가 너무 크기 때문에 고객들은 여전히 재고부족을 경험한다. Wal-Mart에서는 240여개의 물류센터에 8천명의 운전기사들이 근무하고, 그들은 전 세계 6,000여 점포에 연간 9억 마일 이상을 운전하고 있다. 상품이 물류센터에 도착한 후 절반정도는 크로스도킹 되며, 적어도 24시간 내에 출하된다. 나머지 절반은 'pull-stock'이라 불리며 물류센터에 저장된다. pull-stock의 85퍼센트는 물류센터의 20마일 길이의 컨베이어를 통해서 처리된다. 자동적으로 컨베이어에 장착된 슈즈(sheos)는 상자를 레인(lane)으로 밀고, 분당 200개를 처리하는 속도로 설비의 100개 활송장치 중 한 군데로 이동되어 기다리고 있는 트럭으로 간다.

Pull stock 중 남은 15퍼센트는 컨베이어 사용 불가로 구분된다. 이런 상품은 크리스마스트리나 가정용 운동기구와 같이 부피가 너무 커서 컨베이어로 움직일 수 없어 포크리프트 트럭에 의해 운반된다. 음성기반 유도장치가 포크리프트 트럭 기사를 적당한 트럭킹 베이로 오게 한다.

Wal-Mart는 계속해서 공급체인 효율성 향상에 역량을 집중하였다. Wal-Mart의 목표는 매출 성장의 반정도 수준의 재고를 유지하는 것이다. 하지만 종종 재고를 줄이는 것이 고객에게는 재고부족 상황으로 변하게 된다. 또한 Wal-Mart는 RFID 기술의 채택에 있어서 선구자였으며, 이는 제조업체와 소매점의 연결성을 위한 것이었다. 2005년에 상위 100여개 공급업체들에게 모든 케이스와 파레트에 RFID 태그 부착을 요구하였다. 그리고 현재 600여개의 공급업체가 RFID를 사용하고 있다. 많은 영역에서 RFID 사용하면 좀 더 효과적인 공급체인과 더불어 재고부족을 줄이는 결과를 가져올 것이다. 최신 기술은 Wal-Mart의 80개 물류센터를 통하여 6,000여 점포에 적절한 공급을 유지하면서 상품을 효율적으로 이동시킨다.

최신기술은 Wal-Mart의 80개 물류센터를 통하여 6,000여개 점포에 적절한 공급을 유지하면서 상품을 효율적으로 이동시킨다.

출처 : Marc L. Songini, "Wal-Mart Shifts RFID Plans." Computerworld 41, no. 9 (February 26, 2007); Mike Troy, "Wal-Mart's Inventory Equation," September 11, 2006; "Financial Outlook: Restoring the Productivity Loop," *Retailing Today*, June 26, 2006.

있는 LUSH Fresh Handmade Cosmetics는 수제 입욕제와 화장품을 카탈로그와 인터넷을 통해 판매하기 위해 제품을 생산하고 있다. LUSH사의 온라인 비즈니스 대부분은 미국이 차지하고 있다. 하지만, LUSH사의 창고로부터 고객으로 이어지는 공급체인에서, 미국 LUSH사는 FedEx와 협력하여

LUSH Fresh Handmade Cosmetics는 FedEx와 협력하여 캐나다에서 미국으로 들여오는 상품의 운송을 효율적으로 하고자 한다.

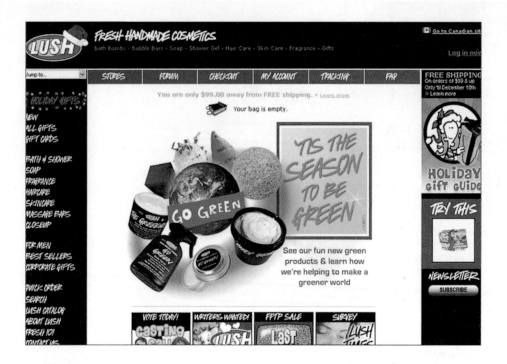

효율적으로 주문과정을 신속하게 처리하기 위해 공동노력하고 있다. 현재 FedEx는 캐나다에서 여러 주문을 통합하고, 대량의 화물을 국경으로 운반하여 LUSH사의 운송비를 줄인다. 그 후 FedEx는 대량의 화물로 세관을 통관하고, 미국 내 FedEx사의 시설에서는 개별 화물로 분류하여 선적한다.

공급체인관리망(SCM)에서 소매업체와 벤더간의 협력

이전에 논의했던 것처럼, 소매업체와 벤더들의 SCM의 목표는 고객이 상품을 원할 때 이용가능 하도록 하는 것이다. 재고부족을 최소화하고, 고객 변화에 대응하고, 신제품을 소개하는 등은 모두가 재고와 비용을 최소로 유지하면서 이뤄져야 한다. 제 10장 도입부에 기술된 Retailing View 10.1에서 볼 수 있듯이, Zara와 H&M같은 Fast Fashion 업체들이 그들의 목표를 성취하기 위해서는 점포와 디자이너, 제품 성능을 훌륭하게 조정해야 한다.

공급체인의 효율은, 벤더와 소매업체가 정보공유와 업무를 함께 할 때, 엄청나게 증가한다. 협력을 함으로써, 벤더들은 그들의 원재료 구매와 생산 공정을 소매업체의 상품요구에 부합할 수 있게 계획수립을 할 수 있다. 이와 같이, 소매상들이 상품을 요구할 경우, 벤더의 창고나 소매업체의 물류센터 혹은 점포에 과도한 재고를 가지고 있지 않아도, 벤더들은 적시에 상품이 이용가능 하도록 할 수 있다.

소매업체와 벤더가 공급체인활동을 조정하지 않을 경우, 소매업체의 판매가 상대적으로 일정하더라도 시스템 상에는 축적된 재고가 만들어진다. 원활한 협력이 이루어지지 않는 채널에서 재고가 증가하는 것을 채찍효과(bullwhip effect)라고 부른다. 이 효과는 Procter & Gamble사에 의해 처음으로 발견되었다. 이 회사는 Pampers의 일회용 기저귀에 대한 소매업체로부터의 주문이, 그들의 판매가 상대적으로 일정한데도 불구하고, 주문의 양은 폭넓은 진폭을 보이는 것이 채찍을 닮았다고 보았다(〈보기

○ 보기 10-6
공급사슬에서 조정되지 않
았을 경우의 채찍효과

10-6〉 조정되지 않은 공급체인에서의 채찍효과 참조). 소매상들은 평균적으로 그들이 실제로 필요로
하는 재고보다 많이 주문을 한다.

연구를 통해, 조정되지 않은 공급체인에서의 채찍효과는 다음의 요인에 의해 발생한다는 것을 알게 되었다.

- **주문 전달과 상품수령의 지연.** 소매업체들이 판매를 정확히 예측하더라도 벤더에게 주문을 전달하는 것과 이런 주문들을 벤더로부터 수령하는데 지연이 생긴다. 조정되지 않은 공급체인에서, 소매상들은 그들의 상품을 언제 수령할지 정확히 모르게 되고, 이에 따라 재고 부족을 막기 위해 초과 주문을 하게 된다.
- **재고부족에 대한 지나친 행동.** 소매업체들이 원하는 상품을 수령한다는 것이 어렵다는 것을 깨달을 때, 소매업체들은 '결품에 대한 경쟁'(shortage game)을 시작한다. 그들은 재고부족을 막기 위해 더 많은 양의 상품을 받기 원하면서 더 많은 양을 주문하게 된다. 이에 따라 벤더들은 평균적으로 소매업체들이 원하는 것보다 많은 양을 보낸다.
- **단위주문(Ordering in batches).** 소매업체들은 적은 양을 주문하기 보다는, 주문 절차를 줄이고 운송비 절감과 대량 주문의 할인 혜택을 얻기 위해 재고가 떨어질 때 까지 기다린 후 대단위 주문을 한다.

이런 요소들이 판매가 상대적으로 일정하더라도 채찍효과를 일으킨다. 그러나 많은 소매업체들에게 있어서 판매는 일정하지가 않다. 소매업체들이 할인판매를 한다거나 선물 시즌이 되면 판매량이 극적으로 증가한다. 이런 판매의 불규칙성은 채찍효과를 고조시키고 공급체인 안에서 재고를 증가시킨다. 벤더와 소매업체들은 함께 협력함으로써, 공급체인 상에서의 재고 수준과 점포에서의 재고 부족을 줄일 수 있다. 협력 단계별 순서로 공급체인 활동 조정을 위한 네 가지 방법들로는 (1) EDI의 활용, (2) 정보교환, (3) 거래선에 의한 재고관리(VMI), 그리고 (4) CPFR의 활용(공동 계획, 공동 예측, 공동 보충)이 있다. Retailing View 10.3은 SCM상에서 협력하기 위해 소매업체와 벤더에 동기를 부여한 역사적 배경을 설명하고 있다.

1. EDI의 사용

구매주문정보를 전송하기 위한 EDI의 사용은 시간을 감소시킨다. 이는 소매업체들에게는 주문을, 공급업체에게는 주문의 수취를 알리고, 이러한 주문에 대한 배송 정보를 전달해준다. EDI는 다음 절에

QR(Quick Response)과
ECR(Efficient Consumer Response)

공급체인 관리에서 소매업체-벤더 협력은 QR이라고 불리며 의류 제조업체와 소매상 사이의 업무에서 일어났고, CPG(consumer packaged goods)제조업체와 슈퍼마켓에 의해서는 ECR이 발전되었다. 1980년대 중반, 미국의 Milliken이라는 직물 제조업체는 수입업체들과 극심한 가격 경쟁에 직면했다. 이 업체는 시장에서 가격 보다 빠른 대응속도로 경쟁하는 전략을 개발했다. 그 당시, 의류 업계에서는 제조업체의 방사에서부터 의류 소매상의 의류제작까지 걸리는 시간이 66 주였다. 그러나 공급체인 안에서 일 년에, 심지어 한 달에 얼마나 팔리는지, 긴 공급 사이클이 가격에 얼마나 큰 영향을 주는지 알지 못했다. 의류 업계에서, 소비자가 원하지 않는 상품으로 인해 가격 할인을 통해 매년 수십억 달러의 손실이 발생했다. 이는 소비자가 원하는 것을 충분히 가지고 있지 않았기 때문이다.

이 공급체인의 비효율성 문제를 해결하기 위해, Milliken은 아동 의류 메이커인 Warren Featherbone Company 와 거대 소매 체인점인 Mercantile Stores와 협력하였다. 그들은 이를 QR(quick response)라 불렀으며, 이를 통해 경쟁하고자 하였다. QR은 제조업체의 JIT발단의 모델을 본떠 만들었는데 소매 판매에 적용되었다. Mercantile 사는 계절별 수요 예측을 개발했다. Milliken은 예측에 맞게 원단을 생산하였지만, 대부분의 원단은 주문이 들어왔을 때, 각기 다른 색으로 염색될 수 있도록 거의 원재료 상태(grey goods)로 보유하고 있었다. Featherbone은 자르고 재봉하여 적은 양의 시제품을 만들어 Mercantile로 보냈다. Mercantile은 시제품의 색상과 사이즈의 판매량을 관찰하고, 이 정보를 Featherbone과 Milliken으로 보내서 남은 원단이 색상별, 사이즈별로 염색되고, 재단되어 소비자들이 살 수 있도록 하였다.

Wal-Mart와 다른 할인 소매점들은 CPG제조업체와 슈퍼마켓 소매점들 사이에서의 협력을 주도하는 역할을 다하고 있다. 미국 식품 마케팅 협회(FMI)는, 슈퍼마켓이 할인점과 좀 더 효과적으로 가격경쟁할 수 있게 하기 위해, KSA(Kurt Salmon Associates)가 임명되었다. KSA는 슈퍼마켓의 공급체인 상의 비효율성으로 인해 상당한 가격 손실이 있다고 판단하였다. CPG 제조업체들이 특별 판촉 할인 행사를 할 때, 슈퍼마켓 체인점들은 6개월 분량의 상품을 사고, 300억 달러 이상의 재고를 물류센터에 보관하였다. 1993년에 KSA 보고서는 ECR이라고 불리는 다면적인 방법을 추천하였다. 이는 효과적인 상품 보충과 판매촉진을 이루기 위한 것으로 제조업체와 소매업체들 사이의 협력을 의미하는 것이었다.

이와 같은 선구자적인 시도가 이뤄진 이후, 식료품 산업은 의류 산업보다 공급체인 효율성에서 엄청난 진보가 이루어졌다. 이는 의류 제조공정이 좀 더 복잡하고 SKU의 수가 현저히 많기 때문이다.

출처: "Backgrounder: Efficient Consumer Response," http://www.fmi.org/media/bg/ecr1.htm(accessed August 19,2007); Joerg Hofstetter, "Assessing the contribution of ECR," *ECR Journal* 6, no. 1(Spring), pp. 20–29.

서 논의될 다른 협력적인 방법의 실행을 더 쉽게 만든다. 그러나 다른 협력적인 방법을 사용하지 않고서는 (이전에 논의된 것은 전송과 주문의 수령에서의 지연이 한 가지 예인데) EDI의 사용은 공급체인상의 재고 증가 문제를 야기할 뿐이다.

2. 정보 공유

공급체인 내에서 재고를 증가시키는 가장 주된 요인은 소매 점포에서 실제 판매되는 양을 벤더가 알수 있는 방법이 없다는 것이다. 예를 들어, 만일 식료품점 벤더가 할인 가격이 고객에게 전가될 것으로 기대하고서, 연간 수회 소매업체에게 할인 가격을 제공한다고 가정하자. 소매업체들은 여분의 재고를 구매하고, 자신들의 이익을 보장받기 위해 추가 할인을 유지할 것이다. 채찍효과는 소매 주문과 재고에 큰 영향을 주었고, 벤더들에게 재고증가와 소매, 생산의 어려움을 유발했다. 일단 소매업체들이 판매 정보를 벤더들과 공유하기 시작하면, 벤더는 소매 판매에 대해 할인을 해주기 시작한다. 이는 구매때문에 해주는 것은 아니지만 이로서 재고 문제가 사라진다.

매출자료를 벤더와 공유하는 것은 공급체인 효율을 증가시키는 중요한 첫 번째 단계이다. 매출자료를 이용하여 벤더들은 수요예측을 향상시키고 생산 효율성을 높일 수 있다. 또한 과도한 추가재고에 대한 필요성을 낮춰준다. 그러나 더 높은 수준의 협력은 이 정보를 효율적으로 사용하는 것을 필요로 한다. 매출자료는 역사적 데이터를 반영하는 것이지, 소매업체들의 미래 계획이 무엇인지 나타내는 것이 아니다. 예를 들어, 만일 소매업체가 상품구색에서 SKU(stock-keeping unit)를 없애기로 결정하였다면, 이는 명백히 향후 판매에 영향을 미칠 것이다.

3. 벤더에 의한 재고관리 VMI(Vendor-Managed Inventory)

벤더에 의한 재고관리는 공급체인을 효율성을 향상시키기 위한 방법이다. 이는 벤더가 각 점포별로 소매업체의 재고 수준을 유지하는 책임을 지는 것을 말한다. 〈보기 10-7〉에서 설명하였듯이, 상품이 필요하게 되는 시점의 재고 수준에서 벤더가 재주문 시점을 결정한다. 소매업체는 EDI를 통해, 벤더와 판매 정보를 공유한다. 재고가 주문 수준으로 떨어졌을 때, 벤더는 주문을 실행하고 상품을 배달한다 (즉, 역 구매 주문을 한다). 비록 VMI가 소매상점에 재고를 보급하기 위해 쓰이지만, 이 방법은 소매업체의 물류센터에서 재고를 보충하기 위한 수단으로 쓰이기도 한다.

◐ 보기 10-7
거래선에 의한 재고관리

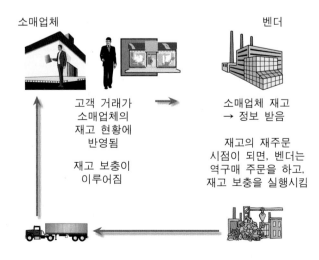

소매업체   벤더

고객 거래가
소매업체의
재고 현황에
반영됨

재고 보충이
이루어짐

소매업체 재고
→ 정보 받음

재고의 재주문
시점이 되면, 벤더는
역구매 주문을 하고,
재고 보충을 실행시킴

이상적인 조건에서는 최소 재고를 유지함과 동시에 재고부족을 줄이고, 소매업체의 즉각적인 요구를 충족시키면서 재고를 보충한다. 공급에 대한 소매업체의 요구를 조화시킬 뿐만 아니라 VMI는 벤더와 소매업체의 비용을 줄일 수 있다. 벤더의 판매원들은 더 이상 점포에 있는 상품에 대한 주문을 하기 위해 시간을 쓸 필요가 없으며, 그들의 역할은 새 상품을 팔고 관계를 유지하는 것으로 바뀐다. 고객인 소매업체와 상품기획자들은 재고 수준을 파악하고 주문을 할 필요가 없어진다.

예를 들어, 홍콩 셔츠 제조업체인 TAL Apparel Ltd.,는 J.Crew, Calvin Klein, Banana Republic, JCPenney와 같은 회사를 위해 생산하고 있으며, 미국에서 판매되는 7개 셔츠 중 1개를 납품한다. 그리고 현재, JCPenney의 남성 셔츠 재고를 관리한다. TAL사는 JCPenney의 셔츠 판매에 대한 POS데이터를 북미 점포로부터 직접 수집하고, 컴퓨터 모형을 통해 통계를 관리한다. 이후, TAL사는 어떤 스타일, 색상, 사이즈를 얼마나 많이 생산할지 결정한다. TAL사는 셔츠들을 소매 물류센터와 상품 담당자를 우회하여 각 JCPenney 점포로 직접 보낸다. TAL사가 원단의 주문부터 디자인까지 전체 절차를 관리하기 때문에, 시제품 단계에서 4달 후의 완전한 소매단계의 신상품에 이르기까지 JCPenney사가 스스로 하는 것보다 빠르게 만든다. 사실상 시스템을 통해 상품 매니저들이 아닌 소비자들이 스타일을 선택하게 해준다.

VMI의 사용은 새로운 접근은 아니다. Frito-Lay와 제과류, 사탕, 음료수 벤더들은 슈퍼마켓 가판대에 대한 그들 상품의 재고를 오랫동안 관리해왔다. 그러나 기술 진보로 VMI가 더욱 정교해지고 있다.

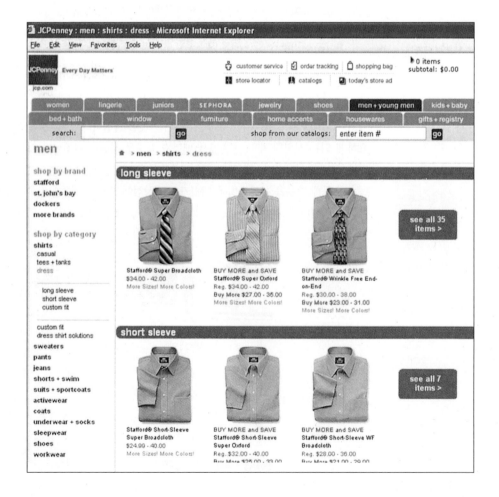

홍콩 셔츠 제조업체인 TAL apparel Ltd.는 JCPenney를 위해 셔츠를 생산하고 재고를 관리한다.

예를 들어, POS 거래 데이터를 공유하여 벤더들이 위탁판매가 가능해졌다. 이는 벤더가 상품이 판매될 때까지 상품을 소유하고, 판매될 때 소매업체가 상품의 가격을 지불하는 것이다. 위탁품 판매는 벤더에게 인센티브를 제공한다. 벤더들이 최소 재고를 유지하고 판매가 일어나도록 SKU와 재고수준을 정하게 한다. 벤더들은 재고 소유로 인한 재정적 비용을 꺼려하기 때문에, 소매업체들은 벤더로 하여금 각 점포에 대한 재고 계획과 상품 구색에 관여하게 한다.

비록 단순한 EDI의 사용과 정보의 공유보다 발전된 수준의 협력이지만, VMI의 활용에는 한계가 있다. 벤더가 특정 제품에 대해 공급체인을 조정하지만, 그들은 소매업체들이 취하는 어떤 다른 행동들이 미래의 상품 판매에 어떠한 영향을 미칠지 알 수 없다. 예를 들어, Pepsi는 슈퍼마켓에서 Coca-Cola사의 새로운 음료수에 대한 3주간의 판촉활동을 진행할 경우 이러한 사실을 알지 못한다. 이러한 상황의 이해 없이, Pepsi는 슈퍼마켓으로 대량의 상품을 보낼 수도 있다.

4. 협력적인 계획, 예측, 보충(CPFR)

CPFR은 공급체인 효율성과 상품 보충을 향상시키기 위해 소매업체와 벤더 사이의 수요예측을 공유하고 관련된 정보를 공유하고 협력적인 계획을 수립하는 것이다. 소매업체는 판매와 재고 정보를 VMI 기법에서는 서로 공유하지만, 벤더는 재고를 관리할 의무가 있다. 대조적으로, CPFR은 소매업체와 벤더 협력의 보다 발전된 형태이다. 이는 사업 전략, 홍보 계획, 신상품 개발과 도입, 생산 계획, 리드 타임과 같은 독점 정보도 서로 공유하는 것을 의미한다.

CPFR은 Voluntary Interindustry Commerce Standards(VICS)(www.vics.org)에 의해 정식으로 발전되고, ECR유럽(ww.ecrnet.org)에 의해 적용되었다. CPFR정보를 교환하기 위해 쓰이는 소프트웨어는 인터넷 기반이기 때문에, 각 관계자는 쉽고 저렴하게 접근할 수 있다.

WorldWide Retail Exchange(www.worldwideretailexchange.org)나 Global NetXchange (www.gnx.com)과 같은 소매 거래소(retail exchanges)들은 그들의 회원들에게 CPFR 소프트웨어를 제공한다. Retailing View 10.4는 West Marine사가 어떻게 공급체인의 효율성을 제고했는지를 설명해 준다.

VI RADIO FREQUENCY IDENTIFICATION(RFID)

RFID는 전파 신호를 사용하여 멀리 떨어진 거리에서도 사람이나 물체를 확인할 수 있도록 하는 기술이다. 전자칩이 해외로 나가는 컨테이너나 선적 상자, 심지어는 상품의 라벨에 삽입된다. 이후 전자칩은 각인된 물체에 대한 정보를 전송한다. RFID는 바코드 보다 장점을 가지고 있다. 첫 번째, 전자칩은 더 많은 정보를 저장하고 칩 내부에 저장된 정보를 업데이트 할 수 있다. 예를 들어, 공급체인에서 제품이 어디에 있는지, 물류센터에서 어디에 저장되어 있는지를 추적할 수 있다. 두 번째, 눈에 보이는 선이 없어도, 바코드를 인식 할 수 없는 어려운 상황에서도 정보를 얻을 수 있다.

RFID를 활용하는 것은 모든 공급체인 담당자의 희망이다. 왜냐하면 벤더로부터 점포에서 계산할 때까지 정확하게 모든 개별 상품의 실시간 추적이 가능하고, UPC 바코드로부터 데이터를 얻기 위해 수동으로 읽고 체크하는 동작을 없앤다. 이에 따라, RFID는 창고비용, 배송비용, 재고비용을 현저하게 줄이고, 이윤을 증가시키며, 더 많은 재고 공간을 마련할 수 있다.

경쟁 우위를 창출하기 위한 West Marine의 CPFR 활용

West Marine의 창립자이자 회장인 Randy Repass는 보트에 대한 그의 열정을 보트 사업으로 바꾸었는데, 이는 사람들이 보트 용품을 구매하는 방법을 혁신적으로 변화시켰다. 40년 전, Randy가 자기의 창고 밖에서 나일론 밧줄을 팔기 시작할 때, 보트 용품 상점은 어둠침침했고 무뚝뚝한 점원들이 일하고 있었는데, 고객들이 무엇을 사야하는지 도움을 필요로 할 때 점원들은 자신들의 무용담을 곁들이는 것을 오히려 더 선호했다. Randy의 비전은 보트를 타는 사람에게 훌륭한 고객 서비스와 더불어 원스톱 쇼핑 체험을 제공하는 것이었다. 오늘날, West Marine은 미국 전역과 캐나다에 370여개 이상의 점포를 가지고 있으며, 카탈로그와 인터넷 채널을 통해 판매하고 있다. 회사는 밧줄에서부터 최신 해양 전자기기에 이르기까지 5만여 개의 상품을 제공하고 있다. 보트 시장은 50퍼센트 이상이 4월부터 10월에 발생하여 계절적 영향을 많이 받는다. 연휴기간이나 크리스마스는 모든 소매상들에게는 매출의 절정의 기간이지만, West Marine의 매출의 정점은 7월 4일 이전에 발생한다. 게다가, 보트용품 소매상들은 많은 판촉활동을 하기 때문에 수요 예측의 변화나 불확실성이 높아진다. West Marine사는 수요에서 큰 변화에 기인한 공급체인상의 비능률로 매출의 기회를 잃게 된다는 것을 알게 되었다.

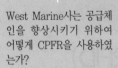

West Marine사는 공급체인을 향상시키기 위하여 어떻게 CPFR을 사용하였는가?

이 문제를 해결하기 위해, West Marine사와 주요 벤더들은 Voluntary Interindustry Commerce Standards Association(VICS)모델을 바탕으로 하여 협력, 계획, 예측, 보충(CPFR)프로그램을 실행했다. West Marine사의 첫 번째 단계는 더 나은 예측 시스템을 개발하기 위하여 주요 벤더와 만나는 것이었다. West Marine사는 매일 밤 각 점포로부터 SKU 수준의 매출정보와 재고 정보를 수집한다. 그리고 매일, 각 점포에 의한 SKU수준 기준으로 52주 수요 예측을 제시한다. 이 수요예측은 모든 마케팅과 판촉이벤트를 고려한 예측이다. 그리고 예측은 벤더들이 부품을 주문하고 스케줄 생산이 가능하도록 그들과 공유한다.

West Marine은 CPFR을 상품기획과 전략기획 운영의 통합적 부분으로 만들었다. West Marine사는 카테고리 매니저(CM)와 상품기획자(MP)를 같은 조로 협력하게 한다. 카테고리 매니저는 제조 계획과 마케팅 활동에 대해 책임을 진다. 상품기획자는 공급체인 활동 관리에 대해 책임을 진다. West Marine사의 상품기획자와 카테고리 매니저는 각 CPFR 공급업자와 함께 매분기 공급체인 기획 모임을 개최한다. 이런 모임에 각 회사의 팀들이 참석하며, 마케팅, 예측, 생산 계획, 분배, 운송 핵심 담당자들을 포함한다. 게다가, 양측의 기획자들은 월별 협력 모임을 개최하여 영업결과, 그리고 현재의 핵심이슈, 제품공급에 대한 현안을 확인하고 문제를 해결한다. 주요 기획자들 뿐만 아니라 실무 직원들도 역시 이런 월별 모임에 자주 참여하고 의견을 제시한다.

출처: www.westmarine.com(accessed October 11, 2007); Larry Smith, "West Marine: A CPFR Success Story," *Supply Chain Management Review*, March 1, 2006, pp. 29-36.

매직미러는 고객에게 제품 정보를 제공하기 위하여 RFID를 사용한다. 또한 미러는 고객들이 탈의실에 들어갈 때 상품을 추적 보관하기 때문에 쇼핑 절도를 막는데 사용된다.

몇몇 주요 소매업체들은 이 신기술의 이점을 이미 누리고 있다. 월마트는 상위 600개 공급업체에게 모든 파레트, 케이스, 수익성이 높은 상품에 RFID 태그를 붙일 것을 요구하였고, 여타 다른 700여개 상품도 향후 부착할 것으로 예상된다. Metro, Target, Best Buy, Albertson 등은 RFID 프로그램을 시행하고 있다. 이러한 요구들을 충족시키기 위해, 벤더들은 필요 기술과 장비들을 취득하는데 상당한 투자를 하지 않을 수 없었다.

1. RFID의 이점

RFID의 이점은 다음과 같다.

- **창고 비용과 배송센터 인건비를 줄인다.** 창고 비용과 배송센터 인력 비용은 일반적으로 소매상에서 운영비용의 2~4퍼센트에 해당한다. 많은 노동력을 요구하는 point-and-read 작업을, 파레트, 케이스, 상자, 그리고 각 상품이 시설 내에 있는 곳을 추적하는 센서로 교체함으로써, 30퍼센트 정도의 인력 비용을 절감할 수 있다.
- **판매 시점의 노동 비용을 줄인다.** 상품 수준에서 RFID를 사용하는 것은 선반에 있는 재고의 확인에 필요한 노동 비용을 줄인다. 게다가, RFID를 이용할 수 있는 상품은 스스로 체크되기 때문에 효율성이 증가한다. 따라서 체크아웃 시간을 줄이고 직원의 비리를 줄일 수 있다.
- **재고비용을 절약한다.** RFID는 재고 오류를 줄이고, 기록된 재고가 실제 이용가능한지 확인한다. 좀 더 정확하게 각 상품을 추적함으로써, 회사는 어떤 제품이 팔리고 어떤 상품의 재고가 필요로 하는지에 대한 정확한 정보를 가질 수 있다.
- **모조상품을 없앤다.** 개별 상품에 RFID를 사용함으로써, 모조상품을 제거하는데 도움을 준다. 예를 들어, 캘리포니아는 2009년 1월 1일 까지 RFID 기술을 모든 제약업체에 활용할 것을 요구하였다. 이와 마찬가지로, 미국의 오리건과 뉴욕, 프랑스와 일본, 스페인도 관련된 법률을 만드는 방향으로 가고 있다.
- **판매 절차를 용이하게 한다.** 매직미러(magicmirror)는 상품 정보를 고객에게 제공하기 위해 RFID 리더기를 디지털 디스플레이에 연결시키는 새로운 기술혁신이다. 고객이 태그가 부착된 상품을 미러 가까이에 가져가면, 시스템은 의류의 설명이나 다른 이용 가능한 색상, 사이즈를 표시한다. 만약 고객이 다른 상품을 원하면, 미러의 화면에 입력한다. 그리면 영업직원이 휴대용 기기를 통해 요청사항으로 바꾸어준다. 이 기술은 점원이 교차판매와 판매수량 증가를 위해 관련 액세서리를 제시하기도 한다.
- **절도를 감소시킨다.** RFID는 상품이 항상 어디에 있는지 정확히 공급체인 속에서 추적할 수 있다. 이는 운송, 물류센터, 소매점에서의 절도를 감소시키는데 도움이 된다. RFID는 소매점에서 질레트 마하3 레이저 면도기와 같이 절도하기 쉬운 값비싼 상품에 대해서 이미 성공적으로 활용되었다. 또한 매직미러는 쇼핑절도를 주저하게 하는데 쓰인다. 쇼핑객이 탈의실에 들어갈 때, 미러는 고객이 가지고 가는 모든 상품과 사이즈를 추적 보관한다.

■ **재고부족 상태를 줄인다.** RFID는 정확한 상품 추적을 용이하게 하기 때문에, 예측이 좀 더 정확해져 재고부족이 감소된다. RFID를 이용함으로써, 점포 관리자는 특정 SKU들이 선반에 없고 비축이 필요할 때 자동적으로 통지받게 된다.

2. RFID 도입의 방해요소

RFID의 광범위한 채택을 방해하는 주된 장애물은 높은 비용이다. 이는 투자에 대한 현재 가치가 낮기 때문이다. RFID 태그의 가격은 2002년 40센트였는데, 현재는 개당 15센트로 가격이 내렸다. 그러나 수요가 증가하고 태그 생산 비용은 감소하고 있어, 태그당 5센트에 이를 것으로 예상되며 재사용도 가능하다.

더 많은 소매업체들이 RFID를 채택하지 못하는 또다른 이유는 효율적으로 처리될 수 있는 양보다 더 많은 정보를 생산한다는 것이다. 따라서 소매상들은 도입비용을 정당화하기가 어렵다는 것을 알았다. 대부분의 소매상들은 공급체인에서 파레트, 케이스, 상자, 화물, 개별 상품의 위치에 대한 자료를 전송, 저장, 처리할 능력이 없다.

공급업체들은 종종 다음 과정으로 미룬다. 어떤 사람들은 인력비용을 절감하는 것보다 RFID 태그를 부착하는 것이 비용이 더 많이 든다고 주장한다. 바코드는 공장에서 상자에 인쇄되지만, 대부분의 벤더들이 아직 RFID를 채택하지 않기 때문에 이러한 태그들을 창고에서 수작업으로 해야 한다.

마지막으로, 특히 미국에 있는 소비자들은 일단 태그가 개별 상품에 부착되는 것에 대해 꺼려한다. 태그의 부착은 개별 구매자를 추적하는데 쓰일 수 있는데, 이것은 명백한 사생활 침해이기 때문이다. 이 문제는 유럽에서는 덜 예민하다. 유럽에서는 소매업체들이 RFID사용과 변화된 절차에 대해 소비자에게 숙지시켜왔고, 태그 제거 정책을 입안함으로써 소비자의 두려움을 소화하였다. 독일의 Metro와 영국의 Marks & Spencer는 제한적으로 상품 단계의 RFID를 사용하고 있다.

요 약 *Summary*

공급체인관리와 정보 시스템은 지속적인 경쟁 우위를 확보하기 위한 중요한 도구로 자리 잡고 있다. 더 효율적인 상품 유통의 방법을 개발하는 것은 비용을 절감하고, 고객 서비스 수준을 향상하는 기회를 창출하는 것이다.

고객에서부터 제조업체의 정보의 흐름을 통제하는 정보시스템은 아주 복잡해지고 있다. 소매업체들은 누가 그들의 고객인지, 그들이 무엇을 사고 싶어 하는지에 대한 긴밀한 정보를 제공하는 데이터 웨어하우스를 개발하였다. 이러한 데이터 웨어하우스는 그들의 고객과의 관계를 강화시키는데 활용되고, 생산성과 마케팅, 재고관리 성과를 향상시킨다.

어떤 소매업체는 상품을 저장하는 대신에 크로스도킹을 이용하기 위해 물류센터를 활용한다. 다른 소매업체들은 벤더에게 플로어 레디 상품을 공급하고 완벽하게 배송 스케줄을 지킬 것을 요구한다. 또 다른 소매업체들은 제조업체가 점포로 직접 상품을 배달하도록 시키고 고객 수요에 대한 재고정책에 기반을 둔 풀 공급체인을 사용한다. 소매업체들은 물류기능의 대부분을 제 3자 물류회사에 아웃소싱을 한다.

소매업체들과 벤더들은 공급체인 효율성을 향상시키기 위해 협력한다. 전자 정보 교환(EDI)은 소매업체들이 그들의 벤더들과 전자적으로 의사소통을 가능하게 한다. 인터넷은 소규모의 기술이 부족한 벤더들에게 EDI의 채택을 가속화 시켰다. 보다 효과적인 협력 방법은 정보 공유, VMI, CPFR 등이 있다. 이런 방법들은 정보 시스템과 물류관리가 결합된 접근법이라고 할 수 있다. 이 방법들은 리드타임을 줄이고, 제품 활용성을 높이며, 재고 투자비용과 전반적인 물류비용을 감소시킨다.

마지막으로, RFID는 공급체인을 더 간소화 할 수 있는 가능성을 가지고 있다. 이 작은 기기는 파레트, 상자, 개별 상품에 부착된다. 또한 상품이 물류센터로 배송되었을 때와 같이 점포 정보나 공급체인을 통하여 상품을 추적하는데 쓰일 수 있다. 비록 모든 상품에 적용하기에는 비교적 비싸지만, RFID기술은 노동비용, 절도, 재고비용을 줄일 수 있다.

핵심용어

사전발송 통지문(advanced shipping notice, ASN)

엑스트라넷(extranet)

수취(receiving)

소채찍 효과(bullwhip effect)

플로어 레디 상품(floor-ready merchandise)

역 물류(reverse logistics)

점검(checking)

화물 운송업자(freight forwarders)

보안 정책(security policy)

협력 계획, 예측, 보충(collaborative planning, forecasting, and replenishment, CPFR),

인트라넷(intranet)

품절(stockout)

물류(logistics)

공급체인관리(supply chain management)

위탁품(consignment)

아웃소싱(outsourcing),

제3자 물류회사(third-party logistics companies)

크로스도킹(crossdocked)

픽 티켓(pick ticket)

사이클타임(cycle time)

공동 창고(public warehouse)

티케팅과 마킹(ticketing and marking)

발송자(dispatcher)

풀 공급체인(pull supply chain)

유니버설 프로덕트 코드(Universal Product Code, UPC)

물류 센터(distribution center)

푸시공급체인(push supply chain)

전자문서교환(electronic data interchange, EDI)

무선인식(radio frequency identification, RFID)

거래선에 의한 재고관리(vendor-managed invenroty, VMI)

현장학습
Get Out And Do It!

1. 계속되는 사례 과제: 당신이 선택했던 계속되는 과제에 대해 소매업체의 점포 관리자와 인터뷰 하시오. 소매업체의 정보와 공급체인 시스템을 평가하고 설명하는 보고서를 작성하시오. 관리자에게 물어볼 질문을 만드는데 이번 장을 이용하시오. 몇몇 질문은 다음과 같이 기술 될 수 있다. :어디에 물류센터가 있는가? 소매업체들이 제조업체로부터 직영점으로 배송을 하고 있는가? 얼마나 자주 점포로 배송이 이루어지는가? 상품이 판매를 위해 준비완료 상태로 입고되는가? 점포에서 재고부족 비율은 얼마인가? 소매업체는 푸시 시스템을 사용하는가 아니면 풀 시스템을 사용하는가? 점포가 어떤 상품을 재고로 보유하고 수량이 얼마인지를 결정하는 것과 관련 있는 것은 무엇인가? 소매업체는 VMI, EDI, CPFR, RFID를 사용하는가?

2. http://www.barcoding.com/success_stories/ 바코드 회사 홈페이지를 접속해보고 소매업체의 성공 스토리를 읽어보시오. 회사가 소매업체의 자동 정보수집 시스템 관련 문제들을 어떻게 해결했는가?

제10장 · 정보시스템과 공급체인관리 325

3. Metro 그룹의 Future Store Initiative 홈페이지를 방문하여 http://www.future-store.org/servlet/PB/menu/
10070540에 있는 "RFID Innovation Center"를 시청하시오. 6분 비디오 클립을 시청한 후, 전자적 제품
코드와 RFID가 어떻게 고객들을 위해 쇼핑 경험을 좋게 만들고, 공급체인 상에서 효율성을 어떻게
향상시키는지 기술하시오.

토의 질문 및 문제 *Discussion Questions and Problems*

1. 소매 시스템 약어에는 VMI, EDI, CPFR, RFID가 있다. 이런 전문 용어들은 어떻게 서로 관련이 있는
가?

2. 효율적인 공급관리 시스템이 어떻게 소매점의 제품이용 수준을 향상시키고, 어떻게 재고 투자를
줄이는지 설명하시오.

3. 제 10장은 물류와 소매업체에게 이익이 되는 정보시스템에 대한 몇몇 추세를 제시한다. 어떻게 소
매업체가 이러한 추세에서 혜택을 얻게 되는가?

4. 어떤 형태의 상품이 소매업체의 물류센터에서 크로스도킹 되는가? 왜 이런 상품이 크로스도킹이
되는가?

5. 많은 의류 소매업체들이 ZARA사와 비슷한 통합된 공급체인 시스템을 왜 채택하지 않는가?

6. 풀 공급체인과 푸시 공급체인의 차이점에 대해 설명하시오.

7. 왜 글로벌 물류가 국내 물류보다 복잡한가?

8. 소비자들은 재고부족에 대해 다음과 같은 5가지 반응을 가지고 있다: 다른 점포에서 구매, 다른
상품으로 대체, 동일 상품으로 대체, 구매의 지연, 상품 구매의 포기. 자신의 구매행동에 대해 생각
해 보고, 어떤 다른 상품의 종류가 어떻게 재고 부족에 대해 다른 반응을 유발하는지 설명하시오.

9. 재고부족으로 인한 구매의 포기는 연간 수백만 달러에 이른다. 소매업체들과 벤더들은 재고부족
을 줄이고 판매를 증진하기 위해 어떤 기술을 활용하고 있는가?

10. 과거, 제조업체들은 공급업체와 소매업체들 사이의 관계에 영향력을 행사했다. 오늘날, 소매업체
들은 더 많은 영향력을 가지고 있으며, 양측은 양방향 통신으로 좀 더 신뢰적인 관계의 혜택을
내다보고 투자한다. 다양한 업태, 인수합병, 기술들의 출현이 어떻게 소매업체와 제조업체 사이에
서 좀 더 향상된 협력을 유발하는 변화를 가능하게 하는가?

추가로 읽을 자료들 *Suggested readings*

Bernon, Michael, and John Cullen. "An Integrated Approach to Managing Reverse Logistics."
International Journal of Logistics: Research & Applications 10, no. 1 (2007), pp. 41-56.

Chang, Tien-Hsiang; Hsin-Pin Fu; Wan-I Lee; Yichen Lin; and Hsu-Chilh Hsueh. "A Study of an
Augmented CPFR Model for the 3C Retail Industry." *Supply Chain Management* 12, no. 3 (2007),
pp.200-209.

Chopra, Sunil, and Peter Meindl. *Supply Chain Management*, 3rd ed. Englewood Cliffs, NJ: Prentice Hall,
2006.

Hugos, Michael, and Chris Thomas, *Supply Chain Management, in the Retail Industry*, NEw York: Wiley,
2005.

Niederman, Fred; Richard G. Mathieu; Roger Morley; and Kwon Ik-Whan. "Examining RFID Applications in Supply Chain Management." *Communications of the ACM* 50, no.7 (2007), pp.93-101.

Parker, Philip M. The 2007-2012 *World Outlook for Retail Logistics*. San Diego: ICON Group International, Inc.,2006.

Seung-Kuk, Paik and Prabir K. Bachi. "Understanding the Causes of the Bullwhip Effect in a Supply Chain." *International Journal of Retail & Distribution Management* 35, no. 4 (2007), pp. 308-24.

Vaidyanathan, Jayaraman. "Creating Competitive Advantages Through New Value Creation: A Reverse Logistics Perspective." *Academy of Management Perspectives* 21, no.2 (2007), pp. 56-73.

Wong, Chien Yaw and Duncan McFarlane. "Radio Frequency Inentification Data Capture and Its Impact on Shelf Replenishment." *International Journal of Logistics: Research & Applications* 10, no. 1 (2007), pp. 71-93.

memo

Chapter eleven

고객 관계 관리

Question

- 고객 관계 관리란 무엇인가?
- 소매업체들이 고객들을 다르게 관리하는 이유는 무엇인가?
- 소매업체들은 최상의 고객이 누구인지 어떻게 결정하는가?
- 소매업체들은 고객 충성도를 어떻게 구축하는가?
- 소매업체들은 고객들의 지갑 점유율을 높이기 위해 무엇을 할 수 있는가?
- 소매업체들은 고객들의 개인정보노출 우려를 덜어주기 위해 무엇을 할 수 있는가?

비즈니스 관련 간행물이나 기업들은 고객 관계 관리의 중요성에 대하여 강조하고 있다. 기업들은 고객 데이터를 수집하고 분석하는 컴퓨터 시스템에 수십억 달러를 투자하고 있다. 이러한 움직임들로, 당신은 고객을 이웃의 인기 많은 새 아이 쯤으로 생각할 것이다. 그러나, 현재까지도 고객은 당연시 여겨지는 오래된 친구 그 이상이라고 할 수 있다.

다음의 예를 살펴보자. Shari Ast는 이번달 세 번째 출장 중이다. 그녀는 Boston Logan 공항에서 그녀가 가장 좋아하는 Ritz-Carlton 호텔까지 택시를 탄다. 도어맨은 "Ritz-Carlton에 다시 오신 걸 환영합니다, Ast씨."라는 인사와 함께 그녀의 택시 문을 열어준다. 그녀가 접수데스크에 갔을 때, 안내원은 그녀에게 방 열쇠를 건네준다. 그런 다음 그녀는 방으로 향하고 그녀가 좋아하는 것들—Boston 시내의 풍경이 한 눈에 들어오는 방, 싱글 퀸 사이즈의 침대, 여분의 베개와 담요, 그녀의 전화와 연결된 팩스, 그리고 그녀가 가장 좋아하는 과일과 스낵이 담긴 바구니—을 발견하게 된다.

Shari Ast의 경험은 Ritz-Carlton의 고객 관계 관리 프로그램의 한 예이다. 고객 관계 관리 (Customer relationship management, CRM)는 비즈니스 철학이며, 소매업체에게 가장 가치 있는 소비자들의 충성도를 확인하고 구축하는데 초점을 둔 전략, 프로그램, 그리고 시스템들의 집합이다. 소매업체들이 고객과의 관계를 좀 더 잘 구축함으로써 수익을 증가시킬 수 있다는 철학을 바탕으로 하여, CRM은 소매업체를 빈번히 이용하는 충성도 있는 고객 기반을 개발하는 것을 목적으로 한다. 본 장에서는 CRM 프로그램의 목적과 CRM 과정의 요소들에 대해 좀 더 심층적으로 논의할 것이다.

리치칼튼과 같은 5성급 호텔에서는 고객의 이름을 사용해 응대하고 고객의 선호를 과거 방문기록을 통해 파악한다. 고객을 만족시키기 위해 가능한 모든 노력이 기울여지는 것이다.

I CRM 과정

전통적으로, 소매업체는 고객들이 자신의 점포를 방문하거나 카탈로그를 보거나 웹사이트를 방문하도록 노력을 기울인다. 이를 위해서 대중매체를 이용한 광고나 판매촉진 등 고객을 동질적으로 취급하는 방식을 사용하여 왔다.

이제 소매업체는 자사의 최상의 고객에게 보다 높은 가치를 제공하기 위해서, 개별화된 촉진과 서비스를 제공한다. 이를 통해서 고객 지갑 점유율(share of wallet)을 높이게 되는데, 지갑 점유율은 특정 소매업체로부터 고객이 구매하는 비중을 의미한다. 이러한 관점의 변화는 모든 고객이 동일하게 이익에 공헌하지 않으며, 보다 많은 이익을 제공하는 고객을 차별적으로 관리해야 한다는 연구결과에 바탕을 두고 있다.

1. 충성도는 무엇인가?

Refact

25살 이상 소비자의 55%는 그들이 가장 빈번하게 쇼핑하는 점포에 완전히 충성적이지는 않다.

CRM의 목적인 고객 충성도는 단순히 고객의 재방문이나 만족을 넘어서는 것이다. 소매업체에 대한 고객충성도는 특정 업체에 대한 상품이나 서비스를 구매하는 고객 몰입의 정도를 의미하며, 동시에 이러한 고객의 애호도를 차지해보려는 경쟁자의 활동에 대한 고객의 저항을 의미한다. 이들은 특정 소매업체와 결속되어 있으며, 이는 긍정적인 감정 그 이상의 것에 기초를 두고 있다. Retailing View 11.1에서 Neiman Marcus가 어떻게 고객 충성도를 구축했는지 확인할 수 있다.

충성 고객은 소매업체와 정서적 연계를 가지고 있다. 그들은 소매업체를 친구로 여긴다. 이들의 소매업체에 대한 지속적인 애호도의 원인은 점포의 편리성이나 낮은 가격 또는 그들이 취급하는 특정 브랜드 그 이상의 것이다. 그들은 친구나 가족에게 특정 소매업체에서 구입하도록 유도하는 것과 같은 좋은 일을 한다.

낮은 가격을 제공하는 재구매 프로그램은 쉽게 경쟁자가 따라 할 수 있다. 또한 이러한 가격중심의 촉진은 고객을 소매업체와 관계를 발전시키기 보다는 가장 좋은 거래를 찾아가도록 조장하는 경향이 있다. 그러나 고객과 한번 형성한 정서적인 연계는 경쟁자가 쉽게 모방할 수 있는 것이 아니다.

정서적인 관계는 고객이 개인적인 관심을 받았을 때 구축될 수 있다. 예를 들어, 고객의 이름과 그들의

Neiman Marcus의 CRM

고객의 충성도를 증대시킨 CRM 활동 설계의 최고의 예 중 하나는 Neiman Marcus's InCircle 프로그램이다. 이 프로그램은 최상의 고객에 초점을 맞춰 고안되었다.

Neiman Marcus 신용카드로 연 5,000 달러 이상 지출한 고객을 중심으로 InCircle 프로그램에 등록된다. 이 프로그램에 등록된 고객들은 특별 증정품, 상품, 서비스의 혜택을 받는다. 높은 지출 수준을 보이는 "Platinum" 또는 "Chairman's" 등급의 고객들은 추가적인 상품이나 서비스의 혜택을 받는다. 현재 100,000명이 InCircle 회원으로 등록되어 있으며, 그들 가족의 소득은 285,000 달러 정도이며, 연 평균 12,000 달러 이상을 소비한다.

고객들은 Neiman Marcus 신용카드로 구입을 할 때마다 1 달러에 1 포인트의 적립금이 쌓인다. 그 포인트로는 Emilio Pucci 한정판 실크 스카프나 영화관 티켓 등의 상품 구매가 가능하다. 매년 5,000,000 포인트 이상의 고객들은 한정판 고급승용차를 선택할 기회를 제공한다. 올해에는 2008 렉서스 LS600h L 모델을 상품으로 선택할 수 있었다. 상품은 매년 확대되고 있지만, 옵션은 항상 독특한 Neiman's 의 독자적인 이미지와 명성을 강화하기 위해 고안된다.

InCircle 회원들은 1년 내내 여러 번 Neiman Marcus로부터 소식을 전해 받을 수 있는데, 이에는 InCircle의 연 4회의 회보지와 연 2회의 InCircle Entrée 매거진, Southern Living과 Southern Accents 설립자의 품질 좋은 책자를 받을 수 있다.

고객 관계는 또한 점포단위에서도 형성된다. Neiman's의 판매에 관련된 것들은 고객들의 이전 구매 내역이나 쇼핑 행동의 정보로 활용되는데, 이는 고객들과 개인적으로 접촉을 함으로써 형성된다. 판매 직원은 자유롭게 창의적으로 백화점안에서 쇼핑을 하는 InCircle 회원들을 도울 수 있으며, Neiman Marcus의 다양한 서비스를 이용하여 선물 포장과 같은 것들을 제공할 수 있다. 점포 관리자들은 InCircle 회원의 생일에 그들을 무료 오찬에 초대할 수 있다.

엄선된 고객들로부터의 가치를 인식한 Neiman Marcus는 InCricle회원을 초청하여 자신들이 고객들의 쇼핑 경험과 커뮤니티에서의 역할 확장과 강화에 대해 개선하여야 할 것이 무엇인지를 경청하고 있다. 이러한 회의에서 Neiman Marcus의 우수성을 유지하는 데에 도움을 주며, 최상의 고객들과의 관계 지속을 위한 의견교환에 도움을 주고, 회사가 그들의 가치에 대해 존중한다는 점을 느낄 수 있게끔 한다.

출처: Vanessa O'Connell, "Posh Retailiers Pile on Perks for Top Customers," The Wall Street Journal, April 26, 2007; www.incircle.com(accessed August 29, 2007); www.neimanmarcus.com(accessed August 29, 2007).

Neiman Marcus In Circle 프로그램은 최상의 고객 지갑 점유율 향상에 기여하는 특별한 혜택을 제공한다.

Refact

1984년, Neiman Marcus는 소매업체로서 처음으로 다빈도 구매자 프로그램을 시작했다.

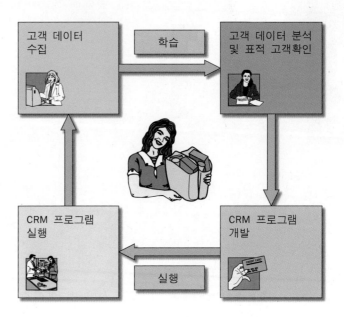

특별한 취향을 기억하는 종업원이 있는 '이웃 같은 카페' 라는 개념으로 소규모 독립 점포들은 고객 충성도를 확보할 수 있다. Nordstrom 같은 대형업체는 고객들이 가격 할인보다는 점포 오픈 행사 초대, 특별 주차 구역, 무상 교환, 또는 배달 서비스 제공과 같이 보다 개인적인 서비스가 더 중요하다는 것을 발견하였다.

예상 밖의 긍정적인 경험 또한 정서적 연계를 가능하게 한다. 예를 들어, Nordstrom에서 한참 자라는 10대의 딸을 위해 신발을 사고 있던 한 가족은, 딸을 위해 반 호수가 차이 나는 신발 두 개를 짝짝이로 판매한 종업원에게 고마움을 느껴 5켤레의 신발을 사고 그 후로도 충성고객으로 남았다. 이와 같이 기억에 남을 만한 경험들은 고객 충성도를 구축하는 중요한 방안이 된다.

2. CRM 과정의 개관

〈보기 11-1〉은 고객 데이터가 고객 충성도로 전환됨에 있어 작용하는 네 요소의 반복 과정을 나타낸다: (1) 고객 데이터의 수집, (2) 고객 데이터의 분석 및 표적 고객의 확인, (3) CRM 프로그램의 개발, 그리고 (4) CRM 프로그램의 실행. 이러한 절차는 소매업체의 고객 데이터의 수집과 분석 그리고 표적 시장의 확인에서 출발한다. 분석은 고객 정보를 표적 고객에게 가치를 제공하는 활동으로 전환한다. 이러한 활동은 영업 부서의 종업원과 같은 고객과 접촉하는 종업원에 의해서 수행되는 의사소통 프로그램을 통해서 실행된다. 다음 절에서 CRM 과정 네 가지 활동을 설명하였다.

II 고객 자료의 수집

CRM 과정의 첫 번째 단계는 고객 데이터 베이스를 구성하는 것이다. 고객 데이터 베이스는 10장에서 언급한 데이터 웨어하우스의 한 부분이다. 이는 기업이 고객으로부터 수집한 모든 정보를 포함하며 이후의 CRM 과정의 기초가 된다.

Refact

현대의 충성도 마케팅은 1981년 American Airlines Advantage program의 런칭과 함께 시작되었다. Airlines은 현재 산업의 전 분야 대부분에서 255 million 이상의 회원을 보유하고 있다.

1. 고객 데이터베이스

이상적으로 데이터 베이스는 다음의 정보를 포함하여야 한다.

- **거래 정보.** 고객에 의해 만들어진 구매에 대한 완벽한 기록, 즉 구매일자, 구매한 단품(SKU), 지불한 가격, 이익, 특별 촉진이나 마케팅 활동에 따른 구매여부 정도가 이에 해당한다.
- **고객 접점.** 고객이 소매업체와 접촉한 기록, 즉 소매업체 웹사이트의 방문, 점포 내 키오스크(kiosk), 소매업체 콜센터, 카탈로그 그리고 우편물 등을 통해 고객과 접촉한 기록이 이에 해당한다.
- **고객 선호 정보.** 고객이 가장 좋아하는 색상, 브랜드, 소재, 향기, 옷치수가 어떤 것인지에 대한 정보를 의미한다. New York의 Brooks Brothers 매장에서 판매원이 고객의 최근 구매 정보를 POS 터미널에서 보고 있다. 고객이 몇 달 전 감색 정장을 구입했음을 알 수 있다. 이러한 정보를 활용해서 판매원은 지난 번 구입한 정장에 잘 어울리는 셔츠와 타이를 고객에게 보여주고 추천할 수 있는 기회를 잡을 수 있다. 판매원은 셔츠 세 장, 타이 두 개, 속옷과 양말까지 매상을 올렸다.
- **기술 정보.** 시장 세분화에 활용되는 고객 인구통계 그리고 심리적 변수 데이터가 이에 해당한다.
- **마케팅 활동 반응 정보.** 마케팅 활동에 대해 고객의 반응을 포함한 정보의 분석.

가계의 다른 구성원 역시 소매업체와 상호작용을 하게 된다. 그러므로 고객에 대한 보다 완벽한 모습을 보기 위하여, 소매업체는 개인정보와 가계정보를 통합할 수 있어야 한다. 예를 들어, Connecticut에 있는 가족경영 의류 소매업체인 Mitchells나 Richards에서는 남편이나 부인의 구매를 가계 단위로 추적하여 통합된 고객 데이터를 구축하고 있다. 이를 통해서 판매원은 배우자의 선물을 추천하기도 한다. 데이터 베이스에서 소비 행태나 습관의 변화를 파악하고 기념일, 생일은 물론 이혼과 재혼에 따른 취향, 브랜드, 사이즈, 색상에 대한 변화도 추적하여 정보를 제공한다. Retailing View 11.2에서는 충성도 프로그램을 위한 Harrah의 고객 데이터 베이스의 활용에 대해 설명하고 있다.

CRM 시스템에 사용되는 고객의 거래정보는 POS 터미널을 통해 기록되고, 데이터 웨어하우스에 저장된다.

2. 고객 확인 정보

소매업체가 발행한 신용카드를 가지고 카탈로그나 인터넷을 통해서 상품을 구입하는 고객의 데이터 베이스를 구축하는 것은 상대적으로 용이하다. 무점포 소매경로에서 상품을 구매하는 고객은 반드시 연락 정보, 이름, 그리고 주소와 같이 상품의 배송과 관련된 정보를 제공하여야 한다. 소매업체가 자신의 신용카드를 발행한다면, 고객이 신용카드를 신청할 때 청구서 발송을 위한 고객 주소를 확보할 수 있을 것이다. 그러나 점포 소매업체의 경우 고객 확인을 위한 정보를 확보하는 것은 상대적으로 어렵다. 왜냐하면, 이들은 개인수표, 현금, 소매업체가 발행하지 않은 VISA나 MasterCard와 같은 신용카드로 결제하기도 하기 때문이다.

이러한 문제를 극복하기 위한 점포 기반의 소매업체의 세 가지 접근은 (1) 고객에게 직접 확인 정보를

Harrah's의 CRM

Harrah's의 최상위 고객들은 Total Reward loyalty 카드 프로그램을 통해서 얼마만큼의 비용을 지출했는지에 기초하여 이익과 혜택을 제공받는다. 이 프로그램은 Harrah's가 각 고객의 생애가치를 결정하는 것을 도와준다.

Harrah's는 게임 산업에서 고객 관계 관리를 사용한 혁신적 기업이다. 1990년, 카지노들은 시설에 투자하면서 동일 업태 내에서 경쟁을 강화했다. Harrah's는 큰 카지노들보다 제한된 자원을 가지고 경쟁 우위를 구축하기 위해서 차별화된 접근을 시도하였다. 그것은 고객 충성도 향상을 위한 CRM에 초점을 맞추는 것이었고, 이를 통해 매출을 증가시키는 것이었다. Harvard Business School교수인 Gary Loveman은 Harrah's의 고객 데이터 분석을 통한 컨설팅과 CRM 프로그램 개발에 참여하였다.

게임 산업에서 고객 충성도 개발을 하는 것은 쉬운 일이 아니었다. Slot 머신과 게임 테이블은 모든 카지노들이 다 가지고 있는 것이었다. Loveman은 각 고객의 생애가치를 계산하는 것으로부터 고객 데이터를 수집하여 CRM 프로그램 개발을 시작하였다. Harrah's는 명예욕이 강한 게이머에 초점을 맞추고, 그들은 "high rollers (큰 판에 거는 사람)"가 아니며, 100–500 달러 사이의 게임을 즐기며, 연간 5,000 달러 이상을 카지노에서 지출한다.

Harrah's의 Total Rewards loyalty card 프로그램은 보다 긴밀한 고객관계 형성을 위해 고안되었다. 고객은 생애가치에 따라 골드, 플래티넘, 다이아몬드, 세븐스타 등 네 개의 집단으로 나뉜다. 4천만 명의 고객들 가운데 1퍼센트보다 적은 수의 고객인 세븐스타 등급은 Harrah's의 수익의 중요한 부분을 차지한다. 네 개의 세분화된 고객 그룹은 다시 지리적, 인구통계적, 그리고 게임패턴에 따라 대략 90개의 다른 그룹으로 재 분류되어 있다. Harrah's의 자랑거리는 고객의 데이터베이스를 정교하고 세밀하게 분석하는 것이라고 할 수 있는데, "Tom은 NASCAR, Clint Holmes, 두꺼운 스테이크를 좋아한다" 등과 같다. 이 CRM 프로그램 네 개의 주요 통계를 측정하여 데이터를 수집한다: (1) 고객들의 게임 달러 점유율, (2) 고객들이 하나 이상의 게임 사이트를 방문함으로써 지불되는 비용의 비율, (3) 높은 계층으로 업그레이드 될 수 있는 Total Rewards 회원들의 비율, (4) 모든 속성에 대한 고객들의 만족도 조사 점수이다. 이러한 데이터들을 활용하여 고객이 다음 단계로 올라가는데 도움을 주고 의미 없는 고객 집단을 제거하는데 자료를 제공했다. 이득이 되지 않는 고객을 제거하여 연간 2천만 달러를 절약하고, 보다 기여도 높은 고객들에게 초점을 맞추도록 도와주었다. 또한 고객의 지갑 점유율이 1998년 36퍼센트에서 43퍼센트 이상으로 증가하였다.

Harrah's CRM의 핵심 중의 하나는 80,000 직원들에게 권한을 이양하여, 이들이 고객 만족도를 증대시킬 수 있도록 기여한다는 점이다. 직원들의 성과는 최소한의 수준에서 서비스를 제공하는 것에서 차별화를 제고하는 방향으로 전환되었다. CEO인 Gary Loveman은 "slot 머신 담당 직원에서부터 하우스키핑에 이르기까지, 발레파킹 직원에서 안내직원에 이르기까지, 접수 창구 직원에서 요리사에게 이르기까지 모든 직원들은 그들이 일을 시작할 때 물어보는 것, (2) 다빈도 구매자 (frequent shopper) 프로그램의 제공, 그리고 (3) 인터넷 구매 데이터를 점포와 연결하는 것이다.

1) 고객 확인 정보의 요청

일부 소매업체는 종업원들로 하여금 구매 종료시 전화번호, 이름, 주소와 같은 고객 확인 정보를 물어보도록 하고 있다. 이러한 정보는 고객에 대한 거래 데이터 베이스를 작성하는 데 사용된다. 그러나 어떤 고객은 정보제공을 꺼려하거나 판매원이 개인 사생활을 침해한다고 느낄 수 있다는 단점이 있다.

2) 다빈도 구매자 프로그램 제공

다빈도 구매자 프로그램, 일명 충성도 프로그램은 소매업체에 애호도가 있는 고객을 확인하고 보상을 제공하는 프로그램이다. 소매업체는 고객에게 다빈도 구매자 카드(마일리지 카드)를 발급하고 이를 사용하도록 하여, 구매시 자동적으로 구매정보가 고객과 가계 단위의 정보로 연결되도록 할 수 있다. 연구에 따르면, 고객들은 구매시 가격할인보다 일정한 추가 보상물을 더 선호하는 것을 나타냈다. Retailing View 11.1과 11.2에서 볼 수 있듯이, Neiman Marcus와 Harrah는 적립한 포인트로 고객들이 특별 사은품, 특별 혜택, 음식이나 음료의 제공권, 호텔 룸, 심지어 휴가상품으로 바꿀 수 있도록 하고 있다.

다빈도 구매자 카드는 이제 너무 흔해져 고객이 전부 들고 다닐 수 없는 수준이 되었다.

다빈도 구매자 프로그램은 소매업체의 입장에서 두 가지의 장점이 있다: (1) 고객이 프로그램에 참여하면서 인구통계 자료나 기타의 자료를 제공하게 되고, 매 거래시 구매자를 확인하여 구매 정보가 고객 정보와 연결되도록 할 수 있다. 그리고 (2)고객에게 제공되는 보상은 고객의 방문 빈도와 구매량을 증대시킨다.

다른 소매업체와 서비스 제공업체들도 고객의 충성도와 구매를 증대시킬 수 있는 기법을 실험하고 있다. CVS는 고객이 자신의 카드를 스캔하면 이에 따라 보상이 증가하고 할인도 되는

ExtraCare 충성도 프로그램을 운영하고 있다. 드럭스토어 체인은 HSBC 은행과 제휴하여 혁신적인 충성도 프로그램을 제시하였다. HSBC의 OptiPay 기술을 활용하여, ExtraCare Plus 카드가 체크카드로 사용되도록 하였다. 이 카드가 고객의 결제 계정과 연계됨으로써, CVS는 보다 개인화되면서 자신의 마케팅 활동의 성과를 측정할 수 있게 되었다. 이로써 고객들은 두 장의 카드를 가지고 다닐 필요가 없어 지고, 계산을 위해 대기하는 시간이 짧아지고, 고객과의 관계가 더욱 긴밀해졌다.

직접 고객에게 자신의 정보를 물어보거나 다빈도 구매자 카드 가입을 요정하는 것 대신에, 서비스 분야에서 어떤 소매업체는 카드나 현금 없이 결제하는 충성도 시스템을 사용한다. 지문인식 스캐너를 활용하여 고객은 보다 효율적으로 결제하고 기업은 고객정보를 보다 정확하고 빠르게 수집할 수 있게 되었다.

Ohio의 Dayton에 기반을 두고 있는 Dorothy Lane Market은 점포에서 새로운 기술을 활용한다. 고객들이 점포에 들어설 때, 지문을 스캔하면 할인 쿠폰을 출력하여 받게 된다. 계산할 때, 다시 지문을 스캔하면 등록된 계정에서 자동적으로 결제가 된다. 이러한 시스템은 카드의 사용을 대체할 것이고 충성도 프로그램과 고객 데이터를 완벽하게 통합할 것이다. 그리고 간편한 지문 스캔 방식으로 고객은 보상을 손쉽게 받게 될 것이다.

3) 인터넷 구매 데이터와 점포의 연결

고객들이 소매업체가 발행하지 않은 VISA나 MasterCard와 같은 신용카드로 점포에서 결제할 때, 소매업체는 구매에 대한 고객정보를 확인할 수 없다. 그러나 고객이 소매업체의 웹사이트에서 동일한 신용카드를 사용하고 배송 정보를 제공한다면, 신용카드 구매건과 고객을 연결할 수 있다. 고객이 어떤 신용카드로 www.staple.com에서 구매하고 동일한 신용카드로 Staple 점포에서 물건을 구매하였다고 하자. 그러면 점포의 데이터 베이스는 고객의 이름과 배송지 정보를 웹사이트로부터 캡쳐하여 점포에서 확보된 고객의 구매 기록을 업데이트할 수 있다.

3. 개인정보보호와 CRM 프로그램

비록 상세한 고객 정보를 통해서 소매업체가 보다 나은 혜택을 제공한다고 하더라도, 고객들은 소매업체가 고객 정보 수집과정에서 개인정보보호를 침해할 것이라는 우려를 가지고 있다. 만약 자신의 정보가 보호되지 못하고 해킹에 노출될 것이라고 생각한다면, 소매업체의 충성도 프로그램에 참여하기를 꺼리게 될 것이다. 미국 연방거래위원회(Federal Trade Commission)는 163,000명의 고객 정보가 노출되게 하였다는 이유로 데이터 중개업체인 ChoicePoint에게 15만 달러의 벌금을 부과하였다. 또한 미국 FBI와 Security Service는 고객 정보보호 침해 가능성이 그 어느 때보다 심각함을 경고하고 있다.

1) 개인정보노출에 대한 우려

고객들은 다음과 같은 이유 때문에 자신의 개인정보보호가 침해된다고 생각한다.

- 거래를 위해 제공한 개인 정보에 대한 통제문제. 소비자들은 거래를 위해 소매업체가 수집하는 고객 정보의 양이나 내용에 대해서 자신들이 결정할 수 있다고 느낄까?
- 개인 정보의 수집과 활용에 대한 지식문제. 고객은 자신의 어떤 정보가 소매업체에 의해 수집되고 어떻게 활용된다는 것을 알고 있을까? 소매업체는 자신이 가지고 있는 정보를 공유하려고 할까?

고객이 알지도 못하는 채 다량의 정보가 전자상거래에 사용되기 때문에 개인정보보호에 대한 우려는 더욱 심각한 것이다. 고객이 웹사이트를 방문하면, 고객 컴퓨터의 쿠키(cookies)를 설치해서 매우 쉽게 고객정보를 수집할 수 있다. Cookies는 고객이 웹사이트를 재방문하거나 웹사이트를 네비게이션 프로그램으로 검색하면 방문자로 식별하는 문자 파일이다. 쿠키 안의 정보는 고객이 일일이 자신을 확인시키지 않고 패스워드를 입력하지 않아도 다시 방문하는 웹사이트에 방문하게 해준다. 그러나 쿠키는 컴퓨터 이용자의 다른 사이트 방문이나 다운로드 기록 정보도 수집한다.

2) 고객 개인정보의 보호

무엇이 개인정보인가? 그 정의는 논쟁의 여지가 있다. 공공적으로 활용되지 않은 모든 정보는 개인정보라고 정의하기도 하고, 여기에 공공정보(예를 들어, 운전면허번호, 주택대출 정보)와 개인정보 중 취미나 소득 같은 정보를 포함하기도 한다. 소매업체는 고객의 개인정보보호를 위해 사전적인 주의를 기울여야 한다. 개인정보보호를 위해서 방화벽과 같은 소프트웨어가 설치되도록 하여야 한다.

미국에서는, 신용보고서, 비디오 대여, 금융, 그리고 의료 등에서 소비자 정보가 보호되어야 함을 규제하고 있다. EU, 호주, 뉴질랜드, 그리고 캐나다의 소비자 정보 보호정책은 보다 엄격한다. 다음에서 EU의 소비자 정보 보호 규정의 예를 확인할 수 있다.

- '거래를 완료하는데 필요한'과 같이 명확한 목적이 정의될 때, 사업자는 고객의 정보를 수집할 수 있다.
- 누구로부터 개인 정보를 수집하였는지 소비자에게 공개하여야 한다.
- 정보는 특정목적에 부합하여 사용되어야 한다.
- 사업자는 미리 밝힌 목적을 위해서만 정보를 보관할 수 있다. 만약 다른 용도로 이 정보를 사용하고자 한다면, 새로운 정보수집 절차를 거쳐야 한다.
- 유럽에서 운영하는 사업자는, 유럽과 동일한 수준의 개인보호정책을 가진 수입국에 한해서, 27개 EU 회원국으로부터 수집된 정보를 수출할 수 있다. 그러므로, 미국의 경우 유럽 수준의 개인정보보호를 하지 않은 호텔체인, 항공사, 그리고 은행과 같은 소매업체와는 유럽의 정보를 이전할 수 없다.

기본적으로, 고객의 개인정보가 소비자의 것이며, 개인정보에 대한 공유는 이에 대한 명확한 소비자의 동의가 있어야 한다는 것이 EU의 입장이다. 그러므로 고객과 협의는 동의를 반드시 얻어야(opt in) 한다. 반면에, 미국에서 개인정보는 공공 영역에 포함되며, 소매업체는 희망에 따라 이를 활용할 수 있다는 입장이다. 그러므로 이를 원하지 않는 소비자는 자신의 정보를 활용하지 말라고 요구(opt out)하는 방식이다.

EU는 이러한 정책의 집행은 연기하고 있다. 이러한 와중에 미국은 미국의 기업이 유럽과의 정보거래에서 불이익이 없도록 협상하고 있다. 그러나 개인정보 보호에 대한 우려는 계속 증가하기 때문에 미 의회는 자국의 소비자 정보보호에 대한 규제 수위를 높이는 방안을 고려 중이다. 연방 거래 위원회는 공정 정보 실무의 제반 원칙을 다음과 같이 정하고 있다.

- **고지 및 주지** 정보 보관, 가공 및 확산과 같은 정보 사용과 관련된 포괄적인 사항을 포함하여 정보 활용 공개를 포함한다.
- **선택 및 동의** 정보 삭제와 정보 포함을 모두 포함하고 소비자들이 혜택을 위해 정보를 제공할 수 있는 기회를 부여한다.

- **접속 및 참여** 소비자에 의해 정보의 정확성이 검토되도록 허가한다.
- **무결 및 안전** 개인정보의 도난과 변조를 통제한다.
- **감찰 및 시정** 참여 기업의 순응을 담보하는 기제를 제공한다.

Ⅲ 고객 자료의 분석 및 표적 시장의 확인

CRM 과정의 다음 단계는 소매업체가 고객 충성도를 구축하는 프로그램에 도움이 되는 고객 데이터베이스를 분석하고 데이터를 정보로 전환하는 것이다. 데이터 마이닝(Data mining)은 데이터의 패턴을 확인하는 일반적인 방법으로, 분석자들은 데이터에서 이전에 발견되지 않은 것들을 찾아낸다. 예를 들어, Netherlands의 Amsterdam에 있는 백화점 DeBijenkorf는 데이터 마이닝을 통해서 고객 구매액을 증대시킬 수 있었다. 과거의 고객 휴가 패턴을 확인하여 현재의 고객 휴가 패턴을 확인하는 것도 가능하다. 휴가를 가지 않은 고객에게 로열티 포인트를 두 배 지급하는 행사를 진행할 수 있다. 이러한 프로그램에 45%의 고객이 반응을 보였다.

장바구니 분석 (Market basket analysis)은 가계 소비 단위에서 1회 구입시 장바구니를 구성하는 제품이 어떤 것인지를 분석하는 방법이다. 이러한 분석은 점포내의 상품위치 결정에 유용한 정보를 제공한다. 예를 들어, 장바구니 분석에 기초하여, Wal-Mart는 상품의 전통적인 위치를 변경하였다:

암스테르담에 있는 DeBijenkorf 백화점은 휴가를 떠나지 않는 고객을 대상으로 데이터 마이닝 기술을 사용한다.

- 바나나는 미국인이 선택하는 가장 일반적인 식품이기 때문에, Wal-Mart Supercenter에서는 바나나를 농산물 코너에서는 물론 시리얼 코너에서도 살 수 있게 되어 있다.
- 티슈는 종이류 제품 코너에도 있고, 감기약 코너에도 비치해 두었다.
- 계량 스푼은 주방용품 코너에도 있고, 밀가루나 쇼트닝 같은 제빵 원료 코너에도 매달아 두었다.
- 손전등은 계절상품인 할로윈 용품 및 의상과 함께 공구류 코너에 진열되어 있다.
- 작은 케익류는 제과 코너에도 있고, 커피 코너 옆에도 비치해 두었다.
- 살충제는 야외용품 코너에도 있고, 가정 청소용품 코너에도 비치해 두었다.

Retailing View 11.3은 영국의 Tesco가 장바구니 분석을 어떻게 활용하는지를 설명하고 있다.

1. 최고의 고객 확인

전통적으로, 고객 데이터 분석은 세분시장(유사한 요구를 공유하고, 유사한 상품을 구입하고, 마케팅 자극에 유사하게 반응하는 고객 집단)을 확인하는 데 초점이 맞추어져 왔다. 그런데 CRM의 중

Tesco는 고객 장바구니를 분석한다

Tesco는 더 좋은 서비스를 제공하기 위해 Clubcard로부터 고객 정보를 수집한다. 뿐만 아니라 상품구색 기획, 가격 결정, 새로운 상품 라인 개발, 새로운 매장 출점, 그리고 경쟁 우위 확보를 위한 정보도 확보한다. Tesco 고객의 80% 이상이 Clubcard 회원들이다.

Tesco는 고객이 Clubcard에 이름, 주소 그리고 이외의 개인적인 정보를 기입하면 상품에 대한 프로모션을 제공받을 수 있다고 권장한다.

Tesco는 매주 1,500만개의 거래 데이터를 획득한다. 각각의 상품은 50개의 다른 특성들로부터 평가되는데, 여기에는 가격과 사이즈 등이 포함된다. 식료품 소매업체는 비슷한 상품들을 구매하는 고객의 장바구니로 비교할 수 있도록 한다. 이 시스템은 고객을 여섯 개의 집단으로 구분한다. 예를 들어, "양질의 식품"을 구입하는 고객 집단, "전통적인"고객 등으로 세분화한다.

각 분기별로 Tesco는 Clubcard 회원들에게 패키지 쿠폰을 보낸다. 3개의 쿠폰은 고객들이 일반적으로 사는 상품에 대한 것이고, 3개의 쿠폰은 고객들이 사기를 원한다는 생각되는 상품에 대한 것이다. 이에 대한 판단은 고객의 기존 거래 기록에 근거한다. 업계 평균으로 1-2%의 쿠폰이 사용되는 것에 대해, Tesco의 쿠폰은 대략 15-20%정도가 사용된다.

Tesco의 고객 장바구니 분석은 상품기획을 변화시키고, 새로운 상품을 개발시키고, 특정한 고객 집단을 목표하도록 한다.

Tesco는 몇몇 점포에서 "세계의 식품"을 도입시켰는데, 이는 동양의 차(Asian herbs)와 그 외 민족의 고유한 식품, 예를 들어 인도와 파키스탄 인근의 지역 식품 등을 도입했다. Tesco는 고객의 36%가 이 상품라인에서 상품을 구입한다는 것을 발견했다. 그리고 구매 고객의 특성을 살펴보면, "세계의 식품"을 구입하는 고객의 25% 이상은 동양 사람이 아니었다는 것이었다. 이러한 발견은 다른 점포의 상품라인에 "세계의 식품"을 확장하는 근거가 되었다.

장바구니 분석을 이용하여, Tesco는 Wal-Mart의 Asda 체인과의 가격 경쟁에 직면하면서, 가격에 민감한 고객을 유지할 수 있었다. Tesco는 고객들이 가격에 대해 중요하다고 생각하는 300개의 품목을 경쟁자보다 낮게 책정하는 방식으로 판매율을 17% 증가시키는 결과를 가져왔다.

Tesco는 Clubcard 고객 분석을 기초로 새로운 상품 라인을 개발하는데, 새로운 상품 라인의 하나로 미식가용 식품 아이템을 포함하였다. 이것 역시 시장바구니 분석의 결과로써 기존의 높은 지출을 하는 고객들이 와인, 치즈, 그리고 과일 등을 가격이 높고 이익도 많은 상품의 Tesco에서 구입하지 않는 것을 발견하였기 대문이다.

장바구니 분석은 Tesco의 대규모 성장, 국제적 확장, 그리고 고객 충성도와 만족을 높이는데 큰 역할을 하고 있다.

출처: Cecile Rohwedder, "No. 1 Retailer in Britain uses 'Clubcard' to Thwart Wal-Mart," *The Wall Street Journal,* June 6, 2006, pp. A1-A16; www.tesco.com(accessed August 30, 2007).

요한 목적 중의 하나는 세분시장 중에서도 이익에 가장 높게 기여하는 고객을 확인하는 것이다. 예를 들어, Home Depot는 주방 리노베이션 부문에서 이익의 70~80%가 고객 중 20~30%에서 만들어진다는 것을 발견하였다. 이는 해당 부문의 운영을 대량 소비 구매자의 요구에 적합하도록 구성하면 더 많은 매출이 발생할 수 있음을 의미했다. 대량 소비 구매자들은 선택의 범위가 넓고 정보가 많은 것을 원했다. 구색을 강화하고, 전문적인 종업원을 배치하고, CAD 시스템을 도입했다. 또한 리노베이션 후의 주방모습을 전시함으로써 고객들이 자신이 부엌이 어떻게 변할지 쉽게 알도록 했다. 그 결과는 높은 매출과 평당 이익률의 상승으로 이어졌다.

고객의 데이터 베이스를 활용함으로써 고객들이 기업에 어떻게 공헌하는지를 점수화할 수 있다. 이러한 점수는 어떤 고객을 표적 고객으로 삼아야 하는지를 결정하는데 활용될 수 있다. 일반적으로 이렇게 활용되는 고객의 점수를 고객 생애 가치(lifetime customer value; LTV)라고 하는데, 이는 특정 소매업체와의 고객으로 있는 동안 해당 고객이 창출하게 되는 기대 공헌도를 의미한다.

고객 생애 가치를 추정함에 있어서, 고객의 과거 행동 자료를 활용한다. 이를 통해서 미래의 구매량을 예측하고, 구매량의 총마진을 계산하고, 해당 고객에게 제공되는 서비스의 비용을 고려한다. 고객을 유지하는데 드는 비용에는 광고비, 판매촉진비, 고객의 반품에 따른 비용도 포함된다. 그러므로 슈퍼마켓에서 매달 $200의 식료품을 한번 구입하는 고객은 매주 세 번 방문하여 매번 $30의 식료품을 사는 고객보다 고객의 생애 가치가 더 적다고 예측할 수 있다. 유사하게, 동일한 의류를 항상 세일 때 구입하는 고객 생애 가치는 정상가로 구입하는 고객의 생애 가치보다 더 적다.

고객 생애 가치의 추정은 고객의 미래 구매 행태가 과거의 행태와 동일할 것이라는 가정하에서 진행된다. 정교한 통계 기법을 활용하여 보다 예측력이 높은 추정치 확보가 가능해지고 있다. 예를 들어, 이러한 기법은 최근의 구매가 언제 발생되었는지도 고려한다. 즉, 6개월 전 $600를 구매한 고객의 생애 가치는 최근 매월 $100씩 구매한 고객의 생애 가치보다 적다고 추정할 것이다. 왜냐하면, $600를 구매한 고객의 경우, 다른 지역에서 온 1회성 구매고객일 가능성이 반영되어야 하기 때문이다.

1) 고객 피라미드

모든 소매업체들은 그들의 고객들이 수익성이나 생애고객가치 차원에서 다양함을 알고 있다. 특히, 상위의 적은 수의 고객이 이익의 대부분을 창출한다는 것을 알고 있다. 이를 보통 80-20 법칙-80%의 매출이나 이익을 20%의 고객이 창출한다는 법칙-이라고 부른다. 그러므로 소매업체는 고객의 생애고객가치의 점수에 따라 두 개의 집단으로 구분할 수 있다. 첫 번째 집단은 생애고객가치 상위 20%에 해당하는 고객이며, 두 번째 집단은 그 나머지에 해당한다. 그러나 고객에 대한 2분법은 80%의 고객의 차이를 반영하기 어렵다. 일반적으로 고객을 〈보기 11-2〉와 같이 네 개의 집단으로 구분한다. 이러한 분류를 통해서 소매업체들은 세분시장 각각에 보다 적절한 전략을 구사하게 된다. 각 세분시장의 특징은 다음과 같다.

Target과 Best Buy는 반품 규정을 강화하여 이러한 규정을 오용하는, 기업 수익에 가장 적게 기여하는 소비자들을 단념시키고자 한다.

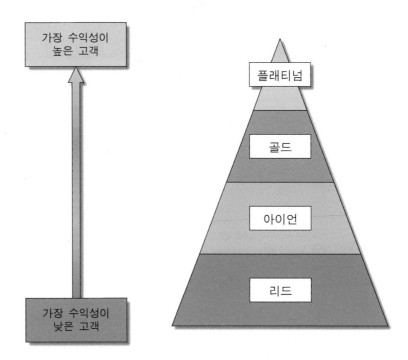

출처: Valarie Zeithaml, Roland Rust, and Katherine Lemon, "The Customer Pyramid: Creating and Serving Profitable Customers," California Management Review 43 (Summer 2001), p. 125.

- **플래티넘 시장.** 고객 생애 가치 상위 25%에 해당하는 고객으로 구성된다. 전형적으로 이들이 가장 충성도가 높은 고객이며, 가격에 민감하지 않은 특징을 갖는다.
- **골드 시장.** 고객 생애 가치 차상위 25%에 해당하는 고객으로 구성된다. 이들은 플래티넘 고객보다 가격에 민감하기 때문에 고객 생애 가치가 낮게 평가 되었다. 이들이 상당량의 구매를 하는 것은 맞지만, 플래티넘 고객에 비해 수익성이 떨어지고 종종 다른 경쟁 소매업체에도 방문한다.
- **아이언 시장.** 세 번째 층에 해당하는 고객으로 고객 생애 가치가 높지 않기 때문에 큰 주목을 받지 못한다.
- **리드(납) 시장.** 가장 낮은 층에 있는 고객으로 기업의 비용을 발생시킨다. 많은 주의가 요구되지만 구매량은 적거나, 많은 구매에 대해 많은 반품을 야기하기도 한다. 예를 들어, Target이나 Best Buy의 경우, 리드 시장의 고객 반품에 대해서 철저하게 관리하는 정책을 도입하였다.

많은 고객 세분화 방식이 고객의 과거나 미래의 매출에 기초하지만, 수익성이 고객을 분류하는데 보다 적절한 기준이라 할 수 있다. 예를 들어, 여행사는 일반적으로 마일리지 수치에 따라 고객보상제도를 사용한다. 그러나 이러한 정책은 동일한 비행거리를 값싸게 이용한 고객과 비싸게 이용한 고객을 동일하게 취급하는 것이다. 그러나 최근 Lufthansa와 같은 여행사는 고객 생애 가치 개념을 도입하여 마일리지 수치를 대신한 수익성에 기반한 고객 보상 제도를 도입하고 있다.

2) RFM 분석

RFM 분석의 이름은 최근(recency), 빈도(frequency), 그리고 금액(monetary)을 의미하는 영어단어의 첫 글자를 따서 만들어진 것이다. 보통 카탈로그 소매업체나 다이렉트 마케팅 영역에서, 고객이 얼

빈 도	금 액	최근			
		0-2개월	3-4개월	5-6개월	6개월 이상
1-2	$50 미만	5.0%	3.5%	1.0%	0.1%
1-2	$50 이상	5.0	3.6	1.1	0.1
3-4	$150 미만	8.0	5.0	1.5	0.6
3-4	$150 이상	8.8	5.0	1.7	0.8
5-6	$300 미만	10.0	6.0	2.5	1.0
5-6	$300 이상	12.0	8.0	2.7	1.2
6이상	$450 미만	15.0	10.0	3.5	1.8
6이상	$450 이상	16.0	11.0	4.0	2.0

* 각 셀은 최근 고객들에게 발송된 카탈로그로부터 구매가 이루어진 고객의 비율임

출처: Reprinted by permission of Harvard Business School Press. Adapted from Robert Blattberg, Gary Getz, and Jacquelyn Thomas, *Customer Equity: Building and Managing Relationships as Valuable Assets* (Boston: Harvard Business School Press, 2001), p. 18. Copyright © 2001 by the Harvard Business School Publishing Corporation; all rights reserved.

마나 최근에, 얼마나 자주, 그리고 얼마나 많은 금액을 구매했는지 검토하여 고객 생애 가치를 결정한다. 〈보기 11-3〉에서 매월 카탈로그를 발송하는 카탈로그 의류업체 소매업체의 RFM 분석의 예를 확인할 수 있다.

보기에서 카탈로그 소매업체는 각 고객이 얼마나 많은 횟수의 주문을 했는지, 상품 구매량이 얼마나 되는지, 그리고 언제 최근 주문이 있었는지를 고려하여 32개의 집단으로 시장을 구분하였다. 〈보기 11-3〉에서 좌측의 상단 셀은 작년에 1-2회 구매한 고객으로, 최근 2개월 이내에 구입했으며 구매 금액은 $50 미만임을 의미한다.

이러한 자료는 어떤 고객에게 카탈로그를 발송해야 하는지를 결정하는데도 유용하게 활용된다. RFM 분석에서 각각의 셀에 최근 발송된 카탈로그에 대해 몇 %의 고객이 구매를 하였는지를 표시할 수 있다. 여기서 좌측 상단의 셀에 해당하는 고객 중 5%의 고객이 최근 발송 받은 카탈로그를 통해 구매했음을 의미한다. 고객의 반응 비율에 대한 정보와 각 셀의 고객이 주문한 평균총마진을 통해서 카탈로그 소매업체는 고객으로부터 발생되는 기대수익율을 계산할 수 있다.

예를 들어, 좌측 상단 셀의 고객이 주문하는 평균 기대 총마진이 $20이고 각 셀의 고객에게 카탈로그를 보내는 비용이 고객당 $0.75이면, 고객 한 명에게 보내진 카탈로그 단위당 $0.25의 기여도가 있음을 계산할 수 있다.

$20(공헌도) × 0.05(고객반응 비율)
= $1.00 (고객당 기대 공헌도) − $0.75(카탈로그 단위당 비용)
= $0.25 (고객당)

그러므로, RFM분석은 기본적으로 과거 고객의 구매당 최근, 빈도, 그리고 금액의 가치를 중심으로 고객 생애 가치를 예측하는 방법이다. 〈보기 11-4〉는 표적 고객 전략에 RFM이 어떻게 활용되는지를 보여주고 있다.

빈번하지 않고 소량을 최근에 구매한 고객은 보통 '최초 구입 고객'이다. CRM 프로그램의 목적은 이들을 '초기 재구매 고객'으로 전환하고 궁극적으로는 '고-가치 고객'으로 전환하는 것이다. CRM을

빈도	금액	최근			
		0-2개월	3-4개월	5-6개월	6개월 이상
1-2	$50 미만	최초 구입 고객		저-가치 고객	
1-2	$50 이상				
3-4	$150 미만	초기 재구매 고객		이탈자	
3-4	$150 이상				
5-6	$300 미만	고-가치 고객		핵심 이탈자	
5-6	$300 이상				
6이상	$450 미만				
6이상	$450 이상				

출처: Reprinted by permission of Harvard Business School Press. Adapted from Robert Blattberg, Gary Getz, and Jacquelyn Thomas, *Customer Equity: Building and Managing Relationships as Valuable Assets* (Boston: Harvard Business School Press, 2001), p. 18. Copyright ⓒ 2001 by the Harvard Business School Publishing Corporation; all rights reserved.

통해서 고-가치 고객이 확인되었으면, 이들의 충성도를 유지하고, 유지율을 높이고, 더 많은 매출이 가능하도록 상품을 기획하여 제공할 수 있다. 고객이 최근 구매하지 않았다는 것은, 고객 생애 가치가 낮거나 다른 경쟁 소매업체에 더 관심이 많아 다시 고객으로 전환시키기 어렵다(이탈자)는 것을 의미한다.

IV CRM 프로그램의 구축

고객의 미래 수익 잠재력을 기준으로 고객을 분류하는 것은, CRM 절차(〈보기 11-1〉)의 다음 단계에 해당한다. 다음에서, (1) 최고의 고객을 유지하는 것, (2) 좋은 고객을 고-생애 가치 고객으로 전환하는 것, 그리고 (3) 수익이 없는 고객을 제거하는 것에 대해 토의하고자 한다.

1. 고객 유지

고객을 유지하기 위해 소매업체는 (1) 다빈도 구매자 프로그램, (2) 고객 우대 서비스, (3) 개인화, 그리고 (4) 커뮤니티와 같은 방법을 활용한다.

1) 다빈도 구매자 프로그램

이미 언급한 바와 같이, 다빈도 구매자 프로그램은 고객과의 거래로부터 확보된 고객 데이터베이스에 의해 구축되며, 고객의 반복 구매 행위를 자극하고 소매업체에 대한 충성도를 제고하는 것을 목적으로 하는 방법이다. 소매업체는 고객들이 이 프로그램에 가입하고 마일리지 카드를 활용하도록 장려하는 인센티브를 제공한다. 인센티브에는 구매액을 할인하는 방법과 일정 포인트를 적립해주는 방법이 있다. 포인트는 특별 보상으로 전환해 주기도 한다. 보상과 관련해 고려해야 할 사항을 살펴보면 다음과 같다.

■ **연동성(tiered)** 보상은 증대된 고객의 구매 수준과 연동하여 진행되어야 한다. 이러한 연동은 개별 거래나 누적 거래에 기초하여 설계할 수 있다. 예를 들어, $100-$144.99 범위의 구매 고객은 $5,

$150-$249.99 범위의 구매 고객은 $10, 그리고 $250이상의 구매 고객은 $15의 할인을 해주는 것과 같은 것이다. $250이 넘는 것에 대해서 누적하여 포인트로 받게 하고 이를 다시 특별 보상해 준다. 고객들은 많이 구매한 사람이 많은 보상을 받는 아이디어에 대해 보통 수긍한다.

- **선택권 제안** 모든 고객이 동일한 보상에 동일한 가치를 부여하지 않는다. 그러므로 효과성을 증대하기 위해서 고객에게 보상의 선택권을 주는 것이다. 예를 들어, 호주의 소매업체인 Coles Myer는 구매에 대해 고객에게 항공 마일리지를 제공했는데, 많은 고객들이 항공 마일리지를 선호하지 않는다는 것을 발견하였다. 영국의 Sainsbury 슈퍼마켓 체인은 고객 포인트인 Nectar point를 자신의 점포는 물론, Blockbuster나 BP(British Petroleum) 주유소에서 사용하도록 하였다.

  몇몇 소매업체는 고객 포인트가 기부 프로그램으로 전환되도록 설계하기도 한다. 예를 들어 Target's RED card의 경우 구매액의 1%가 지역학교를 위해 쓰이도록 기부하고 있다. 물론 이러한 기부 카드가 이타적인 보상으로 다빈도 구매자 프로그램을 효과적으로 만들기도 하지만, 프로그램 자체의 핵심이 되는 것은 아니다. 연구에 따르면, 기부 공헌의 경우, 간접적인 방법보다 직접적으로 수혜를 베풀게 하는 것이 보다 보상이 크다고 한다.

- **전체적 보상** 고객 거래 데이터를 확보하고 반복 구매를 자극하기 위해서, 선별된 상품 거래에 대한 보상보다 전체 거래에 대한 보상이 효과적이다.

- **투명성 및 단순성** 모든 보상은 고객들이 언제, 어떤 보상을 얼마나 받는지 쉽게 알 수 있도록 하여야 한다. 또한 받은 포인트를 어떻게 사용할 수 있는지도 쉽게 알 수 있어야 한다. 의혹이나 혼돈이 없어야 한다. 몇몇 소매업체는 별도의 공지를 통해서 자신들의 보상 체계를 설명하고 있다. 보상이 무엇인지 정확하게 알고 있어야 추가적인 보상을 받고자 하는 고객에게 보상이 작동할 수 있다.

2) 다빈도 구매자 프로그램의 문제

효과적인 다빈도 구매자 프로그램 운영에서의 네 가지 문제를 고려하여야 한다.

1. 비용이 많이 발생한다. 예를 들어, 대규모 소매업체의 경우 1% 가격 할인은 연간 $1억 이상의 비용을 초래한다. 또한 시스템 도입을 위한 초기투자(점포 내 훈련, 마케팅, 지원 시설, 정보 기술 및 시스템 비용 등) 비용도 $3,000만을 넘는다. 매년 마케팅, 프로그램 지원, 고객 서비스, IT 인프라 비용이 포함된 유지비용만 $500만-$1,000만에 이른다. 또한 프로그램 자체를 알리기 위한 마케팅 지원 비용도 고려해야 한다.

2. 문제가 발생하였을 때 이를 수정하는 것이 어렵다는 것이다. 프로그램이 고객이 경험하는 쇼핑의 일부이기 때문에, 작은 변화에 대해서도 고객에게 주지가 되어야 한다. 원래 있던 것에 대해 조금이라도 덜어내게 되면, 고객은 매우 부정적인 반응을 보이며, 이는 소매업체에 대한 고객의 신뢰와 충성도를 줄이게 된다.

3. 과연 이 프로그램이 고객의 소비와 충성도를 증대시키는지 명확하지 않다. 예를 들어, Wisconsin에 기반을 둔 Sun Prairie 식료품점은 39개 점포에서 다빈도 구매자 프로그램의 일환으로 멤버십 카드를 도입하였다. 그런데 조사에 응답한 80%가 할인을 받을 수 있는 이 카드를 사용하지 않았다.

4. 가장 중요한 것으로, 다빈도 구매자 프로그램을 통해서 경쟁 우위를 확보하는 것이 어렵다는 것이다. 프로그램 자체가 가시적이므로, 이러한 프로그램 자체가 경쟁자에게 쉽게 모방되기 때문이다. 50~70%의 식료품 소매업체가 충성도 제고 카드를 제공하고 있으며, 전체 가계의 80%가 최소한한 장의 식료품점 마일리지 카드를 가지고 있지만 그 가치에 대해서는 낮게 지각하는 편이다. 슈퍼

마켓의 충성도 카드는 할인된 가격으로 구매가 가능하도록 되어 있는데, 이에 반응하는 고객은 낮은 가격에 민감한 고객이지 이들이 반드시 충성도 높은 고객은 아니다. 사실 충성도가 높은 고객은 가격이 할인된다거나 포인트로 상을 준다는 것과 상관없이 구매를 하는 집단이어야 하다. 일반적으로, 소비자들은 세제에 대해서 $.50 할인해주는 충성도 프로그램에 별다른 차별성을 느끼지 못하는 것으로 나타났다.

이러한 문제를 극복하기 위해서, 소매업체는 고객에 대한 자신들만의 고유한 지식을 통해서 최고 고객에게 보다 개인화된 편익을 제공하고 있다. 이는 경쟁자의 모방이 용이하지 않기 때문이다.

3) 특별 고객 서비스

소매업체들은 그들의 최고 고객을 개발하고 유지하기 위해서 높은 품질의 고객 서비스를 제공한다. Nordstrom은 신상품 라인이 입점 되면 최고 고객들을 초청하여 먼저 구매할 수 있게 그들만의 파티를 개최한다. Saks Fifth Avenue는 무료 모피 보관 서비스, 무료 옷 수선 서비스, 품격 높은 크루즈 정기선에서 저녁을 제공한다. Neiman Marcus는 구매와 별도로 당사 카드 소지 고객에게 점심과 샴페인을 제공한다.

4) 개인화

고객 피라미드의 플래티넘 고객(〈보기 11-2〉)이나 RFM 분석에서 초기 반복 구매 고객(〈보기 11-3〉)을 개발하고자 하는 CRM노력에서 중요한 문제 중의 하나는 이러한 세시장이 동질적이지 않은 고객으로 구성되어 있다는 것이다. 그러므로 특정 고객에게만 효과적으로 작용하는 전략은 세시장을 구성하고 있는 모든 고객에게 효과적이라고 할 수 없다. 예를 들어, 플래티넘 고객 안에서도 두 아이의 49세 전업주부 여성과 25세의 독신 여성은 매우 다른 욕구를 가지고 있다. 개별 고객 수준의 정보 확보와 이에 대한 분석 기법의 발달로 인해, 이제 소매업체들은 경제적으로 개별 고객에게 고유의 편익을 제공하고 메시지를 전달할 수 있게 되었다.

개별 고객 수준의 데이터와 이에 대한 분석 기법을 통해서, 소매업체는 고객에게 경제적으로 도움이 되는 고유한 편익을 제시하고 이를 전달할 수 있게 되었다. 과거보다 적은 규모의 고객집단이나 심지어 개인 고객에게 해당하는 프로그램을 개발하는 능력을 갖추고 있다. 예를 들어, 캐나다의 남성복 전문점인 Harry Rosen의 고객 관리 담당자가 종종 고객들에게 연락을 한다. 새로운 Armani 양복이 입점되면, 과거 Armani 양복을 구입한 경험이 있는 고객들에게 연락하여 구매의향을 문의한다. 고객이 구입의사가 없다고 하더라도, 그가 사지 않은 상품을 구매할 수 있는 $100 상당의 쿠폰을 전달할 수 있다.

적은 규모의 고객집단이나 개인 고객에 대한 프로그램을 개발하는 것을 일대일 소매활동이라고 말할 수 있다. 많은 작은 지역 소매업체들이 일대일 소매활동을 하여왔다. 그들을 고객 각각에 대해서 다 잘 알고 있으며, 고객이 점포에 들어오면 이름을 부르며 안부를 묻기도 하며, 고객이 좋아하는 상품을 미리 알고 이를 추천하기도 한다. 이러한 소매업체의 주인은 고객 데이터가 필요한 것도 아니고 데이터 마이닝이 필요한 것도 아니다. 머릿속에 있는 정보를 활용하는 것이다. 그러나 대규모 소매 체인과 종업원들은 상황이 다르다. 고객의 개인적인 정보를 알 수 없다. 그러므로 CRM 절차는 대규모 소매업체가 마치 소규모 지역 소매업체가 해왔던 고객 응대와 같은 방식으로 고객을 대할 수 있게 해준다.

인터넷도 소매업체가 고객을 일대일로 응대할 수 있게 해준다. 몇몇 소매업체들은 고객들이 웹사이트

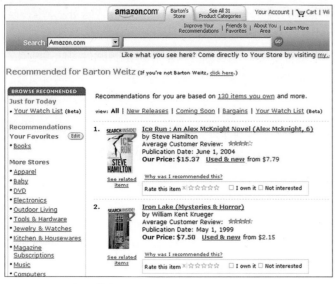

Amazon.com은 고객의 과거 구매 기록을 바탕으로 개인화된 상품을 추천한다.

에 등록하면서 제공한 고객의 인구통계정보나 관심 정보를 활용한다. 또 다른 소매업체는 고객의 구매 패턴을 보고 고객의 취향을 파악하여 고객이 선호할 만한 상품을 추천한다.

거의 모든 온라인 소매업체는 고객이 자신이 가장 관심 있는 제품을 구입할 수 있도록 검색기능을 강화하고 있다. 소매업체는 고객의 검색과정에 따라 적절한 프로모션을 수행한다. 어떤 고객이 휴대전화를 검색한다면, 휴대전화에 대해서 10% 할인 행사를 제공하여 구매 성공률을 높일 수 있다. 고객이 로그인 하면 홈페이지가 그 고객에게 맞도록 변하고, 지난번 제공했던 프로모션이 유지되게 할 수도 있다. Amazon.com은 고객이 로그인하면, 고객의 이름을 제시하며 인사를 하며, 지난 구매기록을 토대로 상품을 추천한다.

고객이 받게 되는 개인화된 보상이나 편익은 소매업체와 판매원이 가지고 있는 고유한 고객 정보에 기초한다. 이러한 정보는 경쟁자가 접근할 수 없는 것이기 때문에 지속적인 경쟁 우위를 제공할 수 있다. 이러한 정보의 효과적인 활용은 CRM 과정에서의 긍정적인 피드백을 제공한다(〈보기 11-1〉참고). 반복되는 고객의 구매로 인해 증가된 고객 데이터는 소매업체가 고객에게 더욱 개인화된 편익을 제공할 수 있게 해준다.

5) 커뮤니티

고객을 유지하고 충성도를 구축하기 위한 네 번째 방법은 커뮤니티를 활용하는 것이다. 인터넷 경로에서는 고객이 게시판을 통해 의사소통하고 고객간에 고객과 소매업체 간에 깊은 관계를 형성할 수 있는 기회를 제공하고 있다. 이러한 커뮤니티에 참여함으로써 고객들은 특정 소매업체에 단골로 형성된 "가족"으로부터 떠나고 싶어하지 않게 한다.

Seattle에서 Whole Foods는 매월 "독신자의 밤"을 개최하는데, 와인 시음과 스낵 시식을 제공하고 사람들이 어울릴 수 있는 장을 제공한다. 이러한 행사를 통해서 단순히 식료품을 판매하는 곳에서 새로운 브랜드를 경험하는 장으로 자리매김되었다.

Oregon의 Portland에 위치한 Nike 점포는 러닝을 즐기는 사람들을 매월 두 번씩 초청한다. 프로그램은 온라인과 연계되어 진행되는데, 러닝을 즐기는 사람 20만 명이 가입을 하고 이중 절반이 넘은 사람들이 일주일에 네 번 정도 온라인 사이트를 방문한다. Starbuck의 고객들이 월 평균 15회 점포를 방문하는 것에 비하면 놀라운 일이다.

2. 좋은 고객을 최고의 고객으로 전환

고객 피라미드의 관점(〈보기 11-2〉)에서, 고객이 구매를 많이 하게 만드는 것을 고객 연금술(alchemy) – 철과 금에 해당하는 고객을 플래티넘 (백금)으로 전환한다는 뜻에서 – 이라고 한다. 고객 연금술의 한 방법은 '부가 판매' 이다. 이는 기존 고객에게 더 많은 상품과 서비스를 제안하여, 결국 고객의 지갑 점유율을 증대시키는 것이다.

Whole Foods의 싱글들의 밤에는 와인시음, 스낵과 함께 사람들과 어울릴 기회가 제공된다.

Oprah Winfrey는 부가 판매의 귀재라 할 수 있다. The Oprah Winfrey Show를 통해서 형성된 인기를 바탕으로 책, 영화, 케이블 채널 (Oxygen Media), 텔레비전 특집 (Harpo productions), 웹사이트 (www.oprah.com) 그리고 잡지 (O)를 그녀의 표적 청중들 – 스스로 개선하고 성공하는 것에 관심이 있는 여성층 – 에게 판매한다. 텔레비전 쇼 시청자에게 이러한 각 상품은 부가적 가치를 제공하고 있다. 예를 들어, 유명인사가 텔레비전 쇼에 출연하면 그 유명인사에 대한 보다 자세한 정보를 O잡지에서 다룬다. Winfrey는 텔레비전 쇼와 잡지를 통해서 커뮤니티를 형성하고 이들이 자신의 경험을 웹사이트에서 교환하도록 장려한다. 예를 들어, "Oprah's Favorite Things" 기사를 읽은 고객들은 자신의 경험과 관심을 유사한 상품을 구입한 다른 고객과 나누기 위해서 웹사이트를 방문한다.

영국의 슈퍼마켓 체인인 Tesco는 두 번째로 기여도가 높은 고객 집단을 다빈도 고객 프로그램에 포함하여 그들의 지갑 점유율을 높이고자 했다. 첫 번째 기여 고객을 확인하여 두 번째 기여 고객이 더 많은 기여를 할 수 있는 프로그램을 개발하였다. 1회 구입량이 최초 38 달러를 넘으면 "열쇠(key)"를 나누어 주는 것이었는데, 50개를 모으면 "keyholder"로 명명하고 100개를 모으면 "프리미엄 keyholder"로 격상시키는 것이었다. 프리미엄 keyholder가 되면 각종 할인혜택, 이벤트 초청, 영화 표 제공, 호텔 휴가 패키지 등을 제공하였다. Tesco의 열쇠(key) 프로그램은 골드 아이언 고객을 플래티넘 고객으로 전환시킨 예라 할 수 있다.

Stop & Shop's의 쇼핑카트에는 고객 쇼핑을 도와주는 쇼핑 도우미가 장착되어 있다.

소매업체의 고객 데이터베이스는 부가 판매의 기회를 제공한다. 예를 들어, New England 지역의 Stop & Shop Co.은 고객의 쇼핑 카트에 쇼핑을 도와주는 "쇼핑 도우미(shopping buddy)" 기기를 장착하여 두었다. 이 기기는 무선으로 작동하고 고객의 충성도 및 기존 거래 정보를 바탕으로 고객이 원할 가능성이 높은 상품을 안내한다. 만약 어떤 고객이 케첩 없는 햄버거를 좋아한다면 쇼핑 도우미가 이에 대한 특별 쿠폰을 발행할 수 있다. 이러한 방식의 지원으로 고객이 매출이 올라가는 것은 물론 제과점 등에서 주문하고 대기해야 하는 번거로움도 제거할 수 있게 되었다.

3. 수익이 나지 않는 고객의 관리

많은 경우에, 제일 공헌도가 낮은 고객은 고객생애가치가 마이너스일 수 있다. 예를 들어, 카탈로그 소매업체의 경우 서너 아이템을 반복해서 구매하고 반품하는 고객이 있을 수 있다. 이 경우 판매를 통해 나오는 수익이 반품에 대한 비용을 넘지 못한다. 어떤 고객은 경쟁자가 더욱 매력적인 제안을 하거나, 불만하여 떠나지만 6개월이나 1년이 지난 뒤 새로운 고객으로 돌아온다. 그러나 이들의 재가입은 이익보다 비용을 더 많이 초래한다. 이러한 고객에게 더 이상의 서비스를 제공하지 않는 것을 고객 피라미드의 용어에서 납덩이(lead) 제거라고 한다. Retailing View 11.4는 Limited Express와 Best Buy가 이러한 고객을 어떻게 다루었는지를 설명하고 있다.

납 덩어리의 제거
(Getting the Lead Out)

이익 없는 고객의 한 원인에는 비윤리적인 반품에 의한 것이다. 이를 통해서, 소매업체는 매년 150억 달러 이상의 손해를 본다. 예를 들면, Super Bowl 경기를 집에서 보려고 대형 스크린 TV를 구입하고는 경기 직후 반품한다든지, 특별한 날에 입기 위한 드레스를 구입하여 입고 그 다음날 반품을 하는 경우이다. 사기꾼적인 반품꾼도 있는데, 이들은 점포에서 상품을 훔치고 반품으로 교환권을 받은 뒤, eBay 또는 다른 온라인 옥션 사이트에서 이 전표를 현금화 한다. The Limited와 Best Buy 같은 소매업체는 첨단 기술을 활용하여 기술을 활용한 비윤리적 반품에 맞서 싸우고 있다. Limited Express의 반품정책은, 고객이 최대 60일안에 반품해야 한다고 말하면서, Return Exchange가 제공하는 정보를 활용하는 것과 같은 "특정한 상황하에서 우리는 부정한 반품에 대한 정당한 권한을 가진다"라는 반품의 권한을 포함한다. California의 Irvine에 있는 Return Exchange는 고객 데이터베이스를 분석하고, 비 정상적으로 반품빈도가 높은 경향을 보이는 고객들을 확인한다. 이러한 고객이 상품을 반품할 때, POS의 끝에선 일반적으로 "반품 거절"이라는 문구가 찍힌다. 그리고 영업직원은 보다 자세한 내용은 하단의 무료 전화번호를 이용하라고 고객에게 말한다.

Best Buy는 골드와 플래티넘 고객에게 중점을 두고, 리드 고객을 제거하는 전략을 수립하였다. 지출이 높은 고객들을 매혹시키기 위해서, 더욱 효과적인 고객 서비스를 제공하여야 한다. 달갑지 않은 고객을 억제시키기 위해서는 그들을 끌어들이기 위한 매장 프로모션을 줄이고, 다이렉트 메일 리스트에서 그들을 제거시켜야 한다.

바람직하지 않은 고객에 대한 Best Buy의 캠페인은, 점포에 대항하여 추가적인 이점을 얻기를 희망하면서 전자 쿠폰과 팁을 기존의 직원들이나 조직 내 사람들로부터 거래하는 Fatwallet.com, SlickDeals.net, TechBargains.com과 같은 웹사이트에 대항하였다. SlickDeals.net에서는 많은 할인기회를 얻는 기술에 관하여 자랑하는 사용자가 있다. 이러한 방문객은 최근 Best Buy에서 그가 소매원가 이하로 물건을 샀다고 생각했을 때의 경험을 자랑하며 다닌다. Best Buy는 그들의 매장에서 바람직하지 않은 고객을 받고 싶어하지 않는다. 하지만, 이는 그들 대부분의 손해를 끼치는 습관을 멈추게 할 때에만 가능하다. 즉, 이것은 "반품된 상품"의 할인 품목 중에 다시 판매되는 상품의 가격은 정상가보다 15% 더 싸게 책정하는 것을 강요하며, 또한 반품 상품은 인터넷에서 다시 구입하며 그들이 원래 구매했던 점포에는 다시 나타나지 않는다. Best Buy는 Fatwallet.com과 관계를 끊었고, 온라인의 고객들을 Best Buy의 웹사이트로 모으는 것에 대하여 수수료를 받는 "가입" 방법을 택했다.

고객을 거절하는 것은 경영상 민감한 부분이다. Filene's Basement는 텔레비전과 뉴스를 통해 매장에서 쇼핑은 하지 않고, 종종 반품과 불평을 일삼는 Massachusetts 고객을 비판하였다. Best Buy's의 CEO는 Washington, DC에서 한 학생에게 서면으로 사과했다. 흑인 학생을 매장에 들어가지 못하도록 한 점원이 백인 학생은 입장시킨 일이 있었기 때문이다.

출처: Jennifer Davis, "Retailers Use Technology to Thwart Would-Be Thieves," San Diego Tribune, June 13, 2007: 오류! 하이퍼링크 참조가 잘못되었습니다. (accessed September 20, 2007); http://www.oracle.com/applications/retail/mom/retail-returns-management.html(accessed September 20, 2007).

또 다른 방법으로는 (1) 납 고객에게 보다 비용이 덜 들어가는 제안을 하는 것 (2) 불필요한 비용 발생에 대해 고객에게 부담을 지우는 방법 등이다. Fidelity Investments는 매일 550,000 건의 웹사이트 방문, 700,000건의 문의 전화를 받고 있는데, 이 중 4분의 3은 자동응답과 같은 방식으로 건당 1달러 미만으로 처리되지만 콜센터로 넘어가는 나머지 건수들은 건당 13달러의 비용을 차지 한다. 이러한 상황에서 Fidelity는 2만 5천명의 가장 기여도 낮은 고객(납 고객)에게 단순한 계정과 가격 문의는 반드시 웹사이트로 방문할 것을 요구했다.

V CRM 프로그램의 실행

본 장을 통해서 언급하였듯이, 소매업체에게 CRM을 통한 매출과 이익을 증대하는 것은 매우 중요한 사안이 되었다. 효과적인 CRM을 위해서, CRM 관리자의 고객데이터를 다루는 컴퓨터 기술자와 시스템의 구축, 그리고 이의 중요성을 고객에게 전달하는 것 그 이상의 것이 요구된다. 우선, 소매업체의 각 기능별 조직의 유기적인 조정이 요구된다. IT 담당자들은 프로그램을 실행하는 일선의 종업원들이 사용할 수 있도록 관련 정보를 수집하고, 분석하고, 만들어야 한다. 일선의 종업원뿐만 아니라 판매관리자, 고객과 커뮤니케이션 하는 책임을 진 마케팅 담당자 등이 포함된다. 점포 운영과 인적 자원 관리도 CRM 실행에 맞게 조정되어야 한다. 즉 선발, 훈련, 동기부여가 고객화된 의사소통을 수행하는 종업원에 초점을 맞추어 구성되어야 한다.

9장에서 매입담당자의 역할을 통해 살펴본 바와 같이, 대부분의 소매업체가 상품 지향적이고 고객지향적이지 않다. 고객 유형이나 다양한 고객에게 전달하여야 하는 상이한 상품이나 서비스로 조직을 구성하는 소매업체는 드물다. 아마도 미래에는, 이러한 조정 기능을 담당하는 소매업체의 마케팅 담당자가 등장할 것이다.

요약   *Summary*

전략적 우위를 구축하기 위해서, 소매업체는 자사의 결정적 자원 - 재무자원(6장), 인적 자원(9장), 부동산과 입지(7장 및 8장), 재고 및 정보(10장), 그리고 고객(11장) - 을 효과적으로 관리하여야만 한다. 본 장은 개선된 고객으로부터 매출과 이익을 증대시키는 현재 그리고 미래에 소매업체가 수행해야 할 업무에 초점을 맞추었다.

고객 관계 관리는 사업의 철학이며, 소매업체에게 가장 가치 있는 고객과의 충성도를 확인하고 개발하는 것에 초점을 둔 것으로 전략, 프로그램, 그리고 시스템의 집합체라 할 수 있다. 충성스러운 고객은 애호도가 높으며, 다른 경쟁자에게로 전환하지 않은 특징을 갖는다. 충성스러운 고객을 개발하는 것은 물론, CRM은 고 지갑점유율을 증대시키는 도구로 활용된다.

고객 관계 관리는 고객 데이터를 고객 충성도로 전환하게 하는 반복적인 절차로 구성되는데, 이는 네 가지 활동으로 정리할 수 있다: (1) 고객 데이터의 수집, (2) 고객 데이터의 분석 및 표적 고객의 확인, (3) CRM 프로그램의 개발, 그리고 (4) CRM 프로그램의 실행. 첫 번째 단계는 고객의 데이터를 수집하고 보관하는 것이다. 고객 데이터를 수집함에 있어 거래 마다 고객을 식별하여 연계하는 난제를 해결하여야 한다. 소매업체는 다양한 방법을 통해 이러한 난제를 극복한다.

두 번째 단계는, 가장 수익을 많이 발생하는 고객을 확인하는 것이다. 두가지 접근이 가능한데, 하나는 고객의 생애가치를 추산하여 고객을 분류하는 것이며, 다른 하나는 고객의 구매 행동과 관련된 특성 즉, 최근성, 구매빈도, 구매금액을 기준으로 고객을 분류하는 것이다.

고객에 대한 정보를 활용하여, 소매업체는 가장 최상의 고객과의 충성도를 제고하는 프로그램을 개발하고, 차상위 고객의 지갑점유율을 높인다(골드 고객을 플래티넘 고객으로 전환). 그리고 수익이 나지 않는 고객은 점차 제거하는 방안을 강구한다. 충성도를 제고하고 최상의 고객을 유지하는 방법은 네 가지로 정리할 수 있다: (1) 다빈도 구매자 프로그램, (2) 특별 고객 서비스의 제공, (3) 제공하는 서비스의 개인화, 그리고 (4) 공동체 의식을 발전시키는 것이다. 수익이 나지 않는 고객에 대해서는 저비용 서비스를 제공하여야 한다. 효과적인 CRM 프로그램의 실행은 소매업체 조직 내 유기적인 조정이 필요하기 때문에 어려운 업무로 여겨진다.

핵심용어 *Key terms*

부가 판매(add-on selling)

고객 데이터 베이스(customer database)

고객 관계 관리(customer relationship management)

데이터 마이닝(data mining)

80-20 법칙(80-20 rule)

다빈도 구매자 프로그램(frequent shopper program)

고객 생애 가치(lifetime customer value)

충성도 프로그램(loyalty program)

장바구니 분석(market basket analysis)

일대일 소매(1-to-1 retailing)

자체 상표 신용카드(Private-label credit card)

RFM 분석(RFM analysis)

지갑점유율(share of wallet)

현장학습 *Get Out And Do It!*

1. 계속되는 사례 과제: 계속되는 과제를 위해 선택한 소매업체의 점포 관리자를 인터뷰 하여라. 점포는 다빈도 구매자 프로그램을 제공하는지, 그리고 그것이 점포의 매출과 수익을 증가시키는데 얼마나 효과적인지에 대해 물어보아라. 또, 점포 관리자가 그러한 견해를 가진 이유와 프로그램의 효과성을 높이기 위해서 무엇을 해야 하는지도 밝혀 보아라.

2. 당신이 자주 방문하는 소매업체 사이트들을 방문해보고, 개인정보 정책에 대해 비교해 보아라. 어떠한 정책이 당신의 개인정보에 대한 걱정을 덜어주는가? 그 이유는 무엇인가? 어떠한 정책, 혹은 정책의 부재가 당신의 걱정을 높이는가? 그 이유는 무엇인가?

3. Electronic Privacy Information Center (www.epic.org)의 웹사이트를 방문하여 그 단체에 의해 제기되고 있는 이슈들을 살펴보아라. 이 감시 단체는 무엇이 가장 중요한 이슈라고 생각하고 있는가? 이러한 이슈들은 소매업체와 소비자들에게 어떻게 영향을 미칠 것인가?

4. http://www1.macys.com/service/credit/overview.ognc의 Macy's 신용카드 홈페이지를 방문해 보아라. 그리고 고객 보상 프로그램에 대한 멤버십의 차별적 등급에 대하여 읽어보아라. Macy's가 CRM 프로그램에서 고객들을 표적화하고 분류하기 위해 어떻게 고객 피라미드(《보기 11-2》)를 이용하고 있는지에 대해 기술해 보아라.

5. www.1800flowers.com의 1-800-Flowers 홈페이지를 방문해 보아라. 이 회사의 CRM 프로그램은 사업을 확장하고 고객 충성도를 높이는데 어떻게 도움을 주고 있는가?

토의 질문 및 문제 *Discussion Questions and Problems*

1. CRM은 무엇인가?

2. 소매업체들이 고객들의 생애 가치를 결정하기를 원하는 이유는 무엇인가?

3. 고객들이 슈퍼마켓이 제공하는 다빈도 구매자 프로그램에 대한 개인정보노출에 대해 우려를 하는 이유는 무엇인가? 그리고 슈퍼마켓은 이러한 우려를 최소화하기 위해 무엇을 할 수 있는가?

4. 아래의 각 소매업체에 의해 추구될 수 있는 부가 판매 기회의 예들은 무엇이 있을까?

(a) 여행사, (b) 보석전문점, (c) 세탁소

5. CRM을 실시하여 가장 큰 혜택을 볼 수 있는 소매업체는 다음 중 어느 것인가? (a) 슈퍼마켓, (b) 은행, (c) 자동차 딜러샵, (d) 소비자 가전 소매업체. 그리고 그 이유는 무엇인가?

6. 대학의 로고가 박힌 의류나 기념품을 판매하는 지역 점포를 위해, CRM 프로그램을 개발해 보아라. 소비자에 대한 어떤 유형의 정보를 수집해야 하는가? 또, 점포의 매출과 수익을 증대시키기 위해 이러한 정보를 어떻게 사용할 것인가?

7. 소매업체가 거래에 의해서 고객들을 파악할 때 사용할 수 있는 다양한 접근법은 무엇인가? 각 접근법의 장점과 단점은 무엇인가?

8. CRM 프로그램은 소매업체가 좀 더 나은 고객과 관계를 구축하는 데 초점은 맞춘다. 소매업체가 상위 고객들에게 제공하는 것과 동일한 혜택을 받지 못한 일부 고객들은 그들이 차별 받았다는 사실에 화가 날지도 모른다. 소매업체는 이러한 부정적인 반응을 최소화시키기 위해 무엇을 할 수 있는가?

9. 당신이 쇼핑하기를 가장 좋아하는 점포들 중 한 곳을 생각해 보아라. 이 소매업체는 "최고의 고객"들에게 고객 충성도와 만족을 어떻게 창출하며, 반복적인 방문을 어떻게 장려하고 있는가? 또, 고객과 소매업체 사이의 정서적인 유대를 어떻게 세우고 있으며, 고객의 선호취향을 어떻게 알고 있는가? 마지막으로, 이 소매업체는 고객들에게 개인적인 관심과 기억할 만한 경험들을 어떻게 제공하고 있는가?

10. 소매업체들은 고객 데이터베이스에서 거래, 고객 접촉, 고객 선호, 설명적인 정보, 그리고 마케팅 활동에 대한 반응을 어떻게 사용하는가?

추가로 읽을 자료들 — *Suggested readings*

Bell, Chip R., and John R. Patterson. *Customer Loyalty Guaranteed: Create, Lead, and Sustain Remarkable Customer Service*. Cincinatti, OH: Adams Media Corporation, 2007.

Bell, Simon; Seigyoung Auh; and Karen Smalley. "Customer Relationship Dynamics: Service Quality and Customer Loyalty in the Context of Varying Levels of Customer Expertise and Switching Costs," *Journal of the Academy of Marketing Science* 33 (Spring 2005), pp. 169-84.

Bligh, Philip, and Douglas Turk. CRM *Unplugged: Releasing CRM's Strategic Value*. Hoboken, NJ: Wiley, 2004.

Greenberg, Paul. *CRM at the Speed of Light: Capturing and Keeping Customers in Internet Real Time*, 3d ed. New York: Osborne/McGraw-Hill, 2004.

Gupta, Sunil and Donald R.Lehmann, *Managing Customers as Investments*. Philadelphia, PA: Wharton School Publishing, 2005.

Kumar, V.; Denish Shah; and Rajkumar Venkatesan. "Managing Retailer Profitability-One Customer at a Time!" *Journal of Retailing* 82, no. 4 (2006).

Meyer-Waarden, Lars. "The Effects of Loyalty Programs on Customer Lifetime Duration and Share of Wallet." *Journal of Retailing* 83, no. 2 (2007).

Shugan, Stven. "Brand Loyalty Programs: Are They Shams?" *Marketing Science* 24 (Spring 2005), pp. 185-94.

Tokman, Mert; Lenita M. Davis; and Katherine N.Lemon. "The WOW Factor: Creating Value through Win-Back Offers to Reclaim Lost Customers." *Journal of Retailing* 83, no. 1, (2007).

Venkatesh Shankar, and Russel S. Winer. "When Customer Relationship Management Meets Data Mining." *Journal of Interactive Marketing* 20, no. 3/4 (2006), pp. 2-4

3부 상품 관리

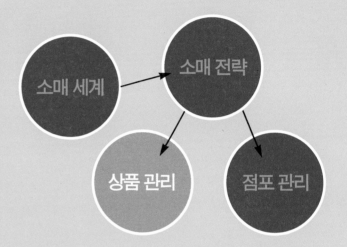

2부는 소매업체가 하는 전략적 결정들 – 소매시장 전략, 시장 전략과 연결된 재무 전략의 개발, 점포 위치 기회 및 선택, 조직 및 인적자원 전략, 정보 및 상품의 흐름–을 통제하기 위해 사용하는 시스템, 그리고 고객과의 관계를 관리하기 위한 접근방법 등에 관하여 살펴보았다. 이러한 결정요소들은 전술적이기 보다는 전략적이다. 왜냐하면 목표 소매 시장 부분에서 경쟁하는 동안 중요한 자원과 장기적 이점들을 개발하기 위한 것이기 때문이다.

3부에서는 소매 전략을 수립하기 위한 전술적인 상품 기획 관리 결정들을 살펴보게 된다.

12장은 소매업체의 상품 구색 계획, 즉 상품 기획 단계, 성과 평가, 판매 예측, 구색 계획의 수립, 그리고 적절한 수준의 재고 수준을 결정하는 것에 대해 다룬다.

13장은 기본 상품(지속성 상품)과 유행성 상품을 관리하기 위한 매입 시스템에 대해 알아본다.

14장은 소매업체가 벤더로부터 어떻게 상품을 매입하는지, 즉 브랜드를 결정하고, 협상하고, 벤더와의 관계를 구축하는 것 등을 알아본다.

15장에서는 소매업체가 상품과 서비스의 가격을 어떻게 책정하는지 알아본다.

16장에서는 소매업체가 브랜드 이미지를 구축하고, 고객들과 의사소통을 하기 위한 접근법에 대해서 알아본다.

Chapter twelve 12

상품구색관리

Question
- 상품관리 과정은 어떻게 구성되어 있는가?
- 지속성 상품과 유행성 상품은 왜 서로 다른 상품관리 과정을 지니는가?
- 소매업체는 자사의 상품관리결정의 질적 수준을 어떻게 평가하는가?
- 소매업체는 상품분류를 위해 어떻게 판매를 예측하는가?
- 소매업체는 어떻게 상품구색을 계획하고, 적절한 재고수준을 결정하는가?
- 바이어는 상품구색을 개발하는 과정에서, 어떠한 상쇄작용들을 고려해야 하는가?

상품관리활동은 기본적으로 바이어와 그 상급자, 부서별 상품관리자, 그리고 일반 상품 관리자들에 의해 이루어진다. 많은 사람들이 이러한 일이 흥미진진하고 멋진 일이라고 생각한다. 그들 생각에는 바이어들이 대부분의 시간을 최신유행 상품인지를 확인하려고 노력하고, 파리나 밀라노 같은 곳에서 유명스타들이 즐비한 디자이너 쇼에 참여하고, 유행을 선도하는 사람들이 어떤 옷을 입는지 보기위해 록 콘서트나 다른 멋진 행사에 참여하는데 대부분의 시간을 보낸다고 생각한다. 그러나 실제로는 소매바이어의 생활은 세계의 빠른 유행 전문가라기보다는 월가의 투자분석가와 더 비슷하다.

투자분석가들은 주식의 목록을 관리한다. 그들은 가치가 상승할 것이라고 생각되는 주식을 사고, 가능성이 없는 주식은 판다. 지속적으로 소유주식에 대한 상승과 하락에 관한 상황을 주시한다. 하지만 가끔은 실수도 하게 되어서, 주식을 팔게 되는 손실을 입기도 한다. 그러나 판매 주식의 자금을 이용하여 더 매력적인 주식을 사들인다. 어떤 경우에는 자신이 보유한 주식이 상승하기도 하고, 더 많은 주식을 사두었으면 하는 생각을 하기도 한다.

소매 바이어들은 상품재고에 대한 목록을 관리한다. 그들도 고객들에게 인기 있는 상품을 구매한다. 투자분석가와 같이, 그들의 상품목록의 실적을 주시하기 위해 소매업체의 시스템을 이용한다. 소매상인들도 실수할 때가 있다. 매입한 상품이 잘 팔리지 않을 때는 더 나은 판매상품을 매입하기 위해 세일상품으로 내어 놓게 된다. 그러나 신상품을 매입하여 보유함으로써, 동일 상품을 경쟁소매바이어가 충분히 보유하고 있지 않는 경우에, 그 상품이 잘 팔려 많은 수익을 얻는 경우도 있다.

Macy's South에서 수영복 매입을 담당했던 Chris Manning은 상품 매입을 서핑과 비교했다. "나의 직업은 서핑과 같아요. 때때로 큰 파도(트렌드)를 만나면 매우 기분이 좋아요. 가끔은 유행할 것이라고

주식매매시장의 중계인들은 주식 포트폴리오를 관리하고, 소매 바이어들은 상품재고 포트폴리오를 관리한다. 이 둘은 지속적으로 그들의 구매 결정에 따른 위험을 평가한다.

생각했던 트렌드가 예상과 달라지기도 하죠. 하지만 가장 신나는 것은 그 파도에서 끄집어낼 수 있는 최대한을 얻는 거예요. 큰 파도가 올 때 내가 어떻게 하는지 실례로 설명을 드리죠. 벤더가 나에게 탱키니(비키니 하의에 탱크톱 상의)를 선보이기 시작합니다. 나의 고객들은 자녀가 있는 40대 여성이죠. 탱키니는 투피스 비키니의 장점을 고스란히 가져왔기 때문에, 그들이 이런 새로운 스타일을 좋아할 거라고 생각하죠. 그래서 나는 다양한 컬러의 상품을 매입하여, 1월에 시험적으로 매장에 진열합니다. 초기 판매가 좋긴 하지만, 고객들은 스타일이 다소 빈약해 보인다고 생각합니다. 그러면 나는 새로운 파도를 타죠. 다시 벤더에게로 가서 상의 디자인을 조금 바꿔, 노출이 덜 되게 주문을 하죠. 그리고 많은 양을 주문하고, 이 상품은 가장 잘 팔리게 되겠죠. 매출이 좋으면 Macy's의 부서에서 이 상품을 선택하여, 관련 부서에서 가장 오랫동안 많이 팔리는 상품이 되는 겁니다."

상품관리는 적절한 시간, 적절한 곳에 적당한 상품을 적절한 양으로 제공하려고 애쓰는 과정을 말한다. 바이어는 고객들이 구매하고자 하는 것이 무엇인지를 예측할 필요가 있다. 그러나 시장흐름을 아는 능력은 상품재고를 효율적으로 관리하는 데 필요한 한 가지 기술일 뿐이다. 아마도 훨씬 더 중요한 기술은 판매 자료를 지속적으로 분석하고 가격과 재고관리수준을 적절하게 조절하는 능력일 것이다.

이 장의 첫 부분은 소매바이어들이 상품을 구색배치 하는 것을 관리하기 위해 사용하는 절차에 대해 개략적으로 설명하고자 한다. 그리고 판매예측, 상품구색배치 계획 수립, 그리고 적절한 재고수준 결정과 같은 과정상의 여러 단계가 세부적으로 다루어 질 것이다. 상품관리 과정에 대한 다른 단계들은 다음 장에서 검토 될 것이며, 여기에는 상품관리기획(13장), 매입상품(14장), 그리고 가격(15장)이 포함된다.

I 상품관리과정의 전반적 내용

이 장에서는 소매바이어의 상품 관리활동과 목표, 그리고 상품관리 실적을 평가하는데 이용되는 방법들을 포함하여 상품관리 과정 전반에 대해 알아보기로 한다. 또한 상품관리과정에 있어서의 단계별 개요와 유행성 상품과 지속적 상품 대비, 기본상품 관리절차에 대한 차이를 토의하는 과정으로 진행된다.

1. 매입 조직

모든 소매업체는 상품 카테고리를 그룹화 하는 자신만의 시스템을 가지고 있다. 그러나 매입조직의 기본구조는 대부분 비슷하다. 〈보기 12-1〉에서 이러한 기본구조는 Macy's Belk, 또는 Dillard's와 같은 부문별 체인점의 상품부서에 관한 조직으로 잘 보여주고 있다. 〈보기 12-1〉은 상품부서에 근무하는 바이어와 기획자들의 편성을 나타내고 있다. 바이어는 상품을 구매하기 위해 판매자와 상담을 하고, 기획자는(상품구색배치 담당자라고도 함) 특정한 점포와 보충물품에 초점을 맞춘다.

1) 상품 그룹(merchandise group)

가장 높은 분류기준은 상품 그룹이다. 〈보기 12-1〉에서 보여주는 기구편성표에는 4가지 상품그룹들이

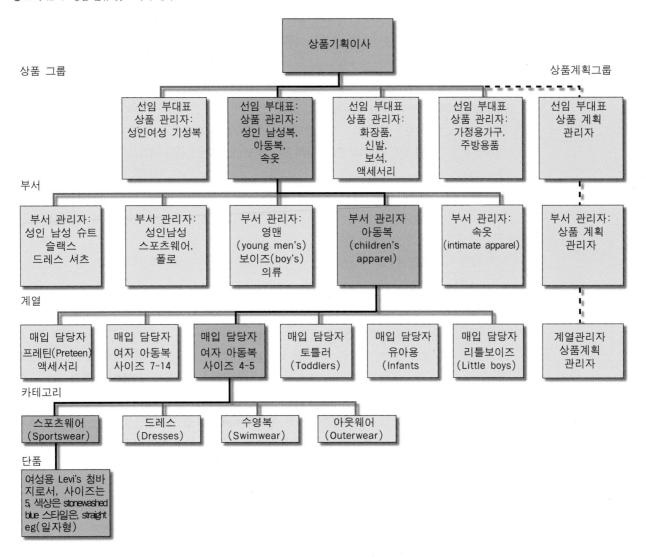

있다. 그것은 여성의류; 남성용, 아동용, 그리고 잠옷; 화장품, 신발, 보석, 그리고 액세서리; 가정용과 주방기구류 등이다. 상품 그룹은 상품 기획의 선임 부대표(senior vice president) 또는 상품기획 일반 관리자(GMM: general merchandise manager)에 의해 관리된다. 이러한 상품기획 관리자들은 몇 개 부서에 대한 책임을 진다. 예컨대, 성인 남성복, 아동복, 속옷 등을 책임지고 있는 선임 부대표는 그가 책임지고 있는 다섯 가지 부서의 상품 재고를 결정하는 등의 책임을 지게 된다.

2) 부서(department)

상품관리의 두 번째 레벨은 부서이다. 부서관리는 상품기획 부서별 상품기획 관리자(DMM; divisional merchandise manager)에 의해 관리된다. 예컨대, 〈보기 12-1〉에서 아동복을 담당하고 있는 상품기획 관리자는 6개의 계열을 책임지게 된다.

3) 계열(classification)

상품관리의 세 번째 레벨은 계열이다. 계열은 여아 아동복 사이즈 4-6과 같은 유형이 동일한 품목을 구입하는 고객들을 대상으로 하는 상품의 그룹이다.

4) 카테고리(category)

카테고리는 계열조직의 하위 수준이다. 각 바이어들은 몇 개의 카테고리를 관리한다. 예컨대, 여자 아동복 사이즈 4에서 6을 구입하는 매입 담당자는 스포츠웨어, 드레스, 수영복, 그리고 아웃웨어 등을 매입한다. 수영복과 같은 카테고리는 하나의 혹은 몇몇 제조업체로부터 매입하기도 한다.

5) 단품(SKU: stock keeping unit)

단품은 지속적인 재고 통제가 가능한 최소의 단위라는 의미를 갖는다. 의류의 경우, 단품은 색상, 사이즈, 스타일 등이 고려된 수준을 의미한다. 예컨대, 여성용 사이즈 5이며 스톤 워시드(낡은 모습으로 보이기 위한 처리) 블루색상을 지닌 일자형 스타일의 Levi's 청바지가 하나의 단품이다.

2. 상품 카테고리-계획 단위

상품 카테고리는 상품관리를 결정하는데 기본이 되는 분석단위이다. 상품 카테고리라는 것은 고객들이 대체할 수 있다고 생각하는 상품 품목들을 모아놓은 것이다. 예를 들면, 백화점이 사이즈 4-6에 해당하는 여아용 드레스를 색깔, 스타일, 그리고 상표 등으로 아주 다양하게 진열한다고 하자. 그러나 딸의 드레스를 구매하는 어머니는 구매결정을 할 때 완전한 세트로 되어있는 드레스를 구매 할 생각을 하고 올 수도 있다. 한 드레스의 가격을 낮추는 것은 그 드레스의 판매를 증가시키지만, 다른 드레스의 판매량은 감소하게 된다. 그래서 카테고리의 특정한 낱개품목에 대한 바이어의 결정은 같은 카테고리의 다른 낱개품목에 대해 영향을 끼치게 된다.

소매업체와 벤더는 카테고리라는 개념에 대해 초기에는 각각 상이하게 정의하였다. 예를 들어, 벤더는 샴푸와 린스를 상품의 속성에 따라 상이한 카테고리에 분류하는 반면, 점포의 카테고리 관리자는 고객의 소비와 구매 행동에 기초하여 샴푸와 린스를 하나의 카테고리로 분류한다. 휴지가 '종이 상품'에 포함될 수도 있지만, 세제, 티슈, 냅킨과 함께 '위생 용품'에 포함될 수도 있다는 의미이다.

몇몇 소매업체의 경우 브랜드의 분류에 따라 카테고리가 정해진다. Tommy Hilfiger와 Polo/Ralph Lauren은 다른 카테고리에 속한다. 각 화장품 벤더는 독자적인 카테고리를 갖는다. 왜냐하면 Tommy의 고객들은 Tommy만을 구입하지 Ralph를 사지 않기 때문이다. 또한 전체적인 상품라인이 조정되어 있다면 바이어가 상품을 매입하기에 더욱 용이해진다.

1) 카테고리 관리

일반적으로 백화점이 카테고리별로 상품을 관리하는 반면에 슈퍼마켓과 다른 일반적인 상품 소매업체들은 전통적으로 그들의 상품을 브랜드 또는 판매업체별로 상품을 편성한다. 예를 들어, 식료품점 체인에서는 아침식사 상품에 대해서는 Kellogg's, General Mills, 그리고 General Foods 등 세 명의 매입 담당자가 있다.

한 카테고리 내에서 브랜드로 상품을 관리한다는 것은 효율성이 떨어질 수 있다. 왜냐하면 카테고리내의 단품사이에 상호독립성을 고려할 수 없기 때문이다. 예를 들어, 아침식사대용 씨리얼 카테고리 담

유제품류는 최적의 효율을 위해 카테고리별로 관리되어야 하는가, 아니면 브랜드별로 관리되어야 하는가?

당자가 Kellogg's, General Mills, General Foods, 유통업체 상표 벤더 그리고 지역에서 인기리에 생산되는 브랜드로부터 특정한 단품을 구매하려고 결정하려 한다. 이에 대한 분석은 대형크기의 콘 프레이크에 대한 수요가 적어서 카테고리 관리자가 3개사의 바이어 각각에 대형 크기의 콘 프레이크만을 재고품으로 결정하였다. 그러나 그 결정이 3개사의 바이어들에 의해 이루어진다면, 슈퍼마켓 체인점은 3개의 대형 사이즈의 콘 프레이크를 단품으로 재고품에 넣을 것이다. 또한 지역생산브랜드가 상위판매위치가 아닐지라도, 고객들 가운데는 강하게 딸려오는 경우도 있다. 소매업체가 지역브랜드를 기피하면, 구매력이 상당히 좋은 고객을 잃을지도 모른다. 마지막으로 슈퍼마켓 체인점이 3가지 다양한 가격(높은, 중간, 그리고 낮은 가격)을 설정함으로써 많은 이익을 낼 수도 있을 것이다.

그러므로, 카테고리 관리적 접근은 아침식사용 씨리얼 카테고리의 관리를 이 시장 특성을 전반적으로 이해하는 한 사람의 관리자가 관리해야 한다. 카테고리에 의한 관리는 매장의 상품구색이 사이즈나 공간 할당에서 가장 큰 수익을 가져다주는 벤더들로 최상의 조합을 만들도록 돕는다.

2) 카테고리 캡틴(category captain)

몇몇 소매업체들은 특정 카테고리에서 선호하는 한 벤더를 지원하기도 한다. 이 벤더를 카테고리 캡틴이라고도 하는데, 이들은 고객의 선호나 욕구에 대한 정보를 소매업체로부터 얻고, 이를 활용하여 특정 카테고리 상에서 성과의 향상과 잠재적 이익을 확보한다. 벤더들은 종종 카테고리 관리에 있어서, 특정 카테고리에 대한 우수한 정보와 서로 다른 소매업체들에게 카테고리를 관리하면서 얻은 통찰로 인해, 소매업체보다 더 나은 위치에 있기도 한다.

예를 들면, Frito-Lay는 여러 소매 체인점으로부터 스낵 제품에 대한 카테고리캡틴의 역할을 한다. 이 회사가 카테고리를 관리하는 것을 도와주기 위해, 슈퍼마켓 체인점들은 그들 시장에 접근하여 경쟁회사의 가격과 판매를 포함하는 여러 정보를 저장하여 제공한다. 그에 대한 보상으로, Frito-Lay사는 슈퍼마켓 카테고리 관리자들과 상품구색배치, 선반 상품배치, 촉진, 그리고 카테고리내의 모든 브랜드에 대한 가격책정을 위하여 공동 작업을 한다. 카테고리 관리 이전에 이러한 결정들은, 흔히 어느 공급업체가 바이어에게 가장 좋은 판매고를 만들 수 있는지에 기반을 두고 있다. 예를 들면, 벤더의 판매원이 더 나은 판촉가격을 제공하느냐에 따라 선반 공간 할당을 자주 바꾸어 줄 수 있다.

벤더를 카테고리 캡틴으로 지정하는 것은 소매업체에 이익을 가져온다. 상품관리 업무를 용이하게 하며 이익을 증대 시킬 수 있다. 그러나 소매업체는 그들의 벤더에게 이러한 중요한 결정을 넘기는 것이 마음에 내키지는 않는다. 벤더와 일하면서, 그들의 제안을 평가하는 것이 훨씬 더 분별력 있는 접근이라는 사실을 최근 알게 되었다.

카테고리 캡틴의 설정에 대한 잠재적인 문제는 벤더가 자신의 지위를 악용할 수 있다는 점이다. 마치 닭장에 여우를 기르는 것과 같은 것이다. Frito-Lay사가 자신의 판매를 최대화하기로 선택했다고 가정해 보라. 이 회사는 대부분의 단품을 포함시키되, 소매업체에게 높은 이익을 줄 수 있는 공급업체의 단품을 제외시키도록 요구하는 물품구색배치계획을 제안할 수도 있다.

Refact

Red Bull(에너지 드링크), Hershey(초콜릿 과자), Frito-Lay(스낵/쿠키/크래커)와 Pepsi(청량음료)는 편의점의 대표적인 카테고리 캡틴이다.

■ ■ ■ ■ ■ ■

또한 독점금지도 고려할 사항이다. 카테고리 캡틴은 소매업체와 고정된 가격을 공모할 수 있다. 다른 브랜드, 특히 소규모회사들인 브랜드들은 선반공간의 접근부터 차단시킬 수 있다. 카테고리 캡틴은 또한 소매업체들을 통제하려는 욕구를 완화시킬 필요가 있다. 카테고리 캡틴이 독점금지문제를 회피할 수 있는 몇 가지 방책이 있다.

- 소매업체로부터 얻은 모든 정보를 카테고리내의 다른 브랜드에게 알려줄 것.
- 다른 큰 브랜드를 카테고리 고문으로서 캡틴의 결정을 감독하기 위해 지정할 것.
- 가격책정 하는데 있어 잠재적인 충돌을 피하기 위하여, 동일한 시장 내에 두 개의 소매업체에 캡틴으로서의 역할을 하지 말 것

3. 상품관리 성과평가- 재고투자총이익률(GMROI)

6장에서 언급했듯이, 소매 업체 실적을 평가하는 좋은 방법은 ROI(투자수익률)이다. 투자수익률은 자산회전율과 순이익률로 이루어져있다. 그러나 ROI는 판매관리자들의 실적을 평가하는 데는 좋은 방법은 아니다. ROI는 소매업체가 지게 되는 자산과 비용 전체를 통제하지 못하기 때문이다. 상품관리자들만이 매입하는 상품, 상품판매 가격, 상품단가에 대해 통제할 수 있다. 그래서 바이어들은 일반적으로 총이익률에 대한 통제를 하지만, 점포운영, 인력자원, 부동산, 그리고 물류정보체계와 같은 운영비용에 대한 것은 하지 않는다.

바이어가 통제할 수 있는 요인들에 기초하여 바이어의 재고이익률 실적을 평가하는 재무비율이 재고투자총이익률(GMROI: gross margin return on inventory investment)이다. 이는 바이어의 재고투자금액에 대비하여 벌어들인 수익이 얼마나 되는지를 측정한다.

따라서 재고총이익율(GMROI)은 그 구성요소들이 회사의 다른 관리자들보다는 오히려 바이어의 통제하에 있다는 것을 제외하면 투자이익률(ROI)의 개념과 유사하다. 순이익률과 자산회전율을 합하는 대신에, GMROI는 총이익률과 재고대비매출비율을 합한다. 이는 재고회전율과 관련되어있다.

$$GMROI = 총이익률 \times 재고대비매출비율$$

$$= \frac{총이익}{순매출} \times \frac{순매출}{평균재고}$$

$$= \frac{총이익}{평균재고}$$

재고대비매출비율과 재고회전율 사이의 차이는 방정식의 분자이다. 재고대비매출비율을 계산할 때, 분자는 순매출이고, 재고회전율을 계산할 때는 분자가 매출원가이다. 재고대비매출비율을 재고회전율로 바꾸기 위해서는 (1-총이익율)을 재고대비매출비율에 곱하기만 하면 된다. 그래서 재고대비매출비율이 9.0이고, 총이익율이 .40이라면, 카테고리에 대한 재고회전율은 5.4이다.

$$재고회전율 = (1 - 총이익률) \times 재고대비매출비율$$
$$5.4 = (1 - .4) \times 9.0$$

바이어는 재고투자총이익률의 구성요소를 통제한다. 총이익 구성요소는 설정한 가격과 상품을 매입할 때 벤더와 협상한 가격에 영향을 받는다. 재고대비매출비율은 매입한 상품의 인기에 영향을 받는다.

				신선한 빵	캔 통조림
			판매	$1,000,000	200,000
			총이익	200,000	100,000
			평균재고	100,000	50,000
	GMROI	=	$\dfrac{총이익}{순매출}$ × $\dfrac{순\ 매출}{평균재고}$		= $\dfrac{총이익}{평균재고}$
신선한 빵	GMROI	=	$\dfrac{200,000}{1,000,000}$ × $\dfrac{1,000,000}{100,000}$		= $\dfrac{200,000}{100,000}$
		=	20% × 10		= 200%
캔통조림	GMROI	=	$\dfrac{100,000}{200,000}$ × $\dfrac{200,000}{50,000}$		= $\dfrac{50,000}{100,000}$
		=	50% × 4		= 200%

고객이 원하는 물품을 매입하면, 신속히 팔게 되고, 재고대비매출비율은 높아진다.

ROI처럼 GMROI 역시 상품결정에 대한 수익을 평가할 뿐 아니라, 얼마나 효율적으로 상품 자산이 이용되었는가도 평가한다. 다양한 이익/회전율을 지닌 상품 카테고리들은 비교되고 평가될 수 있다. 예를 들어, 슈퍼마켓 내에서 어떤 카테고리(즉, 와인)가 높은 이익과 낮은 회전율이고, 반면에 다른 카테고리(즉, 우유)는 낮은 이익과 높은 회전율이라고 하자. 만일 와인 카테고리 실적을 재고회전률만 이용하는 우유의 판매실적과 비교한다면, 슈퍼마켓의 실적에서 와인의 기여도는 저 평가될 것이다. 이와 반대로, 총이익만을 이용한다면, 와인의 기여도는 과대평가될 것이다.

〈보기 12-2〉에서 슈퍼마켓은 신선한 빵과 캔 통조림인 두 개의 카테고리 실적을 평가하고 싶어 한다. 총이익률만 본다면, 20% 총이익율의 신선한 빵보다는 캔 통조림이 50%의 총이익율로 최고의 실적을 올린다. 그러나 신선한 빵에 대한 재고대비매출비율은 캔 통조림이 4인 것보다 훨씬 더 높은 10이 된다. 재고투자총이익률(GMROI)로 두 개의 카테고리를 계산하면, 모두 200%의 GMROI를 달성한 것이다. 〈보기 12-3〉은 할인점에서 특정한 품목별 재고총이익율을 보여주고 있다. 보석, 의류, 그리고 가정용 생활용품이 높은 총이익률을 보이고 있다. 재고대비매출비율이 8.75(식품)에서 3.24(보석)까지 이른다. 식품이 재고대비매출비율이 가장 높을 것이라고 예상하는 이유는 식품이 쉽게 상하는 것이어서,

식료품점에서 신선한 빵과 캔 통조림 카테고리는 동일한 GMROI를 갖는가?

품 목	총마진율(%)	재고대비매출비율	GMROI
의류	37	6.35	235
생활용품	35	4.63	162
식품	20	8.75	175
보석	38	3.24	123
가구	31	4.09	90
건강/미용용품	22	5.14	113
소비자 전자제품	21	5.05	106

빨리 판매되거나 그렇지 않으면 버리기 때문이다. 반면 보석류는 상대적으로 낮은 재고대비매출비율을 보인다. 가구 또한 상대적으로 비싼 품목의 가구가 판매수준을 유지해 주어야 하기에 낮은 재고대비매출비율을 가진다.

이러한 경우에 GMROI는 235(의류)에서 90(가구)까지 이른다. 따라서 Wal-Mart와 Target이 현재 의류에 중점을 두면서, 가구에는 소홀히 하는 것이 그리 놀랄만한 것은 아니다. 계속해서 GMROI가 낮은 고객용 전자제품과 건강·미용 제품들을 들여오게 된다. 이는 전통적으로 이러한 제품들이 고객들을 점포로 끌어들이기 때문이다. 소매업체들은 이러한 카테고리에서 상품을 구매하는 고객들이 점포 내에 있으면서, 더 높은 GMROI 상품을 구매하기를 바라는 것이다.

1) 재고대비매출비율 측정

소매업체는 1년의 한 부분을 기준으로 하기보다는 보통 1년을 기초로 재고대비매출비율을 나타낸다. 만약 3개월 단위에 대한 재고대비매출비율이 2.3이라면, 연간 재고대비매출비율은 4배인 9.2가 된다. 1년의 한 부분을 기준으로 한 재고대비매출비율을 연간 비율로 환산하려면, 그 기간에 산출된 숫자에 곱해주면 된다.

더 정확한 평균재고에 대한 측정방법은 하루마다 재고수준을 파악하여 365로 그 총계를 나누는 방법이다. 대부분의 소매업체들은 1일 단위로 점포와 물류센터의 재고를 평균하여 정확한 평균재고계산 수치를 얻기 위해 자신들의 자료를 이용한다. 또 다른 방법은 월말(EOM)재고를 몇 개월 동안 수집하여 그 개월 수로 나누는 것이다. 예를 들면,

월	월말재고 소매가격
1월	$22,000
2월	33,000
3월	38,000
총 재고	93,000
평균재고	31,000

이러한 접근방법은 월말 계산수치가 다른 날과 체계적인 방법으로 다르지 않을 때만 적당하다. 예를 들어, 1월 월말재고가 2월이나 3월의 재고보다 낮다. 왜냐하면 재고시점이 겨울상품 재고정리 판매가 끝나가는 시기이고, 봄 상품 출시전이기 때문이다.

4. 재고자산회전율 관리

이 장 처음에 토의한 것과 같이, 바이어는 상품매입과 재고관리의 책임이 있다. 재고회전율은 자산을 관리하는데에 있어서 바이어의 실적을 평가하는데 도움을 준다. 소매업체는 높은 재고회전을 성취하기를 원하지만, 그렇다고 재고회전율에만 초점을 맞춘다면 실제로 총이익과 재고총이익율(GMROI)은 감소하게 된다. 그래서 바이어는 재고전환율을 관리하는 것과 연관된 상반관계를 고려할 필요가 있다.

1) 빠른 회전율의 장점

재고회전율의 증가는 매출량의 증대, 판매원의 사기 진작, 상품 진부화와 가격 하락의 방지, 그리고 새로운 매입 기회 확보를 위한 현금 확보 등을 증대시킨다.

빠른 재고회전율은 고객들에게 보다 신선한 상품을 공급할 수 있고, 신선한 상품은 오래되고 낡은 상품에 비해 잘 팔리기 때문에 매출량을 증대시킨다. 고객이 매장을 방문할 때마다 새로운 상품이 진열되어 있는 것을 발견한다면, 고객의 점포 방문도 늘어난다. 반면 재고회전율이 낮아지면, 상품이 진열대에서 오랜 기간 고객들 손을 거치면서 진부화되어 오래 팔리지 않은 상품처럼 보이게 된다. 새로운 상품의 증가는 판매원의 사기도 증대시킨다. 판매원들은 새로운 상품을 판매하는데 열정을 쏟을 것이고, 이는 매출 증대로 이어져, 재고회전율을 더 높아지게 한다.

유행에 민감하고 부패되기 쉬운 상품의 가치는 진열과 동시에 감소하기 시작한다. 재고가 빨리 팔리면 상품은 폐기되기 이전에 점포를 빠져나간다. 결과적으로 감산치를 적용하는 규모가 줄고 총이익도 증가하게 된다.

마지막으로 재고회전율이 높으면, 재고에 묶여 있는 자금을 다른 상품의 구입에 사용할 수 있게 된다. 현금 확보는 시즌이 지난 상품을 싼 가격에 매입해 매출과 이익 증대를 꾀할 수 있다. 예를 들어, 바이어가 과다 재고를 보유하고 있는 벤더로부터 특별 가격에 상품을 매입할 수 있는 기회를 가졌다고 해보자. 바이어는 낮은 가격에 상품을 매입하여, 정상가격으로 고객에게 팔아 이익을 볼 수 있을 것이다. 또는 정상가보다 낮은 가격으로 상품을 팔아 매출을 높일 수도 있다. 어떤 경우든지, 높은 재고회전율은 바이어로 하여금 매입 기회를 제공하고, GMROI를 증대시켜 준다.

2) 재고회전율 개선에 있어서의 잠재적 문제점

소매업체는 재고회전율의 균형을 맞춰야 한다. 재고회전율을 개선하고자 하는 몇몇 시도는 판매량의 하락, 판매비용의 증가, 그리고 운영비용의 증가를 초래하여 GMROI를 낮출 수도 있다.

재고회전율을 증대하기 위한 하나의 방법으로, 상품 카테고리의 수와 동일 카테고리 내에서 단품(SKU)의 수를 줄이거나, 단품 내 아이템의 수를 줄이는 방법이 있다. 하지만 고객이 자신이 원하는 사이즈나 색상을 찾지 못하거나 만족하지 못한다던가, 또는 원하는 상품라인을 아예 찾지 못한다면, 상품판매가 이루어지지 않을 것이다. 실망한 고객은 다른 곳에서 쇼핑을 할 것이며, 친구들에게 이러한 사실을 알리게 된다. 이러한 경우 당장의 판매는 물론 아예 고객과 고객의 친구들마져 잃게 된다.

지나치게 높은 재고회전율은 상품의 품절을 초래한다.

또 다른 방법은 상품을 소량으로 자주 구입하여 매출의 감소 없이 평균 재고 비용을 줄이는 것이다. 하지만 빈번한 소량매입으로 인하여, 매입 담당자는 대량매입에 따른 할인을 받지 못하며, 거래상의 규모의 경제를 달성하지 못하게 된다. 소량의 잦은 매입은 운영비를 증대시키고, 주문과 배송을 점검하는 데 많은 시간을 할애해야 한다.

5. 상품관리 과정

〈보기 12-4〉는 상품관리와 관련된 활동과 결정을 개략적으로 설명하고 있다. 첫째로, 바이어는 카테고리판매를 예측하고, 카테고리 상품들의 구색계획을 진행하며, 예상 판매와 상품분류 비치를 계획하는데 필요한 재고수량을 결정한다.

두 번째로, 바이어는 매달 예상되는 판매량, 판매를 지원하는데 필요한 재고, 그리고 판매된 상품을 보충하고 제품을 구매하는데 소요되는 현금에 대한 개략적인 계획을 한다. 그 계획에 따라, 바이어나 기획자들은 각 점포에 어떤 형태의, 얼마나 많은 상품이 할당되어야 하는지를 결정해야 한다. 이러한 상품계획절차는 13장에서 토의 된다.

세 번째로, 계획을 진행해 가면서, 바이어는 벤더들과 협상을 하고 상품을 매입한다. 이러한 상품 매입 활동은 14장에서 살펴보기로 한다.

바이어는 카테고리 내 상품의 매출을 지속적으로 관리하고 조정한다. 예컨대, 카테고리의 매출이 예측

○ 보기 12-4
상품 기획 과정

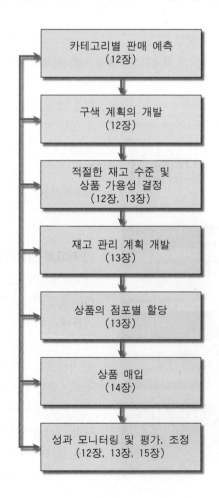

된 것보다 낮고, 추정된 GMROI가 바이어의 목표 아래로 떨어졌다면, 바이어는 몇몇 상품을 세일 판매하고, 확보된 현금으로 더 높은 이익률을 지닌 상품을 매입하거나 재고회전율을 높이기 위해 단품수를 줄이는 등의 결정을 할 것이다.

〈보기 12-4〉가 이러한 결정들을 순차적으로 보여주고 있지만, 실무에서는 결정들이 동시에 일어나기도 하고, 다른 방식으로 이루어지기도 한다. 예컨대, 바이어는 카테고리의 재고량을 먼저 결정한 후에, 이에 따라 카테고리 내에 제공되는 단품의 수를 결정할 수도 있다.

6. 상품관리기획과정의 형태

소매업체는 상품관리기획과정에 지속성 상품과 유행성 상품이라는 두 가지 형태를 취한다. 지속성 상품이란 기본 상품이라고도 하는데, 여기에는 오랜 기간 동안에 걸쳐 지속적인 수요가 있는 상품들이 포함된다. 이러한 카테고리에 새로운 상품이 들어오는 수는 제한되어있다. 지속성 상품의 예로서, 대부분 슈퍼마켓에서 판매되는 카테고리에는, 가사용 도구, 흰 페인트, 복사용지, 양말류, 비싸지 않은 시계, T-셔츠와 남성속옷과 같은 기본적인 캐주얼 의류들이 포함된다.

지속성 상품(staple merchandise)들은 지속적으로 판매되기 때문에 비교적 수요예측이 용이하고, 예측을 잘못했더라도 그 영향은 크지 않다. 예를 들면, 캔 식품의 수요를 과대평가해서 많은 수량을 매입했다면, 소매업체는 단기간 동안 과도한 재고 수준의 수량을 보유하지만, 결국은 캔 식품은 특별한 노력을 하지 않아도 판매될 것이다. 기본 생활 필수 상품에 대한 수요는 예측가능하기에, 주요 카테고리 상품판매기획시스템은 해당 상품에 대한 지속적인 보충에 초점을 두게 된다. 이러한 시스템은 지속적으로 상품판매를 모니터링하고, 재고수준이 이미 결정된 수준 이하로 떨어질 때, 자동적으로 보충주문을 하는 일을 하게 된다.

유행성 상품(fashion merchandise)은 비교적 짧은 기간 동안에만 수요가 이루어지는 상품이 해당한다. 이러한 카테고리 내에서는 지속적으로 새로운 상품이 소개되기 때문에, 현재 판매상품은 조만간에 사라지게 된다. 어떤 경우에는, 기본상품은 변하지 않지만, 그 시즌에 가장 인기 있는 상품을 반영하기 위해 색상과 스타일이 바뀌기도 한다. 유행성 상품카테고리에는 운동화, 모바일 폰, 랩탑 컴퓨터, 그리고 여성용 의류가 있다. Retailing View 12.1은 어떻게 Mango사가 유행성 상품을 만들고, 관리하는지를 기술하고 있다.

크리스마스트리 장식과 같은 계절적 상품의 판매는 그 해의 시기에 따라 극적으로 변동한다.

유행성 상품의 판매 예측은 지속성 상품보다 더 많은 능력이 요구된다. 유행성 상품 담당 바이어들은 수요 예측의 오류에 대해 더 엄격해진다. 예를 들어, Best Buy의 모바일 폰 바이어는 특정 모델에서 많은 품목을 매입하게 되는데, 신상품이 출시되게 되면 재고품이 판매되기란 매우 어렵다. 유행성 상품의 수명주기가 매우 짧기 때문에, 바이어들은 초기 주문 이후에 새로운 주문의 기회를 놓치기도 한다. 그래서 만약 바이어가 초기 주문을 너무 작게 하면, 소매업체는 고객들의 요구를 충족시키지 못해, 인기 상품이 부족하다는 평을 받게 될 것이다. 그러므로 유행성 상품 카테고리에 대한 상품 계획 시스템의 목적은 유행이나 시즌이 끝날 무렵까지 충분히 판매할 수 있는 단품의 수에 근접하여 재고를 확보하는 것이다.

Mango의 Fast Fashion

Mango는 고객들을 끌어들이기 위해 감각적이고 트렌디한 상품을 보유한다.

"우리는 상품을 즉각적으로 준비하는 법을 알고 있다"라고 Mango 상품관리 이사가 말한다. "사람들이 원하는 것을 보유하기 위해, 우리는 몇 가지 규칙을 깨야한다"고 81개국에 850개 체인점을 관리하는 Mango 관리 총지배인이 이야기한다. 그는 스페인의 Zara사와 스웨덴의 H&M사가 선도하는 '빠른 유행'의 새로운 소매 추세를 정형화시킨다. 이러한 체인점들은 그들의 진열대를 지속적으로 새로운 상품으로 채우고 있다. 그들의 소매 전략은 디자인에서 상품진열대까지, 유연성과 속도에 맞게 형성된 스타일과 기술적인 자원을 연결시키는 것이다.

Mango사는 몸을 감싸는 스타일의 다양한 혼합형식으로 유명하다. 검은 핀 줄이 들어있는 재킷이 $60에, 타이트한 미니드레스는 $40에 판매한다. 유통업체상품의 디자인과 제품제작에 대해 지속적인 통제를 한다. 섬유를 바꾸거나 치마단 끝을 내리는 변화는 창의적인 과정이 이루어지는 부분이다. 회사가 재고 있는 섬유를 가지고 있는 한, 4주 안에 디자인해서 상품화하여 점포로 가져올 수 있다.

Mango의 상품기획 순환은 디자이너들이 새로운 중요한 상품의 추세를 토의하기 위해 만나는 3개월 주기로 이루어진다. 그래서 점포들은 직장에서 입는 짧은 드레스에서 나이트 가운에 이르는 새로운 상품을 지속적으로 공급받게 된다. 새로운 상품들이 일반 미국의류체인점보다 6배 빠르게 점포에 보내진다.

콜렉션에 대한 좋은 아이디어를 얻기 위하여, 디자이너들은 전통패션쇼와 무역박람회에 참석한다. 그러나 고객들과 함께 하면서, 길거리나 나이트클럽에 멋진 의상으로 오는 사람들의 사진을 찍어둔다. '다음 시즌에 사람들이 무엇을 할 것인지를 아는 것은 매우 쉽다. 하지만, 이것이 유행할 거라는 것을 의미하는 것은 아니다"라고 Egea가 말한다. 디자인팀원들이 매주 회동하여 계속 변화하는 유행에 적응하려고 한다. Mango사는 Penelope Cruz와 Monica에게 유명인 디자이너를 이용하여, 발 빠르게 움직이는 경쟁사들과 경쟁할 수 있도록 25벌의 의류를 디자인하도록 위임했다. Top shop 사에서 Kate Moss 콜렉션을 출시했고, H&M는 Madonna 콜렉션을 선보였다. 콜렉션 디자인이 선정되면, Mango 상품관리 및 배송관련부서는 그것들에게 개별적 특징을 부여하여, 단품을 유행, 의상 또는 더운 날씨에 적절한 것으로 명명하기도 한다. 이 상품들은 특성에 따라, 731개의 점포 중에 한 점포로 향하게 되며, 점포가 위치하고 있는 그 기후와 환경에 적합한 상품이 지니는 특성을 지니게 된다. 등록상표컴퓨터프로그램은 호환이 가능한 점포와 스타일을 적절하게 연결시켜준다. 주문이 이루어지고 제품이 박스로 출하된다. 관리자들은 점포배치를 지역 감독관과 본사에서부터 알려준 입고량을 기초로 하여 하게 된다.

Mango사는 제한된 상품구색배치만을 한다. 각 진열대에는 한 사이즈에 해당하는 상품만을 걸어놓는다. 이러한 방법은 고객들로 하여금 나에게 맞는 사이즈가 곧 품절될 지도 모른다는 긴박감을 조성한다.

출처: www.mangoshop.com(accessed September 18, 2007); Beth Wilson, "Mango's Fast-Fashion Approach To Expansion," WWD. December 7, 2006, p.23; Sally Raikes, "Cruz Control," Scotland on Sunday, September 16, 2007(accessed September 18, 2007)

계절성 상품(seasonal merchandise)이란 일 년 중의 특정 기간에만 매출이 급격하게 발생하는 상품을 의미한다. Halloween 캔디나 크리스마스 장식품, 수영복, 눈 치우는 삽 등이 대표적인 계절성 상품이다. 유행성 상품이나 지속성 상품도 계절성 상품이 될 수 있다. 예컨대, 수영복은 유행성 상품이고, 눈 치우는 삽은 지속성 상품이다. 그러나 상품 기획 관점에서, 소매업체는 계절성 상품을 유행성 상품과 같은 방식으로 매입해야 한다. 소매업체는 팔리지 않은 눈 치우는 삽을 내년 겨울 시즌을 위해 보관할 수도 있지만, 그것보다는 겨울 막바지에 가격 할인을 통해 삽을 처분해 버리는 것이 다음 시즌까지 재고를 보관하는 비용보다 더 낫다. 그러므로 계절성 상품 바이어는 시즌동안 상품을 모두 판매할 수 있는 계획을 세워야 할 것이다.

이러한 두 가지 서로 다른 상품 계획 시스템에 대해서는 13장에서 자세히 다룰 것이다. 다음에는 상품 기획 관리 단계의 세 가지 요소-(1) 판매 예측, (2) 상품구색 계획의 개발, (3) 적당한 재고 수준의 결정-에 대해 다루기로 한다.

Ⅱ 판매 예측

〈보기 12-4〉에서도 볼 수 있듯이, 상품기획 계획의 시작은 카테고리별 판매 예측을 하는 것이다. 카테고리 예측 개발을 위해서 카테고리 수명주기에 대한 이해와 미래 판매 주기에 영향을 주는 요소들에 대한 이해가 필요하다. 지속성 상품과 유행성 상품의 예측을 위한 방법과 정보 역시 논의되어야 한다.

1. 카테고리 수명주기

상품 카테고리는 일반적으로 예측 가능한 판매 패턴을 따른다. 판매는 낮은 수준에서 시작하여 증대되고, 나중에 둔화된 후 극도로 감소하게 된다. 카테고리 수명주기는 시간을 고려한 상품 카테고리 판매 패턴을 설명하는 것이다. 〈보기 12-5〉에서 알 수 있듯이, 카테고리 수명주기는 네 개의 단계(도입, 성장, 성숙, 쇠퇴)로 구분된다. 어떤 카테고리(또는 카테고리 내에서의 특정 품목)가 어떤 단계에 있는가를 파악하는 것은 판매예측과 상품기획 전략의 개발에 있어 매우 중요하다.

예를 들면, HDTV가 1980년대에 처음 도입되었을 때, 주 판매 대상은 영화산업에서 일하는 제작자들이었다. 기존 아날로그 TV와 비교해서 HDTV는 매우 고가였고, 점포에서 쉽게 구매할 수 있는 것은

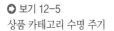
○ 보기 12-5
상품 카테고리 수명 주기

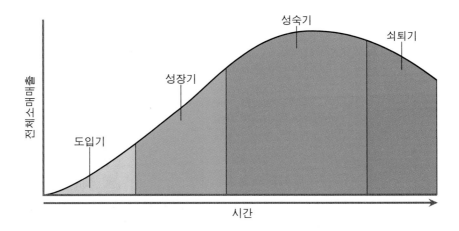

크록스 슈즈(Crocs)는 유행성(fashion) 상품인가, 일시성(fad) 상품인가?

아니었다. 가장 중요한 것은 소수의 TV쇼만이 HD형식으로 방송되고 있다는 것이다. 오늘날은 HDTV가 성장일로에 있다. 많은 가정에서 아직도 HDTV를 보유하고 있지는 못하나 HDTV 프로그램이 미국의 대부분의 시장에서 사용가능한다. 이러한 상품 카테고리가 성숙단계에 있으면 대부분의 프로그램들이 HD형식으로 방송될 것이고, HDTV만이 판매가 가능할 것이다.

수명주기의 형태는 소비자가 상품과 서비스 그리고 경제와 정부규제와 같은 환경적 요인에 얼마나 빨리 적응하느냐로 결정될 뿐 아니라, 소매업체와 벤더간에 이루어진 활동들에 의해 영향을 받기도 한다. 예를 들어, 벤더는 신상품에 대한 고객 채택율을 높이기 위해 낮은 가격을 책정하거나, 높은 수익을 위해 판매가 더디더라도 높은 가격을 책정할 수도 있다. HDTV가 처음 나왔을 때, 매우 비쌌다. 가격이 하락해왔지만, 아날로그 TV보다는 훨씬 고가이다. 그러나, 예측도구로서 수명주기를 이용할 때는 주의해야 한다. 만약 상품이 쇠퇴국면에 들어있다고 판단한다면, 소매업체는 상품의 다양성을 줄이고 촉진을 제한할 가능성이 높다. 이로 인하여 자연스럽게 매출이 줄어들게 된다. 그러므로 쇠퇴라는 예측은 그 자체로서 실현될 수밖에 없는 예측인지도 모른다. 많은 상품들이 성숙기에 잘 관리되어 성공을 거두기도 한다. 이는 성숙기의 혁신적인 전략을 지속적으로 유지함으로써 가능해진다. 예를 들어, Kellogg's Frosted Flakes는 혁신적인 광고와 가격 경쟁력을 유지함으로써 수십 년 동안 성공을 거두고 있다.

1) 카테고리 수명주기의 변화

카테고리 수명주기의 대표적인 변화의 특징은 〈보기 12-6〉에서 볼 수 있듯이 일시성 상품, 유행성 상품, 지속성 상품, 계절성 상품들이다. 이러한 분류사이의 뚜렷한 특성은 계절별로 판매수량의 지속여부, 여러 계절 동안 판매되는 특정한 스타일, 그리고 시즌마다 급격한 판매 변화 여부이다.

일시성(fad) 상품은 상대적으로 짧은 기간 내에, 보통 한 시즌 이내에 많은 상품이 판매되는 것을 말한다. 예컨대, Pogs, 스키니진, Crocs, 'Livestrong' 팔찌, Star Wars 캐릭터 라이센스 상품들과 전자게임기 등이 이에 해당한다. 일시성 상품을 관리하는 기법은 초기에 유행할 것으로 판단되는 상품을

◐ 보기 12-6
상품수명주기의 다양성

	일시성 상품	유행성 상품	지속성 상품	계절성 상품
여러 시즌에 걸친 판매	No	Yes	Yes	Yes
여러 시즌에 걸친 특정 스타일의 판매	No	No	Yes	Yes
특정 시즌에서 다음 시즌으로의 극적인 판매의 변화	No	Yes	No	Yes
시간에 대한 매출 유형	(Sales/Time 그래프)	(Sales/Time 그래프)	(Sales/Time 그래프)	(Sales/Time 그래프)

인식하고, 경쟁자가 전국적으로 이를 확산시키기 전에 상품에 대한 판권을 즉각적으로 확보하는 것이다. 그러나 일시성 상품을 취급하는 것은 소매업체에게 매우 위험스러운 일이다. 유행할 것이라는 점을 판단하기 위하여 육감 같은 것에 의존해야 하고, 육감이 실패하면 상품은 창고에 쌓이게 될 것이기 때문이다.

일시성 상품과는 달리, 일반적인 유행성 상품은 몇 시즌 동안 전형적으로 취급되는 상품이다. 하지만 유행성 상품처럼 특정 단품(스타일이나 컬러)의 매출은 시즌과 시즌 사이에 극적으로 변화한다. 예컨대, 검은색 의류는 한해에 유행할 수 있다. 그리고 자주색의 동일한 스타일은 다음해에 유행한다. 바이어들이 일시적인 상품과 더 지속되는 상품을 구분하는데 도움이 될 만한 질문들이 있다.

- **소비자 생활양식과 호환할 수 있는가?** 생활양식과 일치하는 새로운 생각들은 더 오래간다. 예를 들면, 데님청바지가 더 오래 지속되는 유행상품이다. 왜냐하면 입기 편하고, 세탁이 용이하고 다양한 상황에서도 입을 수 있기 때문이다. 가죽 바지 같은 경우는 입기 불편하고 세탁비도 비싸서 오래 지속되는 상품은 아니다.
- **혁신이 실제이익을 만들어내는가?** 고기류에서 생선류로 변화는 일시적인 상품이 아니다. 왜냐하면 실제이익이 건강을 인식하는 사회에서만 제공되기 때문이다.
- **혁신적인 상품이 시장에서 다른 변화와 호환할 수 있는가?** 예를 들어, PDA제품이 더 지속성이 있다. 그 이유는 역동적이고 시간의 압박을 받는 사회와 부합하기 때문이다.
- **유행은 무엇을 선택하는가?** 상품이 직장 다니는 엄마, 베이비 붐 세대 사람들, Y세대, 또는 노인들과 같은 크게 성장하는 부문에서 채택되고 있다면, 더 지속될 가능성이 크다. 취미가 시시각각 변하는 10대들에 의해 선택된다면, 쉽게 사그라들어 버릴 것이다.

지속성 상품카테고리는 비교적 오랜 기간 동안 지속적인 판매가 나타난다. 그러나 지속성 상품 카테고리조차도, 결국에는 판매가 하락하게 된다. 예를 들어, 변화하는 기술이 결국에는 음악을 다운로드 가능하게 만들어서, CD판매가 하락하게 하는 원인이 되기도 한다. Retailing View 12.2는 청바지가 일시성 상품인지, 유행성 상품인지 또는 지속성 상품인지에 관한 질문이다.

2. 지속성 상품 판매예측

지속성 상품은 비교적 매년 지속적으로 판매된다. 그래서 과거 판매 자료에 기초하여 예측한다. 실질적으로 사용할 수 있는 과거 판매 자료가 있기에, 통계적 기술을 이용하면 단품 판매를 예측할 수 있다. 〈보기 12-7〉은 2009년 판매량을 예측하기 위해 전국 가정용품체인점에서 12인치 주물용 철강 제품인 Lodge 프라이팬에 대한 과거 단품 판매 자료를 분석한 것을 보여주고 있다.

〈보기 12-7a〉에서는 지난 8년간의 분기별 판매 자료를 보여준다. 연간 판매 자료는 〈보기 12-7b〉, 분기별 판매 자료는 〈보기 12-7c〉에서 도식화되었다. 연간 판매형태는 약간의 연간 판매 성장률을 나타낸다. 평균 성장률은 3.6%였다. 그러나 실제로 2007년에는 감소했고 2008년에는 7.6%로 뛰어올랐다. 분기별 판매그래프는 4분기가 가장 높았고, 3분기에는 가장 낮았음을 보여준다. 분기별 연간 판매의 평균비율은 1분기 21%, 2분기 26%, 3분기 18%, 그리고 4분기가 35%이다. 프라이팬은 1년 내내 사용하지만 선물로 하는 경향이 있으며, 날씨가 추울 때는 스토브로 요리를 더 많이 한다. 과거 자료를 기반으로, 다음과 같이 바이어는 판매 자료를 기획하고, 2009년의 프라이팬의 단품판매량을 추산한다.

청바지는 일시성 상품인가, 유행성 상품인가 또는 지속성 상품인가?

스키니진 유행은 얼마나 오랫동안 지속되었는가?

이 질문에 대한 해답은 고려하고 있는 부분이 어떤 스타일이며 어떤 시장인지에 의해 좌우된다. 예를 들어, 스키니 청바지가 2005-2007에 대 히트를 기록했다. 10년 동안 부트컷(boot-cut) 바지가 유행한 후 스키니 모양이 주요 실루엣모양의 변화를 이끌어 내었다. 디자이너들과 소매업체들은 여성들의 모양을 위에는 넓으면서 아래로는 좁아지는 역삼각형 실루엣으로 바꾸려고 시도했다. 동시에, 의상은 계속해서 덜 화려하게 바느질과 주름을 넣어서 만들어 갔다. 스키니진이 모든 여성에게 맞지는 않지만, 이러한 진의 유행수명주기를 정확하게 예측하는 소매업체는 엄청난 이익을 얻었다. 스키니진 같은 일시적 유행 상품은, 젊은 여성을 전문으로 하는 소매업체가 성공할 가능성이 많으나, 나이가 든 여성들을 대상으로 하는 소매업체는 더 조심스러운 상품 접근이 필요하다.

장기간에 유행하는 부트컷 상품과 단기간에 유행하는 스키니진은 어떤 차이가 있는가? 우선은, 부츠 컷은 대부분의 몸을 보완해 주는 실루엣이라는 것이다. 그래서 많은 큰 시장부문에서 눈독을 들이는 것이다.

상품관리 면에서 보면, 진바지를 지속성 상품으로 고려하기도 한다. 예를 들면, Levi's 501이 1873년에 소개된 이래로 여전히 전 세계에서 인기리에 판매되고 있다. Wrangler, Lee, L.L.Bean, Land's End 그리고 Jc Penny와 다른 소매업체가 만든 유통업체 상표도 모든 연령과 모든 직장인, 운동선수들에게 판매되고 있다. 허리부분이 높은 진에 대한 유행주기를 예측할 수 있겠는가?

출처: Helen Tither,"Flares; Bigger, Better, Beautiful."Manchester Evening News, September,10,2007

2009 연간 판매량 = 1.036(성장률 3.6%) × 118,963(2008 연간판매)

= 123,245

추정되는 분기별 판매는

1분기판매량 = 123,245 × .21 = 25,881

2분기판매량 = 123,245 × .26 = 32,044

3분기판매량 = 123,245 × .18 = 22,184

4분기판매량 = 123,245 × .35 = 43,136

◑ 보기 12-7　전국가전용품체인점의 12인치 Lodge 프라이팬의 판매량

◑ 보기 12-7a　분기별 판매 자료

연 도	분 기	분기별	연간판매	연간판매성장률	연간판매비율
2001	1	21,074			23%
	2	24,123			26
	3	16,066			17
	4	32,145	93,408		34
2002	1	20,728			23
	2	23,656			26
	3	15,867			18
	4	30,135	90,387	-3.2%	33
2003	1	21,076			22
	2	25,259			26
	3	18,585			19
	4	33,064	97,984	8.4	34
2004	1	20,617			21
	2	26,084			26
	3	18,308			18
	4	34,921	99,931	2.0	35
2005	1	21,464			20
	2	27,568			16
	3	18,996			18
	4	18,163	106,192	6.3	36
2006	1	24,401			21
	2	28,057			25
	3	21,092			18
	4	40,843	114,394	7.7	36
2007	1	23,859			22
	2	27,441			25
	3	19,537			18
	4	39,726	110,562	-3.3	36
2008	1	24,588			21
	2	30,788			26
	3	19,869			17
	4	43,718	118,963	7.6	37

◑ 보기 12-7b　연간 판매자료

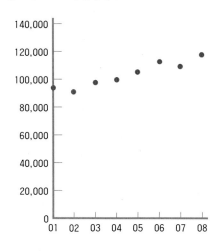

◑ 보기 12-7c　분기별 판매자료

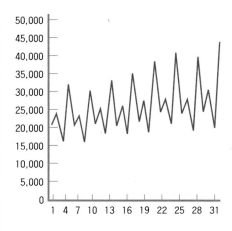

그러나 이러한 예측량은 2009년 12인치 프라이팬 판매량에 대해 지난 8년간 영향을 준 요소가 동일하다는 가정 하에 계산된 것이다. 취사도구와 같은 주요품목 카테고리판매를 예측할 수 있지만, 통제할 수 없는 요인들이 판매에 큰 영향을 끼칠 수 있다. 여기에는 기상, 전반적인 경제상황, 특별한 판촉, 벤더에 의한 신상품 출시, 판매 가능한 상품, 경쟁사들의 가격 및 판촉활동들이 포함된다. Retailing View 12.3은 소매업체들이 상품기획을 하는데 장기간의 기상예보를 어떻게 활용하는지를 보여주고 있다.

3. 유행성 상품 카테고리의 예측

유행성 상품 카테고리는 전년도에 나온 상품보다 새롭고 다양하기에 예측하는 것이 어렵다. 소매업체가 카테고리에 대한 예측을 하는데 활용할 수 있는 정보는 (1) 전년도 매출 자료, (2) 개인적인 인식, (3) 유행과 추세에 대한 서비스, (4) 벤더, 그리고 (5) 시장 조사 등이다.

판매예측에 날씨 요소를 고려할 것인가?

소매업체의 매출에 영향을 미치는 요소 중에서 가장 중요하다고 할 수 있는 것이 날씨일 것이다. 예를 들어, 이른 더위는 봄·여름 의류의 판매를 증가시키는 반면, 9월까지 이어지는 늦더위는 가을 상품의 위축을 초래한다. 그러므로 월별 판매의 영향에는 날씨가 매우 중요한 역할을 한다.

"날씨에 대해서는 그 누구도 장담할 수 없다"는 옛말처럼 소매 세계에서 매우 중요한 요소임에 틀림없지만 가장 알려지지 않은 요소이기도 하다. 올 해의 상품할당 계획은 지난 해의 매출에 영향을 받는데, 이는 지난 해의 날씨가 올해에도 동일하게 반복해서 영향을 준다는 가정에 근거하고 있는 것이다.

하지만 Planalytics(전략 기상 서비스 업체)의 Frederick D. Fox대표에 의하면, 날씨가 반복해서 나타나는 정도는 매년 35%에 불과하다는 것이다. 그러므로 지난 해의 날씨가 반복될 것이라는 가정하의 소매업체 관리자의 결정은 3분의 2 정도 틀릴 가능성이 있는 것이다. 결과는 매우 치명적일 수도 있다. 예를 들어, 동북부 지역에 갑자기 찾아온 늦은 2월의 혹한에, 울 양말과 보온 내의를 찾는 고객들에게 백화점에서는 봄 시즌을 대비한 신상품 외에는 마땅한 상품이 없을 수 있다.

열대폭풍, 허리케인, 천둥 그리고 기상악화는 가정과 재산에 심각한 피해를 일으킨다. 소매업체들은 이러한 심각한 재해 후, 집주인과 계약자들이 지역사회를 수리하고 정상으로 되돌리는데 필요한 상품들을 구비하고 있어야만 한다.

Planalytics는 농업, 에너지, 필름 등의 산업에서 Weathernomics라는 장기 기상예측기술을 활용하여 공급체인 관리에 적용할 수 있게 하고 있다. 1993년에는 소매업체의 재고 수급시기, 상품 할당과 분배, 광고, 판촉, 가격 할인 등에 대해 조언을 시작하였다. 오늘날 Sears, Wal-Mart, Kmart, Target, Home Depot, Lowe's, Ross Stores, Charming Shoppers, 그리고 Nordstrom과 같은 대형 소매업체들이 매출과 이익을 증대시키기 위해서 계획상에 미래의 기상요소를 포함하고 있다. 이들 업체들은 Wethernomics의 권고에 의하여 30%이상의 매출 증대를 가지고 온다고 주장한다.

출처: Rebecca Winters, "Weathering the Business Climate," TIME, feb. 21, 2000, pp.B18-19 : and Jennifer Goldblatt, "Winter Clothing Is Sacrce as Retailers Think Spring," The Virginian-Pilot, Jan. 27, 2000. For more information, contact Planalytics, 1325 Morris Frive, Suite 201, Wayne, PA 19087, telephone (610)640-9485.

1) 과거판매자료

유행성 상품카테고리는 매 시즌마다 새롭지만, 주요 상품은 동일해서 지난 판매 자료를 바탕으로 정확한 예측이 이루어질 수 있다. 예를 들면, 여성 유행 드레스는 색상, 스타일, 그리고 섬유에 따라 시즌마다 바뀐다. 단품들이 시즌마다 다르더라도, 매년 판매된 유행 드레스의 전체수량은 비교적 지속적이며, 예측이 가능하다.

2) 개인별 인식

유행성 상품카테고리에 대해 바이어들은 카테고리 판매에 영향을 끼칠 수 있는 추세를 인식할 필요가 있다. 고객의 요구사항을 알기 위해서 고객들 세계로 뛰어들어야 한다. 예를 들어, 인터넷 채팅방, 블로그를 방문한다거나, 고객들의 옷장을 보고, 축구경기와 록 콘서트에 참석하는 것 등이다. 바이어들에게 Y세대들이 구매하고 싶어하는 것이 어떤 상품인지를 알 수 있는 데에 도움이 되는 몇 가지 제안들에는, 그들의 쇼핑행동, 대화내용, 행동형태, 그리고 주목하는 내용이 있다:

■ **고객의 입장에서 소매점포, 웹사이트, 그리고 경쟁자들의 카탈로그로 상품을 구매해 보라.** 자신의 점포를 방문할 때 신분을 나타내지 마라. 주인이 온다는 것을 점원이 알면, 그들은 최선의 행동을 한다. 고객인 척하라. 중요한 것은 새롭고 다양한 상품에 당신의 안목을 넓히는 것이다.

■ **고객들, 점원, 그리고 이웃들과 대화하라.** 그들에게 선호하는 브랜드, TV와 라디오 쇼, 여가시간 활용에 대해 질문하라. 미용관계자와 부동산 중개바이어나 벤더와 같이 고객과 가까운 사람들과 대화하라.

■ **당신의 고객처럼 행동하라.** 일주일동안 고객이 되어서 고객의 눈으로 상품과 점포를 보아라. 상품도 구매해 보고, 음악도 들으며, 유행하는 나이트클럽도 가며, Y세대들이 자주 들어가는 사이트도 들어가서 리얼리티 쇼와 유명인들에 대해 어떻게 생각하는지를 알아보라.

■ **주시하고, 주목하고, 눈여겨 보아라.** 불편하게 만들거나 이상하고 다르게 보이는 상품을 찾아내는 문화 탐정이 되어보아라. 어떤 영화가 박스 오피스에서 히트하고 있는지? 최상위 10위 이내에 들어가는 서적과 앨범은 무엇인지? 소비자들이 구매하는 잡지는? 이러한 모든 것이 Y세대의 흐름에 편승할 수 있는 문화적 추세를 나타내는 지표들이다.

3) 유행과 추세 서비스

Tendzine, Doneger Creative Services,그리고 Fashion snoops와 같은 의류를 매입하려는 바이어들이 최신 유행, 색상, 그리고 스타일을 예측하는데 도움을 주는 서비스 업체들에 가입할 수 있다. Donerer Creative Services사는 유행, 색상 예측, 의류 및 액세서리 등 생활양식 시장 그리고 간행물을 통한 젊은이용 상품카테고리에 관련된 많은 서비스를 제공하고 있다.

Paper 잡지의 편집장인 Kim Hastreiter는 유행 사냥꾼이다. 이 잡지에는 입어보는 것을 상상 할 수 없을 만큼의 많은 의상들로 꽉 차있다. 유행된다는 것에 자긍심을 갖는 게 아니고, 유행에 앞서 나가고 있는 것이다. Hastreiter는 "몇 년 전에 온몸에 문신을 하고 있는 그 지역 웨이트레스를 표지에 실었던 적이 있는 데, 그로 인해 광고주를 다 잃게 되었죠. 이것은 전에 결코 보지 못했던 것입니다."라고 말한다. 물론, 요즈음에는 문신과 바디 피어싱이 흔해져서, The Gap과 Pepsi같은 주요 브랜드의 모델들도 문신과 피어싱을 한다.

일본의 젊은이들이 세계의 유행 선도자들이 된 이후, 소매업체들은 일본에서 새로운 패션컨셉을 시험한다.

일본의 젊은이들은 세계의 유행 선도자들이 되었다. Abercrombie & Fitch사와 Sweden의 H&M사와 같은 유명한 소매업체들은 토쿄에 점포를 열고 새로운 유행 컨셉을 시험하는데 이용하고 있다. 다른 소매업체인 영국의 운동화 및 운동복 브랜드인 Gola사는, 토쿄에 근거지를 둔 유행 신발 소매업체인 Euro-Pacifis (일본)사와 협력하여, 새로운 컨셉을 시험하고 있다. 일본은 외국인 관광객들을 자사 상품만을 판매하는 점포로 끌어들여 상품을 판매하고 있다. 관광객들은 보통 $20,000이상을 상품구매에 소비한다.

4) 벤더(공급업체)

벤더는 신상품 출시와 특판과 같은 마케팅 계획에 대한 독점적인 정보를 가지고 있어서, 상품과 전체적인 상품카테고리에 대한 소매판매에 큰 영향력을 끼친다. 또한, 소매업체보다 소수의 상품에 전문성을 가지고 있어서, 상품의 시장 추세를 잘 알 수 있다. 그래서 상품카테고리에 대한 시장 조사가 바이어들에게 매우 유용하다.

5) 시장조사

고객정보는 매출을 통해 상품에 대한 고객의 반응을 측정하거나, 고객과 유행 선도자들에게 상품에 대한 질문, 또는 관찰을 통해서 얻을 수 있다. 미래에 어떠한 상품이 판매될 것인가를 예측하기 위해, 고객이 현재 무엇을 원하고 있는가를 확인하는 것은 큰 도움이 된다.

소매업체는 고객에게서 상품에 대한 시장정보를 직접 얻어내는 것을 소홀히 다루는 경향이 있다. 예를 들어, 음식점의 계산대에서 손님에게 오늘 음식이 어떠했는지 질문하긴 하지만, 이를 체계적으로 기록하지는 않는다. 고객정보를 확보하는 또 다른 훌륭한 원천은 소매점포의 판매원이다. 이들은 고객 내면의 태도를 결정하는 고객 욕구와 직접적으로 만나게 된다. 만약 주인이 직접 운영하는 점포가 아니라면, 이러한 정보가 매입 담당자에게 자동적으로 전달되기 어렵다. 판매원은 고객정보를 매입 담당자에게 전달하는 방법에 대한 교육을 받아야 하며, 이에 따른 보상체계가 확보되어야 한다. 어떤 소매업체는 판매원에게 'want book'을 작성하게 하여 고객들이 찾는 상품과 품절에 대해 기록하도록 하고 있다. 이러한 정보들이 취합되어 매입 담당자의 매입의사결정에 도움을 주게 된다.

고객정보는 심층면접(depth interview)이나 초점집단면접(focus group interview; FGI)과 같은 전형적인 시장조사 방법에 의해 수집될 수 있다. 심층면접은 자유로운 형식의 개인적인 면접으로서, 면접자가 특정 주제에 대한 개별 응답자와의 대화를 통해 반응을 얻어내는 방법이다. 예를 들어, 특정 식료품 체인은 매일의 가계수표 사용자를 확인하고, 식료품을 많이 구입하는 고객과 적게 구입하는 고객을 선별할 수 있다. 그리고 이들 고객을 초빙하여 점포에 대한 좋고 싫은 점에 대해 면접을 통하여 확인할 수 있다.

고객 면접보다 비공식적인 방법으로, 매입 담당자가 매장에서 고객을 기다리는 방법이 있다. 대부분의

런웨이 패션을 JCPenny 패션으로 바꾸기

중간 패션 소매업체들은 런웨이 패션을 목표 시장의 요구에 맞도록 수정한다.

바이어들은 더 이상 최근의 디자이너 의상을 탐색하기 위해 뉴욕, 파리, 밀라노에서 개최되는 패션 쇼를 보러 갈 필요가 없다. 웹상에 있는 Style Website, New York Magazine 그리고 Style Sight Show 같은 곳에서, 소매업체가 새로운 유행을 찾기 위해 이용하는 런웨이 모델들을 보여주기 때문이다. 물론, 바이어들은 여전히 쇼에 참석하고, 패션 트렌드 서비스에 등록하고, 토쿄, 스웨덴, 밀라노 그리고 몬트리올 같은 유행을 선도하는 도시를 여행하기도 한다. JCPenny, Dillard, Kohl, Wal-Mart, Target의 바이어들과 다른 대형의류 소매업체들은 트렌드를 찾아, 공통주제를 발견하려고 노력해서 중산층 고객들의 입맛에 맞게 변형시킨다. 예를 들면, 슈퍼모델들이 입는 의상을 보통 여성들이 입을 수 있게 변형하는 것이다. 10년 전만해도, JCPenny사와 다른 대형의류업체들은 런웨이 패션이 자신의 점포에 도착해서 고객들이 볼 수 있게 진열하는데 2년을 기다려야 했다. 그러나 인터넷과의 치열한 경쟁이 패션주기를 가속화시켰다.

JCPenny사와 같은 업체가 유통업체 상표의 특별한 스타일에 전념했을 때, 그 판매결과는 더 좋았다. 수익의 45%가 자사에서 만드는 의류에서 나오고 있다. 전국적인 유명 브랜드와는 다르게, 유통업체 상표의 제품 판매로 생길 수 있는 위험은 유통업체에서 부담해야 한다는 것이다.

JCPenny사가 새로운 트렌드로 turtleneck을 가을 상품으로 매입판매를 결정할 때, 회사는 제한된 상품수량만을 매입한다. 만약 바이어가 특정한 스타일과 색상에 대한 수요를 잘못 판단했다면, Penny사는 시즌 후반에 두 번째 출하할 때는 특정한 스타일과 색깔로 변경하여 매입상품을 조정할 수 있다.

출처: Vanessa O'connel, "How Fashion Makes Its way From the Runaway to the Rack," *The wall Street Journal* Feb. 8, 2007

소매체인의 매입 담당자들은 고객과 분리되어 있다. The Gap의 매입부서는 California 북부에 있지만 점포는 전 미국에 걸쳐 분포되어 있다. 체인이 거대화될수록 점점 지역의 고객 욕구를 반영하기가 어렵게 된다. 점포에 자주 가보는 것은 매입 담당자에게 도움이 된다. 어떤 소매업체는 매입 담당자가 매장을 방문하는 것, 예를 들어 일주일에 하루는 고객의 추이를 검토하는 것을 의무로 하기도 한다.

초점집단면접은 소수로 구성된 집단에서 정해져 있지 않은 형식 속에서 사회자(moderator)에 의해 진행된다. 참여자들은 자신의 견해와 다른 참여자들의 견해에 대해 적극적인 의사표현을 하도록 요청된다. 예를 들어, 어떤 점포에서는 10대 시장의 변화에 부응하기 위해서, 의견선도자로 구성된 10대 위원회를 운영하여 상품과 다른 점포에서의 문제에 대해 토론하도록 한다.

마지막으로, 많은 소매업체는 상품조사를 행동에 옮기기 위한 프로그램이 있다. 예를 들면, Claire사는 10대 대상의 국제적인 전문 액세서리 소매업체인데, 지속적으로 신상품이 적절한 가격으로 생산될수 있는지를 결정하기 위해 시험을 한다. 신상품을 대표 점포에 출시하여 얼마의 가격으로 그 상품이 판매되는지를 알아보게 된다. 여러 채널을 가지는 소매업체는 점포에 신상품을 비치하기 전에 웹상에올려서 비슷한 시험을 하기도 한다.

4. 서비스 소매업체의 판매 예측

소멸성을 가지는 서비스 특성 때문에, 서비스 소매업체는 상품을 판매하는 소매업체처럼 재고를 축적할 수 없다. 판매제품이 시즌의 끝이 아닌 하루에 소멸되어버리는 경우도 있다. 비행기가 이륙하고 록콘서트가 끝날 때 비어있는 좌석이 있다면, 이 좌석에서 얻어질 수 있는 수익은 없어지는 것이다. 그래서 서비스 소매업체들은 수용능력을 초과하지 못하지만, 딱 맞아떨어질 수 있도록 서비스의 수요를 관리하는 방법을 생각해 왔다.

많은 서비스 소매업체는 예약이나 사전 약속을 통하여 고객의 요구를 충족시킬 수 있도록 노력한다. 의사들은 진료 예약을 너무 많이 잡아서 환자를 기다리게 한다. 이러한 일은 그들이 병원의 수용능력을 최대한 이용하여, 수익이 나오지 않는 빈 시간을 없애려고 하는데 있다. 음식점은 고객들이 테이블이 빌 때까지 기다리지 않도록 예약을 받는다. 게다가, 예약은 식사에 필요한 서비스 직원 수를 판단할수 있게 하는 기준이 된다. 또 다른 방법은 미리 티켓을 사전 판매하는 것이다.

III 구색 계획의 개발

판매 예측을 하고 난 후, 상품 기획 관리 단계의 다음 과정으로서 구색 계획을 개발한다. 구색 계획이란 소매업체가 상품카테고리에서 제공하게 되는 단품의 목록이다. 그러므로 구색 계획은 소매업체가상품기획 카테고리 내에서 제공하고자 하는 다양성과 상품구색을 반영하게 된다.

1. 카테고리의 다양성과 상품구색

2장에서도 다루었듯이, 다양성은 한 점포 내 또는 부문 내에서 취급하는 상품 카테고리 종류의 수를의미한다. 소매업체의 구색, 즉 상품의 깊이는 카테고리내의 단품의 수로 지칭된다. Target 같은 할인체인점은 고객용 가전에서부터 여성의류까지 매우 다양한 상품카테고리를 제공한다. 따라서 Target의 구색은 다양성 면에서는 매우 넓고, 구색은 얕다고 할 수 있다. 반면 카테고리 전문점인 Circuit City는 고객용 가전에 집중하기 때문에, 다양성은 좁은 반면 상품구색은 깊다.

서비스 소매업체도 또한 상품구색 배치에 대한 결정을 한다. 헬스클럽을 생각해 보자. 어떤 곳은 운동기구로부터 수영, 양질의 프로그램, New Age 강의에 이르기까지 다양한 활동과 장비를 제공한다. Gold's Gym과 같은 곳은 다양성을 제공하지는 않지만, 보디빌딩과 관련된 장비와 프로그램에 대해서는 전문적으로 제공한다. 어떤 병원은, 대부분의 도시 병원이 그렇듯이, 큰 건물에서 다양한 서비스를 제공한다. 의원은 물리 재활이나 정신과와 같이 특화되어 있다. 서비스 점포의 경우, 상품 가용성의

스타일	전통적	전통적	전통적	전통적	전통적	전통적
가격수준	$20	$20	$35	$35	$45	$45
직물구성	Regular denim	Stone-washed	Regular denim	Stone-washed	Regular denim	Stone-washed
색상	하늘색 인디고색 검정색	하늘색 인디고색 검정색	하늘색 인디고색 검정색	하늘색 인디고색 검정색	하늘색 인디고색 검정색	하늘색 인디고색 검정색
스타일	Boot-Cut	Boot-Cut	Boot-Cut	Boot-Cut		
가격수준	$25	$25	$40	$40		
직물구성	Regular denim	Stone-washed	Regular denim	Stone-washed		
색상	하늘색 인디고색 검정색	하늘색 인디고색 검정색	하늘색 인디고색 검정색	하늘색 인디고색 검정색		

문제는 판매 예측의 문제와 결부되어 있다.

상품기획에서 다양성과 상품구색은 상품카테고리별로 적용된다. 카테고리 기준으로 다양성은 다양한 형태의 상품의 수를, 상품구색은 형태별 단품의 수를 말한다. 예를 들면, 〈보기 12-8〉의 여성 청바지의 구색 계획은 10 종류의 다양성을 지니고 있다. 각 타입별로는 81개의 단품(3 색깔×9 사이즈×3 길이)으로 구성되어 있다. 그러므로 이 소매업체는 여성 청바지에서 총 810개의 단품을 제공하고 있는 것이다.

2. 다양성과 상품구색(전문성)의 결정

청바지와 같은 카테고리에서의 다양성과 전문성의 결정을 수행함에 있어서. 매입 담당자는 기업의 소매 전략, 상품구색의 GMROI, 점포의 물리적 특성, 다양성과 구색 간의 조화, 그리고 상품 카테고리간의 보완성 정도와 같은 사항을 고려해야 한다.

1) 기업의 전략

상품 기획에서 제공할 단품의 수를 정하는 것은 전략적 결정에 따라야 한다. Costco는 품질 좋은 일반 상품을 찾는 고객과 최첨단의 특별 상품을 찾는 고객 모두에게 초점을 맞춘다. 그러므로 카테고리 당 소수의 단품을 제공한다. 반면 Circuit City는 다양한 가전 제품을 비교·구매하기를 원하는 고객들에게 초점을 맞추기 때문에 카테고리 당 단품의 수는 더 많아진다.

상품의 기획에 있어서 다양성과 상품구색은 소매업체의 브랜드 이미지에도 영향을 준다. 일반적으로 고객들의 욕구를 충족시키고, 상품 기획에 대해 명성 있는 브랜드 이미지를 얻고 싶다면, 충분한 단품을 제공해야 한다. 적합한 구색을 결정하는 것을 구색 편집(editing the assortment)이라고 한다.

예를 들어, Tiffany & Co는 구색 편집을 위해 많은 노력을 기울인다. 매출 증대를 위한 노력의 일환으로 100달러의 실버 보석 팔찌를 출시했다. 이 팔찌가 10대 사이에서는 매우 인기가 좋아 많은 매출을 올렸지만, Tiffany는 저가의 상품으로 인해 나이가 많고 부유한, 그들의 전통적인 고객들이 외면하게 되어, Tiffany의 명성에 나쁜 영향을 미치지 않을까 걱정했다. 고민 끝에, Tiffany는 가격이 상대적으로 저렴하여 매출 면에서 급성장하던 실버 제품들의 가격을 올리고, 동시에 고가의 보석 콜렉션을 구색 계획에 포함시켰다.

적당한 상품구색을 갖추는 것은 매우 중요하다. 고객들은 제품 선택의 폭이 넓은 것을 원한다. 그러나 선택의 폭이 과한 것은 고객들을 혼란스럽게 하고, 그들의 결정이 옳은지에 대해 의문을 갖게 만들 수도 있다. 또한 과다한 상품구색은 소매업체가 표적고객의 요구에 집중하지 않음으로써 점포 이미지를 흐리게 할 수도 있다. 더욱이 단품 수가 늘어날수록, 재고 비용도 늘어난다.

최근의 연구에 따르면, 고객들은 풍부한 구색에서 적당히 축소할 때, 더 많이 구매한다고 한다. 예컨대, 케첩 구매시 병 크기에 따라 혹은 더 유명한 브랜드를 제거하는 식이다. Circuit City나 Staples와 같은 소매업체는 각 상품 카테고리에서 구색의 수를 줄여나가는 식으로 매출을 증대시킨다. 또 다른 방법은 "강력 추천" 등으로 특정 품목을 고객들에게 선보이는 것이다. 외식 산업에서 시작된 이 방법은 인터넷 소매업체에서도 널리 쓰인다. Retailing View 12.5는 Victoria's Secret이 브래지어 구색에 있어 어떤 결정을 내리는지를 보여준다.

2) 상품구색의 GMROI

소매업체는 재고에 투자하는 자금이 제약되어 있고, 진열공간도 한정되어 있다. 따라서 구색의 다양성과 깊이의 조화를 통한 매출 증대와 함께 재고회전율 감소, 그리고 더 많은 단품을 제공하는데 있어서의 GMROI를 함께 고려해야 한다.

다양성과 깊이의 증대는 잦은 세일을 야기해 마진율에 악영향을 미칠 수 있다. 예컨대, 더 많은 단품이 제공되면, 특정 사이즈에 대한 품절이 발생하는 규모 파괴(breaking size)의 위험도 커진다. 만약 패션 상품에서 인기 품목이 품절된다면, 바이어는 시즌 동안은 재주문을 못하게 되어, 전체적으로 상품 타입을 줄여야 할 수도 있다. 바이어는 전체적으로 동일 상품 타입을 제거하여 고객들이 원하는 사이즈와 색깔을 찾지 못해 실망하는 것을 막아야 한다.

3) 점포의 물리적 특징

소매업체는 특정 카테고리에 할애할 수 있는 공간이 얼마나 되는지를 검토하여야 한다. 상품구색배치에서 많은 스타일과 색상을 유지한다면, 이들을 전시하고 보관하기 위한 공간이 필요하게 된다. 예를 들어, 벽에 20대의 플라즈마 TV를 진열할 수 있다고 해보자. 5대만 전시하거나, TV와 다른 제품을 함께 진열하는 것은 미적인 차원에서 보면 별로이다. 따라서 바이어는 구색 계획에서 20개의 단품을 포함해야 한다.

몇몇 상품은 많은 진열 공간을 차지하기 때문에, 한정된 단품만을 취급해야 한다. 예컨대, 가구는 공간을 많이 차지하기 때문에, 가구 소매업체는 의자나 쇼파 중 한 가지 모델만 전시하고, 나머지는 사진이나 천조각, 혹은 컴퓨터를 통한 가상룸을 통해서 보여주게 된다.

다채널 소매업체들은 공간의 부족을 해결하기 위해 인터넷 사이트나 카탈로그를 제공한다. 예를 들어, Staples는 매장에는 없는 노트북 컴퓨터와 프린터를 인터넷 사이트를 통해 제공한다. 만약 고객이 매장에서 원하는 노트북이나 프린터를 찾지 못하면, 판매원이 회사의 인터넷 사이트에 접속해 주문할 수 있도록 도와주는 것이다.

Victoria's Secret의 브래지어 구색

Victoria's Secret은 더 많은 소비자들을 끌어들이고 소비자 개개인의 매출을 증대시키기 위해 속옷의 구색을 지속적으로 조정하고 있다.

뉴욕 소호 거리에 위치한 Victoria's Secret 매장에 들어선 27세의 Amanda White는 레오파드 무늬, 블랙 네글리제, 레이스와 심플한 면 속옷 등 다양한 디자인의 속옷 세트를 골랐다. 피팅룸에서 30분 가량 시간을 보낸 Amanda는 그 중 심플한 스타일의 면속옷 세트만을 구매하였다. "나의 남자친구는 이런 스타일을 좋아하지 않지만, 날마다 편하게 입을 수 있는 스타일을 원해서 구매했어요"라고 Amanda는 말했다.

Amanda의 남자친구에게는 더욱 서운한 일도 있다. 유명 모델로 광고를 찍고, 섹시 란제리 소매업체로서 이미지를 구축한 Victoria's Secret은 좀 더 저렴한 기본 스타일의 속옷을 점점 더 많이 만들고 있다. 미국 여성들은 이러한 변화를 더 선호하는 것처럼 보인다. 이러한 변화는 다소 위험할 수도 있지만, 명확한 사업 논리를 보여준다. 바로 Victoria's Secret에서 팔리는 대부분의 브래지어는 흔히 말하는 '글래머러스'한 스타일이지만, 미국 전역에서 팔리는 브래지어의 70-80%는 단순한 스타일의 '편리한' 브래지어라는 것이다.

Victoria's Secret은 독자적인 란제리 라인을 보유하고 있는 The Gap이나 J.Crew와는 달리, 고객들이 일상적으로 찾는 브랜드로 더 많은 시장점유율을 확보하기를 원했다.

섹시 컨셉에서 실용적인 컨셉으로 구색을 변경하는 것은 껄끄러운 문제였다. 그러나 현재까지는 전략이 효과를 보고 있는 듯하다. 1999년에 "Body by Victoria" 컬렉션을 런칭하면서, 나일론과 스판덱스의 심플한 라인을 선보였는데, 이는 급속하게 베스트셀러가 되었다.

수수한 스타일로의 변화는 Victoria's Secret을 귀여운 란제리의 이미지로 만들어 원래 이미지에 오점을 남길 수 있기에 다소 위험한 일이다. 이들의 브랜드는 'sexy'를 표방하고 있지만, 이게 너무 과한 것이 회사가 직면한 가장 큰 문제였다. 속이 훤히 들여다보이는 네글리제는 많지만, 편하게 입을 수 있는 잠옷은 거의 없었다. 매출은 떨어졌다.

앞으로도 계속 성장하기 위해서, 회사는 시장을 확장해야 한다. 브랜드 이미지가 여전히 "26세, Sexy"라고 할지라도, 모든 고객이 이에 부합하는 것은 아니다. 고객들에게 더욱 어필하기 위해서 블랙 레이스를 입고, 무릎 위로 올라오는 스타킹을 신은 모델 대신에, 최근 카탈로그인 "New! Sexy Support"로 고객을 사로잡아야 한다. 아래에는 작은 글씨로 "사이즈 34B부터 40DD까지"라고 적어놓자.

출처: Emily Bryson York, "Bra Just Won't Fit? Playtex Offers Some Support," *Advantage Age*, September 17, 2007; Margaret Pressler, "Under Where?" Retail's Unmentionable is What She Won't Put On," Washington Post, February 8, 2004.

4) 상품 간의 보완성

소매업체가 상품구색 변경을 계획했다면, 부문 내에서 다른 상품과의 보완성을 고려하여야 한다. 예컨대, DVD 플레이어가 DVD나 액세서리, 그리고 케이블의 매출을 끌어올릴 수 있다. 이런 경우에는 DVD 플레이어 자체의 GMROI가 낮아 구색에 큰 영향을 못 준다고 하더라도, 관련 보완품들의 GMROI가 높기 때문에 도움이 된다. 따라서 소매업체들은 더 많은 DVD 플레이어 단품들을 추가하여 보완 상품의 매출을 꾀하려고 할 것이다.

재고 및 상품가용성의 기준 설정

구색 계획은 〈보기 12-9〉에서 볼 수 있듯이, 단품별로 요구되는 재고 수준을 포함해야 한다. 상품 카테고리별로 매장 재고를 요약해 놓은 것을 재고 계획 모델(model stock plan)이라고 한다. 예컨대, 〈보기 12-9〉의 재고 계획 모델을 살펴보면, 사이즈 1 중 짧은 길이는 9개의 단품으로 총 420 단품의 2%를 차지하고 있다. 인기 있는 사이즈는 더 많은 재고를 가지고 있다.

소매업체는 체인별 매장마다 서로 다른 재고 계획 모델을 가지고 있을 것이다. 예를 들어, 대부분 소매업체들은 매장을 매출 실적에 따라 A, B, C 등급으로 구분한다. C 등급의 매장에는 기본적인 구색이 할당된다. 규모가 더 크거나, 진열공간이 많은 매장에는 더 많은 단품이 제공된다. 규모가 큰 A와 B 매장은 더 많은 브랜드, 칼라, 스타일 그리고 사이즈 혹은 더 많은 모델을 갖추게 된다.

1. 상품 가용성(product availability)

재고 계획 모델에서 안전재고는 상품 가용성을 결정짓는다. 상품 가용성이란 특정 단품의 수요에 대해 만족되는 비율을 나타내는 것이다. 예를 들어, 100명의 고객이 Macy's를 방문하여 전통적 스타일의 하늘색 청바지를 구매하려고 했는데, 90벌만을 판매하였다면, 상품 가용성은 90%가 되는 것이다. 상품 가용성은 상품 제공 수준 또는 서비스 수준이라고도 한다.

요구되는 상품 가용성의 수준이 높을수록, 품절에 대비해 소매업체가 보유하고 있는 안전재고(back up stock) 혹은 완충재고(buffer stock)의 양도 많아진다. 또한 구색 계획에서는 필요한 재고를 얼마나 확보할 것인가의 결정이 매우 중요하다. 왜냐하면, 재고 수준이 너무 낮으면 소매업체는 품절에 의

◑ 보기 12-9
재고 계획 모델

길 이		사이즈								
		1	2	4	5	6	8	10	12	14
Short	%	2	4	7	6	8	5	7	4	2
	units	9	17	30	26	34	21	30	17	9
Medium	%	2	4	7	6	8	5	70	4	2
	units	9	17	30	26	34	21	30	17	9
Long	%	0	2	2	2	3	2	2	1	0
	units	0	9	9	9	12	9	9	4	0
	total 100% 429units									

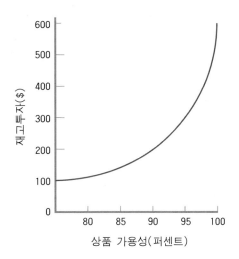

해 판매 기회를 상실하고, 재고 수준이 너무 높으면 더 나은 수익 및 다양성과 구색을 확보할 수 있는 가용 자금을 낭비하게 되기 때문이다.

〈보기 12-10〉은 재고 투자와 상품 가용성 간의 상쇄 관계에 대해 설명하고 있다. 물론 상이한 상황에 따라 유지해야 할 재고 투자의 규모는 다양하지만, 이들의 일반적인 관계는 높은 서비스 수준을 유지하기 위해서 높은 재고투자가 필요하다는 것이다. 이는 기초재고와 안전재고와의 관계에서도 나타난다.

안전재고량의 수준과 관련된 몇 가지 고려 사항이 있다. 소매업체는 종종 상품카테고리를 A,B,C 상품으로 분류하여 가용한 상품을 반영한다. 예를 들어, A 상품은 품절위험이 없기를 바라는 상품이고, 반면 C 상품은 낮은 상품가용성을 지니게 된다. 예를 들어, Sherwin Williams사의 A상품은 흰 페인트이고, Office Depot사의 A 상품은 복사용지가 된다. 이러한 인기 상품의 품절은 소매업체의 이미지를 희석시킨다.

안전재고량을 결정하는 다른 요인들은 수요의 변화, 벤더로부터 배달까지의 리드타임, 벤더 리드타임의 변화, 빈번한 상품배달 등이다. 이러한 요인들에 대해서는 13장에서 자세히 알아볼 것이다.

상품의 다양성(폭), 상품의 구색배치(깊이), 그리고 상품가용성이 소매업체의 상품 전략을 결정하는 중요한 문제이다. 바이어는 재고투자에 제한된 예산을 가지고 있다. 그래서 상품가용성을 높이기 위해 깊이를 증가시키고 상품의 폭을 감소시킨다면, 상품의 폭을 강제로 희생하고 있는 것이다.

요약 *Summary*

본 장은 상품기획 관리 과정의 개요를 설명하고, 판매예측과 상품구색계획을 더 자세하게 살펴본 것이다. 우선, 상품기획은 카테고리 수준에서 계획된다. 바이어와 그의 파트너인 상품기획 관리자는 취급하는 카테고리를 통제하기도 하고, 벤더를 지원하기도 한다. 상품을 카테고리 단위로 관리하지 않는다면, 소매업체는 어떠한 상품도 매입하기 어려울 것이다.

상품기획의 개발도구는 GMROI, 재고회전율, 판매예측을 포함한다. GMROI는 상품기획의 성과 지표로도 사용된다. 특정 상품 카테고리에 대한 계획된 GMROI는 기업의 전반적인 재무적 목표를 카테고리 수준까지 확장한다. GMROI는 총이익률과 재고 회전율로 구성되는데, 재고 회전의 계산과 재고 회전 목표의 결정은 매우 중요하다. 소매업체는 균형적인 재고 회전을 위해 노력한다. 빠른 재고 회전은 소매업체의 재무적 성과에 필수적인 사항이다. 그러나 지나치게 재고회전율을 증대시키면 품절이 발생하고 원가가 상승하는 결과를 초래한다.

판매를 예측할 때, 소매업체는 해당 상품이 속해 있는 카테고리의 수명주기를 확인해야 한다. 그리고 수명주기의 유형이 일시성 상품, 유행성 상품, 지속성 상품, 계절성 상품인지를 확인하여야 한다. 이를 통해서 상품기획 활동에 대한 계획을 수립하여야 한다. 판매 예측을 위해서는 과거 매출 자료, 공표된 자료, 고객 정보 등이 필요하며, 벤더와 매입 사무소 등에서는 물론 경쟁 점포에서의 쇼핑을 통해서 구할 수 있다.

다양성, 상품구색, 그리고 상품 가용성의 상쇄관계는 상품기획 전략을 결정짓는 핵심적인 사항이다. 이러한 전략적 결정은 소매업체의 업태 성격을 결정짓기도 한다.

상품기획 관리의 정점은 구색 계획이다. 구색 계획은 상품기획 관리자에게 특정 상품카테고리에서 수행되어야 할 의사결정의 지침을 제공한다. 본 장에서 상품기획과 관련된 모든 주제가 취급된 것은 아니다. 다음 장에서 유행성 상품의 상품기획 예산, 지속성 상품의 재고관리 시스템에 대해 언급할 것이다.

핵심용어

Key terms

상품구색(assortment)

상품그룹(merchandise group)

일시성 상품(fad merchandise)

분류(classification)

지속성상품(staple merchandise, basic merchandise)

상품 가용성(product availability)

리드 타임(lead time)

요청 목록(want book)

서비스 수준(service level)

품절(breaking size)

카테고리 관리(category management)

상품 구색 계획(assortment plan)

심층 면접(depth interview)

유행성 상품(fashion merchandise)

순환/기반재고(cycle stock; base stock)

상품관리(merchandise management)

현지 매입 사무소(resident buying office)

단품(Stock Keeping Unit ; SKU)

초점집단(focus group)

초기 고가(skimming price)

카테고리(category)

계절성 상품(seasonal merchandise)

안전 재고(backup stock, safety stock, buffer stock)

침투 가격(penetration price)

부서(department)

카테고리 캡틴(category captain)

현장학습

Get Out And Do It!

1. 계속되는 사례 과제: 소매업체의 한 매장을 방문하고, 특정 상품의 다양성과 상품구색을 점검해보라. 구색의 깊이와 폭을 기록하고, 카테고리별 단품의 평균 개수가 몇 개인지 알아보라. 경쟁업체의 다양성, 구색과 비교해보라.

2. www.badfads.com을 방문해보라. 일시성 상품을 몇 가지 고른 후, 카테고리 수명 주기에서 배운, 일시성 상품과 더 지속되는 상품을 구분하는 4가지 질문을 해보라. 질문에 대한 당신의 대답에 따르면, 어떤 상품이 유행성 상품이 되고, 어떤 상품은 곧 시장에서 사라질 것인가?

3. 비니베이비를 판매하는 www.ty.com/BeanieBabies__home에 방문한 다음, 웹킨즈 홈페이지인

www.webkinz.com을 방문해보라. 1990년대 Ty의 비니베이비와 마찬가지로, Ganz는 웹킨즈 상품을 일시성 상품이 아닌 지속적으로 판매되는 상품으로 만들기 위해 어떤 노력을 했는가? 완구 회사들은 지속적인 브랜드를 만들기 위해 어떻게 하는가?

4. 다양한 구색을 지니고 있는 www.macys.com과 www.jcp.com을 방문해보라. 상품 카테고리를 하나 선택한 후, 어떤 소매업체가 더 많은 구색을 제공하고 있는지 알아보라.

5. www.oracle.com/appliccations/retail/MP/index.html에서 Oracle Retail Merchandise Plan에 접속하여, 이 회사의 상품 기획 소프트웨어에 대해서 읽어보라. 소프트웨어를 어떻게 활용하여 소매업체의 상품 계획 결정을 위한 매출과 재고 데이타를 관리하는가?

6. 다음 세 개의 소매업체 업계 출판물 홈페이지에 접속해보라. WWD(www.wwd.com), Chain Store Age (www.chainstoreage.com), Retailing Today(www.retailingtoday.com). 홈페이지에서 찾은 기사들이 소매업체의 상품 계획 결정을 어떻게 지원할 수 있는가?

토의 질문 및 문제 *Discussion Questions and Problems*

1. 유행성 상품과 일시성 상품, 지속성 상품의 차이는 무엇인가? 상품기획 관리자는 이러한 상품유형을 어떻게 다르게 관리해야 하는가?

2. 상이한 소매업태에서 다양성과 전문성은 어떻게 달라지는가? 특히, 기존 소매업체와 인터넷 전문 소매업체를 비교해 보자

3. 간단히 말해서, 재고회전율의 증가는 소매 관리자의 중요한 목표이다. 회전율이 감소할 때 어떠한 결과를 초래하는가?

4. 상품 가용성이 85%라는 것은 어떤 의미인가?

5. 구색 계획에서 패션손목시계를 1,000 단위 매입할 수 있을 때, 바이어는 50개씩 20가지를 사거나 200개씩 5가지 스타일을 살 수 있다. 위험과 공간활용에 관한 점포의 운영 정책 관점에서 바이어는 어떻게 결정을 해야 하나?

6. 바이어는 한 가지 카테고리 상품의 재고가 없다고 불평하는 많은 고객들 때문에, 이 카테고리의 상품가용성을 80%에서 90%로 증가시키기로 결정하였다. 안전 재고와 재고 회전율에 영향을 미치는 것은 무엇인가?

7. 다양성, 전문성, 상품 가용성은 구색 계획상의 기초가 된다. 구색 계획을 잘한 사례를 들어보라.

8. 유명한 귀금속백화점 코너와 가전 제품 코너의 GMROI가 같을 수 있다. 제품의 특성은 다르지만, GMROI가 같을 수 있는 예를 들어 보라.

9. GMROI와 재고회전율을 계산해보라

   연매출 $10,000

   평균 재고(원가기준) $5,000

   총마진 40%

10. GMROI와 재고회전율을 계산해 보시오.

   연매출 $25,000

   평균재고(원가기준) $10,000

   총 마진 32%

Brannon, Evelyn. *Fashion Forecasting: Research, Analysis and Presentation*. 2nd ed. New York: Fairchild, 2005.

Caro, Felipe, and Jérémie Gallien. "Dynamic Assortment with Demand Learning for Seasonal Consumer Goods." *Management Science* 53, no.2 (2007), pp. 276-92.

Clodfelter, RIchard. *Retail Buying: From Basics to Fashion*, 2nd, ed. New York: Fairchild, 2002.

Diamond, Jay, and Gerald Pintel. *Retail Buying*, 8th ed. Upper Saddle River, NJ: Prentice Hall, 2007.

Donnellan, John. *Merchandise Buying and Management*, 2nd ed. New York: Fairchild, 2002.

Dupre, Kyle, and Thomas Gruen. "The Use of Category Management Practices to Obtain a Sustainable Competitive Advantage in the Fast-Moving Consumer-Goods Industry." *journal of Business & Industrial Marketing* 19 (2004), pp. 444-60.

Hariga, Moncer A.; Abdulrahman Al-Ahmari; and Abdel-Rahman A.Mohamed. "A Joint Optimisation Model for Inventory Replenishment, Product Assortmetn, Shelf Space and Display Area Allocation Decisions." *European Journal of Operational Research* 181, no. (2007), pp. 239-51.

Hart, Cathy and Mohammed Rafiq. "THe Dimensions of Assortment: A Proposed Hierarchy of Assortment Decision Making." *International Review of Retail, Distribution & Consumer Research* 16, no. 3 (2006), pp. 333-51.

Jones, Jen. *Fashion Trends: HOw Popular Style Is Shaped(The World of Fashion)*. Pasadena: Snap, 2007.

Kalyanam, Kirthi; Sharad Borle; and Peter Boatwrigth. "Deconstructing Each Item's Category Contribution." *Marketing Science* 26, no. 3 (2007). pp. 327-41.

Thomas, Chris. *Management of Retail Buying*. New York: Wiley, 2005.

Varley, Rosemary, *Retail Product Management: Buying and Merchandising*, 2nd ed. New York: Routledge, 2005.

Chapter thirteen

상품계획시스템

Question

● 지속성 상품매입시스템은 어떻게 운영되는가?

● 상품 예산 계획과 Open-to-buy 시스템은 무엇인가? 이들은 어떻게 개발되는가?

● 복수의 점포를 운영하는 소매업체는 어떻게 각 점포에 상품을 할당하는가?

● 소매업체는 상품관리 성과를 어떻게 평가하는가?

제 12장은 공급업체의 성과를 평가하는 데 사용되는 상품 카테고리와 관리지표—GMROI, 매출총이익, 재고자산회전율—를 통해 재고자산을 관리하는 과정에 대하여 다루었다. 12장은 매출을 예상하는 것과 상품구색계획을 개발하는 것이 쟁점이며, 이는 어떤 재고자산, 얼마만큼의 재고자산을 특정한 상품 카테고리로 배정할 것인지로 나타난다. 그러나 일상적으로 일어나는 소매업체의 실제 재고관리는 매우 복잡하다. 예를 들어 Sears의 공급업체는 50만개 수준 개별품목(SKU: Stock Keeping Unit)의 재고자산을 주문 처리해야 하며 그 과정에 대하여 계속 알고 있어야 한다.

소매업체는 이러한 관리 업무에 대한 문제들에 있어서 공급업체를 지원하기 위해 컴퓨터 기반의 정보와 계획지원시스템을 이용한다. 이러한 시스템은 공급업체와 설계자가 언제/얼마나 구매해야 하는지, 또는 특정 점포의 가격정책과 상품구색배치에 있어서 어떠한 조정이 필요한지에 대해서 결정해야 할 때 그들이 결정하는 것을 돕는다.

제 12장에서 다루었듯이, 소매업체는 두 가지의 상품계획시스템을 사용한다. 하나는 지속성 상품의 카테고리이며, 다른 하나는 유행을 타거나 계절을 타는 상품 카테고리이다. 지속성 상품 품목은 수년 동안 계속적으로 판매가 되기 때문에, 각 개별 품목에 대한 과거 매출 자료가 있다. 또한 초과분의 재고자산도 시간이 흐르면 판매가 되기 때문에 부정확한 예측으로 인한 위험을 최소화 할 수 있다. 따라서 지속성 상품 계획 시스템은 개별품목 수준에서 재고자산을 관리한다.

반대로 유행성 상품 카테고리는 일반적으로 정확한 예측을 하는데 필요한 과거 판매 자료가 없는 다양한 신상품의 개별품목으로 구성되어 있다. 또한 특정 기간 동안 상품이 팔리지 않을 경우 그 상품은 유행이 지나서 팔릴 수 없기 때문에, 예측오류로 인한 잠재적인 손실이 매우 크다. 따라서 유행성 상품 계획 시스템은 카테고리의 수준에서 재고자산을 관리한다. 적절한 재고 수준을 결정하고 난 후, 유행

소매업체들은 최신의 상품관리시스템을 이용하고 있다.

SAS는 여러 모듈을 이용하여 소매업체의 이익을 극대화시키기 위해 통합된 시스템을 개발해왔다. 이것과 유사한 시스템이 이번 장과 다음 장에서 토의될 것이다. SAS시스템은 매입자들의 판매예상을 돕고, 얼마나 많은 특정 카테고리들을 구매할 것인지에 대한 제안을 하는 상품 기획과 예측 모듈을 제공하고 있다. 이것은 또한 기획자들이 물품구색배치 계획 공간을 결정하고 상품을 업체에 할당하는 데 도움을 준다. 수익최적화모듈은 매입자들에게 비용, 지역 수요형태, 그리고 경쟁가격정보를 기반으로 최적가격을 결정하는 데에도 일조를 한다. 또한, 판촉과 가격인하에 대한 최적의 가격을 결정하는 데에도 도움이 된다.

The Children's Place는 2005년부터 SAS의 고객이었다. 그들은 규정가격과 정리가격결정, 판촉결정시기, 시즌준비계획을 최적화시키기 위하여 이 소프트웨어를 사용하고 있다. 또한, 이 시스템은 매입자들이 판매시즌동안에 조정을 할 수 있게 하며, 계획된 성과와 실질적 성과의 재검토를 돕는다.

가격인하 전문 점포인 Loehmann's는 SAS 시스템의 경쟁사인 Oracle의 소매 상품적용기법을 이용한 결과, 더 많은 총 매출 이익과 전반적인 수익을 경험했다. 이러한 종류의 어플리케이션은 소매업체가 제대로 판매가 잘 되지 않는 상품카테고리를 알아내고, 재고 전환율을 증가시키기 위해 더 신속하게 상품을 바꿀 수 있게 해주고 있다. 그 결과 고객들은 가장 좋은 상품을 선택할 수가 있다.

가격인하 전문 점포인 Loehmann's는 Oracle의 소매 상품적용기법을 이용한 결과, 더 큰 총 매출 이익과 전반적인 수익을 증가시켰다.

출처: www.sas.com/industry/retail/merchandise/ (accessed October 24, 2007); "Loehmann's Uses Oracle (R) Retail Application to Deliver Best Selection of In-Season Merchandise at Discount Prices," CNN Money, September 10, 2007; "The Children's Place Retail Stores Inc. Chhoses SAS for Advanced Merchandise Planning at Dsiney Store North America," SAS, March 7, 2007.

성 상품의 공급업체는 특정 개별품목의 구매를 결정하기 위해 상품 구색 계획을 개발한다. Open-to-buy 시스템은 공급업체가 너무 많이 혹은 너무 적게 공급하지 않도록 상품의 흐름(주문, 매출, 상품 영수증)을 추적하는 시스템이다.

다른 소매업체들이 SAS, Retek, Oracle, JDA와 같은 소프트웨어 기업의 상품계획시스템을 사용하는 반면, 몇몇의 소매업체는 그들만의 시스템을 개발하여 왔다. 어떤 소매 기업에서는 이러한 상품계획시스템이 그 기업의 전사적 자원관리시스템(ERP: Enterprise resources system)의 한 부분이기도 하다. 이러한 전사적 자원관리시스템은 상품계획 관리를 공급사슬과 다른 경영 활동의 관리와 통합시킨다. 소규모의 소매 업체에서 상품계획을 위한 소프트웨어는 아마도 기업주의 개인 컴퓨터에 설치되어 있을 것이다. Retailing View 13.1은 특정 소매업체가 이러한 상품관리시스템을 어떻게 이용하는지에 대하여 설명하고 있다.

이번 장은 지속성 상품의 구매 시스템을 살펴보는 것으로 시작한다. 유행성 상품의 구매 시스템은 Open-to-buy시스템의 설명 후 다룰 것이다. SAS시스템은 이러한 시스템에 의하여 발생하는 보고서의 기능을 보여준다. 이번 장은 또한 복수 점포 소매업체가 어떻게 점포 간에 상품을 배치하는지와 상품관리 성과가 어떻게 측정되는지에 대하여 다룰 것이다. 이번 장의 마지막에서 Appendix13A는 소매재고법(RIM: Retail inventory method)dp 대하여 보여준다.

I 지속성 상품관리시스템

〈보기 13-1〉은 지속성 상품관리시스템의 상품 흐름을 보여준다. 첫 주 초, 소매업체는 150개의 SKU를 재고량으로 가지고 있었으며, 매입자가 96개의 추가주문을 넣었다. 다음 2주 동안, 고객들이 많은 SKU를 구입해서 재고수준이 20개로 떨어졌다. 2주말쯤에는 벤더로부터 96개의 주문량이 도착해서 재고량이 116개까지 되었다. 매입자는 고객판매로 인해 재고가 0이 되어 소매상품이 전량소진 되기 전, 2주전에 또 다른 공급업자에게 주문했다.

상품 판매와 보충으로 인해 재고량이 상승하고 하락하는 것을 순환재고량(cycle stock) 또는 기반재고량(base stock)이라 한다. 소매업체는 재고투자를 감소시키기 위해 기반재고물량을 적은 수량으로 유지하려고 한다. 기반재고량을 감소시키는 한 가지 방법은 격주에 한 번씩 하는 대신에 더 자주 공급업체로부터 상품을 다시 주문하고 받는 것이다. 그러나 빈번한 주문과 선적은 관리비용과 수송비용을 증대시킨다.

SKU 판매와 벤더로부터 주문물품 수량을 정확하게 예측할 수 없기 때문에, 소매업체는 쿠션 역할을 하는 예비재고(backup stock) 혹은 안전재고(safety stock)라는 완충재고(buffer stock)를 준비하여야한다. 예비재고는 〈보기 13-1〉에서 노란색으로 표시되어있다.

◐ 보기 13-1
지속성 상품을 위한 재고
기준

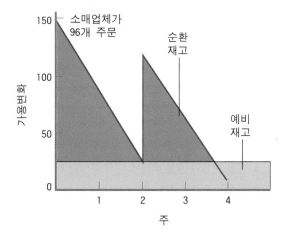

페인트와 같은 지속성 상품 카테고리의 재고량을 계획할 때, Lowe의 바이어들은 현재재고, 고객수요, 상품이 준비되기까지의 리드타임을 고려해야만 하고, 예비재고가 품절되지 않도록 해야만 한다.

필요한 예비재고의 수준은 여러 가지 요인들에 의해 결정된다. 첫째로, 예비재고는 소매업체가 판매하고 싶은 상품에 좌우된다. 12장에서 토의한 바와 같이(〈보기 12-10〉참조), 예비재고가 많을수록 재고품절기회가 줄어들고, 개별품목의 이용성이 증가한다. 따라서 만약 Lowe가 흰 페인트 재고물량이 품절되는 것을 원치 않으면, 높은 수준의 예비재고를 보유하는 것이 필요하다. 그러나 연두색 페인트 제품을 75% 보유하고자 한다면, 개별품목을 위한 완충재고는 적은 수준으로 요구된다.

두 번째로, 수요의 변화폭이 클수록, 더 많은 예비재고가 필요하다. Lowe의 점포에서 2주 동안 평균 30갤런의 자주색 페인트를 판매한다고 가정해 보자. 그러나 어떤 주는 판매량이 50갤런일 수도 있고, 또 다른 주는 겨우 10갤런일 수도 있다. 판매가 평균 이하일 때, 점포는 필요량보다 조금 더 많은 수량을 가져오는 것으로 거래를 유지한다. 그러나 판매가 평균이상일 때에는, 점포에서는 상품이 품절되지 않도록 더 많은 예비물량을 확보해야 한다. 〈보기 13-1〉에서와 같이, 4주 동안 판매량이 평균보다 많아서 소매업체는 품절을 막기 위해 예비재고를 확보해야 했다.

셋째로, 필요한 예비재고의 양은 공급업체와 관련된 리드타임에 영향을 받는다. 리드타임(lead time)이란 상품주문과 상품이 점포에서 판매할 준비가 되기까지 걸리는 시간을 말한다. 만약 자주색페인트 제품을 받는데 2개월이 걸린다면, 리드타임이 2주일 경우 재고가 품절 될 가능성이 더 커지게 된다. CPFR(10장에서 언급함)과 같이, 협동공급 연계관리 시스템내부에서 리드타임이 더 짧아지면, 동일한 판매물품의 양을 유지하는 것이 적은 수량의 예비재고로도 가능하게 된다.

넷째로, 리드타임의 변화가 예비재고에 영향을 끼치기도 한다. 만일 Lowe가 자주색 페인트의 리드타임이 항상 2주 ± 1일이라고 알고 있다면, 정확하게 재고물량을 계획할 수 있다. 그러나 리드타임이 한번은 하루, 다음번에는 열흘이 소요된다면 점포들은 이러한 불확실한 리드타임을 맞추기 위해 추가적인 예비재고를 보유해야 한다. 협동적인 공급사슬관리(SCM) 시스템을 이용하는 많은 소매업체들은 리드타임의 변화를 줄이고, 필요한 예비재고를 확보하기 위하여 공급업체에 짧은 시간 내-어느 경우 2-3시간 내에- 상품을 공급할 것을 요구한다.

다섯째로, 공급업체의 보유상품들이 소매업체의 예비재고 소요에 영향을 끼친다. 예를 들면, Lowe는 공급업체가 정상적으로 주문 상품을 배달해 준다면 쉽게 재고소요를 계획할 수 있다. 그러나 만일 공급업체가 주문 상품의 75%만 선적한다면, Lowe 점포들은 고객들의 페인트 구매물량에 영향을 미치지 않도록 더 많은 예비재고를 보유하여야 한다. 공급업체로부터 받은 완전한 주문량의 비율을 충족률(fill rate)이라 부른다.

지속성 상품계획시스템은 주문량의 수와 개별품목의 주문을 언제 넣어야할지를 결정하는데 필요한 정보를 제공한다. 이러한 시스템들은 바이어(매입자)들에게 세 가지 기능면에서 도움을 준다.

- 개별품목수준에서의 현재 판매상품에 대한 통제와 판단
- 계절 변화와 유행 추세에 대해 할당할 앞으로의 개별품목 수요예측
- 최적의 재고보충에 대한 주문결정원칙 개발

재고 관리 보고서가 이러한 기능을 수행하기 위한 형식을 제공하게 된다.

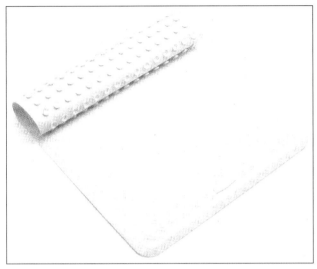

지속성 상품 관리 시스템은 Rubbermaid사의 욕실깔판과 같은 아이템을 위해 사용된다.

1. 재고관리 보고서

재고관리 보고서는 현재의 매출 비율 또는 속도, 판매예측, 판매상품과 같은 결정변수, 소요물품을 제공하기 위해 필요한 예비재고, 계획한 재고회전율과 실제의 재고회전율의 차이에 대한 성과 측정, 그리고 개별품목에 대한 적절한 주문 결정 등에 대한 정보를 제공해주고 있다.

〈보기 13-2〉는 Rubbermaid사의 욕실깔판에 대한 보고서이다.

이 보고서는 Rubbermaid사의 개별품목에 관한 소매업체의 재고관리보고를 보여준다. Rubbermaid는 가정용 플라스틱 제품을 생산하는 대규모 생산업체이다. 제시된 주문시점과 수량은 매입자가 중요 상품카테고리 소요량을 결정하는데 매우 중요하다. 이러한 사항들은 언제 얼마나 많은 양을 주문해야 하는지를 나타내고 있다.

〈보기13-2〉에서 처음 5개의 가로항목은 현재 수량, 주문량, 지난 4-12주간 동안의 매출을 나타낸다. 처음 줄의 개별품목은 Rubbermaid의 아보카도 녹색으로 욕실용 깔판이다. 현 수량이 30개이고 주문량이 60개이며, 따라서 이 품목의 판매가능 수량은 90개이다.

$$보유수량 + 주문수량 = 판매가능 수량$$

지난 4-12주 사이의 판매는 각각 72개와 215개 이었다.

다음 4-8주간의 예상판매량은 개별품목에 대한 과거 판매와 시즌별 판매형태를 고려하는 통계적인 모델을 이용하는 시스템에 의해 결정된다. 그러나 이러한 경우 매입자는 앞으로의 아보카도색, 파란색, 그리고 황금색 욕실깔판에 대한 특판을 반영하기 위해 다음 4주간의 예상물량을 조정했다.

판매가능수량은 매입자에 의해 변할 수 있는 구매금액 결정이다. 아보카도색 욕실매트품목에서 매입자는 100명의 고객 중에서 99명이 물품을 찾기를 바라고 있다. 그러나 매입자는 핑크색 욕실매트의 품절에 대해서는 큰 관심을 두지 않아서, 90%로 판매가능물품을 준비하고 있다. 시스템은 필요한 아보카도색 제품의 필요한 예비물량인 18개를 미리 예정된 공식에 의해 계산하게 된다. 이러한 수치는 특정한 예상판매가능품목, 수요의 가변성, 판매자의 배달까지의 리드타임, 그리고 12장에서 언급한 것같이 리드타임의 변화에 기반을 둔 시스템에 의해 결정된다.

개별품목에 대해 계획된 재고 회전은 12회로, 소매업체의 전반적인 재정목표에 기반을 두고 매입

○ 보기 13-2
Rubbermaid사 SKU(개별품목)를 위한 재고관리 보고서

	보유 수량	주문 수량	지난4주 판매	지난12주 판매	지난4주 예상	다음 8주 예상	판매가능 수량	예비 재고	예상 회전	실제 회전	주문 시점	주문 량
R.M. 욕실												
아보카도색	30	60	72	215	152	229	99	18	12	11	132	42
파란색	36	36	56	130	115	173	95	12	9	10	98	26
황금색	41	72	117	325	243	355	99	35	12	13	217	104
핑크색	10	12	15	41	13	25	90	3	7	7	13	0

자에 의해 역시 변화가 가능한 결정이다. 이것은 재고 관리시스템을 이용한다. 이러한 개별 품목에 대하여 시스템은 판매상품과 평균재고 품목의 비용에 기초로 하여 실질적인 회전을 11로 결정한다.

1) 주문시점

주문시점(order point)이란 다음주문이 도착하기 전, 판매 가능한 수량이 없거나 재고가 바닥이 나게 되는 최저 재고물품 수량을 말한다. 이 수치는 매입자에게 재고수준이 이 수치로 떨어지게 되면, 추가 물품이 주문해야 한다는 것을 말해준다. 주문시점은 다음과 같이 정의된다.

주문시점 = 판매수량/일일 × (리드타임 + 재고조사시간) + 예비재고

리드타임은 주문을 넣고, 물품을 수령하여 판매준비가 이루어지기까지 걸리는 시간을 말한다. 그러나 매입자는 매일 물품에 대한 재고조사를 하지 않을 것이다. 재고조사시간(review time)은 상품 물량을 조사하는데 걸리는 최대한의 시간을 말한다. 리드타임이 2주이고, 매입자는 일주일에 한 번씩 재고조사를 하는 상황이라면, 예비물량으로 18개가 소요되는 판매가능 수량이 되고, 다음 4주 동안 예상되는 판매율은 하루에 (152 ÷ 28) = 5.43개가 된다.

주문시점 = [(5.43 개) × (14 + 7일)] + (18개) = 132개

이 상품에 대해서 바이어는 재고품 수량이 132개 이하로 떨어지면 주문을 넣어야 한다.

2) 주문량

재고가 주문시점에 도달하게 되면 매입자는 다음 주문량이 오기 전에 순환 물량이 소진되거나 예비재고가 판매되지 않도록 충분한 수량을 주문해야 한다. 이러한 주문량은 판매 가능한 수량과 주문시점 사이의 차이이다. 〈보기 13-2〉에서 아보카도색 욕실깔판을 이용하면 판매가능 수량이 90개이기 때문에 매입자는 42개를 주문하고, 주문시점이 132개일 때는 판매가능수량이 42개가 된다. (즉, 132 - 90 = 42)

주문량 = 주문시점 - 판매가능수량

재고관리시스템이 지속성 품목에 어떻게 관리하는지 알아보았고, 이제 유행성 상품에 맞게 설계된 시스템을 알아보자.

Ⅱ 유행성 상품관리 시스템

유행성 상품카테고리를 관리하는 시스템은 보통 상품예산계획(merchandise budget plan)이라 부른다. 상품(매입)예산계획은 유행성 상품카테고리에 계획된 재고상품금액을 말한다. 얼마나 많은 금액이 매달 판매를 유지하는데 사용되며, 소요되는 재고전환과 매상총수익목표를 이루는지를 명시하는 재정계획이다. 그러나 이것은 완전한 구매계획은 아니다. 이것이 개별품목의 구성이나 그 수량을 명시하는 것은 아니기 때문이다.

〈보기 13-3〉에서는 전국 특설매장 체인점의 남성캐주얼 바지에 대한 6개월간의 상품예산계획을 보여준다. 이와 같은 카테고리에서 매입자들은 다음해 봄과 여름을 대비하여 가을에 그 계획을 완성시킨다. 매입자는 그 기간 동안에 대한 재정목표를 달성하기 위해 매달 얼마만큼의 상품수량을 수령해야 하는지에 대한 계획이 필요하다.

실제 판매수량은 상품예산계획에서 예상한 판매량과는 달라질 수도 있다. 이러한 불확실한 상황에서도, 그 계획은 상품의 수요와 공급을 조정하는데 사용되기도 하고, 재정적인 목표가 실현되는지를 확인하는데 이용되기도 한다.

이장의 나머지 부분은 상품예산계획을 설명하고, 〈보기 13-3〉에서, 8행의 "월별추가재고량"을 결정하는 단계를 기술하고 있다. "월별추가재고량"은 매입자들이 소매업체의 재정계획에 맞게 매달 초에 평균적으로 소매 물품금액을 얼마나 많이 보유해야 하는지를 나타내고 있다.

1. 해당 시즌의 월별 매출 비중 안배(첫째 행)

이 계획의 첫 번째 행은 전체 매출의 몇 퍼센트가 매달 판매될 것인지를 보여준다. 〈보기 13-3〉에서 봄 시즌 6개월 동안의 매출 중 21%가 4월에 발생할 것이라고 예상하고 있음을 알 수 있다.

	6개월 자료	봄			여름		
		4월	5월	6월	7월	8월	9월
월별매출 비중안배	100%	21%	12%	12%	19%	21%	15%

이러한 월별 매출 비중의 의사결정은 과거 판매 자료를 기준으로 한다. 연간 전체 매출의 월별 매출 비중은 해마다 그리 크게 변화하지는 않는다. 그래서 중요한 변화에 대한 점검을 위해 몇 년 정도의 축적된 자료가 월별 매출 비중을 판단하는데 유용하게 사용될 수 있다. 예를 들어, 상품기획 관리자는 신사정장의 가을 시즌 판매를 위하여 여름부터 상품에 대한 매입 노력을 하고 있다. 그래서 7월 퍼센트가 증가하고 8월과 9월 퍼센트는 감소하게 된다. 매입자는 또한 부활절 특별세일 판촉행사를 하기로 결정해서 4월 퍼센트가 증가하고 다른 달은 감소하게 된다.

○ 보기 13-3
6개월간의 남성 캐주얼 바지에 대한 상품예산계획

	봄						
		4월	5월	6월	7월	8월	9월
1. 시즌별매출 안배비율	100%	21%	12%	12%	19%	21%	15%
2. 월별 매출	$130,000	$27,300	$15,600	$15,800	$24,700	$27,300	$19,500
3. 시즌월별조정안배비율	100%	40%	14%	16%	12%	10%	8%
4. 월별조정	$16,500	$6,600	$2,310	$2,640	$1,980	$1,650	$1,320
5. 월초매출대비재고비율	4.00	3.6	4.40	4.4	4	3.6	4
6. 월초재고	$98,280	$98,280	$68,640	$68,640	$98,800	$98,280	$78,000
7. 월말재고	$65,600	$68,640	$68,640	$98,800	$98,280	$78,000	$65,600
8. 월별추가재고	$113,820	$44,260	$17,910	$48,400	$26,160	$8,670	$8,420

2. 월별 매출(둘째 행)

월별 매출은 6개월 동안의 전체 매출(마지막 열 = $130,000)과 월별 매출 비중(첫째 행)을 곱하여 산출
된다. 제 12장에서 수요의 예측에 대해 토론한 바 있다. 〈보기 13-3〉에서 1월의 월별 매출은 $130,000
에 21%를 곱하여 $27,300이 된다.

	6개월	봄			여름		
	자료	4월	5월	6월	7월	8월	9월
매출비중안배							
1월	100.00%	21.00%	12.00%	12.00%	19.00%	21.00%	15.00%
2월 판매량	$130,000	$27,300	$15,600	$15,600	$24,700	$27,300	$19,500

3. 해당 시즌의 월별 조정 비중 안배(셋째 행)

월별 수요 예측에 따른 충분한 상품을 공급하기 위해서는 상품기획 관리자는 재고 수준에 대한 조정을 고려해야 한다. 재고 수준의 조정 중에서 물론 매출이 가장 기본적인 고려 사항이지만, 가격인하, 감모 손실, 그리고 직원 할인에 의한 재고 가치의 감소 역시 고려되어야 한다. 상품예산계획 절차에는 이와 같은 추가적인 조정을 계획된 매입에 포함시키고 있다. 동시에 소매업체는 항상 재고 부족 상황의 가 능성을 가지고 있다. 〈보기 13-3〉에서는 시즌 마감 세일의 결과로 전체 가격조정 중에서 40%가 1월에 발생함을 나타내고 있다.

가격인하(markdown)의 적용 역시 과거의 기록에 의해 거의 정확하게 예측할 수 있다. 물론, 가격인하 적용 시 전략의 변화 – 경쟁자의 변화 또는 경제 환경상의 변화 – 는 가격인하예측에 고려되어야만 한 다(제 15장에서 가격인하에 대해 논의하고 있음).

직원에 대한 할인은 할인의 적용이 고객이 아니고 직원이라는 점을 제외하고는 가격인하의 적용과 동

	6개월 데이타	봄			여름		
		4월	5월	6월	7월	8월	9월
시즌별 감소 비율 안배	100.00%	40.00%	14.00%	16.00%	12.00%	10.00%	8.00%

이 아동복 상점은 여름 상품의 공간 마련을 위해 봄이 끝날 무렵 가격을 인하한다.

일하다. 직원에 대한 할인은 판매 수준과 직원의 수와 밀접하게 연관되어 있다. 그러므로 직원 할인에 대한 비율이나 금액 수준은 과거의 자료에 의해 거의 정확하게 예측할 수 있다.

감모손실(shrinkage)은 직원이나 고객에 의한 도난, 잘못된 상품배치 및 손상, 또는 장부 정리상의 오류 등에 기인한다. 상품기획 관리자는 다음 두 가지의 차이에 의해서 감모손실을 산정한다: (1) 매입 및 납품된 상품에 대한 장부가액, (2) 점포 및 물류센터의 재고 실사가치(실사가치는 일반적으로 1년에 두 번 정도 조사된다). 이와 같이 감모손실은 상품 부문 및 해당 시즌에 따라 다양하게 나타난다. 우선 감모손실은 판매액에 따라 변동한다. 만약 매출이 10% 증가했다면, 감모손실 역시 10% 증가한다고 기대할 수 있다. 제 17장에서 감모 손실을 줄이는 방법에 대해 구체적으로 설명할 것이다.

4. 월별 조정(넷째 행)

상품기획 관리자는 셋째 행의 월별 조정 비중 안배에 총 조정분을 곱하여 월별 조정치를 계산한다. 1월의 월별 조정치는 $16,500에 40%를 곱한 $6,600이다.

	6개월 데이타	봄			여름		
		4월	5월	6월	7월	8월	9월
시즌별 감소 비율 안배	100.00%	40.00%	14.00%	16.00%	12.00%	10.00%	8.00%
4월별 감소량	$16,500	$6,600	$2,310	$2,640	$1,980	$1,650	$1,320

5. 월초(월초재고, Beginning-of-Month) 매출대비 재고비율(Stock-to-Sales) (다섯째 행)

이 비율은 예측된 매출액을 지원하고 회전 목표를 유지하는 월초 재고량을 구체화하는 것이다. 분자는 월초재고이며, 분모는 월별 예상 매출이다. 그러므로 매출대비 재고비율이 2라는 것은 월별 계획 판매량에 대하여 월초에 2배의 재고를 보유하고 있는 것을 의미한다. 또한 매출대비 재고 비율은 월초 공

	6개월 데이타	봄			여름		
		4월	5월	6월	7월	8월	9월
월초 매출대비 재고비율	4.0	3.6	4.4	4.4	4.0	3.6	4.0

급가능 개월 수를 나타내기도 한다. 즉 매출대비 재고비율이 2라는 것은 월초에 2달, 대략 60일 정도의 재고를 가지고 있다는 것이다. 매출 대비 재고비율이 1/2이라는 것은 반 달, 대략 15일 정도의 재고를 가지고 있다는 것이다.

다음에서 GMROI, 재고대비 매출비율, 재고 회전율, 그리고 매출대비 재고비율의 직접적인 관계를 설명할 것이다. 만약 연간 재고 회전율이 6회라면, 평균 2달 또는 60일정도의 재고를 가지고 있다는 것이다(360일/6회전 = 60일). 그리고 월초 매출대비 재고비율은 2가 된다. 24회전은 반 달 또는 15일 공급 재고(월 2회)의 확보를 의미한다(360일/24회전 = 15일). 즉 월초 매출대비 재고 비율은 1/2이 된다. 매출대비 재고비율은 다음의 네 단계를 통해서 계산된다.

1) 제 1단계 : 재고대비 매출비율의 계산

GMROI는 매출총이익과 재고대비 매출비율의 곱과 같다. 재고대비 매출비율은 분모가 금액으로 표현된 매출대비 재고비율이라는 점을 제외하면 개념적으로 재고자산회전과 유사하다. 재고자산회전의 분모는 매출원가이다. 카테고리에 대한 매입자의 목표 GMROI는 123퍼센트이며, 매입자는 그 카테고리가 45퍼센트의 매출총이익을 달성할 것이라고 예상하고 있다.

GMROI = 매출총이익률 × 재고대비 매출 비율

재고대비매출비율 = GMROI/매출총이익률 = 123/45 = 2.73

이 상품예산계획은 연간이 아닌 6개월 단위의 계획이기 때문에, 재고대비 매출비율 또한 연간이 아닌 6개월 단위에 기반하여 있다. 따라서 이 6개월의 기간에 목표 GMROI를 달성하기 위해서 매출은 재고비용의 2.73배가 되어야 한다.

2) 제 2단계 : 재고대비 매출비율을 재고 회전율로 전환

재고회전율은 다음과 같이 계산된다.

재고 회전율 = 재고대비 매출비율 × (100% − 매출총이익률/100)

= 2.73 × (100−45/100)

1.5 = 2.73 × .55

재고 대비 매출비율은 판매가격으로 표현되어 있고, 재고는 원가로 표현되어 있기 때문에, 이를 판매가격이나 원가로 통일하는 조정이 필요하다. 여기서의 재고 회전율은 6개월을 전제로 산출한 것이다.

3) 제 3단계 : 평균 매출대비 재고 비율의 계산

평균 매출대비 재고 비율 = 6개월 ÷ 재고 회전율

4 = 6 ÷ 1.5

만약 12개월을 전제로 계획을 수립한다면, 매입자는 연간 재고 회전율을 12로 나누어야 한다. 〈보기 13-1〉의 상품예산계획은 금액으로 나타나 있기 때문에 분자를 월초 재고로, 분모를 월별 매출로 생각하는 것이 가장 용이하다. 평균적으로, 6개월 동안 1.5회의 재고 회전을 확보하기 위해서 해당 월 판매액의 4배에 해당하는 월초재고 수량을 보유하고 있어야 한다. 이 수량은 4개월 즉 16주에 해당하는 공급량이다.

상품기획 관리자는 평균 매출대비 재고비율에 대해서 신중을 기해야 한다. 이를 재고대비 매출 비율과 혼돈하기 쉽기 때문이다. 이들은 서로 역수 관계가 아니다. 두 비율 값에서 매출은 동일하게 적용된다. 그러나 재고대비 매출 비율에서의 재고는 원가 수준에서의 해당 기간 전일에 걸친 평균 재고를 의미하고, 매출대비 재고 비율에서는 판매가격 수준에서의 평균 월초재고를 의미한다. 그러므로 월초 매출대비 재고비율은 매월의 평균을 의미한다. 다섯째 행에서의 평균값에 매출의 계절적인 변동을 반영하기 위한 조정이 있었다.

4) 제 4단계 : 월별 매출대비 재고비율의 계산

다섯째 행에서의 월별 매출대비 재고비율은 계획된 재고회전율을 달성하기 위하여 상기에서 계산된 월초 매출대비 재고비율을 평균하여야만 한다. 일반적으로, 월별 매출대비 재고 비율은 매출의 반대 방향으로 변화한다. 즉 해당 월 매출이 크면 매출대비 재고 비율이 작고 그 반대도 마찬가지다.

상품기획 관리자는 상품의 계절적인 수요변동을 고려하여 월별 매출대비 재고 비율을 결정하여야 한다. 이상적인 경우 남성정장은 고객이 원하는 날짜와 수량에 맞추어 점포에 납품되면 좋을 것이다. 그러나 현실적으로 이러한 경우는 거의 불가능하다. 〈보기 13-3〉의 여덟째 행에서 알 수 있듯이, 남성정장의 경우 봄 시즌 상품의 매출이 1월부터 시작된다. 이러한 완만한 수요 증가는 날씨가 점점 더워지는 추세를 반영한 것이다. 첫째 행에서 3월의 매출 비중이 12%에서 4월의 매출 비중이 19%로 증가한 반면, 다섯째 행에서 매출대비 재고비율이 3월의 4.4%에서 4월의 4.0%로 감소한 것을 확인할 수 있다. 그러므로 매출 비중이 증가하면, 월초재고가 늘고, 매출대비 재고 비율은 감소한다. 동일한 맥락에서, 첫째 행 6월의 매출비중은 줄었는데, 이 때 여섯째 행의 재고는 줄었으며, 다섯째 행의 매출대비 재고비율은 늘었다.

그렇다면 구체적인 월별 매출대비 재고 비율의 결정은 어떻게 하는가? 상품기획 관리자가 축적된 자료를 확보하고 있는 상품 부문(신사 정장과 같은)의 예산 계획을 수립할 때, 이전의 매출대비 재고 비율 자료를 활용한다. 과거의 비율이 적절한가를 판단하기 위하여, 해당 월의 재고 수준이 높은지 낮은지를 점검한다. 그리고 나서 재고 수준 불균형의 조정을 위한 부분적인 수정을 가한다.

또한 현재 환경 변화에 대한 조정도 수행하여야 한다. 특정 시기의 판매촉진 계획도 고려하고 있어야 한다. 해당 특정 시기에 과거 한 번도 판매촉진을 수행한 적이 없다면, 증가하는 매출을 고려하여 매출대비 재고비율을 낮추어야 할 것이다. 여기서 주의할 것은 월별 매출 비중 안배의 변화 정도에 따라 매출대비 재고 비율이 변화하는 것은 아니라는 점이다. 특정 월의 매출이 증대하면 매출대비 재고 비율은 이보다 낮은 정도로 변화한다. 이러한 조정에 대한 정확한 방법이 있는 것이 아니기 때문에, 상품기획 관리자는 주관적인 판단을 시도해야 한다.

6. 월초재고(여섯째 행)

월초재고에 대해 계획된 재고량은 다음과 같다:

> 월별 매출(둘째 행) × 월초 매출대비 재고 비율(다섯째 행)

곱셈을 통해서 매출이 제거되면 월초재고만 남게 된다.

> 월초재고 = \$27,300 × 3.6 = \$98,280

	6개월 데이타	봄			여름		
		4월	5월	6월	7월	8월	9월
월초 재고	$98,280	$98,280	$68,640	$68,640	$98,800	$98,280	$78,000

7. 월말(월말, End-of-Month) 재고(일곱째 행)

특정 월의 월초재고는 전월의 월말재고와 같다. 그러므로 〈보기 13-3〉에서 4월의 월말재고는 5월의 월초재고와 같은 $68,640이다. 이 계획에서 마지막 달의 재고를 예측하는 것은 상품예산계획의 다음 단계이다.

	6개월 데이타	봄			여름		
		4월	5월	6월	7월	8월	9월
월초 재고	$65,600	$68,640	$68,640	$98,800	$98,280	$78,000	$65,600

8. 월별 추가 재고(여덟째 행)

월별 추가 재고는 주어진 회전율과 매출 목표 하에서 매월 필요로 하는 재고를 유지하기 위한 주문량을 의미한다.

추가재고 = 매출(둘째 행) + 조정분(넷째 행) + 월말재고(일곱째 행) − 월초재고(여섯째 행)
4월 추가 재고 = $27,300 + 6,600 + 68,640 − 98,280 = $4,260

월초의 재고수준이 월초재고이고, 한 달 동안 상품은 판매되고 가격인하, 감모손실의 적용과 같은 다양한 하향조정이 발생한다. 그러므로 추가 매입이 없었다면, 월초재고에서 월별 매출을 빼고 조정분을 빼면 월말재고와 같아진다. 그러나 예측된 월말재고를 유지하기 위하여 무엇인가를 매입하여야 한다. 추가 매입이 없을 때의 월말재고와 예측된 월말재고와의 차이가 추가 재고에 해당한다.

	6개월 데이타	봄			여름		
		4월	5월	6월	7월	8월	9월
월별 추가 재고	$113,820	$4,260	$17,920	$48,400	$26,160	$8,670	$8,420

9. 상품 예산 계획의 평가

GMROI, 재고회전율, 그리고 판매예측은 계획수립과 통제를 위해서 사용된다. 지금까지 이들이 상품기획 예산을 계획하는 과정에서 어떻게 활용되는지를 살펴보았다. 상품기획 관리자는 제 12장에서 언급한 것처럼 하향식 또는 상향식 계획 절차에 기초하여 GMROI, 재고회전율, 그리고 판매예측을 협상하여야 한다. 이러한 계획은 다가오는 시즌에 대비하여 사용될 것이다. 상품기획 관리자는 상기에서 도출된 상품기획 예산에 따라 월별 상품을 매입하면 된다. 즉 월별 추가 재고를 구입하면 되는 것이다. 판매 시즌이 끝나면, 상품기획 관리자는 계획에 따른 매입을 제대로 수행하였는지를 확인한다. 실제의 GMROI, 재고회전율, 그리고 판매예측이 계획보다 높게 나타났다면, 성과는 기대보다 좋은 것이다.

그러나 어떠한 성과 측정도 상기의 한가지 측정에만 의존하지 말아야 한다. 상품기획 관리자의 성과를 측정하기 위해서 다양한 문항들이 질문되어야 한다. 왜 계획보다 초과 또는 미달하였는가? 왜 계획을 벗어나게 되었는가? (예를 들면, 왜 많이 매입하였는가? 수요의 변화에 대응하기 위해서 더 많은 매입을 했는가 아니면 세일을 하였는가? 계획을 벗어나게 된 이유가 경쟁자의 변화 때문인가 아니면 경제환경 변화에 기인한 것인가?) 이러한 질문에 답을 얻기 위한 모든 노력이 동원되어야 할 것이다. 본 장의 후반부에 상품기획 평가를 위한 추가적인 기법들이 소개될 것이다.

Open-To-Buy 시스템

Open-to-buy시스템은 상품의 매입 후에 이용되며, 상품예산계획 혹은 지속성 상품관리시스템에 기반하여 있다. 상품기획 예산은 상품기획 관리자들에게 월별 납품되어야 할 상품의 매입 계획수립에 도움을 준다. 이 과정에서 Open-to-buy시스템은 상품의 흐름을 지속적으로 추적하는 시스템이다. Open-to-buy는 얼마나 많은 상품이 팔렸는지를 기록하고, 가용할 상품이 얼마나 남았는지를 알 수 있다.

매입자는 그들이 구매한 상품과 그것이 언제 전달 될 것인가에 대하여 추적하여야 한다. 아무리 상품기획 예산 계획에 따라 모든 것이 진행되고 있더라도, Open-to-buy를 수행하는 것에 주의를 기울이지 않는다면 상품기획은 실패할 것이다. 서명한 수표를 계속해서 추적하듯이, 매입한 상품이 도착한 시점부터 상품에 대해 계속해서 기록을 하여야 한다. 그렇지 않다면, 너무 많이 또는 너무 적게 매입하게 될 것이다. 또 원하지 않는 시점에 납품되거나, 필요할 때는 정작 못 구할 수도 있다. 결국 매출과 재고회전이 잘 이루어지지 않고 상품기획 예산계획은 무용지물이 될 것이다. 그러므로 본 절에서는 Open-to-buy를 상품기획 관리의 결정적인 요소로 강조한다.

상품기획 예산계획이 성공할 수 있도록 하기 위해서 상품기획 관리자들은 매입 수량과 납기에 맞게 매입하려는 노력을 한다. 그래서 실제 월말재고와 조정 월말재고를 동일하게 만들려고 한다. 예를 들어, 봄 시즌이 끝나는 6월에 남성정장 상품기획 관리자는 여름시즌을 대비하기 위해 상품이 모두 팔려나가기를 바랄 것이다. 그래서 실제 월말재고와 조정 월말재고가 모두 0이 되기를 바란다.

Open-to-buy는 바이어의 checkbook과 같다. 그것은 얼만큼의 돈이 사용되었고 얼만큼의 돈이 사용되고 남았는지를 지속적으로 추적한다.

1. 현재 기간의 Open-to-buy 계산

매입자들은 상품카테고리에 대한 재고수량을 월말에 얼마나 보유해야 하는지를 알 수 있는 계획을 하게 된다. 그러나, 이러한 계획들은 부정확 할 수 있다. 선적이 제때에 이루어지지 않거나, 판매가 기대이상으로 호조를 보이든가 아니면, 판매로 인한 가격인하가 기대치보다 적을 수도 있을 것이기 때문이다. Open-to-buy 는 계획된 월말재고량과 조정 월말 재고량의 차이를 말한다.

$$월별\ open\text{-}to\text{-}buy = 계획된\ 월말\ 재고량 - 조정\ 월말\ 재고량$$

만약 open-to-buy가 양의 값이면 매입자는 해당 달에 상품을 구매할 현금을 아직 보유하고 있다는 의미이다. 이와 반대로 음의 값이라면 과도한 구매를 한 것으로, 예산상에 있는 것보다 더 많은 자금을 사용했다는 뜻이 된다.

계획된 월말 재고량이 상품기획예산에서 나온 것이라면, 조정된 월말재고량은 다음과 같이 계산된다.

$$조정된\ 월말\ 재고량 = 실제\ 월초재고량 + 매월\ 실제\ 추가량(수령한\ 신상품) + 주문량(배달될$$
$$상품) - 판매계획(판매된\ 상품) - 매달조정계획량$$

〈보기 13-4〉는 이번 장에서 토의된 유행성 상품계획부분 중 남성캐주얼 바지와 같은 카테고리에 대해 6개월간의 open-to-buy를 보여주고 있다.

이제 현재의 기간인 5월에 대해서 살펴보자. 기간이 시작되었으나 아직 끝나지 않았기 때문에 월초재고는 $59,500으로 알 수 있지만 월말재고는 아직 알 수 없다. 현재 기간의 Open-to-buy 계산을 위해서 조정월말재고의 역할이 필요하다. 계획된 월말재고는 상품기획 예산 계획으로부터 구해진 조정된 월말재고보다 새로이 개선된 값이라고 생각하면 된다. 그러나 이러한 개선된 내용에는 상품기획 예산계획이 수립되었을 때, 사용할 수 없는 정보까지 포함하고 있다. 조정 월말재고 산출 공식은 다음과 같다.

조정 월말 재고 = 실제 월초재고	= $59,500
+ 실제 월별 추가 재고(실제로 접수한)	7,000
+ 실제 주문량(해당월에 대한 주문 중인 것)	+18,000
− 계획된 월별 매출	− 15,600
− 월별 계획된 조정	− 2,310
=	$66,590

◐ 보기 13-4 6개월 Open-to-buy 시스템 보고서

open to buy Ex. 13-4.bmp						
Loc - 10	Spring					
Merch - Aged Soft ...	April	May	June	July	August	September
EOM Stock Plan	$68,640	$68,640	$98,800	$98,280	$78,000	$65,600
EOM Actuals	$59,500					
BOM Stock Plan	$98,280	$68,640	$68,640	$98,800	$98,280	$78,000
BOM Stock Actual	$95,000	$59,500				
Monthly Additions Plan	$4,260	$17,910	$48,400	$26,160	$8,670	$8,420
Monthly Additions Actuals	$3,500	$7,000				
OnOrder	$45,000	$18,000	$48,400			
Sales Plan	$27,300	$15,600	$15,600	$24,700	$27,300	$19,500
Sales Actuals	$26,900					
Monthly Reductions Plan	$6,600	$2,310	$2,640	$1,980	$1,650	$1,320
Monthly Reductions Actuals	$1,650					
Projected EOM Stock Plan	$59,500	$66,590	$96,750	$70,070	$41,120	$20,300
Projected BOM Stock Plan	$24,570	$59,500	$66,500	$96,750	$70,070	$41,120
OTB	$0.00	$2,050	$2,050	$28,210	$36,880	$45,300

조정된 월말재고는 우리가 월초에 가지고 있는 재고에 우리가 매입한 재고를 더하고, 매출한 분량과 하향 조정한 분량을 제하는 것이다.

$$\text{현재 기간의 Open-to-buy} = \text{계획된 월말재고} - \text{조정된 월말재고}$$
$$\$2,050 \qquad\qquad = \$68,640 \qquad - \qquad \$66,590$$

이는 2월에 계획된 월말재고 $68,640을 달성하기 위해서는 사용 가능한 재고가 $2,050 만큼 남았다는 것을 의미한다. 이것은 비교적 소량이어서 매입자의 계획이 목표에 성공적으로 도달했다고 결론지을 수 있다.

5월에 대한 open-to-buy가 $20,000이면, 매입자는 시장으로 가서 좀 더 많은 구매물품을 찾게 된다. 판매자들 중 한명이 신사캐주얼바지 수량을 많이 보유하고 있으면, 고객들에게 팔 수 있는 특별판매물품을 고르기 위해 $20,000을 사용할 수 있을 것이다.

그러나 open-to-buy가 -$20,000이라면, 매입자는 과도하게 예산을 사용한 것이다. 수표책을 과도하게 사용하는 것과 마찬가지로, 매입자는 앞으로 매달 소비를 줄여서, 전체구매금액이 상품예산 금액을 초과하지 않도록 해야 할 것이다. 이와는 반대로, 매입자가 시장의 변화로 인해 어쩔 수 없이 예산을 과도하게 사용한 것이라고 한다면, 더 많은 open-to-buy를 얻기 위해서는 매입자와 담당부서 상품관리자와 상담이 이루어질 수 있어야 한다.

IV 상품의 점포별 할당

어떤 카테고리의 상품재고를 관리하기 위한 계획을 설정한 후에, 다음단계는 구매하고 수령한 상품을 소매점포에 할당하는 일이다. 조사에 의하면 이러한 상품할당 결정이 상품을 구매할 상품 수량을 결정하는 일보다 수익면에 더 많은 영향을 끼친다고 지적하고 있다.

다시 말해서, 상품을 너무 많거나 너무 적게 구매한 것보다 상품의 적절한 수량과 종류를 점포에 할당하는 것이 카테고리의 수익 면에 더 많은 영향을 끼친다는 것이다. 따라서 많은 소매업체들은 점포물품 할당 결정을 전문화하기 위하여 "할당자(allocators)" 또는 "기획자(planner)"라 부르는 직위를 만들었다. 상품을 점포에 할당하는 데에는 세 가지 사항을 포함하여 고려해야 한다. (1) 각 점포에 할당할 상품의 수량, (2) 점포에 할당할 상품의 종류, (3) 여러 점포에 상품을 할당할 시기 등이 그것이다.

1. 점포에 할당된 상품의 양

점포별 상품할당방법은 〈보기 13-5〉에 예시되어 있다. 처음에 기획자들은 예상판매물량에 따라 상품할당을 한다. 만약 체인점의 평균 매출대비 재고비율이 2이면, A점포의 판매량은 $15,000이 되어

○ 보기 13-5
판매량과 재고대비매출비율에 따른 재고물품 할당

1 점포종류	2 예상판매량	3 비율에 따른 할당	4 재고대비매출비율	5 점포크기에 따른 할당
A	$15,000	$30,000	1.8	$27,000
B	10,000	20,000	2	20,000
C	7,500	15,000	2.4	18,000

$30,000의 상품이 할당될 것이다. 작은 점포는 대규모 점포보다 높은 비율의 재고할당이 필요하다. 판매가능상품의 수준이나 상품 구색의 깊이(depth of assortment)가 너무 작다면, 고객들은 그 점포를 타 점포보다 열등하다고 생각하기 때문이다. 그러므로 소규모 점포들은 평균적인 매출대비 재고비율보다 더 높게 책정하여야 한다. 그 반대의 경우가 평균이상의 판매액을 달성하는 점포들에게 해당한다. A점포는 매출대비 재고비율(27,000/15,000 = 1.89)이어서 이 점포의 할당량은 점포 크기에 비례하는 것 보다 적다. 더욱 소규모인 점포 C는 평균 매출대비 재고비율(18,000/7,500 = 2.4)이보다 더 크다. 그래서 할당량은 크기에 비례한 양보다 더 많게 된다. 각 점포의 형태에 대한 가장 좋은 매출대비 재고비율의 결정은 점포의 크기 제한, 상품의 물리적 특성, 그리고 회사가 점포에 대해 기술하고자 하는 판매가능상품에 대한 구색배치와 기준에 의존한다.

2. 점포에 할당된 상품의 형태

점포의 크기, 판매량에 따라 점포를 분류하는 것과 더불어, 점포들의 거래지역의 특징에 따라 분류하기도 한다. 제 8장에서 토의한 것과 같이, 거래지역 파악은 점포위치결정에 이용된다. 점포거래지역에 대한 지리적 인구통계가 또한 특정 점포에 대한 상품구색을 배치하는데 이용된다. 전국에 즉석 씨리얼 제품을 비치하기로 결정했다고 하자. 어떤 점포들은 "러스벨트 공업지대의 은퇴자"라 부르는 지역에 있고, 다른 지역들은 〈보기 13-6〉에서 기술한 것과 같은 "랩 탑과 라떼 선호자들" 지역에 위치하고 있다. 즉석 아침식사 씨리얼 상품의 매입자는 두 지역의 점포에 다양한 상품이 구색배치 되기를 바란다. 러스트벨트 은퇴자들이 많은 지역의 점포들은 저렴하고 유명브랜드와 많은 유통업체 브랜드상품(Private-brand)을 비치하면 좋은 결과를 얻을 수 있을 것이다. 랩탑과 라떼를 선호하는 사람들 거주지역은 당분이 적고, 유기농이며 통밀이 든 고가의 브랜드를 비치하는 것이 더 나을 것이다. PB 씨리얼 상품은 잘 팔리지 않을 것이다.

○ 보기 13-6
다양한 지역거주 인구실태의 예

랩탑과 라떼를 즐기는 사람들: 가장 특정한 분야에 거주하며 전문자격을 지니고, 누구의 방해도 받지 않는 시장	러스벨트 은퇴자
랩탑과 라떼는 부유하고, 싱글이며 세들어 있는 사람들이다. 그들은 교육수준이 높고, 전문직이며 도시생활에 부분적으로 의존하는 사람들이다. 또한 뉴욕, 보스톤, 시카고, 로스엔젤레스, 그리고 샌프란시스코 같은 주요 대도시지역을 선호하는 사람들이기도하다. 중산층 수입은 $87,000이상이며, 평균연령은 38세이다. 기술적인 면에서 잘 아는, 랩탑과 라떼 지역들은 노트북, PCS, 그리고 PDA제품의 상위를 선점하는 시장이다. 그들은 매일 컴퓨터상의 인터넷을 이용하여 거래상품을 구매하고, 여행을 계획한다. 그들은 건강을 많이 생각하고 육체적 운동을 한다. 비타민을 섭취하고, 유기농 제품을 이용하고 체육관에서 운동을 한다. 자유사상을 옹호하며 환경요인 개선을 위해 일을 한다.	러스벨트 은퇴자들은 낡은 산업도시 동북, 중서부 지역으로, 특히 펜실바니아주와 5대호를 끼고 있는 여러 주 안에 거주하고 있다. 가정은 주로 자녀가 없는 부부와 독신으로 거주하는 사람들로 구성되어 있다. 평균연령은 43.8세이다. 많은 거주자들이 여전히 일하고 있지만, 노동참여도는 평균 이하이다. 가정의 40%이상이 사회보장연금을 수령하고 있다. 대부분의 주민들은 평균 가치가 $118,500가 되는 자가 거주자이면서, 독신 가정에서 살고 있다. 많은 은퇴자와는 다르게 이곳 거주인들은 이사할 의향이 없다. 그들은 그들의 집과 정원을 자랑스럽게 여기면서, 사회활동에 참여한다. 몇 사람들은 퇴역군인 클럽 소속원 들이다. 여가활동에는 빙고게임, 아틀란틱 도시에서의 도박, 경마, 크로스워드 퍼즐풀기, 그리고 골프경기가 포함된다.

어느 지역 점포에 고가의 당분이 적고, 유기농이며 통밀이 든 아침식사용 씨리얼 상품을 배치하는 것이 좋겠는가? 거래지역의 분류에 따라 "랩탑과 라떼를 즐기는 사람들이 많은 지역"(왼쪽), "러스벨트 은퇴자 지역"(오른쪽)

다양한 사이즈의 의류판매는 동일한 체인점에서조차도 점포마다 매우 다르다. 〈보기 13-7〉은 이러한 점을 보여 주고 있다. X 점포가 보통 다른 체인점보다 큰 사이즈 제품이 더 많이 판매되고 적은 사이즈 제품은 소량으로 판매되는 것을 눈여겨보자. 만일 매입자가 모든 체인점에 동일하게 같은 수량을 사이즈별로 할당한다면, X 점포는 큰 사이즈가 품절되고, 작은 사이즈가 과도하게 많아진다. 즉, 체인점의 다른 점포보다 지정된 사이즈는 더 빨리 판매되어 제품이 품절되어 버릴 것이다. Retailing View 13.2 는 어떻게 Saks Fifth Avenue가 고객특성에 맞게 점포에 상품을 할당하고 있는지를 엿볼 수 있다.

3. 점포별 상품할당 타이밍

전국점포에 대한 다양한 재고기준과 상품형태를 할당하는 것 뿐 아니라, 카테고리별 구매의 시점을 다양화하는 것도 고려되어야 한다. 〈보기 13-8〉에서 미국의 다양한 지역에서의 카프리 바지에 대한 판매를 모색함으로써 이러한 차이를 보여 주고 있다. 지역별로 고려해볼 때, 계절적 특성과 소비자 수요의 차이로 인해 카프리 바지 판매는 중서부지역에서는 7월 후반에 서부지역은 9월 초에 정점을 이루었다. 바이어(매입자)들은 이러한 지역적 차이를 알고, 고객들의 구매가 예상될 때 적절한 지역으로 상품이 배송되도록 계획해야 한다.

○ 보기 13-7
X 점포와 체인평균 의류 사이즈의 차이

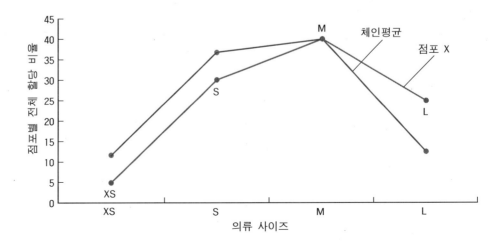

Saks Fifth Avenue 고객중심의 상품할당

Saks Fifth Avenue의 소비자 중심 상품 할당 시스템은 상품들을 "좋은것(good)", "더 좋은 것(better)", "가장 좋은 것(best)"으로 나누었다.

적당한 점포에 적절한 상품을 보유하고 있는 것이 Saks Fifth Avenue에서처럼 유행의류 소매업체들이 상품판매를 성공적으로 할 수 있는 열쇠이다. 예를 들어, Saks Fifth Avenue 맨하턴 소재 뉴욕주력상품판매점의 주 고객들은 직장인으로, 대부분 "고전적" 스타일을 입는 40대 후반의 여성들이라는 사실을 고려하고 있다. 그들은 주말에 친구들과 외출할 때는 좀 더 현대적 모습을 보여 주려는 생각을 지니고 있다. 그러나 타 지역에 위치하고 있는 점포들의 상품선택은 뉴욕중심의 상품과는 조금 거리가 멀기도 하다. 뉴욕시에 근접해있는 점포들조차도 다른 형태의 고객들에 초점을 맞춘다. 커네티커트 주, 그린위치에서 Saks Fifth Avenue는 5마일 떨어진 동일한 주에 있는 스탠포드소재 Saks Fifth Avenue 점포보다 더 나이가 든 고객들의 구미를 맞춘다. 스탠포드 쇼핑객들은 도시에 직장을 가진 여성들이며, 반면에 그린위치는 전업주부인 여성들의 비율이 훨씬 높다. Saks Fifth Avenue 인터넷 쇼핑객들은 뉴욕주력상품판매점의 뒤를 이어 두 번째로 많은 수익을 창출하는 사람들이며 보통 Saks Fifth Avenue고객보다 평균 7년이 젊고, 거래 건수 당 거래 금액도 더 많다.

점포들의 더 나은 상품구색배치를 위해, Saks Fifth Avenue는 9개의 박스모양의 격자를 만들었다. 그 박스 윗부분을 따라서 스타일 카테고리들이 있다. 고전적인 "Park Avenue", "uptown" 혹은 현대식이고 유행성 상품인 "소호" 등이 그것이다. 측면 축은 가격수준이다. '좋은것(good)'(다나 부크만', 엘렌 트레이시, 그리고 라파에트 148)에서 '더 좋은 것(better)'(피아자 셈피오네, 아르마니 콜레지오니, 그리고 랄프 로렌), '가장 좋은것(best)'(샤넬, 루이비통, 구찌, 오스카 델라렌타, 그리고 빌 블라스)까지로 되어있다. 각 지점에서 선호하는 스타일과 소비 수준을 교차 참조해서, 격자는 가장 좋은 브랜드를, 판매자에게는 상품 카테고리에 의한 각 점포의 재고사항을 보여준다.

그러나 Saks Fifth Avenue는 전국 판매를 통해서 지속적인 특성을 보여주기 위해 점포마다 상품구색배치계획의 균형을 맞추어야 한다. 반년에 걸친 "Want it"이라는 광고에서 매 시즌에 중점을 두고 있었던 주요 상품은 2006년에 가을용 남성 벨로아 스웨터였다. 노인들과 남부에 거주하는 많은 남성들이 특히 이러한 제품을 구매하지 않기 때문에, 전국 판매를 통해서 폭넓은 구매력을 지닌 네이비 블레이저 같은 고전적인 제품을 포함시켰다. 동시에 판매를 지역판매에 맞추도록 노력을 경주하고 있다.

출처: Vanessa O'Connell, "Park Avenue Classic or Soho Trendy?" The Wall Street Journal, April 20, 2007, p.BI; www.saks.com(accessed September 25, 2007).

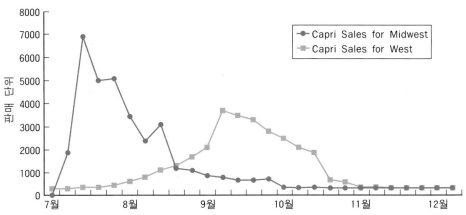

V 상품관리 성과 분석

상품관리계획 과정의 다음 단계는 그 과정의 성과를 평가하고 조정을 가하는 것이다. 단품, 공급업체, 제품 계열, 제품 부문을 언제 추가하고 제거할 것인가 등을 결정하여야 한다. 여기서 우리는 상품기획 성과 분석의 세 가지 절차에 대해서 검토하고자 한다. (1) 첫 번째는 판매 과정 분석(sell-through method)으로 감산치 적용을 할 것인지, 수요에 대응하기 위해 상품을 더 매입할 것인지를 결정하기 위해 계획된 매출과 실제 매출을 비교하는 방법이다. 나머지 두 가지 분석은 (2) ABC분석 (3) 다중속성모델(multiple attribute model)인데, 이 방법들은 특정한 개별품목을 이용하여 상품구색계획을 평가하고 조정하는 접근 방식이다.

1. 판매 과정 분석

판매과정 분석(sell-through analysis)은 조기 감산치(가격인하) 적용이 필요한지 또는 수요에 맞추어 상품이 더 필요한지를 결정하기 위해서 실제 매출과 계획된 매출을 비교하는 것이다. 〈보기 13-9〉는 판매 시즌 초기 2주 동안의 블라우스의 판매과정 분석을 보여주고 있다.

블라우스는 유행에 매우 민감한 상품이기 때문에 매입자는 2주 후, 필요하다면 매입 계획을 수정할 수도 있다. 계획에 조정을 가할 필요성은 과거 상품에 대한 경험, 상품광고에 대한 계획, 공급업체로부터

○ 보기 13-9
블라우스의 판매과정 분석

재고 번호		제품 명세	1주			2주		
			계획 실제 비교			계획 실제 비교		
			계획	실제	비중	계획	실제	비중
1011	소	흰색실크 V넥	20	15	-25%	20	10	-50%
1011	중	흰색실크 V넥	30	25	-16.6%	30	20	-33
1011	대	흰색실크 V넥	20	16	-20	20	16	-20
1012	소	청색실크 V넥	25	26	4	25	27	8
1012	중	청색실크 V넥	35	45	29	35	40	14
1012	대	청색실크 V넥	25	25	0	25	30	20

의 가격인하 금액 등 다양한 요인에 달려있다.

이 경우에서 화이트 블라우스는 계획한 것 보다 상당히 적게 판매되었다. 따라서 매입자는 시즌이 끝날 때 까지 판매되지 않는 상품을 보장하기 위해서 가격 삭감을 일찍 시도할 것이다.

첫 번째 단품에서 계획은 20단위였는데, 실제 판매는 15단위로 계획-실제 비교에서 -25%를 도출하였다[(15 - 20)/20 = - 0.25]. 이는 실제매출이 계획한 것에 비해 25% 부족하다는 것을 의미한다. 예에서, 계획-실제 비교 값이 흰색 블라우스는 모두 음수인데 비해서 청색 블라우스는 모두 양수인 것을 알 수 있다.

이제 상품기획 관리자는 무엇을 해야 하는가? 언제 감산치를 적용하고 언제 매입을 더 하는가를 결정해주는 정확한 규칙은 없다. 결정은 상품기획 관리자의 과거 경험에 의존하게 된다. 이러한 결정에는 상품판매를 위한 광고 지원이 가능한가? 공급업체에서 상품기획 관리자의 위험 부담을 덜어줄 감산치 부담금을 제공해 주는가? 기타 상품기획 관련 사항은 무엇인가? 그러므로 감산치의 적용은 해당 상품이 시즌 종료시점에 모두 팔리도록 할 수 있는가? 등에 대한 사항들이 판단에 적용된다.

청색 블라우스에 있어서도 그리 단순한 것은 아니다. 소 사이즈 청색 블라우스는 계획보다 실제 매출이 조금 상회하였다. 중 사이즈는 훨씬 더 팔렸으며, 대 사이즈는 2주차에만 더 팔렸다. 이러한 경우에 상품기획 관리자는 뚜렷한 매출 패턴이 확인되기까지 한 두 주일을 더 기다려야 할 것이다. 초과 판매가 의미있게 진행된다면 재주문을 하여야 한다.

2. 구색 계획과 공급업체에 대한 평가

1) ABC 분석

ABC분석은 상품구색배치계획에서 개별품목의 판매실적을 확인하는 방법이다. 이는 판매측정 기준에 의해, 어떤 상품이 품절이 되어서는 안 되는지, 어떤 상품이 간헐적인 품절을 허용해도 되는지, 어떤 상품이 제거되어야 할 것인지를 결정하는 방법이다. ABC분석은 단품에서 상품 부문에 이르기까지 상품 카테고리의 어떤 수준에서도 적용이 가능하다. 여기서는 단품 수준에서 설명하고자 한다.

ABC분석에서는 일반적으로 80-20원칙을 적용한다. 즉 소매업체의 매출의 대략 80%는 상위 20%의 상품에 의해 창출된다는 것이다. 이는 소매업체들이 자신의 매출에 기여하는 상품에 관리를 집중해야 함을 의미한다.

ABC분석의 1단계는 한 가지 또는 몇 가지 기준을 사용하여 단품의 순위를 정하는 것이다. 이러한 유형의 분석에서 가장 중요한 성과 측정은 공헌 이익(contribution margin)이다.

소매에 있어서 기타 변동비의 예로는 판매수수료가 있다. ABC분석에서 중요한 점은 다양한 성과 측정 기준을 사용하는 것인데, 이는 상품기획 관리자에게 다양한 측정 방법을 통한 다양한 정보를 제공하기 때문이다. ABC분석에서 주로 사용되는 성과 측정치로는 매출액, 판매량, 총이익, 그리고 GMROI 등이 있다.

휴대용 가전과 같은 수익성이 떨어지는 몇몇 품목에서 매출액이나 판매량은 높게 나타난다. 이러한 품목은 고객을 점포에 방문하게 한다는 차원에서 중요한 역할을 한다. 이러한 경우는 저이익/고회전 상품에도 적용되는데, 이러한 상품들은 점포 내에서 다른 상품을 보완하는 역할을 한다. 예를 들어, 건전지는 저렴하게 판매되지만 카메라, 라디오, 손전등의 보완재 역할을 수행한다.

매장 면적당 매출 또는 총이익 역시 ABC분석에서 유용하게 사용된다. 예를 들어, 선글라스 상품 라인은 다른 상품라인에 비해서 공헌이익, 매출액, 판매량 등에 기초해서 판단할 때, 수익성이 좋다고 말하

이 셔츠들 중 어느 것이 A 품목인가? 어느 것이 B품목인가?

기 어렵다. 그러나 선글라스의 평당 효율은 상당히 높은 편이다.

다음 단계는 상품을 구분하여 취급하기 위한 분류기준 즉, 수익 또는 판매량 차원의 수준을 결정하는 것이다. 〈보기 13-6〉에서와 같이 체인 점포의 남성 드레스 셔츠의 경우를 생각해 보자. 정확한 분포는 상품에 따라 상이하겠지만, 80-20 원칙에 의해, 일반적인 곡선의 형태는 거의 동일하다. 여기서 상품기획 관리자는 매출액, 판매량의 분포를 확인하여 단품을 A, B, C, D로 분류한다.

상품기획 관리자는 A 품목을 상위 5%에 속하면서 매출의 70%를 차지하는 것으로 정의하고 있다. 이러한 품목은 절대로 품절이 발생해서는 안 된다. A상품은 수요와 납기시간의 변동에 대비한 안전재고의 수준을 높게 유지하기 때문에 높은 유지 비용을 발생시킨다. 이러한 상품에는 긴팔/반팔 및 흰색/푸른색의 거의 모든 사이즈가 해당한다.

B 품목은 그 다음 10%에 해당하며 매출의 20%를 차지하고 있음을 나타낸다. B상품 역시 주의 깊은 관리를 요하며, 이러한 제품에는 잘 팔리는 색상과 소재의 셔츠가 포함된다. 그러나 B상품은 A상품과 같은 안전재고를 확보하고 있지 않기 때문에 종종 품절이 발생하기도 한다.

C 품목은 그 다음의 65%에 해당하며 매출의 10%를 차지한다. 이러한 제품에는 매우 작거나 매우 큰 특별한 사이즈가 해당된다. 그리고 품절이 발생하면 특별 주문을 하기도 한다.

비록 ABC분석이기는 하지만 D 품목이 있을 수 있다. D 품목은 나머지 20%에 해당하며 매출의 10%를 차지한다. 시즌 동안 판매되지 않아 유행에 뒤처지거나 변질되는 경우에 해당한다. 이런 제품은 비생산적인 상품에 대한 초과 투자 뿐만 아니라, 남은 재고를 분산시키고, 매장을 혼란스럽게 한다. 초과된 상품을 보유하고 있는 상품기획 관리자의 선택은 명확하다. 감산치를 적용하거나 처분을 통하여 소진시켜야 한다.

2) 다속성 방법

다속성 방법(multiattribute analysis)은 각 공급업체의 평가를 위해 공급업체에 대해 가중 평균을 적용하는 것이다. 이 때 도출된 점수는 다양한 사안에 대한 중요성과 사안에 대한 공급업체의 평가에 기초한다. 이러한 방법은 소비자가 점포나 상품을 평가할 때 사용한 방법(제 5장 참고)이나, 그리고 시장의 매력도와 상대적 포지셔닝 매트릭스 도출방법(제 6장 참고)과 동일한 방법이다.

현재의 또는 대안적인 공급업체를 평가하는 다속성 방법을 설명하기 위하여 〈보기 13-10〉의 남성정장의 예를 생각해 보자. 다음과 같은 다섯 단계를 거친다.

1. 결정과 관련된 점검 사항을 개발하여야 한다(첫째 열). 점검 사항이 지나치게 간단하거나 지나치게 장황하지 않도록 적절한 균형을 유지해야 한다. 지나치게 짧은 경우 관련된 사항을 무시하게 될 가능성이 있으며, 지나치게 장황하면 사용하기 어려운 단점이 있다. 예를 들어, 만약 공급업체가 제공하는 판촉 방식에 대한 점검 사항으로 세 가지를 개발하고 제품 속성에 대한 것은 한 가지를 개발하였다면, 전반적인 평가에 있어서 상대적으로 판촉과 관련된 고려사항이 지나친 주의를 끌게 될 것이다.

○ 보기 13-10
판매자 평가를 위한 다속
성 모델

항 목	항목별평가요소	항목별 독자 브랜드의 실적평가			
		Brand A	Brand B	Brand C	Brand D
벤더 명성	9	5	9	4	8
서비스	8	6	6	4	6
배송일자준수	6	5	7	4	4
상품의 질	5	5	4	6	5
가격인상기회	5	5	4	3	5
원산지	6	5	3	3	8
상품 유행성	7	6	6	3	8
판매이력	3	5	5	5	5
판촉지원	4	5	3	4	7
총 평가		280	298	212	341

2. 첫째 열에서 개발된 점검 사항에 대한 중요도 가중치를 결정하여야 한다(둘째 열). 여기서 우리는 1 에서 10까지의 중요도 가중치를 사용했다. 1은 중요하지 않음을 의미하며, 10은 매우 중요함을 의 미한다. 여기서 중요한 것은, 모든 점검 사항에 대해 모두 중요하다거나 모두 중요하지 않다고 해서 는 안 된다는 점이다. 예를 들어, 공급업체의 평판은 매우 중요하므로 9점을, 제공되는 상품의 품질 은 중간 정도로 중요하므로 5점을, 공급업체와의 과거 거래기간은 별로 중요하지 않아 3점을 준다.

3. 각 점검 사항에 대한 대안 브랜드의 개별적인 점수를 판단하는 것이다(나머지 열). 이는 카테고리 관리자와 상품관리자가 함께 결정해야 하는 과업이다. 특정 점검 사항에 대하여 어떤 브랜드는 높 은 점수를 받고 어떤 브랜드는 낮은 점수를 받은 것을 확인할 수 있다.

4. 앞서 결정한 점검 사항의 중요도 가중치와 개별 브랜드 혹은 공급업체의 점수를 곱한다. 예를 들어, 공급업체의 평판의 중요성이 9점이고, A브랜드 취급 공급업체의 평판 점수는 5점일 때, 이를 곱하 여 45점이라는 값을 부여한다. 공급업체의 판촉 지원의 중요성이 4점이고, 공급업체 D의 점수가 7 점일 때, 이를 곱하여 28점을 부여한다. 이러한 분석은 매우 중요하다고 생각하지 않는 사안에 대해 주의를 기울이지 않는다. 비록 D공급업체가 판매촉진지원 활동을 잘 수행할지라도, 이러한 활동을 중요하게 여기지 않기에, 총점이 여전히 낮게 된다.

5. 각 점검 사항별 각 브랜드의 점수의 총합을 구한다. 〈보기 13-10〉에 의하면, D브랜드가 341점으로 가장 높은 점수를 받았다. 그러므로 D공급업체가 더 선호됨을 확인할 수 있다.

요 약

Summary

본 장은 지속성 상품과 유행성 상품의 계획과 구매 시스템에 대하여 살펴보았다. 지속성 상품과 유 행성 상품의 구매 시스템은 매우 다르다. 각 개별 품목에 대한 과거 판매 자료의 이용가능성이 미래 상품의 수요를 예측하는 데에 직결되기 때문이다.

매출예측과 재고자산회전율은 유행성 상품 예산 계획을 도출하기 위해 제 12장에서 설명되었다. 매 출예측은 과거의 기간적 패턴에 근거하여 월 단위로 나눠질 수 있다. 만약 매출이 평균보다 높을 것 으로 예상된다면 상품을 더 많이 구매해야 할 것이다. 계획된 재고자산회전율은 매출대비 재고비율 로 전환될 수 있으며, 상품예산계획에서 매출을 지원하기 위해 필요한 재고 수준을 결정되는 데에 이용된다. 월별 매출대비 재고비율은 또한 계절적인 매출 패턴을 반영한다. 상품예산계획 과정의 마지막은 매출예측과 재고자산회전의 목표가 일치되었을 경우 매입자가 한 달에 카테고리 별로 구매해야 하는 상품의 금액을 고려하는 것이다.

Open-to-buy 시스템은 상품예산계획과 지속성 상품 재고 관리 시스템이 끝나는 시점에 시작된다. 이 시스템은 각 달에 얼마만큼의 상품이 구매되고 전달되는가에 대하여 추적한다. 이 시스템을 사용함으로써 구매자는 정확하게 계획했던 금액과 비교하여 얼마만큼의 금액을 사용하였는지 알 수 있다. 일단 상품을 구매하고 나면 다수 채널 점포의 상품구매자는 상품을 점포들에 배치하여야 한다. 구매자는 점포간의 매출 잠재력뿐만 아니라 고객 기반 특성의 차이까지 반드시 고려하여야 한다.

마지막으로 구매자의 성과, 공급업체 각각의 개별 품목이 고려되어야 한다. 세 가지의 다른 접근 방식으로 상품에 대한 성과를 측정할 수 있다. 판매과정분석은 상품계획에서 개별품목의 성과를 측정하는 데에 매우 유용하다. 구매자는 더 많은 상품이 매출에 기여할 지 등을 고려하여 실제 매출액과 계획된 매출액을 비교하고 결정하여야 한다. ABC분석에서 상품은 주문량의 높은 수준에서 낮은 수준까지 순위가 매겨진다. 상품관련 부서는 이러한 정보들을 이용하여 재고 관리 정책을 수립한다. 예를 들어, 가장 생산적인 개별 품목은 충분한 예비 재고를 가지고 절대 품절되는 일이 발생하지 않도록 하여야 한다. 마지막으로 다속성 방법은 공급업체의 성과를 평가하는데 가장 유용한 방법이다.

핵심용어 *Key terms*

ABC 분석(ABC analysis)	완충재고(buffer stock)
리드 타임(lead time)	다속성 분석(multiattribute analysis)
재고조사시간(review time)	재고자산 감모손실(shrinkage)
예비재고(backup stock)	순환 재고(cycle stock)
가격인하금액(markdown money)	open-to-buy시스템(open-to-buy)
안전재고(safety stock)	충족률(fill rate)
기반재고(base stock)	매출대비 재고비율(stock-to-sales ratio)
상품예산계획(merchandise budget plan)	주문시점(order point)
판매 과정 분석(self-through analysis)	

현장학습 *Get Out And Do It!*

1. www.oracle.com/retek 사이트를 방문하라. 소매바이어들이 오늘날 사용하는 Retek 제품들이 어떠한가?

2. SAS Merchandise Intelligence group Web site인 www.sas.com/industry.retail/merchandise를 방문하라. Reteck의 제품들과 어떻게 다른가? Retak과 SAS중 어떠한 것을 이용할 것인가?

토의 질문 및 문제 *Discussion Questions and Problems*

1. 재고의 부족은 소매업체에게 매우 큰 문제가 된다. 상품 기획 예산 계획에서는 재고 부족에 대한 문제를 어떻게 고려하고 있는가?

2. 추가해야할 재고에 대해 계산해 보라.

- 매출 $24,000
- 월초 재고 $ 90,000
- 월말 재고 $ 80,000

3. 다음의 자료를 이용하여 6개월간의 상품기획 예산 계획상의 평균 월초 매출대비 재고 비율을 계산해 보라.
   - GMROI 150%
   - 총마진 40%

4. 오늘은 7월 19일이다. 다음의 자료를 이용하여 상품 계획 관리자가 현재의 Open-to-buy를 계산하려고 한다. 7월 19일의 Open-to-Buy는 얼마인가? 그리고 이의 의미는 무엇인가?
   - 7월의 월초 재고 $50,000
   - 7월에 이미 납품된 상품   25,000
   - 7월에 주문된 상품   10,000
   - 7월에 계획된 매출   30,000
   - 계획상의 감모분   5,000
   - 계획상의 월말 재고   65,000

5. 오늘은 7월 31일이다. 우리는 8월의 Open-to-Buy가 필요하다. 다음의 자료를 기초로 Open-to-Buy를 계산하고 이의 의미를 설명해 보라.
   - 계획된 월 매출 $20,000
   - 주문된 상품   40,000
   - 계획상의 가격 할인 판매분   5,000
   - 조정된 월초 재고   50,000
   - 계획상의 월말 재고   30,000

6. 전형적으로 8월의 학용품은 매출이 저조하지만 9월에는 급격하게 매출이 증가한다. 9월의 매출대비 재고비율은 8월과 어떻게 다른가?

7. 80-20원칙을 이용하여, 소매업체는 빠르게 판매되는 상품과 느리게 판매되는 상품에 대해 충분한 재고가 있다고 어떻게 확신할 수 있지 설명해보라.

8. 식품의 리드 타임이 7일, 검수 시간이 10일이고, 1일 판매량이 8단위라면, 주문시점은 언제이며, 얼마나 많은 상품을 주문해야 하는가? 현재 상품재고는 65단위이며, 95%의 서비스 수준을 유지하기 위한 안전 재고는 20단위이다.

고려사항	브랜드의 성과 평가		
	중요성	제조업체 브랜드	유통업체 브랜드
평판	8	5	5
서비스	7	6	7
납기 준수	9	7	5
상품 품질	7	8	4
마진 기회	6	4	8
수요 창출 능력	5	7	5
판촉 지원	3	6	8

9. 10월 1일 400벌의 스키 파카를 매입했다. 1월 31일이면 다 팔릴 것으로 예상했다. 11월 1일 현재 375벌이 남았다. 계절성 상품의 판매에서 무엇을 고려하여야 하는가?

10. 상품을 매입하려는 매입 담당자는 제조업체 브랜드를 매입할 것인지 유통업체 브랜드를 매입할 것인지 결정하여야 한다. 다음의 자료(408페이지 하단)를 보고 어떤 브랜드를 매입해야 하는지 판단해 보라.

● 추가로 읽을 자료들 *Suggested readings*

Amato-McCoy, Deena. "Tis the Season For Item Movement." *Chain Store Age*, December 2006, P.80.

Belcher, Leslie. "Inventory Management: Measure, Plan and Optimize." *Stores Magazine*, May 2005, p.146.

Bragg, Steven, *Inventory Accounting: A Comprehensive Guide*. Hoboken, NJ: Wiley, 2005.

Cachon, Ǵerard; Christian Tersiesch; and Yi Xu. "Retail Assortment Planning in the Presence of Consumer Search." *Manufacturing & Service Operations Management*, 7 (Fall 2005), pp. 330-47.

"Cross-Channel Operations, Demand Planning and Item Management Top Enterprise Reail System Spending." *Stores Magazine*, July 2006, special section, p.IT9.

Dong, Yan; Venkatesh Shankar; and Martin Dresner, "Efficient Replenishment in the Distribution Channel." *Journal of Ratailing*, 83(August 2007), pp. 253-67.

Donnellan, John. *Merchandis Buying and Management*, New York: Fairchild Books & Visuals, 2007.

Mollo, George. "An Inside Look at Open-to-Buy." *Catalog Age*, April 2004, pp. 50-52.

Murphy, Samantha. "The Future of Automated Forecasts and Ordering." *Chain Store Age*, May 2007, p. 134.

Tepper, Bette K. *Mathematics for Retail Buying*. 6th ed. New York: Fairchild Books, 2005.

Varley, Rosemary. *Retail Product Management: Buying and Merchandising*. 2nd ed. New York: Routledge, 2005.

Chapter fourteen 14

상품 매입

Question

● 소매업체에게 가능한 브랜드 대안은 무엇인가?

● 소매업체는 제조업체 브랜드 상품을 어떻게 매입하는가?

● 소매업체는 자사 브랜드 상품을 해외에서 매입하고 공급선을 결정할 때 어떤 문제를 고려해야 하는가?

● 소매업체는 공급업체와 어떻게 협상을 준비하고 진행하는가?

● 소매업체는 공급업체와의 전략적 관계를 왜 구축하는가?

● 상품 매입과 관련된 법적, 윤리적 문제는 무엇인가?

앞의 두 장에서, 소매업체가 상품을 얼마만큼 어떤 가격으로 매입할 것인지를 결정하기 위해 진행하는 상품관리의 절차에 대해 논의했다. 각 카테고리에 대한 상품구색 계획을 수립한 후, 매출을 예측하고 상품 흐름의 개괄적인 계획을 개발하는 것은 상품관리 절차의 다음 단계이다.

소매업체가 고려해야 할 첫 번째 전략적 결정은 상품 카테고리에 대해 어떠한 유형의 상품을 매입할 것인가이다. 잘 알려진 제조업체 브랜드(national brand) 상품을 매입할 것인가 혹은 유통업체 상표(private-label) 상품을 매입할 것인가 하는 사안은 유통업체가 해야 할 결정이다. 상품을 매입할 때, 바이어는 유통시장 혹은 그의 사무실에서 공급업자를 만나야 하며 가격, 공급일, 지불 기간, 광고, 가격인하, 지원 등과 같은 다양한 사안에 대하여 공급업자와 협상하여야 한다.

유통업체 상표 상품을 개발하고 매입하는 과정은 매우 복잡하다. 어떤 소매업체는 특정한 상품설계와 그 상품의 생산 공정에 대한 공급업체와의 협상을 통해 함께 협력하여 상품을 직접 설계하고 조달한다. 이러한 상품은 종종 자국 이외의 국가에서 생산되기 때문에 소매업체들은 국제적 경영에 따른 다양한 복잡성을 다루어야 한다. 또한, 매입자는 제조업체 브랜드의 공급업체 혹은 생산업체와 협상을 할 수도 있다.

매입자가 상품에 대해 매번의 계절적 패턴을 고려하여 제조업체 브랜드 공급업체와 유통업체 브랜드 생산업체를 만나 협상을 함에도 불구하고, 매입자는 핵심 공급업자와 장기적 전략적 관계를 구축하려는 경향이 있다. 이러한 동업관계는 제 10장에서 다룬바와 같이 효율적인 공급체인, 조인트 상품, 마케팅 프로그램을 개발하는 데에 필요한 협력을 가능하게 한다.

본 장은 서로 다른 브랜드 대안에 대한 설명과 함께 시작하려고 한다. 그 다음 제조업체 브랜드와 유통업체 브랜드의 매입에 관한 사안을 재검토 할 것이며, 소매업체와 그들의 공급업체 간의 전략적 동반자 관계를 개발하는 것에 대해 논의하며 마칠 것이다.

I 브랜드 대안들

소매업체들과 매입자들은 제조업체 브랜드와 유통업체 브랜드의 혼합에 대한 전략적 결정에 직면하게 된다. 이러한 대안적 브랜드의 이점과 단점을 본 절에서 토의하기로 한다.

1. 제조업체 브랜드

제조업체 브랜드(National Brand)는 생산자 브랜드(manufacturer's brand)라고도 하는데, 이는 공급업체에 의해 디자인, 생산, 마케팅이 이루어지며 다양한 소매업체들에 의해 판매되는 상품이다. 판매업자는 상품을 개발하고, 지속적인 품질을 유지하고, 고객들을 사로잡을 브랜드 이미지를 각인시킬 마케팅 프로그램을 수행할 책임이 있다. 어떤 경우에는 공급업체들이 자사 계열 브랜드와 상품과 관련된 보조 브랜드를 사용하기도 한다. 예를 들면, Kellog(계열 브랜드), Frosted Flakes(보조 브랜드), 또는 Ford(계열 브랜드), F150 트럭(보조 브랜드) 같은 경우이다. 다른 경우에는 자신의 회사와 관련이 없는 독자적인 브랜드를 사용하기도 한다. 고객들은 Procter & Gamble사에서 Iam 애완동물 사료, Crest

제조업체 브랜드들을 제공함으로써, 소매업체들은 소비자들을 그들의 상점과 웹사이트로 유인한다. 그 결과, 소매업체는 브랜드 이미지와 그와 연관된 상품을 개발하고 판촉하는 비용을 지출하지 않아도 된다.

치약, Ivory 비누, Max Facyor 화장품, Folgers 커피 같은 제품들을 만든다는 사실을 모른다.

어떤 소매업체는 가장 중요한 제조업체 브랜드를 중심으로 카테고리를 구성한다. 예를 들어, 백화점의 매입자는 립스틱이나 향수 같은 상품 카테고리가 아니라 Clinique나 Estee Lauder와 같은 브랜드에 대하여 관리 책임을 진다.

2. 유통업체 브랜드

유통업체 브랜드(Private-Label Brands)는 점포 브랜드(store brand), 가정 브랜드(house brand) 또는 자사 브랜드(own brand)라고도 하며 소매업체에 의해 개발된 상품이다. 보통 유통업체는 상품에 대한 디자인과 사양을 개발하고, 상품을 만들어 줄 제조업체와 계약을 한다. 또한, 소매업체가 독점적으로 판매될 수 있는 특별한 기준의 상품을 개발하기 위해 제조업체 브랜드 공급업체와 공동으로 작업하기도 한다. 이러한 경우에는 제조업체 브랜드 판매업자 또는 제조업자가 상품 생산 뿐 아니라 상품의 디자인과 사양에 대해 책임을 지게 된다. Retailing View 14.1은 Asda사의 유통업체 상표 전략을 기술하고 있다.

과거에 소매업체는 유통업체 브랜드를 비교적 적게 사용했는데, 그 이유는 다음과 같다. 첫째, 제조업체 브랜드는 TV나 다른 미디어에 수십년 동안 막대한 광고비를 투자해서 강력한 고객 충성도를 형성했다. 둘째, 제조업체 브랜드와 경쟁할 때 필요한 상품 및 디자인상의 규모의 경제를 달성하기 어려웠다. 셋째, 많은 소매업체는 제조업체 브랜드에 대해 공격적으로 경쟁할 만큼 정교한 전략이 부재하였다. 마지막으로 유통업체 브랜드는 제조업체 브랜드에 비해 우수하지 않다는 평판이 있었기 때문이다. 그러나 최근 합병을 통해 소매기업의 규모가 커짐에 따라, 많은 유통업체들이 규모의 경제를 통해 유통업체 브랜드 상품을 개발하고, 유통업체 브랜드의 고유한 특성을 구축하였다. 또한 제조업체들과 제조업체 브랜드의 공급업체들은 적극적으로 소매업체의 요구를 수용하고 그들을 위한 독점적인 유통업체 상표를 개발하려 하고 있다. 이 유통업체 상품의 판매는 이제 미국에서 평균 16%를, 유럽에서는 22%를 차지하고 있다.

The Martha Stewart Collection은 Macy's에서 이용가능한 많은 유통업체 브랜드 중의 하나이다.

영국의 Asda는 유통업체 상표를 사랑한다

Wal-Mart가 소유하고 있는 영국의 Asda사는 식료품의 45%, 비식료품의 50%에 해당하는 유통업체 상표 포트폴리오를 가지고 있다. 이제는 자사의 상표를 건강식품, 유기농, 어린이용 식품으로 확장하고 있고, 더 나아가 고가의 유통업체 상표 개발에 중점을 두고 있다. Asda사는 6개의 유통업체 상표를 식품, 건강 및 미용, 그리고 가정용 상품 카테고리에 대해 보유하고 있다. 게다가, George라는 유통업체 상표 의류와 주택, 자동차, 그리고 생명보험을 포함하는 Asda 브랜드 이름의 금융서비스가 성공을 거두고 있다.

- 스마트 서비스 – 염가의 꼭 필요한 식품 그리고 일반적인 필수품
- 매일 최상의 식품 진열과 저가의 일반 상품들
- 건강에 최고! – 저지방 식품
- 유기농 – 최고 가격의 유기농 "일일' 상품
- Onn – 멋진 디자인을 한 중간 기준의 전자브랜드
- 추가세일 – Asda사의 고가 유통업체 상표 식품 브랜드
- 아이들을 위해 더 많이 – 식품과 건강 미용 카테고리에 걸쳐 아이들을 위한 건강하고 재미있는 상품

Wal-Mart가 소유하고 있는 영국의 Asada사는 유통업체 의류와 신발 브랜드인 George를 개발하였다. 영국에서는 매우 성공적이지만, 미국에서는 성공을 거두지 못했다.

특별한 고가의 유통업체 상표 브랜드는 2000년에 40개의 단품에서 사탕과자류, 음료수, 스낵, 특별한 빵, 준비된 육류와 생선류 먹거리, 그리고 다양한 치즈와 얇게 썬 육류를 포함하는 카테고리 전반에서 750개의 단품으로 성장했다. 추가 특별 브랜드로 생산된 제품은 경쟁사보다 10-15% 싼 가격으로 더 좋은 맛과 가장 좋은 재료를 사용했다. Asda사의 유통업체 상표 의류와 속옷 상표인 George는 영국에서 4번째로 큰 의류 상표이다. Geroge Davis가 만들었으며, 감각적이지만 비싸지 않은 의류, 악세사리, 그리고 남성과 여성용 속옷류로 구성되어 있다. Wal-Mart사는 George 상품을 수입하고, 동일한 의류를 업그레이드하기 위한 일환으로 미국 점포에서 팔게 했지만, 영국에서의 성공만큼 미국에서는 성공을 거두지 못했다.

출처: www.asda.co.uk. (2007. 10월 기사); "Odin Drives ASDA 'Extra Special' Range onto Shelves" The Retail Bulletin, August 30,2007

제조업체 브랜드와 마찬가지로, 소매바이어들이 아주 다양한 카테고리에 있는 상품에 대해 유통업체 상표를 만들어서 그들의 이름을 사용할 수 있다. The Gap과 Victoria Secret사는 계열 브랜드 접근방

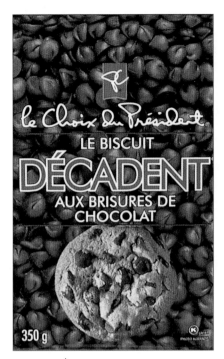

President's Choice Decadent 초코릿 칩 쿠키는 고품질의 원료로 캐나다 시장에서 선두를 달리고 있는 프리미엄 유통업체 브랜드이다.

법을 사용하고 있다. 모든 유통업체 상표가 있는 상품은 회사의 이름과 연관되어 있다. 이와는 반대로, Macy사는 Charter Club, First Impression, Greendog, INC와 같은 다양한 상품 형태와 관련된 유통업체 브랜드에 대한 포트폴리오를 가지고 있다. 유통업체 브랜드는 크게 네 가지 범주로 구분할 수 있는데, 저가 브랜드, 모방브랜드, 고품격 프리미엄 브랜드, 유사 브랜드가 있다. 프리미엄 브랜드 (premium brand)는 적절한 가격을 제시하면서 제조업체 브랜드 정도의 품질을 가지고 있는 유통업체 브랜드를 의미한다. 여기에는 Wal-Mart사의 Sam's Choice(미국), Loblaw사의 President Choice(캐나다), Tesco Finest(영국), Marks &Spencer의 St. Michael(영국), Woolworth Select(호주), Pick & Pay사의 Choice(남아프리카), 그리고 Albert Heijin사의 AH Select(네덜란드)가 있다. President Choice는 캐나다의 소매업체인 Loblaw사의 프리미엄 유통업체 상표이다. 이는 가격이 아닌 품질로 경쟁한다. Kellog는 씨리얼 안에 두 스푼의 건포도가 들어있지만 President Choice 씨리얼은 네 스푼이 들어가고 값도 훨씬 싸다. President Choice사의 Decadent 쵸코릿칩 쿠키는 Chips Aloy사의 제품이 19%의 쵸코칩이 들어있는 것과 비교해서 무려 39%가 들어있다. 게다가, 진짜 버터를 사용하고, 좋은 쵸코렛을 사용한다. 이렇게 해서 캐나다 시장에서 쵸코릿칩 쿠키상품에서 선두를 달리고 있다.

무상표 브랜드(generic brand)는 가격에 민감한 소비자층이 주 대상으로, 상품을 할인된 가격으로 판매한다. 이러한 브랜드 상품들은 식료품점에 있는 우유, 달걀과 할인점의 속옷 같은 물품에 이용된다.

모방 브랜드(copycat brand)는 제조업체 브랜드의 외형이나 명칭을 모방한 것이다. 보통 저품질, 저가격으로 인식된다. 모방 브랜드는 약국에 한정되어 있다. 많은 소매업체는 새로운 제조업체 브랜드를 모니터해서 그것들을 주 고객들에 맞게 변형시킨다. CVS나 Walgreen사 상표는 제조업체의 브랜드로 대체되어 종종 아주 유사하게 보인다.

1) 독점 공동 브랜드

독점 공동 브랜드(Exclusive Co-brand)는 제조업체 브랜드 공급업체가 소매업체와 연계해서 개발하는 브랜드로 독점적으로 그 소매업체에서만 팔게 된다. 이것의 가장 간단한 형태는 제조업체 브랜드 제조업자가 다양한 형태의 제품모델을 위임받거나, 여러 소매업체들이 동일한 기본상품에 대해 외형적 특징이 다른 상품을 판매할 때 나오게 된다. Best Buy에서 판매되는 Cannon 디지털 카메라가 Circuit City에서 비슷한 특징을 지닌 Cannon 디지털 카메라보다 다양한 제품모델을 가지고 있는 경우가 그렇다. 이러한 독점적 모델은 고객들이 다양한 소매업체에서 판매되는, 실제로 동일한 카메라의 가격 비교를 어렵게 한다. 소매업체들이 이러한 독점 공동 브랜드를 판매할 때는 가격경쟁을 덜 하기 때문에 상품에 대한 수익이 훨씬 높아진다. 그러면 그들은 고무되어 독점 공동 브랜드를 더 팔려고 하게 된다.

좀 더 복잡한 독점 공동 브랜드 형태는 제조업체가 소매업체를 위해 독점상품이나 상품 카테고리를 개발할 때이다. 에스티로더는 3개 브랜드의 화장품과 스킨케어 상품을 판매한다. 이 상품은 Kohl사의 독점 제품으로 American Beauty, Flirt, 그리고 Good Skin이다. 이 상품은 Cover Girl 혹은 Maybeline과 같은 대중시장 브랜드의 중간 가격으로 책정되어, 주로 약국, 할인점, 수퍼마켓, 에스티로더의 고급 브랜드로 대부분 판매되었고, Macy와 Dillard 같은 패션 선도 백화점에서 주로 판매되었다. Levis는 Wal-Mart 판매용으로 Signature 브랜드 청바지를 개발하기도 했다.

Estee Lauder는 Kohl's
에서 American Beauty,
Flirt, 그리고 Good Skin
의 세 가지 독점 공동 브랜
드를 판매한다.

● 보기 14-1
독점 공동 브랜드

소매업체	제조업체/디자이너	제품 카테고리	제품이름
Kohl's	Estee Lauder	화장품	American Beauty, Flirt, Good Skin
Wal-Mart	Mary Kate and Ashley Olsen	의류 및 악세서리	Mary Kate and Ashlet
Wal-Mart, Best Buy, Circuit City Stores	Hewlett-Packard Toshiba	컴퓨터 컴퓨터	
Macy's	Martha Stewart	Soft home (sheets, towels)	Martha Stewart
JCPenney	Palph Lauren	Home goods, 의복과 악세서리	American Living
KB Toys, Toys "R" Us	Mattel	장난감	

2) 제조업체 브랜드이거나 유통업체 브랜드?

〈보기 14-2〉는 제조업체 대비 유통업체 브랜드의 상대적 장점과 단점을 개략적으로 보여준다. 제조업체 브랜드의 공급업체로부터 상품을 매입하는 것은 점포 이미지와 거래흐름, 판매나 판촉비용에 도움이 된다. 고객들은 특정한 제조업체 브랜드에 대한 충성도를 발전시켜 왔다. 고객들은 지역 상품을 판매하는 소매업체를 후원하고, 상표 이름으로 물건을 요구한다. 제조업체 브랜드의 충성 고객들은 일반적으로 상품으로부터 기대하는 것이 무엇인지와 무엇을 편하게 느끼는지를 알고 있다. 이러한 제조업체 상표를 소매업체가 판매하지 않으면, 고객들은 판매하는 소매업체를 찾아가기 마련이다.

제조업체는 고객충성도를 만들어 주는 브랜드를 창출하기 위해 중요한 자원을 투자한다. 결과적으로 소매업체는 제조업체 브랜드에 대한 판촉비용과 판매비용을 비교적 적게 들일 수 있게 된다. 예를 들어, Sony사는 매장 내의 판촉과 진열을 광고와 조화시킴으로써 일관성 있는 메시지를 고객들에게 전달하기 위해 노력하고 있다. 그래서 Best Buy와 Circuit City사는 Sony사 제품에 대한 이미지 광고에 신경쓸 필요가 없다.

점포에 대한 영향	벤더(공급업체)의 유형	
	제조업체 브랜드	유통업체 브랜드
점포충성도	?	+
점포이미지	+	+
내점 빈도	+	+
판매 촉진 비용	+	−
제약	−	+
차별적 우위	−	+
마진	?	?

그러나 제조업체 브랜드는 디자인, 생산, 분배, 그리고 판촉비용을 부담하기 때문에, 유통업체 브랜드보다 매출 총 이익이 적다. 또한 이런 낮은 마진은 제조업체 브랜드가 다양한 점포에서 판매되고 이 브랜드를 판매하는 소매업체들 간의 경쟁이 증가하는 것도 한 이유이다. 전통적으로 많은 소매업체는 같은 제조업체 브랜드를 판매하고 있기 때문에 고객들은 점포들 간의 가격을 비교한다. 소매업체는 때때로 점포에 고객을 유인하기 위해 제조업체 브랜드를 할인 판매하기도 한다. 그러나 대형 소매업체가 매입상품을 제조업체로 반품하게 되는 경우도 있다. 제품이 판매되지 않으면, 소매업체는 상품을 반환하겠다고 협상하거나, 총 손실에 있어서의 차액을 보상할 것을 요구할 수 있다.

제조업체 브랜드를 재고로 쌓아두는 것은 점포충성도를 높일 수도 있고, 줄일 수도 있다. 만약 제조업체 브랜드 수가 제한적인 소매 할인점에서 판매되면(e.g., Kiehl사의 스킨케어 상품, Diesel jeans), 제조업체 브랜드에 충성도를 보이는 고객들은 점포에도 충성도를 나타내게 될 것이다. 반대로 제조업체 브랜드를 시장의 많은 소매업체에서 쉽게 살 수 있다면, 소매업체가 경쟁으로부터 자신을 특화시킬 수 없기 때문에 고객충성도는 감소하게 된다.

제조업체 브랜드의 다른 문제는 그들이 소매업체의 영업정책을 제한할 수 있다는 것이다. 강력한 브랜드 공급업체는 상품을 어떻게 진열하고, 광고하고, 가격을 책정할 것인지를 지시할 수 있다. 예를 들어, Jockey는 소매업체에게 언제 어떻게 상품이 광고되어야 할지를 분명하게 알려준다.

강력한 브랜드 공급업체의 독점성은 점포충성도를 증가시킨다. 유명하고, 바람직한 유통업체 브랜드와 독점 공동 브랜드는 소매업체의 이미지를 개선시켜 점포로 고객을 끌어들일 수 있다. Kohl사의 독점 공동 브랜드는 Retailing View 14.2에서 언급한 것과 같이 경쟁회사들이 사용할 수 없다.

그러나 유통업체 상표도 결점은 있다. 총 마진이 제조업체 브랜드보다 유통업체 브랜드가 높지만, 기타 비용은 분명하게 알 수가 없다. 소매업체는 상품 디자인에 많은 투자를 하고, 유통업체 브랜드와 독점 공동 브랜드에 대한 우호적인 이미지를 개발하여 고객들의 인식을 이끌어 내야 한다. 만일 유통업체상품이나 독점 공동 브랜드 상품이 판매되지 않으면, 소매업체는 상품 반환이나 제조업체로부터의 보상을 받을 수 없을 지도 모른다.

II 제조업체 브랜드 상품매입

상품예산계획을 수립하고 얼마만큼의 상품을 구매할 것인가를 결정한 후의 다음 단계는 상품을 매입하는 것이다. 패션 의류와 액세서리 카테고리 상품 등 유행성 상품의 구매자는 일반적으로 핵

Kohl's사 독점 공동 브랜드

Kohl's사는 입기 편한 유행상품을 판매하는 백화점 체인점이다. 이전에는 할인 의류점이었으나 회사 이미지가 Daisy Fuentes, Candies, Ralph Lauren의 Home Chaps, 그리고 ELLE Magazine 의류 계열 같은 독점 공동 브랜드를 제공함으로써 바뀌고 있다. 현재 회사의 독점 공동 브랜드는 사업의 8%에 이른다. 독점 공동 브랜드 유통업체 상표 제품으로 매우 성공한 회사이다. Ralph Lauren Home Chaps 계열사는 남성용 의류회사로 2007년에 설립되었다. 다른 유통업체 상표와 더 많은 브랜드로 확장을 하고 있을 뿐 아니라, 하나의 유통업체 상표 상품을 위한 전체적인 마케팅도 하고 있다. Kohl's사는 유명한 고가의 신부예복 디자이너로 유명한 Vera Wang을 앞세워 Simply Vera를 출시했다. $1700의 쟈켓과 $2800의 가운을 주류로 하는 고급 패션 의상을 포함시키기 위해 계열을 확장시켰다.

Kohl's사에서 Wang의 제품 출시는 양측 회사를 위해 새롭고 과감한 단계임을 보여주고 있다. Wang은 패션 계열 가격의 일부분으로 드레스와 악세사리를 판매할 수 있다. Wang은 전 고용주인 Ralph Lauren의 뒤를 쫓아가고 있다. Lauren은 훌륭하게 상위계층에서 중간계층으로 패션시장을 접목시켰다. 이와 같이 Wang의 제품은 가장 좋은 재료와 솜씨로 만들어지는 반면에, Kohl's사의 제품은 여전히 유행에 맞는 디자인이지만 싼 재료와 노동집약적이지 못한 상태로 만들어진다. 그러나, 소비자들은 Simply Vera 제품을 보고 Vera Wang 브랜드임을 알아보게 되고, 그 결과 Kohl's사에 호감을 갖게 된다.

Vera Wang의 Simply Vera는 Kohl's의 독점 공동 브랜드 중의 하나이다. Simply Vera는 Vera Wang의 패션라인 일부분을 판매한다.

출처: "Kohl's plans to Keep Shoppers Shopping-Across the Store", Retailing Today.18. 2007 ; Vera Wang to Design Line for Kohl's, USA Today, August 24, 2006

심 상품의 주요 매입결정을 연간 5~6회 실시한다. 이러한 구매는 공급업체가 상품을 생산하고 전달할 수 있도록 여러 달에 걸쳐 이루어진다. 유행은 급격하게 변화하기 때문에 소매업체는 핵심적인 유행성 상품의 흐름에 대해 긴밀하게 추적을 한다. 반면 지속성 상품 카테고리의 구매자는 새로운 상품 품목을 비교적 덜 빈번하게 구매한다. 다음 부분에서는 제조업체 브랜드의 구매자가 어떻게 공급업체를 만나는지, 상품을 도매시장에 어떻게 제공해야 하는지에 대하여 검토해 볼 것이다.

1. 제조업체 상표 제공업체와의 만남

1) 도매시장 센터

많은 종류의 상품들은 개설된 도매시장 센터에서 구입할 수 있다. 도매시장 센터에는 공급업체가 상설 판매 사무소를 운영하고 있어, 소매업체는 이곳을 방문하여 상품을 구입한다. 상설매장이 없는 공급업체는 도매시장 센터 내의 전시실을 일시적으로 임대하여 준비한다.

아마도 전 세계적으로 가장 유력한 도매시장 센터는 New York City일 것이다. Garment District로 잘 알려진 Fashion Center는 5번~9번 Avenue와 35번~41번 Street 사이에 위치하고 있다. 대략 22,000명의 매입자들이 매년 열리는 5회의 대규모 전시회, 그리고 65회의 소규모 전시회에 방문한다. Garment District는 5,100개의 전시장과 4,500개의 공장을 가지고 있다. 그 외 런던, 밀라노, 파리 그리고 도쿄 등지에도 있다.

미국은 수많은 지역 도매시장 센터를 가지고 있다. 세계에서 가장 큰 Dallas 센터는 6백 9십만 평방피트의 복합 빌딩 6개로 구성되어 있다. 26,000개가 넘는 제조업체와 수입업체가 그들의 국제적 상품을 2,400개의 상설 전시장과 2,000개의 임시 전시장에서 소개하고 있다. Dallas 센터에서는 매년 50회 전시회를 열고, 20,000이상의 매입업체가 방문해서 바닥재로부터 장난감, 의류, 보석, 그리고 선물류 등을 전시하고 있다. 몇몇 지역 센터는 특정상품(예를 들어, Miami Merchandise Mart에서의 수영복)을 전국시장을 겨냥하여 소개하고 있다.

2) 전시회

전시회(trade show)는 매입업체가 최신 상품과 스타일을 보고, 공급업체와 서로 의견을 교환할 수 있는 또 다른 기회이다. 소비자 전자기기 매입업체는 매년 라스베가스에서 개최되는 국제소비자 전자제품 쇼(CES)에 참석한다. 거의 2,700개 공급업체가 대부분의 전시회 공간을 차지하고, 최신의 상품과 서비스를 전시한다. 국제소비자 전자제품 쇼에 소개된 대표적인 것들은 최초의 캠코더(1981), HDTV(1998), IPTV(2005) 제품들이 있다.

라스베가스에서 개최되는 국제소비자 전자제품 쇼(The International Consumer Electronics Show)는 소비자 전자기기 부문의 세계에서 가장 큰 전시회이다.

스포츠 장비 및 의류업체는 스포츠상품 제조협회를 후원하는 Super Show에 참여한다. 이 전시회는 유명 운동선수들이 라이센스 상품 판매를 활성화하기 위해 참여한다.

서적산업에 종사하는 사람은 저자, 출판업자, 고서 소매업체, 사서들, 언론가, 정보 제공자들이 있는 Frankfurt 도서 박람회에 참여한다. 이 도서 박람회는 사업을 위한 만남의 장소일 뿐 아니라, 세계적인 시장이기도 하다.

전시회는 보통 도매시장과 관련 없는 컨벤션 센터에서 열린다. 시카고의 McCornick Place(전국적으로 가장 큰 2백만 평방피트가 넘는 컨벤션 콤플렉스)는 매년 65회 전시회를 주관하고, 여기에 Hardware 쇼와 Houseware 제조업체 협회 전시회를 포함시켜 주관하는 대형 전국 컨벤션센터이다. 외부 업체들과 유통업체 상표 제조업자들도 시장에 대해 배우고, 유행 정보를 얻기 위해 참석하고 있다.

2. 제조업체 브랜드 구매 절차

주말 마켓 혹은 전시회 등에 참여할 때 구매자와 감독자는 일반적으로 핵심 공급업체들과의 계약을 진행한다. 이 미팅이 진행되는 동안에 구매자는 지난 시즌 공급업체 상품의 성과에 대하여 토의하며, 다가오는 시즌에 제공될 공급업체의 상품과 가능한 주문량에 대하여 검토한다. 이러한 미팅은 도매시장 센터에 위치한 공급업체 행사장의 회의실에서 이루어진다. 전시회 기간 동안 이러한 미팅은 일반적으로 덜 공식적이다. 전시회가 매입자에게 넓은 범위의 상품을 한 장소에서 볼 수 있고 공급업체의 상품 진열공간을 통해 상품의 활동 수준을 관찰할 수 있는 기회를 준다면, 주말 마켓 기간 동안의 미팅은 깊은 토의를 할 수 있는 기회를 준다.

구매자는 종종 주말 마켓 기간이나 전시회 기간 동안에 공급업체와의 협상, 주문을 하지 않는다. 그들은 일반적으로 어떠한 품목을 구매할지 결정하기 전에 어떠한 상품과 가격을 모든 잠재적 공급업체로부터 이용가능한지 지켜보길 원한다. 그래서 주말 마켓이나 전시회의 참석 이후, 구매자는 다시 그들의 사무실로 돌아가서 공급업체에게 요청한 상품의 샘플을 검토하고 그들의 감독자를 만나 어떠한 상품이 가장 구매하기에 매력적인가에 대하여 결정한 후, 주문하기 전 공급업체와 협상을 진행한다. 제조업체 브랜드 상품의 구매 시 협상에 관한 사안들에 대해서는 다음 장에서 토의할 것이다.

유통업체 브랜드 상품개발 및 공급선

소매업체는 유통업체 브랜드 상품의 개발과 구매를 위해 다양한 절차를 이용한다.

1. 유통업체 상품개발

JCpenny, Macy's, The Gap, 그리고 American Eagle Outfitter사 같은 대량의 유통업체 상표 상품을 제공하는 대형 소매업체들은 상품을 개발하는 전담 부서가 있다. 전담부서원들은 유행을 확인하고, 상품 디자인, 제조업체 선정, 제조상품에 대한 전 세계 직원의 모니터링 지시, 상품에 대한 품질 테스트를 위한 시설물 관리를 한다. MAST사는 중국, 이스라엘, 멕시코, 스리랑카 등 수십개 이상의 나라에서 제도 운영과 합작 회사로 활동하는 세계에서 가장 큰 계약 제조업체, 수입업체 그리고 유통업체 중의 하나이다. 이 회사는 Limited Brand(Victoria's Secret 그리고 Bath & Body Works)의 유통브랜드 공급체이기도 해서, Abercrombie & Fitch, Lane Briant, New York & Company, 그리고 Chico사에 상품을 공급하고 있다. 그러나 대부분의 소매업체는 자신이 운영 가능한 제조시설을 보유하고 있지 못하다.

그러나 소규모 소매업 체인점은 지원기반시설 없이도 유통브랜드 상품을 제공할 수 있다. 그들은 제조업체 브랜드 또는 유통업체 공급업체들에게 제조상품에 약간의 변화를 주는 상품 제조를 요청하여, 점포 브랜드로 하든가, 제조업체가 가지고 있는 저작권 있는 특별한 상표로 공급해 줄 것을 요청하기도 한다. 또는 차선책으로, 제조업체들이 미리 예정된 상품으로 팔게 하기도 한다. Hollander사는 하루에 150,000개의 유통업체 상표의 베개를 Laura Ashley와 Simmons Beautyrest와 같은 회사에 공급한다.

Retailing View 14.3은 어떻게 중국 제조업체들이 노동자들을 착취하지 않고 대량생산에 의한 원가절감 방식을 개발해서 저비용을 이룰 수 있는지를 보여주고 있다.

유통업체 브랜드 개발부서가 있는 소매업체는 다른 과정을 통하여 브랜드 개발이 이루어진다. 디자이너들이 시장 유행을 연구하여 브랜드를 개발한 디자인을 구매업체에 제시하면 매입자는 매입할 상품을 결정한다. 어떤 회사에서는, 바이어가 직접 매입 상품을 지정하는 경우도 있다. 다른 회사에서는 부서가 다소 독립적으로 운영되어 매입자들이 자유롭게 유통업체 상품을 매입하기도 한다. 유통업체 상품만을 판매하는 소매업체들은 매입자와 개발자들이 공동작업을 해서 상품을 개발한다.

2. 상품조달

일단유통업체 상품에 대한 선정과 수량이 결정되면, 디자이너는 완전한 사양을 만들어, 그것을 생산할 제조업자를 찾기 위해 조달부서와 함께 일하게 된다. 예를 들어, JCpenny사는 18개국에 상품 공급선과 품질 확인 부서가 있다. 이 부서는 디자이너가 개발한 사양을 가져다가 제조업자와 협상을 하고 생산절차를 감독한다.

1) 역경매(Reverse Auction)

소매업체는 우수한 유통업체 상품을 저가로 획득하기 위해 역경매를 사용한다. 가장 흔히 사용하는 방법은 소매활동 중에 사용된 상품과 서비스를 구매하는 것이다. 여기에는 붙박이세간, 필수품, 그리고 카펫류 등이 해당된다. 또한, 이 방법은 잔디 깎는 기계와 시즌 상품들과 같은 유통업체 상품을 획득하기 위해 사용된다. 개인 소유의 수퍼마켓 체인점인 Bashas는 육류의 70% 가량을 이 방법으로 매입한다.

eBay같은 전통적인 경매는 판매자 1인과 다수의 매입자가 있다. 유통업체 상품을 구매하는 소매업체에 의해 이루어지는 경매를 역경매라고 한다. 여기에는 1명의 매입자, 소매매입자, 그리고 잠재적인 다수의 판매업자들, 제조회사들이 있다. 이 경매에는, 소매 매입업자가 원하는 품목에 대한 명세서를 가능한 모든 판매자에게 제공한다. 판매업자들이 경매가 완료될 때까지 가격을 제시한다. 소매업체는 상품을 요구하는 시간에 지정된 물량을 제공할 수 있는 판매업자가 제시한 가격을 선택하여 주문을 하게 된다.

3. 국제적 조달

대형소매업체들이 유통업체 브랜드 상품을 설계하고 생산 계약을 체결하는 데 있어 당면하는 중요한 문제는 최적의 제조업자를 선정하는 방법이다. 국제무역장벽이 완화되면서 전 세계로 생산의 조달을

중국의 Datang은 양말 도시이다.

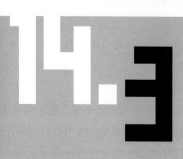

Datang을 전세계 인구가 한 켤레 또는 미국인이 2.6 켤레를 가질 수 있는 수량과 맞먹는 90억 켤레의 양말을 생산하는 양말도시라고 불린다. 그곳에는 매년 100,000명의 매입자들이 전 세계에서 방문한다. Datang의 남동쪽은 Shenzhou이다. 이곳은 세계의 넥타이 중심지이다. 서쪽으로는 Sweater 도시, 아동용 의류 도시, 그리고 남쪽으로는 속옷도시가 있다.

이러한 전문성이 중국기업을 세계의 유수한 의류제조업체로 만드는 규모의 경제를 만들어 내었다. 뉴욕에서 도쿄까지의 매입자들이 한번에 500,000 켤레의 양말, 또는 300,000개의 넥타이, 100,000벌의 아동 재킷, 36b사이즈의 브래지어 50,000개를 주문한다.

섬유생산은 어떻게 중국정부가 정부주도가 아닌 지역계획에 의해서 간접적으로 개발을 유도하고 있는지를 잘 보여주는 본보기가 되고 있다. 1970년 후반에, Datang은 인구 1000명의 쌀농사 마을이었다. 이들은 함께 모여서 양말을 만들어 바구니에 담아 고속도로에서 팔았다. 그러나 정부는 Datang의 양말제조업자들을 생산자로 지정하고 양말을 소매로 팔지 못하도록 했다. 이제는, 세계의 1/3을 차지하는 양말을 생산하는 지역이 되었다. 이러한 정책으로 Datang에는 많은 벼락부자 이야기가 있다. 여기에는 Dong Ying Hong의 이야기가 있는데 그녀는 1970년대에만 해도, 집에서 양말을 만드는 월 $9의 초등학교 교사였는데, 지금은 Zhejiang 양말회사의 소유주로 양말 백만장자가 되어있다.

또한, 중국정부는 대단위 지역개발을 계획해서, 산업단지를 형성하고, 조세감면을 추진하며, 상품을 신속히 수송할 수 있는 기반시설과 교통망을 갖추게 했다. 전 세계의 셔츠, 바지, 그리고 재킷에 사용되는 대부분의 단추를 제공하는 단추중심지와 같이, 인근에 상호지원을 할 수 있는 사업지원망을 구축하였다. 개인 기업들은 정부의 지원을 받아 거대한 섬유공장 복합단지를 세웠고, 기숙사와 병원을 갖추어, 식품, 거주지, 그리고 건강의료를 지원했다.

Huafang 그룹은 중국에서 가장 큰 섬유회사로 100개 이상의 공장건물, 30,000명 이상의 종업원을 갖추고, 24시간 가동체제를 유지하는 기업이다. 20,000명 이상의 노동자들이 회사 기숙사에서 무상으로 거주하고 있다. 근로환경은 크게 좋지 않지만 내륙지역보다는 나은 편이다. 많은 여성들이 고등학교 졸업 후에 이곳에 와서 수 년 동안 일하고 귀향하여 결혼을 한다. 그들이 귀향할 때, 또 다른 인력 10,000명이 시골에서 버스를 타고 온다.

정부와 개인의 투자로, 중국은 유통업체 브랜드와 전국 브랜드 상품의 큰 제조국이 되었다.

출처 : Geoffrey Calvin," Saving America's Sock-but Killing Free Trade," Future, August 22. 2005. p.38

고려해 볼 수 있다. 이번 절에서는 국제적 조달에 드는 비용과 인권, 아동 노동 등에 대하여 설명할 것이다.

1) 국제적 조달 결정에 관련된 비용

Euro 및 다른 주요 통화에 대한 달러의 약세가 미국으로의 수입은 더 비싸게, 미국에서의 수출은 더 저렴하게 만들었다.

소매업체들이 노동비용절감을 이유로 개발도상국에 위치한 생산시설을 이용하고 있지만, 역으로 그 나라로부터 유통상품을 공급받는 비용이 증가할 수도 있다. 이러한 비용에는 환율, 관세, 긴 리드타임, 그리고 수송비용의 증가가 포함된다.

국제적 상품 매입의 중요한 고려요소 중의 하나가 수출회사의 외환변동이다. 미국과 캐나다처럼 완전하게 통화가 연계되어 있는 경우, 환율의 변화는 상품의 원가를 증대시키거나 감소시킨다. 예를 들어, 인도 화폐인 루피가 지속적으로 미 달러에 대한 환율이 상승한다면, 인도에서 생산된 유통업체 상품의 가격이 올라가게 되고, 그 결과 미국에서 수입하여 판매되는 가격 또한 올라가게 된다.

국제간 거래의 의무사항인 관세(tariffs)는 수입에 따르는 정부의 세금이다. 수입관세는 외국의 경쟁업체로부터 국내 제조업체를 보호하게 되어 결국 정부의 수입을 증대시키는 역할을 한다.

재고회전율은 외국 공급업체로부터 물건을 구입할 때 더 낮아질 수도 있다. 리드타임이 길고 불확실하면, 소매업체는 고객이 원할 때 팔 수 있는 상품을 확보하기 위해 더 많은 재고물량을 유지하려고 하기 때문에, 재고 물량을 운반하는 데 드는 비용이 더 많아질 수 있다는 의미도 된다. 수송비용이 외국에서 물품이 생산될 때는 더 높아지게 된다.

2) 국제적 조달 결정에 관련된 관리적 사안

국제적 상품 매입을 할 때, 자국 내 상품 매입을 하는 경우보다 품질 기준을 유지하고 측정하기가 더 어렵다. 이러한 현상은 특히 지역적으로 매우 멀거나, 후진국에서 생산하는 경우 발생하기 쉽다. 품질이 나쁘거나 재생산으로 인해 납기가 지연된다면, 소매업체에게는 직접적 또는 간접적인 영향을 주게 된다.

공동공급체인 관리 방법은 짧고 일관성 있는 리드타임에 기반을 두기 때문에 공급업체가 자주, 소량을 소매업체에 공급할 수 있다. 이러한 방법이 적절하게 이루어지기 위해서는, 공급업체와 소매업체는 신뢰와 정보 공유를 기반으로 강력한 유대관계를 유지해야 한다. 그래서 이러한 활동은 국제적으로 실행하기가 어렵다.

마지막으로 잠재되어 있는 문제는 인권침해와 아동노동법을 정치 쟁점화하는 것이다. 많은 소매업체들이 공공연하게 그들의 제품을 생산하는 나라와 공장에서 인간권리 침해와 아동노동법에 위배되는 행동을 하고 있다는 주장에 대해 자신들을 보호해야 했다. 오늘날에는 미국 소매업체와 비영리단체들의 노력으로, 소수의 수입상품들만이 노동력착취 환경에서 만들어지고 있다. 일부 소매업체들은 공급업체가 노동법을 지키도록 유도하는 선도적 역할을 하는 곳도 있다. Limited Brands사는 사업 환경으로서 중요한 노동기준을 벤더, 하청업체 그리고 공급업체가 준수할 것을 요구하는 정책을 수행하고 있는 미국 의류 제조업체 중의 하나이다.

Ⅳ 상품매입을 위한 지원 서비스

1. 현지 매입 사무소

현지 매입 사무소(resident buying offices)는 매입센터에 위치하고 있으면서 소매업체의 매입을 돕는 서비스를 제공하는 조직을 말한다. Deneger Group, Federick Atkins, 그리고 Associated

Merchandising 등이 미국을 대표하는 매입 사무소이다. 소매업체가 대규모화되고 세련될수록 현지 매입 사무소는 점점 그 중요성이 작아지고 있다. 현재 매입 사무소가 수행했던 이전의 서비스를 소매업체가 수행하고 있다.

매입 사무소가 어떤 역할을 수행하는지 살펴보기 위하여, Dallas의 Pocket Men's Store의 David Smith가 이태리 밀라노에 갔을 때 현지 매입 사무소를 어떻게 활용하고 있는지를 살펴보자. Smith는 Doneger Group의 현지 대표인 Alian Bordat을 만났다. Bordat은 영어를 하는 이태리인으로, Smith의 점포와 고급취향의 고객들을 알고 있다. 그래서 Smith가 이태리에 오기 전에 Pocket의 이미지에 잘 맞는 이태리 벤더(공급업체)와의 약속을 정해 놓는다.

Smith가 이태리에 도착했을 때, Bordat은 그를 수행하여 약속장소에 함께 가고, 통역, 협상, 회계 업무를 수행한다. Bordat은 Smith에게 미국으로의 수입에 필요한 세금, 수송비, 보험, 통관 등의 비용에 대한 정보를 제공한다.

일단 주문이 성사되면, Bordat은 계약서를 작송하고 배송과 품질관리를 책임진다. Doneger Group은 Smith에게 제공한 서비스 외에도 사무실의 제공, 여행 가이드, 응급한 상황에 대한 도움 등을 제공한다. Bordat과 그의 동료들은 Smith에게 이태리 현지의 패션 동향과 분위기를 지속적으로 보고한다. 현지 매입 사무소의 도움이 없다면, 이러한 일을 하는 것이 쉬운 것은 아닐 것이다. 그렇지 않다면, Smith가 이태리 도매시장의 모든 것을 다 알아야만 할 것이다.

2. 소매 교환거래

소매 교환거래(Retail Exchanges)는 소매업체를 위한 인터넷기반의 해결책과 서비스를 제공하는 곳이다. 전시회와 비슷하나 가상만남의 장소라는 점이 다르다. 이곳에서는 소매업체, 제조업체, 그리고 거래파트너가 비용을 줄이고 효율성을 향상시키는 것을 도와준다.

Agentrics사는 세계 최대 유통업체 및 공급업체를 상대로 소싱, 협업, 제품 수명 관리 솔루션을 제공하고 있는 선도업체다. 이는 250개의 소매업체와 80,000개의 공급업체를 연결시킨다. 이 회사는 2005년 후반에 World Wide Retail Exchange(WWRE)와 공급체인 및 전자상거래 서비스를 제공하는 GlobalNetXchange(GNX)와의 합병으로 설립되었다.

Global Sources사는 온라인상에서 이루어지는 수출입 거래자를 위한 시장이다. 이 사이트에는 중국시장을 겨냥하여 420,000명의 구매업자들이 200여 개국에 있는 130,000개의 벤더(공급업체) 상품들을 자세히 살펴볼 수 있다. 이 회사는 전시회를 후원하고, 개별적인 온라인상의 카탈로그와 공급체인 관리와 같은 전자상거래 서비스를 제공하기도 하며, 주로 패션 액세서리, 하드웨어, 전자제품, 그리고 선물용품 같은 제품에 중점을 두고 있다.

V 벤더(공급업체)와의 협상

제조업체 브랜드를 매입하거나 유통업체 브랜드를 조달할 때에, 일반적으로 매입 책임자가 공급업체와의 협상을 책임진다. 매입자가 어떻게 공급업체와 협상을 하는가를 묘사하기 위해서, 가상의 상황을 설정하였다. 여성 청바지 매입자인 Bloomingdale's의 Carolyn Swigler는 Juicy Couture사의 판매직원인 Dario Carvel과의 만남을 준비하고 있다. Swigler는 뉴욕에서의 여성의류 주말마켓 기

간 동안 상품을 재검토 한 후, Juicy Couture의 봄 의류를 매입하기로 결정하였다. 그러나 그녀는 작년 시즌부터 아직 해결되지 않은 약간의 상품 관련 사안을 가지고 있다.

Retailing View 14.4는 소규모 공급업체와 대형 소매업체가 그들 사이의 의견 차이를 어떻게 효율적으로 해결하고 있는지를 보여주고 있다.

JCPenney의 최고구매담당자인 William Alcorn (제일 왼쪽)이 직원들과 함께 역경매 입찰을 바라보고 있다.

1. 아는 것이 힘

Carolyn Swigler가 주변상황과 시장의 유행 추세를 많이 알수록, 협상을 더 효율적으로 하게 된다. 우선은 Swigler는 공급업체와의 관계를 평가한다. 오랜 기간 이익을 추구할 수 있는 관계였다면 상호신뢰와 존경심이 구축되었을 것이고, 그러면 양측이 생산적인 회담을 하게 될 것이다.

Juicy Couture 청바지가 Bloomingdale사에 과거에 이익을 주었다 해도, 지난 시즌에는 3개 품목의 판매실적이 저조했다. Swigler는 Carvel에게 상품을 회수해 갈 것을 요청할 계획이다. 과거의 경험으로 Swigler는 Juicy Couture사가 보통은 상품을 반환하지 않고, 판매손실액(Markdown money)을 제공하려 한다는 것을 알게 된다.

공급업체와 그 회사 대표자들은 훌륭한 시장 정보의 출처가 된다. 판매가 잘되는 상품이 무엇인지를 알고 있다. 시장에 대한 시기적절한 좋은 정보를 제공하는 것은 꼭 필요한 시장조사 도구이다. 그래서 Swigler는 회의의 일부시간을 시장흐름에 관한 대화를 하는데 할애하기도 한다.

벤더와의 협상시 벤더, 시장, 그리고 상품에 대해 더욱 많은 정보가 있을수록, 협상은 더욱 성공적일 것이다.

2. 협상이슈들

Swigler는 지난 시즌 남은 상품에 대한 조사 후, 다음 회의에 토의할 6개의 안건을 준비하고 있다: (1)가격과 매출총이익 (2)특별 마진 증진기회 (3)구매기간 (4)독점권 (5)광고비용할당 (6)수송

1) 가격과 매출총이익

Swigler는 낮은 가격에 구매를 하고 높은 가격으로 팔아 높은 총 마진을 얻으려고 하는 반면에, Carvel는 Juicy Couture사의 수익과 관련해서 높은 가격으로 팔려고 할 것이다. 가격과 매출총이익을 결정하는 두 가지 요소는 마진 보장과 입점비이다.

마진 보장(Margin Guarantees) Juicy Couture 상품에 대한 Swigler의 상품 도매가 협상은 총 마진 목표를 달성하게 해줄 것이다. 그러나 상품이 팔리지 않으면, Swigler는 낮은 가격으로 상품을 판매해야 하며, 그 결과 마진 목표를 이룰 수 없게 된다. 이러한 불확실성으로 인해, Swigler는 Carvel에게 총 마진을 실현할 수 있는 "보장"을 요구하게 된다. 그렇게 해서, 상품을 가격인하해서 판매하게 되면, Juicy Couture사 제품에 대한 판

다윗과 골리앗: 대기업과의 협상

Global Vision사는 Wal-Mart에 공급하는 61,000개의 미국업체 중의 하나이다. 많은 물량의 유명브랜드 의류, 악세사리를 구매하여 라틴 아메리카, 유럽, 미국에 있는 할인점에 판다. Global Vision사와 Wal-Mart사와의 마찰은 푸에르토리코에 있는 Sam's Club 할인점의 구매업자가 Global 회사의 소유주인 Romano Pontes에게 협상을 요청했을 때 시작되었다. 이 할인점이 특별 재단을 한 4,000벌의 Ocean Pacific 카고바지를 주문해서 Pontes는 그 물품을 배달했다. 몇 개월이 안돼서, 구매업자가 그 물건이 잘 안 팔린다고 말을 했고, Pontes는 Wal-Mart사에게 그 의류를 인근 나라에 있는 다른 점포에서 다시 팔겠다고 했다. 그러나 실행에 옮기기 전에, Wal-Mart사는 그 물품을 선적하여 캘리포니아에 있는 La Jolla에 옮겨 원래의 구매가격을 낮추었다. Wal-Mart사는 Global사가 이 상품을 회수하는 것에 동의했으며, 그 이유는 상품에 하자가 발견되었기 때문이라고 주장하고 있었다.

Pontes는 Wal-Mart사 창립자인 Sam Walton이 했던 충고를 생각했다; "적절한 시점이라고 생각한다면, 될 수 있는 한 큰소리로 네 말을 누구든지 들을 수 있게 소리를 질러라." Walton의 충고를 받아들여서 Pontes는 Wal-Mart 매입업체와 함께 이 문제를 해결하려고 노력했다. 그러나, 그 일이 성사가 안 되자, Wal-Mart사 재정부서의 선임 이사에게 그 상품은 하자가 없으며, 하자가 있으면 입증해 달라고 요구했다. 또한, Pontes는 푸에르토리코에 있는 Sam's Club의 다음 주문을 배송하지 않을 것임을 시사했다. 그리고 나서 3-4개국에 있는 점포의 창고근무요원들에게 Wal-Mart사의 주문선적을 중지하라고 지시를 내렸다.

Pontes에게 Wal-Mart사의 총 물류지배인의 협상요청이 들어왔다. 회담시작 2시간 전에 Pontes는 회담을 취소시키고, 대신 전 세계 지점에 Wal-Mart사에 주문 선적을 중지시켰다는 이 메일을 보냈다. 덧붙여서, 푸에르토리코에 있는 다른 구매업자가 Wal-Mart사의 1,296벌의 t-셔츠와 board 셔츠 구매에 관심이 있다고 전했다. 2시간도 채 안되어, Wal-Mart사는 Ocean Pacific 주문을 원래의 가격대로 지불하고 푸에르토리코 할인점으로 다시 돌려보내겠다는 답장을 e-메일로 보내왔다.

이 문제에 대해 Global 사의 강경한 태도가 효과가 있었다. Pontes는 Wal-Mart사와의 장기간의 관계유지가 양측에 중요하다는 것을 인식했다. Wal-Mart사는 Global 상품을 원했고, 그로 인해 단기간의 적은 이익을 감수하고 장기간의 이익을 추구했다. Pontes는 정확한 지식을 근거로 합리적인 결정을 했고, 또한 그는 Wal-Mart사 내부에서 일이 어떻게 진행될 것인지를 잘 알고 있었다. 이번에는 그가 이겼다.

출처: Ann Zimmerman, "Working Things Out a Giant Customer," The Wall Street Journal, October 17, 2006(accessed January 25, 2008); www.globalvision.us(accessed October 15, 2007)

매 손실액이 생기게 된다. Carvel는 Swigler에게 상품에 대한 총 마진의 보장으로 공격적인 마케팅을 하지 않을지 모른다는 우려를 갖게 된다. 그래서 Carvel는 Swigler에게 Juicy Couture사 제품을 특화시키고, 그 제품에 대한 광고를 해야한다는 조건으로 보장을 제공하게 될 것이다.

입점비(Slotting Allowance)   입점비는 공급업체가 소매업체의 점포 사용에 따른 비용을 지불하는 것이다. 현재 입점비는 불법이 아니다. 하지만 미국의 경우 현재 연방거래위원회 및 법무부, 주정부에 이르기까지 입점비를 독과점금지법 상에 저촉되는 불법으로 규정하려는 노력을 기울이고 있다. 입점비는 비윤리적인 것이다.

입점비의 형태는 상품의 특징에 따라, 그리고 소매업체의 상대적인 영향력에 따라 매우 다양하다. 고객의 브랜드 충성도가 낮은 경우 더 높은 입점비를 내야 한다. 영향력이 큰 소매업체 체인의 경우 생계형 식료품점에 비해 높은 입점비를 내야 한다.

상품 공급업체는 입점비를 착취라고 생각하며, 소규모 공급업체는 이러한 비용이 소매업체 점포로의 입점을 막고 있다고 믿고 있다. 어떤 소매업체들은 자신들의 공간을 효율화하고, 가치를 제고시킨다는 점에서 입점비는 합리적인 방법이라고 주장한다. 만약 신상품이 잘 팔리면, 판매업자는 적절한 마진이 창출될 수 있음을 알기 때문에 그 비용을 감수한다. 그러나 판매가 부진하면 그 입점비용 지불을 거부하려 할 것이다.

2) 추가적인 가격인상기회

과거에 때때로, Juicy Couture사는 Swigler에게 초과 물품을 받도록 인하된 가격을 제시했었다. 이러한 초과 물품은 주문취소, 다른 소매업체로부터의 반품 또는 과도하게 긍정적인 판매예측을 초래한다. Swigler가 더 높은 총 마진을 실현시키거나 가격을 인하하여 상품을 판매해서 고객에게 이익을 돌려줄 지라도, Bloomingdale사의 제품은 패션리더로서의 이미지를 유지해야하기에, Swigler는 Juicy Couture사가 제시하는 어떤 초과 재고에도 그다지 관심이 없다.

3) 매입기간

Swigler는 제품가격 지불에 대해 장기간에 걸친 지불방법을 협상하고 싶어한다. 장기간의 지불방법은 Bloomindale사의 자금흐름을 원활하게 해주고, 유동부채를 감소시켜주며, 재고물량을 지불하기 위해 금융기관에서 빌린 돈의 이자비용부담도 감소시킬 수 있다. 그러나 Juicy Couture사는 추구하고자하는 재정목표가 있어서 상품 배달 후 바로 자금을 받고 싶어할 것이다.

4) 독점권

소매업체는 독점계약을 협상해서 경쟁자들과 차별화를 두어 더 높은 마진을 실현할 수 있다. 어떤 경우에는, 공급업체가 소매업체의 상품에 대하여 지속적으로 브랜드 이미지를 일관성있게 관리함으로써 이익을 줄 수도 있다. Prada 같은 경우는 Neiman Marcus 같은 오직 한 점포에만 상품을 팔 수 있도록 독점권을 주고 싶어 한다. 게다가 독점계약은 소매업체에게 독점권을 부여하고, 상품판매를 촉진할 수 있도록 강력한 성과급도 제공하고 있다.

5) 광고비용협약

소매업체는 종종 공동 광고라는 협약을 통해 광고비용을 분담한다. 이 협약은 공급업체가 비용을 전부 또는 일부를 부담하겠다는 약속이다. 패션리더기업으로서 Bloomingdale은 엄청난 광고를 한다. Swigler사는 Juicy Couture가 광고비용을 지원해 주기를 원한다.

6) 수송비용

수송비용은 상품이 고가이면서, 무게가 가벼운 경우에는 별 문제가 되지 않지만, 판매자에서 소매업체 까지의 수송비용을 누가 부담하느냐 하는 문제는 협상에 중요한 안건이 될 것이다.

3. 효과적인 협상 비결

1) 적어도 공급업체 만큼의 협상전문가를 대동하라.

소매업체에 비해 공급업체의 수가 많으면, 소매업체가 유리하게 된다. 소매업체는 협상 팀원이 동일한 수가 되기를 바라게 된다.

2) 협상하기 좋은 장소를 골라라.

Swigler는 다가오는 회의가 자신의 사무실에서 이루어지기 때문에 유리한 점이 있다. 심리학적인 관점에서, 사람들은 친숙한 환경에서 더 편안하고 자신감을 갖게 된다. 그러나 Carvel도 편안한 느낌을 갖는다면 더 좋은 결과를 얻게 될 것이다. 그러므로 회담장소를 선택하는 것은 중요한 결정사항이다.

3) 실제 마감기한을 인식하라.

Swigler는 Carvel이 월말에 충당할 할당량이 필요하기 때문에 주문계약서를 가지고 돌아가야 한다는 것을 알고 있으며, 또한 주말에 판매되지 못한 청바지를 반품하거나, 수익손실액을 보상받아야 한다는 것도 알고 있다. 이러한 실제 마감내용에 대한 기한을 아는 것은 Swigler가 신속하게 앞으로의 회의를 종결시키는데 도움이 된다.

4) 문제로부터 사람들을 격리시켜라.

Swigler가 "Dario, 우리 오랫동안 친구로 지내지 않았나, 내가 개인적으로 부탁할 것이 있는데…."와 같이 회의를 사적인 질문으로 시작하게 되면, Carvel은 불편한 상황에 놓이게 된다. Swigler와 Carvel의 사적인 관계는 협상 안건에는 없으며, 그것이 협상의 일부가 되어서도 안 된다. 다소 위협적인 발언도 협상에 도움이 되지 않으며, 실제로 협상을 실패하게 하기도 한다.

5) 객관적인 정보에 대해 주장하라.

사람들을 사업문제로부터 격리시키는 가장 좋은 방법은 객관적인 정보에 의존하는 것이다. Swigler는 정확하게 Juicy Couture사에 반송시킬 청바지 수량과 매출총이익을 유지하기 위해 필요한 손실액이 얼마인지를 알아야한다. Carvel이 감정적으로 논의한다면, Swigler는 그 숫자에 집착하게 된다. Swigler가 자신의 입장을 제시하면, Carvel은 반품을 받고 손실액을 보상한다면 회사가 어려움에 처할 것이라는 입장을 말한다. Swigler는 과거에 보조금을 주었다는 사실을 기억하고 Juicy Couture사에게 과도한 재고 문제에 대한 어떤 방책이 있는지를 묻는다. 이러한 접근법을 이용하여 Carvel에게 이러한 재고 상황에 도움을 제공하는 것이 서로 간에 장기간의 이익이 되는 관계를 위해 지불하는 작은 대가라는 것임을 알려준다.

6) 상호이익을 위한 옵션을 만들어라.

많은 선택조항을 만들어 내는 것이 기획과정의 일부이지만, 거래협상 테이블에서는 주어야할 수량과 포기해야 할 수량, 그 시기에 대해 빠른 사고가 필요하다. Swigler의 재고문제에 대해 생각해보자. 그의 목표는 총 마진의 손실 없이 재고상품을 처리하는 것이고, Carvel의 목표는 Bloomingale사와 건전하고 이익이 되는 관계를 유지하는 것이다. 그래서 Swigler는 Juicy Couture사의 초과 재고에 대한 손실액에 대한 보상으로 최근의 청바지 구매를 제안하는 것과 같이 양측이 만족할 만한 옵션을 만들어야 한다.

7) 상대방이 대화하도록 하라.

대화상대가 응답이 없으면, 한쪽에서 계속해서 말하게 되는 것이 자연스런 성향이다. 이러한 사실을 적절하게 이용한다면, 협상가에게 유리하게 작용할 수 있다. Swigler가 Bloomingdale사의 크리스마스 카탈로그에 대한 재정지원을 요구한다고 하자. Carvel은 불가하다고 하면서 여러 가지 이유를 든다. 하지만 Swigler가 아무런 반응이 없으면 Carvel사가 초조해지게 되고, 긍정적으로 돌아서게 된다. 협상에서 침묵을 먼저 깨는 자가 지게 된다.

8) 어느 정도까지 가야하는지를 알아라.

거칠게 협상하는 것과 계약체결 없이 협상테이블에서 멀어지는 것 사이에는 좋은 경계가 있다. Swigler가 손실액, 더 나은 구매조건, 그리고 광고비 분담에 대한 강력한 주장을 공격적으로 협상한다면, Juicy Couture사는 다른 소매업체를 찾게 된다. Swigler가 합법적이고, 윤리적이며, 이익이 될 수 있는 관계 이상으로 밀어붙인다면, Carvel사가 주저 없이 거부의사를 표할 것이다.

9) 연결고리를 끊지 마라.

Swigler가 Carvel로부터 몇 가지 추가적인 양보를 얻는다고 하더라도, 위협이 되는 내용을 남용하거나 의존하지 말아야 한다. 개인적인 관점에서, 소매업체의 세계는 비교적 작다. 언젠가는 다시 만나게 되기 때문에 거래에서 불공평하거나 무례한 행동을 하는 회사로 알려지지 않게끔 해야 한다.

10) 추측하지 말라.

많은 안건들이 협상기간 동안에 제기되고 있다. 오해가 없도록 하기 위해서는, 구두로 결과를 점검해야한다. Swigler사와 Carvel사는 협상 후에 가능한 신속히, 기간 동안의 내용을 서면으로 기록하여야한다.

Ⅲ 전략적 관계 관리

경쟁우위를 지속적으로 유지하기 위하여 공급업체와의 관계는 매우 중요한 역할을 한다. 이를 위해 공급업체를 만나는 것은 일련의 과정 중에서 맨 처음에 해당한다. 본 절에서는 소매업체가 공급업체와 어떻게 관계를 구축하는지에 대해 살펴볼 것인데, 훌륭한 결혼생활처럼 전략적 파트너쉽은 많은 노력을 요구한다. 우리는 장기적인 관계가 갖는 특성을 살펴볼 것이며, 이는 결과적으로 전략적 파트너쉽 구축의 기초가 될 것이다. 마지막으로, 중간소매상의 생략에 대하여 살펴볼 것이다. 이는 제조업체가 인터넷을 통하여 고객에게 직접 판매하는 형식으로, 전략적 파트너쉽 관계를 위협하는 요소가 될 수 있다는 측면에서 토의할 것이다.

1. 전략적 관계의 정의

소매업체와 공급업체의 관계는 "이익이라는 파이를 나누는 것"에 기초를 두고 있다. 근본적으로 양자는 배타적으로 자신의 이익에 관심을 가지고, 상대방의 복지에 대해서는 관심이 없다. 이러한 관계는 별다른 특징이 없는 상품이거나, 상품이 소매업체의 성과에 주된 영향을 미치지 못할 때 나타난다. 이러한 유형의 관계는 "win-lose"의 관계에 기초하고 있다. 즉 파이를 나눌 때, 한쪽이 많이 차지하면, 다른 한쪽은 손해를 보는 관계를 의미한다. 이러한 유형의 관계는 경쟁적 우위를 달성하기 위한 가치창조의 노력이 전혀 없다고 할 수 있다.

전략적 관계는 파트너쉽 관계라고도 하며, 소매업체와 공급업체가 장기간에 걸쳐 그 관계를 지속시키고, 상호이익이 되는 기회에 투자를 할 때 생긴다. 이러한 관계에서 다른 경쟁회사보다 양측관계에서 전략적 우위를 확보하기 위해, 이익이라는 파이를 확대시키는데서 생기는 위험을 감수하는 것이 중요하다. 게다가 양측은 장기간의 안목을 가지고 있다. 그래서 과감하게 단기간의 희생을 감수하게 된다. 전략적 파트너쉽은 "win-win" 관계라고 할 수 있다. 파이의 크기가 커졌기 때문에 각자는 혜택을 갖게 된다. 전략적 파트너쉽은 뚜렷하지 않은 상호간의 이해관계를 명확하게 한다. 전략적 파트너쉽의 참여자는 서로에게 깊이 의존하며 신뢰한다. 그들은 목표를 공유하고, 정해진 목표를 수행하기 위한 방법에 동의한다. 위험을 감수하며, 중요한 정보를 공유한다. 그리고 관계유지를 위한 의미있는 투자를 한다.

전략적 파트너쉽은 결혼과 같다. 일단 전략적 파트너쉽에 들어서면, 파트너가 잘하든 못하든 함께 가야하는 것이다. 예를 들어, Levy Docker가 잘 안 팔렸다면, Penney나 Levi's는 모두 손해를 보는 것이다. 전략적 파트너쉽은 위험이 따르고 유연성이 줄어들게 된다. 일단 Penney가 Levi's와 진정한 전략적 파트너쉽 관계를 형성하였다면, Levi's의 경쟁자와는 "양다리"를 걸쳐서는 안 된다.

2. 전략적 관계의 유지

전략적 파트너쉽의 유지는 양자의 목표를 달성시켜 준다. 성공적인 매입자-판매자 관계는 상대방을 서로 더욱 신뢰하고 의존하게 하기 때문에 상호이익이 증대하게 된다. 추가적으로, 매입자와 공급업체는 상호 간의 갈등을 해결하고, 이견을 조정하며, 필요에 따라 타협하게 된다. 성공적인 전략적 파트너쉽의 네 가지 요소는 상호 신뢰, 개방적 의사소통, 공동의 목표, 확고한 결속 등이다.

1) 상호 신뢰

전략적 파트너쉽을 발전시키는 열쇠는 신뢰이다. Proctor & Gamble의 전 판매담당 선임 부사장인 Lou Pritchett은 다음과 같이 말했다. "신뢰가 의심을 대체할 때, 전사시스템을 통한 원가 절감의 달성이 가능합니다. 공급업체, 고객, 종업원을 믿는 것은 가장 효과적이며, 잠재되어 있는 유용한 관리기술입니다"

신뢰는 관계유지를 위해 상대방이 의무를 다할 것이라는 믿음이다. 공급업체와 소매업체가 서로를 신뢰하게 되면, 관련된 아이디어를 공유하려고 하고, 목표와 문제를 명확하게 하며, 효율적으로 의사소통하려 한다. 양자에 의해 공유된 정보는 이해, 정확성, 시의적절성을 증대시킨다. 상대방이 이익을 빼앗거나 기회를 가져가지 않을 것이라고 믿고있기 때문에, 소매업체나 공급업체는 서로의 행동을 일일이 점검하고 감시하지 않게 된다.

예를 들어, 의류 제조업체가 소매업체와 QR시스템을 구축하고자 한다고 가정하자(제 11장 참고). 이를 위해서 소매업체의 협조가 필요하다. 제조업체는 소매업체에게 (1) 자신과 함께 일을 하게 됨으로써 얻게 되는 수익을 가시화하고, (2) 시스템 변화에 따르는 위험을 기꺼이 감수할 것이라고 강조함으로써 보다 좋은 기회를 창출할 수 있을 것이다. 만약 이들이 서로 신뢰한다면, 상대방이 관계유지를 위해 같이 투자를 할 것이라고 믿기 때문에 새로운 시스템을 도입하기 위한 노력을 기꺼이 공동으로 할 것이다. 더 나아가, 이들이 파트너쉽의 결과로 얻게 되는 것과 잃게 되는 것이 장기적으로 동일하다고 믿는다면, 더 나은 장기적인 이익을 위하여 단기적인 손해를 감수할 것이다.

판매 담당자가 매입자의 욕구와 관심을 지속적으로 고려하게 되면, 공급업체는 소매업체와의 신뢰를 쌓아나갈 수 있다. 즉, 일관성 있는 납품과 믿을 만한 성과에 대한 기록을 쌓아 나가고, 적극적으로 고객과의 대인 관계를 구축하는 공급자는 가치있는 신뢰를 얻을 것이다.

2) 개방적 의사소통

개방되고 정직한 의사소통은 지속적인 관계의 열쇠가 된다. 관계상의 매입자와 판매자는 서로의 사업을 잘 되게 하는 것이 무엇이고, 관계상에서 역할은 무엇이며, 또한 각자의 전략은 무엇이고, 관계를 지속함으로써 발생하는 문제가 무엇인지를 알 필요가 있다.

3) 공동 목표의 설정

지속적인 관계를 발전시키기 위해서 매입자와 판매자는 공동의 목표를 가져야 한다. 공유된 가치는 참여자들의 동기부여를 강하게 하고, 능력을 증대시킨다. 잠재적인 기회를 발굴하게 되는 것이다. 또한 상대방이 목표달성을 위해 방해가 되는 행동을 하지않을 것이라는 확신을 갖게 한다.

예를 들어, Johnson & Johnson(J&J)과 Kmart는 점포에서 품절이 되는 일이 없도록 약속을 하고, 양자 모두 이러한 목표를 위해 노력을 한다. J&J는 제시간에 맞춰 물품을 납품하도록 하고, Kmart는 적기에 상품을 진열하는 것을 게을리하지 않는다. 공동의 목표 하에 두 기업은 협력하려는 동기부여가 매우 잘되어 있다. 왜냐하면, 협력함으로써 각자의 매출이 증대하기 때문이다. 공동의 목표는 기대한 이익이 실현되지 않더라도 파트너쉽을 지속시키는데 도움이 된다. 배송 실수와 같은 예상하지 못한 통제 불가능한 사태로 인하여 J&J가 정해진 시간에 상품을 Kmart에 납품하지 못했더라도, Kmart는 갑자기 전체적인 관계를 종료하지 않는다. 대신에, 사태를 단순한 실수로 여기고 관계를 유지할 것이다. 왜냐하면, Kmart는 J&J가 장기적으로 공동의 목표에 충실할 것이라는 것을 알고 있기 때문이다.

4) 확고한 결속

관계에 대한 확고한 결속이 전제되어야 관계가 계속해서 발전할 수 있다. 확고한 결속은 관계에 대한 가시적 투자를 의미한다. 이는 "당신의 파트너가 되고 싶습니다"라는 거룩한 선언 이상을 의미하는 것이다. 확고한 결속은 고객에게 제공되는 공급업체의 상품이나 서비스를 개선하기 위한 금전적인 투자를 포함한다.

예를 들어, Wal-Mart와 P&G사의 파트너쉽의 강점 중의 한 가지는 양측이 CPFR 시스템과 재료 처리장비로 구비하는데 있어서 분명하고 중요한 투자가 이루어졌다는 것이다. 이러한 투자는 관계에 대한 파트너와의 강한 결속을 상징하게 된다.

3. 전략적 관계의 구축

모든 소매업체-벤더(공급업체) 관계가 전략적 파트너쉽이 되는 것은 아니지만, 일련의 과정을 통해 그러한 관계가 형성이 된다. (1)인식 (2)탐색 (3)확장 (4)결속이 바로 그 과정이다.

1) 인식(Awareness)

어떠한 거래도 이루어지지 않지만, 이 단계는 매입자가 소매시장에서 관심을 끄는 상품을 보거나 잡지에서 광고를 보는데서부터 시작된다. 공급업체의 명성과 이미지가 중요한 역할을 한다.

2) 탐색(Exploration)

공급업체와 매입업체가 잠정적인 수익과 파트너쉽 비용을 조사하기 시작한다. 매입업체가 소량의 상품을 구매하여 여러 점포에 상품의 수요를 시험한다. 또한, 이 과정에서는 공급업체와의 업무가 얼마나 용이한지에 대한 정보도 얻게 될 것이다.

3) 확장(Expansion)

공급업체에 대한 충분한 정보를 수집한 후, 장기간의 관계를 진행할 것을 고려하게 된다. 매입업체와 공급업체는 win-win 관계에 대한 잠재력이 있는지를 결정한다. 합동 판촉 프로그램을 작업하고, 판매된 상품의 수량을 증가시킨다.

4) 결속(Commitment)

양측의 관계형성이 상호이익이 된다는 것을 알게 되면, 수행단계로 진전되어 전략적 관계를 형성한다. 그러한 관계 속에서 중요한 투자를 하게 되고, 장기간의 관점으로 발전한다. 소매업체-공급업체 관계가 공급업체-제조업체의 관계가 될 거라고 생각하는 것은 어려운 일이다. 제조업체는 다른 업체와 함께 제 1차 관계일 수 있다. 그러나 소매업체의 중요한 기능이 고객들에게 상품을 분류 비치하여 제공하는 것이기 때문에, 가끔은 경쟁 공급업체와도 거래해야 할 때도 있다.

Ⅳ 상품 매입과 관련된 법적, 윤리적 문제

공급업체와 소매업체 간의 엄청나게 많은 거래에서는 비윤리적이고 불법적인 상황도 발생한다. 본 절에서는 소매업체와 공급업체의 관점에서 윤리적, 법적 문제를 살펴볼 것이다.

1. 매입 기간 및 조건

1936년에 미 의회에 의해 통과된 Robinson-Patman 법안은 잠정적으로 공급업체가 소매업체에 제공하는 가격과 조건을 제한하고 있다. 동일한 상품과 수량을 공급업체가 여러 소매업체에게 다양한 조건으로 제시하지 못하게 하고 있는 것이다. 'Anti-Chain-Store-Act' 라고도 부르는 이 법안은 체인점으로부터 독립된 소매업체를 보호하도록 한 것이다. 만약 공급업체가 이전 장에서 토의된 다양한 이슈(가격, 광고비용 협약, 가격인하 금액, 수송비용 등)에 대해 좋은 협상을 하고 싶을 경우, Robinson-Patman 법안은 공급업체가 똑같은 조건을 모든 소매업체에 제안할 것을 요구한다.

그러나 공급업체의 제조, 판매, 또는 배송 비용이 다를 때는 동일한 상품에 대해서도 다양한 조건을 소매업체에게 제시할 수 있다. 일반적으로 제품의 제조비용은 동일하지만, 판매비용과 수송비용은 어떤 소매업체에게는 더욱 크게 발생할 수 있다. 예를 들면, 벤더가 독립적인 각각의 소매업체들에게 적은 양의 상품을 매번 수송해야 할 경우, 큰 수송비용을 지출할 수 있다.

소매업체가 다른 기능을 제공할 경우에도, 공급업체는 각 소매업체에게 다른 가격을 제시할 수 있다. 예를 들어, 거대 소매업체가 그들의 유통센터를 통해 더 낮은 가격으로 판매를 할 수 있거나, 고객에 의해 고평가 된 소매업체라면 상품을 낮은 가격에 판매하는 것이 가능하다. 또한 상하기 쉬운 상품을 배치하는 경우에도 낮은 가격이 제시될 수 있다.

2. 재판매가격유지

재판매가격유지(RPM: Resale Price Maintenance)란 제조업자가 제시한 소매가격(MSRP: manufacturer's suggested retail price)보다 낮은 가격으로 소매업체가 상품을 판매할 수 없도록 공급업체에 의해 부과된 필요조건 사항이다. 100년전 Sherman Antitrust 법안이 통과된 이래로 효력이 발효가 된 적은 있으나, 최근에는 미 최고법원이 RPM이 법안위반에 자동적으로 적용되는 것은 아님을 판결한 바 있다.

공급업체는 이러한 제한 사항을 소매가격에 적용하여 소매업체가 적절한 이윤을 내게 한다. 예를 들어, Bose사가 고객에게 자사 스피커의 품질을 홍보하기 위해서 소매업체에 특별히 설계된 방음공간이 필요하다고 느끼는 경우, 오디오 전문 소매업체는 Bose사의 스피커를 판매하기 위해 방음공간을 설치하고 유지해야 하므로 추가적인 비용이 발생한다. 그러나 소매업체는 아마 추가적인 판매를 하지 않을지도 모른다. 전문 판매점에서 Bose 스피커의 품질을 경험해본 고객들이 할인점에서 더 저렴한 가격의 스피커를 구매할지도 모르기 때문이다. 할인점은 이러한 특별 방음 공간을 설치하거나 유지하지 않으므로 추가적 비용이 발생하지 않고, 이에 따라 더 저렴한 가격에 스피커를 판매할 수 있다.

이러한 상황에서 할인점은 전문점의 서비스에 무임승차(free riding)를 한다고 할 수 있다. 공정한 비용의 공유가 없이 이점만을 공유하고 있는 것이다. 따라서 재판매가격유지는 이러한 무임승차를 줄이려는 접근방식이다. 만약 모든 소매업체가 Bose사의 스피커를 같은 가격으로 판매해야 한다면, 소매업체는 가격보다는 서비스에 초점을 맞추어 경쟁을 해야하는 동기가 생긴다. 재판매가격유지는 경쟁의 제한으로 여겨져서 과거에는 불법적으로 치부되었지만, 현재는 브랜드들의 경쟁을 촉진하는 수준에서 합법적이다. 공급업체는 소매업체에 자사 제품을 자사가 제시한 소매가격에 판매하도록 요구할 수 있으며, 제시한 소매가격보다 낮은 가격에 판매하는 것을 거부할 수 있다.

그러나 일부 소매업체는 재판매가격유지를 달가워하지 않는다. 그들은 그 제품을 소유한 입장이며, 따라서 그들은 자신의 소유물인 제품을 원하는 가격에 판매할 수 있어야 하기 때문이다. Best Buy사가 개학시즌에 Toshiba 컴퓨터를 필요로 하는 수량보다 더 많이 구매했다고 가정해 보자. 그들은 제조업자가 제시한 소매가격보다 높거나 낮은 가격을 매길 수 있는 가격유연성을 원할 것이다.

3. 뇌물

뇌물(commercial bribery)이란 매입 결정에 영향을 주기 위하여, "가치있는 것"을 공급업체가 제공하거나 매입담당자가 요구할 때 발생한다. 점심을 제공하거나 주말 스키 이용권 등을 주는 것도 포함된다. 이는 모두 불법적인 것이다. 사실상 미국 국세청에서는 뇌물성 비용을 사업상의 비용으로 인정하지 않는다. 윤리적인 측면에서도 회의 차원의 점심식사와 뇌물을 구분하고 있다.

이러한 문제점을 피하기 위해서, 소매업체들은 지사의 직원들이 벤더(공급업체)로부터 일체의 선물을 받지 못하도록 하고 있다. Kmart의 경우 "뇌물, 커미션, 상납, 보상, 대출, 답례 및 기타 요구 등 공급업체로부터 가치있는 것"을 받지 못하도록 하고 있다. 그러나 대부분의 소매업체들이 이를 막는 정책을 가지고 있지도 않으며, 있다 하더라도 실효를 거두고 있지 못하는 실정이다. 현실적으로, 생일이나 성탄절 등에 와인이나 꽃을 받는 정도의 상한선을 제시하는 것이 대안이 될 수 있다. 매입자의 매입결정에 영향을 줄 정도의 선물은 뇌물로 간주되어야 하며, 불법적 행위에 해당된다.

4. 역청구

역청구(chargebacks)는 소매업체가 공급업체로부터 야기된 상품 수량의 차이에 대해 대금을 공제하는 것을 말한다. 역청구에는 두 가지 이유가 있다. 첫째, 역매입과 마찬가지로, 상품이 판매되지 않았기 때문에 송장에서 대금을 공제하는 것이다. 둘째, 라벨 오류, 물품 공급 확인서의 분실, 포장 오류, 품목 오류, 선적 지연 등의 공급업체의 과오에 대해 대금을 공제하는 것이다. 비록 합법적으로 사용되지만, 공급업체는 역청구에 대해 불공정하다고 느낀다. 소매업체는 역청구를 이익의 원천으로 사용할 수 있기 때문이다. 예를 들어, 어떤 대규모 백화점 체인의 상위 실무자는 역청구를 통해 5천만 달러를 모았다고 한다. 공급업체에게 역청구가 특히 문제가 되는 것은, 송장에서 일단 공제된 대금은 다시 보상받기 어렵다는 데에 있다.

5. 역매입

입점비와 마찬가지로 역매입(buybacks)은 점포에 입점하기 위해 공급업체와 소매업체가 사용하는 전략이다. 역매입은 두 가지의 시나리오를 생각해 볼 수 있다. 첫째, 가장 윤리적인 혼돈을 초래하는 것으로 소매업체가 공급업체에게 경쟁자의 상품을 역매입하게 하여 소매업체 선반으로부터 경쟁자의 상품을 제거하고 그 공간에 공급업체 상품을 진열하게 하는 것이다. 둘째, 느리게 판매되는 상품에 대해 소매업체가 공급업체에게 역매입을 요구하는 경우이다.

다음의 역매입 시나리오를 살펴보자. Lowe의 점포 100곳에서, Wells Lamont 작업용 장갑 1,000켤레가 간밤에 모두 소진되었다. 빈 선반은 Well Lamont 최대의 라이벌인 Midwest Quality Gloves에 의해서 다시 채워졌다. Midwest는 Lowe에게서 Lamont 장갑을 225,000켤레 구입하고, 선반은 자신의 장갑으로 채우겠다고 제의한다. Lamont 장갑은 암거래 경로를 통해 외국과 같은 멀리 떨어진 시장에 다시 팔려나갈 것이다. 몇몇 업체들이 이러한 역매입 형태의 상품을 처리하는 서비스를 제공하고 있다. 역매입은 작업용 장갑에만 국한된 것이 아니다. 전기 어댑터, 휴대용 전화기의 가죽 케이스, 유아용품, 장난감, 가습기, 손전등, 접착제 등 모든 상품에 적용될 수 있다.

역매입은 불법인가? 기술적으로 경쟁자의 상품을 시장에서 제거하는 행위는 독과점 금지법에 저촉된다. 그러나 이를 증명하기란 매우 어렵다.

6. 위조상품

위조 상품(counterfeit merchandise)이란 시장이 있는 국가에서 합법적으로 보호하는 트레이드 마크, 저작권, 특허의 라이센스 없이 만들고 판매된 상품을 의미한다. 트레이드 마크, 저작권, 특허는 모두 지적 자산의 범주에 포함된다. 지적 자산이란 보이지 않는 그리고 물리적 노력이 아닌 지적(정신적) 노력에 의해 창출된다. 트레이드 마크는 특정 상품과 관련된 마크, 단어, 그림, 또는 디자인을 의미한다(예를 들어, Rolex의 왕관, General Electronics의 GE). 저작권은 작가, 화가, 조각가, 음악가 등 예술적이거나 지적인 능력으로 작업을 하는 사람들의 원작을 보호한다. 저작권은 노력의 물리적 산출물을 보호하는 것이지 아이디어는 아니다. 이 책도 저작권의 보호를 받고 있어, 어떠한 문장도 저자의 동의 없이 사용될 수 없다. 그러나 이 책을 통해서 누구라도 아이디어를 가지고 갈 수 있으며, 다른 단어로 이를 표현할 수 있다. 특허권자는 상품에 대한 제작, 판매, 사용의 통제를 17년간 보호받으며, 디자인의 경우는 14년간 보호받는다.

위조 상품의 특성은 지난 수십 년간 변화되었다. 뛰어난 디자인의 상품, 강력한 브랜드 파워를 가진 소비재 역시 위조품으로 몸살을 앓고 있지만, 특히 소프트웨어, CD, CD-ROM과 같은 하이테크 상품에 대한 위조가 더 극성이다. 예를 들어, 소프트웨어 출판과 유통산업은 불법 복제로 인하여 매년 120억 달러의 손실을 입는 것으로 추산된다. 이런 종류의 상품이 주로 위조품의 위협에 노출되는 이유는 상품 단가가 높고, 복제와 수송이 용이하며, 소비자의 욕구도 높기 때문이다. 예를 들어, Retailing Management(본 저서)가 CD-ROM으로 출판되었다고 가정해보자. 그렇다면 단돈 몇 달러에 CD를 복제할 수 있을 것이고, 출판사와 저자 모두 돈을 벌지 못할 것이다. 복사한 CD를 구입한 사람은 이것이 저작권 위반이라는 사실도 인식하지 못한다.

소매업체와 공급업체는 위조 상품에 의한 손해와 지적재산권 침해로부터 자신들을 보호하기 위하여 네 가지 방안을 가지고 있다. 상품 등록, 합법적 행동, 상호 협상, 그리고 기업에 의해 추진되는 법령 등이 그것이다.

첫째, 상품은 판매되는 국가에서 트레이드 마크, 저작권, 특허를 받아야 한다. 미국에서 획득한 보호 장치가 대부분의 국가에서 보호받을 수 있지만 몇몇 국가에서는 적용되지 않을 수 있다.

둘째, 보호는 합법적 행동을 통해서 이루어진다. 관계 법률이 위조품으로부터 기업을 보호하고 있다. 예를 들어, 1984년에 제정된 상표위조 방지법은 위조품 제작과 판매를 민사사건에서 형사사건으로 취급하도록 하여 강력한 재제의 기초를 마련했다.

셋째, 미국정부는 위조를 방지하는 상호협상과 상호교육을 의무화하고 있다. WTO는 지적 재산 보호에 대한 규칙을 가지고 있다.

마지막으로, 기업들은 적극적으로 자신을 보호하여야 한다. 국제 반위조 연합에 가입한 375개의 기업은 전 세계 국가들에 대해 위조품에 대한 강력한 법적 재제를 가할 것을 로비하고 있다. 개별적인 기업들도 위조품에 대한 강력한 법적 제재를 가할 것을 로비하고 있다. 개별적인 기업들도 위조품에 대한 강경한 자세를 취하고 있다.

"노점상"들이 위조시계를 판매하는 것은 불법이다. 왜냐하면 그것은 시계 제조업체들이 그들의 트레이드마크 사용을 통제할 수 있는 권리를 침해하기 때문이다.

7. 회색 시장과 전환 상품

회색 시장(gray-market)의 상품들은 미국 정부에 등록된 트레이드 마크를 가지고 있으며, 외국에서 생산되어 미국의 트레이드 마크 소유자의 허가없이 미국 내로 수입된 것이다. 회색 시장의 상품은 위조 상품과는 다른 것이다. 이러한 상품은 정품과 동일한 품질을 가졌으며, 정상적인 경로로 유통되는 상품과 동일한 것들이다. 미국에서는 회색 시장에서 상품을 판매하는 것이 불법이 아니다. 최근 미국 대법원은 제조업체들로 하여금 할인점이 미국 상품을 해외에서 사들여 미국 내에서 저렴한 가격으로 판매하는 것을 막지 못한다고 판결했다.

일반 소비자는 회색 시장의 상품을 특별히 식별하지 못한다. 자동차, 보석, 향수, 주류, 시계, 사진기, 크리스탈 상품, 스키 장비, 트랙터, 베이비 파우더, 그리고 건전지 등 대부분이 미국에서 회색 시장과 관련되어 있다.

시계의 예를 들어 회색 시장의 구조를 파악해 보자. 고품질의 이미지를 창출하고, 거래 조건을 좋게 하고, 이익을 증대시키기 위해 스위스의 시계 제조업체들은 미국의 도매상에게 유럽이나 다른 나라에 비해 높은 가격을 제시한다. Patek Philippe과 같은 스위스의 시계 제조업체는 시계 1,000개를 이집트의 도매상에 수출한다. 그러나 이집트로 보내는 것이 아니라 파나마의 자유무역 지역에 선적한다. New York의 Gray Good은 파나마에 선적된 시계 전량을 이집트의 도매업체로부터 구입하고 미국으로 수출한다. 그 다음 Mel's Jewelry Store와 같은 할인 체인에 판매한다. Mel은 일반 보석 점포보다 저렴한 가격으로 적절한 이익을 남기면서 판매한다.

전환 상품(diverted merchandise)은 국제적 경계를 넘어 유통하지 않는다는 점을 제외하고는 회색 시장의 상품과 동일하다. 예를 들어, Givency가 Denver에서 독점권을 Macy's 백화점과 Lord & Tayor에만 부여했을 때, Denver의 한 할인점은 Las Vegas에서 Givency 상품을 구입하여 소매가격을 20% 낮게 판매할 수 있다. 상품이 정해진 경로로부터 전환된 것이며, 이 때 도매상을 전환자(diverted)라고 부른다.

몇몇 할인업체들은 회색 시장이나 전환 상품이 제공하는 저렴한 가격에 의해 고객들의 혜택이 커진다고 주장하고 있다. 회색 시장이나 전환 상품을 취급하는 소매업체와의 경쟁은 도매업체들로 하여금 가격인하의 압박으로 작용하고 있다.

반면 전통적인 소매업체들은 회색 시장과 전환 상품이 대중들에게 부정적인 이미지를 줄 수 있다고 주장하고 있다. 즉 회색 시장과 전환 상품은 매입 후 서비스가 거의 이루어지지 않고 있다는 것이다. 또한 회색 시장과 전환 상품으로 인한 저가격이 상품의 이미지를 손상시킨다고 생각한다. 사실상, 회색 시장과 전환 상품은 구형 모델일 가능성이 높으며, 해외시장을 이용하여 부적절하게 사용되기도 한다. 예를 들어, Philip Morris가 생산한 저렴한 가격의 해외 판매용 Marlboro를 미국에서도 구할 수 있다. 이러한 담배는 연방정부가 고시하는 건강 경고 문구가 다르게 찍혀 있거나, 포장이나 형태가 다를 수도 있다. 회색 시장이나 전환 상품으로부터 야기되는 문제를 피하려는 매입자들에게는 몇 가지 방안이 있다. 첫째, 관련된 소매업체와 도매업체에 회색 시장의 상품이나 전환 상품을 취급하지 않는다는 특약을 계약에 포함하는 것이다. 만약 위반 사실이 발생하면 추후 거래를 중단하는 방식을 사용할 수 있다. 둘째, 상이한 시장에 대해 상이한 상품 버전을 유통시키는 것이다. 예를 들어, 카메라 제조업체는 동일한 카메라를 미국과 유럽에 판매하면서 브랜드와 보증방식을 다르게 적용할 수 있다. 이렇게 함으로써 유럽에서 유통되는 상품이 미국에 유통되지 않도록 하는 것이다. 포장, 디자인, 설명서 등이 다르면 판매를 억제할 수 있다.

8. 독점 거래 협정

독점 거래 협정(exclusive dealing agreements)은 공급업체나 도매업체가 소매업체로 하여금 자신 이외의 다른 공급업체나 도매업체의 상품을 취급하지 못하도록 제한하는 것을 의미한다. 경쟁을 제한하는가에 대한 관점에서 보면 독점 거래 협정은 합법적이다. 예를 들어, 소매업체가 Lee의 청바지만을 구입하겠다는 협정에 동의했다고 하자. 이것은 경쟁을 제한하지 않는다. 왜냐하면, 다른 제조업체에게 얼마든지 다른 소매 대안이 있기 때문이다. 뿐만 아니라 Lee는 독점적 수준을 행사할 만큼 시장점유율이 크지도 않다.

반면, 1987년, St. Louis 연방법원은 Hartz ountain(애완용품 시장에서 매우 큰 시장점유율을 가진 업체)에게 백만 달러의 벌금을 부과했다. 이유는 애완용품 시장에서의 독점을 시도했다는 것이다. 즉, Hartz는 소매업체들이 다른 경쟁업체의 상품을 취급하지 못하도록 했었다. 두 사례에 대한 법적 해석의 차이는 경쟁에 대한 제한의 정도에 기인하는 것이다. Hartz Mountain은 매우 큰 시장점유율을 가지고 있었고, 소규모의 경쟁자들이 심각한 피해를 볼 수 있었기 때문이다.

9. 구속적 계약

구속적 계약(tying contract)은 사고자 하는 상품을 구입하기 위하여 사고 싶지 않은 상품을 소매업체가 구입하도록 공급업체와 소매업체가 협정을 맺는 것이다. 묶음 계약은 경쟁의 정도를 줄이고 독점을 발생시킬 우려가 있다면 불법이다.

공급업체는 전략과 품질 평판을 보호하기 위해 묶음 계약을 요구한다. 예를 들어, 이탈리아의 Benetton은 소매업체들로 하여금 Benetton의 전 상품을 모두 구입할 것을 요구한다. 이것의 목적은 브랜드 이미지를 유지하기 위해서이다. 반면, 미국 Columbia 상고심에서는 Window 95와 Internet Explorer는 "통합된" 소프트웨어의 한 부분이기 때문에, Microsoft의 운영체계 및 인터넷 브라우저 번들 판매가 묶음 판매가 아님을 판결했다.

10. 거래 거절

거래에 대한 거절은 소매업체나 공급업체 모두에서 발생할 수 있다. 일반적으로 소매업체나 공급업체는 거래하고 싶거나 거래를 하고 싶지 않은 업체를 선택할 권리를 가지고 있다. 그러나 경쟁에 반하는 증거가 있을 때, 이러한 규칙은 해당되지 않는다.

제조업체는 특정 소매업체에게 상품을 판매하지 않을 수 있다. 그러나 경쟁 소매업체를 이롭게 하기 위한 목적이었을 때는 그것은 불법이 된다. Levi Strauss가 일년에 100,000달러 이하의 주문을 하는 소매상과는 거래를 하지 않는다고 가정해 보자. Levi's는 이러한 조치를 원가절감 및 효율성 확보차원이라고 주장할 것이다. 즉 Bob's Western Wear Store가 최소 거래 단위를 충족시키지 못해 Levi's 취급 소매업체에서 탈락했고, 이는 Bob's의 경쟁자가 Levi's로 하여금 Bob's에 상품을 공급하지 말라고 압력을 가했다는 것이다. 그러나 현실적으로 강압적인 영향이 있었는가를 증명하기란 쉽지 않다.

요약

Summary

본 장은 공급업체와의 관계와 상품의 매입을 둘러싼 문제들에 대해 다루었다. 소매업체는 제조업체 브랜드와 유통업체 브랜드 모두를 구매할 수 있다. 각 유형은 각각의 이점을 가지고 있다. 적합한 브랜드를 선택하는 것과 브랜드 전략은 기업의 상품과 구색에 대한 계획 절차에 없어서는 안 될 부분이다.

제조업체 브랜드의 매입자는 공급업체와의 만남과 신상품에 대한 검토, 상품 주문 등을 위해 전시회와 도매시장 센터에 참석한다. 일반적으로 모든 상품 카테고리는 적어도 연중 한 번은 공급업체와 소매업체가 만날 수 있는 전시회를 가진다.

유통업체 브랜드 상품을 구매하는 절차는 제조업체 브랜드 상품을 구매하는 것보다 더 복잡할 수 있다. 유통업체 브랜드의 경우 제품 설계, 제품 차별과 제조업체 선택 등 일반적으로는 제조업자가 지니는 책임들을 소매업체가 지고 있기 때문이다. 국제적 상품 매입은 관련된 비용, 관리, 윤리상의 문제를 모두 고려하여야 한다.

제조업체 브랜드와 유통업체 브랜드 둘 다 구매하는 매입자는 가격인하 금액, 독점권, 운송비용 등 다양한 사안에 대해 그들의 공급업체와 협상할 수 있다. 성공적인 공급업체와의 관계는, 관계를 위한 계획과 협상에 달려있다.

공급업체와 성공적으로 팀워크를 유지하는 소매업체는 지속가능한 경쟁우위를 달성할 수 있다. 여기에는 정기적인 매입과 판매 약속 이상의 것이 있어야 한다. 전략적 파트너쉽은 신뢰, 공유된 목표, 의사소통, 재무적 결속을 필요로 한다.

매입자는 협상을 할 때나 매입결정을 할 때, 윤리적/법적인 이슈에 대해 항상 인식하고 있어야 한다. 또한 위조나 회색 시장에 연관된 문제가 있을 수 있으며, 공급업체가 소매업체에 상품을 판매할 때 직면하는 문제들도 존재한다. 따라서 어떠한 소매업체의 판매, 판매 제품, 판매량, 판매 가격 등에 대한 법적인 제한이 존재할 때, 보호는 공급업체에 의해서 이루어져야 한다.

핵심용어

Key terms

역매입(buyback)

역청구(chargeback)

뇌물(commercial bribery)

위조 브랜드(copycat brands)

저작권(copyright)

기업의 사회적 책임(corporate social responsibility)

위조 상품(counterfeit merchandise)

전환 상품(diverted merchandise)

관세(duties)

독점적 공동 브랜드(exclusive co-brands)

독점 거래 협정(exclusive dealing agreements)

공정 무역(fair trade)

무임 승차(free riding)

무상표(generic brand)

회색시장 상품(gray-market goods)

가정 브랜드(house brand)

지적 자산(intellectual property)

점포내 도난(lift-outs, stocklifts)

제조업체 브랜드(manufacturer brands, national brands)

제조업자가 제시한 소비자가격 (MSRP: Manufacturer's Suggested Retail Price)

판매손실액(markdown money)

전시회(market weeks, trade shows)

자사 브랜드(own brands)

병행수입제(parallel imports)

고품격 프리미엄 브랜드(premium branding)

유통업체 브랜드(private-label brands, store brands)   전략적 관계(strategic relationship)

재판매가격유지(RPM: Resale Price Maintenance)   관세(tariffs)

현지 매입 사무소(resident buying office)   트레이드 마크(trademark)

소매교환거래(Retail Exchanges)   신뢰(trust)

역 경매(Reverse Auction)   제휴계약(tying contracts)

입점비(slotting allowances, slotting fees)   도매시장(wholesale market)

현장학습

Get Out And Do It!

1. 계속되는 사례 과제: 소매업체에 방문해서 제조업체 브랜드와 유통업체 브랜드에 대한 감사를 해 보라. 매니저를 만나 지난 5년간 유통업체 브랜드 비중의 증감 정도를 알아보고, 제조업체 브랜드와 유통업체 브랜드에 대한 매장의 철학이나 방침에 대해서 물어보라. 방문한 소매업체에서 보고 들은 점을 바탕으로 브랜드 전략을 수립해 보라.

2. 미국의 이민, 세관 집행국(ICE: Immigration and Customs Enforcement) 홈페이지에 접속하여 (www.ice.gov), 미국에 들어오는 위조상품을 방지하는 기관이 어디인지를 알아보라.

3. 세계PL제조사협회(PLMA: Private Label Manufacturers Association)의 홈페이지에 접속하여, "Market Profile"을 읽어보라(www.plma.com/storeBrands/sbt05.html에서 읽을 수 있음). 누가 유통업체 브랜드를 구매하는가? 누가 유통업체 브랜드를 만드는가? 당신은 어떤 유통업체 브랜드를 정기적으로 구매하고 있는가?

4. Dale Buss가 Kohl's의 화장품 유통업체 브랜드에 대해서 쓴 "Changing the Face of Private Labels"에 대해서 읽어보라(www.brandchannel.com/features_effect.asp?pf_id52090에서 읽을 수 있음). 소매업체 입장에서 Kohl's에서 에스티 로더가 개발한 화장품 유통업체 브랜드를 판매하는 것의 주요 이점은 무엇인가? 에스티 로더사는 왜 유통업체 브랜드 개발에 관심을 가지고 있는지 토의해 보라.

5. 식료품 점포를 방문하여 아래 목록에 있는 아이템의 가격을 조사해 보라. 각각 제조업체 브랜드와 유통업체 브랜드에서 같은 중량을 선택하여 가격을 비교하라. 유통업체 브랜드를 선택할 경우 고객들은 돈을 얼마나 절약할 수 있는가? 상품 카테고리별로 할인 정도가 다른가?

	시리얼 바	커 피	휴 지	콜 라
제조업체 브랜드				
유통업체 브랜드				

토의 질문 및 문제

Discussion Questions and Problems

1. The Gap의 상품매입을 컨설팅한다고 가정해 보자. 멕시코나 중국 등 해외에서 매입할 것인가, 아니면 미국내에서 매입할 것인가?

2. 위조 상품(counterfeit merchandise)과 회색시장 상품(gray-market goods)의 차이점은 무엇인가? 어떤 것이 합법인가? 위조 상품이나 회색시장 상품의 판매가 허용되어야 한다고 생각하는가?

3. 제조업체 브랜드와 유통업체 브랜드의 장단점은 무엇인가? 당신이 제일 좋아하는 의류점은 강력한 자체 브랜드 전략을 가지고 있는가?

제14장 · 상품 매입 439

4. 유통업체 브랜드가 점포 충성도를 높이는데 도움이 될 수 있는가?

5. Kroger와 같은 식료품 업체들이 특정 상품군에서 더 많은 유통업체 브랜드를 만드는 이유가 무엇 인지 설명해 보라.

6. 소매업체들이 독점적인 자체 브랜드를 내놓는 이유는 무엇일까? 백화점이나 할인점, 식료품 중 하 나를 고른 후, 제공되고 있는 독점적인 자체 브랜드에 대해 조사해 보라. 제조업체 브랜드와 비교 하여 어떻게 포지셔닝 되어 있는가?

7. 어떤 상품군에서 제조업체 브랜드(혹은 유통업체 브랜드)를 선호하는가? 그 이유는 무엇인가?

8. 소매업체가 상품 매입에 있어서 더 많은 사회적 책임을 느껴야 하는 분야는 무엇인가? 왜 점점 더 사회적 책임이 중요해지는가? 공정거래 제품 등 기업의 사회적 책임으로 구매된 제품에는 더 많은 돈을 지불할 의향이 있는가?

9. 만약 당신이 기말 시험을 보지 않겠다고 결정하였다면, 담당 교수와 어떻게 협상할 것인가?

■ 추가로 읽을 자료들 *Suggested readings*

Amrouche, Nawel and Georges Zaccour. "Shelf-Space Allocation of National and Private Brands." *European Journal of Operational Research* 180, no. 2 (2007), pp. 648-63.

Anderson, Erin and Sandy D. Jap. "The Dark-Side of Close Relationships." *Sloan Management Review* 46, no. 3 (2005), pp. 75-82.

Deleersnyder, Barbara; Marnik G. Dekimpe; Jan-Benedict E.M. Steenkamp; and Oliver Koll. "Win-Win Strategies at Discount Stores." *Journal of Retailing & Consumer Service* 14 (September 2007), pp. 309-18.

Diamond, Jay. *Retail Buying*, 8th ed. Upper Saddle River, NJ; Pearson, 2007.

Hisu-Li, Chen. "Gray Marketing and its Impacts on Brand Equity." *Journal of Product & Brand Management* 16, no. 4/5 (2007), pp. 247-56.

Jap, Sandy D. "The Impact of Online Reverse Auction Design on Buyer-Supplier Relationships". *Journal of Marketing* 71, no. 1 (2007), pp. 146-59.

Shell, Richard G. Bargaining for Advantage: Negotiation Strategies for Reasonable People., 2d ed. New York: Penguin, 2006.

Timmor, Yaron. "Manufacturing for Overseas Private Labels: A Win-Win Strategy for Retailers and Producers." *International Review of Retail, Distribution & Consumer Research* 17, no. 2 (2007), pp. 121-138.

Varley, Rosemary. *Retail Product Management: Buying and Merchandising*, 2nd ed. New York: Routledge, 2005.

Chapter fifteen 15

소매가격결정

Question
- 소매업체들은 상품가격을 결정할 때 어떤 요인을 고려하는가?
- 소매가격에 대한 합법적인 제한 사항들은 무엇인가?
- 소매업체들은 어떻게 가격을 책정하는가?
- 소매업체는 시기에 따라 그리고 다양한 시장부문에 대해 어떻게 가격을 조정하는가?
- 어떤 소매업체들은 왜 EDLP(EveryDay Low Price) 전략을 사용하지 않고 High/Low 전략을 사용하는가?
- 소비자 구매에 영향을 미치기 위해 소매업체는 어떤 가격 전략을 사용하는가?

이번 장에서는 소매업체와 고객 사이의 교환을 용이하게 만들어주는 부분을 직접적으로 다루고 있다. 1장에서 다룬 바와 같이, 소매업체는 고객이 원하는 시간에 구매하기 편리한 장소에서 그리고 그들이 원하는 양만큼 제공하는 등 고객이 원하는 혜택을 제공한다. 또한 소매업체들은 고객에게 구매 전 제품 체험의 기회를 제공하는 등의 서비스도 제공한다. 이러한 혜택을 제공받는 대가로 고객들은 소매업체가 제공하는 제품과 서비스에 돈을 지불한다.

$$가치(Value) = \frac{지각된\ 혜택(Perceived\ Benefits)}{가격(Price)}$$

가격 결정의 중요성이 커지고 있는 이유는 오늘날의 고객들은 시장에서 더 나은 대안들을 선택할 기회를 많이 가지게 되었기 때문이다. 따라서 그들은 상품과 서비스를 구매할 때 더 나은 가치를 찾을 수 있는 위치에 있는 것이다. 가치(Value)는 고객들이 받는 것(소매업체로부터 제공된 상품과 서비스의 혜택 혹은 편익)과 그것을 위하여 지불해야 하는 비용의 비율로 나타낼 수 있다.

따라서 소매업체는 지각된 혜택을 증가시키거나 가격을 인하하는 메커니즘을 이용하여 가치를 증대시키고 판매를 촉진시킬 수 있다. 어떤 고객들에게 좋은 가격이란 소매업체가 제공하는 혜택은 중요하게 생각하지 않고 싼 가격으로 물건 값을 지불하는 것만을 의미하기도 한다. 다른 고객들은 상품의 질이나 서비스에 의해 돈의 가치를 얻는다고 생각하고, 추가적인 혜택을 위해 더 많은 가격을 기꺼이 지불하기도 한다. 소매업체가 가격을 높게 책정하면, 판매와 이익은 감소하게 된다. 이와 반대로 가격이 너무 낮으면, 판매는 증가하지만 이익은 감소한다. 소비자에게 매력적인 가격을 제시하기 위해서는 소매업체들은 가격결정과 관련된 경쟁업체와 법적인 제한에 저촉되지 않는 선에서 가격을 제시할 필요가 있다.

본 장의 첫 번째 절은 소매업체들이 고려하는 소매가격에 대한 부분이다. 그리고 두 번째 절은 소매업체들의 실제 가격결정과정을 설명한다. 다음 절은 소매업체들이 각 상품과 서비스 가격을 수요의 변화, 시장 세분화의 정도 그리고 심지어 고객 개개인의 성향에 근거하여 상황에 맞게 변화시키는 방법을 설명한다. 다음으로 소매업체들에게 이용되는 가격전략을 토의한 후에 몇 가지 주요한 가격 이슈인 서비스 가격결정, 판매 증진을 위한 가격결정, 그리고 인터넷 때문에 야기된 가격경쟁에 관해 논의한다.

I 소매가격결정시 고려사항들

소매가격을 결정할 때 고려해야 할 4가지 요소는 (1) 소비자들의 가격에 대한 민감성, (2) 상품과 서비스 비용, (3) 경쟁, 그리고 (4) 법적인 제한 등이다.

1. 소비자 가격민감성과 비용

일반적으로, 상품의 가격이 오르면 더 적은 손님이 그 상품에 대하여 좋은 가치를 느끼게 될 것이므로 상품의 판매는 감소하게 될 것이다. 소비자 가격민감성은 다양한 가격 기준에서 얼마나 많은 단품들이 판매되는가에 의해 결정된다.

표적 고객들이 가격에 매우 민감하다면, 가격이 상승할 경우 눈에 띄게 판매가 감소하게 될 것이다. 하지만 표적 고객들이 가격에 민감하지 않다면, 판매량은 크게 줄지 않을 것이다.

소비자 가격민감성을 측정하는데 사용되는 방법 중 한 가지는 가격실험이다. 영화 체인점이 다양한 가격기준으로 얼마나 많은 영화티켓을 판매할 수 있는지를 알고 싶어한다고 하자. 비슷한 상권 내의 6개의 영화관을 선정하고, 일주일 동안 다양한 가격으로 가격을 선정한다. 티켓당 가변비용과 영화 판권에 지불하는 로열티가 $5이며, 극장 운영비용, 임대, 노동력 그리고 에너지 비용을 $8,000이라고 가정하자.

이 실험의 결과는 〈보기 15-1〉과 같다. 〈보기 15-1a〉에서 가격이 상승하면, 고정비용은 동일하고 판매와 가변비용이 감소하지만, 판매는 가변비용보다 더 빠른 속도로 감소한다는 사실에 주목하자. 그래서 가장 높은 수익기준은 티켓가격이 $7에서 발생한다. 만약에 극장 측이 소비자 가격민감성과 책정가격만 고려한다면, 최고의 수익이 발생할 가격을 $7로 결정할 것이다.

1) 가격탄력성

가격민감성을 측정하는 가장 일반적인 방법은 가격탄력성이다. 이는 판매수량변화율을 가격변화율로 나눈 값이다.

$$\text{탄력성(Elasticity)} = \frac{\text{판매수량변화율}}{\text{가격변화율}}$$

◑ 보기 15-1a 가격실험결과

극 장	가 격	판매수량	갸격×판매수량 총수익	판매수량×$5 가변비용	고정비용	총수익-가변 비용-고정비용 총마진
1	$ 6	9,502	$57,012	$ 47,510	$ 8,000	$ 1,502
2	6.5	6,429	41,789	32,145	8,000	1,644
3	7	5,350	37,450	26,750	8,000	2,700
4	7.5	4,051	30,383	20,255	8,000	2,218
5	8	2,873	22,984	14,365	8,000	619
6	8.5	2,121	18,029	10,605	8,000	-577

◑ 보기 15-1b 다른 가격으로 판매된 양

◑ 보기 15-1c 다른 가격의 수익

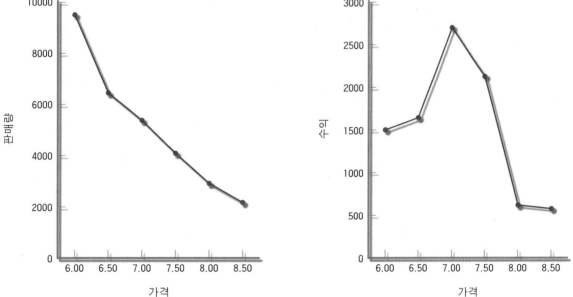

소매업체가 처음에 유통업체 제품인 DVD 플레이어를 $90로 책정하고 나중에 $100로 가격을 올렸다고 하자. 가격을 올리기 전 소매업체는 주당 1,500대를 판매하고 있었다. 가격을 올렸을 때, 판매가 주당 1100대로 감소했다. 여기서 가격탄력성은 다음과 같다.

$$탄력성(Elasticity) = \frac{판매수량변화율}{가격변화율}$$

$$= \frac{(신\ 판매량 - 구\ 판매량\ ) \div (구\ 판매량)}{(신\ 가격 - 구\ 가격) \div (구\ 가격)}$$

$$= \frac{(110 - 1500\ ) / 1500}{(10 - 9) / 9} = \frac{-0.2667}{.1111} = -2.4005$$

가격이 올라가면 보통은 판매수량이 감소하기 때문에, 가격탄력성은 음수부호(-)의 숫자가 된다. 어떤 상품시장의 가격 탄력성이 -1 이상일 경우, 즉 가격을 1% 인하하면, 판매 감소량이 1% 이하일 때 일반적으로 가격이 둔감하다고 생각한다. 가격탄력성이 -1 이하일 경우, 즉 1%의 가격인하를 하면, 판매수량이 1% 이상 증가할 때 가격이 민감하다고 말한다. 상품의 가격탄력성은 과거의 가격변화에 따라 판매량이 어떻게 판매되었는가를 분석한 통계기술을 사용하거나 실험을 통해서 추산될 수 있다.

가격민감성에 영향을 주는 요인들은 여러가지가 있다.

첫 번째, 대체재가 많은 상품일수록, 가격탄력성(민감성)이 높아진다. 예를 들어, 대체재가 많은 Mcdonald 샌드위치 식사인 패스트푸드 가격은 탄력적이다. 그러나 대체상품이 없는 브랜드 상품은 가격이 비탄력적(둔감함)이다. 두 번째로 생활필수품인 경우는 비탄력적이다. 그래서 의료비는 비탄력적인 반면에, 항공티켓비용은 탄력적이 된다. 셋째로, 소비자 수입에 비해 비싼 제품은 탄력적이 된다. 따라서 차의 가격은 탄력적이고 책과 영화티켓은 가격이 비탄력적인 경향이 있는 것이다. 흔히 구매되는 제품에 대해 추정한 탄력성은 다음과 같다.

상품분류	가격탄력성	
	단 기	장 기
의류	-0.90	-2.90
와인	-0.88	-1.17
보석과 시계류	-0.44	-0.67
가솔린	-0.20	-0.60

이러한 추정치에 근거하여, 의류 가격을 1% 인하하면 판매수량이 단기적으로는 0.9%, 장기적으로 2.90% 증가하게 된다. 그래서 지금 새로운 스웨터를 사려고 한다면, 지금부터 3개월 후에 있을 세일 기간에 사려고 기다리는 것보다 낮은 가격에 덜 민감한 반응을 보인다. 이와 반대로, 미국인들은 가솔린에 대해서 작은 가격변화와 관계없이 장기나 단기에도 많은 구매를 하지 않을 것이다. 그러나 이러한 탄력추정치가 가격의 조그마한 변화에 근거를 두고 있는 것이고, 큰 가격변화에서는 다를 지도 모른다.

-1 이하의 가격탄력성이 있는 제품에 대해, 수익을 최대화하는 가격은 다음 공식으로 결정될 수 있다.

$$수익\ 최대가격 = \frac{가격탄력성 \times 비용}{가격탄력성 + 1}$$

따라서 앞서 예를 든 유통업체 상품인 DVD 플레이어 가격이 $50이라면, 수익 최대가격은 다음과 같다.

$$수익\ 최대가격 = \frac{가격탄력성 \times 비용}{가격탄력성 + 1}$$
$$= \frac{(-2400) \times \$50}{(-2.4005 + 1)} = \$85.70$$

2. 경 쟁

앞서 논의하였던 소비자 가격민감성과 비용을 근거로 하는 가격설정은 경쟁자 가격의 영향력을 제외하고 있다. 실험에 참여한 영화체인점이 $7.50 티켓 가격을 실험결과를 토대로 $7.0으로 인하하여 판

역사적으로 가솔린의 가격 탄력성은 -1이상이었으므로, 가격인상에 따른 판매 감소는 거의 일어나지 않는다.

매와 수익을 늘리려고 한다고 하자. 체인점의 판매증가가 이루어지면, 경쟁사측에서는 판매 감소를 알게 되고, $7.0로 가격을 인하하기 때문에 실험에 참여한 영화관들은 판매와 수익증가를 느끼지 못하게 된다.

소매업체들은 경쟁사와 동등하거나, 낮게 또는 높게 가격을 책정할 수 있다. 책정된 가격정책은 소매업체의 전반적인 전략과 그와 관련 있는 시장에 대해 일관성 있게 진행되어야한다. Wal-Mart와 Tiffany사를 보면, Wall-Mart사의 전반적인 전략은 경쟁사보다 낮은 가격으로 상품가격을 책정하는 것이다. Tiffany사는 이와 반대로 상품 이외의 서비스를 고객들에게 제공하는 것이다. 회사브랜드 이름과 고객 서비스가 고객들에게 구매하는 보석에 만족할 거라는 확신을 심어준다. 이 회사의 독특한 특성 때문에, 경쟁사보다 더 높은 가격을 책정할 수 있다.

1) 경쟁가격 자료 수집과 활용

소매업체들은 가격을 지속적으로 경쟁력 있게 유지하고, 가격 조정 필요성 여부를 판단하기 위하여 경쟁자들의 가격에 대한 자료를 수집한다. 이러한 자료는 점포 점원을 활용하기도하고, ACNielson사와 IRI같은 서비스 제공업체를 이용하기도 한다.

〈보기 15-2〉에서와 같이 경쟁가격비교의 예를 보자.

보기에서 전국약국체인점인 CVS는 전반적으로 Winn-Dixie와 Wal-Mart보다 가격이 높게 책정되어 있다. 그러나 샴푸, 치약, 면도용 젤은 가격경쟁력이 있다. 식료품 체인점인 Winn-Dixie는 유아용 식품과 같은 선정품목에 대해 비교적 낮은 가격이 매겨져 있다. Wal-Mart는 전반적으로 경쟁사보다 낮은 가격이 책정되어 있다.

2) 가격경쟁력

소매업체는 가격경쟁력과 브랜드 전략을 활용하여 가격을 낮추려고 노력한다. 이는 유통업체 브랜드,

● 보기 15-2
경쟁가격자

품 목	CVS	Winn-Dixie	Wal-Mart
센트륨(비타민)-130정	$9.49	$9.99	$8.26
타이레놀 용액	6.49	4.69	5.47
엠파미프 용액 유아식품	3.29	2.99	3.13
VOS 샴푸	0.99	1.19	0.97
페디아라이테(1리터)	5.79	5.29	
콜게이트 치약(6 온스)	2.99	2.99	2.84
듀라셀 AA 건전지(4팩)	4.79	3.49	3.24
9 Lives 캔 고양이 먹이	1.49	1.29	0.98
애드빌(50캡슐)	5.99	5.59	
에지 면도용 젤(7온스)	2.39	2.39	2.14
경쟁가격지표	100%	91%	85%

독점상품 개발, 독점 유통권에 대한 제조업체의 브랜드를 가지고 협상할 수도 있다. 경쟁사들이 이러한 제품을 보유하고 있지 않기 때문에 고객들이 쉽게 가격을 비교할 수가 없다.

3. 가격결정에 있어 법적, 윤리적 이슈들

가격민감성, 가격, 그리고 경쟁력과 더불어 소매업체가 고려해야 할 사항은 법적, 윤리적 문제들이다. Carrefour의 경우 프랑스에서 브랜드 상품에 대해 가격인하폭을 규정한 관계로 독일 체인점인 ADLI 사와 Lidl와 같은 경쟁사에 의해 많은 손실을 입어왔다. 이 두 기업은 공격적으로 프랑스 시장에 진출하여 많은 Carrefour 점포들에 대해 우위를 점하게 되었다.

이러한 법적, 윤리적 가격결정 문제에는 가격 차별화, 재판매 가격유지, 수평적 가격고정, 공격적 가격결정, 유인 후 전환 전술, 조사된 가격과 공시된 가격 등이 포함된다.

1) 가격 차별화

가격 차별화(price discrimination)는 공급업체가 동일한 제품과 서비스에 대해 둘 이상의 고객에게 각각 상이한 가격을 받으면서 발생한다. 소매업체와 그들의 고객 사이에서 발생하는 가격 차별화는 일반적으로 합법이다. 가격 차별화는 쿠폰을 가지고 물품을 구매하거나 특정한 시간대인 오후 6시 이전에 식당에서 식사하는 고객들에게 다른 가격을 지불하게 한다. 차량, 보석, 또는 소장품 같은 물건을 구매할 때 다른 가격으로 고객들을 상담하는 일은 흔하다. 여성과 남성에 대하여 헤어컷이나 드라이크리닝과 같은 서비스 가격이 동일한데도 불구하고, 종종 여성들에게 더 많은 요금을 책정한다. 미국의 몇몇 주에서는 성, 인종, 또는 소수인종을 기초로 소매가격 차별화를 금지하는 법이 있다.

소매업체들이 가격 차별화를 하는 이유와 방법을 다음에 설명하기로 한다. 대부분의 소비자들은 자신들이 다양한 가격을 내고 있다는 사실을 모르고 있다. 예를 들어, 온라인 소매업체가 고객들에게 성별, 거주위치, 하루의 쇼핑시간, 인터넷 연결속도, 또는 Google 검색 습관을 기초로 가격판촉을 벌일 수도 있을 것이다. 따라서 남부의 인터넷 속도가 빠른 지역의 여성은 무료배송혜택을 받을 수 있고, 서부거주 남성은 무료 배송 대신에 현장에서 고객서비스를 받을 수 있을 것이다. 그러나 고객들이 이러한 행위를 알게 된다면, 그들은 자신들이 불공평한 대우를 받고 있다고 생각해서, 앞으로 그 업체를 후원하지 않을 것이다.

2) 공격적 가격결정

공격적 가격결정(predatory pricing)이란 시장에서 경쟁업체를 몰아낼 정도의 상품 가격을 정하는 것을 말하는데, 이 역시 법에 저촉되는 행위이다. 하지만 소매업체는 제품의 구입 원가나 인도 조건이 다를 경우, 서로 다른 지점에서 상이한 가격으로 제품을 팔수는 있다. 예를 들어, The Limited와 같은 전국 규모의 전문점 체인에서는 동일한 드레스에 대해 Ohio주에서보다 California주에 더 많은 가격 부담을 준다. Ohio주의 어떠한 경쟁 소매업체도 The Limited의 저가수준만큼 가격을 내리기 어려운데, 이는 The Limited가 지키고 있는 낮은 물류비용에 의한 것일 뿐, 상대 경쟁업체를 도산상태에 빠뜨리려는 시도에 의한 것은 아니므로 법적인 문제가 되지 않는다.

제품을 - 보통 원가 이하의 - 저가로 판매하는 행위도 불법으로 간주되고 있다. 하지만 그 동기가 상대 경쟁업체를 도태시키는 것이 아니라면, 그 제품을 어느 가격에 내놓아도 큰 문제가 되지 않는다. 지방 중소지역의 독립 소매업체들은 Wal-Mart가 제품을 원가 이하로 팔아서 자신들을 도산시키고 난 뒤 지역시장의 상품 가격을 장악하고 나면 다시 가격을 인상할 것이라 하여 오랜 동안 Wal-Mart를 상대로 기소해오고 있는데, 이에 대한 Wal-Mart 입장은 해당 지역의 소매업체들을 도태시킬 의도가 없으므로 법에 저촉되는 행위를 자행한 적이 없다는 것이다. 하지만 Wal-Mart에서도 다른 소매업체가 그러듯이 제품을 원가 이하에 팔아오고 있다는 점에 대해서는 인정했으며, 소비자들에게 최저가에 상품을 공급하고 싶었을 뿐이었다는 의도도 표명했다. Wal-Mart의 EDLP(EveryDay Low Price)전략은 치열한 경쟁 하에서는 저가로, 소원한 경쟁 하에서는 고가로, 다시 말해서 지역 경쟁 상황을 토대로 수립된다. 소위 Wal-Mart의 공격적 가격결정이라는 전략은 법의 심판을 받게 되었다. 심의를 거친 뒤 Arkansas 대법원에서는 Wal-Mart가 약품을 원가 이하에 판매한 행위에 대해서 타 경쟁업체를 도산시킬 의도가 없었다고 판결했다. 그러나 고객들이 점포를 방문할 때 다른 상품을 구매하리라는 기대감으로, 고객들을 끌어들이기 위해, 다른 소매업체와 같이 원가 이하로 제품을 판매했다는 사실은 인정하고 있다.

3) 재판매 가격

벤더는 소매업체에 그들의 상품을 권장소비자가격으로 판매할 것을 권고하고 있다. 이 가격은 소매업체 간에 가격경쟁력을 낮추고, 무료제공을 근절시키고, 그리고 소매업체가 추가적인 서비스를 제공할 것을 장려하도록 책정된 것이다. 벤더는 공동광고로 얻게 되는 수익을 철회하거나, 준수하지 않는 소매업체에 상품배송을 거부함으로써 권장소비자가격을 강요하기도 한다. 최근에 연방대법원은 벤더가 소매업체에게 권장소비자가격으로 물품을 판매하라고 요구하는 것은 각자 상황에 맞게 결정되어야 한다고 판결했다.

4) 수평적 가격고정

수평적 가격고정(horizontal price fixing)이란 직접적 경쟁에 돌입해 있는 두 소매업체가 동일 제품에 대해 같은 수준의 가격으로 고정하는 담합 행위를 의미한다.

일반적으로 소매업체는 경쟁사들과 매매가나 그 조건에 대한 담합 행위를 하지 못하도록 되어 있다. 매매조건에는 제품의 변조, 인도, 선물포장, 혹은 점포의 교환정책과 같은 제반 활동이 포함된다. 매수인이나 점포 관리자가 타 매장의 시장가격을 알고 싶다면, 그곳에 직접 가서 물건을 사보거나 직원을 그 점포에 보내서 상품 가격을 알아보게 하는 방법이 있지만, 전화를 해서 해당 상품의 가격을 알아보는 행위는 금지되어 있다. 물론 어떤 점포에서도 다른 경쟁업자가 가격을 알아보고자 하는 요구에 협조해서도 안 된다. 예외적인 경우는 도시 중심가나 쇼핑센터와 같이 지리적으로 모여 있는 상인조합에서 특별 행사를 마련하는 경우가 있다. 이러한 경우 해당 소매업체는 행사기간 중 제품이 특가에 팔릴 것이라고 공표할 수는 있으나 구체적 제품이나 그 가격을 언급해서는 안 된다.

5) 유인 후 전환 전술

유인 후 전환 전술(bait-and-switch tactics)이란 일단 상품을 정가 이하에 판다고 광고하여 고객을 점포로 끌어들인 후(the bait), 이들이 비싼 상품을 구매하도록(the switch)하는 불법적 기만행위를 말한다. 소매업체들은 실망하는 소비자들과 연방거래위원회와의 마찰을 피하기 위해 광고에 나간 상품에 대해서는 충분한 재고를 구비해 놓고 있어야 한다. 그리고 해당 상품에 대한 재고가 바닥났다면, 그 상품에 대한 우선 물품 제공권(rain check)을 발행해야 할 것이다.

6) 조사된 가격과 공시된 가격(Scanned versus Posted Prices)

많은 고객들과 규정 조사자들이 가격조사의 정확성에 우려를 하고 있지만, 조사는 보통 높은 정확도를 나타낸다. 일반적으로, 조사가격이 공시가격보다 낮기 때문에 소매업체는 가격조사 착오로 손실을 입기도 한다. 주기적인 가격조사는 좋은 가격형성에 필수 요소이다. 품목들에 대한 무작위 가격조사는 주기적으로 가격조사 착오의 범위와 원인을 확인하고 오차를 최소한으로 하기위한 과정을 발전시키기 위해 이루어져야 한다.

Ⅱ 소매가격 책정

이전 절을 학습하면서, 이론적으로 소매업체들은 소비자들의 가격탄력성과 상품의 가격을 바탕으로 가격을 결정함으로써 그들의 이익을 최대화한다는 것을 확인하였다. 단순히 가격탄력성과 비용을 사용하는 방법의 한 가지 제한점은 그것이 경쟁자들로부터 정하여지는 가격체계를 고려하지 못한다는 데에 있다. 또 다른 문제는 이러한 접근을 실행하는 것은 각 상품들에 대한 가격탄력성을 파악해야하는 많은 지식을 필요로 한다. 많은 소매업체들은 50,000 SKUs보다 많은 품목의 가격을 정해야 하고, 매 월마다 수천가지의 가격결정을 해야 한다. 현실적인 관점으로, 그들은 각 상품에 대한 가격탄력성을 실험적으로나, 통계분석적으로 명확하게 결정할 수는 없다.

1. 원가지향의 가격결정

대부분의 소매업체들은 제조업체 권장소매가격(MSRP: Manufacture's Suggested Retail Price) 혹은 수익성 있는 매상 총이익을 산출하기 위하여 상품의 비용을 인상하는 방식을 가격 설정에 사용한다. 그리고 이러한 비용에 기초한 가격들은 고객의 가격탄력성과 경쟁 가격에 관한 통찰력에 기반을 두어 조정된다. 다음의 절은 어떻게 소매업체들이 단순히 상품 비용에 기초하여 가격을 설정하는가에 대한 설명이다.

1) 소매가격(Retail price)과 가산액(Mark up)

상품원가에 의해 가격을 결정할 때 소매업체는 다음과 같은 공식으로 계산한다.

> 소매가 = 원가 + 가산액

가산액은 소매가와 원가사이의 차액을 말한다. 스포츠 상품 소매바이어가 테니스라켓을 $75로 구매해서 $125의 가격으로 진열해 놓는다면, 가산액은 $50이 된다. 적절한 가산액은 소비업체의 운용비용(인력비용, 임대비, 시설비, 광고비등 기타)에 따라 결정된다. 소매업체는 저가상품의 판매를 촉진하기 위해, 상품가격을 원가이하로 책정해서 판매 손실을 볼 수도 있다.

$$가산율 = \frac{(소매가 - 원가)}{소매가}$$

$$테니스라켓에 대한 가산율 = \frac{(\$125 - \$75)}{\$125} = 40\%$$

원가와 가산율을 적용하는 소매가:

소매가 = 원가 + 가산액

= 원가 + 소매가 × 가산율

$$= \frac{원가}{(1 - 가산율)}$$

따라서 사무용품 공급카테고리 전문점의 매입자가 계산기를 $14에 구매하고, 그 카테고리에 대한 재정목표를 충족시키기 위해 30%의 가산율이 필요하다면, 소매가격은 다음과 같이 계산될 수 있다.

$$소매가격 = \frac{원가}{(1 - 가산율)} = \frac{\$14.00}{(1 - 0.30)} = \$20이 된다.$$

전통적으로, 의류소매업체는 50%의 가산율을 사용했다. 이는 키스토닝(keystoning)이라 하며, 소매가를 원가의 두 배로 가격을 책정하는 것을 말한다.

2) 초기 가산액과 유지 가산액

소매업체는 제품을 초기가격으로 판매하지 않는다. 특판용 또는 시즌 말에 과도한 재고를 없애려고 가격을 낮추어 판매한다. 할인이 종업원에게 부여되기도 하고, 어떤 상품들은 도난당하기도 하고, 계산 착오로 손실을 입기도 한다. 초기 가격을 가지고 실제의 판매가격으로 낮추는 요인들을 '인하'라고 부른다. 이러한 이유로 초기 가산액과 유지 가산액이 차이가 나는 것이다. 초기 가산액은 처음에 상품원가를 빼고 상품가격을 결정해서 판매하는 가격을 말하며, 유지 가산액은 원가를 뺀 상품에 대해 확인된 실제 판매액이다. 유지 가산액은 상품의 총마진과 동등한 값을 갖는다.

초기와 유지 가산액사이의 차이는 〈보기 15-3〉에서 보여주고 있다. 제시된 상품은 $0.6이고, 초기가격은 $1.00이면, 초기 가산액은 $0.40이며, 초기 가산율은 40%가 된다. 그러나, 상품의 평균 판매가는 $0.90이다. 인하액은 $0.10이고, 유지가산액은 $0.30이며, 유지 가산율은 33%이다.(0.30/0.90)

초기 가산율과 유지 가산율의 차이는

$$초기가산율 = \frac{유지\ 가산율(실제\ 계획된\ 판매량) + 인하율(실제\ 계획된\ 판매량)}{100\% + 인하율(실제\ 계획된\ 판매량)}$$

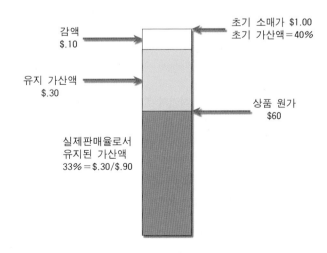

◐ 보기 15-3
초기 가산액과 유지 가산액과의 차이

감액
$.10

유지 가산액
$.30

실제판매율로서
유지된 가산액
33% = $.30/$.90

초기 소매가 $1.00
초기 가산액 = 40%

상품 원가
$60

만약 〈보기 15-3〉에서 보여준 상품에 대한 가격을 결정하는 매입자가 10%의 할인율을 염두에 두고, 유지 가산율을 33%로 생각하고 있다면, 초기 가산율은

$$\text{초기 가산율} = \frac{33\% + (\$0.10 / \$0.90 = 11.111\%)}{(100\% + 11.111\%)} = 40\%\text{가 되며,}$$

초기 소매가격은

$$\text{초기 소매가격} = \frac{\text{원가}}{(1- \text{초기 가산율})} = \frac{\$0.60}{(1 - 0.40)} = \$1.00\text{이 된다.}$$

2. 상품최적화 소프트웨어

소매가격을 결정하는 새로운 방법으로 상품최적화 소프트웨어를 사용하는 종합적인 방법이 있다. 이러한 소프트웨어 프로그램은 과거와 현재의 상품 판매와 가격을 분석하고, 형성된 가격과 판매를 평가한 후, 가장 최적의 초기 가격과 감산의 적절한 규모와 시기를 결정하는 일련의 알고리즘을 이용한다. 초기가격을 결정하기 위해서, 소프트웨어는 자사와 경쟁사의 과거 판매 자료를 이용한다. 예컨대, Pepsi와 Lays Potato Chip과 같은 유사한 판매 형태를 갖는 보완상품에 대한 가격과 판매관계를 결정한다. 그래서 소프트웨어는 Pepsi에 대한 가장 좋은 가격을 매입자에게 알려주면서 포테이토칩에 대한 가격도 알려준다. 소프트웨어는 점포의 이미지, 라이벌의 근접성, 시즌별 요인, 또는 쿠폰이 적용될 상품 같은 여러 요인들도 포함한다.

이 소프트웨어는 백만 달러 이상의 비용이 들 정도로 비싸서, 현재는 전 세계에서 200개도 안 되는 소매업체에서만 이용하고 있다. 그러나 사용하게 되면 전체 수익에 엄청난 영향을 줄 수 있다. 예를 들어, 뉴욕의 Duane Reade 약품 체인기업은 이 프로그램을 이용하여 기저귀의 판매를 증가시키고자 했다. 체인점은 할인과 쿠폰을 이용하도록 했으나, 그 결과 경쟁사에게 판매지역까지 잃게 되었다. 소프트웨어는 아이의 연령에 맞게 가격인상을 해야 한다고 알려주었다. 그래서 신생아 사이즈는 더 비싸게, 큰 아이가 입는 기저귀는 더 싸게 만들었다. 일 년 후, 그들은 증가된 기저귀 판매량으로 인해 27%까지 아동보호기금 세금을 더 내야 했다. 그 결과 그 카테고리에 대한 총 마진이 2% 증가하였다. 전통적인 분석은 신생아의 부모가 걸어다니는 아이의 부모보다 가격의 민감성이 훨씬 덜하다는 사실을 제공할 수 없었다.

3. 소매가격 책정의 이익 효과 : 손익분기분석의 이용

소매업체들은 이익을 발생시키기 위하여 판매해야 할 판매수량을 알고 싶어 한다. 예를 들어, 소매업체는 다음과 같은 것을 알고 싶어 할지도 모른다. 지금까지 초기 소매가격 설정과 감산치를 적용하는 절차를 검토해 왔기 때문에, 이제 이러한 활동에 대한 실제 효과를 파악할 필요가 있다.

- 목표 수익을 발생시키기 위한 손익분기 판매량
- 신상품, 상품 라인, 부문, 점포 등의 손익분기량 및 금액
- 가격 변동을 회복하기 위해 요구되는 손익분기 판매의 변화

여기에서 사용되는 실용적인 분석 도구는 손익분기분석인데, 이는 다양한 판매수준에서의 수익성을 결정하기 위해서 수입 총액과 원가 총액 사이의 관계를 분석하는 것이다. 손익분기분석은 소매에서 많이 응용된다.

손익분기점 판매수량은 총 수입이 총비용과 같으면서, 추가판매 수량에 대해 이익이 발생하는 수량이다. 손익분기에 이르는데 필요한 판매 수량을 계산하는 공식은 다음과 같다.

$$\text{손익 판매수량} = \frac{\text{총 고정원가}}{\text{(단가 − 단위당 변동원가)}}$$

처음 두 가지를 좀 더 면밀하게 검토해 보자: (1) 신상품, 상품 라인, 부문, 점포 등의 손익분기량 및 금액, (2) 가격 변동을 회복하기 위해 요구되는 손익분기 판매의 변화.

1) 신상품에 대한 손익분기 계산

PetSmart사가 애완견 소유자를 위해 건식용 개 사료 신상품을 개발하는데 관심이 있다고 가정해 보자. 이 개 사료를 개발하는 비용은 관리자와 설계자의 임금, 설계팀의 건물 임대료, 그리고 창고 저장비 등을 포함하여 $700,000이다. 이 가격은 변하지 않으며 상품이 생산되고 판매되는 양의 변화와는 무관하기 때문에 고정비용이다. 경영진은 개사료를 $12에 팔려고 계획한다. 개 사료의 원가는 $5이다. 경제적인 관점으로 이것은 변동원가, 즉 생산품이 생산되고 판매되는 양과 더불어 직접적으로 변동하는 회사의 경비 총액이다. 변동원가는 직접적인 노동과 생산품을 생산하는 재료를 포함한다.

$$\text{손익분기 판매량} = \frac{\text{고정비}}{\text{실제 단위당 판매가 − 단위당 변동원가}}$$

$$= \frac{\$700,000}{(\$12 − \$5)} = 100,000\text{봉지}$$

이 예에서 PetSmart사는 손익분기점을 달성 하려면 100,000봉지를 판매해야 한다. 그 후 추가적인 판매봉지수마다 $7의 수익이 생기게 된다.

좀 더 흥미를 돋우기 위해서, PetSmart가 $100,000 이익을 얻으려고 한다고 가정해 보자. 손익분기량은 이제 다음과 같이 된다.

$$\text{손익분기 판매량} = \frac{\text{고정비}}{\text{단가 − 단위당 변동원가}}$$

$$= \frac{(\$700,000 + \$100,000)}{(\$12 − \$5)} = 114,286\text{봉지}$$

2) 손익분기 판매 계산

손익분기점 계산과 밀접하게 관련된 사안은 가격인하로부터 이익을 얻기 위해서 어느 정도의 판매를 증가시켜야 하는지, 혹은 어떤 가격이 수지가 맞도록 하기 위해서는 어느 정도의 판매를 해야 하는지를 결정하는 것이다. PetSmart의 예를 계속 이어서, 손익분기량이 114,286단위라고 가정해보자(고정 원가 $700,000에 기반으로 하여, 이익 $100,000, 판매 가격 $12, 그리고 원가 $5). 만약 판매가격의 16.67% 인하한 $10로 낮춘다고 하면 손익분기를 위해서 얼마나 많이 팔아야 하는지를 알아보자.

$$손익분기\ 판매량 = \frac{고정비}{단가 - 단위당\ 변동원가}$$

$$= \frac{(\$700,000 + \$100,000)}{(\$10 - \$5)} = 160,000단위$$

PetSmart사가 $12에서 $10로 16.67% 가격을 인하시키면, 판매수량은 40% 증가해야 한다: (160,000 − 114,286) ÷ 114,286.

Ⅲ 소매가격의 조정

지금까지 어떻게 소매업체들이 처음에 상품의 가격과 마진 유지에 기초를 두고 가격을 설정하였는지에 대하여 알아보았다. 그러나 소매업체들이 시간이 경과함에 따라 가격을 조절하거나 감산하고, 고객 분류를 위해 다양한 가격결정을 하기도 한다. Retailing View 15.1에서 소매업체들이 어떻게 감산을 피하면서 총 마진율을 증가시키려고 노력하는지를 보여주고 있다.

1. 감산치

감산치는 초기 소매가격의 하향조정에 속한다. 이제부터 왜 소매업체들이 감산치를 정하게 되고, 어떻게 감산치 금액을 줄이며, 감산치가 어느 정도의 규모여야 하고, 감산치 적용기간의 지속 정도는 어느 정도로 하며, 어떻게 감산치 상품을 처분하고, 어떤 절차로 감산치를 정하는 가에 대해 검토한다.

1) 감산치가 생기는 이유

감산치가 생기는 이유는 재고 정리(상품의 처분) 혹은 판매 촉진 때문으로 분류될 수 있다.

감산치 정리 한 상품이 잘 안 팔리고 진부하며 판매 시기의 막바지에 달했거나, 경쟁자의 상품보다 가격이 높게 책정되었을 때, 해당 상품은 일반적으로 처분의 목적으로 감산치가 적용된다. 이러한 상품은 천덕꾸러기가 되며 또한 점포의 이미지에도 손상을 입힌다.

감산치는 사업운영 비용의 한 부분이다. 이미 언급하였듯이, 소매업체들은 자신들의 감산치를 계획한다. 그들은 감산치와 다른 하향 조정이 발생한 이후에도 충분히 계획한 유지 가산치를 얻을 수 있도록 초기 가산치를 높게 책정한다. 그래서 한 소매업체의 목적이 감산치를 최소화하는데 국한될 필요는 없다. 만약 감산치가 너무 적다면, 소매업체는 아마도 상품 가격을 적게 책정하고 충분한 상품을 사들이지 않거나, 혹은 충분히 팔릴 수 있는 상품임에도 불구하고 모험을 하려고 들지 않을 것이다.

판매촉진하는 감산치 소매업체들은 판매를 증대시키기 위해서 상품 판매를 촉진하는 감산치를 사용한다. 어떤 바이어는 새로운 상품에 대한 여지를 확보하기 위하여 기존 상품에 대한 감산치를 적용할 것을 미리 결정할 수도 있다. 추가적으로, 기존 상품의 감산치 적용 결정은 신상품 구입을 위한 현금 유동성을 발생시킨다는 이점이 있다. 감산치는 역시 고객들의 내점 빈도를 증대시키게 된다. 소매업체들은 판매 촉진 계획을 세우는데, 공휴일 할인, 특별 이벤트, 그리고 전반적인 판매촉진 프로그램의 일환으로 감산치 적용 판매를 선택한다(제 16장 참고). 사실상, 작고 휴대가 가능한 가전제품(가령 토스터

상품구입의 마지막 시기입니다.

수 년 동안, 소매업체들은 고객들을 세일과 감산으로 끌어들여왔다. 쇼핑객들은 상품이 세일 들어가는 시기를 알고 있다. 이러한 방법으로 소매업체의 상품판매가 증가하지만, 총 마진은 감소하게 된다. 빈번한 세일은 고객들에게 상품에 하자가 있거나 품질이 좋지 않을 거라는 인상을 주게 될지도 모른다. 그로 인해서 소매업체의 이미지에도 나쁜 영향을 끼치게 된다. 그래서 소매업체들은 이러한 고리를 끊어버리고, 고객들이 충분한 가격을 지불하도록 유도할 수 있는 방법을 고안하기에 이르렀다. 감산을 줄이는 한 가지 방법은 매입량을 더 잘 통제하는 하는 것이다. 시기에 적절하게 맞추는 재고정책을 채택해서, 고객들은 상품의 희소성을 인식하고, 제 값을 지불하고 사게 된다. 적절한 수량이 창고나 도매상에 있다고 하더라도, 점포에는 몇 점만 진열함으로써 고객들에게 "상품구입의 마지막 시기"라는 신호를 보낸다. 소매업체가 상품 진열을 자주 바꿔 주기만 하더라도, 고객은 진열상품이 제한된 수량으로 들어와서 판매되는 것으로 인식하게 된다. Wal-Mart와 같이 낮은 가격을 광고하는 소매업체들은 상품이 이미 저가여서 더 이상 할인되지 않을 거라는 것을 말해준다. Costco는 저가라는 것을 선전할 필요가 없다. 고객들이 시간마다 저가의 제품을 찾기 위해 방문하기 때문이다. Coach와 Apple 같은 소매업체는 아주 다른 방법을 이용한다. 그들은 이미지와 상품의 질에 관심을 갖고 있으므로, 세일을 하지 않는다. 고객들은 이러한 상품을 제값을 내고 사야한다는 메시지로 받아들인다. 바겐세일 헌팅을 막는 이러한 기술은 재고회전율 뿐 아니라 총 마진을 증가시키기도 한다.

출처: Allison Kaplan,"Rough WeatherBehind,Them, Retailers are Starting their Trims Their Sales,"St. Paul Pioneer, January 26.2007

Wal-Mart는 EDLP (EveryDay Low Price) 가격전략을 사용하며, 이러한 전략은 상품이 이미 저가이므로 더 이상 할인되지 않는다는 메시지를 내포한다.

와 같은)은 종종 할인된 가격으로 제공되어 점포 내점을 발생시키는 역할을 하기 때문에 내점용 상품(traffic appliance)이라고 불린다. 감산치에 의해 발생되는 또 다른 기회는 보완 상품 판매의 증대에 있다. 예를 들면, 한 슈퍼마켓이 핫도그용 빵에 대해 감산치를 적용한다면, 핫도그, 겨자, 그리고 조미료-물론 이 모두는 정상적 가격으로 팔린다-에 대한 수요가 증대되기 때문에, 궁극적으로는 손실과 이익이 서로 상쇄될 것이다.

2) 최적의 감산치 결정

소매업체들은 감산치 금액을 예상하고 계획해야 한다. 소매업체는 주간 판매가 일정수준 이하로 감소할 때 감산을 대안으로 고려한다. 또 다른 업체는 점포에서 상품을 판매하는 기간을 기준으로 가격을 인하한다. 8주 후에는 20%, 12주 이후에는 30%, 그리고 16주 후에는 50%로 상품 가격을 인하시킨다. 그러나 이러한 규정된 접근법은 다양한 가격에 따른 고객의 수요를 고려하지 않아 최적의 수익 이하를 낼 수 있기 때문에 조심스럽게 접근해야 한다.

초기 소매가를 결정하는데 사용된 최적화 소프트웨어는 감산시기와 감산량을 보여줄 수 있다. 이 소프트웨어는 시즌 동안 실제 판매를 기준으로 지속적으로 가격예측을 업데이트하고, 가격의 민감성을 다양하게 고려하여 적용시킨다. 예를 들어, 11월 초에는 겨울 상품 판매가 예상보다 좋아질 거라고 판단하여, 계획된 감산을 지연시킨다. 매주 새로운 판매자료 사용이 가능하기 때문에, 최신의 정보를 포함시켜 예측을 조정하기도 한다. 실제로 각 상품에 대해 수천가지의 시나리오를 계산한다. 그리고 나서 예상수익을 기초로 결과를 평가하고, 가장 좋은 결과를 낼 수 있는 행동을 선정한다.

Bloomingdale사는 전국의류산업의 40%로 감산 최적치를 계획했다. 이는 총 매출의 10% 금액에 해당한다. 최적화 소프트웨어는 매입자의 생각을 바꾸게 했다. 이제 매입자는 더 신속히 감산을 받아들이고, 특정한 형식에 얽매이지 않게 되며, 모든 감산이 동일해야 한다는 생각을 하지 않는다. 고객의 수요가 있을 때 첫 번째 감산을 해서, Bloomingdale사는 더 많은 수량을 판매한다. 두 번째 감산에서는 더 적은 수량을 판매하게 된다. 예를 들어, 매입자가 크리스마스 이후에 감산계획을 하지만, 소프트웨어는 매입자가 추수감사절 직후에 감산해야 한다고 알려준다. 이것은 엄청난 위험이 따르나, 효과는 있었다. Bloomingdale사는 크리스마스 이후에 계획했던 것보다 더 높은 가격으로 크리스마스 이전에 상품을 판매했다.

Oracle의 Retail markdown model이 제시한 가격인하 금액 $18.95가 바이어가 계획한 가격인하 금액 $22.95 보다 $5.00이상 더 높은 수익을 나타내었다.

What If	Number of Items 4	Outdate Range 12/31/04 - 12/31/04							
Columns represent data for week ending dates specified below. Assumes price was changed on first day of the week. An asterisk (*) indicates a partial month.									
Action (select action) ▼ Apply Recalculate									
	FCEOL	EOL	LTD	TTOOS	7/31/04	8/7/04	8/14/04	8/21/04	8/28/04
Fill Right/Left						< >	< >	< >	< >
Rec Ticket Price					$34.50	$18.95	$18.95	$18.95	$18.95
Orig. Price					$34.50	$34.50	$34.50	$34.50	$34.50
Price Ladder						PERM MD ▼	PERM MD ▼	PERM MD ▼	PERM MD ▼
Override Price			$32.37	$17.50	$34.50	$22.95	$22.95	$22.95	$15.95
Sales $	$247,577.92	$244,816.87	$11,622.42	$233,194.45	$15,801.00	$26,071.20	$29,926.80	$27,149.85	$32,091.40
Sales Units	13,791	13,688	359	13,329	458	1,136	1,304	1,183	2,012
GM $ (Retail)	$89,387.62	$83,736.62	$8,216.62	$75,520.00	$11,455.96	$(27,201.35)	$21,697.38	$19,684.04	$2,299.22
GM % (Retail)	36.1 %	34.2 %	70.7 %	32.4 %	72.5 %	-104.3 %	72.5 %	72.5 %	7.2 %
MD $	$266,043.13	$264,491.33	$763.08	$263,728.25	$.00	$167,648.25	$.00	$.00	$76,244.00
Sell Thru %	89.9 %	89.3 %	2.3 %	89.0 %	3.1 %	7.8 %	9.7 %	9.8 %	18.5 %
EOH Units	1,703	1,759	14,973	1,759	14,515	13,379	12,075	10,892	8,880
EOH $ (Retail)	$16,944.85	$21,020.05	$516,568.50	$21,020.05	$500,767.50	$307,048.05	$277,121.25	$249,971.40	$141,636.00
Promo Flag									

3) 벤더와의 감산량 감소

소매업체들은 벤더와 함께 작업을 해야 한다. 벤더는 소매업체들의 성공에 중요한 역할을 하고 있다. 시장과 경쟁을 잘 이해하는 벤더가 상품 선택에 도움이 될 수 있다. 물론 소매업체는 자신만의 기호와 직관을 신뢰해야만 한다. 그렇지 않으면 소매업체는 다른 모든 점포와 다를 바 없는 동일한 상품을 가지게 될 것이다. 바이어들은 종종 벤더가 제공하는 감산치 지원금을 받을 수 있다. 이는 벤더가 감산치나 다른 효과적인 판매 촉진책으로 인해 야기되는 총 마진의 손해를 만회하도록 지원하는 지원금이다.

4) 감산치 적용 상품의 처분

소매업체가 어떠한 감산치 전략을 사용하든지 간에, 여전히 팔리지 않은 채 남겨진 상품이 있게 마련이다. 소매업체는 이러한 상품을 처분하는데 있어서 다섯 가지 전략 중에 하나를 사용할 수 있다.

1. 남은 상품을 다른 소매업체에게 판매하라.
2. 감산치 적용상품을 통합 정리하라.
3. 남은 상품은 e-Bay와 같은 인터넷 경매에 올려놓거나, 웹사이트를 적절히 활용하여 처분하라.
4. 상품을 자선의 목적으로 나누어 주어라
5. 다음 시즌까지 상품을 보관하라

남겨진 감산치 적용상품을 다른 소매업체에게 파는 것은 소매업체들 사이에 매우 인기가 있다. 예를 들어, TJX Corp.(T.J.Maxx, Marshalls의 소유주) 그리고 Bluefly.com은 다른 소매업체들로부터 시즌이 지난 제품을 구입하고, 그것을 대폭 할인하여 판매한다(제 2장 참조). 이러한 전략은 소매업체로 하여금 상대적으로 짧은 감산치 적용 기간을 가지도록 하며, 신상품에 대한 자금력을 제공함과 동시에 매력이 없는 판매 상품을 소진하도록 하기도 한다. 이 전략에서의 문제점은 소매업체가 상품 가격의 낮은 비율만 보상받을 수 있다는데 있다. 이는 보통 겨우 10% 정도이다. 감산치가 적용된 상품은 다양한 방식으로 통합 정리될 수 있으며, 소매업체의 하나 혹은 몇몇의 특정 장소가 통합장소가 될 수 있다. 두 번째, 감산치 제품은 다른 소매 체인, 혹은 같은 소유권 하의 소매점으로 통합될 수 있다. Saks Fifth Avenue(Off-Fifth)와 Neimann Marcus(Last Call Outlet Center)는 이 전략을 사용한다.

마지막으로 상품은 최종 판매를 위해 임대한 유통 센터나 컨벤션 센터(Barney's of New York, J. Crew) 등에 집하될 수 있다. 이러한 전략을 사용하는 소매업체들은 상대적으로 짧은 시간 동안 위의 장소에서 판매를 함으로써, 고객들이 재고가 떨어진 상황을 예상하도록 조건을 설정한다. 더욱이, 통합판매 기간 동안에 구매하는 고객들은 개별 점포에서 찾는 것보다 훨씬 나은 선택권을 누리게 된다. 그러나 통합 판매는 추가적인 운송비 및 관련된 판매기록 유지 등으로 인하여 더 복잡하고, 비쌀 수도 있다.

인터넷은 감산이 적용된 상품을 처분하는데 점점 더 유용한 방법으로 부상할 것으로 예상되고 있다. 예를 들어, 인터넷 점포는 보상판매로 들어온 중고품을 처리하기 위해 e-Bay와 제휴를 맺고 있다. J.Crew를 비롯한 다른 소매업체 역시 처분 상품을 위한 자신들의 웹사이트를 가지고 있다.

처분 상품을 기부하는 것 역시 점차 인기를 더해가고 있다. 자선 행위는 선량한 공동체적 관행이다. 그것은 사회로 환원시키는 하나의 방식이며, 홍보 효과도 크다. 역시 상품의 가격은 수입에서 공제될 수 있다.

마지막 처분 전략-상품을 다음 시즌까지 보관하는 것-은 신사 정장, 가구처럼 상대적으로 유행을 타지 않는 값비싼 제품에 적용된다. 그러나 일반적으로 과도한 제품 보관비 때문에 보관할 만한 가치가 없는 경우도 있다.

2. 변동가격결정과 가격차별화

소매업체는 다양한 고객에게 다양한 가격을 부과해서 이익을 극대화시키기 위한 다양한 기술을 사용한다.

1) 개별적인 변동가격결정

가장 이상적인 것은 고객들이 지불할 수 있을 만큼 가격을 부과해서, 최대의 수익을 얻는 것이다. 예를 들어, 가격에 둔감한 부유한 고객이 자동차 배터리를 구매하려고 한다면, AutoZone사에서는 $200에 가격을 부과하려고 할 것이고, 가격에 민감하고 소득이 낮은 고객들에게는 세일해서 $125로 부과 하고 싶을 것이다. 각 고객들의 지불능력에 따라 다양한 가격을 책정하는 것을 1차 가격차별화(first-degree price discrimination)라고 한다.

경매가격제시를 통해 가격을 결정하는 것이 1차 가격차별화의 한 예이다. e-Bay에 1960 Porsche Speedster를 제시하는 소매업체가 수익을 극대화 시키고 있는데 그 이유는 높은 가격의 경매가로 제품을 고객들이 기꺼이 구매하기 때문이다. 또 다른 예로는, Retailing View 15.2에서와 같이 가격흥정을 허용할 때이다.

1차 가격차별화는 일부소매업체에서 합법적으로 널리 사용될지라도, 대부분의 소매업체에서는 실용적이지 못하다. 첫 번째 이유는 각 고객의 지불능력을 판단하기가 어렵다는 것이다. 두 번째 이유는, 방문한 고객들의 지불능력에 따라, 소매업체가 다양한 가격을 공시를 통해서 마음대로 변경할 수 없다는 것이다. 고객들이 다른 고객들보다 더 높은 가격을 지불했다는 것을 알았을 때 불공평한 대접을 받았다고 생각하게 될지도 모르기 때문이다.

그러나 인터넷에서 상품을 판매할 때는 1차 가격차별화 방법을 사용할 수 있다. 소매업체가 고객의 지

Porsche가 e-Bay에서 판매된다면, 판매자는 1차, 2차, 3차 가격차별화를 사용할 것인가?

456

더 나은 가격으로 흥정하기

Reesycakes.com의 고객들은 그들이 선호하는 소매업체에서 사용할 수 있는 할인 코드를 얻을 수 있다.

몇주 전, Regina Ranonis는 쇼핑을 나가서 유행하는 굽이 낮은 부츠와 고전풍의 제품을 두고 구매결정에 애를 먹고 있었다. 그 때, 매장 관계자가 두 제품을 다 구입하면, 총 가격에서 $270을 깎아 주겠다고 했다.

벼룩시장에서나 나올법한 이야기가 아닌가? 소매바이어는 흥정을 허용해서 판매를 해결해보려는 의도가 깔려있는 것이다. 이러한 방법은 완전히 새로운 것은 아니다. 공식적으로는 대부분의 회사에서는 반대하고 있는 방법이다. 그러나 고객들은 Sunglass Hut에서부터 Kenneth Cole 부띠끄까지 어디서나 흥정을 한다고 말을 한다. Saks와 Macy와 같은 대형 점포들의 경쟁 가격을 알고 있는 고객들은 거기에서도 약간의 자유 재량권을 찾을 수도 있다고 말한다. 인터넷이 실제로 가격흥정에 불을 붙였다. Reesycakes와 같은 패션사이트에서는 계산 시에 온라인상에서 사용할 수 있는 할인 목록 코드를 가지고 있다. 많은 소매업체들이 경쟁사나 인터넷에서 볼 수 있는 동일한 상품에 대해 더 낮은 가격을 제시하고 있기 때문에, 요령있는 고객들은 가장 좋은 거래를 위해 검색엔진을 이용한다.

중국소비자들은 심지어는 새로운 기준의 그룹 흥정을 해왔다. 'toungou' 또는 그룹구매라 불리는 이 방법은 인터넷 채팅방에서 시작되는데, 여기서 고객들은 단체로 가전제품, 식품, 또는 자동차에 이르는 품목을 구매할 계획을 하게 된다. 그런 다음, 단체로 점포에 가서 할인을 요구한다. The Gap에서 Pottery Barn에 이르는 미국의 대형 소매업체 대다수는 흥정을 하지 않는 회사를 더 선호한다고 말하고 있다. 많은 소비업체는 관리자의 승인 없이는 할인하지 못하게 하기위해 금전등록기를 사용한다. 심지어는 비디오카메라를 이용하여 고객을 감시할 뿐 아니라, 점원들이 자기 마음대로 친구들에게 할인을 해주고 있는지를 확인하기까지 한다. 가장 흥정하기 좋은 점포들은 소유주가 가족경영을 하여 운영의 융통성이 많은 프랜차이즈점이다. 그러나 주요 백화점과 소규모 체인점에서까지도, 많은 관리자들이 이제는 경쟁을 위해 가격 인하 또는 무료 교환이나 배송을 허용하고 있다. 고객들과 판매관계자들이 이러한 방법이 현재의 추세라고 해도, 많은 점포들이 흥정을 제한하려고 노력하고 있다. 그 방법은, "너무 많이 가격을 낮추려고 하지 않도록 해라. 그러나 사업이 퇴출되지 않도록 하라."이다.

출처: David Welch, "Haggling Starts to Go The Way of the Tail Fin," Business Week, October 29, 2007.

불능력을 과거 구매행동을 분석해서 판단할 수 있기 때문에, 고객지불능력에 맞추어 특별한 가격결정을 웹 페이지 상에 제시할 수 있다.

2) 독자적 선택의 변동가격결정

변동가격결정의 또 다른 방법은 모든 고객에게 동일한 제품에 대한 다양한 가격을 제시하는 것이다. 그러나 고객들에게 더 낮은 가격을 책정하는 일을 하게 하는 것이 필요하다. 이렇게 함으로써, 높은 지불능력을 가진 고객들이 낮은 가격을 이용하는 것을 단념시키는 것이다. 이러한 접근법을 2차 가격차별화(second-degree discrimination)라고 말한다. 예를 들어, 식당들은 종종 일찍 오는 고객들을 위해 특별요리, 즉 오후 6시 이전에 제공되는 더 저렴한 가격의 식사를 준비한다. 어떤 사람이라도 이러한 할인을 이용할 수 있어서, 가격에 민감한 고객들은 이러한 제안에 더 이끌리게 된다. 감산물량정리, 쿠폰, 리베이트, 묶음판매, 그리고 다중 가격결정 등이 이러한 접근방법의 다른 예들이다.

유행성 상품의 감산물량정리 감산물량정리는 시즌 초에 부과된 높은 가격 때문에 생긴다. 여기에는 높은 지불능력을 지닌 패션을 잘 아는 고객들이 해당된다. 왜냐하면 높은 가격을 지불해서 자신이 선택한 최신 유행 패션을 처음 입는 사람이 되고 싶어 하기 때문이다. 가격에 더 예민한 고객들은 가격이 더 낮아지는 시즌 말에 상품을 구매하기 위해 기다린다.

쿠폰(Coupon) 쿠폰은 쿠폰 소비자에게 재화나 용역의 실제 구매 가격에서 얼마만큼 할인해준다는 것을 표기한 서식이다. 쿠폰은 신문지면, 제품, 진열대, 현금 등록기에서 또는 우편으로 제조업체나 소매업체에 의해 배포된다.

쿠폰은 고객들이 처음으로 제품에 접근하도록 유인하고, 더 많은 구매를 촉진시키며, 사용횟수를 늘리게 하고, 경쟁사들로부터 시장점유율을 지켜주기 때문에 중요한 판촉 도구로 여겨진다. 쿠폰의 전체적인 이윤창출에 대한 효과는 뒤섞여 나타난다. 쿠폰은 쿠폰 없이 구매할 때 보다 더 많은 구매를 유발하는 긍정적 효과를 지님과 동시에, 미래의 수요를 앞당겨서 실현한 것이므로 순매출의 증가는 없다는 것이다. 예를 들면, 한 슈퍼마켓이 설탕 쿠폰판촉을 실행에 옮기면 주부들은 더 많은 양의 설탕을 구입하게 되고, 앞으로 사용할 설탕을 비축해 둘 것이다. 따라서 그 쿠폰이 새로운 매입자들에 의해 사용되지 않으면 순매출의 향상은 기대하기 어렵고, 오히려 사용된 쿠폰의 양과 쿠폰 사용절차에 들어가는 비용 때문에 이익에 미치는 부정적인 영향일 나타날 것이다. 불행하게도 현재 쿠폰 사용의 이익을 누리는 사용자 시장과 새로운 사용자 시장을 분리하는 것은 매우 어렵다.

어떤 이들은 쿠폰이 소비자들을 괴롭히고 소외시키며 혼란을 일으키게 하고, 단골고객을 늘리는데 별 역할을 하지 못한다고 생각한다. 다음의 슈퍼마켓 광고를 생각해 보자. 이 광고는 "Double Coupons"이라는 헤드라인으로 시작되었는데, 소비자들은 쿠폰에 표기된 가치의 두 배를 얻을 수 있음을 나타낸 것이었다. 그럴 듯하게 들리지만, 조건이 붙는다는 것은 잘 모르고 있다. 이것은 최소 구매량을 요구한다거나, 제조업체가 발행한 신문 쿠폰을 사용하여야 한다는 것과 같은 것이다.

이러한 문제를 알고 있는 Macy's 같은 일부 소매업체들은 쿠폰사용을 줄이고 있다. Ukrop와 같은 식료품점들은 전략적으로 쿠폰을 고객관계관리(CRM) 체계와 연결시키는데 이용하고 있다.

Ukrop의 고객들은 키오스
크에서 그들의 로열티카드
를 사용하여 광고되지 않
은 개인 쿠폰을 받는다.

리베이트(Rebates) 리베이트는 구매가의 정도에 따라 매입자들에게 되돌려주는 돈이다. 일반적으로 소비자는 제조업체에게 구매한 증거물을 보내게 되고, 제조업체는 소비자에게 리베이트를 발송한다. 리베이트는 주로 돈의 액수가 많을 때 효과적이다. 그렇지 않으면 소비자가 리베이트를 돌려받기 위해서 들인 시간과 우편요금 만큼의 가치가 없기 때문이다. 예를 들어, 승용차, 가정용품, 컴퓨터, 전자제품 등에 리베이트가 제공된다. 소매업체의 입장에서 리베이트는 쿠폰이 쓰여지는 동일한 방식으로 수요를 증대시킬 수 있기 때문에 더 유리하면서 취급비용을 물지 않는다는 장점이 있다.

제조업체들은 많은 소비자들이 리베이트를 받는데 번거롭다고 생각하지 않고, 그들에게 착각할인(Phantom Discount)을 일으키기 때문에 리베이트 제도를 선호한다. 많은 광고물은 우선 저가격을 내세우고, 리베이트를 받을 수 있음을 작은 글씨로 표기하고 있다. 소비자는 매장으로 유인되어 제품을 구매하지만, 실제 5%에서 10% 정도의 고객들만 리베이트를 청구한다. 이런 이유로 소비자보호 단체는 리베이트를 비판한다.

제조업체들은 소비자들에게 직접 가격을 할인해 주기 때문에 리베이트 방식을 선호한다. 소매업체들은 전통적인 가격할인 방식에서 매장 가격을 그대로 유지하면서 차액을 챙기기도 한다. 리베이트는 또한 빠른 시간 내에 상품을 판매하고 매장을 정리할 수 있게 한다. 리베이트는 제조업체들로 하여금 손쉽게 재고 정리를 하게하고, 가격을 내리지 않고 경쟁사들과 맞설 수 있게 한다. 또한 매입자들이 일정 양식에 이름, 주소, 그리고 여타 자료를 입력해야 하므로, 리베이트 방식은 고객 자료를 확보하는 좋은 방법이 될 수 있다.

묶음 가격결정(Price bundling) 묶음 가격은 하나의 가격으로 두 개나 두 개 이상의 제품 또는 서비스를 제공하는 것이다. 예를 들어, Macdonald는 품목별 가격과 비교해서 할인가격으로 Value Meal이라는 이름으로 샌드위치, 프렌치프라이, 음료수를 한 묶음으로 판매한다. 묶음 가격은 소비를 촉진시켜 전체 매출액을 증대시키는데 사용된다. 이 방법은 2차 가격차별화 방법의 한 예가 된다. 이 방법은 가격에 민감한 고객들에게 낮은 가격의 대체품을 제공하기 때문이다.

다중 가격 결정은 두개 이
상의 유사한 상품을 하나
의 낮은 가격으로 제공하
는 방식이다.

다중 가격결정(Multiple-Unit Pricing) 다중 가격, 즉 수량 할인이란 두 개 이상의 유사한 상품에 해당하는 총 가격을 낮춰 판매하는 방식이다. 예를 들면, 한 편의점은 소다수 1리터의 가격이 99센트인데, 1리터짜리 3개의 소다수를 58센트 내려 2달러 39센트에 팔 수 있다. 묶음 가격처럼 이 전략은 판매량을 증대시키는데 사용된다. 제품의 형태에 따라 소비자들은 나중에 사용하기 위해 비축분을 미리 구입하게 된다. 예를 들어, 제품의 가격을 절약할 수 있음을 알고 묶음 단위의 소다수를 구입할 것이다. 만일 고객이 미리 사두려 한다면, 장기적으로 매출의 증대 없이 수요만 뒤로 미루어질 것이다.

다중가격결정은 2차 가격결정의 한 예이다. 많은 상품을 구매하고 소비하며, 가격에 민감한 고객들이 많은 단품을 구매하면 더 낮은 가격으로 구매가 가능하기 때문이다.

3) 세분시장별 변동가격결정(Variable Pricing by Market Segment)

소매업체는 현지계층별 인구실태조사 결과로 마켓부서에서 다양한 가격을 부여하기도 한다. 이 방법을 3차 가격차별화(third-degree price discrimination)라고 한다. 예를 들면, 영화관들은 노인층과 대학생을 위해 낮은 가격으로 티켓을 판매하는데, 그 이유는 이러한 계층이 다른 고객보다 가격에 더 민감하기 때문이다.

3차 가격차별화의 또 다른 예는 지역 가격결정(Zone pricing)이다. 이는 점포, 시장, 즉 지역별로 다양한 가격을 부과하는 방법을 말한다. 소매업체는 일반적으로 다양한 시장에서 다양한 경쟁적인 상황에 대응하기 위해 지역별 가격결정을 이용한다. 어떤 식품체인업체들은 종종 한 도시에만 4-5개의 지역별 가격을 가지고 있기도 하다. 약국과 슈퍼마켓은 시외지역과 은퇴자들이 거주하는 곳에서 더 높은 가격을 부과하는 것으로 알려져 있다. 그러한 지역의 고객들은 비교적 점포 선택권이 없어서 가격에 둔감하기 때문이다. 3차 가격차별화는 이러한 식으로 소득과 연령을 기초로 가격을 차별화 하는데 이용된다. 그러나 다수인들에게는 비윤리적 방법으로 간주될 수도 있다.

이전 절들은 어떻게 소매업체들이 가격을 설정하며, 나아가 그들 가격의 조정 및 차별화는 어떻게 이루어지는지에 초점을 맞추었다. 앞으로 살펴볼 절들은 일반적으로 널리 알려져 있는 소매업체들의 가격결정 전략, 서비스 가격결정, 판매증진을 위한 가격결정 기법, 인터넷과 가격 경쟁 등을 다룰 것이다.

IV. 소매업체의 기본적 가격 전략

소매업체들은 두 가지의 기본적인 가격 전략을 가지고 있다. High/Low 가격전략과 EDLP 가격전략이 그것이다. 각 전략들의 내용과 장단점이 이 절에서 토의될 것이다.

1. High/Low 가격전략

High/Low 가격전략을 이용하는 소매업체들은 세일 판촉을 통해서 최초가격을 할인한다. 이러한 전략은 가격에 민감한 고객들에게 보다 더 잘 적용된다. 그러나 빈번한 세일로 인해 고객들이 세일할 때까지 기다리는 경우에는 수익이 줄어들 수 있기 때문에 위험할 수도 있다. 또한 경쟁사에서 판매 경쟁으로 말미암아 가격전쟁이 일어나기도 한다. 그래서 많은 소매업체들은 고객들이 저가공세를 기다렸다가 구매하는 습관을 버리도록 유도하고 있다.

2. EDLP 가격전략

슈퍼마켓이나 할인점과 같은 많은 소매업체들이 EDLP(EveryDay Low Price) 가격전략을 채택하고 있다. 이 전략은 정상적인 비세일 가격과 경쟁자의 세일 가격의 중간선에서 변화하지 않고 가격을 유지하는 것을 의미한다. 그러므로 EDLP에서 저가는 반드시 최저 가격을 의미하는 것은 아니다. 그러므

어느 점포가 High/Low 가격전략을 사용하고 있는가? 어느 점포가 EDLP(EveryDay Low Price) 전략을 사용하고 있는가?

로 경쟁자의 특별 할인 가격이나 회원제 창고점 가격이 더 저렴할 수 있다.

항상 최저가를 유지하기가 어렵기 때문에, 저가격 보상정책을 채택하기도 한다. 일반적으로 저가격 보상은 해당지역에서 경쟁자보다도 저렴한 가격을 제공하겠다는 약속으로 이루어져 있다. 약속은 일반적으로 가격 차액에 대한 환불까지 포함한다.

3. 가격전략의 장점들

High/Low 가격결정 전략에는 세 가지의 장점이 있다.

- **가격차별화를 통한 수익증대**　High/Low 가격전략은 소매업체들이 가격민감성이 둔하면서 지불능력이 많은 고객들에게 더 높은 가격을, 가격에 민감하여 세일 때까지 기다리는 고객들에게는 더 낮은 가격을 책정할 수가 있다.
- **고객들을 흥분되게 한다.**　"상품 구입의 마지막 기회입니다." 세일 점포에서 종종 접하게 되는 분위기를 말해준다. 세일은 군중을 모으고, 모여든 군중은 흥분을 자아낸다. 소매업체들은 낮은 가격과 함께 상품 시연, 경품 제공, 공연, 이벤트 등을 병행한다.
- **상품을 판매 할 수 있게 한다.**　상품은 결국 팔리기 위해서 있는 것이다. 문제는 '어떤 가격에 팔리는가?' 이다. 잦은 세일은 수익은 작지만, 상품은 판매 할 수 있게 해 준다.

EDLP 가격전략은 다음 세 가지의 장점이 있다.

- **낮은 가격이라는 것을 고객에게 확신시킨다.**　많은 고객들은 소매업체의 초기 제시 가격을 의심한다. High/Low 가격전략에서는 세일을 해야만 구매를 하는 경향이 늘어난다. 성공적인 EDLP 가격전략은 경쟁자와의 지나친 가격전쟁의 압박을 덜어주게 된다. 일단 가격이 공정하다고 느끼는 고객은 지속적으로 소비하게 되고, 보다 자주 소비하게 될 것이다.
- **광고와 운영비를 줄인다.**　High/Low 가격전략에서는 세일을 할 때 이를 알리기 위해 광고를 해야 하는데, EDLP 가격전략에서는 이러한 광고가 필요없게 된다. 대신에 소매업체는 이미지 형성의 노력에 보다 초점을 맞출 수 있다. 또한 가격이 자주 변화하지 않기 때문에 카탈로그의 변경주기도 길어지게 된다.

■ **품절을 줄이고 재고관리를 향상 시킨다.** 빈번한 세일에 의해 생기는 수요변화를 줄인다. 그 결과, 재고를 더 확실하게 관리 할 수 있다. 더 적은 품절 횟수는 더 많은 만족한 고객들, 더 높은 판매량, 그리고 교환권(rain check)의 감소를 의미한다. 교환권(rain check)은 고객들에게 판매할 상품이 품절 되었을 때, 상품이 도착하면 고객들에게 세일가로 상품을 판매하겠다는 약속을 기록한 티켓이다. 게다가, 예측할 수 있는 고객 수요패턴은 소매업체에게 특판이나 예비수량을 위해 필요한 평균 재고량을 줄임으로써 재고회전율을 개선할 수 있게 해준다.

V 서비스 가격결정

서비스 가격을 결정 하게 될 때에 생기는 문제들은 (1) 수요과 공급의 일치의 필요성, (2) 소비자가 서비스 질을 결정할 때 겪게 되는 어려움이다.

1. 수요와 공급의 일치

서비스는 명확하게 설명하기가 어렵기 때문에 재고품으로 분류할 수 없다. 소매업체는 상품을 판매할 때, 상품이 하루에 팔리지 않으면 창고에 저장해서 다음날 판매할 수 있다. 그러나 비행기가 빈 좌석으로 이륙하거나, 공연이 꽉 차지 않은 상태로 공연할 때, 비어 있는 좌석에 대한 수익은 영원히 손실되는 것이다. 게다가, 대부분의 서비스는 제한된 수용력을 가진다. 예를 들어, 식당들은 좌석에 앉을 수 있는 고객들의 수에 따라 제한된다. 수용공간의 제한성으로, 서비스 소매업체는 수용할 수 있는 그 이상으로는 서비스 판매를 할 수 없는 상황과 부딪칠 수도 있다. 판매와 수익을 극대화하기 위하여, 많은 서비스 소매업체들은 수익관리에 관심을 갖는다. 수익관리(Yield Management)는 판매를 통제하기 위해 수요에 맞추어 가격을 조절하는 방법이다. 항공사는 수익관리의 달인들이다. 정교한 컴퓨터 프로그램을 이용하여 예약과 티켓 판매를 감독하고, 수용력 활용에 따라 가격을 조정한다. 판매량이 예상치를 밑돌고, 잉여 수용능력이 될 때는 가격을 낮춘다. 티켓판매가 수용력과 근접하면 가격이 상승한다.

다른 서비스업체는 수요와 공급을 덜 복잡한 방법으로 이용한다. 예를 들면, 많은 사람들이 오후 5시보다 오후 7시에 저녁식사를 하고 영화를 보고 싶어 한다. 식당가와 영화관들은 오후 7시에 그들의 서비스에 대한 수요가 만족스럽지 않을지도 모른다. 그러나 5시에는 잉여 수용능력이 있다. 따라서 식당가와 영화관들은 종종 수요를 7시에서 5시로 이동시키기 위해 7시에 비해서 5시에 이용하는 고객들에게 더 낮은 가격을 책정한다.

극장들은 좌석이 매진되고, 고객들이 제 값을 내도록 티켓을 판매하기 위해 아주 다양한 방법을 이용한다. 공연이 개시될 때는, 주 대상 고객에게 직접메일로 발송된 쿠폰을 사용하도록 해주고, 공연일정의 중간쯤에는 한 장 가격에 두 장을 주는 방식을 도입한다. 뉴욕과 보스톤 같은 일부 도시에서는, 극장 측은 공연 당일 날 발매된 티켓 중에서 판매되지 않은 티켓을 50% 인하하여 티켓을 중개업자에게 팔기도 한다.

Priceline 사이트에서는 항공권, 호텔숙박, 그리고 렌트카에 대한 특별한 가격체계를 제공하고 있다. 이 사이트는 수요와 공급을 충족시키면서, 가격차별화를 통해 수익을 얻고 있다. 고객들은 사이트를 방문하여 지불해야할 가격, 날짜, 그리고 특별한 여행 서비스의 질을 명시해 주고 있다. 예를 들어, 고객이 마이애미에서 시카고까지 비행기로 이동하는데 10월 14일 오전 6시와 오후 10시 사이 시간 또는 마우이에서 1월 15일에서 1월 20일까지 4성 호텔에 숙박한다고 하자. 고객에게 지불되는 서비스는 불

대부분의 서비스와 마찬가지로 항공 여행은 저장이 불가능하므로, 비행기가 빈 좌석으로 이륙한 순간 좌석을 팔 수 있는 기회는 영원히 손실된다.

투명하다. 왜냐하면, 고객들은 제공 되는 서비스의 특성을 잘 모르기 때문이다. 그런데, Priceline 사이트에서는 고객의 요구를 충족시켜줄 수 있는지 그리고 고객이 지정한 가격을 수용할 수 있는 곳이 있는지를 결정하기 위하여 예상되는 공급자들의 데이터베이스에 접근한다. 고객들은 1분도 채 되지 않은 시간에 그들의 제안을 받아들이게 된다. 일단 받아들이게 되면, 제공자는 취소할 수도 없으며, 환불할 수도 없게 된다.

Priceline 사이트는 매입자와 판매자 양측에 이익을 제공한다. 가격에 민감한 매입자들은 돈을 절약하고, 판매자는 소매가 이하로 서비스를 판매하지만, 실제 소매가를 방해하지 않으면서 수익의 증가를 창출할 수 있다. Retailing View 15.3은 인터넷 3개사가 어떻게 가격차별화 전략을 통해 이익을 얻을 수 있게 했는지를 보여주고 있다.

2. 서비스 품질 결정

서비스에 대한 설명이 어렵기 때문에, 다른 정보가 없을 때는 고객들이 서비스 품질을 평가하는 것은 어려운 일이다. 그래서 고객들이 서비스나 서비스 제공자들에 대해 친숙하지 못하면, 서비스 품질을 판단하기 위해 가격을 평가 기준으로 사용할 지도 모른다. 예를 들면, 대부분의 고객들은 변호사와 그들이 제공하는 법적인 조언의 질에 대해 제한된 정보를 가지고 있다. 그래서 그들이 지불한 비용이 제공된 법적인 서비스의 질을 판단할 근거가 될 수 있게 된다. 또한 변호사 사무실의 크기와 장식과 같은 판단할 수 없는 외양적인 것을 서비스의 질을 평가하기 위해 사용하기도 한다.

품질의 척도로 가격 의존도를 커지게 하는 또 다른 요인은 서비스 구매와 관련된 위험성이다. 위험성이 높은 상황에서는, 대부분 상황들이 의료치료나 법률자문과 같은 신뢰가 바탕이 되는 서비스여서, 고객들이 가격을 품질의 대리자로 생각하게 될 것이다.

고객들이 품질의 지표를 가격에 의존하기 때문에 그리고 가격이 품질의 기대치를 만들기 때문에, 서비스 가격은 조심스럽게 결정되어야 한다. 수용능력을 관리하기 위해 선택되어진 것은 물론이고, 가격은 적절한 품질의 지표를 전달할 수 있도록 설정되어져야 한다. 너무 낮은 가격결정은 서비스 품질에 대한 부정확한 결론을 이끌어낼 수도 있다. 너무 높은 가격결정은 설정된 가격에 맞게 서비스 제공이 일치될 거라는 기대감으로 설정될 수도 있다.

VI 판매증진을 위한 가격결정 기법

1. 선도 가격결정

선도 가격결정은 상품흐름이나 판매를 증진시키기 위해 정상보다 낮은 가격으로 상품 가격을 결정하는 것을 말한다. 이런 제품을 미끼 상품(Loss leaders)이라고 부른다. 엄격한 의미에서 미끼 상품은 원

이봐, 티켓 사고 싶지?

보통 연예와 스포츠 행사 기획자들은 고정된 가격으로 지정된 좌석과 날짜에 대한 티켓을 제공한다. 개인 중개업자들은 제시된 가격으로 그것들을 구매하고, 가격에 민감하지 않은 고객들에게 프리미엄을 얹어서 그 티켓들을 다시 팔아 이익을 남긴다. 소프트웨어는 심지어는 중개업자들이 스포츠, 콘서트, 그리고 극장공연을 주관하는 중개인인 티켓마스터로부터 많은 수량의 티켓을 구매해서 현장가격의 3-4배의 가격으로 다시 판매할 수 있도록 허용하기도 한다.

인터넷 이전에, 이러한 중개인이나 개인을 흔히 암표상이라 불렀는데, 행사장 앞에 서서, 손에 티켓을 들고 흔들어 대곤 했다. 그러나 e-Bay 소유의 StubHub와 다른 온라인 사업체가 공연, 음악회, 그리고 스포츠 경기의 좌석에 대한 합법적인 $20억 규모의 제 2의 시장을 구축했다. 공연티켓을 가지고 있는 중개상들이나 개인은 전 세계 사람들이 접근할 수 있는 인터넷사이트에 티켓을 올릴 수 있다. 이 사이트는 바이어와 판매자가 함께 모이게 되는 시장을 제공할 뿐 아니라, 어떤 일이 잘못되면, 동일하거나 더 나은 좌석을 보장해 주기도 한다. 암표상이 제 2시장에서 돈을 버는 것을 막기 위해, 일부 스포츠 팀들은 시즌 티켓소유자들이 허가 없이 좌석을 판매용으로 내놓는다면, 그들의 권리를 철회하겠다고 으름장을 넣고 있다. 그러나 메이저리그 팀들은 자신들의 티켓을 온라인상에서 되팔아, 거래 수수료를 받음으로써 가격차별화의 형태로 수익을 얻고 있다.

행사 기획자와 스포츠팀들은 해당 행사의 다양한 좌석에 대한 가격을 다양화시킴으로써 가격차별화에 참여한다. 가격에 민감한 고객들은 무대나 경기장에서 먼 곳에 위치하는 좌석에 낮은 가격을 지불한다. 반면에, 가격에 둔감한 고객들은 더 가까운 곳에 앉으려고 비용을 지불한다. 이제는 스포츠 팀들은 훨씬 더 복잡한 형태의 가격차별화를 시행하고 있다. 여기에는 중요한 라이벌 경기이거나 특별한 휴일과 같은 특별한 게임에 대한 티켓 가격을 올리는 것을 포함한다.

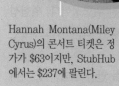

Hannah Montana(Miley Cyrus)의 콘서트 티켓은 정가가 $63이지만, StubHub에서는 $237에 팔린다.

출처: Ethan Smith,"Hannah Montana battles the Bota,"the Wall Street Journal, October 5. 2007.p BI

가보다 더 저가로 팔린다. 그러나 소매업체가 선도 가격 전략을 사용하기 위하여 원가보다 저가로 매매할 필요는 없다.

선도 가격에 가장 적절한 품목은 가격에 민감한 쇼핑객들이 자주 구입하는 제품들이다. 예를 들면, 슈퍼마켓은 미끼 상품으로 빵, 계란, 그리고 우유 같은 제품을 전형적으로 활용한다. 가격에 민감한 소비자들은 매주 이들 제품을 구입하므로 이런 제품에 대한 광고에 주목한다. 소매업체들은 소비자들이 미끼 상품을 구입하는 동안 일주일분 식료품을 함께 구입해 주기를 바란다.

선도 가격결정의 한 가지 문제는 특별히 세일하는 상품만 구매하며, 여기저기 점포를 기웃거리는 Cherry-picker(자신의 실속만 차리는 소비자) 같은 쇼핑객을 끌어들일 수도 있다는 것이다. 이러한 쇼핑객들은 소매업체에 전혀 도움이 되지 못한다.

2. 가격라인 결정

가격라인에 따라 소매업체들은 상품 분류 안에서 한정된 수의 가격점(price point)을 제공한다. 이를테면, 한 타이어 가게는 69달러 99센트, 89달러 99센트, 129달러 99센트 가격으로만 공급할 수 있다. 이렇게 하면 고객과 소매업체 모두 여러 가지 면에서 다음과 같은 이익을 볼 수 있다.

■ 다중 가격에서 일어날 수 있는 혼란이 분명히 없어진다. 고객은 저·중·고가에 따라 특정 타이어를 선택할 수 있다(반드시 3개의 가격라인만 있을 필요는 없다. 세 가지 보다 더 많을 수도 있고, 더 적을 수도 있다.).

■ 소매업체의 입장에서는 상품 취급업무가 간소해진다. 즉 특정 가격라인 이내의 모든 제품은 동일하게 상품화할 수 있다. 더 나아가 슈퍼에 갈 때, 그 회사제품을 구매하는 고객은 이미 마음속에 결정해 둔 가격라인에 따라 구매를 정한다.

■ 가격라인은 매입자들에게 더 많은 융통성을 줄 수 있다. 만일 엄격한 초기 가산치가 설정되면 수많은 가격대가 있을 수 있다. 그러나 가격라인 전략에 따라 어떤 상품은 가격라인에 맞추어 예상 비용보다 낮거나 높게 팔릴 수 있다. 물론 가격라인은 소비재 매입자의 융통성을 제한시킬 수 있다. 따라서 상품을 지나쳐 버리는 경우도 있다.

■ 많은 제조업체나 소매업체들은 가격 라인을 고객들이 더 비싼 모델을 선택하게 하는데 이용하기 때문에, 공급비용과 재고비용을 줄이고 소비자들의 선택을 용이하게 하기 위해 제품 공급을 단순화시킨다. 어떤 연구에서, 사람들은 중간 가격라인의 제품을 선택하는 경향을 보여준다. 따라서 한 카메라 점포에서 슈퍼 딜럭스 모델을 보유하고 있으면, 고객들은 그 다음으로 가장 고가의 모델을 구입하는 경향이 있다. 소매업체들은 더 비싼 제품을 많이 팔 것인가, 아니면 비축해 둔 품목을 줄여 나감으로써 비용을 절약해 갈 것인가를 결정해야 한다.

3. 홀수 가격결정

홀수 가격이란 홀수(57센트나 63센트 처럼)로 끝나는 가격, 즉 보통은 9로 끝나는 숫자의 가격을 가리킨다. 홀수 가격결정은 소매업에서 오랜 역사를 갖고 있다. 19세기와 20세기의 홀수 가격은 종업원 절도 때문에 일어나는 손실을 줄이는데 이용됐다. 종업원들은 그 상품이 홀수 가격이 붙어 있으므로 고객들에게 거스름돈을 주기 위해 금전 등록기로 가서 매출을 기록해야만 한다. 이는 고객으로부터 받은 제품 값의 매출 기록이 빠지지 않게 하도록 하는 방법이 되기도 한다. 홀수가격은 또한 한 품목이 몇 회에 걸쳐 얼마나 값이 떨어졌는가를 추적하는데 이용된다. 20달러라는 초기 가격 이후 처음에는 17.99달러, 두 번째는 15.98달러와 같은 방식으로 가격은 내려갈 수 있다.

홀수 가격결정에 관한 이론은 쇼핑객들이 가격의 마지막 숫자를 알지 못한다는 가설이다. 그래서 $2.99이 $2로 인식된다. 대체이론은 끝자리 9가 낮은 가격을 표시한다는 것이다. 그래서, 가격에 민감

한 상품에 대해, 많은 소매업체들이 긍정적인 가격이미지를 만들기 위해 가장 가까운 9로 가격을 잘라서 내릴 것이다. 예를 들면, 가격이 보통 $3.00라면, 많은 소매업체가 가격을 $2.99로 내릴 것이다.

연구 결과에 의하면, 가격 끝을 결정하기 위해 다음의 가이드라인을 제시하고 있다.

- 가격민감성이 높은 시장일 경우에는, 가격 끝자리 수가 9로 끝날 수 있도록 가격을 올리거나 낮추는 것이 유리할 수 있다.
- 가격민감성이 아주 높지 않은 시장일 때는, 끝자리 숫자 9를 사용하는 것은 소매업체의

많은 소매업체들은 끝자리 수가 9로 끝나도록 가격을 설정하는데, 이는 고객들이 실제 가격보다 가격을 더 싸게 인지할 것이라는 생각에서 비롯된다.

이미지가 실추될 위험성이 수익보다 더 많아 질 수가 있다. 이러한 경우에는, 짝수 가격과 올림수를 사용하는 것이 더 적절할 것이다.

- 많은 고가제품을 취급하는 소매업체들은 주기적인 할인을 통해 시장의 가격이 민감한 부문에 관심을 갖고, 혼합된 가격 전략을 제시한다. 이는 일반 할인이나 특별 할인을 말할 때, 끝자리 9를 사용하기 위하여 우수리 없는 수의 끝자리를 사용하는 표준 방법을 깨는 것과 같은 방법을 말한다.

VII 인터넷과 가격경쟁

소매업체들은 전자소매업의 발달이 가격경쟁을 심화시키고 있는데 대하여 걱정을 하고 있다. 전통적으로, 동일한 상품을 제공하는 점포위주의 소매업체들 간의 가격경쟁은 지리적 위치에 의해 감소되었다. 왜냐하면 소비자들은 보통 자신들이 거주하고 일하는 장소와 가장 가까운 점포나 쇼핑몰에서 쇼핑을 하기 때문이다. 그러나 인터넷 쇼핑몰에서 쇼핑 로봇과 검색엔진을 사용하면서, 소비자들은 적은 비용으로 전 세계를 돌아다니면서 상품을 찾을 수 있다. 가격을 비교하기 위하여 방문하는 많은 인터넷 점포들은 물리적 거리에 의해서 더 이상 제한을 받지 않는다. 전자상거래쇼핑을 하는 소비자들은 손쉽게 가격정보를 수집할 수 있고, 적은 비용으로 상품의 품질과 기능에 대한 많은 정보를 얻을 수도 있다. 예를 들면, 주문제작한 Oriental rug을 제공하는 사이트에서는 제품제작에 사용되는 재료와 제품형태에 대한 실질적인 차이를 분명하게 보여줄 수 있다. Safeway와 Albert사가 제공하는 전자 식료품 서비스는 고객들이 영양성분별로 시리얼을 분류해서, 의사결정 하는데 그 속성을 더 쉽게 이용할 수 있게 해준다. 품질에 대한 추가적인 정보는 고객들이 높은 품질의 제품에 비용을 지불하도록 유도해서, 가격의 중요성을 감소시킨다.

전자상거래쇼핑을 이용하는 소매업체들은 더 나은 서비스와 정보를 제공함으로써 가격에 대한 관심을 감소시킬 수 있다. 이러한 서비스 때문에, 고객들은 상품에 대해 더 높은 가격을 기꺼이 지불할 것이다. 예를 들어, Amazon 사이트는 고객들에게 책의 목차와 개요 뿐 아니라 저자와 책을 읽은 사람들의 서평도 제공한다. 고객들이 관심 있는 책들을 찾을 때, Amazon 시스템은 동일한 저자이거나 동일한 장르의 다른 책들을 제시하도록 프로그램화 되어 있다. 마지막으로 고객들은 자신들이 좋아하는 저자

들과 주제에 대하여 문의하면, 관심이 있을 만한 새로 나온 책에 관한 내용을 e-mail로 받을 수 있다. 소매업에서 세 가지 중요한 것은 무엇인가? 에 대한 전통적인 대답은 "위치, 위치, 위치"였다. 그러나 전자상거래 소매업 세계에서는, 그 대답은 "정보, 정보, 정보"가 될 것이다.

요 약   *Summary*

가격결정은 소매업체의 전략을 실행하는데 있어서 매우 중요한 결정이다. 왜냐하면 가격은 고객들이 인지하는 가치 중 중요한 요소이기 때문이다. 가격을 결정함에 있어서, 소매업체들은 목표시장에 있는 고객들의 가격탄력성과 상품 및 서비스의 제공 비용, 경쟁사의 가격, 법적 제한과 같은 요소들을 고려한다. 이론적으로는 소매업체들은 그들의 이익을 고객들의 가격탄력성과 상품의 비용에 기초로 한 가격결정을 통해 극대화한다. 그러나 이러한 접근은 경쟁사의 가격결정을 고려할 수가 없다. 다른 문제점으로는 고객의 가격탄력성에 기초로 한 가격 설정에 대한 시도가 소매업체들로 하여금 수많은 정보를 수집하게 하는 것이다. 비록 몇몇의 큰 소매업체들은 최적 가격설정 소프트웨어 프로그램을 가격설정에 사용하지만, 대부분의 소매업체들은 단지 물품의 비용대비 수익을 고려하여 마진을 유지한다. 그리고 이러한 비용에 근거한 초기의 가격들은 고객의 가격탄력성과 경쟁사의 가격에 대한 관점에 의하여 조정될 것이다.

초기 가격들은 가격인하 방식과 다양한 가격 전략을 사용하는 세분화된 다수 시장에 의하여 시간이 흐름에 따라 수년간에 걸쳐 조정되어진다. 소매업체들은 상품이나 일반적인 판매에 대한 가격인하를 수용한다. 가격인하는 사업을 함에 있어서 비용의 부분이고, 바이어들은 이를 염두에 두고 계획을 수립한다.

소매업체들은 이익을 극대화하기 위해 다양한 고객들에게 상이한 가격을 부과한다. 이러한 기법은 고객들로 하여금 스스로 가격을 결정할 수 있도록 하는데, 고객들이 상품과 서비스에 대하여 기꺼이 지불할 용의가 있는 것을 표현시킨다.

소매업체들은 두 가지 기본적인 소매가격 전략을 사용하는데, EDLP 전략과 High/Low 가격결정이 바로 그것이다. 이러한 전략들은 각각 장점과 단점을 가지고 있다.

High/Low 전략은 가격차별을 통하여 이익을 증가시킬 수 있고, 매출을 향상시키며 잘 팔리지 않는 상품을 팔 기회를 제공한다. EDLP 전략은 고객들에게 저가보증을 제공하고, 광고와 운영 비용을 줄이며 재고량을 줄이고 공급망 관리를 증진시킬 수 있는 이점을 가지고 있다. 소매업체들은 이러한 방법을 통하여 서비스의 수요와 공급을 일치시킬 수 있는 수익관리기법을 사용하고 있다.

끝으로, 소매업체들은 판매를 촉진하기 위해 가격 라인을 설정하고, 가격을 선도하며, 홀수 가격을 활용하는 등 다양한 가격결정 기법을 사용한다.

핵심용어   *Key terms*

유인판매(bait-and switch)   1차 가격차별화(first-degree price discrimination)

손익분기점 분석(break-even analysis)   고정비용(fixed cost)

손익분기점 양(break-even point quantity)   수평적 가격 담합(horizontal price fixing)

체리 피커(cherry picker)   선도 가격(leader pricing)

쿠폰, 할인권(coupons)   특매품(loss leader)

매일저가전략(every day low pricing)   최저 가격 보상제(low-price guarantee policy)

가격 인상 유지(maintained markup)

가격 인하(markdowns)

가격 인상(markup)

가격 인상률(markup percentage)

다중 가격 설정(multiple unit pricing)

홀수 가격(odd pricing)

약탈 가격(predatory pricing)

묶음 가격(price bundling)

가격차별(price discrimination)

가격 탄력성(price elasticity)

가격 한도(price lining)

수량 확인(quantity discount)

환불(rebates)

할인 인하(reductions)

2차 가격차별화(second degree price discrimination)

3차 가격차별화(third degree price discrimination)

변동비용(variable cost)

수익 관리(yield management)

지역 가격 결정(zone pricing)

현장학습

1. 계속되는 사례 과제: 선택한 소매업체에 쇼핑을 하러 가보라. 소매업체는 high/low 가격전략이나 EDLP 가격전략을 사용하는가? 점포의 매니저에게 어떻게 가격할인 결정을 내리며, 얼마나 많은 가격할인을 결정하였는지 질문해보자. 어떠한 원칙에 기초한 가격할인 전략이 사용되었는가? 소매업체의 가격한도, 선도 가격, 홀수 가격과 같이 어떠한 기술적인 판매촉진전략을 사용하였는가? 웹 사이트상의 가격과 점포의 가격이 같은가? 당신은 소매업체가 사용하는 가격 전략과 전술이 최고의 전략이라고 생각하는가? 더욱 향상시키기 위해서는 어떻게 해야 하겠는가?

2. Overstock.com 사이트에 들어가서 최다 판매 상품 품목을 찾아 보아라. 몇몇의 주요 아이템을 선택하고 Target.com, Amazon.com, 그리고 Macys.com과 같은 온라인상의 다른 소매업체의 상품들과 비교해 보아라. 이러한 Internet Outlet과 온라인 소매업체, 백화점과의 가격 차이는 어떠한가?

3. 묶음 가격은 여행 산업, 휴양 산업의 가장 일반적인 가격이다. Sandals 홈페이지에 들어가서 (www.sandals.com) 당신이 얻을 수 있는 all-for-one 혹은 all-inclusive 가격이 무엇인지 살펴보아라.

4. 세 가지의 다른 종류의 상점으로 가서 태그 가격보다 낮은 가격을 협상하고 당신의 경험을 표현하라. 상점의 유형, 시간에 따라서 성공률이 다른가? 관리자에게 직접 이야기 했을 때 더욱 좋은 결과를 얻은 적이 있는가?

5. 당신이 좋아하는 음식점에 가보고, 또 당신의 지역에 있는 할인점으로 가서 아래 페이지에 나와 있는 상품의 가격을 찾아보라. 각 점포의 총 상품 가격은 얼마인가? 할인점이 그들의 슬로건인 '항상 낮은 가격'을 잘 살리고 있는가?

Item		Size	Brand
식료품	Ground coffee	11.5 oz can	Folgers
	Raisin Bran	25.5 oz box	Kellogg's
애완용품	강아지 먹이	4.4 lb bag	Purina
청소제품	세탁세제	100 oz bottle	All
	dryer sheets	80 count	Bounce
	주방세제	25 oz bottle	Palmolive
건강, 미용용품	샴푸	12 oz bottle	Dove
	치약	4.2 oz tube	Colgate Total

토의 질문 및 문제

1. 바이어는 상품최적화 소프트웨어로 어떻게 최적의 초기 가격과 감산치를 결정하는가?

2. Apple이 iPhone을 출시할 때, 초기 가격은 $599였다. 두 달 만에 Apple은 가격을 1/3이나 떨어뜨렸다. 최초 구매자들은 매우 화를 냈고, CEO인 Steve Jobs는 사과의 의미로 부분적인 리베이트를 제공하였다. Apple은 왜 가격을 할인했을까? 상품수명주기와 핸드폰 시장의 경쟁 관점에서 설명해보라. 부분적인 리베이트를 제공한 것은 좋은 생각인가? 그 이유는 무엇인가?

3. 이번 장에서 설명된 법적인 부분들을 지키지 않는 소매업체에 대해 알고 있는가?

4. 백화점의 유지 가산치는 38%, 감모는 $560, 순매출은 $28,000일 때, 초기 가산치 비율은 얼마인가?

5. 유지 가산치는 39%, 순매출은 $52,000이고, 감모는 $2,500이다. 총이익과 초기 가산치 비율은 얼마인가? 초기 가산치가 유지 가산치보다 왜 큰지 설명해보라.

6. 제품의 매입원가는 $150, 가산치는 50%, 감산치는 30%일 때, 최종 소매가격은 얼마인가?

7. Manny Perez는 넥타이를 $90에 구입했고 $15에 판매했다. 가산치 비율은 얼마인가?

8. 다음 질문에 답하라. (a) The Limited는 가을 시즌을 맞아 새로운 가죽 자켓 라인을 선보였다. 이 자켓은 소매업체에 $100에 제공될 계획이었다. 자켓은 도미니카 공화국에서 생산되었는데, The Limited의 자체 공장이 아님에도 불구하고, 생산개발비와 디자인비는 $400,000이 들어갔다. 배송비까지 포함한 자켓의 총 비용은 $450이다. 자켓의 성공적인 출시를 위해서, The Limited는 $900,000의 이익을 얻고자 한다. 이 때 손익분기량 및 금액은 어떻게 될까? (b) 바이어는 The Limited의 주요 경쟁자인 The Gap에서 비슷한 자켓을 발견하였는데, 이 자켓은 소매가가 $900이었다. 만약에 The Limited가 The Gap과 동일한 가격정책을 취하고자 한다면, 얼마나 많이 팔아야 하는가?

추가로 읽을 자료들

DelVecchio, Devon; H. Shanker Krishnan; and Daniel C. Smith. "Cents or Percent: The Effects of Promotion Framing On Price Expectations and Choice." *Journal of Marketing* 71, no. 3 (2007), pp. 158-70.

Foubert, Bram and Els Gijsbrechts. "Shopper Response to Bundle Promotions for Packaged Goods." *Journal of Marketing Research* 44, no. 4 (2007), pp. 647-62.

Gupta, Diwakar; Arthur V.Hill; and Tatiana Bouzdine-Chameeva. "A Pricing Model for Clearing End-of-Season Retail Inventory." *European Journal of Operational Research* 170, no. 2 (2006), pp. 518- 40.

Hardesty, David M.; William O.Bearden; and Jay P.Carlson. "Persuasion Knowledge and Consumer Reactions to Pricing Tactics." *Journal of Retailing* 83, no. 2 (2007), pp. 199-210.

Kamakura, Wagner A.and Wooseong Kang. "Chain-Wide and Store-Level Anaysis of Cross-Category Management." *Journal of Retailing* 83, no. 2 (2007), pp. 159-70.

Kukar-Kinney, Monika; Rockney G. Walters; and Scott B. MacKenzie. "Consumer Responses to Characteristics of Price-Matching Guarantees: The Moderating Role of Price Consciousness." *Journal of Retailing* 83, no. 2 (2007), pp. 211-22.

Levy, Michael; Dhruv Grewal; Praveen Kopalle; and James Hess. "Emerging TRends in Retail Pricing Practice: Implications for Research." *Journal of Retailing* 80, no. 3 (2004), pp. xiii- xxi .

Marn, Michael V.; Eric V.Roegner; and Craig C.Zawada. *The Price Advantage*. New York: Wiley, 2004.

Monroe, Kent. Pricing: *Making Profitable Decisions*. 3rd ed. New York: McGraw-Hill, 2002.

Nagle, Thomas T. and John Hogan. The *Strategy and Tactics of Pricing*: A Guide to Growing More Profitably. 4th ed. Upper Saddle River, NJ: Prentice Hall, 2005.

Thomas, Manoj and Geeta Menon. "When Internal Reference Prices and Price Expectations Diverge: The Role of Confidence." *Journal of Marketing Research* 44, no. 3 (2007), pp. 401-409.

Chapter sixteen 16

소매 커뮤니케이션 믹스

Question
- 소매업체는 점포와 PB 상품들의 브랜드 자산 가치를 어떻게 구축할 수 있는가?
- 소매업체는 고객들에 대하여 어떻게 새로운 커뮤니케이션 방법을 이용할 수 있는가?
- 고객과의 커뮤니케이션 방법들의 장단점은 무엇인가?
- 소매업체들은 왜 통합적 마케팅 커뮤니케이션 프로그램을 필요로 하는가?
- 커뮤니케이션 프로그램 개발에 필요한 단계는 무엇인가?
- 소매업체들은 어떻게 커뮤니케이션 예산을 세우는가?
- 고객의 의사결정과정을 변화시키기 위해서 커뮤니케이션 믹스 내의 여타 요소들을 어떻게 활용하여야 하는가?

이 전 장에서는 소매업체들이 어떻게 상품기획 예산 계획을 개발하고, 다양한 상품을 구매하고 가격을 결정하는지 설명하였다. 소매경영에서, 의사결정과정의 다음 단계는 매력적인 브랜드 이미지를 구축하고, 고객들을 점포나 인터넷 사이트로 끌어들여, 그들이 상품을 구매하도록 커뮤니케이션 프로그램을 개발하고 수행하는 것이다. 커뮤니케이션 프로그램은 고객들에게 상품이나 서비스에 관한 것 뿐만 아니라 개별 점포에 대해서도 알려주어, 재방문과 고객 충성도를 높이는 역할을 해야 한다.

커뮤니케이션 프로그램은 소매업체의 사업에 장·단기적 효과를 가진다. 장기적인 관점에서, 커뮤니케이션 프로그램은 소매업체와 유통업체 상표의 강력하고 차별화된 이미지 구축을 위해 사용된다. 이러한 이미지는 고객 충성도를 높이고, 전략적 우위를 점하게 한다. 브랜드 이미지 구축을 위한 커뮤니케이션 프로그램은 11장에서 다룬 소매업체의 CRM 프로그램을 완성시킨다.

뿐만 아니라, 소매업체는 특정 기간 동안 매출액 증가와 같은 단기적인 목적으로도 흔히 사용된다. 예를 들어, 소매업체는 특정 품목의 가격인하를 통하여 큰 매출을 달성한다. 슈퍼마켓은 종종 그 주 동안 쓸 수 있는 쿠폰을 넣어 주간 광고를 한다.

이 장에서는 우선 브랜드 이미지 구축에 있어서 커뮤니케이션 프로그램의 역할에 대해 설명한다. 그런 다음, 커뮤니케이션 프로그램의 개발과 실행에 초점을 맞추어 설명할 것이다. 장 부록에는 광고 프로

왼쪽의 광고는 단기적인 목적, 즉 Mothers Day 기간 동안의 매출 신장에 초점을 두고 있는 반면, 오른쪽의 Old Navy 광고는 장기적인 목적, 즉 Old Navy의 브랜드 이미지를 쌓는 데 초점을 두고 있다.

그램의 실행과 관련하여 자세한 자료들을 포함하고 있는데, 광고 메시지의 개발과 매체 선정 등에 대한 내용 등이 담겨 있다.

I 브랜드 이미지 구축을 위한 소매 커뮤니케이션 프로그램 개발

브랜드란 경쟁사 상품으로부터 자사 상품이나 서비스를 구분짓게 하는 독특한 이름이나, 심볼, 로고 등을 말한다. 소매 관점에서의 브랜드는, 소매업체로부터 제공되어 소비자로 하여금 특정 소매점포의 특성이나 취급 상품을 알려주는, 소매점포의 이름이나 기타 요소들을 지칭한다고 할 수 있다. 14장에서 살펴보았듯이, 많은 소매업체들이 자사에서만 판매하는 자체상표 브랜드를 개발하고 있는데, 이러한 노력들을 통해서 소매업체는 자체적인 브랜드 구축을 하고 있다.

1. 브랜드 이미지의 가치

브랜드는 고객과 소매업체 모두에게 매우 중요한데, 이는 브랜드가 고객에게 쇼핑 경험에 대한 정보를 제공하는 역할을 하기 때문이다. 뿐만 아니라 특정 소매업체에서의 구매 결정에 확신을 주고, 최종적으로는 소매업체의 서비스 만족을 증진시키는 역할을 한다. Tiffany에서 보석을 사는 것과 Zales에서 보석을 사는 것은 그 느낌이 다르고, Ritz-Carlton 호텔에서의 숙박과 Fairfield Inn에서의 숙박도 그 만족도가 다르다.

브랜드 이미지의 가치와 중요성은 브랜드 자산(brand equity)으로 설명될 수 있다. 강력한 브랜드 네임은 소비자의 구매 결정에 영향을 주고, 재방문과 재구매 그리고 충성도 구축을 촉진시킨다. 뿐만 아니라 소매업체가 상품의 가격은 더 높게, 마케팅 비용은 더 낮게 지불하게 한다.

브랜드 인지도가 높아지고 브랜드에 대한 감정적인 결속이 강해지는 것은, 곧 브랜드에 대한 고객들의 충성도로 이어진다. 소매업체에 대한 고객의 브랜드 충성도를 높여, 자사 업체가 고객의 고려대상에 들어가게 하는 것이 중요하다. 더 나아가, 고객들이 특정 브랜드와 감정적인 결속을 맺게 되는데, 예를

JCPenny 의 브랜드 이미지 제고

100년이 넘은 소매업체가 브랜드 이미지를 재포지셔닝하기란 매우 어렵지만, JCPenny는 단기간에 브랜드 이미지 변신에 성공했다. 2005년에 발표한 5개년 전략으로 괄목할 만한 성장세를 보인 것이다.

특히 JCPenny는 상품구색을 통한 고급화 전략에 집중하였는데, 미국의 대표적인 의류 업체인 Liz Claiborne과의 독점계약으로 'Liz & Co', 'Concept'을 런칭하였고, 화장품 업체인 Sephora 와 파트너십을 맺는 등 차별화된 패션 머천다이징 전략을 시행하였다. 특히 Ralph Lauren사 와 손잡고 'American Living'을 런칭하였는데, 폴로의 상품을 중저가 백화점인 JCPenny에 서 판매한다는 것은 미국 패션계에서 큰 뉴스거리였다.

고급화 전략과 함께 JCPenny가 중점을 두는 부분은 광고캠페인이다. "Every Day Matters" 라는 새로운 캠페인으로 소비자와의 커뮤니케이션에 중점을 두면서, JCPenny가 소비자들의 라이프스타일을 향상시키고, 고객의 행복에 중점을 두고 있다는 메시지를 전달함으로써, JCPenny의 브랜드 이미지 제고에 힘쓰고 있다.

출처: Maria Halkias, "Penny Hoping Love is in Store," The Dallas Morning News, February 13, 2007

enney의 "Doodle Heart" 30초 광고캠
은 어린 소녀가 좋아하는 사람에게 고백
기를 찾는 과정을 보여준다.

들어 Target에 가는 고객은 싼 가격으로 최신의 상품을 살 수 있다는 만족감을 느끼면서 좋은 감정적 경험을 하게 된다. 이처럼 높은 브랜드 인지도와 강력한 감정적 결속은 고객이 다른 경쟁업체로 옮겨 가는 것을 최대한 막아주는 역할을 한다.

이와 같이, 강력한 브랜드 이미지의 구축은 소매업체의 프리미엄 가격 전략을 가능하게 하고, 각종 판매촉진 비용을 낮춤으로써, 궁극적으로 소매업체의 마진을 높여준다. 만약 소매업체의 브랜드 이미지가 약하다면, 상대적으로 낮은 가격과 빈번한 세일 등 판매촉진으로 고객을 유인해야 할 것이다.

마지막으로 강력한 브랜드 네임을 가진 소매업체는 적은 마케팅 노력만으로도 새로운 소매업태로의 확장이 용이하다. 예를 들어, Gap은 GapKids, GapBoy, GapMaternity, BabyGap 등 성공적인 브랜드 확장을 할 수 있었는데, 이는 바로 Gap이 구축한 기존 브랜드의 강력한 이미지 때문이었다.

5장에서도 언급했듯이, 강력한 브랜드 네임은 경쟁업체가 자사를 모방하는 것을 매우 어렵게 만들기 때문에, 그 자체로 전략적 우위를 점한다고 할 수 있다. Kmart가 자사의 이미지를 Wal-Mart나 Target으로 바꾸는 것이 얼마나 힘들겠는가.

2. 브랜드 자산의 구축

소매업체가 브랜드 자산을 구축하는 이유는 브랜드 인지, 긍정적인 브랜드 연상, 지속적인 브랜드 이미지 강화 등 3가지 측면에서 살펴볼 수 있다.

1) 브랜드 인지

브랜드 인지(brand awareness)란 특정 소매업체/상품/서비스 군에서 고객들이 자사 브랜드 네임을 인지하거나 상기하는 능력을 말한다. 즉 소비자 마음속에서 특정 소매업체의 연결 정도를 의미한다. 브랜드 인지는 그 정도에 따라 비보조 인지부터 최초 상기까지 나눠진다. 비보조 인지(Aided recall)는 소비자에게 특정 브랜드 네임을 제시하였을 때, 그 브랜드 네임을 알고 있는 수준이다. 최초 상기(Top-of-mind awareness)는 브랜드 인지 중에서 가장 높은 수준으로, 특정 소매업체나 상품 카테고리, 서비스 중에서 가장 먼저 떠오르는 브랜드 네임을 말한다. 예를 들어, 전자제품을 판매하는 소매업체에 대해 물었을 때, 대부분 고객들은 Best Buy를 떠올렸으며, 이때는 Best Buy가 최초 상기가 된다. 일반적으로 고객들은 상품을 구매할 때, 최초로 상기되는 소매업체를 우선적으로 고려하게 된다. 그러므로 소매업체들은 자사 브랜드를 최초 상기 수준으로 올리기 위해, 기억하기 쉬운 이름으로 만들고, 광고나 판촉활동 등을 통해 노출시키며, 기억하기 쉬운 심볼 등을 사용한다. Home Depot는 "Home"이라는 친근한 글자를 사용함으로써 고객들에게 쉽게 기억된다. Starbucks는 광고를 거의 하지 않지만, 수많은 매장을 통해 노출되기 때문에 브랜드 인지도가 매우 높다. 때로는 심볼과 같은 시각적 이미지가 단어보다 더 쉽게 기억되어 브랜드 인지도를 높이는 역할을 하는데, Apple과 McDonald는 심볼이나 이미지로 브랜드 인지를 높인 예이다.

2) 브랜드 연상

브랜드 인지가 브랜드 자산 구축의 첫걸음이라면, 그 브랜드 자산의 가치는 고객들이 브랜드에 대해 어떤 연상을 갖고 있는지에 크게 좌우된다. 브랜드 연상(Brand association)은 브랜드와 관련된 모든 생각과 느낌, 그리고 연상의 총칭을 뜻한다. 예를 들어, 고객들은 Apple사와 관련한 브랜드 연상으로, 아이폰이나 아이팟과 같은 혁신적인 제품들, 사과 모양의 심볼, 맥킨토시 컴퓨터 등 여러 가지를 떠올릴 것이다.

소매업체와 관련된 브랜드 연상은 다음과 같다.
1. 제품의 카테고리와 관련된 연상이다. 예를 들어, Office Depot라고 한다면, 고객들은 "Office"라는 단어에서 사무용품과 관련된 연상을 할것이며, 사무용품 구매 시 Office Depot를 떠올릴 것이다.
2. 가격이나 품질과 관련된 연상이다. 고객들은 Wal-Mart에 대한 연상으로, 저렴한 가격과 좋은 품질을 빼놓지 않을 것이다.

사람들이 Patagonia에 대해 생각할 때, 그들은 활동적이고 자연친화적인 라이프스타일을 떠올리게 된다.

3. 특정 속성이나 혜택에 대한 연상으로, 7-eleven은 편의품을 제공하는 소매업체로, Nordstrom's은 높은 수준의 고객 서비스 등으로 연상될 것이다.
4. 라이프스타일이나 활동에 관련된 연상이다. 예를 들어, 아웃도어 브랜드인 Northface와 관련하여, 고객들은 활동성, 적극성 등을 연상할 것이다.

브랜드 이미지는 브랜드 연상들의 집합으로 의미화된 개념을 갖게 되는데, Retailing View 16.2는 L.L.Bean이 고품질, 고기능의 제품과 서비스를 제공함으로써 브랜드 이미지를 구축한 사례를 보여 준다.

3) 브랜드 이미지 강화

소매업체의 브랜드 이미지는 취급 품목, 고객 서비스, 가격이나 매장 디자인, 웹사이트나 광고 등에 의해 지속되고 강화된다. 브랜드 이미지를 강화하기 위해서는 동일한 메시지를 계속 제공해야 한다. 소매업체는 포괄적이고 일관성 있는 이미지를 형성하기 위해 통합적 마케팅 커뮤니케이션 프로그램 (integrated marketing communication program)을 개발하여, 다양한 커뮤니케이션 방법을 전략적으로 통합할 필요가 있다. 예를 들어 Finish Line이라는 운동화 판매 소매업체는 텔레비전 광고, 판매촉진, 후원 활동 등 통합적 마케팅 커뮤니케이션 프로그램을 개발하였다. 그들의 주요 고객인 젊은 층을 대상으로, "당신의 운동화는 무슨 말을 합니까?"라는 광고를 제작하였다. 스케이트보드를 타는 청년이 "담대하라(be bold)"라고 대답하고, 계단을 뛰는 청년이 "새로워져라(be fresh)"라고 대답한다. 광고는 "당신의 목소리는 당신의 선택입니다"라고 마무리된다. 뿐만 아니라 Finish Line은 각각의 제품 라인별로 그에 맞는 문구를 내세우는데, 신상품은 "Be Fresh", 농구화는 "Be Strong", 캐쥬얼슈즈는 "Be Clean" 등이다.

L.L.Bean

L.L.Bean은 실용적이고 경제적인 야외활동 상품을 전문적으로 제공한다는 이미지를 강화하기 위해 웹사이트를 이용한다.

미국 Maine 주의 Freeport에 위치한 L.L.Bean사는, 1912년에 Leon Leonwood Bean이 Maine 주 내의 사냥 면허 소유자들의 리스트를 이용하여 이들에게 다음과 같은 3페이지의 팜플렛을 보낸 것으로 시작되었다. "당신의 발에 꼭 맞는 신발이 신겨져 있지 않으면, 성공적인 사슴 사냥을 기대할 수 없을 것입니다. Maine Hunting Shoes는 지난 18년간 Maine의 숲속을 누비고 다닌 사냥꾼을 위하여 디자인되었습니다. 저희는 이 신발이 모든 면에서 당신께 완벽한 만족을 드릴 것을 보장합니다."

이렇게 완벽에 가까운 소비자 만족을 보장하며 판매한 첫 100켤레 가운데, 90켤레가 얼마 후에 신발의 고무 밑창의 접촉 부분이 떨어져 나갔다. 그 때 L.L.Bean은 약속한대로 전액을 소비자에게 환불해 주었다. 창업자는 다음과 같은 신념을 가지고 고객을 대하였다. "품질 좋은 상품을 적당한 정도의 이윤을 남기고 판매하여 고객에게 이익을 제공하고, 고객과의 관계를 우호적으로 유지한다면, 그들은 다시 우리의 제품을 구매해줄 것입니다."

이러한 L.L.Bean의 브랜드 이미지는 웹사이트와 광고 등을 통해 더욱 강화되고 있다. L.L.Bean에 대해 고객들이 갖고 있는 브랜드 이미지는 다음과 같다:

- 우호적인(friendly): 편안하고 가족적이다.
- 신실한(honest): 정직하고 바르다. 항상 바른 정보를 제공하고 고객을 속이지 않는다.
- 전문가적인(expertise): 종업원들은 제품에 대해 전문가적 지식을 갖고 있으며, 관련 정보를 문의하면 정확한 조언을 받을 수 있다.
- 실용적이고 경제적인(practical and economical): 기능적이고, 합리적인 가격에 제공된다.

출처: Leon Gorman and Aaron Pressman, "Want Some Pajamas with that Kayak?" Business Week, November 20, 2006, p.76.

3. 브랜드 네임의 확장

IKEA는 강력한 브랜드 이미지를 바탕으로, 미국 가구 소매 시장에 성공적으로 진입하였다. 이렇듯 강력한 브랜드 네임은 새로운 성장 전략을 전개해 나가는 데에 큰 도움이 된다. Talbots는 Talbots

Mens를, Pottery Barn은 Pottery Barn Kids를 런칭했다. 하지만, 소매업체가 새로운 성장 동력을 위해 새로운 브랜드를 만들거나, 관련성이 없어 보이는 브랜드를 사용하기도 한다. Abercrombie & Fitch는 고등학생을 타겟으로 하는 새로운 브랜드로 Hollister를 만들었고, Sears도 홈스토어 개념의 새로운 점포명을 The Great Indoors로 하였다.

기존의 브랜드 네임을 새로운 컨셉으로 확장하는 데는 장단점이 모두 있다. 브랜드 네임 확장의 가장 큰 장점은 최소한의 비용으로 새로운 제품의 인지도 상승과 브랜드 이미지 구축이 가능하다는 것이다. 소비자들은 신속하게 기존 제품에 대한 인지도와 연상들을 새로운 제품으로 이동시킬 수 있다. 그러나 한편으로, 소매업체가 기존의 브랜드 연상 이미지를 새로운 제품으로 전이되는 것을 원하지 않을지도 모른다.

이러한 이슈들은 특히 소매업체가 다른 나라에 진출할 때 더 심각해진다. 나라에 따라 소매업체의 브랜드 가치가 다를 수 있다. 예를 들어, 프랑스는 슈퍼마켓에 대해 좋은 서비스와 높은 품질의 상품을 취급한다는 인식을 가지고 있는 반면, 독일은 낮은 가격과 보통의 품질이라는 인식을 가지고 있다. 그러므로 프랑스의 슈퍼마켓 업체가 독일에 진출할 때에는 이 점에 주의해야 한다.

소매업체는 소비자에 대하여 광고, 판매촉진, 홍보, 웹사이트나 e-메일 등 다양한 방법으로 의사소통한다. 다음 장에서는 이러한 커뮤니케이션 방법들에 대해서 알아보기로 한다.

II 고객과의 커뮤니케이션 방법

〈보기 16-1〉은 소매업체의 커뮤니케이션 방법을 인적 사용 여부와 비용의 지불 여부를 기준으로 분류한 것이다.

1. 비용을 지불하는 비인적 커뮤니케이션

광고, 판매촉진과 점포 분위기, 그리고 웹사이트는 비용을 지불하는 비인적 커뮤니케이션의 예이다.

1) 광고

광고는 신문, TV, 라디오, 직접우편, 그리고 인터넷과 같은 대중매체 사용에 비용을 지불하는 커뮤니케이션 방법이다. 소매업체들은 연간 190억 달러 이상을 광고비로 지불하는데, 이는 자동차 제조업체들

Refact

McDonald는 매년 광고비로 170억 달러를 지출하는데, 이는 미국 시장 전체에서 16번째로 많은 규모이다. Sears가 17위이고, Macy가 20위이다.

○ 보기 16-1
커뮤니케이션 방법

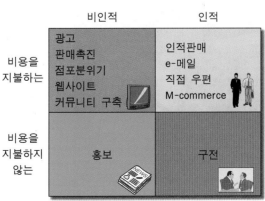

	비인적	인적
비용을 지불하는	광고 판매촉진 점포분위기 웹사이트 커뮤니티 구축	인적판매 e-메일 직접 우편 M-commerce
비용을 지불하지 않는	홍보	구전

집단에 이어 두 번째로 큰 광고주 집단에 속한다. 뿐만 아니라 Walt Disney, McDonald's, Sears Holdings, Macy's와 같이 30개의 주요 소매업체들은 각각 연간 10억 달러 이상의 광고비를 집행한다.

2) 판매촉진

판매촉진은 일정기간 내에 상품을 사거나 점포를 방문하도록, 고객들에게 별도의 가치와 인센티브를 제공하는 비인적 커뮤니케이션 수단이다. 가장 일반적인 판매촉진은 가격할인(sale)이다. 그 외에도 특별 이벤트나 점포 내 시연, 경연대회와 쿠폰 등의 방법이 있다.

특별 이벤트 특별 이벤트는 몇 개의 판촉 기법을 결합한 방법으로, 계절적, 문화적 혹은 스포츠나 뮤지컬 등 여러 이벤트를 이용하는 방법을 말한다.

점포 내 시연 소매업체는 판매촉진과 점포 내의 분위기를 띄우기 위해, 시연과 무료 견본을 제공하기도 한다. 백화점에서는 패션쇼와 요리 시연으로 고객들을 끌어들이고 구매충동을 느끼게 한다. Minneapolis에서는 젊은 고객들을 유인하기 위해 유명한 락스타인 Prince의 공연을 개최하기도 하였다.

경연대회 경연대회(contests)는 (1) 몇몇의 고객이 상을 받는다는 점과 (2) 운에 의해 결정된다는 것이 가격할인과 다른 점이다. 패스트푸드 음식점은 유명한 영화(Spiderman과 같은)나 스포츠이벤트(World Series와 같은)와 함께 콘테스트를 자주 개최한다.
패스트패션 의류업체인 H&M은 Sim2 이용자들을 위해 재미있는 콘테스트를 개최했다. 게임 내에서 '파티 타임'이나 '스케이트 공원'과 같은 특정 테마를 주고, 이용자 스스로가 의상을 디자인하게 한 다음에, H&M이 우수한 디자인을 선정하여 웹상에서 패션쇼까지 열었다. 이용자들이 직접 참여하여 투표로 최고의 디자인을 선정하고, 수상작은 실제 옷으로 만들어져 판매되었다. 이와 같은 프로그램은 흥미 유발은 물론 소매업체에 대한 가치 있는 정보를 제공하는 역할도 한다.

쿠폰 쿠폰은 점포에서 상품을 구입할 때 특정 품목의 가격에 대해 할인을 제공하는 것으로, 대부분의 슈퍼마켓에서 사용하는 일반적인 판촉 도구이다. 소매업체는 쿠폰을 신문 광고란과 직접 우편 프로그램으로 배포한다. 예를 들어, Florida를 기반으로 한 슈퍼마켓 체인 Publix는 직접 우편을 이용하는 많은 고객들을 대상으로 판촉활동을 한다. 즉 미식가들이 좋아할 만한 조리법과 함께, 그 음식 준비에 필요한 상품과 관련 쿠폰을 포함시켜 보내는 것이다.
Mediacart는 매장 내에서 길을 안내해 주는 기능을 갖추고 있는 첨단 제품으로서, 비디오 스크린을 통해 매장 내 상품 위치를 비롯하여 각종 할인쿠폰을 제시한다. 또 구입한 식품의 칼로리를 계산해주거나 특정 음식의 레시피를 표시해, 재료를 잊지 않게 돕는 기능도 갖추고 있다.

임시 점두 가게(Pop-up stores) 판매 촉진의 가장 특이한 유형은 바로 임시 점두 가게라고도 불리는 Pop-up store이다. Pop-up store란 정해진 기간만 한시적으로 오

Refact

루돌프 사슴코 얘기는 1939년 Montgory Ward의 점포촉진에서 비롯되었다.

■■■■■

Mediacart는 쇼핑카트에서 구매결정 시점의 판촉 정보를 제공한다.

픈하여 신상품이나 한정 상품을 반짝 판매하는 임시 매장(temporary store)을 말한다. 이는 많은 상품을 판매하려는 목적보다는, 고객과 브랜드 간 교감을 통해 브랜드 인지도를 높이려는 목적으로 사용된다.

3) 점포 분위기

점포 분위기는 건축, 배치, 간판과 디스플레이, 색상, 조명, 기온, 음악, 향과 같은 물리적 특징의 조합으로 이루어진다. 이런 조합이 고객의 마음 속에서 점포에 대한 이미지를 형성한다. 점포 분위기는 점포의 서비스, 가격, 상품의 유행에 대한 정보를 전달한다. 18장에서 점포 분위기의 요소를 검토할 것이다.

4) 웹사이트

소매업체는 웹사이트를 통한 고객과의 커뮤니케이션에 더 많은 강조를 하고 있다. 웹사이트를 이용하여 브랜드 이미지 구축, 점포의 위치, 특별 이벤트, 그리고 구매 가능한 품목 등에 대한 정보를 얻을 수 있기 때문이다. 예를 들어, Office Depot는 웹사이트를 통해 제품에 대한 정보와 조언은 물론 다른 사업과의 네트워크 구축까지 하고 있다. Office Depot는 웹사이트를 통해 Safety and Health Act(미국 산업안전보건청) 규정, 구직자 체크 사항, 성추행 처벌규정과 각종 워크샵에 대한 정보를 올려, 상품이나 서비스 뿐만 아니라 중소형 사업자를 위한 정보까지 제공하고 있다.

5) 커뮤니티 구축

The Knot는 결혼을 준비하는 예비 부부들을 위해 정보, 서비스, 그리고 상품을 제공하는 웹사이트이다. 웹사이트 방문자들은 비슷한 관심사를 가진 사람들과 커뮤니티를 형성한다.

앞에서도 언급했듯이, 최근 많은 소매업체들은 웹사이트를 통해 커뮤니티를 구축하고 있다. 웹사이트는 소비자들이 다른 소비자들과 제품이나 서비스에 대한 관심사와 정보를 나누는 기회를 제공해 준다. 웹사이트를 방문하는 방문자들은 원하는 정보를 찾고, 이슈나 제품, 서비스에 대한 코멘트를 공유하게 된다. 예를 들어 The Knot(www.theknot.com)는 결혼을 준비하는 예비 부부들을 위한 커뮤니티를 개설하여, 결혼준비와 결혼관련 조언을 제공하고 있다. 아웃도어 의류 소매업체인 REI는 하이킹 여행이나 자전거 투어, 등산 등 다양한 산악활동과 외부활동을 위한 정보를 제공하고 있다. 90건이 넘는 여행팁을 통해 고객들은 유용한 정보를 제공받고, 또한 본인들의 여행 경험을 올림으로써 자신들만의 커뮤니티를 구축해나가고 있다. 궁극적으로 이러한 커뮤니티 구축을 통해 REI는 자신들의 브랜드 이미지를 강화시켜 나가고 있다.

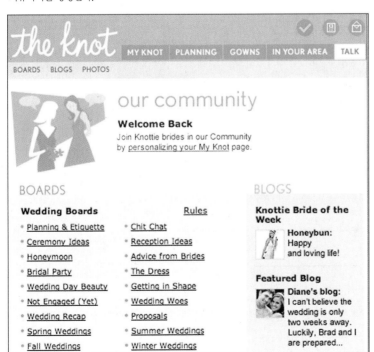

2. 비용을 지불하는 인적 커뮤니케이션

비용을 지불하는 인적 커뮤니케이션은 새로운 기술의 발달로 점점 더 증가하고 있는 추세이다. 대표적인 방법으로는 인적 판매, e-메일 그리고 직접우편이 있고, 최근에는 무선전자상거래(m-commerce)가 대두되고 있다. 이러한 방법은 고객과의 직접 정보 교환을 통해-면대면 교환이거나, 직접 판매 방식이거나 혹은 CRM(Customer Relationship Marketing) 방식을 통해서-개별적으로 이루어진다.

1) 인적 판매

소매업체의 인적 판매원은 가장 대표적인 인적 커뮤니케이션 매체이다. 인적 판매는 소매업체의 판매원이 고객들에게 면대면으로 정보를 제공함으로써 고객들의 만족도를 높이는 커뮤니케이션 과정이다.

2) e-메일

e-메일도 비용을 지불하는 인적 커뮤니케이션 매체의 하나로서, 인터넷 등을 통해 고객들에게 직접 정보를 전달하는 형태이다. 웹사이트나 무선전자상거래 등과 같이 e-메일도 특정 고객에게 개별화된 전송이 가능하고, 판매원과 마찬가지로 고객과 의사소통이 가능하다는 특징이 있다. 물론 같은 메시지를 모든 고객에게 전송할 수도 있다. 소매업체는 e-메일을 통해 새로운 상품이나 특별 판촉 행사, 주문서 확인, 배송 확인 등의 정보를 전달한다.

3) 직접 우편(Direct Mail)

직접 우편은 브로셔, 카탈로그, 광고지 등 광고내용을 문서화하여 고객에게 직접 전달하는 것을 말한다. 소매업체는 모든 고객에게 동일한 내용의 직접 우편을 보내기도 하고, 고객별로 맞춤 정보를 보내기도 한다.

소매업체는 특히 POS(Point of Sales) 시스템을 통해 모은 고객 데이터를 통해 고객을 선별하여 맞춤 정보를 보낸다. 예를 들어, Neiman Marcus는 신용카드를 사용하는 모든 구매 고객의 데이터베이스를 수집한다. 그리고 각 고객들의 과거 구매 정보에 따라 신제품 출시 시 맞춤 정보를 전달한다. 뿐만 아니라 고객들을 성별이나 연령에 따라, 관심사 혹은 라이프스타일 등에 따라 분류한 다음 고객에 맞춤 정보를 전달하기도 한다.

4) 무선전자상거래(M-commerce)

기술의 급속한 발전으로 비용을 지불하는 인적 커뮤니케이션은 M-commerce(Mobile-commerce)와 함께 e-메일에서 한층 더 다양해졌는데, 이는 핸드폰이나 PDA와 같은 각종 무선 전자기기 들을 통한 방식이라고 할 수 있다. 기계를 잘 다루는 요즘의 고객들은 그들의 핸드폰이나 PDA를 통해 다양한 정보를 제공받는데, 소매업체들도 이러한 추세에 편승하면서, 이를 통한 다양한 소매점포 정보들을 제공하게 된 것이다. 다음은 소매업체들이 어떻게 혁신적인 무선전자상거래 장비를 이용하는지 보여준다.

- Michigan주 Grand Rapids에 본사를 둔 하이퍼마켓 Meijer는 고객들에게 휘발유값이 오를 것이라는 정보를 미리 알려준다.
- GPShopper는 인터넷식의 검색 엔진으로, 고객들이 인근 상점에 원하는 품목의 재고가 있는지 확인하게 해준다. 이 서비스는 Best Buy, Toys "R" US 등의 업체에서도 제공된다.
- 소매업체는 고객들의 핸드폰을 통해 쿠폰을 보낼 수 있다. 쿠폰 회수율은 40% 정도로 인쇄매체나 온라인 캠페인을 통해 제공되는 쿠폰의 회수율이 2%인 것이 비해 매우 높다.

The Gap과 다른 소매업체들은 (Product)red에 파트너로 참여하여 아프리카의 에이즈 퇴치를 위한 사업에 참여한다.

■ 고객들은 점포에 직접 방문하거나 웹사이트에 접속하는 번거로움 없이 텍스트 메시지를 통해서도 제품을 구매할 수 있다. 예를 들어, 잡지에서 본 코트를 구매하고자 하는 고객은 핸드폰이나 PDA를 통해 텍스트 코드를 전송하는 것만으로 구매가 가능하다. 텍스트 메시지를 통한 이러한 방식은 소매업체뿐만 아니라, 티켓을 구매하거나 기부를 하는 등에도 활용되고 있다.

3. 비용을 지불하는 않는 비인적 커뮤니케이션

비용을 지불하는 않는 비인적 커뮤니케이션 방법 중 가장 대표적인 것이 홍보이다. 홍보는 특별한 비용 없이 공적 매체(보통 뉴스 기사 내용)에서 소매업체를 소개해주는 커뮤니케이션 방법이다. 예를 들어, 신문이나 뉴스에서 Linens-n-Things가 카드 하나를 판매할 때마다, 1달러씩 미 전국유방암협회에 기증한다는 기사가 나오는 것이다. Gap, Emporio Armani 그리고 Apple사는 아프리카의 에이즈 퇴치를 위해 일정 금액을 기부하는 품목을 따로 만들기도 하는데, 이러한 기사는 그 소매업체에 대해 긍정적인 이미지를 심어 주고, 더 나아가 제품 구매 시 일정 금액을 기부한다는 자긍심을 주어 매출 확대로 이어질 수도 있다.

지금까지 Wal-Mart는 낮은 가격을 알리는 것 외에는 자사의 이미지를 긍정적으로 만들기 위한 홍보 노력을 별로 하지 않았다. 하지만 이에 대한 환경단체나 노동단체로부터의 비난이 점점 거세지면서, Wal-Mart 역시 홍보 등 PR을 책임지는 부서를 두게 되었다. 이 부서에서는 Wal-Mart에 반하는 기사가 나올 때마다 재빠르게 대응하고, 인터넷 블로그 등을 관리하면서 대중들의 지지를 얻고자 한다. 또한 허리케인 카트리나가 미 지역을 강타하고 난 후, 해당 지역의 점포를 누구보다도 빨리 열고, 관련 상품들을 신속하게 제공하고, 상당한 구호 기금을 기부하는 등 사회적인 활동에도 신경을 쓰고 있다. Retailing View 16.3은 Neiman Marcus가 매년 선보이는 크리스마스 선물 카탈로그를 통해 기사거리를 만들고, 이로 인해 독특하고 희소성 있는 상품 구색이라는 이미지를 구축하는 예를 보여준다.

대부분의 커뮤니케이션은 잠재적인 고객을 향한 것이 된다. 그러나 홍보는 직원이나 투자자들과의 커뮤니케이션을 위해 사용되기도 한다. 홍보를 통한 호의적인 뉴스는 직원들의 근로의욕을 고취시키고, 직원들의 성취도를 향상시킨다. 이런 홍보의 대부분은 회사 내의 사보, 잡지, 게시판, 안내서 등에 인쇄문 등으로 전달되기 마련이다. 그러나 소매업체에 대한 뉴스가 신문이나 TV, 라디오를 통해 전달된다면, 직원들의 내부 커뮤니케이션을 통하는 것보다 훨씬 신뢰감을 줄 수 있다. 고객들과 마찬가지로, 직원들도 자신들의 소매업체가 제공한 정보보다 뉴스 미디어를 통한 정보에 더 신뢰감을 갖기 때문이다. 주주, 재무기관, 공급자, 정부기관 역시 소매업체의 홍보에 영향을 받는다.

4. 비용을 지불하지 않는 인적 커뮤니케이션

마지막으로, 소매업체들은 구전(WOM: word of mouth, 소매업체에 대한 사람들 간의 커뮤니케이션)을 통해 비용을 지불하지 않고서도 고객과 커뮤니케이션을 한다. 상대적으로 새로운 방법인 구전은 사

Neiman Marcus: 최고의 선물

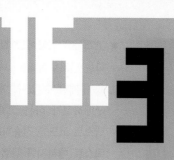

The Neiman Marcus Christmas Catalog는 아마도 가장 잘 알려진 소매 카탈로그일 것이다. 이 명성은 너무도 유명한 his-and-hers gifts라는 전통 때문이다. 크리스마스 카탈로그는 1915년에 Neiman Marcus 고객들에게 휴일에 매장을 방문하라는 초대의 의미로 배포되었다. 50년대 후반부터 Neiman Marcus는 고객들에게 매장이나 다른 카달로그에 없는 독특한 상품을 선보이기 시작했다.

1959년에는 까만 숫송아지가 산 채로, 혹은 스테이크로 배송되었는데, 이는 엄청나게 홍보가 되었으며 전국적으로 주목을 받게 되었다. 가장 비싼 선물은 400억 달러 상당의 보잉 제트기였는데, 대부분 판매는 되지 않았다. 잘 알려진 Monopoly 초콜릿 세트는 Playboy지의 사장인 Christie Hefner가 Playboy의 창립자이자 그의 아버지인 Hugh Hefner를 위해 구매하였다.

2007년에는 1.59 million 달러 상당의 주말 콘서트에 500명을 초대하는 상품을 선보였는데, 뛰어난 피아노 연주자인 Lola Astanoca의 연주를 듣고, 저녁에는 유명 진행자인 Regis Philbin과 함께 파티를 즐기고, 아티스트의 자필 서명이 담긴 Steinway 그랜드 피아노를 선물로 받는 상품이었다. Neiman Marcus의 크리스마스 카탈로그는 약 18만 명에게 보내지며, 웹사이트에서도 볼 수 있다.

Neinan Marcus는 2007년 크리스마스 카탈로그에서 가죽의자, 파노라마 화면, 에어컨이 구비된 텔레비전을 1.4million달러에 선보였다.

출처: Nathalie Atkinson "Who Wants Another Lexus?" National Post, November 8, 2007.

Refact

소매점포의 서비스에 불만족스러운 경험을 가진 고객은 평균 아홉 사람에게 이러한 사실을 알린다.

회적 쇼핑을 통해서 이루어지는데, 사회적 쇼핑(social shopping)이란 고객들이 인터넷 등을 통해 다른 사람들과 자신의 쇼핑 경험, 선호도, 생각, 의견 등을 공유하는 것을 말한다. 고객들이나 인터넷 사용자들은 소매점포의 상품, 가격, 그리고 거래형태 등에 대해서 의견을 교환한다.

소매업체들은 고객들로 하여금 그들이 방문한 점포에서의 경험을 리뷰로 올려 다른 사람들과 공유하기를 격려한다. 특히 온라인 소매업체에서 고객들의 리뷰는 고객들의 충성도와 전략적 이점을 주기 때문에 매우 중요하다. 특히 고객들의 리뷰는 새로운 고객들이 구매를 결정하는 데 매우 중요한 역할을 한다. 그러나 유언비어와 같이 비호의적인 구전 커뮤니케이션은 점포운영에 심각한 영향을 줄 수도 있다.

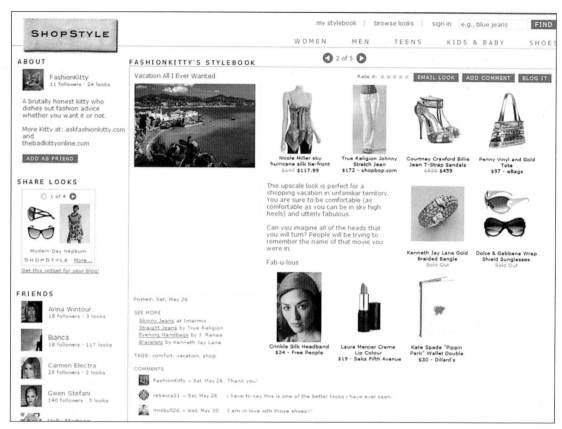

www.shopstyle.com의 쇼핑객들은 몇 개의 소매업체에서 다른 아이템들을 검색할 수 있고, 그 결과물을 함께 놓고 볼 수 있으며, 이를 친구들과 공유하고 의논할 수 있다.

5. 커뮤니케이션 방법의 강점과 약점

〈보기 16-2〉는 통제, 유연성, 신뢰, 비용의 관점에서 커뮤니케이션 방법을 비교한 것이다.

1) 통제

소매업체는 비용을 지불하는 않는 방법에 비해, 비용을 지불하는 방법일 때 더 많은 통제를 한다. 광고, 판매촉진, 웹사이트, e-메일, 점포 분위기, 다이렉트 메일, m-commerce 등을 이용할 때, 소매업체는 메시지의 내용과 전달시간을 직접 결정한다. 인적 판매원은 각자 다른 메시지를 전달할 수 있기 때문에, 인적 판매에서는 소매업체의 통제력이 상대적으로 약해진다. 비용을 지불하지 않는 커뮤니케이션은 소매업체에게 고용된 사람이 아닌, 일반 사람들에 의해 만들어지고 전달되기 때문에 우호적인 정보는 물론 비우호적인 정보까지도 소통된다. 예를 들어, 음식점 포장의 유독성, 호텔의 인종차별에 관한 정보는 심각한 매출감소를 일으킬 수 있다.

2) 유연성

인적 판매가 가장 유연한 커뮤니케이션 방법인데, 그 이유는 판매원이 개개인의 고객과 이야기할 수 있기 때문에 고객의 특별한 욕구를 찾을 수 있고, 고객에게 맞는 독특한 상품 제시로 발전할 수 있기 때문이다. 대중매체를 통한 방법은 동일한 메시지를 모든 고객을 대상으로 전달하기 때문에 유연성이 떨어진다.

	통 제	유연성	신뢰성	비 용
비용을 지불하는 비인적				
– 광고	높음	매우 낮음	매우 낮음	중간
– 판매촉진	높음	매우 낮음	해당사항 없음	중간
– 점포 분위기	높음	매우 낮음	해당사항 없음	중간
– 웹사이트	높음	중간	낮음	중간
– 커뮤니티 구축	중간	높음	해당사항 없음	중간
비용을 지불하는 인적				
– 판매원	중간	매우 높음	낮음	매우 높음
– E-메일	매우 높음	높음	낮음	낮음
– 직접 우편	매우 높음	높음	낮음	매우 높음
– 전자상거래	높음	높음	낮음	증가세
비용을 지불하지 않는 비인적				
– 홍보	낮음	낮음	높음	낮음
비용을 지불하지 않는 비인적				
– 구전	낮음	낮음	높음	낮음

3) 신뢰성

홍보나 구전은 원천적으로 소매업체와 독립된 커뮤니케이션이기 때문에, 이들 정보는 비용을 지불하는 커뮤니케이션 원천보다 더욱 신뢰할 수 있다.

예를 들어, 고객은 친구와 가족들을 매우 믿을만한 정보의 원천으로 여기나, 광고나 판매원이 하는 주장은 의심하는 경향이 있다.

4) 비용

홍보와 구전은 비용을 지불하지 않는 커뮤니케이션 방법으로 분류되지만, 실제로 소매업체들은 홍보와 구전을 장려하기 위해 비용을 지불한다. 중요한 뉴스의 헤드라인을 차지할 정도의 이벤트를 만드는 건 소매업체에게 비용이 될 수 있다. 예를 들어, NASCAR 자동차 경주 대회에 후원하는 Circuit City는 상당한 후원 비용을 지불하게 된다.

그런 의미에서, 비용을 지불하는 비인적 커뮤니케이션이 보다 경제적일 수 있다. 예를 들어, LA Times의 전면광고는 메시지를 전달하는데 노출 1인당 2센트의 비용이 든다. 반면, 인적 판매는 광고보다 효과적이지만 비용이 더 든다. 시간당 12달러를 지급하는 판매원의 경우, 10분간 상품 설명에 2달러가 소요된다고 할 때, 뉴스광고, 라디오, 신문을 통해 고객에게 노출하는 것보다 100배의 비용이 든다. 웹사이트를 유지하는 것은 비교적 저렴하다. 사이트 설계와 지속적인 갱신으로 방문자를 유인하는 데 드는 촉진비용이 가장 비싸고, 고객에게 e-메일 등을 전송하는 것은 상대적으로 저렴하다.

커뮤니케이션 방법이 다양한 만큼, 이들이 커뮤니케이션 역할을 수행하는 효과도 다양하다. 전통적으로, 광고나 홍보, 점포 분위기는 소매업체의 이미지 형성에 있어 비용 면에서 가장 효율적이나, 웹사이트나 광고는 소매업체가 제공하는 정보를 고객들에게 전달할 때 가장 효율적이다. 인적 판매, 판매촉진, 점포 분위기, VMD는 고객이 상품을 구매하도록 설득하는데 이용된다. 소비자의 기억과 반복구매는 이미지 광고와 고객 서비스, 판매원이 제공하는 다빈도 구매고객 우대 프로그램을 통해 발전된다.

Refact

10대와 2-30대의 젊은 고객들의 68%는 커뮤니케이션 방법 중 구전이 가장 신뢰성이 높다고 여기고 있으며, 46%는 패션품목에 대해서는 친구의 조언이 가장 결정적이라고 응답했다.

Ⅲ 소매 커뮤니케이션 프로그램 계획

〈보기 16-3〉는 소매 커뮤니케이션 프로그램의 개발과 실행의 4단계를 보여주고 있다. 목표설정, 예산수립, 예산할당, 실행 및 평가가 그것이다. 다음에서는 각 단계를 자세히 설명한다.

1. 목표설정

소매업체는 (1) 프로그램 수행을 위한 방향과 (2) 성과 평가를 위한 기초를 제공함으로써, 프로그램을 촉진하기 위한 목표를 세운다. 다른 커뮤니케이션 프로그램은 주말 방문객 증가와 같은 단기적 실적 증가에 목표를 두기도 한다.

1) 커뮤니케이션 목표

소매업체의 최종 목적은 장기적, 단기적 판매와 이익 창출이지만, 커뮤니케이션 프로그램을 계획하고

◐ 보기 16-3 소매 촉진 프로그램 개발 단계

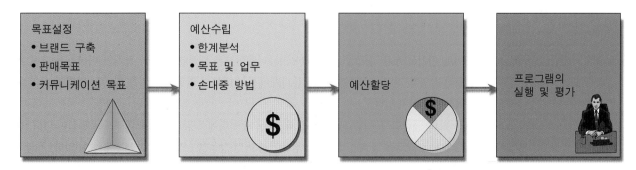

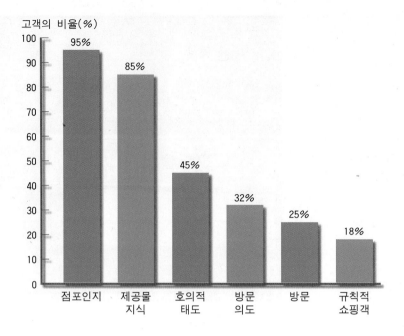

○ 보기 16-4
커뮤니케이션 목표와 고객
의사결정 과정 단계

고객의 비율(%)

- 점포인지: 95%
- 제공물 지식: 85%
- 호의적 태도: 45%
- 방문 의도: 32%
- 방문: 25%
- 규칙적 쇼핑객: 18%

평가하기 위해, 소매업체는 판매 목표보다 커뮤니케이션 업무와 관련된 목표를 자주 사용한다. 커뮤니케이션 목표는 고객의 의사결정에 영향을 미치는 소매 커뮤니케이션 믹스와 관련된 특별한 목표이다. 〈보기 16-4〉는 Safeway 슈퍼마켓의 표적고객에 대한 가상적인 정보를 나타낸다. 이 정보는 소매업체가 추구하는 바가 제 4장에서 취급한 고객 의사결정단계와 관련되어 있다는 것을 설명한다. 95%의 고객이 점포에 관해 알고 있고(의사결정의 첫 단계), 85%의 고객이 판매되는 상품의 유형을 알고 있다. 그러나 목표시장의 45%의 고객만이 그 점포에 대해 우호적이다. 32%는 다음 몇 주 동안 그 점포를 방문하려는 의도를 가지고 있으며, 25%는 실제도 다음 2주 안에 방문하고, 18%는 그 점포에서 규칙적으로 구매한다.

대부분의 사람들이 점포와 제공하는 상품에 대해 알고 있다고 가정해 보자. 예를 들어, Safeway 슈퍼마켓이 직면한 문제는, 그러한 지식과 우호적 성향 사이에 큰 차이가 있다는 것이다. 그래서, 이 점포는 우호적인 고객들의 숫자를 늘리는 것을 목표로 하는 커뮤니케이션 프로그램을 개발해야 한다.

예를 들어, Safeway 프로그램 커뮤니케이션 목표는, 3개월 이내에 점포에 우호적인 태도를 갖는 반경 5마일 안에 살고 있는 고객을 45%에서 55%까지 증가시키는 것이다. 이 목표는 분명하고 측정이 가능하다. 이렇게 함으로써 프로그램이 역점을 두어야 할 업무를 제시한다. 프로그램을 수행하는 사람은 그들이 무엇을 달성해야 하는가를 알고 있어야 한다.

커뮤니케이션 목적과 접근방법은 공급업체와 소매업체에 따라 다르게 사용되고, 그러한 차이는 갈등을 초래한다. 초래되는 갈등을 살펴보면 다음과 같다.

- **장기적 vs 단기적 목표:** 공급업체에 의한 커뮤니케이션은 대부분 제품의 장기적 이미지 구축에 초점이 맞춰져 있다. 반면, 소매업체의 커뮤니케이션은 대부분 판촉과 세일을 알리는 단기적 이익 창출에 초점이 맞춰져 있다.
- **상품 vs 위치:** 공급업체는 상품을 광고할 때, 제품이 어디에서 팔리는가에 대해서는 관심이 없다. 반면, 소매업체는 광고를 할 때, 고객들이 점포에서 어떤 상품을 구입하는 가에는 관심이 없다. 공급업체는 자신의 브랜드가 팔리기를 원하고, 소매업체는 가장 수익성이 좋은 브랜드가 팔리기를 원한다.

- **지역적 포괄 범위:** 사람들은 집이나 직장에서 가까운 점포에서 쇼핑하려 하기 때문에, 소매업체는 지역 신문, 지역 TV, 지역 라디오에 광고하려 한다. 반면 공급업체는 전국적으로 팔리기를 원하기 때문에 전국 TV나 잡지에 광고하는 경향이 있다.
- **제공하는 상품의 폭:** 전형적으로 공급업체는 적은 수의 제품을 광고한다. 생산하는 각각의 제품들 간의 일관성을 유지하기 위한 노력을 기울인다. 소매업체는 방대한 상품을 취급하고 단기적인 판매 이익을 향상하는데 초점을 맞추기 때문에, 상이한 상품에 초점을 맞추고 이것이 점포의 전반적인 이미지와 조화를 이루지 못하면, 고객들이 혼돈하게 된다.

공급업체와 소매업체가 서로 다른 목적을 가지고 있다고 하더라도, 상호 이익이 되는 결과물을 얻기 위해 서로 협력하여야 한다. Wal-Mart와 Copperton은 썬케어 제품의 공동 판촉 행사를 실시하여, 모두에게 이익을 가져다 주었다. Wal-Mart에서 팔리는 Copperton 썬케어 제품의 매출은 6%나 증대 하였고, 이용 고객들은 Wal-Mart와 Copperton 모두에게 충성도를 가지게 되었으며, 다른 품목의 매출 역시 동반 상승한 효과를 가져오게 되었다.

2. 커뮤니케이션 예산수립

소매 커뮤니케이션 프로그램의 두 번째 단계는 예산을 세우는 것이다(〈보기 16-3〉에서 알 수 있듯이). 경제적인 측면에서 정확한 커뮤니케이션 예산수립 방법은 한계 분석이다. 비록 소매업체들이 완벽한 한계 분석을 수행할 충분한 정보가 없다고 할지라도, 이 방법은 관리자가 예산수립 프로그램에 어떻게 접근해야 하는지를 보여준다. 커뮤니케이션 예산수립을 위한 한계 분석 방법은 지역 상권 內 점포 수 결정(8장), 각 상점에 할당할 상품 결정(14장), 점포 당 종업원 배치(17장), 상품 카테고리 당 매대 공간 결정(18장) 등 예산할당 결정에 소매업체가 꼭 이용해야 할 방법이다.

1) 한계 분석 방법

한계 분석은 1달러가 추가적으로 투입되었을 때 부가적인 생산성을 가진다면, 기업은 커뮤니케이션 비용을 증가시켜야 한다는 경제적 원칙에 근거하고 있다. 한계 분석을 설명하기 위해 여성정장을 판매하는 전문점 경영자인 Diane West를 생각해 보자. 〈보기 16-5〉는 이듬 해에 커뮤니케이션 믹스를 위해 얼마를 지출할지 결정하는 분석 방법을 보여준다.

21개의 각기 다른 커뮤니케이션 비용 수준(column 1)을 산출해내기 위해, 그녀는 점포매출(column 2), 총 이익(column 3), 기타 비용(column 4 및 5)을 추정한다. 그리고 커뮤니케이션 비용을 제외한 기여도(column 6)와 커뮤니케이션 비용이 고려된 이익(column 7)을 계산했다. 각기 다른 단계의 커뮤니케이션에 의해 산출된 매출액을 측정하기 위해 West는 그녀의 판단과 경험에 단순히 의존하거나, 과거의 데이터를 분석할 수 있다. 과거의 데이터는 또한 총 이익에 대한 정보와 판매율에 따른 다른 비용에 대한 정보도 제공한다.

커뮤니케이션 비용의 하위수준을 보면, 커뮤니케이션 비용에 5,000달러를 추가로 지출하는 것은 증대된 5,000달러보다 더 많은 기여도를 산출해낸다. 예를 들어, 15,000달러에서 20,000달러로 커뮤니케이션 비용을 5,000달러 증가시키면, 기여도는 10,800달러(또는 48,400달러-37,600달러) 증가된다. 그러나 커뮤니케이션 비용이 65,000달러를 넘으면 5,000달러의 추가 지출보다 산출되는 기여도는 적어진다. 예를 들어, 65,000달러에서 70,000달러까지의 예산증가는 4,050달러(125,350달러-121,300달러)의 기여도 증가를 가져온다.

이 예에서 West는 최대의 이익이 나는 지점이 커뮤니케이션 예산을 65,000달러로 할 때라고 결정한다. 그러나 그녀는 55,000달러에서 70,000달러까지의 지출은 동일한 수준의 수익을 올린다는 것을 알았다. 그래서 West는 보수적인 결정을 내렸고, 55,000달러의 커뮤니케이션 비용 예산을 세웠다.

대부분의 경우, 경영자들은 커뮤니케이션 비용과 매출 사이의 관계를 모르기 때문에 한계 분석을 하기 어렵다. 〈보기 16-5〉의 숫자는 단순히 West의 추측일 뿐이다.

소매업체는 종종 판매와 커뮤니케이션 비용 사이에서, 보다 좋은 관계를 찾아내기 위해 실험을 한다. 예를 들어, 카탈로그 소매업체는 동일한 판매 가능성을 갖고 미국내의 몇몇 지역을 선택한다. 소매업체는 100,000개의 카탈로그를 첫 번째 지역에 배분하고, 200,000개는 두 번째 지역에, 300,000개는 세 번째 지역에 배포했다. 각 기여도 수준에 대한 매출과 비용을 이용하여 최적의 기여도를 결정하기 위해 〈보기 16-5〉과 같은 분석을 거칠 수 있다(제15장에서 가격과 매출 사이의 관계를 결정하기 위한 실험을 활용하는 것에 대해 설명하였다).

소매업체가 예산을 수립하기 위해 사용하는 또 다른 방법으로는, 목표-업무(objective-and-task) 방법과, 손대중(rules of thumb) 방법으로서 가용 예산(affordable budgeting) 방법, 판매 비율

보기 16-5 커뮤니케이션 예산설정의 한계 분석

Level	커뮤니케이션 비용(1)	매출 (2)	실현된 총이익 (3)	임대지출 (4)	인건비 지출 (5)	커뮤니케이션 비용전기여도 (6)=(3)-(4)-(5)	이익 (7)=(6)-(1)	
1	$0	$240,000	$96,000	$44,000	$52,200	($200)	($200)	
2	5,000	280,000	112,000	48,000	53,400	10,600	5,600	
3	10,000	330,000	132,000	53,000	54,900	24,100	14,100	
4	15,000	380,000	152,000	58,000	56,400	37,600	22,600	
5	20,000	420,000	168,000	62,000	57,600	48,400	28,400	
6	25,000	460,000	184,000	66,000	58,800	59,200	34,200	
7	30,000	500,000	200,000	70,000	60,000	70,000	40,000	작년
8	35,000	540,000	216,000	74,000	61,200	80,800	45,800	
9	40,000	570,000	228,000	77,000	62,100	88,900	48,900	
10	45,000	600,000	240,000	80,000	63,000	97,000	52,000	
11	50,000	625,000	250,000	82,500	63,750	103,750	53,750	
12	55,000	650,000	260,000	85,000	64,500	110,500	55,500	결정된 예산
13	60,000	670,000	268,000	87,000	65,100	115,900	55,900	
14	65,000	690,000	276,000	89,000	65,700	121,300	56,300	최고 수익
15	70,000	705,000	282,000	90,500	66,150	125,350	55,350	
16	75,000	715,000	286,000	91,500	66,450	128,050	53,050	
17	80,000	725,000	290,000	92,500	66,750	130,750	50,750	
18	85,000	735,000	294,000	93,500	67,050	133,450	48,450	
19	90,000	745,000	298,000	94,500	67,350	136,150	46,150	
20	95,000	750,000	300,000	95,000	67,500	137,500	42,500	
21	100,000	750,000	300,000	95,000	67,500	137,500	37,500	

목표: 우리 점포의 위치를 알고 있고, 의류를 구매하는 표적시장(직장여성)의 비율을 다음 12개월 동안 25%에서 50%로 증대시킨다.	
업무: 피크 타임에 30초 삽입 광고를 480회 실시한다.	$ 12,000
업무: 점포 입구에 표지판을 설치한다.	4,500
업무: 전화번호부에 광고 한다.	500
목표: 우리 점포를 선호하는 점포라고 언급하는 고객의 수를 다음 12개월 동안 5%에서 15%로 증대시킨다.	
업무: 이미지 개선을 위해 30초 TV 상업광고를 50회 실시한다.	$ 24,000
와인&치즈 행사 다음에 "성공을 위한 옷 연출법" 세미나를 개최한다.	8,000
목표: 시즌 말에 잔여 상품을 판매한다.	
업무: 특별행사	$ 6,000
총예산	$ 55,000

(percentage-of-sales) 방법, 경쟁 동가(competitive parity) 방법 등이 있다. 이런 방법들은 한계 분석 방법보다 덜 정교하지만 사용하기 쉽다.

2) 목표-업무(objective-and-task) 방법

목표-업무 방법은 커뮤니케이션 목표를 달성하기 위한, 특별한 업무수행에 요구되는 예산을 결정짓는다. 이 방법을 사용하기 위해 소매업체는 일련의 커뮤니케이션 목표를 세운다. 업무를 수행하기 위해 발생되는 모든 총 비용이 커뮤니케이션 예산이 된다.

〈보기 16-6〉은 Diane West가 한계 분석을 보완하기 위해 목표-업무 방법을 어떻게 사용하는가를 설명한다. West는 세 가지 목표를 세웠다. 점포 인지도 높이기, 목표시장 고객들에게 점포 선호도 높이기, 매 계절 막바지에 남은 상품의 판매촉진 등이다. 그녀가 이런 목표를 이루기 위해 필요한 총 예산은 55,000달러이다.

목표와 업무를 규정하는 것 외에도, West는 커뮤니케이션 예산을 사용할 다음 연도의 수입상태를 계획함으로써, 커뮤니케이션 믹스의 재정적 의미를 다시 점검한다(〈보기 16-7〉 참조). 이러한 수입상태에는 전년에 사용한 25,000달러의 커뮤니케이션 비용 증가분이 포함되어있다. 그러나 West는 커뮤니케이션 예산의 증가가 매년 매출을 500,000달러에서 650,000달러까지 증가시킬 것이라고 믿는다. West의 계획에 근거하면, 커뮤니케이션 비용의 증가는 점포의 이익을 증가시킬 것이다. 한계 분석과 목표 업무 방법의 결과에 따르면, 커뮤니케이션 예산은 55,000달러와 65,000달러 사이에서 계획된다.

매 출	금년 $500,000	내년 $650,000
총이익(실현된)	200,000	260,000
임대료, 유지보수비 등	− 70,000	−85,999
인건비	−60,000	−64,500
커뮤니케이션 비용	−30,000	−55,000
이익	$ 40,000	$ 55,500

3) 손대중(rule-of-thumb) 방법

앞의 두 가지 방법에서는, 기업의 미래 매출이나 커뮤니케이션 목표에 대한 커뮤니케이션 활동의 영향을 예측함으로써 커뮤니케이션 예산을 세운다. 손대중 방법은 이와 반대 논리를 사용해서 논의된다. 이 방법은 현재 커뮤니케이션 예산을 결정하기 위해 과거의 매출과 커뮤니케이션 활동을 활용한다.

가능 예산 방법(affordable budgeting method) 가능 예산 방법을 사용할 때는, 우선 예산 기간 동안의 커뮤니케이션 비용을 제외한 매출과 비용을 예측한다. 예상된 매출에서 비용과 기대 수익을 차감한 부분만큼 커뮤니케이션 믹스로 예산을 잡는다. 다시 말해서, 가능 예산 방법은 운영비용과 이익을 산출한 후에 사용 가능한 금액이 얼마인지에 따라 커뮤니케이션 예산을 세우는 것이다.

가능 예산 방법의 큰 문제는 커뮤니케이션에 투입된 비용이 매출과 이익에 영향을 끼치지 않는다고 가정하는 것이다. 여기서 커뮤니케이션 비용은 단지 제품가격처럼 사업상의 비용일 뿐이다. 소매업체가 가능 예산 방법을 사용할 경우, 만약 매출이 예상보다 저조하면 그들은 매출증가를 위해 커뮤니케이션 비용을 증가시키지 않고 "불필요하다"고 여겨 커뮤니케이션 비용을 삭제하게 될 것이다.

판매 비율 방법(percentage-of-sales method) 판매 비율 방법은 예상 매출액 중 고정비율로 커뮤니케이션 예산을 설정한다. 소매업체들은 예산 기간 동안 매출을 예상하고 예산을 세우기 위해 예정된 비율을 사용함으로써, 커뮤니케이션 비용을 결정한다. 여기서 사용되는 비율은 소매업체가 과거에 이용했던 비율이나 유사한 소매업체가 사용했던 평균 비율이다.

판매 비율 방법의 문제는 과거나 경쟁자에 의해 사용된 비율이 여전히 그 회사에 적절할 것이라고 가정한다는 점이다. 과거에는 새로운 점포를 개설한 적이 없지만, 가까운 시일에 많은 신규점포를 개설하려는 소매업체를 고려해보자. 이 때는 신규점포에 대해 고객에게 알려야 하므로, 과거보다 커뮤니케이션 예산을 더 증가시켜야 한다.

경쟁자와 같은 비율을 사용하는 것도 부적절할 수 있다. 예를 들어, 한 소매업체가 경쟁자보다 좋은 입지 조건을 갖고 있다면, 이 때문에 고객들은 소매점포에 대해 이미 높은 인지도를 갖고 있다. 이 때 소매업체는 입지가 나쁜 경쟁자에 비해 커뮤니케이션 비용이 적을 수도 있다.

커뮤니케이션 예산을 세우는데 있어 판매 비율 방법이나 가용 예산 방법이 가지는 장점은, 소매업체가 커뮤니케이션 비용이 과도하게 지출되는 것을 막아준다는 점이다. 지출의 수준이 매출에 의해 정해지기 때문에, 예산은 매출이 증가할 때만 증가하고 소매업체는 추가로 커뮤니케이션 비용을 지출하기 위해서는 매출을 창출해야만 한다. 경기가 좋을 때는 이런 방법들이 소매업체가 고객에게 더 적극적인 커뮤니케이션을 할 수 있게 하기 때문에 효과적이다. 그러나 판매가 저조할 때, 커뮤니케이션 비용은 줄어들고 이것은 매출 저하를 불러올 가능성을 가지고 있다.

경쟁 同價 방법(competitive parity method) 경쟁 동가 방법에서 커뮤니케이션 예산은 소매업체의 커뮤니케이션비용 비율과 시장점유율이 같도록 결정된다. 예를 들어, 작은 마을에 있는 스포츠용품점을 생각해 보자. 경쟁 동가 방법을 사용하기 위해, 이 점포의 주인은 도시 내의 모든 스포츠용품점들이 커뮤니케이션에 지출한 총 금액을 우선 산출한다. 그리고 나면, 주인은 자기 점포의 시장점유율을 추정할 수 있고, 스포츠용품의 총 광고비에 시장점유율을 곱해서 예산을 책정할 수 있다. 예컨대, 점포의 스포츠용품에 대한 광고비가 5,000달러, 시장점유율이 45%로 예측되었다고 가정하자. 이런 예측을 근거로 소유 경영자는 점포의 커뮤니케이션 예산을 2,250달러로 정할 수 있다.

다른 손대중 방법과 같이 경쟁 동가 방법은 소매업체가 시장에서 직면하는 문제나 독특한 기회를 잡는 것을 허용하지 않는다. 만약 소매업체들이 동일하게 효과적인 캠페인을 개발한다고 가정하고 모든 경쟁자들이 커뮤니케이션 예산 방법으로 경쟁 동가 방법을 사용한다면, 그 시장 점유율은 시간이 지나도 동일하게 유지될 것이다.

3. 판매촉진 예산할당

커뮤니케이션 예산의 규모를 결정한 후에, 커뮤니케이션 예산 과정에서 세 번째 단계는 예산을 할당하는 것이다(〈보기 16-3〉참고). 이 단계에서 소매업체는 구체적인 커뮤니케이션 요소, 상품 카테고리, 지역 또는 장단기 목표에 얼마의 예산을 할당할 것인가를 결정한다. 예를 들어, Dillard's는 해당 점포의 지역인 Arkansas, Texas, Florida, Arizona, North California, Ohio에 얼마의 커뮤니케이션 예산을 할당할지를 결정해야 한다. Sears는 취급하는 상품 카테고리인 장비, 하드웨어, 의복에 얼마의 예산을 할당할지를 결정해야 한다. 스포츠용품점 소유 경영자는 점포의 2,250달러의 커뮤니케이션 예산이 그 해의 판매창출에 대비하여 점포 이미지 개선에 얼마나 쓰였는지 그리고 광고와 특별 판촉에는 얼마를 사용할 것인지를 결정해야 한다.

연구조사에 따르면 예산의 할당이 예산을 결정하는 것보다 중요하다는 것을 알 수 있다. 다시 말해서, 소매업체는 커뮤니케이션 예산을 줄이고 보다 효율적인 예산할당을 통해서 기대했던 목표를 실현할 수 있다. 예산할당을 용이하게 하는 방법으로는 지역이나, 상품 카테고리에 동일한 예산을 할당하는 것이다. 그러나 이러한 할당 방법은 이윤을 극대화하지는 못한다. 왜냐하면 특정 지역이나 특정 상품에 더 효과적일 수 있는 커뮤니케이션 프로그램의 가능성을 무시하기 때문이다. 또 다른 방법은 제품 카테고리의 판매 수준이나 기여도를 근거로 분배하는 것과 같은 주먹구구식 방법을 이용하는 것이다.

예산수립 결정과 마찬가지로 예산할당 역시 한계 수익성 분석을 이용해야 한다. 소매업체는 최고의 수입을 가져다 줄 지역에 예산을 분배해야 한다. 이러한 예산할당 방법은 흔히 고평가 원리(high-assay principle)로서 설명된다. 두 가지 대안이 있는 광부를 생각해 보자. 하나는 톤 당 1만 달러 상당의 원석이 나오는 광구에서 채취하는 것이고, 다른 하나는 톤 당 5천 달러 상당의 원석이 나오는 광구에서 채취하는 것이다. 광부는 첫 번째 광산에 2/3의 시간을 할애하고 두 번째 광산에 1/3의 시간을 할애해야 할 것인가? 물론 아니다. 광부는 채굴된 광석의 분석가치가 5천 달러로 떨어질 때까지 첫 번째 광구에서 일을 하고 그 후에는 두 광구에 대해 시간을 동일하게 나누어 쓸 수 있다.

이와 같은 맥락에서, 어떤 소매업체가 고객들이 여성복에는 높은 인지도와 호의적 태도를 갖고 있으나 남성의류에 대해서는 그렇지 않다는 것을 발견했을 때, 남성의류 광고에 1달러를 지출하는 것이 여성의류에 1달러를 더 지출한 것보다 더 많은 판매를 창출할 수도 있다.

4. 커뮤니케이션 프로그램의 계획, 실행, 평가 - 두 가지 예시

마지막으로, 소매 커뮤니케이션 프로그램의 두 단계는 실행과 평가로서(〈보기 16-3〉 참고), 광고 캠페인과 슈퍼마켓의 판매촉진을 통해 설명하고자 한다. 그리고 본 장 마지막에 광고 메시지 개발과 매체 선정, 그리고 메시지 전달의 시기와 포괄범위 등을 포함한 광고 프로그램 실행에 대해 자세히 다루고 있다.

1) 광고 캠페인

South Gate West는 South California에 있는 고급 수입가구전문점 중의 하나이다. 점포는 골동품상점이며 동시에 전형적인 가구점의 외관을 갖추고 있지만 상품의 대부분이 아시아산 수입품이다.

사장은 커뮤니케이션 예산이 같은 지역의 Pier 1(Pier 1은 대규모 수입가구 체인임)보다 적다는 것을 깨달았다. 그는 특별한 부분에 제한된 예산을 집중투자하고 광고에 있어 매우 독특한 광고 문구와 기법을 사용하기로 했다. 그의 목표시장은 가구에 대해 경험이 많고 고급스러운 취향의 고객이었다. 그는 경험상 (1) 고객들이 대량구매를 하고, (2) 의미 있는 정보를 찾으려 하기 때문에 인적 판매가 중요하다는 것을 알았다. 그래서 사장은 그의 커뮤니케이션 예산의 일부를 판매사원을 교육시키는데 지출했다.

그가 개발한 광고 프로그램은 점포의 독특한 이미지를 강조했다. 주요 매체로 신문을 이용했다. 광고는 가격과 가구의 모습을 함께 실었다. 광고에서 독특한 기법과 아시아 국가의 신비감을 특색 있게 나타냄으로써, 아시아 가구와 관련된 이미지를 강조했다. 이러한 주제는 점포의 분위기에도 반영되었다. 그는 또 캠페인의 효과를 측정하기 위해 저렴한 추적 연구를 시행했다. 점포의 상권에 있는 가구 고객의 표본과 정기적으로 전화 인터뷰를 했다. 커뮤니케이션 목적은 다음의 질문을 이용해서 평가되었다.

커뮤니케이션 목적	질 문
인 지	어느 점포에서 동아시아 가구를 판매합니까?
지 식	어느 점포가 다음의 특성에서 가장 뛰어납니까?
태 도	동아시아 가구를 구입한다면, 어떤 점포에 제일 먼저 들리시겠습니까?
방 문	다음 점포 중 당신이 방문해 본 곳 어디입니까?

여기 1년간의 조사 결과가 있다.

커뮤니케이션 목적	캠페인 전	6개월 후	1년 후
인지(점포를 언급한 %)	38%	46%	52%
지식(판매 조언에 대해 뛰어나다고 언급한 %)	9%	17%	24%
태도(첫번째로 언급한 %)	13%	15%	19%
방문(방문한 점포로 언급한 %)	8%	15%	19%

이 결과는 인지, 지식, 태도가 꾸준히 증대되고 있음을 시사하고 있다. 이 조사는 광고가 목표대중에게 의도된 메시지를 전달한다는 증거를 제공한다.

2) 판매촉진 기회

소매업체에서 수행되는 커뮤니케이션 기회의 많은 경우는 공급업체에 의해 시작된다. 예를 들어, Procter & Gamble은 다음의 특별한 판촉을 Kroger에게 제공할 수 있다. 1주일 동안 Kroger는 48온스의 Fab 세제를 표준 도매가격보다 15센트 낮은 가격으로 주문할 수 있다. 할인가격으로 Fab을 구매하기로 했다면, Kroger는 48온스의 Fab을 목요일 신문 광고에 1달러 59센트(소매가보다 20센트 낮은)로 고객에게 제시하여야 한다.

먼저 Kroger나 다른 소매업체들은 이런 거래촉진을 받아들일 것인가를, 그리고 Fab을 고객에게 촉진

시킬 것인가를 결정하기 전에 이러한 판촉 기회가 수익성에 주는 영향을 확인해 볼 필요가 있다. 이런 판매촉진은 소매업체가 아닌 도매상에게 보다 효과적일 수도 있다.

이러한 판촉 기회를 평가하기 위해 소매업체는 다음의 요소를 고려하여야 한다.

- 판촉으로부터 실현된 이익
- 정상보다 더 많은 수량을 구매함으로써 발생하는 추가적인 재고비용
- 판촉 브랜드로부터 발생하는 잠재적인 판매 증가
- 판촉하지 않은 수익성이 높은 브랜드에서 판촉하는 브랜드로 고객들이 전환함으로 발생하는 잠재적 손실
- 판촉에 의해 점포로 유인된 고객들의 추가적인 판매

Fab의 통로끝 진열대는 Colgate-Palmolive의 특별 판촉 중 한 부분을 차지하고 있는데, 이는 슈퍼마켓 눈에 띄는 진열을 위해 Fab을 할인가격으로 구입한 것이다.

Fab의 가격이 1달러 59센트로 인하될 때, Kroger는 평소보다 Fab을 더 많이 판매하게 된다. 그러나 공급가격의 15센트 할인은 소비자 가격의 20센트 할인을 상쇄할 수 없기 때문에 Kroger의 Fab에 대한 마진은 줄어들게 될 것이다. 추가로 Kroger는 유통업자브랜드 세제보다 마진이 적은 Fab을 사도록 판촉을 했기 때문에 손해를 보게 된다. 또한 고객들은 할인된 Fab을 몇 박스 사서 쌓아둘지도 모른다. 이것은 특별 판촉이 끝난 후 당분간 유통업자 브랜드의 세제 판매를 감소시킬 것이다. 그러나 반대로 이러한 방식은 기존에 Kroger의 상품을 구매하지 않던 사람들에게 가격 면에서 매력적으로 보일 수 있다. 이런 고객들은 추가로 상품을 구매하게 되고 만약 Fab을 판촉하지 않았으면 실현되지 않았을 이윤을 점포에 발생하게 한다.

요 약   *Summary*

커뮤니케이션 프로그램은 소매업체의 다양한 목표를 성취하도록 설계되어진다. 목표는 고객의 마음 속에 소매업체의 브랜드 이미지를 심는 것, 점포의 매출 및 내점을 증가시키는 것, 소매업체의 위치/제공물/특별한 행사 알리기를 포함한다.

소매업체들은 고객들과 의사소통하기 위해 광고, 판매촉진, 점포 분위기, 웹사이트, 인적 판매원, e-메일, 직접 우편, m-commerce, 커뮤니티 구축, 홍보 그리고 구전 등의 방법을 사용한다. 커뮤니케이션 믹스의 이러한 요소들은 고객들로 하여금 소매업체에 대한 명확하고 확실한 이미지를 심어주기 위해 설계되어야 한다.

많은 소매업체는 커뮤니케이션 예산을 결정하는 데에 손대중 방법을 쓴다. 한계 분석은 커뮤니케이션 믹스에 의해 창출될 수 있는 이익을 극대화하는데 쓰일 지출의 수준을 결정하는 데 사용될 수 있다.

소매업체의 커뮤니케이션 예산의 대부분은 전통적으로 광고와 판매촉진에 사용된다. 광범위하게 포진한 매체는 광고에 사용된다. 신문 광고는 세일을 알리기에 적당한 반면, TV 광고는 이미지를 발전시키는 데에 사용되고, 판매촉진이나 m-commerce는 주말의 점포 내점을 증가시키는 것과 같이 단기

목표를 달성하는 데에 이용된다. 인적 판매원이나 커뮤니티 구축, 구전 활동 등은 장기적인 목표를 달성하고 고객들의 충성도를 구축하는데 유용하며, 평판과 구전 활동은 비용이 저렴하지만 통제하기는 어렵다는 특징이 있다.

핵심용어

Key terms

광고(advertising)	통합적 마케팅 커뮤니케이션 (IMC)
가능예산방법(affordable budgeting method)	한계 분석(marginal anlaysis)
보조인지(aided recall)	목표 업무 방법(objective-task method)
브랜드(brand)	판매 비율 방법(percentage-of-sales method)
브랜드 연상(brand association)	인적 판매(personal selling)
브랜드 인지(brand awareness)	전단지(preprint)
브랜드 자산(brand equity)	홍보(publicity)
브랜드 이미지(brand image)	도달율(reach)
커뮤니케이션 목표 (communication objectives)	손대중방법 (rule-of-thumb method)
경쟁동가방법(competitive parity method)	판매 촉진(sales promotion)
컨테스트(contest)	쇼핑 안내책자(shopping guide)
협동광고(cooperative advertising)	사회적 쇼핑(social shopping)
쿠폰(coupons)	특별 행사(special event)
포괄범위(coverage)	삽입 광고(spot)
누적도달율(cumulative reach)	점포 분위기(store atmosphere)
별쇄 광고지(free-standing insert)	시기(timing)
직접 우편(direct mail)	최초상기(top-of-mind)
빈도(frequency)	구전(word of mouth)
효과(impact)	

현장학습

Get Out And Do It!

1. 계속되는 사례 과제: 선정한 소매업체에 의해 실행되고 있는 모든 커뮤니케이션 활동들에 대한 평가를 내려보라. 소매업체에 의해 제공되는 모든 세부 정보들의 목록을 작성해보고, 소매업체의 점포나 웹사이트가 소매업체의 브랜드 이미지나 품목을 잘 반영하고 있는지 평가해보라. 소매업체가 매장의 분위기를 웹사이트, 광고 등을 통해서 보여주고자 하는 이미지는 어떤 것인가? M-commerce나 사회적 쇼핑, 커뮤니티 구축 등은 하고 있는가? 커뮤니케이션의 모든 요소들이 일관된 방향을 보여주고 있는가?

2. www.ipsh.com이라는 글로벌 모바일 마케팅 협회의 홈페이지에 들어가서 이 회사가 모바일 마케팅 캠페인을 통해 고객들을 어떻게 지원하고 있는지 파악해 보라.

3. 최근에 들어서 소매업체와 제조업체는 인터넷을 통한 쿠폰 발급을 우편보다 더 많이 하고 있다. 인터넷으로 발행되고 있는 쿠폰들을 직접 살펴보고, 전통적인 방법과 비교해서 인터넷을 통한 쿠폰 발행 시스템이 어떻게 다른지 알아보라.

4. Trader Joe's는 미식가를 위한 음식과 와인을 파는 독특한 컨셉을 지닌 소매업체이다. www.traderjoes.com에 접속하여 이 업체가 인터넷 사이트를 어떻게 활용하고 있는지 알아보라.

5. www.ratemyprofessors.com에 접속해보라. 최근에는 각 대학별 인터넷 사이트가 개설되어 있고, 사이트 내에서 교수의 수업에 대한 정보나 후기 등을 접할 수 있다. 당신도 수강신청 전에 이런 정보를 접한 적이 있는가? 이유는 무엇인가? 이러한 정보는 당신의 수강신청 결정에 얼마나 영향을 미쳤는가?

6. www.floorgraphics.com에 접속해서 점포 내 커뮤니케이션 방법에 대해 읽어보라. 예를 들어, 할인점 내에서 에스컬레이터를 탈 때, 벽면에 붙은 광고지를 본 적이 있는가? 이러한 광고의 효과는 어느 정도라고 생각하는가?

토의 질문 및 문제

Discussion Questions and Problems

1. 브랜드는 고객에게 어떤 혜택을 주는가? 소매업체에게는?

2. 광고, 홍보, 인적 판매, 판매촉진을 어떻게 통합하여 관리할 것인가?

3. 고객과의 커뮤니케이션 수단으로서 광고와 홍보의 차이를 설명해 보라

4. 서로 다른 상품 구색을 갖춘 매장에서는 광고 예산수립을 위해 어떤 점들을 고려해야 할까? 가장 높은 광고 예산은 지속성 상품, 일시적 유행상품, 패션 상품, 계절적 상품 중 어디로 책정되어야 할까? 이유는?

5. 다음의 목표를 달성하기 위한 커뮤니케이션 프로그램의 요소를 설명해 보라.
   고객의 충성도를 20% 향상시킨다.
   점포의 이미지를 10% 향상시킨다.
   저렴한 가격의 소매업체라는 이미지를 구축한다.

6. 소매업체는 브랜드 이미지 구축을 위해 TV광고를 활용한다. TV광고는 날짜, 시간대, 프로그램의 유형 등을 고려해야 한다. 신선함을 전달하고자 하는 소매업체의 경우 어떤 날짜, 어떤 시간대, 프로그램을 선택하여야 하는가? 그리고 이유는 무엇인가?

7. 대학가에 신규 점포를 출점하려는 업체가 있다. 대학생들이 즐겨 찾는 의류를 판매하고자 한다. 어떻게 커뮤니케이션 계획을 수립할 것인지 제시해 보라.

8. 협력광고는 소매업체의 광고 예산을 확대한다는 차원에서 이익이 된다. 협력 광고의 단점은 무엇인가?

9. 현재 소매업체의 카탈로그나 주문서를 읽고 있는가? 가족 구성원 중 몇 명이나 보는가? 어떻게 하면 카탈로그가 유용한 커뮤니케이션 방안이 될 수 있는가?

10. 온라인 소매업체는 왜 고객의 리뷰나 평가를 상품 정보와 함께 제공하는 것일까?

추가로 읽을 자료들

Suggested readings

Asker, David A. *Brand Portfolio Strategy: Creating Relevance, Differentiation, Energy, Leverage, and Clarity.* New York: The Free Press, 2004.

Belch, George, and Michael Belch. *Advertisting and Promotion: An Integrated Marketing Communications Perspective.* 7th ed. New York: McGraw-Hill, 2007.

DelVecchio, Devon; David H. Henard; and Traci H. Freling. "The Effect of Sales Promotion on Post-Promotion Brand Preference: A Meta-Analysis." *Journal of Retailing* 82, no. 3 (2006), pp. 203-13.

Grewal, Dhruv; Michael Levy; and Donald Lehmann. "Retail Branding and Customer Loyalty: An Overview." *Journal of Retailing* 80 (Winter 2004), pp. 249-53.

Hstings, Gerard, *Social Marketing: Why Should the Devil Have All the Best Tunes: Oxford,* Butterworth-Heinemann, 2007.

Hughes, Mark. *Buzzmarketing*. New York: Penguin/Portfolio, 2005.

Keh, Hean Tat, and Yih hwai Lee. "Do Reward Programs Build Loyalty for Services?" The Moderating Effect of Satis faction on Type and Timing of Rewards." Journal of Retailing 82, no. 2 (2006), pp. 127-36.

Orth, Ulrich R.; Harold F. Koenig; and Zuzana Firbsova. "Cross-National Differences in Consumer Response to the Framing of Advertising Messages." *European Journal of Marketing* 41, no. 3/4 (2007), pp. 327-48.

Prins, Remco and Peter C. Verhodf. "Marketing Communication Drivers of Adoption Timing of a New E-Service Among Existing Customers." Journal of Marketing 71, no. 2 (2007), pp. 169-83.

Scott, David Meerman. *The New Rules of Marketing and PR: How to Use News Releases, Blogs, Podcasting, Viral Marketing and Online Media to Reach Buyers Directly*. New York: Wiley, 2007.

Smith, Steve, *IIow to Sell More Stuff: Promotional Marketing that Really Works*. Chicago: Dcarborn Trade Publishers, 2005.

부 록: 소매 광고프로그램의 실행 *Appendix*

광고 프로그램을 수행하는 것은 메시지 개발, 메시지를 전달할 특정한 매체를 선정, 그리고 메시지의 빈도와 시기를 결정하는 것 등이다. 다음에는 이러한 결정을 관찰해 볼 것이다.

1. 광고 메시지의 개발

대부분의 소매 광고 메시지는 단기적이고 즉각적인 효과를 갖도록 짜인다. 이런 즉시성은 청중의 주의를 사로잡는 광고 문안을 요구한다. 〈보기 16-8〉은 지역신문 광고의 개발을 위해 특별한 제안을 하고 있다.

1) 광고에 도움을 주는 요소들

소매업체는 광고 캠페인을 개발하는데 공급업자와의 협동 광고나 광고 대행사, 그리고 방송 매체 등을 통해 도움을 받을 수 있다.

협력 광고(Co-op Programs) 협력 광고는 공급업체와 소매업체의 공동으로 수행되는 프로그램이다. 공급업체는 소매업체의 광고 일부를 지원한다. 그러나 공급업체는 광고에 대해 몇 가지 조건을 제시한다. 예를 들어, Sony는 협력 광고 프로그램을 가지고 있는데, 소매업체가 가전 광고에서 Sony digital TV를 포함하는 조건으로 소매광고의 절반을 부담한다.

협력 광고는 소매업체가 광고 예산을 증가시킬 수 있게 한다. 예를 들어, Best Buy는 비용의 절반만을 부담한다(Sony digital TV를 포함한 광고). 비용 절감과 더불어 협력광고는 소규모 소매업체가 자신의 상호를 유명한 전국브랜드와 결합할 수 있게 하고, 전국브랜드가 만들어낸 매력적인 기법을 활용하게 된다.

압도적인 헤드라인 제시	고객의 처음 질문은 "내게 어떤 의미가 있지?"라는 것이다. 그러므로 소매업체는 헤드라인에서 고객이 당장 행동으로 옮겨야 하는 혜택을 강조하여야 한다. 이는 하위(sub) 헤드라인에서 확장되어야 한다.
압도적인 구성의 사용	광고는 큰 그림이나 헤드라인을 포함한다. 전형적으로, 실제 인물이 그림보다 주의를 더 끈다. 역동적인 사진은 고객의 주의를 집중하는데 효과적이다.
간단한 레이아웃	광고 레이아웃은 독자의 눈을 메시지(헤드라인에서 그림, 카피, 가격, 소매업체의 이름, 위치까지)로 끌어당겨야 한다. 복잡한 구성, 장식적인 효과, 매우 다양한 디자인 유형은 고객의 주의를 산만하게 할 수 있다.
구체적이며, 완벽한 표현	독자들은 자신에게 도움이 되고 점포를 방문하게 만드는 정보를 찾고 있다. 광고는 이러한 결정에 도움이 되는 모든 정보를 담고 있어야 한다: 상품의 종류, 브랜드, 가격, 사이즈, 그리고 색상 등. 고객들은 모호한 정보에 의존해서 점포를 헤매고 싶어하지 않는다. 방송광고 특히 라디오 광고의 경우, 고객들은 이렇게 생각하기 쉽다. "야! 광고 괜찮다. 그런데, 무얼 말하는 거야?"
이해의 용이성, 확연한 시각적 자극	고객은 무수히 많은 광고에 노출된다. 그러므로 고객의 주의를 끌기 위해서는 다른 광고와 차별적이어야 한다. 예술적 측면, 레이아웃 측면, 디자인 측면에서 독자가 열중하도록 해야 한다.
점포 이름과 주소 의 제시	소매업체의 광고 중에서 소매업체의 이름과 위치를 알리는 것은 매우 중요하다. 고객이 광고된 상품을 어디에서 구입해야 하는지 알지 못한다면, 판매는 이루어질 수 없다. 인쇄광고에서는 눈에 띄게 나타나야 하고, 방송광고에서는 반복해서 알려주어야 한다.

하지만, 협력광고는 몇 가지 약점이 있다. 첫째, 공급업체는 그들의 제품을 더 특별히 광고하기를 원하지만, 소매업체는 자신들의 이름, 위치, 상품 구색, 서비스를 더 알리고 싶어한다. 이러한 목적상의 갈등은 소매업체의 입장에서 협력 광고의 효과를 저하시킬 수 있다. 둘째, 공급업체가 개발한 광고는 다른 수많은 경쟁 소매업체에 의해 사용되고, 그들 브랜드를 제공하는 모든 소매업체의 상호와 위치를 열거할지도 모른다. 그래서 협력 광고는 소매업체의 구별을 흐리게 하는 경향이 있다. 마지막으로, 공급업체가 광고에 있어 제한을 두는 것은 소매업체에 대한 효과를 떨어지게 할 수도 있다. 예를 들어, 공급업체가 자신의 판매가 줄어드는 시기에 광고를 제한한다면, 소매업체는 이 시기 동안 정상적으로 광고를 할 수 없을 것이다.

광고 대행사 대부분의 대규모 소매업체는 특별 이벤트와 판매를 광고하는 부서를 두고 있다. 대규모 소매업체는 점포이미지 캠페인 광고를 개발하는데 광고 대행사를 이용한다. 대부분의 소규모 소매업체는 광고를 만들고 계획하기 위해 지

Simmons는 Back To Bed Sleep Centers가 광고 예산을 늘리고, 잘 알려진 전국브랜드와 결합할 수 있게 협력 광고의 일부분을 부담한다.

역 광고 대행사를 이용한다. 이들 지역 광고 대행사는 소매업체의 직원들 보다 광고를 계획하고 수행하는데 더 익숙할 것이다. 대행사는 경연 대회나 직접 우편, 특별 판촉과 같은 기타 커뮤니케이션 프로그램도 수행한다.

방송 매체 신문 지면과 방송 시간을 판매하는 것 외에 광고 매체는 지역 소매업체에게 광고 프로그램을 계획하는 것에서부터 실제로 광고를 디자인하는 것에 이르기까지의 서비스를 제공한다. 방송 매체는 그 청중들에게 시장조사를 하고 지역의 구매 패턴에 대한 정보를 제공할 수 있다.

2. 가장 효과적인 광고 매체의 선정

메시지를 개발한 후 다음 단계는 메시지를 전달하기 위해 어떤 매체를 이용할지 결정하는 것이다. 소매 광고에 이용되는 매체는 신문, 잡지, 라디오, TV, 옥외광고, 인터넷, 쇼핑안내책자, 전화번호부 등이다. 〈보기 16-9〉는 매체의 특성을 요약한 것이다.

🔵 보기 16-9 매체 특성

매 체	목표 청중 구분가능성	시의 적절성	정보 제공능력	효과 지속성	비 용
신문	good	good	modest	short	modest
잡지	modest	poor	modest	modest	high
직접우편	excellent	modest	high	short	modest
TV	modest	modest	Low	short	modest
라디오	modest		low	short	low
인터넷					
배너광고	excellent	excellent	low	modest	high
웹사이트	excellent	excellent	high	long	modest
e-메일	excellent	excellent	modest	short	low
옥외광고	modest	poor	very low	long	modest
쇼핑가이드	modest	modest	low	modest	low
전화번호부	modest	poor	low	long	low

1) 신문

소매와 신문 광고는 지난 세기 동안 함께 성장했다. 그러나 소매업체가 최근 다른 매체를 이용하기 시작함으로써 소매업의 신문광고 성장률이 낮아졌다. 그러나 여전히 신문 광고 매출의 24%가 소매업체에 의해 이루어진다. 광고 인쇄뿐만 아니라 신문의 별쇄 광고지를 공급한다. 별쇄 광고지(free-standing insert, FSI)는 전단지(preprint)라고도 하는데, 소매업체의 비용으로 인쇄되는 광고이며, 신문에 끼워져 배포된다. 이 경우 명확하게 정의된 지역 시장에 신문이 배포되었기 때문에, 표적 소매 광고에 효과적이다. 신문이 배포되는 지역과 소매업체가 판매지역으로 설정하는 시장이 같은 지역인 경우가 있다. 신문은 광고 대상 표적에 따라 판을 달리함으로써 소규모의 소매업체에게 광고목표를 달성할 수 있는 기회를 제공한다. 예를 들어, Boston Globe지는 North, Northwest, West, South, 그리고 the city를 대상으로 5개의 특별판을 제작한다.

신문은 또한 빠른 반응을 제공한다. 광고를 받는 마감 시간과 광고가 나가는 순간까지의 짧은 시간만

지역 신문에는 매우 많은 별쇄 광고지가 끼워지기 때문에, 소매업체들이 그들의 별쇄 광고지를 소비자들에게 인식시키는 것은 쉬운 일이 아니다.

이 있을 뿐이다. 그래서 신문은 빠르게 주목해야 하는 메시지 전달에 매우 유용하다.

모든 인쇄매체와 같이 신문은 상세한 정보를 효율적으로 전달한다. 독자는 자신의 시간 여유에 따라 광고를 볼 수 있고, 자신들이 원할 때 다시 돌려 볼 수도 있다. 게다가 소비자는 광고를 모으고 저장할 수도 있다. 이 점은 신문광고가 세일 품목의 가격 정보를 전달하는 데 있어 매우 효과적이다. 그러나 신문광고는 상품 표현 상태의 질이 떨어지기 때문에 상품을 보여주는 데에는 효과적이지 않다(특히 색상을 설명하는 것이 중요할 때).

반면, 신문은 광고에서 우수한 색상과 재현력을 주기 위해 인쇄시설을 개선하고, 소매업체는 훌륭한 상품 표현을 하기 위해 별쇄 광고지에 계속 의존한다. 그러나, 전단지가 너무나 많아 소매업체가 끼워 넣은 것은 신문 속의 많은 삽입광고 사이에서 없어질 수 있다. 그 결과 소매업체들은 전단지의 양을 줄였는데, 이는 혼란스럽기도 하고, 젊은이들이 부모들보다 신문을 읽지 않는 것으로 밝혀졌기 때문이다.

신문은 보통 읽힌 후에 버려지기 때문에 신문 광고 효과의 지속성은 짧다. 반대로, 잡지 광고는 소비자가 잡지를 보관하고 한달 혹은 한 주 동안 수 차례 읽기 때문에 효과의 지속성이 길다.

마지막으로 신문광고 개발의 비용은 매우 낮다. 신문광고는 칼라로 뽑을 필요도 없고 비싼 사진이나 인쇄도 필요로 하지 않기 때문에, 굳이 일류 광고업체에 맡길 필요는 없기 때문이다. 하지만 소매업체의 목표 시장보다 신문의 배포 지역이 더 넓어서 구매로 연결되지 못하는 독자에게까지 노출된다면, 신문을 통한 메시지 전달비용은 상대적으로 높아지게 된다.

2) 잡지

소매 잡지 광고는 Target이나 The Gap같은 전국적 소매업체에 의해 주로 수행되었다. 그러나 최근 잡지 광고는 지역 잡지의 증대와 전국적 잡지의 지역 판이 등장함으로써 증가하고 있다. 소매업체는 표현능력이 뛰어난 잡지의 특징 때문에 이미지 광고 매체로 이용하는 경향이 있다. 하지만 리드타임(광고 제출과 출판 사이의 시간) 때문에 특별 이벤트와 판매를 조화시키기 어려운 잡지의 타이밍이 잡지 광고의 주요한 단점이 된다.

Sports Authority는 인지도를 형성하고 소비자들이 스포츠용품이 필요할 때 Sports Authority를 상기할 수 있도록 옥외광고를 이용한다.

3) TV

TV 광고는 전국적인 방송과 지역 방송을 이용한다. 지역광고는 짧은 삽입 광고(spot)라고도 한다. 소매업체는 전형적으로 이미지 광고에 TV를 사용했다. 고품질의 재현 능력 및 시각적 이미지와 청각을 통한 커뮤니케이션 기회에 경쟁우위를 가지고 있다. 또한 TV 광고는 제품의 사용법을 보여줄 수 있다. 예를 들어, TV는 자동차, 가구 그리고 전자제품 등을 보여주는데 매우 훌륭한 매체이다.

높은 제작 비용 등으로 인해 전국적인 TV 광고는 비싸다. 반면 삽입 광고는 비교적 적은 대중을 갖지만 지역 소매업체에게는 경제적이다. 높은 제작 비용을 상쇄하기 위해서 많은 공급업체는 모듈 광고를 제공하는데, 소매업체는 자기 상호나 표찰을 상품 정보 다음에 삽입할 수 있다.

4) 라디오

많은 소매업체는 시장의 특정한 분야에 메시지를 전달할 수 있다는 측면에서 라디오 광고를 이용한다. 일부 라디오 방송국의 청취자들은 특정 아나운서만을 선호한다. 그 아나운서가 소매업체를 알리려고 할 때 청취자는 깊은 인상을 받게 된다. 라디오 광고를 개발하고 방송하는 비용은 상당히 낮다.

라디오 광고의 단점은 청취자들이 방송의 배경으로 광고를 듣기 때문에 집중적인 메시지 수용에 한계가 있다는 것이다. 모든 전파 매체가 그렇듯이, 고객들은 라디오에서 그 광고가 나올 때 정보를 들어야 한다. 정보를 못 들었거나 기억이 안 난다고 해서 광고를 되돌릴 수 없다.

5) 인터넷

소매업체는 고객과 커뮤니케이션 하기 위해 세 가지로 인터넷을 활용하는데, 첫째는 인지도를 높이기 위한 배너 광고 및 제휴사 프로그램, 둘째는 상품과 특별 이벤트에 관한 정보를 제공하는 웹사이트, 그리고 셋째는 표적 고객에게 보내는 e-메일이다. 배너 광고와 제휴사 프로그램은 표적시장에 대한 커뮤니케이션에는 매우 효과적이지만, 인지도를 높이기 위해서는 비용 면에서 효율적이지 않다. 방문자의 정보탐색 및 구매행동, 그리고 IP 주소에서 얻은 정보를 이용하여 배너 광고는 특정한 개인을 목표로 할 수 있다. 예를 들어, Kansas City Royals 야구 팀의 점수를 보는 고객에게 Royals 로고의 의류와 모자 광고를 보여주는 것이다. 한 인터넷 광고 대행사는 두 번 클릭하면 특별한 방문자로 인식하는 정보에 의해서 서버로부터 다른 배너 광고를 다운 받는다. 그러나 인터넷 광고는 인지도에 비해 비용이 저렴한 것은 아니다. 왜냐하면 수많은 웹사이트들의 경우 사이트를 방문하고 특정한 광고를 보는 고객들의 숫자가 감소하기 때문이다.

인터넷이 인지도를 높이는 데에는 비효과적인 반면 고객에게 정보를 전달하는 데에는 훌륭한 매체이다. 게다가 웹사이트상의 제품 판매에서 소매업체는 점포 위치에서부터 특정 점포의 제품 가격에 이르는 광범위한 정보를 제공할 수 있다. 인터넷 쇼핑의 상호작용은 광범위한 정보량을 통해 고객에게 쉽게 이동할 수 있는 기회를 준다. 예를 들어, Circuit City 웹사이트의 방문자는 디지털 카메라에 대한 자세한 정보를 찾을 수 있고, 고객에게 중요한 특성을 중심으로 카메라를 선택해서 비교할 수 있는 표를 만들 수 있다. 마지막으로 소매업체는 고객에게 e-메일을 보내서 특별 이벤트와 신상품에 대한 정보를 전달할 수 있다.

6) 옥외 광고

옥외 게시판이나 기타의 옥외 광고는 인지도를 형성하고 제한된 양의 정보를 적은 대중에게 제공하는 데 효과적인 매체이다. 옥외 광고는 효율적으로 세일에 대한 정보를 제공하지는 못한다. 옥외 광고는 전형적으로 소매업체를 상기시키는 데 사용되거나, 차 안의 사람들에게 근처에 있는 소매 할인점을 알려준다.

7) 쇼핑 안내책자

쇼핑 안내책자는 특정 지역의 거주자 모두에게 무료로 전달된다. 이 매체는 특정한 상업지역을 장악하려는 소매업체에게 특히 유용하다. 쇼핑 안내책자는 비용 면에서 효율적이며 특정 지역에서 지역 소매업체의 시장 100%를 포괄한다. 반면 신문의 경우는 30~50%를 포괄한다. 쇼핑 안내책자 개념이 확장된 것이 쿠폰북이나 잡지이다. 이러한 미디어는 소매업체가 할인해 제공하는 쿠폰을 포함한다. 쇼핑 안내책자와 쿠폰은 고객에게 뉴스를 제공하는 것을 목적으로 하지는 않는다. 단순히 광고와 쿠폰을 전달하는 매체이다.

8) 전화번호부

전화번호부는 오래도록 보관하기 때문에 효과의 지속성이 길다. 그래서 소매업체에게 매우 유용한 매체가 된다. 전화번호부는 궁극적으로 구매를 하는 것과 정보를 찾는 데 관심이 있는 고객들에게 참고로 사용된다.

9) 매체 선택의 고려 사항

소매업체들은 메시지를 가장 영향력 있게 표적 시장에 최저의 비용으로 전달하기 위해, 메시지가 전달되는 포괄 범위와 도달율, 비용 그리고 광고 효과 측면에서 매체를 평가할 필요가 있다.

포괄 범위(coverage) 포괄 범위란 주어진 매체를 통해 소매업체가 노출할 수 있는 전체 표적 시장에서의 잠재 고객의 수를 의미한다. 예를 들어, 표적 시장을 100,000명 규모로 가정하자. 지역 신문은 표적 시장 내 60%의 잠재 고객에게 메시지를 전달하고, 90%의 잠재 고객은 지역방송의 광고를 통해서, 5%의 잠재 고객은 옥외 광고판을 지나쳐 간다. 그래서 신문 광고의 포괄 범위는 60,000명이 되고, TV 광고는 90,000명 그리고 옥외 광고는 5,000명이 된다.

도달율(reach) 포괄 범위와 반대로 도달율은 표적 시장 내에서 광고 매체에 표시되는 실제 고객의 수이다. 만약 어느 날 60%의 잠재고객이 실제로 신문을 받아서 읽는다면 신문의 도달율은 36,000명이다(또는 60,000명의 60%). 소매업체는 광고를 여러 번 하는데 이 경우 광고의 결과를 위해 누적 도달율(cumulative reach)을 계산한다. 예를 들어, 60%의 잠재 고객이 신문을 받고 매일 신문을 읽고 있다면, 93.6%(또는 1−.40 ×.40×.40)의 잠재적 고객은 광고가 신문에 나타나는 3일 중 적어도 하루는 신문을 읽을 것이다. 그래서 3일 동안 신문의 누적 도달율은 56,160명(또는 93.6%×60,000)이 되고 신문의 포괄범위와 거의 같아진다.

인터넷 광고 기회를 평가할 때 측정치는 도달율을 사용하는데, 이것은 방문자의 수 즉, 광고가 자리한 웹페이지에 접속하는 사람들의 수이다.

비용(cost) 천명 당 비용(cost per thousand, CPM) 측정은 매체 비교를 위해 종종 활용된다. 전형적으로 CPM은 도달율에 의해 광고의 비용을 나누어서 계산한다. CPM을 결정하는 다른 접근은 누적 도달율에 의해 캠페인 상의 몇 개의 광고 비용을 나눈다. 이전의 예에서 만약 한 신문 광고가 500달러가 들었고, 세 차례의 광고에 1,300달러가 들었다면 CPM은 13.89달러(또는 500/36달러)이다. 누적 도달율을 사용하면, CPM은 23.15달러(또는 1,300/56.16달러)이다. CPM은 단순 도달율보다 누적 도달율을 사용할 때 더 높아지는 것을 확인할 수 있다. 그러나 전반적인 도달율도 높다면, 대부분의 잠재고객은 두 번 또는 세 번 광고를 볼 것이다.

CPM은 LA Times와 Orange Country Register와 같은 유사한 매체에서 비슷한 크기의 광고를 비교하는 데는 좋은 방법이다. 그러나 신문과 TV의 경우와 같이 다른 유형 광고의 비용 효과성을 비교할 때 CPM은 잘못 이해될 수 있다. TV 광고는 신문 광고보다 CPM이 낮지만 신문 광고는 세일 정보를 제공하는 등의 광고 커뮤니케이션 목적을 달성하는데 훨씬 더 효과적이다.

효과(impact) 효과는 대중에 대한 광고의 영향력을 의미한다. 각각의 독특한 특성 때문에, 각각의 매체는 상이한 커뮤니케이션 업무를 수행하는 데에는 나름대로의 효과가 있다. 〈보기 16-10〉는 상이한 커뮤니케이션 업무에 다양한 매체의 효과를 보여준다. TV는 대중의 주의를 끌고, 상품 시현을 하고, 태도를 바꾸고, 이벤트를 알리는 데에 특히 더 효과적이고, 잡지는 점포의 품질과 명성을 강조하는데 특히 적당하다. 또 품질 요구를 지원하는 자세한 정보를 제공하는 데에도 적당하다. 신문은 가격정보와 이벤트를 알려주는데 유용하다. 웹사이트는 상품 시현과 정보제공에 특히 효과적이다. 옥외 광고는 소매업체의 상호와 위치를 촉진하는데 가장 효과적이다.

○ 보기 16-10 커뮤니케이션 목표에 따른 매체의 효과

커뮤니케이션 입무	신문	잡지	직접우편	TV	라디오	웹사이트	e-메일	옥외광고
주의 확보	low	medium	medium	medium	low	low	high	medium
이름의 확인	medium	high	low	low	low	low	medium	high
이벤트의 전달	high	low	high	high	medium	low	high	low
상품의 실현	low	medium	high	high	low	high	low	low
정보 제공	low	high	high	low	low	high	medium	lowest
태도의 변화	high	medium	high	high	medium	high	low	low
브랜드 이미지의 형성	low	medium	high	high	low	high	low	low

3. 광고 빈도 및 시기의 결정

광고 빈도 및 시기를 결정하는 것은 소매업체의 메시지를 고객이 언제 얼마나 자주 볼 것이냐를 의미한다.

1) 빈도(frequency)

빈도는 잠재 고객이 몇 번이나 광고에 노출되느냐를 의미한다. 인터넷 광고를 위해 빈도를 평가할 때, 빈도는 전형적으로 사이트를 방문하는 동안 광고와 함께 몇 개의 웹페이지가 다운로드 되느냐를 측정함으로써 평가된다.

적절한 빈도는 광고의 목적에 따라 결정된다. 전형적으로 수 차례의 광고 노출은 고객의 구매행동에 영향을 주기 위해 필요하다. 그래서 인지도를 창출하는 것보다 구매 행동을 변화시키는 것을 주 목적으로 하는 캠페인에서는 도달율보다는 빈도를 중요하게 여긴다. 세일을 알리는 광고를 간혹 하게 되는데 한번 한 후에는 반드시 기억 되어야 한다. 그래서 세일 광고 캠페인은 빈도보다 도달율을 강조한다.

2) 시기(timing)

전형적으로 광고는 고객들이 제일 구매를 할 것 같은 날에 약간 선행하거나 당일 행해져야 한다. 예를 들어, 대부분의 고객들이 식료품은 목요일에서 일요일에 산다면 슈퍼는 목요일, 금요일에 광고해야 한다. 유사하게, 고객들은 매달의 중반이나 후반에 월급을 받은 후에 쇼핑을 한다. 그래서 광고는 이 시기에 집중되어야 한다.

4부　점포 관리

CHAPTER SEVENTEEN
점포관리

CHAPTER EIGHTEEN
점포배치, 설계, 비주얼 머천다이징

CHAPTER NINETEEN
고객 서비스

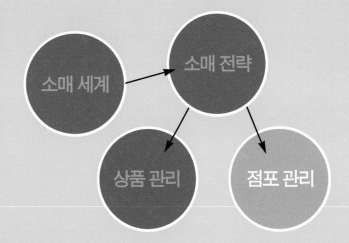

4부는 점포관리 차원의 운영문제에 초점을 두고 있다. 세부적으로 살펴보면, 종업원과 비용에 대한 관리(17장), 점포배치 및 상품진열(18장), 그리고 고객 서비스의 제공(19장)이다.

전통적으로, 상품 관리에 대한 문제가 가장 중요한 소매 의사결정으로 인식되었고, 바이어가 점포 관리자로 성장하는 데 최고의 커리어패스(career path)인 것으로 여겨져 왔다. 지금은 상품관리를 통해 전략적 우위를 달성하는 것이 더욱더 어렵게 되었다. 경쟁 점포들은 대체로 유사한 제조업체 브랜드(NB: National Brand)의 상품 구색을 갖추고 있기 때문이다.

고객은 같은 상품 구색을 갖춘 수많은 소매 점포를 손쉽게 찾을 수 있기 때문에, 점포 관리는 전략적 이익을 달성하는데 결정적인 토대가 되고 있다. 소매업체들은 종업원들의 서비스나 쇼핑 환경의 질을 높여, 점포에서 고객이 느끼는 쇼핑 경험을 경쟁사와 차별화 하는데 초점을 맞추어야 한다.

Chapter SEVENTEEN

점포 관리

Question

● 점포 관리자의 책임은 무엇인가?

● 점포 관리자는 종업원을 어떻게 모집, 선발, 연수, 동기부여, 평가해야 하는가?

● 점포 관리자는 종업원을 어떻게 보상해야 하는가?

● 점포 관리자가 종업원들 관리할 때, 고려해야 하는 법적·윤리적 문제는 무엇인가?

● 점포 관리자가 생산성을 높이고, 비용을 절감하기 위해 무엇을 할 수 있는가?

● 점포 관리자는 종업원들의 절도로 인한 재고 손실을 어떻게 줄일 수 있는가?

점 포 관리자는 소매의 최전선에 위치한다. 고객과 매일 접촉하고 있기 때문에, 고객의 요구와 타 사와의 경쟁 활동에 대해 그 누구보다도 잘 알고 있어야 한다. 점포 관리자는 이렇게 중요한 위 치에서 소매 전략을 세우고 실행하는 역할을 하는 것이다. 바이어들은 저가 매입을 통해 뛰어난 상품 구색을 갖추기만 하면 되지만, 점포들이 상품을 판매해야만 비로소 바이어들의 이러한 노력이 현실화 되는 것이다. 좋은 상품은 저절로 팔리는 것이 아니다. 고객들에게 효과적으로 보여주고, 고객들을 자 극해야 하는 것이다. 이러한 일련의 일들을 하는 사람이 바로 점포 관리자이다.

미국 내에서도 점포 관리자는 비교적 독립적인 사업 관리자로서 대우받는다. 어떤 백화점 점포 관리자 는 연간 매출 150만 달러를 책임져야 하고, 천명이 넘는 종업원들을 관리해야 한다. Nordstrom의 최 고경영자(CEO) James Nordstrom은 점포 관리자들에게 이렇게 말한다. "이 매장은 여러분들의 사업 체입니다. 여러분들의 생각대로 하십시오. Seattle에 있는 본사의 말은 듣지 말고, 고객의 말을 들으십 시오. 우리는 여러분들이 여러분들의 고객을 책임질 수 있도록 허가해 준 것뿐입니다."

이 장은 점포 종업원 관리와 9장에서 다루었던 전략적인 인적 자원 관리 이슈에 대해 부연 설명을 한 다. 9장에서 소매업체의 조직구조와 소매업체 종업원들의 동기 부여 방법, 그리고 회사에 대한 충성도 높이기 등을 이미 다루었지만, 이번 장에서는 특히 점포 관리자가 소매업체의 인적 자원 전략을 어떻 게 실행해야 하는지에 초점을 맞춘다.

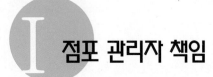

I 점포 관리자 책임

점포 관리자의 책임은 〈보기 17-1〉에 나와있듯이, 네 개의 큰 범주로 나뉜다. 종업원 관리, 비용 관리, 상품 관리, 그리고 고객 서비스 제공이 그것이다. 이중 종업원 관리와 비용 관리는 본 장에서 다루어지며, 상품 관리와 고객 서비스 제공은 제 18장과 제 19장에서 논의될 것이다.

점포 관리자의 중요한 임무 중 하나는 점포 내 종업원들의 생산성을 높이는 것이다. 종업원의 생산성은 각 종업원이 달성하는 매출을 말한다. 이를 위해서는 우선적으로 유능한 사람들을 모집하고 선발해야 하며, 교육을 통해 그들의 능력을 향상시키고, 더 높은 수준의 성과를 달성할 수 있도록 종업원들을 효과적으로 관리해야 할 것이다.

점포 관리자는 종업원들의 생산성을 높이는 것뿐만 아니라 관리자 양성에도 신경을 써야 한다. 점포 관리자는 비용 절감을 통한 점포 수익성 향상에 관심을 가져야 한다. 비용은 주로 종업원들의 보상 및 복지혜택으로 나간다. 점포 관리자들은 인력운용을 효율적으로 계획함으로써, 이러한 비용을 관리해야 할 것이다. 또한, 점포 관리자는 에너지 비용을 비롯한 유지비와 재고 손실 또한 관리해야 한다. 재고 손실은 주로 고객과 종업원의 절도 때문에 생긴다. 이러한 비용 관리 문제는 본 장 마지막에서 다룰 것이다.

〈보기 17-2〉는 종업원들의 생산성에 영향을 주는 종업원 관리 단계에 대해 요약해 놓은 것이다. 차례대로 각각의 단계들을 설명하면 다음과 같다: (1) 신입사원을 모집하고 선발한다, (2) 사회화와 연수를 통해 신규 종업원을 교육한다, (3) 종업원에 대한 동기부여로 더 높은 성과를 내게 한다, (4) 종업원의 성과를 평가한다, 그리고 마지막으로 (5) 종업원을 보상한다. 점포 관리자는 또한 유능한 종업원들을 발탁하여, 더 높은 자리로 육성시킬 필요도 있다. 유능한 부하직원을 육성하는 것은 회사와 점포 관리

○ 보기 17-1
점포관리자의 임무

점포 종업원 관리 (17장)
모집 및 선발
사회화 및 연수
동기 부여
평가와 피드백
보상

비용 통제 (17장)
노동 생산성 증대
유지비와 에너지 비용의 감소
재고 손실의 감소

상품 관리
상품진열과 시각적 표준의 유지(18장)
바이어와의 업무
신상품 도입 제안
상품 매입
특별 이벤트 기획 및 관리
판매감소 상품 체크

고객 서비스 제공 (19장)

| 1. 종업원 모집 및 선발 | 2. 신규 종업원 사회화 및 연수 | 3. 점포 성과목표를 달성하기 위한 종업원 동기부여 및 관리 | 4. 종업원 성과 평가 및 피드백 제공 | 5. 종업원 보상 |

자 본인에게도 도움이 되는데, 회사는 유능한 관리자를 얻게 되어 좋고, 점포 관리자는 본인의 승진 후에 유능한 후임이 빈자리를 채워줄 수 있기 때문에 좋다.

II 종업원 모집 및 선발

종업원 관리의 첫 번째 단계는 신입사원을 모집하고 선발하는 것이다. 점포 관리자는 유능한 종업원을 선발하기 위해 직무를 분석하고, 직무 기술서를 작성하며, 능력 있고 잠재력이 풍부한 지원자들을 모집하고, 최종적으로 면접할 후보자들을 선택해야 한다(앞서 제1장의 부록 1A는 신입사원의 모집과 선발 과정을 소매업에 종사할 생각이 있고 관리자 훈련에 지원하려는 사람들의 관점에서 설명한 것이다).

1. 직무 분석

직무 분석을 하는 목적은 종업원이 수행할 핵심적 활동들을 확인하고, 그 부서에서 필요로 하는 종업원의 조건을 결정하기 위해서다. 예를 들어, 소매 판매원의 역할은 회사마다 그리고 점포 내 부서마다 다르다. 슈퍼마켓이나 할인점, 그리고 드럭스토어의 종업원들은 고객들이 상품을 찾을 수 있도록 도와주거나 직접 가져다 주고, 매대에 진열하는 업무를 주로 한다. 반면 보석 전문점, 고가 의류 전문점이나 가구점에서 일하는 고객들은 고객들의 니즈를 정확하게 파악하여 해결해줘야 한다. 고객과 직접적인 접촉이 거의 없는 종업원들에 비해서 이들에게는 상품 판매 기술이 더 요구된다.

점포 관리자는 종업원들의 현재의 직무와, 뛰어난 성과를 결정짓는 요인들과 일하는 모습을 관찰함으로써, 직무를 분석할 때 필요한 정보를 얻을 수 있다. 〈보기 17-3〉은 점포 관리자가 판매원의 직무를 분석할 때 고려해야 하는 사항들이다. 직무 분석을 하면서 수집된 정보는 직무 기술서를 작성할 때 이용된다.

2. 직무 기술서

직무 기술서는 (1) 종업원이 수행해야 하는 작업, (2) 수치로 표현된 작업 수행 기대치를 포함해야 한다. 직무 기술서는 신입사원을 모집, 선발, 교육, 그리고 최종적으로 평가하기 위한 지침서이다.

- 얼마나 많은 판매원들이 그 부서에서 같이 일하게 될 것인가?
- 고객을 대할 때 판매원들은 반드시 함께 일해야 하는가?
- 판매원들은 한번에 몇 명의 고객을 상대해야 하는가?
- 판매원은 카운터 밖의 넓은 쇼핑 공간에서 고객을 맞이해야 하는가 아니면 카운터 뒤에서 고객을 기다려야 하는가?
- 판매원은 상품지식에 대해서 얼마만큼이나 알아야 하며, 어떤 종류의 상품지식을 알아야 하는가?
- 판매원은 상품을 팔아야 하는가 아니면 단지 주문을 받고 정보를 제공해야 하는가?
- 판매원은 고객과 친밀한 관계를 맺고 충성 고객으로 발전시켜야 하는 책임이 있는가?
- 판매원은 가격 또는 판매조건에 대해 고객과 협상할 수 있는 권한이 있는가?
- 판매원은 상품을 시험적으로 사용해 보일 필요가 있는가?
- 판매원은 추가 판매를 유도해야 하는 의무가 있는가?
- 판매원의 외모는 중요한가? 어떻게 보이는 것이 효과적인가?
- 판매원은 선반 진열 및 진열대 설치 등의 머천다이징 활동을 수행해야 하는 의무가 있는가?
- 판매원은 누구에게 업무 결과를 보고해야 하는가?
- 판매원은 어떠한 보상계획 하에 일하게 되는가?

3. 유능한 종업원 물색

인구 분포의 변화로 인해 노동시장의 규모가 감소되어 종업원 채용이 문제시 되고 있다. 노동시장에서 종업원을 채용할 때, 지역 신문에 광고를 내거나 monster.com과 같은 웹사이트에 채용정보를 올리는 것 외에도, 다음의 몇 가지 사항들을 고려해 보자.

1) 소수 인종이나 이민 단체, 혹은 노년층에서 종업원을 모집하라.

히스패닉 이민자들의 증가로 소매업체들은 채용 지원서를 영어와 스페인어 중 하나로 작성하게 하고 있다. 또한 미국의 업무 환경에 익숙하지 않은 사람들을 위해서 훈련 프로그램도 개발하였는데, 예를 들어, 많은 이민자 종업원들이 사회보장보험의 혜택을 잘 모르고, 해고될 것이 두려워 업무상 재해를 보고하는 데에도 주저하고 있었다.

노년층도 매우 유능한 종업원이 될 수 있다. Borders, Home Depot와 Walgreens는 미국 은퇴자 연합(AARP)과 연계하여 직무에 맞는 유능한 은퇴자를 수시로 채용한다. 소매업은 근무 시간을 유연하게 선택할 수 있다는 점에서 노년층에게는 매우 매력적인 직장이 될 수 있다. 게다가 몇몇 소매업체들은 아르바이트 종업원에게까지 노년층이 매우 중요하게 생각하는 건강보험 혜택을 지급하고 있다. 노년층이나 이민자로 채용을 제한하는 것이 차별금지법을 어기는 행동이 될 우려가 있어, 소매업체들은 노년층이 주로 읽는 매체에 광고를 하는 방법을 쓰기도 한다. 미국 은퇴자 연합(AARP) 사이트에서는 노년층을 고용하고자 하는 소매업체의 명단의 이름과 웹사이트를 올려놓고 있다.

2) 정부 기관과 함께 하라.

드럭스토어 체인 업체인 CVS는 정부와 교회들의 도움을 받아 실업자나 사회복지 수급자들을 대상으로 직원을 모집한다. CVS는 단지 모집만 하는 것이 아니라, 전국에 위치한 관련 기관들의 도움을 받아, 이들을 채용하고 훈련시키는데 힘을 쏟는다. CVS는 지역 정부 기관과 연계하여 7개의 지역 훈련 센터를 설립하였는데, 예를 들어 Washington DC에 위치한 종업원 서비스 부서는 CVS의 요구사항과 맞는 사람들을 선별해 인터뷰한 후에, 본사로 보내 추가적인 인터뷰를 받게 하고, 이 사람이 선택되면 다시 원스탑센터로 돌아와 모의 CVS매장에서 훈련을 받게 된다. 또한 Mount Lebanon Baptist Church소유의 건물 내에는 소규모의 모의 매장을 만들어서 2001년 이후로 CVS와 일해온 1500여명의 신도들이 근무하고 있다. CVS가 이런 절차를 통해 채용을 완료하면, 정부 기관에서는 교통이나 육아와 같은 서비스를 제공하여 그들의 적응을 도와준다. CVS와 정부, 그리고 교회와 같은 종교단체의 협력은 모두에게 이익을 가져다 주었는데, CVS는 직원을 고용했고, 정부는 실업자 문제를 해결했으며, 교회는 종교적 모임에 경제적 지원을 해줘야 하는 책임을 수행할 수 있었다.

3) 당신의 종업원을 활용하여 사람을 스카우트하라.

종업원들에게 채용할만한 사람을 알고 있는지, 또는 최근에 다른 점포에서 쇼핑할 때 우수한 판매원을 만났는지, 고객 중에 훌륭한 종업원이 될만한 사람이 있는지 물어보라. 예를 들어, 여성 의류 체인점인 Chico's는 종종 고객들 중에서 종업원을 채용하는데, 이는 고객들이 매장에 대해 잘 알고, 선호하고 있기 때문에 고객 응대를 잘 하기 때문이다.

많은 소매업체들은 스카우트 정보를 제공하는 종업원에게 인센티브를 제공한다. 예를 들어, The Container Store에서 채용은 모든 직원들의 업무라 할 수 있는데, 종업원들은 정직원을 추천하여 채용되면 500$을, 아르바이트 직원의 경우 200$을 받는다. 이들은 손님들과 이야기하면서 자연스럽게 채용 지원서를 건넨다. 이 프로그램은 매우 성공적이어서 6개월~8개월 동안 구직광고 한번 없이 직원을 채용해왔다.

4) 상점 입구를 창의적으로 활용하라.

단순히 "종업원 구함"이라고만 붙이지 말고 "고맙습니다! 사업이 잘 됩니다. 사업이 날로 번창하고 있어 종업원을 더 채용하려 합니다. 잠시 들어와 당신의 경력개발 기회를 상담해 보십시오"라고 붙여라.

4. 면접할 최종 후보자 선발

선발은 지원자의 자격과 직무 기술서와의 대조 작업을 통해 이루어진다. 많은 소매업체들은 최적의 최종 후보자들을 선발하기 위해 비용이 최소한으로 드는 자동 사전 심사 프로그램을 이용하고 있다. 지원자는 웹사이트에 접속하거나, 무료 전화번호로 전화를 걸어 컴퓨터 프로그램이 질문하는 몇 가지 기본적인 질문들을 듣고 답한다.

소매업체의 특징과 환경에 맞춘 질문도 있다. 예를 들어, Finish Line이라는 운동화 소매업체는 일차적으로 지원자들에게 몇 가지 질문을 함으로써 지원자들을 걸러낸다. 통상적으로 온라인을 통한 지원자 중 75%를 걸러내고, 자동화된 인터뷰를 통해 30%가 걸러진다. 이러한 과정을 도입한 이후 Finish Line의 평균 매출이 112달러에서 135달러로 증가하였고, 직원 이탈율도 9%나 감소하였다.

1) 지원서 양식

지원서 양식은 지원자의 경력, 종전 급여, 종전 직장 이직 사유, 학력, 연수 경력, 건강 그리고 지원자의 준거 집단에 대한 정보를 그 내용으로 한다. 채용 관리자는 이와 같은 정보를 통해 지원자의 자격을 결정하게 되고 면접을 위한 정보도 얻게 된다.

Refact

Wal-Mart에는 매년 4만 명의 지원자가 몰리는데, 이 중 대부분이 기존의 고객이다.

■ ■ ■ ■ ■

2) 추천인과 온라인 체크

지원서에 담긴 정보를 점검할 수 있는 좋은 방법은, 그 사람을 추천한 사람들과 만나거나 온라인으로 확인하는 것이다. 추천자와 접촉하면 추가적인 정보를 수집할 수 있다. 아울러 추천인란에 기재되어 있지 않은 전직 상사도 필요하다면 만나 보아야 한다. 왜냐하면 사람들은 대화를 할 때 더 솔직한 경향이 있기 때문에 글로 적힌 추천서에만 의존하지 말고, 직접 대화를 해보는 것이 좋다. 그러나, 법적인 문제가 일어 날 수 있기 때문에 대다수의 회사들은 퇴사한 직원에 대해서는 언급하지 않는다.

점포 관리자는 추천자나 전직 상사로부터 긍정적인 정보를 듣고 싶어하는 경향이 있다. 이때 긍정적인 편견을 줄일 수 있는 한 가지 방법은, 지원자와 동급에 있는 다른 사람과 비교하여 지원자가 어느 수준에 놓여 있는지 추천자에게 물어보는 것이다. 예를 들어, "Pat의 고객 서비스 기술이 같이 일하고 있는 판매원과 비교해서 어느 정도라고 평가하십니까?"라고 물어 볼 수 있는 것이다. 또 다른 접근 방법으로는 예/아니오로 대답하는 질문이나, "John에 대해서 말씀해 주세요"와 같은 모호한 질문보다는 좀 더 상세하게 질문하는 방법이 있다.

인터넷은 지원자에 대한 정보를 알 수 있는 매우 훌륭한 도구이다. Facebook(국내의 미니홈피와 같은 개인 홈페이지)을 한번 둘러보는 것이 면대면 인터뷰보다 더 많은 정보를 제공하는 경우도 있다. Google 검색을 통해 정보를 찾고, 추천자와 접촉해 보는 것도 좋은 방법이다. 이러한 과정을 통해 지원자가 예전에 불법적인 행동을 했다거나, 불미스러운 일에 휘말렸었다는 정보를 밝혀낼 수도 있을 것이다.

3) 시험

지능, 능력, 성격, 취미에 관한 시험을 통해 잠재 종업원들을 통찰해 낼 수 있다. 예를 들어, 지능 시험은 지원자의 능력에 대한 정보를 제공해 준다. 이 정보는 지원자가 일할 때 필요한 기술과 비교해 볼 수 있으며, 연수 프로그램을 짜는 데에도 활용할 수 있다. 그러나, 시험은 과학적이고 법률적으로 타당한 것이어야 한다. 그리고 시험은 직무 성과 점수가 있을 때에만 이용되어야 한다. 직무와 관련이 없는 요인이나 특정 집단과 비교하는 용도로 시험을 사용하는 것은 불법이다.

몇몇 소매업체는 종업원 절도로 인한 손실을 예방하기 위해 지원자에 대해 약물 검사를 요구한다. 일부 소매업체들은 지원자의 정직성과 도덕성을 알아보기 위해 시험을 이용하기도 한다. 정직성을 알아보기 위한 필기시험에는 지원자가 한 번이라도 훔치는 생각을 해 보았는지, 그리고 다른 사람들이 절도를 한다고 믿는지("고용주로부터 1달러 이상 횡령하는 사람들이 몇 퍼센트나 될 것이라고 생각하십니까?")를 물어보는 질문들이 나온다.

4) 직무의 실제적인 사전 소개

이직율은 지원자가 그 직무의 매력적인 면과 그렇지 못한 면 모두를 이해하고 있을 때에 감소된다. 많은 소매업체들이 직원 고용 시, 소매업체 근무 경험이 있는 사람을 원한다. 이전에 근무했던 소매업체의 환경이 지금과 많이 다르다고 하더라도, 소매업체에서의 근무가 어떨 것이라는 지식을 기본적으로 갖고 있기 때문이다. 그래서 많은 소매업체는 정식 채용 전에 인턴쉽 기회를 제공하는데, 이를 통해 지원자들은 소매업체 근무 환경에 대해 파악할 수 있고, 소매업체는 미래의 유능한 직원들을 미리 만나 볼 수 있다.

애완동물 공급 전문업체인 PetSmart는 지원자들에게 10분짜리 비디오를 보여준다. 비디오는 회사 종업원으로서의 어떤 혜택을 받게 되는지 뿐만 아니라, 화난 고객들을 상대하거나 동물의 오물을 청소하고 있는 종업원들의 장면도 보여준다. 이처럼 직무를 솔직하게 소개하면, 3개월 이내에 그만 두게 되는 지원자들의 15%를 선별해 낼 수 있다.

5. 지원자 선발

지원서 심사가 끝나면 개인 면접이 이어진다. 면접은 채용결정에 있어서 결정적인 요인이 되므로, 점포 관리자는 면접을 위해 철저하게 준비하고 있어야 하며, 면접 중에는 완전한 통제권을 갖고 있어야 한다.

1) 면접 준비

면접의 목적은 관련 정보를 수집하는 것이지 단순히 수많은 질문을 던지는 것이 아니다. 가장 넓게 이용되는 면접 기법은 행동적 면접이다. 행동적 면접(behavioral interview)이란 과거에 지원자들이 당면했던 실제 상황이나 직무 기술서에 명시되어 있는 기술이 필요한 상황을 어떻게 다루었는지 물어 보는 것이다. 예를 들어, 소비자 상담실 직무에 응모한 지원자에게는 지원자의 처신에 화가 난 고객과의 상황을 설명해 보라고 요구한다. 지원자는 상황 설명과 함께 상황을 어떻게 진행시킬 것인지에 대해서도 설명해야 한다. 이 질문은 지원자의 추천자와 상의할 때에도 이용될 수 있다.

점포 관리자가 면접에 대한 계획을 하고, 질문을 선정하는 데에 있어 어느 정도 신축성을 갖는 것도 면접에 대한 효과적인 접근 방법이다. 점포 관리자는 지원자들로부터 무엇을 알고자 하는지에 대한 뚜렷한 목적 의식을 갖고 있어야 한다. 면접은 포괄적인 질문으로 시작한다. 예를 들어, "당신의 종전 직업에 대해서 얘기해 보세요"와 같은 질문을 한다. 포괄적인 질문이 끝나면 좀 더 구체적인 질문으로 들어간다. 예를 들어, "그 직업에서 무엇을 배웠나요?" 또는 "몇 명의 부하종업원을 두었나요?" 등이 있다. 마지막으로 주의해야 할 점은 인간 차별성에 관련된 질문을 피해야 한다는 것이다.

2) 면접 관리

〈보기 17-4〉는 관리자가 사용하는 질문들을 보여준다. 다음은 면접 중 고려해야 할 사항들이다.

- "우리 회사에 관해 얼마나 알고 있는지요?"라는 질문보다 "우리 회사에 관해 무엇을 알고 있는지요?"같은 질문으로 긴 대답을 유도한다.
- 여러 부분을 묻는 질문은 피한다.
- "양질의 고객 서비스를 제공할 준비가 되어 있습니까?"와 같은 유도성 질문은 피한다.
- 적극적인 경청자가 되어야 한다. 이야기하고 있는 것을 평가하고 중요한 내용과 그렇지 않은 내용을 구분할 수 있어야 한다. 능동적인 경청을 할 수 있는 몇 가지 방법으로는 지원자가 말한 내용을 반복해서 다시 말하는 것과 지원자의 말을 요약해주는 것이 있다. 또, 침묵함으로써 생각할 수 있는 시간을 주는 것도 한 가지 방법이다.

6. 종업원 선발 및 채용시의 법적 고려사항

사회적 인식의 증가와 정부의 규제들은 지체부자유자, 여성, 소수인종, 노인의 고용시 차별하지 말 것을 강조하고 있다. 미국의 인권법 제 7조(Title VII of the Civil Rights Act)는 인종, 국적, 성별, 종교

● 보기 17-4 인터뷰 질문

교육

- 대학에서 가장 좋아했던 과목과 가장 싫어했던 과목은 무엇입니까? 그 이유는?
- 어떤 종류의 학생 활동에 참여하였습니까? 그 이유는?
- 다시 학생이 된다면 과거와는 다르게 무엇을 하고 싶습니까? 그 이유는?
- 대학시절 여름 방학은 어떻게 보냈습니까?
- 시간제 아르바이트를 해 본적이 있습니까? 어떤 아르바이트가 가장 흥미로 웠습니까? 일하면서 공부하려는 사람에게 어떤 조언을 해 주고 싶습니까?
- 학창시절 중 달성한 것 중 가장 자랑스럽게 생각하는 것은 무엇입니까?

경력

- 이상적인 관리자의 모습은 어떤것이라고 생각합니까? 부하직원은? 동료는?
- 과거 직장에서 가장 좋았던 점과 가장 나빴던 점은 무엇입니까?
- 어떤 유형의 사람과 같이 일하기 어렵다/쉽다고 생각합니까? 그 이유는?
- 과거 직장 경력 중 가장 자랑스럽게 생각하는 것은 무엇입니까?
- 과거 직장에서 업무가 힘들 때, 어떤식으로 해결했습니까?
- 과거 직장에서 귀하에게 부여된 임무 중 어려웠던 것은 무엇입니까?
- 과거 직장들에서 귀하가 받은 보수 중 가장 많았던/ 적었던 보수는 어느 정도입니까?
- 과거 직장 경력 중 가장 좌절했던 상황은 어떤 경우였습니까?
- 현재 직장을 왜 그만두려고 합니까?
- 만약 채용이 되면 무엇을 하고 싶습니까?
- 만약 채용이 되면 어떻게 하고 싶습니까?
- 앞으로 하고 싶지 않은 직업은 무엇입니까?
- 귀하의 강점 · 약점은 무엇입니까?
- 귀하는 현재 직업에 대해 어떤 책임을 맡고 있습니까?
- 귀하가 지난 직장에서 해고한 사람들에 대해 말해 주십시오. 무엇 때문에 해고했습니까? 당신이 해고했던 사람들은 어떠한 사람들이었습니까?
- 귀하의 과거 직장에서 귀하가 취했던 위험은 무엇이고 그 위험의 결과는 무엇이었습니까?
- 3년 후에 귀하는 어디에 있을 것 같습니까?
- 귀하의 이전 직장 고용자는 당신에 대해 어떤 말씀을 해 줄 것 같습니까?
- 귀하는 문제를 해결할 때 어떤식으로 합니까?

하지 말아야 할 질문들

- 아이나 가족을 가질 계획이 있습니까?
- 결혼 계획은 어떻습니까?
- 귀하 남편/아내의 직업은 무엇입니까?
- 남편/아내가 인사이동 된다면?
- 귀하가 직장에 있는 동안 누가 아이들을 돌봅니까?
- 여자상사를 위해 일하는 것에 대해 어떻게 생각합니까?
- 나이가 어떻게 됩니까? 출생년도는?
- 귀하보다 어린 상사를 위해 일하는 것에 대해 어떻게 생각합니까?
- 귀하의 고향은? 귀하 부모의 고향은?
- 장애가 있습니까? 장애가 있다면 귀하가 일할 때 어떤 도움을 주어야 합니까?
- 그 장애는 어느정도로 심각합니까?
- 종교는 무엇입니까? 어떤 교회에 다닙니까? 주말에 일하지 말아야 한다는 종교적인 믿음이 있습니까?
- 귀하의 인종이 직무를 수행하는데 문제가 된다고 생각하십니까?
- 귀하의 가문은 어떠합니까?

에 기초해서 차별대우 하는 것을 법으로 금지하고 있다. 차별대우는 신규 채용, 해고, 감원, 징계, 승진, 보수, 그리고 연수기회와 같은 인력 자원 의사결정시 금지되어 있다. 1972년, 균등고용기회위원회(Equal Employment Opportunity Commission: EEOC)에서 법령이 확대되어, 법을 위반한 고용주에 대해서는 고소하는 것을 허용하게 되었다. 그에 따라 주요한 소매업체들이 소수 인종이나 여성의 고용 및 승진 시에 차별대우를 했다는 이유로 고소 당하였다.

차별(Discrmination)은 여성이나 소수인종과 같은 보호 계층이 불공평 처우(disparate treatment)를 받거나, 중립적이고 고의가 없는 규칙이 불평등 효과(disparate impact)를 나을 때 야기된다. 불평등 효과란 소매업체가 모든 종업원들에게 고졸 이상을 요구함으로써, 고졸 이상의 교육이 필요 없는 직종에서까지도 교육 혜택을 받지 못한 대다수의 소수인종을 배제하는 것 등을 말한다. 연령 차별대우 및 고용법(The Age Discrimination and Employment Act)에는 40세 이상의 사람들을 고용하거나 퇴직할 때 차별대우 하는 것을 불법으로 명시해 놓고 있다.

마지막으로 장애인법(Americans with Disabilities Act, ADA)은 작업 환경 편의를 제공받아야 하는 장애인에게 직업기회를 열어 주었다. 장애(Disability)란 개인적인 삶의 영위를 제한하는 육체적 혹은 정신적 손상이나 혹은 손상으로 여겨지는 상태로 정의된다. 인간면역결핍바이러스(HIV positive)가 정상적인 생활을 제한하는 것은 아니지만, 장애로 구분된다. 비슷하게, 과다한 비만 역시 장애로 여겨지는데, 비만환자가 직업을 가질 수 있다면 직업기회에서 차별 받아서는 안 된다.

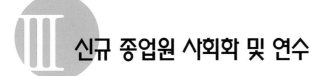

신규 종업원 사회화 및 연수

채용한 종업원을 유능한 일꾼으로 개발하기 위한 다음 단계는 고용한 종업원에게 회사 및 회사 정책을 알려 주는 것이다(〈보기 17-2〉 참조). 소매업체는 채용한 종업원들이 회사에 성공적인 성과를 내고 헌신적인 기여자가 되기를 바란다. 반면에 새로 채용된 종업원들은 자기들이 맡아야 할 직무에 관해서 알고 싶어 한다.

1. 오리엔테이션 프로그램

오리엔테이션 프로그램은 신입 사원이 새로운 환경에 대한 문화 충격을 이겨내고 적응할 수 있도록 도와준다. 가장 지식이 많고 유능한 신입 사원도 약간의 충격은 받기 마련이다. 신입사원 연수에 들어온 대학생들도 학생 때의 역할과 종업원일 때의 역할 사이의 차이에 대해 매우 놀라워한다. Retailing View 17.1에 차이점들이 설명되어 있다.

오리엔테이션 프로그램은 몇 시간이 걸리기도 하고 몇 주일이 걸리기도 한다. 판매직 신입 사원에 대한 오리엔테이션과 연수 프로그램은 한 두 시간 정도로 제한되어 있을 수도 있다. 그 시간 동안 회사 정책 및 절차와 POS 단말기 조작법을 배우게 되는 것이다. 반면 Container Store와 같은 소매업체는 좀 더 심화된 연수 프로그램을 가지고 있다. Fortune 잡지에 의해 '일하고 싶은 가장 훌륭한 회사'로 뽑힌 Container Store는 Foundation Week라는 프로그램을 진행한다. Foundation Week의 첫날은 회사 철학을 배우고, 점포 관리자들을 만난다. 대부분 회사들이 오리엔테이션 프로그램의 첫날에 서류 양식을 작성하고, 회사의 위치를 파악하는 것과 차이를 보인다. 둘째 날은 서로 의사소통하기, 다양한 부서로부터 지침 받기 등 5개의 실습으로 이루어져 있다. Foundation Week는 신입 사원들 각자가 앞치마를 수여 받고, 조직의 일원이 됨을 확인하는 행사로 최고조에 이른다. 오리엔테이션 과정 역시 Foundation Week를 계속 진행해 나간다. 고객 서비스가 이 회사의 핵심 경쟁력이기 때문에, 입사 첫 해에 정직원은 총 241시간의 훈련을 받는데, 이는 평균 소매업체들이 8시간만을 교육하는 것과 비교해서 매우 많은 시간이다. 훈련은 직원이 일하는 내내 이어진다.

Disney는 오리엔테이션 프로그램을 회사 정책 및 절차 중심에서 감정 및 감동 중심으로 바꾸었다. 새 프로그램은 현 종업원들을 동원하여, 그들이 Disney에 첫 발을 내디뎠을 때의 이야기와 그들의 비전인 최고의 서비스 제공, 그리고 그들이 이해하고 있는 팀워크에 대한 이야기로 시작된다. 그리고 사소한 행동이 고객들에게 매우 큰 영향을 줄 수 있다는 것을 강조하기 위해 자신들이 경험한 "마술 같은 순간"을 얘기해 준다. 예를 들면, 네 살짜리 사내아이가 넘어져서 들고 있던 팝콘 상자를 떨어뜨렸다고

학생에서 관리자 연수생이 되기까지

학생들은 첫 직장 생활에 적응을 잘 못한다. 왜냐하면 대학 생활과 직장 생활은 매우 다르다는 것을 느끼기 때문이다. 학생들은 한 학기에 대체로 3~4명의 교수들로부터 수업을 받는다. 게다가 새로운 학기가 되면 새로운 교수들을 만나게 된다. 반면에, 관리자 지망 연수생이 선택할 수 있는 관리자 연수의 폭은 좁다. 앞으로 몇 년이 될 지 모르는 기간동안 계속 함께할 관리자를 선택해야 하는 것이다.

대학 생활은 일정한 생활 주기를 갖고 있다. 하루에 한 두 시간의 수업이 규칙적으로 진행된다. 그러나 소매업체 관리자는 불규칙한 생활 주기속에서 다양한 작업을 해야 한다. 예를 들어, 고객과 5분 동안 짧은 대화를 나누는 일과 상품 예산을 짜고 실행하는 일 등 많은 일을 해야 하는 것이다.

학생과 소매업체 관리자의 또 다른 측면을 살펴보면, 학생의 입장에서 결정을 내리는 것과 소매업체 관리자의 입장에서 결정을 내리는 것은 매우 다르다는 것이다. 예를 들어, 경영학과 학생이 한 수업에서 사례 분석을 할 때, 중요한 결정 몇 개를 내려야 한다고 가정하자. 그가 내린 결정은 그 수업에서만 유효하다. 다른 수업에서는 또다시 새로운 결정을 내려야 하는 것이다. 반면에 소매업체에서의 전략적인 결정은 오랜 기간을 거쳐 그 효력을 발휘한다. 상품을 사고 가격을 책정하는 일들은 사실 정확하지 않은 정보를 바탕으로 결정된다. 왜냐하면 수업시간에 배운 경영 사례들이 제시했던 광범위한 정보를 다 파악해 낼 수 없기 때문이다.

출처: Daniel Feldman, *Managing Careers in Organizations* (Reading, MA: Addison-Wesley, 1989), pp. 45-52. From "Managing Careers in Organizations" by Daniel Feldman, © 1989. Reprinted by permission of Addison-Wesley Educational Publishers, Inc.

한다. 아이는 울음을 터뜨렸고, 아이 엄마는 걱정을 하고 있었다. 이 때, 인형복을 입은 종업원이 곧바로 나타나서, 텅 비워진 상자를 팝콘으로 다시 채워서 아이에게 주고 갔다. 이것이 바로 "마술 같은 순간"이었던 것이다.

오리엔테이션은 전반적인 연수 프로그램의 한 부분일 뿐이다. 그러므로, 오리엔테이션 이후에도 체계적인 프로그램이 계속되어 추후에 일어날지도 모르는 문제들이 확실하게 고려되어야 한다.

2. 점포 종업원 연수

새로운 종업원을 효과적으로 훈련시키는 방법에는 조직화된 프로그램과 현장 연수가 있다.

1) 조직화된 프로그램

조직화된 프로그램으로, 새로 고용된 남성복 판매사원이 그들이 판매하게 될 상품에 대해 배우고 있다.

신입 사원들은 조직화된 프로그램에서 일 할 때 필요한 기본적인 기술과 지식을 배우게 된다. 예를 들어, 회사의 규칙, POS사용법, 기본 판매 기술 등을 배우게 된다. 보관 창고에서 일하게 되는 종업원들은 상품을 수취하는 과정을 배우게 된다. 이런 초기 훈련에는 강의, 시청각 교육, 직원들에게 배포되는 안내서와 문서들이 포함되기도 한다.

대기업에서는 인터넷을 통한 e-트레이닝 프로그램을 활용하기도 한다. 인터넷은 현장 연수(OJT, on-the-job training)에 매우 유용하다. 예를 들어, 여러 명의 교육 인력들에 의해 훈련이 이루어질 때보다 컴퓨터를 통한 프로그램은 일관성이 높다. 비용도 상대적으로 저렴하고, 일단 시스템이 구축되고 나면 교육 인력이 따로 필요 없으며, 신입 사원들이 원하는 시간에 교육을 받을 수 있다는 장점도 있다. 게다가 virtual training은 공급업자와의 관계를 강화하는데도 도움을 주는데, 예를 들어 Circuit City는 공급업체로부터 신상품의 특징과 혜택에 대해 정리받아 교육 자료로 활용하고 있다.

JCPenny의 e-트레이닝 시스템은 일방향 비디오 자료와 쌍방향 오디오와 데이터 교환 장치를 사용하여, 강사가 학생들과 대화도 할 수 있게 하였다. 그리고 강사의 프리젠테이션과 함께 이해도를 체크하기 위해서 강의 전반과 후반에 테스트도 할 수 있다. 또한 강사는 학생들을 몇 그룹으로 나누어 사례 분석 등의 과제를 내주기도 한다.

Nike가 매장 직원과 그들의 상품을 취급하는 소매업체들을 대상으로 하는 트레이닝 시스템은 Sports Knowledge Underground라고 불린다. Sports Knowledge Underground의 레이아웃은 지하철 노선도와 비슷한데, 각 역은 다른 트레이닝 주제를 나타낸다. 예를 들어, 의류 기술 라인에 위치한 Apparel Union Station에서는 러닝화 상품에 관련한 Nike Pro products line이 있다. Cleated Footware Station은 축구관련 제품으로 가는 경로이고, Central Station으로부터는 고객 응대 기술과 관련된 여러 라인이 뻗어있다. 각 교점에는 이와 관련한 상품에 대해 궁금해하는 기본적인 정보가 3분에서 7분 가량의 비디오로 작성되어 있다. 신상품이 매 시즌에 출시될 때, 이 시스템도 업데이트된다. Nike는 소매업체의 요구에 따라 프로그램을 개별화하기도 한다. 점포가 Sports Knowledge Underground으로 교육받은 후 매출이 4-5% 상승했다.

그러나, 조직화된 프로그램은 현장 연수와 보완되어 사용되어야 한다. 신입 사원들은 회사의 방침이나 POS 활용법 등 배운 기술을 현장에서 직접 실습해 보아야 한다.

2) 현장 연수

현장 연수(on-the-job training)에서는, 신입 사원들에게 임무가 주어지면, 그들의 관리자로부

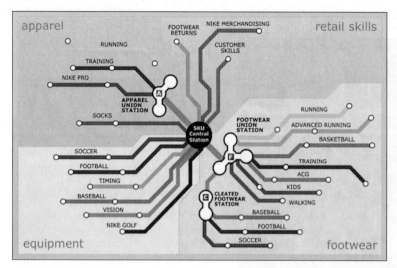

이 도식에는 매장 직원이 Sports Knowledge Underground라 불리는 Nike의 e-learning 연수 솔루션을 이용해 획득할 수 있는 제품 지식과 회사 정책이 정리되어 있다.

터 지도를 받게 된다. 배운 것을 실습해 보고, 시행 착오를 겪으면서 일을 터득하게 되는 것이다.

예를 들어, 아웃도어 장비 업체인 REI는 신입 판매원들에게 특정 품목을 사러온 거래고객(transactional customer)과, 대화를 하거나 조언을 얻고자 하는 자문 고객(consultative customer)를 구분하는 방법을 가르친다. 이 지식은 판매원으로 하여금 판매에 집중할지, 고객에게 편안한 분위기를 제공할지를 결정하는데 도움을 준다. 이러한 훈련은 조직화된 프로그램으로는 어렵다.

3) 혼합 접근

조직화된 프로그램과 현장 학습은 상대적인 이점이 있기 때문에, 많은 회사들은 혼합 접근을 사용한다. Best Buy 사원들은 매달 한번씩 2시간 반 가량의 교육을 팀 단위로 받는다. 그들은 근무 전이나 후에 매장에서 만나 신상품, 서비스, 운영 시간과 각 부서의 주요 이슈 들에 대한 교육을 받는다. 그리고 역할극을 통해 그들이 배운 것을 실습해본다. 사원들은 학습 관리 시스템을 통한 e-러닝 학습도 받는데, 오디오 장비를 통해 상품 설명을 듣기도 하고, 가상의 고객을 응대하는 비디오 게임을 하기도 한다.

4) 성공과 실패의 분석 및 학습

모든 신입 사원들은 실수를 하게 마련이다. 어떤 관리자는 신입 사원들이 실수를 솔직하게 털어놓을 때, 그들을 불편하게 만들기도 한다. 그렇게 되면 실수를 통해 배우게 되는 기회를 놓치게 된다. 점포 관리자는 판매원이 서비스를 제공하거나 상품을 판매할 때, 다양한 방법을 시도할 수 있는 환경을 마련해 주어야 한다. 점포 관리자는 시도된 새로운 방법들 중 일부는 실패할 수 있음을 인정하고 실패한 경우라도 판매원을 비난해서는 안 된다. 대신에 판매원과 실패한 원인에 대해 분석해 보고 앞으로의 대책에 대해 논의해 보아야 한다. 성공한 경우에는 판매원들이 그들의 성공을 통해 이해를 넓히고 배울 수 있도록 도와 주어야 한다. 판매원은 높은 상품 판매가 운 때문이라고 생각해서는 안 된다. 성공으로 이끌 수 있었던 판매에 대해 다시 한 번 생각해 보고, 그러한 판매를 할 수 있도록 한 원인을 분석해 보며, 원인이 되었던 판매 행동을 기억해야 할 것이다.

판매원들이 그들의 행동에 대해 올바른 이유를 들 수 있도록 도와주는 것은 매우 중요하다. 어떤 판매원은 성공한 경우에는 자신의 덕으로 돌리고, 실패한 경우에는 회사, 바이어, 또는 상품 탓으로 돌린다. 실패를 자신의 책임으로 받아들이지 않게 되면 배우지도 못하게 되는 것이다. 이와 같은 생각을 하는 판매원들은 판매의 실패를 개인의 책임으로 돌리지 않기 때문에, 실패하였을 경우 자신들의 판매 태도를 바꾸지 않게 된다. 그렇게 되면 악순환은 계속되는 것이다.

관리자는 판매원들에게 "왜"라는 질문을 던짐으로써, 그들의 실패와 성공에 대해 건설적으로 분석할 수 있게 도와 주어야 한다. 판매원은 고객을 상대한 경험을 바탕으로 다양한 방법을 적용시켜, 최상의 고객 만족을 가져다 줄 수 있는 방법을 고민해야 한다. 이렇게 고민하도록 유도하는 일을 관리자가 해야 하는 것이다. 그렇게 되면 판매원은 더 많은 것을 배워나갈 수 있으며 판매 기술을 향상시킬 수 있는 것이다.

IV 종업원 동기 부여 및 관리

관리자들은 효과적인 리더가 되거나 동기를 부여함으로써, 초기 훈련을 마친 신입 사원들이 목표를 달성할 수 있게 도와 주어야 한다. (〈보기 17-2〉 참고)

1. 리더쉽

리더쉽은 한 사람이 특정 목표나 관련 목표들을 달성하기 위해 다른 사람들에게 영향을 미치는 과정이다. 점포 관리자는 종업원들의 리더이다. 그는 생산성을 높이기 위해 여러 가지 판매 방법을 사용하는데, 이것은 종업원들의 도움 없이는 할 수 없는 일이다.

1) 리더의 행동

Utah에 있는 Sandy Hill, Shopko Store의 점포 관리자는 회사와 점포 활동에 대해 종업원들로부터 정보를 듣는 회의를 개최하는 민주적인 리더이다. 그는 점포 성과를 향상시키기 위한 제안을 하도록 직원들을 격려한다.

리더는 과업 성취 행동과 그룹 유지 행동에 관여한다. 과업 성취 행동(task performance behaviors)은 점포 목표에 도달하기 위한 점포 관리자의 노력을 말한다. 과업 성취 행동에는 계획하기, 조직하기, 동기 부여하기, 평가하기, 그리고 종업원들의 활동 조정하기가 있다. 그룹 유지 행동(group maintenance behaviors)은 종업원들이 일에 만족하고 서로 조화롭게 일할 수 있도록 유도하는 것이다. 이것은 점포 관리자의 업무로 종업원들의 요구 참작하기, 종업원 건강에 대해 관심 표하기, 그리고 일하기 좋은 환경 만들기 등이 있다.

2) 리더의 의사결정

의사결정시 종업원을 참여시키는 정도는 점포 관리자마다 다르다. 독재적(autocratic)인 점포 관리자는 혼자서 모든 것에 대한 결정을 내리고, 종업원들에게는 통보만 한다. 이것은 자기에게 주어진 권위를 이용해 종업원들에게 명령을 내리는 것이다. 예를 들어, 어떤 독재적인 점포 관리자는 누가 어디서 일할지, 언제 쉴지 등을 결정해 버린다.

반대로, 민주적(democratic)인 점포 관리자는 종업원들로부터 정보와 의견을 듣고 의사결정을 한다. 이것은 자신의 권위와 정보를 종업원들과 공유하는 것이다. 그는 종업원들에게 어디서 언제 일하고 싶은지 물어 본 다음에 그들의 의견을 반영하여 업무 시간표를 작성한다.

3) 리더쉽 유형

점포 관리자는 자신들만의 특별한 지도방법을 개발하는 경향이 있다. 과업 성취 행동이나 그룹 유지 행동 중 하나를 이용하고, 독재적이거나 민주적인 의사결정방법 중에서 선택하여 사용한다.

심리학자들은 80년간의 연구 끝에 특정한 한 가지 유형이 가장 적합하다고 할 수 없다는 결론을 내렸다. 유능한 관리자는 모든 방법을 다 사용한다. 각각의 상황에 맞는 방법을 골라 사용한다는 것이다. 예를 들어, 어떤 점포 관리자는 신뢰가 가지 않는 신입 종업원에게는 독재적이고 관계 지향적인 방법을 사용하지만, 유능하고 경험이 많은 종업원에게는 민주적이고 업무 지향적인 방법을 사용한다.

이 장의 대부분은 종업원에게 영향을 미치는 점포 관리자의 행동, 활동 그리고 프로그램을 집중적으로 설명하고 있다. 그러나 훌륭한 리더와 점포 관리자는 종업원 행동에 영향을 미치는 것을 넘어, 종업원들의 신념과 가치, 그리고 욕구까지 변화시킨다. 변혁적 리더(transformational leader)는 그룹이나 조직을 위해 종업원들의 개인적인 요구까지도 바뀌게 한다. 그들은 활기차고 생기 있는 조직을 만든다.

변혁적인 점포 관리자는 개인적인 카리스마를 이용해 종업원들에게 열정을 불어넣는다. 그들은 자신감 넘치고, 종업원들을 집중시키는 명확한 비전을 가지고 있으며, 비전을 종업원들과 단어나 심볼을 공유한다. 마지막으로 변혁적 리더는 부하직원들에게 도전적인 업무를 맡기고, 자유로운 의사소통을 통해 그들의 멘토링 역할까지도 해야 한다.

2. 종업원의 동기 부여

종업원들로 하여금 그들의 잠재력을 최대한 보여줄 수 있도록 동기를 부여하는 것이 아마도 점포 관리자들에게 있어 가장 중요하면서도 힘든 일일 것이다. 다음 예들은 종업원 동기 부여 및 평가와 관련된 것들이다.

Jim Taylor는 전문 대학에서 학위를 받은 후, San Jose's Eastridge Mall에 있는 백화점에서 판매원으로 취직하였다. 판매원으로 일하면서 회사의 고객, 관리자, 회사의 정책들을 직접적으로 접할 수 있게 되었다. 또한, Taylor는 상부로부터 구미에 당기는 약속을 받아 내기도 했는데, 지금 맡고 있는 일을 성공리에 마치면 관리자 연수생으로 발탁한다는 약속이었다.

그러나 그가 보여준 일의 성과는 보통 수준이었다. 그의 관리자인 Jennifer Chen이 Taylor를 매장에서 지켜본 결과, 그는 자신과 비슷한 고객들인, 젊은 직장인 남자나 여자들을 상대할 때에만 일을 유능하게 해낸다는 것을 알게 되었다. Taylor가 다른 유형의 고객들에게도 원활한 판매를 할 수 있도록 하기 위해 Chen은 그의 본봉을 내리고, 성과급 비율을 올렸다. 그리고 나서 그의 행동 경과를 살펴보았다.

그랬더니 Taylor는 자신의 판매 수준을 높여야 한다는 압박을 느껴서 출근하기가 싫어졌고, 소매업에서 벗어나 은행에서 일할 생각을 하기 시작했다.

Chen은 Taylor의 동기를 부여하기 위해 더 높은 보상금을 제공하였다. 과연 Chen은 Taylor의 업무 성과를 올리기 위해 적절한 방법을 사용했는지 살펴보자.

3. 목표나 할당량 정하기

종업원의 업무 성과는 다음의 두 경우에 향상된다. 노력만 하면 관리자가 세운 목표를 달성할 수 있을 것이라고 생각할 때와, 목표를 달성하면 보상을 받게 될 것이라고 생각할 때이다. 그러므로 관리자는 현실적인 목표를 세워 종업원이 원하는 보상을 제공함으로써 그에게 동기를 부여할 수 있어야 한다.

예를 들어, Jennifer Chen은 Jim Taylor에게 자신의 부서에서 일하기 시작할 때부터 특정한 판매 목표를 세워주었다. Taylor는 매장의 다른 모든 종업원들과 마찬가지로, 다섯 개의 목표가 있었다. 시간당 판매 실적, 평균 판매량, 추가 판매량, 우량 고객수, 그리고 우량 고객과 잡혀진 예약건수 등이 그 목표들이다. 여기서, 우량 고객이란 판매원이 정기적으로 상대하고, 부서로부터 새로운 상품이나 할인이 있을 때 편지로 알려주며, 특별 행사나 상품이 있으면 예약을 해 주는 고객을 말한다. 판매 목표 이외에도 도난 상품으로 인한 부서의 전체 매출 감소, POS 단말기 조작 실수, 그리고 부서의 이미지를 유지하는데 기여한 정도를 통해 종업원들이 평가된다.

Chen은 Taylor를 위해 프로그램을 고안하였다. Taylor는 프로그램을 통한 훈련도 받아야 했다. 그러나 Chen은 Taylor가 목표를 세울 때 조심해야 한다. Chen이 목표를 너무 높게 세워버리면, Taylor는 용기를 잃어버리거나, 그 목표가 너무 성취하기 힘들게 느껴져 더 열심히 일할 의욕을 느끼지 못할 수도 있기 때문이다. 반면에 Chen이 목표를 너무 낮게 세워버리면, Taylor는 그 목표를 너무 쉽게 성취하여 그의 잠재력을 최대한 발휘하지 못하게 될 수도 있다.

개개의 판매원을 위해 각각 특정한 목표를 세우기보다는, 모든 판매원들을 위해 평균 업무 성과를 목표로 세운다. 그러나 가장 효과적인 목표는 종업원의 경험과 자신감을 기반으로 세운 개개인의 목표다. 경험이 있는 판매원은 자신의 능력에 대해 확신에 차있고, "장기적인 목표"(열심히 일하도록 만드는 높은 목표)를 지니도록 해야 한다. 반면, 신입 판매원에게는 달성할 수 있을 만한 낮은 목표가 주어져야 한다. 초창기에 목표를 달성하고 그것을 능가하는 좋은 경험을 가진 판매원은 자신감을 가지게 되고, 자신의 실력을 더 향상시키려고 한다. 본 장의 후반부에서는 종업원들에게 동기를 부여하기 위해 사용되는 보상방법에 대해 살펴볼 것이다.

4. 종업원의 사기(morale) 유지하기

점포에서의 사기는 종업원에게 동기를 부여하는데 중요하다. 종업원의 사기는 일이 잘 되어 가거나 동기 부여가 크게 되었을 때 높아지기 마련이다. 그러나 판매가 잘 안 될 때에는 사기가 감소되고 종업원의 동기 부여 또한 내려간다. 다음은 사기를 높이기 위한 전략들이다.

■ 점포 문을 열기 전에 전 점포 또는 부서 모임을 갖자. 신상품과 계획에 대한 정보를 나누고 종업원들의 의견 및 제안에 대해 경청하자.

■ 종업원들에게 회사의 재정에 대해 알려주고 성취 가능한 목표를 세우게 하여 목표가 달성 되었을 때에는 축하 파티를 열어 주자.

■ 종업원의 수에 맞춰서 지역 자선 사업에 사용될 예산 비용을 나눈 다음, 나누어진 예산을 어떻게 사용해야 할 지 종업원들과 함께 의논해 보자.

■ 이 샌드위치는 "Roger가 포장했습니다" 또는 이 옷은 "Sarah가 드라이클리닝했습니다" 등을 나타내는 스티커를 만들어 상품에 붙이자

■ 모든 종업원에게 개인의 직함이 쓰여진 명함을 나누어 주자.

예를 들어, 어떤 관리자는 회사 정보 체계에서 수집한 실시간 판매 데이터를 이용하여, 종업원들에게 자극을 불어넣어 준다.

The Sears의 점포 관리자는 점포 문을 열기 전 "준비하는 모임"을 가져 판매 종업원의 사기를 높이고, 동기를 부여한다. 이 모임에서 점포 관리자는 고객 서비스를 향상시키는 방안에 대해 토의한다.

다른 세대(Generation Cohort)들에게
동기 부여하기

Y세대 종업원들은 점포의 성과에 영향을 미치는 의사 결정에 참여하기를 원하고 그들의 공헌이 무엇인지를 알기 원한다.

소매업체에서 일하는 주요 세대들은 베이비 붐 세대(1946년~1960년 사이에 태어난 세대)와 X 세대(1961년~1979년 사이에 태어난 세대), 그리고 Y 세대(1980년~현재 태어난 세대)이다. 이들은 자라난 환경이 서로 다르기 때문에, 관리하고 동기를 부여하는 방법도 다르게 적용되어야 한다.

베이비 붐 세대 종업원들은 경제 성장 시기에 태어나서 성공에 대한 높은 기대를 가지고 있는 세대이다. 그러므로 그들은 매우 낙천적이고, 자발적인 동기부여가 되어 있다. 이들은 열심히 일하면 보상을 받는 것을 당연하게 여긴다.

X 세대 종업원들은 경제적인 어려움이 해소된 상태에서 자랐기 때문에 협동을 덜 중요하게 여긴다. 그들은 그들이 일하는 회사에 대해 다소 회의적이고, 충성심도 적은 편이다. 대신 그들은 직업적 안정과 처우의 공정성에 대한 관심이 많다. 그리고 위계적 권위보다는 유연하고 편안한 업무 환경을 선호한다.

Y 세대 종업원들은 태어나면서부터 정보 기술을 받아들인 첫 세대이다. 그들에게 정보 기술 없이 세상을 이해하라는 것은 쉽지 않다. 그들의 편안하고 풍족한 유년 시절을 그들의 이전 세대보다 훨씬 더 개인적으로 만들었다. 그들은 행동이나 의견에 있어 독립적이기를 원하지만, 또한 상사나 동료들과의 개인적인 관계 형성에도 관심이 많다.

젊은 세대들은 대체적으로 상사에 대해 맹목적으로 복종하지 않고, 그들을 키워주거나 전문 지식을 가르쳐 줄 수 있는 상사들을 선호한다. 이러한 젊은 종업원들은 1990년대의 "빨리 부자되기"의 업무 환경을 권한 이양과 공헌의 문화로 바꿔놓았다. 그들은 그들이 매우 중요한 사람이라고 느끼길 원하고, 중요한 업무에 공헌하고 있다고 느끼기를 원한다. 이러한 세대들을 관리하는 중요한 열쇠는 회사의 성과에 대한 열정을 불러 일으키고, 더 나아가 미션을 수행하는 데 있어서 그들의 역할이 무엇인지를 확실하게 알게 하는 것이다.

Y 세대 종업원들은 의사 결정 과정에도 참여하기를 원한다. 단지 정해진 결정을 하달 받기 위한 미팅이 되어서는 안 된다. 미팅은 쌍방향적인 의사소통을 통해서 서로의 아이디어를 나누고, 그들의 공헌이 무엇인지를 알게 되는 장이 되어야 한다. Y 세대 종업원들은 선배 사원들이 멘토(mentor) 역할을 해주길 바란다. 아버지 세대와 달리, Y 세대 종업원들은 그들의 목표를 이해하는 사람과 관계를 맺기를 원한다. 젊은 세대들은 날마다 같은 일을 하려고 하지는 않는다. 그들의 업무에서, 삶에서, 그리고 상사와의 교류에서도 의미를 찾으려고 한다. 멘토링의 중요한 요소는 종업원들을 잘 알고 그들의 목표를 이해하는 것이다. 어떤 종업원의 목표는 그의 직업에서 창의성을 발휘하는 것인 반면, 다른 직원은 조직에서 특정한 위치까지 승진하는 것일 수도 있다.

출처: "Dueling Age Groups in Today's Workforce; From Baby Boomers to Generation X and Y," *Knowledge@Wharton*, April 22, 2007. "How to be a Better Boss," *Marketing Magazine*, October 15, 2007, p 16.

그녀는 크리스마스 시즌 첫날에 모든 종업원들이 볼 수 있도록 "3,159달러"라고 칠판에 썼다. 이것은 전년도 크리스마스 시즌 첫날에 매장에서 올린 매출액이었다. 그녀는 종업원들에게 그 금액을 넘는 것으로는 만족할 수 없으며, 전년도 대비 36%의 매출신장을 바란다고 하였다.

재무 목표를 세우고 종업원들에게 가장 최근의 실적을 알려주는 것은 교대시간만을 기다리고 있는 종업원들에게 자극과 동기를 부여해 준다. 하루 종일 매장에 고객들이 오고 간다. 한편, 종업원들은 차례를 기다려 안쪽 방에 놓인 매장의 POS단말기를 통해 매출액을 살피고 여러 가지 의논을 한다. Retailing View 17.2는 다양한 세대 조직의 동기를 부여하는 방법을 제시한다.

5. 성희롱

성희롱은 근무 환경의 생산성을 향상시키는 데에 있어 매우 중요한 문제이다. 관리자들은 성희롱이나 성희롱으로 여겨질 수 있는 모든 행위를 방지하여야 한다. 그렇지 않으면, 근무 환경이 위태로워지고, 종업원이 성희롱에 쉽게 노출될 수 있기 때문이다. EEOC 가이드라인은 성희롱을 일종의 성별 차별로 규정하고, 다음과 같이 정의 내렸다: 원하지 않는 성적 접근, 성적 호의의 요구 및 기타 성적 성질을 가진 언어적, 육체적 행위로서 그러한 행위에 대한 복종이 명시적이든 묵시적이든 개인의 근로조건을 형성하는 경우, 그러한 행위에 대한 복종 또는 거절이 그 개인에게 영향을 미치는 고용상의 결정의 기초로서 사용되며 거절하면 고용상의 불이익을 주는 경우, 그러한 행위가 개인의 직무수행을 부당하게 저해하고, 또는 협박, 적의, 혹은 불쾌한 고용환경을 만드는 목적 또는 효과를 가진 경우이다.

성희롱에 대응하는 적절한 방법은 다음과 같다.

1단계: 피해 접수 절차를 포함한 성희롱 방지 정책을 만든다. 종종 감독자나 상사나 성폭행 가해자인 경우가 있으므로, 이들을 통하지 않는 채널도 포함한다.

2단계: 종업원의 피해 사항을 진지하게 받아들인다.

3단계: 피해자로부터 정보를 입수한다. 다음과 같은 질문을 한다.

- 무슨 일이 있었고, 누가 관계되어 있습니까?
- 성희롱 가해자가 어떤 행동과 말을 했습니까?
- 언제 이 일이 발생했습니까? 만약 이번이 처음이 아니라면, 예전에 언제 이런 일이 발생했습니까?
- 어디서 발생했습니까?
- 목격자는 없었습니까?
- 이 일에 관해 다른 사람에게 말한 적이 있습니까?
- 성희롱을 당한 다른 사람은 없습니까?
- 성희롱 행위에 대해 어떻게 반응했습니까?
- 다른 관리자나, 인사부 고용지원부서 사람과 당신의 문제에 대해서 말하고 싶습니까?

4단계: 피해자의 진술과 회의 내용을 서류로 남긴다.

5단계: 인적 자원 관리 부서나 그 다음으로 높은 부서에 보고한다.

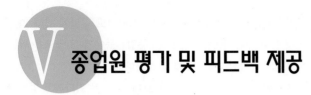

V 종업원 평가 및 피드백 제공

종업원 관리 과정에서 네 번째 단계는 종업원을 평가하고 피드백을 제공하는 것이다(〈보기 17-2〉 참조). 종업원 평가를 하는 이유는 업무 성과가 좋은 종업원과 그렇지 못한 종업원을 확인하기 위해서이다. 평가를 통해, 높은 성과를 보인 종업원은 보상을 받게 된다. 기대 이하의 성과를 보이는 종업원들에게는 그들이 개선할 수 있도록 다른 계획이 세워져야 한다. 실적이 나쁜 사람들은 과연 해고 되어야만 할까? 그들은 어떤 종류의 교육을 필요로 하는지 생각해 보아야 한다.

1. 누가 평가를 하는가?

규모가 큰 소매업체에서의 종업원 평가 체계는 주로 인력 자원 부서에서 관리한다. 그러나 평가 그 자체는 종업원의 직속 관리자가 한다. 직속 관리자란, 종업원과 가장 가깝게 일하는 관리자를 뜻한다. 예를 들어, 할인점에서는 부서 관리자가 판매원의 일하는 모습을 가장 잘 관찰할 수 있고, 판매원의 업무 성과 원인을 이해하기에도 가장 좋은 자리에 있다고 할 수 있다. 그러므로 할인점에서는 부서 관리자가 판매원의 직속 관리자가 되는 것이다. 한편, 경험이 부족한 관리자는 상사의 도움을 받아 종업원을 평가하게 된다.

2. 평가 주기는 어떻게 되는가?

대부분의 소매체들은 해마다 또는 반년마다 종업원들을 평가한다. 평가를 통해 피드백을 하는 것은 종업원의 실력을 향상시키는데 가장 효과적인 방법이다. 그러므로 경험이 없는 종업원의 실력을 발전시키기 위해서는, 그 종업원을 자주 평가해야 한다. 그러나 공식적인 평가를 자주하는 것은 관리자에게 너무도 많은 시간을 요하게 된다. 이것은 종업원들에게도 좋지 않다. 왜냐하면 관리자로부터 요구된 사항들을 실행할 시간을 충분히 가지지 못할 수 있기 때문이다. 그러므로 관리자는 이런 공식적인 평가를 보충하기 위해 비공식적인 평가를 사용해야 한다. 예를 들어, 관리자인 Jennifer Chen은 6개월마다 정규적으로 실시하는 평가 시기를 기다리기 보다는, 종업원인 Jim Taylor와 비공식적으로 상담하는 것이다. Chen은 Taylor를 관찰하고 또 Taylor의 업무 평가 보고서를 검토한 후, 비공식적인 피드백을 제공하는 것이 좋다.

3. 평가 형식

종업원들은 자신이 해야 하는 일과 회사가 기대하는 성과, 그리고 평가 방식에 대해 알고 있을 때, 진정한 의미의 평가를 받았다고 생각한다. 〈보기 17-5〉는 한 전문점의 종업원 평가 기준을 보여준다.
이 전문점 종업원들에 대한 종합적인 평가는 점포 관리자와 부관리자의 주관적인 평가로 이루어 진다. 종업원과 고객간의 일대일 관계와 매장의 종합 실적을 동등하게 취급한다. 종업원들은 매장의 종합 실적을 강조하는 이 업체의 평가 기준 때문에, 하나의 팀으로 협동하며 일하는 것을 중요하게 생각한다. 그러나 Jennifer Chen이 Jim Taylor를 평가하기 위해 사용한 기준은 위에 제시한 전문점이 사용한 주관적인 방법이 아니라, POS 자료에 바탕을 둔 객관적인 방법이었다. 〈보기 17-6〉은 Taylor의 업무

50% 판매원/고객 관계
1. 인사: 웃으면서 1-2분 이내에 친절한 태도로 접근할 것. 긴 대답을 유도할 수 있는 질문을 사용할 것
2. 상품 지식: 상품, fit, 감소량 그리고 가격 등 고객이 필요로 하는 정보를 제공할 것
3. 부가적인 상품 제안: 탈의실이나 계산대, 포장대로 고객에게 직접 접근할 것
4. 구매 요청과 의사결정 강화: 고객이 현명한 선택을 한 것을 알게 하고, 해당 선택에 감사할 것

25% 영업
1. 점포 외관: 진열 공간, 테이블 위 상품들의 조화, 바닥 장식, 벽 장식에 대해 세심하게 (색상이나 세밀함 정도) 장식할 것. 점포를 대표하는 기준들을 유지하기 위해 솔선수범할 것
2. 손실 방지: 손실 방지 절차를 적극적으로 이행할 것
3. 상품 기획 통제 및 관리: 가격 조정 활동, 배송 과정, 재고 통제와 관련된 요구 사항들을 일관성 있게 달성할 것
4. 계산/포장 절차: 모든 계산과 포장절차를 정확하고 효율적으로 수행할 것

25% 순응
1. 복장 및 용모: 유니폼 규정을 준수하고 단정하게 보일 것. 패션감각 있는 점포 이미지를 표현할 것
2. 유연성: 한 가지 작업에서 다른 작업으로 전환할 수 있고, 스케줄 조정에 개방적인 것 점포 정책을 우선시하는 마음자세를 가질 것
3. 동료 관계: 다른 종업원과 협력적이고 관리자의 지시를 적극적으로 수용하여 관리자와 의사소통을 할 것

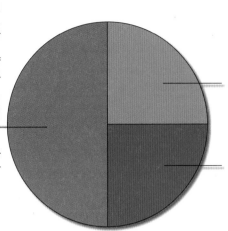

평가서를 요약해 놓은 것이다. 이 평가서는 회사 판매원의 평균 실적과 Taylor의 실적을 비교해 놓은 것이다. 그의 부서는 매출 감소 관리 부분에서 평균 이상의 성과를 보였고, 그 역시 단말기 조작과 상품 소개에서 좋은 성과를 보였다. 그러나 그는 고객들에게 상품 소개를 평균 이상으로 잘 했어도 판매 실적은 평균에도 못 미치고 있다. Taylor를 분석한 결과, 노력은 많이 했지만 판매 기술을 향상시킬 필요가 있다는 결론이 나왔다.

4. 평가 오류

관리자는 종업원의 업무 성과를 보고 종업원에 대한 전반적인 소견을 갖게 된다. 만약 편견을 가지고 각 성과 요인을 판단 할 경우 평가에 오류가 생길 수 있다(hallo effect; 후광 효과). 예를 들어, 한 점포 관리자가 한 판매원의 전반적인 업무 성과를 평균 이하라고 생각했다고 가정하자. 그 관리자는 판매원의 전반적인 업무 성과뿐 아니라 판매 기술, 시간 엄수, 외모, 상품 보관에 대해서도 평균 이하라고 평

◆ 보기 17-6
Jim Taylor의 6개월 평가 요약

	판매원 평균 성과	Jim Taylor의 실제 성과
시간당 판매	$75	$65
거래당 편균 금액	$45	$35
복수 거래 비율	55%	55%
선호 고객 수	115	125
선호 고객 예약 수	120	9.5
결품율	2.0%	1.8%
시스템 에러	10	2
상품진열(10점 척도)	5	8

가할 지도 모른다. 전반적인 평가가 개별 평가 요소들에 이런 후광 효과를 나타내게 되면, 그 평가는 평가로서의 의미를 잃게 된다. 왜냐하면 평가를 하는 이유가 개선되어야 할 부분들을 확인하는 것이기 때문이다.

관리자는 평가를 내릴 때, 종종 최근에 있었던 사건(최근성)이나 다른 판매원들의 평가(비교)를 통해 영향을 받게 된다. 한가지 예로, 관리자는 판매원이 전날 고객을 제대로 상대하지 못한 것만 기억하고, 그 판매원이 지난 3개월 동안 훌륭하게 일을 해냈다는 것은 무시할 수 있다. 이와 비슷한 예로, 어떤 관리자는 훌륭한 성적의 판매원 때문에 보통 성적의 판매원을 평가할 때, 부당하게 엄한 태도를 취할 수 있다.

마지막으로, 관리자는 판매원의 업무 실적(특히 나쁜 실적)을 평가할 때, 판매원이 일하고 있는 환경 탓으로 돌리기 보다는 판매원들의 탓으로 돌리려는 본성을 가지고 있다. 다시 말해서, 관리자는 평가를 할 때, 부서의 상품이나 경쟁자의 행동과 같이 외부적인 요인들이 주는 영향을 과소 평가하려는 경향이 있다.

백화점 부서의 종업원 평가는 대부분의 평가가 객관적인 자료를 바탕으로 이루어지기 때문에 이러한 성향을 지니지 않는다(〈보기 17-6〉참조). 이와 반대로 전문점의 평가는 넓은 범위의 활동을 고려한다는 장점이 있지만 주관적인 측정을 많이 한다(〈보기 17-5〉참조). 백화점 부서의 평가는 특정 기술, 매장과 고객을 대하는 태도, 동료들과의 생활, 열정, 외모 등과 같은 주관적인 정보를 사용하지 않기 때문에, 이러한 요인에 대한 평가는 Jim Taylor에게 제대로 알려주지 못했을 것이다. 전문점이 사용한 평가는 주관적이기 때문에 편견을 갖게 할 수는 있지만, 판매원들의 업무 성과를 향상시키는 데에는 많은 도움이 될 수도 있다. 관리자는 주관적인 평가를 할 때 편견을 갖지 않기 위해서, 판매원들의 행동을 규칙적으로 관찰하고, 관찰한 것을 기록하며, 한꺼번에 여러 명의 판매원을 평가하지 않아야 하고, 만약에 생길 수 있는 모든 편견을 고려해야 한다.

Ⅵ 종업원 보상

〈보기 17-2〉에 나와있듯이, 종업원의 생산성을 향상시키기 위한 마지막 단계인 다섯 번째 단계는 종업원들에게 적절한 보상을 해주는 것이다. 종업원들은 직장에서 두 가지의 보상을 받는다. 하나는 외재적 보상이고, 다른 하나는 내재적 보상이다. 외재적 보상이란 종업원이 관리자나 회사로부터 받는 보상이며, 여기에는 보수, 승진, 인정 등이 있다. 내재적 보상이란 임무를 잘 수행할 때 받는 개인적인 보상이다. 판매원들은 대체로 판매가 도전적이고 재미있다고 생각한다. 물론 돈을 벌기 위한 것도 있지만, 그들은 고객을 돕고 판매를 함으로써 보람을 느끼는 것이다. 이것이 바로 판매원들이 받는 내재적 보상인 것이다.

1. 외재적 보상(extrinsic rewards)

관리자는 종업원들에게 의욕을 심어주기 위해 다양한 외재적 보상을 줄 수 있다. 그러나 종업원들이 모두 다 똑같은 보상을 바라지는 않는다. 예를 들어, 어떤 판매원은 금전적인 보상을 받기 원하고, 어떤 종업원은 승진을 바라거나 자신의 업무 성과에 대한 공식적인 인정을 바랄 수 있다. Jim Taylor는 그의 관리자로부터 좋게 평가 받아 경영관리자 연수 프로그램에 들어가고 싶어 했다. 한편, 시간제 판매원들은 사람들을 만나고 싶어서 판매직을 택한다. 그들의 주 목표는 돈을 버는 것이 아니라 사람을 만나는 것이다.

관리자들은 종업원들의 요구 사항이 다양하기 때문에, 똑같은 보상 방법으로 모든 종업원들에게 의욕을 높일 수는 없다. 그러나 대규모 소매업체는 개개인을 위한 특별한 보상 제도를 개발하기가 쉽지 않다. 한 가지 방법은 메뉴표(á la carte plans) 방식의 보상을 제공하는 것이다. 예를 들어, 자신의 목표를 달성한 판매원은 현금 보너스나 보너스 휴가 또는 매장에서 판매되는 상품에 대한 할인 중에서 한 가지를 고르게 한다. 이런 식의 보상 계획은 종업원들이 직접 원하는 보상을 선택할 수 있게 한다. 회사에서 인정 받는 것 또한 많은 종업원들에게 중요한 비금전적인 외재적 보상이 된다. 종업원들에게 일을 잘했다고 말로 격려하는 것도 좋지만 업무 성과가 좋을 때, 공식적으로 인정해주는 것이 더 가치가 있을 것이다. 덧붙여서 말하면, 공식적인 인정은 칭찬을 받는 주인공 이외의 다른 종업원들에게도 의욕을 심어준다. 이는 경영진이 종업원 보상에 관심이 있다는 것을 보여주기 때문이다.

대부분의 관리자들은 동기 부여의 수단으로 외재적 보상을 많이 사용한다. 예를 들어, 판매원이 매출 목표를 달성했을 때, 점포 관리자는 추가 보상을 제공한다. 그러나 외재적 보상에 대해 지나치게 강조하면 내재적 보상을 경시해 버리는 결과를 낳을 수도 있다. 다시 말해, 종업원들은 일을 단지 돈을 벌기 위한 수단으로만 생각하여, 돈 이외의 보람이나 즐거움을 무시하게 될 수도 있다는 것이다.

2. 내재적 보상(intrinsic rewards)

Jennifer Chen은 Jim Taylor의 동기를 부여하기 위해 외재적 보상 방법을 사용하였다. Chen는 Taylor의 판매량에 따라 보상을 제공한 것이다. 이러한 금전적인 보상에 대한 압력이 Taylor로 하여금 직장에 출근하기 싫어지게 만들었을 수도 있다. 그는 더 이상 일이 재미있다고 생각하지 않게 된 것이다.

종업원들은 자신이 하는 일이 내재적으로 보상 받을만하다고 생각할 때, 일을 더 잘 할 수 있는 방법을 배우게 된다. 그들은 전자 오락을 하는 사람처럼 행동한다. 게임을 하는 사람은 게임 자체가 너무 재미있어서 게임을 끝내기 위해 노력하는 것만으로도 보상을 받게 된다. 예를 들어, 영화나 음악과 관련된 의상을 파는 Hot Topic의 직원들은 패션의 빠른 유행을 따라잡기 위해 클럽이나 콘서트장에 가서 사람들이 무엇을 입고 있는지 관찰하고, 보고한다. 그들의 그들의 직업에 매우 몰입하고 있다.

일이 재미있게 느껴지도록 하는 또 다른 방법은 자그마한 상을 걸고 컨테스트(contest)를 벌이는 것이다. 이 방법은, 이길 수 있는 확률이 종업원들에게 동등하게 주어졌을 때, 가장 효과적이다. 훌륭한 판매원들만 이기는 컨테스트는 재미 없다.

컨테스트의 한 예를 들어보면, 2주 동안 남성용 정장을 하나 팔면 종업원에게 카드가 한 장씩 주어지는 컨테스트가 있다고 하자. 2주 후, 최고의 포커 패를 가진 사람이 이기게 되는 것이다. 이 경기는 컨테스트가 있는 기간 동안 모든 판매원들에게 동기를 부여해준다. 정장을 네 개밖에 팔지 못했어도 받은 카드 네 개가 모두 에이스라면 이기게 되는 것이다. 컨테스트는 모든 이들에게 재미를 주고 판매에 도전하고 싶은 마음을 불러일으킨다. 이 컨테스트는 최고의 판매원에게 보상을 주기 위한 경기가 아닌 것이다.

경험이 많은 종업원들은 쉽게 흥미를 잃는다. 그들은 더 이상 자신의 직업에 재미나 도전하고 싶은 욕구를 느끼지 못하는 것이다. 보수나 승진과 같은 외재적 보상은 더 이상 그들의 관심을 끌지 못한다. 왜냐하면 그들은 현재 받고 있는 수입과 업무에 대해 만족 하고 있기 때문이다. 그러나 이런 종업원들은 직무충실화와 같은 내재적 보상으로 동기부여를 할 수 있다. 직무충실화(job enrichment)는 직무의 확장과 다양화로 이루어진다. 예를 들어, 특정 분야의 판매를 촉진하는 일이거나 신입 사원들을 훈련시키는 일, 특별 행사를 계획하고 관리하는 일을 맡게 되면 일에 대한 의욕을 가질 수 있게 되는 것이다.

3. 보상 프로그램

보상 프로그램의 목적은 훌륭한 종업원을 영입하고, 소매업체의 목표를 달성하게 하며, 노력한 만큼 보상해주는 데에 있다. 점포 관리자는 보상 계획을 세울 때, 노동 비용을 관리하는 일과 능력 있는 종업원들에게 충분한 보상을 제공하는 일 사이에서 균형을 잘 유지해야 한다. 보상 계획이 공정하고 정당하다고 느낄 때, 종업원들은 직장 생활을 지속하게 된다. 대체로, 복잡한 계획보다는 간단한 계획을 더 선호한다. 왜냐하면 간단한 계획이 관리하기가 더 용이하며, 종업원들이 이해할 때에도 더 쉽기 때문이다.

대중 인식 프로그램(Public recognition programs)은 종업원들이 스스로를 인정받고 있다고 느끼고, 그들의 성과를 향상시키도록 동기부여한다. 우수한 고객서비스를 제공하는 Marshalls 점포는 그들의 뛰어난 노력을 인정받았다.

1) 보상 계획의 유형

소매업체가 전형적으로 사용하는 보상 계획에는 봉급(straight salary), 수수료(straight commission), 봉급 플러스 수수료(salary plus commission) 그리고 할당량 보너스(quota-bonus)가 있다.

판매원이나 관리자는 시간이나 주당 정해진 양의 봉급(straight salary compensation)을 받게 된다. 예를 들어, 한 판매원은 시간당 12달러를 받고, 부서 관리자는 주당 1,000달러를 받는다. 시간이나 주당 보수는 종업원이 이해하기 쉽고 회사가 관리하기도 쉽다. 봉급만 받는 종업원들은 인사 이동을 유연하게 시킬 수 있다. 다시 말해서, 봉급만 받는 판매원들은 부서의 매출에 큰 영향을 받지 않기 때문에 인사 이동을 쉽게 할 수 있다는 뜻이다. 그들은 매출이 큰 부서에서 매출이 작은 부서로 이동되었다고 해서 실망하지 않는다.

봉급 계획의 주된 단점은 생산성을 향상시킬 수 있는 직접적인 보상이 없다는 것이다. 왜냐하면 단기적인 안목으로 보았을 때, 열심히 일을 할 때나 안 할 때나 똑같은 봉급을 받을 것이라는 것을 알기 때문이다. 또 다른 단점은 회사의 매출이 줄어들더라도 봉급은 회사가 고정적으로 지급해야 하는 비용이 되어 버린다는 점이다.

인센티브 보상 제도(incentive compensation plans)는 종업원들의 생산성에 따라 지급되는 보수 제도를 말한다. 인센티브 제도는 높은 매출 목표를 달성하기 위해 많은 소매업체에서 사용된다. 인센티브 제도 중에는 수수료(straight commission)만으로 보수를 결정하는 제도가 있다. 예를 들어, 어떤 판매원은 총 매상 금액에서 환불 금액을 뺀 금액을 바탕으로 수수료를 받는다. 보통, 수수료 비율은 7% 정도로 동일하다. 그러나 어떤 소매업체는 상품의 종류에 따라 다른 비율을 적용한다. 예를 들어, 이익금이 낮은 상품에 대해서는 4%, 이익금이 높은 상품에 대해서는 10%를 적용한다. 서로 다른 비율의 적용은 특정한 상품의 판매를 촉진시키는 효과가 있다. 주로 남성용 정장, 자동차, 가구 그리고 가전상품 등과 같은 고가 상품이 높은 수수료 비율을 갖고 있다.

고정 봉급에 약간의 수수료를 더하는 인센티브 제도도 있다. 어떤 판매원은 주당 200달러의 봉급을 받고, 시간당 50달러의 매출에 대한 2%의 수수료를 받는다.

수수료만 받는 인센티브 제도는 판매원들에게 강한 동기를 부여하지만 몇몇 단점 또한 있다. 예를 들어, 판매원들은 판매와 관련이 없는 일들은 맡지 않으려 한다. 상품을 팔아야 돈을 벌 수 있으므로 창고에서 시간을 보내려고 하지 않을 것이기 때문이다. 또한 가격이 비싸고 빨리 팔리는 상품에만 주력하고 다른 상품에는 신경을 쓰지 않게 된다. 그리고, 고객들에게 서비스를 제공하려 들지 않게 될 수도 있다. 마지막으로, 판매원들이 고용주에게 충성을 다하지 않게 된다. 고용주가 수입을 보증하는 것이 아니기 때문에 충성을 다하지 않을 뿐만 아니라 회사에 대한 의무도 느끼지 않는 것이다.

100% 수수료로 일하는 판매원들의 수입은 판매량에 따라 매주 달라질 수 있다. 소매 판매는 주기가 있기 때문에, 수수료 인센티브 제도하의 종업원들은 크리스마스 시즌에 대부분의 수입을 얻고, 여름기간 동안에는 훨씬 적은 수입을 얻기도 한다. 어떤 소매업체는 높은 인센티브 제도하에서 일하는 판매원들을 위해 인출금 계정(drawing account)을 제공한다. 판매원들은 매주 인출금 계정을 통해 연간 예상 수입에 기초한 보수를 받는다. 벌어들인 수수료는 주당 보수에 덧붙여진다. 주당 인출금과 벌어들인 수수료를 비교하여 인출금이 수수료를 초과하면 초과된 금액을 돌려주어야 한다. 그러나 만약 수수료가 인출금을 초과하면 인출금 모두를 갖게 되는 것이다.

할당량 역시 보상 계획으로 사용된다. 할당량(quota)이란 동기를 부여하고 성과를 측정하기 위해 사용되는 목표 수준을 말한다. 판매원들에게는 시간당 매출액이 할당되고, 바이어들에게는 거래 마진과 재고 회전율이 할당된다. 백화점 내에서도 부서마다 판매 할당량이 다르다. 이것은 부서마다 판매 생산성이 다르기 때문이다.

할당량 보너스 제도(quota-bonus plans)에는 할당량 이상의 성과를 보일 때 보너스를 함께 받는 방법이다. 할당량 보너스 계획은 합당한 할당량을 부여할 때 효과적이지만, 이를 정하기란 매우 어렵다. 대체로 부서마다 똑같은 수준의 할당량이 주어진다. 그러나 같은 부서에 있는 판매원들이라고 해도 각기 다른 능력을 갖고 다른 판매 환경 속에서 일하기 때문에 다른 수준의 할당량이 주어져야 한다. 예를 들어, 남성 상품 부서에 있는 판매원들 중 정장 코너에 있는 사람들은 액세서리 코너에 있는 사람들보다 훨씬 더 월등한 판매 능력을 가지고 있다. 그리고 신입 사원들은 할당량을 달성하는데 선배 종업원들보다 더 큰 어려움을 느낀다. 그러므로 평균 생산량에 기초한 할당량은 신입사원뿐 아니라 기존의 판매원들에게도 비효과적인 것이다. 할당량은 각 판매원의 경험과 그가 일하는 매장 코너의 특성에 따라 다르게 주어져야 한다.

2) 단체 인센티브

일부 소매업체는 종업원들을 격려하는 차원에서 부서나 매장의 실적에 따라 단체 인센티브(group incentive)를 추가로 제공하기도 한다. 예를 들어, 종업원들은 개인 실적에 따라 보너스를 받고 추가로, 점포의 모든 종업원들에 의해서 이루어진 판매 실적이나 할당량에 대해 추가적인 보상을 받는다. 단체 인센티브는 부서의 판매 목표를 달성해야 주어지는 것이기 때문에, 판매와 관련이 없는 일들이나 고객에게 서비스를 제공하는 일들에 대한 동기를 부여하고, 종업원들간의 협동을 촉진하는 역할을 한다.

4. 보상 프로그램의 설계

보상 프로그램의 두 가지 구성요소는 봉급과 인센티브 비율이다. 전형적으로 시장상황이 봉급의 액수를 결정한다. 소매업체는 경기가 좋고 노동력이 부족할 때 임금을 인상한다. 경험이 부족한 판매원을 고용한 회사는 실력 있고 경험이 풍부한 판매원을 고용한 회사보다 낮은 임금을 지급한다.

인센티브 제도는 판매원의 업무 성과를 쉽고 정확하게 측정될 수 있을 때 가장 효과적인 제도이다. 단체로 일하거나 판매와 관련이 없는 일을 많이 수행하는 곳에서는 종업원들 개개인의 업무 성과를 측정하기가 힘들다. 판매원의 실제 판매량은 쉽게 측정할 수 있지만, 고객 서비스나 판매 촉진의 성과는 쉽게 측정하지 못한다.

판매원의 행동이 판매에 큰 영향을 미칠 때, 인센티브 제도가 판매원의 동기를 더 상승시킬 수 있다. 예를 들어, 계산대에서만 일하는 판매원의 행동은 판매에 영향을 줄 수 없으므로 인센티브 제도가 그 효과를 보지 못한다. 반면에, 디자이너 의류나 오디오와 같은 복잡한 상품을 판매하는 종업원은 많은 정보를 제공해야 하기 때문에, 그 종업원의 판매 행동이 상품의 판매에 많은 영향을 미친다. 인센티브 제도는 경험이 부족한 판매원들에게 덜 효과적이다. 경험이 부족한 판매원들은 자신들의 기술에 확신이 없기 때문에, 인센티브 제도를 오히려 스트레스로 생각할 수 있다.

마지막으로, 지나친 인센티브를 제공하는 보상 계획은 좋은 고객 서비스를 제공하지 못하게 한다. 수수료를 받는 판매원들은 고객에게 무조건 많이 팔려고만 한다. 그들은 고객이 필요로 하는 상품을 팔려고 하지 않는 것이다. 그들은 금전출납기 근처나 탈의실 출구에 서서 계산할 준비가 된 고객에게만 신경을 쓰려 할 것이다.

1) 수수료 비율 정하기

전문점 점포 관리자가 경험 있는 판매원을 고용하려고 하는 상황을 상상해 보자. 그는 합당한 사람을 구하기 위해 시간당 12달러의 보수를 지급해야 한다고 생각한다. 가격은 매출액의 8%로 잡았다. 매장의 판매 예산을 지키기 위해서 판매원은 시간당 12달러의 보수를 받고 시간당 150달러 어치의(12달러를 8%로 나누어보자) 상품을 판매해야 한다. 이 관리자는 1/3의 봉급과 2/3의 수수료가 가장 적절한 보상이라고 생각한다. 그래서 그는 시간당 4달러(12달러의 33%)의 봉급과, 판매량에 대한 5.33%의 수수료로 이루어진 보상 계획을 제공하기로 결정한다. 만약 판매원이 시간당 150달러 어치의 상품을 판매한다면, 그는 시간당 12달러를 벌 것이다(봉급인 시간당 4달러 더하기 150달러를 5.33%로 곱한 8 달러가 시간당 수수료가 된다).

5. 법적 문제와 보상

1938년에 제정된 미국의 공정노동기준법(Fair Labor Standards Act)은 최소 임금, 최대 노동 시간, 미성년자 노동법, 그리고 초과 근무 급여 지급에 대한 내용을 담고 있다. 이 법의 집행은 소매업체에게 특히 중요하다. 왜냐하면 소매업체가 저임금 종업원과 청소년들을 많이 고용하며, 종업원들에게 과도한 시간의 노동을 요구하기 때문이다.

평등임금법(Equal Pay Act)은 EEOC로부터 집행되고 있으며, 이는 똑같은 일을 하거나 유사한 가치의 일을 하는 남성과 여성 사이의 불공평한 임금 지급을 금한다. 똑같은 일이란 동등한 기술, 노력, 그리고 책임을 요구하며, 똑같은 노동 환경에서 이행되는 업무를 뜻한다. 유사한 가치는 남성과 여성이 동등한 가치의 일을 하고 있다면 동등한 보상을 받아야 함을 내포한다. 보상이 차별화 될 수 있는 경우는 연공서열제, 인센티브 제도, 그리고 시장상황의 요구일 때이다.

VII 비용 통제

인력 배치, "녹색(green)" 점포 만들기와 에너지 관리, 그리고 점포 유지는 점포운영 비용을 줄이는 세 가지 방법이다. Retailing View 17.3은 편의점 체인점이 비용을 줄이고 고객 서비스를 늘리기 위해 어떠한 운영 방법을 설계하였는지 잘 보여 준다.

1. 인력 배치

종업원들을 효율적으로 활용하는 것은 중요하고 도전적인 일이다. 종업원들은 매출을 올릴 수 있는 고객 서비스를 제공해야 한다. 점포운영비는 대체로 종업원들을 위해 사용된다. 인력 배치(labor scheduling: 점포의 각 코너마다 몇 명의 종업원을 배치할 것인지 결정하는 작업)는 어려운 작업이다. 왜냐하면 이동직이나 시간제 근무직을 하루 24시간, 일주일 치를 감안하여 스케줄을 짜야 하기 때문이다. 게다가 고객들이 몰리는 시간은 시간에 따라 요일에 따라 다르다. 그리고 날씨가 좋지 않은 날이나 휴일 그리고 세일 기간 마다 구매 패턴 및 근무 상황이 달라진다.

관리자는 계산대에서의 긴 줄이나 할 일 없이 서 있는 종업원들을 쉽게 발견할 수 있을 것이다. 그러나 포착하기 어려운 비능률적 부분도 있다. 예를 들어, 오후 2시와 3시 사이에 점포 판매량의 6%가 발생하는 반면, 총 노동시간의 9%가 소모된다면, 그 점포는 그 시간대에 필요 이상의 종업원을 둔 것이다. 많은 점포들은 종업원 배치를 위해 특별히 프로그램 된 컴퓨터 소프트웨어를 사용한다. 이 소프트웨어는 개별 점포 매출, 거래량, 팔린 품목과 유입된 고객의 수 등을 15분 단위로 추적하고, 데이터를 작년 수치와 비교하여 인력 배치를 한다. 이 소프트웨어는 특정 품목이 모두 팔리는데 걸린 시간이나 특정 시간에 필요한 종업원 수의 예측 등도 제공한다. 이러한 배치 시스템이 소매업체와 고객 모두에게 도움이 되지만, 종업원들은 자신의 근무와 업무를 예측할 수 없게 된다는 단점이 있다. 손님이 밀려올 때를 대비하여 대기 상태로 기다려야 하고, 손님이 없어서 근무를 하지 않고 집으로 그냥 가는 일도 생길 수가 있다.

소매업체는 인력 배치시 정직원(full-time)과 아르바이트(part-time) 직원에 대해 고려해야 한다. 정직원들은 안정적인 노동력을 제공하는 데에 반해, 아르바이트 직원은 시간당 낮은 임금을 받고, 혜택도 없는 경우가 많다. 그래서 소매업체는 아르바이트 직원을 늘림으로써 인건비를 줄이려는 노력을 한다. 어떤 종업원들은 자신의 생활 방식에 부합한다는 이유로, 임금과 혜택이 줄어듦에도 불구하고 아르바이트 근무 형태를 더 선호하기도 한다.

유럽에서의 인력 배치는 더 까다롭다. 프랑스의 점포 종업원들은 일주일에 35시간만을 일하고, 밤이나 주말에는 거의 일하지 않으며, 매년 6주의 유급 휴가를 주어야 한다. 미국의 점포 종업원들은 일주일에 밤시간이나 주말 근무를 포함하여 일주일에 44시간 일하고, 종종 퇴근 후 집에서 연장 업무를 하고, 쉬는 날에는 경쟁점포를 방문해야 한다. 프랑스 노동자들은 법적으로 5주의 유급 휴가를 받고, 디스카운트 스토어를 제외한 대부분의 점포가 점심 시간과 저녁 7시 이후에 문을 닫고, 일요일에 문을 여는 점포는 매우 드물다. 이는 독일이나 그리스에서는 더 엄격하게 지켜진다.

Sheetz의 편의점 운영 효율 제고

Pennsylvania, Altoona에 본사를 두고 310개의 체인점을 가지고 있는 편의점인 Sheetz는 회사의 운영 효율을 높일 수 있는 방법에 대한 일련의 세부적인 연구를 시행하였다. 구체적으로, 관리자들이 하루를 마감하고 종업원이 쓰레기통을 비우기까지의 모든 행동을 관찰하였으며, 그 결과 2년에 걸쳐 급여만 510만 달러를 줄일 수 있었다.

Sheetz는 점포 관리자들이 하루를 마감하면서 매출 정리를 할 때, 3시간에서 4시간 정도 소비한다는 것을 알게 되었다. 또한 점포 관리자들은 매일 컴퓨터 모니터 크기의 문서 40장을 정리하고 5달러의 계산착오 원인을 찾기 위해 한 시간을 소비한다는 것도 알게 되었다. 게다가, 하루 매출 정리 작업은 고객 서비스에도 영향을 미치고 있었다. 관리자들은 고객들을 맞이하기 위해 분주히 매장을 관리하고 있어야 할 아침 시간에 전날 서류 처리를 하고 있었던 것이다. Sheetz가 이런 관행을 재점검하면서, 점포 관리자들이 비생산적인 행정 업무에 쏟아 붓고 있었던 연간 160,000시간을 절약하게 되었다.

Sheetz는 또한 점포 관리자들에게 보내지는 많은 정보들이 가치가 없는 정보들이라는 것을 알게 되었다. 반복되는 보고서가 너무 많았기 때문이다. 예전에는 204개의 보고서들이 점포 관리자의 컴퓨터로 보내졌지만 이제는 23개로 줄었다.

Sheetz는 인력 배치를 재검토하여 점포당 일주일 중 55시간의 근무시간을 줄였다. 연구가 행해지기 전에는 점포의 종업원 배치가 판매량에 기반을 두고 있었으나, 그것은 점포의 특성을 고려하지 않는 비효율적인 방법이었다. 예를 들어, 식품업과 같은 점포는 노동력을 많이 필요로 하는 반면 다른 점포는 많은 노동력을 요하지 않기 때문이다. 점포의 어떤 업무는 없어지기도 했다.

Pennsylvania에 기반을 둔 편의점 체인인 Sheetz는 경비를 절감하고 고객서비스를 증가시키기 위해 운영을 재점검하였다.

출처: "Sheetz Hits the Mark", Retail Merchandiser, Sep/Oct 2007, pp 28-31.

2. 녹색 및 에너지 효율적 점포

에너지 감축과 환경에 대한 기업의 사회적 책임에 대한 목소리가 높아지면서, 최근에는 많은 소매업체들이 '녹색 점포(green store)'를 통해 에너지 절감을 꾀하고 있다. 녹색점포는 자연친화적인 매장 공간을 만들고, 탄소배출을 최소화하며, 재활용 가능한 신에너지를 활용함으로써 환경경영을 실천하는 것이다. 예를 들어, Maine주에 본사를 둔 식료품 업체인 Hannaford Bros.Co.는 최신의 녹색 점포를 짓고 있다. 이 점포 지붕의 한 면에는 식물을 자라게 하여 단열재로 활용하고, 폭풍 피해를 막는다. 지붕의 다른 면에는 광발전 파넬을 설치해 태양 에너지를 만들어낸다. 이 점포는 지열 난방과 냉방, 그리고 에너지 효율이 높은 냉장 시설, 에너지 효율적인 조명과 개선된 재활용 프로그램을 도입하였다.

Wal-Mart 역시 에너지 사용량을 절감하기 위해 100명의 전문가로 구성된 기업본부를 구성하였다. 만약 매장관리자가 매장의 온도를 낮추기를 원하면, 기업본부의 에너지 부서에서 요구하는 검사에 응한 다음에, 타당하다고 인정될 때 온도를 낮출 수 있다. 뿐만 아니라 상품의 포장지를 최소화하고, 풍력에너지의 활용이나 용수효율을 높이는 등의 노력을 꾀하고 있다.

또한 Wal-Mart는 2013년까지 공급받는 상품에 대해 약 5%의 패키징 절감을 진행해 나간다는 계획을 발표했다. 즉, Wal-Mart에 공급되는 패키징에 7R의 적용을 제시하였다. Remove, Reduce, Reuse, Recycle, Renew, Revenue 및 Read의 7R을 실천하기 위해 Wal-Mart는 'Packaging Sustainable Value Network'를 만들고, 여기에 세계 패키징 산업의 200대 리더 그룹과 공급업자, 전문가와 기타 조언자들을 참여시킬 계획을 발표하였다.

3. 점포 유지 관리

점포 유지 관리는 점포와 관계된 외부 및 내부의 물리적 시설을 관리하는 일을 뜻한다. 외부 시설에는 주차장, 점포 출입구, 그리고 점포 밖에 있는 표지판이 있다. 내부 시설에는 벽, 바닥, 천장, 전시품, 그리고 점포 내에 있는 표지판이 있다. 점포 유지 관리는 매출과 점포 운영비에 영향을 미친다. 점포의 청결은 고객이 상품을 보는 시각에 영향을 미친다. 하지만 점포 유지비는 비싸다. 120평방미터의 매장을 관리하는데 연간 1만 달러가 든다. 그런데 유지 관리가 제대로 되지 않으면, 에어컨, 바닥, 부착물 등의 이용 가능한 수명이 짧아진다.

재고 손실 감축

점포 관리에서 중요한 사항은 종업원 절도, 좀도둑, 과실, 부정확한 기재 그리고 납품업체의 착오로 인한 재고 손실을 줄이는 것이다. 종업원 과실의 예로는 판매한 상품의 계산 누락과 상품을 인수 받을 때와 실물을 점검할 때의 계산 착오가 있다. 납품업체의 착오로 인한 재고 손실은 납품업체의 선적 수량이 포장명세서에 표시된 수량보다 적을 때 발생한다.

매장 안에서 일어나는 도난사고는 널리 알려져 있는 사실이지만, 종업원의 절도 행위 또한 도난과 비슷할 정도로 재고 손실의 원인이 되고 있다. 최근 조사에 의하면, 재고 손실의 원인 중 47%가 종업원 절도, 32%가 도난, 14%가 착오 및 부정확한 기재, 그리고 4%가 납품업체의 착오, 그리고 기타 이유가 3%로 나타나고 있다.

소매업체는 재고의 손실을 방지하는 프로그램을 수립할 때, 쇼핑의 편의성 및 쾌적한 근무환경 제공의 측면과 도난 및 종업원 절도로 인한 손실 방지 측면 사이에 균형을 맞추어야 한다. 효과적인 손실 방지책의 열쇠는 개방적이고 매력적인 점포 분위기를 유지하고, 회사가 종업원을 신뢰하고 있음을 느끼게 하면서, 상품을 보호할 수 있는 가장 효과적인 방법을 결정하는 것이다. 재고 손실을 방지하기 위해서는, 점포관리와 시각적 머천다이징 그리고 점포 디자인을 조화롭게 운영해야 한다.

1. 재고 누락률의 산출

Refact

소매업체는 재고손실로 매년 450억 달러 이상의 손해를 본다.

■ ■ ■ ■ ■

누락률(shrinkage)이란 일정 기간동안 매입한 상품을 기록해 놓은 재고가치(소매가 기준)와 실제로 상점이 보유하고 있는 재고가치(소매가 기준)사이의 차액을 판매액으로 나눈 값이다. 예를 들어, 회계 장부상에 재고액이 1,500,000달러라고 적혀 있고, 실제 재고액이 1,236,000달러이고, 판매액이 4,225,000달러이면, 누락률은 6.2%[(1,500,000달러 − 1,236,000달러) / 4,225,000달러]가 된다. 누락률을 감소시키는 것은 매장 관리 측면에서 매우 중요한 문제이다. 소매업체는 누락률로 인해 매년 매출의 1.6%를 손해 본다. 1달러의 재고 누락은 1달러의 손실이 되는 것이다.

2. 조직적이고 지능적인 소매 범죄

70% 이상의 좀도둑은 아마추어들에 의해 이루어지지만, 전문적인 도둑들에 의한 손실도 매년 15만~30만 달러에 이르며, 이는 보고된 점포 도난의 25%에 달한다. 이러한 전문적인 도둑들은 카운터를 넘어 의약품이나 분유, 건강/미용 상품, 가전 상품과 의류 등을 훔친다. 이렇게 훔친 물건 등은 인터넷 옥션 사이트 등을 통해 되팔리기도 한다.

흔한 사기 수법 중 하나는 낮은 가격의 위조 바코드를 만드는 것이다. 예를 들어, 19달러의 바코드를 100달러의 Lego 세트에 부착한 다음, 약 60만 달러어치의 Lego를 훔쳐 나갔다. 점원이 잘못 부착된 바코드를 깨달을 때, 도둑은 차액을 지불하거나, 이미 계산을 끝내고 나가버렸기 때문에, 이런 도둑들은 잡기가 어렵다.

지능적인 사기 수법 중 하나는 gift card이다. gift card를 복제하여 팔기도 하고, 온라인에서 물건을 구매할 때 사용하기도 한다. 뿐만 아니라 훔친 물건을 다시 점포에서 gift card로 환불 받아 eBay 등에서 사용하기도 한다. eBay에서 사용되는 gift card의 70%가 이런 사기로 획득된 것이다.

어떤 일당들은 훔친 매장 카드(store credit)을 사용하기도 한다. 500달러짜리 매장 카드가 1,200달러로 위조되고 여러 장으로 카피되어, 한 시간 동안 12주의 16개 점포에서 사용되었다.

3. 도난 탐지 및 방지

도난으로 인한 손실은 점포 설계, 정책, 특별보안 장치 그리고 좀도둑 기소 등을 통해 방지 할 수 있다.

1) 점포 설계

점포 설계시 다음과 같은 사항을 통해 도난과 재고 누락을 막을 수 있다.
■ 고가품이거나 크기가 작은 상품은 출입구 근처에 진열해서는 안 된다.
■ 걸이(fixture)의 높이를 낮게 유지하여, 사각지대를 만들지 않아야 한다. 그래야만 점포 관리자가 고객들의 행동을 관찰할 수 있다.
■ Cash wraps는 고객이 물건을 계산하고 포장하는 계산대를 말한다. Cash warp에 있는 직원들은 좀도둑이 생길 수 있는 근처에 있어야 한다.
■ 거울을 이용하라. 일방경 거울(one-way observation mirror)를 통해서 효과적으로 고객들을 관찰할 수 있다.

2) 방심

다음은 도난과 재고 누락을 막을 수 있는 방침들이다.

소매업체들은 점포 도난을 줄이기 위해 EAS tags를 사용한다. 가격 tags는 상품이 구매될 때 비활성화되는 장치를 포함하고 있다. 만약 고객들이 상품을 구매하지 않고 훔친 상품으로 점포 출입구의 센서가 달라 문을 통과하게 되면, 경보음이 울리게 된다.

- 환불이나 교환을 위해서는 영수증을 첨부하게 하라. 현금 환불을 목적으로 물건을 훔치는 사람도 있다.
- 고가품이나 크기가 작은 상품은 진열대에 고정하거나, 캐비닛 등에 넣어두어라. 이런 조치는 매출 하락으로 이어질 수도 있지만, 단지 흥미로 상품을 구경하거나, 혹시 생길 수 있는 도난 방지의 효과가 있다.

3) 보안 장치

다음은 재고 누락을 막을 수 있는 보안 장치들이다.

- 폐쇄회로 TV(CCTV)를 중심부에 설치할 수 있다. 이러한 장비를 구입하고 감시 할 사람을 고용하는 것이 아마도 더 비쌀 수도 있지만, 일부 소매업체들은 좀도둑행위를 심리적으로 경계하기 위해 작동하지 않는 TV 카메라를 설치하기도 한다.
- 전자상품감시시스템(EAS: electronic article surveillance)을 사용하라. 전자상품감시시스템은 고객들에게 최소한의 영향을 주면서 재고 누락률을 줄일 수 있는 방법으로 각광받고 있다. 전자상품감시시스템(Electronic Article Surveillance systems; EAS)을 설치하면, 특별한 바코드가 상품에 붙는다. 상품을 구입하면, 판매원이 바코드의 시스템을 POS 스캐너로 멈추게 한다. 만일 좀도둑이 바코드가 달린 상품을 가지고 출구를 지나게 되면, 탐지기가 반응하여 경보가 울리게 되는 것이다. 고객들은 EAS 바코드를 의식하지 못하기 때문에 영향을 받지 않는다. 바코드를 이용하면, 도난이 쉽게 되는 고가의 상품을 카운터 뒤나 자물쇠가 채워진 곳에 놓지 않아도 된다. 일반 상품과 동등하게 진열해 놓음으로써 간접적으로 매출을 증대시킬 수 있는 것이다.

4) 인적 정책

다음은 인적 요소와 관련된 유용한 정책이다.

- 비밀 쇼핑객(mystery shopper)을 활용하라. 쇼핑객인척하고 다른 고객이나 종업원들을 관찰하게 하는 것이다.
- 종업원으로 하여금 피팅룸을 관찰하게 하라. 피팅룸은 최적의 도난 장소이다.
- 종업원들은 도난이 일어날 수 있는 상황을 알아 차리고 경계심을 늦추지 않는 훈련을 받아야 한다. 〈보기 17-7〉은 좀도둑 분별법을 약술해 놓고 있다. 도난에 대한 최고의 방지책은 방심하지 않고 감시하고 있는 종업원일 것이다.
- 최고의 고객 서비스를 제공하라. 만약 종업원이 고객을 알아보거나, 도움을 주려 한다면 도난하려는 애초의 목표가 상실된다.

5) 기소

소매업체는 대체로 좀도둑을 잡으면 기소하는 방침을 따르고 있다. 그들은 엄격하게 기소해야만 도난이 제지될 수 있을 것이라고 생각한다. 일부 소매업체들은 도난상품과 기소에 소요된 시간을 배상 받기 위해 좀도둑을 민사소송으로 고소하기도 한다.

대부분 방법들이 도난을 감소시키는 반면, 일반 고객들에게는 쇼핑을 불쾌하게 만드는 원인으로 작용

모든 좀도둑이 초라한 복장을 하고 있다고 단정짓지 말라.
발각되지 않기 위해 전문 좀도둑은 단골 고객들처럼 입는다. 90%이상의 아마추어 좀
도둑들은 그들이 훔친 상품을 구매하기 위한 현금, 수표, 카드등을 가지고 있다.

배회하는 사람을 주의하라.
아마추어 좀도둑들은 종종 무엇인가를 훔치기 위해 긴장하면서 왔다갔다 한다. 전문 좀
도둑도 기회를 보기위해 시간을 소비하긴 하지만 하지만 아마추어 보다는 덜 눈에 띈다.

무리를 주의하라.
도둑질을 하려는 10대들은 무리를 지어 점포에 방문한다. 그 중 일부는 종업원의 주
의를 분산시키고 나머지가 도둑질을 한다. 전문 좀도둑은 종종 2인 1조로 행동한다.
한사람이 제품을 훔친 뒤, 전화박스, 식당 등에서 파트너에게 전달한다.

느슨한 옷을 입은 사람을 주의하라.
좀도둑은 종종 옷속이나 큰 쇼핑백에 훔친 물건을 감춘다. 여름에 겨울 코트를 입었
거나 맑은 날 우비를 입은 사람은 잠재적인 좀도둑이다.

눈을 보고, 손을 보고, 몸을 보라.
점문 좀도둑은 상품을 주시하지 않고, 그들의 행동을 관찰할 지 모르는 종업원을 찾
는데 집중한다. 좀도둑은 무엇인가를 감추려하기 때문에 움직임이 부자연스러워지기
마련이다.

할 수 있다. 보안원이나 거울, TV 카메라가 눈에 잘 보이면, 매장의 분위기는 매우 가라앉는다. 의류에
체인 줄이 매여 있거나, 전자 바코드가 붙어 있으면, 고객들이 입어보기 힘들 것이다. 그러므로, 소매
업체가 여러가지 보안 정책들을 실행할 때에는, 도난의 감소와 보안 장치로 인해 예상되는 판매 손실
간에 균형을 고려해야 한다.

4. 종업원 절도의 감소

종업원 절도를 감소시킬 수 있는 가장 효과적인 방법은 종업원을 신뢰하고 도와주는 작업 환경을 만드
는 것이다. 종업원들이 팀원들로부터 존경 받고 있다고 느낄 때, 그들은 그들의 목표와 회사의 목표를
동일시하게 된다. 고용주로부터 훔치는 것은 자기 자신이나 자기 가족으로부터 훔치는 것과 같다. 그
러므로 충성스러운 인력과 낮은 이직율을 보이는 소매업체는 전형적으로 낮은 재고 누락률을 보인다.
종업원 절도 감소를 위해, 면밀한 종업원 심사, 정직성과 성실성을 북돋는 분위기 조성, 보안 담당 인
력 이용, 보안 지침과 통제 시스템의 수립을 추가적으로 실시하기도 한다.

1) 절도 예상자의 선별

앞에서도 언급했듯이, 소매업체는 종업원의 절도 가능성 여부를 선별해 내기 위해 정직성 시험을 사용
하고, 신뢰 높은 추천인 점검을 받게 한다. 종업원 절도와 약물 복용은 밀접하게 연관되어 있다. 일부
소매업체들은 고용조건으로 약물 검사 소견서를 요구하고 있다. 서류상 업무 수행에 문제가 있었거나,
예외적으로 사고가 많았거나, 출근 및 근무시간 기록에 이상이 있는 종업원들도 약물 검사를 받게 한
다. 약물을 복용한 적이 없는 종업원이 양성 반응을 나타냈을 경우에는, 회사가 부담하는 약물 프로그
램에 참여 시키고, 평소에도 수시로 검사를 받게 하면서 회사에 남게 한다.

기술이 도난을 막는다

Flashfog는 제품도난 시 무해한 연기로 그 공간을 채우는 보안 상품이다.

소매업체들은 점포 도난을 막기 위해 기술을 사용하고 있다. 어떤 점포들은 고객들의 이상한 행동을 인식하여 알려주는 Video Investigation이라고 불리는 시스템을 설치한다. 만약 고객이 한번에 선반에 있는 여러 품목을 한꺼번에 가져가거나, 보통 닫혀있거나 잠겨 있는 상자가 열리면, 이 시스템은 경고를 해준다. 만약 어떤 사람이 뒷문을 새벽 2시에 열었다면, 몰래 들어온 사람을 보고하고, 전후에 그 문을 사용한 사람들의 사진까지 함께 전송한다.

전문적인 도둑들이 가장 흔하게 쓰는 방법은 카트를 가득 채워, 그냥 점포를 나가버리는 방법이다. 이러한 절도를 막기 위해 카트의 바퀴에 RFID(radio frequency identification chips)를 설치하고, 점포 외관에 RFID 신호를 추적하는 안테나를 달아 놓는다. 카트가 한정된 범위를 넘어서면, 바퀴가 잠기면서 움직이지 않게 된다.

좀도둑들은 카트 아래에 가로대를 설치해 상품을 교묘하게 가져나가기도 한다. 이에 점포들은 카메라를 점원의 스탠드에 설치하여 카트의 밑부분을 관찰할 수 있게 하였다. 만약 숨겨진 품목이 데이터베이스에 저장된 것과 일치하면, 컴퓨터 시스템은 자동으로 그 상품의 가격을 고객의 영수증에 추가해 버린다.

점포들은 공급 체인에서 재고를 관리하기 위해 RFID 태그를 설치하고 있고, 이 태그의 가격이 떨어짐에 따라 EAS 태그를 RFID 태그로 교체하고 있다. 왜냐하면 RFID 태그가 더 정확하고, 눈에 덜 띄기 때문이다. 그리고 다양한 크기와 모양으로 제작이 가능해, 작은 장바구니에도 설치가 가능하다.

대부분의 재고 손실이 종업원 절도 때문임으로, 새로운 거래 감시 소프트웨어는 등록기의 정보를 중앙 데이터베이스에 입력한 다음 이상한 패턴을 찾아낸다. 수동 입력한 신용카드 번호가 과도하게 많으면, 이는 종업원이 고객의 정보를 훔쳤다는 신호로 볼 수 있다. 같은 종류의 스웨터가 연달아 10번 교환되었다면, 이는 종업원이 친구를 위해 허위 교환을 했거나, 사기로 교환 작업을 수행했을 수 있다.

비디오 기술과 결합된 데이터 마이닝(data-mining) 프로그램은 금전출납기에서 좀 더 포괄적인 감시를 한다. 점포 관리자는 비일상적인 출납 기록을 찾아낸 후, 그에 해당하는 영상까지도 확인할 수 있다. 이를 통해, 점포 관리자는 친구와 함께 나쁜 행위를 했거나, 현금 차액을 빼돌린 점원이 누군지 확인할 수 있다. 뿐만 아니라 고객서비스 창구를 추적하여, 정말 해당 고객이 거기 있었는지를 확인하여 허위로 환불되는 금액을 줄일 수도 있다.

출처: "Attention, Shoplifters," *BusinessWeek*, September 11, 2006: Jennifer Davies, "Retailers Use Technology to Thwart Would-be Thieves," *San Diego Union Tribune*, June 13, 2007.

2) 보안 정책 및 통제 시스템의 수립

소매업체는 종업원 절도를 통제하기 위해 손쉽게 절도를 하지 못하게 하는 정책들을 채택할 필요가 있다. 일반적으로 행해지는 정책들은 다음과 같다.

- 도난된 상품이 버려질 수 있는 쓰레기통과 같은 용기를 무작위로 뒤진다.
- 종업원들로 하여금 지정된 출입구를 통과하도록 시킨다.
- 판매원에게 특정한 POS 단말기만을 사용하도록 요구한다.
- 근무시간 중에는 종업원이 상품을 살 수 없도록 한다.
- 모든 거래에는 고객용 영수증을 사용한다.
- 모든 환불, 반품, 할인은 부서 관리자나 점포 관리자의 서명을 종업원의 서명과 함께 받게 한다.
- 정기적으로 자물쇠를 변경하고, 인가를 받은 종업원들에게만 열쇠를 발급한다.
- 종업원의 소지품(핸드백, 지갑, 꾸러미, 코트)을 보관하는 라커는 종업원들의 퇴근 후 체크해야 한다.
- 개인 업무와 팀 업무의 로테이션을 하라.

마지막으로 종업원들로 하여금 매장 관리자가 그들의 행동을 의심하고, 비인격적으로 대한다고 느끼게 해서는 안 된다. 이는 종업원 사기 저하로 이어진다. Retailing View 17.4는 새로운 기술을 통한 소매업체의 도난 방지에 대해 보여준다.

요약 *Summary*

효율적인 점포 관리는 소매업체의 재무 성과에 지대한 영향을 미칠 수 있다. 점포 관리자는 노동 생산성의 증가를 통해 매출을 증가시키고, 종업원의 효율적인 배치를 통해 비용을 절감하며, 충성스런 노동력의 개발을 통해 재고 손실을 감소시킨다.

종업원의 생산성을 향상시키는 일은 모집과 선발 그리고 동기유발 시 어려움이 많이 생기기 때문에 도전해 볼 만한 일이다.

종업원들은 전형적으로 일정한 정도의 기술을 가지고 있기 때문에 많은 보상을 요구한다. 바람직한 점포 관리자는 종업원들이 열심히 일하고, 기술을 개발할 수 있도록 동기를 부여하며, 그들의 생산성을 향상시키는 사람이다. 종업원들에게 동기를 부여하기 위해서는, 각 종업원이 어떤 보상을 추구하고 있는지 이해하고 그 보상이 실현될 수 있는 기회를 제공해야 한다. 점포 관리자는 종업원들을 위해서 매장의 목표와 일치하는 현실적인 목표를 설정해야 하며, 종업원들이 그 목표들을 달성할 수 있도록 동기를 부여해야 한다.

점포 관리자는 종업원 절도, 도난 그리고 사무 착오로 인한 재고 손실을 통제해야 한다. 또한, 관리자는 보안 장치와 선발 과정에서의 종업원 심사를 통해 손실을 예방할 수 있도록 해야 한다. 그러나, 손실 예방 시 가장 중요한 것은 종업원들이 절도에 대한 흥미를 잃고, 대신에 회사에 대한 충성심을 높일 수 있도록 하는 것이다.

핵심용어 *Key terms*

연령차별과고용법
(Age Discrimination and Employment Act)

장애인고용법(ADA: American with Disabilities Act)
독재적인 리더(autocratic leader)

민주적인 리더(democratic leader)

차별(discrimination)

인출금 계정(drawing account)

전자감시시스템(EAS)

평등고용기회(EEOS Equal Employment opportunity Commission)

임금평등법(Equal Pay Act)

외재적 보상(extrinsic reward)

공정노동표준법(Fair Labor Standards Act)

그린(green)

그룹유지행동(group maintenance behavior)

인센티브보상 계획(incentive compensation plan)

내재적 보상(intrinsic reward)

직무분석 (job analysis)

직무신청서 양식(job application form)

직무기술서(job description)

노동시간계획(labor scheduling)

리더쉽(leadership)

OJT훈련(on-the-job training)

할당(quota)

할당보너스 계획(quota-bonus plan)

성희롱 (sexual harassment)

재고 손실(shrinkage)

점포 유지(store maintenance)

작업 성취 행동(task performance behavior)

현장학습
Get Out And Do It!

1. 계속되는 사례 과제: ·선택한 점포에 들러 인력 배치를 담당하고 있는 관리자를 만나서 다음과 같은 질문에 대한 답을 찾아보라:

   • 누가 인력 배치를 담당하고 있는가?

   • 인력 배치는 얼마나 앞서 계획되고 있는가?

   • 휴식과 점심 시간은 어떻게 계획되어 있는가?

   • 초과 근무에 대해서는 어떻게 결정하는가?

   • 갑작스런 결근에 대해서는 어떻게 대처하는가?

   • 피크 타임에 대한 인력 배치는 어떻게 계획되어 있는가?

   • 현재 인력 배치 시스템에 어떤 장단점이 있다고 생각하는가?

2. 1번과 같은 점포에서 종업원 관리를 담당하고 있는 관리자를 만나, 판매팀이 어떻게 보상받고 평가 받는지에 대해 알아보라:

   • 판매팀은 어떤 훈련을 받으며, 평가 항목은 무엇인가?

   • 얼마나 자주 평가를 받는가?

   • 판매사원들에게 할당된 판매량이 있는가? 만약 할당량을 초과할 경우 어떤 보상을 받는가? 목표량을 채우지 못할 경우는 어떻게 되는가?

   • 커미션 시스템이 있는가? 있다면, 어떤 장단점이 있는가? 없다면, 별도의 인센티브 프로그램이 있는가?

3. 점포에 들러 어떤 종류의 보안 장치가 있는지 살펴보라. 그리고 점포관리자에게 절도를 막기 위한 어떤 방안을 마련해두고 있는지 물어보라:

   • 감시 카메라가 설치되어 있다면, 어디에 설치되어 있는가? 실제로 모니터링하고 있는가, 아니면 절도범을 겁주기 위해 위장 설치되어 있는 것인가?

   • 좀도둑이나 절도범에 대한 매장의 방침은 무엇인가?

   • 의심스러운 고객에 대해 어떤 식으로 대응하고 있는가?

   • 판매사원이나 관리자들이 점포내의 절도 방지를 위해 어떤 역할을 부여 받는가?

- 종업원 절도가 문제가 된 적이 있는가?

- 보안과 손실 예방을 위해 어떤 점을 더 개선해야 한다고 보는가?

4. 절도법에 대해서 알아보라. 벌금, 감옥에 수감되는 기간, 혹은 사회봉사 기간은 얼마나 되는가? 어떤 사항들이 절도에 대한 처벌을 무겁게 하는가? 절도를 방지하는 법은 있는가?

5. 최신 비디오 감시 물품을 판매하는 www.intellivid.com에 접속해보라. 이 회사의 최신 기술과 서비스를 이용하여 소매업체의 도난을 어떻게 방지할 수 있을지 생각해보라.

토의 질문 및 문제　　　　　　　　　　　　　　　　　　　*Discussion Questions and Problems*

1. 직장 내 교육(On-the-job training)과 강의실 교육간의 차이는 무엇인가? 각각의 장단점은 무엇인가?

2. McDonald 패스트푸드점의 관리자가 다양한 리더쉽 스타일을 발휘해야 하는 상황의 예를 들라.

3. 〈17-4〉에 제시된 인터뷰 질문 항목을 참고하여, 점포 보조 매니저를 채용하는 상황이라고 가정하고, 다른 학생과 함께 실습해보라.

4. 종업원 관리 과정에 영향을 주는 몇 가지 법과 규제를 제시해보라.

5. 외재적 보상과 내재적 보상의 차이는 무엇인가? 종업원의 행동에 대한 보상의 효과는 무엇인가? 어떤 상황하에서 소매업자가 외재적 보상을 내재적 보상보다 강조해야 한다고 말할 수 있는가?

6. 대형 백화점들은 판매원들의 보상 시스템을 전통적인 임금 제도에서 커미션에 기초한 제도로 전환하고 있다. 인센티브 보상시스템은 어떠한 문제를 야기할 수 있는가? 백화점 관리자는 이 문제들을 어떻게 피할 수 있는가?

7. 소매업체 종업원들을 평가할 때, 어떤 점포는 체크리스트 또는 〈보기 17-6〉의 평가 방식과 같은 양적인 접근을 사용한다. 반면 어떤 점포는 보다 질적인 접근법을 사용한다. 어떤 접근법이 종업원을 평가하는데 최선의 방법인가?

8. 오리엔테이션 프로그램이나 직장 내 교육을 통해 소매업체 신입 사원에게 가르쳐야 할 직무, 지식과 능력에 대해서 논하라.

9. 소매업체가 좀도둑과 종업원 절도로부터 재고손실을 줄이기 위한 방법을 토론하라.

10. CVS와 같은 드럭스토어는 당뇨병 테스트기나 향수들을 잠긴 유리 캐비닛 내에 넣어두기도 하는데, 이는 절도를 방지하기 위함이다. 이런 조치가 다수의 정직한 고객들에게 어떻게 받아들여질지 논하라.

추가로 읽을 자료들　　　　　　　　　　　　　　　　　　　　　*Suggested readings*

Aberson, Christopher L. "Diversity, Merit, Fairnes, and Discriminaton Beliefs as Predictors of Support for Affirmative-Action Policy Actions." *Journal of Applied Social Psychology* 27, 10 (2007), pp. 2451-74.

Ackfeldt, Anna-Lena, and Leonard Coote. "A Study of Organizational Citizenship Behaviors in a Retail Setting." *Journal of Business Research* 58 (February 2005), pp. 151-63.

Baker, Stacey Menzel; Jonna Holland; and Carol Kaufman-Scarborough. "How Consumers with Disabilities Perceive "Welcome" in Retail Servicescapes: A Citical Incident Study." *Journal of Service Marketing* 21, no. 3 (2007), pp. 160-73.

Bernardin H. John, *Human Resource Management: An Experiential Approach*, 4th ed, Burr Ridge, IL: McGraw-Hill, 2007.

Cascio, Wayne, and Herman Aguinis. *Applied Psychology in Human Resource Management*, 7th ed. Upper Saddle River, NJ: Pearson/Prentice Hall, 2007.

Hollinger, Richard, and Amanda Adams, *2007 National Retail Security Survey Final Report.* Gainesville, FL: Security Research Project, University of Florida, 2008.

Hornsby, Jeffrey, and Donald Kuratko. *Frontline HR: A Handbook for the Emerging Manager.* Mason, OH: Thomson, 2005.

Lessons Learned: Hiring and Firing. Boston: Harvard Business School Press, 2008.

Noe, Raymond: John Hollenbeck, Barry Gerhart; and Patrick Wright. *Fundamentals of Human Resource Management,* 2nd ed. Burr Ridge, IL: McGraw-Hill, 2006.

Podmoroff, Dianna. *How to Hire, Train & Keep the Best Employees for Your Small Business.* Ocala, FL: Atlantic Publishing Group, 2004.

Rothstein, Mark, and Lance Leibman. *Employment Law*, 6th ed. St. Paul, MN: Thomson/West, 2007.

점포배치, 설계, 비주얼 머천다이징

> **Question**
> ● 매장 설계의 가장 큰 문제점은 무엇인가?
> ● 점포 배치 방법에는 어떠한 것들이 있는가?
> ● 상품 및 매장의 공간 배치는 어떻게 해야 하는가?
> ● 상품을 가장 돋보이게 하는 진열 방법은 무엇인가?
> ● 매장을 활기 넘치게 보이는 방법에는 무엇이 있는가?

점포 환경이 소비자의 구매행동에 중요한 역할을 함을 인식하게 되면서, 소매업체들은 점포 디자인과 상품 진열에 상당한 노력을 쏟고 있다. 예를 들어, 맨하탄 5번가에 위치한 Apple store의 경우, 혁신적인 디자인의 앞서가는 상품을 내놓는 회사란 이미지를 강화하고 있다. 가장 인상적인 특징은 입구를 나타내는 양쪽 32피트의 투명한 유리 정육면체이다. 그 정육면체에는 10,000피트제곱의 지하 매장으로 향하는 원통의 유리 엘리베이터와 나선형 유리 계단이 있다.

잘 디자인된 점포는 처음, 중간, 끝으로 구성된 좋은 이야기와 같다. 그 이야기는 기대를 형성하고 전망을 보여주는 입구로부터 시작된다. 첫 인상으로서 점포의 입구는 "우리 가격은 낮아요" 또는 "우리는 최신 패션을 제공합니다" 또는 "우리는 쇼핑하기 편리합니다"라고 말해주어야 한다. 매장의 입구는 바로 "우리가 판매하는 것은 이것입니다"라고 보여주기 보다는 힌트를 주고, 궁금증을 유발하는 역할을 해야 한다.

입구에서 제시되는 하나의 메시지는 긍정적인 점포 이미지를 형성하는 가장 효과적인 방법이다. 소비자들이 점포에 들어와서 적응하는 데에는 몇 초의 시간이 필요하다. 그러므로, 여러 가지 사인물(signage)과 상품으로 입구를 복잡하게 하는 것은 고객에게 혼란과 불편한 감정

뉴욕 도시에 있는 Apple Store는 혁신적인 디자인의 앞서가는 상품을 내놓는 회사란 이미지를 강화하고 있다.

을 유발할 수 있다.

이야기의 중반부는 점포 안에서부터 시작된다. 이는 천천히 시작되어서 점점 강해진다. 점포 설계는 점포로의 여행으로 소비자들을 안내한다. 조명, 사인물(signage), 진열, 통로와 같은 디자인을 이용하여, 목적지를 만들고 발견의 길로 소비자를 안내한다. 점포는 소비자들이 디자인 요소들을 이용하여, 점포의 상품과 서비스를 그들이 필요로 하는 것과 연계시키도록 구매자들을 독려한다.

마지막으로, 계산하는 곳은 점포 내 여정의 종착역이라고 할 수 있다. 이곳에서는 고객들이 빠르고 쉽게 상품을 구매하여 점포 방문을 완료하도록 해야 한다.

이번 장은 점포 관리의 일부분이다. 왜냐하면 점포 관리자들은 본부에서 전문가들에 의해 결정된 디자인과 비쥬얼 머천다이징(visual merchandising)을 시행할 책임이 있기 때문이다. 그들은 계획과 점포의 독특한 개성을 조화시키고, 디자인에 따른 이미지와 경험이 계속적으로 유지되도록 해야 한다. 하지만, 이번 장에서 논의 되듯이, 점포 설계와 비쥬얼 머천다이징은 소매업체들이 활용하고 있는 커뮤니케이션 믹스의 요소들이기도 하다. 점포 설계는 소매업체의 브랜드 이미지를 형성하고 강화하는데 중요한 역할을 한다.

이 장은 점포 설계의 목적에 대한 논의로 시작된다. 다음으로, 점포 설계의 세가지 요소 – 배치, 사인물(signage), 특선품 구역이 논의 될 것이다. 그 다음으로는, 다양한 매장에 어떻게 공간을 할당 해야 할 지와, 각 매장들이 점포의 어디에 위치해야 하는지에 대한 결정사항들을 살펴 볼 것이다. 또한 이 장은 색상, 조명 그리고 음악과 같이 고객의 구매 경험에 영향을 주는 점포 설계 요소에 대한 조사도 포함한다.

I 점포 설계의 목적

점포 설계의 목적으로는 (1) 소매업체의 전략을 수행하고, (2) 고객의 구매행동에 영향을 주며, (3) 점포 공간에 유연성을 제공하고, (4) 설계 및 유지 비용을 조절하면서, (5) 법적 요건을 준수하는 것이다.

1. 점포 설계와 소매 전략

점포 설계의 주요 목적은 소매업체의 전략을 시행하는 것이다. 설계는 소매업체의 전략과 방향을 같이 하면서, 표적 시장의 욕구를 충족시키고 지속적인 경쟁우위를 형성함으로써 소매업체의 전략을 강화해야 한다. 예를 들어, 유럽 고객들에게 더 다가가기 위해, McDonald's는 점포에 라임 그린색 디자이너 의자와 짙은 가죽 덮개를 사용해 세련된 공간에서의 편안한 경험을 형성하고자 했다. 또한 McDonald's는 각각의 위치와 표적 시장에 맞추어 아홉까지 다른 디자인을 시행하였는데, 이는 중립적인 색과 최소한의 장식을 하는 "purely simple"에서부터 상추와 토마토의 큰 그림과 빛나는 스테인리스 스틸 주방 기구를 보여주는 "Qulite"까지 다양하다. McDonald's는 이러한 디자인들을 재구성하면서, 새로운 디자인들이 좀 더 호감을 주는 이미지를 형성하되, 여전히 기존 고객들이 McDonald's라는 것을 알아볼 수 있고, McDonald's와 친밀한 관계를 유지하도록 하였다.

소란스러운 점포가 좋다면, 인도로 가세요

인도 뭄바이에 Kishore Biyani의 슈퍼마켓은 애초에 서구적인 스타일로 설계된 점포였다. 그러나 고객들은 점포에 들어왔다가 아무 것도 구매하지 않고 그냥 나가버렸다. Biyani는 곧 그들이 타겟 고객인 중·저소득 계층이 그런 청결한 분위기를 좋아하지 않는다는 것을 깨달았다. 또 다른 타겟인 고소득 계층 역시 보통 식료품을 사기 위해 직접 쇼핑하지 않고, 고용된 하인을 대신 보내고 있었다. 하인들은 저소득 계층이라 서구형 점포보다는 물건값을 깎는 손님들로 꽉 찬, 비좁은 상점을 더 익숙해했다. 대부분의 인도인들이 길거리 상인이나 작은 점포에서 물건을 구매하는데 더 익숙해져 있었던 것이다.

Biyani는 점포를 기존의 대중 상점들처럼 좀 더 어지럽고 시끄러운 디자인으로 변경하였다. 통로 변경에만 거의 5만불을 썼다. 리모델링된 점포는 여타 다른 인도 점포처럼 회색의 화강암 타일 바닥으로 바뀌었고, 그 결과 고객들은 이 슈퍼마켓을 친숙해했다. 긴 통로와 높은 선반 대신 상자들은 낮은 선반에 놓여졌고, 고객들은 어느 방향에서든 물건을 집을 수 있게 되었다. 인도 사람들은 밀가루나 쌀, 콩과 같이 규모가 큰 상품을 많이 구매하는데, 이러한 상품들이 어지럽게 널려있어도 깨끗이 정리하지 않게 하였다. 왜냐하면 이런 상품들이 깔끔한 상태로 진열되어 있으면, 인도 사람들은 사려고 하지 않기 때문이다.

인도의 다른 시장들처럼, Biyani의 슈퍼마켓도 종업원들이 메가폰을 들고 판촉이나 상품에 대해서 설명한다든가, 큰 음악을 틀어놓는 등 시끌벅적한 분위기를 만들었다. 비용 절감의 목적이 아니라 후끈한 분위기를 만들기 위해 대부분의 매장에 에어컨도 틀지 않았다.

Biyani의 점포 분위기 변경은 효과가 있었다. Biyani가 설립한 유통업체인 Panaloon Retail은 현재 인도의 가장 큰 유통업체로 성장했고, 1년 매출은 약 900만 달러에 이른다.

출처: Eric Bellman, "In India, a Retailer Finds Key to Success is Clutter", The Wall Street Journal, August 8, 2007.

인도의 슈퍼마켓 고객들은 좀 더 "효율적으로" 디자인된 서구 스타일의 슈퍼마켓보다 그들에게 친숙하게 디자인된 점포에서 쇼핑하는 것을 더 좋아한다.

Retailing View 18.1은 전통과 문화에 따라 효과적인 점포 디자인이 다르다는 것을 보여준다. 미국에서 통하는 것이 다른 나라에서는 실패할 수도 있다. 인도에서는 어수선하고 시끄러운 분위기가 판매에 도움이 된다.

2. 고객 구매 행동 자극하기

일부 Whole Foods 점포는 모든 계산대 주변을 한 줄로 만들었는데, 이것은 기존 시스템에 비해 기다리는 시간을 50%에서 75% 줄일 수 있게 하였다.

설계의 두 번째 목적은 고객의 구매행동에 영향을 주는 것이다. 특히 소매업체들은 고객을 유인하는 점포가 설계되기를 원한다; 구체적으로, 고객들을 더 많이 점포로 끌어들이고; 그 들이 원하는 상품을 쉽게 찾을 수 있도록 하며; 계획하지 않은 충동구매를 유도하고; 고객에게 만족스러운 구매 경험을 주기를 원한다.

구매 행동에 대한 점포 설계의 영향력은 맞벌이와 1인 가구의 증가와 더불어 강해졌다. 이러한 가구들은 시간이 충분하지 않기 때문에, 구매 계획에 적은 시간을 쓰고, 점포 내에서 구매 결정을 더 많이 한다. 그렇기 때문에 소매 업체들은 사람들이 빠르게 입장하고 빠르게 나갈 수 있도록 그들의 점포를 적응시키고 있다. 예로, Whole Foods의 몇몇 점포에서는 소비자들이 구불구불하게 한 줄로 서도록 계산대 주변 공간을 재디자인했다. 은행과 다른 서비스 업체들은 수십 년 동안 이와 비슷한 시스템을 사용해왔지만, 슈퍼마켓이나 소매업체들은 일반적으로 계산대 당 하나의 줄을 서는 것을 선호해왔다. 이는 길게 선 줄이 구매자들을 겁먹게 할 것이라고 생각했기 때문이다. 하지만 모두가 한 줄에 서있기 때문에 특별히 느린 줄이 없고, 기존 시스템에 비해 기다리는 시간을 50%에서 75% 줄일 수 있었다.

3. 유연성

소매업은 굉장히 역동적인 사업이다. 경쟁자들이 시장에 진입하면 기존 소매업체들은 상품 구색을 바꿀 수도 있다. 상품구색이 변하면, 매장에 할당된 공간과 점포의 배치가 달라진다. 그러므로, 점포 디자이너들은 점포 공간의 유연성을 최대화 하려고 한다. 유연성은 두 가지 형태를 따를 수 있다: 구성 요소를 물리적으로 움직이고 저장할 수 있는 능력과 수정의 편의성이다.

대부분의 상점은 유연성을 고려해서 디자인 되었다. 예를 들어, 미국 내 최대 대학서점인 Wallace's Bookstore의 경우, built-in 판촉과 디자인 유연성을 추구하는 flexsmart라는 혁신적인 디자인 개념을 가지고 있다. 이 체제는 대학서점 사업에 내재하는 계절적 변화에 맞추어 서점의 공간을 늘리거나 줄일 수 있다. 대학서점의 경우 학기 시작에 교과서에 대한 수요가 급증하는 반면, 학기 사이는 비교적 한산하기 때문에 이를 수용하기 위해 공간 배분에 변화를 주어야 한다. 학기 중에는, 책이나 의류에 대한 공간배분이 30% 정도 증가하거나 감소한다. Wallace's 가 가진 유연성의 핵심은 교과서 구역을 나누는 혁신적인 걸이(fixturing)와 벽 시스템이다. 걸이는 물품을 진열하기 위해 이용하는 장비를 의미한다.

4. 비용

네 번째 설계 목적은 설계를 시행하고 외관을 유지하는데 드는 비용을 조정하는 것이다. 예를 들어, 많은 전문점에서 볼 수 있는 자유형 설계의 경우, 선반을 포함하여 설계된 할인점보다 적은 상품을 진열

Wal-Mart의 환경친화적인 점포 만들기

Wal-Mart는 새로운 점포를 개설하거나, 기존 점포를 개장할 때 에너지 효율에 많은 관심을 쏟고 있다. 이들 점포들은 세계에서 가장 '환경친화적(greenest)' 점포들 중 하나이다. 친환경 점포의 세가지 디자인 목표는 (1) 점포 운영과 유지에 들어가는 에너지와 자원의 양 줄이기, (2) 시설 설계에 들어가는 원재료의 양 줄이기, (3) 시설 설계와 유지를 위해 친환경적이고 재활용 가능한 재료 사용하기 등 이다. 이러한 친환경 점포 설계는 기존의 점포보다 더 많은 건설 비용을 필요로 했지만, 기존 점포에 비해 에너지 소비를 30-50% 절감하면서, 매년 50만불의 비용 절감 효과를 가져왔다.

이들 점포의 중요한 특징은 다음과 같다.

■ 점포 지붕에 풍력발전 터빈을 달아 점포의 에너지 소비를 5% 절감함

■ 물창고를 만들어 필요한 용수의 95%를 조달함

■ 전형적인 슈퍼센터보다 점포의 높이를 낮게 만들어, 점포 설계에 필요한 재료가 적게 들어가고, 냉방과 난방에 필요한 에너지를 절감함

■ 냉장진열상자에 형광등 대신에 LED를 사용함. LED는 형광등보다 수명이 길고, 온도가 높아지지 않으며, 동작 센서가 달려있어 자동으로 꺼져 에너지 절감 효과가 매우 높음

■ 점포의 냉방시설 등에서 배출되는 열은 그대로 버려지지 않고, 점포의 다른 운영(화장실이나 출입구 난방 등)에서 필요한 에너지로 재활용됨

■ 쓰고 난 기름이나 엔진 오일 등은 바이오 원료로 다시 재활용되어 난방, 통풍, 바닥 난방 시스템 등에 사용됨.

출처: Marianne Wilson, "Lighting the Way," Chain Store Age, October 2007, p 112.

할 수 있고 구성하는데 비용도 많이 든다. 반면, 자유형 설계는 고객으로 하여금 점포를 더 많이 둘러보게 하기 때문에 매출를 올릴 수도 있다.

귀금속이나 크리스탈을 비추는 특정 조명들은 형광등 보다 더 많은 전기를 쓰고 덜 환경친화적이다. 하지만, 비싼 조명은 상품을 더 돋보이게 해서 판매를 증가시킬 수도 있다.

점포 설계는 인건비와 재고감축에도 영향을 줄 수 있다. 기존 백화점의 경우, 일반적으로 각자 독립된 매장들로 구성되었다. 이러한 설계방식은 친밀하고 편안한 구매경험을 제공하여 판매 증가를 가져올

수도 있다. 하지만, 이 방식은 이웃 매장들을 이리저리 둘러보다가 발생하는 판매를 막고, 각 매장마다 고객 서비스 제공과 도난 방지를 위한 최소 한 명의 판매원을 배치하는 것을 필수적으로 만들었다.

Retailing View 18.2는 Wal-Mart가 사회적 책임이 있는 소매업체 이미지를 구축하기 위해 에너지 비용을 줄이는 환경친화적인 점포를 건설하고 있음을 보여준다.

5. 법적 고려 사항

점포의 설계 혹은 재구성을 결정하는 데 있어, Americans with Disabilities Act(ADA)의 규정을 준수하는 것은 중요하다. 이 법은 장애인들을 고용, 이동, 공공 시설, 통신, 정부활동에서 발생하는 차별로부터 보호하기 위한 것이다. 이는 점포 설계에도 영향을 주는데, 왜냐하면 소매점포의 판매와 서비스에 대한 "타당한 접근(reasonable access)"을 요구하는 법이 1993년에 정해졌기 때문이다. 따라서 1993년 이후로 지어진 점포는 장애인의 접근성을 최대화 해야 한다.

또한 이 법은 소매업체들이 ADA 요구를 준수하기 위해 지나친 부담을 져서는 안 된다고 하였다. 소매업체들은 장애를 가진 고객들의 요구에 대해 고민하면서 한편으로는 휠체어나 전동 카트를 탄 사람들의 접근성을 높이기 위해서는 상품을 위한 공간이 줄어들기 때문에 판매 저하로 이어지지 않을까 걱정했다. 하지만, 더 넓은 통로와 걸이(fixture) 근처에 더 많은 공간을 제공하는 것은 장애인들에 못지 않게 비장애인들에게도 만족스러운 구매경험을 제공할 수 있다.

ADA는 "타당한 접근," "접근성 최대화," "지나친 부담,"을 명확히 정의하지 않고 있다. 따라서 실제 ADA 요구사항들은 소매업체들을 고소한 장애인들의 판례를 가지고 정의되고 있다. 판례에 따르면, 전형적으로 소매업체들에게 (1) 32인치 폭의 통로, (2) 휠체어를 탄 사람이 쉽게 접근할 수 있도록 계산대를 낮추는 것, (3) 화장실과 탈의실의 접근성을 최대화하는 것을 요구하고 있다. 이러한 요구사항들은 매우 작은 공간의 소매업체들이나 크리스마스와 같이 특별 세일 기간에는 약간 완화된다.

6. 디자인 고려사항

점포 설계를 할 때, 이 모든 목적들을 다 이룰 수는 없기 때문에 매니저들은 그 사이에서 균형을 찾아야 한다. Home Depot의 기존 창고형 설계는 바닥부터 천장까지 상품을 높이 쌓아 효과적으로 상품을 저장하고 진열하였으나, 이 디자인은 만족스러운 구매 경험을 조성하지는 못하였으며, 특히 집 꾸미기의 반 이상을 담당하는 여성 구매고객들을 만족시키지 못했다. 여성들은 Lowes 상점에서 구매하는 것을 더 선호했다. 이에 Home depot는 천장을 낮추고, 조명을 더 늘리고, 통로를 더 넓게 하며, 여성들이 선호할 만한 디자인을 갖춘 사인물(signage)을 제공했다.

때때로 소매업체들은 충동구매를 자극하는 것과 상품 구매를 쉽게 하는 것 사이의 균형을 잡는다. 예를 들어, 슈퍼마켓은 고객들이 자주 구입하는 우유를 상점의 뒷부분에 위치시킴으로써 고객들이 상점 전체를 걸어 들어오는 동안 충동구매를 하도록 자극하고 있다. 몇몇 고객들이 단순히 우유만을 구매하고 싶어할 수도 있다는 것을 알게 되면서, Walgreen에서는 우유를 점포의 앞쪽에 위치시켜 편의점과 더 효과적으로 경쟁하도록 하였다.

상품 탐색의 편의성과 흥미로운 구매경험의 제공 사이의 균형은 고객의 구매 욕구에 따라 결정된다. 예를 들어, 슈퍼마켓 고객들은 일반적으로 구매에 드는 시간을 최소화하길 원하기 때문에, 슈퍼마켓은 상품 탐색의 편의성을 강조한다. 반면에, 컴퓨터와 같은 특별한 상품을 구매하는 고객이나, 가족 오락센터나, 가구의 경우 찾아보고, 상품을 비교하고, 판매원과 상담하는데 많은 시간이 든다. 그러므로,

전문점 형태의 소매업체들은 상품 탐색의 편의성을 높이기보다는 더 많이 둘러보도록 장려하는 방향으로 구성한다.

또한 소비자에게 충분한 공간을 제공하는 것과 상품진열에 더 많은 공간을 할애하는 것 사이의 균형이 갖추어져야 한다. 예를 들어, 소비자들은 넓은 통로와 걸이를 갖춘 단순히 상품을 보유하기보다 진열하는 것이 목적인 상점을 선호한다. 하지만, 이러한 형태의 설계방식은 구매할 수 있는 상품의 양을 줄이고, 충동구매나 고객들이 원하는 상품에 대한 탐색 기회도 줄일 수 있다. 하지만 상점 내 너무 많은 선반과 진열은 고객들에게 불편함을 느끼게 하고 심지어 혼란스럽게 할 수 있다. 과도한 진열 걸이(fixture)와 상품에 대한 이슈는 소매업체들이 장애인들의 특별한 필요를 고려할 때 매우 중요하다.

II 점포설계

소매업체들은 우선 점포의 기본 배치부터 결정할 필요가 있다. 그런 다음에 그들은 사인물(signage)과 다른 기술들로 고객들을 안내하고 상품에 대한 정보와 위치 탐색에 도움을 주어야 한다. 마지막으로, 다양한 접근 방법을 통해 상품들을 특색 있게 보여주어야 한다.

1. 점포 배치(Layout)

고객의 탐색을 장려하는 하나의 방법은 특정한 쇼핑경로를 지정해주는 배치를 하는 것이다.

경우에 따라서는, 오즈의 마법사에서처럼 노란색("yellow brick road") 길을 따라가도록 유인할 수도 있다. 예를 들어, Toys "R" Us는 충동 구매를 해도 별 부담이 없는 저렴한 가격의 상품들을 점포 앞에 두고, 크고 비싼 상품들을 점포 뒤에 진열하였다. 그리하여 아무리 강한 의지를 가진 부모라도 풍선이나 파티 용품을 사지 않고는 지나치기 힘들게 쇼핑 경로를 만들어 놓은 것이다.

소매업체는 대체로 격자형(grid), 경주로형(racetrack), 자유형(free-form) 설계의 세 가지 점포 배치법을 사용하고 있다. 각 배치의 장점 단점은 이 장의 뒷부분에서 논의할 것이다.

고객들로 하여금 매장 전체를 둘러 보게 하는 또 다른 방법은 흥미로운 디자인 요소들을 제공하는 것이다. 예를 들어, 골동품 상점들은 고객이 둘러보도록 유도하는 작은 장소들을 만든다. 할인점 업체들은 의도적으로 상품을 약간 흐트러지게 하여 고객들이 할인상품이 있는 선반을 자세히 살펴보도록 한다. 이러한 특징적인 디자인 요소들도 역시 이 장의 뒷부분에서 논의 될 것이다.

1) 격자형(grid) 배치

격자형 배치는 평행한 통로 양쪽으로 선반이 있고, 그 위에 상품을 진열해 놓은 것이다. 계산대는 상점의 출구와 입구에 위치하고 있다(〈보기 18-1〉 참조). 미적으로 그다지 매력적인 배치법은 아니지만 매장 전체를 둘러보고 자기가 원하는 물건을 쉽게 찾기 바라는 고객들에게 적합하다. 예를 들어, 일주일 분의 식료품을 구입하는 고객들은 매번 동일한 물건을 사기 때문에 특정 통로에 있는 물건의 위치를 잘 알고 있다. 매장 전체를 한 눈에 볼 수 있으면 상품의 위치 파악이 쉽기 때문에 쇼핑에 많은 시간을 소비하지 않아도 된다. 그러므로, 대부분의 슈퍼마켓은 격자형 배치를 쓴다.

격자형 배치는 비용면에서도 효과적이다. 통로는 쇼핑객들과 쇼핑 카트가 지나갈 정도의 크기로 동일하게 설계되었기 때문에, 다른 배치 형태에 비하여 공간 낭비를 줄일 수가 있다. 결과적으로, 동일하게

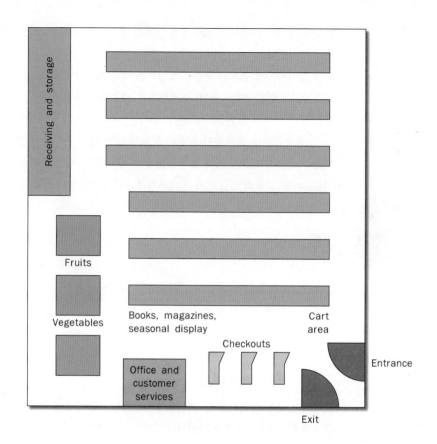

규격화된 내부 비품들을 사용하기 때문에 비용 절감을 할 수 있는 것이다.

격자형 배치의 한가지 문제점은 고객들이 상점의 모든 상품에 노출되지는 않는다는 것이다. 식료품점에서 이러한 한계점은 문제 되지 않는다. 왜냐하면, 대부분의 고객들은 상점에 들어오기 전에 자신들이 어떠한 유형의 상품들을 구매해야 하는지 인식하고 있기 때문이다. 하지만 백화점과 같은 다른 소매업체의 경우, 격자형 배치는 고객들이 점포를 둘러보면서 새롭고 흥미로운 상품을 발견하는 것을 어렵게 한다.

2) 경주로형(Racetrack) 배치

경주로형(일명 loop라고도 함) 설계는 주된 통로를 중심으로 여러 매장 입구가 연결되어 있다. 이것은 고객들이 쉽게 여러 매장으로 들어갈 수 있도록 배려한 점포 배치 방법이다. 계산대는 일반적으로 각 매장마다 있다.

경주로 배치 설계는 고객들이 다양한 매장의 상품을 봄으로써 충동구매를 유발하는 목적으로 만들어진다. 통로만 보면서 다니는 격자형 배치와는 달리, 경주로 배치는 고객들이 큰 통로를 지나가면서 다양한 각도의 시선을 갖도록 하였다.

〈보기 18-2〉는 Dallas의 North Park Center에 있는 JCPenney의 예를 보여 주고 있다. JCPenney는 경주로형 설계를 사용한 백화점으로, 모든 매장들이 주된 통로를 중심으로 양 옆으로 늘어선 모양을 하고 있다. 이 백화점은 고객 유인책의 하나로 주니어용품과 같은 중요한 매장을 점포 뒤쪽에 배치하고 있다. 최신 상품들은 통로에 직접 전시하여 고객들의 눈길을 끌고 있다.

고객들을 백화점으로 유인하는 또 다른 방법은 통로 표면이나 색에 변화를 주는 것이다. 예를 들어, 복

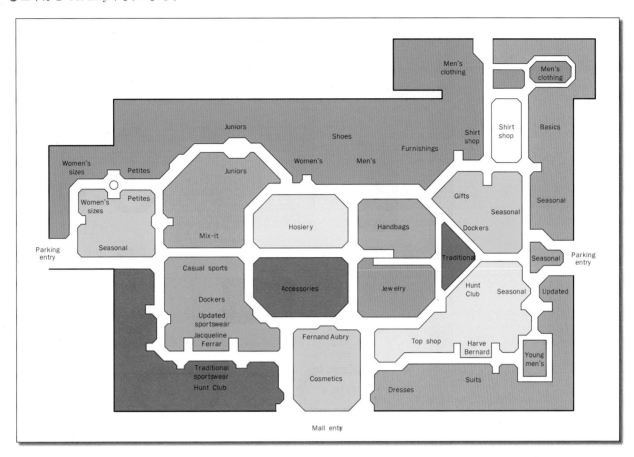

도는 대리석 같은 타일을 붙이고, 각 매장은 분위기에 따라서 재료, 질감, 색을 다르게 하는 것이다.

Kohl's의 경우, 고객의 편의를 증진시키기 위해 경주로형 배치로 수정했다. 소매업체들은 고객이 점포에 오래 머물수록 더 많은 구매를 할 것이라고 생각해왔다. 하지만, 이 논리는 시간이 부족한 고객들이 자신들이 원하는 상품에 빠르고 쉽게 접근하길 바라는 것과는 맞지 않았다. 86,000 제곱 피트에 달하는 Kohl's의 점포는 백화점의 반정도의 크기에 달한다. 바쁜 고객들의 빠른 구매를 도와주려는 관리자의 노력과는 달리, 매장 사이에 걸어 다녀야 하는 공간이 너무 광대했다. 경주로형 배치의 넓은 통로는 카트를 끌고 다니는 고객들에게 충분한 공간을 제공한다. 이 넓은 통로를 나누는 가운데 통로를 둠으로써, 매장 전체를 돌아볼 필요가 없는 고객들을 위해 지름길을 제공했다. 정리 세일 기간에, Kohl's는 통로에 할인 상품들을 늘어놓음으로써 고객의 이목을 끈다. 계산대는 이 통로의 첫 지점과 중간 지점에 있다.

3) 자유형(free-form)배치

자유형(일명 부띠끄(boutique)라고도 함) 배치는 비품과 통로를 비대칭적으로 배치하는 방법이다(〈보기 18-3〉 참조). 쾌적한 환경은 고객들에게 집과 같은 편안한 느낌을 갖게 하고, 쇼핑할 때 느긋한 마음으로 둘러 볼 수 있게 한다. 이 배치 방법은 규모가 작은 전문 매장이나 여러 개의 작은 매장들이 있는 대형 점포에서 주로 사용한다. 그러나 편안한 분위기를 연출하는 데에는 적지 않은 비용이 들어간

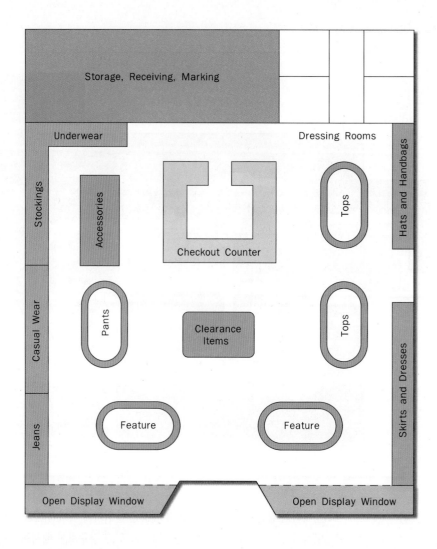

Kohl's Chaps by Ralph Lauren boutigue는 편안한 쇼핑 경험을 제공하지만 다른 점포 배치 유형만큼 많은 상품을 진열할 수 없는 자유형 배치를 사용한다.

다. 왜냐하면 격자형 배치나 경주로형 배치처럼 정해진 쇼핑경로가 없기 때문에, 고객들이 자연스레 점포를 돌아다니지 않아서 점원을 통한 안내와 판매가 필요하기 때문이다. 또한 자유형 설계는 매장을 좀 더 넉넉한 환경으로 만들어야 하기 때문에, 보관 창고와 진열 공간을 없애야 하는 단점이 있다

자유형 부띠끄를 경주로형 배치 안에 적용하기 위해서는, Kohl's Chaps by Ralph Lauren boutique의 예를 볼 필요가 있다(페이지 하단 사진 참조). 디자이너의 목적은 고객들을 공간 안으로 유인할 수 있는 심플하면서도 깔끔한 공간을 만드는 것이었다. 최신의 의류가 걸린 걸이들이 부띠끄의 경계선을 따라 놓여져 있다. 바닥과 조명은 부띠끄 공간을 인접 매장과 통로로부터 명확히 구분하고 있다. Retailing View 18.3은 Diesel의 고유한 점포 배치에 대한 것이다.

디자인 룰을 깬 Diesel

디젤 청바지 매장은 고객을 매우 혼란스럽게 하며, 이런 질문을 떠올리게 한다. "최악의 디자인 매장인가? 아니면 그들 고유의 개성을 보여주기 위한 방법인가?" 일단 디젤 매장에 들어서면 발에 물건이 치여 넘어질 정도이고, 테크노 음악이 쿵쿵 울려 퍼진다. 텔레비전에서는 일본 복싱 게임을 틀어주고, 남성복이 어디에 있는지 여성복이 어디에 있는지 친절히 알려주는 표지판 하나 찾아볼 수 없고, 눈에 띄는 직원은 더욱이 찾아볼 수 없다.

혼자 힘으로 겨우 "청바지 코너"에 다다른 고객은 115달러에서 260달러까지 35가지 다양한 종류의 청바지들이 진열되어 있는 벽을 발견한다. 그 옆에는 다양한 옵션에 대해서 설명하고 있는 플래카드가 걸려있는데, 마치 축소된 연방 정보국 차트같이 보인다.

청바지의 비싼 가격뿐만 아니라, 상품의 독특한 이미지와 특이한 점포 디자인은 미래 지향적인 디젤의 비전을 뒷받침한다. 디젤의 청바지는 약 80개국의 백화점, 전문점 그리고 50개 이상의 직영 매장에서 판매되고 있다. Banana Republic이나 Gap과 같은 의류 체인이 상품을 쉽게 구매할 수 있도록 단순하고 표준화된 점포 디자인을 추구하고 있다면, 디젤은 고객들이 혼란스러울 정도로 파격적인 점포 디자인을 고수한다. 회사는 의도적으로 고객을 친근하지 않고 되려 겁을 주는 디자인을 보임으로써, 고객이 자연스럽게 판매 직원을 찾게끔 만드는 것이다. 일종의 쇼핑 현기증에 빠지게 된 고객들이 친절한 직원의 도움을 받음으로써, 그들에게 의지하고 깊은 감사를 느끼며, 쇼핑을 지속하게 된다.

출처: Matthew Hall, "Fueling Sales," VM&SD, Novemver 16, 2006; www.couturecandy.com/diesel/designer.html.

2. 사인물(signage)과 그래픽

격자형 배치와 경주로형 배치는 매장내 고객들을 안내한다. 사인물(signage)과 그래픽 또한 고객들에게 특정 상품이나 매장 탐색을 돕고, 상품에 대한 정보를 제공하고, 특별 구매를 유도한다. 포토 패널 같은 그래픽은 매장이미지에 개성, 아름다움, 로맨스를 더해준다. 시각디자인을 활용하는 몇 가지 경우는 다음과 같다.

- **위치** 소매업자들은 상품의 위치를 알려주기 위해 사인물(signage)을 사용한다. 큰 점포들은 점포 안에서 소비자들이 이동하는 것을 돕는 방향 사인물(signage)을 진열해야 한다. 천장에 사인을 매

H&M은 매장이미지에 개성, 아름다움, 로맨스를 더하기 위해 포토 패널 같은 그래픽을 효과적으로 사용한다.

다는 것은 소비자들의 눈에 잘 띄도록 자주 사용되는 방법이다. 더 큰 점포에서도, 특히 1층 이상의 점포에는 점포안내도가 있다. 이 안내도는 입구에서 잘 보이는 곳에 있어야 하며, 처음 방문한 손님도 어디로 갈 지를 분명히 알 수 있도록 만들어져야 한다.

- **카테고리 사인물(signage)** 점포 내 특별 매장이나 구역에서만 사용되기 때문에 카테고리 사인은 방향안내 사인보다 작다. 이 사인들의 목적은 상품의 유형을 구별하는 것이며, 대부분 표시된 상품 가까이에 붙여져 있다.

- **판매 촉진용 사인물(signage)** 특가판매상품을 나타내는 사인물(signage)은 소비자들을 점포 안으로 유인하도록 진열창에 전시된다. 예를 들어, 젊은 여성들을 겨냥하는 의류점포들은 특가판매상품을 입은 모델들의 포스터를 진열창에 진열해놓는다.

- **판매 시점 광고(매장 설치 광고)** 이 사인은 광고하는 상품 옆에 놓여 고객들이 그에 대한 정보와 가격을 알 수 있도록 한다. 상품의 정보는 이미 상품의 라벨이나 포장에 나타나 있지만, 판매 시점 광고는 특가 판매여부 등 고객의 관심사를 빠르게 인지시킬 때 이용된다.

- **라이프 스타일 이미지** 소매업자들은 사진 같은 다양한 이미지를 통해 소비자들이 물건을 사도록 하는 분위기를 연출한다. 이러한 이미지들은 시각적 머천다이징 방법의 한 수단이다.

사인물(signage)을 효과적으로 이용하는 기술들은 다음과 같다.

- **사인과 그래픽을 매장 이미지와 조화시켜라** 사인과 그래픽은 상품과 표적시장을 연결해주는 역할을 해야 하며, 컬러와 톤은 상품을 보완해야 한다. 직사각형 종이에 가지런히 흑백으로 글자가 쓰여진 사인은 빨강과 노랑색의 서커스 텐트 디자인과 달리 어린이 용품매장과 어울리지 않는다. 컬러 조합은 특정 표적 고객에게 어필할 수 있어야 하며, 상품을 강조할 수 있도록 설정되어야 한다. 아이들은 원색, 십대들에겐 톡톡 튀는 현란한 색, 속옷매장에는 부드러운 파스텔 풍의 색조, 스포츠웨어에는 밝은 색조를 쓴다. 뉴발란스는 프로운동선수의 운동화와 운동복을 만드는 브랜드로 기술혁신을 브랜드의 이미지로 전달하길 원했다. 그래서 이 브랜드는 상품을 사용하면서 그 효과를 경험한 결과를 보고하는 고객들에게 신상품을 보내주는 시범착용 프로그램을 실시하였다. 매장 내 통신/그래픽 시스템을 개발하여 매장 한 가운데에 5피트의 그래픽패널을 설치하고, 통계자료와 함께 상품을 사용하고 있는 테스터들의 사진을 보여주었다.

- **고객들에게 정보를 제공하라** 정보를 전달하는 사인과 그래픽은 상품을 더 탐나게 한다. Target의 가전상품 코너에는 "왜 이 텔레비전을 사야 하는가"에 대한 사인이 붙어있다. 이 사인은 소비자들이 다양한 모델들의 미묘한 차이를 구분할 수 있도록 돕는다.

- **사인과 그래픽을 연출의 소도구로서 이용하라** 소도구로 가장한 사인과 그래픽을 사용하여 전체적으

기술 혁신의 이미지를 전달하기 위해, New Balance는 매장 내 통신, 그래픽 시스템을 사용한다. 이것은 회사가 고객들에게 신상품과 기존 상품을 보내주면, 고객들이 경험한 결과를 보고하는 시범착용 프로그램에 초점을 맞춘다.

로 테마와 상품을 어우르는 매력적인 연출을 할 수 있다. 한 사례로, Alphabet Soup라는 미국 중부 Iowa를 기반으로 한 작은 교육용 장난감 업체는 생생한 그래픽과 소도구를 사용하여 점포 이미지와 어울리는 테마를 연출하였다.

■ **최신 사인과 그래픽을 유지하라** 사인과 그래픽은 진열된 상품과 반드시 연관성이 있어야 하며, 상품이 바뀌면 사인과 그래픽 역시 새롭게 바뀌어야 한다.

■ **글자를 많이 사용하지 마라** 사인의 주목적은 소비자의 관심을 끄는 것이기 때문에 문구가 매우 중요하다. 일반적으로, 너무 많은 글자가 들어있는 사인은 잘 읽히지 않는다. 그러므로 소비자들이 매장을 지나치며 빠르게 사인의 문구를 파악할 수 있도록 해야 한다.

■ **적절한 글자체를 사용하라** 적절한 글자체를 사용하는 것은 사인의 성공여부에 중요한 문제이다. 각각의 글자체들은 고유의 메시지와 분위기를 가진다. 예를 들어, 정성을 다해 쓴 달필의 고대영어는 급하게 휘갈겨 쓴 가격인하 사인과는 전혀 다른 메시지를 전달한다.

1) 디지털 사인물(signage)

기존의 프린트 사인물(signage)은 본부에서 만들어져 각 매장에 분배되고 점원이나 계약업체들이 그것을 설치하는 방식이었다. 그러나 최근 많은 소매업체들이 기존의 사인물(signage)을 디지털 사인물(signage) 시스템으로 교체하고 있다. 디지털 사인물(signage)은 시각적 콘텐츠가 중앙에서 관리되는 네트워크를 통해 전달되어 텔레비전 모니터나 평면 스크린에 나타나는 것이다. 전달된 콘텐츠는 재미있는 동영상에서 단순히 상품의 가격을 나타내는 것까지 다양한 형태이다. 디지털 사인물(signage)은 기존의 정적인 사인물(signage)보다 많은 이점이 있다. 동적이기 때문에 고객들의 관심을 더 잘 끌 수 있고, 나중에 고객들이 메시지를 상기할 때에도 더 효과적이다. 또한 복잡한 그래픽이나 영상은 고객들에게 어필하는 분위기를 만드는데 도움이 되기도 한다. 디지털 사인물(signage)은 기존의 프린트 사인물(signage)이 갖는 메시지 전달상의 시간차를 극복할 수 있도록 한다. 시장의 개발이나 상황의 변화가 곧장 디지털 사인에 반영될 수 있기 때문이다. 이러한 콘텐츠 개발과 배치의 용이함, 스피드, 유연성은 각기 다른 날씨를 반영하는 것처럼 시간마다, 요일마다 그리고 매장에 따라 가지각색의 콘텐츠를 가능하게 한다.

콘텐츠가 디지털로 전송되기 때문에 매장의 고객층에 따라 맞추거나 주 별로 혹은 매일, 매시간마다 바꿀 수도 있다. Eddie Bauer는 고객 데이터를 분석하여 가격에 민감한 소비자들은 아침에 쇼핑하고 브랜드에 관심을 갖는 소비자들은 오후나 저녁에 쇼핑한다는 사실을 알아냈다. 그리고 이에 맞추어 매장 진열창의 디지털 사인물(signage) 콘텐츠에 변화를 시도하였다. 아침에는 저렴한 소매가격이나 세일품목을 강조하고, 가격이 비싸고 고급 브랜드 이미지를 강조하는 상품들은 오후 이후에 보여주었다. 그 결과, 상품판매를 통해 고객에게 메시지를 전달 할 수 있었다. 이처럼 메시지는 인구분석, 상품 위치, 매장 위치 그리고 매장 내 위치에 기초하여 설정될 수 있다.

디지털 사인물(signage)을 중앙에서 통제하는 능력은 고객과 의사소통하기 위한 소매업자의 전략이 범 시스템적으로 적절하게 실행되도록 한다. 디지털 사인물(signage)이 알맞은 시간과 장소에 설치된

미국 우체국의 서비스

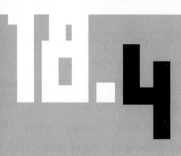

미국의 32,000개 우체국들은 다양한 상품과 서비스를 제공하고 있다. 우편 발송과 우표 판매 등 핵심적인 상품 이외에도 여권 신청, 해양 운송, 송금수표(money order) 발행, 증명서 발급과 전화카드 판매 등 다양한 소매서비스를 제공하고 있다. 이러한 소매서비스들은 매년 17만불 이상의 매출액을 올리고 있다. 하지만 e-mail 뿐만 아니라 전자상거래의 증가로 인해 우체국의 핵심 서비스는 물론 부가 서비스도 큰 위협을 받고 있다.

소매 매출을 증가시키기 위해서 우체국은 외관부터 바꾸기로 하였다. 기존에는 우편 발송에 중점을 맞춘 디자인이었다면, 새로운 디자인은 다양한 상품과 서비스를 제공한다는 이미지를 주기 위해 다른 소매업체처럼 디자인을 변경하였다.

이런 계획 아래 미국의 우체국은 Starbucks를 롤 모델로 삼았다. 대부분의 Starbucks 매장은 사인물(signage), 주문을 받는 POS 카운터와 주문 받은 상품을 수령하는 카운터, 판매 상품들의 진열과 테이블 의자 등 디자인이 뛰어난 요소들로 이루어져 있다. 전세계에 어느 Starbucks에 들어가나 고객들은 같은 디자인 구성요소, 서비스 카운터 등으로 인해 비슷한 점포 분위기를 느끼면서, 편안함과 신뢰감을 느끼게 된다.

우체국 디지털 사인물(signage)의 가장 큰 장점은 내용의 신축성(flexibility)이다. 디지털 사인물(signage)을 사용함으로써 우체국 상황에 맞게 필요한 메시지를 전달함으로써 경제성을 높일 수 있다. 고객들이 필요로 하는 정보를 즉시에 맞게 전달하고, 만약 우체국이 문을 닫았다면, 가까운 곳에 이용 가능한 우체국 위치를 설명하는 등 유용하게 이용이 가능하다.

미국 우체국 서비스는 고객들에게 그들이 제공하는 서비스에 대해 알려주기 위해 디지털 사인물(signage)을 사용한다.

출처: Margot myers, U.S. Postal Service; Steven Keith Platt; www.usps.com

다면 특별판매나 새로운 마케팅을 홍보할 때, 정적인 사인물(signage)을 보내는 소매업체들이 직면하던 문제점을 해결 할 수 있다.

마지막으로 디지털 사인물(signage)은 정적인 사인물(signage)을 프린트하고 분배하고 설치하는데 드는 비용들을 없애준다. 게다가 노동생산성을 높여 점포의 인건비를 줄일 수도 있다. 그러나 디지털 사인물(signage)을 사용할 때 주의해야 할 점은 사인물(signage)의 전송을 위한 진열장치와 시스템을 구축하는 초기비용이 크다는 것이다. Retailing View 18.4를 보면 U.S. Portal Service가 수익을 높이기 위해 어떻게 디지털 사인물(signage)을 새로운 매장 설계의 한 부분으로 사용하고 있는지를 알 수 있다.

3. 특선품 구역(feature area)

배치와 사인물(signage)에 덧붙여 소매상들은 특선품 구역의 위치를 통해 고객들을 안내한다. 특선품 구역은 고객들의 관심을 끄는 것을 중점으로 디자인 되었다. 입구, 자유진열대, 계산대(cash wrap), 엔드 매대(end cap), 판촉 구역, 벽, 진열창 그리고 탈의실이 특선품 구역에 포함된다.

1) 입구

점포로 들어가는 구역은 완화(decompression) 지역으로 불린다. 고객들이 새로운 환경을 둘러보고 적응하는 곳이기 때문이다. 시끄러운 도로와 상점들에서 벗어나, 선글라스를 벗고, 우산을 접으며, 점포를 둘러보고, 그에 대한 인상을 형성한다. 여성의류매장은 핸드백이나 화장품 같은 대량의 수익성 높은 상품들을 눈에 띄게 진열해 놓는다. 십대를 대상으로 하는 점포는 최신 유행의 상품들을, 전자상품 매장에서는 새로 출시된 최첨단 상품을 진열해 놓는다.

2) 자유진열대

자유진열대는 통로 쪽에 진열되어 고객들을 매장으로 유인하는 역할을 하는 비품이나 마네킹을 말한다. 입구와 마찬가지로, 이러한 비품들은 특정 매장의 가장 최신이거나 눈에 띄는 상품을 진열한다.

3) 계산대(cash wrap)

계산대(POP: point-of-purchase counters 또는 checkout areas라고 함)는 고객들이 상품을 구입하는 장소이다. 대부분의 고객들이 계산을 위해 줄을 서서 기다리기 때문에, 종종 충동구매 상품들을 계산대 주변에 진열하기도 한다. 예를 들면, 슈퍼마켓에서는 건전지, 사탕, 면도기나 잡지들을 계산대 주변에 놓는다.

할인점과 카테고리 전문점(category specialist)들은 점포 앞쪽에 계산대를 집중시키는 반면, 백화점은 전통적으로 각 매장마다 계산대가 있다. Kohl's, Sears, JCPenny같은 몇몇 백화점 체인들은 현재 집중화된 계산대 형태로 전환하고 있다. 계산 구역이 집중화 되어 있으면 고객의 편의를 높이고 직원들을 감축할 수 있기 때문이다. 더불어 계산서비스에 대한 고객불만사항들도 감소한다.

4) 엔드 매대(end cap)

엔드 매대는 통로 맨 끝에 배치된다. 엔드 매대는 눈에 잘 띄기 때문에, 엔드 매대에 진열된 상품들은 매출이 크게 증가한다. 이러한 이유로 점포들은 충동구매상품을 엔드 매대에 배치하여 수익성 증가를 꾀한다. 슈퍼마켓 업계에서는 벤더(vendor)들이 자신들의 특별판촉 상품이 엔드 매대에 진열될 수 있도록 요구하기도 한다. 유기농 식품업체인 Whole Foods는 수익성이 높은 상품뿐만 아니라 계절상품이나 판촉상품에 대해서도 엔드 매대를 훌륭히 사용하고 있다. 예를 들면, 어떤 점포는 점포 앞 보도에 버팔로 모짜렐라 치즈를 광고하는 커다란 사인을 설치하였다. 고객이 점포 안으로 들어가면 엔드 매대에는 그 치즈가 얼음 위에 가지런히 놓여있고, 광고사인이 기억에 남은 고객들은 치즈를 집어 들게 된다.

5) 판촉 구역

판촉 구역은 현재 판촉 중에 있는 상품들을 진열해 놓는 공간이다. Walgreen과 CVS는 여름에는 잔디와 정원용품, 가을에는 크리스마스 장식품 같은 계절상품을 팔기 위해 판촉 통로를 이용한다. Shaws 슈퍼마켓에는 "10달러에 10가지" 통로가 있다. 이 통로에서 고객들은 10가지 선정된 품목들을 10달러에 구매할 수가 있다. 상품들은 매주 바뀌며 주마다 발행되는 식품광고지에는 이 상품들이 강조되어 실린다. 게다가 똑같은 상품 10개가 아니라 선정된 상품들을 다양하게 섞어서 살 수도 있다. GAP같은 의류매장은 종종 세일 상품들을 매장의 뒤쪽에 위치시켜서, 소비자들이 반드시 정가의 상품들을 둘러본 후 세일 상품을 볼 수 있도록 하고 있다.

6) 벽

소매 점포 공간의 대부분이 좁기 때문에, 소매업체들은 벽 공간을 효율적으로 이용하여 재고품을 보관하거나, 상품을 진열하고, 점포에서 의도하는 메시지를 전달하기도 한다. 상품은 선반이나 벽걸이에 진열되거나 상품의 특징을 나타내는 디스플레이, 사진 및 그래픽과 함께 전시 되기도 한다. 프랑스 의류업체인 Lacoste 상품들은 높은 벽에 색상 별로 진열되어 있다. 이러한 방식은 상품이 메시지를 전달하게 할 뿐 아니라 기타 선반이나 다른 상품을 찾는 손님들로 붐비지 않게 되므로 더 편안하게 쇼핑을 할수 있도록 한다. 또한 소비자들은 먼 발치에서도 물건을 보고 고를 수 있게 된다.

7) 진열창

진열창은 점포배치에 있어서 중요한 요소이다. 매력적이고 눈에 띄는 진열창은 고객들을 매장 안으로 유인한다. 진열창을 통해 고객들에게 그 점포가 판매하고 있는 상품이 무엇이고 표방하는 이미지가 어떠한지를 전달할 수 있다.

그러므로 진열창의 디스플레이는 점포 안에 있는 상품과 여타의 디스플레이들과도 조화를 이루어야 한다. 예를 들어, Bath & Beyond 진열창에 전시된 비치 타월은 매장 안에서도 눈에 띄게 진열되어 있어야 한다. 그렇지 않으면 진열창의 끌어들이는 힘이 사라지는 것이다. 마지막으로 진열창 디스플레이를 통해 크리스마스나 발렌타인데이와 같은 계절 및 명절을 위한 쇼핑 분위기를 살릴 수도 있다.

Abercrombie & Fitch의 Hollister와 Ruehl 매장들은 디자인에 대해 다른 식으로 접근한다. 이 브랜드의 매장들은 자기 브랜드를 드러내지 않는다. Hollister 매장의 외관은 창문도 닫혀있고 입구도 감춰져 있는 캘리포니아의 해변가 오두막처럼 보인다. 마치 자신들의 표적이 아닌 소비자들이 출입하지 못하도록 하는 것 같다. Ruehl은 더 심하다. Ruegl 점포의 외관은 커다란 철문 뒤에 서있는 벽돌 담으로 되어있다. 이 브랜드의 소매업자는 "당신은 우리 매장의 고객인가 아닌가"라는 구체적인 메시지를 전하려 하는 것이다. 표적 고객들은 그 매장이 어떤 매장이며 매장 안에 무엇이 있는지를 정확히 파악하고 있기 때문이다.

8) 탈의실

탈의실은 소비자들이 구매를 할 것인지 아닌지를 결정하는 중요한 공간이다. 탈의실의 분위기나 시설은 고객 경험에 가치를 더한다.

특히, 탈의실은 크고 깨끗하며 편안한 곳이어야 한다. 쾌적한 탈의실은 쇼핑객들이 무언가를 사고 싶도록 유도하기도 한다. Bloomingdale's 백화점은 벽에 그 지역의 사진들을 걸어놓음으로써 다른 소매업체들을 제쳤다. 생화와 자연스러운 조명으로 꾸민 여자 탈의실은 어두운 나무와 가죽가구, 리넨으로 덮은 벽으로 되어있는 남자 탈의실과 다른 느낌을 준다. 탈의실은 점점 매력적인 공간이 되어가고, 뿐만 아니라 구매경험을 강화시키는 새로운 기술들도 도입하고 있다. 탈의실 안에서 고객들은 온라인 쇼핑처럼 상품재고를 확인할 수 있고 액세서리 옵션에 대한 설명도 볼 수 있다. 어떤 탈의실은 고객이 구매를 고려하고 있는 상품의 사진을 친구에게 보내도록 하는 서비스도 제공한다. 혹은 가상의 모델이 옷을 입고 소비자에게 그 옷이 착용시 어떤지를 보여주는 기술도 있지만 아직은 개발 중에 있다. The dressing room assistant라는 시스템은 kiosk(공공장소에 설치된 터치 스크린)를 탈의실에 설치하여, 고객들이 탈의실을 떠나거나 점원을 기다릴 필요없이 다른 사이즈나 컬러의 옷을 요청할 수 있게 하는 것이다. 탈의실에 설치된 대화형 스크린은 보완상품과 판촉 메시지를 나타내는 사진과 글을 보여주기도 한다.

기술과 분위기의 향상을 통해 옷을 입어보는 경험을 더 즐겁게 만들 수는 있지만, 소매상들은 모든 프로세스를 자동화시키는 것보다 여전히 좋은 서비스를 제공할 필요가 있다는 점을 염두에 두어야 한다. Neiman Marcus는 어디에 어느 정도의 기술을 적용할지 신중하게 고려하는데, 점원들을 손님이 옷을 입어보는 동안 여전히 고객서비스를 제공하도록 두었다. 그렇지만 옷을 입어보는 공간의 쾌적함을 즐기는 고객들은 후에 영리한 소매업체에게 더 큰 매출을 안겨줄 것이다.

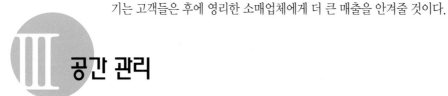

공간 관리

점포 내 선반이나 걸이는 매우 제한된 공간이다. 따라서 공간 관리는 두 가지 측면의 자원 배분 결정을 필요로 한다: (1) 각 매장과 브랜드에 대한 공간 할당 (2) 점포 내 매장들의 위치

1. 매장 별 공간 할당

소매업체들이 매장 별로 어느 정도의 공간을 할당해야 할지를 정할 때는 다음의 요소들을 고려한다. (1) 할당된 공간의 생산성 (2) 상품의 재고회전율 (3) 점포 매출에 대한 영향 (4) 상품 진열의 필요성 정도

1) 공간의 생산성

단순하게 공간을 할당하는 방법은 상품의 판매를 바탕으로 상품의 공간을 분배하는 것이다. 예를 들면, 마이클 같은 취미공예용품업자는 조화가 예상매출의 15%를 차지할 것이라 생각한다면, 점포의 15%를 조화를 위한 공간으로 할당하는 것이다. 하지만 16장에서 판촉 비용을 배분하기 위해 사용하는 상품이익 분석에 대해 살펴보았듯이, 소매업자들은 전체 매장의 수익성에 미치는 효과를 고려하여 공

간을 할당해야 한다. 이 사실은 조화를 위해 추가된 공간의 생산성이 공간을 뺏긴 상품의 생산성보다 더 크다면, 마이클이 조화구역에 공간을 더 할당해야 한다는 뜻이다. 이러한 조건하에서, 조화구역에 대한 추가 공간은 전체 매장의 생산성을 증가시킬 것이다. 그러나 어느 때가 되면 공간을 더 이상 늘리지 않는 것이 유익한 때가 올 것이다.

공간의 생산성을 측정하기 위해 널리 사용되는 수치는 단위면적당 매출과 단위길이당 매출이다. 의류매장은 상품을 대부분 자유진열대에 놓기 때문에, 일반적으로 단위면적당 매출로 측정한다. 슈퍼마켓에서는 많은 상품들이 선반에 진열되어 있는데, 선반들은 대략 같은 폭으로 되어있으므로 길이, 즉 단위길이 당 매출을 사용하여 공간의 생산성을 평가한다.

단위면적당 총마진 같은 더 정교한 생산성 측정방법은 단순히 매출이 아닌 상품에 의해 발생한 마진을 고려한다. 따라서 만약 스낵이 단위길이당 400달러의 총마진을 내고, 통조림 수프가 300달러의 총마진을 낸다면, 스낵이 더 공간을 할당 받아야 한다. 하지만 한계생산성 이외의 요소들도, 공간할당을 위한 의사결정을 할 때 고려되어야 할 것이다.

2) 재고회전율

재고회전율은 두 가지 측면에서 공간할당에 영향을 미친다. 먼저 12장에서 논의된 것처럼, 재고회전율과 총마진 모두 GMROI-재고투자에 대한 소매업자의 이익측정방법-와 관련되어 있다. 따라서 재고회전율이 높은 상품들은 재고회전율이 낮은 상품들보다 더 많은 공간을 할당 받는다.

두 번째는 재고회전율이 높고 빨리 판매되는 상품이 선반에서 더 빠르게 팔린다. 그러므로 빨리 판매되는 상품에게 공간을 더 할당함으로써, 품절을 막기 위해 자주 선반을 보충하는 수고를 덜 수 있다.

3) 매장의 매출에 대한 영향력

매장에 공간을 할당할 때, 소매업자들은 공간할당이 전체 매장에 미칠 영향을 생각해야 한다. 공간관리의 목적은 특정 매장만이 아니라 전체 점포의 수익성을 최대화시키는 것이기 때문이다. 슈퍼마켓에서는 우유같이 생산성이 낮은 상품에 공간을 많이 할당하기도 한다. 이는 다양한 구색이 있는 물건들이 고객들을 유인하고, 높은 GMROI를 가진 상품들에게도 좋은 영향을 미치기 때문이다. 또한 소매업체들은 생활수준이 높은 플래티늄 고객들이 구매하는 상품에 공간을 더 할당하기도 한다.

4) 진열시 고려해야 할 사항

점포나 걸이의 물리적인 한계는 공간할당에도 영향을 준다. 예를 들어, 점포 설계자는 특정상품을 위한 걸이대를 모두 채울 수 있는 충분한 상품을 제공해야 한다. 소매업체는 구색이 다양한 상품을 제공하고 있음을 보여주기 위한 선전의 하나로, 상품의 진열방법을 사용한다. 예를 들어, JCPenney는 자사 브랜드의 목욕타월을 매우 인상적인 방식으로 판매하고 있는데, 목욕타월에 많은 공간을 할당하고 다양한 컬러의 타월을 진열하여 강조하는 방식이다.

2. 매장별 위치와 디자인 요소

지금까지 논의되었던 것처럼, 점포배치, 사인물(signage), 특선품 구역은 점포 내에서 고객들을 안내하는 역할을 한다. 매장의 위치 또한 고객들이 어떻게 매장을 둘러보는지에 영향을 미친다. 전략적으로 충동구매 상품과 수요/목적 상품을 매장에 배치하여 고객들이 전 매장을 둘러보도록 하고, 그들의 관심을 높은 GMROI를 가진 상품에 집중하도록 유도한다. 수요/목적 상품은 소비자들이 매장에 방문하기 전에 이미 사려고 결정한 상품을 말한다.

고객들이 매장에 들어와 완화구역(decompression zone)을 거치면, 그래픽을 포함하는 안내 디스플레이가 맞이한다. 일단 완화구역을 지나면, 고객들은 오른쪽으로 돌아(서양에서) 처음 마주치는 상품의 가격과 품질을 본다. 스트라이크 존(Strike zone)이라 불리는 구역은 고객이 매장에 대한 첫인상을 받는 곳이기 때문에 중요하다. 따라서 소매업자들은 스트라이크 존에 가장 매력적인 상품을 진열해야 한다.

스트라이크 존을 지나면, 가장 거래가 활발하고 고객들의 시선을 사로잡는 구역이 매장의 오른편에 있다. 이즈음 되면, 고객들은 매장환경에 익숙해지고, 첫인상을 더욱 발전시켜 구매결정을 할 준비가 된다. 오른편은 GMROI가 높은 상품을 진열하기에 최상의 장소이다. 슈퍼마켓에서는 일반적으로 농산물 코너를 이 구역에 배치한다. 농산물이 소비자들의 감각에 어필하기 때문이다. 신선한 과일과 야채의 냄새가 고객들의 입에 침이 고이게 하므로, 이 때 가장 좋은 고객은 배고픈 사람이다.

Envirosell의 연구에 기반한 매장설계에 대한 몇몇 추가적인 함의들은 Retailing View 18.5에 설명되어있다.

1) 충동구매 상품

입구, 매장의 오른편, 에스컬레이터나 계산대와 가까운 구역은 상품의 판매거래가 활발한 최고의 위치이다. 층이 여러 개인 매장에서는 1층에서 멀어질수록 공간의 가치가 떨어진다. 백화점의 향수나 화장품, 슈퍼마켓의 잡지와 같이 충동구매를 일으키는 상품들은 대부분 점포 앞에 진열되어 있다. 그것은 진열해 놓은 상품들을 이용하여 사람들을 유인하기 위함이다.

2) 수요 상품

수요상품과 판매촉진용 상품은 매장의 뒤쪽, 왼편에 진열된다. 수요가 많은 상품을 이 장소에 두면, 그 라인에 있는 다른 상품들도 눈에 잘 띄게 되어 소비자들을 유인한다. 그래서 슈퍼마켓들은 거의 모든 사람들이 사는 우유, 계란, 버터와 빵 같은 상품들을 뒤편 왼쪽코너에 놓는다. 백화점에서는 미용실, 신용카드 사무실 및 사진관과 같은 고객서비스 코너뿐 아니라 어린이 용품, 가구매장들은 통행이 많지 않은 구역, 즉 수요나 행선지 구역에 위치해 있다.

Neiman Marcus는 Steuben 유리 공예품을 통행이 많지 않은 곳에 두어 고객들이 산만하지 않게 구매결정을 숙고할 수 있도록 하였다.

3) 특별 상품

어떤 매장들의 구매과정은 통행이 뜸한 구역에서 가장 잘 이루어져야 한다. 예를 들어, Steuben 유리 공예품은 구매결정을 할 때 신중하게 생각해야 하는 독특하고 비싼 예술작품이다. Neiman Marcus는 이 매장을 통행이 많지 않은 곳에 두어 고객들이 산만하지 않게 구매결정을 숙고할 수 있도록 하였다. 비슷하게, 여성의 속옷 매장도 멀리 떨어진 곳에 위치시켜 고객들이 이상적인 쇼핑을 즐길 수 있도록 하였다.

가구와 같이 넓은 면적을 필요로 하는 매장들은 흔히 인적이 뜸한 곳에 위치한다. 커튼 매장은 넓은 벽면을 필요로 하는 반면, 신발 매장은 드나들기가 쉬운 창고를 필요로 하는 것이다.

구매 행태와 점포 디자인

뉴욕에 위치한 컨설팅 회사인 Envirosell은 과학적인 방법을 이용해 백화점이나 점포들에게 최고의 레이아웃과 디자인을 만들어준다. 이를 위해 몰래카메라나 그 외 다른 고급 기술 장비들도 동원하지만, 역시 가장 중요한 것은 tracker라고 불리는 추적자들의 손에 쥐어지는 추적 노트(track sheet) 결과들이다. Tracker들은 쇼핑객들을 따라다니면서 그들의 행동 하나하나를 모두 기록한다. 보고서는 고객들의 행동에 대한 유추도 포함하고 있는데, 아래 〈보기 18-4〉와 〈보기 18-5〉가 그 실례이다.

- 엉덩이 부딪힘 효과(butt-brush effect)를 피하라: '엉덩이 부딪힘 효과'란 뉴욕에 위치한 Bloomingdale에서 발견되었다. 백화점 입구에 있는 넥타이 매장에서 출입구로 다가가던 손님들이 백화점으로 들어오는 손님들과 부딪칠까 봐 걸음을 멈칫하는 것이었다. 한두 차례 부딪친 고객들은 대부분 넥타이 구경을 포기했다. 부딪침이 많은 매장의 판매 비율이 떨어지는 것이 부딪침 현상이다. 휴대전화처럼 상품 가격이 비싸고 상담 시간이 긴 상품일수록 부딪침 현상이 일어나 매출 감소로 이어진다

- 고객들이 쉽게 상품을 구매할 수 있게 하라: 대부분의 장난감 매장은 고객의 키가 5피트가 넘어야만 물건을 집

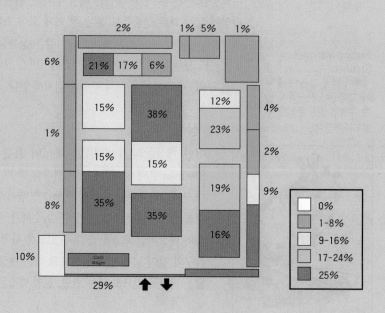

◐ 보기 18-4
고객들이 매장 별 구역 방문 정도

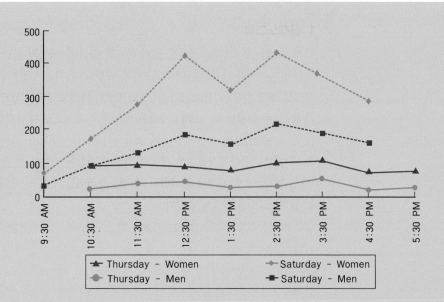

◐ 보기 18-5
고객들의 점포
방문 시간

Thursday - Women   Saturday - Women
Thursday - Men   Saturday - Men

을 수 있게 설계되어 있다. 하지만 스케이트 보드와 같은 상품은 무겁기 때문에 낮게 위치해 있어야 하고, 특히 어린이 눈높이에 맞춰 진열을 해야 한다.

■ 정보에 쉽게 접근하게 하라: 나이든 고객들은 박스에 적힌 상품 정보나 가격의 작은 글씨를 이해하는데 많은 노력을 해야 한다. 나이든 고객들이 많이 찾는 품목에는 간단한 문구를 크게 적어놓으면 도움이 된다.

출처: www.envirosell.com: "Customer Behavior Insights of Paco Underhill," Inside Retailing, November 2, 2007.

4) 인근 매장

소매업체는 많은 구매를 장려하기 위해 상호보완적인 상품들을 함께 진열하여 판매하고 있다. 남성용 와이셔츠와 넥타이는 나란히 진열되어 있다. 11장에서 설명한 장바구니(market-basket)분석법에 기반하여, 슈퍼마켓들은 상품을 기존 위치에 위치시키는 것만이 아니라 관련상품들 가까이에도 진열하였다. 살사 소스는 다른 소스들과 함께, 스낵이 모여있는 통로의 콘칩 옆에, 그리고 해외식품통로의 맥시칸 구역 모두에 진열되어 있다.

3. 매장 내 상품 위치: 플래노그램의 이용

소매업체들은 매장 내 특정 품목(SKU: Stock Keeping Unit)들의 위치에 대해 상당히 주의를 기울인다. 예를 들면, 슈퍼마켓과 드럭스토어에서는 자사브랜드의 상품을 제조업체 브랜드의 오른쪽에 둔다. 서양의 소비자들은 왼쪽에서 오른쪽으로 읽기 때문에, 소비자들은 먼저 가격이 더 비싼 제조업체 브랜드 상품을 보고 나서 오른쪽의 자사브랜드 상품을 보게 된다. 그러면 상대적으로 더 싸고 마진이 높은 자사브랜드 상품을 살 가능성이 높아진다. 식품매장의 농산물코너는 사과가 고객에게 가장 먼저 눈에 들도록 진열되어 있다. 사과는 가장 대중적인 품목이라서, 소비자들이 구매패턴을 시작하도록 하는데 좋은 품목이다. 상품들을 어디에 위치시킬지를 정하기 위해, 소매업체들은 플래노그램이라는 지도를 만들고, 고객들이 매장을 돌아다니는 모습을 녹화하고, 가상의 매장 소프트웨어를 이용한다.

1) 플래노그램

플래노그램이란 고객이 구매를 많이 하도록 SKU를 매장의 선반이나 진열대에 어떻게 그리고 어디에 놓아야 하는지를 보여주는 다이어그램을 말한다. 위치는 사진이나 컴퓨터 출력물, 또는 예술가들의 묘사도를 통해 설명된다(Retailing View 18.6의 플래노그램을 참고하라).

플래노그램을 만들 때, 소매업체들은 매장을 시각적으로 매력적으로 만들고, 고객들이 쇼핑하는 방식(혹은 소매업자들이 그들의 고객이 쇼핑하기 바라는 방식)을 고려하여, 소매업체의 전략과 재정적 목적을 달성한다. 플래노그래밍은 예술과 과학이 결합된 것이다. 예술적으로 적절한 시각적 효과를 유지하면서, 과학적으로 재정을 분석한다. 플래노그래머들은 이 두 가지 요소의 균형을 맞추어, 매장에 적합한 플래노그램을 만들어야 한다.

컴퓨터로 플래노그램을 만드는 기술은 꽤 정교하다. 지금까지의 매출, 총마진, 회전율, 상품 포장의 크기나 포장의 실제크기, 그리고 소매업체의 디자인에 대한 기준을 분석한 것을 기초로 하여 소프트웨어가 각 SKU의 최적위치와 선반공간을 결정한다.

플래노그램은 식료품점이나 할인점에서 선반에 잘 맞지 않는 상품에도 유용하다. 대부분의 의류전문 소매업체들은 관리자들에게 상품이 어떻게 진열되어야 하는지를 나타낸 사진과 다이어그램을 제공한다.

2) 소비자 행동 녹화

어떤 소매업체들은 EnviroSell과 같은 컨설팅 회사나 Intellivid의 Vediointelligence 같은 소프트웨어를 이용하여 매장 안의 영상을 분석하고 어떻게 소비자들이 매장에서 움직이고 상호작용하는지를 이해하려는 노력을 한다. 이러한 영상은 선반에 잘 진열되어 있지 않아 상품이 잘 팔리지 않는다든지 하는 원인을 규명하여, 점포배치나 플로노그램을 향상시키는데 도움을 준다. 소비자들의 행동을 분석하여, 그들이 어디에서 멈추고 어디에서 빨리 지나가는지 또는 어느 곳이 혼잡한지 등을 알 수도 있다. 이러한 정보들은 상품의 배치와 진열이 기대한대로 되고 있는지 혹은 신상품이나 판촉용 상품이 제대로 관심을 끌고 있는지를 소매업체들이 알 수 있도록 돕는다. 비디오 녹화는 또한 앞서 언급된 Whole foods의 한 줄 계산 방식의 효과를 알아보는 데에도 사용되었다.

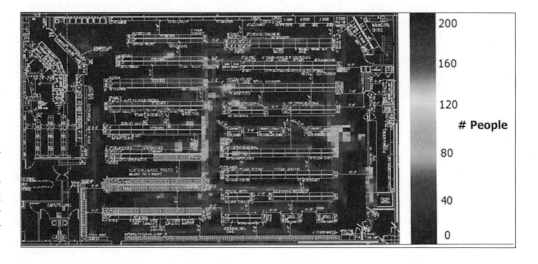

매장의 "뜨거운 곳"과 "차가운 곳"-매장내 통행이 많은 구역과 없는 구역을 확인하기 위해 Intellivid는 이를 나타내는 지도를 만들었다. 어느 구역이 가장 통행이 많은/적은가?

Marks & Spencer의 **자동화된 플래노그램**

Marks & Spencer는 의류, 가정용품과 고품질의 식료품을 취급하는 영국의 대형 유통업체이다. 식료품 부문에 있어서, Marks & Spencer는 특히 샌드위치나 포장 음식과 같은 고품질의 편의 식품과 신선 식품에 전문화되어 있는데, 영국 내 식료품 소매업체 중에서도 매우 높은 위치를 차지하고 있다.

이 업체는 유통기한이 짧은 음식을 주로 생산하는 우수 업체와 손잡고 다양한 신상품을 출시해 상품 범위를 확장해 나가고 있다. 최근까지 이를 관리하는 작업은 많은 노동력을 요구했다. 예를 들어, 50개의 점포에 50개의 품목을 조정하기 위해서는 2,500개의 새로운 플래노그램이 필요했다. 이도 모든 점포가 정확히 똑같다는 가정 하에서다. 매주 310개의 매장을 관리하기 위해서는 80명~100명의 풀타임 플래노그래머를 필요로 했다.

SAS Retail과 함께 소매업체는 자동화된 플래노그래밍 시스템을 개발할 수 있었는데, 이는 매주 각 점포에 신선 식품의 진열을 가장 효과적으로 해줄 뿐만 아니라, 상품의 레이아웃과 고객만족도를 높일 수 있게 하였다.

Marks & Spencer SAS Retail 시스템은 각 점포에서 각 SKU별로 얼마나 많은 선반이 필요한지를 결정하여, 최적의 레이아웃을 계산해낸다. 동시에 시스템은 서로 다른 설비와 매장 레이아웃에서도 일관성을 유지한다.

자동화된 공간 계획을 함으로써, Marks & Spencer는 본부의 공간 계획 팀의 생산성을 향상하고, 점포 레이아웃과 상품 진열을 통제할 수 있게 되었다. 지금은 20명의 플래노그래머들 만으로도 주간 계획을 짜고, 일의 성과는 예전보다 더 향상되었다. 상품 진열은 더욱 더 효율적이고 일치된 방식으로 이루어지고, 고객들은 특정 상품을 더 쉽게 찾을 수 있게 되었다.

출처: Communication with SAS Retail.

영국의 Marks & Spencer는 공간 생산성을 최대화하는 레이아웃을 개발하기 위해 SAS Retail의 플래노그래밍 시스템을 사용한다.

매장의 뜨거운 곳과 차가운 곳 – 매장 내 통행이 많은 구역과 없는 구역 – 을 확인하기 위해, intelliVid는 이를 나타내는 지도를 만들었다. 매장 내 가장 뜨거운 구역(빨강)이 입구인 것에 주목하라. 너무 혼잡이 심한 곳은 고객들이 매장에 들어오는 것을 막는다. 통로진열대의 끝은 통행이 보통인 따뜻한 곳(연한 파랑)이다. 그 외의 구역들은 통행이 뜸한 매우 추운 곳(어두운 파랑)이다.

3) 가상 매장 소프트웨어

Kimberly-Clark은 망막 추적장치로 고객들의 시선을 기록하는 Virtual Store Software를 사용한다. 여기서 획득된 정보는 상품 개발 초기에 실생활 테스트를 할 필요없이 신상품 디자인과 진열에 대해 빠르게 파악할 수 있도록 해 준다.

상품을 어디에 진열할 것인지를 결정하고 고객들이 신상품에 어떻게 반응하는지를 테스트하는 또 다른 도구는, Kimberly-Clark가 고객들과 협력하여 사용한 혁신적 기술이다. 고객들은 망막 추적장치가 그들의 모든 시선을 기록하는 동안 매장의 통로를 보여주는 세 개의 스크린 앞에 서있다. 사이즈3의 Huggies 기저귀를 찾도록 지시하고, 고객들이 쇼핑 카트의 손잡이와 비슷한 손잡이를 밀면, 비디오는 마치 그들이 실제 통로 쪽으로 나아가고 있는 것처럼 보여준다. 빨간색 포장의 Huggies 기저귀를 발견한 고객은 손잡이를 오른쪽으로 돌린 후 버튼을 눌러 진열된 기저귀를 마주보고 무릎 꿇은 시점에서 손을 뻗어 스크린을 두드려 기저귀 박스를 가상의 카트에 담는다. 이러한 가상 쇼핑은 소매업체와 공급업체들이 개발 초기에 실생활 테스트를 할 필요 없이 신상품디자인과 진열에 대해 빠르게 파악할 수 있도록 해준다.

IV 비주얼 머천다이징

비주얼 머천다이징은 매장과 상품을 잠재고객의 주의를 끌 수 있는 방식으로 나타내는 것이다. 이 부분에서는 상품의 진열과 관련된 이슈를 살펴보고, 다음 부분에서는 매장 분위기의 감각적인 면에 대해 볼 것이다. 먼저 상품을 진열하는데 사용되는 걸이에 대해 살펴본 후 몇몇 상품의 진열방식에 대해 논의할 것이다.

1. 걸이(fixtures)

걸이의 주된 목적은 상품을 효과적으로 고정시키고 진열하는 데 있다. 동시에, 매장 사이의 경계를 나타내고, 고객들을 끌어들일 수 있는 효과가 있어야 한다. 걸이는 바닥이나 조명 뿐만 아니라, 점포전체의 이미지를 나타내는 서로 다른 물리적인 특성들과도 조화를 이루어야 한다. 예를 들어, 전통적이거나 역사적인 감각을 전달하고자 하는 점포의 고객들은 자연스럽게 플라스틱이나 금속 걸이 보다는 목재 걸이를 기대하게 된다. 돌, 아크릴 또는 금속이 섞여 있는 나무 상품은 전통적인 이미지를 현대화시킨다.

걸이는 무한히 다양한 스타일과 색상, 크기 및 질감으로 나타나지만, 몇가지 기본적인 유형들이 통상적으로 사용된다. 소매업체는 의류 상품을 진열할 때, 직선형 걸이(straight rack), 원형 걸이(rounder), 십자 걸이(four-way fixture)를 사용한다. 다른 상품들은 주로 곤돌라를 사용한다.

직선형 걸이(straight rack)의 긴 파이프는 바닥과 붙은 직선의 지지대로 유지되어 있거나 벽에 부착되어 있다(〈보기 18-6A〉 참조). 직선형 걸이는 옷을 많이 걸 수 있지만, 구체적인 스타일이나 색상을 드러내 보이기에는 미흡한 점이 있다. 고객들이 볼 수 있는 것은 겨우 소매나 바지가랑이 정도이다. 직

(A) Straight rack

(B) Rounder

(C) Four-way

(D) Gondola

선형 걸이는 의류 할인점에서 흔히 볼 수 있는 걸이 이다.

원형 걸이(rounder, bulk fixture 또는 capacity fixture라고도 알려짐)는 받침대를 기준으로 둥그렇게 놓여있는 원형의 걸이를 말한다(〈보기 18-6B〉 참조). 비록 직선형 걸이 보다는 작지만, 상품들을 최대한 많이 걸어 놓을 수 있도록 만들어졌다. 원형 걸이는 이동이 쉽고 상품을 보관하기에 효과적이기 때문에 대부분의 의류 점포에서 쉽게 찾아 볼 수 있다. 그러나 직선형 걸이와 마찬가지로, 고객들이 상품의 앞면을 볼 수가 없다는 단점이 있다.

십자 걸이(four-way fixture 또는 feature fixture)는 서로 직각으로 받쳐져 있는 두 개의 가로대로 되어 있다(〈보기 18-6C〉 참조). 이 걸이는 많은 양의 상품을 걸 수 있고, 고객들이 의상 전체를 볼 수 있도록 해준다. 그러나 원형 걸이나 직선형 걸이 보다 유지관리하기가 힘들다. 한쪽 갈래에 걸려 있는 물건들은 모두 비슷한 스타일과 색상이어야 한다. 그렇지 않으면 고객들에게 혼란을 줄 수 있다. 십자형 걸이는 진열에 적합한 특성을 갖고 있기 때문에, 주로 패션 지향적인 의류 소매업체에서 사용된다.

곤돌라는 여러 가지 용도로 다양하게 사용된다(〈보기 18-6D〉 참조). 통조림 식품에서 야구 글러브에 이르기까지 다양한 상품들을 진열하기 위해 식품 매장이나 할인점에서 광범위하게 사용된다. 곤돌라는 백화점에서도 타월이나, 시트 및 가정용품들을 진열할 때 사용된다. 옷도 접어서 곤돌라에 효율적으로 진열할 수 있다. 그러나 접어서 진열하기 때문에 고객들의 입장에서는 직선형에 비해 직접 구경해 보는 것이 어렵다고 느낀다.

2. 진열방법

진열방법에는 아이디어 지향적 진열, 스타일/품목별 진열, 색상별 진열, 가격대별 진열, 수직적 진열, 적재 진열, 전면 진열이 있다.

1) 아이디어 지향적 진열

일부 소매업체들은 점포의 인상이나 구체적인 아이디어에 기초하여 상품을 진열하는 아이디어 지향적 진열방식을 사용한다. 예를 들어, 여성의류가 매장의 전체적인 인상이나 아이디어를 표현하기 위해 진열되기도 한다. 가구 또한 방에 전시되어 실제로 가정에 놓으면 어떻게 보일지 미리 고객들에게 보여주기도 한다. 개별 품목들은 같이 사용되고 조합되는 품목들끼리 함께 진열되어 있다. 이러한 방식은 고객들이 다양한 보완품목들도 구매하도록 자극하는 것이다. Sony Style에서는 평면 티브이가 벽난로나 장식장 위에서 어떨지를 보여주는 미니 거실이 있다.

소비자 수요가 많은 Ralph Lauren Polo같은 브랜드는 앞부분에서 언급한 것과 같이, 부띠크 배치로 함께 진열되는 경우가 많다. 이는 동일한 업자가 만든 상품들이 서로 조화를 이룬다는 점에 있어서 아이디어 지향적인 진열방법과 유사하다. Liz Claiborne, St.John과 같은 일부 의류 제조업체들은 스타일과 색상을 맞추어 동일 상품들에 대한 판매를 촉진시키고, 상표에 대한 전반적인 이미지를 높이고 있다.

2) 스타일/품목별 진열

Benetton은 색상별로 상품을 진열한다.

아마도 가장 흔히 사용하는 상품 진열 방법은 스타일 또는 품목별 진열방법일 것이다. 할인점, 식품점, 하드웨어 점포와 드럭스토어는 거의 모든 상품을 스타일이나 품목별로 진열하고 있다. 의류 소매업체도 이 방법을 많이 사용한다. 고객들은 시리얼을 찾을 때, 한곳에서 모든 품목들을 보고 싶어하는 것이다.

사이즈 별로 상품을 진열하는 것은 너트와 볼트에서부터 의류에 이르기까지 많은 유형의 상품을 진열할 때 사용되는 일반적인 방법이다. 고객은 대체로 원하는 사이즈를 알고 있기 때문에 사이즈 별로 상품을 진열하면 찾기가 쉬워진다.

3) 색상별 진열

대담한 상품진열방법은 색상 별로 진열하는 것이다. 예를 들어, 여성의류 매장에서 겨울철 동안 하얀색의 여행용 의상만을 진열해 놓는다고 생각해 보자. 고객들은 겨울 휴가 동안에 입을 옷을 구매하기 좋은 장소로 그 매장을 떠올리게 될 것이다.

4) 가격대별 진열

가격대별 진열은 소매업체들이 한 범주 안에서 미리 정해진 몇몇 가격이나 가격대별 상품을 제공할 때 사용한다. 이 전략은 고객들이 원하는 가격대의 상품을 쉽게 찾을 수 있도록 배려하고 있다. 예를 들어, 남성용 와이셔츠들을 품질에 따라 49달러, 69달러, 99달러의 세 그룹으로 나누어 진열해 놓는 것이다.

Macy's 점포의 수건은 수직적 진열 방식을 사용한다.

5) 수직적 진열

상품 진열에 흔히 사용되는 또 다른 방법 중 하나는 수직적 진열 방법이다. 이 방법은 벽과 높은 곤돌라를 사용해서 상품을 수직으로 진열하는 방법이다. 고객들은 신문을 읽듯이 왼쪽에서 오른쪽으로, 위에서 아래로 상품을 훑어보면서 고르게 된다. 소매업체는 이러한 눈의 자연스러운 이동에 따라 효과적으로 상품을 진열할 수 있다. 소매업체는 이러한 눈의 움직임을 여러 가지 방식에 적용하고 있다. 식품매장에서는 제조업체 브랜드의 상품들을 시선높이에 진열하고, 자사브랜드 상품들은 그보다 낮은 높이에 진열해 놓는다. 이는 고객이 눈높이를 중심으로 아래로 훑어보는 경향이 있기 때문이다. 또한 소매업체들은 품목을 대담하게 굵은 수직의 띠 형태로 진열하기도 한다. 예를 들어, 어떤 백화점에서는 같은 색상의 수건들을 수직으로 길게 진열해 놓는다. 어떤 슈퍼마켓에서는 노란색과 오렌지색 Tide세제 상자들에 이어, 파란색 Cheer상자를 수직으로 진열하기도 한다.

6) 적재 진열

이름에서 알 수 있듯이, 적재 진열은 많은 양의 상품들을 한꺼번에 쌓아 두는 진열방법이다. 고객들은 "높이 쌓아 놓고, 날개 돋친 듯이 팔려나가게 하라"는 소매업계 격언처럼, 산더미처럼 쌓아놓은 상품의 가격은 저렴할 것이라고 기대한다. 그러므로 적재 진열 방법은 점포의 가격 이미지를 강화하는데 사용되곤 한다. 이러한 진열 개념을 사용하면, 상품 그 자체가 하나의 진열방식이 되는 것이다. 쌓아둔 상품들 자체가 고객들을 점포로 유인하기 때문이다. 예를 들어, 식품매장은 공휴일 전날에 곤돌라 한쪽 끝(end cap)에 여섯 팩 짜리 펩시 콜라를 잔뜩 진열해 놓곤 한다.

7) 전면 진열

상품을 효과적으로 진열함과 동시에 상품을 효과적으로 보관하는 것이 불가능할 때가 종종 있다. 그렇지만 상품을 많이 보이게 하는 것은 중요하다. 이 딜레마에 대한 한가지 해결책은 전면 진열 방법이다. 전면 진열방법이란 소매업체가 고객의 눈길을 끌기 위해, 가능하면 상품 전체를 노출하고자 하는 것이다. 책을 만드는 사람들을 예로 들면, 그들은 눈길을 끄는 표지를 만들기 위하여 많은 노력을 한다. 서점은 대체로 책의 옆 면만 보이는 진열을 하고 있다. 효과적인 진열을 하면서도 단조로움을 피하고 고객들의 주의를 끌기 위해, 게시판에 표지를 따로 떼어 붙이기도 한다. 의류매장에서도 고객들이 옷을 잘 볼 수 있도록 펼쳐서 진열하는 경우도 있다.

 분위기

분위기(Atmospherics)는 시각적 커뮤니케이션, 조명, 색상, 음악, 향기를 통해 고객들에게 제공되는 환경 디자인을 말한다. 이것은 궁극적으로, 인지적이고 감성적인 감각 기관들을 자극하여 고객의 구매 행동에 영향을 주기 위함이다. 많은 소매업체들은 분위기 개선이 점포설계와 상품의 다른 면들을 보충해주어 얼마의 이익을 볼 수 있다는 것을 알아냈다. 연구를 통해 적절한 향기와 적절한 음악과 같은 분위기 요소가 함께 어울리는 것이 중요하다는 것을 알 수 있다.

1. 조명

좋은 조명은 점포에서 단순히 공간을 밝히는 것 이상의 역할을 한다. 조명은 상품을 돋보이게 하거나, 공간을 연출하고, 느낌을 살려 점포의 인상을 좋게 만들 수 있다. 소매업체들은 기술적으로 개선된 조명으로 에너지를 절약할 수 있는 방법을 찾고 있다. 적절한 조명을 사용하는 것은 고객이 물건을 사는 데 긍정적인 영향을 준다고 알려져 왔다.

1) 상품 강조

적절한 조명 시스템은 점포 내에 흥미를 불러일으킨다. 동시에 조명은 상품이 정확한 색을 나타내도록 해야 한다. 예를 들어, Wal-Mart는 점포 지붕에 창을 만들어 채광이 가능하게 했다. 창을 추가하여 에너지비용을 줄이고, 하드웨어와 가정용품에 좋은 자연스러운 빛을 가져올 수 있었다. 그러나 의류의 경우에는, 고객들이 더 자세히 살펴 볼 수 있도록 인공조명을 사용하는 것이 더 좋다.

조명의 또 다른 중요한 용도는 특선품 구역이나 특별 상품에 스포트라이트를 집중시키는 것이다. 상품의 전략적인 판매에 초점을 맞추어 조명을 하면, 쇼핑객들의 시선을 끌면서 점포로 유인하는 효과도 얻을 수 있는 것이다. 예를 들어, Nike는 상품에 대조, 그림자주기, 강조하기를 많이 사용한다. 하지만 이러한 조명효과를 꼭 전체 건물에까지 사용할 필요는 없다.

2) 분위기 조성(mood creation)

대체로 미국의 전문점과 백화점은 따뜻하고 포근한 분위기를 연출하기 위해 백열등을 사용해 왔다. 점포 전체를 비추는 조명 시설을 줄이고, 강조 조명으로 상품과 디스플레이에 고객들의 관심을 집중시키도록 하였다. 전체적으로 희미한 조명을 비추면서 특정 장식물이나 특정 관심 분야를 두드러지게 부각시키는 방법은 마치, 누군가의 집인 듯한 느낌을 받도록 의도되었다.

Abercrombie & Fitch사의 Ruehl No. 925 과 Hollister 체인점들은 타운하우스나 서프샵(surfshop)과 비슷한 그들의 전체적인 분위기와 조화시키려고 매우 약한 빛을 사용한다. 반면에, 백화점과 대형마트 들은 전체적으로 더 밝게 조명하는 경향이 있다.

3) 에너지 효율적 조명

에너지가격이 인상될 수록 소매업체들과 고객들은 더 에너지에 민감하게 된다. 소매업체들은 에너지 비용을 줄이고, 더 생태적이 되는 방법을 찾고 있다. 점포의 조명은 분명한 에너지 소비원 중 하나이다. 점포들은 백열등에서 더 에너지 효율적인 형광등으로 교체하고 있다.

2. 색상

색상을 창의적으로 잘 사용하면, 소매업체의 이미지를 높일 수 있고 분위기도 조성할 수 있다. 따뜻한 색상(빨간색, 금색, 노란색)은 감성적이고 활기차고 강렬하고 활동적인 반응을, 차분한 색상(흰색, 파란색, 녹색)은 평화롭고 온화하고 잔잔한 효과를 낸다. 색상은 고객들의 문화에 따라 서로 다른 영향을 준다. 한 연구에 따르면, 프랑스계 캐나다인은 보다 따뜻한 색 장식에, 영국계 캐나다인은 보다 차분한 색상에 긍정적으로 반응한다.

3. 음악

음악 또한 색상이나 조명처럼 소매업체의 종합적인 분위기에 덧붙이거나 주의를 돌릴 수 있다. 하지만 다른 분위기 요소와 달리 음악은 쉽게 바꿀 수 있다. 예를 들어, JCPenney 는 얼마전 특정 음악이 특정시간에 연주되게 하는 새로운 시스템을 점포에 설치했다. 동부연안에 있는 점포들에 한정되어 있지만, 오전에는 재즈음악이 흐르게 할 수도 오후에는 어덜트 컨템포러리 음악이 흐르게 할 수도 있다. 이러한 선곡은 아침에는 노년층, 오후에는 35-40대층 고객이 대부분이라는 것을 JCPenney가 알아내어 반영한 것이다. 서부연안의 점포에서는 아침에는 모던락을, 오후에는 카리브해비트가 선호된다. 그리고 텍사스에서는 컨트리음악을 매일, 하루 종일 튼다. 또한, 이 업체는 인구통계를 이용해 히스패닉 인구가 많이 유입되는 지점에서는 라틴음악을 틀어주는 등 음악을 "지역별"로 나누었다. 전체 시스템은 택사스 주 플라노에 있는 본사에서 관리한다.

소매업체들은 음악을 이용하여 고객의 행동에 영향을 주기도 한다. 음악은 점포 내 통행 속도를 조절할 수 있고, 이미지 창출 및 고객을 유인하거나 고객의 주의를 끌 수도 있다. 예를 들어, 영국의 한 장난감 점포는 "Baa Baa Black Sheep"과 같은 어린이 노래를 긴장을 풀어주는 클래식 음악으로 바꾸자 매출이 10% 뛰어오른 것을 보았다. 매니저는 어린이들이 상품의 고객일지라도 상품을 구매하는 것은 어른이라는 것을 깨달았다. 일반적으로 느린 음악이 효과가 있는데, 클래식과 다른 부드러운 음악을 섞어 틀면 구매자들의 속도를 늦추고, 긴장을 풀게 하여, 상품에 긍정적인 눈길을 주도록 유도한다.

4. 향기

대부분의 구매결정은 감정에 좌우된다. 그리고 향기는 행복, 배고픔, 불쾌함, 그리움과 같은 우리의 감정에 큰 영향을 준다. 향기는 음악과 함께 충동구매 행위와 고객만족에 긍정적인 자극을 준다. 자연스럽게 만들어내는 향기는 향기가 없는 점포에 비해 더 좋은 인식을 준다. 향기 나는 점포에 온 고객들은 향기 없는 점포에 온 사람들보다 적은 시간이 지났다고 생각한다. 향기를 사용하는 점포는, 고객들이 물건을 살펴보거나 판매도움을 기다리거나 계산하고 나가는데 적은 시간을 쓴다고 느끼게 만듦으로서, 고객의 주관적인 쇼핑경험을 개선시킬 것이다.

Bloomingdale's는 매장마다 서로 다른 에센스를 사용한다. 아기용품 점포에는 아기파우더, 수영복 점포에는 자외선차단로션, 여성용 속옷 점포에는 라일락 에센스, 휴가철에는 계피나 소나무향기를 사용한다. 고급셔츠 판매자인 Thomas Pink는 매장 안으로 깨끗하고 방금 다림질한 셔츠의 냄새를 흘려 보낸다. L'Occitane 화장품 매장에는 라벤다 에센스가 부드럽게 퍼진다. William-Sonoma 주방용품매장에서는 빈번한 요리시연으로부터 나오는 냄새가 고객들이 요리하고 구매하는 분위기에 빠지도록 한다. 심지어 Sony Style 매장에서는 휴가철 동안 나무 태우는 화로 위에 끓이는 계피나뭇가지 향을, 평소에는 귤과 바닐라 향을 적용했다. KB Toys는 크림시클(Creamsicle), 솜사탕, 어린이용 찰흙(Play-Doh)의 향기를 시험해 보았는데, 몇몇 고객들은 그 향기들을 짜증스럽게, 심지어 어떤 고객은 냄새가 알레르기와 천식을 악화시킨다고 여겼다.

5. 즐거움 제공하기

REI, Build-A-Bear Workshop, Bass Pro Shops, Barnes & Noble과 같은 소매업체들은 그들의 점포를 연극의 한 장면처럼 연출해서 재미난 쇼핑환경으로 만들려는 시도를 하고 있다. 바닥과 벽을 무대와 배경으로 구성하고, 조명, 비품, 진열방법 등이 소도구이고, 상품들은 공연으로 표현한다. 점포에서 이러한 극적인 경험을 창출하여 소매업과 오락을 결합시켰다. 대조적으로 Costco, Home Depot와 같은 소매체인은 최소의 요소로 창고형 클럽을 성공적으로 운영하고 있다.

신나고 재미있는 점포환경을 제공함으로써, 고객이 점포를 더 빈번하게 애용하고, 더 많은 시간과 돈을 사용하게 되는가? 이 질문에 대한 대답은 "상황에 따라 다르다"이다.

점포 환경의 영향은 고객의 쇼핑목표에 달려있다. 두 가지의 기본적 쇼핑 목표가 있는데, 취업면접을 위한 새 정장 구매 같은 과업완성(task completion)과, 쇼핑몰에서 친구와 거닐면서 토요일 오후를 사용하는 오락(recreation)적 목표로 나뉜다. 고객이 내재적으로는 보람없는 일이라고 여기는 일을 위해 쇼핑을 할 때, 그들은 마음을 진정시키는 차분한 환경(느린 음악과 희미한 조명과 파란색/녹색 색상과 같은 단순한 분위기)을 선호한다. 하지만, 고객이 진정으로 보람 있는 활동과 재미를 위해 쇼핑하러 갈 때, 그들은 즐거운 분위기를 원한다(빠른 음악과 밝은 조명과 빨간색/노란색 색상과 같은 복잡한 환경).

이는 소매업체에게 어떤 의미인가? 소매업체들은 점포환경을 설계할 때, 고객들의 대표적인 쇼핑 목표를 고려해야 한다. 예를 들면, 식료품과 잡화 쇼핑은 보통 불쾌한 과업으로 인식된다. 그러므로 슈퍼마켓은 차분한 색상으로 디자인 되어야 하고, 느린 배경음악을 사용해야 한다. 반면, 인기의류 쇼핑은 보통 즐거운 일로 인식된다. 그래서 의류 소매 할인점의 자극적인 환경은 고객의 쇼핑행동에 긍정적으로 작용할 것이다.

환경에 의해 야기된 흥미유발의 수준은 점포마다 달라질 수 있다. 예를 들어, 프린터 카트리지나 배터리 쇼핑처럼 전형적인 과업수행을 목적으로 하는 고객을 수용하는 부속품 판매점에서는, 전자소매업체의 고객에게 자극이 낮은 환경을 조성한다. 반대로, 더 즐거움을 추구하는 쇼핑고객이 보통 방문하는 가정용오락기기 매장에서는 높은 자극 환경을 만들 수 있다.

마지막으로, 소매업체들은 고객의 쇼핑 목적에 따라 그들의 웹사이트 형태를 다양화 할 수 있다. 예를 들어, 한 연구는 Amazon이 이것저것 둘러보고 있는 고객에게는 다양한 매체가 있는 복잡하고 높은 자극의 웹사이트를, 특정 책을 찾는 소비자에게는 더 단순하고 자극이 낮은 사이트를 제시해야 한다고 제안하였다. 다음 부분에서는 점포와 웹사이트 설계의 몇몇 유사성에 대해 다룰 것이다

웹사이트 디자인(WEB SITE DESIGN)

물리적 점포에서의 좋은 디자인 원리들은 모두는 아니어도 상당 부분을 웹사이트에 적용할 수 있다. 다음의 예들을 살펴보자.

1. 단순성의 문제

좋은 점포 디자인은 구매자가 난잡한 물건에 방해 받지 않고 자유롭게 이동하게 한다. 잘 분류해서 고객에게 공급하는 것과, 너무 많은 상품으로 고객을 혼란스럽게 하는 것에는 작은 차이가 있다.

웹사이트에서도 비슷하게, 사이트의 각 페이지마다 가능한 모든 상품을 언급하는 것은 필요치 않다.

고객의 필요에 딱 맞춘 제한된 선택만 노출시킨 후, 관련 상품이나 대안적인 분류들의 연결(link)만 제공하는 것이 좋다. 고객이 헤맬 경우를 대비해서, 현재위치안내(navigation headings)들과 검색엔진 창(a search engine feature)을 각 페이지마다 포함시키는 것 역시 중요하다. 가상세계의 검색 창은 물리적 세계에서는 즉시 연락할 수 있는 판매 사원(sales associates)을 가진 것과 비슷하다. 또한 검색창은 적을수록 좋다. 각 페이지마다 적은 수의 표준 연결들(standard links)을 두어, 사용자들이 그 사이트의 탐색구조를 더 잘 배울 수 있도록 할 수 있다.

2. 근접성 높이기

어떤 점포가 적절히 디자인 됐다면, 고객은 그들이 원하는 것을 쉽게 찾을 수 있어야 한다. 고객이 자주 함께 구매하는 상품은 종종 같이 진열된다. 예를 들면, 우산은 우비와 함께, 음료는 스낵과, 토마토 소스는 파스타와 함께 전시 된다. 고객이 웹사이트를 돌아다니도록 하는 한 방법은 사이트의 다른 부분으로의 연결(link)을 사용하는 것이다. 웹사이트의 내부연결을 구축할 때, 아래의 것들과 연결되어야 한다.

- 비슷한 가격의 상품들
- 상호 보완적인 상품들
- 구매 목적 유사 상품들(예, 고객이 덜 가공된 씨리얼을 찾는다면, 유기농 상품으로 연결)
- 제시된 상품의 다른 버전(예, 고객이 빨간 블라우스를 보고 있다면 노란색의 같은 블라우스)

3. 사용자 편의성 높이기

점포는 고객들이 쉽게 상품들을 볼 수 있고 사인들을 읽을 수 있게 설계되어 있다. 그리고 점포에서는 만약 조명이 좋지 않거나 사인들이 읽기에 너무 작다면, 이를 더 잘 살펴보기 위해 움직일 수 있다. 그러나 인터넷상의 고객들은 이런 유연성이 없다. 웹 디자이너들은 잠재적 방문자들이 완전한 시각을 가지고 있지 않다고 가정해야 한다. 그들은 현실적인 색감과 선명도를 위해 노력해야 한다. 인터넷 채널을 사용하는 몇몇 소매상들은 다양한 측면에서 상품을 흥미롭게 보이도록 하는 방법을 개발해 왔다(예, www.landsend.com).

4. 웹사이트를 점포와 혼합하기(blend the website with the store)

고객이 점포에서 겪은 것과 같은 만족스러운 경험을 웹사이트에서도 갖게 된다는 점을 고객에게 시각적으로 다시 보증하는 것은 중요하다. 효율적으로 탐색할 수 있도록 디자인된 전자상품 사이트라도, 여전히 웹사이트와 점포 모두에 공통적인 요소들이 있어야 한다. 예를 들면, www.tiffany.com과 www.officedepot.com은 매우 다른 종류의 사이트이지만, 각 사이트는 그들의 점포와 비슷한 모습과 느낌을 갖는다.

5. 우선순위 선정

모든 상품이 "이것을 사! 아니야, 이것을 사!"라고 말하는 것처럼 모든 것이 눈에 띄는 매장은 성가시게 된다. 반면 너무 평범한 매장은 그 상품들조차도 지루하게 보일 수 있다. 상품 진열과 위치에 대해 우선순위를 설정하는 것은 물리적 점포에서처럼 확실히 웹사이트에서도 중요하다. 많은 인터넷 사이트들의 일반적인 실수는 과도하게 색상, 동작효과, 깜빡임 효과, 그림을 사용하여 모든 것을 지나치게 강조한다는 것이다. 만약 모든 것을 똑같이 강조한다면, 그것은 아무것도 강조하지 못하는 것과 같다. 너무 단조로운 상태도 문제이다. 사이트는 고객이 바라는 어디로나 갈 자유를 보증하면서, 고객이 가장 중요하고 도움되는 선택을 하도록 조언을 주고 안내하도록 설계되어야 한다. 가장 중요한 품목이나 범주는 신문처럼 더 큰 제목과 더 눈에 띄는 위치에 주어져야 한다.

6. 레이아웃의 유형(type of layout)

슈퍼마켓과 할인점 같은 점포는 기능적으로 배치된다. 그들은 상품을 위치시키기 쉽게 만들기 위해 격자형 디자인을 사용한다. 백화점이나 서점과 같은 매장에서는 둘러보는 분위기를 조성하기 위해 조금 더 느슨한 배치를 사용한다. 구매자의 일반적 동기부여에 들어맞는 적절한 배치를 선택하는 것이 요령이다.

여기서 점포 배치와 웹사이트 배치가 구분된다. 많은 다채널 고급소매업체들은 인터넷진출 초창기에는 화려하고 복잡한 디자인을 시도하였다. 그렇지만 대부분은 시간이 지남에 따라 그들의 오프라인 매장의 배치보다 훨씬 더 간단하고 실용적인 웹사이트 디자인을 채택했다(예를 들어 www.polo.com, www.neimanmarcus.com, and www.bloomingdales.com 를 보라). 웹에서 쇼핑을 할 때 고객들은 속도, 편리성, 그리고 탐색의 용이함에 흥미를 느끼므로, 화려한 그림은 필요치 않다.

점포 설계자들은 또한 수많은 점포들 중에서도 그들의 점포가 다르게 보이도록 노력한다. 그렇지만 웹사이트는 고객의 흥미를 유지하는 동시에, 관행에 기초한 기본적인 편리함도 제공해야 한다. 웹사이트 이용자들은 대부분의 시간을 '다른' 사이트에서 보내고, 그곳에서 대부분의 사이트가 어떻게 운영되는지에 대한 기대를 형성한다.

웹사이트 디자인에 대한 결정을 내릴 때, 훌륭한 디자이너들은 인터넷에서 가장 방문자수가 많은 사이트를 보고, 그들이 정보를 어떻게 체계화하는지 살펴본다. 만약 90% 이상의 대형 사이트들이 같은 방법으로 한다면, 그것은 사실상 표준이다.

7. 결제하기

물리적 점포들은 계산대의 긴 줄이 위험하다는 것을 알고 있다. 그리고 몇몇 점포들은 이 장의 앞부분에서 다룬 대로 이 문제를 완화시키려는 노력을 해왔다. 계산대 앞에서 버려지는 카트의 문제는 인터넷 사이트에서는 더욱더 심각하다. 대략적으로 온라인 고객의 반정도는 계산 절차 동안 그들의 구매를 포기한다. 이는 온라인 소매상들이 놓쳐버린 수입에서 가장 큰 원인 중에 하나이다. 다음은 버려진 온라인 카트 문제를 감소시키기 위한 몇 가지 조언이다.

- **명확하고 간단해 보이는 절차를 만들어라** 고객이 계산 절차에서 무엇을 기대해야할지, 얼마나 걸릴 것인지, 고객이 제공해야 하는 세부사항은 무엇인지 확인하라. 고객들은 숨겨진 요금이나 배송비용을 싫어한다. 그러므로 이러한 정보를 절차의 초반에 명확히 제시하라. 계산절차를 진행하는 동안 가시적인 사인을 주는 것 또한 도움이 된다.
- **계산 과정을 고립시켜라** 고객이 집중할 수 있도록 계산 절차의 구체적인 단계 이외에는 사이트의 어떤 다른 연결(link)도 제거하라. 일단 계산 영역에 들어서면 고객이 갈수 있는 곳은 오직 한 곳만 있어야 한다. 바로 구매확정이다.

- **정보손실의 위협 없이 통행 가능한 절차를 만들어라** 고객들은 계산하는 절차 중에 정보를 변경할 필요가 있을 수도 있다. 이미 입력한 세부사항의 어떤 것도 잃지 않으면서 고객이 단계의 앞뒤로 가는 것이 가능하게 만들어야 한다. 이는 고객이 계산과정에서 실망하는 것을 최소화 하기 위해 꼭 필요하다. 누르면 저장되는 뒤로가기 버튼은 이 기능을 달성하는 좋은 방법이다. 또한 브라우저의 뒤로가기 버튼누르기는 고객 정보를 잃게 하므로, 이에 대한 대안을 제공하는 것도 좋은 방법이다. 계산과정 중에 브라우저의 사용을 가능하게 하면서 여전히 정보를 잃지 않도록 하는 것은 훨씬 더 좋은 방법이 될 것이다.
- **계산 절차에 신뢰를 강화하라** 서버보안과 제3자 검증 로고의 사인를 명확히 하라. 기업의 상세주소와 전화번호 역시 항목과 조건, 배송, 지불규정에 대한 정보 연결과 더불어 공급되어야 한다.

요약 _Summary_

점포 설계의 목표는 (1) 소매업체의 전략을 수행하고, (2) 고객의 구매행동에 영향을 주며, (3) 점포 공간에 유연성을 제공하고, (4) 설계 및 유지 비용을 조절하면서, (5) 법적 요건을 준수하는 것이다.

일반적으로, 점포를 설계할 때 이 모든 목적들을 성취할 수는 없다. 그래서 매니저들은 편의를 제공하는 것과 탐색을 장려하는 것 같은 목적들 사이에서 균형을 유지해야 한다.

점포에서 고객을 안내하는 기본적인 디자인 요소들은 배치, 사인물(signage), 특선품 구역이다. 좋은 배치는 고객이 상품을 찾거나 구매하는데 도움을 준다. 소매업체가 흔히 사용하는 몇 가지 배치방법에는 격자형, 경주로형, 자유형이 있다. 격자형 설계는 식료품점이나 약국처럼 고객이 점포 전체를 둘러보는 곳에 가장 좋다. 경주로형 설계방법은 백화점같이 크고 고급인 점포에서 흔하다. 자유형 설계는 대개 작은 전문매장이나 여러 매장들이 모여 있는 큰 점포에서 볼 수 있다.

사인물(signage)과 그래픽은 고객이 특정 상품과 매장의 위치를 찾는데 도움을 주고, 상품에 대한 정보를 제공하고, 특정 품목이나 특별 구매를 제안하는 역할을 한다. 이 외에도 포토 패널 같은 그래픽을 통해 점포의 환경과 이미지를 향상시킬 수 있다. 디지털 사인물(signage)은 기존방식인 프린트 사인물(signage)에 비해 유리한 점이 있지만, 초기 고정비용이 이 기술의 채택을 더디게 만들고 있다. 특선품 구역은 고객의 관심을 끌기 위해 설계된 구역이다. 이 구역에는 자유진열대, 엔드매대, 판촉통로나 판촉구역, 진열창, 계산대, 매장입구, 벽이 포함된다.

공간 관리를 위해서는 두 가지 결정사항이 필요하다: (1) 각 매장과 브랜드에 대한 공간 할당, (2) 점포 내 매장들의 위치. 소매업체들이 매장과 브랜드들에 어느 정도의 면적이나 선반공간을 배분할 것인지를 결정할 때 몇 가지 고려해야 할 사항들이 있다: (1) 할당된 공간의 생산성, (2) 상품의 재고회전율, (3) 점포 매출에 대한 영향, 그리고 (4) 상품진열의 필요성 정도이다. 할당공간의 생산성을 평가할 때, 소매업체들은 보통 단위면적당 매출 또는 단위길이당 매출을 사용한다.

상품범주의 위치 또한 고객이 점포를 어떻게 둘러볼 것인지를 결정하는 데 역할을 한다. 전략적으로 충동구매 상품과 수요/목적 상품을 점포 구석구석에 배치하여, 고객이 점포 전체를 둘러보고, 고객의 관심을 판매에 가장 이익이 되는 상품으로 집중시킬 기회를 늘릴 수 있다. 소매업체들은 매장을 배치할 때 전형적인 구매자의 쇼핑패턴을 고려해야 함을 인식하고 있어야 한다.

소매업체들은 고객의 구매행동에 영향을 주기 위해 조명, 색상, 음악, 향기 등 다양한 형태의 분위기를 이용한다. 이런 분위기 요소를 활용하여 과업 지향적 구매자(task-oriented shoppers)를 위해 차분한 환경을, 오락를 지향하는 구매자(recreational shoppers)를 위해서는 즐거운 환경을 제공할 수 있다. .

많은 경우, 소매업체의 웹사이트는 물리적 점포와 다르지만, 물리적 점포에 적용될 수 있는 좋은 설계 원리들은 웹사이트에도 적용될 수 있다.

핵심용어

분위기(atmospherics)	충동구매 상품(impulse product)
부티크 배치(boutique layout)	경주로형 배치(loop)
원형 걸이(bulk fixture)	플래노그램(planogram)
계산대(cash wrap)	계산대(point-of-purchase counter)
계산 구역(checkout area)	상품 돋보이게 하기(popping the merchandise)
수요/목적 상품(demand/destination merchandise)	가격대별 진열(price lining)
디지털 사인물(digital signage)	판촉 통로 혹은 구역(promotional aisle or area)
엔드 매대(end cap)	경주로형 배치(racetrack layout)
특선품 구역(feature area)	원형걸이(rounder)
걸이(fixture)	단위면적당 매출(sales per linear foot)
십자 걸이(four-way fixture, feature fixture)	단위길이당 매출(sales per square foot)
자유형 배치(free-form layout)	직선형 걸이(straight rack)
자유진열대 진열(freestanding display)	적재 진열(tonnage merchandising)
전면 진열(frontal presentation)	수직적 진열(vertical merchandising)
곤돌라(gondola)	비쥬얼 머천다이징(시각적 상품기획)
격자형 배치(grid layout)	(visual merchandising)
아이디어 지향적 진열(idea-oriented presentation)	

현장학습

1. 계속되는 사례 과제: 계속과제로 선택한 소매업체의 물리적 점포에 방문하여 점포의 배치, 설계, 적용된 비쥬얼 머천다이징 기술(visual merchandising techniques)을 평가하라. 그리고 다음 질문에 답하라.

   (a) 일반적으로 그 점포의 배치, 디자인, 비쥬얼 머천다이징 기술이 점포 외관과 위치에 일관되게 사용되는가?

   (b) 점포의 분위기가 진열된 상품과 고객의 기대에 부합하는가?

   (c) 그 점포가 다시 설계될 필요가 있다고 보는가?

   (d) 점포의 배치와, 설계, 판촉 기술이 어느 정도로 유연한가?

   (e) 조명에 주목해보라. 상품을 돋보이게 하고, 공간을 구성하고, 분위기를 끌어내고, 불필요한 부분을 보정하는데 잘 활용되었는가?

   (f) 그 점포는 색상, 음악, 향기와 같은 분위기 요소를 어떻게 이용했는가? 이 요소들의 사용이 점포의 표적고객에게 적합한가?

   (g) 비품들은 상품과 전체적인 점포 환경에 어울리는가? 또한 그것들은 유연성이 있는가?

   (h) 그 점포의 사인물(signage)에 대해 평가하라. 사인물(signage)이 상품판매에 효과적으로 활용되는가?

   (i) 그 소매업체는 상품판매를 촉진시키기 위해 어떠한 극적 효과를 사용해 왔는가?

(j) 그 점포 배치는 사람들을 끌어오는데 도움을 주는가?

(k) 그 소매업체는 특선품 구역에서 상품을 판매하는 기회의 이점을 취해 왔는가?

(l) 그 점포는 창조적으로 벽공간을 사용하는가?

(m) 그 점포는 어떤 종류의 배치를 사용하는가? 점포에 적절한 종류인가? 다른 종류의 배치가 더 적절할 수도 있는가?

(n) 공간 생산성이 어떻게 평가되는지 점포 관리자에게 물어보라(예, 단위면적당 이익). 더 좋은 방식이 있는가?

(o) 어떤식으로 상품마다 공간을 할당하는지 관리자에게 물어보라. 비판적으로 그 답변에 대해 평가하라.

(p) 플래노그램을 사용하고 있는지를 관리자에게 물어보라. 만약 그렇다면 플래노그램을 구성할 때 어떤 요인이 고려되었는지 판단해보라.

(q) 점포 내 매장들이 가장 적절한 곳에 위치에 있는가? 당신이라면 어떤 매장들을 옮기겠는가?

(r) 소매업체는 어떤 방법으로 상품들을 정리해 왔는가? 가장 좋은 방법이었는가? 다른 적절한 변화를 제안하라.

2. 당신이 좋아하는 다채널 소매업체의 인터넷 사이트에 가보라. 그리고 단순성, 탐색의 용이성, 가독성, 사용된 색상, 브랜드 이미지의 일관성, 오프라인 점포와 비교한 가격과 상품의 일관성, 계산절차, 상품을 받기까지 걸리는 시간, 메일에 답변할 때 걸리는 시간을 평가하라.

3. ACNielsen(www2.acnielsen.com/site/index.shtml)의 홈페이지를 방문하라. "solutions"를 클릭하고 "by product"로 정렬하고 "assortment and in-store space"를 클릭하라. 소매 측정 상품 "Shelfbuilder", "Spaceman"에 대해 읽어라. 소매업체들은 시각적 효과, 소비자의 구매 패턴, 재정적 수익 가능성의 면을 고려하여, 신상품의 선반진열을 결정하기 위해 어떻게 플래노그램을 사용할 수 있는가?

4. www.visualstore.com을 방문해서 비쥬얼 머천다이징(visual merchandising)의 최근 경향에 대한 리스트를 작성하라.

5. Envirosell(http://envirosell.com/index.php)와 IntelliVid(www.intellivid.com)의 홈페이지를 방문하라. 각 마케팅 연구 컨설팅회사가 소비자 정보를 수집하는 것이 어떤 식으로 소매업체의 점포 배치, 설계, 비쥬얼 머천다이징에 도움이 되는가?

토의 질문 및 문제 — *Discussion Questions and Problems*

1. 가장 빠르게 성장하는 인구층 중에 하나는 60세 이상의 연령그룹이다. 그러나 이 고객들은 시력, 청력, 그리고 이동이 제한적일 수 있다. 어떻게 소매업체들이 노년층의 필요를 염두에 두어 점포를 설계 할 수 있을까?

2. 당신이 지역 할인점의 면적과 공간 생산성을 측정하는 자문으로 고용되었다고 가정해보자. 6장과 12장을 보고 어떤 도구와 비율을 이용하여 상황을 분석할지 결정하라.

3. 점포 배치를 위해 사용될 수 있는 기타의 설계유형에는 무엇이 있는가? 왜 어떤 점포에는 특정 설계유형이 더 적합한가?

4. 일반적으로 말해, 입구 근처나 주요 통로, 다층 점포의 1층에 위치한 매장은 최대의 수익을 창출할 수 있는 잠재력이 있다. 어떤 추가적인 요인이 매장의 위치 결정에 도움을 주는가? 각 요인들의 예를 제시하라.

5. 한 백화점이 증축 공사를 하고 있다. 가구 매장의 관리자는 이 새로운 공간이 가구 매장에 할당 되도록 부사장을 설득하고 있다. 남성 의류 매장 관리자 또한 그 공간을 얻으려 하고 있다. 각 관리자들이 설득의 근거를 제시할 때, 어디에 주안점을 두어야 하는가?

6. 대형 백화점의 관리자로서 당신은 ADA를 준수할 책임이 있다. 하지만 당신의 성과평가는 최종 이익에만 달려있다. 어떻게하면 매출손실 없이 당신의 점포로 장애인들의 접근성을 높이는 대책을 마련할 수 있을까?

7. 웹사이트 디자인과 오프라인 점포 설계를 할 때, 비슷한 점과 다른 점이 무엇인지 설명하라.

8. JCPenney, Kohl's와 같은 점포의 경우 집중된 계산대와 각 매장별 계산대가 갖고 있는 장단점은 무엇인가?

9. 대부분의 백화점은 1층 쇼핑몰 입구에 화장품 판매대를 위치시킨다. 왜 이곳이 다른 위치에 비해 선호되는지 설명하라.

10. 만약 당신이 남녀 모두를 대상으로 하는 의류매장의 관리자라면, 아래 표의 상품 종류들을 매장 내 어느 곳에 위치시킬지를 결정할 때 단위면적 당 매출에 대한 정보를 어떻게 활용할 것인가?

ICSC RESEARCH - 월간 상품 목록	
비고정 매장 임차	
범주	평방피트 당 매출
여성 의류	$25
여성 액세서리	$47
남성 의류	$25
아동 의류	$23
여성 신발	$34
남성 신발	$39
아동 신발	$27

11. 당신이 과거에 가봤을 법한 다음 유형의 소매 형태에 대해 생각해 보자. : 할인점, 백화점, 사무용 품점, 식료품점, 의류전문점, 선물가게. 어떤 소매형태가 점포의 이미지와 가장 잘 어울리는 사인 물(signage)과 그래픽을 사용하였는지, 반면 어떤 소매 형태가 점포의 배치, 설계, 비쥬얼 머천다이 징 양상을 향상시켜야 하는지 설명하라. 소비자로서 보았을 때, 사인물(signage)과 이미지가 잘 조화된 전략을 실행하고 있는 점포의 어떤 점이 특히 인상적이었는가?

추가로 읽을 자료들

Suggested readings

Burt, Steve; UlfJohansson; and Åsa Thelander. "Retail Image as Seen through Consumers' Eyes: Studying International Retail Image through Consumer Photographs of Stores." *International Review of Retail, Distribution & Consumer Research* 17, no. 5 (2007), pp. 447-67.

Chung, Chanjin; Todd M. Schmit; Diansheng Dong; and Harry M. Kaiser. "Economic Evaluation of Shelf-Space Management in Grocery Stores." *Agribusiness* 23, no. 4 (2007), pp. 583-97.

Dean, Corrina. *Inspired Retail Space: Attract Customers, Build Branding, Increase Volume.* Rockport, ME: Rockport Publishers, 2005.

Diamond, Jay, and Ellen Diamond. *Contemporary Visual Merchandising and Environmental Design.* 4th ed. Upper Saddle River, NJ: Prentice Hall, 2006.

Greely, Dave, and Joe Cataudella. *Creating Stores on the Web.* Atlanta: peachpit Press, 1999.

Kalchteva, Velitchka, and Barton Weitz. "How Exciting Should a Store Be?" *Journal of Marketing,* Winter 2006, pp. 34-62.

Kent, Tony, and Dominic Stone, "The Body Shop and the Role of Design in Retail Branding." *International Journal of Retail & Distribution Management* 35. no. 7 (2007), pp. 531-43.

Lam, Shun Yin and Avinandan Mukherjee. "The Effects of Merchandise Coordination and Juxtaposition on Consumers' Product Evaluation and Purchase Intention in Store-Based Retailing." *Journal of Retailing* 81, no. 3 (2005), pp. 231-45.

Mostaedi, Arian. *Cool Shops.* Singapore: Page One, 2004.

Underhill, Paco. *Call of the Mall.* New York: Simon and Schuster, 2004.

Underhill, Paco. *Why We Buy. The Science of Shopping.* New York: Simon and Schuster, 2000.

memo

Chapter nineteen 19

고객 서비스

Question
- 소매업체는 소비자에게 어떠한 서비스를 제공할 수 있는가?
- 고객 서비스는 어떻게 경쟁력을 제고시킬 수 있는가?
- 고객들은 소매업체의 서비스를 어떻게 평가하는가?
- 소매업체가 양질의 서비스를 제공하는데 있어 저해요소는 무엇인가?
- 소매업체가 고객 서비스를 개선시킬 수 있는 방안은 무엇인가?

여러분이 인터넷으로 디지털 카메라를 검색한다고 가정해보자. RealCheapCamers.com(www.realcheapcameras.com)이라는 가상적인 사이트에 접속하여, 찾고 있는 브랜드나 모델의 이름을 입력한다. 그리고 배송료가 포함된 견적가와 더불어 신용카드 번호와 주소를 기입한다. 그러나 다른 방법으로, 여러분이 www.circuitcity.com 사이트를 방문하면, 당신은 상품을 구매하고, 다른 카메라에 대한 사양을 볼 수 있고, 여러 종류의 카메라에 대한 전문가와 다른 고객들의 리뷰도 훑어볼 수 있다. 그리고 당신은 매장에 가서 카메라를 직접 보고, 매장 직원으로부터 카메라에 대한 추가 정보를 듣고, carrying case와 추가 메모리 카드 등 액세서리도 구매할 수 있다. Circuit City는 Real Cheap Cameras에서는 제공하지 못하는 서비스를 고객들에게 제공한다.

고객 서비스(Customer Service)란 소매업체가 소비자로 하여금 구매하는 일을 더욱 보람있고 알차게 만들 수 있게 도와주는 일련의 활동과 프로그램을 말한다. 이러한 제반 활동은 소비자들이 상품에서 느낄 수 있는 가치와 이들이 구매하는 서비스를 증진시키게 된다. Retailing View 19.1은 드럭스토어나 할인점 등에서 제공되는 새로운 건강 서비스에 대해 소개하고 있다.

몇몇 서비스는 소매업체의 매장 디자인이나 웹사이트, 혹은 소매업체가 정한 방침 등에 의해서도 제공된다. 그러나, 이번 장은 고객과 직접적으로 연계된 판매원이 제공하는 가장 중요한 개별 서비스에 초점을 맞추도록 한다.

본 장은 고객 서비스를 통한 전략상의 우위를 확보하기 위해 소매업체가 취할 수 있는 방법들을 논의한 후, 어떤 식으로 소매업체가 양질의 서비스를 제공하여 이를 이용해 나가는지 살펴볼 것이다.

Refact

쇼핑 카트(shopping cart)는 1937년 Oklahoma시의 Humpty-Dumpty 점포에서 처음으로 소개되었다.

Refact

'service'라는 단어는 노예라는 의미의 라틴어인 'service'에서 유래되었다.

소매업체가 건강 관리 서비스 (Health Care Service)를 제공한다.

고객들에게 원스톱 건강 관리 솔루션을 제공하기 위해서, Rite Aid 점내 Take Care Clinics을 열고 있다.

고객들에게 원스톱 건강 관리 솔루션을 제공하기 위해서, 드럭스토어와 할인점 체인들이 점내 건강 클리닉을 열고 있다. 클리닉들은 고객들에게 후두염 검사, 물리치료 그리고 독감주사 접종 등 일상적인 의료 서비스를 빠르게 제공한다. 진료비는 25달러에서 99달러 사이이며, 사전 예약이 필요 없고, 저녁 시간과 주말을 포함하여 약국의 운영 시간에 맞추어 진료를 하고 있다. 비용을 낮추기 위해 법적으로 환자를 치료할 수 있고, 처방전을 쓸 수 있는 전문 간호사(nurse practitioners)를 고용하고 있다.

클리닉은 다양한 고객층을 타겟으로 하는데, 주말에 아이가 갑자기 아픈데 진료 예약을 하지 못한 부모부터, 근무 시간에는 너무 바빠 처방전을 기다릴 수 없는 전문직까지, 매우 다양하다. 클리닉의 처방전으로 약을 받고, 또한 다른 아이템을 사가는 고객들로 인해 소매업체 내의 약국도 매출이 오르고 있다.

예를 들어, Minneapolis에 사는 Terri Whitesel은 벌레에 물리고 나서 알레르기성 반응이 나타났다. 그녀는 근무 시간 도중에 Target에 있는 MinuteClinic으로 달려갔다. "나는 의사를 만나기 위해 정말 아픈 사람들 사이에 둘러쌓여 기다릴 필요가 없었어요,"라고 Whitesel은 말했다. 전문 간호사는 다른 환자들로 바빴지만, Whitesel은 그녀의 이름을 적은 후 접수처에서 무선호출기를 받은 다음, 5분 뒤에 그녀의 차례가 올 때까지 생일 카드를 둘러보았다. 진료는 15분도 채 걸리지 않아 끝났으며, 그녀는 염증약 처방전을 받아 나왔다.

클리닉은 상당한 비용을 절약시켜주기 때문에 건강 보험자들의 지지를 받고 있다. 일반 병원에서 일반적인 질병으로 진료를 받을 때 110달러가 드는데 반해, 클리닉에서는 60달러 이하로 진료를 받을 수 있다. 어떤 클리닉은 치료의 효과성을 높이기 위해 최신기기를 사용하기도 한다. 환자가 도착했을 때, 그들은 터치 스크린 컴퓨터 터미널에 신용카드를 긁고, 환자의 증상과 가족병력 등을 확인한다. 환자의 정보는 컴퓨터를 통해 자동으로 진료실로 전송되고, 여기에 간호사의 진료정보가 추가된다. 새로운 기술이 사용되면, Take Care 컴퓨터 소프트웨어 프로그램은 궁극적으로 질병의 진단까지도 포함할 수 있을 것이다.

출처: Tyler Chin, "Walgreens Plans to Expand In-Store Clinics, *AMNews*, January 29, 2007; Jane Spencer, "Getting Your Health Care at Wal-Mart," *The Wall Street Journal*, October 5, 2005, Berkeley Rice, "In-store Clinics: Should You Worry?" *Medical Economics*, September 16, 2005.

I 고객 서비스를 통한 전략상의 우위

많은 점포들이 훌륭한 고객 서비스를 제공함으로써, 고객 충성도를 쌓고, 경쟁 우위를 점한다. 좋은 고객 서비스는 고객들이 점포를 다시 찾게 만들고, 긍정적인 구전을 퍼트림으로써 새로운 고객을 유인하는 것을 말한다.

소매업체의 모든 종업원들과 모든 소매 믹스 요소들은 상품의 가치를 높이는 서비스를 제공한다. 예를 들어, 물류 센터에 근무하는 직원은 소비자가 찾고 있는 물품의 재고를 확보함으로써, 고객이 매장에 가서 상품을 찾는데 편의를 제공할 수 있다. 매장의 위치와 디자인을 담당하는 직원들은 고객들이 매장을 찾고, 매장 내 상품을 찾는 데 있어서의 편의를 제공할 수 있다.

〈보기 19-1〉에는 소매업체가 소비자에게 제공할 수 있는 서비스의 종류가 나열되어 있다. 대부분의 서비스는 소매업체가 제공하고 있는 서비스 관련 정보를 망라하고 있을 뿐만 아니라, 소비자가 상품과 서비스를 쉽게 찾아 이를 구매하도록 도와주고 있다. 상품의 변경 및 조립과 같은 서비스는 해당 상품을 특정 고객에게 맞도록 조율해주는 기능이다.

소매업체들이 양질의 서비스를 제공하는 것이 쉬운 일은 아니다. 자동화된 제조공정으로 상품(서비스가 아닌)의 질은 일정해 질 수 있다. 예를 들어, Super Twist Skill 전기 스크류 드라이버는 모양새가 비슷하며 그 작업능력도 유사하다. 하지만, 소매업체가 제공하는 서비스의 질은 점포에 따라 혹은 점포 내 판매원에 따라 천양지차로 다를 수 있으며, 따라서 소매업체가 서비스를 제공하는 판매원들을

Refact

나쁜 서비스를 경험한 고객 중 약 25%가 주변 사람들에게 나쁜 구전을 퍼뜨린다.

■ ■ ■ ■ ■ ■

◐ 보기 19-1
소매업체가 제공하는 서비스

신용카드 수용	무료 배송
상품의 변화	선물 포장과 메모
상품의 조립	예약 할부제
ATM 설치	온라인 채팅
블로그	온라인 고객화
결혼 선물 목록 리스트	온라인 재고 검색
수표 환전	주차 시설
어린이 보호 시설	상품 선택시 조언
코트 걸이	퍼스널 쇼퍼(Personal shopper)
신용 거래	수선 서비스
고객 리뷰	화장실
Deep selection	우선 환불제
집이나 근무지로 배달	매장이나 집으로 배송
상품 시연	쇼핑 카트
상품 전시	상품 위치를 알려주는 신호(signage)
탈의실 (dressing rooms)	특별 주문
영업시간 연장	발렛 파킹
오프라인(bricks-and-mortar)이나 온라인에서 용이한 환불	품질 보증
특수 시설(장애인 등)	

관리하는 일이 어렵다는 것이다. 경우에 따라서는 한 판매원이 어느 한 고객에게는 질 높은 서비스를, 다른 고객에게는 질 낮은 서비스를 제공할 수도 있는 것이다. 게다가 소매업체가 제공하는 대부분의 서비스는 객관적으로 측정하기 어려우며, 소비자들은 자신이 받고 있는 서비스를 볼 수도 평가하기도 어렵다. 옷감이라면 소비자들이 옷감을 쥐고 이를 면밀히 살필 수도 있지만, 판매원이나 e-에이전트가 제공하는 서비스에 대해서는 그렇게 하지 못한다. 소매업체들은 서비스가 고객에게 전달되기 전에는 이를 세거나 재며 관찰할 수 없기 때문에, 이러한 서비스의 무형성(intangibility)은 양질의 서비스를 지속적으로 제공하고 유지하는 것을 매우 어렵게 만든다.

소매업체에서 제공하는 대부분의 서비스의 경우, 지속적인 양질의 서비스를 제공하기 어렵다는 것을 안 소매업체들은 상대업체에 대해 경쟁적 우위를 점하기 위한 방안을 연구하게 되었다. 예를 들어, Nordstrom에서는 뛰어난 고객 서비스를 독려하고 지원할 조직 문화를 조성하기 위해 상당한 시간과 심혈을 기울였다. 경쟁 백화점도 물론 같은 수준의 서비스를 제공하고는 있지만, Nordstrom만큼의 서비스 성과는 거둬들이지 못하고 있는 것으로 알려져 있다.

Refact

85%의 고객이 고객서비스가 좋은 소매업체를 더 많이 이용한다고 응답하였고, 82%는 가족이나 친구에게 이들 소매업체를 추천한다고 응답하였다.

1. 고객 서비스 전략

고객화와 표준화는 소매업체가 고객 서비스의 우위를 점하기 위해 동원하는 두 가지 접근방법이다. 고객화 접근법을 성공적으로 이행하기 위한 관건은 판매원들의 수행 성과나, 인터넷 소매업체들의 경우 그들의 제공물들을 개별화하는 정도에 달려있다. 이와 대조적으로 표준화 접근법에서는 정책, 절차, 매장, 그리고 웹사이트의 디자인 및 기본설계가 관건이 된다.

1) 고객화(고객맞춤) 접근법

고객화 접근법(customization approach)이란 서비스 제공자들로 하여금 서비스를 각 소비자의 취향에 맞게 조절해 주는 것을 말한다. 예를 들어, Nine West에서는 쇼핑객이 요구와 선택을 도와주기 위한 교육용 자료로 워크북과 DVD를 배포하였다. 예를 들어, 고객이 검은색 부츠를 선택하면, 종업원은 비슷한 스타일이나 다른 색깔의 부츠는 물론이거니와 함께 매치할 수 있는 핸드백이나 벨트 등을 보여주는 식이다.

어떤 소매업체는 고객화 접근법을 위해 새로운 기술을 사용하기도 하는데, 가전 카테고리킬러인 Best Buy는 RFID (radio frequency identification: 무선인식) 기술을 이용, 고객 맞춤 서비스를 제공하고 있다. 고객들은 RFID가 내장된 카드를 받게 되는데, 집에서 인터넷을 통해 관심 있는 상품을 검색하면, 검색결과가 카드에 남게 되어 매장 관리자가 고객의 관심사를 바로 알 수 있게 된다. 그래서 그 고객이 매장에 방문할 때, 검색 기록에 따라서 맞춤형 서비스를 제공받게 되는 것이다.

고객화 접근법은 일반적으로 고객에게 더 나은 서비스를 제공한다는 장점이 있지만, 서비스 자체가 공급자의 판단과 능력 여하에 따라 달라지게 되므로, 표준화 접근에 비해 서비스의 품질이 지속적이지 않을 수도 있다. 어떤 공급자는 다른 공급자보다 더 숙달된 서비스를 제공할 것이며, 가장 우수한 공급자라고 할지라도 컨디션이 나쁜 날은 있다. 또한 숙달된 서비스 공급자와 복잡한 소프트웨어가 필요하므로 많은 비용이 드는 단점도 있다.

2) 표준화 접근법

표준화 접근법(standardization approach)은 일련의 규칙과 절차를 세워, 이러한 제반 사항이 지속적으로 이행될 수 있게 하며, 서비스의 불안정한 요인은 최소화 하는 방법이다. 표준화는 프랜차이즈 성공을 위한 핵심 요소라 할 수 있는데, 예를 들어, McDonald's 매장에서는 전세계 어느 곳에서나 같은 음식과 서비스를 제공한다. 모든 음식이 고객들의 취향에 맞는 음식은 아니겠지만, McDonald's의 음식은 제시간에 저가로 손님에게 제공된다.

매장이나 웹사이트의 기본 설계도 표준화 접근법에 있어 중요한 역할을 맡고 있다. 고객이 직원의 서비스를 요구하지 않는 경우는 자신이 무엇을 구매할 것인지를 명확히 알고 그것을 빨리 구매하려고 하는 것이다. 이런 상황에서 소매업체들은 눈에 잘 띄는 기본 배치와 안내판을 사용하여 고객이 상품을 쉽게 찾도록 하고, 상품 진열에 대해서도 풍부한 정보를 알려주어 구매 시간을 최소화시켜 줌으로써, 고객에게 양질의 서비스를 제공하게 된다.

Retailing View 19.2에서는 IKEA가 독특한 서비스를 접목시킨 표준화 서비스 접근법을 도입하여, 가구판매에 사용된 전통적 고객화 접근법에 익숙한 소비자들을 끌어들인 방법에 대해 논의하고 있다.

3) 고객 서비스 원가

앞에서 언급했지만, 양질의 서비스를 제공(특히 고객중심의 서비스를 제공한다면)하는 데에는 상당한 비용이 들 수 있다. 그러므로 소매업체는 원가와 더불어 서비스 정책으로 얻을 수 있는 혜택을 고려할 필요가 있다.

Starbucks는 전사적으로 40만 달러를 들여 각 매장에 주당 20시간의 인력을 추가 채용하여 서비스 속도를 높이는 방안을 고려 중이었다. 비용 측면에서만 이 변화를 검토하면, 순이익은 주당 .07달러 하락하는 것으로 나타났다. 다른 측면에서 검토하면, 서비스의 속도는 고객 만족도에 매우 중요하게 작용하고, 단순하게 만족한 고객보다 매우 만족한 고객이 9%나 지출을 더 많이 한다는 것을 알 수 있었다. 그 결과 Starbucks는 추가 인력에 돈을 투자하였다.

최근 많은 소매업체들이 "이유를 불문하고 환불해 주는 정책"을 재검토하기에 이르렀다. 고객들이 정책을 악용할 경우 들어가는 높은 비용 때문에 환불정책을 수정하게 되었다. 예컨데, 90일의 환불기한을 정해서 환불해주고 있다. Home Depot의 환불 정책은 모든 품목을 환불해주는 정책에서, 현재는 고객이 영수증을 가지고 있는 경우만 환불해주거나, 영수증이 없는 경우, 해당 품목의 최저가를 기준으로 스토어 크레딧을 주는 정책으로 바뀌었다. 고객은 영수증을 가지고 있는 상황에서만 현금 환불을

사무용품 전문점은 고객서비스를 향상시키기 위해 표준화 접근법의 한 부분으로 사인물(signage)을 사용하는 반면(왼쪽), Target의 판매 종업원들은 고객 개개인의 요구에 맞는 서비스를 제공하기 위해 고객화 접근법을 사용한다(오른쪽).

이케아의 고객 서비스

IKEA는 스웨덴에 본사를 두고 있는 세계적인 가구 업체로, 전통적인 가구점과 차별화된 컨셉을 보여주고 있다. 전통적인 가구점에는 전시실이 구비되어 있어 일부 상품만을 전시한다. 나머지 상품들은 안내 책자를 통해 옷감 견본(fabric swatches), 목재 그리고 고객이 주문 가능한 다른 디자인 등으로 보여준다. 판매원들은 고객들이 책자에 있는 상품을 검토하는 일을 돕게 된다. 그런 다음 고객이 상품을 선택하면, 그 주문은 공장으로 이어지고, 주문품은 6주에서 8주 내로 고객의 집으로 배송된다. 이러한 판매 시스템으로 주문처리는 극대화되지만, 그 비용은 만만치 않다.

이와 대조적으로, IKEA는 방대한 매장 진열품을 토대로 셀프서비스 방식을 채택하고 있다. 고객들은 매장내에 있는 정보 데스크에서 매장 안내도와 더불어 연필, 주문양식지, 클립보드 그리고 줄자를 수령한 후, 카탈로그와 매장 진열 상품을 면밀히 살피고, 셀프서비스 창고에서 판매표에 찍힌 코드를 보고 상품을 찾는다. 모든 상품은 150,000평방 피트 가량의 매장에 걸쳐 70여 개의 방에 진열되어 있다. 따라서 고객은 가구가 어떤 식으로 조화를 이루는지 보기 위해 굳이 장식가의 도움을 청할 필요도 없을 뿐만 아니라, 전시실 옆에는 조립식 가구가 상자에 담겨 있으므로, 매장에 나갈 때 자신이 택한 상품을 가지고 나가면 된다.

IKEA는 진열 상품에 사인물(signage)과 정보를 통해 고객서비스를 제공하는 셀프서비스 방식을 채택하고 있다.

IKEA가 "고객이 스스로 한다"라는 접근법을 사용하고 있지만, 전통적인 가구점이 제공하지 않았던 탁아 센터와 패스트푸드를 제공하는 음식점 서비스 등을 제공한다. 이제 걸음마를 떼기 시작한 아이들은 50,000여 개의 색색의 공으로 가득 찬 놀이방에서 즐거운 시간을 보낸다. 모든 매장에는 우유병 데우기와 1회용 기저귀가 완비된 아기방이 따로 있다. 모든 상품의 시연과 함께, 모든 디자인과 재질의 상품이 진열되어 있다.

출처: Deena M. Amato-McCoy, "Checkout or Bust," *Chain Store Age* 82, 2006 Supplement, Youngme Moon, "IKEA Invades America," Boston: Harvard Business Press, 2004.

받을 수 있다. Target은 90일 이내에 영수증을 지참해야만 환불을 해주고 있다. 이에 더하여, 소비자들은 이미 개봉한 전자상품의 환불조건으로 15퍼센트의 수수료를 물고 있다.

다음 절에서는 고객의 서비스 평가방식에 대해 살펴보자.

2. 고객의 서비스 평가

소비자는 소매업체들의 서비스를 평가하면서, 서비스에 대한 자신의 기대치와 실제로 받는 서비스의 질을 비교한다. 고객은 자신이 가지고 있는 기대치 이상의 서비스를 받으면 만족하지만, 그 이하일 경우에는 불만을 갖게 된다.

1) 기대의 역할

고객은 자신의 지식과 경험에 견주어 그 이상의 서비스를 기대한다. 예를 들어, 과거 경험에 비추어 소비자들은 편지, 전화 그리고 e-메일 등에 대한 응답 시간을 다르게 기대한다. e-메일에 대한 답장은 편지 답장보다 빠를 것이라고 기대하는 것이다.

기술의 발전은 고객의 기대치를 크게 변화시켰다. 고객들은 자동응답시스템을 통해 회사와 의사소통하기를 기대하고, 인터넷을 통해 주문과 배송을 체크할 수 있기를 기대한다. 이런 기본적인 서비스를 제공하지 않는 소매업체는 호의적으로 평가되지 않는다. 고객들은 여전히 믿음직스러운 결과, 쉬운 접근, 응답 시스템, 융통성, 사과와 보상 등 좋은 서비스를 기대한다. 하지만 현재는 이러한 서비스 수준을 인적 요소가 배제된 상황에서도 기대한다.

소비자가 거는 기대는 점포에 따라 다르다. 슈퍼마켓이라면, 편리한 주차 시설이 갖춰져 있어야 하고, 아침 일찍부터 밤 늦게까지 개점하는 동시에, 다양하고 신선한 식료품은 찾기 쉬운 곳에 배치되어야 하며, 계산은 빨리 끝낼 수 있는 곳이어야 한다. 반면에 통로마다 배치된 직원이 식료품이나 요리법에 대한 정보를 제공해 주는 일은 기대하지도 않는다. 만약 기대하지도 않았던 서비스가 제공된다면, 소비자는 매우 기쁠 것이고, 서비스에 대한 그들의 기대치를 높일 것이다. 하지만 Whole Food Market과 같은 명품 슈퍼마켓을 찾는 고객들은 전문성을 가진 종업원으로부터 구매 정보를 제공받고, 도움을 받는 것을 당연히 여긴다.

소매업체들이 예기치 않은 서비스를 제공하여 고객 만족도를 높인 예는 다음과 같다.

- 술에 만취한 고객에게 택시를 태워 집까지 보내주고, 고객의 차는 그 다음날 집으로 보내주는 레스토랑
- 고객들의 액세서리 세척과 시계 배터리 충전을 무료로 해주는 액세서리 가게
- 옷마다 번호표를 달아서 고객에게 어울리는 옷을 체계적으로 찾게 해주는 남성전문 의류점

고객의 서비스 기대치는 각 나라마다 다르다. 독일의 생산능력은 세계적으로 정평이 나 있지만, 그에 못지 않게 고객 서비스는 열악한 상황이다. 몇 년씩이나 기다려야 전화가 개통되고, 레스토랑에서는 신용카드를 받지 않으며, 폐점이 가까운 시간에 들어오는 고객은 따가운 시선을 받기 십상이다. 또한 고객들은 자신이 구입한 물건은 자신이 담아가야 한다. 독일 사람들은 양질의 서비스에 익숙하지 않은 탓에 애당초 이를 요구하지도 않는다. 하지만 이제 소매 경쟁이 치열해지고 외국 경쟁업체들도 발을 들여놓고 있기 때문에, 이들의 걱정은 커져가고 있다.

이와는 대조적으로 일본인들은 우수한 서비스를 제공 받기를 원한다. 미국에서는 "고객은 항상 옳다 (The customer is always right)"라는 말을 쓰지만, 일본에서는 "고객은 신이다(okyakusama wa kamisama desu)"라는 말을 쓴다. 일본에서는, 손님이 점포에 와서 환불을 요구할 때, 오히려 처음 방문 때보다 더 친절히 대한다. 고객은 협상의 대상이 아니며, 결코 틀리는 법이 없다. 고객이 상품을 잘못 사용한 경우에도, 업주들은 고객에게 그 상품 사용법을 제대로 일러주지 않은 것에 대해 책임을 느

Refact

고객의 서비스 기대치를 효율적으로 충족시키는 조직은 운영비의 10% 정도만을 이에 사용하지만, 효율성이 떨어지는 조직은 40%까지도 사용한다.

Broadmoor 호텔의 오성급 (five-star rating)을 위한 서비스품질 노력

1891년에 카지노로 처음 설립되었다가 1918년에 리조트로 탈바꿈한 Broadmoor(콜로라도에 위치)는 세계 최고의 리조트 중 하나로서, 47년간 MobilTravel Guide로부터 최고의 등급인 5등급 평가를 받고 있다. Broadmoor의 전직 부사장인 Perry Goodbar는 "이 공간을 특별하게 만드는 것은 바로 사람이다. 최고의 서비스는 최고의 직원들로부터 시작된다"라고 강조했다. Broadmoor의 서비스 품질을 다섯 가지 요소에 따라서 보면 다음과 같다.

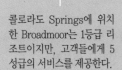

콜로라도 Springs에 위치한 Broadmoor는 1등급 리조트이지만, 고객들에게 5성급의 서비스를 제공한다.

■ **신뢰성:** 모든 Broadmoor의 신입 직원은 3일 동안의 오리엔테이션을 받고, 종업원 책자를 받은 후에 현장에 투입된다. 고객과의 약속을 만들고 지키는 것을 배우는 것이 오리엔테이션 교육의 가장 핵심이다. 종업원들은 룸서비스, 세탁 서비스부터 레스토랑에 안내하는데 걸리는 시간 등 단순한 부분까지 고객 서비스를 위해 최선을 다하라고 교육받는다. 그리고 고객의 요청사항이 있을 때는 최대한 정확한 정보를 제공할 것, 정확히 모르면 즉각 다른 종업원을 데려올 것 등을 교육받는다.

■ **확신성:** Broadmoor는 종업원에게 권한을 부여함으로써 신뢰를 보여준다. 종업원 권한이양의 일례로, 서비스 복구 프로그램이 있다. 만약 손님에게 문제가 발생했다면, 종업원은 그 문제를 재량껏 해결할 수 있다. 예를 들어 배달된 음식에 문제가 생겼다면, 웨이터는 상부에 보고없이 디저트 등에서 무료로 음식을 제공할 수 있고, 만약 음식의 질이 기대에 못 미쳤다면, 돈을 받지 않을 수도 있다. 매니저는 이러한 문제를 해결하기 위해 지불된 금액을 보고 받은 후에, 다시는 이런 일이 일어나지 않도록 돕는 역할을 한다.

■ **유형성:** 최근에 일어난 Broadmoor의 가장 큰 도전 중에 하나는 바로 20세기 초에 지어진 방을 21세기를 맞이하여 새롭게 업데이트 하는 것이었다. 이러한 작업을 위해 92년부터 2002년까지 약 200만불이 지출되었는데, 기존의 방을 새롭게 정비하고, 실외 풀장도 새로 만들었다.

■ **공감성:** 공감성을 얻기 위한 한가지 방법은 개인적인 커뮤니케이션이다. 종업원들은 가능하면 손님의 이름을 부르라고 배운다. 이를 위해서 종업원들은 항상 손님들의 이름을 주의 깊게 듣고 기억한다. 그리고 Broadmoor내에 있는 전화기 화면에는 손님의 방번호와 함께 이름이 같이 뜬다.

■ **응답성:** 모든 종업원들은 고객들의 문제 해결에 있어 HEART 모델을 따르도록 배운다. 첫 번째, 고객이 하는 말을 잘 듣고(Hear), 두 번째, 그들에게 감정을 이입하고(Empathize), 상황에 대해 사과를 하고(Apologize), 세 번째, 적절한 행동을 취함으로써 고객의 욕구에 해결하라(Respond and Action),

출처: Bill Radford, "Broadmoor's Penrose Room Dons a 5th Gem", *The Colorado Spring Gazette*, November 7, 2007.

낀다. 상품의 하자에 대해 가장 먼저 설명을 듣는 직원은, 설령 상품상의 하자가 다른 부서와 관련되는 것이라 할지라도, 끝까지 그 고객을 책임진다.

2) 지각된 서비스

고객은 자신이 지각한 바를 토대로 서비스에 대한 평가를 내린다. 이러한 지각은 실제 서비스에 의해 영향을 받지만, 서비스는 무형물이라는 특유성 때문에 정확한 평가를 내리기 힘들다. 고객이 서비스를 평가하는 다섯 가지 기준은 다음과 같다.

- **신뢰성(reliability)** 약속 또는 기대하는 서비스를 정확하고 믿음직스럽게 수행하는 능력
- **확신성(assurance)** 직원들의 서비스 지식과 예의, 그리고 신용과 확신을 가지고 서비스를 제공하는 능력
- **유형성(tangibles)** 눈에 보이는 물적 요소(도구, 기구, 설비, 판매원 용모)의 외관
- **공감성(empathy)** 고객을 진심으로 이해하는 관심과 보살핌
- **응답성(responsiveness)** 고객서비스의 응대태도(반응속도, 자발성, 즉각성)

Retailing View 19.3은 Broadmoor Hotel이 서비스 평가의 다섯 가지 요소에 어떻게 집중하여 오성 등급을 유지하고 있는지를 보여준다.

Retailing View 19.3에서도 알 수 있듯이, 매장 직원은 소비자의 서비스 지각에 있어서 중요한 역할을 한다. 일반적으로 서비스에 대한 고객평가는 그 결과가 아니라 서비스를 제공하는 매너에 기초하여 이루어진다. 다음과 같은 상황을 생각해 보자. 한 고객이 점포에 가서 작동이 제대로 되지 않는 전기 칫솔을 반환하려 할 때의 두 가지 경우이다. 첫 번째 경우, 매장직원은 회사정책에 따라 고객에게 영수증을 요구하고, 그 영수증에 자기네 점포명이 찍혀 있는지, 그리고 칫솔이 정말 제대로 작동하지 않는지를 면밀히 살핀다. 그런 후에 매장 매니저에게 환불이 가능한지를 확인하고, 서류작업을 마친 후 현금으로 환불조치 한다. 두 번째 경우는 매장직원이 고객에게 상품의 금액만 묻고, 이를 현금으로 환불해 준다. 두 가지 경우는 고객이 상품에 대한 환불을 받는다는 것에 대해서는 그 결과가 동일하지만 첫 번째 경우의 고객은, 매장직원이 자신을 믿지 못해서 그 환불절차가 까다롭다는 생각에, 그 점포의 서비스에 불만을 표할 것이다. 여러 상황에서 직원들은 서비스를 제공하는 과정에 많은 영향을 미치며, 결국 고객의 서비스 만족에도 상당한 영향을 미치게 된다.

II 서비스 품질 증진을 위한 차이모델

고객들은 제공받는 서비스에 대해서 확실한 기대치를 가지고 있다. 제공받은 서비스가 기대치에 미치지 못할 경우에 서비스 차이(service gap)가 야기된다. 차이모델(〈보기 19-2〉)은 서비스 제공 프로세스를 단계적으로 설명하고, 최상의 서비스 전략을 수립하기 위해 필요한 단계를 규정하기 위해 만들어졌다.

〈보기 19-2〉는 네 가지의 서비스 차이를 보여준다.

1. 인식차이(Knowledge gap)는 고객의 서비스 기대치와 소매업체의 고객 기대치에 대한 지각 사이에

● 보기 19-2 서비스 품질 증진을 위한 차이모델

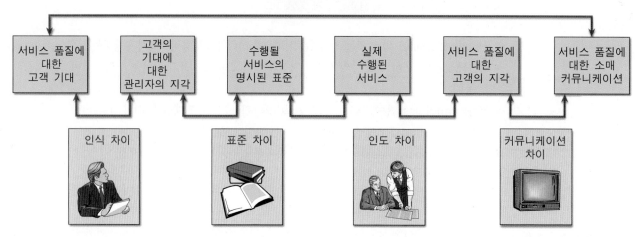

존재하는 인식의 차이를 의미한다. 소매업체는 실제 제공되는 서비스를 고객의 기대치에 맞추기 위해 시장 조사를 할 수 있다.

2. 표준차이(standards gap)는 소매업체의 소비자 기대치 인식과 고객 서비스 표준간에 존재하는 차이를 의미한다. 적절한 서비스 표준을 만들고 서비스 성과를 측정함으로써, 소매업체는 이 차이를 줄일 수 있다.

3. 인도차이(delivery gap)는 소매업체의 서비스 표준과 실제 고객에게 제공되는 서비스간에 존재하는 차이이다. 이 차이는 종업원들의 훈련과 적정한 인센티브를 통해 서비스 표준 및 그 이상을 종업원이 충족시킬수 있도록 함으로써 줄일 수 있다.

4. 커뮤니케이션 차이(communication gap)는 실제 고객에게 수행된 서비스와 소매업체의 홍보 프로그램이 약속한 서비스간에 존재하는 차이를 뜻한다. 소매업체가 그들이 제공하는 서비스에 대해 더 현실적인 시각을 가질 때, 그들은 고객의 욕구를 효과적으로 관리하고, 이 차이를 줄여나갈 수 있다.

1. 고객 욕구의 이해: 인식 차이

우수한 서비스를 제공하는데 있어서 가장 중요한 단계는 고객의 욕구와 기대치를 이해하고, 관련 정보를 바탕으로 적절한 서비스 수준을 제공하는 것이다. 흔히 소매업체들에게는 고객의 욕구와 기대치에 대한 정확한 정보가 없다. 이럴 경우에는, 정확한 상황 판단을 내리지 못하기 마련이다. 예를 들어, A라는 슈퍼마켓은 추가로 인원을 배치하여 재고정리에 만전을 기하도록 함으로써, 고객이 원하는 상품을 항상 구비하고 있었다. 그러나 사실 고객들이 원하는 것이 계산대에서 오래 기다리지 않는 것이라고 한다면, 고객의 입장에서는 슈퍼마켓의 추가인원이 재고정리가 아닌 계산대에 배치되어 있어야 서비스의 질적 향상을 느낄 것이다.

소매업체들은 고객을 대상으로 조사활동을 전개하고, 점포 관리자와 고객 사이의 상호작용을 증진시 킴으로써 그리고 점포 관리자와 고객 서비스를 담당하는 직원들 사이의 대화 통로를 원활히 함으로써, 가능한 인식차를 줄이고 고객의 기대치에 적극적으로 부응할 수 있다.

시장조사 활동을 통해 고객의 기대치와 소매업체의 서비스 품질을 더욱 능률적으로 이해할 수 있다. 이런 식의 정보를 얻는 방법에는 포괄적인 조사활동을 전개하는 것에서부터 단순히 고객에게 점포의 서비스에 대해 물어보는 방법까지 다양하다.

1) 포괄적 조사 활동

일부 소매업체들은 고객의 기대치와 서비스 인식을 평가하는 프로그램을 구축한 상태이다. 예를 들어, Best Buy는 Apple, Xerox, Kodak 등 주요 제조업체의 전문가와 기술자로 이루어진 팀을 구성하고 있다. 이 팀은 고객들로부터 그들의 라이프스타일과 전자상품 사용현황에 대해서 정보를 제공받고, 조 사의 결과를 바탕으로 Geek Squad(PC 컨설턴트)의 수를 5,000명으로 늘리고, 홈시어터 상품을 설치 해주는 서비스를 사내에서 제공하도록 하여 보다 만족스럽고 일관된 서비스를 제공할 수 있게 했다. 그 결과 'Reward Zone' 고객충성도 프로그램의 회원들은 7.2만 명에 달했고, Best Buy는 이전보다 고객의 구매 행태를 더 잘 이해하게 되었다.

2) 개인별 거래만족도 조사

고객들을 대상으로 벌이는 조사 방법으로, 거래 활동이 발생한 직후 고객들에게 질문을 던지는 방 법도 있다. 예를 들어, 항공사나 핸드폰 판매상, 호텔, 레스토랑 등은 고객들에게 직원이 얼마나 많 은 도움이 됐고, 친절했으며, 직업정신이 투철했는가를 물어보는 짧은 설문지를 작성해 달라고 부 탁한다.

개인별 거래에 대한 고객 설문조사를 통해 업체들은 고객의 기대치와 인식에 대한 최신 정보를 수렴할 수 있으며, 자신들이 고객 서비스에 관심을 두고있다는 사실도 드러낼 수 있다. 고객들의 반응은 구체 적인 직원서비스와 관련되어 있으므로, 이러한 설문조사를 통해 업체들은 친절한 서비스를 제공한 직 원에게는 포상을, 그렇지 못한 직원에게는 시정명령을 내릴 수 있다.

3) 소비자 패널 및 인터뷰

소매업체는 여러 고객을 대상으로 포괄적인 조사활동을 벌이지 않고 10명에서 15명 정도의 소비자 패 널 집단을 구성해서 소비자들의 기대치와 인식을 알아낼 수도 있다. 예를 들어, 일부 점포 관리자들은 자기 매장을 찾아오는 고객들을 대상으로 한 달에 한 번 1시간 정도씩 만나서 이들과 토의를 거친 후 서비스 증진 방안을 논의할 수도 있다. 인식차를 줄이기 위해 일부 슈퍼마켓 점포 관리자들은 개인 수 표를 체크하여 대량 혹은 소량으로 상품을 구매하는 고객들을 선별한다. 이들은 고객과 일일이 만나서 점포에 대한 평가를 듣고, 소량구매를 한 고객에 대해서는 대량구매를 하지 않은 이유를 물어본다. 그 외에도 고객들은 자신이 원하는 모든 것들을 얻을 수 있었는가, 매장 직원에게서 기대하고 있던 도움 을 받았는가 등의 질문을 받기도 한다.

몇몇 소매업체는 선별된 고객으로 구성된 고객 자문단 (Customer Advisory Board: CAB)을 두고 있 다. CAB회원은 일년에 3-4회에 걸쳐, 휴일이면 겪는 쇼핑 문제, 서비스의 질에 관한 설문지를 작성하 고, 그 대가로 상품권을 받는다.

4) 고객과의 상호작용

JetBlue의 조종사들은 고객과의 접점을 만들기 위해 직접 모습을 드러낸다.

소규모 소매업체들은 자신의 고객들과 매일 연락을 취하여, 이들에 대한 정보를 직접 수집한다. 반면, 대규모 업체의 관리자들은 보고서를 통해 고객 관련 정보를 수집하므로 직접적인 연락으로 얻을 수 있는 여러 정보를 놓치게 된다.

저가 항공사인 JetBlue사는 우수한 고객 서비스로 유명한 회사인데, 지속적으로 고객들의 욕구를 모니터링 하기 위하여, 탑승객 중 적어도 6명에게 서베이를 실시하고 반영하고 있다. 그리고 고객들의 의견과 그에 어떻게 대응하였는지를 모아서 최고 경영자에게 전달한다. 예를 들어, 조종사가 선실 복도에서 PA(public address) 시스템을 통해 탑승객들에게 안내방송을 하는 것은 매우 호의적으로 받아들여졌는데, 이는 특히 운항 전 조종사가 직접 모습을 드러낼 때와 약간의 연착이 있을 때 효과적이었다. 결과적으로 새로운 조종사들은 모의 비행 연습의 한 파트로 안내방송법을 연습하였다. 그리고 모든 JetBlue의 조종사들은 안내방송 책자를 부여 받는다.

5) 고객 불편사항

소매업체들은 고객들의 불편사항을 처리하면서, 이들과 상호작용하며 서비스와 상품에 관한 상세정보를 얻는다. 고객 불편사항을 처리함으로써 소매업체들은 저렴하게 서비스상의 문제를 격리시켜 해결할 수 있다.

카탈로그 가전업체인 L.L. Bean에서는 모든 고객의 불편사항과 상품이 반품된 이유를 면밀히 기록한다. 이러한 불편사항과 반품사유는 매일 기록되어 고객서비스 센터로 넘어가며, 결과적으로 서비스의 질적 향상을 도모하게 된다.

예를 들어, 스웨터를 반품한 고객이 있다면, 그 고객이 스웨터의 크기가 마음에 들지 않든지, 옷의 색조가 카탈로그에 나와있는 것과 달라서 이를 반품한 것인지를 알 수 있다. 여기서 수집한 정보는 공급업체의 상품 품질 향상에도 기여하게 된다.

물론 고객 불편사항으로 유용한 정보를 수집할 수는 있겠지만, 소매업체들은 여기에만 의존해서는 안된다. 일반적으로 고객들은 불만이 있어도 속 시원히 털어놓지 않는다. 그래서 업주들은 고객서비스에 대한 더 나은 정보를 얻기 위해 소비자들이 자신의 불편사항을 쉽게 털어놓을 수 있게 하여 문제에 대한 해답을 구해야 한다. 예를 들어, 일부 소매업체들은 편리한 장소에 고객 불편 센터를 세워 놓고, 이들의 불편사항을 수렴하여 신속히 문제를 처리하고 있다.

6) 기술 활용

새로운 정보 기술은 작은 소매업체들이 예전보다 더 나은 고객서비스를 제공할 수 있게끔 도와주고 있다. Illinois에 기반을 둔 여성복 전문 업체인 Tina's Closet은 고객관리 소프트웨어를 이용하여 구매 경험이 있는 15,000명의 고객 데이터베이스를 관리하고 이들에게 고객서비스를 제공하고 있다. 예를 들면, Bali bras가 세일을 하면, 예전에 그 품목의 구매 경험이 있는 고객들에게 정보 메일을 보냄으로써 고객들의 구매를 독려한다.

7) 매장 직원의 피드백

보통 고객을 직접 대하는 판매원들과 직원들은 고객 서비스 기대치와 문제를 잘 파악하고 있다. 이들이 자신의 상사와 직접 원활한 대화를 나눌 수 있다면 이러한 정보는 서비스의 질적 향상에 큰 도움이 될 것이다. 그래서 일부 소매업체들은 정기적으로 자사 직원들에게 다음과 같은 질문을 던진다.

1. 고객에게 양질의 서비스를 제공하는데 있어서 나타나는 가장 큰 문제는 무엇인가?
2. 고객 서비스 증진을 위해서 회사에서 바꿀 수 있는 것이 딱 하나 있다면 그것은 무엇인가?

8) 고객 조사활동 활용

고객의 기대치와 인식에 대해 정보를 수집하는 것만으로는 충분치 않다. 서비스 품질의 차이는 소매업체들이 이러한 정보를 활용해서 서비스 품질 자체를 향상시킬 때만 극복이 가능하다. 예를 들어, 점포 관리자는 고객의 제안과 의견을 적극 검토한 후 요약하여 이를 매장 직원 및 다른 관리자와 공유하여야 한다.

직원들에게 서비스에 대한 피드백은 시의적절해야 한다. 예컨대, 직원들에게 12월 서비스 수행 지침이 7월에 하달된다면 직원들이 그 때를 되짚기 힘들기 때문에 의미 없는 행동이 되고 만다. 마지막으로, 피드백은 명확하게 제시되어야 서비스 제공자들이 자기 행동을 쉽게 파악할 수 있다. 예를 들어, Marriott호텔 프론트 데스크 직원의 서비스 수행 태도에 대한 피드백은 프론트 데스크 뒤편에, 레스토랑 직원의 서비스 수행태도는 주방 문 뒤에 게시되어 있다.

2. 서비스 기준 설정: 표준 차이

소매업체들이 소비자 서비스 기대와 인식에 대한 정보를 수집한 후, 그 다음 단계는 높은 품질의 서비스를 제공할 수 있도록 일정기준과 시스템을 개발하는 것이다. 서비스 기준은 내부적인 토의보다는 소비자의 인지에 기반을 두어야 한다. 예를 들면, 슈퍼마켓 체인은 각각의 점포에 대해 매일 창고 배달의 작업 기준을 정할 수 있다. 그러나 빈번한 창고 배달은 더 많은 재고품을 야기하거나, 소비자들의 쇼핑 편리성에 대한 인상을 향상시키지 않을지도 모른다. 표준 차이를 좁히기 위해서, 소매상들은 (1) 고도의 서비스를 제공하도록 헌신해야 하고, (2) 서비스 제공자의 역할을 규명해야 하고, (3) 서비스 목표를 지정해야 하며, (4) 서비스 수행을 평가할 필요가 있다.

1) 서비스 품질에 대한 헌신

최상의 서비스는 최고 경영층이 리더십을 발휘하고 헌신적으로 실천할 때에만 가능하다. 최고 경영층은 일시적인 어려움에도 서비스의 질을 높이는데 들어가는 비용을 기꺼이 지불해야 한다. 이러한 헌신은 서비스를 제공하는 직원들에게 보여질 필요가 있다.

주택건설사 업계에서 3위를 차지하고 있는 Pulte Homes사는 고객 서비스에 매우 노력하고 있다. 이 회사는 고객이 새 집에 들어간 직후 조사를 하고, 그 이후 1년 동안 그들의 만족도를 지속적으로 확인한다. 몇 년 전에는 고객 만족도가 업계에서의 Pulte의 위치를 차별화하는 능력이라는 것을 깨닫고, 이 회사는 건설부터 소유까지 전 과정에 걸쳐 고객들과 상호작용하는 7단계의 방침을 만들었다.

최고 경영층의 헌신은 서비스 질의 기준을 설정하지만, 점포 관리자는 그러한 기준들을 달성되도록 하는 핵심적 역할을 수행한다. 점포 관리자는 좋은 서비스를 제공하고자 하는 노력이 주목 받고 보상 받는 가를 점검해야 한다. 서비스 질에 근거하여 동기를 부여하면 서비스가 중요한 개인적인 목표가 된다. 점포 관리자들의 보너스는 점포 매출액과 이익에 기반을 두기보다는, 제공되는 서비스의 수준에 의해 결정되어야 한다. 예를 들면, 몇몇의 소매업체들은 점포관리자의 보너스를 결정하기 위해 고객 만족도 결과를 사용한다.

2) 서비스 제공자의 역할 규명

경영인들은 서비스 제공자들에게 그들이 뛰어난 서비스를 제공할 필요가 있다고 말한다. 그러나 뛰어난 서비스가 무엇을 의미하는가에 대해서는 명확하게 지시하지 않는다. 소매업체가 가지는 기대에 대한 명확한 정의가 없다면, 서비스 제공자들은 방향 감각을 상실하게 된다.

Malcolm Baldrige 상을 받은 Ritz-Carlton 호텔의 모든 종업원들은 지갑 사이즈 크기의 카드에 인쇄된 "역할표준(Gold Standards)"을 가지고 있다. 이 카드는 호텔의 모토("우리는 신사와 숙녀에게 서비스하는 신사와 숙녀이다"), 고품격의 서비스에 대한 3단계(따뜻하고 진심어린 인사, 고객의 필요한 부분에 대한 예상과 실천, 그리고 정다운 작별 인사), 그리고 Ritz-Carlton 종업원에 대한 12개의 기본 규칙(예를 들어 "나는 고객과 강력한 관계를 구축하고, 평생 Ritz-Carlton의 고객으로 만들겠습니다"(1번), "나는 나의 전문적인 외모, 언어 그리고 행동이 자랑스럽습니다"(10번) 등)을 담고 있다.

3) 서비스 목표의 설정

일관되고 높은 질의 서비스를 제공하기 위해서, 소매업체들은 목표와 표준을 확립하여 종업원들에게 제시해야 한다. 소매업체들은 고객들의 필요와 기대보다는, 서비스의 적절한 시행에 대한 그들의 신념을 바탕으로 서비스 목표를 개발한다. 예를 들어, 어떤 소매업체는 월말 이전 5일에 모든 월별 계산서를 발송한다는 목표를 세울지 모른다. 이 목표는 소매업체의 외상매출금은 감소시키겠지만, 고객들에게는 아무런 혜택을 제공하지 못한다. American Express의 한 보고서는 고객의 서비스 평가가 시의 적절성, 정확성, 그리고 반응성에 대한 인식에 근거한다는 점을 보여준다. 그리고 경영진은 이러한 고객에 근거한 기준과 관련된 목표('24시간 이내에 계산서에 대한 모든 질문들에 대한 응답을 한다' 와 같은)를 설정한다.

종업원들이 목표를 세우는데 참여하고 그 목표가 구체적이고 적절하며 시행할 수 있는 경우에, 그들은 서비스의 목표를 달성할 수 있다는 동기를 가지게 된다. 가령 "고객이 판매 구역에 도달했을 때, 그들에게 다가가라" 혹은 "가능한 빨리 전자우편에 응답하라"와 같은 막연한 목표는 실질적이지 못하고 동시에 그러한 목표는 종업원의 수행 정도를 평가하는 기회를 제공하지 못한다. 좀 더 나은 목표는 "고객이 판매 구역에 들어온 후 30초 이내에, 판매원은 그들에게 다가가야만 한다," 혹은 "접수된 e-메일은 3시간 이내까지 응답을 해야만 한다" 등과 같은 것이다. 이러한 목표들은 구체적이며 적절한 것이다.

서비스 기준을 세우는데 있어 종업원의 참여는 좀 더 나은 이해와 더 큰 목표의 수용으로 발전할 수 있다. 점포 종업원들은 경영진들에 의해 임의적으로 부여된 목표에 대해서는 거부감을 느끼고 저항하게 된다. 17장에서 목표 수립에 대해서 다루고 있다.

4) 서비스 수행의 평가

소매업체들은 목표를 달성하기 위해 서비스 질을 끊임없이 평가해야 한다. 많은 소매업체들은 서비스 질을 평가하기 위해서 정기적으로 고객 만족도를 평가한다. 그들은 서비스 질을 평가하기 위해서 위장 구매자(mystery shoppers)를 이용한다. 위장 구매자는 점포 종업원들에 의해 제공되는 서비스를 평가하기 위해 점포에 "시험적으로 구매하는" 전문적인 사람들이다. 몇몇의 소매업체들은 자사의 종업원을 위장 구매자로 이용하지만, 대부분은 평가를 제공하기 위해 한 회사와 계약을 체결한다. 위장 구매자에 의해 전형적으로 보고되는 정보는 다음과 같은 사항을 포함한다. (1) 판매원이 당신에게 인사하기까지 얼마의 시간이 걸렸는가? (2) 판매원이 마치 자신의 일인 것처럼 행동하였는가? (3) 판매원이 상품에 대해 잘 알고 있었는가?

소매업체들은 판매원들에게 판매 과정이 조사되었다는 사실을 알리고, 위장 구매자의 보고로부터 얻어진 의견을 제공한다. 몇몇 소매업체들은 높은 점수를 받은 판매원에게 보상을 하며, 낮은 평가를 받은 판매원에게는 위장 구매자가 지속적으로 방문하도록 한다.

Avero LLC는 레스토랑의 판매 데이터를 추적하고 분석하는 업체이다. 이들의 소프트웨어는 레스토랑에서 서빙을 하는 직원이 와인이나 디저트와 같은 특정 품목을 얼마나 팔았는지, 그리고 고객수당 평균 팔린 갯수 등을 통해 좀 더 정확한 비교를 제공한다. 이 소프트웨어는 한 업체의 특정 직원이 와인을 한 병도 팔지 못했다는 것을 찾아냈다. 이는 그 직원이 테이블에서 와인을 따는 방법 등을 잘 알지 못하여 판매를 피한 것으로 밝혀졌다.

5) 정보 제공과 훈련

위장 구매자들은 점포 종업원들에 의해 제공되는 서비스와 상품제시 등을 평가하기 위해 점포에서 "구매하는" 전문적인 사람들이다.

마지막으로 매장 직원은 서비스 제공 수준과 자신이 팔고 있는 상품에 대해 서로 잘 알고 있어야 할 뿐만 아니라 소비자들의 욕구 또한 이해하고 있어야 한다. 직원들은 이러한 정보를 바탕으로 고객의 질문에 답변할 수 있을 뿐만 아니라 고객이 만족할 만한 상품도 선정해 줄 수 있어야 한다. 이러한 과정에서 직원들은 자신감과 성취감을 얻게 되어, 서비스와 관련된 문제를 극복해 나가게 된다. JCPenny는 직원 교육을 위해 원격 쌍방향 교육 프로그램을 이용하여 직원 교육을 하고 있는데, "news you can use"라는 이름의 격주 관리자 교육 프로그램을 위성기술을 이용하여 전 직원이 활용할 수 있도록 하고 있다. 직원들은 각 점포에서 위성 TV를 통해 교육을 받고, 또 질문을 올리기도 한다.

여기에 매장 직원은 대인관계에 대한 훈련도 필요하다. 고객을 대하는 일이란 —특히 고객이 화가 난 상태에서는— 힘들 수 밖에 없다. 어느 직원이나 (훌륭한 서비스의 소매업체에서 일하고 있는 직원들이라도) 불평에 가득찬 고객과 마주치게 되어 있다. 직원들은 훈련을 통해 양질의 서비스를 제공하는 방법과 불만에 쌓인 고객에 대해 대처해 나가는 방법을 배운다. 판매원이나 고객 서비스센터 관리원과 같은 모든 직원들은 고객을 상대로 양질의 서비스를 제공해야 하며, 이들을 대할 만반의 준비가 되어 있어야 한다. 예를 들어, Walt Disney World에서는 관리원들을 대상으로(물론 이들이 효율적으로 쓰레기를 줍고 거리를 쓰는 법을 알고 있기는 하지만) 나흘간의 훈련을 실시하고 있다. Disney에서는 고객이 "여러분을 도와드립니다"라는 문구가 새겨진 옷을 말쑥하게 차려 입은 보조원들보다 관리원들에게 더 많은 질문을 던진다는 사실을 알아냈다. 그래서 Disney에서는 관리원들을 훈련하여 이들이 단순히 "글쎄요, 모르겠는데요. 저기 가서 물어보세요"라고 말하지 않고, 고객이 던지는 무수한 질문에 자신있게 대처하도록 준비하고 있다.

3. 서비스 기준 설정: 인도차이

서비스 품질의 차이를 줄이고 서비스 표준을 초과하는 서비스를 제공하기 위해 소매업체들은 서비스 제공자들에게 필요한 지식과 기술을 부여해야 하고 물질적 및 심리적 지원을 아끼지 말아야 할 뿐만 아니라, 내부간 의사소통 수단을 넓힘과 동시에 가능한 마찰은 피하고 직원이 고객과 회사 양측에 최고의 이익을 가져 다 줄 수 있도록 권한을 이양해 주어야 한다. Retailing View 19.4는 집에서 만든 도시락이 어떻게 수천 명의 근로자에게 배달되는지, 인도의 사례를 통해 소개하고 있다.

1) 도구적 및 정서적 지원

서비스 제공자들은 고객이 바라는 서비스를 수행하기 위해 도구적 지원(적절한 시스템과 도구)을 받아야 한다. 예를 들어, JCPenny는 금전등록기를 인터넷에 연결시켜, 판매원들이 고객의 요청(사이즈나 스타일에 관한)을 금방 해결할 수 있게 하였다. 비슷한 예로, Barnes & Nobles는 매장 내에 컴퓨터 키오스크를 설치하여, 고객들과 종업원이 품절이 된 책을 직접 주문할 수 있게 하였다.

서비스 제공자들은 도구적 지원 이외에도 그들 동료 직원이나 상사로부터의 정서적 지원이 필요하다. 정서적 지원은 타인의 행복을 위하여 관심을 보여주는 것까지 포함한다. 고객의 문제점을 취급하거나 어려운 상황에서도 미소를 유지하는 것은 어렵다. 어려운 상황은 서비스 제공자들을 힘들게 만들지만, 그런 상황에서도 고객을 지원하고 이해하는 분위기를 만들고, 그들의 요구를 효과적으로 해결해야 한다.

"고객은 항상 옳다"가 불변의 진리임에도 불구하고, 과도한 요구를 받은 종업원들은 극도의 스트레스 상황에서 울며 겨자먹기 식의 서비스를 제공해야 하는 경우도 있다. 소매업체는 과도한 스트레스를 불러오는 고객들이 종업원들의 사기와 성과에 영향을 줄 수 있다는 것을 잘 이해해야 한다.

Wing Zone의 창업자이자 CEO인 Matt Friedman은 화난 고객들로 인한 스트레스가 음식 주문 전화를 받는 종업원들에게 어떤 영향을 미치는지를 잘 이해하고 있었다. Friedman은 전문대 졸업자인 신입 사원들 대부분이 이러한 고객들을 다루는 경험이 부족하다고 말한다. 그래서 Wing Zone은 까다로운 고객들은 재빨리 옆에 있는 매니저에게 넘기라고 교육시킨다. 넘겨받은 매니저는 고객의 문제를 어떻게 해결해줘야 할지 물어본 다음에 불평사항을 해결한다. 양쪽이 합의점을 찾지 못하는 경우에는, 매니저가 고객에게 본사의 무료 전화번호나 정식으로 불평사항을 올릴 수 있는 웹사이트를 알려준다.

이렇게 올라온 불평사항을 담당하는 본사의 직원인 Robert Girau는 서비스 제공자가 화난 고객을 다루는 방법을 알고있고 매니저들에게 문제해결을 위한 권한이 이양되어 있고 쉽게 해결되지 않는 불평사항들이 회사 상부로 올라오기 때문에 회사의 전략이 효과적이라 생각한다. 이러한 절차는 회사의 모든 사람들을 편하게 만든다.

2) 내부 커뮤니케이션의 증대

매장 직원들은 고객 서비스를 제공할 때, 고객의 요구사항과 회사의 원칙 사이에서 일어나는 갈등을 조정해야 한다. 예를 들어, 소매업체들은 그들의 판매 직원이 고객들로 하여금 다양한 품목을 추가 구매하고, 좀 더 비싼 품목을 구매하게 만들기를 기대하지만, 고객들은 그들 욕구에 부합하는 합리적인 구매를 원할 것이다. 이런 경우 판매 직원은 회사의 원칙과 고객의 요구 사이에서 갈등을 겪게 된다.

인도의 도시락 배달: Dabbawallas(다바왈라)

정시 배달에 있어, 다바왈라는 FedEx나 UPS를 능가한다.

인도의 큰 도시와 뉴욕이나 샌프란시스코와 같은 미국의 몇몇 큰 도시에는 집에서 만든 점심 도시락을 배달해먹는 전통적인 풍습을 지닌 동남아인들이 매우 많다. 25만 인구의 인도 뭄바이에서는 점심을 먹기 위해 집으로 가는 일이 거의 불가능한데, 이걸 가능하게 하는 것이 바로 점심도시락을 배달하는 일꾼인 다바왈라(Dabbawalls)들이다. 이들의 배달 정확성은 매우 유명해 FedEx나 UPS를 능가하는 수준이다.

하루에 17만5,000~20만개의 도시락을 4,500~5,000명의 다바왈라가 배달하는 것으로 추산하고 있는데, 영국의 경제전문지에 따르면, 600만 개 배달에 행선지가 잘못된 배달사고는 단 1건으로 통계적으로 보면 99.9999%가 넘는 엄청난 정확성을 자랑한다. 다바왈라들은 집에서 만들어진 도시락을 고객의 집에서 받아 지역 철도역으로 가져온다. 서로 다른 지역으로 배달되는 도시락들은 수작업으로 분류되어 목적지에 배달된다. 점심시간이 끝나면 빈 도시락은 다시 같은 방법으로 집으로 배달된다.

정확한 배송의 비밀은 배달 상자에 칠해지는 색깔 코드에 있는데, 이는 도시락이 어디서 왔고, 어느 경로를 거쳐, 최종 목적지가 어딘지를 정확히 나타낸다. 도시락이 최종 배송되기까지 평균 4명의 다바왈라를 거치지만 이 색깔 코드로 거의 실수가 없다.

뭄바이의 시멘트 회사에서 일하는 Anad Sahasrebuddhe는 26년간 다바왈라의 배송 서비스로 집에서 만든 점심 도시락을 먹을 수 있었다. 단지 집밥을 좋아하기 때문이다.

출처: www.mydabbawala.com, "Backing Out of the Lunch Box," Mumbai, May 7, 2007.

소매업체는 고객 서비스와 관련된 분명한 지침서와 정책을 마련하고, 이들 정책의 합리성을 설명함으로써 그런 갈등을 줄일 수 있다. JCPenney의 직원들은 "이유불문" 보상 정책에 의해 발생하는 호의가 고객이 그 정책을 악용하는 경우로 인해 생기는 손실보다 더 많은 매출을 발생시켰다는 점을 인정한다. 물론 그들이 열정적으로 그 정책을 수정 보완해 왔기 때문이다.

갈등은 또한 소매업체의 목표가 매장 종업원들로부터 기대되는 행동과 일치하지 않는 경우에도 생긴다. 예를 들어, 17장에서도 언급했듯이, 판매원들에게 고객 서비스를 기대하려면, 매출액이 아닌 서비스에 따라 평가하고 보상해야 할 것이다.

마지막으로, 회사의 각기 다른 부서 사이에서 갈등이 일어나기도 한다. 우수한 고객 서비스로 유명한 남성 의류 전문점은 고객들에게 빠른 수선과 배달을 약속하는 종업원들을 보유하고 있다. 하지만 수선 부서에는 상황과 상관없이 같은 속도로 일하는, 나이든 두 명의 재단사만이 있었다. 때때로 관리자들은 판매원들의 배송 약속 시간을 조정하고, 재단사에게 우선 순위를 새로 정해줘야만 했다.

3) 매장 직원에 대한 권한 부여

권한 부여란, 그 회사의 가장 낮은 직급의 직원이 고객들에게 서비스를 어떻게 제공할 것인가에 대한 중요한 결정을 내릴 수 있게 하는 것을 의미한다. 서비스를 제공하는 직원들이 중요한 결정을 내릴 수 있는 권한을 부여 받을 때, 서비스의 질이 개선된다. Retailing View 19.5는 FISH 경영 철학이 종업원들을 즐겁고 창의성을 발휘하도록 하며 특출한 서비스를 제공하게 만든 사례를 보여주고 있다.

Nordstrom은 종업원들에게 고객의 요구를 만족시키라는 전체 목표를 제시하고, 그 목표를 실행하는데 필요한 어떤 행동도 행할 것을 권장하였다. 예를 들어, Nordstrom의 한 부서장은 재고가 바닥나고 새로운 발송이 지연된 경쟁사의 매장으로부터 12켤레의 양말을 구매하였다. Nordstrom은 비록 이 양말을 구매하는데 손실을 입었지만, 고객이 양말을 찾아 매장에 왔을 때 고객을 만족시키는 그녀의 행동에 갈채를 보내주었다. 그러나 "당신 판단력의 최고를 발휘하라"와 같은 원칙으로만 서비스 제공자에게 권한을 부여하는 것은 혼란을 일으킬 수도 있다. Nordstrom에서는 부서장이 영업사원들을 감독하고 훈련시킴으로써 권한의 남용을 피하고 있다. 부서장들은 영업사원들이 "당신 판단력의 최고를 발휘하라"는 것이 의미하는 것을 숙지하도록 도와준다.

그러나 서비스 제공자들에게 권한을 부여하기는 쉬운 일이 아니다. 어떤 직원들은 명확한 행동 규정을 부여받고 싶어한다. 그들은 자신들 스스로 결정을 내리는데 따르는 위험을 감수하고 싶어 하지 않는다. 예를 들면, 한 은행은 행원들에게 권한을 부여했을 때, 그들이 많은 액수의 돈에 관련된 결정을 내리는데 겁을 먹고 있다는 것을 발견했다. 그래서 그 은행은 행원들이 안심할 수있는 수준의 결정 지침서와 규칙을 개발해 제공해야 했다.

어떤 경우에는, 서비스 제공자에게 권한을 부여했을 때 이점이 비용에 비해 효율적이지 않을 수 있다. 예를 들어, 한 소매업체가 McDonald와 같은 표준화된 서비스 제공 방식을 채택하더라도, 이에 따른 고용, 훈련, 권한 부여, 지원 등의 비용이 일관성 있는 우수한 서비스로 연결되지 않을 수도 있다. 또한 권한이양이 문화에 따라 종업원들에게 받아들여지지 않는다는 연구도 있다. 예를 들어, 라틴 아메리카의 종업원들은 그들의 관리자가 사업적 결정에 필요한 모든 정보를 제공해 주기를 바란다. 종업원의 역할은 사업적 결정을 내리는 것이 아니라, 관리자의 결정을 따르는 것이라고 생각하기 때문이다.

4) 보상의 제공

제 17 장에서 논의했듯이, 많은 소매업체들은 종업원들의 동기부여를 위해 판매실적에 따른 성과급 지급 같은 보상을 이용한다. 그러나 소매업체들은 판매량에 따른 성과급이 고객 서비스와 직무 만족감을 떨어뜨린다는 사실을 알게 되었다. 보상은 영업에 대한 높은 압박감의 요인을 제공하나 고객 불만으로 이어질 수 있다.

Home Depot은 종업원의 자필 서명된 오렌지색 앞치마에서 이름을 딴 "Orange Juiced" 프로그램을 포함한 고객 서비스를 실시하고, 최고의 서비스를 제공하기 위하여 분기당 매장별로 25,000달러를 책정한다. 각 종업원들은 매달 많게는 2,000달러, 분기당 10,000달러의 보너스를 지급받을 수 있다. Home Depot은 동료 직원이나 매니저의 평가, focus group, 그리고 "고객의 소리"를 통해 보상받을

19.5

FISH! 종업원에 대한 권한이양

FISH!는 ChartHouse에 의해서 개발되고, 시애틀에 위치한 Pike Place 어시장에서 영감을 얻은 경영 철학이다. Pike Place 어시장의 영업 환경은 매우 남달랐는데, 생선가게의 종업원들은 포장을 위해 매장의 다른 직원에게 생선을 던지기도 하는 등 매우 활기찬 모습을 보였다. 또한 종업원들은 손님을 생선을 다루는 현장에 직접 참여하게도 하여, 전반적으로 미소와 웃음 등 활기넘치는 즐거운 분위기를 만들고 있었다.

미국의 프리미엄 아이스크림 전문점인 Amy's Ice Cream 역시 종업원에게 많은 권한을 이양함으로써 매장을 활기차고 재미있는 공간으로 탈바꿈 시켰는데, 이 점포를 방문하면 당신은 매우 놀라운 광경을 보게 된다. 이들은 아이스크림 국자로 요술을 부리고, 냉장고 위에서 브레이크 댄스를 추기도 하며, 만약 고객이 매장 밖까지 줄을 서 있으면 노래를 부르거나 춤을 추기도 하고, 시를 암송하기도 한다. 또한 60초 이내에 아이스크림 콘 먹기 대회에서 우승한 손님에게 샘플을 나누어주고, 공짜 아이스크림을 주기도 한다.

FISH! 철학은 다음과 같다.

종업원들에게 직장에서의 즐거움을 누릴 자유를 제공함으로써, Pike Place Fish Markets 종업원들은 배달 간격을 줄이고 고객 서비스를 향상시킬 수 있었다.

■ 나의 하루를 선택해라: 비록 당신이 어떤 일을 하는가에 있어서는 선택의 여지가 없다하더라도 당신이 어떤 방법으로 그 일을 할 것인가에 대해서는 항상 선택의 여지가 있다. 최고의 면을 본다면 분명 기회가 올 것이다.
■ 거기에 있어라: 고객을 위해 항상 그 자리에 있어라. 그리고 온 마음을 다해서 업무에 집중하라
■ 그들의 날을 만들어줘라: 작은 친절은 고객을 그날의 주인공으로 만들어주면서, 잊을 수 없는 기억을 안겨줄 것이다.
■ 놀이 하라: 심각한 일도 창의성과 자발성으로 즐겁게 즐길 수 있도록 만들어라.

출처: www.charthouse.com, www.amysicecream.com; Laura Gee, "Some Companies Work to Put Fun in the Office".

점포를 결정한다. 150,000명에서 250,000명의 고객들이 회사의 800 무료 전화나 인터넷을 이용하여, 특정 매장에서 받은 그들의 서비스 경험을 평가하고 있다.

5) 서비스 향상을 위한 새로운 해결책 만들기

앞서 정보, 권한이양 그리고 보상의 제공을 통해 서비스 차이를 줄이는 방법들에 대해서 알아보았다. 소매업체들은 또한 시스템과 기술을 사용함으로써 인도 차이를 줄일 수 있다.

새로운 시스템 개발하기 서비스 문제를 극복할수 있는 방법을 찾음으로써 고객의 만족도를 높이고, 때로는 비용을 낮출 수 있다. 예를 들어, Massachusetts에 기반을 둔 Zoots 드라이 클리너는 다른 경쟁사들처럼 오전 8시부터 오후 6시까지만(대부분 고객들의 근무 시간인) 근무하지 않는다. 이 회사는 자동화 시스템을 통해 매일 24시간 세탁물을 찾고 가져간다. 고객들이 그들의 신용 카드를 긁으면, 기계가 자동으로 옷걸이에서 그들의 세탁물을 인식하고 찾아서 픽업 창에 가져다 주고, 새로운 세탁 주문도 받는다.

기술 활용 많은 소매업체들이 인터넷을 통해 매장에 접속할 수 있는 키오스크를 설치하고 있다. 이에 더하여 고객들이 매장에서 찾을 수 없는 물건을 직접 주문하는 기능도 제공함으로써, 키오스크는 일상적인 고객 서비스는 물론이거니와 까다로운 고객들의 요구 사항과 문제점도 쉽게 해결할 수 있게 하였다. 예를 들어, 고객들은 키오스크를 이용하여 매장 내 상품의 위치와 특정 상품, 브랜드, 사이즈가 구매 가능한지를 확인할 수 있다. 또한 키오스크는 선물 등기 관리나 보증권, 필름 현상, 신용 장비와 빵이나 조리된 육류/치즈를 우선 예약하는 소매업체가 제공하는 서비스들을 자동으로 이용할 수 있게 한다.

고객들은 키오스크를 이용하여 상품에 대한 정보와 사용법을 검색할 수 있다. Best Buy의 고객들은 키오스크를 통해 두 개의 DVR를 하나하나 비교하고, 태그나 종업원을 통해 얻는 정보보다 좀 더 자세한 정보를 얻을 수 있다. 또한 Consumer Report에 실린 상품들의 평가를 참고할 수도 있다. 키오스크를 통해 제공되는 정보들은 소매업체의 고객 데이터베이스를 통해 특정 고객에게 맞춤 정보로 보내

Retail Store Assistant는 쇼핑을 용이하게 하고 고객들에게 정보와 쿠폰을 제공함으로써 전달 간격을 줄여준다.

지기도 한다. 예를 들어, 새로운 스피커 세트를 구매하려는 고객은 아마 그가 Best Buy에서 예전에 구매했던 상품의 정확한 품목을 기억하지 못할 것이다. 또한 새로운 스피커가 전치 증폭기와 호환이 되는지, 혹은 새로운 스피커를 연결하기 위해 어떤 케이블이 필요한지도 잘 모를 것이다. 이러한 걱정은 키오스크를 통한 소매업체의 고객 데이터베이스에 접속함으로써 해결될 수 있다. 이러한 장비는 종업원들의 수고를 덜어주고, 그들이 제공하는 고객 서비스의 질을 향상시킨다. 쇼핑 리스트를 매장에 가져오는 것 대신, 고객들은 회원카드를 긁거나, Retail Store Assistant(RSA)라고 불리는 키오스크에 전화번호를 입력하거나, 혹은 쇼핑 카트에 설치된 비슷한 장비를 사용할 수 있다. 집에서 온라인으로 입력한 모든

정보가 위의 장비들을 통해 보여질 것이다. 소매업체의 데이터베이스에 저장된 고객들의 구매 행태를 통해 RSA는 고객들의 구매 기록과 맞아떨어지는 특별 품목을 제공하기도 한다. RSA가 제공하는 쿠폰 뒤에는 매장 지도와 함께, 각 아이템의 위치를 표시한다. 이런 종이들마저 방해가 된다면, 이러한 정보들은 Bluetooth 기술을 통해 핸드폰 등으로도 전송될 수 있다.

어떤 소매업체들은 고객 서비스를 위해 휴대용 스캐너를 사용하기도 한다. Manhattan의 The Container Store에서는 고객들이 프론트 데스크에서 신용카드 번호를 등록한 후, 무선의 휴대용 스캐너를 받는다. 고객들은 매대를 돌아다니면서 구매하려는 상품의 바코드를 스캔하고, 쇼핑을 마친 후 구매한 품목들에 대한 계산을 한다. 스캔된 품목들은 당일 집으로 배송된다. 이러한 휴대용 스캐너는 고객들이 매장에서 직접 장바구니로 장을 보고, 집으로 가져가야 하는 수고를 덜어준다. 쇼핑할 때 가지게 되는 육체적, 정신적 한계를 제거함으로써, 고객들의 평균 구매량이 서비스 활용 전보다 10배나 늘었다.

4. 서비스 약속의 의사전달: 커뮤니케이션 차이

고객 서비스 차이로 이어지는 네 번째 요인은 소매업체에 의해 약속된 서비스와 커뮤니케이션된 서비스 사이의 차이이다. 제공되는 서비스를 과장하면, 고객의 기대감은 상승된다. 그래서 이런 서비스가 제대로 제공되지 않으면 고객의 기대감은 인지된 서비스를 초과하게 되고 결과적으로 고객은 불만을 갖게 된다. 예를 들어, 한 인터넷 업체가 무료 수선을 제공하는 것처럼 광고했는데, 알고 보니 200불이 넘는 구매에서만 무료 수선을 제공한다면, 고객은 실망하게 된다. 기대감을 너무 높이게 되면, 처음에는 더 많은 고객을 유치할 수 있겠지만 곧 불만을 만들게 되고 재구매가 줄어들게 된다. 커뮤니케이션의 차이는 현실적인 약속을 하고 고객의 기대감을 관리해 나감으로써 줄일 수 있다.

1) 현실적인 약속

전형적으로 광고는 마케팅 부서에 의해 기획되고, 매장 운영 부서는 그 서비스를 수행해야 한다. 이들 부서간 커뮤니케이션의 부족은 광고 캠페인 약속과 그 매장이 실제로 제공하는 서비스 사이에서의 불일치를 빚어낸다. 이 문제는 Holiday Inn의 "No Surprises"광고 캠페인에서 잘 나타난다. 시장 조사에 따르면, 호텔 고객들은 숙박시설에 대한 신뢰도가 향상되기 바라는 것으로 나타났다. 호텔관리자들은 광고에서 약속한 주장을 만족시킬 수 없을 것 같다는 느낌을 받았지만 최고경영자층은 캠페인을 받아 들였다. 그 결과, 캠페인은 고객의 기대감을 비현실적인 수위까지 끌어올렸고, 유쾌하지 않은 놀라움을 겪은 고객들에게 화를 낼 수 있는 원인을 추가로 제공하게 되었다.이 캠페인은 시작하고 얼마 지나지 않아 바로 중단되었다.

2) 고객 기대의 관리

어떻게 하면 고객에게 현실적인 기대를 갖게 하면서도 과장된 서비스를 약속하는 경쟁사에 고객을 빼앗기지 않을까? American Airlines의 "왜 모든 항공사의 비행기가 연착되는 것 같을까?"라는 광고 캠페인은 이러한 이유를 드러내는 커뮤니케이션 프로그램의 한 예가 된다. American Airlines는 인쇄된 광고물에서 그들 고객들의 불만을 확인하고, 그 문제를 일으키는 어쩔 수 없는 요인들 즉 지나치게 붐비는 공항, 운항스케줄 문제, 극심한 가격 경쟁 등의 요인을 설명했다. 그 후 그 광고물은 자사가 그 상황을 개선시켜 나가는 과정을 묘사했다.

판매시점에서 제공되는 정보는 고객 기대를 관리하는데 사용될 수 있다. 예를 들어, 테마파크나 레스토랑은 오락시설의 자리를 잡기 위해 기다리는 시간을 지정해 주기도 한다. 정확한 정보의 제공은 고객들이 기대했던 것보다 더 오래 기다려야 할 때에도 고객 만족을 증대시킬 수 있다.

서비스 문제는 종종 고객들에 의해 야기된다. 고객들은 상품값을 지불할 때 유효기간이 지난 신용카드를 사용하기도 하고, 정장을 입어보지도 않고 적당하게 수선하며, 사용설명서를 잘 읽어 보지도 않고 상품을 잘못 사용할 수 있다. 커뮤니케이션 프로그램은 고객들이 좋은 서비스를 접할 경우 그들의 역할과 책임을 공지하고, 더 좋은 서비스를 받기 위한 충고 몇 마디도 아끼지 않아야 한다(예를 들어, 구입하기 가장 좋은 시기, 소매업체의 정책 기준, 그리고 문제를 해결하는 절차).

III 서비스의 개선

고객 서비스 전달시 일관성을 갖추기란 본질적으로 어렵기 때문에 서비스 관련 실패사례가 발생하는 것은 거의 당연한 일이다. 소매업체들은 고객 문제점에 대한 부정적인 측면을 고려하기 보다는, 그들이 창출할 수 있는 긍정적인 기회에 초점을 맞추어야 한다. 서비스 문제와 불만들은 소매업체가 제공하는 재화와 서비스에 관한 뛰어난 정보원이기도 하다. 이러한 정보로 무장하여, 소매업체는 고객들의 만족을 향상시키기 위해 항상 변화해야 한다.

서비스 문제는 또한 소매업체가 높은 질의 고객 서비스를 제공하려는 노력을 드러나게 한다. 소매업체는 불만 사항을 드러나게 하고 그 문제점을 다루어 나가면서, 고객과의 관계를 강화시키는 기회를 얻을 수 있다. 효과적인 서비스 개선 노력은 고객 만족도와 구매 의향, 그리고 긍정적인 구전을 높인다. 그러나 개선 후의 만족도는 일반적으로 서비스 실패 이전 단계에서의 만족도보다 낮기 마련이다.

대부분의 소매업체들은 문제점을 처리하는 기준 정책을 갖고 있다. 상품결함과 같은 시정될 수 있는 문제점이 확인되면, 소매업체는 즉각 손해배상을 해주고, 고객에게 불편을 끼친 데 대한 사과를 해야 한다. 또한 소매업체는 대체 상품이나 미래 구매에 대한 신용 및 환불을 제공해야 한다.

많은 경우, 문제의 원인은 확인이 어렵거나(실제로 판매사원이 고객에게 모욕을 주었는가?) 시정하기 어려우며(매장이 나쁜 기상상태로 인해 영업을 할수 없었다), 혹은 고객만의 특별한 기대에 의한(고객은 손질한 머리 스타일이 마음에 들지 않았다) 결과이다. 이러한 경우, 서비스에 대한 개선은 더욱 어렵게 된다. 효과적인 서비스 개선을 위한 단계는 (1) 고객의 말에 귀를 기울이고, (2) 공정한 해결책을 제공하며, (3) 신속하게 문제를 해결하는 것이다.

1. 고객에 대한 경청

고객들은 소매업체와의 실제 혹은 자신들의 생각에 근거한 문제점에 대하여 매우 감정적으로 반응할 수 있다. 때로는 고객들이 속을 털어놓고 마음의 부담을 줄일 때 이러한 감정적 대응은 줄어들 수 있다. 점포 종업원들은 고객들이 거리낌없이 그들의 불만을 털어놓도록 해야 한다. 저지하게 되면 이미 감정적으로 분개되어 있는 고객을 더욱 폭발하게 만든다. 성난 고객을 설득하거나 만족시키기는 것은 매우 어려운 일이다.

고객들은 그들의 불만사항에 대한 동정적 반응을 원한다. 따라서 점포 종업원들은 그 문제점을 자신들이 해결할 수 있어 기쁘다는 것을 고객에게 분명히 전달해야 한다. 점포 종업원들이 적대적 자세를 취

고객 문제를 해결할 때, 종업원들은 고객들에게 귀기울이고, 공정한 해결책을 제공하고, 문제를 신속히 해결해야 한다.

하거나 고객이 매장을 속이려 한다고 의심하면 만족스러운 해결책을 찾기 어렵다.

종업원들은 또한 고객이 공정한 해결책이라고 생각하는 것이 무엇인지 확인하기 위해 귀를 기울일 필요가 있다. 예를 들어, 호텔 직원은 체크인을 위해 오랫동안 기다린 것에 대해 화를 내는 고객에게 사과로써 안심시키는 것을 잊지 말아야 한다. 그러나 그 고객은 기다린 것에 대한 보상책으로 무료 음료를 제공받기를 기대 할 수 있다. 또한 슈퍼마켓의 종업원이 퉁명스럽게 상한 과일에 대한 환불을 해주려 할 때 고객은 환불과 더불어 점포를 다시 방문해야 한 번거로움에 대한 사과를 원할 수 있다. 점포 종업원들은 고객이 왜 불만을 표시하는 지와 고객이 찾는 해결책을 알고 있다고 확신해서는 안 된다.

2. 공정한 해결책의 제공

고객들은 공정하게 대우 받았다고 느낄 때 좋은 인상이 남게 된다. 고객들은 문제 해결에 대한 평가를 내릴 때, 비슷한 문제가 일어난 타사와 관련하여 그들이 처리 받은 상황을 비교한다. 불만해결에 대한 고객의 평가는 이행상의 공정성과 절차상의 공정성으로 이루어진다.

1) 이행상의 공정성

이행상의 공정성은 지불한 비용(불편이나 손실)에 비해 그들이 받은 혜택에 대한 고객의 지각을 말한다. 고객들은 그들이 지불한 것에 대해 보상 받기를 원한다. 불만족스러운 서비스에 대한 보상이 한 고객에게는 적절하고 다른 고객에게는 그렇지 않을 수 있다. 예를 들어, 한 고객은 할인된 가격으로 물건을 사려고 했는데 그 상품이 다 팔렸을 경우 그 식품회사가 발행한 보증권(raincheck)에 만족을 느낄 수 있다. 이 고객은 식품회사가 제시한 할인가격이 매장을 다시 찾게 하는 불편을 상쇄시킨다고 생각한다. 그러나 다른 고객은 즉시 그 상품을 필요로 할 수 있다. 보증권은 고객에 대해 적절한 보상이 되지 못한다. 고객을 만족시키기 위해서, 판매원은 상품이 있는 다른 상점을 찾아내야 하며, 상품을 고객의 집까지 배송시켜야 한다.

고객들은 그들의 불만에 대하여 무형의 해결책보다는 유형의 해결책을 선호한다. 고객들은 자신의 불만을 토로하고 싶어하며, 그것에 대해 소매업체가 반응을 보여주기를 원한다. 저가의 보상금, 무료음료, 또는 1달러 할인 등의 방안은 구두 사과보다 고객에게 더 나은 관심의 표현으로 비춰진다.

2) 절차상의 공정성

절차상의 공정성이란 불만을 해결하기 위해 도입된 절차의 공정성이다. 고객들은 절차상의 공정성을 평가할 때 다음 3가지 질문을 염두 해 둔다.

1. 종업원이 상황에 관한 정보를 입수했는가?
2. 이 정보가 불만을 해결하는데 사용되었는가?
3. 고객은 도출된 결과에 영향을 미쳤는가?

고객들은 전형적으로, 점포 종업원들이 회사의 지침을 지켰을 때 공정하게 대우 받았다고 느낀다. 가이드 라인은 불만을 취급할 때의 변수를 줄여주고, 고객들이 다른 사람처럼 똑같이 대우 받았다고 믿게 만든다. 그러나 너무 가이드 라인에 집착하는 것은 오히려 부정적인 결과를 일으킬 수도 있다. 점포 종업원들은 소비자의 불만 해결시 어느 정도의 융통성이 요구된다. 그렇지 않으면 고객들은 그들이 불만 해소에 아무런 영향을 미치지 않았다고 느낄 수 있다.

3. 신속한 문제 해결

고객 만족은 서비스 관련 사항이 해결되는 시기와 관계가 있다. 일반적으로, 점포의 종업원 차원에서 고객들의 문제점을 최대한 해결해야 한다. 고객들은 불편 해결을 위해 처음으로 접촉한 사람으로부터 문제가 해결되기를 바란다. 종업원이 계속 바뀌면서, 반복적으로 자신의 불편사항을 설명해야 한다면 많은 시간을 낭비하게 되므로, 고객들의 불만은 점점 더 커지게 된다. 소매업체들은 고객불편사항을 최소화하기 위해 고객이 접촉해야 할 사람들의 수를 줄이고 명료한 설명을 해줄 뿐만 아니라 그들의 편에서 대화를 진행해야 한다.

고객의 불편사항을 해결해 나감으로써 고객 만족을 높일 수 있다. 하지만 고객의 불편사항이 너무 빨리 해결되어도 고객은 종업원으로부터 충분한 배려를 받지 못했다는 생각에 불만을 표할 수 있다. 소매업체들은 문제를 신속하게 처리하는 것과 고객의 말에 귀를 기울이며, 고객을 충분히 배려하고 있음을 보이는 것 사이에 신중을 기해야 한다.

요 약 _Summary_

서비스의 무형성과 비지속성으로 인해 양질의 서비스를 제공하는 일은 어려울 수 밖에 없다. 하지만 서비스는 소매업체가 전략적 우위를 점할 수 있는 기회를 부여할 수도 있다. 소매업체들은 고객 서비스를 제공하기 위해 고객화와 표준화라는 두 가지 기본 접근 방법을 택하고 있다. 고객화 접근 방법은 주로 판매원과 연계되어 있으며, 표준화법은 적합한 규칙, 절차, 매장의 설계에 더 많이 연계되어 있다.

고객은 서비스를 평가하기 위해 자신의 서비스 기대치와 실제로 자신이 받은 서비스에 대한 인식을 비교하게 된다. 그러므로, 서비스를 향상시키려면 소매업체들이 실제 제공하는 서비스와 고객의 서비스 기대치 사이에 생길 수 있는 격차를 줄여야 한다. 이러한 격차를 줄이기 위해 소매업체는 고객의 서비스 기대치를 이해하고, 고객이 생각하고 있는 서비스를 충족시켜줄 준거를 세울 뿐 아니라, 매장 직원이 이에 따라 서비스를 제공할 수 있도록 제반 활동을 지원해 주고, 나아가 고객에게 제공하고 있는 서비스를 현실적으로 재고해 볼 필요가 있다.

소매업체들은 서비스의 비일관성으로 인해 양질의 서비스를 제대로 제공하지 못할 경우가 발생한다. 서비스상에서 생길 수 있는 여러 가지 착오를 통해 소매업체들은 고객과 더욱 돈독한 관계를 형성해야 할 것이다.

핵심용어 _Key terms_

커뮤니케이션 차이(communication gap)　　정서적 지원(emotional support)

고객 서비스(customer service)　　　　　　권한 이양(empowerment)

인도 차이(delivery gap)　　　　　　　　　도구적 지원(instrumental support)

이행공정성(distributive fairness)　　　　　인식 차이(knowledge gap)

시험구매자(mystery shopper)

고객화 접근법(personalized approach)

절차적 공정성(procedural fairness)

서비스 차이(service gap)

표준화 접근법(standardized approach)

표준 차이(standard gap)

현장학습 *Get Out And Do It!*

1. 계속되는 사례 과제: 선택한 소매업체의 매장에 들려 그들이 제공하는 서비스를 평가해보라. 어떤 서비스가 제공되는가? 서비스는 고객화되어 있는가, 표준화되어 있는가? 매장에서 구매한 고객과 구매하지 않은 고객을 각각 선정하여, 그들의 쇼핑 경험과 불편 사항에 대해서 물어보라. 종업원들은 고객들에게 좋은 서비스를 제공하기 위하여, 업체로부터 어떤 종류의 보상을 받고 있는지 물어보라.

2. Bizrate(www.bizrate.com)는 전자 소매업체에서의 고객들이 경험하는 쇼핑 정보를 수집하는 회사이다. Bizrate의 웹사이트에 접속하여, 상품을 파는 여러 전자 소매업체에 대한 평가들을 읽어보라. 이러한 정보들은 당신에게 얼마나 유용한가? Bizrate는 이러한 정보들을 얼마나 더 유용하게 만들 수 있겠는가?

3. Lands' End Web 사이트(www.landsend.com)에 접속하여, 셔츠를 찾아보라. 웹사이트는 당신이 구매하고자 하는 셔츠를 찾는 것을 어떻게 도와주고 있는가? The Gap과 같은 의류전문점이나 백화점 등과 비교했을 때, 이 웹사이트는 어떤 고객 서비스를 제공하는가?

4. 이마트나 홈플러스와 같은 대형할인점, 백화점 그리고 전문점에 각각 바지를 구매하기 위해 방문하라. 각 매장에서 당신이 받는 서비스의 수준이 어떻게 다른지 비교해보라. 그리고 어떤 매장에서 당신이 찾는 바지를 가장 쉽게 찾을 수 있었는가? 그 이유는 무엇인가?

토의 질문 및 문제 *Discussion Questions and Problems*

1. 다음의 서비스에서 성공적인 소매업체의 예를 들어보자.

   a. 고객화 서비스

   b. 배달 서비스

   c. 현금 교환/반품 서비스

   d. 신용거래 서비스

2. Nordstrom과 McDonalds는 모두 훌륭한 고객서비스를 제공하는 업체로 알려져 있다. 이들 서비스의 차이는 무엇인가? 소매업체들은 왜 다른 방법을 취하는가?

3. 당신은 고객서비스 제공이 중요한 직종에서 일한 경험이 있는가? 만약 있다면, 그 직종에서 당신에게 요구하는 기술이나 업무는 무엇이었는가? 만약 없다면, 향후 이러한 직종에 지원하려할때 어떤 기술과 능력을 강조하고 싶은가?

4. Retailing View 19.1은 드럭스토어와 할인점 업태가 고객들에게 건강 관리 서비스를 제공하는 예를 소개하고 있다. 원스톱 쇼핑의 편의를 돕기 위해, 이러한 고객 서비스는 어떤 상품과 맞물려 전략적 우위를 점하고, 고객의 충성도를 높일 수 있겠는가?

5. 당신이 백화점 남성복 부문 관리자라고 가정하자. 본 백화점은 관리자에 대한 권한이양을 강조한다. 한 고객이 이제는 취급하지 않는 상품의 반품을 요구한다. 포장이 뜯어졌고, 옷은 손상이 있었다. 고객은 현금으로 교환해줄 것을 요구한다. 당신은 어떻게 할 것인가?

6. 만약 당신이 방문한 소매점포에서 나쁜 서비스를 제공받을 경우, 당신은 어떻게 행동하는가? 점포의 누구에게 그 사실을 알리는가?

7. 차이분석은 고객의 서비스 품질을 향상시키는데 도움이 된다. 차이분석을 어떻게 활용해야 하는지 설명해보라.

	발생하는 문제점	차이를 줄이기 위한 전략
인식 차이		
표준 차이		
인도 차이		
커뮤니케이션 차이		

8. 효과적인 고객 서비스 전략이 소매업체의 비용을 어떻게 절감시키는가?

9. 종업원은 고객들의 서비스 품질 인식에 영향을 미친다. 종업원을 채용할 때, 어떠한 특성을 중요하게 평가할 것인가?

10. 최근에 경험했던 고객 서비스 경험(예컨대, 미용실에서 머리 자르기, 의사와 진료 약속 잡기, 외식하기, 은행업무 보기, 물건 수선 등)을 하나 떠올린 후 다음에 답하라.

   a. 만족스러웠던 서비스 경험에 대해 말해보라.

   b. 어떤 요소가 서비스를 만족스럽게 만들었나?

   c. 기대에 미치지 못했던 서비스 경험에 대해 말해보라.

   d. 서비스 상에 어떤 문제가 생겼는가? 그리고 어떻게 해결될 수 있었는가?

추가로 읽을 자료들

Suggested readings

Bolton, Ruth N.; Grewal, Dhruv; and Michael Leny. "Six Strategies for Competing through Service: An Agenda For Future Research." *Journal of Retailing* 83, no. 1 (2007), pp. 1-4.

Bonomo, Timothy P. *Customer Service: Aiming for Excellence*. Victoria, BC: Trafford Publishing, 2006.

Doane, Darryl, and Rose Slout. *The Customer Service Activity Book: 50 Activities for Inspiring Exceptional Service*. New York: American Management Association, 2005.

Hess, Ronald L., Jr.; Shankar Ganesan; and Noreen M.Klein. "Interactional Service Failures in a Pseudorelationship: The Role of Organizational Attributions." Journal of Retailing 83, no. 1 (2007), pp. 79-95.

Lusch, Robert F.; Stephen L. Vargo; and Matthew O'Brien. "Competing through Service: Insights from Service-Dominant Logic." *Journal of Retailing* 83, no. 1 (2007), pp. 5-18.

Rayport, Jeffrey, and Bernard Jaworski. *Best Face Forward: Why Companies Must Improve* Their Service Interfaces with Customers. Boston, MA: Harvard Business School Press, 2005.

Spector, Robert, and Patrick McCarthy, *The Nordstrom Way to Customer Service Excellence*, Hoboken, NJ: John Wiley & Sons, 2005.

Wiles, Michael A. "The Effect of Customer Service On Retailers Shareholder Wealth: The Role of Availability and REputation Cues." *Journal or Retailing* 83, no. 1 (2007), pp. 19-31.

Zeithaml, Valarie; Mary Jo Bitner; and Dwayne D.Gremler. *Services Marketing*, 5th ed. New York: McGraw-Hill/Irwin, 2008.

소매경영

2011년 3월 30일 초판 1쇄 발행
2015년 1월 15일 수정 1쇄 발행

저자 | Levy & Weitz
역자 | 오세조 · 박진용 · 송영욱 · 노원희
펴낸이 | 임순재
펴낸곳 | 한올출판사
등록번호 | 제 11-403호
주소 | 서울시 마포구 성산동 133-3 한올빌딩 3층
전화 | (02) 376-4298(代)
팩스 | (02) 302-8073

ISBN 978-89-94948-13-3
정가 35,000원

홈페이지 | www.hanol.co.kr
E-mail | hanol@hanol.co.kr

memo